1. 江泽民总书记在1995年12月视察汕头大学时与学校领导及师生亲切交谈

广东省高教厅供稿

2. 李鹏总理在1995年9月8日接见全国优秀教师和优秀教育工作者时勉励大家辛勤耕耘，为教育作出更大贡献

鲍效农摄

3．李岚清副总理在庆祝1995年教师节暨全国优秀教师、优秀教育工作者表彰大会上讲话

鲍效农摄

4．国家教委主任朱开轩

李曜升供稿

5．国家教委副主任张孝文在1995年4月访问日本国期间，前往神户地震灾区看望慰问我在日留学人员

曹国永供稿

6．国家教委副主任柳斌在海南省万德文学校参观该校电脑室

谢敬仁供稿

7．国家教委副主任王明达在湖南省湘西地区考察民族教育时受到少数民族学生的热情欢迎

孟庆宏供稿

8．国家教委副主任韦钰在河北省保定市“国际农村教育研究与培训中心”（联合国教科文组织援建）项目备忘录上签字

陈盈晖供稿

9．国家教委副主任张天保在厦门市教师家中，了解教师住房情况

宋德民供稿

10.《中华人民共和国教育法》颁布后，河南省政府领导走上街头向群众宣传《教育法》

贺今伟摄

11. 天津市实验小学学生在上语言课

天津市教育局供稿

12.1995年8月，西藏自治区教委召开全区中学藏语文授课试点工作总结大会

晋美朗杰摄

13. 云南省武定县民族小学重视地理教学

陈兴华摄

14. 海南省文昌市迈号中学是海南省开展课外活动和校园经济建设较好的学校。图为教师在咖啡园对学生进行辅导

海南省教育厅供稿

15. 在北京市中小学生爱科学月活动中，北京 65 中学生在科技导师带领下，到北京航空博物馆参观

鲍效农摄

16. 在江泽民总书记关心下重返校园的河北省张北县郑油坊村学生张素珍在勤练书法

张家口市教委供稿

17. 宁夏回族自治区为提高女童入学率，试办不同形式的女童学校（班），图为海原县李旺女童实验小学

宁夏回族自治区教委供稿

18. 海南省陵水黎族自治县新村小学是一所渔民小学，也是开展勤工俭学较好的学校。图为教师带领学生到船上帮助渔民织鱼网

海南省教育厅供稿

19. 青海省黄南藏族自治州泽库县在草原建起帐篷希望小学，方便了牧民子女就近上学

韦熹摄

20. 1995年12月，广州市继续举行“教育基金百万行”活动。图为起步仪式现场

广东省教育厅供稿

21. 由原总后勤部副政委李真将军捐款建造的教学楼“李真楼”，在江西省永新县禾川中学落成

江西省教委供稿

22. 云南省玉溪市职业高中学生在实习维修家用电器

李建民摄

23. 北京市崇文区卫生学校病案管理专业学生在结合病案学习课程

韩树民摄

24.1995年，出席西藏自治区职业技术教育山南现场会的代表参观山南职业中学美容美发室

晋美朗杰摄

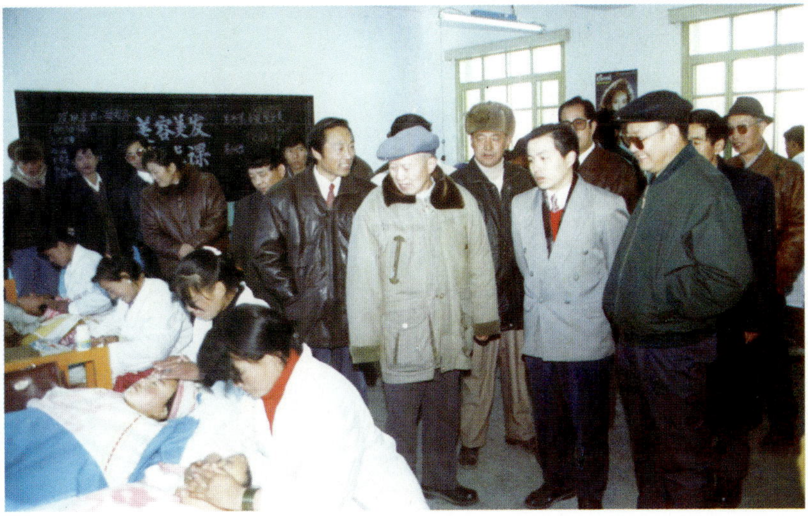

25. 上海市设备最先进的“模拟银行 ”在上海市南湖银行职校建成，为银行专业学生实习和在职人员知识更新提供了基地

上海市教委供稿

26. 国家教委在1995年积极推进“211工程”建设，图为专家组对中山大学，华南理工大学进行“211工程”部门预审

广东省高教厅供稿

27. 四川联合大学是由国家教委直属四川大学和成都科技大学合并组建的。合建后学校呈现出蓬勃向上新气象。图为学生在图书馆学习、阅览

四川联合大学供稿

28.1995年广东省积极推进办学体制改革。图为原农业部所属湛江水产学院划转广东省管理的签字仪式

广东省高教厅供稿

29. 太原工业大学表面工程研究室承担国家“863”技术项目“双层辉光离子渗金属技术示范生产线”通过国家科委及专家组的鉴定验收

太原工业大学供稿

30. 江西省为抓好师资培训工作，每年寒暑假各有关院校都要派教师下到各个培训网点给学员上辅导课。图为宜春师范专科学校教师在给丰城文史班学员上课

江西省教委供稿

31. 青海省乐都县教育电视台摄制教育新闻

韦熹摄

32. 四川省教委组织24名在山区工作的教师赴日本考察，开阔眼界。教师回国后一致表示将终生献给贫困山区的教育事业

四川省教委供稿

33. 浙江省中小学学生参加全省文艺调演，演出歌颂教师崇高精神的“教师的风采”一幕

浙江省教委供稿

34. 云南省昆明市集中力量建设教师住宅“园丁小区”，图为小区一角

昆明市教委供稿

35. 四川省在实施教师住宅"广厦工程"中，采取大城市、中等城市、农村乡镇三种建设模式。图为农村乡镇模式的苍溪县唤马镇"教师住房一条街"全景

四川省教委供稿

36. 浙江省教育系统在纪念中国抗日战争和世界反法西斯战争胜利50周年期间，由师生演出歌舞"情系中华"，进行爱国主义教育

浙江省教委供稿

37. 海南中学学生陈约琴在 1995 年世界中学生田径赛中，一举夺得 100 米跑、跳远、10000 米接力 3 枚金牌。图为陈约琴与教练的合影

莫俊摄

38. 上海市第三女子中学的室内吹奏乐团在演奏

上海市教委供稿

中国教育年鉴

（1996）

《中国教育年鉴》编辑部　编

人民教育出版社

(京)新登字113号

图书在版编目(CIP)数据

中国教育年鉴　1996年/中国教育年鉴编辑部编.—北京:人民教育出版社,1997
ISBN 7-107-11862-5

Ⅰ.中…　Ⅱ.中…　Ⅲ.教育工作-年鉴-中国-1996　Ⅳ.G52-54

中国版本图书馆CIP数据核字(96)第17848号

中国教育年鉴

(1996)

《中国教育年鉴》编辑部　编

*

人民教育出版社出版发行

(100009　北京沙滩后街55号)

全国新华书店经销

人民教育出版社印刷厂印装

*

开本787×1092　1/16　印张70.75　插页8　字数1 574 000

1997年6月第1版　1997年6月第1次印刷

印数　1—3 800

ISBN 7-107-11862-5

G·4972　定价91.70元

如发现印、装质量问题,影响阅读,请与印刷厂联系调换。

YEARBOOK OF EDUCATION IN CHINA

（1996）

编 辑 说 明

一、《中国教育年鉴》是国家教委编纂的全国性专业年鉴和综合资料性著作。它是各级教育行政部门、各类教育（学校）执行党和国家的教育方针政策、做好教育工作情况的总结，是我国教育事业不断发展和改革成果的记录。

二、编纂本书是为教育管理决策、科研和教学人员研究汇集的资料；为教育战线工作沟通信息、交流经验开辟的园地；为宣传中国教育发展改革成果设立的窗口；并为热心关注和研究我国教育的读者提供事实依据。

三、年鉴的基本栏目有：党和国家有关教育工作的重要文件，党和国家领导人有关教育工作的重要讲话，国家教委负责人的讲话或专文，全国教育年度工作方针计划，教育综合改革与管理，基础教育，高等教育，职业技术教育，成人教育，师范教育，民族教育，学校体育、卫生与国防教育，电化教育，干部与师资管理，教材建设，教育技术装备建设，教育国际交流和与台湾省、香港、澳门地区的合作，各省、自治区、直辖市教育（按行政区划顺序排列），文件选编，资料汇编，教育大事记等。每卷将根据当年的实际情况调整个别栏目。

四、《中国教育年鉴》当年出版卷号的内容反映上一年工作的基本情况。某些多年才能完成的工作任务，主要记述当年该项工作的进展情况。

五、本年鉴的撰稿单位是国家教委各司局，直属单位，各省、自治区、直辖市教育部门。审稿为同级主管负责人。

六、卷内全国性统计数字，由统计部门提供，引用应以此为准。某些条目中的数字，因统计口径不一，可能有不尽一致之处，望读者使用时注意。

七、台湾省、香港、澳门地区教育事业发展情况和数据暂缺。

八、在编纂过程中，力求做到内容全面系统，资料准确无误，文字简明精炼。但由于我们水平有限，加之使用的需求差异，因而会有需要改进之处，希望读者指正和建议。

《中国教育年鉴》编辑部

1996年6月

目　录

Contents

江泽民总书记在全国科学技术大会上的讲话

（1995年5月26日）

同志们：

这次全国科学技术大会，是在改革开放和社会主义现代化建设的新形势下，由党中央、国务院召开的一次具有重要意义的会议。

1978年，党中央召开了具有深远历史意义的全国科学大会，拨乱反正，确立了科技工作的正确指导思想，唤来了科技的春天。邓小平同志在这次大会上，提出了科学技术是生产力、知识分子是工人阶级一部分、四个现代化关键是科学技术的现代化等著名论断。后来他又进一步指出，科学技术是第一生产力。1985年，党中央发布了关于科学技术体制改革的决定，开始了科技体制的全面改革。经过十几年改革和发展的成功实践，我国科技工作发生了历史性的变化，科技实力和水平显著提高，战略重点已转向国民经济建设，为经济发展和社会进步做出了突出贡献。在这里，我代表党中央、国务院向全国科技工作者表示崇高的敬意！

最近，党中央、国务院在科学分析经济、科技发展趋势和国内外形势的基础上，集中各地区、各部门和党内外许多同志的智慧，作出了关于加速科学技术进步的决定。这是确保实现我国现代化建设三步走战略目标的又一重大战略决策。召开这次大会的主要目的，就是为了动员全党、全国各族人民，全面落实邓小平同志科学技术是第一生产力的思想，认真贯彻《决定》的精神，在全国形成实施科教兴国战略的热潮，进一步解放和发展科技生产力，积极促进经济建设转入依靠科技进步和提高劳动者素质的轨道。

今天，李鹏同志还将向大会做重要讲话。下面，我就几个重要问题讲几点意见。

一、全面落实科技是第一生产力的思想

邓小平同志建设有中国特色社会主义的理论，强调社会主义的根本任务是解放和发展社会生产力。邓小平同志正是从这一高度，通过对当代社会生产力发展规律的科学认识和时代特征的准确把握，提出了科学技术是第一生产力的英明论断。邓小平同志对科学技术的社会功能、地位与作用、发展方向、基本任务、战略重点、体制改革、对外开放、人才培养等进行了全面、科学的论述，形成了我国新时期科技工作的指导思想。科学技术是第一生产力的论断，是他科技思想的精髓，是建设有中国特色社会主义理论的重要组成部分，是对马克思主义科技学说和生产力理论的创造性发展。

马克思主义认为，生产力的不断解放和发展，是人类社会进步的根本动力。社会主义

制度的优越性，最终体现为生产力比在其他制度下的更快发展。我国的社会主义建设在经济、科技、文化十分落后的基础上起步，要在较短时间内达到经济发达国家经过几百年历程达到的生产力发展水平，后来居上，更须集中力量，大力发展和广泛应用科学技术，充分发挥科技生产力在经济、社会发展中的巨大推动作用。这是我们建成社会主义现代化强国，屹立于世界先进民族之林的历史性使命。

社会主义制度的优越性，应该也完全能够在加快科技生产力发展方面显著地体现出来。五、六十年代，在我国艰难创业的岁月里，我们通过调动科技工作者及广大人民群众的积极性和创造性，集中有限的财力物力，建立了一批骨干科研机构，取得初步建立比较完整的工业体系的巨大成就，取得“两弹一星”等辉煌成果。我们仅用十几年的时间，走完了发达国家几十年的路程，大大增强了综合国力和国防实力，其中科学技术起到了关键性的作用。十一届三中全会实现党的工作重点转移以来，我国经济和社会的巨大成就，同科学技术的贡献是分不开的。只要坚定地把科技工作摆在重要位置，我们必将在加速国民经济发展、增强综合国力和提高人民生活水平方面，取得更加辉煌的成就。我们坚信，在邓小平同志建设有中国特色社会主义理论和党的基本路线的指引下，将社会主义制度的优越性，社会主义市场经济体制对生产力发展的巨大推动作用，同科学技术的威力有机结合起来，就一定能够顺利实现我国社会主义现代化建设的宏伟目标。

当前，无论是从国际环境还是从国内条件来看，全面落实科技是第一生产力的思想，都是我国社会主义现代化建设中的一项十分艰巨和紧迫的战略任务。和平与发展是当今世界的主流。世界科技革命正在形成新的高潮，又一个科技和经济大发展的新时代正在来临。世界许多国家特别是大国，都在加紧调整科技和经济战略，增强以经济和科技实力为基础的综合国力，国际竞争越来越激烈。从国内形势看，建立社会主义市场经济体制的各项改革措施顺利实施，国民经济持续、快速、健康发展，民族团结，社会稳定，各项事业蓬勃发展。同时要看到，我国目前的整体技术水平和经济实力同发达国家相比还有很大差距。以粗放经营为主的经济增长方式尚未根本改观，产品结构、产业结构不合理等经济发展中的一些深层次问题还有待解决，发展农业、搞好国有大中型企业、提高经济效益等任务十分艰巨。人口、自然资源、生态环境等对经济持续发展的压力在增大。立足现实国情，抓住发展机遇，迎接严峻挑战确保实现我国三步走战略目标，是我们必须认真研究解决的重大战略问题。真正把科技进步作为加速经济和社会发展的强大动力，是完成这一战略任务的关键。

党中央、国务院决定在全国实施科教兴国战略，是总结历史经验和根据我国现实情况所作出的重大部署。没有强大的科技实力，就没有社会主义的现代化。科教兴国，是指全面落实科学技术是第一生产力的思想，坚持教育为本，把科技和教育摆在经济、社会发展的重要位置，增强国家的科技实力及向现实生产力转化的能力，提高全民族的科技文化素质，把经济建设转移到依靠科技进步和提高劳动者素质的轨道上来，加速实现国家的繁荣强盛。这是顺利实现三步走战略目标的正确抉择。实施科教兴国战略，必将大大提高我国经济发展的质量和水平，使生产力有一个新的解放和更大的发展。

二、加速科技进步需要把握的几个重要问题

科技事业是建设有中国特色社会主义伟大事业的重要组成部分。我们要立足自己的国情，借鉴国外的成功经验，探索一条具有中国特色的科技进步道路。根据当代世界经济、科技发展的趋势和我国现代化建设的要求，总结改革开放以来科技进步的实践经验，需要进一步明确关系科技工作全局的几个重大问题。

第一，关于科技与经济的结合。党中央、国务院进一步明确我国科技工作的基本方针：坚持科学技术是第一生产力的思想，经济建设必须依靠科学技术，科学技术工作必须面向经济建设，努力攀登科学技术高峰。这一方针的核心是科技与经济的密切结合。坚持科技工作的基本方针，促进科技与经济的结合，符合党的基本路线，也符合当今世界科技、经济发展的趋势。

经济建设必须坚定地依靠科技进步，才能蓬勃而持续地发展，也才能为科技发展提供坚实的物质基础。社会主义市场经济体制的建立，为经济建设依靠科技进步提供了良好机制和广阔天地。在这种情况下，科技工作必须更加自觉地面向经济建设，把促进经济发展作为中心任务和首要目标。

要正确处理面向经济建设与提高科技水平的关系。面向经济建设是方向，提高科技水平、攀登科技高峰是要求。依靠科技进步促进经济发展，要求科技自身水平的不断提高。我们要始终遵循面向经济建设这一大方向，坚持从我国经济建设的实际出发，努力做到邓小平同志所说的那样，搞科技越高越好，越新越好。

如何促进科技与经济的有机结合，是我国经济和科技体制改革需要着力解决的根本问题。科技与经济的结合，体现在科技、经济活动的各个方面。要从目标任务的确立、规划计划的制定、政策措施的实施等多方面加强科技与经济的结合，统筹兼顾，突出重点。经济发展要以科技进步作为主要推动力；科技发展要围绕经济发展目标，为经济发展提供强有力的支撑和保障。要深化经济体制和科技体制改革，在国家宏观调控下，充分发挥市场机制促进科技与经济结合的重要作用。正如邓小平同志指出的："新的经济体制，应该是有利于技术进步的体制。新的科技体制，应该是有利于经济发展的体制。"在深化改革中，要形成科研机构、高等院校与企业相结合，研究开发与生产相结合的机制，推动科研院所面向市场，进入大型企业集团。在企业内部，要实行科研、设计、生产的有机结合，提高企业技术开发水平。从根本上讲，科技与经济的结合要靠体制来保证。要把建立技术创新机制作为建立社会主义市场经济体制的一个重要目标，特别要把建立、健全企业的技术创新体系作为建立现代企业制度的重要内容和搞好国有大中型企业的关键环节。通过改革，建立起适应社会主义市场经济体制和科技自身发展规律的新型科技体制。

第二，关于近期目标与长远目标的结合。目前，我国经济还不发达，技术、经济水平不高，发展也很不平衡。科学技术作为推动经济和社会发展的关键因素，首先要为解决经济和社会发展的热点、难点、重点问题做出贡献；同时，为保持经济和社会的持续发展，科学技术又要超前于经济和社会的发展，进行研究开发，为未来的发展提供动力、储备后劲。因此，要根据世界经济、科技发展的趋势和我国国情，立足当前，着眼未来，坚持

近期目标和长远目标相结合，合理部署科技发展工作。

科技工作要始终把经济建设作为主战场，把攻克国民经济发展中迫切需要解决的关键问题作为主要任务。当前，要采取有力措施，大力加强农业科技工作，把它摆在整个科技工作的重要位置，强化科技成果的转化，积极推广包括高技术在内的先进实用技术，满足农业登上新台阶的技术需求。要加快传统产业的技术改造，提高产品的技术含量和市场竞争力，提高工业增长质量和效益，促进产业结构的优化和升级。特别要重视用现代技术武装基础产业和支柱产业，加速实现经济和社会管理的信息化、自动化和智能化。要十分重视解决环境保护、资源合理开发利用、减灾防灾、人口控制、人民健康等社会发展领域的科技问题，为改善生态环境、提高人民的生活质量和健康水平做出贡献，促进经济和社会的持续协调发展。

基础性研究和高技术研究，是推进我国二十一世纪现代化建设的动力源泉。要目光远大，筹划未来，针对下世纪影响我国经济和社会发展的重大问题，加强基础性研究和高技术研究开发。要把为未来经济发展提供科技动力和成果储备，作为基础性研究工作的主要任务。要确定有限目标，突出重点，有所赶有所不赶，才能有所作为。要经过科学论证，选择一批有基础和优势、国力可以保证、能跃居世界前沿、一旦突破对国民经济和社会发展有重大带动作用的课题，在全国组织专门队伍，集中力量，大力协同，重点攻关。高技术及其产业的发展，对增强我国经济实力、提高综合国力和提高劳动生产率起着关键的作用。要努力发展高科技，实现产业化，把高技术产业作为我国的优先发展的产业，尽快建设一批对国民经济发展举足轻重、规模较大的高技术产业，使我国在世界高科技及其产业领域占领一席之地。

第三，关于自主研究开发与引进国外先进技术的结合。扩大对外开放，加强国际科技交流与合作，积极引进国外先进技术，博采众长，为我所用，是加快我国技术升级和经济发展的有效途径。这项基本政策要长期坚持下去。

技术转让和保护知识产权，已成为当今国际经济技术合作关系中的重要问题。我们现在技术上还比较落后，应努力学习、借鉴别国的长处，即使我们实现了现代化，也还是要不断向其他国家学习，取长补短。科学技术，总是要同世界各国如切如磋，如琢如磨，才能取得更快和更大的进步。同时，我们也必须清醒地认识到，世界上有些最先进的技术是买不来的。当代世界科技进步日新月异，技术更替不断加速。今天称得上先进的技术，不久就有可能变为落后。创新是一个民族进步的灵魂，是国家兴旺发达的不竭动力。如果自主创新能力上不去，一味靠技术引进，就永远难以摆脱技术落后的局面。一个没有创新能力的民族，难以屹立于世界先进民族之林。作为一个独立自主的社会主义大国，我们必须在科技方面掌握自己的命运。我国已经具有一定的科技实力和基础，具备相当的自主创新的能力。我们必须在学习、引进国外先进技术的同时，坚持不懈地着力提高国家的自主研究开发能力。

要对引进国外先进技术与国内自主研究开发工作统筹规划，做到有机结合。要避免盲目引进和重复引进。能够自主研究开发的，就要以国内开发为主。特别是花钱多的重大技术项目的引进，一定要经过严密的科学论证和审定，认真倾听科技专家们的意见。要注重引进关键技术，借鉴有关的新原理、新方法以及先进技术开发、管理的经验。不断提高我们自己的研究开发能力，提高创新能力，使我国跻身国际科技发展的先进行列，我们要努力奋斗，达到这个战略目标。

第四，关于市场机制与宏观管理的结合。现代科技与经济关系密切，但科技毕竟并不完全等同于经济，还有其自身的规律。在社会主义市场经济体制下，市场机制与宏观管理都是科技进步不可缺少的手段。对于我们这样一个发展中的大国，正确运用这两种手段，并使之有机结合，对加速科技进步和经济发展十分重要。党中央提出的“稳住一头，放开一片”的科技体制改革方针，体现了这两种手段结合的内在规律。

同经济建设密切相关的技术开发、成果推广等活动，要以市场机制为主。要使企业逐步成为技术开发和成果转化的主体。在目前市场机制尚不健全的情况下，科技成果的商品化、产业化工作，还需政府在各方面给予必要的政策扶持。要以政府投入为主，稳住少数重点科研院所和高等学校的科研机构，从事有关国家整体利益和长远利益的基础性研究、应用研究、高技术研究、社会公益性研究和重大科技攻关活动。切不可以为搞社会主义市场经济，就可忽视政府在领导科技进步中的作用。目前许多科研项目存在“小而全”的问题，要切实加以解决。要发挥社会主义制度能够集中力量办大事的优势，通过宏观指导适当集中财力、物力，组织优势力量，大力协同，攻克一批对发展国民经济、增强综合国力和提高劳动生产率起关键作用的重大科技课题。东部地区要继续依靠科技进步提高技术水平，同时采取有力措施支持中西部地区加大科技进步的力度，促进中西部地区的发展。

要按照“稳住一头、放开一片”方针的要求，积极稳妥地调整科技队伍结构，认真做好分流工作。不进行科技系统的结构调整、人才分流，就不能充分发挥现有科技队伍的作用，既不利于科技与经济的结合，也不利于基础性研究的稳定。当前科研机构设置重复，力量分散，科技与经济脱节的状况，必须下决心改变。各级政府组织制定的各项科技计划及其实施的方式也要改革。要引入市场机制和竞争机制，实行科学管理。重大课题的立项，要考虑市场的需求，广泛征求科学家、专家的意见，进行科学论证。

第五，关于自然科学与社会科学的结合。科学当然包括社会科学。自然科学是人类认识和改造自然的科学。社会科学是人类认识和改造社会、促进社会进步的科学。

当代科学技术的发展，使得自然科学、技术与社会科学之间相互影响、渗透，联系愈来愈紧密，由此产生的综合学科、交叉学科层出不穷，社会经济和科技已经形成一个复杂的大系统。自然科学的发展丰富了社会科学理论。马克思主义的科学世界观和方法论，对自然科学研究有重要指导作用。我们提倡社会科学工作者要注意学习自然科学知识，自然科学工作者要注意学习社会科学知识，学习马克思主义理论特别是邓小平同志建设有中国特色社会主义理论。我们要在实现中国社会主义现代化的伟大事业中，加强自然科学和社会科学的紧密结合，深刻认识并掌握当今经济和社会发展的内在规律，运用科学的理论和方法去指导实践。

三、培养和造就大批德才兼备的科技人才

科学技术人员是新的生产力的重要开拓

者和科技知识的重要传播者,是社会主义现代化建设的骨干力量。实施科教兴国的战略,关键是人才。人类生产及社会服务自动化、信息化、智能化水平正在不断提高,许多繁重、重复的体力劳动正在被各种自动化机械和计算机所取代,对劳动者知识和技术水平的要求越来越高。大大提高我国劳动者中科技人才的比例,提高劳动者队伍的整体素质,对于我国社会主义现代化建设事业具有重大意义。

我国科技队伍已经拥有一千八百万人。四十多年来,在党的领导下,这支队伍艰苦奋斗,顽强拼搏,无私奉献,为社会主义建设建立了卓著的功勋。祖国和人民感谢他们。同时必须看到,目前我国科技人员的数量和整体水平,还不适应社会主义现代化建设的要求。加速培养优秀科技人才是一项十分紧迫的战略任务。我们要充分发挥现有科技人员的重要作用,创造人尽其才、才尽其用的社会环境,不断改善他们的工作和生活条件,充分调动他们的积极性和创造性。要认真实施《中国教育改革和发展纲要》,大力发展教育事业,根据科技发展的趋势和我国现代化建设的要求,深化教育体制改革,培养、造就千百万年轻一代科学技术人才,建设一支跨世纪的宏大科技队伍。科研机构要把人才培养作为与研究开发工作同等重要的任务。要重视跨世纪青年学术带头人和技术带头人的培养,努力创造青年优秀科技人才、特别是拔尖人才脱颖而出的环境和条件,委派他们在关键岗位承担重任,使他们在实践中健康成长。老一辈科技工作者为国家科技事业发展和人才培养呕心沥血,功昭后人。今后要继续从科技事业兴旺发达的大局出发,举贤荐能,把优秀青年科技人才推向第一线,支持他们大胆工作、开拓创新。

要积极创造条件,热忱欢迎留居海外的科技人员回国工作,或以各种形式为祖国的现代化建设服务。我们不但要大力培养各类科学技术人才,还要注重培养善于进行现代经营管理的各类专家。要十分重视从工人、农民和其他劳动者中选拔培养科技人才及各类专业技术能手。通过社会各界的努力,形成中华民族的浩浩荡荡的科技队伍,向新科技革命进军,向社会主义现代化进军!

培养和造就科技人才要注重德才兼备。广大科技工作者肩负着科教兴国的伟大历史使命,要为社会主义物质文明和精神文明建设贡献自己的全部力量。要坚持党的基本路线,大力弘扬爱国主义精神、求实创新精神、拼搏奉献精神、团结协作精神。这四种精神,是我国数代科技工作者崇高品质的结晶,也是科技事业繁荣的重要保证,要作为科技界精神文明建设的重要内容,发扬光大。

爱国主义是一面光辉旗帜,是我国广大知识分子的光荣传统。它激励着一代代科技工作者为祖国的强盛和人民的幸福而奋斗。爱国主义有着鲜明的时代特征。在今天,我们讲爱国就是要爱社会主义祖国,拥护中国共产党的领导,把个人的理想和事业融汇于祖国的社会主义现代化建设的伟大事业中。求实是科学之本,创新是科技发展的生命力所在。科学研究来不得半点虚假,必须以求实的态度,尊重客观规律,探索真理,开拓创新。拼搏奉献是所有科技工作者所必须具备的品德。科技工作是一项艰苦的创造性劳动。科技工作者要树立雄心壮志,坚韧不拔,艰苦奋斗,不懈探索,勇攀高峰。以知识造福于人民,是科技工作者的光荣责任。团结协作是现代社会化生产条件下科学技术研究活动的内在要求。在科学技术工作中,既要倡导学术上百花齐放、百家争鸣，又要提倡相互尊重，团结合作，取长补短，发挥集体优势，协同攻关。

在加强科技队伍建设的同时，必须高度重视提高全民族的科技文化水平。贫穷不是社会主义，愚昧更不是社会主义。要认真贯彻《中共中央、国务院关于加强科学技术普及工作的若干意见》，在广大人民群众中大力普及科技知识。要继续办好义务教育和各种职业教育。通过各种新闻舆论工具和其他有效形式，促进社会主义精神文明建设，用科学战胜封建迷信和愚昧落后。要使尊重知识、尊重人才在全社会蔚然成风，形成学科技、用科技的新风尚。

四、加强党对科技工作的领导

党的领导是实施科教兴国战略的政治保证。抓好科技进步的关键在于各级党委和政府。各级党委和政府要认真贯彻《中共中央、国务院关于加速科学技术进步的决定》，结合各地、各部门的实际，把抓科技进步作为重大任务，摆到重要的议事日程，制定切实可行的措施。中央要求党政第一把手都要亲自抓第一生产力。要始终坚持把科技进步摆在经济和社会发展的重要位置，多渠道增加对科技和教育的投入。在制定和实施国民经济和社会发展计划及相关政策中，真正把科教兴国战略落到实处。各级科技工作的主管部门，要通过搞好自身的改革进一步转变职能，加强和改进对科技工作的指导与协调，不断推动我国科学技术的进步。

我国改革开放和社会主义现代化建设的发展，迫切要求各级领导干部提高理论水平和知识水平，增强领导能力。各级领导干部要认真学习马列主义、毛泽东思想和邓小平同志建设有中国特色社会主义理论。随着改革开放和社会主义现代化建设的不断深入，各种新情况新问题将会层出不穷，这就更需要正确运用建设有中国特色社会主义理论指导我们的实践。同时，还要学习现代科技知识，学习社会主义市场经济知识，学习法律知识。只有不断更新和丰富知识，才能不断开阔视野。不仅从书本上学习，更要注重在实践中学习。一个领导干部不可能全面了解当代科技的所有知识，这就要经常向科学家、专家们虚心请教。重要决策要广泛听取专家们的意见和建议，认真进行科学论证。要把决策的科学化、民主化作为实施民主集中制的重要内容。

各级领导干部要高瞻远瞩，统揽全局，把握时代发展的潮流。这里我要强调，一定要努力学习马克思主义的辩证唯物主义和历史唯物主义，树立科学的世界观。离开了科学的世界观，我们的决策、我们的事业就丧失了坚实的哲学基础。科学的思维，科学的态度，科学的方法，其本质就是解放思想、实事求是。邓小平同志善于运用科学思维和方法，坚持解放思想、实事求是，为我们树立了光辉的典范。我们要以邓小平同志为榜样，坚持解放思想、实事求是的思想路线，在尊重科学规律，继承前人理论和经验的基础上，勇于创新，不断在实践中认识真理、发展真理。

同志们，再过五年，我们将跨入二十一世纪。数代先烈志士为之奋斗追求的中国的现代化，即将在新的世纪实现。党中央、国务院号召全党和全国人民，全面落实邓小平同志科技是第一生产力的思想，投身于实施科教兴国战略的伟大事业，加速全社会的科技进步，为胜利实现我国现代化建设的第二步和第三步战略目标而努力奋斗。

李鹏总理在第八届全国人民代表大会上的政府工作报告（节录）

（1995年3月5日）

一、1994年国内工作的回顾

过去的一年，全国人民按照“抓住机遇，深化改革，扩大开放，促进发展，保持稳定”的方针，团结奋斗，开拓进取，社会主义现代化事业取得重大成就。经济体制改革迈出决定性步伐，国民经济继续快速增长，人民生活进一步改善，社会保持稳定，各方面工作都有新的进展。我们伟大的祖国欣欣向荣，各项事业蒸蒸日上，沿着建设有中国特色社会主义的道路阔步前进。

经济体制改革迈出决定性步伐。根据建立社会主义市场经济体制的要求，进行了财税、金融、外汇外贸、投资、价格和流通体制等方面的重大改革。由于全国上下齐心协力，改革取得预期效果。以分税制为核心的新财政体制已经基本建立，以增值税为主体的流转税体系开始正常运行，内资企业所得税和个人所得税都实现了初步统一，税种减少，税制简化，税负趋于公平。增强了中央银行对货币信贷的宏观调控能力，组建了政策性银行，商业银行开始试行资产负债比例管理。汇率顺利并轨，人民币汇价稳中有升。一些重要商品价格得到调整。这几项重大改革，对今后的改革和发展将会产生深远的影响。

国民经济继续快速增长。国内生产总值达到43800亿元，按可比价格计算，比上年增长百分之十一点八。农业虽然遭受严重水旱灾害，仍然获得较好的收成，农业增加值增长百分之三点五。粮食总产量4445亿公斤，比上年减产120亿公斤；棉花、油料、肉禽蛋、水产品、水果等产量都有较多增加；乡镇企业继续快速发展。全国工业增加值增长百分之十八。原煤、原油、电力、钢、乙烯、汽车、家用电器、化纤等都有不同程度的增长，工业经济效益有所提高。交通运输业增加值增长百分之六，铁路、公路、水路、航空运输、港口吞吐量都有较快增长。固定资产投资增长幅度由上年的百分之五十八点六回落到百分之二十七点八，增长过快的势头初步得到遏制，投资结构有所改善。重点建设项目进展情况较好，“三北”防护林二期工程提前一年建成，京九铁路全线进入施工高潮，举世瞩目的长江三峡工程以及黄河小浪底水利枢纽工程正式开工，甘肃“引大（大通河）入秦（秦王川）”总干渠通水。全年新增大中型发电机组容量1500多万千瓦，铁路新线和复线3300多公里，高等级公路1900公里，港口吞吐能力近2600万吨，电话交换机近1900万门。国内市场繁荣，社会商品零售总额扣除价格因素增长百分之七点八。对外贸易继续扩大，全年进出口总额2367亿美元，增长百分之二十点九，出口略大于进口。国家外汇储备达到516亿美元，增长1点4倍。外商直接投资保持良好势头，实际金额达到330多亿美元。财政赤字控制在预算目标之内，金融秩序逐步改善，货币发行得到控制，宏观调控取得积极成效。

科技、教育和各项社会事业全面发展。科技体制改革继续深化，取得重要科技成果26000多项，两系法杂交水稻、数字程控交换机、计算机集成制造系统、生物疫苗和药物、低温核供热堆等研究试验取得突破性进展。各级各类教育继续发展。普及九年义务教育受到更大重视，办学条件有所改善。职业教育和成人教育有较大发展。高等教育改革步伐加快，结构有所调整。教师工作条件、生活待遇以及民办教师转正问题，得到不同程度的改善和解决。文学艺术、广播影视、新闻出版、社会科学、卫生体育，以及地质勘查、环境保护、计划生育、扶贫救灾和侨务、老龄、残疾人工作等各项事业都取得新的成绩。“扫黄”和打击其他犯罪活动收到积极成效。社会治安综合治理工作有所加强。加强了廉政建设和反腐败斗争，在干部廉洁自律、查处大案要案和纠正行业不正之风方面取得阶段性的效果。

城乡人民生活进一步改善。农村居民人均纯收入达到1220元，扣除物价因素比上年增长百分之五；城镇居民人均生活费收入达到3179元，扣除物价因素增长百分之八以上。居民储蓄存款新增6300多亿元。全年城镇新建住宅2亿平方米，农村新建住房5.8亿平方米。全国实行了职工每周五天半工作制，增加了休息和业余学习时间。人民群众精神文化生活更加丰富。

我们在前进中还存在一些问题和困难。突出的问题是物价上涨幅度过高。去年我在政府工作报告中曾提出，要把全年商品零售物价上涨幅度控制在百分之十以内。虽然在这方面做了很大努力，涨幅仍然高达百分之二十一点七，其中食品价格上涨的因素大约有十三个百分点左右，群众反映强烈。物价涨幅这么大，既有客观原因，也有我们各级政府工作上的缺点。一是去年出台的调价项目和影响价格的改革措施比较多，包括大幅度提高粮食、棉花、原油等产品价格，实行汇率并轨等。这些措施对于理顺价格关系，调动生产者特别是广大农民的积极性是必要的，由此推动价格总水平一定程度的上升，是改革难以避免的代价，问题在于我们对联带影响估计不够。二是农业投入不足，耕地面积减少，一些地方不同程度放松了粮食生产和“菜篮子”工程，去年又发生了比较严重的自然灾害，某些农产品供应偏紧；城乡人民生活改善和城市流动人口增加，又扩大了对农产品的需求；再加上农业生产资料价格上涨，农业生产成本提高，导致农产品价格大幅度上涨。三是连续几年固定资产投资和消费基金增长过快，货币投放过多，对此国家没有采取“急刹车”和全面紧缩的办法，避免了经济的大起大落，但也增加了抑制物价上涨的难度。四是对市场和物价的管理有所放松，法制不健全，市场不规范，中间环节多，流通秩序比较混乱，乱涨价、乱收费现象比较普遍。实践证明，在社会主义市场经济条件下，对于一些关系国计民生的重要商品价格，国家必须进行必要的调节和管理。除物价问题外，农业和国有企业的问题也比较突出。改革开放以来我国农业取得历史性成就，但同高速发展的工业以及城乡居民生活不断提高的需求相比，还很不适应，农业基础脆弱，抗灾能力不强。部分国有企业缺乏活力，历史包袱和社会负担沉重，设备陈旧，技术落后，管理不善，结构调整缓慢，生产经营比较困难。此外，在收入分配关系中存在着比较严重的扭曲现象，合理调节个人收入的手段还不健全。一些地方社会治安状况不好，腐败现象有的还相当严重，某些政府工作人员的形式主义、官僚主义作风和渎职失职行为，给工作造成危害，群众不满意。上述这些问题已经引起我们的高度重视，正在采取各种积极措施，切实加以解决。经过一年来的努力，我们基本上完成了八届全国人大二次会议确定的1994年的工作任务。这是在中国共产党领导下，全国人民辛勤劳动，共同奋斗的结果。我代表国务院，向全国各族人民对政府的信任和支持，表示衷心的感谢！

各位代表！1995年是继续推进改革开放和现代化建设的重要一年。在今年的政府工作中，要坚持邓小平同志建设有中国特色社会主义的理论和党的基本路线，全面贯彻党的十四大和十四届三中、四中全会精神，进一步处理好改革、发展、稳定的关系，坚决抑制通货膨胀，切实加强农业，以国有企业为重点深化改革，继续保持国民经济快速、健康发展，加强精神文明建设和社会治安的综合治理，促进社会全面进步。“抓住机遇，深化改革，扩大开放，促进发展，保持稳定”，是我国改革开放和现代化建设历史经验的科学总结，反映了建设有中国特色社会主义的客观要求，不仅是当前而且是今后一个时期全国工作的大局和必须遵循的指导方针。

二、促进国民经济持续、快速、健康发展

在1995年的经济工作中，要加强和改善宏观调控，注意解决经济发展中面临的突出矛盾和问题，努力完成“八五”计划，为“九五”期间的改革和发展打下一个好的基础。

保持适当的经济增长速度。综合分析各方面的条件，今年经济增长速度的宏观调控目标，定为百分之八至九。现在国际国内时机有利，我国经济增长具有潜力，实现较快的经济增长是有可能的。由于已经连续三年增长速度在百分之十一以上，当前又存在着较为严重的通货膨胀，今年增长速度比去年低一点是适当的。这样做，有利于创造较为宽松的宏观经济环境，更好地推进改革和发展，也有利于把发展经济的重点转到调整结构，增加效益，提高经济增长质量上来。实现这样的目标，必须继续加强和改善宏观调控，做好经济运行的综合协调工作，及时解决经济发展中出现的新问题。

固定资产投资要量力而行，严格控制基本建设规模，加大投资结构调整的力度，提高农业、交通、通信和能源等基础产业和基础设施以及技术改造的投资比重。今年重点建设将取得新的进展，贯穿南北的京九铁路将全线铺通，大西北的兰新复线和宝中铁路将投入运营，以北京为中心、以光缆为骨干的全国现代化数字通信网络将基本建成，几个大化肥工程的投产将为农业提供新的支持。要统筹规划，安排好“八五”计划与“九五”计划项目的衔接。由于目前在建规模偏大，结转的工作量较多，今年必须严格控制新开工项目。房地产投资重点要放在广大人民群众住房的建设上，对于高档建筑必须严格限制。对城市规划和城市建设的规模也要加以控制。

最近几年工业生产发展很快，但产品结

构不够合理，不能适应市场需求的变化。这是导致企业产品积压，经济效益不好的重要原因。要通过调整产业结构和产品结构，加强管理，促进技术进步，提高企业效益。要大力发展高科技产业，用先进技术改造传统产业。一般加工工业要把发展重点放在提高产品质量和档次，增加适销对路的商品上，不要再盲目追求数量的增长。继续下大力量做好扭亏增盈工作，积极推动企业解决相互之间资金拖欠的问题。企业要按市场需求进行生产，对供过于求的产品要限产压库促销。要通过技术改造，促进一批重点企业和重点产品减少消耗，降低成本，增强市场竞争能力。

坚决控制物价上涨幅度。这是今年宏观调控的首要任务，也是处理好改革、发展、稳定三者关系的关键。宏观调控的目标是，确保物价上涨幅度比去年有明显回落，力争控制在百分之十五左右。为了实现这个目标，一要大力发展农业生产，增加有效供给。二要继续控制货币供应量和信贷规模，实行适度从紧和量入为出的财政方针，努力增收节支，中央财政赤字不能比上年扩大，地方财政要坚持收支平衡。要加强对预算外资金的管理。三要控制固定资产投资规模，抑制消费基金过快增长。我国是一个发展中国家，只能实行适度消费，不能提倡高消费。必须长期坚持艰苦奋斗、勤俭建国的方针，反对铺张奢糜之风。今年要继续采取切实措施改善城乡人民生活，但消费基金的增长应低于经济的增长，职工收入增长应低于劳动生产率的增长。要关心贫困地区人民、低收入者和离退休人员的生活，认真帮助他们解决困难。四要深化流通体制改革，加强市场体系建设，减少流通环节，降低流通费用。国有与合作流通企业要通过改革，在调节市场和平抑物价中积极发挥主渠道作用。逐步建立健全中央和地方的重要商品储备制度，积极发展商业代理制和连锁经营等多种经营方式，适应不同层次的市场需求。加强对物价特别是对群众生活必需品价格的管理和监督检查，整顿流通秩序，反对不正当竞争，采取有力措施打击制售假冒伪劣商品和牟取暴利的行为。

这几年价格调整的步子比较大，今年的任务是消化前几年价格调整的影响，一般不再出台新的调价措施，把价格改革的重点放在建立健全市场管理和价格调控体系上。只要各级政府加强领导，明确责任，把稳定市场物价的工作放在重要位置，认真贯彻党中央、国务院制定的各项政策，上下齐心努力，就能够实现今年控制物价上涨幅度的目标。

促进农村经济全面发展。大力发展农业，保证农产品稳定增长，是控制物价上涨幅度，实现国民经济健康发展和社会安定的基础。各级政府要重视农业，切实加强领导，千方百计夺取今年农业丰收。今年要抓紧水稻特别是南方早稻的生产，力争粮食产量达到4550亿公斤以上，棉花播种面积和产量有较大增长，油料、糖料、肉类、水产品也要有较多增加。通过发展农村经济，继续增加农民收入。

为了保证农业稳定增长，必须坚持农村各项基本政策，继续深化农村改革。首先要增加对农业的投入。今年中央用于农业的投入将有较大幅度增加，地方政府也要增加投入，农业投入不得挪作他用。要积极引导农村集体经济和农民个人增加资金投入和劳动积累。二是保护和合理使用耕地，稳定粮棉播种面积，坚决制止撂荒和乱占耕地的现象。各地都要建立基本农田保护制度，并且落实到地块和农户。城乡建设要尽量利用非耕地资源，农村多种经营和住宅建设不得挤占粮田。三是因地制宜搞好农业综合开发，积极开垦宜农荒地，改造中低产田。有条件的地区要发展农业适度规模经营和集约经营，提高农业劳动生产率，调动农民种粮的积极性。四是加强农田水利等农业基础设施建设，重视重大自然灾害的预测、预报和预防，增强农业抗御自然灾害的能力。五是进一步改革农产品流通体制，完善购销政策，建立健全粮食等重要农产品的储备体系和风险基金制度，促进粮食供需的地区平衡和结构平衡。要坚持"菜篮子"市长负责制，"米袋子"省长负责制。负责"米袋子"就是负责本省的粮食供应，这就要求保证种植面积，提高单产，增加储备，调剂供求，稳定价格。六是促进农、科、教相结合，推广优良品种、节约用水、科学施肥和使用农家肥，以及病虫害综合防治等农业适用技术，对制约农业生产发展的重要技术进行重点攻关。大力培养农业技术人才，稳定农业科研和技术推广队伍。七是积极扶持化肥、农药和农机生产，提高产品质量，整顿农业生产资料流通秩序，减少中间环节，降低流通费用，抑制价格上涨。八是支持发展乡镇企业特别是中西部地区乡镇企业，多渠道吸纳农村剩余劳动力，组织好剩余劳动力的合理、有序流动。九是认真实施"八七扶贫攻坚计划"，多安排一些资金，扩大以工代赈规模，重点扶持贫困地区修建公路和基本农田，解决人畜饮水问题。十是继续加强农村社会化服务体系建设，逐步建立农业保险制度。

继续扩大对外开放。要巩固和发展全方位对外开放格局，把工作重点放到提高成效上来。努力保持对外贸易的稳定增长，改善出口商品结构，提高出口商品的质量和档次，大力促进机械电子产品和成套设备的出口，鼓励工技贸相结合，提高服务质量，拓展海外市场。合理调整进口商品结构，对一般商品尤其是高档消费品，要运用符合国际惯例的方法加以调节。制定明确的产业政策引导外资投向，把引进外资同调整产业结构和产品结构、提高技术水平和管理水平更好地结合起来，提高使用效益。在投资环境不断改善的条件下，对外商投资要坚持竞争择优的原则，按国际惯例和建立社会主义市场经济体制的要求，创造条件逐步实行国民待遇。在合资经营中要做好国有资产评估以及引进技术和设备的鉴定工作，依法保护中外投资者和企业员工的正当权益。继续办好经济特区和上海浦东新区，发挥开放城市、开放地带的积极作用。这些地区要靠先进技术、集约化经营和产业结构升级，在发展外向型经济中创造新的优势。中西部地区也要发挥自身优势，促进社会经济发展，国家在产业政策和生产力布局等方面给予必要的支持，积极创造条件，逐步缩小这些地区同经济发达地区的差距。

中国将一如既往，在平等互利基础上积极发展同世界各国多边和双边的经济贸易关系，愿意并且应当成为新的世界贸易组织的创始国。

坚决执行计划生育和环境保护的基本国策。现在我国人口已经达到12亿，控制人口过快增长，提高人口素质，是一项长期而艰巨的任务。要认真落实《计划生育工作纲要》，把工作重点放在农村和流动人口上。要引导农民转变生育观念，把计划生育同脱贫致富、发展经济和建设文明幸福家庭结合起来。要继续贯彻经济建设与环境建设同步规划、同步实施、同步发展的方针，严格执行环境保护的法律法规，加强监督管理。坚决治理污染，特别是治理危害严重的水污染和大气污染。

大力开展植树造林，加强水土保持，改善生态环境。

制定“九五”计划和2010年的远景目标，是今年的一项重要工作。今后十五年特别是“九五”是我国推进改革开放和现代化建设的重要时期。在发展社会主义市场经济条件下制定中长期计划，计划方法要进行改革，突出计划的宏观性、战略性和政策性，总体上应当是指导性的计划。要把经济增长、社会发展和深化改革综合加以考虑，重点解决一些关系全局的问题。

三、以国有企业为重点深化经济体制改革

今年的经济体制改革，要以国有企业改革为重点，配套推进社会保障体制改革，巩固和完善宏观管理体制改革措施，进一步转变政府职能，培育市场体系，沿着建立社会主义市场经济体制的方向继续前进。

积极推进国有企业改革。国有企业特别是国有大中型企业，是我国国民经济的支柱。在现阶段多种经济成分共同发展的格局下，国有企业是能源、交通、重要原材料和技术装备的主要提供者，也是国家财政收入的主要来源，在国民经济中占有举足轻重的地位，为全国经济发展和改革开放做出了重大贡献。在改革开放中，各地区各行业都涌现出一批活力强，效益好，在国内外市场上享有良好声誉的国有企业，说明国有企业是可以搞好的。但是，由于多方面原因，目前部分企业还不能适应发展社会主义市场经济的需要。国有企业改革是一项艰巨复杂的任务，必须解放思想，勇于探索，大胆实践，采取有力措施，争取经过几年努力，取得明显成效。国有企业改革要着眼于搞活整个国有经济，更好地发挥国有经济的主导作用。

要进一步转换企业经营机制，落实国有企业财产监督管理条例。继续转变政府职能，实行政企分开，为企业实现自主经营和自负盈亏创造良好的外部条件。全面开展清产核资工作，加强国有资产管理，向部分企业委派监事会。建立国有资产经营责任制和保值增值考核体系，防止国有资产流失。要逐步调整资本与债务的比例，有选择地解决历史遗留的企业过度负债问题。

国务院和省（自治区、直辖市）政府分别选择一批企业，进行建立现代企业制度的试点。国务院将选择几个行业，试行国家控股公司制度。对现有的股份制公司要依法进行规范，把企业改组、改制和改造结合起来。要认真总结和积极推广试点中的成功经验，推进面上的企业改革。

长期亏损，扭亏无望，不能偿还到期债务的企业，有的直接依法实行破产，有的可以先停产整顿，再进行重组。对产品落后，无法适应市场需求的企业，实行转产、兼并或转让。要加大国有小型企业的改革力度，可以实行联合，或者实行股份合作制，也可以用租赁、承包、拍卖等办法进行改组改造。

结合产业结构调整，发展企业集团。继续办好现有大的企业集团。支持企业打破行政隶属关系，发展以产品或贸易为龙头的企业集团，鼓励跨行业、跨地区经营，加快产业结构和企业组织结构的调整，增强市场竞争能力。

逐步减轻企业办社会的负担。一般可以先把企业的辅助性机构和服务单位分离出去，实行独立核算，减少补贴，逐步走向社会，实现自负盈亏。有条件的，也可以把企业办的公益性单位划交地方政府管理。分流企业富余人员要发挥政府、企业和职工三方面的积极性，实行企业安置、个人自谋职业和社会帮助相结合。

在继续改善企业外部环境的同时，国有企业必须着力加强内部管理。许多办得好的企业，都是有好的经营机制，有好的领导班子，发扬职工的主人翁精神，注重科学管理，依靠技术进步，产品能适应市场需求。这些经验具有普遍意义，应该大力总结和推广。所有企业都要树立市场观念，增强竞争意识，珍视企业信誉，创造良好的企业形象。认真执行企业内部各项规章制度，加强基础工作，重视职工队伍建设，坚持从严治厂。改善财务管理和成本管理，严格结算纪律，加速资金周转，提高资金使用效率。

进行以养老和失业保险为主要内容的社会保障体制改革。这项改革的总体方案和若干分项改革方案已经确定，今年要以城市为单位积极试行。城镇基本养老保险，由用人单位和职工个人共同负担，实行社会统筹基金和个人帐户相结合；目前实行确有困难的地方，可根据实际情况，采取逐步到位的过渡办法。失业保险基金要以城市为单位实行统筹管理。要扩大城镇社会保险的覆盖范围，国有、集体、私营和股份制企业职工以及外商投资企业的中方职工和个体工商业者，都要参加保险，提高保险管理服务的社会化程度。务必把已筹集到的社会保险金管好用好，发挥其在推进改革和维护稳定方面的积极作用。

巩固和完善已出台的各项宏观管理体制改革措施。金融体制改革，要进一步加强中央银行对货币供应的调控能力，增加间接调控手段的运用。加快国有商业银行改革的步伐，积极推行资产负债比例管理和风险管理，提高信贷资产质量。完善政策性银行的经营机制。分期分批组建城市合作银行。按照分业管理的原则，规范各类金融机构的业务范围并加强监管，银行不得经营信托投资和证券业务。巩固外汇改革成果，进一步完善结汇售汇制度。

财税体制改革，要巩固和完善分税制，逐步取消一些不规范的做法。认真研究中央和地方政府的事权划分范围。加强增值税、消费税的征管，改进出口退税制度，打击偷税骗税行为。继续清理和逐步取消各种不合理的减免税政策。认真执行个人所得税法，尽快建立个人收入应税申报制度，重点抓好对高收入者的征收。

计划体制改革，要进一步转变计划管理职能，改进计划编制方法，加强经济信息和经济监测预报工作，搞好宏观经济政策和经济杠杆的综合协调。投资体制改革，要明确国家投资和融资的范围，实行投资主体法人责任制，对立项、筹资、建设和生产经营、还本付息以及资产保值增值的全过程负责。逐步建立投资项目资本金制度。

在深化改革的进程中，每个阶段的工作都要抓住重点，以求有所突破，同时要兼顾其他方面的改革，以达到整体推进的目的。今年要继续推进以转变职能为关键的政府机构改革，基本完成各级地方政府机构改革的任务。在积极促进国有经济和集体经济发展的同时，鼓励个体、私营、外资经济发展，并依法加强管理。其他方面的改革，包括商品流通和外贸体制、供销社体制、土地使用制度和住房制度等改革，都要认真组织实施。党的十四大和十四届三中全会确定了我国经济体制改革的目标，勾画出建立社会主义市场经济体制的蓝图。我们要进行坚持不懈的努力，争取在本世纪末初步建立起社会主义市场经济体制，然后再经过二三十年时间的努力，在各方面形成一套更加成熟更加定型的制度。我们的改革虽然已经取得举世瞩目的成就，但深化改革仍面临着许多问题和困难，对改革的艰巨性和复杂性要有足够的认识。各级政府都要切实加强对改革的领导，扎扎实实地做好工作，不断把改革推向前进。

四、发展科技教育文化和卫生体育事业

发展科技教育文化和卫生体育事业，提高思想道德水平，建设社会主义精神文明，对发展社会主义市场经济，促进社会全面进步，有着极其重要的作用，必须继续认真抓好这些领域的改革和发展。

促进科技成果向现实生产力转化，充分发挥科学技术在社会经济发展中的作用。要坚持科学技术是第一生产力的指导思想，坚定不移地贯彻经济建设必须依靠科学技术，科学技术工作必须面向经济建设的方针。当务之急是努力创造条件，加速科技成果向现实生产力转化。要保护知识产权，培育技术市场。大力开发先进适用技术，办好高新技术产业开发区。加强基础研究，重视解决与社会经济发展密切相关的基础理论和基础技术问题。鼓励发明创造，广泛开展群众性的技术革新和合理化建议活动。要深化科技体制改革，按照“稳住一头，放开一片”的方针，加快科技系统的结构调整和人才合理分流，加强科研院所、高等院校和企业之间的协调与联合，解决科研机构重复和科技力量分散问题，努力提高效率。抓紧培养中青年科技骨干队伍，为长远发展准备后续力量。今年要召开全国科学技术大会，对科技工作进行全面部署。

深化教育改革，加快发展教育事业。认真实施《中国教育改革和发展纲要》，进一步落实教育优先发展的战略地位。切实抓好基础教育，特别是九年义务教育和扫除青壮年文盲的工作。义务教育要以政府财政投入为主，多渠道筹措资金。继续调整教育结构，逐步形成初等、中等、高等普通教育和职业教育的合理比例。大力发展职业教育，有计划地实行初中后、高中后的分流，目前还不能普及九年义务教育的地方，也要进行必要的职业教育。加强成人教育和职业培训，实行职业资格证书制度。高等教育实行中央和省级政府两级办学、两级管理的体制，通过调整、改革和联合共建，逐步过渡到以省级为主。继续办好一批重点大学和重点学科。鼓励社会力量办学，以调动各方面办学的积极性。从中央到地方，各级政府都要继续增加教育投入。各类学校都要充分利用现有条件，努力提高教学质量和办学效率，合理配置和有效利用教育资源。积极稳妥地推进高等学校、中等及中等以上各类职业学校招生、收费和毕业生就业制度的改革，建立和完善奖学金、贷学金制度。对家庭经济特别困难的学生要给予适当帮助，有条件的学校要组织勤工俭学。各类学校都要认真贯彻德、智、体全面发展的方针。加强和改进德育工作，家庭和社会要紧密配合，创造有利于青少年健康成长的环境。改革考试方法和考试制度，改变学生片面为应付考试而读书的现象，切实减轻中小学生过重的课业负担。要在全社会形成尊师重教的良好风尚，认真办好各级师范教育，进一步加强中青年教师队伍建设，改善教师工作条件和生活待遇，继续解决民办教师转正的问题。

坚持正确方向，繁荣文化事业。要坚持为人民服务、为社会主义服务的方向，坚持百花齐放、百家争鸣的方针，弘扬主旋律，提倡多样化，促进文学艺术、广播影视、新闻出版和社会科学的健康发展。鼓励文学艺术工作者深入生活，创作更多反映改革开放和社会主义现代化建设，有利于少年儿童和青年健康成长，富有艺术魅力的优秀作品，丰富人民群众的文化生活，满足不同层次的需要。加强社区文化、企业文化特别是农村文化建设，开展丰富多采的群众性文化活动。深化文化管理体制改革，完善文化经济政策，增强艺术表演团体和其他文化企事业单位的活力，扶持高雅艺术和民族文化精粹。增加对图书馆、博物馆、文化馆（站）、科技馆（站）等文化事业的投入。普及科学文化知识，反对愚昧迷信活动。搞好“文化扶贫工程”和“万里边疆文化长廊”的建设。坚持广播电影电视的正确导向，努力提高节目质量，扩大覆盖率。出版工作要贯彻“控制总量，调整结构，提高质量，增进效益”的原则，多出好书，不出坏书。对文化事业要坚持一手抓繁荣，一手抓管理，坚持不懈地开展“扫黄”斗争，打击盗版、走私等非法文化经营活动。重视文物保护工作，打击各类文物犯罪活动。

发展卫生、体育事业，提高国民身体素质。坚持预防为主的方针，加强对常见病、传染病、地方病和职业病的防治工作，关心和支持妇幼卫生和儿童计划免疫，努力消灭脊髓灰质炎和新生儿破伤风，基本实现食盐加碘。积极振兴中医药事业。落实农村初级卫生保健规划，推行多种形式的农村医疗保障制度。进行城镇职工医疗保险制度改革试点。医疗卫生机构要深化内部管理体制改革，加强医德医风建设，提高基础医疗质量。努力开发新药，依法加强对药品、食品和社会公共卫生的监督和管理。

体育工作要坚持群众体育和竞技体育协调发展的方针，把发展群众体育，推行全民健身计划，普遍增强国民体质作为重点。严格体育队伍管理，树立良好的体育道德和竞技风尚，提高竞技运动水平。

全社会都要关心和支持基础教育

——李瑞环主席在全国政协第八届第九次常务委员会议上的讲话

（1995年1月14日）

这次常委会议集中讨论了教育问题。李岚清副总理作了重要讲话。钱伟长副主席作了专题报告。大家发表了许多好的意见和建议。下面我就发展我国基础教育问题谈几点意见。

一

基础教育，包括学前教育、小学教育和中学教育，在我国教育事业中占有十分重要的地位。抓好基础教育尤其是九年义务教育，是今后一个时期内发展我国教育事业的“重中之重”。

基础教育是发展高等教育的奠基工程。实现现代化，需要大批科技人才和各个领域的高级人才。这些人才的培养主要靠高等教育，而高等教育的生源在基础教育。即使那些未能进入高等院校而自学成才的人，同样离不开基础教育阶段所掌握的知识和本领。根深才能叶茂，只有切实搞好基础教育，高等教育才有可靠的根基。

基础教育是提高劳动者素质的关键环节。根据我国的情况，接受基础教育之后能够进入高等学校的人总是少数。我国基础教育的主要任务是为各行各业培养合格的劳动者。劳动者是生产力中最基本的要素。没有较高素质的劳动者，任何先进的科学技术都不可能转化为现实生产力，一切行业劳动效率的提高，产品质量的保证，经济效益的增加，都难以实现。不论是从现实情况看，还是从长远观点看，决定我国国民经济和各项事业发展的一个根本因素，在于全体劳动者的素质。基础教育所传授的知识，既是一个合格劳动者素质的内涵，也是他们进一步发展提高的起点。

基础教育是推动社会文明进步的基本条件。基础教育传授的科学文化和劳动技能，培育的思想道德和身心素质，都是社会文明进步的内容。基础教育阶段所掌握的知识，为进一步接受人类文明的成果提供了条件。基础教育的对象是儿童和青少年，这个时期所受的教育，影响人生观、世界观的形成，影响健全人格的形成，影响人的一生，进一步说，也就影响整个中华民族的素质。我们常说，培养“四有”新人，从幼小抓起，从根基抓起，就是从基础教育抓起。

基础教育是覆盖全社会的重要工作。在各级各类教育中，只有基础教育是全民性教育。特别是九年义务教育，是每一个公民都必须依法接受的教育。基础教育牵动着千家万户。受到全社会的重视。由于我国实行计划生育制度，独生子女在中小学生中已占有相当大比重，他们普遍成为家庭的关注中心，凝聚着家庭几代人的希望。对家长来说，学校办好了，孩子教好了，比什么都高兴。搞好基础教育，实际上已经成为全心全意为人民办实事的一项重要内容，对于密切党群关系、理顺群众情绪、维护社会稳定，具有特殊的意义和作用。

二

这些年来，我国基础教育发展很快，取得了很大的成就。教育规模日益扩大，教学质量稳步提高，办学条件明显改善，教师队伍不断加强，教育改革逐步深化，这些都是有目共睹的。但是同两个文明建设的需要相比，我国基础教育仍然有较大差距，仍然面临许多亟待解决的困难和问题。

基础教育的任务非常繁重。我国需要接受基础教育的适龄人口数量居世界首位，没有完成义务教育的成年公民数量也非常惊人。全民平均受教育年限仅有5.4年。15岁以上文盲有1.8亿，占同龄人口的22.25％，其中青壮年文盲约5200多万。尽管党和政府为扫盲进行了不懈努力，每年仍有成百万新生文盲涌入劳动者的行列。特别是近两年不少地方中小学辍学率呈回升之势，使普及义务教育面临更加严峻的形势。

基础教育的经费十分困难。近些年来，我国基础教育经费有较大幅度的增长，但与基础教育发展的要求相比，仍然显得非常不够。我国教育经费在国民生产总值中所占比重，1993年为2.66％，人均只有12.92美元。这不仅比世界发达国家低得多，而且比发展中国家的平均4.1％、人均42美元也存在不小的差距。按照中央的要求，省级教育经费应占到财政支出的20％以上，目前全国实际上达到这一标准的仅有四个。问题还在于，这些本来不足的投入，绝大部分用于人员开支。据统计，1993年我国预算内教育事业费普通中学用于人员部分达82.81％，小学将近90％，教学经费所剩无几。

基础教育教师的待遇仍然偏低。目前许多地方中小学教师特别是农村中小学教师的收入与许多行业相比，存在很大的差距。全国民办教师的月平均收入只有80—100元。在一些地方，拖欠教师工资的问题还没有根本解决。中小学教师的福利待遇也偏低，在住房、医疗、子女就业等方面都有很多困难。基础教育师资匮乏越来越令人担忧。

基础教育的教学内容、方法有待更新。目前，在我国中小学教学中存在不少值得认真研究解决的问题，教材内容有的陈旧，课程设置不尽合理；脱离多数学生将要就业的需要，片面追求升学率；教学方法不够科学，填鸭式、满堂灌、死记硬背等现象严重存在；中小学生学习负担过重，影响了德、智、体全面发展。

三

发展基础教育是一项复杂的系统工程，必须从我国实际出发，必须全社会共同努力，必须在实践中不断探索，必须扎扎实实地工作，按照《中国教育改革和发展纲要》规定的目标有计划有步骤地向前推进。

第一，领导要真正重视。基础教育实行地方负责，分级办学，分级管理，各级领导是否重视，关系极大。没有领导重视，就不能把基础教育工作摆上应有的位置，经常研究讨论；就不能采取有力措施，切实解决实际问题特别是优先安排教育经费问题。实践证明，只有领导特别是主要领导重视，才能带动逐级领导和有关部门的重视，形成上下左右齐心协力抓教育的局面。要认真组织学习邓小平同志的教育理论，努力提高各级领导对基础教育的认识，牢固树立“百年大计，教育为本”的指导思想。要大力宣传表彰那些重视教育、身体力行、卓有成效的领导干部，批评以至处理一些极端不负责任、空谈误教的官僚主义者，以分清功过，明辨是非。要把基础教育发展状况列入各级领导干部政绩的考核内容，作为评价、提拔、任用干部的一个重要标准。

第二，全社会要大力支持。人多是我国一大国情，许多问题由人多而产生，许多问题的解决也必须在人多上做文章。在我们这样一个经济不发达的大国办教育，不可能完全由政府包下来，必须依靠全社会共同努力。要坚持多种形式办学。在实行基础教育以地方政府兴办为主的同时，继续提倡和鼓励企业事业单位、社会团体、社区组织以及公民集体或个人举办各类学校。社会办学要严格遵守国家有关法律法规、方针政策，有关方面也要爱护社会办学的积极性，尊重其办学的自主权。要利用多种渠道筹资。继续动员和支持海内外各界人士为基础教育捐资助学，千方百计地把他们捐助的资金用好。大张旗鼓地宣传各种兴学支教义举，表彰热心教育的先进人物，使我国尊师重教的优良传统得以发扬，使社会支教活动形成风气、形成制度。这几年开展的“希望工程”、“春蕾计划”等活动，效果很好，要总结经验，推广创新。要加强各方面的配合。教育好下一代是学校、社会及家庭共同的责任。新闻出版、广播影视、文学艺术等部门要积极为青少年提供有益的精神食粮，为青少年的健康成长创造良好的社会环境。家长有责任有义务按照国家法律的要求确保子女完成九年义务教育，并配合学校引导孩子健康发展。总之，社会各个方面要形成合力，共同承担起教育下一代的任务。

第三，教育工作者要艰苦奋斗。搞好基础教育，归根结底要靠教育工作者自身的努力。几十年来，广大教育工作者在艰苦的条件下，任劳任怨，呕心沥血，为教育事业的发展作出了巨大贡献，党和人民永远感谢他们。随着经济发展和社会进步，基础教育的办学条件会有所改善，教师的生活待遇也会逐步提高，但是困难和问题不是短时期内都能解决的。广大教育工作者要树立远大理想，以从事教师工作为荣，为着民族的振兴，为着祖国的未来，不怕艰难，安贫乐道，把毕生精力献给教书育人的神圣事业；要提倡勤俭办学，挖掘潜力，创造条件，把学校办好，把学生教好；要发扬敬业精神，坚持“三个面向”，加强政治修养，刻苦钻研业务，不断改革教学内容和教学方法，培育出适合现代化需要的“四有”新人。

第四，工作要狠抓落实。邓小平同志在1985年5月全国教育工作会议上曾经指出，搞好教育工作，必须“少讲空话，多干实事”，必须转变“那种只靠发指示、说空话过日子的坏作风”。当前，有些地方官僚主义严重，形式主义泛滥，空话、套话、假话盛行，会议、文件、应酬成灾，影响了干群关系，贻误了许多工作。基础教育存在的问题既多又难，只有经常抓、具体抓、反复抓、才能解决。我们必须转变作风，切实做到小平同志所要求的“扎扎实实地抓”，“抓紧、抓好”。

重视和支持教育事业，是人民政协的好传统。许多委员长期工作在教育第一线，对教育工作素有研究。每年政协大会和常委会关于教育的发言和提案，对我国教育事业的改革和发展都起了很好的作用。希望会后大家继续深入调查研究，身体力行，努力为振兴我国教育事业作出新的贡献。

胡锦涛同志在首都青年纪念“一二·九”运动60周年、“一二·一”运动50周年大会上的讲话（节录）

（1995年12月8日）

“一二·九”运动的历史经验昭示我们，青年运动只有始终坚持中国共产党的领导，高举爱国主义旗帜，把握时代脉搏，才能在推动历史发展的进程中始终保持正确的方向。广大青年和青年学生只有适应时代要求，把个人的理想追求同国家民族的前途命运紧密联系在一起，把个人的奋斗融汇到人民群众实现共同理想的历史创造活动中去，走与实践相结合、与工农群众相结合的成长道路，才能更好地担负起历史赋予的光荣使命。

“一二·九”运动以来的60年间，中国大地上发生了翻天覆地的变化。中国人民在中国共产党和毛泽东同志的领导下，经过艰苦卓绝的斗争，推翻了“三座大山”，结束了中华民族受奴役、受欺凌的屈辱历史，建立了人民当家做主的社会主义新中国，实现了革命前辈们梦寐以求并为之浴血奋斗的理想。新中国成立46年来，全国各族人民自力更生，发愤图强，努力建设我们的国家，改变了旧中国一穷二白的落后面貌。特别是改革开放17年来，党领导人民在邓小平同志建设有中国特色社会主义理论和党的基本路线指引下，以经济建设为中心，集中力量进行社会主义现代化建设，取得了举世瞩目的巨大成就，我国经济发展、政治稳定、民族团结、社会进步，各项事业欣欣向荣。

当前，我国改革开放和社会主义现代化建设正处在承前启后、继往开来的重要历史时期。党的十四届五中全会通过的《中共中央关于制定国民经济和社会发展“九五”计划和2010年远景目标的建议》，提出了今后15年的奋斗目标和主要任务，描绘了我国跨世纪发展的宏伟蓝图。要求到2000年，实现人均国民生产总值比1980年翻两番，人民生活达到小康水平，初步建立起社会主义市场经济体制；到2010年，实现国民生产总值比2000年翻一番，使人民的小康生活更加宽裕，形成比较完善的社会主义市场经济体制。这是一个既鼓舞人心、催人奋进，又实事求是、切实可行的宏伟目标。实现这一目标，需要全党和全国人民的共同努力，更需要青年一代的觉悟和奋斗。当代青年是跨世纪的一代，是我国改革开放和现代化建设的一支重要力量，在实现党的跨世纪宏伟目标进程中肩负着重要的历史使命。广大青年和青年学生要积极响应时代召唤，继承和发扬爱国主义传统，认清当前形势，明确奋斗目标，把满腔爱国热情化作振兴中华、报效祖国的实际行动，为我国的跨世纪发展，为中华民族的全面振兴贡献智慧和力量。

青年和青年学生要坚定理想信念，始终把实现党的跨世纪宏伟目标作为自己的执著追求。把我国建设成为富强、民主、文明的社会主义现代化强国，是现阶段我国各族人民和广大青年的共同理想。邓小平同志建设有中国特色社会主义理论，是我们实现这一共同理想的科学指南。当代青年和青年学生要深入学习这一理论，自觉用这一理论武装头脑，树立正确的世界观、人生观、价值观，坚定不移地跟党走建设有中国特色社会主义的道路，为实现共同理想不懈奋斗。爱国主义是团结凝聚全民族的精神力量。中华民族之所以长盛不衰，就是因为一代又一代中华儿女把爱国主义作为自己的精神支柱。在当代中国，爱国主义与社会主义在本质上是一致的，是激励我们实现共同理想的强大动力。广大青年和青年学生要以革命前辈为榜样，大力弘扬爱国主义精神，增强民族自尊心、自信心和自豪感，树立在我们手中把祖国建设好的雄心壮志。在实现共同理想的前进道路上，尽管还有不少困难和压力，但是，有中国共产党的领导，有建设有中国特色社会主义理论的指引，有爱国主义作为精神支柱，有全国各族人民包括广大青年的团结奋斗，我们一定能战胜各种艰难险阻，实现现代化建设的宏伟目标。

青年和青年学生要矢志艰苦奋斗，积极为国家的经济建设和社会发展作出贡献。在战争年代，革命前辈们为了民族的解放和国家的独立，前仆后继、英勇奋斗，甚至不惜牺牲自己宝贵的生命。今天，要把我国建设成为富强、民主、文明的社会主义现代化国家，实现民族的振兴和国家的富强，同样需要这种献身精神。当代青年和青年学生要发扬江泽民同志倡导的新时期创业精神，紧紧围绕改革、发展、稳定的大局，到改革开放和现代化建设的伟大实践中去奋斗、去创造、去奉献。要积极投身经济建设主战场，在每一个劳动岗位上勤勉敬业，扎实工作，勇于创新，发挥聪明才智，创造一流成绩，为促进国民经济持续、快速、健康发展建功立业。要自觉站在改革的前列，充分认识改革的艰巨性和复杂性，正确对待改革中的利益调整，热情支持改革，积极投身改革，不断促进改革深入发展。要努力推动社会主义精神文明建设，发扬青年“开风气之先”的传统，带头树立团结友爱、助人为乐、见义勇为的时代新风，倡导科学、文明、健康的生活方式，增强民主法制观念，努力塑造与时代要求相一致的良好精神风貌。发展和改革必须有稳定的政治和社会环境，我们国家之所以能够保持安定团结的政治局面，与广大青年和青年学生的努力是分不开的。要珍惜这个好局面，巩固和发展这个好局面，继续在维护社会政治稳定中发挥积极作用。

青年和青年学生要勤奋学习知识，不断增强建设社会主义现代化强国的过硬本领。党的十四届五中全会从中华民族未来发展的高度出发，提出了实行两个具有全局意义的根本性转变，把实施科教兴国战略、促进科学技术进步、提高国民素质，提到了十分重要的位置。青年时代是学习知识的黄金时代。现在青年学生的学习环境、学习任务、学习目的，与革命战争时期相比，已经发生了很大的变化。青年学生要把学习当作第一位的任务，珍惜在校学习的宝贵时光，树立攀登科学技术高峰的决心和勇气，在浩瀚的知识海洋中广泛汲取营养，用人类一切优秀文明成果和先进的科学文化知识丰富自己，做到德、智、体全面发展，为今后走上工作岗位打下坚实的知识基础。广大青年要适应现代化建设和未来发展的要求，以锲而不舍的精神，刻苦学习现代科技知识和劳动技能，不断提高自身素质，为担当起时代赋予的重任掌握过硬本领。

青年和青年学生要踊跃投身实践，努力在与人民群众相结合的过程中健康成长。社会实践始终是青年一代锻炼成长的大课堂，与实践相结合、与人民群众相结合始终是青年健康成长的必由之路。“一二·九”和“一二·一”时期的优秀青年之所以能够成长为中国革命和建设的骨干，就是因为他们投身到火热的革命斗争实践中，走与工农群众相结合的正确道路。新时期涌现出来的大批优秀人才，也都是在投身改革开放和现代化建设伟大实践的过程中成长起来的。当代青年和青年学生要在努力学习书本知识的同时，深入实践，了解国情，认识社会，陶冶品质，增长才干。要坚持走与人民群众相结合的道路，到基层去，到艰苦的地方去，到改革和建设最需要的地方去，磨炼意志，经受考验，努力把自己锻炼成为有理想、有道德、有文化、有纪律的社会主义事业建设者和接班人。

青年是祖国的未来和希望。青年一代能否按照党指引的方向健康成长，关系到党的事业的兴衰成败。我们党历来十分重视和关心对青年的培养，为青年的进步和发展开辟了前进的道路。各级党委和政府要从战略高度充分认识青年和青年学生工作的重要性，务必把这项工作作为一件大事来抓。要热情爱护青年，严格要求青年，努力帮助他们解决工作、学习、生活中的困难，进一步调动他们的积极性和创造性，充分发挥青年一代在实现跨世纪宏伟目标中的生力军作用。共青团和青联、学联组织要更好地担负起团结、教育和服务青年和青年学生的职责。全社会都要满腔热忱地关心、帮助青年，共同为青年一代成长成才创造良好的社会环境和条件。

青年朋友们、同学们！“一二·九”运动以来的一代又一代优秀青年，为民族的解放和国家的富强建立了不朽的功勋，谱写了可歌可泣的光辉篇章。实现跨世纪宏伟目标的伟大实践为当代青年提供了施展才华、建功立业的广阔舞台，建设有中国特色社会主义的伟大事业任重而道远。党和人民殷切希望，跨世纪的一代青年勇敢地肩负起历史赋予的光荣使命。我们相信，当代青年一定会继承和发扬“一二·九”运动和“一二·一”运动的光荣传统，在以江泽民同志为核心的党中央领导下，为实现党的十四届五中全会提出的跨世纪宏伟目标艰苦奋斗、建功成才，做出无愧于前辈、无愧于时代的更加辉煌的业绩！

落实教育优先发展战略地位的法律保障

——李岚清副总理在学习、宣传、贯彻实施《教育法》座谈会上的讲话

(1995年3月25日)

全国人民普遍关注、教育界和广大教育工作者热切盼望的《中华人民共和国教育法》,已经第八届全国人民代表大会第三次会议审议通过正式颁布,并将于今年9月1日实施。这是新中国成立以来我国制定的第一部教育的根本大法,是在党中央的高度重视和关怀下,经过全国人大、全国政协、各民族党派、国务院和政府各部门、社会各方面和广大教育工作者的共同努力,在总结了40多年来我国经济建设和教育改革与发展的经验,借鉴了国外教育立法的有益经验,分析了当代国际政治、经济、科技、教育发展的新趋势的基础上制定的。教育法的制定和颁布,标志着我国的教育事业进一步走上全面依法治教的轨道,对于确保教育在国民经济和社会发展中的战略地位,落实国家优先发展教育的重大决策,促进教育的改革和发展,实现建立社会主义市场经济体制和社会主义现代化建设的宏伟目标,具有重大的现实意义和深远的历史意义。

国运兴衰,系于教育。自党的十一届三中全会以来,随着党和国家工作重点转到以经济建设为中心,教育在社会主义建设中的重要地位和作用日益显示出来。党中央和邓小平同志十分重视教育工作,在制定建设有中国特色社会主义的总体发展战略中,始终把教育作为关系社会主义现代化建设全局和社会主义历史命运的一个根本问题,摆在突出位置。党的十四大明确提出:“必须把教育摆在优先发展的战略地位,努力提高全民族的思想道德和科学文化水平,这是实现我国现代化的根本大计。”江泽民同志在去年全国教育工作会议上又强调指出,“在整个社会主义现代化建设的过程中,教育优先发展的战略地位必须始终坚持,不能动摇。”这是党中央从我国国情出发,在经济建设指导思想上的一个重大发展,是加快我国改革开放和现代化建设的迫切要求。为落实教育优先发展的战略地位,党和国家采取了一系列重大的政策措施。特别是1993年党中央、国务院颁布了《中国教育改革和发展纲要》,再次强调教育是社会主义现代化建设的基础,必须坚持把教育摆在优先发展的战略地位。为贯彻落实《纲要》,1994年党中央、国务院召开了全国教育工作会议,江泽民同志发表了重要讲话,李鹏同志作了主题报告,国务院制定了《关于〈中国教育改革和发展纲要〉的实施意见》。这些重大的决策,对落实教育优先发展的战略地位,推进教育改革和发展,起到重要的作用。

自《纲要》发布特别是全国教育工作会议以后，各地各部门认真贯彻全国教育工作会议精神和《纲要》及其“实施意见”，采取了一系列政策措施和实际行动，落实教育优先发展的战略，出现了全党全社会重视教育、宣传教育、支持教育的可喜局面。但是，教育的发展还很不平衡，仍有一些地区和部门还没有完全落实教育优先发展的战略地位。教育战线的一些实际问题如教育投入不足、教师待遇偏低、教师住房困难等远未根本解决，教育内部也存在着中小学乱收费、学生课业负担过重、“贵族学校”、办学质量和办学效益不高等问题。事实说明，仅靠政策和行政手段，靠行政领导人的重视，是难以完全解决这些突出问题的。社会主义市场经济体制的建立和现代化的实现，必须有完备的法制来规范和保障，教育的改革和发展也有赖于教育法制的健全。我国的教育法制建设已经滞后于社会主义市场经济体制和教育体制改革的要求，如果现在再不抓紧，贻误了教育改革和发展的时机，必将影响整个经济建设和社会发展的大局。改革开放十几年来，我们在教育体制改革和教育事业发展方面已经积累了许多有益的经验，需要从法律上加以确认和巩固。虽然也陆续制定和颁布了一些法律、法规，但还缺少一部教育的根本大法。因此，自1985年以来，各届人大代表、政协委员、各民主党派、广大教育工作者和各行各业的同志们，都强烈呼吁教育法尽快出台。十年春秋，十二次易稿，《教育法》经过八届人大三次会议审议、修改、通过，终于正式颁布实施。可以说，这是建立社会主义市场经济体制和加快现代化建设的必然要求，是教育改革和发展进入到关键时期的必然产物，也是全党全社会对落实教育优先发展战略地位进一步取得共识的必然结果。

《教育法》作为教育的根本大法，把落实教育优先发展的战略地位，推动教育的改革与发展，作为立法的根本指导思想。《教育法》总则明确规定：“教育是社会主义现代化建设的基础，国家保障教育事业优先发展。”第一次以国家法律的形式确立了教育的战略地位、优先发展教育的基本原则。《教育法》确定了“国家建立以财政拨款为主、其他多种渠道筹措教育经费为辅的体制”，“各级人民政府的教育经费支出，按照事权和财权相统一的原则，在财政预算中单独列项”，以及教育财政拨款“三个增长”的重要准则。《教育法》还在设立教育专项资金，征收教育费附加，开征地方教育附加费，鼓励发展校办产业，完善和规范教育集资，鼓励捐资助学，运用金融、信贷手段支持教育发展，以及对学校基本建设用地及所需物资，对用于学校教育和科学研究的进口资料和设备，对发展卫星电视教育和电化教育实行优先优惠政策等，提供了必要的法律依据。在目前国家财力有限的情况下，能作出这些规定，应当说是尽了很大努力，体现了党和国家对落实教育优先发展战略地位的决心，也是人大代表、政协委员和社会各界支持和努力的结果。为推动教育事业的健康发展，《教育法》还对涉及教育的全局性的重大问题，如教育方针、教育的基本原则、教育的基本制度、学校的法律地位、教育与社会的关系、教育的对外交流与合作、教育法律责任等，作出相应的规定。这将有利于巩固教育改革成果，引导和保障教育改革的深入进行，建立适应社会主义市场经济体制的新的教育体制和运行机制，保护学生、教师、学校等各类教育关系主体在教育活动中的合法权益，为教育法制建设提供全面的法律依据，使教育事业走上全面依法治教的轨道。

《教育法》的颁布，不仅是各级教育部门的大事，而且是全党全社会的大事。现在的任务是首先要认真学习、大力宣传、积极贯彻实施《教育法》。各级领导干部首先要带头学好用好《教育法》，树立“百年大计，教育为本”，“尊重知识，尊重人才”的观念，提高落实教育优先发展战略地位的自觉性和紧迫性；树立严格执法、依法治教的观念，使教育的改革和发展走上法制化的轨道。在加快社会主义市场经济体制和民主法制建设的今天，不懂得、不善于用法律手段领导和管理工作的领导干部，是不能适应新形势要求、不称职的领导干部。各级党委、政府和社会各个方面要认真贯彻执行《教育法》。党政主要领导要根据执法需要，协调有关职能部门密切配合，把《教育法》真正落到实处。各级党委、政府要把教育列入优先研究和决策的议程；计划部门要把教育发展作为社会发展的优先领域，依法保障教育在国民经济发展计划中的优先位置；财政部门要在资源配置中依法优先保证教育的资金需求和增长比例；基本建设和物资部门要依法优先安排学校的基建用地及所需物资；人事部门要依法优先落实提高教师待遇和社会地位的各项规定；组织部门要依法考核各级领导干部，把在落实教育战略地位方面有突出业绩的干部，优先选拔到高一层的领导岗位上来。

要把贯彻实施《教育法》同落实《中国教育改革和发展纲要》紧密结合起来。《纲要》是我国新时期教育改革和发展的宏伟蓝图，《教育法》是实现这个宏伟蓝图的法律保证。两者的指导思想、基本内容和规定要求都是一致的。《教育法》用法律形式将党和国家对教育改革和发展的方针政策固定下来，不仅充分反映了人民的利益、国家的意志，而且具有法律的规范性和强制性。它使教育的地位和作用，不因领导人的改变而改变，不因领导人的看法和注意力的改变而改变；它有利于各级人大、党政机关、社会团体和人民群众对法律的实施实行监督。各部门、各地区的党政领导贯彻实施《教育法》的实际行动就是要继续认真落实《纲要》和李鹏总理在八届人大三次会议所做的政府工作报告中对深化教育改革，加快发展教育事业提出的要求。要切实抓好基础教育，特别是九年义务教育和扫除青壮年文盲的工作。义务教育要以政府财政投入为主，多渠道筹措资金。继续调整教育结构，逐步形成初等、中等、高等普通教育和职业教育的合理比例。大力发展职业教育，有计划地实行初中后、高中后的分流，目前还不能普及九年义务教育的地方，也要进行必要的职业教育。加强成人教育和职业培训，实行职业资格证书制度。高等教育实行中央和省级政府两级办学、两级管理的体制，通过调整、改革和联合共建，逐步过渡到以省级为主。继续办好一批重点大学和重点学科。鼓励社会力量办学，以调动各方面办学的积极性。从中央到地方，各级政府都要继续增加教育投入。各类学校都要充分利用现有条件，努力提高教学质量和办学效益，合理配置和有效利用教育资源。积极稳妥地推进高等学校、中等及中等以上各类职业学校招生、收费和毕业生就业制度的改革，建立和完善奖学金、贷学金制度。对家庭经济特别困难的学生要给予适当帮助，有条件的学校要组织勤工俭学。各类学校都要认真贯彻德、智、体等方面全面发展的方针。加强和改进德育工作，家庭和社会要紧密配合，创造有利于青少年健康成长的环境。改革考试方法和考试制度，纠正一些学校片面应付考试而不注意提高学生素质的现象，切实减轻中小学生过重的课业负担。要在全社会形成尊师重教的良好风尚，认真办好各级师范教育，进一步加强中青年教师队伍建设，认真改善教师工作条件和住房等生活待遇，继续解决民办教师转正的问题。

要尽快完善教育执法体制，落实《教育法》的监督检查工作。有关部门要抓紧制定《教育法》的配套法规，使《教育法》的各项法律规则更便于操作和执行。各地方也要从本地区实际出发，制定与贯彻《教育法》相应的配套措施。各级教育行政部门和各级各类学校要依照《教育法》的规定办学。各级教育部门和其他有关部门还要配合同级人大常委会对《教育法》的贯彻执行情况进行监督和检查。同时还要充分发挥群众监督和舆论监督的作用。国务院拟于1996年在《教育法》颁布一周年之际，组织对各地、各部门贯彻落实《教育法》的情况进行一次检查。

《教育法》的制定和颁布，是我国进一步走上全面依法治教轨道的新开端。到本世纪末初步建立起教育法律、法规体系的框架，任务还很艰巨。《教育法》的贯彻实施也是一项长期的任务。任重道远，各部门、各地区党委、政府和社会各方面都要切实负起责任，推动教育优先发展战略地位的落实。我相信，在以江泽民同志为核心的党中央领导下，经过各级政府的共同努力和全社会的支持，一定能够实施好《教育法》，把教育的改革和发展推上一个新的阶段。

李岚清副总理在第二次全国教职工住房建设工作经验交流会上的讲话

（1995年11月28日）

这次大会是自去年10月大连会议以来，由国务院办公厅召开的关于教职工住房建设工作的又一次全国性会议。这次会议开得很好，很有必要。会议一方面是总结去年大连会议一年来，全国教职工住房建设工作的进展情况和经验，另一方面是要动员各地继续加大教职工住房建设的筹资力度和工作力度。去年全国教育工作会议和大连教师住房会议之后，在全国范围内，尊师重教的社会风尚愈加浓厚，教育战线的形势是好的。很多省（区、市）党委和政府十分重视教职工住房建设工作，行动上真抓实干，教职工住房建设的成绩也很显著，主要体现在以下几个方面：

一、积极贯彻大连会议精神，认真落实《关于加速解决教职工住房问题的若干意见》（国办发［1995］18号）

各地相继召开本地教职工住房建设工作会议，传达贯彻大连会议精神和国办发［1995］18号文件，总结交流解决教职工住房问题的经验，研究制定政策措施。不少地方成立了教职工住房建设领导小组，由当地政府协调，各有关部门通力合作，教职工住房建设呈现出蓬勃发展的景象。据了解，大连会后，云南、四川、上海、天津、北京、山东、广东、江西、福建、浙江、甘肃、内蒙古、长春等省（区、市）和机械部、卫生部等部门相继召开了本地区、本部门教职工住房建设工作经验交流会或工作会议，专门研究贯彻落实大连会议精神，部署住房建设工作。其中上海、天津、江西、甘肃、内蒙古等省（区、市）和机械部等部门还制定了本地区、本部门关于解决教职工住房问题的政策性文件和办法，对教职工住房建设工作的领导、目标任务、资金筹措、优先优惠政策及实施管理等提出了明确要求，有力地推动和保证了本地区、本部门教职工住房建设的顺利进行。

二、党政主要领导同志亲自挂帅，强化政府的领导和协调

大连会后，许多地方和部门的主要领导亲自抓教职工住房建设工作，分别成立了由党政主要领导负责、政府各有关部门参加的本地区教职工住房建设领导小组或“广厦工程”领导小组，负责协调解决教职工住房建设工作中的有关问题。四川省省长肖秧同志自告奋勇担任“四川广厦工程”领导小组组长；昆明市市长王庭琛同志亲自召集有关方面研究，提出建设“园丁小区”的建设方案。该小区在多方提供便利的条件下，仅用一年时间便已建成交付使用。上海市在提出实施“广厦工程”目标后，上海市领导先后十二次召集有关教师住房建设工作的专门会议。在不少地区很快出现了由过去的教育部门一家积极筹办，变为现在的由政府直接领导，各部门大力支持,全社会积极配合的崭新局面。

三、明确建设目标，制定建设规划

在落实大连会议精神，贯彻国办发[1995]18号文件的过程中，多数地方结合本地实际，确定了教职工住房建设的总体目标和规划，并将其纳入当地“安居工程”规划和城市建设总体规划统筹考虑。云南、四川、上海、天津、宁夏、长春等省（区、市）在总结近年住房建设工作的基础上，制定了教职工住房建设规划,提出了建设目标。云南省昆明市1993年即已建成东、西、南、北四个规划合理、功能比较配套的“园丁小区”,1995年又新建成了两个园丁小区，并于今年教师节前已交付使用。今年下半年,又决定在城镇和农村各开工2000套教师住宅。目前,昆明市城市教职工家庭人均居住面积已实现10.8平方米（高出当地居民10%以上）的目标。四川省政府在《关于实施四川广厦工程解决教职工住房问题的通知》中提出，到本世纪末，全省将通过多方筹集资金37.5亿元，建成教职工住房1225万平方米，使全省教职工家庭人均居住面积达到8.5平方米，成套率85%以上。今年上半年,全省教职工住房建设已新征土地约113公顷，开工和在建住房180万平方米，已竣工122万平方米，预计年底完成185万平方米。长春市从建国到去年,一共建了教职工住房42万平方米。大连会议后，市委、市政府召开了四次常务会议，研究教职工住房建设工作，修订了教职工住房建设规划，决定把教职工住房建设工作作为本市阶段性战略重点,确定了两个规划目标。一是1995年投资2.3亿元,建设城镇中小学教职工住房24.3万平方米，使教职工家庭人均居住面积由1994年底的7.48平方米提高到8.8平方米。现在这项工作进展比较顺利。二是到1997年全市城镇中小学教师家庭人均居住面积达到10平方米，提前实现长春市居民2000年的规划目标。上海市今年共投资6.8亿元，建设教职工住房56.8万平方米，其中30.5万平方米正陆续竣工,年底前全部交付使用。他们还在教职工住房建设规划中提出，到2000年全市教职工家庭人均居住面积分别达到高校11平方米、中小学10.5平方米，超过居民人均10平方米的水平。天津市截止今年7月初共开工建设教职工住房30.4万平方米，其中已有15万平方米于教师节前竣工交付使用。天津市政府还明确规定每年安排4500万元专项资金用于教职工住房建设，并通过把新开征的五项教育事业发展费优先用于教师住房建设，每年为教师住房建设提供补助资金1.12亿元，同时，通过对教职工住房建设优先优惠及减免按国家规定和本地区有权减免的有关税费，使得教职工住房建设项目免交各种税费1.6亿元,平均每平方米减少造价150元。广东省1994年一年投入中小学教师住房建设资金达10亿元，建成教师住宅1.9万多套，共156万平方米。从1995年开始,广东省财政每年安排8000万元中小学教师住房建设专项资金，省以下各级政府也加大了投资力度，进一步加快了教职工住房建设的步伐。上海、北京等地对属地的中央部委所属学校统建的教职工住房，也从各个方面予以支持，给予了市属学校同等的优惠政策。

四、加大建房投入和住房制度改革力度，住房建设成绩显著

据初步预计，今年全国普通高校和城镇中小学教职工住房建设共投入资金119亿元，比1994年增加30亿元，增长33.7%，建成住房建筑面积2008万平方米，共计27.3万套。其中，城镇中小学教职工住房建设投资93亿元，比1994年增加27.89亿元，增长43%，建成住房建筑面积1576.7万平方米；普通高校教职工住房建设投资为26亿元，比1994年也有所增加，建成住房建筑面积431.5万平方米。截止1994年底，全国教职工家庭人均住房居住面积已达到普通高校6.82平方米，城镇中小学7.38平方米。

一年多以来，在大连会议精神推动下，在地方各级政府的领导下，在各部门及社会各界的关心和支持下，全国教职工住房建设工作进展顺利，成绩显著。教职工住房困难的状况得到了一定程度的缓解，教师家庭人均居住水平明显提高，许多地方和部门在教职工住房建设和住房制度改革方面积累了一定的经验，走出了一条适合本地情况的解决教职工住房困难问题的路子，涌现出了大连、云南、昆明、四川、广东、上海、天津、青岛、长春、山东等一批起步迅速、成绩突出的地区。

但是，由于我国地区间经济基础和社会发展差异很大，教育发展水平不尽相同，教职工住房困难问题从总体看仍然相当突出，教职工住房建设的任务仍然非常艰巨。首先，城镇教职工家庭人均居住面积与当地居民相比，还有一定的差距，全国普通高校和城镇中小学教职工中至今还存在无房户和困难户105.65万户；同时，住房建设工作的进展相当不平衡。仍有一些地区重视不够，措施不落实，住房建设进展不大。即使在经济发达地区内部，也还有一些动作不大、起色不甚明显的地方。建房资金相对不足仍然是影响教职工住房建设进展的一个重要原因。因此，对面临问题的严重性和任务的艰巨性，我们必须有充分的认识和清醒的估计。要继续下大决心，采取有力措施把教职工住房建设工作作为一项紧迫任务抓紧抓好。对此，提出以下几点意见：

一、要进一步提高认识，党政主要领导要亲自抓教职工住房建设

党的十四届五中全会通过的《中共中央关于制定国民经济和社会发展“九五”计划和2010年远景目标的建议》，再次明确了教育在国民经济发展中的重要战略地位和“科教兴国”的战略方针，指出“振兴科技和繁荣经济，必须坚持教育为本。”我们常说，国运兴衰，重在教育，教育兴衰，重在教师，说的就是教育、教师在现代化建设中的重要地位和作用。我们要在提高教师政治、业务素质的同时，理直气壮地关心、帮助他们解决工作和生活方面的实际困难，努力改善他们的生活和工作条件，提高其社会地位。在去年大连会上，我曾说过，当前教育面临的实际问题主要有三个：一是教育投入问题，二是教师待遇问题，三是教师住房问题。这些实际问题目前依然存在。近年来，虽然各级政府不断增加了教育投入，使教师的工资待遇也有了进一步改善，但绝大多数教师还不能依靠工资收入解决住房问题。民以居为安，安居才能乐业，安居才能乐教。这个问题不仅直接影响到教师队伍的稳定和素质的提高，直接影响到人才培养和科学研究，而且关系到各级党委和政府的形象，关系到社会的稳定。因此，必须充分认识教职工住房建设工作的重要意义，继续下大决心，把这项工作抓紧抓好。前一个时期不少地方的经验也说明，解决教职工住房问题，财力固然很重要，但更主要的是各级领导特别是主要领导同志的认识和决心。这也是今后能否做好这项工作的关键。四川、云南、宁夏经济并不很发达，他们在教职工住房建设上取得了令人瞩目的成绩。这些地区能做到的，全国大多数地区也应该能做到，关键是要学习这些地区党政领导所具有的远见卓识和真抓实干的精神。我相信，只要各级党政主要领导能真正有为此动真情、办实事的精神，身体力行，亲自抓，抓落实，教职工住房建设工作就一定会达到规划的目标。

二、继续加强领导，切实解决住房建设中的实际问题

教师住房建设，涉及面很广，在现行的管理体制下，单靠主管教育的领导、教育行政部门和学校，很多实际问题难以解决，需要各地区、各部门主要领导和主管城建、教育的领导同志加强领导，综合协调，才能得到很好解决。根据《教师法》和有关文件的精神，特别要为教师住房建设制定优先优惠政策。昆明市为推动教师住房建设，采用多划拨土地，其中部分土地用作商品房开发，所得收益补充教师住房建设的资金。还有很多地区，对教职工住房建设也都采取了按国家规定和在本地区职权范围内减免税费的政策。这些都有力地推动了教师住房建设工作。这些优惠政策，不仅应适用于地方所属各级学校，而且要使部委所属各级学校也能享受到所在城市的有关优先优惠政策和国家同意减免的有关税费。各地在制定优惠政策方面，创造了很多新经验，大家可以结合当地实际，互相借鉴，进一步探索。国务院也出台了若干优惠鼓励政策，我们要把这些政策用足用好。各级政府和各部门要增强解决教职工住房问题的责任心和紧迫感，以改善教职工住房状况为已任，把教职工住房建设工作列入政府议程，按照小平同志的指示当好科教事业的“后勤部长”，认真解决住房建设中的实际问题，做好教育事业的后勤保障工作，把解决教职工住房问题当做政府的重要政绩来考核。政府各职能部门要通力协作，各尽其责，把包括高校在内的教职工住房建设纳入安居工程和城市建设总体规划当中统筹考虑，在筹资、规划、征地、基础设施配套等方面给予方便，减免有关税费，对教职工住房的租、售实行优先优惠。在建新房的同时，还要注意继续解决危旧房改造，把危旧房改造纳入“广厦工程”，与建新房统筹考虑。

三、改革住房投资体制，多渠道筹措建房资金，探索适合我国国情的教职工住房建设投资的新体制

在教职工住房建设中，要坚持住房制度改革的方向，充分发挥国家、社会、学校和教职工个人多方面的积极性，拓宽投资渠道，在各级财政尽可能多地增加教职工住房建设拨款、设立稳定的教职工住房建设专款的同时，鼓励社会、学校和教职工个人筹资建房，逐步建立起国家、地方、学校、个人共同负担的住房投资新体制，以加大筹资力度，加快教职工住房建设的进程。有条件的地方，应鼓励房地产经营开发企业建设经济适用房，向教职工出租或出售。今后城乡新建学校，一定要同时考虑配套教职工宿舍，把住房建设资金打足，不要一开始就欠帐。解决教职工住房的一个总的原则是当教职工才能享受优惠，否则就不能享受优惠待遇。

四、因地制宜，统筹规划，分类指导，分级负责

在解决教职工住房的步骤上，按照先解决无房、再实现解困、然后提高改善的次序开展工作。对有特殊贡献的教师要有特殊待

遇。总的目标要用2至3年时间达到解困，然后再逐步改善住房条件，向小康住宅迈进，使教育工作者不但成为受人尊重的职业，而且也是令人羡慕的职业。各地要从实际出发，根据本地的经济和自然条件，因地制宜，探索教职工住房建设的有效途径。在住房建设规划上，要从方便教师的生活和工作出发，提倡相对集中，兴建住宅小区；同时，也要允许建房形式的多样化，不搞一刀切。在切实保证建设质量的前提下，尽可能降低造价。房屋基本结构、设施要一步到位，但内装修可以简化一些，让教职工根据自己的需要再进行装饰。对建在中小学校校园内的教职工住房，从学校的长远发展及便于管理计议，不能向个人出售。老少边穷地区的教师住房建设，国家要继续给予扶持。对于大中城市、小城镇和农村的教职工住房建设，对于南北地区、东中西部地区、经济发达与贫困地区的教师住房建设，要区别不同的情况，实行分类指导，分级负责。目前，我们工作的重点是解决大中城市的教职工住房问题。大中城市欠帐多，包袱重，解决起来难度大。在这里，我还要特别强调一下高校教师的住房问题。由于历史原因，高校教师住房投资严重不足，欠帐较多。高校广大中青年教师普遍存在住房困难，尤其青年教师有相当部分属于无房户和困难户，而且收入较低。这已经严重影响了中青年教师的稳定，我们要引起特别注意。党中央、国务院对此十分重视，决定在继续设立补助地方城市中小学教职工住房建设专项投资的同时，从今后到“九五”期间，增设补助中央部门在京高校中青年教师住房建设专项投资，以缓解和逐步解决他们的住房困难。对京外中央部门所属高校的中青年教师住房问题将先进行调查摸底，制定规划，视工作进展程度及国家财力，再行研究制定解决方案。目前这项工作已开始启动，希望在座的各地区、各部门的领导同志在前一个时期工作的基础上，再接再励，把这件大事继续抓好。

在重点解决城镇教职工住房的同时，有些省（区、市）已开始注意农村教师住房问题，并创造了一些好的经验，这些经验值得我们借鉴，对此，也要分级负责、因地制宜、采取多种形式、多种渠道来逐步加以解决。

教职工住房建设工作已经有了很好的开端，取得了显著成绩，但毕竟还处于起步阶段。我们要进一步解放思想，开拓思路，勇于创造。随着工作的深入，还会有许多新情况、新问题出现，需要我们去研究解决。例如，多渠道筹集资金，却带来了产权的多元化问题，如何对建成的住房进行管理以及同教育和用人制度改革相结合？如何鼓励金融部门和房地产开发企业参与教师住房建设，以解决资金不足的问题？如何把教职工住房建设同房改更好地结合起来？以及教师住房如何进行更合理的统计问题等等。这些问题希望大家在实践中去研究、探讨，并在此基础上逐步形成一些规范的办法和规定。

同志们，借这个机会，我想就高教改革等以下三个问题谈一些意见：

一、要积极而稳妥地推进高等学校布局、结构和管理体制的调整和改革

近两年来，我外出考察，每到一处，见到高校的同志，几乎无一例外地都会向我提到经费不足的问题。毫无疑问，他们讲的都是事实。我们国家是穷国办大教育。为解决经费不足问题，一方面，作为国务院和各级政府应当认真按照《教育法》和《中国教育改革和发展纲要》的规定，在各级财政预算及其他有关方面增加对教育的投入。但另一方面，教育体制还不适应社会主义市场经济的需要，教育资源未能得到充分利用，重复浪费的现象也相当普遍。因此，中央和国务院提出通过院校的调整、改革、联合、共建、合并，使教育资源得到优化组合和充分利用，这是十分必要的。调整和改革的目的，是为了把我们人力、物力方面的教育资源充分利用起来，进一步提高教育质量，培养更多的人才。目前在推行这项改革方面，还有些阻力，这里有实际问题，也有认识问题。但我看重点还是要解决认识问题。不久前，我在延安出差，发现延安当年也出现过类似的情况。当年为了抗战，开始在延安办了不少学校，后来党中央和西北局发现这样不行，决定调整合并，经过三次调整合并，将原八所院校合入延安大学。当时这样做，固然有经费困难的因素，但更重要的是为了集中和充分利用人力、物力资源，少花钱，多办事，培养更多的人才。这一段历史很有教益。近两年来，以联合办学和“共建”。为主要形式的高教体制改革有了相当的进展，调整、合并也有不少进展。希望各地区、各部门的领导同志在前一段工作的基础上继续把这件大事抓紧抓好。

二、要积极推进高等学校各项后勤工作的改革，逐步探索出符合中国国情的高校后勤社会化的路子

今后，高等教育还要适度发展。但制约高等教育发展的一个重要因素是后勤的包袱比较重。从一定意义上说，这个问题已经成为影响多招生的“瓶颈”。就全国而言，现在高校职工总数超过了专任教师总数。现有的校舍建筑中，用于师生员工生活的用房超过了教学、科研用房。高等学校要适应社会主义市场经济体制，要提高办学效益，进一步发展，在从宏观上搞好布局、结构、管理体制调整和改革的同时，必须深化高校内部各项后勤工作的改革。许多地区和学校在这方面已经做了大量工作，积累了经验。不久前，我了解到天津商学院这方面的经验值得借鉴。他们与毗邻的天津市北辰区刘家房子农工商总公司（村）联建了3幢学生宿舍楼，一座学生食堂，由公司出土地、出投资建设，并出人员管理，由学校从学生的收费中每年交纳200多万元住宿费、管理费。预计这个公司在5至6年内即可收回投资，学校也解决了土地和投资短缺问题。目前，学校和公司准备进一步联建教师宿舍。除此而外，天津商学院在伙食管理、公费医疗制度改革、精减人员、提高学生与教师比例等方面都做了大量 工作，取得了较好的效果。天津商学院的经验很好，应该推广。我已同北京市、天津市、江苏省的负责同志谈过，请他们进行兴建学生公寓、进行后勤改革的试点。我所以谈这个问题，是希望各地区、各部门的领导同志，各地教育行政部门和高校的领导同志，高度重视高校后勤工作的改革，认真而扎实地解决一些实际问题，以推动高教事业的改革和发展。

三、要认真解决城市义务教育高收费问题和某些农村乱收费问题

初中阶段教育是义务教育，许多城市均已实行了小学毕业免试就近在指定初中入学的办法，无疑这种作法，总的来说是正确的。但是，由于重点中学与非重点中学差距较大，不少家长希望孩子能到重点中学，由于“粥少僧多”，从而出现了择校生和高收费问题，少数地区已有收费失控现象，引起社会的强烈反应，必须认真解决。要解决这一问题，情况十分复杂。经过国家教委反复调查和与有关省（区、市）研究，认为要采取标本兼治的办法。治标的办法可以考虑由省（区、市）

教育部门指定一批重点中学，实行择校生考试制度，必须到录取分数线才能招收入学，并规定统一的择校生收费标准。治本的办法主要是采取各种措施，提高较差中学的水平，淡化和逐步缩小重点与非重点学校的差距。请国家教委继续征求各方面的意见，提出解决问题的原则性意见，各地再根据地方实际，并征求地方人大、政协意见，因地制宜地提出具体实施办法。

农村教育的困难很大，是普及义务教育的难点和重点，全社会都要支持和帮助农村教育的发展，国家规定用于教育的提留必须提足和不折不扣地用于教育。但与此同时，也要防止和纠正向农民乱集资、乱收费，特别是要坚决制止打着教育的旗号向农民乱集资、乱收费，切实减轻农民负担。

同志们，经过近年来、尤其是去年以来各地区、各部门的共同努力，全国教职工住房建设工作已进入了前所未有的发展时期。形势很好，任务艰巨。先进地区不要松懈，后进地区要迎头赶上。我们要认识到，教职工住房建设是一项长期任务，不仅还清历史欠帐需经长期努力，而且，旧帐还清之后，经济发展和人民生活水平的提高，还会不断给我们提出新的任务和要求。因此，我们要紧紧抓住当前这个有利时机，勤奋工作，持之以恒，努力兴建广厦千万间，使广大教师早日安居乐业，为振兴教育、振兴中华担负起我们义不容辞的历史使命。

最后，我宣布，教职工住房建设工作会议明年还要继续开。各地要把这项工作一抓到底，切实抓出成效。

朱开轩主任在国家教委1995年教育工作电话会议上的讲话

（1995年1月16日）

今天国家教委召开1995年教育工作电话会议，我讲三个问题：一是1994年工作的回顾，二是1995年教育工作的意见，三是对当前社会关注的几个教育热点问题讲一些看法。

一、1994年教育工作的回顾

刚刚过去的1994年，是我国教育史上具有里程碑意义的一年。主要标志是，在这一年里，党中央、国务院召开了全国教育工作会议，中央领导同志亲自到会，动员全党全社会进一步落实教育优先发展的战略地位，推进《中国教育改革和发展纲要》的全面实施，努力提高民族素质，培养跨世纪人才。同时，1994年又是实施《教师法》的第一年。经过认真贯彻全教会精神和《纲要》及其《实施意见》，认真实施《教师法》，全国出现了全党全社会进一步重视教育，加快改革和发展教育的好形势。这一年，我们紧紧围绕筹备召开全国教育工作会议和推动会议精神的贯彻落实，主要做了以下几个方面的工作。

（一）在党中央、国务院领导下，召开了全国教育工作会议

国家教委提出在1994年召开一次全国教育工作会议，部署《纲要》的实施工作，得到了党中央、国务院的高度重视并同意。为了开好这次会议，在党中央、国务院直接领导下，国家教委进行了广泛的调查研究和认真的筹备工作，为会议准备了《关于〈中国教育改革和发展纲要〉的实施意见》、《中共中央关于进一步加强和改进学校德育工作的若干意见》、《教育法（草案）》等三个文件，提交大会讨论。这次全教会是改革开放以来由党中央、国务院召开的第二次教育工作会议，是迎接21世纪挑战的一次动员大会。会议取得了圆满成功，在全社会引起了强烈的反响。会议之后，即对会议全部文件及时进行整理，并报请党中央、国务院审议定稿，除《教育法（草案）》需要按法定程序送请全国人大审议通过外，全教会上三位中央领导同志的讲话和其他两个文件均由党中央、国务院及时下发并全文公布。中宣部和国家教委还联合发出了《关于认真宣传全教会精神，加强教育宣传报道的通知》。中央和各地都采取了多种形式大力宣传全教会精神，教育宣传的力度明显增强，社会舆论对教育的重视程度进一步提高。

（二）推动各地各部门召开省部级教育工作会议，认真贯彻全教会精神和《纲要》

全国教育工作会议之后，各地各部门按照中央要求，迅速传达、学习、贯彻全教会精神。到目前，已有北京、天津、上海、河北、山西、辽宁、吉林、黑龙江、江苏、浙江、安徽、福建、江西、山东、河南、湖北、湖南、广东、广西、四川、贵州、陕西、甘肃、青海、宁夏、新疆、西藏等27个省（自治区、直辖市），电力部、机械部、冶金部、铁道部等一些中央部门，相继召开了教育工作会议。许多地市县和地方的部门也召开了教育工作会议，贯彻全国和省部级教育工作会议精神。各地、各部门召开的教育工作会议，有两个显著特点：一是党委、政府和党政领导同志高度重视，都以全教会为表率，由主要领导同志讲话和作主题报告。二是把贯彻落实全教会精神同本地、本部门实际紧密联系起来，虚实结合，突出一个“实”字，根据需要与可能，在《纲要》及其《实施意见》规定的政策范围内，出台了一批推动教育改革和发展的重要举措。全国只有十多个省、市规定教育经费占财政支出的比例限期达到20%或以上；不少省、市开辟了建立教育基金、征收教育费附加等新的筹资渠道。

（三）以“两基”为重点，积极推进各类教育事业健康发展

全国教育工作会议把在本世纪内基本普及九年义务教育、基本扫除青壮年文盲确定为教育事业发展的“重中之重”。为了推进“两基”工作的实施步伐，国家教委在全教会之后紧接着召开了“两基”督导工作会议。9月召开了全国农村教育综合改革工作会议，交流并讨论农村教育综合改革、“三教统筹”、“农科教结合”问题，进一步推动农村的“两基”工作。10月召开了计划首批实现“两基”的九省市“普九”工作汇报会，研讨有关规划和政策问题，进一步明确了首片“普九”地区的工作思路、原则和办法。为了加强对扫盲工作的领导，经国务院批准，11月成立了由11个部委、人民团体组成的全国扫盲工作部际协调小组，并召开第一次部际协调会议，讨论了扫盲工作的目标、规划、实施步骤与督导验收办法。经国家评估验收，目前北京、天津、上海已郑重宣布实现了“两基”。一些经济发达地区加快了实现“两基”的步伐。全国已经实现“两基”的县（市、区）554个。扫盲方面，除三个直辖市外，东北三省吉林、黑龙江、辽宁已基本扫除青壮年文盲。全国经省级验收完成扫盲任务的县（市、区）已达到850个。各地重视了宏观教育结构的调整，职业教育和成人教育持续发展。中等职业教育规模继续扩大，高中阶段职业学校在校生已占整个高中阶段在校生总数约55%，比上年增长了近两个百分点。各种形式的短期培训发展也较快。以岗位培训和继续教育为重点的多种形式的成人文化技术培训继续发展。高等教育加强了宏观调控力度，普通高校连续两年突破招生计划规模的现象得到遏制。1994年招生89.8万人，在校学生数达到280万人。加上成人高校在校生190万人，总计470万人。就全国来说，教育资源的配置有了新的调整，教育的总体结构进一步朝着合理方向发展。

（四）各项教育改革，特别是以管理体制和招生、收费、毕业生就业制度改革为重点的高等教育改革继续深化

高等教育管理体制改革，以逐步实行中央和省（自治区、直辖市）两级管理，以省级政府统筹为主的管理体制为目标，促进高等学校办学与管理由“条块分割”逐步走向“条块有机结合”。为了推动这项改革，国家教委10月召开了教委直属高校校长、党委书记咨询工作会议，提出了《关于国家教委直属高校积极推进办学与管理体制改革的意见》。之后，12月召开了全国高等教育体制改革座谈会，对部门举办的高校管理体制改革的指导思想、目标、途径、步骤进行了充分的讨论，进一步明确了改革思路。国家教委所属35所高校中已有20所高校的管理体制改为国家教委与高校所在地政府共管、共建。中央业务部门所属普通高校管理体制改革也取得较大进展。全国共有近200所高等学校通过部门与地方共建、共管、合作办学、高校合并、与企业和社会团体实行协作办学等多种形式，开展联合办学。1994年，经国家教委批准，共50所高校开展了招生收费"并轨"试点，招收的新生数约占全国招生总数的10%。在各级领导重视、学校精心组织下，试点取得初步成功，社会、考生、家长等各方面总的反映是好的，为进一步加大改革步伐奠定了基础。在教育教学改革以及学校内部管理体制改革等方面也都进行了有益的探索，教育质量和办学效益有所提高。

（五）进一步加强和改进学校德育工作

《中共中央关于进一步加强和改进学校德育工作的若干意见》公布之后，国家教委党组就如何学习、宣传、贯彻这个文件，迅速在教育系统进行了部署，并把落实这个文件同贯彻中央《爱国主义教育实施纲要》结合起来，作为贯彻全教会精神的一项重要内容组织动员并抓紧落实。6月国家教委会同中宣部、广电部、团中央等部委在上海召开了爱国主义教育现场经验座谈会。11月召开了各省、自治区、直辖市教育部门负责同志参加的德育工作座谈会，专门研究交流各地贯彻中央德育文件的情况和经验。许多地方和中央部门的领导亲自抓学校德育工作，建立了联系学校制度，到学校开展调查研究，向师生作形势报告，收到了良好效果。中小学生的时事教育、百部爱国主义影视片教育活动受到普遍好评。"两课"改革试点工作正在抓紧进行。学校党建工作认真贯彻全教会和前四次高校党建会议精神，进一步改进和加强。各类学校广泛开展了以弘扬中华民族传统美德为主题的丰富多采的教育活动，爱国主义、集体主义、社会主义成为校园文化的主旋律。学校局势继续保持稳定。

（六）抓紧教育立法工作，推动依法治教

国家教委把加强教育立法作为转变职能的重大举措，摆到突出的议事日程，加快了教育立法步伐。《教育法（草案）》经过十年努力，去年已分别经国务院常务会议和全国人大常委会议审议并原则通过，决定提请今年全国人民代表大会审议。去年还颁布了《教学成果奖励条例》、《残疾人教育条例》等两项重要行政法规。《〈教师法〉实施细则》、《民办学校条例》（草案）等行政法规也已提请国务院审议。《职业教育法》、《高等教育法》等一批法律、法规正按计划抓紧起草。各地还结合当地实际，制订了一批地方性教育法规，如北京、天津通过了《关于实施〈教师法〉办法》，江西通过了《义务教育经费筹措和使用管理办法》等。一些地方还制订了职业教育、民办教育等方面的法规，为全面推进依法治教打下了基础。在加快立法的同时，建立、健全教育执法监督机制问题，已进一步引起中央和各地的重视，全社会依法治教意识有所增强。

（七）认真组织实施《教师法》，切实解决教师住房等实际问题

全国各地认真实施《教师法》，在提高教

师队伍素质的同时，提高教师待遇，努力为教师解决实际困难。一是教师住房建设提到了党委、政府决策议程，取得较大进展。在李岚清副总理的亲自推动下，国务院办公厅召开了全国教师住房建设工作经验交流会议，研究草拟了《关于加速解决教职工住房问题的若干意见》。各地也都相继制定了加快教师住房建设的具体规划和落实措施。二是下大气力解决民办教师问题。根据全教会上李鹏总理提出的“力争在今后六七年内基本解决民办教师问题”的要求，国家教委会同人事部，对全国民办教师情况进行了摸底调查，提出了解决思路，并于去年拨出民师转正指标15万，许多地方政府也划拨了一定的指标用于解决民办教师问题。三是推动各地落实《教师法》中规定的“教师工资不低于或者高于国家公务员工资水平”的目标。国家教委会同有关部门提出了教育系统实施国家工资改革新方案的具体意见并认真组织落实。多数地区教师工资水平有所提高。

总之，1994年是教育改革和发展取得新进展的一年，是教育外部环境有了改善、内部管理进一步加强的一年，是整个教育战线励精图治、求实务实、积极进取的一年。形势是好的，我们大家都受到鼓舞。同时，也应该看到，教育工作仍然存在着许多值得注意的问题和困难。教育发展和改革总体上仍不适应现代化建设的需要。教育工作中长期存在的一些老大难问题的解决过程比较缓慢，很不平衡，特别是教育经费不能满足教育发展需要的矛盾依然突出，不少地方公用经费的比例仍呈下滑趋势；教师待遇仍然偏低，教师工资标准调整提高以后，农村中小学拖欠教师工资问题更加突出了。对于这种状况，社会寄于极大关切，广大教育工作者很不满意。随着经济体制改革以及教育改革的不断深入，还会产生许多新问题，值得我们高度重视并认真研究解决。对此，我们要有深刻理解，要有忠于职守、兢兢业业工作的使命感与紧迫感。

二、关于1995年的工作任务

1995年教育工作总的指导思想是：坚持邓小平同志建设有中国特色社会主义的理论和党的基本路线，认真贯彻党的十四大和十四届三中全会、四中全会精神，紧紧围绕全党全国工作大局，继续全面贯彻落实全国教育工作会议精神和《中国教育改革和发展纲要》及其《实施意见》，进一步推进全国教育事业的发展与改革。

（一）以实施“两基”为重点，切实加强基础教育

教育战线要坚持把“两基”作为90年代教育发展的“重中之重”。各级教育行政部门要按《〈纲要〉实施意见》的要求，统一思想，进一步按照全国实施“两基”分“三步”（1996年、1998年、2000年）和“三片”（经济发展较快地区、经济发展中等地区、经济发展困难地区）的规划目标，切实落实好本地区实施九年义务教育的工作进程。国家教委在去年召开经济发展较快地区京、津、沪、江、浙、鲁、辽、吉、粤等九省市“普九”工作汇报会的基础上，今年将分别在上半年和下半年召开全国经济发展中等地区和贫困地区“普九”工作汇报会，具体指导这一工作。在去年全面推开“两基”评估验收工作的基础上，今年继续做好“普九”、“扫盲”县（市、区）评估验收工作，并公布第二批实现“两基”的县（市、区）名单。

需要指出的是，各地对完成“普九”任务，必须有积极进取的精神，创造条件，努力工作，同时必须坚持因地制宜，实事求是，分区规划，分类指导。要切实防止不顾条件和可能，一味追指标，赶进度。没有普及初等义务教育的地方首先要扎扎实实地做好普及小学六年或四年义务教育工作，逐步创造条件“普九”。已经验收通过的县（市、区）都要抓好巩固、提高工作，使普及九年义务教育的水平不断提高，并同经济发展的水平相适应。

为了进一步推动基础教育“重中之重”地位的落实，今年上半年要开展对“两基”规划调整、实施，《教师法》实施，教育经费政策落实，德育和减轻中小学生过重课业负担等五项督导检查。同时，要发现、树立全面贯彻教育方针和全面提高教育质量的学校典型，总结推广一批更新教育观念、改进教学方法、减轻学生负担，使学生生动活泼主动发展的优秀教育工作者的经验。研究高中教育改革和发展方针与办学模式；各地教育部门要加强领导，认真总结经验，采取有力措施，进一步完善会考制度，充分发挥会考对高中教学的正确导向作用。在全国和各地确定的农村教育综合改革实验县中，因地制宜地开展小学后、初中后和高中后分流进行职业教育和培训试点工作；研究并指导实施农村初中教育综合改革方案，大力扭转初中在校学生辍学的现象。要认真抓好面向全体学生的体育、卫生、安全教育、艺术教育及国防教育工作。要大力办好师范教育，继续深化师范院校教育改革，全面提高师资培训质量和中小学任课教师的学历合格率。研究新形势下发展幼儿教育的多种形式。继续发展特殊教育事业。

要继续深化和完善基础教育管理体制改革。总结“以地方负责为主”，特别是在农村实行县、乡、村三级办学，县、乡两级管理，以县为主管理的经验。要进一步加强和完善教育督导制度，充分发挥教育督导的行政监督职能。在总结试点经验和面上推广的基础上，研究制订进一步深化基础教育管理体制改革思路的意见。

要重视并加强民族教育。进一步落实对民族教育的对口支援工作，继续办好和适当扩大内地西藏班。加强民族教育管理干部培训，提高民族教育质量和效益。

（二）以提高质量和效益为中心，积极推进高等教育体制改革

高等教育要通过改革，走内涵发展为主的道路，使规模适当、结构合理、质量和效益明显提高。在制订全国教育事业“九五”计划及2010年长远规划的同时，要坚持高教事业发展“国家宏观指导、总量调控，中央和省市两级管理、分级负责”的方针，实现经济社会发展与就业需求同办学条件之间以及各级教育之间的协调平衡。近几年内，全国高等学校总数不再增加，还应该减少一些，重点放在高校调整布局，改善办学条件上。本科教育要基本稳定规模。专科教育适当发展，进一步办出特色。加强对高校教育质量的评价，特别要对近年来新办学校或升格的本科院校进行合格评价。组织力量研究高校如何面向21世纪改革教学内容和课程体系。努力做好普通高校优秀教材和高校人文社会科学研究成果的评审奖励工作。做好学位委员会换届工作，积极推进学位授权审核办法的改革，开展下放硕士点审批权给地方的试点工作。认真组织、稳步实施“211工程”，继续做好对“211工程”预审和预备立项的审核工作。总结验收高校承担的“八五”国家重大科技攻关、基础研究、高技术研究等计划任务，做好“九五”科技计划和2010年科技发展规划的编制、论证工作。继续抓好“跨世纪优秀人才工程”的实施工作。

落实高等教育体制改革座谈会精神。以“共建”、“联合”为主要形式，重点抓好一省、一市、一部的试点工作，积极稳步地推进全国高等教育管理体制改革。

继续推进高等学校招生、收费和毕业生就业制度的改革。高校招生“并轨”改革在去年试点基础上迈出更大步伐；进一步完善与规范奖学金、贷学金和勤工助学等配套政策与措施，保证学生培养机制的转换和家庭贫困学生完成学业。

解决好中国教育问题的根本出路在改革，只有通过改革，才能走出一条有中国特色的教育发展的路子。要认真研究经济体制改革和社会发展问题，适应经济社会发展需要，推进教育改革，同时要注意切实遵循教育自身的规律，使改革健康推进。

（三）大力发展职业教育，促进宏观教育结构的调整

今年将筹备召开全国职业教育工作会议，总结近年来我国职业教育改革和发展的新经验，研究落实全教会提出的大力发展职业教育、特别是中等职业教育方针的规划和政策措施。认真研究三级分流、职业教育多样化和职业教育与普通教育的沟通与衔接等问题。要进一步推动骨干职业学校建设和中等专业教育的深化改革工作，积极促进地方，特别是经济发达地区高等职业教育的发展及职业大学的改革和建设。高等职业教育属于高等教育范畴，其学校审批和招生计划，现阶段仍由中央教育部门负责和宏观调控。当前，高等职业教育特别是经济发达地区高等职业教育的发展，主要通过合理调整现有高等学校布局，包括普通高等专科学校、成人高校、职业大学的改革和调整专业设置来解决，并根据经济建设和社会发展需要，努力办出高等职业教育特色。

要进一步深化职业教育的办学和管理体制改革。加强政府统筹管理，充分发挥行业、企事业单位、社会团体和公民个人的办学积极性。会同有关部门，进一步加强对各级各类职业学校宏观管理的力度，逐步规范各类职业学校的培养目标、招生对象和学制，加快建立学历文凭和职业资格证书并重的制度。

认真贯彻落实全国农村教育综合改革工作会议精神，积极推广一批实行“三教统筹”、“农科教结合”、“燎原计划”做得好的典型。会同有关部门，探讨在建立现代企业制度条件下城市教育综合改革试点进一步深化的思路、目标和步骤。研究制定适应现代企业制度试点工作的企业办学与管理体制的有关意见。

（四）以开展岗位培训和继续教育为重点，发展成人教育

根据社会主义市场经济对人才培训的需求和现代企业制度改革的需要，会同有关部门抓好行业、企业及少数成人学校建立培训制度的试点。积极办好乡镇成人学校，扩大培训面，提高培训质量。促进成人高、中等学历教育向多样化、职业性方面发展，进一步开展成人高校举办高等职业教育的改革试点。推进独立设置的成人高校的联合、协作，提高办学整体效益和教育质量。进一步加强对广播电视大学改革工作的领导。加强教育电视台站的建设。进一步加强和改进自学考试工作。加快自学考试工作的改革步伐，制定改革方案。

在全国扫盲工作部际协调小组的指导下，动员各部门和社会各方面继续关心、支持和积极参与扫盲工作。加强地方政府对扫盲工作的领导，落实各省的扫盲规划并加强督导。农村的扫盲工作要落实到乡、村，要把学文化与学技能以及传播社会主义精神文明结合起来。保持年扫盲不低于400万人的指标。

（五）进一步加强和改进学校党建和德育工作

各级教育行政部门和各级各类学校，都必须把党的四中全会决定、中共中央关于《爱国主义教育实施纲要》和中共中央《关于进一步加强和改进学校德育工作的若干意见》这三个文件作为新时期指导学校德育工作的纲领性文件，采取多种形式，开展生动活泼的学习和教育活动。要同学习、研究、宣传邓小平同志建设有中国特色社会主义理论密切结合起来；紧紧围绕全党全国工作大局，正确理解和全面把握中央关于改革和建设的大政方针。要结合纪念抗日战争和反法西斯战争胜利50周年的各项活动，大力开展爱国主义教育。

今年国家教委将会同有关部门召开第五次全国高校党建和学校德育工作会议。中心内容是加强高等学校领导班子建设。并将下发《高校德育大纲》、《关于高校马克思主义理论课和思想政治教育课教学改革的若干意见》等配套文件。国家教委将组织有关部门，整体研究并规划学校德育体系，修改并正式颁布中小学德育大纲。对大中小学德育衔接工作进行专题研究，开展试点。

要进一步提高教师队伍的政治素质与思想素质，教育广大教师关心、爱护学生，为人师表，教书育人。要着力提高学生的心理素质，培养他们不怕挫折的奋进精神。

要高度重视政府各项改革政策出台后的反映，及时研究并处理好各类敏感与热点问题。加强校园治安综合治理工作，继续保持高等学校的稳定。

（六）增加教育投入，提高教师待遇

各级教育行政部门要在同级政府领导下，花大力气积极落实《纲要》及其《实施意见》提出的增加教育投入的各项措施及配套政策，确保教育投入稳定增长。研究提出各级教育行政部门参与同级政府教育经费预算工作的意见。中央和省级政府新增义务教育补助专款要努力实行项目管理，提高补助专款使用效益。完善对各级政府教育投入指标和水平的统计与监测公布制度。进一步规范农村教育费附加征收办法，完善农村教育费附加征管规定。继续努力扩大利用外资发展教育的渠道和规模。会同有关部门制定对校办产业实行优惠政策的规范化办法。中国教育科技信托投资公司已于去年成立，要认真做好筹资融资工作。筹建中华教育基金会。进一步加强中小学收费工作管理，规范合理收费的各种行为，继续治理教育战线仍然存在的乱收费现象。各地各学校都要加强管理，管好用好每一笔教育经费，使之发挥最大的效益。积极推广山东阳信县等一些地方深化学校内部管理改革、优化教职员工队伍的经验，走出一条高效益的办学路子。

各省、自治区、直辖市要重视对教育投入和教育财政管理体制的立法与建设工作，以保证教育投入的稳定、可靠来源。

认真落实教师工资改革方案，总结推广各地提高教师待遇，包括提高工资、改善住房、解决医疗、退休等问题的经验和优惠政策措施。研究制定并实施《解决民办教师问题的六年规划》。要认真研究解决拖欠教师工资问题。各地教育部门要对拖欠教师工资情况再进行一次深入的实事求是的调查，认真分析原因，提出解决措施，并及时向当地政府和人大报告。对于那些长期拖欠严重，但教育经费仍然实行包干到乡、村的地区，要尽快采取措施，实行由县统筹。对那些继续挪用、无理克扣教师工资的现象，当地政府要坚决制止并严肃处理。春节前后，各地对生活困难的教师要进行“送温暖”等活动。从今年开始，国家继续施行拖欠教师工资定期通报制度。今年仍要把教师住房作为一个独立的问题突出出来，继续紧抓不放。要把认真解决好教师住房问题，作为落实《纲要》和《教师法》，真正把教育摆在优先发展战略地位的一个重要标志。各地教育部门要积极配合有关部门，认真贯彻大连会议精神，落实好解决教师住房的优先优惠政策。要宣传推广一批解决教师住房的好典型。今年将再次召开全国教师住房建设工作会议，进一步推动全国教师住房建设。要下决心抓它几年，使教师住房建设有一个大的改观。

（七）抓紧教育立法工作，加强执法监督

继续做好《教育法（草案）》提交八届全国人大第三次会议审议批准的各项有关工作，并认真部署颁布后的宣传和实施工作。配合国务院法制局修改《〈教师法〉实施细则》、《民办学校条例》等法规草案，争取使这些法规尽早发布实施。按照立法计划，今年向国务院报送《职业教育法》。同时继续抓紧《高等教育法》以及《教育督导条例》、《高等学校科学技术工作条例》、《校办产业管理条例》等法律、法规草案的起草工作。今年适当时候国家教委拟召开一次全国教育法制工作座谈会，重点总结各地加强教育法制建设的经验，研究教育法制建设的重大问题，进一步推动地方教育法制建设工作。

地方各级教育行政部门要结合机构改革、转变职能的要求，加强教育法制工作。重视建立和培养一支高水平的教育法制工作队伍，充实法制工作职能，把贯彻落实全教会精神的各项措施，特别是有关筹措教育经费的活动纳入规范化、法制化的轨道。

关于1995年的具体工作部署，国家教委已经制定了《工作要点》，将在这次电话会后公布，请各地据此制订本地的工作要点。今年的《工作要点》除明确了指导思想，安排了各个方面要抓好的22项主要工作外，突出强调要抓好6项重点工作，使之见到明显成效。这就是：

（1）**认真开好三个会议，即全国职业教育工作会议、第五次全国高校党建和学校德育工作会议以及第二次全国教师住房建设工作经验交流会议**；（2）**切实做好《教育法》颁发后的宣传和施行工作，抓紧修改并完成《职业教育法（草案）》的送审**；（3）**进一步加强中小学收费工作的管理，坚决治理乱收费**；（4）**完成全国实现“两基”的分片部署工作，召开中等发展地区和贫困地区“两基”工作部署片会**；（5）**加快高校招生、收费“并轨”改革步伐，规范和完善相应配套措施**；（6）**积极推进全国高等教育管理体制改革，抓好一个省、一个直辖市和一个部委的试点等**。

为了切实做好1995年的工作，各级教育行政部门和学校，都要按照四中全会精神，切实加强党风廉政建设，健全有关制度，认真贯彻民主集中制。教育行政部门在完善公务员制度，加强国家公务员管理规范化、制度化的基础上，重点研究职能转变和作风转变的具体措施。切实加强教育决策和教育科学研究，努力实现决策的科学化、民主化。要提倡深入实际调查研究和为基层办实事的扎扎实实的工作作风。加强各项工作落实的督办，努力克服官僚主义，反对形式主义，提高工作效率和水平。

三、关于几个社会关注的教育热点问题

近年来，教育战线不断出现一些热点问题，受到社会的关注。随着教育事业的发展和改革的深入，有些热点问题逐步得到了解决，有些问题则发展得愈加严重，同时还产生了一些新的热点问题。在加快教育改革和发展的新形势下，我们必须对社会关注的热点问题予以足够的重视，仔细分析其形成的原因，能解决的尽力去解决；有些暂时不能完全解决的，也要采取有效的疏导措施；应防患于未然的，则要努力防范。

下面，我就怎样认识和解决当前社会关注的几个热点问题，谈一点看法。

（一）坚决制止教育战线乱收费的现象，特别是义务教育阶段不允许高收费

当前社会反响比较突出的是教育战线的乱收费问题。乱收费现象比较复杂，特别是由学校代收费、超标准收费、以各种名义收费现象比较普遍。经过前一阶段的治理整顿，这种状况得到了一定的遏制。但在一些地方，乱收费现象仍然比较严重。对这些问题，国家教委有明文规定，并明列公布了禁止乱收费的21个项目，希望各地坚决执行。在今年内，首先要使制止义务教育阶段乱收费工作取得明显成效。

随着改革的深化和社会主义市场经济体制的逐步建立，教育体制改革的一个重要方面，就是要建立合理的收费制度，在家庭支出中增加必要的教育支出。但这主要是指非义务教育阶段。而在义务教育阶段，《义务教育法》明确规定不收学费，只允许收取适量杂费及其它应由个人负担的部分，如书本费等。目前义务教育阶段乱收费，主要表现在，一部分学校以各种名目收取较高杂费，一些办学条件好的学校对择校生收取高额费用，以及少数义务教育阶段的民办学校高额集资办学等。这些做法，不仅违背《义务教育法》，冲击了义务教育的均等原则和免收学费原则，与全面贯彻教育方针背道而驰，而且对教育收费起了哄抬的作用，在社会上产生了非常不好的影响。国家教委在此重申，义务教育阶段决不允许高收费，这一条必须严格执行，并要由上级教育部门和社会实行监督。解决义务教育阶段高收费问题需要进行综合治理。首先，要加大各级政府对实施义务教育公办学校的经费投入，满足教学的基本需要，使他们无后顾之忧。其次，要加快调整学校布局，高度重视对薄弱学校的建设，包括师资水平与必要办学条件，使就近入学原则实际上能得到广大家长的拥护。第三，明确国家对义务教育阶段民办学校的收费政策。至1993年底，我国有民办小学4000多所，民办初中550所，在校生分别为65万和8万人。其中多数民办学校补国家办学之不足，为实施义务教育，尤其农村实施义务教育，做出了积极贡献，应充分肯定，并在可能条件下给予必要的支持。但也存在少数义务教育阶段民办学校高收费、跨地区甚至全国招生、用高额工资挖其它学校，尤其是贫困地区学校的骨干教师，在教育内部和社会上都造成不好影响和后果。必须明确，国民教育是公益性事业，民办教育同样不得以营利为目的，只能依照办学成本适量收费，其标准由物价、教育部门核定并公布，接受家长和社会监督。一些民办学校的办学条件适当高一些是可以的，但不宜过高。过高不仅脱离国情，也不利于少年儿童的健康成长。在一些地方还出现了少数靠高收费或变相高收费而发展起来的主要为社会上高收入者设置的所谓“贵族学校”或豪华型学校,国家教委再次明确表示不赞成。

(二)减轻中小学生过重课业负担,全面贯彻教育方针

中小学生课业负担过重的问题,社会上一直很关心,中央领导同志也非常重视。近年来,为解决这一问题,各地教育行政部门和学校做了大量工作,有一定成效,但远未解决。造成这个问题的原因是多方面的,其中主要是一些学校片面追求升学率的影响,家长因对孩子的学业期望过高而施加压力,政府或社会对学校评价标准偏误等多种因素相互作用的结果。学生各种复习资料和练习册的泛滥,以及师资素质和教学方法方面存在的问题等也加剧了学生的负担。中小学生课业负担过重,是学校不能全面贯彻教育方针,全面提高教育质量的一个突出表现,对青少年儿童的健康成长造成了严重的危害。中小学教学改革当前首先要解决这个问题。各地要切实贯彻李岚清同志去年的重要指示以及1994年11月国家教委“教基24号”文件《关于全面贯彻教育方针,减轻中小学生过重课业负担的意见》。要在调查研究的基础上,组织教育部门的干部、教师和家长在报刊开辟专栏或其他场合开展各种形式的讨论,使大家深刻认识课业负担过重的危害,取得共识,研究解决的措施。尽快创造条件,全面实行小学划片、就近入学。已普及初中的地方,小学毕业生实行免试就近入学。要积极推进高考、中考制度的改革。要进一步改进对学校和教师的考核评估办法,研究制订并逐步形成我国对中小学校教育质量进行正确督导评估的制度,坚决纠正把学生考试成绩和升学数量与对学校和教师的评价、奖励挂钩。要严格控制过多过滥的“奥校”、练习册和大量非但无益而且有害的竞赛活动。严格限制中小学生课外作业量。各地要采取有效措施,努力提高教师素质,指导教师进行教育教学改革试验,大力推广已经行之有效的教学改革经验,努力提高课堂教学水平,主要向课堂教学要质量。同时保证足够时间开展丰富多彩的文体活动,使新一代青少年、儿童在德、智、体、美、劳等诸方面都能生动活泼地主动地得到发展。

(三)国有企业必须继续办好所属中小学

国有企业所办中小学、幼儿园是我国基础教育的重要组成部分。当前,由于经济体制改革的逐步深化,国有企业改革进入以建立现代企业制度为主要目标的新阶段,企业办中小学和幼儿园工作出现了一些新的问题。有的部委在具体部署现代企业制度的试点工作时,要求减轻企业办社会的职能,其中包括了中小学、幼儿园。同时,有一些国有企业经济效益低下,致使一部分企业办中小学、幼儿园投入不足,经费困难,教师和学生流失,办学难以为继。在这种情况下,一些企业提出要将中小学和幼儿园从企业中分离出来,一些企业开始减少对所属中小学和幼儿园的投入,遣退教师,甚至停止招生、停办学校或占用校产搞“三产”等,这一问题已经引起了各级政府、教育界、企业界的高度关注。中央经济工作会议已确定今年改革的重点是国有企业转换机制,各级教育行政部门要及早把这个问题列入重要议事日程加以研究。

当前企业办中小学工作,关键是要落实《〈纲要〉实施意见》和全教会上李鹏总理与李岚清副总理关于企业办中小学的讲话精神。在社会服务体系尚未健全起来,政府和社会承接企业中小学还缺乏各种必要的准备和配套措施的情况下，目前国有企业仍有办好所属中小学、幼儿园的责任，务必防止出现大的波动，影响基础教育的发展，影响所在地区的“普九”工作和社会的稳定，这是大局。同时，我们准备积极配合国务院有关部委，对条件较为成熟的城市、企业参与进行改革试点。我们认为，进行现代企业制度试点的内容，应当包括建立现代企业教育制度，要研究和探索在新体制下，企业依法办学或参与办学的新形式、新思路、新办法。总之，各级教育行政部门，要加强对企业办的中小学的业务指导，积极研究企业中小学、幼儿园办学体制和管理体制的改革。

（四）保障师生安全和保持校园安宁

去年以来，校园里发生多起案件，一些地方或学校连续发生重大和特大师生伤亡事故。特别是新疆克拉玛依市的特大火灾，夺去了300多名师生的生命，给国家和人民的生命财产造成了严重损失，引起了师生的不安和社会上的强烈不满。造成这些事故的原因是多方面的，有社会和政府的，也有学校和教育部门的，事故的责任者大都作了处理。需要特别提出的是，有些事故，包括特大事故的酿成，与有些教育部门领导者工作不深入、不细致、不负责任乃至官僚主义、形式主义以及对社会不法分子斗争不力等，有一定的甚至是直接的关系。这类问题差不多每年都发生，国家教委每年虽也都发出过通知，但我们工作不够实，有些事抓而不紧，未能引起各地应有的重视，致使许多本来可以、也完全可以避免，甚至根本不应该发生的事情发生了，这使我们非常痛心。师生安全、校园安宁是教育事业发展的一个最基本的前提条件，只要思想上重视，提高警惕性，工作中严格执行有关安全规定，密切配合社会治安部门，减少以至杜绝危害师生安全的事故不难做到。各级教育行政部门和学校一定要吸取血的教训，把师生的安全问题提上非常重要的工作日程，以对国家和人民高度负责的态度，重视并抓好学校安全工作。从现在起到新学年开学以后，各地各学校要认真抓一抓这个问题，检查一切可能出现安全问题的隐患，包括查危房、防火、防盗、防社会滋扰和注意假期回家探亲与外出旅游安全等。要采取切实措施，完善有关规章制度，建立明确的责任制；加强安全教育，特别是加强法制教育，使学生能够遵纪守法，并学会用法律武器保护自己；加强应急、自救和救护知识的教育等。对于一切干扰学校正常教学秩序、对师生安全保障不落实的活动，学校有权予以抵制，必要时可报告上级教育行政部门。这个问题抓一时不行，必须警钟长鸣，常抓不懈，什么时候都不能放松。

同志们，1995年是我国“八五”计划的最后一年，也是经济体制改革以及教育体制改革整体推进、重点突破关键性的一年，是贯彻全教会精神，实现2000年前教育改革和发展目标具有决定性意义的一年，任务非常艰巨。我们一定要紧紧地团结在以江泽民同志为核心的党中央周围，在邓小平同志建设有中国特色社会主义的理论指引下，抓住当前有利时机，发展已经出现的好形势，奋发努力，积极工作，勇于实践，大胆探索，开创教育改革和发展的新局面。

最后，借此机会，我代表国家教育委员会，向全国广大教师和教育工作者拜个早年！祝同志们新春愉快，身体健康，阖家欢乐！

朱开轩主任在第五次全国高校党建工作会议上的报告

（1995年7月10日）

1990年以来，在党中央的领导下，中共中央组织部、中共中央宣传部和中共国家教委党组联合召开了四次全国高校党建工作会议，不断研究改革开放中的新情况、新问题，在统一思想的基础上，采取了一些重要措施，推进高校党建和思想政治工作，取得了一定成效。目前，高校广大师生员工的思想主流是健康向上的，拥护党的路线、方针和政策；对改革开放和经济建设取得的成就感到高兴；学校政治形势一直保持稳定；师生工作、学习积极性有所提高，校风、学风有所好转。这一切，有力地促进和保证了高教的改革和发展，为维护高校乃至社会的稳定，培养合格人才，做出了贡献。本次全国高校党的建设工作会议是在党的十四届四中全会和全国教育工作会议以后召开的一次高校工作的重要会议。会议的主要任务是：以邓小平同志建设有中国特色社会主义理论和党的基本路线为指导，深入贯彻《中共中央关于加强党的建设几个重大问题的决定》和《中国教育改革和发展纲要》精神，密切联系高教战线的实际，着重研究加强高校领导班子建设，进一步推动高等教育事业的改革发展，更好地完成培养社会主义事业的建设者和接班人的根本任务。

一、加强高校领导班子建设是进一步发展高等教育事业的关键

当前，我国人民在以江泽民同志为核心的党中央领导下，按照“抓住机遇、深化改革、扩大开放、促进发展、保持稳定”的方针，团结奋斗，开拓进取，改革开放和社会主义现代化建设事业不断取得进展，形势很好。

教育战线的形势也是好的。1994年，党中央、国务院召开了全国教育工作会议，动员全党全社会进一步落实教育优先发展的战略地位，推动《中国教育改革和发展纲要》的全面实施。会议之后，中央和各地大力宣传和贯彻全教会精神，相继出台了一批推动教育改革和发展的重要举措。特别是八届人大三次会议审议通过了《中华人民共和国教育法》，将于今年九月一日开始实施，这是我国教育史上具有里程碑意义的又一件大事，必将对于从根本上落实教育优先发展的战略地位，建立和完善具有中国特色的社会主义现代教育制度，产生重大而深远的影响。

与整个教育事业一样，高教事业继续发展，改革不断深化。现在全国普通高等学校共1080所，在校本专科生达到280万人，研究生近13万人。执行改革开放政策以来，已为国家现代化建设输送了一大批高级专门人才，其中博士1.8万人，硕士28万人。同时，高等学校还是国家基础科学、高科技和应用科学研究的重要阵地。高校办学和管理体制改革取得了较大进展，全国已有近200所高校由部门与地方共建共管或实行多种形式的联合办学。高校招生收费和毕业生就业制度改革已经起步或顺利发展，取得了初步经验，今年将又有200多所高校进一步实行招生收费“并轨”。专业结构调整，重点学科、基础性学科建设以及教育教学改革，学校内部管理体制改革等，都在深入探索，逐步推进。教育质量和办学效益有所提高，教师工作条件、生活待遇得到不同程度的改善。但是，我们也应该清醒地看到，我国改革开放和社会主义现代化建设事业在前进中还存在不少困难和问题。教育战线的改革和发展仍有诸多方面不适应经济体制改革和现代化建设的需要，教育经费不能满足事业需要的矛盾依然突出，教师待遇仍然偏低，教师特别是中青年教师住房有待继续改善，党的建设和思想政治工作、教育教学改革中的一些难题需要解决。随着经济体制改革以及教育改革的不断深入，还会产生许多新的问题。

总之，我们既要看到已经取得的成绩，更要对未来的艰巨任务有充分思想准备；既要看到对我们有利的时机和形势，也要正视面临的困难和问题。要振奋精神，坚定信心，扎实工作，迎接挑战，把高教改革和发展继续推向前进。

进一步推进高教的改革和发展，做好学校工作，关键在于全面提高高校领导干部的素质和能力，真正把高校领导班子建设好。为什么这么说呢？

第一，这是在本世纪末实现《中国教育改革和发展纲要》目标的需要。以党中央、国务院发布《中国教育改革和发展纲要》为标志，我国在九十年代乃至下世纪初教育改革和发展的蓝图已经确定，可以说，教育的大政方针已定。能否落实《纲要》及《〈纲要〉实施意见》提出的各项任务，实现高教改革和发展的目标，关系到科教兴国战略的实现，关系到我国高等教育以什么样的面貌进入二十一世纪，也关系到我国今后参与日趋激烈的国际竞争是否具有深厚的人才实力。目标是伟大的，任务是光荣的，但困难很多，而且现在离本世纪末只有五年左右的时间了。时间相当紧迫。我国高等教育未来五年的主要工作目标是：走内涵发展为主的道路，使规模更加适当，结构更加合理，质量和效益明显提高；进一步发挥高等学校在我国科学技术工作以及哲学社会科学研究工作中的作用；部分高校实施“211工程”；深化高等教育体制改革，建立起政府宏观管理、学校面向社会自主办学的体制；逐步改变高等学校条块分割、“小而全”的状况，优化高等教育的结构与布局；进一步推进招生收费改革和毕业生就业制度的改革，逐步实行学生缴费上学，大多数毕业生自主择业的制度；全面贯彻教育方针，深入进行教学改革，努力提高教育质量。完成这些艰巨的任务，需要许多外部条件，需要多方面的配合和支持。但就学校内部而言，关键是要有能沿着正确方向不断推动改革和发展的领路人、团结师生员工奋进的核心，也就是要有一个坚强有力的学校领导班子。许多高校的正反两方面的经验都说明，一所学校有一个好的领导班子，这个学校就有希望，即使学校工作遇到困难或暂时落后，也能迎头赶上；相反，班子搞乱了，好好的学校也会落后。因此，一定要集中力量把高校领导班子建设好，使高校的工作朝着《纲要》的目标阔步前进。

第二，这是改革开放条件下，坚持正确办学方向，培养社会主义事业建设者和接班人的需要。高等教育的改革和发展是当代中国改革开放和社会主义现代化建设事业的一部分。巨大的社会变革给高等教育事业的改革注入了新的活力，为我们实现《纲要》创造了良好的机遇和有利条件；但是，它也对全面贯彻教育方针，全面提高教育质量提出了许多新的课题。我们的办学将更加开放，更加面向世界，这对发展高等教育事业非常有利，但是，我们必须提高警惕，国内外敌对势力绝不会放弃"西化"、"分化"我国的图谋；高等学校更是争夺下一代的重要场所。在这种十分复杂的社会条件下和巨大的社会变革中，高等学校能否做到始终坚持社会主义办学方向不动摇，培养出一批又一批合格的社会主义事业的建设者和接班人？在东西方社会思潮纷呈涌动中，能否做到高等学校校园里社会主义意识形态始终占主导，在马克思主义的指导下繁荣学术和文化？这是摆在我们面前的一场严峻考验。当然，我们首先要致力于建设一个良好的社会"大气候"。但就学校的"小气候"而言，关键取决于领导班子在政治上是否清醒、坚定；取决于领导班子思想、理论和政策水平的高低以及驾驭全局的能力。总之，要有高素质的学校领导班子才能适应机遇与挑战并存的复杂形势的要求。

第三，这是今后五年左右时间里顺利完成高校领导班子新老交接的需要。新老干部的交替与合作是永无完结的历史过程。在以往五年里，我们已经初步形成了新老干部在合作中交替，在交替中合作的良好局面。今后的五年，一大批五十年代和六十年代初大学毕业的同志将陆续全部退出领导岗位，约占现职领导干部的60%；正职的比例更大。"文革"中、后期和恢复高考后大学毕业的同志将大批走上领导岗位。由于复杂的原因，特别是"文化大革命"十年的耽误，造成了不少学校干部队伍的基础比较薄弱，后备力量不足。这段特殊的历史使这一阶段的新老交接具有特殊的重要意义。毫无疑问，大批年轻干部走上领导岗位，将使领导班子更加富有朝气和活力。但是，在组织上完成新老交接任务的同时，能否在思想上、政治上顺利完成我们希望的新老合作与交替，从而真正保证高等学校的领导权始终掌握在马克思主义者手中、能够坚持贯彻党的基本路线一百年不动摇？这是广大群众，特别是老一辈无产阶级革命家和老同志们关注的大问题，也是国内外各种政治势力关注的大问题。在改革开放条件下成长起来的年轻一代高校领导干部，具有比较开阔的视野，比较深厚的业务基础，更能适应社会主义市场经济体制。我们对年轻一代接好领导高等学校的班抱有希望，充满信心。但是，我们也应看到年轻一代干部身上存在的某些不足。比如，一些同志的马克思主义的理论素养和运用理论去研究和解决重大问题的能力亟待提高；一些同志由于缺乏党内严格的政治生活和党性锻炼，对我们党长期形成的优良传统和作风体会还不深；一些同志由于缺少实践的磨炼，包括艰苦环境的考验，还缺乏共产党人坚韧不拔、不畏艰险、百折不挠、战胜困难的意志品格。但是，每个人的缺点和不足都是可以在实践中加以克服的，每个人都可以在实际锻炼中不断提高觉悟，增长才干。对年轻人更是如此。党组织和老同志们要满腔热情地、积极主动地为年轻干部创造更多的学习、锻炼和提高的机会和条件，帮助年轻干部更快、更好地成熟起来，顺利地完成大跨度的领导班子新老交接的任务。否则，就有可能贻误我们的事业。

总之，从各方面的情况看，全面建设好高校领导班子已成为当务之急，决不能有丝毫的放松和懈怠。几年来，各地党委和有关部门党组贯彻落实前四次全国高校党建工作会议精神，在加强高校领导班子建设方面已经做了大量工作，近两年在以下几方面取得了新的进展。

1. 按照干部队伍“四化”方针和德才兼备的原则，认真做好高校领导班子的组织调整和充实工作。全国高校领导班子革命化、知识化、专业化水平得到了普遍提高，年龄结构有了改善。如第四次全国高校党建会以来的两年中，国家教委所属 34 所高校中分别有 18 所高校党委和 16 所高校行政班子进行了调整换届；党政正职调整比例为 2/3，副职近 1/3。经调整充实后，委属高校班子平均年龄 53 岁，下降了两岁，50 岁以下的校级干部已近 1/3；大专以上学历为 100%，具有副高以上专业技术职务的为 87%。北京市 1993 年和 1994 年两年共调整校级干部 300 多人，市属院校领导班子都配备了 45 岁以下或 35 岁左右的年轻干部。其他省市的高校在这两年中也分别进行了组织调整和充实。

2. 通过短期培训、脱产学习等多种形式，注意提高高校领导干部的理论政策水平和管理能力。领导干部的理论培训已走上了制度化的轨道。据北京、天津、陕西、四川、山东、浙江、河北等省市的统计，近两年来，参加过各级党校、教育行政学院等学习培训的高校领导干部达到 60%—80%，有的已实现了普遍轮训的目标。国家高级教育行政学院 1993 年 7 月～1995 年 7 月共举办四期进修班或培训班，500 多名高校领导干部和校级后备干部参加了进修和培训。高校领导干部普遍较为系统地学习了《邓小平文选》第三卷，学习了《中国教育改革和发展纲要》、《〈纲要〉实施意见》，以及《教师法》、《教育法》，学习了教育管理业务知识，理论政策水平、思想政治素质、实际工作能力都有了不同程度的提高。

3. 根据中央十四届四中全会《决定》和全国组织工作会议精神，结合高校实际，积极探索高校领导干部选拔任用制度的改革。如一些省市在部分高校领导干部换届工作中，采用了民主评议、民主推荐、民意测验等方法。国家教委党组在同济大学等委属高校中试行了校长换届民主推举的办法，在社会上和高校中引起了积极反响。这些做法扩大了选用干部的视野，增加了透明度和公正性，有利于将符合条件的、受多数群众拥护的干部吸收进领导班子，调动广大教职工社会主义积极性，为进一步建立科学化、民主化的高校领导干部选拔任用制度做了有益的探索。

从近几年高校领导班子自身建设和领导学校工作的实际情况来看，大部分高校领导班子及其成员是好的和比较好的。他们在比较困难的条件下为各自的学校乃至高教事业的改革和发展，维护高校稳定，付出了艰辛劳动，作出了很大的贡献。不久前北京在 20 所高校的一千多名干部、教师中做的问卷调查表明，认为学校领导班子“政治上坚定和敏感性”强的和较强的占 89%，“贯彻党的基本路线和教育方针”好和较好的占 84%，“清正廉洁、起表率作用”好和较好的占 83%，“事业心、责任感、奉献精神”强和较强的占 79%。去年底上海对 24 所高校领导班子进行了全面考核，有 90%的领导班子在“贯彻党的方针政策，保证上级政令畅通”方面获得群众好的评价，有 9%的高校领导干部被群众评价为优秀，89%被评价为称职和基本称职。

我们十分高兴地看到，在实践中还涌现出一部分像清华大学、西北工业大学、河北农业大学、东北师范大学、山西大学等长期团结奋斗，坚持正确办学方向，学校改革和发展成绩斐然的坚强有力的高校领导班子。

好的和比较好的领导班子的共同特点是：能结合学校实际全面贯彻教育方针；注意遵循教育规律，形成了被全校广大师生员工拥护的办学思路；正确贯彻民主集中制，形成了能够进行科学决策的有效率的工作机制；班子成员能密切联系群众，勤奋工作，廉洁自律；班子内部结构合理，党政协调，能正确开展批评和自我批评，具有不断解决自身矛盾的能力。

当然，全国高校领导班子也还程度不同地普遍存在着以下两个突出的问题：一是领导班子及其成员的马克思主义理论和政治思想水平以及领导能力，与不断发展的改革开放形势不相适应，与教育改革和发展的要求不相适应；二是班子年龄偏大，年轻干部不足，后备力量缺乏。还有少数高校领导班子问题较多，主要是管理水平较弱，驾驭全局工作能力不强，有的同志忙于社会活动或个人专业业务，对校内领导工作精力投入不到位，学校工作平平，没有起色；有的班子内部不团结，党政不协调，制度不健全，个人素质欠缺，难以发挥应有领导核心作用。这些问题都是应该注意纠正或解决的。

正如邓小平同志指出的：“正确的政治路线要靠正确的组织路线来保证。中国的事情能不能办好，社会主义和改革开放能不能坚持，经济能不能快一点发展起来，国家能不能长治久安，从一定意义说，关键在人。”无论是从新形势下高校领导班子在学校和整个高等教育的改革和发展事业中的重大责任来看，还是从解决当前高校领导班子中存在的问题来考虑，都必须采取坚决有效的措施，尽快把高校领导班子的建设提高到一个新的水平。

二、认真贯彻党的十四届四中全会《决定》，切实加强高校领导班子建设

十四届四中全会就加强党的建设作出了重要决定。《决定》强调指出，新的历史条件下，执政党必须加强自身建设，不断提高领导水平和执政水平。要继续把党的思想建设放在首位，继续抓好党的作风建设，当前要在全面贯彻落实中央关于思想建设和作风建设部署的同时，把党的组织建设作为突出的环节抓好。特别要进一步坚持和健全民主集中制；要加强和改进党的基层组织建设；要全面提高现有领导干部素质，把各级领导班子建设成为坚决贯彻党的基本路线、全心全意为人民服务、具有领导现代化建设能力的坚强领导集体；抓紧培养和选拔优秀年轻干部，努力造就大批能够跨世纪担当重任的领导人才。《决定》的这些重要精神，对于党的建设工作的全局具有现实针对性和普遍指导意义，也完全切中高校党建的实际，为我们抓住关键，解决主要矛盾指明了方向，提供了有力的武器。我们必须结合高教战线的实际认真学习，深入贯彻。

第一，全面提高高校领导干部的素质。领导干部的良好素质是建设好校级领导班子的重要基础。必须下决心，花更大的气力不断提高在职领导干部的素质并把好选用新任领导干部的“入口”关。

高校领导干部应当全面提高自己的政治素质、思想素质、业务素质和工作能力。党的十四届四中全会《决定》突出强调了高级领导干部应有的政治素质，并提出了五项要求，这应当成为高校领导干部的努力方向。要通过不懈努力，培养造就大批马克思主义信念坚定，全心全意为人民服务，对教育工作有深刻理解，能团结和带领广大师生走有中国特色社会主义道路的有知识、懂管理，胜任本职工作的教育家和领导工作者。领导干部提高全面素质，要通过刻苦学习和系统培训；更重要的是实践。在实践中经受锻炼，在实践中得到提高。各地党委、各部门党组要进一步研究制定和落实今后几年高校领导干部的培训学习计划和培养锻炼措施，高校领导干部也要提高认识，增强学习和在实际工作中全面锻炼自己的自觉性。只有个人努力和组织的培养帮助相结合，干部才能更快更好地成长起来。

严格选拔后备干部并把好新任领导干部“入口”关，十分重要。要根据干部队伍革命化 知识化、专业化、年轻化的方针和德才兼备的原则，进一步明确高校领导班子后备成员的标准和条件。选用的干部：应当具有基本的马克思主义理论素养，能坚持党的基本路线，在政治上与党中央保持一致；应当具有强烈的事业心和奉献精神，勤奋工作，改革进取；应当具有良好的思想品德和组织观念，联系群众，团结同志，公道正派，廉洁自律；应当具有一定岗位上领导工作的经历，有较强的宏观管理能力，受到多数群众的拥护。选拔优秀年轻干部要扩大视野，从中层、基层抓起，坚持“育人是用人的基础”这个基本指导思想，通过理论培训、实践锻炼、教育管理三个基本环节，让年轻一代在不同岗位和台阶上积累经验并成长。高校上级干部部门和学校党委要共同承担起选拔培养年轻干部的领导责任，创造条件，采取措施，保证将符合条件的年轻干部及时充实到校级领导班子中来。

选拔任用高校领导干部必须严格遵守《党政领导干部选拔任用工作暂行条例》规定的民主推荐，组织考察，党委集体讨论决定的基本程序，严格遵守各项具体规定。要根据《暂行条例》和中央有关文件精神，结合高校的实际，加快探索在党组织领导下走群众路线，扩大民主选拔干部的具体形式和办法，在实践中加以完善。

第二，进一步改善高校领导班子的结构。合理的结构是领导班子正常发挥集体领导和个人分工负责作用、使学校工作保持良好运行的基本条件。为提高领导班子的战斗力和活力，适应改革开放的新形势和学校事业发展的需要，要进一步改善高校领导班子的结构。

最重要的是选好党委书记和校长。书记和校长除了对全面素质和能力有更高要求外，还应强调有丰富的基层工作经验，熟悉学校工作的全面情况；有较强的驾驭全局工作能力；民主作风好，谦虚谨慎，能团结各方面同志齐心协力工作。党委书记还要有较高马克思主义理论素养；校长还要有宽广专业业务知识面和本学科领域内的较高学术水平。

班子成员的专业结构要根据学校类型、

特色及多方面工作的需要合理选择，尽可能涵盖本校主要学科群，利于了解全局，联系群众，正确决策。班子中要有不同特长干部的结合，既要有党政管理专长的，也要有学术造诣深的，努力实现班子中通晓教学、科研、思想政治工作、产业、后勤等工作业务的内行领导的科学组合。

年龄结构要形成合理梯次，防止同步老化，要力争通过本世纪最后五年的努力，使高校领导班子年龄结构更加合理，逐步使50岁以下的领导成员占到半数，其中应配有1～2名40岁左右较年轻干部。

第三，进一步理顺高校领导班子中的党政关系。要继续坚持和完善党委领导下的校长负责制；正在试行校长负责制的高校，要在认真总结经验的基础上，继续搞好试点工作。

必须明确，无论实行何种体制，都要加强党对高校的领导，都要贯彻执行党的路线、方针、政策，都要贯彻民主集中制。

实行党委领导下校长负责制的高校，党委是领导核心、政治核心、团结核心。党委要贯彻执行党的路线、方针、政策，坚持社会主义办学方向，依靠师生员工推进学校的改革和发展，培养“四有”的社会主义事业建设者和接班人。要加强学校党组织的思想、组织、作风建设，发挥党总支的政治核心作用、党支部的战斗堡垒作用；讨论决定学校改革和发展以及教学、科研、行政管理工作中的重大问题；领导学校的思想政治工作；按照权限负责干部的选拔、教育、培养，考核和监督；领导学校的工会、共青团、学生会等群众组织和教职工代表大会；做好统一战线的工作。

党委统一领导学校的工作，但不要包揽具体行政事务，要充分尊重与支持校长对教学、科研、后勤等日常行政工作的指挥，使他们有职有权。

重大问题决策之前，党政主要领导要充分酝酿，努力在认识上形成一致；重大工作实施过程中，党政要互相支持、补台。

试行校长负责制的高校，校长应通过定期行政会议主持学校教学、科研及其他行政工作的决策，并进行管理。党委要发挥政治核心作用，参与学校重大问题的决策，保证党的路线、方针、政策在学校全面贯彻；负责管理干部；全面领导学校党建和思想政治工作。校长要尊重和依靠党组织，工作中重大问题的思路，应在决策前主动听取学校党委的意见，虚心接受学校党委的监督。

正确处理高校领导班子中的党政关系，各校要以中央有关文件和《教育法》为指导，结合工作实际，认真总结经验，制定和完善具体工作规则。党政的协调，还需要同志之间的默契，班子中党委领导和行政领导都要树立全局观念、一盘棋思想，主动配合，从不同角度、不同途径，共同为完成学校中心工作和根本任务而努力。有条件的学校，提倡党委领导和行政领导换岗实践。领导班子的团结协调，党委书记和校长是关键。书记和校长之间要经常互相通气，定期谈心，增强理解和友谊；要尊重和支持各自按规定行使职权，善于在不同的问题上当“主角”或当“配角”，讲党性，顾大局，成为凝聚整个领导班子团结的核心。

第四，坚持和健全民主集中制。民主集中制是我们党和国家的组织原则和根本领导制度。坚持和健全民主集中制是领导班子坚强有力的根本保证。从这些年的经验来看，凡是内部团结协调，执行上级决定有力，决策指挥出色，干部群众积极性、主动性得到较好发挥的高校，无一不是贯彻民主集中制组织原则比较好的。反之，领导班子不团结、不协调以至政令不通，各行其是，造成工作决策失误，分析其原因，最主要的症结在于没有很好地贯彻民主集中制。进一步贯彻民主集中制，必须从领导干部，特别要从党政主要领导成员抓起，让民主集中制的原则在头脑中扎根，成为自觉的行动。

在高校领导干部、后备干部的学习和培训中，要重视民主集中制的教育，提高对坚持民主集中制的必要性和重要性的认识，懂得民主集中制的基本原则和基本知识。要帮助新进班子的年轻干部懂得党内政治生活和领导工作中的规矩。在领导工作中要切实做好以下几点：一是无论党委领导还是行政首长负责，都必须坚持民主基础上的集中和集中指导下的民主相结合，要有集体决策的制度保证。学校重大问题讨论决定前，必须充分调查研究，听取各方面意见，防止和反对主观臆断和个人说了算。二是个人服从组织、少数服从多数，下级服从上级，全党服从中央。党委议事、决策过程中，要让每一个成员充分发表意见，并按民主集中制原则作出决定。重要干部任免，应通过无记名投票决定。无论是谁，当个人意见成为少数时，可以保留，但必须无条件地服从集体的决定，并在行动上积极执行。三是党委集体领导和个人分工负责相结合。重大问题由集体讨论决定，具体组织实施和日常工作要有个人分工，根据分工，切实负起责任，积极主动开展工作。四是要有具体制度保证。贯彻民主集中制原则，不仅要靠领导干部个人的素质，还要靠制度保证。健全和完善民主集中制的一系列制度更带有根本性、全局性、稳定性和长期性。学校必须普遍建立健全重大问题向上级请示汇报制度、领导班子内部议事决策制度、集体领导和个人分工负责制度、教职工参加学校民主管理制度等，执行制度情况要接受组织和群众监督。

第五，领导干部自律与教育管理工作也要进一步制度化。要坚持和完善高校党委中心组学习制度，每月至少一次，及时传达、学习中央和上级部门有关会议、文件精神和指示，联系实际，深入领会，专题研讨，提高认识。

要坚持和完善领导班子民主生活会制度。民主生活会至少半年一次，要围绕统一思想，改进工作，增强团结，廉洁自律等内容来进行。要在广泛听取群众意见和班子成员之间谈心的基础上，认真开展批评和自我批评，提出改进措施。书记和校长要做表率。党员领导干部要坚持过双重组织生活，要以普通党员的身份，定期参加所在党支部的组织生活会。

要进一步建立健全校级干部考核制度，包括届中考核、换届考核以及与全体教职工一起参加的年度总结考核。通过考核，激励干部奋发向上，提高工作水平，及时发现和解决存在的问题。

要实行高校领导干部任期制。每四年一次的高校党代会要按期召开，党委班子要按时换届。高校行政领导班子任期原则上也是每届四年。根据工作需要和本人情况，经过考核称职的领导干部，方可继续任职。离任干部要根据实际情况做出合理安排。要进一步推动学校之间、学校与社会之间的干部交流，促进班子改善结构，增强活力。要严格执行干部离退休制度。

学校上级党组织要进一步加强对高校领

导班子建设工作的领导。各地各部门分管领导及干部管理部门，更要经常深入高校，倾听群众意见，了解班子成员思想、工作、学习和生活情况，派人参加高校领导班子民主生活会，与他们谈心，帮助解决实际困难和问题。高校领导干部的工作任务很繁重，要关心他们的身体健康，安排好他们的医疗保健和必要的休假。对于“双肩挑”的党政干部的专业技术职务评定，有突出贡献的专家评选等，必须考虑到他们的实际水平和贡献，作出合理安排。

这次会后，中组部、中宣部、国家教委党组，将根据会议的讨论意见，印发《关于加强高等学校领导班子建设工作的若干规定》。

三、高校党委当前要着重抓好的几项工作

四中全会《决定》明确提出：“学校党的建设要围绕学校的改革和发展，加强和改进德育工作，培养有理想、有道德、有文化、有纪律的社会主义事业的建设者和接班人来进行。”抓好高校领导班子建设最终要落实到学校的各项工作中去。当前高校党委要重点抓好以下几项工作。

第一，制订好学校改革和发展“九五”规划，并抓紧实施。制订和实施学校“九五”规划，必须依据高教改革发展总的目标、方针、政策，从本校实际出发，找准自己的位置，发挥自己的优势，提出本世纪末具有学校特色的奋斗目标和改革发展的思路。要继续坚持校内管理体制改革和教学领域里的改革；处理好学科、专业、课程设置的调整与社会需要的关系；处理好学校内部教学、科研、产业之间的关系；处理好国家与学校、学校内部各单位及单位与个人之间的利益关系。

要把党的建设、思想政治工作和德育工作纳入学校改革和发展的总体规划，一并实施。坚强有力的思想教育和德育工作不仅是实现学校改革和发展目标的根本保证，也是学校教育的重要内容。必须防止和克服“一手硬、一手软”，忽视和削弱党的建设及思想政治工作的倾向。

要处理好改革、发展和稳定的关系。学校改革发展的规划和实施要充分考虑稳定因素。特别是招生规模必须以必要的办学条件为前提，反对不顾主客观条件的盲目扩大规模，反对乱招生，乱许愿，滥发文凭。各级政府和高校要关注大学生的实际生活困难，完善奖贷学金与勤工俭学等制度。要把解决中青年教师住房困难纳入“九五”规划之中。要搞好校园规划与建设，着力于创造优良育人环境。要同政法部门配合，进一步综合整治校园及周边治安秩序，保障师生人身财产安全，维护正常教学秩序。还要警惕和防止敌对势力的渗透和阴谋活动。今后五年，稳定工作依然重要。年年抓稳定，是维护当前社会安定的需要，也是巩固国家长治久安的基础。因此，要把维护稳定工作作为一项长期性的工作抓紧抓好。

第二，组织学校党员、干部和广大师生员工深人学习邓小平同志建设有中国特色社会主义理论。最近中央印发了《邓小平同志建设有中国特色社会主义理论学习纲要》，我们要根据中央通知的精神，把《纲要》纳入学习计划，充分运用好这个重要的辅助材料，更好地理解邓小平同志建设有中国特色社会主义理论科学体系，把学习进一步引向深入。

学习中要注重与马克思列宁主义，毛泽东思想基本理论的融汇贯通，努力掌握建设有中国特色社会主义理论精神实质，增强坚持党的基本路线的自觉性和坚定性。要组织党员、干部和理论骨干在深入学习的基础上，对当前社会上和高校师生中普遍关心的“热点”问题，展开讨论，作出分析回答。还要运用邓小平同志关于什么是社会主义，怎样建设社会主义的基本思想帮助师生深刻理解改革的方针政策，要运用马克思主义的基本立场、观点和方法来分析社会上的某些现象；要正确认识理论原则与社会现实的某些反差，要看到党和政府正在为解决存在的问题所做的努力，要增强信心；要讲清现行政策与我们党远大理想的联系，坚定社会主义、共产主义的信念。总之，通过释疑解惑，把广大师生的思想和行动统一到有中国特色社会主义理论和实践上来，团结广大师生在政治上与党中央保持一致。

第三，进一步贯彻落实中央有关加强德育工作的文件精神。近期的工作重点有两项：

一是按照《中共中央关于进一步加强和改进学校德育工作的若干意见》规定的精神，建立和完善党委统一领导下校长及行政系统为主实施的德育管理体制。党委要定期研究思想、政治、理论动态，掌握思想政治教育的主动权，负责制定德育工作计划，真正担负起德育工作的领导责任，保证德育工作落实到学校工作的各个方面。校长要对学生德智体全面负责，学校行政要有一名副校长协助校长将德育计划在教学、管理、服务等各个环节上加以具体落实，并通过制定政策，提供人、财、物条件来加以保证。

二是继续推进马克思主义理论课和思想品德课教学改革。第四次全国高校党建会提出推进“两课”教学改革的任务后，这项工作的步伐在加快，国家教委和多数省区市都选择了一些高校进行试点。

“两课”教学改革的主要任务，就是要更好地向青年学生简明扼要地讲授马克思列宁主义和毛泽东思想的基本观点，特别是邓小平同志建设有中国特色的社会主义理论。要以邓小平同志建设有中国特色社会主义理论作为学校马克思主义理论教育的中心内容，通过教学改革，逐步形成结构合理、功能互补的“两课”课程体系。国家教委社科司已组织教师编写了《建设有中国特色社会主义理论教程》一书。请同志们参考并提出宝贵意见。“两课”教学的根本目标是引导学生树立科学的世界观、人生观、价值观，帮助学生掌握正确的立场、观点、方法，确立为建设有中国特色社会主义而奋斗的政治方向，增强抵制错误思潮和拜金主义、享乐主义、极端个人主义的能力。“两课”的教学改革一定要紧紧围绕着这一目标深入进行；同时，在课程改革过程中要特别注意建设好一支优秀的马克思主义的理论队伍。

希望学校党委和行政领导高度重视和切实加强对“两课”教学工作的领导，定期研究，推动改革，协调有关职能部门给予积极支持和配合，切实解决“两课”教学工作和师资队伍建设中存在的问题和困难。这次会议之后，国家教委将报请中央有关部门批准，印发经会议讨论的《关于高校马克思主义理论课和思想品德课教学改革的若干意见》，各地教育部门和高校要认真研究贯彻。

为依法保障德育的实施和落实，这次会后国家教委将根据会议讨论的意见，尽快颁布《普通高等学校德育大纲》。

第四，认真加强学校基层党组织的工作。

1. 加强党总支、党支部的建设。要认真贯彻即将颁布的《中国共产党普通高等学校基层组织工作条例》，把加强基层党组织的工作列为学校党委的经常性重要议事日程。要选配优秀党员同志负责党总支、党支部的领导工作。党总支应积极参与和决定本单位教学、科研、行政管理工作中的重要事项；支持行政领导人在其职责范围内独立负责地开展工作；领导本单位的思想政治工作和党建工作；做好干部教育和管理工作。支部工作要紧密结合基层单位的教学、科研、管理、育人工作来进行，要把研究解决业务工作中遇到的思想矛盾和问题，作为支部工作的重要内容。支部书记要参与本单位重要工作的研究和决策。加强同党员的联系，充分发挥党员在各项工作中的表率作用，进一步明确党员做群众工作的职责和任务。

2. 加强对党员干部、教师的思想政治教育。在新形势下，无论是党员干部还是党员教师，都面临着坚定信念，拒腐防变的考验。应当肯定高校大多数党员干部和党员教师是好的，同时也要看到，确有一些党员干部、教师存在不可忽视的问题。有的放松了政治上的要求，理想信念淡漠；有的组织观念薄弱，自由主义较严重；有的不顾群众影响，刻意追逐个人名利。这一切都是与共产党员的光荣称号不相容的。因此，必须从严治党，加强党员的思想政治教育，发扬党的优良传统。党的优良传统很多，其中最基本的一条，就是全心全意为人民服务。要向孔繁森同志学习，讲奉献精神，实干精神，艰苦奋斗精神和廉洁奉公精神。要定期过好党员组织生活，不定期地举办党员集训班，提倡用整风的精神，以党章为镜子，进行对照检查，开展积极的思想斗争。

3. 积极慎重地做好在青年教师和大学生中发展新党员的工作。近年来，在大学生中发展新党员工作有了一定进展，普通本专科学生中的党员比例，由 1990 年的 0.81%提高到 1994 年的 2.47%，但大学生中的党员比例仍不够高，有待作进一步努力。目前要特别重视研究解决部分高校青年教师中入党积极分子较少，党员比例偏低的问题。要在党员教师中培养一批德才兼备的跨世纪学科带头人，也要在跨世纪学科带头人中，培养和发展一批新党员。逐步建立一支以党员为骨干的、优秀的跨世纪中青年教师队伍。完善政策导向，引导青年教师正确处理好业务发展与政治进步的关系；切实做好青年教师中要求入党积极分子的培养工作，主动与他们交朋友，热情给予帮助和指导；认真贯彻“坚持标准，保证质量，改善结构，慎重发展”的方针，按照党章规定的党员标准，及时将符合条件的入党积极分子吸收到党组织中来。

4. 加强党政管理干部队伍建设。高校党政管理干部是办好社会主义大学的重要依靠力量，与教师队伍建设同等重要，缺一不可。当前高校党政管理干部队伍不稳，后继乏人，难以适应工作，矛盾比较突出，已成为制约学校发展的重要因素，也将会是高等教育整体工作跨世纪中的一个较为薄弱的环节，必须引起高度重视。党政管理是一门科学，需要专门的知识和很强的能力，要通过合理的政策导向和加强思想教育等措施，把这支队伍建设好。根据《教师法》，高校专职从事党政管理工作的人员可列入教育职员系列。教育职员制度要通过完善加以坚持，目前教育职员系列工资标准偏低，不利吸收优秀人才参与党政管理工作，拟提请有关部门研究解决。同时，在高校党政管理干部中大力提倡发扬胸怀大局，乐于奉献的精神，正确对待深化改革过程中利益格局的变动，坚守岗位，努力工作，推动学校改革和发展，以优异的工作成绩、坚定的政治信念与良好的思想素质，赢得广大教师的尊重和信任。

同志们，几年来高校党建和思想政治工作的加强和改进，以及取得的成绩，是和各地党委和有关部门党组加强了对高校党建工作和思想政治工作的领导分不开的。随着高校管理体制改革的发展，将逐步实施中央和省两级管理，以省级政府统筹为主的高校管理体制，地方党委要更好地担负起所在地高校工作的领导责任，进一步加强对高校党建和思想政治工作的领导。在地方党政机构改革中，凡确定和实行党委教育部门与教育行政部门合署办公的，都应明确党委教育工作部门仍然存在，并具有相应的职能。合署机构中一把手要亲自动手抓，要有专职领导聚精会神地抓高校党建和思想政治工作，要有必要的党建和思想政治工作职能部门和人员编制、经费保障。中组部、中宣部、国家教委党组将在中央党建工作小组批准后，酝酿组成高校党建工作协调小组，指导和协调全国高校党建工作。

同志们，去年全国教育工作会议之后，我国教育事业正在进入一个新的发展时期，高教战线的各级领导干部、广大党务工作者、思想政治工作者和全体共产党员，要在新的形势下，紧密团结、齐心努力，把高校党的思想建设、组织建设、作风建设和思想政治工作提高到一个新水平，为进一步贯彻《决定》和落实《纲要》，推进高教的改革发展，增添新的动力，提供更加坚强的保证。

深化改革 调整结构 提高质量 进一步推进我国的学位工作

张孝文

一、当前我国学位工作改革发展状况和主要任务

本届学位委员会的工作，正好开始于我国颁布《中华人民共和国学位条例》、实施学位制度15周年之际。15年来，我国的学位工作取得了迅速的发展和巨大的成就，尤其是1992年小平同志巡视南方重要谈话和党的十四大以后，加快社会主义现代化建设和建立社会主义市场经济体制的新形势，对我国学位工作提出了新的更高要求，我国的学位工作也进入了一个新的发展阶段。

（一）经过15年的发展建设，我国的学位授权体系已经基本形成

我国自1981年实施《学位条例》以来，国务院学位委员会相继集中组织了五次学位授权审核工作，并于1985年组织了一次博士生指导教师的特批工作，已经基本建立了具有相当规模的学科门类比较齐全、学位质量能够得到基本保证的学位授权体系。目前，我国共有博士学位授予单位271个，博士学位授权点2398个，博士生指导教师约9000人（含1994年部分单位自审增列的博士生导师）；已有硕士学位授予单位628个，硕士学位授权点8467个。根据教委截止到1993年的统计，全国共有全日制普通高等学校1080所，其中本科院校627所，另有军队本科院校67所，学士学位授予单位已达674个，现有博士和硕士学位授予单位已分别占其中32%和70%；从专业覆盖面上看，我国于1990年修订并开始试用的《授予博士、硕士学位和培养研究生的学科、专业目录》共设置学科、专业655种（含试办专业），其中已有博士点的专业521种，硕士点的专业647种，分别覆盖了其中的80%和98%，这表明我国现在设置的绝大部分授予学位和培养研究生的学科专业，都可以培养研究生和授予学位。从地区情况看，目前，除贵州、青海、宁夏、西藏等省区没有博士点，西藏自治区尚无硕士点外，其他省市均设有博士或硕士点，但地区分布和学科结构上并不均衡。从学位授予统计情况来看，截止到1994年底已授予博士学位近1.8万人，硕士学位28万多人，为社会主义现代化建设事业输送了大批合格人才，不少已成为各行各业的年轻的骨干力量。现在在校研究生人数已近12.8万人（不包括军队院校），其中攻读博士学位研究生2.2万多人。以上情况说明，我国的学位授权体系从无到有，从小到大，已经取得了令人瞩目的巨大成就，为国家的经济建设和社会发展提供了必要的高层次人才资源的保

证，促进了我国各项事业的蓬勃发展。

（二）学位管理体制和研究生教育教学改革不断深化，取得了有益经验

近年来，为了使我国的学位工作更好地适应经济建设和社会发展的需要，根据党的十四大关于逐步建立社会主义市场经济体制的要求，我们积极推进和深化了学位工作的改革，在建立和完善具有中国特色的学位制度和研究生教育制度上迈出了新的步子。

积极稳步地开展了学位管理体制和学位授权审核办法的改革。在以往工作的基础上，从1989年第四批学位授权审核开始，批准了一部分条件较好、管理制度比较健全的学位授予单位开展了自行审批硕士学位授权点的试点工作，1993年以来，又开展了一部分博士学位授予单位自行审批增列博士生指导教师的试点工作。在深入调研、总结试点经验和充分讨论的基础上，国务院学位委员会第十二次会议通过了《进一步改革学位授权审核办法的意见》，确定了今后改革目标的总体框架：新增博士、硕士学位授予单位和博士点仍由国务院学位委员会组织审核批准；硕士点逐步下放由地方部门或学位授予单位根据国务院学位委员会统一规定的办法组织审核、批准；博士生指导教师由学位授予单位根据一定的标准和要求自行确定。与这项改革相适应，根据中央关于高等教育体制改革的精神和《中国教育改革和发展纲要》关于高等教育管理体制改革要逐步实行中央和省、自治区、直辖市两级管理，以省级为主的原则，加大省级人民政府对所辖地区学位工作的统筹管理权，自1991年以来，先后同意研究生培养数量较多、管理制度比较健全的江苏、四川、上海、陕西、湖北、广东等六省市建立了省级学位委员会。这是改革我国学位管理体制的一项重要措施。省级学位委员会建立以来，已在学士学位管理、硕士点评估、学科建设、在职人员以同等学力申请学位工作等方面，做了大量工作，取得了一定成绩和经验。实践表明，建立省级学位委员会这项改革的试点是成功的，为做好政府的宏观调控和加强分级管理奠定了较好的基础。

为改变人才培养规格比较单一的状况，近几年来，国务院学位委员会针对用人部门的实际需要，进行了新的探索，相继批准设置并试办了建筑学、工商管理硕士学位等专业学位，推动了工程硕士、财经政法等应用型人才培养的改革工作，其他的专业学位的研究和设置工作正在稳步进行。另外，还会同国家教委，从培养环节入手，扩大培养研究生的知识面，指导和鼓励各培养单位在推行研究生兼“三助”，硕、博连读，拓宽学位课程、调整课程结构、更新教学内容，改革培养模式等方面进行了积极探索，丰富和发展了学位工作的内涵，有力地促进了学位与研究生教育的综合改革。

（三）加快学位工作法制建设和评估工作，促进学位管理工作的规范化、法制化和科学化

建设具有中国特色的学位制度，必须加强法规建设，依法进行管理。近几年，国务院学位委员会在制定学位法规方面做了大量工作，相继批准实施了一系列有关行政法规。1988年，国务院学位委员会审议通过了《关于授予国外有关人士名誉博士学位的暂行规定》，规范了我国的名誉博士授予工作，从已经授予的54位名誉博士的情况来看，效果是好的，获得了良好的国际影响，促进了我国教育、科技、文化、体育等方面的国际交流

与合作；颁布实施了《国务院学位委员会关于授予具有研究生毕业同等学力的在职人员硕士、博士学位暂行规定》及其实施细则，以及《关于普通高等学校授予来华留学生我国学位试行办法》等一系列重要行政法规，使我国学位工作较好地沿着法制的轨道规范地进行。经国务院学位委员会第十二次会议同意，1994年推荐使用了具有中国民族风格的学位服，初步规范了这项工作，部分高校和科研机构组织学生身着学位服参加了隆重的学位授予仪式，增强了学位获得者的荣誉感和使命感，扩大了学位工作的社会影响和激励作用。

学位与研究生教育的评估开始于1985年，几年来，评估工作取得了新的进展，去年首次向社会公布了评估结果，并对问题较多、质量不能得到保证的学科专业点分别给予了限期整顿和暂停授权的处理，这在各方面产生了强烈反响和积极效果。此外，经过一段时间的筹备，在兵器工业总公司的大力支持下，正式建立了事业性的评估机构——高等学校与科研院所学位与研究生教育评估所，将原来由行政部门组织评估的政府行为逐步转变为建立以事业机构社会评估为主的评估制度，现已委托其着手开展有关评估工作。

在充分肯定工作成就的同时，我们还要看到，由于我国正处在由计划经济体制向社会主义市场经济体制转变的阶段，这几年，学位与研究生教育发展迅速，而有关的改革措施却有所滞后，我们在前进中还面临着一些不容忽视的矛盾和问题。如：优秀生源偏少，尤其博士生的选择余地不大；学科结构还不尽适应经济、科技和社会发展的需要。由于我国传统的基础学科力量较强，而前期的学位授权审核工作比较强调科研水平，这当然是必要的，因此，基础学科布点相对较多。但另一方面，适应市场经济和高新技术发展的学科则显得相对薄弱，国家急需的某些人才仍然缺口较大；人才规格、类型比较单一；博士生教育总体上与国际先进水平还有差距，一部分研究生的培养质量有所下降，质量监督机制还不完备等。对于前进中遇到的这些问题和困难，必须予以重视，认真研究，积极有效地加以解决。

去年6月国家教委党组会议讨论了研究生教育工作，根据全国教育工作会议的精神提出：今后一个时期研究生教育应坚持走以内涵发展为主的道路，工作的重点是深化改革、调整结构和提高质量；并决定适当时候召开全国研究生教育工作座谈会，贯彻全教会精神，研究落实教委党组关于研究生教育近期工作要点，大力推进研究生教育教学的改革，努力提高办学效益和办学水平。这些工作和我们在学位方面进行的各项改革都是相辅相成的。我们进行的学位授权审核办法等项改革，都是为了加强宏观管理，扩大培养单位的办学自主权，更好地推动教育教学改革，达到培养高质量的高层次专门人才的目的。

根据四化建设和改革开放对高层次人才的要求，总结十几年来的工作经验，从我国学位工作当前的形势和问题出发，今后我们的主要工作大致有这样几个方面：一是把正在进行的学位授权审核办法及管理体制的改革积极稳步地推向前进，争取在不太长的时间里达到预期的目标；二是按照四化建设、改革开放和迎接下个世纪挑战的需要，更有效地调整和优化结构，坚持走以内涵发展为主的道路，使人才的结构、规格和质量更加适应未来发展的特点和需要；三是加强立法，严格管理，推进评估工作，实现宏观管理的目标，保证和提高人才培养的质量。此外，学位工作也应与国家经济、教育和科技发展的规划相适应，制订一个中长期的发展规划，更好地推动我们的学位工作。

二、按照全党全国工作大局，做好国务院学位委员会1995年的主要工作

（一）关于1995年博士、硕士学位授权审核工作

根据现行学位授权审核工作每两年组织一次的作法，1995年应组织一次学位授权审核工作。1993年12月国务院学位委员会第十二次会议在总结当年进行的第五批学位授权审核工作时已经指出：我国的学位授权体系规模已经不小了，甚至可以说是相当大了。今后，我们学位工作的重点不应是再大量增加新的学位授予单位和学科专业点，而应是加强现有学位授予单位和学科专业点的建设，积极提高办学效益，合理调整学科结构，不断提高培养质量。因此，本次审核工作的指导思想是：贯彻深化改革、调整结构、提高质量和分层次办学的原则，根据需要和可能，增列少量的博士点和硕士点，对已有的部分博士点和硕士点作适当调整。不审核新增博士、硕士学位授予单位。具体地说，第一，建议今后新增博士、硕士学位授予单位的审核定为每四年一次。由于今后每次增量不会太多，如果两年一次增列单位，会使很多单位徒劳申请，费功而无结果。1993年进行第五批学位授权审核时已审核了一批新增博士、硕士单位，所以1995年的学位授权审核工作中就不再安排新增博士、硕士单位的审核，在1997年审核时再安排。第二，审批增列的博士点和硕士点的总量要控制。根据全国教育工作会议精神，考虑到近几年研究生招生连续增长较多的情况，国家教委提出近期研究生教育的发展规模大体要稳定在1994年的招生规模水平上，即硕士、博士研究生的年招生计划稳定在5万人左右，而现有博士点和硕士点布点已基本能够满足目前培养规模的需要。因此，本次审核增列博士点、硕士点，应主要是为了调整学科结构，满足培养国家一些急需学科人才和下个世纪经济社会发展对高新技术人才的需要。同时，在博士点的审核中实行定向增列、限额评审的办法，学位办公室已就此征询了学科评议组的意见，拟在这些意见的基础上，结合对生源、社会需求、现有授权点状况等诸多因素的分析，确定定向增列的学科、专业名单及数额。

考虑到上述情况，这次审核工作要在总结以往工作经验的基础上，本着简化程序、保证质量、公正合理的原则，进一步改进审核工作方式。要注意加大通讯评议的份量，加大地方主管部门进行宏观调控的责任，以保证这次学位授权审核工作的顺利完成。

这里，我想说一下学位授权体系的结构性调整问题。目前我国正在大力加强产业结构的调整，全国教育工作会议已要求加大教育结构调整的力度，与此相适应，我们学位授权体系也要逐步加大结构和布局调整的力度。这项工作早在第五批学位授权审核时，已着手进行并收到了一定效果。但从现实情况来看，要使我们的学科专业结构更好地适应经济建设与社会发展对人才的需求还要做很多工作。为此，我们要认真总结经验，深入进行调研，形成结构调整的工作思路和行之有效的办法，并要作为本届学位委员会的重要工作认真抓好。对现有学位授权体系的调

整，主要推动各单位结合自己的情况积极进行，国家则要通过调整研究生招生计划这个重要手段来推动，极个别的还要通过评估来解决；这次博士点及硕士点的增列，以及我们今后的学位授权审核工作都要积极贯彻落实使学科结构及地区分布更为合理的指导原则。

（二）关于学位授权审核办法的改革

为适应加快高教管理体制改革的形势，学位工作的管理体制和学位授权审核办法的改革也要同步加快进行。

根据“高等教育逐步实行中央和省、自治区、直辖市两级管理，以省级政府为主的体制”（《国务院关于〈中国教育改革和发展纲要〉的实施意见》），以及“加强省级政府对所在地区高校的协调、统筹和领导责任”的精神，此次硕士点审批权先下放到上海、江苏、湖北、广东、四川、陕西等六个已成立学位委员会的省市开展审批本地区内申请新增硕士点的试点工作，多数部委院校也由所在省市来负责；省级学位委员会能审批硕士点的应是在当地有一定学科基础和较强的学术力量的学科专业，待试点取得经验后再逐步放开。一些行业性很强的学科专业，如兵器、航空宇航、军事学等暂不放给省市学位委员会审批，仍按原方法由全国统一组织评审；为实现国家宏观调控的目标，要求省市学位委员会审批新增硕士点的数额须与国务院学位委员会办公室商定，以对新增硕士点进行总量控制。

关于博士生导师的审核办法的改革，在总结已有试点经验并广泛听取各单位意见的基础上，我们认为，要达到使博士生导师真正变成一种重要的工作岗位，而不是教授中的一个固定层次，要解决两个问题：一是要把遴选导师与实际指导博士生紧密结合起来，而不是独立地搞导师的评审；二是最终要把国家集中的评审权放给学位授予单位。如何解决这两个问题呢？我们设想的目标是今后无论是学位委员会学科评议组还是各博士生培养单位不再单独评审博士生指导教师，而是改为在审定各博士点招收培养博士生计划的同时按一定标准遴选博士生导师。博士生培养应该有计划并经过授予单位认真审定，这个计划应包括：指导教师及其在研项目、博士生的研究方向及学生的研究经费落实情况，当然也包括指导力量的配备等等。同时，这个计划应报主管部门备案。这样既给了单位权限，也给了单位相应的责任。这样，有指导任务时就是博士生导师，不承担指导任务时就不存在是否是导师的问题，指导博士生就像讲基础课一样是一种工作任务，并不是一种荣誉及学术称号。国家今后主要通过加强检查评估等工作对质量进行监控。当然，有一部分单位学科力量及管理能力弱一点，在改革之初可以采取一定的过渡办法，有一套相应的审定招生计划的办法。关于这项改革的实施，总的想法是，从1995年起，国务院学位委员会不再单独审批博士生指导教师，将区别不同情况，采取适当方式，通过试点，分步实现由博士学位授予单位在自行审定招收培养博士生计划的同时，遴选博士生导师。这是一项重要的根本性的改革，从认识到一系列具体措施都要跟上，真正做到兴利除弊，达到改革和发展博士生教育的目标。

（三）关于进一步做好设置和试办专业学位的工作

1988年国务院学位委员会第八次会议决定对职业学位开展调研工作后，五年来，国务院学位委员会办公室相继对部分具有职业背景和相关条件的学科专业进行了论证，并分别于1989、1991年经国务院学位委员会审议通过，设置和试办了工商管理硕士学位和建筑学专业学位。实践表明，设置具有职业背景的专业学位对促进学位授予单位研究生教育教学领域的改革，调整学科、专业结构，改变人才规格过于单一的状况，打通应用性学科研究生教育通向实际工作部门的渠道，提高有关行业专业技术队伍的素质具有积极作用，受到了学校和用人部门的好评与欢迎。

我国恢复研究生教育和建立学位制度以来，法学研究生教育获得了很大的发展，建立了一批高层次法律人才的培养基地，给法学教学科研队伍及法律实务部门输送了大批高层次法律专门人才，为我国的法制建设做出了重要贡献。但我们的法学研究生教育也存在着偏重学术性而实务性注重不够，专业划分过细，培养规格单一等问题，难以全面适应建立社会主义市场经济体制对法制建设和高层次法律人才培养的紧迫需要，为此，我们从1988年以来即会同中央政法业务主管部门在法学的“刑法”、“民法”、“国际经济法”等三个专业进行了培养应用型硕士生的改革，为培养实际部门所需要的应用型高层次人才积累了有益的经验。当前，随着我国社会主义市场经济体制的建立和对外开放的扩大，与各种重大经济行为和社会进步、社会稳定密切相关的法律事务，不仅在数量上急剧增加，而且日益复杂化、专门化和国际化，立法、司法、执法和法律服务部门急需补充大量高素质的专业和管理人员，尤其是需要一大批适应市场经济和法制建设需要的高层次复合型、外向型法律实务人员和管理人才，因此，必须加大改革力度，针对实际岗位需要，调整培养规格，加快培养法律高层次人才。总结我们自己的经验，从我国法学教育的实际出发，借鉴发达国家的有益做法，我们建议增设一种面向法律实务工作领域的专业性学位，即法律专业硕士学位，并抓紧开展试点工作。

（四）会同国家教委抓好规范博士生教育，加强应用型、复合型人才的培养工作，促进在职人员申请学位管理工作的规范化、制度化

根据国务院学位委员会第十二次会议关于加强调整现行的授予博士、硕士学位和培养研究生的学科、专业目录，拓宽专业知识面，改进研究生的培养工作的精神，国务院学位委员会办公室首先组织力量对各学科门类中有关一级学科的学科、专业构成及布点情况进行了初步的分析研究，还深入部分学位授予单位进行了调查。在此基础上，提出了实行按一级学科培养研究生和进行学位授权的工作目标及实现这一目标的基本思路。今年拟区别不同情况，首先从抓好按一级学科培养研究生的试点工作入手，进而通过评估，在少数学位授予单位试行按一级学科进行博士学位授权和培养工作的试点。同时，在总结试点经验和调整现行专业目录的基础上，着手拟订新的专业目录，并将其由指令性文件改为指导性文件。这是一项很有意义的改革，这一步如果走好了，就可以逐步改变目前这种学科专业设置偏细偏窄的状况，有利于培养高质量的、知识面宽、适应性强的高层次专门人才。

国务院学位委员会第九次会议通过的《国务院学位委员会关于授予具有研究生毕业同等学力的在职人员硕士、博士学位暂行规定》及其实施细则于1991年3月实施以来，这项工作的发展基本上是健康的，各单位相继建立了有关规章制度，实现了较为规范的管理，积累了一定的经验，质量基本得到了保证，为广大在职人员提高业务素质、自学成才开辟了一条有效途径，受到各方面的欢迎和好评，下一步要积极稳步地加以推动。但此项工作在发展中也出现一些亟待解决的问题，如：原先文件中关于课程认可形式的规定过于繁琐，各单位在执行过程中不易把握；少数单位接受具备大专学历申请硕士学位的人员呈逐年上升的趋势；有的单位在少数热门专业举办了较多的研究生课程进修班，为了创收或明或暗地用授予学位来吸引生源，造成了一定程度的混乱，群众时有反映和举报。为确保这项工作的健康发展，加强宏观规范管理，我们在广泛听取各方面意见，深入调查研究和继承以往成功经验的基础上，决定对有关文件的具体规定做部分修订和完善，以加强和改进此项工作。主要采取的措施有：从1995年起对在职人员申请硕士学位者进行全国外语统考，便于在总体上把握申请者的业务素质；将过去实行的多种形式的课程认可，一律改为与在校研究生同班同卷考试，考试通过者方可提交论文申请学位；明确规定了不具有学士学位的优秀的大专毕业生在职申请硕士学位应具备的具体条件；加强检查监督，主要是委托省市学位与高教主管部门加强经常性的监控和评估。这些工作已分步作了部署，以期达到保证学位授予的基本质量，更好地维护我们学位的声誉，并推动这一工作更加健康地发展。

（五）扎实推进学位管理体制的改革，切实加强省级学位委员会的建设，大力开展学位授予单位的复查和评估工作

为进一步加强省级学位委员会的建设，适应高等教育管理体制改革和学位与研究生教育管理体制改革的需要，我们认为：对于研究生培养任务较重，有相当学术力量的省、自治区、直辖市，政府有关部门对这一工作比较重视，已建立健全了其日常办事机构、给予必要的人员编制和经费，并积累了一定管理经验的省市学位委员会，应当依法逐步扩大其对本地区学位工作的统筹权和决策权，为此，拟制定下发文件明确规范省级学位委员会的职能权限，以便于地方政府在进行管理体制和机构改革的时候，协调考虑。同时，为更有准备地稳步推进学位管理体制的改革，建议分批同意部分学位工作量较大、较重的省市建立学位委员会。

今后，做好评估工作将成为国务院学位委员会的重点工作之一。1995年，将继续在部分学科、专业开展对现有博士、硕士学位授权点的复查评估工作；开展按一级学科授权和培养研究生的评估试点工作，拟先选择少量一级学科整体条件比较强，研究生培养质量比较高，而且有权授予博士学位的二级学科覆盖面较广的一级学科点进行试点，在这一试点取得经验后将结合专业目录的调整工作逐步加以推广；加强评估工作的基础建设，组织力量，加强评估的立法工作，使评估工作纳入规范化、科学化的轨道。

关于素质教育问题的思考

柳　斌

面向二十一世纪，基础教育改革的紧迫任务是从应试教育转向素质教育

二十一世纪即将来临，基础教育怎么办？这个问题全国的教育工作者都在思考。二十一世纪是国际经济和科技竞争非常激烈的一个世纪，各个国家都会面临许多新的挑战，这些挑战归根结蒂都与各个国家的国民教育有密切的关系。因此，各个国家的教育工作者，都必然要考虑面向二十一世纪教育怎么办？尤其是基础教育怎么办？现在一些同志提出面向二十一世纪基础教育的任务是与国际教育接轨。我是不大赞成提“与国际教育接轨”这样口号的，当然作为学术问题可以讨论，可以发表文章争鸣。我认为提这样一个口号，对指导我们的基础教育工作并不一定是很有利的。为什么呢？因为“与国际教育接轨”这个口号虽然比较动听，也比较新颖，但是，它的内涵比较模糊，而且也不好操作。因为从实际上看，每个国家的国情各不相同，不同的国家，处于不同的发展层次，不同的发展阶段，它们对教育各有不同的要求，不同的标准。不同的国家对人们人生观、价值观的要求差异是很大的，有的甚至是对立的。譬如美国的人生观、价值观是以个人主义为核心的。我们的人生观、价值观强调的是集体主义。集体主义与个人主义怎么接轨？我看在人生观、价值观这个问题上，是无法接轨的。还有就是由于各个国家文化的差异，民族的差异，宗教信仰的差异，对儿童少年的教育，教育思想、教育内容、教育方法都是各不相同的。在这种情况下，我们可以借鉴世界各国基础教育方面的成功经验，吸收人家先进的经验、先进的方法，但是，不好提“接轨”的问题。面向二十一世纪，我们的提法，还应是建立和完善有中国特色的社会主义教育体系。《中国教育改革和发展纲要》及其实施意见提出，在2000年以前，我们要建立有中国特色社会主义教育体系的基本框架，在2000年以后，再用若干年的时间，建立和完善有中国特色的社会主义教育体系。对于基础教育来讲，一个非常紧迫的任务，就是从应试教育转向素质教育，或者说摆脱应试教育模式的影响，然后建立和完善素质教育的模式。我想这样一个提法，第一它有具体的内涵，第二是从中国实际出发的，第三是可以操作的。它首先是社会经济发展对基础教育提出的要求，因为经济和社会的发展要求有高素质的国民。我们的国民素质，比以往有了很大的提高，解放前，80%的文盲，

现在是80%以上的非文盲。这一点是需要肯定的。但从总体上看，恐怕还要承认我们的国民素质是不太高的，不承认这一点也不行。到2000年，我们不少地方就要走上小康的道路了，有的可能比小康的目标还要更高一点。我们的社会主义不能老停留在初级阶段，总得向中级阶段或更高的阶段发展，因此，我想到二十一世纪，我们目前存在的许多问题，是必须解决的。譬如贪污腐败，市场上的假冒伪劣，经营活动中的坑蒙拐骗，社会生活中的偷盗扒窃，还有各种刑事犯罪，卖淫嫖娼和拐卖妇女儿童等等，这些活动相当猖狂，这些现象不能不是国民素质还不够高的一种反映。当然存在这些现象不能仅仅归咎于国民素质，还有一个完善法制的问题，加强管理的问题。但是，不可否认，也有国民素质不高的问题。这些问题，我们总不应该把它全部带进二十一世纪吧，当然，也不能说，到二十一世纪就绝对没有这些问题了，至少是这些问题应当逐步得到解决，犯罪率应当降低，文明程度应该提高。因此，提高国民素质是经济和社会发展的要求，而国民素质的提高则要求基础教育摆脱应试教育的束缚。

我们国家要走向现代化，如果说有障碍的话，最大的障碍，不是资源问题，不是资金问题，甚至也不是技术和设备问题，而是十几亿人口的素质的问题。我们国家地大物博，物产丰富，但一到人均都是排在世界倒数第几位。资源很少是事实，资金不足也是事实，许多技术还很落后，也是事实，这些因素可能是我们实现现代化的障碍，但不是最大的障碍。日本的资源不多，瑞士、瑞典、新加坡的资源也不多，他们却都很发达，所以资源的问题是个问题，但可能不是最大的问题，资金和技术的问题也不会是最大的问题，资金可以自己积累，还可以引进；技术可以自己发明创造，也可以引进。但是13亿人口的素质是无法引进的，必须靠我们自己去提高。从这个方面讲，提高人口素质，是经济和社会发展对教育的要求。小平同志对中国的优势进行过论述，认为中国人口众多，如果能提高素质，那是在世界上占绝对优势的；人口众多，而又素质不高，那就不是优势，反而会成为一个很沉重的包袱。所以我觉得，从实际出发的话，不要去提那些空洞、模糊的口号，面向二十一世纪要扎扎实实地提高国民素质。这才是很切合实际的，是根本的。

国民素质的提高，要求教育摆脱应试教育模式的束缚，树立正确的教育思想。我们基础教育的目的是什么？任务、性质是什么？是仅仅为把少数人从多数人当中选拔出来，送上大学，甚至送出国门，还是要为整个国民素质的提高打基础？是为少数学生的发展服务，还是为全体学生的发展服务？是仅仅着眼于知识的发展，还是着眼于学生的做人、求知、办事、健体，即德、智、体诸方面全面发展？对这些问题的回答，应试教育与素质教育是截然不同的。从目前我国的经济、社会发展来看，要求的是国民素质的整体提高，因此，不着眼于提高整体国民素质的教育，应该说不是我们所需要的教育，这种教育也不能说是成功的教育，在这个问题上，需要有一个正确的认识。

关于素质和素质教育概念的理解

素质教育的提法是不是科学，理论界有不同的看法。我觉得有不同的看法是好事情，这个问题可以进一步讨论。我个人认为，素质教育的提法较好。为什么呢？第一，这个提法能够适应时代的要求，较好地反映了人民群众及社会各界对教育的希望和要求。第二，它能够较好地概括目前教育改革自身的需要。“素质”这个词的解释有两种，一种解释是个人先天具有的解剖生理的特点，包括神经系统、感觉运动器官、大脑的特点，而且这种特点是通过遗传获得的，所以也叫做遗传素质，或叫禀赋。这种遗传素质对人的能力的形成和发展会产生重大的影响。另一种解释，素质是公民或某种专门人才的基本品质，是个人在后天环境或教育的影响下形成的。我比较倾向于后面这种解释。什么是素质？我个人认为是指人在后天通过环境影响和教育训练所获得的稳定的、长期发挥作用的基本品质结构，包括人的思想、知识、身体、心理品质等。素质与先天禀赋当然是有密切关系的，比如聋哑人要培养成歌唱家是比较困难的，先天禀赋制约很大。但对大多数人来讲，先天禀赋差异并不太大。人们素质的高低，主要是在后天的社会环境和教育训练中形成的。素质的形成主要是在幼儿和中小学阶段，所以古语有“少成若天性，习惯成自然”的说法。我们现在使用的素质这个概念，一般都是指后天的。但应当指出：词义也是在发展的，很多词的词义是用社会约定俗成的办法来界定的，因此素质教育的提法应当说还是科学的。当前我们提出的素质教育是与应试教育相对立的，它是以全面提高公民思想品德、科学文化和身体、心理、劳动技能素质，培养能力，发展个性为目的的基础教育。相对于应试教育来讲，素质教育是符合教育规律的更高层次、更高水平、更高质量的教育。有作为的教育工作者，有作为的校长、教师，应当努力追求素质教育的目标。因为应试教育那一套是比较简单的，死记硬背，满堂灌，大运动量，题海战术，加班加点，决不是治教育人的好办法。素质教育，要研究每个学生的身心特点，用符合教育规律和学生身心发展规律的办法对他们进行教育和引导，因材施教，用一把钥匙开一把锁，不但要注意研究孩子们的共性，还要研究孩子们的个性，使得他们各得其所。所以，尽管在应试教育中也有某些素质教育的成份，但从总体上看，应试教育与素质教育是截然不同的。因此，我们应该把素质教育的旗帜举得高高的，把素质教育的舆论造得浓浓的，把素质教育的劲头鼓得足足的，要理直气壮地抓素质教育。如果我们的教育从现在起能够走向素质教育，则国家幸甚，民族幸甚。

实施素质教育的关键是转变教育观念

我们的基础教育（中小学，包括幼儿园）是着眼于单纯帮助学生升学，还是着眼于全体学生的全面发展，这是应试教育与素质教育的根本区别所在。1985 年，《中共中央关于教育体制改革的决定》中强调，教育必须为社会主义建设服务，社会主义建设必须依靠教育。教育要为社会主义建设服务，这是教育的一个基本功能。为社会主义建设服务，范围是非常广阔的，内涵也是非常丰富的。因为我国是社会主义社会，为社会主义建设服务，实际上是涵盖了为整个社会发展服务，正因为如此，在这方面要下很多功夫来研究。为社会发展服务主要是通过为每个人的个性发展服务来实现的。因此，就有一个教育多样性、培养目标多样化的问题。龚自珍的那首诗讲得非常好，“我愿天公重抖擞，不拘一格降人才”。局限性在于他把降人才的希望寄托于“天公”，我们把降人才的希望寄托于教育，但是“不拘一格”是讲得非常好的。人才就应该是多种多样的，多种类型、多种规格、多种层次的。在这一点上，应试教育与素质教育是不同的，应试教育就是比较单纯的为了送孩子升上高一级学校。当然升上高一级学校也是为学生自身发展服务，但是目标比较狭窄，既然社会需要各种层次的人才，我们的教育就不能只重视少数人的发展，而应当重视每个学生的发展。我们的一些同志往往有一种片面的人才观念，一开口就是要培养英才、神童，对培养普通人，培养一技之长不那么重视。报纸上报道过一个小学女生，听老师讲蚯蚓的再生能力很强，把它弄成两段后，这两段会各自发展成为一条完整的蚯蚓。这小孩听后觉得很奇怪，回家后，她把蚯蚓切成两段，放到泥土里摆在窗台上养起来。她妈妈看到以后，愤怒地把蚯蚓扔到阳台外而且打了孩子一巴掌。这位母亲完全没有想到，她这一巴掌造成了什么样的后果。我觉得这一巴掌，很可能就打掉了一个女科学家。现在不是说女科学家少吗？根本不允许孩子对课本以外的东西有兴趣，这不是应试教育的恶果吗？前不久我也看到另一则消息，蜗牛是棉花的害虫，常对棉花造成极大的危害，所以人们都在想办法消灭蜗牛。一个十二岁的孩子偶然发现了一只吃蜗牛的虫子，学校老师把他的发现介绍给农业科研部门，经专家鉴定，这是一种专门吃蜗牛的虫子，是蜗牛的天敌，以前还没人发现过。于是这个孩子得到了科学发现的奖励，受到省里有关部门的表彰。但是，如果他把蜗牛拿回去，他的爸爸也给他一巴掌，不是又要打掉一项重要发现，又要打掉一个农业科技工作者吗？蚂蟥是很令人讨厌的东西，但有些科学家正在研究蚂蟥，蚂蟥叮人的时候，伤口老流血不止，因为它吐了一种物质在伤口上，能够抗血凝，所以人们就研究从蚂蟥身体中提取抗血凝剂，在医药上的应用价值很大，可以用来防治脑血栓等心血管疾病。苍蝇也是令人生厌的，但现在一些科学家却在研究苍蝇。苍蝇在脏物上吸食，但本身不会感染疾病。因此很多科学家在研究苍蝇的免疫系统，也许对苍蝇的研究，将来会出现一些意想不到的成果。我举上面这一些例子说明什么呢？养蚯蚓，观察蜗牛的天敌，研究水蛭，研究苍蝇，这些与升学考试，确实没有多大关系，但是对人类，对生物学，对医学事业的发展，很可能是非常有意义的。鼓励孩子们从事一些业余个人爱好的活动是素质教育的一个重要内容。所以很重要的一点，教育观念包括人才观念必须有一个大的转变。如果仍然把考试分数作为评价教育质量唯一的标准，那么我们的中小学教育就会走考什么就教什么，考什么就学什么，不考就不教，不考就不学的老路，而这条老路，对于提高国民素质来讲，是一条狭窄的路，片面发展的路，是不符合国家和社会需要的。如果再走这条老路的话，国民素质的提高将会受到严重影响。分数能够选拔人才，也能够埋没人才。所以我们的观念要转变，尤其是教育部门以及握有大权的党政领导部门要转变。如果行政机关还下升学指标，没有达到，就让教育局长或校长引咎辞职，那人家怎么可能实施素质教育，所以，政府部门、社会各界都要转变教育观念。在教育内容上，应试教育有很大的片面性、狭隘性，学校教育中只重视知识的教育，德育、体育、美育、劳动教育得不到应有的重视；在知识教育当中，又只是重视考试知识的传授，体现国家意志的课程方案，得不到很好的落实，这是造成学生素质不太高的主要原因。当然，中小学学生的素质在某些方面还是比较高的，比如，知识方面的素质，我国学生还是比较高的，但是我国学生的素质发展不全面，有很多弱项，如，基础知识虽然比人家强，但知识面比人家窄，不够宽，比较缺乏社会实践活动能力。再就是知识运用的能力也比较弱，由于在教学中重知识积累，忽视学生能力的培养，我们的学生在动手操作能力、创造能力、表达能力方面都相对较差，用人单位中反映学生不善于利用时间，自我控制能力比较差，不善于合作共事，缺乏自我批评的精神，心理品质方面也还有一些弱点，缺乏抗挫折的能力，意志比较薄弱，而且缺乏竞争意识，缺乏危机意识。这些都是与应试教育模式有关系的。身体方面的问题更明显了，我国学生近视眼的比例是世界各国中最高的。学生的身体素质从初中到高中呈下降趋势。总之，我国学生素质状况有比以前进步或提高的方面，但也存在许多问题，与发达国家有较大差距。应试教育的要害，是重智育、轻德育、体育、美育、劳动教育，只有德智体美劳全面发展，才会有真正的高素质，所以只重智育是不行的。当前我们要强调重视体育、美育、劳动教育。美育不但本身是德育的重要组成部分，对其它几育也有很大的作用。我们要提倡以美辅德，以美益智，以美促劳，以美健体。美育对一个人的素质是非常重要的。电视剧《三国演义》中诸葛亮的《空城计》之所以能成功，固然得益于他的智慧，也得益于他的心理素质，但是同志们有没有想到，也得益于他的音乐方面的才能。试想，如果诸葛亮当时不会抚琴，后果会怎么样？当时司马懿大兵压境，对阵厮杀和闭门坚守均已不可能，弃城而走，也难逃厄运，唯一的选择是心理战，而唯一适合的形式就是抚琴，很难设想不会抚琴，还能用别的什么办法来表现诸葛亮镇定、自信和精神的强大。从《空城计》中就可看出美育对于一个军事家来说，也是极其重要的。教育工作者更是离不开美育的。以工读教育为例，工读教育是十分艰苦的，为了教育那些不好教育的孩子，工读学校的校长、教师都是夜以继日地辛勤劳作，为挽救失足青少年作出无私奉献的。用什么东西来肯定他们的价值，鼓舞他们毕生从事这样一种艰苦而崇高的职业呢？在工读教育四十周年的纪念会上，《周总理，你在哪里》和电视剧《寻找回来的世界》的作者柯岩是用她那感人至深的散文诗般的发言，舞蹈艺术家刀美兰是用她那优美的舞姿，老工读教育工作者刘校长是用他的十幅精致的国画，使与会者一次又一次激动得热泪盈眶，为工读教育工作者增添了新的奋斗的力量。柯岩、刀美兰、刘校长他们都是用美育的手段，来鼓舞工读教育工作者迎难而上，为孩子们幸福美好的明天而奋斗不息的。

教育学生学会做人，是素质教育的首要的任务

国民素质的提高，民族素质的提高，是学校、家庭、社会对整个儿童少年一代进行教育、熏陶、施加综合影响的结果，这种综合的影响是否科学有效，是决定国家民族前途、命运的大事情，必须引起各个方面的高

度重视。少年儿童时期是一个人发育成长的重要阶段，在这个阶段，要教会他们求知，教会他们办事，教会他们健体；但往往容易被忽视的是教会他们做人。从不会做人到会做人是一个过程，这个过程的基础阶段就是儿童少年阶段。因此，我们的幼儿园和中小学对一个人素质的形成，特别是做人方面，起着决定性的作用。针对目前的情况，我认为思想道德素质的问题可能要放在素质教育的首要地位来考虑。我们的中小学德育应该说是有成效的，表现在以下几点：一是绝大部分学生热爱祖国，在学校升旗的时候，能够立正行注目礼，这样的行为在社会各阶层当中，应当说是突出的；二是多数学生人生态度基本正确，有集体主义观念，能正确对待他人，尊重父母和长辈，多数学生也能够遵守公共秩序；三是多数人懂得自尊自立自强，能够爱惜自己的名誉，维护自己的人格尊严。但是也应当看到，与经济和社会发展的要求相比，与国家的要求相比，思想道德素质方面还是有较大差距的。一部分学生劳动观念弱，劳动习惯差，不珍惜劳动成果，过分地看重个人利益；也有一部分学生不能够正确处理个人、集体和国家利益的关系；还有的缺乏为人民服务的精神和无私奉献的精神，缺乏任劳任怨的敬业精神；一部分学生社会公德及法律意识不强，还有相当部分学生向钱看，拜金主义思想比较严重。原因是多方面的，不完全是学校教育一个方面的原因。在两种体制的转换过程中，社会思潮中的拜金主义、享乐主义、极端个人主义的影响，商品经济条件下，某些腐朽思想、庸俗风气的侵蚀，在经济建设中一手硬一手软，精神文明建设不力等等，都是重要原因。所以，如何适应二十一世纪对国民思想道德素质的要求，要作为一个重大的课题来研究。大家都反映，中小学要有比较稳定的思想道德教育的内容，我非常赞成。中小学主要应抓三个方面：第一是爱国主义意识。爱国主义是振奋民族精神，增强民族凝聚力，激发人民建设祖国的使命感的强大动力，学校是进行爱国主义教育的主要阵地，因此我们一定要坚持爱国主义教育。要强调以“五爱”教育为中心的思想品德教育，我们的口号不要经常变，爱祖国、爱人民、爱科学、爱劳动、爱社会主义是写进了“宪法”的，要长期抓下去，常抓常新。此外，还要加强继承民族优秀文化传统的教育。第二是公民意识。做一个好公民，主要的几项要求，一个是遵纪守法，通过学习公民的权力义务，加强法制观念；一个是培养社会责任感，国民没有比较强的社会责任感，这个社会就很难有凝聚力，无论经济建设和社会发展，都会遇到严重障碍；一个是忠于职守，这是非常重要的。第三是良好的品德和行为习惯，良好的职业道德，包括勤劳节俭，艰苦奋斗，不怕挫折，包括文明礼貌，诚实守信，包括其它的一些社会公德，如尊老爱幼、助人为乐、扶危济困、爱护公共卫生、遵守公共秩序等等。只有在这种基础上，才能够形成为人民服务的人生观和价值观，所以毛主席在《纪念白求恩》一文中就提出过，要做一个高尚的人，一个纯粹的人，一个有道德的人，一个脱离了低级趣味的人，一个有益于人民的人。当然这是一个高标准的要求，要教育中小学生要用毕生的努力，来向这个目标靠拢。当前，对于儿童少年要有针对性地提出以下几个方面要求。第一，做一个能够关心他人的人，这是助人为乐、为人民服务的起点；第二，做一个能够承受困难和挫折，勇于进取的人，这是社会主义建设的需要；第三，做一个律已严格、待人宽厚、忠于职守、遵纪守法的人，这是民族团结的需要，也是社会稳定的需要；第四，做一个艰苦奋斗、勤俭节约的人，我国人民并不富裕，国家并不富强，还非常需要这种精神。现在享乐主义抬头，针对这种情况，应着重强调这一点。第五，做一个堂堂正正的有中国心的人，要以培养爱国主义精神为荣，不爱国为耻，这是作为一个中国人最基本的品质。

努力探索建立素质教育的运行机制

首先要转变教育观念，各级政府和社会各界要为素质教育的实施创造比较宽松的环境。要逐步地改变片面追求升学率的作法。二要培养一批好校长，因为从某种意义上讲，一个好校长，就是一所好学校。第三要建立一支高素质的教师队伍，这是实施素质教育的根本保证，素质教育的主要环节在课堂里面，学生一天要上六七节课，所以如何提高课堂教学的质量是非常重要的环节，当然要把素质教育要求贯穿于全过程。第四要逐步实行办学模式的多样化。第五是课程教材要在统一基本要求的基础上多样化。第六是考核制度要改革。很赞成唐山的考试制度改革的办法，今后高考也要改革。如果目前高考不能多样化，那么至少试卷要根据不同层次不同专业的需要多样化，要有适合不同层次考生的试题，比如讲，设A、B、C卷。第七要建立学生素质的监控体系。要有科学的调查、测量、评估制度，指导学生全面发展。我们现在有一批学校，已经开始向素质教育目标前进，这是非常可喜的现象，希望大家总结经验，锐意改革，增强信心，把素质教育推向一个新的阶段。

当前城市教育改革应着重解决的几个问题

王明达

社会主义市场经济体制的建立，为城市教育的改革提供了动力，创造了很好的环境。在新的形势下，要认真总结过去已经取得的经验，明确进一步深化城市教育综合改革的任务。几年来通过实践，对于城市教育综合改革必要性的认识有了很大的提高。根据城市教育综合改革的目标，现在不少城市都制定了本地区教育发展的规划，提出了操作性很强的改革项目，比如江苏提出的现代化教育工程，在苏南进行现代职业教育制度试点；北京、上海等地提出的九十年代人才紧缺工程等等，都是城市综合考虑本地区教育发展的一些很好的做法。城市情况比农村复杂，新问题也不断出现，我们还要在这方面继续努力探索。根据当前的情况，进一步深化城市教育综合改革，应该着重解决下面几个问题。

第一，落实教育优先发展的战略地位，仍然是城市教育综合改革的关键。

《教育法》第四条特别明确指出，“教育是社会主义现代化建设的基础，国家保障教育事业优先发展。”如果不能做到保证教育优先发展，那就违背了《教育法》，是违法的行为。各地都在发展教育事业，保障教育事业优先发展，关键的问题是“优先”。今后的改革，看一个城市是不是认真执行了《教育法》，就要看是不是在“优先”上面扎扎实实采取了具体措施。要真正做到“优先”，就要做很多工作，特别是作为试点城市，不仅要做到一般的“优先”，还要走在全国的前列，带头执行《教育法》，带头落实教育优先发展的战略。什么是“优先”，小平同志过去作过许多精辟的论述，现在的问题是，是不是从思想深处看得这么重要，正像小平同志所讲的那样，口头上承认教育重要，到了解决实际问题又变得不那么重要了。我认为这是当前比较普遍的问题。那么在具体的实际工作中怎么来体现“优先”呢？“优先”不能只是讲在会上，而是要真正落实到工作中，落实到行动上。从计划或安排来说，各级党委和政府在研究制定发展规划和年度计划时，要保证优先发展教育事业；在安排财政预算支出时，要优先保证教育事业的需要；在提高职工待遇时，要优先保证教师待遇的落实；在工作的部署和检查等方面，各级党委和政府要优先部署和研究教育工作，优先总结检查教育工作；在干部的考核和使用上，要优先选拔那些重视教育，有实绩的干部到教育工作领导岗位；从表彰和奖励先进来说，要优先表彰和奖励那些对教育事业的改革和发展勤勤恳恳、无私奉献、成绩突出、确有建树的先进个人和先进集体。今后一个时期，我们从上到下要多造优先发展教育的舆论，多想优先发展教育的实招，提高优先发展教育的实效，通过一段时间坚持不懈的努力，从思想观念到实际工作，使教育优先发展的战略深深扎下根来，让优先发展教育成为人们思维的习惯，化为安排工作的自觉要求。对城市教育综合改革来讲,这是第一位的任务。

第二，建立合理的教育结构，使各类教育协调发展，是提高办学效率的一个重要基础，在城市教育综合改革中，要继续推进教育结构的调整。

这几年，在调整城市教育结构上已经做了大量的工作，过去那种单一的状况已经有了根本性的变化。现在要在已有成绩的基础上，继续推进教育结构的改革。方向是各类教育协调发展，保持科学合理的比例，要考虑各种层次的教育协调发展,只有协调发展，才能在更深层次上提高办学效率。注意一个学校的管理，可以提高效率，但还是比较表面的，而深层次的教育结构不合理，造成的浪费是很大的，所以要特别重视教育结构的协调发展。要把教育结构的改革，从过去只注意中等教育结构的改革，扩展到研究整个教育的协调发展。那么什么叫“协调发展”呢？这就需要我们在理论和实践上去认真探索，包括学前教育、基础教育、职业教育、成人教育以及终身教育,都需要我们统筹安排。随着城市经济水平的提高，学前教育要提到议事日程上，引起高度的重视，但不能把学前教育小学化。基础教育不仅是后续教育的基础，也是将来工作的基础，必须切实加强提高办学水平。职业教育在继续推进中学职业教育结构改革以外，还应该重视初等和高等职业教育的发展。中等职业教育过去讲得较多，要从实际需要出发努力发展，认真办好。高等职业教育，要着重研究四个问题，一是为什么要办？二是什么是高等职业教育？三是谁来办？四是高等职业教育怎么管理？这些问题，国家教委正在研究，目前已经形成了一些意见。它的培养目标要满足生产第一线对实用人才的需求，它的主要特点是着重将已经成熟的技术和管理的规范，变成现实的生产和服务，培养生产第一线所需要的人才。它的培养方式与普通的高等学校有明显的不同，应该特别重视技能训练，要推进“模块式”的教育计划。在谁来办的问题上，重点是依靠现有的职业大学、专科学校、独立设置的成人高校等各类学校,在培养目标、课程设置、专业方面进行改革。如果现有的学校不能满足需要，一些有条件的中专也可以办高职班，现在全国已选了一部分进行试验。在推进城市教育综合改革的时候，在教育结构的改革上要向纵深发展。

第三，深化教育体制改革，是城市教育综合改革的重点。

要集中精力认真解决一些体制改革中的实际问题。教育体制改革主要包括办学体制、管理体制以及学校内部的运行机制。在办学体制方面，《纲要》中有明确的规定。基础教育、高等教育主要还是要由国家来办，但是要发挥各方面的作用；职业教育、成人教育要在政府统筹下，主要依靠行业、企业和社会各界兴办，政府给予支持。要按照这个精神，来认真研究落实办学体制的问题。一方面是企业参与的问题，企业不但要承担职业教育、成人培训的职责，对举办的现有中小学，也不能够削弱。另外，要用很大的精力来研究企业如何兴办职业教育的问题。现在全国有上百万个企业，而直接办职业学校教育的只有3000多个，因此，城市教育综合改革就要花大力气解决这件事。社会力量办学（或称民办学校）近年发展较快，国家对民办学校采取“积极鼓励，大力支持，正确引导，加强管理”的方针，要大力支持、引导。根据《纲要》的要求，义务教育、高等教育主要由政府来办，所以民办教育在这两个领域里只是必要的补充。我们允许办一些民办中小学，但管理上一定要全面贯彻教育方针，不能收很高的费用。在职教、成教领域，应该大力发动社会各界来办。全教会上也已明确，今后发展高等教育主要是适当发展数量，而适当发展数量讲的是专科，本科主要是提高质量。到本世纪末，高校在校生的总规模不能超过630万，根据这个规划及民办学校本身现有的条件，民办职业教育的重点也是中等及中等以下的各类职业学校和职业培训，不可能把重点放在办大量的民办高校。现在民办高校经国家批准的只有16所，没有经过国家批准省里承认试办不能发文凭的还有800多所，要正确地引导。

基础教育的学制问题，根据各地的经验，要提倡“五四”学制，要创造条件加快“五四”学制的实施，像烟台、威海等地实施后，效果很好，这要作为城市教育改革中的重要问题。有的城市提出要普及12年教育，这对于城市学生来讲当然是有利的，因为初中毕业年龄还小，不能马上找到工作，父母也很操心，同时普及12年教育也有利于提高学生素质和社会的安定。但许多地方的教育还不能满足这种要求，现在如果马上建很多学校，有很多实际困难。因此要从当地的实际出发，不要急于提普及12年教育。在办学上面，主要涉及到多渠道筹措经费的问题，这个问题《教育法》已明确规定，希望城市能率先落实，财政上教育经费要实行单列，并且把财权和事权结合起来，这些在城市改革中要积极研究。内部的管理，过去各地已有很好的经验，现在不是再去提出很多做法，而是把已有的经验更细致地落实和巩固下来。据了解，由于过去有的城市学校的内部改革，经费问题没有得到妥善的解决，比如工资中活的部分，是靠学校自筹的，可现在校办企业要有稳定的收入也不容易，因此教师的收入就不能稳定，这样内部改革成果就难以巩固。

第四，要认真探索城市贯彻“教育与生产劳动相结合”方针的途径。

教育方针已经明确规定，教育必须与生产劳动相结合，但在实践上，怎么理解，怎么贯彻，在许多地方并没有落实。过去马克思、恩格斯、列宁、毛泽东都非常重视教育与生产劳动相结合，认为这是培养理论与实践相结合、学用一致、全面发展新人的根本途径。小平同志、江泽民同志也都强调教育与生产劳动相结合的问题。我们要深刻理解革命领袖和中央领导同志为什么这样重视教育与生产劳动相结合，现在又成为教育方针的一个重要部分。如何贯彻教育与生产劳动相结合，这是当前研究的重点。小平同志对如何贯彻教育与生产劳动相结合，有一个非常明确的指示，首先是要使教育与国民经济的发展相适应，否则就从根本上破坏了教育与生产劳动相结合。如何相适应？这正是现在改革当中要研究的问题。包括教育结构、教育的指导思想等等。应该从整体上来考虑如何贯彻教育与生产劳动相结合，然后才是具体在学校里怎么安排劳动的问题。岚清同志最近也讲到不要把教育与生产劳动相结合理解得很狭窄，要从更广泛的意义上去认识，包括学校参与社会的科研、生产任务，这也是促进学校与生产劳动相结合的一种途径。发展职业教育本身也是贯彻教育与生产劳动相结合的一项具体措施，不能简单地理解为只是经济发展的要求，其实也包括全面贯彻教育方针的内容。所以在这个问题上，首先要从宏观上，从更大的范围、视野上来考虑教育与生产劳动相结合。但是不能仅限于此，在考虑怎么与国民经济相适应以外，还应该研究如何落实。就一所学校来说，学生参加必要的社会实践和生产劳动，现在还没有落实，希望实验城市在这个问题上花点功夫，真正有一个大的进展，包括教学计划要落实，劳动的场所要落实，教材要落实。每所学校都建立基地是很难的，因此应由全市、全区统一规划，建立必要的基地。

第五，要重视和加强新形势下的德育工作。

首先应该看到，市场经济的建立，为德育创造了更好的环境，有利于学生的健康成长，对于加强德育是有利的，比如市场经济要通过市场调节，通过竞争的手段进行资源的配置，这就对人的素质提出了更高的要求，会促进学生努力学习，认真工作，严格要求自己，提高自己的能力和水平；但另一方面，也要看到在市场经济条件下，会产生一些消极影响，特别是在价值取向、价值观和人生观方面，会对青少年带来不利的影响。办什么事都要钱，这不符合社会主义培养人的原则，还要提倡奉献精神。奉献就谈不上等价交换，不能做什么事都讲报酬。最近孔繁森同志的事迹使大家很受教育，要认真开展学习孔繁森同志的活动。我们应该利用建立市场经济的积极的影响，注意不利的影响，搞好德育工作。我们应该发扬中国教育历来重视德育的传统，同时吸收国际上重视青少年德育的有益经验。关于德育的内容，中央一系列文件都有明确规定，我们要按照这些规定来执行，对学生进行马列主义、毛泽东思想基本理论、邓小平建设有中国特色的社会主义理论的教育，爱国主义、集体主义和社会主义教育，近代史、现代史和国情教育，包括青少年的道德品质和吃苦耐劳、艰苦奋斗精神的教育，中华民族优秀文化传统、革命传统的教育。在教育工作中，要注意青少年的特点，找到合适的形式，希望各地积极探索和创造。

第六，要下大力气解决当前城市教育改革中的热点问题。

现在教育发展中的有些热点问题已经引起了社会的关注，基础教育中乱收费，学生学业负担过重的问题，克服片面追求升学率、真正转到素质教育的轨道上来的问题，距离真正解决还有很大的差距。在普及初中的城市取消小学升初中的考试，实行就近入学，现在还有相当一部分地方没有完全真正落实。选校生或择校生，社会反映很强烈，如何解决这一问题，要作为城市教育综合改革中一个很重要的问题，一方面要找到很好的办法，另一方面在原则上要坚定不移，就近入学，但是要为就近入学创造条件，必须把薄弱的初中校搞好。现在乱收费的主要问题是对选校生收费太高，社会上很有意见。学生学业负担过重的问题，至今没有根本的好转，实行五天工作制，就一定要下大力气调整教学计划，减轻学生过重的负担。希望城市在教育改革中要研究出具体的办法。

充分发挥高等学校在科教兴国中的作用

韦　钰

在这世纪之交，为推动我国国民经济持续、快速、协调发展，努力实现三步走的战略目标，党中央、国务院作出了关于加速科技进步的决定，明确提出了科教兴国的战略，并召开全国科技大会，对科技发展与改革进行部署。这对于着力加快经济战略转移的科技、教育界是极大的鼓舞，也提出了更高要求。我们一定要认真学习贯彻中央的这一系列重要精神，积极实施科教兴国战略。现结合高等学校实际，讲几点认识、体会和意见。

一、回顾改革开放实践，领会科教兴国意义

70年代末期以来，邓小平同志远见卓识地对科技、教育作了一系列精辟论述，指引着科技、教育沿着正确航向前进。党的十一届三中全会确立了正确的路线方针，使中国社会进入了改革开放的全新历史时期。高等学校在邓小平同志的指示和党的路线方针指引下，也迈入了迅速发展的历史阶段。

党中央在体制改革的决定中，提出了“经济建设必须依靠科学技术，科学技术工作必须面向经济建设”，“教育是社会主义现代化建设的基础”，“教育必须为社会主义现代化建设服务，社会主义现代化建设必须依靠教育”的战略方针以后，又以法律形式进一步肯定科技、教育置于优先发展战略地位，包括高等学校在内，全国出现了前所未有的大好局面。

中央明确指出，高等学校担负着培养高级专门人才和发展科学技术文化的重要任务；高等学校是科研的一个重要方面军；重点大学既是教育中心，又是科研中心。所有这些把高等学校置于一个恰当位置，大大改善了政策环境，在国家计委、国家科委和财政部等方面支持下，高等学校的物质条件得到改善，科技工作者有了用武之地，科技工作取得了很大进展与成绩。目前，全国已有800多所高等学校程度不同地开展科技工作，参与研究开发的人员达24万，折合全时人员约14万，另外还有10万余名研究生和大批高年级大学生。这支多学科、多层次人员结合的科技队伍富有生机与活力。他们主要通过竞争获得任务与支持，1994年科技经费总额已达40亿元，其中预算内拨款仅占19%，这19%中也有相当比例是按项目竞争择优取得的。这支队伍在我国科技事业中起着越来越大的作用。如承担国家任务，约占自然科学基金课题60%，占“863”高技术课题30%，占科技攻关15%；占国家重点推广计划30%，占火炬计划18%。在国家级科技奖中，高等学校获国家自然科学奖项目约占全国同类奖项目总数的1/2，获国家发明奖项目占全国同类奖项目总数的1/3，获国家科技进步奖项目占全国同类奖项目总数的1/4。我国被SCI收录的科学论文，高等学校占60%以上，国内发表的论文占50%以上。而高等学校从各种渠道获得的科技经费仅为全国的5%左右。由此可见，高等学校科研投资省，产出多，效益大。与此同时，高等学校科技工作的发展大大促进了高等教育质量提高和能力增强，尤其是对师资水平提高和培养研究生能力增强起着关键性作用。正是在这个过程中建立了我国的博士、硕士学位制度。目前博士生和硕士生的在校规模已达10万余人，遍及各个学科领域。这十几年来，为国家培养输送了上千万名科技人才，有力地支援了各行各业的发展；同时建立了成人教育体系，为在职人员的知识、技术更新和深造提供了有力支持；高校每年取得近万项科技成果，不仅不断丰富着人类知识宝库，而且相当部分转化成实际应用，有力地促进了企业技术进步与农业技术的改进，产生了重大经济社会效益。

近几十年来的实践，使我们深刻体会到中央一直强调的要把科技、教育摆在优先发展的战略地位，把经济建设转移到依靠科技进步和提高劳动者素质的轨道上来的精神实质，科教兴国的深远意义，以及党的改革开放政策和邓小平同志指示的巨大威力，是改革调动了积极性，带来了生产力的大解放。现在中央进一步强调落实科技是第一生产力，实施科教兴国战略，必将带来生产力的新解放，促进国民经济的大发展。实现社会主义现代化，教育是基础，科技是关键。抓住关键，打好基础，我国经济发展的第二步、第三步战略目标一定能实现。

二、认真总结实践经验，坚持正确发展方向

高等学校在实践中积累了不少有益经验，总结好，大有益处。这次会上有几位校长和教授从不同角度，总结了宝贵经验。我们从宏观高度总结几点体会。

（一）要坚持科学研究与人才培养相结合

这是两者内在联系的必然要求。邓小平同志曾指出：

“教育与科研两者关系很密切”“抓科技必须同时抓教育”。还指出：“重点大学既是办教育的中心，又是办科研的中心”等等。邓小平同志的这些指示是国内外成功经验的高度概括。实践证明，科研，特别是基础性研究，与人才培养结合，不仅出人才，出成果，而且投资省，效益高。前面例举的统计数字足以说明这一点。高等学校每年培养了大批高层次专门人才，出了近万项科技成果，尽管获得财政科技预算拨款不足全国财政科技拨款的1%，获得各种渠道科技经费总和也仅占全国5%左右，却能取得比经费比例大得多的科技成果。这是利用了大学的有利条件与环境的结果，科学研究与人才培养相结合，两者相辅相成，相互促进。既发展了科学技术，又促进了教育质量提高与能力增强。科学研究是高校学科专业建设和提高师资水平的关键，是贯彻党和国家的教育方针，培养学生实践能力和提高科学素质的重要手段，是加强与社会联系、了解社会需求的有效途径，也是改善办学条件、解决经费困难的重要渠道。这已为越来越多的人所共识，也是许多国家的共同经验。

（二）要坚持产学研相结合

科技成果转化为现实生产力，应以市场和经济发展需求为导向，而且开发转化工作适宜于在生产应用的环境中进行，产业界对市场最敏感，也最有发言权。所以，从长远看，

这类工作应当以企业为主体。高等学校和科研院所科技开发和成果转化的主渠道应通过产学研合作的途径，才能为振兴经济最大限度地发挥作用。目前我国企业技术力量相对比较落后，高等学校和科研院所应从我国国情出发，按实际需要把科技工作适当向下游延伸，加强产学研合作，使科教兴国落到实处。基于这样的认识，我们一直致力于推动这种合作。比如，1988年起，我们与浙江省政府共同组织高等学校参与杭嘉湖绍地区开发，仅通过杭嘉湖技术开发公司贷款支持的项目至今已有152个，产生了可观经济效益，年产值逾亿元的已有6项，取得了较高利润。1992年起，我们又和国家经贸委、中科院共同组织"产学研联合开发工程"，正在产生越来越大的影响。产学研合作(或官产学合作)已为世界上许多国家所关注，实际上已成为国际性趋势，不少国家制订有力政策措施予以推动。我国产学研合作还存在一些如利益机制和体制、政策不尽合理等主要问题，应进一步采取有效措施予以大力推进。

在建立社会主义市场经济体制框架的进程中，高校有重点有选择地发展校有科技产业，仅据400所高校1800个校有科技企业统计，1994年经营额达73亿元，利税11.5亿元。这些校有科技产业的发展，由市场导向，需求牵引，不仅使科技成果转化为商品，为社会创造财富，而且为高校改善办学、科研条件和科技人员待遇起到了一定作用。几年来的实践证明，在某些高技术领域创办校有科技产业，也是高校高技术成果转化的一种有效形式。发展校有科技产业，也不是完全自成体系，也往往与一些社会上企业合作进行，搞得好的，起到了带动一片的作用。

(三)要坚持多学科相结合

这是合乎当前科学技术发展规律的必然趋势。当今世界科技迅猛发展一个显著特点是学科间相互交叉、渗透。出现了综合化、集成化趋向。数理化天地生等基础学科间相互渗透，理科与工农医等门类间相互结合，自然科学与人文社会科学间相互交叉，日益显示出强大生命力，往往产生新的研究方向，取得新的理论突破，孕育出新的技术与工艺，乃至形成新的学科生长点。北京大学"方正"的成功，清华大学CIMS的成长，都是多学科结合、多种技术集成而结出的硕果。王选教授总结出的"顶天立地模式和一条龙体制"以及"鼓励团队精神"；吴澄教授总结出的"集成则得，分散则失"，要抓好"多学科的集成、人的集成、技术与经营、体制的集成"等等的成功经验，是很值得借鉴的。高等学校具有多学科综合、各类人员结合和多种渠道获取信息等有利条件，若能充分利用，进一步组织好内部与外部合作，乃至与国际合作，必将在科技、教育事业中发挥更大作用。以冯端教授为首的固体微结构物理国家重点实验室，联合了中科院和高等学校11个国家重点实验室和部门开放实验室，建立起"微结构科学技术高等研究中心"，目的就是顺应这种趋势，组织多学科力量，瞄准前沿领域，合力攻坚，共同攀登科技高峰。他们坚持的方向是正确的，应予鼓励和支持。

上述"三个结合"是广大科技工作者在长期实践中的深切体会。深入总结"三个结合"的经验，并在新形势下不断创造更多的有效做法，对于实施科教兴国战略具有十分重要的现实意义和长远影响。

三、发挥高校优势、潜力，落实科教兴国战略

当今世界正在发生深刻变化，国际竞争

日趋激烈。科技进步和人才素质在竞争中的作用日益突出。谁在未来发展中占领科技制高点并拥有领先水平的人才，谁将掌握竞争的主动权。

我国正处于改革开放，进行现代化建设的关键时刻。既存在良好机遇，又面临严峻挑战。为了实现经济发展战略目标，自立于世界先进民族之林。必须认真贯彻中央关于加速科技进步的决定，落实科教兴国战略。对此，高等学校深谙历史重任，正以深化改革，加强联合，统筹规划，合理部署，突出重点，提高效益的方向迈向未来，在今后5至10年，我们将积极组织教育系统力量，着重抓好6件大事：

（一）努力贯彻教育改革与发展纲要，在培养和造就科技队伍、提高全民族素质上发挥主渠道作用

党中央、国务院发布的《中国教育改革和发展纲要》是我国教育事业发展的纲领性文件。纲要的贯彻与落实是科教兴国的基础。本世纪末，要基本普及九年制义务教育，基本扫除青壮年文盲，这是提高全民族素质的根本要求。职业教育和成人教育是现代化教育的重要组成部分，大力发展职业教育和成人教育，是提高劳动者素质和振兴经济的必由之路，这一点已为国内外的实践所证明。为源源不断向国民经济各领域输送高水平专门人才，为发展科学技术增加新生力量，我们要以提高教育质量和办学效益为重点发展高等教育，并实施“211工程”，重点建设面向21世纪的100所左右高等学校和一批重点学科点。充分发挥各级各类教育培养人才主渠道的作用。

科学技术普及工作是提高全民族科技文化素质的重要手段之一。各级教育部门要认真贯彻落实《中共中央、国务院关于加强科学技术普及工作的若干意见》，充分发挥各级各类学校的人才和技术优势，多渠道、多方式在广大人民群众中普及科技知识、科学思想和科学方法，为科普工作做出应有贡献。

（二）组织科教支农，促进农业和农村经济迈上新台阶

教育系统要利用各级各类科技力量相对雄厚，地域分布相对广而均衡的有利条件，以农业院校为骨干带头力量，以农村各类教育为广泛基础，大力发展职业技术教育，有效运用远距离教育手段，实行农科教结合，培养和组织宏大队伍为振兴农业和农村经济，以及建立适应其发展的科技、教育体系做出重大贡献。

本世纪内，要以现有技术推广应用和现有科技成果转化为基础，在广泛影响农业和农村经济发展的同时，抓好一批新品种和关键性增产技术的研究开发与推广，扶植一批有规模经济效益的乡镇企业。还要与地方政府合作，抓好上百个综合利用各种先进实用技术的科技示范县和扶贫县。

（三）加强科技开发与成果转化，促进企业技术进步和高技术产业的发展

继续大力推动高等学校与企业建立广泛合作联系，以多种方式与企业共同进行技术开发、人员培训，以及联合创建中试基地、工程技术开发中心，乃至创办一体化的联合集团或上中下游一条龙的紧密合作体系。高等学校要充分发挥人才、知识和技术的源头作用，支持企业特别是国有大中型企业增强技术创新能力，不断提高企业的技术水平与经济效益。与企业逐步建立起优势互补、相互支持、互惠互利的合作伙伴关系。

“九五”期间，要围绕若干产业特别是支

柱产业,市场的需求,选择某些重点突破口,集中优势力量进行研究开发,并注重技术集成和工程化、产业化工作,以期取得重大突破,为传统产业技术更新和高技术产业的形成与发展提供强大技术支撑。

(四)优化基础性研究结构布局,努力攀登科技高峰

基础性研究的基本任务是创造新的知识、孕育新的技术,同时培养优秀科技人才。高等学校肩负着培养高级专门人才和发展科学技术文化的重要任务,应当在基础性研究中充分发挥作用。

当前,要把为经济社会发展提供动力作为重要目标,着重开展与工农业发展密切相关的应用基础研究;同时,要选择若干我国基础与条件较好、投资较省、意义重大的前沿领域进行重点突破,争取进入世界先进行列;还要特别注意新兴带头学科和交叉边缘学科的研究与生长,为下个世纪发展作好科学和人才储备。

高等学校要加强与科研院所的合作联系,实行研究与育人相结合的体制。基础性研究应有重点,点面结合,以重点大学和少而精的国家重点科研院所为主体,适当吸收其他力量参加。在那些重要前沿领域,要办好一批开放式的基础性研究重点基地,以其为核心,聚集优秀人才,形成攀登科技高峰的"国家队"。

高教系统内部,要从三个不同方面,实现对基础性研究的"稳住"目标。一是要稳住一支骨干队伍,以博士学科点和部分新兴领域的优秀硕士点为基本力量,适当吸收其他确有才华的人员参与,形成一支微观上流动、宏观上相对稳定的精干队伍,给予一定额度事业费或经常费支持;二是稳定地抓好一批重点基地,并实行开放、流动、竞争、协作机制,给予必要的运行费、设备更新费和开放课题费支持;三是稳定地支持一批研究课题,主要通过争取各种基金,扶持开创性、探索性研究。

(五)重视优秀年轻人才培养,造就一批高水平年轻学科带头人

本世纪内,解决好各学科专业点新一代带头人是一项紧迫的战略任务。要积极推动并争取多方支持,有层次有重点地开展这项工作。国家教委将继续实施《跨世纪优秀人才计划》,为高等学校中的国家重点教学科研基地造就新一代学科带头人创造条件。争取到本世纪末,涌现上千名能够代表国家先进水平、能参与国际合作的年轻带头人。

(六)加强重点学科与实验条件建设,形成一批教学科研骨干基地

学科专业和科学实验室建设是高等学校的基础建设,要分层次有重点地抓好这项工作。国家教委要会同有关方面,统筹规划,争取多方支持,建好一批具有先进装备和高效运行机制,能聚集优秀人才,起骨干带头作用的重点基地。本世纪内,要结合"211 工程"实施,建设好约 400 个左右重点学科点;配合国家科技领导部门,在原有基础上抓好 150 个左右侧重基础性研究的国家重点实验室和部门开放实验室,30 个左右侧重工程技术开发和成果转化的工程(技术)研究中心或技术开发中心。

下世纪初,要在上述建设基础上进一步发展,逐步形成若干所能进入世界先进行列、代表国家科技教育水平的、对我国产业发展起强大技术依托作用的现代化大学。

我们深知,科教兴国任重道远。我们坚信,在党中央、国务院领导下,争取外部支持,做好内部工作,高等学校一定会在科教兴国中发挥更大作用。

抓住当前有利时机 推动教职工住房建设迈上新台阶

张天保

由国务院办公厅召开的第二次全国教职工住房建设工作经验交流会开幕了，我代表国家教委对参加会议的代表们表示热烈的欢迎和衷心的感谢。

这次会议的主要任务是，以党的十四届五中全会精神为指导，总结各地区、各部门贯彻落实全国教育工作会议、大连教师住房建设经验交流会和国办发［1995］18号文件的情况；分析一年多来教职工住房建设工作的形势，充分肯定成绩，找出差距，明确今后的目标和任务；交流和推广各地区、各部门的经验，进一步推动全国教职工住房建设迈上一个新台阶。

刚才李岚清副总理代表党中央和国务院作了重要讲话，不仅对开好这次会议，而且对今后的工作具有重要指导意义，我们要认真领会和坚决贯彻。下面我就教职工住房建设工作讲几点具体意见。

一、一年来教职工住房建设取得的成绩

党中央、国务院非常重视解决教职工住房问题，继去年全国教育工作会议和大连教师住房建设工作经验交流会之后，今年3月，国务院办公厅以国办发［1995］18号文件转发了国家教委、建设部、国家计委、财政部、国家土地局、全国教育工会《关于加快解决教职工住房问题的意见》。今年5月，李岚清同志在国家教委关于今年教职工住房会议准备情况的报告上又作了重要批示，指出："办好教育的关键是抓好教师队伍的建设，一是对教师的培养和充分发挥他们的作用；二是关心和帮助他们解决他们生活和工作条件方面的困难。我体会，小平同志说他要为教育工作当'后勤部长'，可能用意在此。我们要认真向小平同志学习。""当前教师生活和工作上的一个突出困难是住房问题，安居才能乐业，在现有条件下逐步为他们在住房方面解困，才能稳定教师队伍。因此，我希望教委抓住这个问题不放，连续抓若干年，共同努力把这件大事抓好"。李岚清副总理身体力行，不仅经常督促国家教委抓好这项工作，而且到外地视察教育工作，都要了解和实地察看教职工住房情况。今年6月，党中央和国务院的几位领导同志，对国家教委、国家计委《关于解决高校青年教师住房问题工作思路的报告》作了重要批示，决定从1995年起至2000年，增设中央部委在京高校青年教职工住房建设专项补助投资。今年9月15日，李鹏总理在参观中国居住环境建设成就展览会时，很关心教职工住房问题。他希望各级政府对教职工的住房问题要继续给以关注，希望学校利用现有条件，不断改善住房环境。

在国务院领导同志的重视、关心和亲自指导下，各地区、各部门的领导同志认真贯彻落实全国教育工作会议和大连会议的精神，把解决教职工住房问题，看作是稳定教师队伍、提高教育质量、落实教育优先发展战略地位的具体体现。他们不仅在思想上重视教职工住房建设，而且在行动上真抓实干，多次召开会议，制订本地区、本部门教职工住房建设规划，确定建设目标，明确实施责任，亲自协调有关部门，采取切实可行的政策和措施，加大投资力度，解决教职工住房建设中遇到的各种实际问题，使当地住房建设进展迅速。云南省昆明市1993年即已建成东、西、南、北四个功能比较配套的“园丁小区”，1995年又新建成了两个园丁小区，并于今年教师节前交付使用。不久前，昆明市委、市政府又决定在市区和县再各建2000套教师住宅。四川省把解决教职工住房作为贯彻落实全国教育工作会议和大连会议精神的大事和实事来抓。肖秧省长亲自担任“四川广厦工程”领导小组组长，省政府发出了《关于实施四川省广厦工程，解决教职工住房问题的通知》，提出到本世纪末，全省将新建教职工住宅1225万平方米，教职工家庭人均居住面积将达到8.5平方米，成套率达85%以上。为实现此目标，全省1995—2000年计划投入建设教职工住房资金37.5亿元。今年1—7月，全省新征教职工住房用地约114公顷，新开工和正在建的教职工住房182万平方米，已竣工122万平方米，完成本年建房150万平方米的81%。

正是在国务院和各地区、各部门领导的重视和推动下，一年来，教职工住房建设工作取得了显著成绩。据各地区、各部门报告的数据统计，1994年，全国城镇中小学和普通高校教职工住房建设投资89亿元，竣工面积（建筑面积，下同）1468万平方米，建成住房20.5万套。其中，城市中小学教职工住房建设1994年一年的投资，是“七五”期间五年投资的1.06倍，是历史上最高的一年。预计到1995年末，全国城镇中小学和普通高校教职工住房建设投资将达119亿元，比1994年增长33.7%，竣工面积将达到2008万平方米，比1994年增长36.85%。其中，预计今年全国城镇中小学教职工住房建设投资可达93.4亿元，竣工面积1577万平方米，建成住房21.5万套；全国高校教职工住房建设的投资25.62亿元，竣工面积432万平方米，可建成住房5.8万套。全国城镇中小学教职工住房状况进一步改善，家庭人均居住面积已由1992年底的6.62平方米，提高到1994年底的7.38平方米。一些地区的城市中小学教职工家庭人均居住面积已经超过了8平方米。还有一些地区和部委的高校，教职工家庭人均居住面积也提前一年实现了“八五”目标。

在过去的一年多里，不仅教职工住房建设的投资和竣工面积有明显增加，而且涌现出一批对这项工作重视，工作实绩突出的地区，值得我们学习。其中比较突出的有大连、云南、昆明、四川、广东、上海、天津、青岛、长春、山东等省市。云南省一贯重视解决教职工住房问题，到1994年底，全省城市中小学教职工家庭人均居住面积已达到9.06平方米，成套率73.2%，提前六年达到并超过国办发［1995］18号文件的要求；昆明市到1994年底，全市城镇教职工家庭人均居住面积已达 9.93 平方米。去年下半年，全市又新建两个“园丁”小区。现在，全市城镇教职工家庭人均居住面积已提高到 10.8 平方米，高于当地居民平均居住水平。广东省 1994 年全省城镇中小学教职工住房建设投资 10.2 亿元，竣工面积 156 万平方米，建成住房 1.93 万套。预计 1995 年全省城镇中小学教职工住房建设的投资可达 18.9 亿元，竣工面积 317 万平方米，建成住房 3.7 万套。青岛市一年来通过各种渠道筹集资金 2.35 亿元，年底将建成住房 21.5 万平方米，超过前 5 年的总和。

一年多来，教职工住房建设所取得的成绩，在教育界乃至全社会产生了广泛的积极影响。一是喜迁新居的教师亲身感受到党和政府的关怀，称赞党和政府为教育和教师办了一件好事、实事，激发了他们搞好教育工作的积极性，坚定了他们热爱党、热爱政府的信念。二是进一步促进了尊师重教社会风尚的形成。从政府作出兴建教职工住房的决策到工程的交付使用，涉及到政府的各个部门和社会的许多方面。在这个过程中，许多部门、单位和群众表现了关心和支持教育事业的崇高境界，涌现了许多动人的事迹，促进了尊师重教社会风尚的形成。三是由于教师住房条件的改善，和教师待遇不同程度的有所提高等多种因素的作用，在一些地区，有些已经“下海”的教师开始要求回校任教，报考师范院校的生源质量明显提高，教师职业成为竞争激烈的岗位，教师队伍不稳，流失严重的现象得到了改变。这是近些年来少见的。目前，这种情况虽然还不是全国普遍状况，但却是一种十分可喜的变化。

二、一年来教职工住房建设积累的新经验

去年的大连会议上，我们总结了教职工住房建设的几条基本经验，即领导重视；坚持住房制度的改革，多渠道筹集资金；各部门的大力支持；教育部门的努力工作。实践证明，这些经验是符合实际的。各地、各部门在教职工住房建设中坚持、丰富和发展了这些基本经验，并探索出许多成功的做法，又创造了不少新经验，对于推动教职工住房建设，进一步探索符合我国国情的教职工住房建设的路子，具有重要的作用。主要有：

1. 修订或制订建设规划，确定新形势下的建设目标。

制订教职工住房规划很重要。前几年，不少省、区、市人民政府和中央部门，把解决城镇教职工住房建设纳入城镇建设总体规划，制订了所辖范围内的教职工住房建设“八五”计划和十年规划，对解决本地区和部门教职工住房问题起了重要作用。大连会议和国办发［1995］18 号文件下发后，许多地区和部门根据形势发展的需要，对教职工住房现状重新调查摸底，修订或制订了教职工住房建设规划，重新确立了住房建设奋斗目标。如长春市委、市政府决定，从今年起，把教职工住房建设作为阶段性战略重点，进一步加快步伐，实施分两步走的规划目标：第一步，在今年内，多方筹措资金 2.3 亿元，开工建设城镇中小学教职工住房 24.8 万平方米，相当于建国 40 多年累计建成面积的一半以上，将使全市城镇教职工家庭人均居住面积从 1994 年底的 7.48 平方米提高到 8.8 平方米，其中市区教职工家庭人均居住面积可从 1994 年底的 5.73 平方米提高到 6.8 平方米，超过市区居民家庭人均居住面积的水平。第二步，再用两年的时间，到 1997 年底，使全市城镇中小学教职工家庭人均居住面积达到10平方米，成套率71%，达到长春市居民2000年的住房规划目标。政府制定了既积极又切实可行的规划，就明确了奋斗的目标和任务，在组织和协调各部门实施这一规划方面会起到重要作用。

2. 加强领导，成立由政府领导同志牵头的住房建设领导机构。

为了使加快教职工住房建设工作有可靠的组织保证，大连会议后，许多省、区、市主要领导都亲自抓教职工住房建设，成立了由政府主要领导负责，并由计划、财政、税务、金融、城建、土地、房地产、教育及教育工会等部门参加的教职工住房建设领导小组或“广厦工程”领导小组，负责研究解决教职工住房建设中遇到的各种重大问题。这样，教职工住房建设工作就从过去主要由教育部门负责转变为政府行为。据调查，四川、上海、长春、天津、山西、浙江、宁夏、甘肃、北京等地区都在今年陆续成立了这样的领导小组。实践证明，强化政府行为，把解决教职工住房作为当地政府的重要职责，领导同志亲自抓，有关部门密切配合，是加快住房建设的根本保证。

3. 签订责任书，落实责任。

为了落实各级政府在教职工住房建设过程中的责任，保证住房建设总目标及任务的如期实现，许多省、区、市政府与所辖下一级政府签订了责任书。如四川、北京、河北、山西、湖北、上海、天津、长春等地区。责任书一般包括建房目标及任务，建房资金筹措，责任，奖励与惩罚等项内容。上海市根据分级办学，分级管理的原则，确定解决市属学校教职工住房问题的责任在市政府，解决中、小、幼教职工住房问题的主要责任在区（县）政府。市政府主管城建和教育的副市长与区县相应领导签订了责任书。这种把实现住房规划和目标的责任，按照权限划分，分解到地方各级政府的作法，使教职工住房建设的责任明确，也便于检查、监督，值得重视。

4. 设立或增加住房建设专款，推动多渠道筹集资金。

资金缺乏，是各地区建设教职工住房遇到的普遍问题。许多地区和部门根据国家的有关规定，设立或增加了教职工住房建设专项补助投资。据不完全统计，1995年各省、区、市设置教职工住房建设专款15.8亿元。广东省设立中小学教职工住房建设专款8000万元；四川省设立中小学教职工住房建设专款2000万元；山东省设立高校教职工住房建设专款1亿元；甘肃省设立教职工住房建设专款2000万元；青岛市设立中小学教职工住房建设专款2800万元。政府设立专项补助投资，缓解了资金不足，为地方各级政府和部门树立了榜样。在政府设立专款的同时，各地加大住房建设和分配制度改革的力度，通过部门、学校、个人筹集资金，加快了住房建设。山东省政府财政拨专项资金1亿元，加上学校及教职工个人筹资，总投资达2.30亿元，可建成建筑面积25万平方米，明年教师节前大部分项目可以竣工交付使用，届时该省25所高校教职工住房困难将大大缓解。尤其值得重视的是，一些地区资金紧张，但省、区、市政府在土地划拨、减免各种配套费等方面给予了许多优惠政策，降低了工程造价，缓解了资金紧缺程度。实践证明，只要认识到位，决心大，政策符合实际，资金是可以筹措到的。

三、教职工住房建设工作存在的问题和困难

一年来，各地区、各部门在教职工住房建设工作中做了大量工作，取得了好的成绩。但是，对教职工住房建设工作面临的形势要有清醒的估计，目前还存在不少问题和困难，任务仍然十分艰巨。

1. 发展很不平衡。

全国很多地区和部门对解决教职工住房问题很重视，但也应该看到，还有一些地区和部门在认识上有差距，对解决教职工住房问题缺乏紧迫感，存在畏难情绪，没有真正把教职工住房建设工作列入重要议事日程，以致那里的教职工住房建设进展缓慢。即使在工作进展较快的省、区、市和部门，各市、县和学校之间发展也不平衡。统计资料显示，过去一年多，城镇中小学住房建设的投资增长幅度较大，高等学校住房建设投资虽有增加，但幅度不大。

2. 全国城镇教职工家庭人均住房面积仍低于城市居民人均住房面积。

据统计，到1994年底，全国城市居民家庭人均居住面积为7.7平方米，全国城镇中小学教职工家庭人均居住面积虽已提高到7.38平方米，但仍然比全国城市居民低。1994年城市中小学教职工家庭人均居住面积在7平方米以下的有7个省，其中三个省城市教职工家庭人均居住面积还未达到6平方米。

到1994年底，全国高校教职工家庭人均居住面积只有6.82平方米，比全国城市居民低0.88平方米。有些地区和部委的高校教职工家庭人均居住面积还不到6平方米，比全国城市居民低1.7平方米以上。这与高校教职工所担负的繁重的教学和科研任务极不相称。

3. 教职工中还有较大比例的无房户和住房困难户。

到1994年底，全国城镇中小学教职工家庭中还有25.36%的缺房户，总计达86.93万户，其中无房户（婚后无房及暂住非居住房屋和租、借房屋居住的教职工家庭）46.7万户，困难户（每户人均居住面积小于4平方米的住房或异性大龄子女不能分室及三代同居一室的教职工家庭）40.23万户。还有等房结婚的大龄青年教职工20.3万人。

到1994年底，全国高校教职工家庭中还有20.93%的缺房户，总计达18.72万户，其中无房户9.7万户，困难户8.59万户。还有等房结婚的大龄青年教职工6.18万人。

总之，从全国而言，教职工住房问题还远远没有解决，一些地区和部门情况仍很严重。我们要进一步提高认识，加大投资力度，狠抓落实，艰苦工作，争取教职工住房问题在“九五”期间得到较好解决。

四、进一步解决教职工住房问题的几点意见

1. 进一步贯彻落实国办发[1995]18号文件和两次教职工住房会议精神。

国办发[1995]18号文件以及大连会议、昆明会议精神，是指导“九五”期间解决教职工住房问题的依据。会议和文件肯定了近年来教职工住房建设工作所取得的成绩和经验，指出了目前还存在的问题，提出了教职工住房“九五”奋斗目标，及解决教职工住房问题的意见、措施及有关政策界限，各地应该认真贯彻落实。

2. 要切实加强政府对教职工住房建设工作的领导。

切实加强政府的领导，是加快教职工住房建设工作的根本保证。目前，越来越多的党政领导同志亲自领导和推动这项工作，但仍然有些地区和部门由于各种原因进展不大，措施不得力。近两年来涌现出的先进地区，既有经济比较发达的地区，也有经济不太发达的地区；既有大城市，也有像四川省广元县唤马镇这样的农村地区。实践证明，只要认识到位，真抓实干，教职工住房建设是可以搞好的，畏难情绪是没有根据的。我们希望，对解决教职工住房问题过去重视的地区和部门要更加重视，重视不够的地区和部门要重视起来，不能坐失良机。要像抓学校危房改造一样抓教职工住房建设，增强责任感和紧迫感，把它列入重要议事日程，集中必要的人力、财力、物力，认真加以解决。各级教育行政部门要作好教育战线的“后勤”工作，把加快教职工住房建设作为本职工作中的突出问题认真抓紧、抓好，主动当好政府的参谋、助手，推动这项工作向前发展。

3.切实落实对教职工住房建设的各项优先优惠政策。

《教师法》和《中国教育改革和发展纲要》都有对教职工住房建设、租赁、出售实行优先优惠的条款。国办发［1992］52号文件中列举了6条优惠政策，国办发［1995］18号文件中又列举了7条优先优惠政策。许多地区和部门除了认真落实上述两个文件中的优先优惠政策外，还制定了符合本地区、本部门实际的具体优惠政策。如在加大政府投入方面，从城市住宅建设投资中提出一定比例用于中小学教职工住房建设；从每年竣工的商品房中提一定比例的房源作为区、县学校教职工解困房。在购房、贷款方面，中小学教职工购买公有住房在资金上给予扶持，实行存一贷二的优惠政策；政府担保，财政贴息，由银行向教职工住房建设提供低息贷款，本金由各区、市、县教育行政部门组织归还；购买教职工住房，享受地区危陋房屋改造、翻建的各项优惠政策，减免有关费用；教职工购买福利商品房电脑排队加分并适当优惠，夫妇双方均为教职工的享受九折优惠，一方为教职工的享受九五折优惠。在争取社会支持方面，鼓励社会各方面和广大干部、群众以各种形式支持教职工住房建设。在房地产开发方面，教育部门的经济实体有条件的，经批准可从事房地产开发，以此解决教职工住房问题等等。上述这些办法对解决当地教职工住房问题起了极好的作用，各地、各部门可以从本地的实际出发，参考和借鉴这些经验。在这里，我要特别强调一下，部分省或中央部门所属高校的教职工住房建设享受不到所在城市的优惠政策，交纳的各种费用多，影响投资效益。希望各地从大局出发，把解决所在地省、部委所属高校教职工住房列入当地住房建设总体规划，在政策上享受当地中小学教职工住房建设的优惠待遇。北京等城市已在这方面作了许多工作，其他地区也应这样做。

4. 继续走多渠道筹集建房资金的路子。

资金缺乏仍然是当前乃至今后一个时期内解决教职工住房问题的突出矛盾。多年的实践证明，在国家财力有限，教职工缺房严重，住房需求量非常大的情况下，要想多建、快建教职工住房，必须走改革的路子，“充分调动几个方面的积极性，采取国家、学校、教职工个人共同负担的原则，多渠道筹集资金”。许多地区和部门根据国办发的两个文件的精神，已制定了许多新的筹集资金的办法。如一些地区规定，统筹的住房建设补助费，每年都要安排一定比例用于解决中小学教职工住房建设；地方自筹基本建设投资中按一定的比例安排中小学教职工住房建设专款；各项校舍建设专款以不低于一定的比例，用于教职工住房建设；各级政府征收的税费，在保证中小学危房改造资金投入的前提下，可以用于教职工住房建设；教职工配偶方的单位承担一定比例的建房资金；按照国家的房改政策，个人出一定比例的资金等等。目前，仍有一些地区和部门的教职工建房资金渠道单一，只靠国家财政出资，没有充分调动学校、教职工个人积极性，影响了住房建设进度。我们建议尽快对此进行研究，由政府出面进行协调并制定有关政策，以改革的精神拓宽筹集资金的渠道，以使教职工住房建设资金有可靠的来源。

5. 中小学校园内的教职工住房不能出售。

中小学校园内的教职工住房不能出售是国家的一项重要政策。国办发［1995］18号文件中又重申了这一政策。学校是教书育人的地方，应该有一个优良的教学环境。尤其是城镇中小学校的校园一般都比较狭窄，不出售校内的住房符合学校长远发展的利益。我们应坚定不移的贯彻执行。正在准备出售校园内住房的地区和部门应该马上停止，已经出售了校园内住房的地区和单位要制定相应的政策，将这个问题妥善处理好。

在加快教职工住房建设的同时，要加强教职工住宅的管理，特别是教职工住宅比较集中的小区，要成为促进当地社会主义精神文明建设的重要基地。各级政府在财力紧张的情况下，为教职工兴建住房，我们要珍惜国家资产，防止流失。同时，要拟定具体政策，把教职工住房作为稳定教师队伍、吸引优秀人才从教的有力手段。凡调离教师岗位的，要区别不同情况，在住房的使用等方面加以制约。教师要以自己的实际行动，作好本职工作，以优异的成绩，报答党和政府以及全社会对教育事业和教师的关怀和支持。

同志们，一年来我们已经取得了很大的成绩，但我们任务依然很繁重，绝不能松劲。当前，全国人民正在深入贯彻党的十四届五中全会精神，科教兴国战略的实施，为教育的改革和发展提供了良好的机遇，教职工住房建设也面临着大好形势，我们应该抓住这个有利时机，像李岚清副总理讲的那样，“抓住这个问题不放，连续抓若干年”，推动教职工住房建设迈上一个新台阶。

同志们，云南省委、省政府和昆明市委、市政府对这次会议非常重视和关心，不仅为这次会议提供了宝贵经验和参观的现场，而且为会议做了大量准备工作，今天云南省和昆明市的领导又莅临会议，我代表国家教委和与会代表对他们表示热烈的欢迎和衷心的感谢。

祝会议圆满成功。

中华人民共和国教育法

（1995年3月18日第八届全国人民代表大会第三次会议通过）

第一章 总 则

第一条 为了发展教育事业，提高全民族的素质，促进社会主义物质文明和精神文明建设，根据宪法，制定本法。

第二条 在中华人民共和国境内的各级各类教育，适用本法。

第三条 国家坚持以马克思列宁主义、毛泽东思想和建设有中国特色社会主义理论为指导，遵循宪法确定的基本原则，发展社会主义的教育事业。

第四条 教育是社会主义现代化建设的基础，国家保障教育事业优先发展。

全社会应当关心和支持教育事业的发展。

全社会应当尊重教师。

第五条 教育必须为社会主义现代化建设服务，必须与生产劳动相结合，培养德、智、体等方面全面发展的社会主义事业的建设者和接班人。

第六条 国家在受教育者中进行爱国主义、集体主义、社会主义的教育，进行理想、道德、纪律、法律、国防和民族团结的教育。

第七条 教育应当继承和弘扬中华民族优秀的历史文化传统，吸收人类文明发展的一切优秀成果。

第八条 教育活动必须符合国家和社会公共利益。

国家实行教育与宗教相分离。任何组织和个人不得利用宗教进行妨碍国家教育制度的活动。

第九条 中华人民共和国公民有受教育的权利和义务。

公民不分民族、种族、性别、职业、财产状况、宗教信仰等，依法享有平等的受教育机会。

第十条 国家根据各少数民族的特点和需要，帮助各少数民族地区发展教育事业。

国家扶持边远贫困地区发展教育事业。

国家扶持和发展残疾人教育事业。

第十一条 国家适应社会主义市场经济发展和社会进步的需要，推进教育改革，促进各级各类教育协调发展，建立和完善终身教育体系。

国家支持、鼓励和组织教育科学研究，推广教育科学研究成果，促进教育质量提高。

第十二条 汉语言文字为学校及其他教育机构的基本教学语言文字。少数民族学生为主的学校及其他教育机构，可以使用本民族或者当地民族通用的语言文字进行教学。

学校及其他教育机构进行教学，应当推广使用全国通用的普通话和规范字。

第十三条 国家对发展教育事业做出突出贡献的组织和个人，给予奖励。

第十四条 国务院和地方各级人民政府根据分级管理、分工负责的原则，领导和管理教育工作。

中等及中等以下教育在国务院领导下，由地方人民政府管理。

高等教育由国务院和省、自治区、直辖市人民政府管理。

第十五条 国务院教育行政部门主管全国教育工作，统筹规划、协调管理全国的教育事业。

县级以上地方各级人民政府教育行政部门主管本行政区域内的教育工作。

县级以上各级人民政府其他有关部门在各自的职责范围内，负责有关的教育工作。

第十六条 国务院和县级以上地方各级人民政府应当向本级人民代表大会或者其常务委员会报告教育工作和教育经费预算、决算情况，接受监督。

第二章 教育基本制度

第十七条 国家实行学前教育、初等教育、中等教育、高等教育的学校教育制度。

国家建立科学的学制系统。学制系统内的学校和其他教育机构的设置、教育形式、修业年限、招生对象、培养目标等，由国务院或者由国务院授权教育行政部门规定。

第十八条 国家实行九年制义务教育制度。

各级人民政府采取各种措施保障适龄儿童、少年就学。

适龄儿童、少年的父母或者其他监护人以及有关社会组织和个人有义务使适龄儿童、少年接受并完成规定年限的义务教育。

第十九条 国家实行职业教育制度和成人教育制度。

各级人民政府、有关行政部门以及企业事业组织应当采取措施，发展并保障公民接受职业学校教育或者各种形式的职业培训。

国家鼓励发展多种形式的成人教育，使公民接受适当形式的政治、经济、文化、科学、技术、业务教育和终身教育。

第二十条 国家实行国家教育考试制度。

国家教育考试由国务院教育行政部门确定种类，并由国家批准的实施教育考试的机构承办。

第二十一条 国家实行学业证书制度。

经国家批准设立或者认可的学校及其他教育机构按照国家有关规定，颁发学历证书或者其他学业证书。

第二十二条 国家实行学位制度。

学位授予单位依法对达到一定学术水平或者专业技术水平的人员授予相应的学位，颁发学位证书。

第二十三条 各级人民政府、基层群众性自治组织和企业事业组织应当采取各种措施，开展扫除文盲的教育工作。

按照国家规定具有接受扫除文盲教育能力的公民，应当接受扫除文盲的教育。

第二十四条 国家实行教育督导制度和学校及其他教育机构教育评估制度。

第三章 学校及其他教育机构

第二十五条 国家制定教育发展规划，并举办学校及其他教育机构。

国家鼓励企业事业组织、社会团体、其他社会组织及公民个人依法举办学校及其他教育机构。

任何组织和个人不得以营利为目的举办学校及其他教育机构。

第二十六条 设立学校及其他教育机构，必须具备下列基本条件：

（一）有组织机构和章程；

（二）有合格的教师；

（三）有符合规定标准的教学场所及设施、设备等；

（四）有必备的办学资金和稳定的经费来源。

第二十七条 学校及其他教育机构的设立、变更和终止，应当按照国家有关规定办理审核、批准、注册或者备案手续。

第二十八条 学校及其他教育机构行使下列权利：

（一）按照章程自主管理；

（二）组织实施教育教学活动；

（三）招收学生或者其他受教育者；

（四）对受教育者进行学籍管理，实施奖励或者处分；

（五）对受教育者颁发相应的学业证书；

（六）聘任教师及其他职工，实施奖励或者处分；

（七）管理、使用本单位的设施和经费；

（八）拒绝任何组织和个人对教育教学活动的非法干涉；

（九）法律、法规规定的其他权利。

国家保护学校及其他教育机构的合法权益不受侵犯。

第二十九条 学校及其他教育机构应当履行下列义务：

（一）遵守法律、法规；

（二）贯彻国家的教育方针，执行国家教育教学标准，保证教育教学质量；

（三）维护受教育者、教师及其他职工的合法权益；

（四）以适当方式为受教育者及其监护人了解受教育者的学业成绩及其他有关情况提供便利；

（五）遵照国家有关规定收取费用并公开收费项目；

（六）依法接受监督。

第三十条 学校及其他教育机构的举办者按照国家有关规定，确定其所举办的学校或者其他教育机构的管理体制。

学校及其他教育机构的校长或者主要行政负责人必须由具有中华人民共和国国籍、在中国境内定居、并具备国家规定任职条件的公民担任，其任免按照国家有关规定办理。学校的教学及其他行政管理，由校长负责。

学校及其他教育机构应当按照国家有关规定，通过以教师为主体的教职工代表大会等组织形式，保障教职工参与民主管理和监督。

第三十一条 学校及其他教育机构具备法人条件的，自批准设立或者登记注册之日起取得法人资格。

学校及其他教育机构在民事活动中依法享有民事权利，承担民事责任。

学校及其他教育机构中的国有资产属于国家所有。

学校及其他教育机构兴办的校办产业独立承担民事责任。

第四章　教师和其他教育工作者

第三十二条　教师享有法律规定的权利，履行法律规定的义务，忠诚于人民的教育事业。

第三十三条　国家保护教师的合法权益，改善教师的工作条件和生活条件，提高教师的社会地位。

教师的工资报酬、福利待遇，依照法律、法规的规定办理。

第三十四条　国家实行教师资格、职务、聘任制度，通过考核、奖励、培养和培训，提高教师素质，加强教师队伍建设。

第三十五条　学校及其他教育机构中的管理人员，实行教育职员制度。

学校及其他教育机构中的教学辅助人员和其他专业技术人员，实行专业技术职务聘任制度。

第五章　受教育者

第三十六条　受教育者在入学、升学、就业等方面依法享有平等权利。

学校和有关行政部门应当按照国家有关规定，保障女子在入学、升学、就业、授予学位、派出留学等方面享有同男子平等的权利。

第三十七条　国家、社会对符合入学条件、家庭经济困难的儿童、少年、青年，提供各种形式的资助。

第三十八条　国家、社会、学校及其他教育机构应当根据残疾人身心特性和需要实施教育，并为其提供帮助和便利。

第三十九条　国家、社会、家庭、学校及其他教育机构应当为有违法犯罪行为的未成年人接受教育创造条件。

第四十条　从业人员有依法接受职业培训和继续教育的权利和义务。

国家机关、企业事业组织和其他社会组织，应当为本单位职工的学习和培训提供条件和便利。

第四十一条　国家鼓励学校及其他教育机构、社会组织采取措施，为公民接受终身教育创造条件。

第四十二条　受教育者享有下列权利：

（一）参加教育教学计划安排的各种活动，使用教育教学设施、设备、图书资料；

（二）按照国家有关规定获得奖学金、贷学金、助学金；

（三）在学业成绩和品行上获得公正评价，完成规定的学业后获得相应的学业证书、学位证书；

（四）对学校给予的处分不服向有关部门提出申诉，对学校、教师侵犯其人身权、财产权等合法权益，提出申诉或者依法提起诉讼；

（五）法律、法规规定的其他权利。

第四十三条　受教育者应当履行下列义务：

（一）遵守法律、法规；

（二）遵守学生行为规范，尊敬师长，养成良好的思想品德和行为习惯；

（三）努力学习，完成规定的学习任务；

（四）遵守所在学校或者其他教育机构的管理制度。

第四十四条　教育、体育、卫生行政部门和学校及其他教育机构应当完善体育、卫生保健设施，保护学生的身心健康。

第六章　教育与社会

第四十五条　国家机关、军队、企业事业组织、社会团体及其他社会组织和个人，应当依法为儿童、少年、青年学生的身心健康成长创造良好的社会环境。

第四十六条　国家鼓励企业事业组织、社会团体及其他社会组织同高等学校、中等职业学校在教学、科研、技术开发和推广等方面进行多种形式的合作。

企业事业组织、社会团体及其他社会组织和个人，可以通过适当形式，支持学校的建设，参与学校管理。

第四十七条　国家机关、军队企业事业组织及其他社会组织应当为学校组织的学生实习、社会实践活动提供帮助和便利。

第四十八条　学校及其他教育机构在不影响正常教育教学活动的前提下，应当积极参加当地的社会公益活动。

第四十九条　未成年人的父母或者其他监护人应当为其未成年子女或者其他被监护人受教育提供必要条件。

未成年人的父母或者其他监护人应当配合学校及其他教育机构，对其未成年子女或者其他被监护人进行教育。

学校、教师可以对学生家长提供家庭教育指导。

第五十条　图书馆、博物馆、科技馆、文化馆、美术馆、体育馆（场）等社会公共文化体育设施，以及历史文化古迹和革命纪念馆（地），应当对教师、学生实行优待，为受教育者接受教育提供便利。

广播、电视台（站）应当开设教育节目，促进受教育者思想品德、文化和科学技术素质的提高。

第五十一条　国家、社会建立和发展对未成年人进行校外教育的设施。

学校及其他教育机构应当同基层群众的自治组织、企业事业组织、社会团体相互配合，加强对未成年人的校外教育工作。

第五十二条　国家鼓励社会团体、社会文化机构及其他社会组织和个人开展有益于受教育者身心健康的社会文化教育活动。

第七章　教育投入与条件保障

第五十三条　国家建立以财政拨款为主、其他多种渠道筹措教育经费为辅的体制，逐步增加对教育的投入，保证国家举办的学校教育经费的稳定来源。

企业事业组织、社会团体及其他社会组织和个人依法举办的学校及其他教育机构，办学经费由举办者负责筹措，各级人民政府可以给予适当支持。

第五十四条　国家财政性教育经费支出占国家生产总值的比例应当随着国民经济的发展和财政收入增长逐步提高。具体比例和实施步骤由国务院规定。

全国各级财政支出总额中教育经费所占比例应当随着国民经济的发展逐步提高。

第五十五条　各级人民政府的教育经费支出，按照事权和财权相统一的原则，在财政预算中单独列项。

各级人民政府教育财政拨款的增长应当高于财政经常性收入的增长，并使按在校学生人数平均的教育费用逐步增长，保证教师工资和学生人均公用经费逐步增长。

第五十六条　国务院及县级以上地方各级人民政府应当设立教育专项资金，重点扶持边远贫困地区、少数民族地区实施义务教育。

第五十七条 税务机关依法足额征收教育费附加，由教育行政部门统筹管理，主要用于实施义务教育。

省、自治区、直辖市人民政府根据国务院的有关规定，可以决定开征用于教育的地方附加费、专款专用。

农村乡统筹中的教育费附加，由乡人民政府组织收取，由县级人民政府教育行政部门代为管理或者由乡人民政府管理，用于本乡范围内乡、村两级教育费附加在乡统筹中所占具体比例和具体管理办法，由省、自治区、直辖市人民政府规定。

第五十八条 国家采取优惠措施，鼓励和扶持学校不影响正常教育教学的前提下开展勤工俭学和社会服务，兴办校办产业。

第五十九条 经县级人民政府批准，乡、民族乡、镇的人民政府根据自愿、量力的原则，可以在本行政区域内集资办学，用于实施义务教育学校的危房改造和修缮、新建校舍，不得挪作他用。

第六十条 国家鼓励境内、境外社会组织和个人捐资助学。

第六十一条 国家财政性教育经费、社会组织和个人对教育的捐赠，必须用于教育，不得挪用、克扣。

第六十二条 国家鼓励运用金融、信贷手段，支持教育事业的发展。

第六十三条 各级人民政府及其教育行政部门应当加强对学校及其他教育机构教育经费的监督管理，提高教育投资效益。

第六十四条 地方各级人民政府及其有关行政部门必须把学校的基本建设纳入城乡建设规划，统筹安排学校的基本建设用地及所需物资，按照国家有关规定实行优先、优惠政策。

第六十五条 各级人民政府对教科书及教学用图书资料的出版发行，对教学仪器、设备的生产和供应，对用于学术教育教学和科学研究的图书资料、教学仪器、设备的进口，按照国家有关规定实行优先、优惠政策。

第六十六条 县级以上人民政府应当发展卫星电视教育和其他现代化教学手段，有关行政部门应当优先安排，给予扶持。

国家鼓励学校及其他教育机构推广运用现代化教学手段。

第八章　教育对外交流合作

第六十七条 国家鼓励开展教育对外交流与合作。

教育对外交流与合作坚持独立自主、平等互利、相互尊重的原则，不得违反中国法律，不得损害国家主权、安全和社会公共利益。

第六十八条 中国境内公民出国留学、研究、进行学术交流或者任教，依照国家有关规定办理。

第六十九条 中国境外个人符合国家规定的条件并办理有关手续后，可以进入中国境内学校及其他教育机构学习、研究、进行学术交流或者任教，其合法权益受国家保护。

第七十条 中国对境外教育机构颁发的学位证书、学历证书及其他学业证书的承认，依照中华人民共和国缔结或者加入的国际条约办理，或者按照国家有关规定办理。

第九章　法律责任

第七十一条 违反国家有关规定，不按照预算核拨教育经费的，由同级人民政府限期核拨；情节严重的，对直接负责的主管人员和其他直接责任人员，依法给予行政处分。

违反国家财政制度、财务制度、挪用、克扣教育经费的，由上级机关责令限期归还被挪用、克扣的经费，并对直接负责的主管人员和其他直接责任人员，依法给予行政处分；构成犯罪的，依法追究刑事责任。

第七十二条 结伙斗殴、寻衅滋事，扰乱学校及其他教育机构教育教学秩序或者破坏校舍、场地及其他财产的，由公安机关给予治安管理处罚；构成犯罪的，依法追究刑事责任。

侵占学校及其他教育机构的校舍、场地及其他财产的，依法追究刑事责任。

第七十三条 明知校舍或者教育教学设施有危险，而不采取措施，造成人员伤亡或者重大财产损失的，对直接负责的主管人员和其他直接责任人员，依法追究刑事责任。

第七十四条 违反国家有关规定，向学校或者其他教育机构收取费用的，由政府责令退还所收费用；对直接负责的主管人员和其他直接责任人员，依法给予行政处分。

第七十五条 违反国家有关规定，举办学校或者其他教育机构的，由教育行政部门予以撤销；有违法所得的，没收违法所得；对直接负责的主管人员和其他直接责任人员，依法给予行政处分。

第七十六条 违反国家有关规定招收学员的，由教育行政部门责令退回招收的学员，退还所收费用；对直接负责的主管人员和其他直接责任人员，依法给予行政处分。

第七十七条 在招收学生工作中徇私舞弊的，由教育行政部门责令退回招收的人员；对直接负责的主管人员和其他直接责任人员，依法给予行政处分；构成犯罪的，依法追究刑事责任。

第七十八条 学校及其他教育机构违反国家有关规定向受教育者收取费用的，由教育行政部门责令退还所收费用；对直接负责的主管人员和其他直接责任人员，依法给予行政处分。

第七十九条 在国家教育考试中作弊的，由教育行政部门宣布考试无效，对直接负责的主管人员和其他直接责任人员，依法给予行政处分。

非法举办国家教育考试的，由教育行政部门宣布考试无效；有违法所得的，没收违法所得；对直接负责的主管人员和其他直接责任人员，依法给予行政处分。

第八十条 违反本法规定，颁发学位证书、学历证书或者其他学业证书的，由教育行政部门宣布证书无效，责令收回或者予以没收；有违法所得的，没收违法所得；情节严重的，取消其颁发证书的资格。

第八十一条 违反本法规定，侵犯教师、受教育者、学校或者其他教育机构的合法权益，造成损失、损害的，应当依法承担民事责任。

第十章 附 则

第八十二条 军事学校教育由中央军事委员会根据本法的原则规定。

宗教学校教育由国务院另行规定。

第八十三条 境外的组织和个人在中国境内办学和合作办学的办法，由国务院规定。

第八十四条 本法自 1995 年 9 月 1 日起施行。

中宣部、全国人大教科文卫委员会、国家教委、司法部、全国教育工会关于学习宣传和贯彻实施《中华人民共和国教育法》的通知

(1995年3月24日)

《中华人民共和国教育法》(以下简称《教育法》)于3月18日由第八届全国人民代表大会第三次会议审议通过,并经国家主席江泽民签署颁布,将于1995年9月1日起施行。《教育法》是我国教育工作的根本大法。《教育法》的颁布是关系我国教育改革与发展和社会主义现代化建设全局的一件大事,对落实教育优先发展的战略地位,促进教育的改革与发展,建立具有中国特色的社会主义现代教育制度,维护教育关系主体的合法权益,加速教育法制建设,提供了根本的法律保障。《教育法》的颁布,标志着我国教育工作进入全面依法治教的新阶段,对我国教育事业的改革与发展,以及社会主义物质文明和精神文明建设将产生重大而深远的影响。

为搞好《教育法》的学习宣传和贯彻实施工作,现将有关问题通知如下:

一、各省、自治区、直辖市及计划单列市和各有关部门应当把学习、宣传和贯彻实施《教育法》列入议事日程,作为当前的一项重要任务抓紧抓好。各级党委宣传部门要加强对学习、宣传《教育法》工作的领导。各级人大有关专门委员会应积极参与并加强对《教育法》学习、宣传和贯彻实施工作的指导和监督。教育行政部门应将学习、宣传和贯彻实施《教育法》作为今年工作的重点,列入工作计划,作出具体安排。司法行政部门应将学习、宣传《教育法》列入1995年普法学习的重点内容之一,组织全民性学习和宣传活动。各级教育工会应积极协助教育行政部门做好宣传、贯彻和实施《教育法》的工作。各级人大有关专门委员会,党委宣传部门,各级人民政府的教育、司法行政部门及教育工会应相互支持,密切配合,认真部署,做好《教育法》的宣传、普及工作。

二、学习宣传和贯彻实施《教育法》要与贯彻落实《中国教育改革和发展纲要》(以下简称《纲要》)和贯彻落实全教会精神相结合。《纲要》是党中央、国务院制定的用于指导我国教育改革和发展的纲领性文件,是《教育法》的政策基础。《教育法》充分体现了《纲要》的基本精神,是教育改革和发展的法律保障,要把学习、贯彻《教育法》同贯彻《纲要》有机结合起来,认真领会《纲要》对教育改革与发展的指导作用和《教育法》的法律保障作用。学习宣传和贯彻实施

《教育法》，重点要确保教育优先发展的战略地位的落实，切实解决当前教育改革与发展中的突出问题，特别是增加教育投入，全面贯彻教育方针，提高教育质量和办学效益，推进教育管理体制改革，实现“两基”目标等重要问题，努力通过《教育法》的贯彻实施，使教育工作迈上一个新台阶。

三、各级党政领导干部要带头学习、宣传《教育法》。教育系统的行政干部、各类学校及其他教育机构的负责人要努力学习《教育法》，提高依法治教的水平，各有关部门也应结合本职工作学习、领会并认真贯彻《教育法》的有关规定。学校应从实际出发，积极组织广大教师和学生学习《教育法》。教师应把学习《教育法》与学习《教师法》结合起来，做到自觉履行教师职责，依法维护自身权益。学校应组织学生重点学习有关内容，使学生了解自己的权利和义务。师范院校应开设有关《教育法》的选修课或讲座。有条件的师范院校教育系应将《教育法》列为教学内容，组织学生深入学习。

四、学习、宣传《教育法》应采取多种形式。各新闻单位应将《教育法》列为近期宣传工作的重点，作出具体安排。如在报刊、电台、电视台开辟专题、专栏或对有关人士进行专访，召开专家、学者、各界人士座谈会，举办知识竞赛等。各地应结合实际情况，采取群众喜闻乐见的形式开展宣传活动。通过宣传、普及，使《教育法》的重要意义和基本内容家喻户晓，深入人心，形成人人关心教育，全社会重视、支持教育的社会风尚，为《教育法》的全面实施创造良好的社会环境。

五、《教育法》是我国的教育基本法，它的颁布为我国教育法制建设提供了全面的法律依据。国家教委将围绕《教育法》的实施，进一步调整教育立法计划，抓紧起草职业教育法、高等教育法等与《教育法》相配套的法律、法规和规章，并对现行教育法规、规章进行清理，加快我国教育法规体系的建设，保障《教育法》的全面落实。各省、自治区、直辖市及有立法权的城市也应结合贯彻实施《教育法》的需要和本地的实际情况，安排好地方教育立法工作，及时调整教育立法计划，抓紧制定与贯彻实施《教育法》密切相关的地方性教育法规、规章，同时，应结合《教育法》的实施做好地方教育法规的清理工作，把贯彻《教育法》落到实处。

六、为切实保障《教育法》的贯彻实施，应加快建立和完善教育执法监督制度。各级政府及其有关部门应加强教育执法检查、监督职能和教育法制工作队伍建设，提高依法治教的水平。要建立教育申诉、调解、仲裁制度，健全和完善教育部门的行政复议制度、教育执法监督制度，处理各种教育纠纷和违反《教育法》的案件，检查、监督有关部门严格依法行政，保障学校、教师、学生等教育关系主体的合法权益，全面提高依法治教水平。执法、检查、监督制度应先进行试点，总结经验，逐步推广。对于违反《教育法》的大案、要案，教育部门及其他有关部门应积极配合司法机关，认真、及时查处。对于严重违反《教育法》的案件，应依法严肃处理，典型案例应向社会公布，以维护《教育法》的权威性和严肃性，做到有法必依、执法必严、违法必纠。

七、为全面搞好《教育法》的学习、宣传和贯彻实施工作，国家教委、全国人大教科文卫委员会将会同有关部门检查学习有关宣传和贯彻实施《教育法》的情况。各级教育行政部门要与其他有关部门加强协作，密切配合，共同做好贯彻实施《教育法》的有关工作。各地要及时总结学习、宣传《教育法》工作中的好做法、好经验，做好贯彻实施的准备工作。

学习、宣传中的有关反映和问题，请及时报送国家教委。

国家教委 1995 年工作要点

一、指导思想

以邓小平同志建设有中国特色社会主义的理论为指导，坚持党的基本路线，全面贯彻党的十四大、十四届三中全会、四中全会精神，以贯彻落实全国教育工作会议精神为中心，大力推动《〈纲要〉实施意见》和中央德育文件的全面实施。进一步深化办学和管理体制改革，加大教育结构调整力度，建立并完善各项配套改革；扎扎实实推进“两基”工作和“211 工程”的实施，加快职业教育的改革和发展；继续转变政府机关职能，努力增加教育投入，落实教师待遇，全面提高教育教学质量和办学效益。在认真处理好改革、发展与稳定关系的基础上，积极推进全国教育事业的发展，保持教育工作的大好形势，进一步开创教育工作的新局面。

二、重点工作

1. 认真筹备并开好全国职业教育工作会议、第五次全国高校党建和德育工作会议、第二次全国教师住房建设工作经验交流会议。

2. 继续做好《教育法》提交八届全国人大第三次会议审议批准的各项有关工作，并认真部署颁发后的宣传和施行工作。向国务院报送《职业教育法（草案）》，年内完成送审工作。

3. 在努力保证教育投入增加的同时，进一步加强中小学收费工作的管理，规范合理收费的各种行为，继续坚决治理教育战线的乱收费现象。

4. 完成实现“两基”的全面部署工作，在加强对经济发展较快地区“两基”工作指导的同时，召开中等发展地区和贫困地区“两基”工作部署片会。

5. 高等学校招生、收费“并轨”改革要迈出较大步伐，抓紧规范和完善相应配套措施。

6. 落实高等教育体制改革座谈会精神，以共建、联合为主要形式，重点抓好一省、一直辖市和一个部委的试点工作，积极稳步地推进全国高等教育管理体制改革。

三、其他主要工作

1. 制订全国教育事业“九五”计划及 2010 年长远规划。进一步研究并加强国家教委对教育宏观调控的职能和手段。加强和改进教育科研工作，逐步实现教育决策科学化、民主化。

2. 研究高中教育改革与发展方针和办学模式。制定和指导实施农村初中教育综合改革方案。总结推广一批更新教育观念、减轻学生负担,使学生生动活泼全面发展的典型。

3.开展贯彻全国教育工作会议精神的五项督导检查(即“两基”规划调整情况、《教师法》落实情况、教育经费政策落实情况、德育工作情况、减轻中小学生过重课业负担情况)。进一步完善督导检查制度。

4. 积极推进教学内容、课程体系改革,加强对高校教学质量的评价。组织实施“211工程”,继续进行“211工程”预审和预备立项的审核工作。

5. 继续加强对高校(特别是成人高校)和研究生招生计划的宏观控制和管理。做好学位委员会换届工作。积极推进学位授权审核办法的改革,开展下放硕士点审批权给地方的试点工作。抓好“跨世纪优秀人才工程”的实施工作。

6.认真搞好高校人文社会科学的评奖工作,制订“九五”规划。总结检查高校承担的“八五”国家重大科技攻关、基础研究、高技术研究等计划任务,做好“九五”科技计划和2010年科技发展规划的编制、论证工作。努力将科技成果转化为现实生产力。

7.进一步研究落实大力发展职业教育的方针、任务和政策措施。探讨“三级”分流和初、中、高等职业教育体系的方案,研究职业教育体系与普通教育体系的衔接和沟通问题。

8. 在全国扫盲部际协调小组的指导下,加强地方政府在扫盲方面的工作力度,重点落实部分任务重的省份的扫盲工作,完成1995年不低于400万的扫盲指标。研究建立学历文凭和岗位资格证书并重制度。继续办好乡镇成人学校。指导并推进地方社会办学的立法和管理工作。加强自学考试工作,提出深化自考改革工作的方案。

9.认真落实全国农村教育综合改革工作会议精神,进一步推动农村教育综合改革。在建立现代企业制度试点工作中,提出改革企业办学和管理体制以及深化企业教育综合改革的意见。探讨城市教育综合改革试点进一步深化的思路和步骤。

10. 认真抓好面向全体学生的体育、美育、安全教育和国防教育工作。组织好五部委十年一次全国学生体质健康监测工作。

11.继续理顺和完善中央广播电视大学、中国教育电视台、中央电教馆的管理体制和关系。坚持电化教育改革。进一步明确广播电视大学的办学目标与改革方向。

12. 继续贯彻全国第四次民族教育工作会议精神,认真做好对民族贫困地区扶持和支持工作。继续落实发达地区与143个民族贫困地区对口支援协作项目,进一步扩大并办好内地西藏班。

13. 认真贯彻落实《中央关于进一步加强和改进学校德育工作的若干意见》和中央关于加强高等学校党建工作的有关文件,大力推动学校的党建工作和德育工作。研究制订相应的配套文件。加强高校马克思主义理论课和思想政治教育课的教学改革。结合纪念抗日战争和反法西斯战争胜利50周年,深入开展爱国主义教育活动。

14. 进一步加快教育立法步伐,完善教育执法监督体制。尽快发布施行《民办学校条例》、《中外合作办学条例》、《教育督导条例》和《教师法》配套法规。抓紧修改《高等教育法》等一批法律、法规,推动并督促地方加快相应立法工作。

15. 落实全国教育工作会议提出的增加教育经费的政策,确保教育投入稳定增长。提出各级教育行政部门参与同级政府教育经费预算工作的意见。制定中央新增义务教育补助专款与原专款使用计划及中央、地方专款配套方案。积极落实“211工程”中央专项资金。提出高校招生收费“并轨”院校拨款改革方案，完善奖学金、贷学金、勤工助学基金办法。继续坚持多渠道筹措教育经费，规范地方教育费附加征收办法，完善农村教育费附加征管规定。发布全国教育经费监测公报。组织开展对中国教育银行的前期可行性研讨和论证工作。

16. 研究提出校办产业发展和界定的原则意见，制订校办产业税收优惠政策的规范性办法。开好出版工作会议，加强对高校出版社的管理和监督。进一步抓好勤工俭学工作。

17. 指导检查各地贯彻《教师法》情况，做好《教师法》配套法规的实施工作。总结推广各地在解决教师工资、住房、医疗、退休等问题的成功经验和优惠政策措施。研究解决拖欠教师工资管理监督机制。贯彻大连全国教师住房建设工作经验交流会精神，坚持不懈地推动教师住房建设工作。组织1995年全国优秀教师和优秀教育工作者的表彰奖励工作。研究制定并实施《解决民办教师问题的六年规划》。

全面提高教师队伍的思想和业务水平，大力办好师范教育，提高中小学师资培养培训质量。改进和加强教育管理干部、高校干部培训和中小学校长岗位培训工作。

18. 积极进行留学生管理工作的改革，筹建中国留学基金管理委员会，研究促进留学人员回国和短期回国工作的政策措施。加强高新科技领域和高层教育管理与学术人员间的教育国际交流与合作。贯彻中央对港、澳、台地区的工作方针，认真做好与港、澳、台的教育交流工作。加强教育外事立法工作。

19. 与有关部门密切配合，进一步抓好校园秩序管理和校园治安综合治理工作，高度重视各项新的改革政策出台后的师生反映，妥善解决与师生生活有关的各种问题，及时引导、处理学校出现的敏感与热点问题，继续保持高等学校的稳定。

20. 认真贯彻十四届四中全会精神，进一步坚持民主集中制，加强党的基层建设，抓紧选拔并培养处以上各级领导干部。

进一步加强委机关国家公务员管理的规范化、制度化，继续落实委属企事业单位的机构改革。研究进一步转变职能的具体措施，切实改进工作作风，努力提高工作效率和水平。

21. 加强教育改革和发展的宣传与导向，进一步改进国家教委教育报刊社的工作，继续抓紧报刊社大楼工程收尾事项，上半年完成进驻搬迁工作。

22. 继续在教育系统开展反腐败斗争和纠正行业不正之风的落实工作。进一步加强各级教育行政部门廉政建设，加大教育纪检、监察、审计工作的力度。

国家教委 1995 年全国教育工作电话会议

国家教委于 1995 年 1 月 16 日下午在北京召开 1995 年全国教育工作电话会议。会议的主要任务是：进一步贯彻、落实全国教育工作会议精神，回顾总结过去一年的教育工作，部署安排 1995 年的主要任务，同时公布全国首批通过“两基”评估验收的直辖市和县（市、区）。

出席北京主会场会议的领导和代表有：国家教委领导，全国人大教科文卫委员会、全国政协教育文化委员会的领导，民盟中央、民进中央、九三学社中央的领导以及北京市、天津市的领导；国务院有关部委教育司（局）的负责同志，国家教委各司局的负责同志，北京市教育行政部门的负责同志以及在京国家督学和委属高校的领导。

出席各地分会场会议的代表有：各省、自治区、直辖市教委、教育（高教）厅（局）、文教办（教卫办、教卫委）、高校工委和计划单列市教委的负责同志，国家教委聘任的国家督学以及位于直辖市、省会城市和计划单列市的高校领导。

国家教委副主任王明达主持会议，国家教委主任朱开轩在会上讲话。朱开轩首先回顾了 1994 年的教育工作，然后就 1995 年的工作任务作出部署：（一）以实施“两基”为重点，切实加强基础教育；（二）以提高质量和效益为中心，积极推进高等教育体制改革；（三）大力发展职业教育，促进宏观教育结构的调整；（四）以开展岗位培训和继续教育为重点，发展成人教育；（五）进一步加强和改进学校党建和德育工作；（六）增加教育投入，提高教师待遇；（七）抓紧教育立法工作，加强执法监督。最后，朱开轩还就怎样认识和解决当前社会关注的几个热点问题发表意见：（一）坚决制止教育战线乱收费的现象，特别是义务教育阶段不允许高收费；（二）减轻中小学生过重课业负担，全面贯彻教育方针；（三）国有企业必须继续办好所属中小学；（四）保障师生安全和保持校园安宁。

会上，国家教委副主任柳斌公布了首批通过“两基”评估验收的直辖市和县（市、区）名单，与会领导还向首批通过“两基”评估验收的直辖市代表颁授了锦旗。

撰稿　秦　伟

审稿　孙胜伟

国家教委第五次全国高校党建工作会议

1995年7月10日至13日，中共中央组织部、中共中央宣传部和国家教委党组联合在北京召开第五次全国高等学校党的建设工作会议。全国108所普通高等学校的代表，各省、自治区、直辖市党委主管教育工作的有关领导、党委有关部门、教育行政部门的负责同志，中共中央、国务院有关部委教育司局负责人参加大会。会议主要任务是：以邓小平同志建设有中国特色社会主义理论和党的基本路线为指导，贯彻《中共中央关于加强党的建设几个重大问题的决定》和《中国教育改革和发展纲要》精神，联系高教战线的实际，研究加强高校领导班子建设，进一步推动高等教育事业的改革和发展，更好地培养社会主义事业的建设者和接班人。

国家教委党组书记、主任朱开轩向大会作了题为《加强高校领导班子建设，进一步推动高等教育事业的改革和发展》的报告。强调今后五年，一大批五十年代和六十年代初大学毕业的同志将陆续全部退出高校领导岗位，"文革"中、后期和恢复高考后大学毕业的同志将大批走上领导岗位，必须切实进一步加强高校领导班子建设，顺利实现新老交接，为在本世纪末实现《中国教育改革和发展纲要》的目标，为在改革开放条件下坚持培养社会主义事业建设者和接班人提供更坚强的保证。

会议期间，中共中央政治局常委、国务院总理李鹏接见与会代表并对高校工作作指示，中央政治局委员、国务院副总理李岚清作了重要讲话，中组部部长张全景作会议总结，中宣部副部长刘云山在会议闭幕时讲了话。

会后，中组部、中宣部、国家教委党组联合印发了李鹏、李岚清等同志在会议上的讲话、报告，下发了《关于加强高等学校领导班子建设工作的若干意见》等文件。各地及时传达了会议精神，采取了进一步措施，加强党对高校工作的领导，在加强高校领导班子建设方面加大力度。北京、广东等地通过多种形式全面提高高校领导干部素质，并重视民主集中制制度建设；天津、四川、福建、河北等地认真做好高校领导班子结构调整，积极推进干部制度改革，努力加强后备干部队伍建设；江苏等省加强领导干部党风廉政建设。

撰稿　李功毅

审稿　瞿振元　靳　诺

第二次全国教职工住房建设工作经验交流会

1995年11月27日至30日，国务院办公厅在云南省昆明市召开第二次全国教职工住房建设工作经验交流会。这次会议是根据《纲要》及其实施意见中关于解决教职工住房困难问题的要求，继1994年10月召开第一次（大连市）会议后又一次推进教职工住房建设的会议。会议的主要任务是：以党的十四届五中全会精神为指导，总结各地区、各部门贯彻落实1994年全国教育工作会议和大连会议精神以及1995年3月国务院办公厅转发国家教委、建设部、国家计委、财政部、国家土地局、全国教育工会等部门《关于加快解决教职工住房问题的意见》的情况；分析一年多来教职工住房建设工作的形势，肯定成绩，找出差距，明确今后工作目标和任务；交流和推广各地区、各部门的经验，进一步推动全国教职工住房建设迈上新台阶。

出席会议的人员有：各省、自治区、直辖市政府主管教育工作的副省长(副主席、副市长)、省（区、市）计（经）委、财政厅(局)、建委、教委（厅、局）等领导，各计划单列市及省会城市政府主管城市建设工作的市长，国务院有关部委的领导等近300人。

国务院副总理李岚清出席会议，视察了昆明市两个教职工住宅小区，听取了会议10位代表的发言，召开了部分与会省（市、区）和部门负责人座谈会，并在大会上作了重要讲话。国务院副秘书长徐志坚、国家教委副主任柳斌分别主持会议并讲话，国家教委副主任张天保也在会上讲话。

会议分析了教职工住房建设工作发展的形势：自1994年全国教育工作会和大连教职工住房建设经验交流会之后，一年多来，许多省、市、自治区十分重视落实会议提出的对这项工作的要求，又涌现了云南、四川、广东、上海、天津、山东及昆明、青岛、长春等一大批起步迅速，成绩突出的省市和地区，这些地方在教职工住房建设和住房制度改革方面积累了一定的经验，走出了一条适合本地情况的解决教职工住房困难问题的路子。据统计，到1995年末，全国城镇中小学和普通高校教职工住房建设投资将达119亿元，比1994年增长33.7%，竣工面积将达到2008万平方米，比1994年增长36.85%。其中，1995年全国城镇中小学教职工住房建设投资预计可达93.4亿元，竣工面积1577万平方米，建成住房21.5万套；全国高校教职工住房建设的投资25.62亿元，竣工面积432万平方米，可建成住房5.8万套。全国城镇中小学教职工住房状况进一步改善，家庭人均居住面积已由 1992 年底的 6.62 平方米，提高到 1994 年底的 7.38 平方米。一些地区的城市中小学教职工家庭人均居住面积已经超过了 8 平方米。还有一些地区和部委的高校，教职工家庭人均居住面积也提前一年实现了“八五”目标。

会议通报和交流了先进省市重视教职工住房建设的事迹和情况：云南省一贯重视解决教职工住房问题，到 1994 年底，全省城市中小学教职工家庭人均居住面积已达到 9.06 平方米，成套率 73.2%，提前 6 年达到并超过国办转发国家教委等 6 个单位的报告提出的要求；昆明市 1993 年即已建成东、西、南、北 4 个功能比较配套的“园丁小区”，1995 年又建成两个园丁小区，并于教师节前交付使用。全市城镇教职工家庭人均居住面积已由 1994 年的 9.93 平方米提高到 10.8 平方米，高于当地居民平均居住水平。四川省把解决教职工住房作为贯彻落实 1994 年全国教育工作会议和大连会议精神的大事和实事来抓。肖秧省长亲自担任“四川广厦工程”领导小组组长，省政府发出了《关于实施四川省广厦工程，解决教职工住房问题的通知》，提出到本世纪末，全省将新建教职工住宅 1225 万平方米，教职工家庭人均居住面积将达到 8.5 平方米，成套率达 85%以上。为实现此目标，确定 1995—2000 全省进一步加大教职工住房建设投资力度。1995 年 1—7 月，全省新征教职工住房用地约 114 公顷，新开工和正在建的教职工住房 182 万平方米，已竣工 122 万平方米，完成本年建房 150 万平方米的 81%。广东省 1994 年全省城镇中小学教职工住房建设投资 10.2 亿元，竣工面积 156 万平方米，建成住房 1.93 万套。预计 1995 年全省城镇中小学教职工住房建设的投资可达 18.9 亿元，竣工面积 317 万平方米，建成住房 3.7 万套。青岛市 1995 年一年通过各种渠道筹集资金 2.35 亿元，年底将建成住房 21.5 万平方米，超过前 5 年的总和。

总结各地解决教职工住房困难问题的共同经验是：(1) 加强领导，强化政府行为；(2) 制定规划，对教师住房建设实行优先和优惠政策；(3) 建立国家、集体（单位）和个人共同投入的新机制；(4) 确立符合本地区实际的住房建设途径。

同时，会议指出：由于我国地区间经济基础和社会发展差异很大，教育发展水平不尽相同，教职工住房困难问题从总体看仍然相当突出，教职工住房建设的任务仍然非常艰巨。城镇教职工家庭人均居住面积与当地居民相比还有一定差距，普通高校和城镇中小学教职工中至今还存在相当多的无房户和困难户；住房建设工作的进展相当不平衡。仍有一些地区重视不够，措施不落实，住房建设进展不大。因此，对面临问题的严重性和任务的艰巨性，我们必须有充分的认识和清醒的估计。要继续下大决心，采取有力措施把教职工住房建设工作作为一项紧迫任务抓紧抓好。“科教兴国”，教育是基础。要加强教师队伍的建设，提高教师的社会地位。要使教师真正成为全社会令人羡慕的职业。民以居为安，安居才能乐业，安居才能乐教。教师住房状况不仅直接影响到教师队伍的稳定和素质的提高，直接影响到人才培养和科学研究，而且关系到各级党委和政府的形象，关系到社会的稳定。

李岚清副总理在讲话中强调，各级领导对解决教职工住房问题要动真情、办实事，加快建设步伐。要加强领导，切实解决住房建设中的实际问题。要做到这一点，财力问题固然很重要，但更主要的是各级领导特别是主要领导同志的认识和决心。云南、四川、宁夏经济虽不很发达，但在教职工住房建设上取得瞩目成绩。这些地区能做到的，全国大多数地区也应该能做到。要把解决教职工住房问题当做政府的重要政绩来考核。要为教职工住房解困，必须动真情，办实事。教师住房建设，涉及面很广，单靠主管教育的领导、教育行政部门和学校，很多实际问题难以解决，需要各地、区、各部门主要领导和主管城建的领导同志加强领导，亲自过问，才能得到很好解决。根据《教师法》和有关文件的精神，特别要为教师住房建设制定优先优惠政策。目前，很多地区对教职工住房建设制定了减免税费的政策，这些都有力地推动了教师住房建设工作。政府各职能部门要通力协作，各尽其责，把包括高校在内的教职工住房建设纳入安居工程和城市建设总体规划当中统筹考虑，在投资、规划、征地、基础设施配套等方面给予方便，减免有关税费，对教职工住房的租、售实行优先优惠。李岚清在谈到改革住房投资体制、多渠道筹措建房资金、多种形式建房、探索适合我国国情的教职工住房建设投资的新体制时说，要充分发挥国家、社会、学校和教职工个人几方面的积极性，拓宽筹资渠道，在各级财政增加建设拨款、设立建设专款的同时，鼓励社会、学校和教职工个人筹资建房，逐步建立起国家、地方、学校、个人共同负担的住房投资新体制，以加大投资力度，加快教职工住房建设的进程。他强调，要因地制宜，统筹规划，分类指导、分级负责，探索符合本地区实际的住房建设的有效途径。老、少、边、穷地区困难很大，国家要继续给予扶持。解决教职工的住房问题，要按照先解决无房，再实现解困，然后进一步提高改善的次序开展工作。总的目标用2至3年时间达到解困，再逐步改善住房条件，向小康水平迈进。李岚清强调，当前要把大中城市和大专院校作为重点。高校教师的住房问题由于历史原因，投资严重不足，欠帐较多，高校广大中青年教师普遍存在住房困难。党中央、国务院对此十分重视，决定在继续设立补助地方城市中小学教职工住房建设专项投资的同时，从今年到“九五”期间，增设补助中央部门在京高校中青年教师住房建设专项投资，以缓解和逐步解决他们的住房困难。

国务院副秘书长徐志坚在总结讲话中指出，《教育法》、《教师法》、《中国教育改革和发展纲要》都对解决教职工住房问题提出了明确要求。解决教职工住房困难，是法律赋予各级政府的职责，是党中央、国务院下达的任务。各级政府的领导要有这方面的法律、政策和群众意识，把解决教职工住房问题当作一项义不容辞的紧迫任务认真抓好。各地要学习和借鉴其他地方的典型经验，对加快解决教职工住房建设要有政策、有办法、有目标。各地政府要狠抓落实工作，要认真做好多渠道筹措建房资金，实行优先优惠政策，加大住房改革力度和分类指导等环节的工作；要重视建房的质量；贯彻先解决无房户，再解决困难户，然后再解决改善和提高的问题。徐志坚还宣布，国务院办公厅拟在明年召开第三次全国教职工住房建设工作经验交流会。

国家教委副主任张天保在讲话中希望各地、各部门抓住当前有利时机，推动教师住房建设工作迈上一个新台阶。

国家计委、财政部、建设部等部委有关

负责人讲了话。

会后，国家教委于1996年1月2日印发了李岚清副总理在第二次全国教职工住房建设工作经验交流会上的讲话，同时印发了国务院副秘书长徐志坚、国家教委副主任张天保、建设部副部长李振东等部门领导同志的讲话。

撰稿 吴伯康 喻晓宪 闫 蕾

审稿 王庆林

“普九”工作十二省汇报会

为了确保第一步1996年在40～45%人口地区“普九”的规划目标如期实现，1995年6月21日至24日，国家教委在河北省石家庄市召开经济中等发达的12省即：河北、山西、黑龙江、安徽、福建、江西、河南、湖北、湖南、海南、四川、陕西“普九”工作汇报会。各省教委领导，普教处长及督导部门主管负责人出席会议，汇报了“普九”规划、措施和经验，研讨了“普九”工作中若干政策性问题，明确了经济中等发达省份“普九”工作思路、原则和方法。国家教委主任朱开轩到会并讲话，副主任柳斌也到会讲了话，河北省省长叶连松出席了开幕式。

会议认为：出席汇报会的12个省是经济中等发达的省份，多为人口大省，共有6亿多人，人口约占全国50%左右，这12个省的“普九”工作进展如何，对于全国能否实现“普九”目标具有重大意义。由于这些省份人口多教育事业发展与经费投入不足的矛盾比较尖锐；各省之间及各省内地区间不平衡性较大，部分省的民族地区还存在着特殊困难等，这些省的“普九”工作任务仍很艰巨，同时，又对全国实现“普九”目标具有举足轻重的影响。为此，必须坚定信心，知难而进，倾其全力，打好“普九”的攻坚战。

会议着重针对12省的实际，研究了推进“普九”进程的政策措施：

一、在各级各类教育中要突出“两基”重中之重的地位。省教委领导特别是一把手的精力，关注的重点，要倾斜到义务教育方面来，从思想观念到实际工作要首先保证“普九”这个全局的重点。在基础教育内部，要处理好普及小学与初中义务教育的关系。当前义务教育要在继续巩固普及小学教育成果，提高小学教育水平的同时，把工作重点逐步转移到初中。

二、教育是否优先发展，“普九”重中之重地位是否真正落实，关键在于是否保障必要的经费投人。中央根据《纲要》实施意见的规定，将会逐步落实对边远、贫困地区义务教育专项扶助经费。1995年已决定增加两亿元，计划近年内将增加到每年10亿元。国家教委拟把所有能收集到的经费，包括中央普及义务教育专款、世界银行贷款、爱国华人、侨胞赠款以及中央掌握的教育费附加等，集中起来，形成合力，主要用于贫困地区、民族地区“普九”。十二省教委也要与有关部门紧密配合，千方百计，依法落实中央、省提出的增加教育投入的各项措施及配套政策，集中所有能够调用的财力用于“普九”。省级政府及其教育部门要非常关注所属县教育经费筹划、使用与落实情况，并督促各项政策的兑现。要依据国务院的规定足额征收城乡教育费附加，及时总结征足、管好、用好的经验，并进一步加以规范。

三、要坚持义务教育宗旨，全面贯彻教育方针。《教育法》公布以后，我们应当树立这样一个认识：不按教育方针办事，不仅是办学指导思想问题，而且是违法。我们必须站在法律高度认识这个问题。在坚定不移地推进农村义务教育发展的同时，必须扭转传统的教育观念，进一步明确农村教育的办学指导思想和模式，大力提倡三教统筹，农（经）科教结合，促进农村教育为农业和农村发展服务。要处理好“普九”进度与验收标准的关系，防止盲目追求高标准、盲目攀比和形式主义、弄虚作假。

四、要大力加强师资队伍建设。要认真办好师范教育，师专要适当扩大规模，毕业生要到位，坚持为基础教育服务的正确方向。各省可从实际出发，制定相应政策，拓宽教师来源渠道。从明年起，全国成人高校要增加初中在职教师招生名额，提高初中教师学历合格率。

朱开轩同志讲话强调：今后五六年，是基础教育发展的重要阶段，也是义务教育发展的关键时期，希望各省对教育的支持，特别是省教育部门一把手的精力、关注的重点，要倾斜到义务教育方面来。

会后，国家教委办公厅于 1995 年 7 月 20 日印发了会议《纪要》及朱开轩同志的讲话。

撰稿　吴伯康

审稿　王庆林

“普九”工作九省区汇报会

为了确保中国在2000年在双“85”人口地区普及九年义务教育，1995年11月10日至14日，国家教委和财政部联合在广西壮族自治区桂林市召开经济贫困的9省区即：广西、内蒙古、新疆、贵州、西藏、青海、宁夏、甘肃、云南“普九”工作汇报会，这是继1994年10月在吉林省长春市召开经济发达9省市（即第一片）“普九”工作汇报会，1995年6月在河北省石家庄市召开经济中等发达12省（即第二片）“普九”工作汇报会后的第三片“普九”工作汇报会。国家教委主任朱开轩、副主任柳斌、财政部副部长谢旭人、国家民委副主任图道多吉、广西壮族自治区政府副主席李振潜等出席会议；各省区教育主管负责人，普教处处长及教育督导部门负责人参加会议，朱开轩同志在会上讲话。柳斌同志作会议总结。

会议认为，出席会议的9个省区，是全国少数民族最集中的地区，且大多分布于边境和贫困地区。新中国成立后，特别是党的十一届三中全会后，随着《义务教育法》的实施，九省区义务教育得到很大发展，取得显著成绩。但由于自然地理条件不利、经济发展相对缓慢、财政比较困难等原因，基础教育总的说仍较薄弱。因此，这次会议将重点研究九省区“两基”工作的思路，以确保本世纪末在全国基本普及九年义务教育。

会议听取了出席会议的省区教育部门“普九”工作规划、措施和经验，研讨了若干“普九”工作的政策性问题，明确了经济贫困地区“普九”工作思路、原则和方法，坚定了搞好“普九”工作的信心。

会议经过讨论，根据9省区的实际情况，确定要强调抓好五个方面的工作：一要强调政府行为到位，近期要着重抓“三个增长”到位；教育附加到位；“普九”专项资金到位。要认真纠正一些地区挪用教育经费，将教育费附加充抵财政拨款，发公办教师工资，或用于非义务教育等作法。二要动员群众参与。继续深化教育管理体制改革，完善分级办学，分级管理体制，依靠和发动人民群众，开展集资及献工献料活动，多渠道筹措教育资金，继续改善义务教育学校办学条件。与此同时，要深化办学体制改革，积极鼓励企事业单位、社会各界、公民集体和个人依法举办学校。三要研究增加投入的新政策，探索从基建项目、购车经费、高消费项目、合资企业、地方机动财力等方面筹措教育经费的新路子。四要加大国家对九省区支持的力度。五要努力提高办学效益，使有限的资金发挥更大作用。要因地制宜，调整好义务教育阶段学校布局；要在保证教育质量、合理安排教师工作量的前提下，定岗定编，解决一些地方由于人员超编、非教学人员较多、师生比例不合理造成的教育资源浪费；要认真解决在校生辍学问题。

朱开轩在开幕式上做报告。他指出，实现“两基”是贯彻党的十四届五中全会精神和落实科教兴国方针的基础工程，是振兴九省区经济的根本大计，是提高民族素质、促进社会进步的战略措施，也是逐步缩小地区发展差别，巩固民族团结的有效途径。没有三片地区的努力和贡献，全国“普九”目标无法实现。九省区实现“两基”是对全国实现“两基”及社会主义建设事业的历史性贡献，党和国家以及全国人民非常关注并寄予希望。九省区实施“普九”的工作思路，要根据实际，正确处理好教育内部各类教育的关系。进一步优化宏观教育结构，降低教育重心，循序渐进。在整个教育工作中，要突出“两基”，在“两基”中，要把进一步解决好“一无两有”问题放在最重要的位置。要着力普及和提高小学教育。在尚未普及小学教育的地区，工作重点应放在扎扎实实地普及小学教育上。在普及了小学教育，并具备师资和必要办学条件的地方，积极普及初中阶段教育，并适时组织“普九”验收。已通过“普九”验收的地方，要继续巩固和提高初中的入学率、巩固率、办学条件和教育质量，继续巩固和提高扫盲的成果。在普九验收标准上，要防止两种倾向，一是盲目追求高标准、盲目攀比；二是形式主义和弄虚作假。实施“两基”与贯彻“两全”相结合。要转变教育思想，更新教育观念，立足于办好所有学校，特别是薄弱学校。要面向全体学生，使学生在德、智、体等方面生动活泼地全面发展。对农村和贫困的民族、边远地区来说，教育改革的目的在于如何更好地为当地农业生产和农村发展服务，为贫困的民族、边远地区脱贫致富服务。民族中小学教育工作中要坚持开放、扩大交流、搞好双语教学；坚持教育与宗教相分离；采取特殊政策和措施，大力促进女童教育。他希望九省区各级党委和政府对实施“普九”工作要增强紧迫感，加强领导，保障必要的办学条件。在增加投入上，努力做到“三个提高”、“三个落实”。即提高省区财政支出中教育经费所占的比例；提高城乡教育费附加征收的到位率并征足管好；提高教育经费中义务教育所占的比例。落实省（区）、地（市）、县扶持贫困地区实施义务教育专项经费；落实小学、初中生均公用经费逐年增长；把各项经费投入政策落实到县、乡。要加强师资、管理干部队伍建设，提高教师待遇。建立责任制，把广大农村实施“普九”的责任落实到县。九省区教委要把“两基”放到重中之重的地位，省区教委的领导，尤其是一把手的精力和工作重点，要向义务教育倾斜。朱开轩报告最后指出，三片地区实施“两基”，不仅关系到全国“两基”目标能否按期实现，而且涉及全面实现“九五”计划及2010年远景目标的全局。全国都要支持九省区的“两基”工作。国家教委和财政部已决定，组织实施“贫困地区义务教育工程”，中央普及义务教育专款（增量部分）主要用于贫困地区、民族地区的普及义务教育。国家教委还准备在三片地区办如下几件实事：帮助办好一批民族师范院校；在国家高级教育行政学院内连续举办九省区县长、县教育局局长培训班；支持并配合各省（区）搞好民族文字教材建设，积极开展双语教学，编写一套适用于贫困地区、民族地区的义务教育教材；进一步争取国内外项目，积极组织国内对口支援，动员舆论和社会力量宣传，推动和支持九省区“两基”工作。

柳斌同志在总结讲话时说，各省区都已制订了到2000年的“两基”规划，现在的问题是要把规划落到实处，一步一个脚印，扎扎实实去加以实现。在落实规划中，要强调依法治教。实施义务教育，既要依法解决“无学可上”的问题，又要依法解决“有学不上”的问题。各地要建立和完善教育执法机制。要提高教师的待遇和地位，使教师职业具有吸引力。进一步落实国家工资改革的新方案，下力气解决拖欠工资问题；要加快教师住房建设的步伐；要继续解决历史遗留的“民师”问题，全面贯彻“关转招辞退”五字方针，在加强管理、提高素质的基础上大力推进同工同酬，进一步改善民师待遇，要根据九年义务教育需要，补充教师人数，提高教师素质，调整教师结构。师范教育是培养师资的主渠道，必须置于优先发展的战略地位；在职教师的培训和提高要作为“普九”的大事抓紧抓好，当前要强调政治思想、职业道德和文化、业务水平一起抓。九省区农村情况千差万别，一定要从实际出发，在探索符合本地区、本民族特点的办学路子上下功夫。不同地方，不同民族，同一民族的不同地方，要有不同办法，在举办正规教育的同时，要重视因地制宜地发展非正规教育。普及义务教育是基础教育观念和模式的一场深刻变革。面向21世纪，义务教育发展与改革的紧迫任务是实施全面素质教育，全面提高质量，更好地为提高国民素质，为经济建设和社会发展服务。实现由应试教育向素质教育的转变，首先要在办学指导思想上有一个根本性的转变。义务教育要办好所有学校，面向全体学生，使他们德智体等方面生动活泼地主动地发展。农村县以下教育，在兼顾为高一级学校培养新生的同时，主要应着眼于提高劳动者的素质，为本地区的经济发展和社会进步服务。柳斌同志希望九省区要认真贯彻落实会议精神，增强紧迫感，推动“两基”工作取得新进展。

有关方面领导谢旭人、图道多吉、李振潜也在会上讲了话。

会后，国家教委办公厅下发了会议《纪要》及朱开轩等领导的讲话。

第三片9省区“普九”工作汇报会召开后，至此，根据《中国教育改革和发展纲要》及其《实施意见》中提出的关于“分区规划、分类指导、分步推进”等原则已初步部署完毕。各省、自治区、直辖市根据全国的部署，结合本省（市、区）经济发达地位及推进“普九”工作的进度，分别先后提出贯彻落实措施，积极进取，争取按照本地区的规划努力实现“普九”的工作目标。

撰稿　吴伯康

审稿　王庆林

国家教委直属高校咨询委员会会议

1995年，国家教委直属高校工作咨询委员会（以下简称咨询委员会）加强了专题咨询的工作，相继组织并分别对“直属高校领导班子建设”、“直属高校面向社会自主办学”、“科教兴国战略中的高校科技工作”、“直属师范大学的改革与发展”、“直属高校办学基本情况数据分析指标体系论证”5个专题进行了研讨，并提出了4份咨询报告。

1995年12月25日，咨询委员会第六次全体会议在厦门大学召开。全体咨询委员或咨询委员代表参加了会议。中共中央政治局委员、国务院副总理李岚清，国家教委主任朱开轩，副主任韦钰、张天保、周远清出席了会议。围绕“贯彻中共中央十四届五中全会精神，落实《中国教育改革与发展纲要》及实施意见，推动委属高校提高教育质量、办学水平和效益”的主题，就当前高校的形势以及有关专题组提交会议的4份专题咨询报告进行了讨论，并就部分委属高校制定“九五”发展规划、深化办学和管理体制改革等进行了大会交流。

李岚清副总理在听取了委员们的意见后讲话指出：当前教育工作所面临的形势总体上是好的，《中共中央关于制定国民经济和社会发展“九五”计划和远景目标的建议》进一步明确了教育优先发展的战略地位，教育工作日益受到各级党委和政府的高度重视，全社会尊师重教的风尚正在形成，这也给高等教育的改革与发展带来了很好的机遇。但高等教育还面临着许多困难，要解决这方面的问题，需要各级党委和政府在继续关心和支持的同时，还必须加快高等教育自身改革的步伐。使教育改革少花钱、多办事、办好事，充分利用教育资源，培养更多更好的人才。

会议闭幕式上，朱开轩就教育投入、高等教育改革、高校领导班子建设等问题发表了意见，并充分肯定了咨询委员会成立几年来的工作。

撰稿　马　涛　陈维嘉

审稿　陈小娅

综合改革与管理

全国教育事业发展概况

1995 年,全国教育战线认真贯彻落实《中国教育改革和发展纲要》,促进教育优先发展战略地位的落实。教育体制改革不断深化,九年义务教育普及工作取得较大进展,扫除文盲达到预期目标,职业教育和成人教育进一步发展,高等学校招生实现了宏观调控目标,学校布局结构调整工作取得较大进展,办学效益有所提高。

义务教育

到 1995 年底,全国普及小学阶段义务教育的县(市、区)达到 1025 个,约占全国总县(市、区)数的 36%。

小学阶段在学人数继续增加,入学人数占学龄人口比例继续提高,辍学人数减少,连续完成五年学习的人数比例增大。全国小学在校生比上年增加 372.53 万人;小学学龄儿童入学率(按各地相应学龄学制计算)达到 98.5%,比上年提高 0.1 个百分点。其中男女童入学率分别为 98.9%和 98.2%,性别差由上年的 1.3 个百分点下降到 0.7 个百分点。小学生辍学率为 1.49%,比上年下降 0.36 个百分点。小学学生五年巩固率为 82.78%,其中女童为 82.47%,均比上年有所提高。小学毕业生升学率达到 90.8%,比上年提高 4.2 个百分点。

全国小学教职工比上年增加 5.31 万人。其中专任教师增加 5.28 万人。专任教师中,民办教师 163.2 万人,比上年减少 18.51 万人,民办教师占教师总数 28.8%,比上年下降 3.6 个百分点。小学教师学历合格率 88.9%,增长 2.3 个百分点。小学生师比 23.3:1,比上年的 22.9:1 略有提高。

初中阶段义务教育有较大发展。初中入学率和升学率较上年有明显提高,学生辍学率下降,教师学历合格率提高。全国初中学校约 6.86 万所。其中普通初中 6.70 万所,职业初中约 0.16 万所。初中招生 1782.49 万人,比上年增加 137.62 万人。其中普通初中招生 1752.28 万人,职业初中招生 28.84 万人,分别比上年增加 135.92 万人和 0.33 万人。初中在校生 4727.51 万人,比上年增加 347.61 万人,增长 7.9%。其中普通初中在校生 4657.82 万人,职业初中在校生 69.69 万人,分别比上年增加 340.96 万人和 6.64 万人。初中毕业生 1244.34 万人,比上年增加 77.94 万人。初中毛入学率 78.4%,比上年增长 4.6 个百分点。初中辍学率 4.0%,比上年下降 1.1 个百分点。初中毕业生升学率 51.8%,比上年增长 4 个百分点。

全国初中专任教师 282.89 万人,比上年增加 9.86 万人。其中普通初中 278.37 万人,职业初中 3.72 万人,分别比上年增加 9.68 万人和 0.19 万人。专任教师中民办教师 16.6 万人,比上年减少 3.38 万人。民办教师占初中专任教师总数比重 5.96%,比上年下降 1.48 个百分点。初中教师学历合格率 69.1%,比上年增长 5.26 个百分点。生师比 16.7:1,比上年的 16.1:1 略有提高。

全国中小学校舍建筑面积 82739.1 万平方米,比上年增加 1320.4 万平方米。其中危房 1464.1 万平方米,危房率 1.77%,比上年的 2.04%下降 0.27 个百分点。理科教学仪器设备、教学分组实验和图书配备达标的学校所占比例分别是:初中 45.38%、41.66% 和 41.23%;小学 26.02%、20.28%和 34.19%,虽比上年有一定提高,但总体水平仍然较低。

学前教育与特殊教育

幼儿教育继续稳步发展。全国幼儿园比上年增加 5781 所,在园幼儿(包括学前班)增加 80.96 万人。幼儿园园长和教师共 94.5 万人,比上年增长 1.5 个百分点。

特殊教育发展迅速。全国特殊教育学校比上年增加 138 所;招收残疾儿童增加 1.65 万人;在校残疾儿童增加 8.42 万人,增长 39.8%。其中在盲聋哑学校就读的学生 8.32 万人,在弱智儿童学校及辅读班就读的学生 3.51 万人,在普通学校特教班及随班就读学生 17.73 万人。特殊教育学校教职工比上年增加 0.36 万人。

高中阶段教育

全国高中阶段教育(包括普通高中、职业高中、中等专业学校、技工学校)共有学校 3.11 万所,在校学生共 1652.44 万人,比上年增加 143.04 万人,毛入学率 33.6%,增长 2.7 个百分点。各类中等职业技术学校招生和在校生占整个高中阶段教育的比重分别为 57.4%和 56.8%。

普通高中在校生增加,生师比提高,办学条件有所改善。全国普通高中约 1.40 万所;招生 273.65 万人,增加 30.26 万人;在校生 713.76 万人,增加 48.36 万人;毕业生 201.64 万人。高中专任教师 55.05 万人,比上年减少 0.37 万人。生师比为 13:1,比上年 12.2:1 略有提高。高中教师学历合格率 55.2%,比上年增长 1.82 个百分点。普通高中教学实验分组达标率 49.03%,增长 4.73 个百分点;图书达标率 49%,增长 5.5 个百分点;理科实验设备达标率 51.36%,增长 5.27 个百分点;实验室建筑面积达标率 50.06%,比上年增长 2.71 个百分点;体育场馆面积达标率 46.32%,增长 4.98 个百分点。

职业高中进一步发展,办学条件有较大改善,专任教师学历合格率仍较低。全国职业高中 8612 所,比上年减少 67 所;招生 161.20 万人,增加 14.43 万人;在校学生 378.63 万人,增加 36.07 万人;毕业生 107.02 万人,增加 13.2 万人。职业高中专任教师 25.49 万人,比上年增加 1.37 万人。教师学历合格率 28.99%,增长 1.4 个百分点。职业中学理科实验设备达标率 24.72%,增长 3.33 个百分点;教学实验分组达标率 24.18%,增长 3.58 个百分点;图书达标率

31.43%，增长4.92个百分点。实验室建筑面积达标率29.83%，比上年增长4.48个百分点；体育场馆面积达标率27.41%，增长3.64个百分点。

中等专业学校招生和在校生规模继续扩大。全国普通中等专业学校比上年增加62所；招生数增加15.55万人；在校生增加52.36万人。其中中等技术学校招生107.26万人，增加13.79万人，在校生287.36万人，增加45.96万人。中等师范学校招生30.83万人，增加1.76万人；在校生增加6.41万人。普通中等专业学校教职工比上年增加1.35万人。专任教师增加0.98万人。普通中等专业学校专任教师中具有本科以上学历的教师比例达到63.02%。生师比由上年度的13.0：1提高到14.5：1。其中中等技术学校从12.9：1提高到14.7：1；中等师范学校从13.1：1提高到13.7：1。

技工学校稳步发展。全国技工学校比上年增加77所；在校生增加1.41万人。

全国成人高级中学2494所，比上年增加201所，招生28.26万人，在校生35.86万人，毕业生27.37万人。其中职工高中1783所，比上年增加161所；招生23.45万人，在校生28.8万人；毕业生23万人。农民高中711所，比上年增加40所，招生4.8万人，在校生7万人，毕业生4万人。

成人中等专业教育有较大增长。全国成人中等专业学校比上年增加93所；招生和在校生分别比上年增长8.71%和10.2%；毕业生比上年增长27.4%。

高等教育

高等学校布局调整工作有较大进展，招生宏观调控取得成效，研究生教育继续发展，本专科教育规模进一步扩大，办学效益有所提高。

全国普通高等学校比上年减少26所。其中大学、学院616所，比上年减少11所；高等专科学校和短期职业大学438所，减少15所。全国培养研究生的单位740个。其中高等学校420个，科研机构320个。招收研究生5.11万人，其中博士生11056人，硕士生39869人。在校生14.54万人，比上年增加1.75万人。其中在学博士生28752人，硕士生116396人。当年毕业人数3.19万人。普通高等学校招收本专科学生92.59万人，比上年增加2.61万人。本、专科比例为1：1.07(上年为1：1.2)。本专科在校生290.64万人，比上年增加10.78万人。本专科毕业生80.54万人，比上年增加16.8万人。

全国普通高等学校教职工比上年增加0.03万人。其中专任教师增加0.43万人。专任教师中：教授3.11万人，副教授10.65万人，讲师16.65万人，助教7.49万人，教员2.17万人。在校生校均规模由上年的2591人提高到2757人。本专科生师比由上年的7.06：1提高到7.25：1(按折合学生数计算的生师比由上年的8.8：1提高到8.9：1)。

普通高等学校校舍面积13053万平方米，比上年增加696万平方米。由于校舍建设速度低于在校生增长速度，生均校舍面积继续下降，由上年的40.9平方米下降到39.9平方米。

全国成人高等学校比上年减少16所。举办函授部、夜大学的普通高等学校有836所。全国成人高等教育招收本专科生91.38万人(其中：含电大普通班8.06万人)。其中招收本科生7.45万人，专科生83.92万人。本专科在校生257万人，比上年增加21.8万人。

本专科毕业生63.61万人，比上年增加18.08万人。

全国成人高等学校教职工21.34万人，比上年增加0.34万人。其中专任教师9.82万人，增加0.33万人。专任教师中，教授1433人，副教授21209人，讲师47275人，助教22740人，教员5550人。

成人高等学校校舍建筑面积2710万平方米，比上年增加125万平方米。生均校舍面积22平方米。

成人培训与扫盲教育

全国成人技术培训学校比上年增加5.4万所。其中职工技术培训学校1.33万所，比上年增加922所；农民技术学校38.55万所，比上年增加5.3万所。培训结业比上年增加1072.81万人次，增长13.9%。其中职工662.81万人次，农民7035.38万人次。

成人技术培训学校教职工比上年增加7.49万人。其中职工技术培训学校教职工10.32万人，农民技术培训教职工35.11万人。成人技术培训学校专任教师比上年增加4.57万人，其中职工技术培训学校专任教师6.03万人，农民技术培训学校13.64万人。

全国各类成人高校非学历教育结业人数157.64万人次，比上年增加24.07万人次，增长15.3%。其中证书教育17.69万人次，岗位培训123.1万人次，大学后继续教育7.3万人次，其它9.55万人次。

成人初等学校(未含扫盲校)5.17万所，比上年增加390所，招生288.16万人，减少8.12万人；在校生290.62万人，减少7.36万人。教职工5.43万人，增加0.29万人。其中专任教师2.19万人，增加0.24万人。

全国扫除文盲人数476.13万人，超过了90年代平均每年扫盲400万的国家规划目标。扫盲教育教职工12.34万人，比上年增加1.36万人。其中，专任教师3.57万人，比上年增加0.38万人。

附：1995年各级各类教育发展统计

1995年各级各类普通学校基本情况　　　单位：万人

	学校数(所)	毕业生数	招生数	在校学生数	教职工数 计	教职工数 其中：专任教师
普通高等学校	1054	80.54	92.59	290.64	104.06	40.07
普通中等学校	99814	1705.38	2424.06	6380.59	559.87	403.76
中等专业学校	4049	83.92	138.09	372.15	53.00	25.68
技工学校	4507	68.15	69.66	188.50	33.67	15.29
普通中学	81020	1429.02	2025.93	5370.98	429.48	333.42
职业中学	10147	123.98	190.04	448.32	43.40	29.21
工读学校	91	0.31	0.34	0.64	0.32	0.16
小学	668685	1961.52	2531.82	13195.15	632.42	566.41
特殊教育学校	1379	1.90	5.63	29.56	3.68	2.52
幼儿园	180438		1972.35	2711.23	116.03	87.51

1995 年各级各类成人学校基本情况 单位:万人

	学校数(所)	毕业生数	招生数	在校学生数	教职工数	
					计	其中:专任教师
成人高等学校	1156	63.61	91.38	257.01	21.34	9.82
成人中等学校	409720	7851.52	6298.87	5694.17	71.02	33.27
成人中等专业学校	4904	89.34	125.24	290.79	21.29	11.27
成人中学	6020	63.99	61.17	74.23	4.30	2.33
成人技术培训学校	398796	7698.19	6112.46	5329.15	45.43	19.67
成人初等学校	168151	765.33	681.63	778.25	17.77	5.75

1995 年普通高等学校规模 单位:所

学校数	300 人及以下	301 人至 500 人	501 人至 1000 人	1001 至 1500 人	1501 人至 2000 人	2001 人至 3000 人	3001 人至 4000 人	4001 人至 5000 人	5001 人及以上
1054	19	24	142	184	167	193	120	68	137

1995 年普通高等学校设置专业数

	合计	哲学	经济	法学	教育	文学	历史	理学	工学	农学	医学
种数	875	16	54	31	24	124	17	81	410	58	60
个数	20046	76	3093	664	724	3056	412	2273	7966	957	825

1995 年普通高等学校校数和教职工数 单位:人

	学校数(所)	教职工数						
		计	其中:专任教师					
			小计	教授	副教授	讲师	助教	教员
总计	1054	1040570	400742	31095	106520	166508	74946	21673
综合大学	78	151699	58909	5842	17158	23696	8794	3419
理工院校	286	402876	141354	11542	40169	58508	23936	7199
农业院校	56	67943	23728	1852	6388	9238	4903	1347
林业院校	10	10283	3822	361	1104	1562	630	165
医药院校	126	114895	44752	5204	10800	17696	9427	1625
师范院校	236	163368	72823	3504	18117	31393	15366	4443
语文院校	15	12479	5214	376	1421	2194	896	327
财经院校	77	48427	20225	1000	4683	9245	3978	1319
政法院校	27	15283	5253	309	1073	2312	1127	432
体育院校	14	7164	3171	193	774	1375	762	67
艺术院校	31	12466	5812	512	1538	2248	1184	330
民族院校	12	10752	4629	188	1070	2152	1009	210
短期职业大学	86	22935	11050	212	2225	4889	2934	790

1995 年各级普通学校中女学生数和女教师数

单位：万人

	女学生		女教师	
	人数	占学生总数的%	人数	占教师总数的%
普通高等学校	102.90	35.40	13.20	33.00
中等技术学校	135.20	47.00	8.30	42.60
中等师范学校	51.90	61.20	2.40	38.70
普通中学	2407.50	44.80	119.20	35.70
职业中学	218.20	48.70	10.80	37.03
小学	6241.10	47.30	264.00	46.61

1995 年各级普通学校中少数民族学生数和教师数

单位：万人

	少数民族学生		少数民族教师	
	人数	占学生总数的%	人数	占教师总数的%
普通高等学校	18.60	6.50	2.20	5.50
中等技术学校	18.43	6.41	1.20	5.90
中等师范学校	8.83	10.41	0.60	9.40
普通中学	346.60	6.50	22.30	6.70
职业中学	23.80	5.30	1.50	5.10
小学	1196.00	9.10	50.10	8.80

1995 年分科类研究生数

单位：人

	毕业生数	招生数	在学研究生数
总计	31877	51053	145443
其中：博士生	4641	11056	28752
硕士生	27123	39869	116396
研究班学生	113	128	295
哲学	460	705	1924
经济学	2165	4648	13885
法学	1370	2369	6644
教育学	577	930	2602
文学	1607	2936	7657
历史学	593	930	2593
理学	6039	8496	24282
工学	14675	23139	65653
农学	1111	1772	5244
医学	3280	5128	14959

1995 年普通高等学校分科学生数

单位:人

	毕业生数	招生数	在校学生数
总计	805397	925940	2906429
哲学	2110	1747	5826
经济学	119042	152694	434084
法学	23170	31939	92618
教育学	41898	41258	117367
文学	115969	131587	365551
历史学	18117	15672	48355
理学	100566	100295	309903
工学	295839	352463	1166931
农学	32975	32590	109791
医学	55711	65695	256003

1995 年普通高等学校工科分大类学生数

单位:人

	毕业生数	招生数	在校学生数	
			人数	比例
总计	295839	352463	1166931	100.00
地矿	10475	6684	32194	2.76
材料	12287	14394	50652	4.34
机械	61164	65023	224803	19.27
仪器仪表	7287	8043	27347	2.34
热能核能	5879	6941	23574	2.02
电工	31691	35651	121420	10.41
电子与信息	55772	84103	251237	21.53
土建	32017	45357	145430	12.46
水利	4053	4321	15787	1.35
测绘	2003	1975	6813	0.58
环境	2571	3381	11053	0.95
化工与制药	20021	20454	70342	6.03
轻工粮食食品	10200	11154	35824	3.07
农业工程	5278	4716	17307	1.48
林业工程	1559	1649	6322	0.54
纺织	7251	6314	21869	1.87
交通运输	6603	7930	27476	2.36
航空航天	1076	1421	5097	0.44
兵器	126	417	1197	0.10
公安技术	603	772	2524	0.22
工程力学	716	698	2926	0.25
管理工程	17207	21065	65737	5.63

1995年中等专业学校分类别学校数和教职工数

单位：人

	学校数（所）	教职工数					
		计	其中：专任教师				
			小计	高级讲师	讲师	助理讲师	教员
总计	4049	529853	256777	36803	102283	103243	14448
中等技术学校	3152	418002	195064	28965	81221	75388	9490
工业学校	990	172077	75976	11902	32348	28192	3534
农业学校	362	50340	23113	3345	8339	10034	1395
林业学校	52	8864	3835	616	1530	1547	142
医药学校	551	67418	31273	5417	13869	11159	828
财经学校	586	65196	32403	4045	13401	13347	1610
政法学校	146	15073	6478	697	2483	2847	451
体育学校	165	13259	7108	872	3194	2590	452
艺术学校	159	15016	9194	1332	3953	3244	665
其他学校	141	10759	5684	739	2104	2428	413
中等师范学校	897	111851	61713	7838	21062	27855	4958
其中：幼儿师范学校	65	7980	4237	614	1475	1838	310

1995年中等专业学校分科学生数

单位：人

	毕业生数	招生数			在校学生数
		计	招高中毕业生的	招初中毕业生的	
总计	839167	1380928	205506	1175422	3721529
工科	204977	400111	49467	350644	1090827
农科	39828	47775	4966	42809	150261
林科	10087	10835	789	10046	36501
医药	90855	131068	5032	126036	396551
财经	124372	230368	47513	182855	578151
管理	65205	146327	24800	121527	365730
政法	28693	39071	28786	10285	78641
艺术	14313	41703	2912	38791	106729
体育	11422	18810	114	18696	52231
师范	249415	314860	41127	273733	865907

1995 年普通中学分城镇农村的学校数和学生数

单位:人

	学校数(所)	学生数		
		毕业生数	招生数	在校学生数
总　计	81020	14290254	20259313	53709790
城　市	13274	2984504	3964341	10840683
县　镇	19008	4129289	5675107	15139479
农　村	48738	7176461	10619865	27729628
高中	13991	2016441	2736477	7131588
城　市	4991	704336	948850	2538587
县　镇	5888	981266	1341142	3461503
农　村	3112	330839	446485	1131498
初中	67029	12273813	17522836	46578202
城　市	8283	2280168	3015491	8302096
县　镇	13120	3148023	4333965	11677976
农　村	45626	6845622	10173380	26598130

1995 年普通中学分办别教职工数

单位:人

	合　计	专任教师数			行　政人员数	工　勤人员数	校办工厂农场职工数
		计	初中	高中			
总　计	4294832	3334242	2783721	550521	497074	386862	76654
教育部门办	3637969	2873692	2386960	486732	431626	289565	43086
其它部门办	395112	283107	223009	60098	55953	50139	5913
集　体　办	244368	166895	166045	850	6373	43550	27550
民　　办	17383	10548	7707	2841	3122	3608	105

1995 年职业中学分城镇农村的学校数和学生数

单位:人

	学校数(所)	学生数		
		毕业生数	招生数	在校学生数
总　计	10147	1239793	1900410	4483199
城　市	3536	485694	728718	1819801
县　镇	3159	403965	628644	1402735
农　村	3452	350134	543048	1260663
高中	8113	1070243	1611962	3786321
城　市	3399	480557	721047	1801180
县　镇	2803	374471	583010	1292472
农　村	1911	215215	307905	692669
初中	1535	169550	288448	696878
城　市	41	5137	7671	18621
县　镇	168	29494	45634	110263
农　村	1326	134919	235143	567994

1995 年职业中学分办别教职工数

单位:人

	合计	专任教师数			行政人员数	工勤人员数	校办工厂农场职工数
		计	初中	高中			
总计	433963	292075	37217	254858	70531	52106	19251
教育部门办	353905	246639	33436	213203	57190	38570	11506
其它部门办	60705	37176	212	36964	11123	9435	2971
集体办	13751	5336	3480	1857	465	3224	4725
民办	5602	2923	89	2834	1753	877	49

1995 年小学分城镇农村的学校数和学生数

单位:人

	学校数(所)	学生数		
		毕业生数	招生数	在校学生数
总计	668685	19615233	25318201	131951477
城市	32377	2878428	3204685	17108859
县镇	77693	3450268	4202992	21780739
农村	558615	13286537	17910524	93061879

1995 年小学分办别教职工数

单位:人

	合计	专任教师数	行政人员数	工勤人员数	校办工厂农场职工数
总计	6324169	5664057	466495	163997	29620
教育部门办	4193065	3679947	399930	98104	15084
其它部门办	402889	336037	35260	29434	2158
集体办	1707175	1631927	30153	32763	12332
民办	21040	16146	1152	3696	46

1995 年小学初中毕业生升学率

单位:万人

	小学毕业生升学率			初中毕业生升学率		
	小学毕业生数	初级中等学校招生数	升学率%	初中毕业生数	高级中等学校招生数	升学率%
1995	1961.5	1781.1	90.8	1244.3	601.6	48.3

1995 年小学学龄儿童入学率和初中毛入学率

单位:万人

	学龄儿童入学率			初中毛入学率		
	全国学龄儿童总数	已入学学龄儿童数	入学率%	全国 12-14 岁人口数	初中在校生数	巩固率%
1995	12375.4	12192.5	98.5	6029.99	4727.51	78.4

1995年幼儿园基本情况

单位：万人

	园数（所）	幼儿数	教职工数	
			计	其中：专任教师
总计	180438	27112328	1160285	875063
教育部门办	21561	8796612	268616	213939
其他部门办	23234	3296381	352475	186811
集体办	114863	13919469	478484	430029
民办	20780	1099866	60710	44284

特殊教育学校基本情况

单位：人

	学校数（所）	班数（个）		毕业生数			招生数			在校学生数			教职工数	
		小学	初中	计	小学	初中	计	小学	初中	计	小学	初中	计	其中：专任教师
甲	1	2	3	4	5	6	7	8	9	10	11	12	13	14
总计	1379	13491	571	19036	17031	2005	56332	52903	3429	295599	282261	13338	36818	25192
盲聋哑学校：小计	933	6226	420	6864	5503	1361	16521	14925	1596	83160	77839	5321	27007	17830
盲聋哑学校	119	1117	109	1393	1138	255	3148	2730	418	15164	14111	1053	5066	3359
盲生部	0	143	33	204	114	90	465	367	98	1397	1131	266	775	517
聋哑生部	0	974	76	1189	1024	165	2683	2363	320	13767	12980	787	4291	2842
聋哑学校	786	4358	238	4547	3695	852	10214	9465	749	53428	50446	2982	19836	13141
盲校	28	164	70	416	219	197	684	445	239	2276	1550	726	1254	774
普校附设及随班就读	0	587	3	508	451	57	2475	2285	190	12292	11732	560	851	556
盲生	0	143	0	129	109	20	513	458	55	2447	2302	145	216	61
聋哑生	0	444	3	379	342	37	1962	1827	135	9845	9430	415	635	495
合计中：女生、女教职工	0	0	0	2320	1817	503	5606	5026	580	28986	27074	1912	15403	11519
弱智儿童校、班：合计	446	7265	151	12172	11528	644	39811	37978	1833	212439	204422	8017	9811	7362
弱智儿童辅读校、班	446	3000	41	2543	2342	201	6976	6875	101	35177	34373	804	6537	5474
普校附设及随班就读	0	4265	110	9629	9186	443	32835	31103	1732	177262	170049	7213	3274	1888
合计中：女生、女教职工	0	0	0	4368	4124	244	14501	13835	666	79494	77361	2133	7387	5780

1995年成人高等学校基本情况

单位：万人

	学校数（所）	毕业生数	招生数	在校学生数	教职工数	
					计	其中：专任教师
总计	1156	63.61	91.38	257.01	21.34	9.82
广播电视大学	46	15.68	19.35	54.16	4.50	2.04
职工高等学校	694	8.59	10.75	31.39	8.48	4.01
农民高等学校	4	0.02	0.05	0.10	0.03	0.01
管理干部学院	166	4.63	6.24	14.77	3.73	1.46
教育学院	242	8.83	7.77	21.37	4.47	2.23
独立函授学院	4	0.41	0.48	1.35	0.13	0.07
普通高校举办函授部	—	15.88	27.14	84.14	—	—
夜大学	—	5.49	10.23	30.90	—	—
干部专修科	—	4.08	9.37	18.83	—	—

1995 年成人中等专业学校和技术培训学校基本情况 单位：万人

	学校数（所）	毕业生数	招生数	在校学生数	教职工数	
					计	其中：专任教师
一、成人中等专业学校	4904	89.34	125.24	290.79	21.29	11.27
广播电视中等专业学校	126	15.43	21.48	55.98	1.51	0.75
职工中等专业学校	1988	26.97	43.50	101.87	8.20	4.17
干部中等专业学校	238	5.26	7.95	16.02	1.41	0.70
农民中等专业学校	453	6.26	10.04	22.36	1.66	1.01
函授中等专业学校	68	13.95	18.12	42.93	1.12	0.41
教师进修学校	2031	21.47	24.15	51.63	7.39	4.24
二、成人技术培训学校	398796	7698.19	6112.46	5329.15	45.43	19.67
职工技术培训学校	13299	662.81	675.18	380.45	10.32	6.03
农民技术培训学校	385497	7035.38	5437.28	4948.70	35.11	13.64

1995 年成人中学基本情况 单位：万人

	学校数（所）	毕业生数	招生数	在校学生数	教职工数	
					计	其中：专任教师
成人中学总计	6020	63.99	61.17	74.23	4.30	2.33
职工中学	2199	25.63	27.06	33.53	2.53	1.45
高　中	1783	23.17	23.45	28.83	2.30	1.29
初　中	416	2.46	3.61	4.70	0.24	0.16
农民中学	3821	38.36	34.11	40.70	1.76	0.88
高　中	711	4.20	4.82	7.04	0.62	0.40
初　中	3110	34.16	29.29	33.66	1.14	0.48

1995 年成人初等学校基本情况 单位：人

	学校数（所）	毕业生数	招生数	在校学生数	教职工数	
					计	其中：专任教师
成人初等学校总计	168151	7653315	6816260	7782518	177680	57521
职工小学	1078	112925	122281	145233	3119	1639
农民小学	167073	7540390	6693979	7637285	174561	55882
其中：扫盲班	117031	4761264	3934709	4876300	123362	35682

撰稿　林志华

审稿　李仁和

高等教育“八五”发展概况

“八五”期间，中国高等教育发展迅速，1995年全国高等学校招生比1990年净增73.84万人，平均年递增率为10.8%。在校生比1990年增加174.74万人，平均年递增率为7.99%。其中：普通高校1995年招生比1990年净增加31.71万人，平均年递增为8.74%。在校生净增加84.4万人，平均年递增率7.1%；成人高等教育招生比1990年净增加42.14万人，平均年递增率13.16%，在校生比1990年净增加90.35万人，平均年递增9.05%。“八五”期间，随着我国经济体制的改革，高等教育发展是中国建国以来最快的时期，“八五”末期招生与在校生规模已达到历史最高水平。“八五”期间，招生年增长速度接近国民经济的增长速度，而在校生大大超过国民经济增长速度。

“八五”期间高等教育的快速发展，缓解了经济建设与社会发展对专门人才的供需矛盾，也为“九五”及2010年我国高等教育的发展打下坚实的基础。

“八五”期间全国高等教育发展变化情况

		年增长速度%					年平均增长率%
		1991年	1992年	1993年	1994年	1995年	
合计	招生	-1.44	24	32.75	7.29	-4.03	10.81
	在校生	-5.62	4.07	20.07	17.10	6.33	7.99
普通高校	招生	1.81	21.66	22.51	-2.62	2.90	8.74
	在校生	-0.92	6.88	16.07	10.38	3.85	7.1
成人高校	招生	-5.46	27.11	45.80	17.91	-10.17	13.16
	在校生	-11.43	0.18	25.98	26.25	9.27	9.05

“八五”期间高等教育招生计划管理改革概况。“八五”期间，随着我国经济体制从计划经济体制向市场经济体制转变，高等教育管理体制改革不断深化，在高等教育招生计划管理上，实行国家宏观指导，总量调控，中央和省、部两级管理，分级负责的管理体制。运作方式正在从过去的通过计划实行强行约束向综合运用计划、规划，政策法规、统计政策、评估监督、财政拨款和必要的行政手段进行宏观管理的方向转变，高等教育的宏观调控机制正在形成。

撰稿　李　平

审稿　李仁和

教育法制建设与政策研究

〔**宣传贯彻《教育法》**〕 1995年3月18日，第八届全国人民代表大会第三次会议通过并颁布《中华人民共和国教育法》，自1995年9月1日起施行。历时十年、十二易其稿、由全国人大三次会议审议通过的《教育法》，是中国教育的根本大法。这部重要法律，是在党和国家领导人高度重视，各民主党派、教育界及其它社会各界广泛关注，各部门密切配合协调，专家学者积极参与下制定的，充分体现了教育立法决策的民主化、科学化以及民主与集中相统一的原则，是集体智慧的结晶，反映了全党、全社会发展教育事业的共同意志，具有历史和重要的法律地位。《教育法》共十章八十四条，它主要就涉及教育的全局性重大问题作出基本的规范并为制定其它教育法律、法规提供立法依据。

《教育法》作为中国教育的根本大法，第一次从法律上确认了教育在国民经济和社会发展中优先发展的战略地位。它对中国十多年来教育改革和发展的成功经验进行了总结，同时，还对世界10多个国家和地区教育法的经验加以借鉴和吸收。《教育法》的颁布实行，对于巩固教育改革成果，引导和保障教育改革的深入进行，建立适应社会主义市场经济体制的新的教育体制和运行机制，保护学生、教师、学校等各类教育关系主体在教育活动中的合法权益，实现全面依法治教，具有重大的现实意义和深远的历史意义。

《教育法》颁布后，为做好《教育法》的学习宣传工作，1995年3月，全国人大教科文卫委员会、中宣部、国家教委、全国人大常委会法工委、全国人大法律委员会、全国政协科教文卫体委员会、司法部、国务院法制局、北京市政府九家联合召开《教育法》座谈会，李岚清副总理作了题为《落实教育优先发展战略地位的法律保障》的重要讲话，国家教委主任朱开轩同志也就《教育法》作了重要讲话；同月，中宣部、全国人大教科文卫委员会、国家教委、司法部和全国教育工会联合签发了《关于学习宣传和贯彻实施〈中华人民共和国教育法〉的通知》；国家教委还专门下发了“宣传提纲”。5月，国家教委和司法部、共青团中央、全国教育工会联合举办了由法制日报、中国青年报、中国教育报、中国教工杂志、人民教育出版社、高等教育出版社联合承办的大规模的《教育法》知识竞赛，推动各地掀起了学习宣传《教育法》的热潮。各地以培训班、宣传月、知识竞赛等多种形式，通过报刊、广播、电视等各种新闻媒介，广泛开展了《教育法》的学习和宣传。广西、四川、河南、宁夏等省举办了领导干部培训班，安徽人大常委会作出了《关于在三年内每年9月作为〈教育法〉宣传月的决定》。在《教育法》实施前夕，天津、河南、陕西等省举办了声势浩大的上街学习宣传活动，收到了良好的社会效果。在学习宣传活动中，各地都强调领导干部带头学习。截止到1996年1月统计，全国30个省、自治区、直辖市党政领导全部撰写了学习宣传和贯彻实施《教育法》的文章，促使《教育法》的舆论宣传和学习得以进一步深入，为《教育法》的实施奠定了良好的基础。

为贯彻实施好《教育法》，国家教委和地方各级人民政府及教育行政部门为《教育法》的实施做了大量准备工作。在《教育法》实施前夕，国家教委召开了《教育法》实施电话会议，李岚清副总理作了重要讲话，国家教委副主任张天保作了题为《认真贯彻落实〈教育法〉，推动教育的改革与发展》的动员讲话，上海市和吉林省也分别就各自贯彻实施《教育法》的准备情况和实施措施作了发言。为了指导各地贯彻落实好《教育法》，国家教委制定并印发了“关于实施《教育法》若干问题的意见”，就实施《教育法》的若干问题提出4方面的要求：(1) 加强领导，深入学习，转变职能，积极推进全面依法治教；(2) 以《教育法》为依据，努力解决当前教育改革和发展中的突出问题，依法落实教育优先发展的战略地位；(3) 依法加强对举办学校及其他教育机构的规范化管理，完善学校自主办学的运行机制；(4) 重视教育法制工作，抓紧制定《教育法》的配套法规，加强教育执法与监督。

各地依据《教育法》并结合当地实际情况，以解决教育改革和发展中的突出问题为突破口，认真贯彻《教育法》，主要表现在以下几方面：(1) 各地普遍采取有效措施，保证当地普及九年义务教育规划的实现；全面贯彻教育方针，努力提高义务教育质量，开始从应试教育向素质教育转变；依法保证教师待遇和改善教师生活条件。在保证义务教育普及方面，大连市针对比较突出的农村初中学生辍学问题，发布了《关于做好制止中小学生辍学工作的通知》，并决定从教育费附加、专控商品附加和“希望工程”基金拨出500余万元扶持经济欠发达县实施九年义务教育。在保障教师权益方面，四川、江苏等省积极采取措施解决教师住房问题。云南、江苏两个经济不发达的省，1995年已做到不拖欠教师工资。(2) 国家教委和各地采取相应措施，对社会上乱办学、乱招生、乱收费现象进行规范。国家教委在1995年进行了中小学乱收费问题的调查研究，从充分利用社会资源的角度出发，开辟关于收费问题的新思路。在办学方面，一些省市已出台了有关社会力量办学的地方性法规，从办学资格、办学条件和办学审批等方面规范社会力量办学。(3) 在教育经费方面，各地不仅依法不同程度地逐年增加教育财政拨款，而且通过征收教育附加费、开展教育集资和改善教育费附加的征管等法定途径，使教育经费紧张的状况有所缓解；并且，根据事权与财权相统一的原则，一些省市开始实行教育经费在财政预算中单列，增强了教育拨款的透明性和科学性。上海市已开始进行教育经费单独列项，并计划到本世纪末，全市预算内教育拨款占财政支出的比例高于20%等。

围绕着《教育法》的实施，国家教委制定了“《教育法》主要配套法规计划”，将重要法律、法规列入近期紧要议事日程。1995年，《职业教育法〈草案〉》经过广泛征求意见和多方协调，于年末由国务院常务会议审议通过并提交全国人大常委会审议。《高等教育法》也相应地加快了拟订步伐，将于1996年报送国务院。国家教委还配合国务院法制局，对《社会力量办学条例（草案）》和《教师职务条例（草案）》进行了多次修改，促使其早日出台，其间，还报送了《教育督导条例（草案）》。1995年还颁布了《教师资格条例》以及《中外合作办学暂行规定》、《普通中小学教材出版发行管理规定》、《中小学教材编写、审查和选用的规定》、《研究生学籍管理规定》等重要规章。各地也根据实施《教育法》的需要以及当地实际情况，加快制定保障义务教育投入、教师队伍建设、社会力量办学等方面的地方性法规和规章。这些法规和规章，是对《教育法》有关条款的细化，较好地保障了《教育法》的实施。

依法治教，关键在于执法。国家教委于1995年4月在长沙召开了教育执法与监督试点工作座谈会，确定在上海、吉林、湖南、深圳、大连、清华大学等省市和学校开展教育执法与监督有关制度的试点。通过试点，尽快建立健全有关教育的行政处罚、行政复议、教师和学生的申诉、教育纠纷仲裁、重大教育违法案件的报告等制度以及相应的执法与监督的程序，使各项教育执法与监督制度的运行程序化和规范化，同时，还要进行和加强相应的机构和队伍建设。

1995年《教育法》的学习宣传和贯彻实施各地发展还很不平衡。针对存在的问题和差距，国家教委将准备在1996年通过全国开展“三五”普法，加大教育法律、法规学习宣传的力度；通过开展教育执法检查，进一步总结经验，寻找不足；通过教育执法与监督试点工作以及开展干部培训，全面提高依法治教的水平。

撰稿　夏　娟　张　文

审稿　李连宁

〔**企业分离办中小学职能改革**〕　企业办中小学是长期以来中国发展基础教育的一条路子，在承担企业职工子女接受基础教育，提高企业后备力量素质，维护企业的稳定，促进企业“两个文明”建设等作出了贡献。但在当前国有企业转换经营机制和建立现代企业制度的条件下，企业中小学却面临着怎么办的问题。1995年国务院确定在18个“优化资本结构”试点城市、100个国有大中型企业进行建立现代企业制度的试点，其中企业分离办中小学职能是试点的内容之一。为配合这项改革，国家教委政策法规司对国有企业、企业主管部门、综合经济部门、体改部门、地方政府和企业中小学进行了大量、深入的调研，了解到目前全国共有企业中小学1.8万所，在校学生706万人，教职工71万人，每年教育经费（不含基本建设投资）56亿元。企业中小学已经成为中国基础教育的重要组成部分，太原、兰州、株州、洛阳、齐齐哈尔等工业城市，企业中小学约占全市中小学一半左右，铁路、冶金、煤炭、石油、石化、军工等基础产业和特殊行业都有自己完整的中小学体系。

企业中小学按举办者的状况大致可分为四类：第一类是基础较雄厚、且相对独立、目前生产经营效益较好的钢铁、石油、化工、汽车等国民经济骨干行业的企业，这类企业所办的中小学，多数历史较长、条件较好、质量较高，企业已把所办中小学作为稳定职工队伍、增强企业凝聚力的重要因素，愿意继续办好。第二类是受政策性影响和经营较差的煤炭、机械、纺织、兵器、森工等行业的企业，这类企业有不少亏损或严重亏损，自身生存受到威胁，无暇顾及所办的中小学，造成办学经费紧张，教师待遇下降，教育质量滑坡，教师和学生流失。第三类是由国务院和各省市确定的建立现代企业制度的试点企业，这类企业根据国家经贸委的有关要求，正在积极探索企业分离办社会职能问题，其中对分离中小学提出了逐步分离、内部分离、一次分离等方案。第四类是除上述以外的大多数企业，这类企业面对市场经济的竞争，一方面认为举办中小学是负担，不愿再增加教育投入；另一方面也看到地方政府财力不足，短期内无法将学校移交出去，处于等待观望态度。

鉴于企业的情况千差万别，企业分离中小学又不能一哄而上，1995 年 3 月，国家教委印发了《关于当前企业办中小学工作的几点意见》指出：当前大多数企业应在稳定大局的前提下，继续办好所办的中小学。经济、财政、税务、人事、教育等部门、企业主管部门和各级政府都要制定切实可行的政策措施，尽可能地为企业创造办学的环境和条件，重点是解决好教育费附加的返还问题，以减轻企业的负担；教育部门要加强对企业中小学的指导，坚决纠正对企业中小学与地方学校不一视同仁的做法。对严重亏损企业办的中小学，在目前地方财力不足和政企分开尚未实现的条件下，分离会受到种种制约，当地政府应给予帮助。对破产企业所办的中小学，当地政府应成建制接收，以避免国有教育资源的流失。对国务院、各省市确定的试点企业，有条件的可在政府统筹下进行分离中小学的试点，但必须遵循因地制宜、分类指导、通过试点、逐步推进的原则。地方政府要积极创造企业分离办中小学职能的外部条件，要确保教育优先发展的战略地位，增加教育投入；要加快财税体制改革，建立规范化的转移支付制度；要加快建立社会保障体系，以保证分离的平稳过渡。《意见》同时指出，企业分离办中小学职能，并不等于分离办教育的责任，从建立现代企业教育制度来看，企业应承担起职业教育和职工培训的责任。企业分离中小学后，也可以通过捐资助学等方式继续支持基础教育事业。1995 年 5 月，国家经贸委、国家教委、劳动部、财政部、卫生部联合印发了《关于城市分离企业办社会职能分流富余人员的意见》，其中对分离办中小学职能问题作了原则规定。

1995 年 10 月 9 日，国家教委召开委主任办公会议，专门研究企业与所办中小学分离问题，明确提出：国有企业转换经营机制，建立现代企业制度，是建立社会主义市场经济体制的改革目标，应创造条件逐步分离办中小学的职能。这既是企业改革的一部分，也是教育改革的一部分。通过改革，可以理顺中小学的管理体制，优化教育资源配置，提高教育质量，促进教育事业的发展。但企业办中小学的体制是长期以来由于种种历史原因形成的，在经费等配套措施没有出台之前，不能简单从事，说分就分。国家教委要求各地要正确处理好发展、改革和稳定的关系，在企业与所办中小学分离的过程中，不得减少教育投入，不得降低教育质量，不得影响企业职工子女就学。这项改革正在进行中。

撰稿　于　芳
审稿　王茂根

信 访 工 作

〔**综述**〕 1995年国家教委信访办共处理群众来信18360件；接待来访群众3900多人，其中接待集体访42批共300多人。群众来信来访较多的地区依次为：山东、四川、河北、辽宁、江苏、安徽、湖南、湖北、北京、江西、福建、黑龙江、吉林、陕西、内蒙等省市。

根据国家教委办公厅的要求，国家教委信访办围绕教育中心和重点工作，改进工作方法，努力提高工作质量和工作效率，完成了全年的信访工作任务。1995年11月，在中共中央办公厅、国务院办公厅召开的第四次全国信访工作会议上，国家教委信访办荣获全国信访工作系统优秀集体称号。河南省教委汪小平同志荣获优秀工作者称号。

〔**信访反映较突出的问题**〕 1995年，从群众来信来访中反映的比较突出的问题有：(1)教育乱收费问题。1995年2月份，国家教委发布了《关于制止中小学乱收费》的意见后，反映各种教育乱收费的来信来访有所减少。但暑期前后，又开始增多，全年信访共1782件次，占信访总量的8%。其主要问题：一是升入初中、高中的择校生收费高，且一些学校互相攀比，越收越高。二是学校进行基础设施建设向学生家长集资。三是学校在日常教育教学工作中，对学生名目繁多的收费，每学期少则几百元，多则上千元。许多学生家长，特别是广大农村的中小学生家长难以承受，意见较大。(2)民办教师转正和被辞退问题。这方面来信来访占全年信访总量的6.6%。其主要原因在于：各地“民转公”规定的年龄线使一批工作多年，但年龄偏大的民师失去了转正的最后机会；部分艰苦地区的民师，由于学历低或教龄曾中断等原因，不能参加转正；一些地区为实现2000年民师全部转正目标，陆续将1980年以后参加工作的民办教师辞退，而这些民师许多人年富力强，并取得了大中专学历或教师合格证书，由此表示不满。被辞退民师来信来访要求上级部门给予妥善处理。(3)举报揭发问题。群众举报揭发的问题主要有：少数领导干部以权谋私，利用评职、民师转正、招生、建筑工程、发展校办企业等工作之机，索贿受贿、侵占公款、挪用教育经费，以及挥霍浪费等，占信访总量的11%。(4)拖欠教师工资问题。全年，各地群众信访反映拖欠教师工资问题，较之上年有所减少，占全年信访量的3%。但反映拖欠教师工资的联名信较多，少则几十人，多则上百人，也有以学校名义联合上书请求上级部门帮助解决的；有些地区拖欠教师工资长达一年以上，造成了许多教师生活困难，甚至影响了工作。因此，群众要求上级部门要下大力保证教师工资按期兑现。(5)大中专招生中的问题。1995

年反映大专院校招生中的不正之风有所减少，但反映中等专业学校招生中的不正之风比较突出，这类问题占全年信访量的4%。(6)社会力量办学中的欺骗性招生问题。来信来访反映社会上有些团体或私人举办的各种成人教育，向当地教育行政部门申请非学历教育，而在招生简章中却谎称是国家认可的大中专学历教育，并且，利用新闻媒介等手段，进行全国性招生，致使不少求学心切的学生上当受骗。此外，还有1993年工资改革后离退休教师工资偏低问题，教师职称评定中的问题，教师学生被辱骂殴打问题，一些成人教育缺乏严格管理问题以及对教育工作的建议等。

〔**处理信访工作情况**〕 1995年，国家教委信访办加强了对重要信访案件的处理。对群众来信来访的问题，认真做好政策法规的宣传解释工作，思想疏导工作，以及向有关部门转办工作。对一些重要的信访情况和问题，则以办公厅或信访办发公函交办到地方查处，全年共165件，当年结案率为78%，比去年提高15%。同时，向地方有关部门发便函或打长途电话2100多件，使一些急切的和较重要的问题得到及时落实和处理。为研究处理疑难案件，请河北等9个省、市派人来委商办，并由信访办派人去黑龙江等11个省、市催办。为群众复信510多件。收到群众感谢信20多件。

努力提高信访信息质量。根据国家教委办公厅关于反映信访信息要及时、准确、客观的要求，信访办努力改进工作方法。一是定期分析研究群众反映较突出的情况和问题，及时编发摘报、简报反映信息。二是根据教委的重点工作和一些新出台的政策，有计划、有针对性地收集、筛选重要的信息，及时向委领导和有关司局反映。三是认真发挥教育系统信访网络所提供信息的作用。信访办以来信为重点，所编发的综合性和专题性摘报、简报中，有民办教师转正工作中的问题、大中专招生中的问题、重要的建议等共30期，其时效性、针对性都比上年有所提高。在委领导所批示的18期摘报、简报中，凡需要信访办处理的，都予以落实，并大部分已回报结果。

〔**妥善处理集体上访**〕 1995年，到国家教委集体上访有40多批，涉及河北、山东、北京、辽宁、湖北、河南、天津、安徽、江苏、内蒙、黑龙江、吉林、山西、上海、福建、甘肃、青海共17个省、市。集体上访的问题大都是新情况、新问题，工作难度较大。对此，委信访办做到：及时接待，稳定情绪；及时向有关部门了解情况，提出建议和要求，落实处理；外地来京的集体访及时动员回当地。特别是加强了对群众重要联名信的处理，把集体访解决在萌芽状态。在各地教育部门的大力支持配合下，全年到国家教委的集体访没有出现在京多日滞留和不良影响。

加强了对上访老户的处理工作。为了有效地减少多次重访和长期在京滞留的上访老户，国家教委信访办对50多名上访老户，按照无政策可办或确有一定实际困难等不同情况，进行再次分类排队，逐一分析研究，提出处理意见。通过逐人进行疏导教育和采取派人下去或请地方来人商办等多种方式，到年底，4名有一定实际困难的上访老户得到妥善处理；通过各种方法做工作，稳定在地方的有10多人；也有些人通过做工作，被动员回当地。

〔**推行逐级上访制度**〕 国家教委信访办在1994年河南等4省推行逐级上访制度试

点的基础上，1995年4月，在京召开了河南、江苏、北京、湖南、安徽、山西、吉林等7省、市参加的座谈会，研究部署扩大试行范围。河南省教委在会上介绍了经验。会议决定在11个省、市推行这项工作。会后，国家教委办公厅下发了《推行逐级上访办法》。8月，中办国办信访局在许昌市召开了部分省、市推行逐级上访制度座谈会，邀请国家教委派人参加会议并介绍了经验。

加强了对教育系统信访工作的指导和宣传工作。1995年，国家教委信访办用简报转发了河南、北京、云南、常州、锦州等地区教育部门的信访工作经验；请63所高校从不同侧面提供了信访工作经验；中办国办《人民信访》杂志第9期刊登了国家教委朱开轩主任关于“要重视高校信访工作”的文章，同时，刊登了北京大学等9所高校的信访工作经验；为配合中国教育报开展教育难点、热点问题讨论，为该报撰写了“教师医疗费报销难问题”、“中小学教师被殴打伤害问题”等文章。

〔**贯彻全国信访工作会议精神**〕 全国第四次信访工作会议后，为了在教育系统认真贯彻落实会议精神，1995年12月，国家教委办公厅下发了《关于认真贯彻落实第四次全国信访工作会议的通知》，同时转发了中央领导同志在会议上的讲话和有关会议材料。“通知”对教育系统的贯彻落实工作提出了八项要求，并特别强调：各省级教育部门和委属高校领导，要提高认识，加强领导，研究改进和加强信访工作的具体措施，把教育系统信访工作提高到一个新水平。

撰稿 郝广钧

审稿 王庆林

基础教育

义务教育

〔**“普九”工作分类指导**〕　为实现本世纪末在85%的人口地区普及九年义务教育（以下简称“普九”），国家教委遵循“积极进取，实事求是，分区规划，分类指导”的原则，根据各地经济、教育发展不平衡状况，将全国30个省、自治区、直辖市划分为三个片区：一片是京、津、沪、辽、吉、苏、浙、鲁、粤9省市，经济发展较快，有667个县，占全国总县数（2845个，取自《中国统计年鉴1995》，下同）23%，人口3.67亿，占全国总人口（11.89亿）31%；二片是冀、晋、黑、皖、闽、赣、豫、鄂、湘、海南、川、陕12省，经济发展程度居中，有1432个县，占全国总县数50%，人口6.28亿，占全国总人口53%；三片是内蒙、桂、黔、滇、藏、甘、青、宁、新9省区，经济发展相对缓慢，有746个县，占全国总县数26%，人口1.9亿，占全国总人口16%。

在一片地区中，京、津、沪1994年已实现“普九”，并在巩固“普九”成果，提高“普九”水平的基础上，逐步发展高中阶段教育。其它6省从实际出发，制定了促进“普九”的有力措施，按规划推进“普九”进程。在二片地区中人口大省多，农业人口比例高，省内各地区不平衡性较大，初中教育薄弱，小学义务教育尚未完全普及，是全国“普九”的大头，正处于“普九”的攻坚阶段。在三片地区中少数民族集中，且大多分布在边境和贫困地区，自然地理条件不利，基础教育较薄弱，是全国“普九”的难点。

1995年，“普九”工作取得新进展，截止到年底，基本实现“普九”目标的县、市（区）达471个，累计全国已有1025个县、市、区“普九”，人口覆盖率为36%。“普九”程度也有不少提高，1995年，小学学龄儿童入学率达到98.5%，其中女童入学率98.2%。初中阶段毛入学率78.4%。小学学生辍学率从上年的2.19%下降到1.5%，初中学生辍学率从上年的5.1%下降到3.98%；小学毕业生升入初中的比例从上年的86.6%提高到90.8%。

针对不同地区的不同状况和特点，国家教委于1995年6月在石家庄，与财政部联合于11月在桂林，分别召开了二、三片地区“普九”工作汇报会（一片地区“普九”工作汇报会于1994年10月在长春召开），听取了各省、区“普九”工作汇报，交流了各地经验，分析了“普九”形势，提出了今后“普九”的任务。为实现“普九”各阶段的规划目标，要采取如下措施：

一、投入问题。要依法落实中央和省的各项经费政策，做到“三个增长”到位、教育费附加征收到位、“普九”专项资金到位；

要继续完善分级办学、分级管理体制，依靠和发动人民群众，多渠道筹措教育资金；要研究增加投入的新政策，探索从基建项目、购车经费、高消费项目、合资企业、地方机动财力等方面筹措教育经费的新路子；要加大国家对贫困地区和少数民族地区扶持的力度。国家教委和财政部决定，从1995年起到2000年，利用中央每年拨出不少于2亿元普及义务教育专款和地方各级政府的配套资金，组织实施“国家贫困地区义务教育工程”。这项工程总投入预计200亿元，重点用于改善小学和初中办学条件。

二、师资队伍问题。首先要继续提高教师待遇和地位，下力气解决教师工资拖欠问题，加快教师住房建设步伐；要全面贯彻“关、转、招、辞、退”五字方针，解决好民师问题，制定优惠政策，鼓励教师到边远、贫困和少数民族地区任教。其次，要根据九年义务教育需要补充教师人数，提高教师素质，调整教师结构。要把师范教育置于优先发展的战略地位，首先办好中师，并适当发展师专，要大力办好民族师范院校，培养少数民族教师、女教师和双语教师。

三、正规教育与非正规教育相结合。在举办正规教育的同时，要重视因地制宜发展非正规教育，除办好全日制学校、寄宿制学校外，还要举办一些半日制、隔日制、巡回制、早午晚班、流动式帐篷等各种形式的简易小学或教学班组。

四、采取特殊政策和办法，解决特殊性问题。如民族地区的“双语”教学问题、女童教育问题、宗教影响问题等。

撰稿　吴树琴

审稿　王文湛

〔**女童教育**〕　中国女童教育是普及义务教育的难点之一。在实施义务教育过程中，国家教委始终把女童教育作为普及义务教育中的薄弱环节予以特殊扶持。1995年再次提出要把女童教育作为“普九”工作的一项重要内容，做到认识到位、工作到位、投入到位。一年来，各级政府和教育行政部门针对女童教育存在的问题，采取了一系列保证女童入学的措施。这些措施主要包括：把女童教育列入普及义务教育重要议事日程，优先予以保证；把女童教育情况作为执法督政的一项重要内容，依法进行检查；把女童入学率、辍学率等指标列入“普九”评估验收项目之中，建立评估机制。同时有针对性地加强舆论宣传工作，改变部分地区重男轻女的传统观念和早婚早育的陋习。坚持多种形式办学，改进教学内容和方法，增加对女童教育的投入。在有特殊需要的少数民族地区举办女子学校、女童班，培养女教师，开展妇女扫盲教育。国家教委、财政部还联合发出《关于健全中小学生助学金制度的通知》，通知中要求各地恢复、完善助学金制度，帮助贫困家庭子女支付寄宿费、书本费、杂费等，对家境困难的女童在同等条件下要优先考虑。这些措施促进了贫困地区、少数民族地区女童教育的发展，使全国女童教育发生了可喜的变化。1995年适龄女童入学率达98.2%，比1994年提高0.5个百分点，男女性别差由1994年的1.3个百分点下降到0.7个百分点。小学女学生五年巩固率达到82.5%，男女童辍学率已基本接近。

为了提高女童入学率，中国政府与联合国儿童基金会在1994－1995过渡周期的教育合作中专门实施了“促进贫困地区女童教育项目”，项目覆盖了陕西、甘肃、宁夏、青海、云南、贵州、四川、广西、安徽共9个省区、101个贫困县，152个乡镇。项目的实施使146个项目乡的女童入学率从85.6%上升到91.1%，提高5.4个百分点，大大促进了贫困地区普及初等教育、特别是女童教育的工作。从总体上看，全国男女儿童受教育的差距不大，但在西部地区、少数民族聚居区和部分贫困山区，女童教育落后的局面依然存在，女童入学率低、辍学率高的性别比差距仍十分突出。为此，国家教委草拟了《关于进一步加强贫困地区、民族地区女童教育工作的十条意见》将在征求各地各有关方面意见修改后下发。

撰稿　陈　俐
审稿　王文湛

〔**初中入学办法改革**〕　国家教委1986年提出在普及初中的地方取消初中入学招生考试，实行小学毕业生就近入学。这项改革实施10年，各级地方政府采取措施改善学校办学条件，加强薄弱初中建设。各级教育行政部门克服困难，努力创造条件，积极推进这项改革，到1995年，全国多数城乡初中已实现小学毕业生就近入学。许多地方还创造了一些好的经验。如黑龙江省加强“初中规范化建设、小学标准化建设”；大连市“初中入学办法改革和高中阶段招生一体化改革”；济南市“高、初中分别设校、取消重点完中初中部重点校”；武汉市武昌区“小学、初中就近对口入学”及上海市静安区“加强薄弱学校建设、实施初中入学综合改革”等经验。为广大中小学全面贯彻教育方针，全面提高教育质量创造了好的环境，使小学从片面追求升学率的重压下解脱出来，学生过重的课业负担有所减轻，真正得到了生动、活泼、主动地发展。改革也调动了大多数初中校办学的积极性，一批薄弱初中改变了面貌，有的已经进入了先进校的行列。就总体上讲初中校之间办学水平上的差距在逐步缩小。多数初中学生学习的积极性得到了提高，促进了《义务教育法》的贯彻实施。

为继续推动这项改革的实施，1995年国家教委印发了《关于进一步推动和完善初中入学办法改革的通知》，《通知》要求各地要进一步提高认识，在已经普及了初中还没有实施这项改革的地方，要积极创造条件尽快实施；要严格执行国家教委关于改革考试办法的规定，废止任何形式的统考统练，普及初中的地方不得变相举行初中入学的选拔性考试。同时要求各地继续采取措施加强薄弱初中校的建设，并加强对小学教师的培训，不断提高教师的政治思想素质和业务水平，加强对小学教育教学工作的常规管理，逐步建立并完善对小学教育质量的监控机制和评估体系。

撰稿　李树海
审稿　金学方

〔**活动课程研讨**〕　根据国家教委《九年义务教育全日制小学、初级中学课程计划(试行)》中提出的“课程包括学科、活动两部分，活动在实施全面发展教育中同学科相辅相承，各地应有计划、有步骤地组织实施”的有关要求，国家教委于1995年7月11日至15日在吉林省长春市召开了九年义务教育活动课程研讨会。会上有关专家、科研人员针对开设活动课程的有关问题进行了论证；交流了各地开设活动课程的情况；征求了对国家教委基础教育司主持起草的《九年义务教育活动课程指导纲要》的意见；介绍了有关活动课程教材和辅导材料的编写情况。通过会议研讨，国家教委组建了开展活动课程的理论研究队伍、教学研究队伍和科学实验队伍。为今后《九年义务教育活动课程指导纲要》的颁布实施和活动课程在全国中小学全面开设做了准备

撰稿 陈 钢
审稿 傅国亮

〔**少年儿童校外教育**〕 为贯彻《中国教育改革和发展纲要》及其实施意见和《九十年代中国儿童发展规划纲要》，切实加强少年儿童校外教育工作，国家教委、文化部、国家体委、全国总工会、共青团中央、全国妇联、中国科协于1995年6月21日正式颁发了《少年儿童校外教育机构工作规程》。该《规程》进一步明确了校外教育机构的基本任务；设立校外教育机构应具备的基本条件；应当遵循的基本原则等，是指导校外教育工作的重要法规。

据不完全统计，1995年全国有少年宫（家）、少年儿童活动中心、青少年科技馆（站）、少儿业余艺校等各种形式的校外教育活动场所1万多所，其中全国妇联所属的少年儿童活动中心2627所。全国县（区）以上的少年宫等校外教育阵地由1986年的700多所发展到2200多所。全国各大城市的市、区都建有一定规模的综合性的少年宫、青少年宫、儿童活动中心、青少年科技馆和城市街道一级的少年之家或校外活动站，基本形成了从市、区到街道的校外教育网络。有些地区厂矿企事业单位和机关、部队也都建立了少年宫（家）或儿童乐园，有的还创办了社区教育基地、野外营地、军民共建的少年军校等，共达4000多所（个）。全国从事校外教育工作的教育工作者已有数十万人。

《少年儿童校外教育工作规程》颁发后，受到广大校外教育工作者的极大关注，认为在工作中有章可循、有法可依，有利于推动校外教育工作的健康发展。

撰稿 刘江平
审稿 傅国亮

〔**学校安全教育**〕 为贯彻中央领导同志关于中小学安全工作的一系列指示和国家教委有关文件精神，国家教委于1995年5月13日，在江苏省张家港市召开了全国中小学安全工作会议，国家教委副主任柳斌出席会议并讲话。会议总结了中小学安全工作的成绩和经验，分析了当前中小学安全工作存在的问题，认为安全意识淡薄、麻痹大意和一些同志工作上存在的官僚主义作风是造成各类伤亡事故不断发生的主要原因；对工作抓而不紧，组织活动欠周密，措施不落实，是出现安全事故的直接原因。

会议针对当前中小学安全工作中存在的问题，向各地教育行政部门和学校提出了具体要求：

第一、提高认识，牢固树立“安全第一”的思想，切实加强对学校安全工作的领导，把师生的安全问题提到重要议事日程上，一年集中抓几次，以对国家和人民高度负责的态度，重视并抓好学校安全工作。

第二、各级教育行政部门和学校要从本地工作和自然环境、社会环境的实际出发，建立健全确保师生安全的各项规章制度和防范

措施，同时，要依靠当地人大和人民政府，积极立法，将学校安全工作纳入法制轨道，为从根本上保障学校财产和师生安全创造条件。今后的安全工作要坚持“谁主管，谁负责”、“谁主办，谁负责”的原则，建立责任制，层层落实责任，将安全工作一抓到底，抓到实处。

第三、加强法制教育，增强法制观念。通过培训学习，使教育行政部门干部和广大教师都充分认识到保护儿童少年的合法权益，就是保护民族的未来，保护儿童少年的健康成长是全体教育工作者的神圣职责。

第四、各地要针对中小学生在年龄、生理、心理以及知识结构、认识能力等方面的差异，采取切实可行的办法强化宣传教育工作。宣传教育活动中，要注意内容丰富，形式多样，小型为主，生动活泼，寓教于乐，避免轰轰烈烈的形式主义，力求收到实效。

第五、各级教育行政部门和学校、幼儿园的领导要充分估计到这项工作的长期性、复杂性，要常备不懈，持之以恒，使安全检查和其他防范工作逐步做到经常化、制度化。同时要坚持群防群治方针，大力宣传和发动广大师生和学生家长积极参与学校的安全工作。要在当地政府领导下，与社会一切有关部门密切配合，通力协作，取得他们的支持，建立切实可行的安全防范体系，确保一方平安。

会后，国家教委办公厅印发了《全国中小学安全工作会议纪要》和《柳斌同志在全国中小学安全工作会议上的讲话(摘要)》，各地逐级传达了会议精神，各级教育行政部门的领导普遍增强了“安全第一”的意识，加强了对这项工作的领导。同时进一步完善了有关安全工作的规章制度，确定了主管部门，实行了安全工作责任制，建立健全了安全防范体系，中小学安全工作开始走上正规化、法制化的轨道。

撰稿　李玉先

审稿　王文湛

教育改革

〔**普通高中建设**〕　党的十一届三中全会以来，中国普通高中教育在办学模式、课程结构、教学内容、教学方法、考试制度等方面进行了一系列改革和试验，教育质量明显提高。但是，从总体上看，普通高中办学体制缺乏活力，办学模式单一；教育思想、课程结构、教学内容、教学方法、考试制度等方面还不能适应社会对高素质、多规格人才的需求；一些地方和学校应试教育的倾向仍较严重，学生课业负担过重；办学效益不高，经费投入不足，办学条件较差，校际间很不平衡，师资队伍不稳、素质亟待提高。

为促进普通高中教育的改革和发展，不断提高教育质量，使普通高中教育与九年义务教育、职业教育和高等教育协调发展，国家教委于1995年5月7日至12日，在江苏省召开了全国普通高中教育工作会议，总结了普通高中教育在办学体制、办学模式、课程教材、教育教学、考试评价、学校管理等方面的改革经验，确定了我国普通高中教育的性质、任务、地位和作用。提出了90年代乃至下世纪初，我国普通高中教育改革与发展的总体思路是：在普及九年义务教育的基础上和继续调整中等教育结构的进程中，坚持分区规划，分类指导，适度发展事业规模；增加投入，加强师资队伍建设，改善办学条件；深化体制改革，促进办学模式多样，加大教育教学改革力度，全面提高教育质量，初步形成能够适应社会主义现代化建设和社会主义市场经济需要的面向21世纪的普通高中教育体制。同时，提出了大力办好普通高中的意见和措施。会后国家教委印发了《关于大力办好普通高级中学的若干意见》、《关于评估验收1000所左右示范性普通高级中学的通知》、《加强薄弱普通高级中学建设的十项措施（试行）》等文件。各省、自治区、直辖市贯彻会议精神，陆续召开了本省的普通高中教育工作会议，并结合本地实际，制定了加强普通高中建设的具体措施。

撰稿　刘月霞
审稿　金学方

〔调整中小学课程计划〕 根据国务院《关于修改〈国务院关于职工工作时间的规定〉的决定》，1995年4月，国家教委下发了《关于实行每周40小时工作制后调整全日制中小学课程（教学）计划的意见》。文件要求全国普通中、小学应最迟于1995年秋季开学时实行每日工作8小时、每周工作40小时的标准工时制度。同时本着课程（教学）计划的调整，要有利于教育方针的贯彻和教育教学质量的提高、有利于教学秩序的稳定、有利于进一步减轻学生过重的课业负担，以及有利于向普通高中新课程计划过渡的原则，对全日制中小学课程（教学）计划进行了调整。文件规定小学、初中课程（教学）计划继续执行国家教委1994年《关于全日制小学、初级中学课程（教学）计划的调整意见》(该意见是按照每周5天工作日的要求安排课程的)。文件对高中教学计划的调整如下：高中各年级每周的活动总量在34课时以下；高中语文必修课三个年级的周课时总数不变，对各年级的周课时分配进行适当调整(见教学计划表)；其它学科必修课的课时，仍按1994年《意见》规定执行；适当增加了选修课的课时；课外活动的课时从原来每周5课时减为4课时。国家教委要求各地实行新工时制后，要积极引导，做好学生每周两天课余时间的安排，可根据实际情况，适当组织一些有利于学生身心健康、丰富多彩的集体活动，并注意做好安全教育工作。同时要求各地要抓紧教材的调整与修订工作，按照国家教委办公厅1995年2月21日发出的《关于认真做好调整中小学教材的紧急通知》的精神，根据调整后的教学大纲安排教学。

普通高中教学计划表

	高一	高二	高三	授课总时数
政治	2	2	2	184
语文	4	4	5/4	380
数学	4	4	5	392
外语	4/5	4		289
物理	3	3/2		187
化学	3/2	3		187
生物		3		102
历史	2	2		136
地理	3			102
体育	2	2	2	184
艺术	1	1		68
劳动技术	每学年4周，共12周。			
社会实践活动	每学年安排2周。在劳动技术课或学科教学活动的时间内安排。			
每周必修课总时数	28	28/27	14/13	2211
选修课	2	2/3	16/17	
课外活动	4（体育锻炼2，其它2）	同左	同左	
周活动总量	34	34	34	

撰稿　杨秀梅

审稿　金学方

〔**劳动技术和职业指导教育**〕　1992年，国家教委颁布了义务教育初中课程计划和劳动技术课教学大纲，各级教育行政、教研部门和一些学校认真执行课程计划，把劳动技术课列入学校课表，开足课时，使劳动技术课的开课率有较大幅度提高；全国已初步形成一支专兼职相结合的劳动技术课教师队伍，涌现出一批劳技教育的骨干力量；在统一教学基本要求的前提下，劳动技术课教材初步形成了以地方编写为主的、技术门类比较齐全的多样化的局面；各地教育部门依靠政府支持，多渠道筹措资金，建起一批劳动技术课教学中心、小菜场、小林场多种形式的劳动技术课教学基地。国家教委教学仪器研究所制订并下发了《劳动技术课教学仪器目录》，许多学校设置了劳动技术课专用教室，配备了劳动技术课教学专用设备和工具。但全国中学劳动技术教育发展不平衡。一些教育行政部门和学校领导对劳动技术教育的认识和工作不到位，没按课程计划开设劳动技术课；有些学校只将劳动技术课列入课表，并没落实；劳动技术课师资来源缺乏固定渠道，同时任课教师工作量、职称评定、工资待遇、进修等问题没有得到合理解决，影响了劳动技术课教师队伍的稳定和教学的积极性；教学研究薄弱，劳动技术课教材种类虽然多，但对教材质量及教材选用都有待加强；不少地方对劳动技术课教学场地、设施等没有采取有力的措施予以应有的解决；劳动技术课教学实践环节薄弱的现象还较为普遍。劳动技术课在一定程度上存在放任自流的现象。劳动技术课教学考核、评估和督导等导向机制亟待健全。

为解决劳动技术教育存在的问题，进一步推动全国普通中学劳动技术和职业指导教育工作，1995年11月7日至15日，国家教委基础教育司在湖北省武汉市召开了“全国普通中学劳动技术教育和职业指导研讨会”。有6个省、市的代表分别在大会上介绍了加强劳动技术课和开设职业指导课的经验，人民教育出版社和辽阳市介绍了劳动技术课教材编写及试教情况。还有8位专家、教育工作者为《普通中学职业指导纲要（试行）》培训，做了专题讲座。与会代表讨论了《关于进一步加强普通中小学劳动技术教育的几点意见（讨论稿）》和《全日制普通高级中学技术课程标准（讨论稿）》，并提出了修改意见。会后印发了《全国普通中学劳动技术教育和职业指导研讨会会议纪要》。对今后进一步加强普通中学劳动技术课和开设职业指导课提出了要求。

撰稿　鲁　纹
审稿　金学方

〔**教材建设**〕　1995年，中小学教材建设坚持“中小学教材要在统一基本要求和统一审定的前提下实行多样化”的方针，注重提高质量。

继续进行义务教育教材的审查工作。1995年教材审查的种类已扩大到计算机辅助教学软件，还兼审了一些音像制品。共审查课本、挂图、卡片和计算机软件263册（套），其中通过审查的227册（套），需复审的16册（套），需重新送审14册（套），停止使用的6册。在审查中，各学科审查委员按照“严格要求，积极扶持”的方针，对不合格又无法修改的教材坚决停止使用，对虽有严重缺陷，但指导思想正确且具有特色，有修改完善可能的教材，则给予支持和帮助，使之完善。

1995年9月第三届全国中小学教材审定委员会全体委员会议在天津召开，会上对第二届全国中小学教材审定委员会的工作进行了总结，并进行了新一届委员的换届工作。会议讨论了《全国中小学教材审定委员会工作章程》修改草案，审议了新制定的高中教学计划和编写的教学大纲（送审稿）。

1995年5月，国家教委颁发了《关于中小学教材编写、审查和选用的规定》。文件规定了中小学教材（课本、教学参考书、教学挂图和图册、音像教材、教学软件等）的编写应履行的审批、备案手续；中小学教材必须经有关审查机构审查通过方可正式用于教学。文件还明确了国家教育委员会主管全国中小学教材（包括民族文字教材）的编写、编译、审查、选用工作和各有关部门分工负责的原则。

撰稿　高学贵
审稿　金学方

〔**检查评估省级教研部门**〕　为进一步加强中小学教研部门建设，充分发挥教研部门的作用，国家教委拟对省级教研部门的中小学教研工作进行检查评估，并于1995年分别在天津市和安徽省进行了检查评估的试点工作。

检查评估的主要内容是省级教研部门教研工作的指导思想、教研工作开展情况及其成效、教研工作管理和教研部门基本建设的情况。检查评估的重点是省级教研部门落实国家教委《关于改进和加强教学研究室工作的若干意见》，研究和指导教学，全面提高教学质量的工作情况。

检查评估的步骤和方法。认真搞好自查，要参照国家教委下发的《关于改进和加强教学研究室工作的若干意见》等文件，进一步明确教研部门的性质、任务、地位和作用，认清检查评估的目的和意义。试点单位按照国家教委提出的对全国省级教研部门教研工作检查评估的提纲，认真进行自查、自评，写出自查报告，报国家教委。在试点省、直辖市自查自评的基础上，由国家教委组织力量进行检查，检查采取听取汇报、查阅资料、检查设施、座谈访问，以及抽查地（市）、县（区）教研部门等多种形式。检查后写出书面评估意见，反馈给有关省、直辖市教育主管部门。

检查评估的要求。要认真自查。边查边总结，边改进，把自查的过程变为推动教研部门建设的过程。认真总结成绩和经验，对存在的问题，要订出计划，及时采取措施，尽快解决。

检查评估的试点工作促进和带动了各地教研室的建设和教研工作的开展，并为全面评估教研室工作提供了经验。

撰稿　刘　辉

审稿　金学方

德育工作

〔**中学思想政治课教学**〕　1995年12月20日国家教委制定下发了《关于进一步加强和改进中学思想政治课教学工作的意见》，《意见》明确了各级教育行政部门、教研部门以及学校在中学思想政治课课程教学内容和教学方法改革的任务中所担负的责任；依据新时期学校德育工作的总体目标，确定了初中思想政治课和高中思想政治课教学的具体目标要求，并据此提出制定初中和高中思想政治课《课程标准》及编写示范教材的任务；《意见》提出了建立、健全中学思想政治课教学评估制度和改进教学方法及考试方法的指导意见；提出了加强中学思想政治课教学工作的领导和师资队伍建设以及改进思想政治课教师待遇的措施。

加强时事教育。1993年国家教委下发的《关于进一步加强中学时事教育的几点意见》明确了由国家教委和地方教育行政部门负责安排部署时事教育的内容，学校校长负责时事教育的管理，思想政治课教师负责组织时事教育的课堂教学等责任制度；落实了每周一课时的时事教育时间。1995年实行新工时制后，在各科普遍削减课时量的情况下，国家教委除要求各地坚持组织学生收听中央人民广播电台《中学生时事》广播节目外，根据教学实际确定了每学年不少于17课时的时事教育时间。

改进中学法制教育。国家教委在总结经验的基础上决定采取相对集中与分散的方式安排法制教育教学，不间断的对学生进行法律意识教育，帮助他们树立起社会主义法制观念和做为一个公民的社会责任感。据此，1995年，国家教委、中央社会治安综合治理委员会办公室和司法部联合下发的《关于加强学校法制教育的意见》进一步完善法制教育的内容和要求，改进法制教育的教学方法，增强其教育的实效性。

撰稿　周长祜
审稿　傅国亮

〔**颁发中学德育大纲**〕　1995年2月27日，国家教委下发了《关于正式颁发〔中学德育大纲〕的通知》，正式颁发《中学德育大纲》。这个《大纲》是在总结1988年《中学德育大纲（试行本）》试行以来的实践经验基础上，根据《中共中央关于进一步加强和改进学校德育工作的若干意见》等文件精神，经过认真修订后颁发的。《大纲》规定了中学德育的性质：即对学生进行政治、思想、道德和心理品质教育。《大纲》分为德育目标、德育内容、实施途径、学生品德评定、实施与管理等5个部分，体现了国家对中学德育工作和学生品德的基本要求，学校、家庭、社会对中学生进行品德教育的基本依据，各级教育部门、督导部门对中学德育工作进行督导评估的基本标准。

撰稿　吕同舟
审稿　傅国亮

〔**纪念抗日战争和反法西斯战争胜利50周年**〕　1995年，国家教育委员会下发了《关于以抗日战争和世界反法西斯战争胜利50周年为题深入进行爱国主义教育的通知》。《通知》要求对中小学生进行一次爱国主义教育。并对这项活动的主题、形式、教育目的和应注意的问题提出了意见。根据《通知》要求，各地教育行政部门和学校从实际出发，开展了丰富多采的活动。

1995年5月，国家教委基础教育司会同陕西省教委在延安召开弘扬延安精神，继承革命传统，加强中华民族传统美德教育的经验交流会；8月，会同中国教育国际交流协会在北京市卢沟桥中国人民抗日战争纪念馆召开中小学生抗日歌曲演唱会；9月，会同江苏省教委、南京市教育局在南京市侵华日军南京大屠杀遇难同胞纪念馆举行纪念中国抗日战争和世界反法西斯战争胜利50周年，悼念南京大屠杀死难同胞仪式；为了配合这次教育活动，国家教委基础教育司主编了《记住这段历史——日军侵华暴行与中国人民抗战实录》一书，供教育活动中学生选读。

撰稿　吕同舟
审稿　傅国亮

〔**推荐爱国主义歌曲和图书**〕　为深入贯彻落实《中共中央关于进一步加强和改进学校德育工作的若干意见》和《爱国主义教育实施纲要》，1994年，国家教委曾向全国中小学推荐百部爱国主义优秀影视片，对广大中小学生进行生动、活泼的爱国主义教育，国家教委于1995年1月再次发出《关于向全国中小学生推荐百首爱国主义歌曲的通知》，1995年5月，又会同有关部委发出《关于向全国中小学推荐百种爱国主义教育图书的通知》。

此次推荐的百首歌曲主要包括爱祖国、爱共产党；爱家乡、爱老师；爱父母、爱幸福美好的生活等方面的内容，既有历史歌曲，也有建国以来历次获奖歌曲中的优秀作品；还有近年来为中小学生新创作的歌曲。其中小学部分44首，中学部分49首，共唱部分7首。全国大部分省市积极开展了演唱百首爱国主义歌曲活动。中国教育报为配合此项活动，专门开辟了演唱百首爱国主义歌曲专栏，全国广大中小学师生积极投稿要求刊载。

向中小学生推荐的百种爱国主义教育图书以爱国主义教育为主要内容，其中包括：社会主义、集体主义、近现代史、革命传统、中华传统美德和现代化建设成就等书籍。体裁包含了诗歌、散文、故事、文学名著、科普读物、人物传记等，适合不同年级和学段的中小学生阅读。为了推动各地中小学生广泛阅读百种爱国主义教育图书，中宣部、国家教委、文化部、新闻出版署、共青团中央联合向部分贫困的农村学校赠送了一百套百种爱国主义图书，以推动这一活动的深入开展。另外，部分大中城市的新华书店，为了及时向中小学供书，都相应设立了“百种爱国主义教育图书专柜”。各地也组织了多种形式的赠书活动。

撰稿　刘江平、王新立
审稿　傅国亮

幼儿和特殊教育

〔**推广幼小衔接研究成果**〕　为提高学前班教育质量，促进学前教育与小学教育的衔接，国家教委于1990年至1994年与联合国儿童基金会合作开展了“幼儿园与小学衔接”实验研究项目。1993年根据该研究调查阶段的结果，国家教委委托北京、辽宁、四川、湖北、广东省和北京市就改进学前班工作进行了试点，得到了预期的成果。1995年10月，国 家教委在四川召开了“推广幼小衔接研究成果，提高学前班教育质量研讨会”。会上，专家进行了讲学，项目及试点单位介绍了经验，实地参观了四川省的郫县和温江县两个试点县，同时还就如何推广有关成果，改进学前班工作等问题进行了研讨。

会议认为，近年来，随着我国经济的发展和人民生活水平的提高，广大人民群众送子女接受学前教育的愿望日益增强，学前教育特别是学前一年教育发展十分迅速。在广大农村地区，学前班已成为学前教育的主要形式。据1995年统计，我国在园幼儿为2711万人，其中学前班在园幼儿为1606万人，占总数的59.2%，农村学前班在班幼儿已占农村在园幼儿总数的72.2%。

会议在学前教育的一些关键性问题上形成了共识：(1) 学前班教育对于九年制义务的普及与质量的提高具有积极的促进作用，

哪个地方学前教育发展得好，哪个地方小学阶段的入学率、在校生巩固率就高。（2）幼儿教育与小学教育的衔接是相辅相承的，幼儿园与小学的教育都应根据儿童的身心发展规律。学前班应加强儿童在学习适应性和社会适应性方面的培养，以在过渡中促进发展，在发展中增强适应能力。（3）学前班教育应因地制宜，要充分利用当地自然资源，吸收优秀的地方文化，为幼儿创造良好的教育环境，丰富教育内容。（4）要加强学前班的评估工作，帮助学前班的领导和教师树立正确的儿童观和教育观，根据《幼儿园工作规程》的指导思想，端正学前班教育思想、教育内容和教育形式，克服小学化倾向。（5）家庭教育对儿童入学准备有特殊意义和作用，针对当前家长普遍存在的重知识传授，轻社会性培养的现象，尤应作好家长工作。

撰稿　周　菲
审稿　傅国亮

〔**企业办幼儿园体制改革**〕　针对市场经济体制建立过程中企业办幼儿园出现的撤并问题，1995年，国家教委与国家计委、国家经贸委等7个部门联合发出了《关于企业办幼儿园的若干意见》并于8月在青岛市召开9城市企业办幼儿园体制改革研讨会。会议的中心议题是研究在企业转换经营机制，建立现代企业制度的过程中，如何贯彻中共中央国务院1994年全国教育工作会议关于政府和企业要继续办好中小学、幼儿园的精神，推进企业办幼儿园的体制改革，走出幼儿教育事业健康发展的新路。会议推广了青岛、武汉、广州、哈尔滨市企业办幼儿园体制改革的典型经验，从理论和实践上解决了企业办幼儿园的有关问题，概括起来有以下几点：

1. 企业办幼儿园体制改革势在必行。建国以来，企事业办幼儿园在我国幼教事业发展中占有重要地位，据1994年统计，企业办幼儿园在园幼儿326万人，占全国在园幼儿总数的12.4%，在许多城市，企业办幼儿园则占到半数以上。幼儿教育属于非义务教育，具有福利性和公益性。从长远看，它的发展方向应是建立以社区为依托，适应当地经济和社会发展的，正规与非正规教育相结合的组织形式，逐步实现幼儿教育的社会化。但是，在当前，由于社会保障制度尚未健全，社区服务体系尚不配套，企业不能将所办幼儿园，一步到位地推向社会。因此，在现阶段，应积极研究和探索既符合国家关于社会发展总政策，又适合企业经济体制改革的企业办园的模式和配套措施，推动企业办园体制的改革。

2. 承办制是当前企业办幼儿园体制改革的主导模式。近年来，青岛、武汉、广州等市从实际出发，总结和推广了“承办制”的经验。其基本特点是：企业和幼儿园明确各自的职责。企业给幼儿园提供基本的办园条件（如，保障幼儿园大型设施和设备的更新和维修，帮助幼儿园消化吸收富余人员等）；幼儿园实行自主办园，在核定教育成本前提下，合理收费，以园养园，逐步走上自我补充、自我发展的道路。实践证明，“承办制”是现阶段企业办幼儿园体制改革较为稳妥和切实可行的主导模式。同时，对于部分具备了分离幼儿园条件的企业，也可以有选择地进行分离的试点。

3. 明确了企业办幼儿园体制改革的基本经验。（1）政府的重视，教育部门的主管意识，以及政府各有关部门的配合是搞好企业办幼儿园体制改革的关键。(2) 幼儿园收费制度的改革是企业办幼儿园体制改革的前提条件。幼儿园收费标准的制定应坚持按成本核算，以质论价和本着幼儿园收支平衡，略有结余,办园与不办园单位合理分担的原则。使收费标准适应企业办幼儿园体制改革的需要，保障改革的顺利进行。(3) 实行幼儿园内部管理体制的改革是企业办幼儿园体制改革的核心。改革幼儿园的人事和分配制度是搞活幼儿园内部运营机制的关键。要给园长以用人的自主权、筹措和使用经费的自主权，同时要在幼儿园内部形成公开招聘，择优录用，能上能下，能进能出，收入有多有少的激励机制，调动每个教职工的积极性。(4) 完善企业办幼儿园体制改革的配套措施是企业办幼儿园体制改革的必要条件。

撰稿　周　菲
审稿　傅国亮

〔**特殊教育“八五”工作总结会**〕 1995年10月26日至29日，国家教委、中国残联和民政部联合在湖南省召开了全国特教“八五”工作总结会。会议总结交流了“八五”期间特教改革和发展的经验，研讨了今后改革与发展的有关问题，部署了“九五”期间的工作。

“八五”期间，中国特殊教育取得了可喜的成就，完成了“八五”期间国家规定的主要任务。(1) 特殊教育的地位和社会对特殊教育的意识有了明显提高。特教已成为我国基础教育的一个有机组成部分，残疾儿童少年教育已经纳入普及九年义务教育的轨道。(2) 特殊教育学校校数显著增加，在校学生数成倍增长。据1995年统计，全国特教学校(包括初中和小学) 已达到1379所，在校学生数达到29.56万人，分别比1990年增长84.85%和310.79%。与此同时残疾儿童早期教育和高级中等以上教育都有不同程度的发展。(3) 特殊教育师资培养、培训工作得到加强，师资数量和素质有所提高。1995年全国从事特殊教育的专任教师共计25000多人，比1990年增加83%。全国建立34所中等特殊教育师资培养、培训机构；在5所国家教委直属师范大学和2所地方师范大学设立了特殊教育专业。为适应残疾儿童随班就读的需要，一些普通中等师范学校进行了增设特殊教育课程的实验。(4) 残疾人职业教育有了长足进展。1995年，全国建立残疾人职业培训机构1183多个；实施义务教育的特殊教育学校普遍开设了适应学生今后就业、生产需要的职业技术和劳动技能课程。(5)特殊教育研究工作蓬勃开展。继北京师范大学特殊教育研究中心和中央教育科学研究所特殊教育研究室建立之后，一些省级教育科研机构中增加了特教专职研究人员；一些大专院校设立了专门的研究机构。(6) 在特殊教育许多方面积累了丰富的经验，为今后我国特殊教育的发展奠定了坚实的基础。

会议议定了“九五”期间工作的基本思路。即：要在本世纪末建立起一个至少具备以下四个特征的面向21世纪的社会主义的特教模式：一是残疾儿童、青少年的学前教育、义务教育和高级中等以上教育形成初步合理的结构与体系；二是义务教育形成以随班就读和特教班为主体，以特教学校为骨干的新格局；三是劳动技能和职业技术教育成为办学特色；四是特教在数量上有较大发展。

会议围绕上述基本思路，重点研究、部

署了“九五”期间特殊教育改革与发展的主要工作。(1) 将残疾儿童少年义务教育纳入“普九”的轨道，实行统筹规划，分类指导。(2) 坚持依法治教，健全特教法规、规章制度建设。(3) 完善特教经费投入机制，坚持特教经费以政府拨款为主，多渠道筹措经费的方针。(4) 努力提高教育效益，促进教育资源合理配置。(5) 深化特殊教育教学改革，加强干部、师资队伍建设，重视科研和教研工作，努力提高教育教学质量。

撰稿　周德茂
审稿　傅国亮

〔**工读教育**〕　1995年，是中国工读教育诞生40周年。工读教育是对品德行为偏常及有违法行为的中小学生通过特殊的办学方式进行教育转化，使之健康成长的教育，是普通教育的一种特殊形式。1955年在北京建立了全国第一所工读学校，随后，上海、沈阳等大城市也相继办起了工读学校，到1966年，全国共建立20多所工读学校，并形成了一定的规模和特色。“文化革命”期间，工读学校被迫停办，全国仅剩重庆沙坪坝工读学校1所。“1978年6月19日中共中央转发了中央宣传部、教育部、文化部等八个单位提出的《关于提请全党重视解决青少年违法犯罪问题的报告》，并在报告中指出：工读学校是一种教育挽救违法犯罪学生的学校，要认真办好。根据中央精神，各地积极恢复、创建工读学校，到1980年全国共有工读学校102所，为教育挽救青少年学生起了重要作用。1988年，成立了中国工读教育研究会，加强工读教育的科研工作和经验交流，在国家教委的领导下，召开了工读教育国际研讨会，加强了与国际相关教育领域的交流与研究。改革开放十几年来，我国的工读教育稳定发展，积极探索，形成了自己的特色。但是随着我国社会主义事业的发展，尤其是近年来商品经济和市场经济的发展，工读教育也面临一些新的问题：一是认识问题，认为在目前形势下发展工读教育已不重要；二是现有的工读学校办学经费不足；三是工读学校师资队伍老化；四是教育方法简单落后，不能适应新形势的需要。上述问题制约了工读教育的发展，工读学校由1980年的100所下降到1995年的80余所，出现滑坡。1995年5月16日～19日，国家教委基础教育司会同北京市教育局、中国教育学会工读研究会在北京召开了全国工读教育工作会议暨庆祝我国工读教育诞生40周年现场经验交流会。会议回顾了我国工读教育40年的发展历程；研究了新形势下工读教育面临的问题，探索了改革发展的思路；充分肯定了工读教育对教育转化品德行为偏常及有违法行为的中小学生的作用和成绩；交流了新形势下各地改革探索办好工读教育的经验；讨论了《工读教育条例》(讨论稿)；听取了国家教委副主任柳斌的报告。会议确定了新形势下工读教育“改革、发展、完善”的方针，提出了“对中小学生违法犯罪的早期预防、矫治转化、教育保护、塑造培养”的新思路及“一校多部”的办学模式。即一所学校包含工读教育校外教育部、托管生教育部、工读教育部、职业技术教育部、家庭教育咨询部等几个部分。

撰稿　吕同舟
审稿　傅国亮

教育督导

〔**“两基”督导评估**〕 1995年2月29日，督导团在北京召开了各省、自治区、直辖市及计划单列市督导室主任、国家督学工作会议。会议总结交流了近两年“两基”督导评估工作的经验，研究部署了“两基”评估验收和督导检查、基础教育“五项内容”的督导检查及中小学督导评估工作。

为进一步改进和完善“两基”评估验收制度，国家教委于1995年3月，下发了《关于1995年“两基”督导评估工作的通知》、《关于在“两基”督导评估工作中防止弄虚作假，反对形式主义的通知》和《关于进一步做好“两基”评估验收工作的若干补充意见》等文件。

国家教育督导团组织国家督学在各省、自治区和直辖市就地深入到县、市、区调查研究贫困地区实施义务教育和扫除青壮年文盲的情况。同时，组织部分国家督学和督导办干部对山西、湖北、甘肃、宁夏的一些贫困县，就实施义务教育的情况进行专题调研，并撰写了调研报告，为委领导及“三片会”提供参考。

1995年5～6月，督导团组织6个督导检查组，分别对黑龙江、福建、湖南、广东、贵州、陕西6省的“两基”工作进行了督导检查，并向这些省反馈了督导检查报告。

1995年12月，国家教育督导团组织部分国家督学对经省级评估验收报送的471个“两基”县、市、区的材料进行了严格审查，并报请委党组审定，这471个“普九”、“扫盲”县、市、区基本达到了国家教委和省定标准，决定作为第二批基本实现“普九”和基本扫除青壮年文盲的县、市、区向全国公布。

1996年2月26日，国家教委在北京召开新闻发布会，公布了第二批471个基本普及九年义务教育和基本扫除青壮年文盲县、市、区名单。国家教委副主任、总督学柳斌向首都新闻界介绍了第二批基本“普九”和扫盲县、市、区的情况。这471个县、市、区（含6个实施义务教育的行政区划单位）分布在全国25个省、自治区，覆盖人口为20984.91万人，占全国人口总数的17.65%。连同首批公布的554个县、市、区，全国基本实现“普九”和扫盲的县、市、区累计达到1025个（含13个实施义务教育的行政区划单位），人口覆盖率达到36.2%。国家教委主任朱开轩到会并讲话。他对今后的“两基”工作提出以下几点意见：(1)坚持“两基”的“重中之重”的地位不动摇；(2)坚持贯彻“积极进取、实事求是、分区规划、分类指导”的原则；(3) 坚持依法治教，落实教育经费和教师工资政策；(4) 坚持在抓“两基”的同时，大力推进“两全”。

撰稿　李今令
审稿　白景龙

附：

全国第二批基本“普九”和“扫盲”县（市、区）名单（471个）

河北省　36个
石家庄市：高邑县　井陉矿区　赵县
邯郸市：涉县　成安县
邢台市：桥东区　桥西区
保定市：安国市　望都县　南市区　定州市　新市区　蠡县　徐水县
承德市：鹰手营子矿区　双桥区
唐山市：路北区　古冶区　玉田县　丰润县　滦县　滦南县　乐亭县　遵化市　丰南市
秦皇岛市：昌黎县　抚宁县
沧州市：郊区　新华区　运河区
廊坊市：霸州市　永清县　大城县　安次区
衡水地区：衡水市　冀州市
山西省　25个
太原市：北郊区　清徐县
大同市：南郊区　新荣区
阳泉市：盂县　平定县
长治市：长治市郊区　长治县　潞城市
朔州市：怀仁县
忻州地区：原平市　代县　定襄县
晋中地区：太谷县
吕梁地区：文水县　孝义市
临汾地区：霍州市　洪洞县　临汾市
运城地区：运城市　永济市　临猗县　夏县　河津市　万荣县
内蒙古　6个
包头市：郊区　东河区　石拐矿区
巴彦淖尔盟：临河市
乌海市：海渤湾区
呼和浩特市：郊区
辽宁省　25个
大连市：瓦房店市　普兰店市　庄河市　经济技术开发区
鞍山市：铁西区　旧堡区　海城市
抚顺市：新抚区　望花区
本溪市：平山区　明山区
丹东市：振安区　东港市
锦州市：古塔区　凌海市　北宁市
营口市：大石桥市
阜新市：海州区　新邱区
辽阳市：灯塔县　辽阳县
铁岭市：铁法市　铁岭县
盘锦市：大洼县
葫芦岛市：兴城市
吉林省　16个
长春市：榆树市　德惠市　九台市　农安县
吉林市：舒兰市　蛟河市
四平市：伊通满族自治县
通化市：通化县　柳河县
白城市：洮南市
延边朝鲜族自治州：敦化市　延吉市　龙井市　珲春市
白山市：江源县

松原市：乾安县
黑龙江 25个
齐齐哈尔市：龙江县 克山县
鹤岗市：兴山区 工农区
双鸭山市：尖山区
鸡西市：鸡冠区 恒山区
大庆市：萨尔图区 让胡路区 龙凤区
伊春市：南岔区 乌伊岭区 乌马河区 西林区 金山屯区
牡丹江市：阳明区 东宁县 绥芬河市
佳木斯市：向阳区
七台河市：桃山区 勃利县
绥化地区：绥化市
黑河市：爱辉区
松花江地区：双城市
红兴隆农管局
江苏省 41个
南京市：秦淮区 江浦县 溧水县
徐州市：鼓楼区 云龙区 泉山区 贾汪区 矿区 铜山县 新沂市 邳州市 沛县
南通市：崇川区 如东县 海安县 通州市 如皋市
连云港市：新浦区 连云区 云台区 海州区 赣榆县 东海县
淮阴市：清浦区 清河区 洪泽县 金湖县
盐城市：城区 郊区 射阳县 滨海县 响水县 阜宁县
扬州市：广陵区 郊区 姜堰市 邗江县 江都市 仪征市 靖江市
镇江市：丹徒县
浙江省 24个
杭州市：萧山市 余杭市 富阳市 建德市 桐庐县
宁波市：奉化市 宁海县 象山县
温州市：龙湾区
湖州市：湖州市区 德清县 安吉县
绍兴市：嵊县
金华市：义乌市 永康市 磐安县
衢州市：龙游县 江山市
台州市：温岭市 椒江区
丽水地区：缙云县
舟山市：定海区 普陀区 岱山县
安徽省 27个
合肥市：东市区
淮南市：大通区 八公山区 谢家集区 凤台县
淮北市：杜集区 相山区 烈山区
安庆市：迎江区 大观区
滁州市：南谯区 天长市
铜陵市：郊区
宣城地区：泾县 旌德县
六安地区：霍山县
池州地区：石台县
黄山市：黄山区 徽州区 黟县 祁门县
马鞍山市：当涂县
宿县地区：砀山县
蚌埠市：怀远县
巢湖地区：和县 巢湖市
芜湖市：繁昌县
福建省 13个
福州市：鼓楼区 台江区 仓山区 马尾区 闽清县
厦门市：集美区 长泰县
莆田市：涵江区
三明市：永安市 梅列区 三元区
南平市：延平区
龙岩地区：龙岩市
江西省 21个
南昌市：郊区 南昌县

萍乡市：湘东区　上栗区
九江市：庐山区　瑞昌市　庐山管理局
鹰潭市：月湖区
上饶地区：弋阳县　婺源县　德兴市
抚州地区：南丰县　南城县
赣州地区：石城县　崇义县　南康市
吉安地区：新干县
宜春地区：铜鼓县　高安市　樟树市
　　宜春市
山东省　33个
济南市：历城区　章丘市　长清县　平阴县
淄博市：博山区　高青县　沂源县
东营市：东营区　垦利县　利津县
烟台市：芝罘区　福山区　莱山区　牟平区
　　莱阳市　莱州市　海阳县
潍坊市：寒亭区　坊子区　青州市　安丘市
　　昌乐县
济宁市：兖州市
泰安市：肥城市
日照市：东港区　五莲县
临沂市：兰山区　罗庄区　郯城县　莒南县
　　沂南县
滨州地区：博兴县　邹平县
河南省　15个
郑州市：新郑市
开封市：开封县
洛阳市：老城区　瀍河区　郊区
新乡市：辉县市
焦作市：中站区　马村区　济源市
鹤壁市：山城区　鹤山区　郊区
安阳市：林州市
平顶山市：新华区
周口地区：扶沟县
湖北省：14个
宜昌市：点军区　当阳市　枝江县　猇亭区
　　老河口市
武汉市：江汉区　硚口区　江岸区
襄樊市：郊区
荆门市：东宝区　沙洋区
孝感市：应城市
荆沙市：荆州区　钟祥市
湖南省　20个
岳阳市：华容县　岳阳市北区　君山农场
　　钱粮湖农场
邵阳市：东区　西区　绥宁县
娄底地区：娄底市
株洲市：攸县　郊区
怀化地区：洪江市
郴州市：苏仙区　资兴市
常德市：临澧县　津市市　武陵区
衡阳市：城南区　城北区　衡东县
零陵地区：东安县
广东省　44个
汕头市：龙湖区　澄海市　达濠区　潮阳市
　　南澳县
韶关市：仁化县　翁源县　始兴县
梅州市：平远县　兴宁市
惠州市：惠阳市　龙门县　惠东县　博罗县
阳江市：阳西县　阳春市　阳东县
湛江市：霞山区　吴川市　坡头区　雷州市
　　廉江市
茂名市：高州市　化州市　电白县　信宜市
肇庆市：德庆县　广宁县　封开县
清远市：连州市　佛冈县　英德市　连山壮
　　族瑶族自治县
揭阳市：揭东县　普宁市　揭西县
汕尾市：海丰县　城区　陆丰市　陆河县
潮州市：潮安县　饶平县
云浮市：罗定市　郁南县
海南省　1个

海口市：振东区
广西壮族自治区 15个
南宁市：兴宁区 新城区 永新区 城北区 江南区
柳州市：鱼峰区 柳北区 城中区 柳南区
梧州市：蝶山区 万秀区
钦州市：浦北县
玉林地区：贵港市 玉林市 博白县
四川省 26个
德阳市：市中区
成都市：都江堰市 新都县 郫县 双流县 大邑县 青白江区 崇州市 龙泉驿区
重庆市：双桥区 九龙坡区 南岸区 万盛区
自贡市：自流井区 贡井区 大安区 沿滩区
攀枝花市：西区
绵阳市：涪城区
万县市：梁平县
内江市：市中区
泸州市：泸县
广安地区：华蓥市
乐山市：青神县 五通桥区 彭山县
贵州省 2个
贵阳市：云岩区 南明区
云南省 8个
昆明市：官渡区 西山区 安宁县 呈贡县 晋宁县 宜良县
楚雄彝族自治州：牟定县 禄丰县
陕西省 14个
咸阳市：秦都区 三原县 渭城区
商洛地区：洛南县
渭南市：潼关县 合阳县 澄城县 浦城县 白水县 华阴市
汉中地区：城固县 汉中市
西安市：周至县
宝鸡市：眉县
甘肃省 4个
张掖地区：张掖市
武威地区：武威市
庆阳地区：西峰市
平凉地区：华亭县
宁夏回族自治区 5个
银川市：城区 新城区
石嘴山市：大武口区 石嘴山区 石炭井区
新疆维吾尔自治区 11个
塔城地区：乌苏县 沙湾县
昌吉回族自治州：米泉县 阜康市
伊犁哈萨克自治州：奎屯市
乌鲁木齐市：沙依巴克区 天山区 新市区
新疆生产建设兵团：农四师72团 农八师143团
石河子市

〔**督导机构建设**〕 全国省、地、县三级全部建立了教育督导机构的省、直辖市13个，即：北京、天津、山西、辽宁、吉林、黑龙江、上海、江苏、浙江、福建、湖北、湖南、甘肃。全国教育督导人员总数是24170人。其中，专职督导人员10312人，包括专职督学8025人，占专职督导人员总数的77.8%。兼职督学13858人，其中民主党派特约教育督导员1290人。

省级教育督导机构和教育督导队伍。西藏自治区实现零的突破，成立了西藏自治区教育督导委员会。此外，北京、上海、广东、广西、新疆的督导机构已正式改名为政府教育督导室（督导团及办公室），云南省也新组建了教育督导团。全国30个省、自治区、直辖市都建立了教育督导机构，其中，政府督导室6个（京、沪、黑、鄂、粤、新），教育督导团及办公室4个（陕、桂、辽、滇），教育督导室5个（冀、苏、浙、闽、赣），教委（厅、局）督导室14个，教育督导委员会1个（藏）。省级教育督导队伍中，专职督导人员192人，其中，专职督学147人，并有13个省、市、区配备了共19位厅、局级督学。兼职督学521人，其中民主党派特约教育督导员93人。

地、市级全国已建立教育督导机构366个，占地、市总数的96.6%。除内蒙、安徽、云南、青海、西藏外，其余25个省、区、市的地、市全部建立了教育督导机构。地、市教育督导队伍中，专职督导人员1523人，其中，专职督学1275人。兼职督学1837人，其中民主党派特约教育督导员412人。

县、市、区级全国已建立教育督导机构（除西藏外）2574个，占县、市、区总数的93.6%，比1994年提高约1.5个百分点。县、市、区督导队伍中，专职督导人员8597人，其中，专职督学6603人。兼职督学11500人，其中民主党派特约教育督导员785人。

培训教育督导人员。继续委托国家教委华北教育管理干部培训中心和华东教育管理干部培训中心举办省、地市教育督导人员岗前培训班，培训全国省、地市教育督导人员120名。举办“世行贷款贫二项目教育督导研讨班”，对四川、宁夏、内蒙古3个项目省、区及其项目县的56位教育督导部门或教育行政部门的负责同志进行了有关教育法制建设，教育督导制度建设，“两基”评估验收制度，普通中小学校的督导评估等内容的培训。委托国家教委华北教育管理干部培训中心和华东教育管理干部培训中心举办第一期地市教育督导人员《普通中小学校督导评估工作指导纲要》培训班，对全国140名地市教育督导人员进行了有关基础教育性质、任务和教育改革形势，《普通中小学校督导评估工作指导纲要》的指导思想、基本内容，普通中小学校督导评估的理论和技术，中小学校督导评估工作经验介绍等内容的培训。

1995年全国教育督导机构情况表

省级督导机构	已建立督导机构的市（地州盟）（个）	占所辖市（地州盟）的百分比（%）	已建立督导机构的县（含县级市、省辖市的区）（个）	占所辖县（含县级市、省辖市的区）的百分比（%）
北京市人民政府教育督导室	10	100	8	100
天津市教育局督导室	9	100	9	100
河北省教育督导室	11	100	169	95
山西省教委督导室	11	100	118	100
内蒙古自治区教育厅督导室	11	92	95	95

续表

省级督导机构	已建立督导机构的市（地州盟）（个）	占所辖市（地州盟）的百分比（%）	已建立督导机构的县（含县级市、省辖市的区）（个）	占所辖县（含县级市、省辖市的区）的百分比（%）
辽宁省教育督导团办公室	14	100	100	100
吉林省教委督学室	9	100	60	100
黑龙江省人民政府教育督导室	19	100	157	100
上海市人民政府教育督导室	14	100	6	100
江苏省教育督导室	11	100	106	100
浙江省教育督导室	11	100	87	100
安徽省教委督导室	15	94	73	71
福建省教育督导室	9	100	81	100
江西省教育督导室	11	100	92	91
山东省教委督导室	20	100	125	90
河南省教委督导室	17	100	142	90
湖北省人民政府教育督导室	12	100	102	100
湖南省教委督导室	14	100	122	100
广东省人民政府教育督导室	21	100	115	96
海南省教育厅教育督导室	2	100	18	82
广西自治区政府督导团办公室	14	100	96	88
四川省教委督导室	23	100	187	85
贵州省教委督导室	9	100	80	93
云南省教育督导团办公室	15	88	107	84
西藏自治区教育督导委员会	3	43	0	0
陕西省政府教育督导团办公室	10	100	103	96
甘肃省教委督导室	14	100	85	100
青海省教委普通教育督导室	7	88	37	80
宁夏自治区教委督导室	4	100	20	83
新疆自治区人民政府教育督导室	16	100	84	92
总　　计	366	96.6	2574	93.6

1995 年全国教育督导队伍情况表

省、自治区直辖市	省督导机构人数（人）		市(地)级督导机构人数（人）		县(区)级督导机构人数（人）		总计	
	专职	兼职	专职	兼职	专职	兼职	专职	兼职
北京市	10	20	66	80	45	31	121	131
天津市	8	22	51	64	60	21	119	107
河北省	5	1	55	31	471	175	531	207
山西省	6	19	46	33	503	186	555	238
内蒙古自治区	4	3	37	19	257	142	298	164
辽宁省	8	9	80	43	415	169	503	221
吉林省	7	2	57	21	448	89	512	322
黑龙江省	6	5	56	58	646	310	708	373
上海市	5	36	134	16	35	7	174	59
江苏省	4	27	42	145	405	519	451	691
浙江省	7	37	31	95	218	616	256	748
安徽省	11	0	44	15	149	32	204	47
福建省	10	9	73	40	410	189	493	238
江西省	5	1	39	60	282	306	326	367
山东省	5	16	79	70	393	290	477	376
河南省	5	21	58	81	508	1127	571	1229
湖北省	4	28	57	144	352	539	413	711
湖南省	11	28	71	57	334	619	416	704
广东省	6	10	69	78	246	149	321	237
海南省	3	8	2	3	28	34	33	45
广西壮族自治区	6	40	50	109	158	365	214	514
四川省	7	14	69	137	599	1083	675	1234
贵州省	4	8	30	46	239	461	273	507
云南省	4	36	29	85	143	252	176	373

续表

省、自治区直辖市	省督导机构人数（人）		市（地）级督导机构人数（人）		县（区）级督导机构人数（人）		总　计	
	专职	兼职	专职	兼职	专职	兼职	专职	兼职
西藏自治区	1	0	4	0	0	0	5	0
陕西省	9	34	39	90	406	320	454	444
甘肃省	5	35	49	112	372	460	426	607
青海省	15	24	21	69	119	120	155	213
宁夏回族自治区	5	0	15	5	55	4	75	9
新疆维吾尔自治区	9	28	65	28	243	57	317	113
总　计	192	521	1523	1837	8597	1150	10312	13858

撰稿　李　捷　陈卫军

审稿　白景龙

〔**基础教育“五项内容”督导检查**〕1995年5月，国家教育委员会、全国人大教科文卫委员会、全国政协科教文卫体委员会联合下发了《关于在全国开展基础教育“五项内容”督导检查的通知》。《通知》指出，自1994年召开全国教育工作会议以来，教育工作的形势是好的。但在前进的道路上，也还存在着一些困难和问题，需要及时研究解决，否则会影响本世纪末基本普及九年义务教育和基本扫除青壮年文盲目标的实现。为此，国务院决定委托国家教委会同全国人大教科文卫委员会、全国政协科教文卫体委员会，在全国范围内组织开展一次对基础教育工作方面贯彻落实全国教育工作会议精神情况的督导检查。此次督导检查的指导思想是，围绕贯彻全国教育工作会议精神和落实《中国教育改革和发展纲要》，以中央提出的求实、务实的工作精神，进一步推动地方各级政府落实教育优先发展的战略地位和基础教育“重中之重”的地位，研究解决基础教育尤其是义务教育工作面临的困难和问题，务求取得实效。督导检查的内容是：(1)“两基”规划的实施情况；(2)《教师法》的落实情况；(3)增加教育投入的情况；(4)加强德育工作的情况；(5)减轻义务教育阶段学生过重课业负担的各项主要措施落实情况。并以增加教育投入情况和落实《教师法》的情况为检查内容的重点。《通知》还对督导检查的对象和方式、检查的组织和时间安排等提出了具体要求。并强调做好自查是搞好督导检查的关键。

8月31日，国家教委、全国人大教科文

卫委、全国政协科教文卫体委召开了主任联席会议。会议听取了督导办关于全国各地开展基础教育“五项内容”督导检查工作情况的汇报；讨论了1995年下半年3委联合组织抽查的工作方案；并对如何进一步做好“五查”工作提出了指导意见。全国人大教科文卫委副主任杨海波、全国政协科教文卫体委副主任黄辛白、国家教委副主任柳斌在会上发表了重要讲话。

9月和11月，有关3委联合组成5个检查组，对江西、安徽、河南、福建和云南5省的“五项内容”督导检查工作进行了检查，杨海波、柳斌、黄辛白等领导带队参加。检查结束后，对各省反馈了督导检查报告。

撰稿　翟立新
审稿　白景龙

〔**中小学校督导评估**〕　国家教委督导团办公室分别于1995年4～5月派员赴湖北、江苏、辽宁、天津4省市的6个市（黄石、南京、无锡、苏州、沈阳、鞍山）及部分县（区）进行调研，了解这些地区中小学校督导评估工作的开展情况，征求对《指导纲要》的修改意见。《指导纲要》修改后，拟报委党组同意下发执行。

为了推动中小学校督导评估工作的开展，1995年6月，督导办委托北京师范大学教育管理学院和华东师大教育管理学院各举办一期部分地、市督导人员培训班，对130位学员进行了《普通中小学校督导评估纲要》方面的专题培训。

1995年9月29日～30日，督导办在北京顺义县召开了中小学校督导评估校长座谈会。会议旨在推动全国中小学校督导评估工作的深入开展，加快建立和推行中小学督导评估制度，落实“两全”，推动中小学走上素质教育的轨道。在座谈会上，北京市156中学和顺义县东风小学，天津市南开区青年路中学，辽宁省大连市兆麟小学，吉林省东辽县建安镇中心校，上海市曹杨二中，上海市田林第三中学，山东省青岛市嘉峪关学校，湖北省武昌实验中学，湖南省沅江市北大乡初级中学，四川省都江堰市第一中学校，四川省重庆市渝中区第二实验小学等9省、市的12所学校，介绍了各自通过督导评估转变了教育思想，减轻中小学生过重的课业负担，全面贯彻教育方针，全面提高教育质量的经验。国家教委副主任、总督学柳斌作了重要讲话。他充分肯定这些学校开展中小学督导评估工作的共同经验是：(1)通过督导评估，进一步端正办学方向，提高办学水平，在落实素质教育方面进行探索；(2)重视自评环节，建立自评制度，实行目标化、科学化管理，充分发挥督导评估的自我约束、自我调节作用；(3)重视发动和组织教职工全员参与，调动学校督导评估主体的积极性和自觉性，充分发挥督导评估的激励作用；(4)处理好自评与他评的关系，明确督导评估的目的，认真落实督导评估的意见，不断提高办学水平。柳斌强调，建立中小学校督导评估制度，是落实素质教育的有效机制。今后每年都要抓几所、十几所学校的经验，很好地推广。

撰稿　莫景祺
审稿　白景龙

〔**国家督学开展专题调研**〕　根据1995年国家教委工作要点和督导工作安排，1995年4月5日，下发“关于请国家督学开展调查研究活动的函”，要求国家督学在当地选择1～2个县（市、区），对基础教育“五项内容”督导检查的自查工作情况进行调查；为配合“两基”的顺利实施，还要求河北、山西、内蒙古、广西、云南、贵州、四川、陕西、青海、甘肃、宁夏、新疆等12个省、自治区的国家督学选择1～2个国家级贫困县，对其实施义务教育和扫除青壮年文盲的情况进行专题调研。除此以外，还请了若干位国家督学对义务教育阶段经费投入问题；对上海、吉林等地教育督导工作的有关经验等进行了调查研究。各地国家督学和民主党派特约教育督导员按照文件要求，积极认真地参加了相关专题的调查研究，形成专题调研报告共21篇。

在国家督学调研报告的基础上，督导办就贫困地区普及义务教育及扫除青壮年文盲专题，整理汇编出“国家督学调研报告摘编”共6期，分送国家教委领导及有关司局参阅。并将对上海、吉林教育督导工作经验的调查报告，以《督导通讯》方式印发全国教育督导部门。

为进一步发挥国家督学的作用，1995年4月10日下发“关于重视发挥国家督学作用的通知”。通知指出：“除国家教育督导团根据国家教委工作安排组织国家督学参加一些督导评估和调研活动外，各省、自治区、直辖市在工作中要注意发挥在本地区国家督学的作用。”“给他们提供一些有关教育和督导工作方面的法规文件和信息、材料。”

撰稿　李　捷

审稿　白景龙

〔**督导制度建设**〕　1995年是教育督导制度建设取得全面进展的一年，围绕着教育督导制度建设主要做了以下工作。

起草《教育督导条例》并上报国务院。1991年国家教委以行政规章形式颁布的《教育督导暂行规定》对中国教育督导制度建设起了很大的作用，但随着教育事业的发展对教育督导提出的新的要求，迫切需要尽快制定《教育督导条例》，以行政法规的形式规范教育督导工作。为此，国家教委成立了《教育督导条例》起草组。起草组对教育事业发展的现状和各地执行《教育督导暂行规定》的情况进行了调研、汇总分析了各地意见，组织专家学者和地方教育工作者进行了研讨和论证、反复征求了地方和有关方面的意见，在此基础上起草了《条例》初稿。1995年3月颁布的《中华人民共和国教育法》将教育督导制度列为国家的一项基本教育制度，据此又对《条例》作了进一步修改。国家教委党组在5月初的办公会议上对《条例》初稿进行了讨论并原则通过，10月中旬上报国务院。《教育督导条例（草案）》（送审稿）分为总则、教育督导的对象和基本内容、教育督导机构的职责、督学、教育督导的实施、罚则、附则7章。

起草《督学行为准则》。督学是执行教育督导任务、履行教育督导职权的人员。为了规范督学行为，起草了《督学行为准则》，初稿广泛征求了地方从事教育督导工作的同志的意见，经过反复讨论基本定稿。《准则》对督学在政治思想、业务能力和工作作风上都作了明确要求。

开展《义务教育监测的实验和研究》项目的前期准备工作。对义务教育的实施情况进行监测，是教育督导工作的一项基本内容。为保障本世纪末全国普及初等义务教育，全国大部分地区基本普及九年义务教育或初级中等义务教育的目标的实现，督导办向世界银行申请了《义务教育监测实验和研究》项目。项目的总目标是建立义务教育管理信息系统（主要包括一套健全而又可行的监测指标体系），研究义务教育监测的理论、方法和技术，建立监测的程序和制度，在全国形成义务教育监测网络。1995年7月形成了项目工作方案，并于11月中旬召开了项目开题会。会上讨论并形成了监测指标体系，确定湖南、山东两省的4个县为项目实验县，下发了项目委托的函件。目前正着手组织调研、培训实验人员并开始组织试测。

起草《地方教育行政督导检查工作指导纲要》。为落实《教育督导条例》(送审稿)中关于"国家建立对地方各级教育行政工作进行督导检查的制度"的规定，1995年8月国家教委督导团办公室委托上海、吉林、安徽、湖南四省(市)起草《地方教育行政督导检查工作指导纲要》，以作为对地方教育行政工作开展督导活动的试行依据。1996年1月中旬召开了《指导纲要》起草省通气会，会上讨论了受委托省提出的初稿，最后明确了《指导纲要》的体例、原则、对象、范围、内容等。

撰稿　秦行音

审稿　白景龙

关心下一代工作

〔**概况**〕　1995年全国教育系统关心下一代工作充分发挥各级关工委组织的优势，调动广大离退休教育工作者的积极性，不断拓宽工作领域，配合各级教育行政部门和学校工作，发挥了补充作用。国家教委关心下一代工作委员会荣获"全国关心下一代工作先进集体"称号。全国教育系统关工委的工作情况如下：

第一，进一步加强关工委基层组织建设。各地教委关工委按照《国家教委关工委1995年工作要点》的要求，采取抓点带面加强基层关工委的组织建设。河南偃师市顾县镇关工委组织基本上做到上下沟通，条块结合，纵不断线，横不丢片，形成了上联市局下到镇(乡)、村、校、片、街道和家庭的网络化。江苏省宜兴市教委关工委将全市划分为7个片分别成立了教委关工委工作组；在各乡镇分别成立了乡镇教育系统关工委；并在有条件的学校、村（街道）建立了关工委小组，形成了市、片、乡（镇）、学校（村、街道）四级关心下一代工作组织网络。

第二，1995年是中国人民抗日战争胜利和世界反法西斯战争胜利50周年。各级关工委发挥老同志的政治优势，利用德育基地，开展各种教育活动，使广大青少年受到爱国主义教育。天津市教育系统关工委组织百位老科学家、老教育工作者深入到中小学，同青少年学生一起座谈，结合亲身经历，揭露日本帝国主义侵华罪行，歌颂中国共产党在组织领导抗日战争中的丰功伟绩，叮嘱下一代牢记历史，不忘国耻，奋发图强，为振兴中华，建设祖国勤奋学习。国家教委关工委为弘扬民族精神，对广大青少年进行爱国主义教育，专门举办了题为“正视历史，面向未来——记一件难忘的事”作文比赛活动。

第三，加强调研，分类指导。1995年，重点对民族地区关心下一代工作进行了研讨。8月上旬召开了民族地区关心下一代工作研讨会。同时，对教育系统农村关心下一代工作进行了研讨，着力做好农村关心下一代工作。

根据关工委的特点，1995年全国教育系统关工委继续开展分片协作。西南、西北、东北、华东4个地区先后召开协作会议，交流情况，研讨工作，相互促进。北京、天津、上海3个直辖市在天津市召开协作会议，结合大城市的特点对共性的问题进行研讨。

第四，参与一些主题健康，有利于青少年成长的活动。国家教委关工委发动组织青少年参加了中国青年报社承办的“中国精神”和中国少年报社承办的“让精神世界更美好”读书教育活动。参加了国家教委关工委等单位举办的“向老区贫困县赠书、助学、献爱心”活动。与国家教委体育卫生与艺术教育司等单位联合召开了“碘与儿童、青少年智力研讨会”。

第五，举行关心下一代工作表彰会议。国家教委于1995年3月20日在京召开了“国家教委关心下一代工作表彰电话会议”。表彰全国教育系统关心下一代工作的81个先进集体，251名先进个人。与会领导向受表彰的集体和个人颁发了荣誉证书和奖牌。

〔调研工作〕 为了认真总结关工委开展调研工作的经验，及时交流调研成果，10月25日至28日，国家教委关工委在河南偃师市召开了全国教育系统关工委调查研究工作会议。全国26个省、直辖市、计划单列市及新疆生产建设兵团教委、教育厅（局）有关负责同志50余人出席会议。这次会议收到交流材料60余份。归纳起来大致包括以下几个方面：关于大、中、小学学生思想、道德、理想、信念的现状及加强德育工作的调查；关于精神文明建设，育人环境情况的调查；关于社区教育，学校、家庭、社会教育相结合情况的调查；关于贯彻《教师法》、《九年制义务教育法》、《未成年人保护法》等方面情况的调查；关于家长学校和家庭教育情况的调查；关于青少年犯罪情况的调查；关于发挥离退休教育工作者作用及加强关工委建设的调查等等。

会议强调：调研工作是关工委工作的一项重要内容。各级关工委要认真抓好此项工作，及时总结、交流、推广典型经验，更好地发挥关工委组织配合补充的作用。

撰稿　郭春开
审稿　李蒙恩

职业教育

教育管理

〔**综述**〕 1995年，中国职业教育事业持续发展。职业教育规模继续扩大。中等职业技术学校达到17168所，招生数和在校生数分别达到369万人和939万人，占高中阶段学生总数的57.42%和56.84%，中等教育结构进一步改善。职业初中达到1535所，在校生69.69万人；职业大学为86所，在校生9.83万人。

骨干学校建设得到加强。1995年，国家教委发布了经复评合格的第一、第二暨第三批省级重点职业高级中学名单，并评出296所国家级重点职业高级中学。届此，全国已有省部级重点中等职业技术学校1964所，其中中专699所，职业高中909所，技校356所，国家级重点中等职业技术学校675所，其中中专249所，职业高中296所，技校130所。骨干学校的建设推动了职业教育整体水平的提高。

1995年，职业教育体系建设有所进展。国家教委成立了高等职业教育协调领导小组，就什么是高等职业教育、要不要发展高等职业教育、怎样发展高等职业教育、如何管理高等职业教育等重大问题提出了意见。并在职业大学兴办十几年来，第一次下发了《关于职业大学改革和建设的意见》和《关于开展建设示范性职业大学工作的通知》，推动了高等职业教育的改革和发展。

1995年，职业教育法制建设取得突破性进展。由国家教委起草的《职业教育法》于1995年4月上报国务院后，经国务院第39次常务会议讨论通过，正式提交全国人大常委会审议。

撰稿　李　文
审稿　刘占山

〔**印发普通中专教育改革与发展《意见》**〕 1995年5月，国家教委印发了《关于普通中等专业教育（不含中师）改革与发展的意见》。提出到本世纪末，中专教育要有一个较大的发展。要通过挖潜，主要走内涵发展的路子，在同类职业技术学校中发挥好骨干作用。要加强重点学校建设，集中力量办好骨干学校，其中重点建设好一批省部级和国家级重点学校，使之成为规模分别在1500、3000人以上，办学条件、办学水平、教育质量、社会效益等方面能起到骨干示范作用的综合性学校。

《意见》主要内容有：要加快中专学校管理体制改革的步伐。中专教育实行分级管理，分工负责，条块结合，地方为主的管理体制。地方政府对中专教育的改革与发展负有主要责任，教育行政部门要加强对中专学校的统筹管理。同时要发挥好计划、劳动、人事部门和业务部门的管理职能，使之在人才预测、学校布局、业务指导、评估督导等方面，发挥好宏观协调作用。

改革中专学校的办学体制，分别实行：地方为主、部门（行业）为辅；部门（行业）为主、地方为辅；企业为主，政府支持等多种办学体制。在主要依靠部门（行业）、企业办学的同时，积极推动部门（行业）与地方，部门（行业）间、企业间、学校间的联合办学。鼓励和支持社会力量办学。

要改变过去那种与计划经济体制相适应的单纯为全民所有制单位培养人才，统包统配的制度。通过改革，拓宽服务面向，为多种所有制单位服务，特别是要为农村经济建设培养合格适用的中等专业人才。要逐步全面实行学生缴费上学，大多数毕业生在国家政策指导下自主择业制度。

中专学校要改变单纯依靠国家财政拨款办学的状况，在坚持国家财政拨款为主渠道的同时，实行多渠道筹措办学经费。学校要大力兴办校办产业，产教结合，促进学校自我发展。各级政府要合理确定学校的基本办学经费，并建立按适当比例逐年增长的拨款制度。

深化教学领域的改革，努力提高教育质量。深化中专学校教学改革，要以经济建设、社会发展和市场需要为导向，遵循中专教育的规律，着重提高学生思想道德和业务素质，全面提高教育质量。要进一步贯彻教育与生产劳动相结合的方针，实行教学、技术服务、生产实践三结合。

加强教师队伍建设。到2000年，中专学校的专任教师要基本达到任职资格标准。要改革专业技术职务评聘工作，允许符合条件的专业教师评定教师职称的同时，评定其他专业技术职称，逐步下放教师任职资格评审权。

撰稿 杨 健

审稿 刘占山

〔**加强农业职业教育**〕 近年来，农村职业教育继续发展，县镇和农村职业高中由1984年的4285所发展到1995年的5117所，在校生由1984年的89.5万人增加到1995年的198.3万人。12年来，共为社会输送490多万名毕业生，为推动农村经济发展作出了贡献。

随着农村产业结构的调整，农村职业学校面向二、三产业的专业不断发展，这在一定程度上适应了农村经济发展的需要。但是，近两年来，农业效益比较低，农村职业学校为一产服务的专业在发展中遇到了一些困难，出现了严重滑坡现象，农业类专业招生数由1992年的25万人下降到1995年的16万人，下降36%。这与农村产业结构调整幅度和农民致富对农业技术的需求情况是不相适应的。

为贯彻落实党的十四届五中全会和中央农村工作会议精神，使农村职业教育更好地为农村经济建设和农民脱贫致富服务，在华夏基金会的支持下，国家教委职教司于1995年9月20日至23日在山东省即墨市召开了部分省市农业职业教育研讨会。参加会议的有13所华夏基金会项目学校和部分办得较好的农村职业学校校长和部分省市职教处处长，国家教委副主任王明达到会讲话。会议请专家作了关于农业形势的报告；总结、交流了各地的办学经验；参观了青岛市和潍坊市的典型学校；就如何进一步办好农业职业教育进行了研讨；对职教司起草的《关于进一步办好农村中等职业学校农业类专业的意见》进行了讨论。

通过与会者研讨，一致认为：农业是我国国民经济发展的基础，也是社会长治久安的基础。没有农业的现代化，就没有中国的现代化。要实现农业现代化，使农业和农村经济不断上新台阶，根本出路在于依靠科技进步。而科技推广靠人才，人才培养靠教育。因此，农村职业学校要认真贯彻落实中共中央、国务院提出的“九五”期间使科技进步对农业增长的贡献率由目前的35%左右提高到50%左右的指示精神，坚持面向农业、面向农村、面向农民的办学方向，首先办好为一产服务的专业，根据需要发展为二、三产业服务的专业，努力为农民致富服务，为发展高产、优质、低耗、高效农业服务。

撰稿　王兰英
审稿　刘占山

〔**高等职业教育**〕　截止1995年底，全国有独立设置的高等职业学校90所，其中由地方举办的职业大学86所，1985年国家教委在4所普通中专学校的基础上试办4所技术专科学校，两类学校共有在校生10万多人。1994年经国家教委批准，在10所普通中专学校举办了高职班，有在校生3000多人。通过多年的办学实践，在发展高等职业教育上取得的办学经验是：

1. 要有明确的培养目标。高等职业教育要根据经济建设生产第一线岗位(岗位群)对高层次应用型人才的需要，有针对性地确定培养目标和规格标准，形成高等职业教育应有的特色，使学生在校学习期间，养成良好的职业道德，基本上掌握从业所需要的技术、技能、理论知识和生产规范，毕业上岗后能很好适应工作的需要。

2. 招收初中毕业生实行五年学制或招收中等职业技术学校毕业生学制二至三年，是工科类高等职业技术学校较好的办学形式。技术、技能的形成需要有一个循序的过程。五年制高等职业技术学校有充足的时间学习和训练，并能比较系统地掌握专业技术和专业知识，形成良好的职业道德，稳定的专业思想，能较好地保证高级应用型人才培养的基本质量。招收初中毕业生还可以吸收较好的生源。高等职业技术学校结合专业特点对口招收中等职业技术学校毕业生，二至三年学制，实行培养过程的中、高级衔接，有利于较高质量技术人才的成长，也是高等职业教育人才培养的较好模式。

3. 从职业分析入手，以能力培养为中心，建立有特色的教学体系。高等职业学校的教育教学工作要根据培养目标针对性较强的特点，加强对学生实践应用能力的培养。教学计划的制订必须按照职业岗位的需要，明确规格要求，运用职业能力分析的方法，确定毕业生应具备的业务能力和知识结构，并依此安排所开设的课程和教学内容，调度各项教学活动。理论教学要为能力培养服务，不强求理论的系统性和完整性。教学过程中要重视和加强实践性教学环节，加强实验、实习基地的建设。在师资队伍建设上，还要注重既有较高理论水平，又有一定专业技术技能的“双师型”教师的培养。

4.办学与经济发展和企业生产密切结合才有旺盛的生命力。高等职业教育培养目标针对性较强,毕业生直接进入生产第一线,与经济建设和社会发展有更密切、更直接的关系。学校要在办学中转变办学思想，主动适应经济建设的需要，根据行业生产的需要和地方经济发展与产业结构调整对人才的不同需求，面向行业，服务地方，努力探索校企结合的办学路子,结合社会的需要开展科研、生产、技术开发与服务活动。

为推动职业大学的改革和建设，国家教委于1995年10月6日印发了《关于推动职业大学改革与建设的几点意见》,《意见》针对职业大学在办学中长期存在的政策不配套、发展不平衡、办学条件不足、专业特色不明显等困难和问题，进一步明确职业大学在我国高等职业教育事业发展中的地位和作用，提出了推动职业大学改革与建设的基本要求和主要措施，要求地方切实加强对职业大学的领导和管理，促进了职业大学的健康发展。

撰稿　孙　明

审稿　刘占山

〔**重点职业高中建设和评估**〕　在前几年省级重点职业高中建设和评估工作的基础上,国家教委在1995年开展了第三批省级和首批国家级重点职业高中的建设和评估工作，并对1990、1991年评估认定的第一、二批省级重点职业高中进行了复评。评估认定工作根据国家教委1995年1月27日《关于开展国家级重点职业高级中学评估认定工作的通知》要求，依照《省级重点职业高级中学的标准》和《国家级重点职业高级中学标准》,以及《国家级重点职业高级中学评估指标体系》等文件进行。各省、自治区、直辖市教委、教育厅（局）根据国家教委部署，组织对本地参评学校评估，将评估结果和备选学校名单，经省政府备案后报国家教委。国家教委经审查认定，于1995年10月公布了经复评合格的第一、二批暨第三批省级重点职业高级中学名单（附后）。这次评估中认定省级重点职业高中459所，加上对第一、二批省级重点复评重新认定的450所，共认定省级重点909所。第一、二批455所学校中，有5所学校没达到标准，被取消资格。经国家教委国家级重点职业高中评估审议小组审议,认为上报的314所国家级备选学校中,有296所符合标准要求,提交国家教委审批(将于1996年公布审批结果)。

国家级、省级重点职业高中评估认定推动了职业中学的建设和发展：

1.加强政府统筹,调动了社会各界的关心和支持。在争创重点职业高中的过程中,许多省、自治区、直辖市都做出建设重点职业高中的规划，制定并出台了有关政策，动员全社会共同参予创建工作。河北省委、省政府决定，要求全省139个县（市）在“八五”期间，每个县（市）建一所县级职教中心。由于全社会共同努力,到1995年全部建成。苏州市属各县（市）政府，把创建国家级重点职业高中工作列入政府工作目标，并和学校主管部门签订责任状。由于政府统筹力度加大，加快重点职业高中建设步伐。

2.增加投入，改善了办学条件，扩大了学校规模。为建设重点职业高中，各级政府、各业务部门和社会有关方面都增加投入，改善办学条件。据不完全统计，符合国家级重点职业高中标准的296所学校，在创建过程中，占地新增1121.4万平方米，校均37.6万平方米，建筑面积新增319.4万平方米，校均1.02万平方米，设备总值新增42万元，校均142.6万元，新增图书689.2万册，校均2.3万册，校办产业固定资产总值新增59283万元，校均211万元，新增教师7906人，校均26人，在校生新增170372人，校均564人。学校规模达到1644人，比1955年全国职业高中校均440人高1204人，规模扩大，条件大有改善。

3. 学校布局和专业设置进一步调整，为当地经济和社会发展服务的能力加强。在创建过程中，学校根据当地产业结构变化和市场经济发展需求，调整学校布点和专业设置。北京市西城区将原属的外事服务职业高中、32中和113中职业高中合并，组建新的外事服务职业高中，使其资源共享、优势互补，加强了外事服务专业，同时又增设了礼仪公关、商务导购、西餐烹饪和导游等专业，适应社会对人才的需求。山东省即墨市第一职业中等专业学校，在创建重点过程中，根据农村实际需要，大力开展技术服务：一是利用集市日，向农民传授科技致富经验，解答实用技术难题；二是组织服务队下乡指导；三是开展挂村联户活动，对村户指导、咨询、良种推广和技术承包；四是开展“3211”活动，即每个学生每年向农民传递三条科技信息，介绍两项实用技术，推广一个优良品种，建立一个对口家庭实习基地。近几年，该校共建立对口家庭实习基地480个，向社会推广立体种植、保护地栽培等先进技术162项，生产激素3800斤，推广作物新品种30多个，传递科技信息3500条。这一活动已遍及即墨及附近县（市）的30多个乡镇、500多个自然村，较好的发挥了为当地经济发展服务的能力。

4. 提高了学校规范化、现代化的程度和教育质量。天津市塘沽区第一职业中等专业学校先后制定94项规章制度，如教育教学管理、德育管理、后勤管理、教师管理、学生管理等制度，逐渐走上规范化轨道。海口旅游职业学校，投入3158.6万元新建现代化校舍2万平方米，投入1000万元建设21个实验室和专用教室，配备一流设备，还安装了一套由计算机控制的，包括100台彩电、64路监控、8台计算机等7套教育教学和管理系统。这套系统且与北京联网、实现信息资料远程传输，教学与管理的现代化程度进入了全国先进行列。

撰稿　王孟春

审稿　刘占山

附：

省级重点职业高级中学名单

北京市

经复评合格的第一、二批省级重点职业高级中学名单（14）所

北京市东城区职业教育中心学校

北京市财经学校

北京市实用美术职业学校

北京市外事服务职业高中

北京市计划统计学校

北京市宣武区职业教育中心学校

北京市财会学校

北京市劲松职业高中

北京市海淀区艺术师范学校

北京市信息管理学校
北京市丰台区职业教育中心学校
北京市黄庄职业高中
北京市昌平农村职业学校
密云县职业学校

第三批省级重点职业高级中学名单（13）所

北京市第六十一中学
北京市卫生职业学校
北京市崇文区电子技术职业教育中心
北京市印刷学校
北京市求实中学
北京民族职业高中
北京市海淀外语电子职业高中
北京市古城旅游服务职业高中
昌平县第三中学
大兴县第一职业高中
大兴县第二职业高中
顺义县职业教育中心学校
怀柔县第一职业高中

天津市

经复评合格的第一、二批省级重点职业高级中学名单（10）所

天津市中华职业中等专业学校（原和平区职教中心）
天津市塘沽区第一职业中等专业学校
天津市宝坻县第一职业中等专业学校
天津市电子计算机职业中等专业学校
天津市渤海职业中等专业学校（原渤海职校）
天津市财经职业中等专业学校
天津市卫生职业中等专业学校（原护士职专）
天津市塘沽区第二职业中等专业学校
天津市静海县职业中等专业学校
天津市武清县职业中等专业学校

第三批省级重点职业高级中学名单（16）所

立信职业中等专业学校
中山涉外金融职业中等专业学校
蓟县职业中等专业学校
口腔职业中等专业学校
瀛海职业中等专业学校
津南区职业中等专业学校
统计职业中等专业学校
汽车工业职业中等专业学校
汉沽区职业中等专业学校
东丽区第一职业中等专业学校
北辰区职业中等专业学校
大港区第一职业中等专业学校
北洋职业中等专业学校
西青区职业中等专业学校
经济技术开发职业中等专业学校
立达职业中等专业学校

河北省

经复评合格的第一、二批省级重点职业高级中学名单（15）所

涉县职业技术教育中心
南宫市职业技术教育中心
鹿泉市职业教育中心
定州市职业技术教育中心
丰宁满族自治县职业技术教育中心
三河市职业技术教育中心
迁安县职业技术教育中心
秦皇岛市职业技术教育中心
任丘市职业技术教育中心
承德市职业技术教育中心
永年县综合职业技术学校
张家口市第一职业中学
沧县职业技术教育中心
邯郸市第一职业中学
藁城市职业技术教育中心

第三批省级重点职业高级中学名单（23）所

武安市综合职业技术教育中心
邢台市职业技术教育中心
宁晋县职业技术教育中心
新乐市职业技术教育中心
晋州市职业技术教育中心
冀州市职业技术教育中心
故城县综合职业技术学校
深州市职业技术教育中心
青县职业技术教育中心
河间市职业教育中心
安国市职业技术教育中心
清苑职业技术学校
徐水县职业技术教育中心
蠡县启发职业技术教育中心
唐山市综合职业中等专业学校
滦南县综合职业技术教育学校
丰南市职业技术教育中心
滦县综合职业技术教育中心
抚宁县职业技术教育中心
卢龙县技术教育中心
隆化县职教中心
大厂回族自治县职业技术教育中心
张家口市宣化区职业教育中心

山西省

经复评合格的第一、二批省级重点职业高级中学名单（18）所

太原市第二职业中学
阳泉市第一高级职业中学
长治市职业高级中学
大同市第一高级职业中学
原平市职业学校
阳泉市交通职业学校
太原市第一职业中学
沁县中等职业学校
昔阳县高级职业中学
临猗县第一职业中学
大同矿务局第一职业中学
长治市城区职业高级中学
芮城县第一职业中学
祁县职业高级中学
太原市食品工业职业学校
运城市第一高级职业中学
榆次市第一职业中学
太原市财政金融职业学校

第三批省级重点职业高级中学名单（15）所

永济市综合职业中学
长治县职业中学
潞安矿务局职业中学
朔州市神头职业中学
平朔煤炭工业公司职业中学
介休市职业中学
平遥县职业中学
寿阳县职业中学
阳城县职业中学
阳泉市郊区职业中学
交城县职业中学
左云县综合技术学校
太原市旅游职业中专学校
侯马市职业中学
霍州市职业中学

内蒙古自治区

经复评合格的第一、二批省级重点职业高级中学名单（13）所

呼和浩特市第二职业高级中学
包头市第四职业高级中学
巴盟乌拉特前旗第一职业中学
哲盟奈曼旗八仙筒蒙古族职业高中
赤峰市第一职业高中
乌兰浩特市第一职业技术学校
乌兰浩特市第二职业技术学校
通辽市职业技术教育中心校

呼和浩特市第五职业高中
集宁市第二职业高中
赤峰市华夏职业学校
临河市第二职业高中
东胜市职业高中

第三批省级重点职业高级中学名单（11）所

阿荣旗第一职业中学
科左中旗民族职业高中
赤峰市第二职业高中
东乌珠穆沁旗民族职业中学
丰镇市职业高级中学
呼和浩特市第一职业高级中学
包头市第五职业高级中学
包头市第八职业高级中学
包钢第一职业中学
临河市第一高级职业中学
阿左旗职业高级中学

辽宁省

经复评合格的第一、二批省级重点职业高级中学名单（36）所

沈阳市外事服务学校
沈阳市汽车工程学校
沈阳市旅游学校
沈阳市女子艺术学校
沈阳市计算机学校
沈阳市金融学校
沈阳市第二服装学校
沈阳市经济技术学校
沈阳市第一服装学校
沈阳市经济管理学校
大连市女子中等职业技术专业学校
大连市电子中等职业技术专业学校
大连市服装中等职业技术专业学校
大连市旅顺第一中学职业技术专业学校
大连市金州区第一中等职业技术专业学校
普兰店市第一中等职业技术专业学校
瓦房店市第一中等职业技术专业学校
普兰店市第二中等职业技术专业学校
鞍山市第一中等职业技术专业学校
鞍钢第一中等职业技术专业学校
抚顺市女子中等职业技术专业学校
本溪市第一中等职业技术专业学校
本溪市第二中等职业技术专业学校
丹东市第一中等职业技术专业学校
东港市中等职业技术专业学校
宽甸县中等职业技术专业学校
凤城市第一中等职业技术专业学校
锦州市第一中等职业技术专业学校
锦州市第二中等职业技术专业学校
营口市第一中等职业技术专业学校
阜新市第一中等职业技术专业学校
辽阳市第一中等职业技术专业学校
铁岭市中等职业技术专业学校
朝阳县中等职业技术专业学校
盘锦市第二中等职业技术专业学校

第三批省级重点职业高级中学名单（19）所

沈阳市电力学校
大连市金州区第二中等职业技术专业学校
沈阳市政法学校
沈阳市外国语学校
沈阳市机电学校
鞍山市第三中等职业技术专业学校
沈阳市园林学校
沈阳市木兰学校
沈阳市财会学校
沈阳市艺术幼儿教育学校
沈阳市经贸学校
沈阳市外贸学校
沈阳市电子技术学校
沈阳市工业技术学校
本溪市第三中等职业技术专业学校

辽阳市第三中等职业技术专业学校

兴城市第一中等职业技术专业学校

沈阳市商贸学校

辽化第一中等职业技术专业学校

吉林省

经复评合格的第一、二批省级重点职业高级中学名单（19）所

长春市实验职业高中

一汽集团公司职业技术学校

吉林市女子职业高中

双辽县农职业技术教育中心

辽源市第一职业高中

通化市职业教育中心

白山市实验职业高中

白城市第一职业高中

汪清县第一职业技术高中

长春市计算机学校

德惠市职业高中

吉林市实验职业高级中学

四平市第一职业技术学校

公主岭市职业教育中心

东丰县职业高中

集安市职业教育中心

梅河口市第一职业高中

松江河林业局职业高中

延吉市第一高级职业中学

第三批省级重点职业高级中学名单（22）所

长春市旅游职业技术学校

长春市服装学校

一汽集团公司附属职业高中

长春市郊区职业教育中心

双阳县职业教育中心

吉林化学工业公司职业中专

吉林市机电职业中专

吉林市外国语职业中学

永吉县实验职业高中

桦甸市第一职业高中

舒兰市实验职业高中

蛟河市职业技术教育中心

梨树县梨树职业高中

伊通满族自治县职教中心

辉南县第一高级职业中学

三岔子林业局职业高中

大安市第一职业高中

前郭尔罗斯蒙古族自治县第一职业技术学校

吉林油田管理局职业高中

延吉市第三高级职业中学

和龙市职业高中

珲春市职业高中

黑龙江省

经复评合格的第一、二批省级重点职业高级中学名单（20）所

哈尔滨市第一高级职业中学

哈尔滨市第十三高级职业中学

齐齐哈尔车辆厂职业高级中学

牡丹江市第一职业高级中学

佳木斯市第一职业高级中学

鸡西市第一职业高级中学

桦南县农业技术高级中学

五常县农业技术高级中学

尖山农场高级职业中学

绥阳林业局职业中学

齐齐哈尔第六职业高级中学

集贤县第一农业技术高级中学

齐齐哈尔铁路局职业高级中学

哈尔滨市第二十职业高级中学

哈尔滨市第二十二职业高级中学

密山市职业技术教育中心

哈尔滨市第二职业高级中学

绥化市职业高级中学

绥滨农场职业高级中学

木兰县职业高级中学

第三批省级重点职业高级中学名单（10）所

讷河市综合职业技术教育中心
大庆石油管理局蒙妮坦职业中学
大庆石油管理局外事服务职业中学
哈尔滨市第一女子职业高级中学
绥滨县综合职业技术教育中心
宝清县职业中学
安达市综合职业技术教育中心
尚志市农职业高级中学
双鸭山市农职业高级中学
海林市职业高级中学

上海市

经复评合格的第一、二批省级重点职业高级中学名单（11）所

上海市商业职业技术学校
上海市旅游服务职业技术学校
上海市中等职业教育中心
上海市群益职业技术学校
上海市华山美术职业学校
上海市卢湾区职业教育中心
上海市曹阳职业技术学校
上海市静安职业学校
上海市国际旅游职业技术学校
上海市统计职业技术学校
上海市崇明县竖河职业技术学校

第三批省级重点职业高级中学名单（9）所

上海市逸夫职业技术学校
上海市共青职业技术学校
上海市群联职业技术学校
上海市南湖银行职业技术学校
上海市闸北第二职业技术学校
上海市杨浦职业技术学校
上海市东辉职业技术学校
上海市青浦职业技术学校
上海市宝山职业技术学校

江苏省

经复评合格的第一、二批省级重点职业高级中学名单（40）所

江苏省苏州市高级工业学校
江苏省无锡电子职业中学
江苏省镇江京江职业中学
江苏省通州县职业中学
江苏省扬州工业职业学校
江苏省金湖职业高级中学
江苏省邳县车夫职业中学
江苏省无锡轻工职业高级中学
江苏省南京经营管理职业技术教育中心
江苏省江阴职业高级中学
江苏省无锡机电职业高级中学
江苏省常熟工业职业高级中学
江苏省徐州第一职业高级中学
江苏省张家港职业高级中学
江苏省泗阳农业职业高级中学
江苏省南京安德门职业高级中学
江苏省海门职业高级中学
江苏省盐城南洋岸职业高级中学
江苏省淮安职业高级中学
江苏省苏州旅游职业高级中学
江苏省常熟农副职业中学
江苏省常州第一职业高级中学
江苏省南京建筑职业技术教育中心
江苏省海安农业工程技术学校
江苏省盐城第一职业中学
江苏省铜山张集职业中学
江苏省国营东辛农场职业中学
江苏省常州刘国钧职业教育中心
江苏省仪征工业职业高级中学
江苏省邗江职业高级中学
江苏省武进职业高级中学
江苏省南通职业高级中学

江苏省涟水职业高级中学
江苏省镇江机械职业高级中学
江苏省苏州丝绸职业高级中学
江苏省溧阳职业高级中学
江苏省泰兴职业高级中学
江苏省海安双楼职业高级中学
江苏省如东职业高级中学
江苏省句容高庙职业高级中学

第三批省级重点职业高级中学名单（51）所

江苏省江宁湖熟职业高级中学
江苏省南京港口职业高级中学
江苏省南京商业职业高级中学
江苏省六合工业职业高级中学
江苏省江浦职业高级中学
江苏省溧水职业高级中学
江苏省无锡旅游职业高级中学
江苏省宜兴丁蜀职业高级中学
江苏省无锡县职业高级中学
江苏省无锡县工业职业高级中学
江苏省徐州第二职业高级中学
江苏省常州旅游职业高级中学
江苏省常州第三职业高级中学
江苏省武进西林职业高级中学
江苏省金坛建昌职业高级中学
江苏省吴县职业高级中学
江苏省昆山第一职业高级中学
江苏省太仓职业高级中学
江苏省苏州机械职业高级中学
江苏省吴江职业高级中学
江苏省如皋第一职业高级中学
江苏省如东第一职业高级中学
江苏省连云港职业技术教育中心
江苏省连云港延安职业高级中学
江苏省连云港大港职业高级中学
江苏省连云港锦屏职业高级中学
江苏省东海职业高级中学
江苏省宿迁职业高级中学
江苏省灌南职业高级中学
江苏省泗阳职业高级中学
江苏省泗洪职业高级中学
江苏省盱眙职业高级中学
江苏省盐城盐南职业高级中学
江苏省大丰职业高级中学
江苏省射阳职业高级中学
江苏省建湖职业高级中学
江苏省滨海职业高级中学
江苏省响水职业高级中学
江苏省东台第二职业高级中学
江苏省盐城第二职业高级中学
江苏省扬州职业高级中学
江苏省江都职业高级中学
江苏省泰州第一职业高级中学
江苏省姜堰职业高级中学
江苏省靖江职业高级中学
江苏省兴化职业高级中学
江苏省宝应工业职业高级中学
江苏省邗江工业职业高级中学
江苏省靖江工业职业高级中学
江苏省丹阳职业高级中学
江苏省丹阳吴塘职业高级中学

浙江省

经复评合格的第一、二批省级重点职业高级中学名单（10）所

杭州市旅游职业学校
宁波市职教中心学校
温州市职业技术学校
嘉兴市工业职业中学
绍兴市第一职业技术学校
缙云县中等职业技术学校
三门县农业技术学校
金华市第一职业中学
江山市农村职业技术学校
遂昌县职业技术学校

第三批省级重点职业高级中学名单（17）所

杭州市红星职业高级中学
杭州市电子职业高级中学
杭州市交通职业高级中学
萧山市城厢职业高级中学
奉化市大桥职业技术学校
余姚市职业技术学校
慈溪市城镇高级职业中学
鄞县第一职业中学
宁海县第二职业中学
平湖市职业中学
绍兴市中兴职业学校
上虞市中等职业技术学校
兰溪市中等职业技术学校
义乌市城镇职业技术学校
东阳市技术学校
金华县职业技术学校
仙居县职业高级中学

安徽省

经复评合格的第一、二批省级重点职业高级中学名单（13）所

合肥市职业教育中心
芜湖市职业教育中心
马鞍山市职业教育中心
蚌埠市职业教育中心
安庆市职业教育中心
铜陵市第一职业高级中学
淮南市职业教育中心
黄山市中华职业学校
长丰县庄墓职业高级中学
霍邱县陈埠职业高级中学
泾县职业高级中学
来安县职业高级中学
阜阳市第一职业高级中学

第三批省级重点职业高级中学名单（16）所

宿州市第一职业高级中学
宿州市第二职业高级中学
淮北市第二职业高级中学
滁州市第一职业高级中学
安徽省行知中学
宁国县职业高级中学
广德县横山职业高级中学
宣州市职业高级中学
霍山县职业高级中学
六安市第一职业高级中学
铜陵县钟鸣职业高级中学
怀宁县三桥职业高级中学
太和县第一职业高级中学
亳州市第二职业高级中学
蒙城县职业高级中学
蒙城县三义职业高级中学

福建省

经复评合格的第一、二批省级重点职业高级中学名单（14）所

龙岩华侨职业中专学校
泉州华侨职业中专学校
厦门旅游职业中专学校
永安农业职业中专学校
福州文教职业中专学校
三明职业中专学校
厦门电子职业中专学校
漳州职业中专学校
莆田湄洲湾工业职业中专学校
福州财政金融职业中专学校
福安职业中专学校
南平职业中专学校
晋江职业中专学校
福州旅游职业中专学校

第三批省级重点职业高级中学名单（17）所

福清龙华职业中专学校
福州建筑工程职业中专学校
福州交通职业高级中学
福州电子职业中专学校
厦门交通职业中专学校
南安红星职业中专学校
惠安职业中专学校
泉州泉中职业中专学校
莆田涵江职业中专学校
莆田城厢职业中专学校
莆田华侨职业中专学校
漳州第二职业中专学校
上杭职业中专学校
永安职业中专学校
尤溪职业中专学校
建瓯职业中专学校
宁德职业中专学校

江西省

经复评合格的第一、二批省级重点职业高级中学名单（15）所

南昌市第一职业中学
景德镇市陶瓷职业技术高级中学
萍乡市宣风职业中学
崇义县农林技术学校
秦和县职业技术高级中学
秦新县冶城职业技术学校
弋阳县职业高级中学
龙南县第一职业技术学校
黎川县职业高级中学
宜丰县职业技术教育中心
九江市职业技术高级中学
南昌市职业高级中学
吉安市第六职业中学
大余县职业技术学校
临川县第一职业技术学校

第三批省级重点职业高级中学名单（9）所

铜鼓县职业技术高级中学
上高县农职业技术学校
靖安县职业中学
永修县职业高级中学
萍分市职业中等专业学校
玉山县职业技术学校
婺源县彰公山共产主义劳动大学
南昌市第三职业高级中学
赣州市第一职业技术学校

山东省

经复评合格的第一、二批省级重点职业高级中学名单（56）所

胶南市职业中专
即墨市第一职业中专
汴南市历城职业中专
济南市第五职业中专
烟台市福山区职业中专
即墨市第二职业中专
平度市职业中专
昌邑市职业中专
寿光市第一职业中专
淄博市张店第二职业中专
淄博市临淄区职业中专
莱西市职业中专
临沭县职业中专
烟台市第一职业中专
德州第一职业中专
烟台市牟平区职业中专
莱芜市职业中专
威海市职业中专
安丘市职业中专
昌乐县职业中专
肥城市职业中专
青岛市崂山区职业中专
胶州市职业中专

青岛电子学校
招远市第二职业中专
莒县职业中专
潍坊第一职业中专
荣成市职业中专
广饶县职业中专
五莲县职业中专
陵县职业中专
栖霞县职业中专
烟台市第二职业中专
嘉祥县职业中专
文登职业中专
枣庄市职业中专
枣庄市薛城区职业中专
滕州市第一职业中专
博兴县职业中专
青岛食品学校
龙口市职业中专
烟台市第三职业中专
临沂市兰山区第一职业中专
郯城县职业中专
平邑县职业中专
诸城市职业中专
淄博市张店区第一职业中专
济南市第三职业中专
济南市第六职业中专
平阴肥职业中专
邹平县职业中专
平原县职业中专
淄博市淄川第二职业中专
淄博市博山第一职业中专
新泰市职业中专
莱芜市第二职业中专

第三批省级重点职业高级中学名单（62）所

青岛华夏职教中心
青岛旅游学校
青州市第一职业中专
潍坊电力职业中专
潍坊农机职业中专
沂源县职业中专
高密市财经职业中专
莱州市第二职业中专
龙口市第一职业中专
日照市第三职业高中沂南县职业中专
沂南县职业中专
胜利油田第六职业中专
栖霞县第二职业中专
无棣县职业中专
邹城市职业中专
泰安市第一职业中专
章丘市职业中专
德州市第三职业中专
胜利油田第二职业高中
桓台县职业中专
齐河县职业中专
济宁市第一职业中专
费县职业中专
单县职业中专
聊城市第二职业中专
菏泽市职业中专
寿光市职业技术中专
德州市第二职业中专
莱州市职业中专
蓬莱市第一职业中专
烟台市第四职业中专
莱阳市职业中专
临沂市兰山区第二职业中专
日照市职业中专
海阳县职业中专
威海市交通职业中专
淄博市淄川区职业中专
寿光市第二职业中专
淄博市临淄区职业中专北校
齐鲁石化职业中专

阳信县职业中专
临朐县职业中专
沂水县职业中专
兖州市职业中专
青岛交通职业高中
烟台市福山第二职业中专
胜利油田第四职业高中
枣庄矿务局职业中专
莒南县职业中专
曲阜市职业中专
肥城市第一职业中专
垦利县职业教育中心
阳谷县职业中专
淄博市临淄区第一职业高中
德州农机职业中专
沂源县职业高中
广饶县职业中专
泰安郊区职业中专
沾化县职业中专
宁津县职业中专
临沂市纺织职业中专
曹县梁堤头职业高中

河南省

经复评合格的第一、二批省级重点职业高级中学名单（22）所

郑州市第四职业中等专业学校
密县职业技术教育中心
开封市第二职业高级中学
尉氏县第一职业高级中学
洛阳拖拉机厂职业高级中学
栾川县第二职业高级中学
平顶山矿务局职业中等专业学校
新乡市第二职业高级中学
辉县市第一职业高级中学
博爱县磨头农业中学
安阳市第一职业中等专业学校
安阳县第一农职业高级中学
南乐县第二职业高级中学
卢氏县职业高级中学
许昌县桂村农业中学
漯河市第一职业高级中学
商丘市职业中等专业学校
商水县卫生职业中等专业学校
汝南县马乡职业高级中学
新县职业高级中学
南阳市第一职业中等专业学校
南阳县第一职业高级中学

第三批省级重点职业高级中学名单（20）所

登封市职业中等专业学校
巩义市职业中等专业学校
平顶山市经济管理学校
平顶山市理工学校
许昌市第二职业高级中学
漯河市第二职业高级中学
驻马店市世术职业中等专业学校
信阳市第一职业高级中学
内黄县第一职业高级中学
安阳市第二职业中等专业学校
鹤壁市第二职业高级中学
洛阳市第一职业高级中学
灵宝市第一职业高级中学
周口市职业中等专业学校
新乡县职业中等专业学校
南阳市第二职业高级中学
开封县第一职业高级中学
濮阳县职业技术学校
宁陵县职业技术教育中心
焦作市轻工职业中等专业学校

湖北省

经复评合格的第一、二批省级重点职业高级中学名单（19）所

武汉市第一职业教育中心

武汉市第二职业教育中心学校
鄂州市第一职业中学
黄石市职业技术教育中心
黄州市职业中等专业学校
蒲圻市职业高级中学
孝感市职业高级中学
荆沙市职业教育中心
石首市职业中等专业学校
钟祥市职业高级中学
荆门市职业技术教育中心
襄樊市第一职业技术高级中学
谷城县职业高级中学
十堰市第一职业高级中学
郧县职业技术教育中心
东风汽车公司第一职业高级中学
宜昌市职业教育中心
宜昌县职业高级中学
恩施市职业技术教育中心

第三批省级重点职业高级中学名单（21）所

武汉市东西湖职业技术学校
武昌县职业中学
黄陂县职业高级中学
武汉钢铁公司第一职业技术教育中心
浠水县职业中学
罗田县职业中学
通山县职业教育中心
广水市职业高级中学
仙桃市职业技术教育中心
公安县职业高级中学
荆门市江汉职业高级中学
随州市第一职业中学
枣阳市职业高级中学
襄阳县职业高级中学
襄樊市第二职业技术高级中学
郧西县职业技术教育中心
枝江县职业教育中心
枝城市清江职业高级中学
当阳市职业高级中学
远安县职业高级中学
利川市职业高级中学

湖南省

经复评合格的第一、二批省级重点职业高级中学名单（20）所

长沙市财经职业中专学校
长沙县职业中专学校
株洲市轻工职业中专学校
湘潭市机电职业中专学校
汨罗市职业中专学校
常德市鼎城职业中专学校
益阳市幼师职业中专学校
沅江市农业职业中专学校
郴江市农业职业中专学校
道县职业中专学校
芷江民族职业中专学校
凤凰县民族职业中专学校
长沙市商业职业中专学校
攸县第一职业中学
湘潭市第一职业中专学校
邵阳市职业中专学校
津市市职业中专学校
常德市食品职业中专学校
慈利县农业职业中专学校
冷水江市工业职业中专学校

第三批省级重点职业高级中学名单（33）所

株洲市环保职业中专学校
岳阳市机电职业中专学校
长沙市电子电器职业中专学校
常德市轻化职业中专学校
怀化市职业中专学校
娄底市第一职业中学
湘潭市第四职业中专学校

澧县职业中专学校
涟源市第二职业中学
武冈市职业中专学校
华容县第一职业高级中学
新邵县工业职业中专学校
怀化铁路运输职业中专学校
永兴县第一职业中学
江永县职业中学
衡山县第一职业中学
隆回县第一职业中学
张家界市旅游职业学校
衡东县职业中专学校
宁乡县第一职业中学
邵东县第一职业技术学校
黔阳县第一职业技术学校
临湘市第一职业高级中学
东安县中等职业技术培训总校
永顺县民族职业中专学校
石门县第一职业中学
资兴市综合职业中学
桃江县第一职业中学
浏阳市第一职业中学
郴州地区幼师职业学校
安化县职业中专学校
保靖县职业高级中学
长沙市电力职业中专学校

广东省

经复评合格的第一、二批省级重点职业高级中学名单（18）所

广州市电子职业高级中学
广州市工艺美术职业高级中学
珠海市职业高级中学
梅州市城西职业中学
江门市工交职业高级中学
佛山市华材职业高级中学
茂名市职业高级中学
惠东县惠东职业中学
汕头市鮀滨职业中学
广州市旅游职业高级中学
深圳市电子技术学校
南雄县职业高级中学
东莞市附城职业中学
新会市荷塘职业中学
顺德市梁銶琚中学
肇庆市第二职业中学
遂溪县渔业高级中学
潮州市百花台职业中学

第三批省级重点职业高级中学名单（17）所

广州市天河职业高级中学
深圳市行知职业技术学校
韶关市职业高级中学
乐昌市职业高级中学
东莞市威远职业高级中学
中山市沙溪理工学校
鹤山市职业技术高级中学
新会市冈州中学
台山市培英职业高级中学
大埔县田家炳高级职业学校
阳江市第一职业高级中学
湛江市霞山职业高级中学
藏名石油化工公司第一职业高级中学
清远市第一职业中学
揭阳捷和工业中学
罗定职业中学
饶平县贡天职业技术学校

广西壮族自治区

经复评合格的第一、二批省级重点职业高级中学名单（7）所

北海市第一职业高级中学
柳州市第一中等职业技术学校
桂林市旅游职业中学
梧州市第二中等职业技术学校

横县中等职业技术学校
浦北县第一中等职业技术学校
博白县中等职业技术学校

第三批省级重点职业高级中学名单（7）所

南宁市第一职业高级中学
南宁市第六职业高级中学
柳州市第二中等职业技术学校
桂林市商业职业中学
玉林市第一中等职业技术学校
贵港市中等职业技术学校
容县华侨职业高级中学

海南省

经复评合格的第一、二批省级重点职业高级中学名单（4）所

海口市第一职业中学
三亚市职业中学
儋州市大成职业中学
陵水黎族自治县职业中学

第三批省级重点职业高级中学名单（2）所

乐东黎族自治县职业中学
海口市旅游职业学校

四川省

经复评合格的第一、二批省级重点职业高级中学名单（16）所

成都市新华职业高级中学
四川省大邑县职业高级中学
重庆市旅游学校(原重庆市大渡口职业中学)
四川省永川市松既职业高级中学（原永川县松既农业中学）
自贡市釜溪职业高级中学
泸州市树风职业高级中学
四川省射洪县中等职业技术学校
四川省安县塔水职业高级中学
德阳市黄许职业高级中学
乐山市第一职业高级中学
四川省南川市隆化职业高级中学（原南川县隆化职业中学）
南充市潆溪职业高级中学（原南充县潆溪职业高级中学）
达川市职业高级中学(原达县第二职业中学)
四川省宣汉县毛坝职业高级中学
成都市财贸职业高级中学
四川省开县天白职业高级中学

第三批省级重点职业高级中学名单（12）所

成都市包装技术职业高级中学
成都市青苏职业高级中学
四川省都江堰市徐渡职业高级中学
四川省崇州市职业高级中学
重庆市女子职业高级中学（原重庆市江北城职业中学）
四川省江津市工商职业高级中学
重庆市龙门浩集团职业高级中学
四川省中江第一职业高级中学
四川省什邡职业高级中学
四川省夹江县云吟职业高级中学
宜宾市商业职业高级中学
万县市轻化工职业高级中学

云南省

经复评合格的第一、二批省级重点职业高级中学名单（4）所

昆明市官渡区第一职业高级中学
云龙县职业高级中学
石屏县职业高级中学
思茅市农林技术学校

第三批省级重点职业高级中学名单（4）所

宣威市第一职业高级中学
昆明市第二职业中专
昆明市第二职业技术学校
玉溪市第二职业高级中学

陕西省

经复评合格的第一、二批省级重点职业高级中学名单（15）所

西安市艺术师范职业学校
西安铁路分局高级职业中学
安康市新安高级职业中学
泾阳县职业技术学校
韩城市新农职业中学
澄城县职业中学
洛川县农职业中学
柞水县职业高级中学
府谷县职业中学
汉中市第一职业高级中学
城固县第一职业技术高级中学
千阳县职业中学
白水县职业中学
咸阳市渭城高级职业中学
西安旅游职业学校

第三批省级重点职业高级中学名单（5）所

西安市兴庆高级职业学校
渭南市临渭区城关职业中学
宝鸡市新华路职业中学
西安市培华高级职业中学
西安市莲湖职业技术中心学校

宁夏回族自治区

经复评合格的第一、二批省级重点职业高级中学名单（2）所

银川市第一职业中学
石嘴山市第一职业中学

第三批省级重点职业高级中学名单（2）所

银川市第二职业中学
固原县职业中学

新疆维吾尔自治区

经复评合格的第一、二批省级重点职业高级中学名单（5）所

乌鲁木齐市职业中等专业学校（原乌鲁木齐市第二职业高级中学）
石河子市职业中等专业学校（原石河子市第二职业高级中学）
阜康市职业中等专业学校（原阜康县职业中学）
哈密市职业高级中学
新疆生产建设兵团农七师第一职业中等专业学校（原新疆生产建设兵团农七师125团职业高级中学）

第三批省级重点职业高级中学名单（10）所

库尔勒市职业中等专业学校（原库尔勒市职业高级中学）
乌苏县职业中等专业学校（原乌苏县职业高级中学）
昌吉市职业中等专业学校（原昌吉市职业高级中学）
伊犁地区职业高级中学
塔城市职业高级中学
精河县职业高级中学
洛浦县职业高级中学
麦盖提县职业高级中学
新疆生产建设兵团石河子莫索湾职业中等专业学校（原新疆生产建设兵团农八师148团职业高级中学）
新疆农垦职业中等专业学校（原新疆农垦职业高级中学）

〔**职业学校德育工作**〕 1995年6月，国家教委职教司发出《关于组织中等职业学校领导干部和政治课教师深入学习建设有中国特色社会主义理论的通知》，要求各级职教行政部门在认真组织好广大师生学习基础上，重点抓好领导干部和政治教师的学习。省、地教育行政部门要负责组织，争取在一年内对政治教师轮训一遍。

按照《通知》的精神，国家教委职教司于1995年9月16日至19日在秦皇岛市举办了全国中等职业学校学习建设有中国特色社会主义理论骨干培训班。中宣部、国家体改委、中央党校等部门有关同志在培训班上作辅导报告。举办培训班，为学员进一步深入学习和发挥学习骨干作用打下了基础。

为加强中等职业技术学校共青团组织建设，1995年7月，国家教委办公厅和团中央办公厅联合下发了《关于加强中等职业技术学校共青团组织建设的意见》。提出中等专业学校团的工作，接受所在地地方团委和主管业务部门团委的领导，以地方团委为主。其中，校址在直辖市和计划单列市以及省会城市的中等专业学校团的工作主要由团市委学校（大学、中专）部领导。其他中等专业学校团的工作，主要由所在地地（市、州）团委学校部领导。团中央设立中专中学处负责指导全国中等专业学校团的工作。要求各省、自治区、直辖市团委学校部要有专人负责中专学校团的工作。

根据中央有关学校德育工作文件中指出的“要积极开展青春期卫生教育，通过多种形式，对不同年龄层次的学生进行心理健康教育和指导，帮助学生提高心理素质，健全人格，增强承受挫折，适应环境的能力”的精神，国家教委职教司于1995年8月在北京召开职业学校健康教育研讨会。国家教委副主任王明达等到会讲话。在肯定对学生进行健康教育的同时，强调要加强对职业学校学生的职业心理教育，去掉自卑感。与会代表一致认为健康教育拓宽了德育工作领域，丰富了德育工作的内容。健康不仅包括没有疾病，生理健康还包括心理健康和社会适应能力。在职业学校开展健康教育非常必要。1996年新学期开学将在北京、山东、江苏、湖南、湖北、河南、四川、辽宁、浙江及中电联等10个省市的50多所学校进行试点。

撰稿　富祥武

审稿　刘占山

〔**实现教材“八五”规划目标**〕 国家教委根据职业高中发展的现状和国家经济建设的需要，在“八五”期间制订了包括农业、建筑、电子、商业、服装、旅游、财经和文秘等八大类专业中的13个专业的配套教材建设规划，计180种教材，截止1995年底已全部出齐。其中农业的种植专业还配套编制出版了教学录像带。“八五”期间对职业技术学校的政治课和体育课进行了课程设置的改革，配套出版7种政治课新教材和两种体育课新教材，1995年已全部到位。中等专业学校的基础课和专业基础课教材的改革以及职业高中的数学、语文、英语等课程的教材改革及编写工作也已全面展开。

撰稿　牛梦成

审稿　刘占山

〔**世行贷款职教项目**〕 世界银行贷款“职业技术教育项目”的准备工作始于1985年，1990年8月正式生效。此项目由世行国际开发协会提供3850万特别提款权(相当于5000万美元）的低息贷款，主要用于购置机械加工、电器安装与维修、电子、化工、印刷、计算机技术、食品加工、服装、会计和财务管理等专业的设备和图书资料；聘请国内外专家，对管理人员和专业教师进行各种培训。国内提供不低于借贷额的人民币作为配套资金同时投入（当时汇率为1：3.71)，主要用于基建、家具及其他相关费用。项目覆盖范围较广，涉及我国17个省和直辖市，共有12所职业技术师范院（系)、59所中专、职业高中和技工学校受益。项目的主要目的：一是建立一批能在当地起到骨干示范作用、职前职后沟通的多功能的职教中心；二是建立一批为中等职业技术学校培养专业教师的职业技术师范院系，并通过装备这些项目院校，推动中国职业教育的整体改革。经过各方面的共同努力，项目取得了显著效益。

世行贷款职教项目以政府协议的形式促进了各级政府对职业教育的投入，实现了国家教委提出的以外（资）促内（资）的目标，在项目院校中解决了长期困扰职教发展的资金短缺问题。1988年至1994年底投入项目院校的总资金约为8亿元（按投入时价格累计)，是我国建国以来职教战线集中投入强度最大的一个项目。

世行贷款职教项目引进了一套较科学的数据指标体系，促使项目学校由定性管理转向定量管理，改变了人们传统的办学思想。12所职技师范院系的在校生由6368人达到20957人，培训人次由1272人/月增加到13239人/月；59所职教中心在校生由44000人达到76710人；生师比和教师工作量也大幅度提高。项目协议规定的效益指标大都超额完成。

技术援助计划的实施，使项目院校师资队伍得到加强，管理水平和教育质量显著提高。据统计有107943人次接受培训，外派出国学习进修103人，出国考察46人。

世行贷款项目院校的经费状况有了很大改变，在职业教育投入产出方面初步形成了良性循环。由于这些院校的管理严格、教育及培训的设施好、师资水平高，报考的学生和要求培训的人员明显多于当地非项目学校，因而学费及培训收入大幅度增加。1994年，项目院校办学收入平均达到180万元，成为学校收入的重要来源。教师的收入也在当地处于中上等水平。项目院校校办产业的发展较快，他们充分利用世行贷款设备，结合当地的实际情况，努力将消耗性实习变为生产性实习。据统计，1994年71所项目院校的校产收入平均达到46万元。

世行贷款职教项目实施与中国政府在本世纪末建成2000所职业学校的规划相衔接，建成了一批重点职业学校。在59所中等职业技术项目学校中，50所被国家认定为省部级以上重点学校，其中的35所被评为国家级重点职业技术学校。

撰稿 刘 杰

审稿 刘占山

师资培养和校长培训

〔**制定教师培养计划**〕 为加强职教师资队伍建设，解决职业教育师资来源和在职教师学历达标问题，国家教委于1995年颁发了《关于制定并落实职业教育师资培养计划的通知》。要求依据各地区职教师资队伍的现状和职教事业发展规划，制定本地区职业教育师资培养五年计划，并认真组织实施，逐年落实。职业教育师资的培养和学历进修，应主要依托现有高等院校，各地可选择或指定若干所地方所属高等院校，或采取与部属高校联合办学的方法，建立职教师资培养、培训基地；在制定普通高等学校年度招生计划时，应根据本地区职教师资培养年度计划，将其列入国家确定的相应年度的高校招生计划中。在制定成人专科起点本科班的招生计划时，应充分考虑本地区职业学校在职教师学历达标的需要，每年在国家核定的本地区专科起点本科班的总规模内划出一定比例，用于中等职业学校在职教师的学历进修。《通知》的下发，使普通高等院校为职业教育培养师资的工作进一步加强。四川省教委根据本省的实际情况，决定1996年在四川省普通高等院校招生计划内划拨1000个指标，在机械、电子、财经等专业招收职教师资班。

新增12个职教师资成人专科升本科专业。1995年，国家教委颁发了《一九九六年成人高等教育非师范类专科起点本科班新增招生专业的通知》。指出国家教委1993年颁发的《一九九四年成人高等教育非师范类专科起点本科班招生专业范围》规定的56个专业已不能满足职业技术教育发展的需要。因此，1996年培养职业技术教育师资的成人高等教育专科起点本科班的专业中，增加园艺、果树、海水养殖、淡水渔业、畜牧、兽医、市场营销、旅游管理、农产品贮运与加工、服装艺术设计、装潢艺术设计、食品科学与工程专业，这些专业仅限于培养职业技术学校教师。经国家教委批准，中国农业大学等16所高等院校1996年将举办新增12个专业的成人专升本职教师资班，总计招生1040人。同时，根据职业教育师资的特点，国家教委颁发了《关于一九九五年各类中等学校专业课教师专科起点升本科考试科目的通知》，规定1995年各类中等学校专业课教师（属教师类）专科起点升本科考试科目中将英语改为教育学，即调整后的考试科目为：政治、高等数学、教育学（职）和一门专业基础课，更加符合职教师资的特点。

职教师资班学生享受师范生待遇。为鼓励中等职业技术学校优秀毕业生和高中毕业生投身职教事业，保证我国职教师资队伍有稳定的来源，根据《中华人民共和国教师法》及《国家教育委员会关于〈中华人民共和国教师法〉若干问题的实施意见》的有关规定，1995年，国家教委与财政部联合下发《关于职教师资班学生享受师范生待遇的通知》。规定职教师资班的学生属于职业技术教育师范生，应享受师范生待遇，免收学费，并实行专业奖学金制度。中央部委所属院校经费来源由主管部门自行解决，地方院校经费来源商地方财政部门解决。

撰稿　李文明
审稿　刘占山

〔**师资培训基地建设**〕　1995年6月1日至3日，国家教委在北京召开“职业技术教育师资培训基地工作会议”。国家教委副主任王明达到会讲话。会议指出在新形势下，各培训基地的工作任务必须实行重点转移，由原来的培训职教管理干部为主，转移到以培训和培养中等职业学校的专业课教师为主，兼顾职教管理干部培训。同时，积极开展职业教育科学研究。会议对培训基地的工作提出了要求：(1)要进一步提高对基地的性质、地位和作用的认识，办好基地，在全国职教师资培养和培训方面发挥骨干示范作用；(2)要充分依托所在大学的师资、设备等办学条件的优势，多层次、多形式广泛地开展职业教育师资培养和培训工作，为支持职业教育事业改革和发展作出更大的贡献；(3)要大力加强职业教育信息收集和科学研究工作，包括对基地自身办学模式的研究。同时，要求各基地选择若干所中等职业学校作为基地的联系点，有条件的也可作为附属职业学校，要自觉地运用科研成果指导这些学校。(4)要切实加强基地自身建设，积极主动争取所在学校、地方和教育部门及企事业单位等社会各方面的支持，多渠道筹集教育经费，不断改善办学和办公条件，同时要不断加强基地自身干部和教师队伍的建设。会后，8个培训基地普遍开展了职教师资培养和培训工作。1995年招收职教师资本科班177人，招收成人专科起点升本科的职教师资班425人，为非师范类普通高等院校举办职教师资班开创了一条路子。同时，落实1996年8个职教师资培训基地职教师资本科班340人，成人专科升本科职教师资班1300人的招生计划。

撰稿　高　瑛
审稿　刘占山

〔**教师队伍抽样调查**〕　1995年5月，国家教委职教司和人事司联合委托国家教委高校师资培训中心及部分省市的高校师资培训中心和教育行政部门，对职业教育师资队伍建设现状进行一次抽样调查。调查的范围涉及6个大区的14个省（区、市），即吉林、北京、河北、江苏、上海、浙江、福建、江西、湖北、广东、广西、四川、陕西、青海；重点调查的学校达153所，其中职业中学107所、中等专业学校42所、技工学校4所，这些学校分布在32个地（市）和46个县（市）；调查组共召开座谈会189次，参加座谈的职业学校校长、教师和行政干部共1344人次；此外还发出要求教育行政干部、学校领导及教师填答的问卷8000多份，回收率在60%以上。此次调查历时一个月。

国家教委于8月7日至9日在北京召开了“职业技术教育师资队伍建设调查情况交流会”。交流了各调查组调研的情况，总结了改革开放以来各地关于加强职教师资队伍建设的经验，指出了目前职教师资队伍建设存在的主要问题，提出了一些有益于加强职教师资队伍建设的意见和建议。

抽样调查结果表明，近十几年来，随着我国职教事业的发展，职业教育师资队伍建设工作取得了显著成绩，特别是职业中学的专业课教师队伍建设，从无到有，从少到多，从弱到强，取得了历史性的成就。从整体上看，目前各地基本上都已形成一支专兼结合、热爱职教事业、相对稳定的职教师资队伍。

通过抽样调查，总结各地加强职教师资队伍建设的做法和经验有：

1. 采取各种措施，多渠道解决师资来源问题。概括起来有："改"、"分"、"调"、"聘"、"培"、"派"。"改"是把文化课教师送出去进修，改作专业课或实习指导教师；"分"是从应届高校毕业生中选择专业对口者，分配到职业学校任教；"调"是从外地区、外单位、外系统调进一些专业对口，并具有一定实践经验和技能的技术人员或能工巧匠等到职业学校担任专业课或实习指导教师；"聘"是学校根据教学需要，从校外有关单位聘请兼职教师；"培"是建立职业学校教师的培养和培训基地，依托高等院校为职业学校定向培养或委托培养专业课教师；"派"是与职业学校联办的行业、企业或事业单位，指派专业技术人员到学校阶段性任教，任教期间一切待遇均由原派出单位负责，同时享受与本校教师相同福利待遇。

2. 采取多种形式培训在职教师。(1) 委托高等院校举办职教师资班，解决在职教师学历达标问题；(2) 有计划地安排青年教师到生产实践现场锻炼，提高工程实践能力和专业实践技能水平；(3) 对非师范院校毕业的教师进行教育学、心理学和教学法等方面的培训；(4) 强化校内培训，建立导师制度，以老带新，开展教学研究，教学观摩，教学评估等活动，促进青年教师的成长。

3. 加强思想教育，采取优惠政策，改善办学条件，深化内部改革，稳定教师队伍。

调查组认为，虽然近十年来全国各地职教师资队伍建设工作取得了很大成绩，但职教师资队伍还远远不能满足职业教育事业改革与发展的需要，职教师资队伍建设工作还存在着不少问题。这些问题主要是：(1) 专业课教师和实习指导教师数量严重不足。(2) 专业课教师队伍学历层次偏低。根据调查 14 个省（区、市）统计，中等职业技术学校专任教师的学历达标率大体上与全国平均水平相接近，即职业高中的专任教师中具有大学本科学历的约占 27.4%，中专约占 62%。(3) 教师队伍结构不合理。首先是专业结构不合理，全国职业高中的专任教师队伍中，文化课教师占 52.5%，专业课教师和实习指导教师占 47.5%。其次是职务结构不合理，全国职业高中专业课教师中，具有高级职务的仅占 5.8%，中级职务的占 41%。(4) 缺少专业带头人。调查中发现，有不少职业中学至今没有一名高级职务的教师。

针对职教师资队伍建设存在的问题，国家教委正在进行研究，制定政策和措施逐步加以解决。

撰稿　高　瑛
审稿　刘占山

〔**职业中学校长岗位培训**〕　自 1993 年国家教委颁发了《全国职业中学校长主要职责及岗位要求（试行）》和《关于加强全国职业中学校长岗位培训工作的意见》(以下简称《要求》和《意见》）以来，各地普遍开展了职业中学校长岗位培训工作。截止到 1995 年，据辽宁、甘肃、浙江、天津、海南、北京、陕西、宁夏、福建、河南、四川、黑龙江、云南、上海、广西15个省（区、市）的统计：职业中学校长总数（含社会力量办学）12011人，计划培训（包括预备上岗人员）12344人，已经进行培训3918人，占应培训人员总数的31.7%。

1995年，总结各地区职中校长岗位培训工作的主要做法和经验是：(1)教育行政部门领导充分重视职业中学校长岗位培训工作。《要求》和《意见》下发后，一些省（区、市）及时转发，各地教委的主要领导专门召开会议，成立职业中学校长岗位培训工作领导机构，加强对职业中学校长岗位培训工作的领导，并结合本地区情况，研究培训计划和实施方案，将培训工作列入教委的重要议事日程。(2)确定本地区的职业中学校长岗位培训基地和培训机构，并赋予明确任务是，负责本地区的职业中学校长岗位培训工作的具体实施。(3)开展调查研究工作，摸清本地区职业中学校长队伍状况，有针对性地制定岗位培训计划，为今后有的放矢地进行职业中学校长岗位培训工作奠定基础。(4)制定职业中学校长岗位培训工作计划，有目标、有计划地分批、分期对职业中学校长进行岗位培训。辽宁省教委按"分类分岗位培训"的原则，制定了全省职业中学校长岗位培训工作计划和实施细则，计划在五年内分50期把全省职业中学校级干部普遍轮训一次。(5)多渠道筹集培训经费，保证职业中学校长岗位培训工作顺利进行。海南省将培训经费纳入教育事业发展规划，每年从职教补助专款拨1.5万元，同时要求学员每人交纳一定的培训费用。(6)采用灵活多样的培训方式，保证培训工作有效地进行。许多省区市教委本着既要搞好培训，又不影响工作的原则，普遍采取以自学为主、面授为辅的半脱产培训方式。同时，充分利用先进的电教手段，协助做好培训工作。

在各地积极开展培训工作的同时，为配合全国职业中学校长岗位培训工作，国家教委职教司组织编写了全国职业技术学校校长岗位培训系列教材，其中《中国职业技术教育概论》、《中国职业技术教育简史》、《国外职业技术教育》、《法律基本常识》、《农村职业中学案例剖析》、《农业技术导论》、《职业高中管理》及《职业技术教育政策法规》等已于1994年底由北京师范大学出版社出版发行，《职业技术教育学》和《职业技术教育心理学》正在编写中，将于1996年底出版发行。

撰稿　李文明
审稿　刘占山

城市教育综合改革

〔综述〕 1995年，各实验城市在制订“九五”计划和2010年远景规划中，都突出了教育战略地位，普遍把教育改革和发展列入政府的议事日程，统筹研究教育工作，推动教育为本地经济建设和社会发展服务，进而超前发展。

一、普遍实施“科教兴市”战略。1995年各实验城市“科教兴市”呼声日趋强烈，城市政府抓教育、管教育、重视教育的程度有所增强。无锡市政府认识到，要使今后本市经济在激烈的市场竞争中继续保持健康、快速发展的态势，一定要加快发展、优先发展、超前发展本市的教育，要把优良的人力资源和与之相关的现代科技、现代管理作为本市经济和社会发展再创辉煌的主要支撑力量。马鞍山市委、市政府把教育与“提前四年奔小康，赶上经济发达的长江三角洲地区”的城市经济、社会发展目标结合，提出了城市教育改革的“4441”工程，即在办学体制上实行四轮驱动（政府、企业、社会、私人），在教育投入机制上坚持四路并进(国家财政、教育费附加、人民教育基金和市场补偿)，在教育的发展和改革上坚持四教统筹，争创一流教育。重庆市政府作出了“全面贯彻《中国教育改革和发展纲要》,落实教育优先发展战略地位，实施‘科教兴渝’发展战略”的决定。邯郸市委、市政府提出了“建设经济强市，必须首先建设教育强市”的发展战略。大连、烟台、宁波等市把“科教兴市”、深化城市教育综合改革工作作为最终建成现代化国际港口城市的基础。沈阳市把教育与实现“一高二大二化”（高科技、大生产、大流通、现代化、国际化）的城市发展目标结合了起来。昆明市把教育与建设“面向东南亚的开放型、多功能的社会主义现代化城市”结合，把教育事业发展规划纳入全市经济社会发展规划统一执行。

二、教育经费来源渠道进一步拓宽。1995年各实验城市的城市教育费附加的征收比例都已从“三税”的2%提高到3%。实验城市的教育财政拨款年增长比例均做到了高于市财政的增长比例。无锡市1995年教育总投入达9.2亿元，比上年增长14%，全年财政拨款3.95亿元，比上年增长5%，全市110所教育现代化工程示范学校仅多渠道筹措基建和设备购置资金一项就达2.2亿元。昆明市全年教育投入6.2亿元，其中财政拨款3.4亿元。马鞍山市委、市政府作出了《关于认真贯彻〈中国教育改革和发展纲要〉，增加教育投入的决定》，在教育投入上开辟财政、教育费附加、人民教育基金和市场补偿四大渠道。芜湖市政府作出了《关于贯彻省政府〈关于增加教育投入的决定〉的实施意见》并规定：今后“财政经常性收入增长1%，教育经费应增长1.2%以上”。沈阳市规定，市财政对教育的投入不得低于市财政支出的20%，并开通12条教育投入渠道。绍兴市城市教育费附加按“三税”的3.5%征收；在多渠道筹措教育经费中仅教育配套建设费（按每平方米10元计征，老城区建房不配套建设中小学的按每平方米35元计征）一项，1993年至1995年就收取1000万元。烟台、宁波、岳阳、长沙等市实行教育经费计划单列。长沙市将城市教育费附加征收比率从“三税”的3%提高到4%（亏损企业仍按3%征收）；并从1995年起从城市增容费、广告业收入和市财政可调剂预算外资金中统筹一部分用于发展教育事业；同时决定市县两级财政设立三项教育专项经费：教师住宅建设费；校舍危房改造费和扶贫专项经费。

三、城市教育综合改革理论与实践的研究进一步深入。《中国城市教育综合改革理论与实践研究》课题，作为全国哲学社会科学“八五”规划中华社会科学基金重点研究课题已于1995年10月顺利通过了专家鉴定。课题研究的主要成果有八个方面：(1)在办学体制上，明确区分开政府、行业、企业、公民在义务教育和非义务教育两个阶段各自的办学责任；(2)在教育管理体制上，提出要建立中央、省、中心城市三级宏观教育决策体系，要加大并明确中心城市对中等及中等以下教育的宏观决策和行政管理权限；(3)在投入体制上，提出了义务教育和非义务教育经费应有各自不同的承担原则和承担方式，并提出应积极创造条件，增大政府对义务教育的投入，降低义务教育阶段的收费，直至实行免费教育；(4)在构建城市教育体系，调整教育结构上，提出了城市教育要建立普通教育和职业教育两大体系，并开通两者间相互沟通衔接的渠道；(5)在升学和就业制度改革上，提出应坚持并推进小学升初中取消考试，直接就近升学，关键要缩小学校差别，强调各级政府都应把重点放到改造薄弱初中和小学，使中、小学生接受教育的条件基本趋于公平，变升学教育为素质教育；(6)主张要创造良好的德育和劳动教育的社会环境，为全面贯彻教育方针创造条件；(7)对城市教育综合改革与发展的评估作了探索，提出了评估推进城市教育综合改革与发展的五项原则和方法；(8)形成了若干阶段性成果。

〔**城市教育综合改革会**〕　全国城市教育综合改革会议于1995年4月25日至28日在浙江绍兴市召开。来自全国47个实验城市的市长、教委主任和部分城市的劳动局长等200余人参加了会议。会议主要内容有：交流近几年各实验城市适应经济体制改革和政治、科技体制改革，进行城市教育综合改革取得的新经验；贯彻落实《中国教育改革和发展纲要》和全教会精神，研究如何进一步深化城市教育综合改革；征求对《深化城市教育综合改革的意见（讨论稿）》的意见等。会议共收到大会交流材料60余份，有8个城市在大会作了交流。

会议一致认为几年来的城市教育综合改革在优化教育结构、理顺教育管理体制和运行机制，为当地的社会经济建设服务方面取得了丰硕成果。但是，在新的形势下，城市教育工作也面临着不少新问题，有的地方教育优先发展的战略地位还没有真正得到落实，城市的教育结构和发展水平还不适应经济和社会发展的需求，教育投入不足，教育与经济、科技体制的配套改革仍需进一步推进。另外，学生课业负担过重的问题也长期没有得到根本的解决，各地的择校问题也没有得到根本性的缓解。

会议提出：在当前深化城市教育综合改革中，落实教育优先发展的战略地位仍然是城市教育综合改革的关键;建立合理的教育结构,使各类教育协调发展是提高城市办学效益的重要基础;深化教育体制改革,是城市教育综合改革的重点。同时,还要加强对城市教育综合改革实验工作的领导,还要加强对城市教育综合改革工作理论与实践的研究。

〔**企业教育综合改革实验**〕 1995 年企业教育综合改革实验主要围绕如何适应企业转轨建制形势需要，调整企业教育办学、管理格局，探索建立现代企业教育制度框架等方面进行。

一、探索现代企业教育制度。在企业教育综合改革实验过程中绝大多数企业实现了人劳教结合，决策、管理、办学协调，用人育人配套，“三教”统筹的教育体制模式。广州铁路（集团）公司从集团化改造需要出发，提出了“探索高职、提高中职、完善初职”的企业教育总体结构框架。中国葛洲坝集团在加强了教委在体制改革过程中的综合管理职能的基础上，遵循“剥而不离，依托母体、完善服务、发展自己”的改革思路，将统筹后的教育作为事业实体与集团公司生产经营分离，纳入集团下属社会管理部门系列，初步形成了相对独立于集团公司又充分依托并服务于集团公司的社区化教育格局。北京百货大楼集团公司在教育、人事、劳资、经营等部门的综合协调管理教育的基础上，实行了公司人事教育部和各商品部两级办学，制订了“上岗有培训，培训有考核有标准，考核结果与人事任免和分配挂钩”的制度，形成了适合企业需要的、以技能训练为中心的岗位培训新模式，完善了与公司其他管理制度相配套的教育管理制度。华北石油管理局形成了人劳教“分工负责、归口综合、统一规划、分类实施”的教育管理格局。宝山钢铁集团公司积极探索建立“统一领导、集中管理、分工协作、精简高效”的教育管理体制，符合宝钢发展需要的企业教育办学体制，与社会主义市场经济相适应、以竞争为主要特征、充满活力的企业教育运行机制，以思想政治教育为基础、以岗位培训为重点，以提高实际能力为核心，把培养高层次、复合型、外向型人才放在突出位置的企业教育格局。上海石油化工股份有限公司实行政企分开，积极探索建立体制规范、资源优化、机制完善、管理科学的现代企业制度框架。

二、提高为企业服务的办学效益。1995 年各实验企业在适应企业转机建制，改革和探索企业教育改革的同时，特别强化了教育为企业服务的功能，注重了企业教育的办学效益。华北石油管理局根据生产实际需要，从培养目标、学习内容、教学方法上着手，对中专、技校和职工大学实施了以现场需要为依据、以培养学生的实际工作能力为重点的教育教学改革，并在职工中推行了激励进取的“星级员工”培训和考核制度。其下属的二连公司在星级培训的基础上实行兼岗并岗，在工作量增加 40%的情况下，采油、输油职工由 3000 人减少到 2600 人，阿尔善油田的采油五队岗位工人由 118 人减少到 42 人，而人均原油产量则由原来的 266 吨增加到了 2600 吨，吨油成本降低了 23.88%；他们为调整产业结构需要而开展的转岗培训，使转岗职工的专业技术水平较快地从石油向非石油行业转变，以采油二厂新上马的气雾剂厂为例，工厂建成后工人立即上岗生产，仅 1995 年上半年就创产值 2366 万元，实现利润 169 万元。

三、改革理论与实践研究进一步深入。国家哲学社会科学“八五”规划重点课题——《企业教育综合改革的理论与实践》研究课题历经五年，已按计划于1995年底结题，并通过了全国教育科学规划领导小组组织的专家鉴定。该课题分综合研究与专项研究两类，共17个子课题。该课题研究取得的主要成效有：(1)对企业教育本质的认识趋于明晰。认为企业教育是企业为提高劳动者能力而进行的教育培训活动。(2)对企业教育地位的认识更加明确。认为企业教育是人类社会发展到一定历史阶段的产物，是与社会化大生产紧密联系在一起的，是以人为本的企业经营管理的一部分，在其管理层面上既有微观的，也有“中观”的。(3)企业教育的特殊性决定了企业教育的现代性。(4)企业教育研究的范围更加清楚。在“微观”教育和“中观”教育中，企业的教育行政部门应侧重研究的是“中观”教育，主要包括：体制、机制、结构、形式、质量控制、效益评估、队伍建设、综合改革等等。(5)探索了企业教育管理体制的模式。(6)企业教育的教育教学及培训活动开始摆脱普通教育模式，独具特色的企业教育的教学和办学模式正在形成。(7)论证了企业教育不能粗放管理，也要集约管理。(8)明确了把建立现代企业教育制度作为企业教育综合改革的目标。(9)探讨了中国的企业教育如何与国际接轨的问题。

四、综合改革实验现场会。全国企业教育综合改革现场会于1995年9月13日至16日在华北石油管理局召开。会议的主要内容：(1)现场考察华北石油管理局教育综合改革的经验；(2)部分实验企业介绍教育综合改革的情况与经验；(3)研讨企业教育综合改革和建立现代企业教育制度中的有关问题。会议共收到书面材料64份，华北石油管理局等八个单位作了大会交流。

会议认为，几年来企业教育综合改革的主要经验是：(1)教育综合改革必须在“综合”上下功夫，突出抓好人事、劳动和教育的统筹；(2)教育综合改革必须紧密围绕企业经营发展的实际，在主动适应与主动服务上做文章，突出抓好“经、科、教”的结合；(3)教育综合改革必须在“实”字上想办法，实行重点突破，整体推进。

撰稿 郭利萍
审稿 郝铁生

农村教育综合改革

〔**联系点工作进展**〕 国家教委1994年6月建立一批地区(市)农村教育综合改革联系点以来，各联系点的工作根据国家教委的要求，取得顺利进展。全国有30个地区(市)农村教育综合改革联系点，点内共含281个县，覆盖人口1.05亿，约占全国人口的10%左右。据统计，联系点内有农村教育综合改革实验县128个，示范乡1253个。近年来，这些地区（市）共举办各种农村教育综合改革培训班42600多期，培训农村各级各类实用技术人才1815.3万人次，为当地的经济建设和社会发展做出了显著贡献。

1995年10月19日至21日，国家教委在湖南省怀化地区召开了“全国地区（市）农村教育综合改革联系点工作会议”。全国30个地区（市）联系点的主管地委书记、专员或市长和教育部门的负责同志以及省教委主管同志共136人出席了会议。国家教委副主任王明达、湖南省委副书记、副省长郑培民出席会议并讲话。会议交流了各联系点的农村教育综合改革工作方案和近年来开展农村教育综合改革的经验，讨论了《全国地区（市）农村教育综合改革联系点工作意见（试行）》，研究部署了联系点的工作。总的要求是按照《中国教育改革和发展纲要》所提出的目标和农村教育综合改革的思路，认真地在各联系点全地区范围内加以落实，必须抓好五项工作：(1) 落实教育的战略地位，确保教育的投入；(2) 努力实现“两基”的目标；(3) 明确农村教育的办学方向；(4) 搞好“三个结合”（即“农、科、教”结合，“三教”结合，实施燎原计划和丰收计划、星火计划结合）；(5)加强学校内部建设和管理，提高办学效益和教育质量。会议强调各地要推进农村教育综合改革，关键是提高认识，真正重视，认真落实；要因地制宜，从实际出发，按照分类指导的原则进行。

撰稿 孙文正

审稿 郝铁生

〔实施“燎原计划百千万工程”〕 自1988年国务院批准实施“燎原计划”以来，在积极推广农村实用技术、培养农村建设人才方面取得了显著的成效。为了进一步落实“科教兴国”、“科教兴农”战略，1995年12月，国家教委决定组织实施了“燎原计划百千万工程”，即在全国上千个乡、上万个村推广上百项农村实用技术。1995年12月7日，国家教委办公厅下发《关于实施“燎原计划百、千、万工程”的意见》。

在实施方式上，“燎原计划百千万工程”主要选择由农业部推荐实用性强、生产效益高的易推广的农村实用技术作为主要内容，以录音带、录像带、科普教材等为载体，以农村职业学校、职教中心、农村广播电视学校、乡村农民文化技术学校以及普通中小学为主要阵地，利用广播电视等多种教育手段，帮助广大农民学习掌握这些先进农业生产实用技术，加快致富步伐。

“燎原计划百千万工程”由国家教委燎原计划办公室和中央电大燎原广播电视学校组织实施，同时得到了农业部、国家科委、全国农业技术推广总站等单位的配合。这项活动得到了李岚清副总理支持。

1995年12月13日，国家教委召开了实施“燎原计划百千万工程”座谈会。国家教委主任朱开轩、副主任王明达，农业部副部长洪绂曾，国务院扶贫领导开发领导小组副组长杨钟等有关负责同志出席了座谈会。朱开轩同志在座谈会上强调：各地教育部门要充分的、高度的重视这项工作，燎原计划百千万工程是燎原计划的一部分，要充分地利用我们的教学资源，动员社会各界来参与，我们一定要把教育事业与科技、经济密切结合起来，为了国民经济的基础——农业在今后的五年内上一个更高的台阶，为我们顺利进入经济发展的第三个阶段，达到小康，进而实现中等程度的发达国家的水平打下一个基础。

撰稿　吴德刚
审稿　郝铁生

〔**扶贫工作**〕　1995年，教育扶贫工作领导小组调整了成员。新增的副组长由国家教委专职委员、办公厅主任张保庆兼任，成员单位也有所扩大。

为河北省3个贫困县办实事。1995年，国家教委加大对河北省阳原、青龙、顺平3个贫困县教育扶贫力度。为推进三县教育扶贫，自1994年，国家教委为三县每年各拨30万元，帮助三县职校各建一个具有辐射功能的校办产业，以促进教育为当地经济建设服务。到1995年底，除顺平县因特殊情况未起步外，其他两县项目均取得了较好成效。青龙县的校办裘皮厂在建厂不到一年的时间里，创产值150万元，完成利税30万元，获纯利30万元。阳原县建成校办拖辊产品企业，经半年的试产，1995年12月2日正式投入生产，并产生一定的经济效益。顺平县利用国家教委扶贫款建成职教中心实施“1234工程”，即在原来基础上增加1个示范乡、20个示范村、300个示范户、40个新项目。县级举办培训班11期，950人次；乡级举办培训班394期，2.95万人次；村级举办培训班1311期，培训8.9万人次；成人培训15900人，应届生培训2950人次，培训率达98%。

撰稿　张玉兰
审稿　郝铁生

〔**农科教示范区启动**〕　1995年3月2日，国务院对国家教委《关于农科教结合若干问题的请示》作了同意的批复。1995年4月20日，国家教委农科教结合领导小组下发了《关于健全农科教结合示范区及进行农科教结合书面调查的通知》，公布了江苏省苏州市、福建省三明市、河北省承德市、湖南省怀化地区、四川省广元市、甘肃省定西地区6个首批农科教示范区名单，与此同时，又确定了安徽省黄山市、黑龙江省齐齐哈尔市、山东省潍坊市、山西省晋中地区、内蒙古自治区巴彦淖尔盟5个农科教结合联系点。7月4日至6日，在河北承德市召开了全国农科教示范区和联系点工作研讨会。

撰稿　张玉兰
审稿　郝铁生

高等教育

普通高等学校发展改革

〔**体制改革会议**〕 1995年9月19日至20日，国家教委在北京召开高等教育体制改革试点地区（部门）负责同志会议，研究如何搞好试点工作的有关问题。会上，传达了国务院副总理李岚清就高校体制改革问题致国家教委领导同志的一封信。国家教委主任朱开轩主持这次会议并讲话。国家教委副主任张天保、专职委员周远清、上海市副市长谢丽娟、广东省副省长卢钟鹤、中国机械工业部副部长张德邻以及广东、上海、机械工业部等试点地区（部门）有关负责人出席了会议。试点地区（部门）在会上介绍了改革实施方案及试点工作进展情况。

国家教委对高等教育体制改革是在1992年第四次全国高教工作会议以后，特别是《中国教育改革和发展纲要》发布以后，在认真总结过去体制改革经验教训的基础上，提出了打破高校单一的隶属关系入手，以共建和高校间开展合作办学为主要形式的高教管理体制改革，此后，逐步推开深入。1994年12月，国家教委在上海召开全国高教体制改革座谈会，总结了近几年高教体制改革的经验，规范并提出了共建、合作办学、合并、中央部委院校转由地方政府管理以及企业、企业集团和科研单位参与高校办学和管理等五种形式。会后，高校体制改革更趋活跃。从这次会议上试点地区（部门）介绍的改革试点情况看：广东省委、省政府为提高高校的办学水平和效益，充分挖掘现有高校的办学潜力，使校际间优势互补、资源共享，在部委高校和省属高校之间进行了联合办学，还制定并实施了普通高校布局调整规划方案，该方案将规模小、科类结构不合理、专业设置重复的高校进行统筹规划、调整合并。上海市把高教管理体制改革作为实现上海市经济、社会发展战略的一项重要工作来抓，初步确定了包括中央部委在沪院校在内的全市高教布局结构调整思路，以统筹规划全市高校的合理布局。1995年初，上海市教委成立以后，立即开始实施非教育部门主管的上海市所属高校划转市教育部门主管的计划，为进一步统筹规划全市高校布局打下基础。机械工业部从适应社会主义市场经济体制建立和政府职能转变的高度，明确了改革的指导思想，并研究确定了推动部省联合共建和企业参与学校管理调整高校布局，拓宽服务面向，探索各种形式的产学合作的改革思路，抓紧推进所属院校管理体制改革。

朱开轩主任在听取上述试点地区（部门）的试点情况介绍后认为，试点地区（部门）的高教体制改革指导思想明确，措施得力，工作也有较大进展。

朱开轩主任在会议讲话中指出，高等教育管理体制改革的目标是：加强自主办学，淡化单一的隶属关系，加强省级政府统筹，变条块分割为条块有机结合。在改革中，要处理好中央部委和省级政府、省市教育部门和其他业务部门的重复办学问题。强调高等教育管理体制改革的关键是通过近几年实践，逐步找到了推动高等教育管理体制改革的机制，这就是共建与学校管理体制划转相结合，现阶段以共建为主要形式；合作办学与院校合并相结合，大力提倡合作办学，待条件成熟，实行必要的、合理的院校合并。同时，当前高等教育管理体制改革中有五个问题值得注意：一是高校合并要避免形式主义，要真正做到减少学科的重复设置，减少重复投资；二是在现行体制没有理顺之前一般不再增设新校，防止表面上减少了学校数目，实际上并未减少的现象；三是要防止一些学校在调整过程中变相升格，特别是专科学校借调整为名升为本科院校；四是要正确处理好中心城市办学问题，特别是经济比较发达的地区，要避免中心城市和省级政府重复办学的问题；五是要积极引导民办学校朝着有利于体制改革的方向发展，要鼓励和支持规模较小的公办高校，在条件具备时，有秩序地转为民办或民办公助。

9月20日，李岚清副总理听取了试点地区（部门）的情况汇报，对试点地区（部门）的改革实施方案及进展情况予以充分肯定，并希望改革工作持续扎实、卓有成效地开展下去。

撰稿　陈田初
审稿　朱传礼

〔管理体制改革进展情况〕 1995年11月10日至12日国家教委在江西南昌召开全国高教管理体制改革（共建、合并）座谈会，国家教委专职委员周远清出席会议并讲话。

会议着重研究和讨论了以下问题。

一、高等教育办学和管理体制存在的问题

中国现行的高等教育办学体制和管理体制是50年代形成的，适应了当时高度集中的计划经济体制。随着社会主义市场经济的建立，这种体制已经越来越不适应。主要存在着四方面问题。一是条块分割。全国有中央部门所属的高校300多所，地方为适应本地经济和社会发展对人才的需要，也办了一批由地方直接管理的学校。这些地方院校，又分属省教育部门和其他业务厅局管理。这种条块分割的体制造成了学校不必要的重复设置，学校之间隔离封闭，办学规模效益较低。二是单科性学校较多。这类学校比较注重行业特点，往往强调按产品、工艺设置专业，培养的人才难以适应当代科学技术发展和现代化生产和对高级专门人才提出的应具有深厚理论基础，知识面宽、适应性强的要求。三是高等教育管理体制不适应社会主义市场经济的走向。随着政府机构的改革和职能的转变，许多学校原来只为行业服务的面向和与之有关的规模、学科和专业结构等都面临调整和改革。四是规模结构不合理。部门、行业和地方在低水平上重复设置了一些学校，造成高等学校的地区结构、层次结构、学科结构不合理。本来有限的资金不能很好集中使用，有限的高教资源不能得到充分合理地运用，影响了高等教育整体办学效益和办学水平的提高。

二、高等教育体制改革的进展情况

自国家教委确定广东省、上海市、机械工业部为改革试点后，到1995年，试点的一省一市一部的改革已经展开，并取得了进展。其他地方、部门和高等学校也创造了很多经验，高教管理体制改革在进一步深入。

——“共建”。到1995年底，已经实行共建的高等学校有40所，其中国家教委所属高校24所，部委所属高校16所。此外，有关部委和省市对16所高校已有共建意向。在共建形式上，多数是部委与省（直辖市）共建，也有一些是部委与学校所在市共建或部委与部委共建。共建调动了高校主动为地方服务的积极性，促进了学校所在地区经济、科技和社会的发展。

——合作办学。1995年，已有120多所高校开展了多种形式的合作办学。这种不同类型的学校实现资源共享、优势互补、学科交叉，协同发展，共同提高的联合形式对于打破各校间封闭办学，避免“小而全”的发展趋势起到了促进作用。

——部分高等学校为促进学科紧密结合或避免相同学科的重复设置进行了合并。1993年以来，共有70所高等学校合并成28所，净减42所，其中1995年有42所合并成17所，净减25所。高校合并，能够做到减少学科重复设置，减少重复投资，有利于调整布局结构，提高办学效益和办学水平。

——部委所属学校转由地方管理。1995年，转交地方管理这类学校已有5所。广东省和上海市在增加接收中央部委院校方面与有关部委一起积极开展工作，可望有新进展。

——企业、企业集团或科研单位参与高等学校办学。1995年，协作办学涉及千余个大中型企业。部分学校进入了企业集团。企业参与办学的积极性有了明显提高，形成了企业支持高等教育的良好势头。

三、当前高教管理体制改革的主要任务

（一）进一步提高思想认识。要充分认识高等教育管理体制改革是关系到高等教育改革与发展的全局。要转变观念，提高认识，抓住机遇，共同努力，积极进行多种形式的探索。要坚持把高等教育管理体制改革与社会主义市场经济发展的走向结合起来，与区域经济发展结合起来，达到不断提高教育质量和办学效益的目的。

（二）加强统筹规划。高等教育管理体制改革是一项复杂而艰巨的工作，必须加强统筹规划。国家教委正在进行专门的研究和部署。各省、自治区、直辖市、中央各有关部门和高等学校要按照国家教委的要求从本地区、本行业的经济、社会发展需要和高等教育的实际出发，尽快进行通盘研究，制定出改革的目标和规划。对重大的改革可以先进行小范围的试验和探索，及时总结经验，分步实施。

（三）积极推动，逐步展开。各地、各部门的教育行政部门要支持高等教育管理体制的改革，要根据各高等学校的实际情况，采取各种形式，加快改革进程。“共建”的形式可以多样，除了中央部委与省市共建外，可以实行部门与部门、部门与学校所在市“共建”。“共建”学校要树立为地方培养人才和科技服务的观念，努力为区域经济多做工作，提高办学水平和办学效益。合作办学要注重实质性进展，要使参加合作办学的学校真正做到资源共享、优势互补、协同发展、共同受益。通过合作办学，改善学科氛围，提高学生素质，以利于学生的全面发展，使学校的办学水平上一个新台阶。学校的合并要坚持正确的指导思想。有关部门要加强领导，增

加投入，切实帮助解决好学校合并中遇到的实际问题。

(四)精心指导、稳妥实施。改革要采取适合不同情况的具体步骤和方法,不搞“一刀切”。涉及人员和利益调整的问题,要慎重处理。

撰稿 吴 燕
审稿 朱传礼

〔**委属高校专业设置评议委员会成立**〕根据国家教委颁发的《普通高等学校本科专业设置规定》,国家教委决定成立国家教委直属高等学校专业设置评议委员会，并于1995年10月在广西南宁召开了成立大会暨第一次评议会议。会上宣读了国家教委专职委员周远清致国家教委直属高等学校专业设置评议委员会成立大会暨第一次评议会议的信。委员们听取了评委会秘书处关于委属高校及全国普通高等学校本科专业设置情况的报告，以及《1995～1996年度国家教委直属高等学校申报设置专业的初审报告》,讨论并原则通过了《国家教委直属高等学校专业设置评议委员会工作章程》。

会后，在国家教委评议委员会评议的基础上，委属高校专业设置评议委员会对本年度委属高校申报设置的专业分别进行了审批和备案。同意增设或备案本科专业41个，专科专业2个；调整本科专业3个；筹建本科专业2个，撤销本科专业9个，不同意增设或备案本科专业17个。上述增设或不同意增设专业的评议意见，已经国家教委批准。

撰稿 张庆国 陈田初
审稿 朱传礼

〔**教学课程体系改革**〕 根据国家教委决定组织“面向21世纪教学课程体系改革计划”，1995年，开展了以下教学课程的改革。

一、高等工程教育教学内容与课程体系改革。

实施“面向21世纪高等工程教育教学内容与课程体系改革计划”(以下简称《计划》),由国家教委高教司于1995年3月30日发出通知，开始组织实施。《计划》的实施分为立项、研究与实践、成果鉴定和推广应用四个阶段。

《计划》包括24个研究项目，其中有些项目又分为若干子项目。按性质分为三类：第一类，综合改革研究项目7个；第二类，系列课程改革研究项目11个；第三类，专业大类改革研究项目5个，其它类改革研究项目1个。课题研究的组织结构由三方面组成：一是牵头学校，主要负责大课题的组织、协调工作，制定课题研究的整体方案，归纳、总结课题的研究成果。二是主持学校，负责大课题的研究。三是参加单位，主要负责子课题的研究工作。

高等工程教育教学内容和课程体系改革工作，采取三级立项，即国家教委、学校主管部门及学校。国家教委立项列入计划的主要是那些具有全局影响的，对高校教学改革有广泛指导性的改革项目。省、部级教育主管部门立项的主要是与地方和部门密切相关的一些改革研究。学校立项的是各高等学校在原有的基础上积极地进行教学内容和课程体系改革。

《通知》发出后，国家教委高教司共收到全国150余所高校5000多名教师提交的国家教委级立项，申报材料657份。

1995年11月国家教委高教司召开了

“面向21世纪高等工程教育教学内容与课程体系改革研究计划”专家评审工作会议。经过讨论研究，最后确定20个选题，牵头学校25校次，主持学校65校次，并对这些学校的研究方案分别写出评价意见。

为了搞好立项工作，使后续工作顺利开展，要求被确定的牵头学校、主持学校必须填写《面向21世纪教学内容与课程体系改革计划立项论证报告及实施计划》。

二、高等理科教育教学与课程体系改革

1995年，高等理科教育的教学内容和课程体系改革全面展开，进一步深化。

(1)论证审批了第一批面向21世纪教学内容和课程体系改革项目。全国近80所高校的3800多位教师提交了近400份申请。根据初评和教学指导委员会的评审意见，从中选出194项组成27个理科教学内容和课程体系改革大项目。

(2)落实经费，正式启动第一批研究和改革项目。经多方筹措，用于支持第一批项目的起动经费共计81万元已下达各课题组。研究经费主要用于人才培养目标、课程结构与体系、教学内容、教学方法等的改革研究及项目的组织实施等。各有关高校及其主管部门给予政策和配套经费支持，对参加研究工作的教师适当计算工作量。

(3)协助组织召开“21世纪科学发展前沿和教学改革报告会”。国家教委组织各专家、学者进行研讨的基础上，分别于1995年3月11日和4月3日在清华大学举行了两次报告会。特邀卢嘉锡、姜伯驹、甘子钊等著名专家就各学科科技的发展和教学改革作了专题报告。

(4)按学科分别组织物理学、生物学、化学、数学、地学、计算机科学、海洋科学、环境科学等学科的研讨会议，研究各学科科学发展对人才培养素质的要求，落实各学科教学内容和课程体系改革工作。

(5)部分学科的改革研究已经取得阶段性成果。1995年，北京大学赵凯华教授和中山大学罗蔚茵教授合编的第一本“面向21世纪课程教材”——《新概念物理学——力学》已正式出版。生物学科在前几年进行“6+1”课程改革的基础上，经过改革研究，确定了《细胞生物学》、《生物化学》、《分子生物学》、《遗传学》等4门课程为生物学科主要课程的改革方案，并已形成4门课的初步大纲。

三、《高等农林教育教学与课程体系改革计划》

1995年6月，国家教委高教司下发了《关于组织实施〈高等农林教育面向21世纪教学内容和课程体系改革计划〉的通知》要求各级教育管理部门和各高等农林院校充分重视，根据《计划》要求，做好教学内容和课程体系改革的动员和组织工作。有关学校主管部门和学校要加强对立项项目的领导和支持，为项目开展研究和实践工作创造较好的条件，提供项目研究资金，适当调整有关政策，鼓励广大教师积极投入教学改革工作。《计划》包括21个改革项目，按性质分为三类：第一类，综合改革项目4个；第二类，系列课程改革项目7个；第三类，专业类群改革项目10个。

通知发出后，全国近50所高等学校、3700多(人次)教师提交申报材料529份。经国家教委组织的专家认真评审，第一批共批准92个项目立项。1995年12月下发了《关于初步批准〈高等农林教育面向21世纪教学内容和课程体系改革计划〉第一批立项项目

和进一步做好立项审批工作的通知》

撰稿 王启明 吴爱华
宋 毅
审稿 朱传礼

〔**教学工作评价**〕 国家教委决定从1995年起，分期分批对高等学校进行教学工作评价。

首先对百余所“文革”后新办或升格的高等学校进行本科教学工作合格评价。评价等级分为：合格、暂缓通过与不合格；同时选优评价与随机评价的研究、试点工作也在抓紧进行。高等学校教学工作评价的结果将作为新增本科专业、硕士学位授予单位申报资格的重要依据之一。

在高等学校开展教学工作评价，其目的是加强对高校的宏观指导和管理，促进学校不断明确办学指导思想，提高管理水平，改善办学条件，加强教学基本建设，提高教育质量。

高等学校的教学工作评价“以评促改、以评促建、评建（改）结合、重在建设”的原则。国家教委高教司对教学工作评价，先期进行了大量的准备工作。1993年开始先后成立了各科类高校教学工作评价方案课题组，研制评价方案，并选择了各科类和多种类型的高等学校开展自评、试评，不断修改评价方案；1994年又组织专家组对天津城建学院等9所院校进行本科教学工作评价的试点工作，为本科教学工作评价积累了经验；1995年上半年，通过各种形式征求了有关高校及其主管部门对评价工作及评价方案的意见，同时成立了教学评价协作组。经研讨和修改后，正式印发了教学工作合格评价方案及其实施办法与时间安排。在此基础上，正式开始对百余所新建院校进行教学工作合格评价。

1995年底，国家教委组派专家组对宁波大学等7所学校评建工作进行现场考察，并对天津城建学院等9所评价试点院校进行复查。国家教委根据专家组考察意见，并经认真研究，确定天津城建学院、河北机电学院、山东轻工业学院、四川轻化工学院、株洲工学院、安徽机电学院、南通纺织工学院、河北煤炭建工学院、辽宁工学院、天津理工学院、深圳大学、宁波大学、烟台大学本科教学工作的评价结论为合格。结果表明：教学工作评价达到了以评促建。宁波大学等7所院校增加的教学经费共达2488万元，据对进行自评的27所医学院校的不完全统计，教学设施投入的资金总额就达1亿多元。

撰稿 胡秀荣
审稿 朱传礼

〔**文科人才培养基地建设**〕 1995年1月16日，国家教委发出《关于批准国家文科基础学科人才培养和科学研究基地学科点的通知》，确定在有关高校建设51个（其中试办2个）国家文科基础学科人才培养和科学研究基地学科点。其中：中国语言文学23个（含试办1个），历史学21个（含试办1个），哲学7个。

为建设好国家文科基础学科人才培养和科学研究基地，国家教委采取措施，对“文科基地”的招生、培养、分配等方面进行政策倾斜，并给予经费支持。国家教委拟每年投入495万元，连续五年。中央其他部委、省市所属高校的“文科基地”经费分别由部委、省市政府投入，其数额是每个“文科基地”连续五年每年投入不少于20万元。除高校主管部门进行经费投入外，还要求“文科基地”所在学校进行1∶1的配套经费投入。国家教委1995年度已对每个“文科基地”分别投入15万元，33个“文科基地”总共投入495万元。中央其他部委、省市人民政府对所属高校“文科基地”的经费投入基本落实，广西壮族自治区人民政府1995年为广西师范大学“文科基地”投入经费500万元。各有关高等学校对“文科基地”的投入经费也基本落实。

撰稿　刘凤泰
审稿　朱传礼

〔**大学生文化素质教育**〕　为探索高等学校人才德、智、体全面发展的新途径，全面提高人才素质，1995年7月，国家教委高教司印发了《关于开展大学生文化素质教育试点工作的通知》指出：加强大学生文化素质教育，就是要使大学生在学好本专业的同时，具备专业以外的人文社会科学、自然科学以及文化艺术有关基础知识和基本修养，使专业人才具有较高的文化素质。改变过去过分强调专业教育而忽视综合素质培养的状况，探索高等学校人才德、智、体全面发展的新途径，从而全面提高人才培养质量。经研究，确定北京大学、清华大学、华中理工大学等52所高等学校为加强大学生文化素质教育试点院校。其中综合大学16所；工科院校24所；农林院校5所；医药院校3所；财经、外语院校各1所，师范院校2所。

1995年9月20日至22日，试点院校及其主管部门的代表在华中理工大学召开“加强高校文化素质教育试点工作研讨会”。研讨高等学校如何提高学生文化素质，如何改革人才培养模式、提高人才培养质量，并推动高等学校在教育思想、教育模式、教育内容上进一步深化改革；重点讨论了加强文化素质教育的重要意义、应注意的问题以及开展文化素质教育试点工作的若干事项。会议指出：在开展文化素质教育的工作中，要有正确的方向引导、有明确的培养目标，要坚持高品位，也要处理好文化素质教育和学校其他教学活动、教学改革的关系。

在研讨会上，由52所试点学校联合成立“高等学校文化素质教育试点工作协作组”。会议确定了各试点院校当前的主要任务：(1)制定加强大学生文化素质教育的实施方案；(2)制定大学生应读、应知、应看的名著、名曲、名画、名剧的目录；(3)加强师资队伍建设。

会后，各试点院校分别召开有关会议，制定实施方案、采取各种措施、积极开展试点工作，由协作组组长单位华中理工大学编发了“加强大学生文化素质教育试点工作简报”，以推动试点工作的开展。

为了进一步推动试点工作，国家教委高教司于1995年12月8日在北京大学举行了“加强大学生文化素质教育报告会”，聘请季羡林等知名学者就加强文化素质教育的重要性，及如何加强文化素质教育等问题作了报告。

撰稿　阎志坚
审稿　朱传礼

〔**普通高校优秀教材评奖**〕　1995年3月，国家教委发出《关于进行第三届全国普通高等学校优秀教材评奖工作的通知》，正式部署了第三届全国普通高等学校优秀教材评奖工作。《通知》明确评奖工作分两步进行。1995年先开展部委（省、自治区、直辖市）级的评奖工作；国家级的优秀教材评奖工作将在1997年与普通高校第三届国家级优秀教学成果奖并轨，届时国家级优秀教材的备选教材将从这次评出的部委（省市）级优秀教材一等奖中择优推荐。评奖范围是1990年1月至1994年12月底期间出版或修订出版的供普通高等学校本科、专科及研究生使用的教材（包括文字教材、计算机辅助教学软件）不含学术专著。

各有关部委和省、自治区、直辖市教育行政部门根据国家教委《关于进行第三届全国普通高等学校优秀教材评奖工作的通知》的精神，结合本部门、本地区的实际情况，制定了各自的评奖工作办法和工作进程。要求在95年底之前完成。

评奖坚持严把质量关，宁缺勿滥。由国家教委向国务院有关部委、各地教育行政部门下达部委（省、自治区、市）级一等奖数额。1995年，国家教委共受理申报的优秀教材1700余种。经过初评，有700余种教材入选，约占申报数的五分之二。1995年11月29日至12月2日在南京大学召开了国家教委第三届优秀教材评审会议，聘请150余位专家对初评入选的700余种教材进行评审。

经过专家投票评出国家教委优秀教材一等奖140种，二等奖213种，中青年奖38种。有关部委、（省、区、市）的优秀教材评奖工作已基本完成。

撰稿　董锦歧
审稿　朱传礼

附：

国家教委第三届高等学校优秀教材获一等奖书目

序号	教材名称	作者姓名	主编单位	出版单位	出版年	版次	责任编辑
1	印度古代文学史	季羡林等	北京大学	北京大学出版社	91	1	
2	中国现代文学史(上、下册)	郭志纲　孙中田	北京师范大学	高等教育出版社	93	1	熊　威
3	文学理论教程	童庆炳等	北京师范大学	高等教育出版社	92	1	秦　岚
4	校雠广义、版本编	程千帆　徐有富	南京大学	齐鲁书社出版社	91	1	任笃行
5	现代汉语	中文系现代汉语教研室	北京大学	商务印书馆	93	1	
6	民间文学导论	刘守华　巫瑞书	华中师范大学	长江文艺出版社	93	2	田扬帆
7	中国古代散曲史	李昌集	扬州师范学院	华东师范大学出版社	91	1	刘　凌
8	中国当代新闻事业史	方汉奇　陈业劭	中国人民大学	新闻出版社	92	1	池　平
9	中国近代史	李　侃等	中华书局	中华书局	94	4	李占领

续表

序号	教材名称	作者姓名	主编单位	出版单位	出版年	版次	责任编辑
10	中国史稿地图集(上、下册)	郭沫若	中国科学技术大学	中国地图出版社	90	1	石奉天等
11	太平天国通史	茅家琦	南京大学	南京大学出版社	92	1	金鑫荣
12	世界史	吴于廑　齐世荣	武汉大学	高等教育出版社	94	1	王方宪
13	尚氏中国古代通史	尚　钺	中国人民大学	高等教育出版社	91	1	王宏凯
14	档案文献编纂学	曹喜琛	中国人民大学	中国人民大学出版社	90	1	王小琪
15	中国古籍版本学	曹　之	武汉大学	武汉大学出版社	92	1	赵　捷
16	普通逻辑	吴家国等	北京师范大学	上海人民出版社	93	4	秦建洲
17	历史唯物主义原理	肖　前　李秀林 汪永祥	中国人民大学	人民出版社	91	2	陈亚明
18	中国文化概论	张岱年　方克立	北京大学	北京师范大学出版社	94	1	仉春兰
19	社会学概论新修	郑杭生　李　强 林克雷	中国人民大学	中国人民大学出版社	94	1	王爱玲
20	西方社会思想史	于　海	复旦大学	复旦大学出版社	93	1	夏德元
21	行政管理学	夏书章等	中山大学	中山大学出版社	91	1	施国胜
22	物证技术学	徐立根　徐　婉 周惠博　詹楚材	中国人民大学	中国人民大学出版社	90	1	熊成乾
23	法理学	沈宗灵　张文显	北京大学	高等教育出版社	94	1	曾　敬
24	国际组织法	梁　西	武汉大学	武汉大学出版社	93	1	曾勉之
25	国际金融	钱荣堃　陈　平 马君潞	南开大学	四川人民出版社	94	1	王　亩
26	社会主义城市经济学	蔡孝箴　郭鸿懋	南开大学	南开大学出版社	90	1	汤　仁
27	经济预测与决策技术	冯文权	武汉大学	武汉大学出版社	94	3	刘爱松
28	管理学——原理与方法	周三多	南京大学	复旦大学出版社	93	1	刘子馨
29	现代西方财政学	邓子基　张　馨	厦门大学	中国财经出版社	94	1	黄　然
30	中级财务会计	葛家澍　黄世忠 陈少华	厦门大学	辽宁人民出版社	94	1	谭　燕
31	货币银行学	黄　达	中国人民大学	四川人民出版社	92	1	何朝霞
32	中国经济管理思想史教程	赵　靖　石世奇	北京大学	北京大学出版社	93	1	薛　磊
33	政治经济学	吴树青等	北京大学	中国经济出版社	93	1	黄允成
34	现代西方经济学	宋承先	复旦大学	复旦大学出版社	94	1	刘子馨
35	国际市场营销管理	薛求知　沈伟家	复旦大学	复旦大学出版社	94	1	刘子馨

续表

序号	教材名称	作者姓名	主编单位	出版单位	出版年	版次	责任编辑
36	计量经济学—方法与应用	李子奈	清华大学	清华大学出版社	92	1	张善余
37	新编日语(1～4册)	周平 陈小芬	上海外国语大学	上海外语教育出版社	93	3	应允
38	大学俄语	丁树杞	北京外国语大学	外语教学与研究出版社	94	1	金秀珍
39	英语写作手册	丁往道 吴冰 钟美荪 郭棲庆	北京外国语大学	外语教学与研究出版社	94	2	徐建中
40	欧洲文化入门	王佐良 祝珏 李品伟 高厚堃	北京外国语大学	外语教学与研究出版社	92	1	王春丽
41	英汉科技翻译教程	韩其顺 王学铭	重庆大学	上海外语教育出版社	90	5	吕佩英
42	科技交流英语(共五册)	龚立	中国科学技术大学	高等教育出版社	94	1	周龙等
43	英语史	李赋宁	北京大学	商务印书馆	91	1	王良碧
44	英语(5～8册)	黄源深 朱钟毅	华东师范大学	华东师范大学出版社	93	1	张云皋
45	教育社会学	鲁洁 吴康宁	南京师范大学	人民教育出版社	90	1	胡寅生
46	中国教育史	孙培青	华东师范大学	华东师范大学出版社	92	1	翁春敏
47	教育概论	叶澜	华东师范大学	人民教育出版社	91	1	王莉
48	工程心理学	朱祖祥	杭州大学	华东师范大学出版社	90	1	张捷
49	认知心理学	王甦 汪安圣	北京大学	北京大学出版社	92	1	朱新邨
50	辩证唯物主义和历史唯物主义原理	李秀林 王宇 李淮春	中国人民大学	中国人民大学出版社	90	3	沈小农
51	自然辩证法概论	国家教委社科司	国家教委社科司	高等教育出版社	91	2	张宝生
52	中国革命史	国家教委社科司	国家教委社科司	高等教育出版社	93	1	马景焘
53	政治经济学教材	蒋学模	复旦大学	上海人民出版社	93	7	林克勤
54	思想政治教育方法论	王玄武 郑永廷	武汉大学	高等教育出版社	92	1	
55	思想道德修养	罗国杰	中国人民大学	高等教育出版社	93	1	马景焘
56	钢琴演奏基础训练	周广仁	中央音乐学院	高等教育出版社	90	2	刘建
57	美术概论	王宏建 袁宝林	中央美术学院	高等教育出版社	94	2	刘建
58	全国普通高校体育教材理论教程	邹继豪 沈际洪 季克异	大连理工大学	大连理工大学出版社	93	1	史振声
59	泛函分析	江泽坚 孙善利	吉林大学	高等教育出版社	94	1	文小西
60	奇异摄动问题数值方法引论	苏煜城 吴启光	南京大学	重庆出版社	92	1	夏树人
61	常微分方程教程	丁同仁 李承治	北京大学	高等教育出版社	91	1	杨芝馨

续表

序号	教材名称	作者姓名	主编单位	出版单位	出版年	版次	责任编辑
62	实分析	程民德 邓东皋 龙瑞麟	北京大学	高等教育出版社	93	1	文小西
63	应用偏微分方程	谷超豪 李大潜 沈玮熙	复旦大学	高等教育出版社	93	1	郭思旭
64	线性代数与矩阵论	许以超	中科院数学所	高等教育出版社	92	1	张小萍
65	随机运筹学	赵玮 王荫清	西安电子科技大学	高等教育出版社	93	1	胡乃冏
66	有限群表示论	曹锡华 时俭益	华东师范大学	高等教育出版社	92	1	郑洪深
67	数理统计学讲义	陈家鼎 孙山泽 李东风	北京大学	高等教育出版社	93	1	高尚华
68	微分几何初步	陈维桓	北京大学	北京大学出版社	90	1	刘勇
69	应用几何教程	苏步青 华宣积	复旦大学	复旦大学出版社	90	1	陈毓卿
70	流体力学(上、下册)	周光坰 严宗毅 许世雄 章克本	北京大学	高等教育出版社	93	1	邵勇
71	原子核理论(核反应部分)	徐躬耦 王顺金	南京大学	高等教育出版社	92	1	李松岩
72	凝聚态物理学新论	冯端 金国钧	南京大学	上海科学技术出版社	92	1	戴雪文
73	群论及其在粒子物理学中的应用	高崇寿	北京大学	高等教育出版社	92	1	李松岩
74	热力学.统计物理	汪志诚	兰州大学	高等教育出版社	93	2	陈海平
75	固体物理实验方法	王华馥 吴自勤	南开大学	高等教育出版社	90	1	陈海平
76	热学	秦允豪	南京大学	南京大学出版社	94	1	李曾沛
77	矩阵光学原理	王绍民 赵道木	杭州大学	杭州大学出版社	94	1	蒋保纬
78	定性与半定量物理学	赵凯华	北京大学	高等教育出版社	91	1	邹延肃
79	恒星大气物理	汪珍如 曲钦岳	南京大学	高等教育出版社	93	1	杨祥
80	力学(上、下册)	郑永令 贾启民	复旦大学	复旦大学出版社	90	1	龚少明
81	原子核物理	杨福家 王炎森 陆福全	复旦大学	复旦大学出版社	93	1	徐余麟
82	电子光学	华中一 顾昌鑫	复旦大学	复旦大学出版社	93	1	龚少明
83	仪器分析	赵藻藩 周性尧 张悟铭 赵文宽	武汉大学	高等教育出版社	90	1	耿承延
84	无机合成化学	徐如人等	吉林大学	高等教育出版社	91	1	王世显
85	有机化学(上、下册)	胡宏纹等	南京大学	高等教育出版社	90	2	岳延陆
86	物理化学	邓景发 范康年	复旦大学	高等教育出版社	93	1	殷继祖

续表

序号	教材名称	作者姓名	主编单位	出版单位	出版年	版次	责任编辑
87	化学通史	赵匡华	北京大学	高等教育出版社	90	1	李振林
88	普通化学原理	华彤文 杨骏英 陈景祖 张淑珍	北京大学	北京大学出版社	93	2	赵学范
89	结构和物性	周公度	北京大学	高等教育出版社	93	1	陈小平
90	细胞生物学	汪堃仁 薛绍白 柳惠图	北京师范大学	北京师范大学出版社	90	1	杨江城
91	分子遗传学	孙乃恩 孙东旭 朱德煦	南京大学	南京大学出版社	90	1	荣翠琴
92	微生物学教程	周德庆	复旦大学	高等教育出版社	93	1	田 年
93	脊椎动物学	杨安峰	北京大学	北京大学出版社	92	2	李蕙兰
94	海岸地貌学	王 颖 朱大奎	南京大学	高等教育出版社	94	1	黎勇奇
95	土壤地理学	朱鹤健 何宜庚	福建师范大学	高等教育出版社	92	1	汪安祥
96	文化地理学导论	王恩涌	北京大学	高等教育出版社	91	1	徐丽萍
97	大气动力学(上、下册)	刘式适 刘式达	北京大学	北京大学出版社	91	1	邱淑清
98	大气环境化学	唐孝炎 李金龙 栗 欣 陈旦华	北京大学	高等教育出版社	90	1	陈 文
99	有机污染物化学(上、下册)	王连生	南京大学	科学出版社	90	1	尚元方
100	高等数学习题课教程	王文蔚 张华富 史玉清 黄炳生	东南大学	东南大学出版社	94	1	徐步政
101	线性代数	谢国瑞	华东理工大学	华东理工大学出版社	92	2	郑汶玉
102	物理学(上、中、下册)	东南大学等七校编 马文蔚改编	东南大学	高等教育出版社	93	3	奚静平
103	物理实验教程(普通物理、现代物理部分)	丁慎训 丁孔时	清华大学	清华大学出版社	91	1	郭学书
104	大学物理(上、下册)(修订本)	吴百诗	西安交通大学	西安交通大学出版社	94	1	刘 影等
105	物理化学(上、下册)	李吕辉等	大连理工大学	高等教育出版社	94	2	邵玉英
106	有机化学教程(上、下册)	张 黯	北京化工大学	高等教育出版社	90	1	白淑琴
107	有机化学	徐寿昌	华东理工大学	高等教育出版社	93	2	白淑琴
108	工程流体力学	陈卓如	哈尔滨工业大学	高等教育出版社	92	1	
109	结构力学	杨仲候 胡维俊 吕泰仁	河海大学	高等教育出版社	92	1	余美茵
110	材料力学(上、下册)	孙训方等	西南交通大学	高等教育出版社	94	3	吴 向

续表

序号	教材名称	作者姓名	主编单位	出版单位	出版年	版次	责任编辑
111	分析动力学	陈文良 洪嘉振 周鉴如	上海交通大学	上海交通大学出版社	90	1	马 波
112	机械制图	石光源 周积义 彭福荫	清华大学	高等教育出版社	90	3	杨师麟
113	机械原理	华大年	中国纺织大学	高等教育出版社	94	2	李 平
114	高等机械设计	吴宗泽	清华大学	清华大学出版社	91	1	王茹琦
115	热加工工艺基础	张万昌	清华大学	高等教育出版社	91	1	刘兴祥
116	传热学基础	杨世铭	上海交通大学	高等教育出版社	91	2	沙 明
117	电工技术(电工学Ⅰ)	姚海彬	天津大学	高等教育出版社	91	1	刘秉仁
118	脉冲与数字电路	王毓银	北京联合大学	高等教育出版社	92	2	姚玉洁
119	电磁场与电磁波基础	卢荣章	北京理工大学	高等教育出版社	90	2	马 达
120	现代电子学及应用	童诗白 徐振英	清华大学	高等教育出版社	94	1	任庆陵
121	电子线路实验	诸昌清 武元桢 雷有华	清华大学	高等教育出版社	91	2	张培东
122	气体动力学	童秉纲 孔祥言 邓国华	中国科学技术大学	高等教育出版社	90	1	张元直
123	大气污染控制工程	林肇信	北京工业大学	高等教育出版社	91	1	陈 文
124	生理功能的工程分析	黄诒焯 郑筱祥	西安医科大学	高等教育出版社	93	1	姚玉洁
125	工程造价管理	徐大图	天津大学	机械工业出版社	90	1	崔国徽
126	系统工程理论方法与应用	汪应洛	西安交通大学	高等教育出版社	92	1	傅英宝
127	现代生产管理的理论与方法	李必强	武汉汽车工业大学	华中理工大学出版社	91	1	漆文瑛
128	质量管理学	张公绪 梁雄健	北京科技大学	高等教育出版社	92	1	陈 薇
129	概率与数理统计	常柏林 卢静芳 李效羽	盐城工业专科学校	高等教育出版社	93	1	马志鹏
130	线性代数	彭玉芳 尹福源	常州工业技术学院	高等教育出版社	93	1	马志鹏
131	金属工艺学(Ⅰ、Ⅱ、Ⅲ)	许德珠 司乃钧	哈尔滨工业专科学校	高等教育出版社	92	1	李肇荣
132	电路及磁路(上、下册)	蔡元宇	沈阳电力高等专科学校	高等教育出版社	91	1	崔万胜
133	自然语言处理	刘开瑛 郭炳炎	山西大学	科学出版社	91	1	刘晓融
134	计算机操作系统教程	周长林 左万历	吉林大学	高等教育出版社	94	1	席文哲
135	软件自动化	徐家福 陈道蓄 吕 建 王志坚	南京大学	清华大学出版社	94	1	徐培志

续表

序号	教材名称	作者姓名	主编单位	出版单位	出版年	版次	责任编辑
136	并行算法的设计与分析	陈国良	中国科学技术大学	高等教育出版社	94	1	邹德林
137	测树学及测树学实习指南	吴富桢等	南京林业大学	中国林业出版社	92	1	宫连城
138	家畜饲养学	彭国华等	贵州农学院	广西科学技术出版社	92	1	吴明生
139	大学物理教学系列软件(普通物理部分)	陈熙谋等	北京大学	高等教育出版社	94	1	陈海平
140	工科大学物理学习辅导系统(PCAI)	胡盘新等	上海交通大学	高等教育出版社	94	1	黄元明等

〔**建设示范性工程专科学校**〕　为了探索和建立具有中国特色的高等工程专科人才培养模式，全面提高高等专科教育的整体素质与办学水平，1995年9月，国家教委印发了《关于开展建设示范性普通高等工程专科学校工作的通知》。提出开展建设示范性普通高等工程专科学校工作的目标是：从现在起到下世纪初叶，在全国范围内建设20所左右在高等工程专科人才培养模式方面起示范、带头作用的普通高等工程专科学校。其主要特征是：以培养工业、工程生产第一线所需的高质量的高等工程技术应用性人才为办学宗旨；形成了以培养专业技术应用能力为主线的理论教学和实践教学体系；形成了学校与社会、教学与生产和科技工作相结合的人才培养途径；具有良好的工程实践教学条件和环境；具有一支教学水平较高并且具有较强实践能力的教师队伍。

开展建设示范性普通高等工程专科学校工作以邓小平同志建设有中国特色的社会主义理论及其教育思想为指导，贯彻《中国教育改革和发展纲要》及其实施意见，重在改革，重在建设，重在质量，重在办出特色，全面提高办学水平。在《示范性普通高等工程专科重点建设学校评价方案》中，要求对评价工作要坚持全面评价和重点评价相结合，条件、过程、效果评价相结合，定性与定量相结合，导向性、先进性与可行性相结合的原则。

开展建设示范性普通高等工程专科学校的工作分为两个阶段进行，1996年至2000年为示范性普通高等工程专科学校重点建设阶段；下世纪初为示范性普通高等工程专科学校验收阶段。

为了做好示范性普通高等工程专科重点建设学校的遴选工作，于1995年12月，组织专家组对沈阳电力高等专科学校进行了遴选试点，通过试点总结了遴选工作经验，同时修改完善了《示范性普通高等工程专科重点建设学校评价方案》，为1996年全面开展遴选工作打下了一个良好的基础。一些条件比较好的学校都在积极争取进入示范性普通高等工程专科重点建设学校的行列，学校主管部门也在认真做好遴选前的准备工作，并有重点地扶持一些学校，进一步增加投入，以使其成为在高等工程专科人才培养模式方面起带头作用、专科特色鲜明的示范性普通高等工程专科学校。

撰稿 邢跃龙
审稿 朱传礼

〔**工程专科专业教学改革**〕 自1993年开展第一批高等工程专科专业教学改革以来，到1995年6月，经过三批评审，全国各类全日制学校的工程专科专业中已正式遴选确定79所学校的136个专业点作为教学改革试点专业，这项工作促进了专业的改造和建设。

经过三年的努力已取得初步成效，主要体现在以下几个方面：(1) 毕业生的素质更加适应社会用人部门的需要。各试点专业都从本行业、本地区的工业、工程生产第一线对高等工程技术应用性人才的实际需要出发，深入研究专业所辖范围的工作领域和技术领域，研究毕业生走向社会后可能从事的工作岗位群以及科技发展和人才竞争的需要。(2)探索并建立了一些新的教学模式。各试点专业紧紧围绕体现工程专科教育的特点，重新构建知识和能力结构，逐步形成了新的体现高等工程专科教学特点的教学模式。(3) 注重产学结合、加强了校内外实习基地建设。各试点专业都加强了学生动手能力的培养，着力改善、充实校内实验条件，更新实验设备，组建新的实验室，加强校内外实习基地的建设，积极为学生创造一个良好的工程实践训练的环境。(4) 深化了教学内容体系改革。各试点专业都重新组建优化了课程设置体系和教学内容体系，初步体现了基础理论教学要以应用为目的，以必需够用为度，以掌握概念、强化应用为教学重点；专业课程教学内容要加强针对性和实用性；实践教学环节在教学计划中多数已占总学时的40%，少数学校根据专业的特殊性实践教学环节达到50%左右。除加强外语、计算机课程外，还加强了经济管理及人文方面的课程。(5) 加强了教材建设。各试点专业都制订了新教材编写规划，力争经过3至5年左右的时间，编写出符合专业教学改革要求的教材，使教材建设跟上专业教学改革的需要。(6)加强了师资队伍建设。各试点学校都制订了3至5年师资队伍建设规划，制订了有利于青年教师培养的政策，采取了一系列切实可行的措施，加快培养。(7) 增加了试点专业的教学改革的资金投入。试点专业经费主要用于专业实验室建设、校内外实习基地建设、教材建设、教师队伍建设、教学改革调查研究和奖励有关教改人员等。

到1995年，第一批试点专业已进入中期考查阶段。

撰稿 邢跃龙
审稿 朱传礼

〔**七年制医学教育质量检查**〕 1988年4月，国家教委决定在我国试办七年制高等医学教育，目的是面向21世纪，培养具有良好的思想品德和职业道德，较广泛的社会科学知识，较宽厚的自然科学基础，较熟练的专业实践技能和解决医学问题能力的高级医学人才。首批开办七年制高等医学教育的15所院校，1995年培养出第一届毕业生。

为此，国家教委高教司、国务院学位办聘请79位专家(其中国务院学科评议组成员8位)组成检查团，委托中国高等教育学会医学教育专业委员会，于1995年5月15日～6月15日进行了七年制高等医学教育教学质量和学位授予质量检查。检查团检查这15所院校及与其合作办学的综合大学。同时对尚没有毕业生的3所中医药大学和4所军医大学试办的七年制教学工作也进行了中期检查。

检查结果表明：首届七年制毕业生在德、智、体等方面的综合质量，均已达到国家教委和国务院学位委员会有关文件规定的培养目标和基本要求。做为新型的高层次医学人才，毕业生具有宽厚的文理科学基础，坚实的基础医学理论，较好的科研素质，较高的外语水平，具有较大的发展潜力。

七年制医学专业的开办，为社会培养了一批符合21世纪医学科学发展需要的高层次医学人才，推动了高等医学教育的改革。(1)开辟了一条为21世纪培养高层次医学人才的新途径。七年制培养模式，拓宽学生知识面，注重人才整体素质和多种能力的培养，以适应临床实际需要。教学计划强调基础教学、学士硕士教学有机结合，统筹考虑，整体优化，因此，学生知识能力、素质结构有别于我国现行的其它高层次医学教育模式培养的人才。(2)促进了高等医学院校办学体制的改革。七年制教育要求学生有宽厚的社会人文、自然科学知识和较好的全面素养，这种教学要求，客观上要求改革单一的学科培养模式，进而要求学校改革单一学科的办学体制，促进多数试办校走上了与综合大学合作办学的道路。(3)带动了试办校的教育改革。试办校普遍将七年制作为全校教学改革的龙头、突破口和试验田，并将七年制教育中一些改革思路或措施，推广到五年制本科及研究生教育中。(4)促进了试办校总体教育质量的提高。主要表现在：加强了课程建设和学科建设，特别是人文社会科学、自然科学、基础医学课程和新兴、边缘、交叉学科的建设；普遍增加了选修课；促进和加强了教学管理制度建设(如：教学激励机制等)；深入开展了教学研究；生源总体质量明显提高。

检查中也发现了七年制高等医学教育中存在的问题是：临床教学方面存在薄弱环节；各校教学经费不足；有的学校的培养模式未完全按有关文件精神设计；与综合大学合作办学需要进一步加强；医学学位授予工作需要进一步理顺。国家教委针对上述问题已制订了进一步加强七年制教学工作的措施和办法。

撰稿　康　凯
审稿　朱传礼

〔**农林院校教学质量评价**〕　为加强对高等农林院校教学工作的宏观管理，逐步建立起高等农林院校教学质量监控与评价体系，国家教委高教司于1994年3月印发了《关于开展高等农林院校教学状态数据统计与教学评价工作的通知》要求各校按《高等农林院校本、专科教学调查与评价方案（试行）》（以下简称《方案》）自评、填报，并与农业部教育司配合，对其部属18所学校进行实地检查与评价试点（试点工作于1994年底完成）。1995年2月公布了农林高校部分教学状态数据，使学校了解本校教学总体水平，看到本校在单项指标上所处的位置，为学校改进教学工作、学校主管部门进行宏观管理和科学决策提供了翔实的依据。

1995年，在前述《方案》与实施工作实践的基础上，经全国高等农林院校教学评价工作研究课题组和有关学校专家、领导进一步研究、修改，制定了《高等农林院校本专科教学状态数据统计表》(以下简称《状态统计表》)和《普通高等农林本科学校教学工作评价方案(Ⅰ)、(Ⅱ)》(以下简称《方案Ⅰ》、《方案Ⅱ》)。国家教委高教司于1995年6月将《状态统计表》印发各省市教育主管部门和各高等农林院校,拟通过试行、修订、完善,逐步使教学状态数据统计工作规范化、程序化、制度化,并形成年报制度,使国家教育行政管理部门经常了解全国农林高校教学工作状态的一个重要途径,并作为对农林高校教学工作进行评价的一个重要参考。《方案Ⅰ》主要用于普通农林本科学校教学工作的合格评价,接受国家合格评价的首批农林高校有湖北农学院等11所。《方案Ⅱ》主要用于普通农林本科学校教学工作的随机(水平)评价和优秀教学工作校评价,将于1996年印发试行。

在开展上述工作的同时,国家教委高教司组织了《普通化学》、《分析化学》、《有机化学》、《高等数学》、《生物统计学》、《植物学》、《普通遗传学》、《植物生理学》、《微生物学》、《生物化学》等10门主要基础课的国家级试题库研制工作。目的在于制订出一个具有统一标准的题库提供各校选择使用,同时作为国家检测学校课程教学质量的基本手段之一。

各农林高校从本校实际出发,从多层次、多侧面进行探索,建立和完善校内教学工作评价体系,加强对教学质量的监控。中国农业大学等校制订并实施了《院系本专科教学工作评价方案》;山东农业大学、华中农业大学、西北农业大学等校建立了包括专业、课程、实践教学等教学全过程的评价体系;南京农业大学、四川农业大学、东北农业大学等校都成立了校教学咨询、督导等专家组织,协助主管校长和教务处对学校的教学工作进行监督、检查和指导;南京林业大学等校还选聘学生教学信息员,以便客观反映班级学习和课堂教学信息,为学校加强教学调控提供依据。经过近几年的努力,正逐步建立起农林院校包括教学工作合格评价、随机(水平)评价、优秀教学工作校评价和本专科教学状态数据统计及学校内教学工作评价的教学质量监控与评价体系。

撰稿 刘贵友
审稿 朱传礼

〔**理科教学指导委员会换届**〕 根据《国家教育委员会高等学校理科教学指导委员会章程(试行)》,首届高等学校理科各学科教学指导委员会任期已满,1995年进行了换届工作。经过推荐,全国90多所高校推荐,经与各方面的协商,国家教委从61个学校聘任了539位校长、专家和教授组成了第二届理科教学指导委员会。1995年10月26日至29日,国家教委在上海复旦大学召开了高等学校理科教学指导委员会第二次工作会议。会议总结和交流了上届高等学校理科各学科教学指导委员会的工作;讨论和修改《国家教育委员会高等学校理科学科教学指导委员会章程(修改稿)》、《关于进一步深化高等理科教育教学改革的若干意见》、《关于制定高等学校理科"九五"教材建设规划的原则意见》等三个文件;讨论和部署了新一届教学指导委员会的工作。

撰稿 吴爱华
审稿 朱传礼

国家教委直属高校教育

〔**委属高校体制改革**〕 1995年，国家教委继续推行国家教委与地方政府共同建设委属高校的办学和管理体制改革，到1995年年底，已有23所委属高校成为共建学校。

是年，国家教委相继与陕西、上海、福建、甘肃、辽宁和大连等省市人民政府达成协议，决定对西安交通大学、同济大学、厦门大学、兰州大学、大连理工大学等实行共建，以促进这些学校进一步提高教育质量、科技水平和办学效益，更好地为国家特别是所在地方的经济和社会发展服务。国家教委与委属高校所在地人民政府实行共建后规定，上述高校在建制上仍为国家教委直属高校，学校投资渠道不变，国家教委继续为其提供额定的事业经费、基建投资及原享受的各种拨款、补贴；地方政府在资金和政策上为学校的建设与发展给予多方面的支持，为学校办学创造有利的外部条件。学校要树立为全国服务首先是为所在地方的经济与社会发展服务的办学思想，在不断提高办学水平的同时，要在人才培养、科学研究、科技开发等方面努力为地方经济建设与发展作出自己应有的贡献。

国家教委与国家企业集团共同建设委属高校也在这一年取得进展。1995年12月，国家教委与中国石化总公司在上海签署了由双方共同建设华东理工大学的协议。协议提出，中国石化总公司参与对华东理工大学的共建、共管，华东理工大学仍为国家教委直属高校，以国家教委领导为主，原投资渠道不变。华东理工大学将积极为中国石化总公司调整内部教育结构，提高办学层次、办学质量和办学效益作出贡献，在研究生培养、科研基地建设、成人在职培训和继续教育方面为中国石化总公司服务和作出贡献，中国石化总公司为华东理工大学的建设与发展提供一定的经费资助。

撰稿 马 涛 陈维嘉
审稿 陈小娅

〔**“211工程”部门预审**〕 1995年，国家教委继续对委属高校进行“211工程”部门预审。国家教委会同有关省市人民政府先后组织专家对西安交通大学、南开大学、天津大学、中山大学、华南理工大学、厦门大学、吉林大学、东北师范大学、东南大学、同济大学、武汉大学、华中理工大学12校申请进入“211工程”进行了专家评审。在听取校长关于学校“211工程”建设规划的报告、实地考察、与教师代表座谈的基础上，各专家组分别对相应学校的“211工程”建设规划及改革发展思路提出评审意见，并建议通过这些学校的“211 工程”部门预审。国家教委将根据专家评审建议进行审核。

“211 工程”部门预审工作较好地促进了学校在面向新世纪的建设与发展中认真分析学校实际状况，制定学校未来的长远发展规划，确定奋斗目标；调动了学校师生员工的办学积极性，增强了学校的凝聚力；也在宏观上推动了这些学校的办学和管理体制改革。

撰稿 马 涛

审稿 陈维嘉

〔**启动师范专业建设基金**〕 为了贯彻落实《中国教育改革和发展纲要》及其实施意见中关于加强师范教育的有关文件精神，进一步促进师范大学更好地为基础教育改革和发展服务，国家教委决定自 1995 年起设立国家教委直属师范大学师范专业建设基金，对委属师范大学的师范专业实施重点资助，并下发了《国家教委直属师范大学师范专业建设基金实施意见》。

该基金于 1995 年正式启动，国家教委年内拨款 400 万元，经过学校申报、直属高校咨询委员会师范大学组的专家校长评审，国家教委直属高校专项基金审议委员会审定，确定了首批资助的 6 校 17 个师范本科专业。这些专业的共同特点是办学思想端正，长期为基础教育服务，其本科生进入中等学校到位率普遍较高，学生在用人单位有较高的评价，学校有一套坚持为基础教育服务的具有鲜明师范教育特色的改革思路、规划和措施，为学校所在地区基础教育的发展作出了较大贡献。基金对每个项目资助的金额按文科 20 万元，理科（包括教育学专业）30 万元资助，并在年内已将经费拨款到位，重点用于这些专业的主干课程、教材教法课、教育实践的改革和建设，教师职业技能的培训以及教学手段的更新等方面。

国家教委从 1995 年至 2000 年，每年将从委属师范大学中评出 15～20 个师范本科专业，通过基金给予重点资助，使委属师范大学基础较好的师范本科专业通过基金资助，分期、分批加快建设，进一步提高本科生的教育质量，推动学校整体办学水平的提高，以适应 21 世纪国家基础教育发展的需要。基金实行择优资助，不搞平均分配。对于学校办学思想端正，长期坚持为基础教育服务，教育改革与建设取得成绩的师范本科专业要优先资助。

撰稿 张国辉

审稿 董长侠

〔**委属高校中国科学院院士**〕 根据中国科学院《关于推荐和初选中国科学院院士候选人的通知》精神，国家教委于 1995 年 4 月 4 日至 17 日，邀请委属高校 95 名中科院院士分别按数学、物理、化学、生物、地学、技术 6 个学科组对委属高校推荐的院士候选人进行了初选评议工作。根据院士的初选意见，经委办公会研究决定并向中国科学院推荐，经中科院学部大会选举通过，委属高校 1995 年有 14 名专家当选为中科院院士，即：

数学物理学部

李大潜	复旦大学	教授
方　成	南京大学	教授
刘应明	四川联合大学	教授

化学部

邓景发	复旦大学	教授

胡宏纹　南京大学　教授
沈之荃　浙江大学　教授

生物学部

张春霆　天津大学　教授

技术科学部

王阳元　北京大学　教授
张　钹　清华大学　教授
徐祖耀　上海交通大学　教授
彭一刚　天津大学　教授
冯纯伯　东南大学　教授
程耿东　大连理工大学　教授
熊有伦　华中理工大学　教授

经过此次增选，国家教委直属高校中科院院士总数已达 143 名，占中科院院士总数的 24.6%，占全国高校中科院院士总数的 71.5%。

撰稿　李彦忠
审稿　董长侠

〔**教育系统中国工程院院士**〕　根据中国工程院《关于提名和遴选中国工程院院士候选人的通知》精神，国家教委于 1994 年 12 月 1 日至 2 日，邀请委属高校 12 名中国工程院院士和 11 名中国科学院院士，划分机械与运载工程，信息与电子工程，能源与矿业工程，土木、水利与建筑工程，化工、冶金与材料工程，农业、轻纺与环境工程 6 个学部组，对委属高校推荐的院士候选人进行了初选评议工作。根据院士初选意见，经委办公会研究决定并向中国工程院正式推荐，1995 年 5 月，经工程院学部大会选举通过，国家教委系统有 24 人当选为中国工程院院士，即：

机械与运载工程学部

涂铭旌　四川联合大学　教授
何友声　上海交通大学　教授
林宗虎　西安交通大学　教授

信息与电子工程学部

高鼎三　吉林大学　教授
李三立　清华大学　教授
吴　澄　清华大学　教授
吴佑寿　清华大学　教授
孙优贤　浙江大学　教授
黄尚廉　重庆大学　教授

化工、冶金与材料工程学部

左铁镛　国家教委科技司　教授
李正名　南开大学　教授
朱永赌　清华大学　教授
袁渭康　华东理工大学　教授

能源与矿业工程学部

徐旭常　清华大学　教授
韩英铎　清华大学　教授
翁史烈　上海交通大学　教授
岑可法　浙江大学　教授

土木、水利与建筑工程学部

龙驭球　清华大学　教授
关肇邺　清华大学　教授
吴良镛　清华大学　教授
项海帆　同济大学　教授

农业、轻纺与环境工程

管华诗　青岛海洋大学　教授
顾夏声　清华大学　教授
唐孝炎　清华大学　教授

另外，根据中国工程院《关于提名和遴选中国工程院医药卫生工程学部院士候选人的通知》精神，经委属高校推荐，经委办公会研究决定并向中国工程院推荐，经中国工程院医药卫生工程学部大会选举，上海交通大学陈亚珠教授当选为医药卫生工程学部院士。

至此，国家教委系统工程院院士总数已达 37 人，占中国工程院院士总数的 11.2%。

撰稿 李彦忠 王 玲

审稿 董长侠

学位与研究生工作

〔**新一届学位委员会组成**〕 经国务院批准，国务院学位委员会调整换届工作完成，组成新一届学位委员会。国务院副总理李岚清任主任委员，朱光亚、周光召、张孝文、汝信任副主任委员，委员有：张恭庆、杨芙清、袁行霈、黄达、王大中、李衍达、杨天钧、李未、石元春、巴德年、方福康、孙家钟、马祖光、杨福家、翁史烈、陈中伟、曲钦岳、齐康、潘际銮、赵鹏大、卢永根、康振黄、史维祥、路甬祥、张存浩、杨乐、张新时、干福熹、孙鸿烈、王叔文、李学勤、张卓元、王乃彦、曾培炎、朱丽兰、刘积斌、潘家铮、刘江、陈敏章、李景、于景元、王忠烈，张孝文兼任秘书长，王忠烈兼任副秘书长。新一届国务院学位委员会组成后，于 4 月 10 日至 11 日在京召开了国务院学位委员会十三次会议，李岚清同志在会上做了题为《认真贯彻〈中国教育改革和发展纲要〉和全国教育工作会议精神，使我国学位工作进一步提高到一个新的水平》的讲话，张孝文同志做了工作报告。会议就改革学位授权审核办法、开展 1995 年博士、硕士学位授权审核工作、设置和试办法律专业硕士学位和扩大地方学位委员会试点工作等议题进行了研究，并形成了相应的决议。

撰稿 王崇东

审稿 王忠烈 赵沁平 谢桂华

〔**改进研究生工作**〕 1995 年 11 月，国家教委发出《关于进一步改进和加强研究生工作的若干意见》，对“九五”期间研究生教育的改革与发展作了部署。《意见》指出，为了更好地适应“九五”期间国家各项建设事业对研究生教育的要求，迎接 21 世纪的到来，研究生教育今后一段时期改革与发展的基本方针是：立足国内、适度发展、优化结构、相对集中、推进改革、提高质量。据此，今后五年要着重抓好以下几个方面的工作。

一、科学规划研究生教育发展的规模和速度，探索合理有效的招生调控机制。根据综合国力的增长，以及国家经济建设、科技进步和社会发展对高层次人才的需求，要在 1995 年招生规模的基础上，逐年增加招生数，到 2000 年时在校研究生达到 20 万人左右。建立招生宏观调控机制。要通过对招生学科、专业的遴选和招生名额的调控对培养研究生的学科、专业结构进行调整。国家将逐步试行公布当年各学科研究生分配和需求情况来引导研究生招生工作。认真做好培养单位在国家计划指导下的机动指标内招收委托培养或自筹经费培养研究生。国家将监督各培养单位的招生与培养质量。国家在招生政策上,要向研究生培养基地倾斜。重视经济建设急需的高层次应用型专业人才的培养。国家"九五"期间研究生招生数的增量部分,主要用于培养专业学位和其它各类应用学科的人才,同时鼓励专业学位试点单位在保证质量的基础上,自筹经费招收在职专业学位硕士研究生。为了加强高校教师队伍的建设,尽快提高博士在高校专任教师队伍中的比例,对于培养条件好的高等院校自筹经费招收已经获得硕士学位的本校优秀青年教师在职攻读博士学位,其招生名额可不计入计划指标。

二、优化和调整学科、专业结构。按照国家经济建设和产业结构调整的需要,以及教育、科技发展的趋势来调整学科、专业结构。国家在集中力量办好一批学科优势明显的基础学科、高新技术学科和人文社会科学学科的研究生教育的同时,要大力发展新兴学科、交叉学科和应用学科的研究生教育。国家要在研究生招生名额的调控和学位授权点的设置上加大学科、专业结构调整的力度。做好修订培养研究生的学科、专业目录的工作。经过评估和试点,对培养研究生质量较好的单位,逐步实现按较宽口径培养研究生并相应扩大其学位授权范围。

三、改进研究生培养工作,全面提高培养质量。硕士生培养的重心应加快调整到为经济建设和社会发展服务的方向上来。要调整和确定不同类型和规格硕士生的培养目标,切实改变以往硕士生培养类型、规格比较单一的状况,大力加强复合型应用人才的培养。

根据不同类型硕士生的培养目标,调整硕士生的培养规格,适当调整硕士生培养中课程教学与论文工作各占的比重;硕士生的学习年限可根据不同类型的学校、学科和人才培养规格分别确定。要改进和规范博士生培养工作,建立严格的规章制度,使博士生教育成为培养我国学术和技术骨干的重要源泉,逐步实现能够培养与发达国家在可比方面水平大体相当的博士的目标;拓宽培养口径。使博士生确实能够掌握坚实宽广的基础理论和系统深入的专门知识;要优化培养过程。有条件的单位经过批准可以试行将硕士、博士两个培养阶段连通,实行"硕、博连读"的培养方式,统筹安排课程学习、科学研究和学位论文工作,可在研究生完成课程学习后采用资格考试的方式进行遴选分流,根据资格考试结果确定其能否从事博士学位论文工作;严格执行博士学位论文评审和答辩工作的各项规定。应要求博士生在学位论文答辩前已有在学习期间公开发表的论文或取得经过鉴定的科研成果;优化博士生教育的资源配置。博士生的培养要向条件较好、学科综合优势明显、管理完善的高等学校集中,提高培养质量和办学效益;严格遴选上岗研究生指导教师,切实加强研究生指导教师队伍的建设;进一步改进和加强研究生德育工作。要全面贯彻落实《中共中央关于进一步加强和改进学校德育工作的若干意见》,积极探索适合研究生教育特点的德育工作新路子;改革研究生经费使用办法,稳步推广研究生兼助教、助研、助管(简称"三助")制度。

四、加强研究生培养基地的建设。国家和有关主管部门要加强对研究生培养基地及其重点学科点、学位授权点的建设，使之能持续和较大规模地培养出适应和满足我国现代化建设需要的高层次人才和做出较高水平的科研成果，并在部分学科、专业的科学研究水平和高层次人才培养的水平上率先达到或接近国际同类学科的先进水平。有关主管部门应结合国家实施的“211 工程”做好这些培养基地、重点学科和学位授权点的建设与发展规划，并在资金投入、学术队伍建设、计算机联网、实验设备和图书资料购置等方面予以优先扶持，以使其在研究生教育中更好地发挥主导和示范作用。加强研究生培养单位与生产企业、社会用人单位的合作，建设并形成新型的教学、科研、生产三结合基地。

五、建立和完善研究生教育质量监督和评估制度，加强和改进评估工作。制定和完善有关法规、办法，使各项评估工作制度化、规范化。充分发挥社会评估的作用。逐步建立健全专家、用人单位和社会等不同的评估体系。各培养单位必须按照国家主管部门的有关规定，逐步建立和完善本单位的研究生教育和学位授予质量的自我评估制度。

六、加强研究生工作的领导。各有关中央部委、省级教育（学位）主管部门和培养单位的领导要经常研究在研究生工作中出现的问题，并认真予以解决。要研究和探索研究生教育的规律，要不断提高研究生教育管理和领导工作的水平。

撰稿　李丹阳
审稿　王忠烈　赵沁平
　　　谢桂华

〔**“211 工程”建设**〕 1995 年 11 月，根据国务院指示，国家教委会同国家计委、财政部制定并发布了《“211 工程”总体建设规划》(简称“总体建设规划”)。对工程建设总目标，建设的主要内容，“九五”期间的任务，建设资金使用和建设管理程序等做出了规划和规定意见。“总体建设规划”明确，“211 工程”作为国家重点建设项目列入国民经济和社会发展中长期规划和第九个五年计划，从 1995 年起实施。

“211 工程”总体建设目标是：面向 21 世纪，在“九五”期间重点建设一批（40～50 所）高等学校和重点学科，并在此基础上经过若干年的努力，使 100 所左右的高等学校以及一批重点学科在教育质量、科学研究、管理水平和办学效益等方面有较大提高，在高等教育改革特别是管理体制改革方面有明显进展，成为立足国内培养高层次人才、解决经济建设和社会发展重大问题的基地。其中，一部分重点高等学校和一部分重点学科，接近或达到国际同类学校和学科的先进水平，大部分学校的办学条件得到明显改善，在人才培养、科学研究上取得较大成绩，适应地区和行业发展，总体处于国内先进水平，起到骨干和示范作用。

针对这个目标，“总体建设规划”中关于“九五”期间的建设任务提出，一是重点建设两所高等学校，使其在教学、科研和人才培养的整体水平上，接近或达到国际先进水平，并在国际上确定较高的声誉和地位。二是着重提高和改善 25 所左右与我国社会主义建设密切相关、重点学科比较集中、承担较多公共服务体系建设任务的高等学校的教学和科研基础设施条件，使其在人才培养质量上有显著提高，一些重点学科接近或达到国际水平，并在高等学校中起到骨干和示范作用。三是加强300个左右与经济社会发展、科技进步和国防建设密切相关的重点学科点。四是完成高等教育公共服务体系基本框架的建设。

关于工程建设资金，“总体建设规划”要求，采取国家、部门、地方和高等学校共同筹集的方式解决。按现行高等教育管理体制，建设资金主要由学校所属的部门和地方政府筹措安排，中央安排一定的专项资金给予支持，对工程建设起推动、引导和调控作用。

“211工程”按基本建设程序进行审批和管理，主要分为预审、预备立项备案、专家审核和正式立项审批等环节。自1994年4月至1995年12月，经过国家教委同意，已有22个国务院部委（总公司）、解放军总后勤部对所属29所高等学校进行了预审，加上18所已预审的国家教委所属高等学校，预审高校的总数已达47所。1995年12月，国家教委、国家计委和财政部联合召开专家审核会议，对北京大学、清华大学两校“211工程”可行性研究报告进行了审核；同时召开了立项工作会议，部署了13所“七五”、“八五”期间已作为国家重点建设项目建设的高等学校的正式立项工作。

撰稿　刘　宏

审稿　王忠烈　赵沁平

谢桂华

〔**博士生指导教师审核办法**〕　为扩大博士学位授予单位的办学自主权，使博士生指导教师成为一个重要的工作岗位而不是教授中的一个固定层次，国务院学位委员会第十三次会议决定全面改革现行的博士生指导教师评审办法，从1995年起学位委员会不再单独审批博士生指导教师，逐步实行由博士学位授予单位依据学位委员会和国家教委的有关规定，在审定所属各博士点招收培养博士生计划的同时遴选确定博士生的指导教师的办法。

国务院学位委员会在这项改革的实施办法中要求，各单位制定招收培养博士生计划时，按实际需求设置和确定招收培养博士生的指导教师岗位；要根据确定的招收培养博士生的学科、专业点和指导教师岗位，以及担任博士生指导教师所应具备的基本条件来遴选指导教师。

博士生招收培养计划的审定及博士生指导教师的遴选确定，分别按两种方式。第一种方式是由博士学位授予单位自行组织进行，第二种方式是由博士学位授予单位所属的上级主管部门组织进行。1995年，按第一种方式进行的博士学位授予单位共161个，含博士点2201个（占博士点总数的91.8%）；按第二种方式进行的博士学位授予单位109个，含博士点197个（占博士点总数的8.2%）。

博士生指导教师审核办法实行改革后，国务院学位委员会将加强博士生培养及学位授予质量的检查和评估，包括对博士生指导教师聘任情况的检查。对不能保证培养和学位授予质量的，将视不同情况，分别予以减少博士生招生数、暂停及至撤销有关学科、专业的博士学位授予权的处理。

撰稿　梁国雄

审稿　王忠烈　赵沁平

谢桂华

〔**省级学位委员会审批硕士点试点**〕 1995年，在上海、江苏、湖北、广东、四川、陕西6省市，开展了省级学位委员会审批已是硕士学位授予单位增列硕士点的试点工作。进行试点工作的省级学位委员会，经国务院学位委员会授权，在本省（自治区、直辖市）区域内现已有一定学科基础和学术力量的一级学科中（个别行业性很强的学科除外），审批本省（自治区、直辖市）所属已是硕士学位授予单位和在本省（自治区、直辖市）区域内中央部委以及解放军所属已是硕士学位授予单位申请增列的硕士点，包括可自行审批硕士点的学位授予单位在自审学科范围外申请增列的硕士点；受理并审批上述学位授予单位已有硕士点转学科、专业的申请；撤销上述学位授予单位中已不具备条件的硕士点。中央部委和解放军所属学位授予单位向所在省（自治区、直辖市）学位委员会申报硕士点（含已有硕士点转学科、专业），需先征得本单位的上级主管部门同意。

为做好这项试点工作，国务院学位委员会制订了《授权省（自治区、直辖市）学位委员会审批已是硕士学位授予单位增列硕士点的试行办法》。

撰稿　梁国雄
审稿　王忠烈　赵沁平
　　　谢桂华

〔**工商管理硕士教育**〕 加强工商管理硕士（MBA）主干课程师资培训工作。1995年7月、11月，根据全国MBA教育指导委员会的部署，由清华大学、复旦大学分别组织承办了营销管理、生产与作业管理、财务管理和会计学等四门课程的师资培训班，来自26所MBA试点院校的教师参加了培训班。1995年5月，受国务院学位委员会办公室、全国MBA教育指导委员会的委托，上海财经大学主办了MBA案例教学国际研讨会。

MBA入学考试改革。为使MBA入学考试更有利于确保考生质量，国务院学位委员会办公室、国家教育委员会高校学生司委托全国MBA教育指导委员会研究MBA入学考试的改革方案并提出了MBA招生分步实施GRK考试的方案。GRK是MBA入学考试的汉语拼音缩写，是在现行入学考试制度的框架内，对MBA入学考试方法的一种改进。由原来各校单独命题考试改为统一命题的GRK综合考试与各校单独命题考试相结合的办法，并用GRK成绩作为招生录取的主要依据。1995年1月，全国MBA教育指导委员会成立了GRK研究小组，先后在上海、南京、成都等地举行专门会议对GRK方案进行讨论修改，并举行了两次较大规模的全国性模拟考试。多次会议专家讨论意见和模拟考试结果基本肯定实行GRK考试改革的方向从长远看是可行的。

拟定“九五”期间全国MBA教育发展规划。1995年11月，全国MBA教育指导委员会第二次会议在北京清华大学召开。会议结合国家教委《关于进一步改进和加强研究生工作的若干意见》，讨论确定了《“九五”期间全国MBA教育发展规划建议要点》。建议的规划要点有：通过多种途径扩大招生规模，力争在2000年年招生数达到5000名；同时开通在职人员以研究生毕业同等学力申请MBA学位的渠道；逐步扩大MBA授权单位，争取到2000年能有40—50所院校可以招收培养MBA研究生。实施GRK考试方案，争取国家教委有关部门批准1997年在全国正式推行GRK作为MBA研究生的入学考试。

撰稿 李丹阳
审稿 王忠烈 赵沁平
谢桂华

〔**试办法律专业硕士学位**〕 根据国务院学位委员会第十三次会议关于设置和试办法律专业硕士学位的决议，国务院学位委员会办公室于1995年5月30日发出了《关于开展法律专业硕士学位试点工作的通知》；确定中国人民大学、北京大学、中国政法大学、对外经济贸易大学、吉林大学、武汉大学、西南政法大学、华东政法学院8所院校为首批举办法律专业硕士学位试点单位。

法律专业硕士学位是具有特定法律职业背景的专业性学位，主要培养立法、司法、行政执法、法律服务与法律监督以及经济管理、社会管理等方面需要的高层次法律专业人才和管理人才。法律专业硕士与现行法学硕士在学位上处于同一层次，但规格不同，各有侧重。该学位获得者应达到胜任政法系统和法律服务部门中级以上（含中级）专业与管理职务的任职要求。法律专业硕士学位的招收对象主要为具有大学本科学历、年龄在45岁以下的在职人员，同时适当招收应届非法律本科毕业生，鼓励具有不同学科、专业背景（主要是财经、外语、理工类本科毕业生）的人报考。参加全国研究生统一入学考试或单位单独考试的方式进行；学制二到三年；课程设置按一级学科或相关学科领域，根据有关培养目标和特定培养方向的要求确定；教学方式以课程学习为主，重视案例教学，加强教学、科研和法律实务部门三个方面的联系；学位论文选题要贯彻理论联系实际的原则，重在反映运用所学理论与知识解决法律实务问题的能力。

国务院学位委员会办公室、国家教委研究生工作办公室和司法部法学教育司共同负责法律专业硕士学位试点工作的领导与协调工作。成立了由高等院校、科研机构、中央政法部门业务司（局）的专家、学者和管理干部组成的专家指导小组，具体负责法律专业硕士学位的课程设置、教学大纲、教材及案例库建设、师资培养、考试办法、评估以及对外交流、合作等事宜。

1995年8月1日至2日，国务院学位委员会办公室与司法部法学教育司组织召开了法律专业硕士学位试点工作会议暨法律专业硕士学位专家指导小组第一次会议，就法律专业硕士学位试点工作中的招生、考试、培养、教学、培养方案以及近期工作目标等方面做了具体的安排。

1996年法律专业硕士学位研究生首次招生。

撰稿 黄宝印
审稿 王忠烈 赵沁平
谢桂华

〔**研究生院首次评估**〕 1984年和1986年，国家相继批准在我国33所普通高等学校中试办研究生院。为全面总结试办研究生院十年来的经验，抓好研究生院的建设，提高其教育教学质量、科学研究能力和管理水平，带动国内研究生教育质量和效益的全面提高，实现立足国内培养高层次人才的战略目标，1995年2月，国家教委委托学位与研究生教育评估所对33所研究生院进行了评估。

这次评估内容包括“研究生培养及质量”、“学科建设及成果”和“研究生院机构建设”三个方面。评估方式由自我评估、以收集有关信息为主的客观评估和包括博士学位论文评价、对毕业研究生评价、管理水平评价、声誉调查在内的社会评估。

通过评估看出，中国高等学校研究生院，全面贯彻党和国家的教育方针、政策，培养出大批素质好、质量高的高层次专门人才，为社会主义现代化建设做出了重要贡献。研究生院已经成为我国培养高层次人才的基地，截止1994年9月，研究生院培养的博士、硕士分别占全国研究生的53%和42%，在校研究生占全国的44%，其中在校博士生占全国的53.4%（占全国高校的61.9%）。研究生院的建立，带动了学校整体水平的提高，“把学校建成教学、科研两个中心”已在设立研究生院的高等院校中得到落实，促进了这些高等学校的学科建设。在全国高校416个重点学科中，33所研究生院共有299个，占71.9%。在这些学校中，不仅部分学科达到了国际先进水平，而且新兴、交叉学科得以建立和发展。在学位和研究生教育深化改革的过程中，研究生院起到了带头和示范作用，一些改革措施，如在职人员申请学位、专业学位、应用型人才的培养、拓宽培养研究生的学科面等等都是首先由研究生院提出、实践并得以推广的。在试办研究生院的过程中，研究生院的管理水平也不断提高，大部分研究生院在招生、培养、学位授予等方面实现了计算机管理。不少研究生院的管理干部已从对日常工作的经验管理提高到在理论上研究探讨高层次人才培养的规律，探讨管理的科学化和现代化。

1995年10月，在武汉召开的全国研究生教育工作座谈会上，国家教育委员会对获得本次评估前10名的：清华大学研究生院、北京大学研究生院、南京大学研究生院、复旦大学研究生院、西安交通大学研究生院、浙江大学研究生院、哈尔滨工业大学研究生院、上海交通大学研究生院、华中理工大学研究生院、中国科学技术大学研究生院进行了表彰和奖励。

撰稿 王亚杰 刘 桔
审稿 王忠烈 赵沁平
谢桂华

〔在职人员申请硕士学位考试〕 国务院学位委员会于1995年2月下发了《关于进一步做好在职人员以研究生毕业同等学力申请硕士学位工作若干问题的通知》，其中，对没有获得学士学位（具有大专以上学历）的在职人员，要求只有取得省部级以上的科技或学术成果奖（包括科学技术和社会科学），且为主要获奖者；或参加全国研究生入学统一考试，并达到当年录取标准者；或经过全国高等教育自学考试委员会的考试取得所申请学科或相近学科8门本科段课程（专业课不少于5门）考试通过者才可提出申请，并经有关学位授予单位的审核同意后，在四年内通过硕士研究生培养方案规定的全部课程。此外，申请者必须在接受单位与在校研究生同时参加同种考试，其中外语须参加全国统一考试，取得合格证书。

国务院学位委员会办公室委托上海市学

位委员会办公室组织命题，有关省（自治区、直辖市）学位委员会（教委、高教局）组织考务，于1995年9月24日进行了英语全国统一考试。23个省（自治区、直辖市）组织了这次考试，8200多人参加了考试，并有2900多人达到了合格线，有关省（自治区、直辖市）学位委员会（教委、高教局）对本次考试合格者颁发了合格证书。

撰稿　高建平
审稿　王忠烈　赵沁平
　　　谢桂华

〔**新增学士学位授予单位**〕 国务院学位委员会对1995年申请学士学位授予权的高等学校进行了审核，批准山东财政学院、西北第二民族学院、湖北民族学院、郧阳医学院、咸宁医学院、延安医学院六所高等学校为新增学士学位授予单位。

撰稿　赵玉霞
审稿　王忠烈　赵沁平
　　　谢桂华

〔**省级学位委员会建设**〕 国务院学位委员会于1995年6月又批复同意北京、天津、辽宁、吉林、黑龙江、山东、湖南、浙江、福建9省市建立省级学位委员会。同时下发了《关于加强省级学位委员会建设的几点意见》。《意见》重新明确了省级学位委员会是由省级人民政府商国务院学位委员会同意后批准建立并由其领导的主管本地区学位工作的机构。它的主要职责是：学士、硕士、博士三级学位的管理；审批学士学位授予单位及其学科专业；审批已有硕士单位申请新增硕士点；对本地区学士学位、硕士学位授权学科专业学位授予质量以及有关单位授予具有研究生毕业同等学力的在职人员硕士、博士学位质量进行检查、评估；对各种研究生课程进修班进行管理和监督。

撰稿　施太庚
审稿　王忠烈　赵沁平
　　　谢桂华

1994～1995年度博士、硕士学位授予情况统计表

学科门类	授予人数	
	博　士	硕　士
合　计	4364(73)	28098(1374)
哲　学	60(3)	384(21)
经济学	198(7)	2207(264)
法　学	102(4)	1390(123)
教育学	52	547(47)
文　学	116(4)	1484(49)
历史学	76(1)	499(4)
理　学	1191(17)	4653(129)
工　学	1659(28)	13174(505)
农　学	182(3)	903(39)
医　学	728(6)	2723(193)
军事学		134

注：括号中数字为总数中所含在职人员获得学位人数

撰稿　赵玉霞　吴　一
审稿　王忠烈　赵沁平
　　　谢桂华

高校思想政治教育

〔**普通高校德育大纲**〕 1995年11月23日国家教委发出《关于颁布试行〈中国普通高等学校德育大纲〉的通知》,《通知》指出:高等学校德育大纲是国家对高等学校德育工作与大学生思想、政治、品德素质要求的具体体现,是指导和规范全体教职员工教育思想与行为的重要依据,也是各级教育行政部门对高等学校德育实行科学管理与检查评估的根据。

《中国普通高等学校德育大纲》由总则、德育目标、德育内容、德育原则、德育途径、德育考评和德育实施七个部分组成。

《通知》要求:各级教育部门和高等学校要提高认识,加强指导,按照《大纲》的要求,结合当地和本校实际,制定出具体实施细则和实施规划。

撰稿 陈 昆
审稿 瞿振元 靳 诺

〔**组织学习有中国特色社会主义理论**〕 1995年,国家教委继续按照中央的有关精神,紧密结合我国社会主义现代化建设和高等教育改革和发展的实际,结合广大高校师生的思想实际,推动高校师生学习邓小平建设有中国特色社会主义理论的不断深入。

1995年6月,国家教委发出"关于贯彻落实《中共中央关于印发〈邓小平建设有中国特色社会主义理论学习纲要〉的通知》的通知",要求各级教育部门和各级各类学校认真组织党员、干部和师生员工学习《学习纲要》。

1995年11月,国家教委办公厅针对高教战线学理论的具体情况发出《关于进一步组织高校教师学习〈邓小平同志建设有中国特色社会主义理论学习纲要〉的几点意见》和《关于全国普通高校马克思主义理论教学以〈邓小平同志建设有中国特色社会主义理论学习纲要〉作为教学纲要的通知》,要求高教战线把组织学习《纲要》作为进一步推动高校师生学习邓小平建设有中国特色社会主义理论的一件大事来抓。《意见》和《通知》对教师的学习在时间、形式、重点内容等方面提出了具体要求。对于学生的学习,要求进一步解决好建设有中国特色社会主义理论进入课堂问题,要把《学习纲要》作为马克思主义理论课的教学大纲,纳入必修课程的教学计划之中。在教学中要注意的重点、难点等方面的问题。要求各级教育部门和各高等学校思想认识统一,组织措施得力,学习效果明显。各地各校在贯彻落实中结合自身实际创造了许多好的学习方法，把理论学习落到实处。

撰稿　俞亚东　安钰峰
审稿　瞿振元　靳　诺

〔**修订“两课”课程教材**〕　国家教委于1995年10月24日发出《关于加强和改进马克思主义理论课和思想品德课的若干意见》强调高校“马克思主义理论课和思想品德课”（以下简称“两课”）是高校思想理论教育的主要渠道和主要阵地，是每个大学生的必修课程，“两课”教学要以引导和帮助学生树立马克思主义的世界观、人生观、价值观，确立为建设有中国特色社会主义而奋斗的政治方向，增强抵制错误思潮和拜金主义、享乐主义、极端个人主义等腐朽思想侵蚀的能力为根本目标。《意见》指出，思想品德教育仍设置思想道德修养课程、法律基础课程和形势与政策课程，还应有针对性地进行职业道德方面的教育。《意见》要求四年制本科思想品德课教学计划内学时不少于85学时；专科不少于68学时；要总结十年课程改革和建设的经验，积极稳妥地推进课程改革，争取1997年形成全国高校思想品德课新的教学方案；要制定思想品德课师资培养的长远规划，采取措施提高教师队伍政治、业务素质，还要发挥兼职教师的作用。

根据《意见》提出的总教学计划，国家教委思政司于1995年4月组织有关专家、学者对《思想道德修养》和《法律基础教程》进行了重新修订，并于1995年秋季向高等学校提供了新版教材。

撰稿　秦　隽
审稿　瞿振元　靳　诺

〔**表彰高校学生、干部和班集体**〕　1995年3月，国家教委、共青团中央联合发出《关于评选、表彰全国“三好学生”、“优秀学生干部”、“先进班集体”的通知》，决定在全国普通高等学校、中等职业技术学校和中等师范学校范围内，评选、表彰“三好学生”、“优秀学生干部”和“先进班集体”共500名（个）。在各地广泛开展评选、表彰的基础上，国家教委、共青团中央于1995年10月作出决定，表彰207名“全国三好学生”、93名“全国优秀学生干部”和200个“全国先进班集体”，并授予清华大学孙勤芳等10名同学为“全国三好学生标兵”、北京大学戚立峰等3名同学为“全国优秀学生干部标兵”、同济大学桥梁工程系桥梁专业等10个班为“全国先进班集体标兵”荣誉称号。

11月24日，表彰暨颁奖会在北京人民大会堂举行，受表彰学生代表110人出席表彰会。国务院副总理李岚清、全国人大副委员长雷洁琼、全国政协副主席钱伟长接见与会代表，李岚清在讲话中指出：现在的在校学生将是未来国家科技人才的主要来源，国家各项艰巨繁重的建设任务都将落在这一代青年人的肩上，因此，一定要有责任感、压力感，从现在起就要抓紧提高自己，发愤成才，尽早为担当兴国重任做准备。

撰稿　王雪涛
审稿　瞿振元　靳　诺

〔**纪念中国抗日战争和世界反法西斯战争胜利50周年**〕　1995年3月，国家教委向各地下发了《关于以抗日战争和世界反法西斯战争胜利50周年为题深入进行爱国主义教育的通知》，要求各级教育部门和学校要抓住中国抗日战争和世界反法西斯战争胜利50周年这个契机，对广大学生进行一次思想政治教育。通过教育活动，使他们了解法西斯侵略战争给世界人民带来的巨大灾难和世界人民为反法西斯侵略所付出的巨大牺牲，增强维护世界和平、反对霸权主义的观念；增强居安思危的忧患意识，继承和发扬不畏强暴、敢于反抗外来压迫的光荣传统，树立民族自尊心、自信心和民族自豪感；了解和宣传中国共产党及其领导的抗日根据地军民是全民族团结抗战的中流砥柱，继承和发扬自力更生、艰苦奋斗、团结统一、全心全意为人民服务的精神，在新的历史条件下为振兴中华、建设有中国特色的社会主义国家而努力奋斗。根据《通知》精神，各地各高校开展了大量的教育活动。许多高校在“两课”教学中，给学生讲授抗日战争和世界反法西斯战争过程中的重大史实，让学生明白这场战争爆发的根源和重大影响，进行爱国主义和反对霸权主义的教育。各校都从本地本校实际出发，组织学生参观当年日本军国主义血腥屠杀中国人民的场地；瞻仰抗日战争的历史遗址；参观抗日战争纪念馆和反映抗日战争的陈列展览；祭扫烈士陵墓，向烈士纪念碑（塔）敬献花圈等。北京、江苏等地还开展了以抗日战争和世界反法西斯战争胜利50周年为主题的演讲比赛活动和万人大合唱等活动。

撰稿　王雪涛

审稿　瞿振元　靳　诺

〔纪念“一二·九”和“一二·一”运动〕 1995年10月，中宣部、国家教委、共青团中央联合下发《关于开展纪念“一二·九”运动六十周年、“一二·一”运动五十周年活动的通知》，《通知》指出：这两个运动都是中国共产党领导下的青年学生的爱国运动，广大青年学生在运动中充分体现了以国家兴亡为己任的爱国主义精神和走与工农相结合的道路、积极投身党领导的中国革命伟大实践的光荣传统。继承和发扬这一传统是我国青年运动的正确方向。《通知》提出：纪念活动总的要求是：以邓小平同志建设有中国特色社会主义理论为指导，在新的历史条件下发扬爱国主义传统，增强广大青年学生的社会责任感和历史使命感，激励他们在跨世纪的历史进程中奋发成才。

11月28日，中宣部、国家教委、共青团中央和中共北京市委联合在北京举行了“纪念‘一二·九’运动六十周年、‘一二·一’运动五十周年座谈会”，主办单位的有关领导、参加过“一二·九”运动和“一二·一”运动的老同志代表以及部分首都高校学生代表50余人出席座谈会；12月8日，共青团中央、全国青联、全国学联、北京团市委联合在北京人民大会堂举行近6000人参加的“首都青年纪念‘一二·九’运动六十周年、‘一二·一’运动五十周年大会”，中共中央政治局常委、书记处书记胡锦涛出席大会并发表重要讲话。

撰稿　王雪涛

审稿　瞿振元　靳　诺

〔高校师生思想政治状况滚动调查〕 1995年，国家教委思想政治工作司继续组织北京、天津、上海、湖北、广东、陕西6省市教育工作部门进行高等学校教师、学生思想政治状况滚动调查。调查采取问卷与座谈、访谈相结合的方式进行。接受问卷调查的有教师8500人，学生14500人。座谈、访谈教师一千余人次、学生1300人次。

调查结果表明，高校教师、学生的思想状况继续保持健康良好的状态。广大师生拥护党和政府的大政方针，关心国家和民族的根本利益，对党和政府一年来在政治、经济、外交、教育等方面所做的努力和取得的成绩给予了积极的肯定。对国家的政治、经济形势的判断持肯定的态度，对反腐倡廉、通货膨胀、控制物价、国有大中型企业的前景以及教育的现状和发展等问题高度关注。

撰稿 俞亚东 安钰峰
王雪涛
审稿 瞿振元 靳 诺

高校学生管理

〔**招生工作**〕 1995年，全国普通高等学校录取新生93万人，连同电视大学普通专科班和军事院校，共录取新生101万人。

一、招生改革。国家教委1995年工作要点中，把“高等学校招生、收费‘并轨’改革要迈出较大步伐”列为重点工作之一。在1995年全国招生工作上，也把这项改革放在招生改革的首位，集中精力推进这项改革。主要措施有：(1) 对并轨校在招生各环节（尤其录取阶段）给予照顾，如提前一个批次录取、放宽一个分数段投档等。(2) 给并轨校招生专业在选择文史类或理工类时以充分自由（甚至可以兼收）。(3) 严格对非并轨校调节性计划招生的管理，限制降分幅度，尽量缩小两个分数标准的差距，按分数标准录取不能满额时要求减招。(4) 非并轨校的委托培养招生计划应经生源所在省教委计划和招生部门先后审核，并报委培单位所在省毕业生就业部门备案。按录取标准不能招收满额时应予减招。尽量防止假委培现象，保证新生质量。(5) 为有利于非并轨校以后向并轨过渡，对自费生计划限在学校所在的省的范围内招生。(6) 为减少并轨与非并轨校并存所引起的录取工作的复杂性，生源计划中暂不列机动数，少数确需调整的，在录取阶段由其主管部门协调。此外，在收费标准的制订、特困生补助、困难学生学杂费减免等方面做了一系列政策规定。通过各种新闻媒介进行了有关招生、收费制度改革的宣传。省市招生部门和教育行政部门积极研究本地进行改革的具体措施，并在进行这项改革中采取了不少倾斜政策。

从实行改革的情况来看，并轨学校的过渡比较平稳，生源状况趋好，新生质量提高，社会的理解程度加深。1995年，全国并轨学校的总数达到247所（其中部属89所、地方属158所；本科225所、专科22所）；分布于24个省市和34个部门，招收新生数占全部招生总数的近30%。并轨的学校，特别是国家教委直属高校，已着手结合毕业生就业问题考虑配套措施。如中山大学同珠海、顺德、东莞等地有关单位签订了设立同毕业生就业联系的专项奖学金的合同。四川联大、大连理工大学、吉林大学等也在同企业联系设立专项奖学金事宜。在集中精力抓"并轨"改革的同时，国家教委同上海市教委研究决定，在1995年高考中，在上海市试行高考开设高中9门文化课，具体科目由招生的高校自行选择的办法。

二、招生管理。1995年招生工作的指导思想是"深化改革，加强管理"。在具体工作中，把改革和经常性管理工作综合考虑，处理好两者之间的关系。为减少并轨学校和非并轨学校混在一起招生所造成的复杂性，在具体招生办法上采取了一系列措施：如规定各省招办接收高校招生来源计划的最晚时间，要求各地在考试报名前统一公布各校招生名额，未公布的不能安排招生；非并轨院校的自费生只能在学校所在地的省的范围内招生等。

为配合计划部门对招生规模的宏观控制，加强了对地方院校跨省市招生的管理，所有生源计划未经国家教委下达均不能安排招生。由于措施得当，1995年招生未出现超招现象。北京、浙江、吉林、内蒙古等省区为了保证质量，录取时坚持宁缺毋滥，不片面强调完成招生计划数。招生计划的正常执行，有利于高等教育总体发展规划的执行，也有利于招生改革的开展和深入。1994、1995两年招生名额每年有控制地适度增长，每年的报考人数又基本稳定（250多万），所以录取比例也同步稳定增长，未出现大起大落的现象。在具体招生工作中，各地采取切合当地实际的管理措施，加强了对招生工作各个环节的管理，特别是加强了对录取场所的管理。绝大多数招生工作人员能够严格要求自己，遵守招生纪律。

招生管理手段现代化的工作也取得了进展。1995年，国家教委与各省（自治区、直辖市）、中央有关部门教育司（局）和国家教委直属高等学校基本实现了远程通讯联网，这对于宏观管理和监控全国招生工作，提高工作效率，将起到长远、积极的作用。

撰稿　雪　兆

〔**研究生招生**〕 1995年，研究生招生工作继续加强对招生计划的宏观控制和管理。当年，国家招生总规模为5万名。实际录取50458人，其中硕士生39436人、博士生11022人。从执行结果看，基本上达到了宏观控制和管理的要求。

报考1995年硕士生的共计147095人，实际录取39436人，其中应届本科毕业生20401人，在职人员19035人，具有大学本科毕业学历的36879人，同等学力的2557人。

从入学考试方式分，参加全国统一入学考试录取26500人，参加学校单独组织入学考试录取5235人，应届优秀本科毕业生推荐免试入学的7701人。

从招生类别分，录取非定向培养生26556人，定向培养生5351人，委托培养生5130人，高校自筹经费招生2399人。

各学科门类录取的情况分别为：哲学499人，经济学4563人，法学2012人，教育学777人，文学2503人，历史学690人，理学5951人，工学17574人，农学1326人，医学3541人。

1995年共录取博士生11022人，其中非定向培养生5469人，定向培养生3049人，委托培养生1212人，高校自筹经费招生1292人。各学科门类录取数占录取总数的情况分别为：哲学1.5%，经济学5.7%，法学2.6%，教育学1.3%，文学2.7%，历史学1.9%，理学24.4%，工学44.1%，农学4.3%，医学11.5%。

撰稿 姜 钢

〔**毕业生分配**〕 1995年，全国普通高校共有本专科毕业生89.5万人。由国家负责安排的本专科毕业生690945人，其中地方所属高校392485人，占总数的56.8%；国务院有关部委所属高校227501人，占32.9%；国家教委直属高校70959人，占10.3%。这些毕业生中扣除录取研究生10373人，实际可安排毕业生就业人数为680572人。从派遣结果看，安排到地方所属单位554787人，占可安排毕业生数的81.5%；到中央部门所属单位111425人，占16.4%；其他（出国、结业、待就业等）14360人，占2.1%。

1995年，全国共有毕业研究生29389人（含博士生4144人），其中国家教委直属高校12224人，占毕业研究生总数的42%；国务院有关部委和地方所属高校及科研单位17165人，占58%。扣除录取博士生及出国者外，实际列入派遣计划的毕业研究生26942人。派遣结果：安排到高等学校10987人，占毕业研究生总数的41%；到科研单位4818人，占18%；到国有大中型企业2719人，占10%；到党政机关1943人，占7%；到医疗卫生单位1144人，占4%；到其他事业单位1479人，占6%；到部队系统700人，占3%；到商贸系统1183人，占5%；到三资企业450人，占2%；其它1519人，占6%。

1995年是我国历史上高校毕业生人数最多的一年，也是毕业生就业制度改革进入到重点突破、整体推进的一年。在高校就业分配改革中，广泛推行供需见面，积极稳妥地深化毕业生就业制度改革，积极推广和不断规范在一定范围内“双向选择”办法，运用市场机制在毕业生资源配置中的积极作用，逐步培育以学校为主体的多层次、多类型的毕业生就业市场。

1995年社会对高校毕业生的需求和1994年相比整体下降，同时，供需的结构性矛盾更加突出，主要反映在：地区间不平衡，除北京、上海、江苏、广东等少数经济发展较快的地区，毕业生供略小于求外，其他地区均出现毕业生供大于求或供需平衡的情况；学科专业之间的不平衡，工科、医药、外语、师范等科类的大部分专业继续保持旺盛的需求，而农林、文史、政法、理科等科类的大部分专业，社会需求明显不足；人才层次结构的不平衡，目前社会对研究生、本科生的需求量较大，对专科生的需求量明显减少，而专科毕业生数量却比往年有较大增加，使高校毕业生找工作更加困难。

1995年毕业生就业工作的基本政策和原则：（1）凡是国家计划内招收的普通高等学校毕业生和毕业研究生，原则上仍由国家在一定范围内安排就业，通过供需见面和一定范围内“双向选择”的办法落实就业方案；师范类毕业生原则上在教育系统内就业；委托和定向培养的毕业生按招生时的协议就业；自费毕业生自主择业，毕业研究生在国家规定的服务范围内就业。（2）各地方和有关部委不仅要安排好本地区、本部门所属高校毕业生，而且还要从本地区、本行业的发展需要出发，努力安排好重点高校的毕业生。到派遣时仍找不到单位的毕业生可先待分，年底前找到单位的，国家仍负责派遣。对较难安排的长线专业，只要有单位接收，各地方及部委应予放行，不受各种指标的限制。(3) 坚持毕业生就业改革的方向，进一步完善供需见面和一定范围内“双向选择”的办法，培育毕业生就业市场，使之逐步规范化、法制化。任何单位和部门组织跨省、跨部门的毕业生招聘会、市场等活动，须报国家教委批准。防止出现以赢利为目的的经营性行为。毕业生参加上述活动应经学校同意，并持有学校的推荐表或协议书，否则，所签协议无效。(4) 加强毕业生思想教育和就业指导工作。要帮助毕业生树立正确的价值观和职业道德观，正确处理好个人择业志愿与国家需要的关系，动员鼓励毕业生到国家需要而又比较艰苦的地方工作。(5) 全国高校毕业生和毕业研究生就业计划工作在国家教委的统一管理下，继续实行分级负责、相互调剂的办法。全国高校毕业生和毕业研究生就业计划由国家教委统一编制并下达执行。

1995 年毕业生就业工作的基本作法：(1) 加强宏观调控，保证重点单位对高校毕业生的需求。为保证国有大中型企业、重点科研和教学单位对毕业生的需求，国家教委制订一批指导性就业计划，继续对国家重点单位实行倾斜政策，并着重抓了重点计划的落实工作。根据有关部委和地方提出的需求，制订了保证部分国有大中型企业和重点教学科研单位急需毕业生的指导性就业计划，从国家教委委属高校和其他有关部委院校抽调 6034 名本专科毕业生，作为重点计划下达到 500 家重点单位，同时应解放军总政治部的要求抽调 1000 名高校毕业生到人民解放军服役，为国防现代化贡献力量。选拔了 1000 名优秀应届毕业生到基层公安机关锻炼培养。(2) 加强毕业生就业工作管理，避免在毕业生报到证使用上出现漏洞，国家教委决定重新印制全国普通高等学校毕业生就业派遣报到证。并发出了《关于重新印制〈全国普通高等学校毕业生就业派遣报到证〉和〈全国毕业研究生就业派遣报到证〉的通知》，重申了签发报到证、派遣和接收的有关规定。95 届毕业生派遣时，全部启用新《报到证》，避免了《报到证》使用上的混乱现象，提高了工作效率。(3) 积极指导毕业研究生在国家规定的服务范围内“双向选择”，优先补充高校师资、高层次科研单位和高新技术国有企业的科技队伍。(4) 积极转变职能，培育毕业生就业市场。许多地方、部委和高校都相继成立了毕业生就业指导机构，为毕业生择业提供信息、咨询、指导等服务。同时，有计划、有步骤地培育毕业生就业市场，国家教委高校学生司、全国高校毕业生就业指导中心和上海高校毕业生就业指导中心联合试办了全国高校毕业生就业市场（上海市场）。各级主管毕业生就业部门根据实际情况，举办了不同形式的毕业生就业市场活动。

1995 年，积极开展了有关高校招生“并轨”后毕业生就业配套改革政策的研究工作，为推进毕业生深化改革，起到了积极作用。

撰稿　张凤有　马　晶

审稿　王路江

〔**评选“胡楚南奖学金”获得者**〕　为了鼓励大学生勤奋学习，积极进取，德智体全面发展，1995 年 4 月，国家教委、人民日报海外版与香港胡良利万益珠宝行共同设立了"胡楚南优秀大学生奖学金"。由香港爱国企业家胡楚南先生出资500万元人民币，奖励具有坚定正确的政治方向、道德品质优良、模范遵纪守法、积极参加集体活动和社会工作、学习成绩优秀、身体健康的优秀大学生。奖学金每两年评选一次，计划评选5次，实行规定名额、择优奖励的办法。每届设立10名最佳奖，100名优秀奖。首届"胡楚南优秀大学生奖学金"获得者评选工作于1995年10月结束，奖学金评审委员会从获得全国三好学生、优秀学生干部称号的300名学生中，评选出最佳奖获得者10名，优秀奖获得者100名，特别奖获得者1名。1995年11月在北京召开颁奖会，国务院副总理李岚清、全国人大常委会副委员长雷洁琼、全国政协副主席钱伟长等出席了大会并颁奖。"胡楚南优秀大学生奖学金"的设立，在全国大学生中产生了积极的反响，将进一步激发学生奋发学习，早日成材。

撰　稿　高尚勤
总审稿　赵亮宏

科技管理工作

〔**概述**〕　1995年，国家教委科技工作贯彻全国科技工作会议精神，落实《中共中央国务院关于加速科学技术进步的决定》和《中共中央关于制定国民经济和社会发展"九五"计划和2010年远景目标的建议》，组织实施"科教兴国"战略，根据高校科技工作实际，以改革促发展。加强宏观管理，努力创造条件，改善微观环境，顺利完成"八五"科技工作计划任务，努力搞好科技"九五"发展计划和2010年规划工作。

1995年，高校科技工作继续发展：(1)科技队伍基本稳定。全国普通高校理工农医领域共有科技活动人员60万人，折合全时的研究与发展人员14.0万人，还有在校就读研究生11.8万人。(2)科研基地巩固，并发挥重要作用。国家先后投入累计2.5亿元和9000多万美元，在高校建立101个国家重点实验室；有关主管部门及省、市在高校还建立了一批部门开放实验室和省级重点实验室。同时，国家在高校及科研院所组织实施工程(技术)研究中心建设计划，正在建设的有19个。这些科研基地的建设与高校重点学科建设、理工科基地建设相辅相成、相互促进。(3)科研课题初具规模，水平效益皆有显示。高校利用自身优势和实力，积极争取和参与竞争，1995年承担纵横向各层次科研课题约9万项。其中高校在基础性研究的"攀登计划"中承担课题约占该计划课题总数30%，在国家“自然科学基金”中承担全国基金面上项目 67%，重点项目占 36%左右。在高技术“863”计划民口五大领域中承担全国专题数约 49%。在科技“攻关计划”中承担攻关课题的经费约占全国攻关项目国家拨出经费总数的 13%左右。(4)科技经费呈现增长，投入产出比值较高。近年来高校重视科技与经济结合，为提高经济增长的质量和效益，有组织地开展科技研究与开发工作，积极承担各类科技任务，“经费随着项目走”，科技经费有较大幅度增长。(5) 信息网络建设比预计要快。中国教育科研计算机网示范工程(CERNET) 在北京等八个地区的 10 所大学初步联网基础上，加快引进仪器设备，建立和健全组织机构、管理制度，扩大网上资源，提供信息服务等建设，已在 1995 年提前一年验收。入网学校达到 100 多所。(6) 成果数量增加，水平提高。1995 年，鉴定科研成果 7000 项左右；在国内外学术刊物、国际性学术会议上发表论文 20 万篇(其中在国际学术刊物上发表论文 1.5 万篇)；发表科技专著近 5000 部；授权专利 1200 多件；推广、转让科技成果，仅签定合同近 4500 项，当年收入近 3 亿元。在中国最高级别的“三大奖”中，“八五”期间高校在国家自然科学奖中为主或参与的获奖项目占同类获奖项目总数 1/2；在国家发明奖中获奖项目占同类获奖项目总数 1/3；在国家科技进步奖中获奖项目占同类获奖项目总数 1/4 左右。(7) 校有科技企业有所发展。高校向社会推广应用、转让科技成果的同时，市场导向，需求牵引，许多高校发展了校有科技企业。使科技成果转化为商品，为社会创造了财富，并对高校部分改善科研办学条件起到了一定作用。(8) 实施人才工程，重视培养人才。1995 年，国家教委继续实施跨世纪优秀人才培养计划。该计划的组织实施，使高校重视对优秀年轻人才培养造就，其中有些优秀年轻人才已成为学术骨干或学科带头人和新老交替中的接班人。(9) 科技交流活跃，“强强合作”(科研整体势力较强学校与学校之间合作) 逐步形成。高校国际科技合作与交流不断扩大，层次与质量在不断提高，“强强合作”趋向扩大了中国高校在国际学术界影响，提高了学术地位；引进和学习国外的先进技术和学术思想，促进了高校科研水平普遍提高。

撰稿　胡　炜　杨雪琴
审稿　陈清龙

〔**基础和高技术研究**〕 1995 年继续对 1994 年国家科委选择北京大学重离子物理研究所、北京师范大学低能核物理研究所两个研究所为主的基础性研究进行改革试点工作。着重组织专家评议确定研究所内部调整方案、基础性研究队伍的规模、主要研究方向、重点课题及有关管理制度并确定国家支持的事业费额度方面。根据国家科委 1994 年提出的建立若干个“国家基础科学研究中心”的设想，国家教委组织与推动高等学校酝酿建立“国家科学研究中心”。1995 年，高校与有关方面酝酿建立的科学研究中心有 10 个，已正式成立的有 6 个：上海应用物理研究中心、南京微结构科学技术高等研究中心、长春应用化学科学研究中心、兰州西部资源环境科学研究中心、南京资源环境与经济发展研究中心、华南生物科学与技术研究中心。这些中心在运行模式、特色、目标和相应的规范管理、组织机构设置等方面，已初步摸索出一些经验和办法，有待于进一步交流、总结并争取有关中心纳入国家“九五”计划试点。

1995年认真完成了国家高技术研究“863”计划和基础性研究“攀登计划”项目的日常管理和计划执行的保证工作。10MW高温气冷实验堆是“863”项目之一。国家教委积极组织清华大学核研院，同国家科委进行协调，使其在时间紧、要求高的情况下如期开工；继1994年由清华大学领衔的“863”CIMS先进制造技术获得美国制造工程师学会颁发的“大学领先奖”后，1995年以东南大学为主要技术依托的北京第一机床厂与东南大学合作获得美国制造工程师学会颁发的“工业领先奖”。由国家教委实施的“攀登计划”A类6.5个项目进行中期评估和B类3.5个项目组织实施，并与“九五”计划相衔接。

撰稿 谢焕忠 胡 炜
审稿 陈清龙

〔**计算机网示范工程**〕 自1993年底开始筹建“中国教育和科研计算机网(CERNET)”。至1995年，经项目承担单位清华大学、北京大学、北京邮电大学、上海交通大学、西安交通大学、东南大学、华南理工大学、东北大学、电子科技大学和华中理工大学等10所大学200多位中青年科技人员的努力，已提前一年完成了工程的建设任务。1995年12月20日，国家教委在清华大学主持召开了中国教育和科研计算机网（CERNET)示范工程项目鉴定验收会。中国教育和科研计算机网是高等学校基础设施建设之一，对促进我国教育和科研事业的发展，人才的培养和推动信息化建设将起重要作用。该项目完全由我国自行设计，自行实施建设，其技术已达到90年代的国际先进水平；验收委员会同意该项目通过验收。到验收时为止，CERNET已完成对主干网、网络中心（网络运行中心、网络信息中心、高性能超级计算机系统）及八个地区网点的建设；各种网络资源建设和应用系统项目已陆续完成，并开始上网服务；网络管理体系也已基本形成；连接CERNET主干网的11条64kbps DDN通信线路已于1995年10月全部开通；连接Internet的128kbps国际通信线路也已开通运行7个月。1995年，CERNET联网高校已达100多所，范围已覆盖除西藏自治区、台湾省和港澳地区以外的所有省、市、自治区。

在CERNET建设的带动与促进下，国内各地方省市的计算机信息网建设得到了迅速发展。全国已有3个省网和市网建成并开通，各个大学（甚至中小学）也规划建设校园网。由CERNET专家委员会组织的两次“全国教育科研计算机网络研讨会”均有100多个单位参加，推动了我国计算机网络化的普及和应用。

撰稿 胡 炜 杨雪琴
审稿 陈清龙

〔**实验室建设**〕 1995年，国家教委科技司组织了重点实验室的验收工作。制定了对委属高校的44个世行贷款重点实验室的验收计划，对大部分实验室进行了验收前期检查，协助解决存在问题，之后按学科组织专家委员会分别对44个实验室进行了验收。对验收中存在问题的实验室，经敦促解决问题后重新组织专家复议，最终这44个实验室全部通过验收。经国家教委审核的验收报告与验收意见已报送国家计委。

配合国家自然科学基金会对物理、化学类实验室进行评估。对参加评估的国家教委10个国家重点实验室和4个委开放研究实验室，听取了专家评估意见，与实验室和依托高校共商落实存在问题的解决办法。经评估，连同1994年的5个，国家教委共有12个实验室得到国家计委4860万元的二次建设费资助，同时有33个国家重点实验室和4个部门开放实验室获得1225万元运行补助费。对12个国家重点实验室的二次建设项目，组织6个专家组进行了可行性论证，经审核后下达了二次建设计划。

经与国防科工委交换意见，于12月组织北京大学与上海交通大学撰写“微米纳米加工技术”国防科技重点实验室建设项目立项申请书，协调两校的分工，并会同国防科工委对该项目进行了立项论证。

1995年，完成了实验室领导班子的换届工作，经与学校磋商协调，审核批准20个国家重点实验室、8个国家教委开放实验室的27位实验室主任和26位学术委员会主任的期满换届工作。

为掌握国际科技前沿动态，积极推动实验室的国际合作交流项目。1995年，高校各国家重点实验室国际合作交流项目有34个实验室的39人次获得国家自然科学基金会批准。

在抓好国家重点实验室的同时，不断推动委属开放实验室的建设。1995年，经调查和专家评审，批准了夏门大学“海洋生态”和“分析化学”两个实验室为国家教委开放实验室。

撰稿 胡 炜 杨雪琴
审稿 陈清龙

〔**国家工程(技术)研究中心建设**〕 1995年，国家教委在上海召开了“国家教委直属高校国家工程研究中心建设”研讨会，对“中心”性质的定位、建设内容、管理体制与运行机制等进行了探讨，并邀请委有关工程中心介绍了经验，并对1995年准备申报的第三批6个中心可行性研究报告编制工作进行了培训。会后将会议纪要下发各有关高校执行。

1995年，国家教委继1994年第一批浙江大学“工业自动化工程研究中心”、北京大学“新闻与电子出版系统工程研究中心”、东南大学“火电机组振动工程研究中心”得到国家计委立项批复建设后，1995年第二批5个国家工程研究中心，即：清华大学“工业锅炉及煤的清洁燃烧工程研究中心”、天津大学“精馏技术工程研究中心”、华中理工大学“激光加工工程研究中心”、西安交通大学“流体机械与压缩机工程研究中心”和同济大学“城市污染控制工程研究中心”等，也已得到国家计委的可行性批复。第三批6个利用世界银行贷款建设国家工程研究中心，即：北京大学“软件工程”、清华大学“光盘技术及其应用”、浙江大学“应用电力电子技术”、上海交通大学“模具CAD/CAM/CAE”、华东理工大学“超细粉沫制备技术”和华南理工大学“造纸工艺及污染控制”等，也得到国家计委的立项批复，其可行性研究及前期启动工作已经基本完成。对利用国内资金联合建设的“国家农药工程研究中心”，经与化工部协调并共同与国家计委交换意见，最终促成了农药“中心”共同立项、分头建设。依托南开大学建设的“北方中心”已得到国家的可行性批复并开始启动，建设经费扩大到4000万元，1995年第一期投资款项1250万元已经到位。

1995年，由国家科委组织的国家工程（技术）研究中心建设在高校也得到进一步发展。“CIMS计算机集成制造系统”与“VLSI专用大规模集成电路”已通过了国家科委验收。“现代光学仪器”将在明年验收。“多媒体软件海洋药物生化工程”也得到国家科委的立项批复。

在组织高校参与国家级工程（技术）研究中心建设的同时，国家教委也组织有条件的高校，进行委级工程（技术）研究中心建设。1995年在组织专家评审基础上，审批了清华大学的“北京清华液晶”、天津大学“形状记忆合金材料”、中山大学“食品工程”为国家教委工程研究中心。

撰稿 张拥军 胡 炜
审稿 陈清龙

〔**科技攻关**〕 1995年，是“八五”国家科技攻关项目计划实施的最后一年，截至到年底，高校承担的“八五”攻关重大项目绝大多数完成并通过专家组验收。

在“八五”期间，由华中理工大学、清华大学等高校承担的“激光技术”14个专题已有10个专题顺利通过验收和鉴定；由清华大学承担的“低温供热堆技术综合利用”技术研究项目，到1995年底，基本实现了原定的项目攻关考核目标，其中计算机保护系统、气球球堆内测量系统、供热制冷、海水淡化等研究成果属国内首创，达到了该领域的国际先进水平；由四川联合大学、吉林大学、大连理工大学承担“特种工程塑料”的“聚醚砜”、“聚醚醚酮”、“双马型聚酰亚胺”、“聚苯硫醚树脂专用料及其加工技术”项目，经过近五年的攻关，于1995年12月13日通过了国家教委的验收；1995年9月底由国家教委主持对东南大学承担的“15MW增压流化床联合循环发电技术”（PFBC-CC）项目的执行情况进行了评估，并就继续执行问题与有关部门进行了协调；由清华大学承担的“220T/H平面流循环流化床锅炉研制”（CF-BC）课题的四个专题，1995年12月初通过了专家验收；由清华大学承担的“海关大型集装箱检测系统”项目到1995年底达到了可实用的技术指标，完成了“八五”所签定的合同任务；为保证“新材料”项目计划的顺利完成，分别于1995年初和年中对“85—10”中的16个专题、“85—803”中的4个专题、“85—715”中的1个专题进行了执行情况检查，并结合“八五”总体目标对相关的专题进行了调整。最后由国家教委主持的15个专题均通过了专家组验收；由华中理工大学承担的“紫杉醇”专题，取得了重大突破，在100立升发酵罐上连续培养紫杉细胞获得了紫杉醇，为产业化打下了基础；经国家教委组织推荐，“激光医疗仪器和设备开发研究”等一批项目滚动进入“九五”计划。

1995年，在环保科技方面继续开展环境保护意识教育；做好环保“八五”项目验收，协调委属高校“九五”环境攻关项目和其他社会发展科技计划的参与；继续组织高校专家参与“淮河流域水污染防治”计划，组织有关高校参与中国湿地保护行动的工作。

组织“九五”科技攻关项目。1995年，组织了高校的30多个“九五”期间科技攻关项目分别向国家计委和国家科委做了汇报，经交换意见，调整了项目，为争取有关部委支持创造条件。对由国家计委负责主持攻关的项目，按照立项程序，国家教委上报了“工业控制过程综合自动化”等6个项目，其中“非定态二氧化硫回收”项目已得到批复；对由国家科委主持攻关的环保、海洋、生物、医药、材料及高技术等领域项目，国家科委已接受了国家教委科技司好的项目建议，纳入到国家科技攻关计划中。

撰稿　武贵龙　胡　炜
审稿　陈清龙

〔跨世纪优秀人才培养计划〕　1995年2月14日，国家教委副主任韦钰主持召开国家教委“跨世纪优秀人才培养计划”第二次新闻发布会。会上宣布1994年度入选的77位年轻专家名单。5月31日，国家教委办公厅向有关高校发出《关于下达〈跨世纪优秀人才培养计划〉1994年度入选专家资助经费的通知》，通知明确1994年入选的77位专家的资助额度，要求各校对入选者给予关心、支持并严格要求，鼓励他们为中国教育、科技事业作出更大贡献。1995年，第三批评出优秀年轻人才63名。至此，连同1993年评出的42名在内三批共评出182名优秀年轻人才。第一、二批评出的119名优秀年轻人才已得到经费资助，第三批评出的优秀年轻人才资助经费正在分配落实中。

1995年度，国家教委决定将评选范围从理工农医领域扩大到人文科学领域进行试点。

1995年1月4日召开的“跨世纪优秀人才培养计划”领导小组会议进一步明确“计划”的管理模式，选拔评审工作采取学校遴选推荐、专家评审、领导小组审定的程序进行；要坚持以国家重点实验室、工程研究中心、重点学科、文理科人才培养基地等为主要选拔对象；并强调特别优秀的留学回国人员应尽可能引向这些重点基地。

1994、1995年度评选的跨世纪优秀人才名单附后。

撰稿　胡　炜　杨雪琴
审稿　陈清龙

附：

1994年度国家教委“跨世纪优秀人才培养计划”入选者名单

姓　名	从事专业	职　称	工作单位
张继平	代数学	教授	北京大学
王世光	凝聚态物理	教授	北京大学
方　竞	实验力学	教授	北京大学
朱玉贤	植物分子生物学	副教授	北京大学
杨　卫	固体力学	教授	清华大学
李建保	陶瓷基复合材料	教授	清华大学
张尧学	计算机网络	教授	清华大学
李　星	信号与信息处理	教授	清华大学

续表

姓　名	从事专业	职　称	工作单位
胡海岩	飞行器结构动力学	教授	南京航空航天大学
刘德培	生化与分子生物学	教授	中国协和医科大学
沈　岩	基因分子生物学	副研究员	中国协和医科大学
于永利	免疫学	教授	白求恩医科大学
王晓民	神经生理学	副教授	北京医科大学
徐力平	喷气推进与涡轮机械	教授	北京航空航天大学
徐金梧	故障诊断	教授	北京科技大学
高德利	石油工程	教授	石油大学（北京）
彭友良	分子植物病理学	教授	北京农业大学
张爱民	小麦遗传育种	教授	北京农业大学
冯世平	固体物理	教授	北京师范大学
雍炯敏	控制科学	教授	复旦大学
侯晓远	固体物理	教授	复旦大学
郑　杭	凝聚态物理	教授	上海交通大学
孙凤艳女	神经生物学	副教授	上海医科大学
徐建光	手外科	副教授	上海医科大学
庄钊文	信号处理目标识别	教授	国防科技大学
赵建夫	环境工程	副教授	同济大学
吕西林	建筑结构工程	教授	同济大学
展　涛	基础数学	教授	山东大学
周　青	低微拓扑微分几何	教授	华东师大
丁平兴	物理海洋与河口海岸	教授	华东师大
何志敏	化学工程生物化工	教授	天津大学
倪晓武	激光应用技术	教授	南京理工大学
田中群	电化学	研究员	厦门大学
瞿金平	塑料机械及加工	教授	华南理工大学
童　真	高分子材料物理化学	教授	华南理工大学
黄润秋	工程地质	教授	成都理工学院
陈　军	地理信息工程	教授	武汉测绘大学
李长久	焊接	教授	西安交通大学
万明习	生物医学工程与仪器	教授	西安交通大学

续表

姓　名	从事专业	职　称	工作单位
侯义斌	计算机应用	教授	西安交通大学
苏志国	生化分离工程	教授	大连理工大学
高　文	计算机应用	教授	哈尔滨工业大学
马兴瑞	结构动力学 弹性动力学	教授	哈尔滨工业大学
李伯耿	聚合反应工程	副教授	浙江大学
邓汉湘	分子遗传学	教授	湖南医科大学
刘树生	昆虫学	教授	浙江农业大学
何晨阳	植物病理	教授	南京农业大学
谭景和	动物胚胎学与繁殖学	教授	东北农业大学
张启发	作物分子遗传	教授	华中农业大学
牛立文	分子生物学	副教授	中国科技大学
南策文	材料物理	教授	武汉工业大学
焦李成	智能信息处理	教授	西安电子科技大学
洪　伟	电磁场与微波	教授	东南大学
王　炜	交通工程	教授	东南大学
杨海成	CAD/CAM	教授	西北工业大学
陆继东	工程热物理	副教授	华中理工大学
陈清明	物理电子学与光电子学	教授	华中理工大学
周建英	激光物理	教授	中山大学
王珣章	昆虫学　生物工程	教授	中山大学
冯守华	无机合成	教授	吉林大学
张　希	高分子化学	教授	吉林大学
丁大军	原子与分子物理	教授	吉林大学
马东升	矿床地球化学	教授	南京大学
谭仁祥	植物化学与资源	教授	南京大学
吕　建	计算机软件	副教授	南京大学
石　碧	皮革化学与工程	副教授	四川联合大学
孙恒虎	非金属材料　采矿工程	教授	中国矿业大学
谭学术	采矿工程　岩石力学	教授	重庆大学
唐春安	岩石力学及采矿	教授	东北大学
马鸿文	岩石学及矿物材料	教授	中国地质大学

续表

姓　名	从事专业	职　称	工作单位
吕振华	汽车设计制造	教授	吉林工业大学
钱旭红	精细化工	副教授	华东理工大学
冯长根	火工烟火技术	教授	北京理工大学
孙逢春	车辆动力学	教授	北京理工大学
刘　育	有机化学	教授	南开大学
陈晓波	凝聚态物理与光子技术	副教授	南开大学
陈发虎	地貌与第四纪地质	教授	兰州大学

附：

1995年度国家教委“跨世纪优秀人才培养计划”入选者名单

姓　名	从事专业	职称及职务	工作单位
李晓红	钻探工程	教授，院长，博导	重庆大学
何满潮	矿山建设工程	教授，所长	中国矿业大学(北京)
何学秋	矿山安全	教授，处长	中国矿业大学(徐州)
杨　敏	岩土力学	教授，室主任	同济大学
贺克斌	环境工程	副教授	清华大学
王兴奎	水力学及河流动力学	教授，室副主任	清华大学
刘　强	植物分子生物学	副教授	清华大学
陈国强	工业微生物与生物膜	副教授，主任	清华大学
王永学	海岸和近海工程	教授，室主任，博导	大连理工大学
田纪伟	海洋非线性科学	教授，所长	青岛海洋大学
商少平	海洋环境动力学	教授，副所长	厦门大学
殷　琨	勘察工程	研究员	长春地质学院
夏　军	水文水环境	教授	武汉水利电力大学
赵俊琳	环境地学	教授，所长，博导	北京师范大学
张远航	大气化学	副教授，室主任	北京大学
王学军	环境地学	副教授	北京大学
陈中原	自然地理学	教授，副主任	华东师范大学
方小敏	自然地理学	教授，室主任	兰州大学
袁建伟	环境工程学	教授	华中理工大学

续表

姓　名	从事专业	职称及职务	工作单位
林振山	气候	教授，副所长	南京大学
闾国年	自然地理与地理信息系统	副教授	南京大学
杨湘宁	古生物学，地层学	教授，副院长	南京大学
王成善	沉积学	教授，副院长	成都理工学院
高　山	地球化学	教授，室副主任	中国地质大学(武汉)
李后强	辐射技术与环境学	教授	四川联合大学
肖文德	环境工程	副教授	华东理工大学
马　军	环境工程（污水处理）	副教授	哈尔滨建筑大学
王如竹	能源利用与环境工程	教授，所长	上海交通大学
金保升	大气环境防治与热能工程	研究员	东南大学
何振立	土壤化学及生物化学	教授，处长	浙江农业大学
吴　平	植物营养	教授，副所长	浙江农业大学
罗云波	果蔬采后生理	副教授，处长	北京农业大学
袁　明	植物生理生化	讲师	北京农业大学
曹卫星	作物生理生态	教授，主任，博导	南京农业大学
严小龙	植物营养遗传	副教授，室主任	华南农业大学
邢　苗	植物细胞学	教授，副校长	东北师范大学
施季森	林木遗传与育种学	教授，副校长，博导	南京林业大学
邓秀新	果树育种及生物技术	教授，副校长，博导	华中农业大学
颜炜群	细胞分子生物学	教授，副主任	白求恩医科大学
陈　杰	病理学	主任医师，博导	协和医科大学
刘迎龙	心血管外科	主任医师	协和医科大学
方伟岗	分子病理学	教授，副院长	北京医科大学
徐德胜	细胞分子生物学	教授，主任	北京医科大学
冯作化	分子生物学	教授，主任	同济医科大学
姚志彬	神经生物学	教授，主任	中山医科大学
刘春祥	医学分子遗传学	教授，副主任	哈尔滨医科大学
任　红	传染病学	教授，副所长	重庆医科大学
章锦才	牙周病学	副教授，副院长	华西医科大学
李元建	心血管药理	教授，副主任	湖南医科大学
陈道峰	生物药及天然产物化学	副教授，副院长	上海医科大学

续表

姓　名	从事专业	职称及职务	工作单位
郝　模	卫生政策与管理	教授，主任	上海医科大学
徐　强	免疫学药理	教授，室主任	中国药科大学
周　慧	酶工程	教授，副主任	吉林大学
钟大放	免疫药理学	教授	沈阳药科大学
于　丹	环境植物学	教授，副所长	武汉大学
赵　建	细胞生物学	副教授	南开大学
韩海潮	生物力学和生物流变学	副教授	西安交通大学
祖元刚	植物生态学	教授，室主任	东北林业大学
曲音波	微生物发酵技术	教授，副主任，博导	山东大学
孙　彦	生物化学工程	教授，副主任	天津大学
黄伟达	生物化学与基因工程	教授，主任	复旦大学
鲁　成	家蚕遗传育种	教授，副主任，博导	西南农业大学
赵兴绪	兽医产科学	教授，室主任	甘肃农业大学

〔**科技成果产业化贷款计划**〕 为加速重大科技成果转化为现实生产力，将一批高新技术成果推向产业化，充分发挥其高附加值、高效益的优势，国家计委决定从1995年起并在整个“九五”期间，国家将在国家基本建设投资中试行安排“重大科技成果产业化国家开发银行专项贷款”，以支持对国民经济发展有重要影响的综合性、成套性的重大科技成果产业化工程项目。该计划属于政策性专项贷款，不切块下达，按项目择优支持，逐项逐年安排。国家教委所属高校科技成果产业化项目由国家教委科技司负责，每年2月底前向国家计委组织申报。经国家计委确认转送国家开发银行进行评审通过后，由国家计委发文下达实施项目并列入国家专项计划，国家开发银行按计划下达贷款资金。

根据要求，国家教委科技司开始组织申报工作，通过专家评审、筛选，1995年确定北京大学北大青鸟有限责任公司的“数字电视多媒体系统开发平台推广应用项目”；北京大学北大未名生物工程集团的“年产600万支基因工程干扰素d—1b项目”；清华大学北京清华人工环境工程公司的“RH型分布式微机控制系统项目”为重大科技成果产业化专项贷款项目，并已报送国家计委。每个项目的投资规模在3000万元以上。

撰稿　杨东占
审稿　陈清龙

〔**科技产品进出口经营权工作**〕 继1993年国家外经贸部、国家科委首批赋予清华大学、东南大学、南京大学、中山大学、国防科技大学、中南工业大学、沈阳工学院、南京理工大学8所高校有科技产品进出口经营权之后，1995年再次赋予20所高校有科技产品进出口经营权。这20所高校是：大连理工大学、华东理工大学、天津大学、重庆大学、厦门大学、武汉大学、西北工业大学、哈尔滨工业大学、天津理工学院、北京理工大学、北京航空航天大学、东北农业大学、中国矿业大学、华北电力学院、安徽工学院、吉林工业大学、东北林业大学、福建农业大学、郑州工学院、山西大学。

赋予高等院校科技产品进出口经营权，推动了外贸体制、科技体制和教育体制改革，为高等学校科技工作面向国际大市场、提高科技工作的层次和水平，实现科教兴国战略和可持续发展战略创造了外部条件。1993年首批被授予外贸经营权的8所高校中，部分高校出口创汇年产值已超过1000万美元。清华大学在对外贸易过程中，注重依托自身优势，抓产品、抓人才、抓开发、抓管理，重点培养有外贸前景的高技术产品，立足外贸人才的培养，按照国际贸易的惯例，加速与国际市场的有效接轨，摸索出一条高等院校开展外贸工作的新路。

1995年，国家教委科技司召开了有外贸经营权高校座谈会，在强化管理、理顺关系、优惠政策与资金、基金与风险、进出口银行贷款、人才培养、联谊协作制度等方面与外经贸部交换了意见，一方面争取外贸行政管理部门的理解与支持，使高校外贸工作纳入到国家外贸计划的规划中去；另一方面根据高校外贸经营权工作的现状与实际，制订推动高校外贸工作的措施与办法，使高校外贸经营权工作沿着法制化、科学化、规范化的道路开展下去。

撰稿　杨东占
审稿　陈清龙

〔**科技工作主要数据指标**〕 1995年全国普通高等学校理、工、农、医学科领域科技工作主要数据指标如下：

1. 科技人力。全国高等学校从事科技活动的人数60万人，其中科学家和工程师52.4万人，占87.4%；高级职称人员14.4万人，占24.0%；研究与发展人员23.7万人，其中科学家和工程师22.4万人，占94.2%；高级职称人员8.8万人，占37.3%；全时研究与发展人员14.0万人，其中科学家和工程师13.2万人，占93.9%；高级职称人员5.5万人，占39.1%。

2. 科技经费。全国高等学校通过各种渠道获得科技经费共47.6亿元，比上年增长近20%；主要来自国家科技攻关计划、“863”高技术研究、国家自然科学基金、产学研工程产业化计划以及企事业单位委托的各个层次大量科技任务。

3. 研究与发展机构。全国高等学校现有上级主管部门批准的研究与发展机构1800多个，机构中从事研究与发展人员近3万人，就读的研究生1.9万多人，其中博士生5500多人。

4. 科技课题。全国高等学校共承担研究与发展课题近9万多项；科技服务类课题1.5万项。当年拨入经费近40亿，比上年增长10%以上。研究与发展经费中用于基础研究的占14%，应用研究占55%，试验发展研究占31%。

5. 国际科技交流。全国高等学校开展了广泛的国际科技交流活动。出席国际学术会议6000多人次，交流学术论文近6000篇；出席在国内召开的国际学术会议1000多人次，交流论文10000多篇。派遣1000人出国攻读学位，其中攻读博士学位780人，硕士学位

220人。派遣进修访问学者4700人次，接受6000人次。

6. 科技成果及技术转让。全国高等学校共出版科技专著4900部，在国内外学术刊物上发表学术论文20万篇，鉴定科技成果7000项，签定技术转让合同4400项，当年实际收入2.9亿元。

7. 科技企业。全国高等学校有近400所大学共兴办各种类型的科技企业近2000个，经营额近80亿元，税后利润近10亿元。

撰稿　张建华　江玉仙

审稿　陈清龙

〔**科技成果转化**〕　1995年，通过对116所高校1991—1994年科技成果转化情况进行调查，116所高校共有可转化成果16394项，已转化5510项，转化率为33.61%，共签订转化合同41503个，合同金额38.5亿多元。委属高校1991～1994年共有可转化成果7122项，已转化3139项，转化率为44%，共签合同20875个，总金额为15亿多元。单项成果转化的规模效益有明显的提高。1991年单项转化产值在1000万元以上的只有27项，1994年达46项，1994年高校所签的四项合同实际收入为11亿多元。1990至1994年通过国家教委推荐列入国家科技成果重点推广计划共62个项目，其中51项共投资6.99亿元，实施后1991至1995年新增产值88.8亿元，新增利税13亿多元，节支16.39亿元，其中10所高校的12个项目新增产值超亿元。

努力争取高校科技成果列入国家级推广转化和产业计划，并加强计划项目的后期管理。1995年高校有21项进入国家级火炬计划，贷款额为9820万元，其中国家教委专项13项，贷款额为6400万元。高校申请1996年度火炬计划42项，通过专家评审的有30项，24项列入国家级火炬计划，申请贷款指标12260万元。1995年高校列入国家级科技成果重点推广计划工业类55项，农业类15项。通过国家教委申报的项目有28项，经过评审已有17项列入计划。1995年高校列入国家级星火计划共10项。

将市场容量大的项目与行业结合进行全行业推广。天津大学的“工业结晶”技术与国家医药局一起向全行业推广，对提高中国制药产品质量和打开国际市场起了很大作用。国家医药管理局已把天津大学“工业结晶”中心定为医药结晶工程研究中心，起到了行业依托作用。上海交通大学的“微型计算机动态可控渗氮与碳势控制”项目经与国家科委、机械部联合举办现场推广后，在行业中得到广泛应用，并开展了国际合作，产品远销到国外。此外，还与国家环保局、化工部、劳动部、电子部进行了一系列合作。

组织高校力量，为开发区和地方经济发展服务。应珠海市高新区邀请，我们组织23所高校赴香港举办项目介绍会，此活动为珠海高新区引进8个项目25亿美元资金；组织5所高校到大连市高新区与外商洽谈；还组织高校与玉林市、江门市等地方建立技术合作等。

〔**办好技术市场**〕　与中央电视台合办《与你同行》栏目，电视节目播出后两个月内共收到联产、联销信息200余条。组织13所高校30多个项目参加由8个部委联合举办的“金桥连四海”电视信息交流活动，节目播出后的第二天就接到热线电话100多个，询问有关科技合作事宜。利用《中国高校技术市场》月刊向社会宣传高校科研成果，举办专集。对积极支持办好月刊的学校和个人进行表彰，1995年向7名个人和4个集体颁发了荣誉证书。筹备建立中国高校技术市场信息网。在抓试点的过程中，一是及时向北京地区高校科技信息网网员单位通报全国高校技术市场动态；二是配合北京市有关部门组织委属高校和网员单位填写“科研机构认定登记表”，以便享受有关税收优惠政策；三是经常研究问题，总结经验。

〔**推动科技产业发展**〕 1995年6月召开了高校科技产业工作座谈会，采取以典型经验引路的做法，抓住重点省市和高校，总结交流经验。积极向有关部门反映情况，努力争取有利于高校科技产业发展的政策。派人与财政部、税务总局召开座谈会，并会同他们到黑龙江、江苏、上海等地调查，就高校校办产业税收优惠政策有关情况进行研究，此外还组织若干专题研究，摸清情况提出建议。组织高校校办产业人员培训。1995年组织第二期高校科技企业厂长、经理赴香港培训学习，并组织6人去英国、德国学习。同时，在厦门大学的协助下，组织了一期高校企业财务主管人员的财会培训班，推动科技发展，提高管理水平。

〔**科研基金评审与管理**〕 1995年，完成了基金评审与管理的基础工作，建立基金信息管理计算机系统。按国家标准学科分类与代码更新基金评审专家库，专家库由3.4万名高校的正、副教授组成。专家库建成后，可以实现基金评审计算机遴选专家，进一步提高评审工作的科学性和公正性。根据国家科技发展规划，结合高校和国家教委基金的特点，提出教委基金项目优先资助领域的建议方案。根据博士点基金管理工作的实际情况，对其管理办法进行修改和完善。举办高校基金管理系统研讨培训班，促进基金工作规范化。

完成1994年度博士点基金资助方案，做好1995年度博士点基金评审工作。根据1995年5月博士点基金领导小组会议精神，布置该项基金的申报和评审工作。1995年理工口申请课题867项，申请总经费3605.5万元，其中博士导师申请647项，占74.6%。12月初在专家通信评审的基础上增加专家会议评审，将通讯评审意见和各学科经费限额资助线和申请书提供给30位与会专家（28名院士、2名博导）评审。根据专家意见，1995年理工口共资助课题415项，资助率为47.9%，使用经费1565.7万元，平均资助强度为3.77万元。农、医、军工口申请课题354项，申请经费1446.8万元，实际资助148项，使用经费484万元，平均资助强度3.27万元。

完成霍英东基金的评审。1995年共申报项目773项，评审通过152项，将专家通信评审结果提交基金理事会和顾问委员会审议，全部获得通过。

做好优秀年轻教师基金的评审。1995年共申报课题364项，形式审查合格355项。“中心”还配合人事司负责为该项基金推荐了顾问委员会专家成员并筹备专家评审会。

〔**专利管理**〕 1995年，配合国家专利局庆祝中国专利法实施10周年，对高校专利工作进行总结，在此基础上向国家专利局推荐高校专利工作先进单位和企业。组织13所高校84个项目参加中国专利局主办的“中国专利十年成就展”，有20个项目获得金奖，12个项目获银奖，1项获优秀奖。参加“全国专利工作会议”，提交全国高校专利工作总结材料，推荐申报中国专利金奖的项目和专利工作先进个人，高校有5项专利获中国专利局和世界知识产权组织授予的“中国专利发明创造金奖”。积极筹建高校涉外专利、商标事务所。

〔**科技成果鉴定**〕 1995年，国家教委科技进步奖评审范围为乙、丙类项目，共有95所高校申报乙类221项、丙类167项，经过评审有177项获奖。

积极配合国家科委奖励办公室，做好1995年度国家级科技奖励的答辩、评审工作。1995年国家教委共推荐项目84项，全部通过国家科委的形式审查，均参加项目答辩。

撰稿 唐先明 杨学民

审稿 张秀梅

附：

国家教委1995年度科技进步奖（乙、丙类）获一等奖项目

乙类：一等奖10项

项目名称	主要完成单位	主要完成人
北京大学加速器质谱计的建立与14C测年和示踪的研究	北京大学 中国科学院上海原子核研究所	陈佳洱 李坤 郭之虞 刘克新 鲁向阳 陈铁梅 原思训 汪建军 斯厚智 高世君 刘洪涛 张如菊 严声清 李斌 钱伟述 袁敬琳 张征芳 杨凤玲
大型电子玻璃熔窑模拟技术	清华大学 彩虹电子集团公司彩虹玻璃厂	胡桅林 过增元 赵国昌 祁建伟 陈泽敬 姜文剑 张灵生 王家垠 马志斌 刘俊杰 程秦川
高性能低烧MLC弛豫铁电陶瓷瓷料组成、性能及应用	清华大学 广东肇庆风华电子工程开发有限公司 中国科学院上海硅酸盐研究所	桂治轮 李龙土 刘会冲 冯楚德 梁力平 陈锦清 孙红飞 李承恩 张孝文 杨仕机
纳米级润滑膜厚度测试技术及应用研究	清华大化	温诗铸 黄平 雒建斌 邹茜 孟永钢
彩色显象管用高性能水溶性光致抗蚀剂	复旦大学	黄骏廉 纪才圭 周春林
基因工程溶葡球菌酶及FE系列产品研制	复旦大学	周润琦 陈石根 李致勋 张培德 林瑛 苑小林 邬安珍 陈海明
超大型构件液压同步提升技术与设备	同济大学	乌建中 王志兰 范基 徐鸣谦 肖子渊 卞永明 徐宝富 赵彬章 李伟哲 关景泰 沈志良 郑飞 陆敏恂 邓国萍 刘宗群 乐志明 徐鸣驺
机械结构振动，噪声控制技术研究	东南大学 南京化工大学	孙庆鸿 张启军 姚慧珠 张建润 孙蓓蓓 程序 吴国梁 崔黎 杨莉 温任林 王志新
WFBZ—01型微机发电机变压器组保护装置	东南大学 南京电力自动化设备总厂	陆于平 吴济安 史世文 李莉 周振安 陶月明
实现半导体激光倍频紫光(404－408.5nm)输出的有机新晶体	山东大学	袁多荣 蒋民华 陶绪堂 张囡 许东 刘明果 侯文博 邵宗书

丙类:一等奖 9 项

项目名称	主要完成单位	主要完成人
南方离子吸附型矿混合稀土的萃取全分离	北京大学	严纯华 廖春生 李标国 贾江涛 张亚文 高松 马小桃 王建方 徐光宪
电解银 F—79 法生产甲醛的技术改进和推广应用	复旦大学	项一非 郭柏麟 沈伟 徐华龙 甄胜艳 王玉
XH 系列乙苯脱氢制苯乙烯催化剂	厦门大学	祝以湘 林仁存 蔡庆叠 何谈云 肖漳龄 余家良 林金土 朱朝贤 郭忠平
型钢,线材国内先进技术的系统工程	北京科技大学 江苏永钢集团公司 山东淄博钢厂 新疆钢铁公司 江苏武进钢铁集团公司	钟延珍 侯建新 程知松 徐言东 钟键宇 史其都 吴栋才 叶忠大 王丰厚 邵涓 王铁 李君良 孟庆龄 钱家富 王纯
电炉煤氧枪助熔技术的推广应用	北京科技大学	万天骥 仇永全 朱荣 陈允恭 李慧 刘义 阮兴业 王永定
楔横轧轴类零件技术开发与推广	北京科技大学 北京钢顺楔横轧厂 长城钢厂 大冶钢厂等	胡正寰 李玉京 张康生 颜世公 张魏 王宝雨 刘晋平 张子忠 陈克强 黄荒生
人体绒毛膜促性腺激素酶标单克隆抗体体外检验盒用于诊断早早孕技	中国协和医科大学	陈克铨 陈实平 杨育州 程凯 张平 金淑敏 王克宁 董红燕 邹宇宏 曹双 曹俊文 韩力钢
优质面包小麦 PH82－2－2 的推广与应用	山东农业大学 山东东阿县农业局	田纪春 张忠义 周长柱 赵世杰 娄启河 王统柱 彭涛 董新纯 王延训
轮轨相互作用有关设计软件应用	西南交通大学 铁道部科学研究院 上海铁道学院	严隽耄 孙翔 金鼎昌 王开文 沈志云 詹斐生 王福天 付茂海 陈康

成人教育

〔扫盲工作〕1995年，中国扫盲工作主要有如下特点：

切实加强领导，采取得力措施，持续不断地推进扫盲工作。2月，国家教委在合肥召开了安徽、江苏、山东、河南、四川等9个文盲大省扫盲工作座谈会，分析研究9省扫盲情况，制订对策，国家教委主任朱开轩、副主任王明达、全国妇联副主席刘海荣和共青团中央的领导到会讲话。8月，国家教委召开委主任办公会议，分析了扫盲工作的形势，研究存在的困难和问题，提出了解决问题的思路和办法。9月8日，联合国教科文组织总干事费德里克·马约尔、中国国务院副总理李岚清、国家教委主任朱开轩在由联合国教科文组织总部举办的“国际扫盲日”纪念仪式上讲话，号召进一步开展扫盲工作。10月12日，国家教委和全国扫盲工作部际协调小组联合召开全国扫盲工作电话会议，通报扫盲情况，部署今冬明春的扫盲工作。4月和11月，国家教委组织扫盲检查组对广东和江苏的扫盲工作进行抽查。12月，国家教委和财政部联合发文，要求千方百计落实扫盲经费。此外，国家教委还组织人员到安徽、河南、湖北，陕西、青海等十余省参加扫盲农村成教会议或深入基层调查研究，检查推动地方工作。

社会各方面积极参与，齐抓共管。1995年3月和10月，全国扫盲工作部际协调小组两次召开会议，通报扫盲工作进展情况，提出了今后扫盲工作的安排和要求。1995年，共青团中央和国家教委联合开展了“中国大中学生志愿者扫盲和科技文化服务行动”，暑期组织50万大学生和近百万中学生深入农村开展活动，约有500万人次接受服务，对扫盲的宣传、发动产生很大作用。全国妇联开展了“学文化、迎四大”妇女扫盲活动、“双学双比”活动和第三届“巾帼扫盲奖”表彰活动，推动了妇女扫盲和实用技术的培训。解放军把扫盲工作作为军民共建活动的重要内容，协助地方举办各类文化补习班和科技培训班上万期，培训30多万人。农业部选择扫盲达标的县区开展农村“绿色证书”教育。宣传、文化、广播等部门加强了对扫盲的宣传报道。协调小组的其他部门也积极采取措施，推进扫盲工作。全国相继有20多个省区成立了有省政府主要领导任组长，各有关部门参加的扫盲协调组织，不少省区调整、充实了协调机构，共同宣传、发动和推动扫盲工作。

各省（区、市）认真落实《纲要》和全国扫盲会议精神，制订本地区的扫盲规划和实施步骤，认真组织实施。江苏、山东、安徽、河南、云南等省相继召开扫盲重点和困难县区的会议，江苏省政府建立了重点县区扫盲汇报制度；山东省提出凡是没有按要求实现“两基”的县、乡一律不承认达到小康标准，省教委建立了扫盲工作季度调度会制度，狠抓检查落实。各地对全国扫盲工作电话会议精神的宣传贯彻十分重视，湖南、甘肃、宁夏、新疆等省区一直将传达会议开到各县市；各省（区）还普遍召开了扫盲会议，山西、内蒙古、吉林、安徽、湖北、湖南、广西、四川、贵州、陕西、青海、宁夏等省（区）的分管省长（主席）亲自动员、部署扫盲工作。广西、山西等省区政府在全国扫盲电话会议后两次召开专门会议，贯彻全国会议精神，研究部署扫盲工作。

增加扫盲的投入。云南省政府要求按每扫除一个文盲由省、地、县共同投入100元，仅1995年省级扫盲农村成人教育经费就达1892.6万元。青海省政府设立45万元扫盲基金并每年安排30万元扫盲专款，规定教育经费的2%和农村教育费附加的20%用于扫盲及农村成人教育。江苏、贵州、安徽、山西等省采取多种办法使扫盲经费明显增加。山西省政府决定乡镇每万人配一名扫盲专干，在教师总编制中解决。

由于措施得力，扫盲工作取得了显著成果：据统计，1995年全国共扫除文盲479万人，超额完成年扫盲400万人的计划。脱盲人数最多的3个省分别是安徽87万人、山东47万人、云南43万人。全国已有北京、天津、上海、吉林、黑龙江、辽宁、广东、江苏8个省（市）的扫盲工作通过国家教委的抽查评估。累计全国已有1050个县（市、区）通过各省（区、市）人民政府的达标验收。据国家统计局1995年1%人口抽样调查，全国15岁以上文盲由1990年的18161万减少到14505万人，文盲占总人口的比例从15.88%下降到12.01%，下降了3.87个百分点。据测算目前15—46岁的文盲约3300多万人，青壮年文盲率已降到7%以下。中华全国妇女联合会在1995年度还第九次荣获国际扫盲奖—世宗王奖。

中国扫盲工作还存在一些比较突出的问题：中国仍是被联合国教科文组织列为9个扫盲重点国家之一。中国现有文盲中90%居住在农村，70%是妇女，77%已超过45周岁；山区、边远、贫困、少数民族地区文盲比例偏高，不少文盲外出打工，使扫盲难度增大。一些地方的领导对扫盲的认识不到位，投入不足；有些地方扫盲质量和复盲问题比较突出，扫盲验收达标后，工作趋于停顿，新生文盲还不断产生；近几年，脱盲人数也出现下降趋势，1995年比1994年减少10万人。这些问题已经引起各级政府和教育等部门的重视，正在采取措施加以解决。

撰稿　张昭文

审稿　李家林

〔**农村成人教育**〕　到1995年，全国已有80%以上的乡镇和40%以上的行政村建立了成人文化技术学校（教学点）。乡镇成人文化技术学校（成人教育中心校）总数发展到40459所，村成人文化技术学校总数发展到342051所。北京、天津、上海、辽宁、黑龙江、吉林、广东、江苏等省和直辖市100%的乡和95%以上的行政村都建有成人学校。各地还涌现出一大批条件好、规模大、效益高的示范性乡镇成人文化技术学校。全国初步形成了县、乡、村农村成人教育培训网络，

“八五”期间共培训2.65亿人次，大面积提高了农村劳动者的思想道德和科学文化技术素质。

撰稿 张世平
审稿 董明传

〔**农村人口教育项目执行情况**〕 1991年1月，中国政府与联合国人口基金签署1991至1995年执行周期的农村成人学校人口教育项目（简称P20项目），项目宗旨是：通过对广大农民和妇女开展人口教育，使他们懂得人口发展与经济发展、社会进步、生态环境、自然资源、生理卫生、家庭生活质量等方面的关系，掌握节制生育的基本原理和方法，增强人口意识和社会责任感，自觉执行国家人口政策，为中国现代化建设和农村奔小康作出贡献。

根据实际情况，国家教委在25个省（市）选择735所农村成人学校作为项目学校。为了保证项目实施质量，依托省（市）成人教育学院建立6所项目师资培训中心。

到1995年，这一执行周期已结束。在联合国人口基金、联合国教科文组织、中国对外贸易经济合作部的支持下，通过各有关方面的积极参与，“P20项目”在25个省（市）735所项目试点学校普遍举办了人口教育培训班，建立3954个人口教育联系点，同时带动10736所农村成人学校开展了人口教育活动。许多试点县形成了人口教育培训网络。参加培训的农民达963.2万人。其中，妇女学员约占56.3%。完成了项目协议所规定的各项目标，被国际组织评为“最成功的合作”。

为了保证项目的顺利实施，国家教委在执行项目周期中主要做了以下工作：(1)采取措施，加强项目管理。国家教委成立了“P20项目”办公室，颁发了《农村成人学校人口教育项目实施意见》，规定了有关项目管理、项目学校布点、师资培训、人员培训、教材编写和项目实施步骤，把人口教育纳入农村成人教育的重要组成部分。省（市）、县和项目学校成立了人口教育领导小组，加强了对项目的管理和指导。(2)培训项目工作人员和教师。“P20项目”采取多种途径培训项目人员和教师。联合国人口基金资助并委托国外培训机构为“P20项目”举办4期培训班，国家教委选派33名项目人员和骨干教师参加了国外短期培训；国家教委委托项目师资培训中心，举办5期国家级培训班，共培训538名项目工作人员和骨干教师；各省（市）和试点县教育部门分别举办了师资培训班，共培训10840名教师，提高了项目工作人员的管理水平和业务水平。(3)组织编写人口教育教材、读物和参考资料。国家教委组织国内外人口专家编写17种人口教育教材、读物、参考资料和广播、电视教材。其中，有3种教材被联合国教科文组织向亚太地区部分国家推荐。(4)指导项目学校开展形式多样的教学活动。项目学校充分利用录音、录像、广播、电视、教学挂图等现代化教学手段，把面授辅导与直观教学有机结合起来。同时组织学员深入乡村进行社会调查，撰写调查报告，编演文艺节目、编写人口宣传资料等活动，提高了项目的整体效益。(5)定期召开人口教育经验交流会。根据项目协议，国家教委分别在长沙、徐州、运城、泰安、郑州等市召开了经验交流会。联合国人口基金驻华代表处和执行机构派官员参加了会议，并考察项目学校。(6)开展项目评估。联合国人口基金分别于1993年和1995

年对“P20项目”进行评估。评估小组由国内外人口专家组成，分别赴河南、湖北、四川、天津、吉林、黑龙江等六省检查“P20项目”执行情况。实地考察32所项目学校。评估小组充分肯定“P20项目”所取得的成果，同时提出改进工作的建议。在两次项目评估的基础上，国家教委于1995年底向联合国人口基金、联合国教科文组织、中国对外贸易经济合作部提交了项目《总结报告》。

撰稿 孙凤岐

审稿 李家林

〔**岗位培训工作**〕 1995年，全国岗位培训人数稳步增长，制定岗位规范数逐步增加，资格性岗位培训健康发展，适应性培训更加活跃。全国岗位培训工作的发展趋势和特点是：(1) 适应性培训向多样化、经常化的方向发展；资格性培训（上岗、转岗、晋升）向规范化、制度化、科学化的方向发展。为适应深化改革和经济发展的要求，各行业、各地区及企事业单位开展了多层次、多形式、多内容、快节奏、重实效的适应性培训。据不完全统计，截止1995年底，51%以上的国务院部委、局（属）、全国性大型工业总公司共制定岗位规范14791个。部分省、市及一些大中型企业也制定了具有地方、企业特色的、符合发展实际的岗位规范。岗位规范的制定与逐步完善为开展资格性岗位培训，并使之不断规范化、科学化、制度化奠定了基础。(2) 从开展培训活动向以建立、完善岗位培训制度为标志的制度创新阶段发展。据调查：农业、林业、水利、石油、石化、冶金、旅游、建设、体育、铁道、对外经贸、新闻出版等部门已初步提出了本行业岗位培训制度的基本框架及内容，并在一些主要、关键岗位上逐步实行持证上岗制度。司法、财政、建设等部门也分别对律师、注册会计师、注册建筑师等岗位实行了资格证书制度。(3) 抓“培训工程”的实施，开展社会化培训。为贯彻落实国务院《关于〈中国教育改革和发展纲要〉的实施意见》提出的“在全社会实行学历文凭和职业资格证书并重的制度”的精神，许多地区、部门开展了由主管部门统一规划、严格评估管理，社会各界广泛参与，内容丰富，符合地方、行业发展需要的各种“紧缺人才培训工程”、“乡镇企业职工培训工程”、“转岗人员培训工程”等。(4) 培训教学向以研究解决生产中的实际问题的方向发展。多数企事业单位把开展培训活动和降低生产成本、提高产品质量、提高管理水平等紧密结合起来，围绕企业生产经营的各个环节，按需施教，注重实效。

1995年，国家教委颁发了《关于编写岗位培训教材的原则意见》。《意见》指出：编好以培训从业人员履行岗位职责能力为目标的教材是开展岗位培训的基础工作。岗位培训教材应以具有中国特色的社会主义理论为指导，以提高从业人员的政治思想、职业道德、业务素质、工作能力和生产技能为目标，坚持改革并直接有效地为发展生产和提高工作效率服务的方向。

撰稿 郭春鸣 张志坤

审稿 瞿延东

〔**成人高校招生**〕 1995年是全国各类成人高校统一招生考试的第十年。全国各类成人高校录取新生83.32万人（不含电大普通班）。

1995年的招生工作，经历了由指导性计划管理向宏观调控下严格的计划管理的转变。表现出以下几个特点：(1) 坚决维护国家计划的严肃性，确保了招生规模不突破国家下达的招生计划。为做好1995年的招生工作，国家教委先后印发了《关于印发〈1995年全国各类成人高校统一招生规定〉和〈关于1995年全国各类成人高校统一招生录取工作有关事项的通知〉》，突出强调要坚决维护招生计划的严肃性，确保不突破指标。在录取工作中，各地招生机构根据各类成人高等学校的生源质量和分布情况，结合考生志愿和社会需求，采取多种有效措施，在国家计划控制总量内，加大生源调剂力度，精心做好生源调剂工作，力求最大限度地满足考生和社会的需求。(2) 严格报考资格审查和新生入学资格复查，严肃考风考纪，及时处理各种违纪行为。各地在审查报名资格过程中，均采取了多种有效措施。湖北、辽宁等地在审查报名资格时，实行了严格的责任制，审查资格者必须签名对审核结果负责，防止了不具报名资格者报名。为做好1995年入学新生资格复查工作，国家教委成人教育司专门行文，要求各地做好复查，并组织对27个省（自治区、直辖市）复查工作的抽查。为严肃考风考纪，1995年国家教委专门召开了全国严肃考风考纪电话会，强调了严肃考风考纪问题。各地招生机构在积极采取防范措施的同时，对于发现的舞弊行为进行了坚决处理。(3) 新生质量明显提高。社会经济发展对人才的旺盛需求、劳动人事制度的改革以及招生机构对各类成人高等学校招生宣传力度加大等因素，促进了报考者数量大幅度增加，充足的生源为各类成人高等学校招生提供了更多择优录取的机会。1995年，各地普遍举办成人高考辅导班，考生成绩普遍较好。

撰稿 李桂清 张总明
审稿 瞿延东

〔**广播电视大学试招“注册视听生”**〕

为了充分利用广播电视大学的现代教育手段和教育资源，为高中和中等专业技术学校毕业的在职从业人员和社会青年提供更多的接受高等教育的机会，国家教委决定从1995年秋季开始在9个省（自治区、计划单列市）的10所广播电视大学试点招收高等专科“注册视听生”，并于1995年8月发出《关于广播电视大学招收高等专科“注册视听生”的试点的通知》。《通知》指出：(1)“注册视听生”与现行的广播电视大学专科教育及其他形式教育的招生、学籍管理和教学管理有区别。“注册视听生”学生免试注册入学，学生以自学和收听、收看广播、电视、录音、录像课为主，不组织班教学，接受适当的教学辅导，实行完全学分制。(2) 试点专业有财务会计、法律、英语、农学和小学师资教育。1995年先在财务会计、法律、英语3个专业先行招生试点。(3) 试点学校为四川广播电视大学、浙江广播电视大学、辽宁广播电视大学、内蒙古广播电视大学、江西广播电视大学、福建广播电视大学、黑龙江广播电视大学、甘肃广播电视大学、重庆广播电视大学、哈尔滨市广播电视大学。(4) 试点专业教学计划、课程教学大纲按照国家高等专科教育层次的质量规格要求由中央广播电视大学拟定，由国家教委批准下达。占总学分70%的必修课程由中央广播电视大学播出，各试点学校按照统一的教学计划和大纲组织教学。(5)“注册视听生”的必修课程实行全国统一考试。考试工作由国家教委自考办组织实施，中央广播电视大学参与。(6)“注册视听生”取得规定的毕业总学分，实践教学环节考核合格，思想品德符合要求，即准予毕业。国家承认其大学专科学历。

1995年,10所广播电视大学注册视听生5.5万人。

撰稿 张 科
审稿 瞿延东

〔**试办成人高等职业教育**〕 在调查研究的基础上，结合近年来一些成人高校试办高等职业教育的经验，1995年11月国家教委印发了《关于成人高等学校试办高等职业教育的意见》。《意见》主要内容是：(1) 培养目标定为培养德、智、体全面发展的，实用性、技能性较强的生产、工作第一线的专科层次的专业技术人员，管理人员和理论与技艺要求较高的高级操作人员。(2) 招生对象定为具有中等专业技术学校和普通高中毕业文凭及同等学历的在职从业人员。入学实行3门文化课、两门专业课的全国统一考试，成绩合格者由考生所在地省级招生办公室统一录取。招生计划列入当年成人高等教育事业招生计划的总规模内。(3) 试点专业设置要以市场要求为导向，以岗位职业道德、职业行为、职业规范为依据，以用人单位人才要求为标准，而不是照搬现有专业目录。教学计划特别强调实践性，理论课与实践课之比一般为1∶1。文史、财经类专业学制为2～3年；理工类专业学制为3—4年。办学形式一般采用脱产或半脱产。(4) 毕业文凭目前仍然颁发国家教委统一印制的成人高等教育毕业证书。同时，要积极推进毕业生实行“双证制”。即除学历证书外，还颁发劳动、人事等有关部门认可的中级以上的技术等级证书或岗位资格证书。(5) 试点工作由国家教委批准备案的职业技能训练条件较好的独立设置的成人高等学校承办，但需履行审批程序。即学校按隶属关系向省（自治区、直辖市、计划单列市）和国务院部委教育行政（主管）部门提出申请报告，受理报告单位审核同意后报国家教委批准。

经审核批准，1995年有188所学校试点，预计招生近万人。

撰稿 张 科
审稿 瞿延东

〔**函授、夜大学教育评估**〕 1995年6月14日，国家教委发出了《关于做好普通高等学校函授、夜大学教育评估工作的通知》，《通知》规定，凡经国家教委审批、备案举办函授、夜大学本、专科教育的普通高等学校均应参加评估工作。评估工作的组织实行国家、地方（或部门）、学校三级评估体制。具体评估程序是：学校按照国家教委有关评估工作的文件和普通高等学校函授、夜大学评估指标体系，进行自查自评。再由省、自治区、直辖市、计划单列市或国务院部委组织评估，国家教委对地方、部门、学校实施抽查性评估。

评估工作分为启动试点、全面展开、检查总结三个阶段，从1995年开始至1997年5月底结束。评估的主要内容是对普通高等学校举办成人教育的投入、教育管理过程、教育质量作出全面的评价。评估结果分为优良、合格、不合格三类。对评估结果为优秀，成绩突出、社会信誉好的学校进行宣传、表彰；对评估结果为不合格的学校，责令其限期整顿或取消其办学资格。函授、夜大学的评估结果要作为对普通高等学校进行评价和实施奖惩的必要条件。

国家教委于同年8月召开了评估工作会议，强调开展评估的目的是为了肯定成绩，总结经验，纠正弊端，端正办学指导思想，进一步健全管理制度，增加投入，提高质量和效益，保证函授、夜大学的健康发展。国家教委成立了普通高等学校函授、夜大学教育评估工作领导小组和专家组，指导、协调全国的评估工作。

"评估工作会议"之后，各地、各部门认真贯彻会议精神，积极进行评估准备工作。多数省市、部委成立了评估工作领导小组和专家组；制定了本地区、本部门的具体评估工作计划；对国家教委颁发的评估指标体系进行了细化和量化；从实际出发，开展了评估试点工作。各举办函授、夜大学的普通高等学校，按照国家教委和地方、部门的安排，大都开展了自查自评工作。为下一阶段评估工作的全面展开做好了准备。

撰稿　孙丽为
审稿　瞿延东

〔**学历文凭考试试点**〕　1995年11月23日，北京市高等教育自学考试创建15周年暨国家学历文凭考试首批毕业生颁证大会在北京召开。国务院副总理李岚清到会为首批通过国家学历文凭考试的323名民办高校学生颁发毕业证书。

学历文凭考试是由教育行政部门对尚不具备颁发学历文凭资格的民办高校学生组织的学历认定考试。它与自学考试同属于国家学历考试，但与自学考试比较，具有以下特点：(1）考试的对象是经教育行政部门选定的部分全日制民办高校的学生；(2）要求学生必须是高中毕业生，在达到一定的录取标准后，进入规定的学校接受高等学校教育后，方可参加考试；(3）按照国家教委《关于制订专科教育教学计划的原则意见》制订教学计划；(4）参加国家学历文凭考试的学校其办学，不同于一般的助学。国家对其主干课程（约70%）组织统一考试，学校有部分课程（约30%）的考试权；(5）考试时间在每年1月和7月进行，与学校的学制和学期安排相一致。学历文凭考试是把学校办学和国家对其主干课程的考试结合起来的模式，发挥学校办学的优势，保证高等学历教育的质量，既是对民办高校的扶持，也是对学校办学水平和学生学习成果的评价、肯定和认可。是广开学路、培养专业人才的一条途径。

国家教委已批准北京、上海、辽宁三省（市）进行国家学历文凭考试的试点。

撰稿　胡志钢
审稿　瞿延东

师范教育

〔**概况**〕 1995年，中国各级各类师范教育继续持续、稳定、健康发展。

一、逐步形成师资培养培训体系。为了满足基础教育不同类别、不同层次学校对师资的需求，师范教育已形成以独立设置的各级各类师范院校为主体的多渠道、多层次、多规格、多形式的中小学师资培养培训体系。如下图：

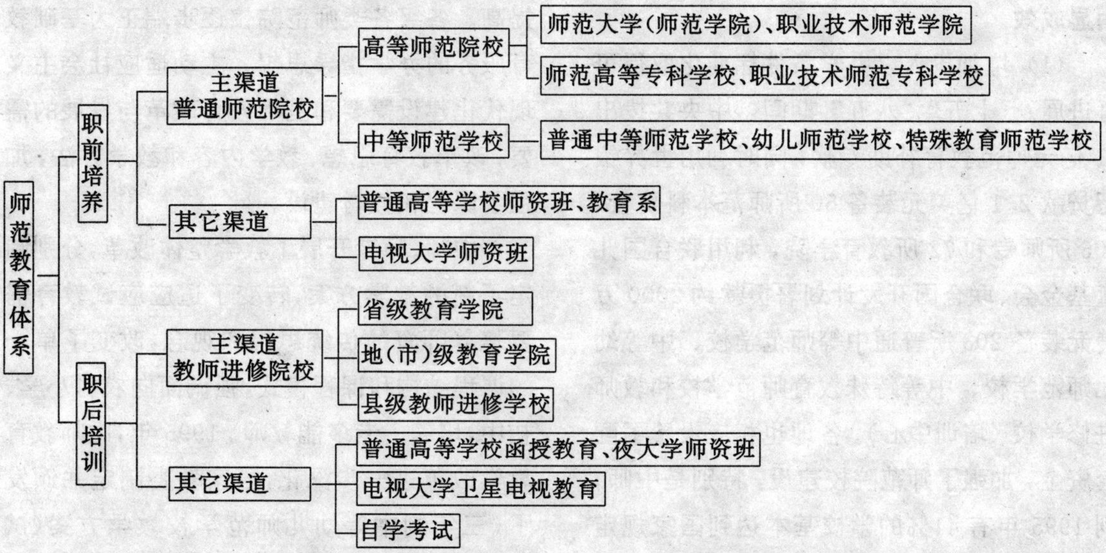

1995年，全国共有全日制师范院校1133所，在校生143.09万人，其中高师院校236所，在校生58.29万人，中等师范学校897所，在校生84.80万人；有教师进修院校2273所，在校生73.0万人，其中教育学院242所，在校生21.37万人，教师进修学校2031所，在校生51.63万人。在职教师培训形成了省—地（市）—县—乡—校（任职学校）五级培训网络。除独立设置的各级各类师范院校外，电视大学、电视师范学院和180余所综合大学举办的师范专业或二级学院，作为辅助渠道，为中等及中等以下教育培养、培训了一定数量的师资。

1995年独立设置的各级各类师范院校基本情况

	学校数（所）	在校生数（万）	招生数（万）	毕业生数（万）
高等师范院校	236	58.29	21.09	20.39
中等师范学校	897	84.80	30.83	24.48
教育学院	242	21.37	7.77	8.83
教师进修学校	2031	51.63	24.15	21.47

各级各类师范院校专业、学科门类的设置与基础教育开设的课程基本配套，师资培养的规格数量基本适应基础教育的需求。为落实《中国教育改革与发展纲要》提出的到本世纪末，“小学和初中教师中具有专科和本科学历者的比重逐年提高”的精神，有23个省(区、市)的65所中等师范学校进行了培养大专程度小学教师的试验。高等师范院校除培养本、专科毕业生外，还举办研究生教育，有38所高师院校设有硕士点，具有硕士学位授予权的专业点有698个；13所院校设有博士点，具有博士学位授予权的专业点有107个。

二、师范院校教育教学改革和建设取得明显成效。

（1）增加投入，办学条件标准化取得可喜进展。“七五”“八五”期间，中央共拨出21亿元师范教育补助专款，同时利用世界银行贷款2.1亿美元装备50所师范本科院校、106所师专和72所教育学院，利用联合国儿童基金会、联合国开发计划署援款约2000万美元装备203所普通中等师范学校、中等幼儿师范学校、中等特殊教育师范学校和教师进修学校（培训中心）。各地也相应设置了配套资金，加强了师范院校建设，特别是中师，到1995年有41%的学校基本达到国家规定的办学标准；师范专科学校、教育学院的办学条件也得到明显改善。

（2）管理纳入规范化轨道。各级各类师范院校加强学校内部管理体制改革，普遍制定了校内各项规章制度，常规管理向科学化、标准化迈进，建设了良好的校容校貌校风校纪，相当一批学校校园建设达到了净化、绿化、美化，体现了思想性、艺术性、知识性、实用性和师范性。学校管理水平上了一个新台阶。

（3）改革招生制度，优化生源质量。为了提高师范生源质量，1992、1993连续两年召开全国电话会议，部署师范招生改革工作。各地加强宣传教育，积极创设报考师范光荣的社会氛围，采取有效措施、办法。如参加统一考试提前录取；保送部分高中及中师优秀毕业生进入高师院校深造；招收有实践经验的优秀公、民办教师；有条件的地区试办高师预备班；采取定向招生定向分配办法，保证农村、边远地区对师资的需求；对报考师范的考生除文化知识考试外，增加面试等等。1995年中师生源质量保持较高水平，高师生源短缺有所好转，质量有所提高。

（4）深化教育教学改革，教育质量全面提高。各级各类师范院校逐步端正为基础教育服务的办学指导思想，主动适应社会主义现代化建设需要和基础教育改革与发展的需要，改革教育思想、教学内容和教学方法，加强了课程和教材建设。

中师、师专开展了教学整体改革，分别制定了新的教学方案，转变了适应应试教育需要培养师资的传统思想和观念，改变了单一的课程结构和课程模式，强调面向农村小学、初中，培养一专多能教师。1995年，中师教育教学改革进一步深化，国家教委制定并颁发了《三年制中等幼儿师范学校教学方案(试行)》。师专试行了主辅修制，改善了新师资的知识结构与能力结构，为实现三教统筹奠定了基础。1995年国家教委制定并颁发了《高等师范专科教育二、三年教学方案》。

高师本科修订了基本专业目录，开展了教育、政教、数学、化学等专业的系科改革试验和综合改革试点，同时加强了职业技术师范教育，1995年国家教委制定并颁发了《普通高等学校本科专业目录〈职业技术师范教育类〉（试行)》和农艺、机械制造、服装工艺等三个专业的教学方案。

教师进修院校制定了中小学师资培训的教学计划、教学大纲。1995年重点加强在职小学教师基本功训练，国家教委在辽宁省锦州市召开了“全国小学教师基本功训练现场经验交流会”，会后下发了《关于开展小学教师基本功训练的意见》。

在总结10年来各地培养专科程度小学教师试验工作所取得经验的基础上，1995年国家教委制定并颁发了《大学专科程度小学教师培养课程方案》。

各级各类师范院校普遍加强了教育理论和实践的课程建设，增设了教师职业技能课，增强了师范生从师任教的能力。

各级各类师范院校普遍加强了专业思想和师德教育，根据师范教育的特点和规律，开展了形式多样、富有实效的德育工作。做到了政治思想和专业思想教育相结合，师德和行为规范教育相结合，政治课教学、班主任工作和社会实践相沟通，培养了师范生自我服务、自我教育、自我管理的观念和能力。据调查、中师、师专毕业生分配的一次到位率一般达到90%。

与课程改革相适应，师范院校普遍加强了教材建设，教材内容和形式有了一定程度的改变，逐步向多样化发展。呈现出国家推荐教材和地方教材相结合，文字教材和音像教材相配套的势头。

为贯彻落实党中央提出的“科教兴国”战略，1995年，国家教委和中国科协联合在全国师范院校实施“园丁科技教育行动”，以加强和改善全国师范院校科技教育，进一步推动教育教学改革。

(5)教师队伍建设得到了加强。到1995年从中央到各大区和省分别建立了高师师资培训机构，制定并实施了高师师资培训规划，使教师的思想和业务水平得到不同程度的提高，其中部分教师已成为教学、科研工作骨干力量。1995年，高师院校教师中高级职称比例已经上升到29.69%；教育学院教师中高级职称比例已经上升到28.06%。1995年，中等师范教师学历达标率已经上升到65.49%。

(6)教育科研进入了一个新的发展阶段，取得一批研究成果。到1995年，各级各类师范院校已经建立一批科研机构和教改试验基地，形成了以博士、硕士生导师为带头人的专兼结合的教育科研队伍，坚持为教育发展和改革实践服务、为基础教育服务的方向，取得了一批成果。教育科研为学科建设、为基础教育的改革与发展、为教育行政决策提供了信息和依据。

三、师范教育为中小学教师队伍建设作出贡献。

据统计，1980～1995年，各级各类师范院校共培养毕业生561.76万人，有510.3万中小学教师通过各级教师进修院校、普通高校函授、夜大学等接受了学历培训；此外还有为数众多的中小学教师参加了各种形式的非学历培训。“八五”期间，有63万中小学校长接受了岗位培训，做到持证上岗。通过新教师培养和在职教师培训，中小学教师队伍素质明显提高，学历层次发生结构性变化。据统计，1995年小学、初中、高中教师的学历合格率已分别达到88.85%、69.13%和55.21%。除此之外，小学、初中、高中取得专业证书的人数占教师总数的比例已分别达到8.8%、5.7%和4.7%。大专层次的小学教师占小学教师总数的比例已上升到5.6%，本科层次的初中教师占初中教师总数的比例已上升到9.4%。

撰稿 葛振江
审稿 陈秀凤

〔**高等师范专科教学方案**〕 为了深化高等师范专科教育教学改革，培养跨世纪的初中教师，促进义务教育的实施和民族素质的提高，1995年，国家教委制定并颁发了《高等师范专科教育二、三年制教学方案》。这个《教学方案》的颁发将高等师范专科教育教学推向了整体改革的新阶段。

《教学方案》主要包括：培养目标、培养规格、课程设置和时间安排4个部分。

培养目标和培养规格是依据面向21世纪能够主动适应社会主义现代化建设和九年义务教育的需要制定的。较之二年制，在培养规格上，三年制师范专科教育在外国语、职业技术教育，知识面和适应能力等方面提出了进一步要求。

课程设置包括：公共课程、学科课程、教育课程、特设课程、实践课程和活动课程。课程设置与过去相比，最大的变化：将教育课程单列，突出教育课程的地位和作用。增加特设课程，增强课程设置的灵活性，体现地方特色。将活动课程纳入课程体系，使课程设置规范化，体现个性特征。三年制师范专科教育根据培养"一专多能"新型师资的需要，可实施主选修、主辅修和双学科教学。

时间安排：二年制师范专科教育全学程104周，课堂教学总学时为1600学时左右。三年制师范专科教育全学程156周，课堂教学总学时为2300学时左右。在时间分配上，较大幅度地压缩了学科课程学时，较大幅度地提高了教育课程学时。

《教学方案》的主要特色：第一、具有时代特点。它以建设有中国特色社会主义理论为指导，依据教育规律和基础教育改革、发展的需要，针对高等师范专科教育存在的问题，抓住为21世纪培养合格师资这一关键，强调了全面素质的提高，加强了实践环节和能力的培养。第二、体现了改革创新精神。课程总体结构实现了教育教学功能的整体优化。第三、突出师范教育特点。根据高等师范专科教育职业定向的特点，明确了培养目标和规格，并在学校的教育教学活动中予以落实。第四、有利于地方和学校自主办学。根据我国幅员辽阔，经济、文化和教育发展不平衡的实际，坚持从实际出发，统一性和灵活性相结合。

为了贯彻《教学方案》，与之配套的二、三年制师范专科教育1个学科课程方案正在制定中。

撰稿 赵建军
审稿 金长泽

〔**小学教师基本功训练**〕 1995年6月国家教委在辽宁省锦州市召开了"全国小学教师基本功训练现场经验交流会"。全国27个省、自治区、直辖市教委、教育厅（局）师范处和教师培训机构的负责同志200多人参加了会议。会上，辽宁、吉林、黑龙江、江苏、湖南、福建、四川省和锦州市的代表介绍了各自在开展小学教师基本功训练方面的情况和经验，探讨了有关基本功训练的问题。会议期间，代表们考察参观了锦州市约20所学校为大会提供的教师基本功训练的汇报现场，其中包括义县城关乡南关中心小学500人的艺术表演；凌河区6000名小学生的基本功训练效果的汇报，令会议代表大开眼界，并深受启发。

会后，在吸收会议成果的基础上，国家教委于9月下发了《关于开展小学教师基本功训练的意见》。《意见》提出，基本功训练是现阶段小学教师继续教育的重要内容之一，它符合我国小学教育和教师队伍的实际，能直接有效的提高教师的教育教学能力，对于全面贯彻教育方针，全面提高义务教育质量具有重要意义。

《意见》指出，教师基本功是教师从事教育教学工作必须具备的最基本的职业技能。当前应着重抓好以下几方面的基本功训练：(1)口语表达方面，能熟练掌握汉语拼音，用普通话进行教学，普通话一般应达到国家语委制定的《普通话水平测试》二级水平；在公众场合即席讲话，能正确清楚地表达自己的思想，做到观点鲜明，内容具体，用词准确，条理清楚，节奏适宜。(2)写字方面，能正确运用粉笔、钢笔、毛笔，按照汉字的笔画、笔顺和间架结构，书写规范的正楷字，并具有一定的速度。(3)简笔画方面，能按教学要求，突出教学重点，用简练的线条较快的勾画出事物的主要特征，设计、绘制简笔画。(4)使用、制作教具方面，能按教学要求，正确使用教具；能就地取材，制作简易的教具。(5)组织教育活动方面，能按小学德育大纲的要求，组织班队活动，掌握进行家庭访问，对学生进行个别教育等技能。

《意见》强调，教师基本功训练要注意全员性、阶段性、层次性和实效性。《意见》还强调，自学自练是开展基本功训练的关键环节，必须牢牢抓住；同时要按照基本功训练的特点和规律，辅之以必要的理论指导和考核评估，提倡能者为师，互教互学。基本功训练要紧密结合教育教学工作，要与教学活动，课外活动，教师业余文化生活，学校校园文化建设紧密结合。要采取灵活多样的形式。

《意见》指出，各级教育行政部门、培训机构和教师任职学校对小学教师基本功训练要高度重视，要各司其职，各负其责，加强领导和管理。

撰稿 胡 巍
审稿 陈秀凤

〔**中等幼儿师范教学方案**〕 为适应幼儿教育发展改革的需要和深化中等幼儿师范教育教学改革，国家教委于1995年1月27日颁发了《三年制中等幼儿师范学校教学方案(试行)》，此《方案》与原教学计划相比，具有如下特点：(1)进一步明确和界定中等幼儿师范学校的性质、培养目标与规格。“方案”规定：“中等幼儿师范学校是培养幼儿园教师的中等专业学校”。“培养德、智、体等诸方面全面发展、能适应当代幼儿教育改革和发展需要的幼儿教师”。并在思想品德、知识、技能及基本能力和身心素质等方面较为具体地确定了中等幼儿师范学校的培养规格。(2)实行统一性和多样性相结合。《方案》突破了原教学计划统得过死的问题，国家只对中等幼儿师范学校教育教学活动确定基本要求，各省、自治区、直辖市教育行政部门根据《方案》的基本要求和精神，制定符合当地实际的中等幼儿师范学校教学计划。“方案”对课程结构进行整体改革，实行必修课、选修课、教育实践和课外活动有机结合的课程结构。(3)适当调整必修课中文化和艺术课的课时比例。《方案》在注意幼儿教育师资培养特点的前提下，适当减少音乐、美术等必修课时，增加文化课的必修课时。(4) 贯彻理论联系实际的原则。《方案》取消了原教学计划中独立设置的6科教学法课程，新设置了“幼儿园教育活动的设计与指导”。这是一门应用理论和教育方法的综合课程，旨在克服原教学法内容重复、相互割裂、脱离当前幼儿园教育改革实际的弊端，让学生在掌握一定的幼儿教育理论知识的基础上，学会具体设计和组织幼儿园的各项教育活动。为加强保育教育，《方案》将原教学计划中的“幼儿卫生学”改为“幼儿卫生保育教程”。(5) 加强教育实践环节，强化技能训练和能力培养。《方案》规定：“教育实践是中等幼儿师范学校思想教育、文化知识、教育理论的综合实践课，是幼儿教师职前教育的必要环节”。并将教育实践的内涵从传统的教育见习、实习扩大到参观幼儿园、实际观察幼儿身心发展状况、教育见习、教育实习、教育调查以及为幼儿园服务等实践活动。教育实践时间从8周增加到10周，强调教育实践的安排要贯穿于三年教学活动的始终。另外，《方案》具体规定了学生必须具备的从事幼儿教育技能和基本能力，并将“教师口语”列为幼师学生的必修课。

为了指导各地实施《教学方案》，国家教委师范教育司于1995年7月中旬在北京召开了实施《三年制中等幼儿师范学校教学方案》研讨会。会议提出，贯彻新方案应当一手抓方案的配套工作，另一手抓贯彻新方案的指导工作。由国家教委师范教育司组织编写必修课大纲、教材和在部分幼儿师范学校开展教改试验。会议确定北京幼儿师范学校、天津幼儿师范学校、哈尔滨幼儿师范学校、南京师大附属幼儿师范学校、济南幼儿师范学校、福州幼儿师范学校、湖北幼儿师范学校、长沙师范学校、西安幼儿师范学校和成都幼儿师范学校10所学校为教改试验学校。教改试验学校的主要任务是根据方案精神，进行整体教学改革试验，提供成功的教改经验；试用与《方案》配套的大纲和教材并提出修改意见。其余幼儿师范学校在目前过渡阶段可根据方案的精神，适当调整必修课的教学内容，减少艺术课课时；同时对4类课程的有机结合进行积极探索。《方案》所列《三年制中等幼儿师范学校必修课程、课序、时间安排参考表》如下：

三年制中等幼儿师范学校

必修课程、课序、时间安排参考表

科目	各学年课时			各科课时参数
	一	二	三	
思想政治	2	2	2	212
语文	4	5	5	503
数学	4	4		298
化学	3			111
物理	3			111
生物	3			111
地理		2	1	106
历史		2	1	106
电教基础			1	32
教师口语			2	64
幼儿卫生保育教程	2			74
幼儿心理学	1	1		74
幼儿教育概论		2		74
幼儿园教育活动的设计与指导			6	192
音乐	3	3	2	286
美术	2	2	2	212
舞蹈	1	1	1	106
体育	2	2	2	212
劳动技术		2		74
总计	30	28	25	2958

撰稿　唐京伟

审稿　马　立

〔**师范院校实施园丁科技教育行动**〕 为落实“科教兴国”战略，加强和改善中等师范学校的科技教育，1995年9月国家教委和中国科协联合发出《关于在中等师范学校实施“园丁科技教育行动”的通知》中共中央十四届五中全会后，为贯彻全会精神，促进科技、教育与经济的紧密结合，1995年11月6日国家教委师范司与中国科协青少年部联合下发了《关于全国师范院校实施“园丁科技教育行动”的几点意见》，决定将“园丁科技教育行动”的实施范围扩大到全国各级各类师范院校。

“园丁科技教育行动”是师范教育面向现代化、面向世界、面向未来的一项重要内容，旨在通过这一行动，提高师范院校对加强科技教育重要性的认识，推进师范院校的现代化建设，加强现代科技在教育科研中的应用及推广，增大教育教学中的科技含量，培养跨世纪的合格师资，提高未来教师的科学文化素质，建立一支优秀的科技辅导员队伍，教育亿万少年儿童和青年爱科学、学科学、讲科学、用科学，抵制愚昧迷信，提高全民族的科技文化素质，促进科技、教育、经济的结合。

1995年10月16日，国家教委师范教育司和中国科协青少年部联合在北京召开“全国师范院校实施‘园丁科技教育行动’大会”，向全国各级各类师范院校发出了实施“园丁科技教育行动”的动员令，并部署贯彻落实计划。

“园丁科技教育行动”得到了科技界的大力支持。吴阶平、朱光亚等38位中科院院士、工程院院士和著名科学家受聘担任全国师范院校的科技教育顾问。著名科学家戴汝为、白春礼、何祚庥等给师范院校师生作科普报告。

国家教委师范司在中国科协青少年部配合下，积极推进“园丁科技教育行动”，先后组织了“中等师范学校地理骨干教师科技夏令营”，委托上海科技教育出版社编写《现代科学技术博览》丛书，中国科协主席朱光亚、国家教委副主任柳斌任主编，王淦昌、谈家桢、庄逢甘、曾呈奎、严东生、张效祥、朱亚杰、钱易等著名科学家任各分册主编，该丛书介绍了现代科技的最新进展，包括“863计划”中提到的各种高新技术，计划于1996年出版发行。

各地教育行政部门和师范院校积极采取行动，主动与当地科协取得联系，共同协商实施办法。北京、上海、天津、山西、河南、四川、广西等省（区、市）的教委与科协已制定出具体实施方案。首都师大、上海师大等高师院校及许多中等师范学校均制定了本校的具体实施意见和办法。

国家教委师范教育司与中国科协青少年部联合成立了实施“园丁科技教育行动”联合办公室，负责指导师范院校“园丁科技教育行动”的实施；协调“园丁科技教育行动”的全国性活动；组织经验交流，提供信息服务，沟通师范院校与科技顾问之间、各地教育行政部门与科协之间的联系。

撰稿 唐京伟

审稿 马 立

〔**培养大学专科程度小学教师课程方案**〕 自1983年在部分省、市开展培养专科程度小学教师的试验以来，经国家教委批准，到1995年，已有23个省、自治区、直辖市进行培养试验。为加强对各地培养工作的宏观指导，保证培养质量，国家教委师范司在总结

10年来各地培养经验基础上制定了《大学专科程度小学教师培养课程方案（试行）》，并于1995年2月21日下发试行。《方案》主要适用于招收初中毕业生，修业五年，培养大学专科程度小学教师的试点学校。“方案”有以下几个特点：一是明确培养目标和规格。《方案》规定：“五年制试点学校培养德、智、体等诸方面全面发展、能适应小学教育发展和改革需要的具有大学专科程度的小学教师”。并在德、智、体、劳、心理素质等方面确定了培养规格。二是根据培养目标和规格的要求，科学构建课程结构。(1) 强调师范教育的方向性原则。《方案》规定五年均开设思想政治课，学习马列主义理论，学习建设有中国特色社会主义的基础理论、爱国主义与集体主义、民主与法制、理想与道德等方面的教育。(2) 强调课程设置的时代性原则，着眼于培养面向21世纪的小学教师。《方案》在公共必修课中开设了计算机基础，现代教育技术等课程，加大了数、理、化、生等理科课程的比重，将外语课列为公共必修课。(3) 根据培养要求，课程设置实行全面发展的综合性教育与一门学科基本达到大学专科程度的专业定向教育相结合，五年统筹，设置了公共必修学科和语文、数学、英语、自然、社会、体育、音乐、美术等7类主修学科的两大类课程体系。公共必修课程着重于基础课程，使学生达到普通高中的文化知识水平。主修学科的主干课程基本达到普通师专相关学科的知识水平。同时，结合小学教育的特点开设了若干课程。《方案》将公共必修学科中的政治、语文、数学、外语、体育、音乐、美术等学科规定为五年一贯开设。(4) 根据各地经济文化发展不平衡的实际情况，实行统一性与灵活性相结合的原则。《方案》对试点学校课程设置等作了基本规定，各省、自治区、直辖市教育行政部门依据方案的基本精神和要求，从本地区经济、文化和教育发展的实际出发，制定本地区试点学校的课程计划。(5) 根据培养特点和规律，实行以课堂教学为主，必修课与选修课结合、课堂教学与课外活动相结合、学校教育与社会实践相结合，使试点学校的课程设置成为由必修课、选修课、教育实践和课外活动有机结合的整体。(6) 注意突出师范性原则。加强教育学、心理学、教材教法等课程、教师职业技能训练和教育实践环节。(7) 根据学生的身心发展规律和认识水平，因材施教，循序渐进，力求科学安排课程、教学内容、教育教学活动以及学生自由支配的时间，使学生得到生动、活泼、主动、全面的发展。《方案》所列公共必修课程、基本课时和课序参考表如下：

五年制试点学校公共必修课程、基本课时和课序参考表

类别	科目	各学年课时					合计
		一	二	三	四	五	
公共必修学科	思想政治	2	2	2	2	2	330
	语文	4	4	4	2	2	540
	小学语文教法			2			70
	数学	3	3	2	2	2	430
	小学数学教法			2			70
	外语	2	2	2	2	2	330
	物理学	2	2	2			210
	化学	2	2				140
	生物（含少年儿童生理卫生）	2	2				140
	历史	2	2				140
	地理	2	2				140
	心理学	2	2				140
	教育学			2	2	2	170
	计算机基础			2			70
	教师口语			3			110
	劳动技术			2	2		140
	现代教育技术			1	1		70
	体育	2	2	1	1	1	230
	音乐	2	2	1	1	1	230
	美术	2	2	1	1	1	230
主修学科	分设语文、数学、外语、音乐、美术、体育、自然、社会等门类				10	12	616
总计		29	29	29	26	25	4546

撰稿　唐京伟

审稿　马　立

〔**调整师范院校教学时间**〕　根据中华人民共和国国务院《关于修改〈国务院关于职工工作时间的决定〉的决定》和人事部关于印发《国家机关、事业单位贯彻〈国务院关于职工工作时间的决定〉的实施办法》的通知要求，国家教委师范教育司于1995年7月4日下发了《关于对实行五天工作制后各级各类师范院校教学时间进行调整的意见》，决定自1995年秋季开学始，全国各级各类师范院校实行五天工作制，并对教学时间提出调整意见。

"意见"中规定：高等师范院校本科周学时一般不超过22学时、专科一般不超过24学时；三年制中等师范学校一、二年级每周一般不超过28学时，三年级一般不超过27学时。并适当调减三年制中等师范学校语文、物理、化学、生物、历史、地理、心理学教程、小学教育学教程、音乐、美术、劳动技术等必修学科的课时和部分必修学科课时的课序。同时，还确定将电教基础、教师口语、计算机应用基础列为中等师范学校必修科目。

《意见》规定：中等特殊教育师范学校教学计划由各省、自治区、直辖市教育行政部门参照普通中等师范学校课时调整意见进行适当调整，原则上不减少中等特殊教育师范学校专业课课时。

《意见》强调指出：各级各类师范院校，原则上于1995年秋季开学起按照调整意见组织教学。各地在执行中等师范学校教学方案调整意见时，要根据中等师范学校各科教学大纲的调整说明对有关教材进行相应调整。在“双休日”中，各级各类师范院校应根据各自的条件和特点为学生适当安排有益于学生身心健康、丰富多彩的课余活动，引导学生利用好假日，促进学生在德、智、体等方面全面发展。同时，各地在实施《意见》过程中要指导干部和教师转变教学思想，更新课程观念，改进教学方法，提高教学效益和质量。

《意见》所附调整后的三年制中等师范学校必修课课时参考表如下：

科目	各学年课时			各科课时参数
	一	二	三	
思想政治	2	2	2	210课时左右
语文	5	5	3	455课时左右
小学语文教材教法			2	70课时左右
数学	5	3	2	350课时左右
小学数学教材教法			3	105课时左右
物理	2	2		140课时左右
化学	2	2/1		115课时左右
生物	2	1/2		115课时左右
历史		2	1	105课时左右
地理		1	2	105课时左右
心理学教程	2	1/0		85课时左右
小学教育学教程		2	2/1	115课时左右
教师口语			2	70课时左右
电教基础			1	35课时左右
体育	2	2	2	210课时左右
音乐	2	2	1	175课时左右
美术	2	2	1	175课时左右
劳动技术	1	1	1	105课时左右
计算机应用基础			2	70课时左右
总计	27	28/27	27/26	2810课时左右

撰稿　唐京伟

审稿　马　立

〔**研制普通高校本科职业技术师范教育类目录**〕 根据加强和发展职业技术师范教育、培养培训职业技术教育专业课师资、大力发展职业教育服务的需要，并为高等职业技术师范教育提供基本办学标准和教育教学改革的依据，国家教委从1990年6月开始组织《普通高等学校本科专业目录（职业技术师范教育类）》的研制工作，于1995年11月6日颁发试行。

该专业目录按农林、工科和第三产业三部分，委托河北农业技术师范学院、吉林职业师范学院和南昌职业技术师范学院分别牵头负责组织起草初稿。经过广泛征求意见，分别召开了三次研讨会，进行了多次修订。组织召开了审定会，形成了《高等职业技术师范教育本科基本专业目录(征求意见稿)》。从1993年初开始，在职业技术高师中选定了农艺教育、机械制造工艺教育和服装设计与工艺教育三个专业进行教育教学的系统建设和改革试点，1995年初又委托安徽农业技术师范学院等院校，按新颁发的普通高等学校本科专业目录的基本要求和样式，并吸收有关专业教学的成果和经验，对《高等职业技术师范教育本科基本专业目录（征求意见稿)》进行了重新修订，于1995年8月召开了定稿会，并正式定名为《普通高等学校本科专业目录〈职业技术师范类〉(试行)》。国家教委于1995年11月6日正式颁发。

该专业目录包括了职业技术师范教育36个基本专业，是普通高等学校本科专业目录的重要组成部分。专业目录包括“专业目录”和“专业简介”两部分。在研制中注意体现将社会需求大而且比较稳定的职业技术师范教育专业纳入专业目录；专业口径要宽，增强人才培养的适应性，加强教学内容和方法的现代化建设；在普通师范教育的基础上，突出职业师范教育的特色，注重学生动手能力和教师职业基本技能的训练，并在一些专业的业务要求中，列出了技术等级要求，对实践性教学环节规定了时间要求。

撰稿 乔玉全
审稿 陈秀凤

民族教育

概　况

〔综述〕　1995年，民族教育的指导思想是：坚持“稳定、改革、发展”的方针，把学习、贯彻全教会和《纲要》精神与贯彻全国第四次民族教育工作会议紧密结合起来；研究社会主义市场经济条件下民族教育的新特点、新问题，以扶持和促进民族贫困地区教育发展为重点，推动民族教育改革，使民族教育更好地为经济建设和社会发展服务。工作思路是：一要坚持打好基础，使民族教育事业在数量和质量上有一个新的发展和提高；二要进一步明确办学的路子，使教育更好地为当地的社会主义建设事业服务；三要努力缩小差距，尤其是要缩小有特殊困难的少数民族和民族地区与内地教育发展平均水平上的差距。

1995年全国55个少数民族人口为10846万人，占全国总人口的8.98%。到年底，各级各类少数民族教育发展迅猛。

少数民族在校学生较大幅度增加。1995年各级各类在校生1713.16万人，比1994年增长5.6%。其中高等学校为18.76万人，普通中学为436.65万人，职业中学为23.78万人，小学为1195.97万人；分别比1994年增长5.5%、34.7%、25.3%、4.1%。

少数民族教师队伍不断壮大。1995年少数民族专任教师81.12万人，比1994年增长7.5%。其中高校为2.2万人，普通中学为22.25万人，职业中学1.5万人，小学为50.08万人；分别比1994年增长4.8%、7.2%、7.1%、4.6%。

民族学校设置趋于合理。到1995年，全国民族自治地方有高等学校101所，中学11563所，小学103139所；独立设置的民族小学2500多所，民族中学2900多所（其中，寄宿制民族中小学6000多所），民族职业中学300多所，民族中等师范学校100多所，民族师范专科学校40多所，民族学院12所，民族幼儿园2000多所。国务院各部委所属院校及地方所属高校开办本专科民族班200多个，民族预科班100多个；26个省、市、自治区的140多所各类学校举办了内地西藏班（校）。

中小学少数民族文字教材建设有新进展。1995年，全国有13个省、自治区21个民族的中小学生使用29种文字进行教学；有10个省、区建立了相应的民族文字教材编译、出版机构，每年编译、出版中小学各种教材近3000种。

双语、三语教育试点工作进展顺利。1995年，进行双语教学的各类学校共有10000多所，共有 11 个少数民族使用本民族文字进行教学；各少数民族地区相继开展了双语、三语教学试点，内蒙古锡盟蒙汉英三语教学、广西汉壮双语同步教学、吉林延边从一年级起加授汉语教学试点等。到年底，全国共有双语教学在校学生 600 多万名。

民族地区适龄儿童入学率不断提高。1995 年，内蒙古学龄儿童入学率为 98.87%，广西、甘肃、青海、宁夏、新疆、贵州等省区接近全国平均水平，西藏适龄儿童入学率比 1994 年增长 2 个百分点。全国 600 个民族县中，有近 1/3 的县普及六年义务教育；建立了由民族寄宿制小学、初中、高中一条龙的办学体制，义务教育取得阶段性成果，基础教育质量有了较大提高。

1995 年各级各类学校少数民族学生数、教职工数

单位：人

	在校学生数	教职工数	专任教师数	科研单位学生数
博士生	637			87
硕士生	4290			211
研究生班	9			2
普通高校	187572	48885	22028	
成人高校	52189	8698	4281	
中等技术学校	184320	22456	11580	
中等师范学校	88384	9659	5831	
普通中学	3466478	290958	222510	
职业中学	237786	21529	15003	
工读学校	2811	187	151	
小　学	11959836	586498	500808	
特殊教育学校	49199	2813	2077	
其中：盲聋哑学校	1750	470	355	
幼儿园	1001549	39788	29793	

1995 年独立设置的少数民族学校基本情况

单位：人

	学校数（所）	在校学生数	教职工数	专任教师数
民族学院	12	32625	10752	4629
普通中学	2965	1158202	119166	89678
职业中学	174	46609	6118	3942
工读学校	2	320	44	26
小　学	22758	3590059	208813	175139
特殊教育学校	4	250	91	65
其中：盲聋哑学校	3	202	79	60
幼儿园	1176	124635	8931	6628

撰稿　林仕梁　卢胜华　李　彬

审稿　韦鹏飞

〔**民族教育调查工作**〕 为了增进教育宏观决策的科学性，指导少数民族和少数民族地区教育事业的改革和发展，进一步推动和促进少数民族地区实现“两基”、“两全”的目标，国家教委决定从1995年7月开始，在全国范围内开展一次对少数民族教育的调查，并发出《关于在全国开展少数民族教育调查的通知》。

这项调查主要形式为填写报表，并适当组织实地调研活动。

整个调查分三个阶段进行：第一阶段：主要是对全国少数民族自治地方的581个民族县（旗、自治县、自治旗）和62个县级市的1995年社会发展综合情况、普通中小学及其他学校的基本情况进行调研；第二阶段：主要是对全国少数民族自治地方县级以上地方的各级各类少数民族教育情况进行调研；第三阶段：主要是对少数民族教育的特殊性问题以及民族文字教材编译、出版和使用情况进行调研。

调查主要遵循以下几个原则：（1）全面性。所采集数据要反映中国少数民族教育的投入和发展的规模、速度；要反映民族教育的产出和发展的效益、质量；要反映全国教育的综合情况，要反映出地区间、民族间发展的不平衡状况；（2）可行性。所采集数据能对在同一时期内的发展情况进行地区间、民族间比较；能将地区、民族的指标与整个国家的综合、平均指标进行比较；（3）科学性。所采集数据坚持以第一手的原始数据为主，并且数据的采集手段和方法坚持客观性和可操作性，所选指标定义明确，不产生歧义，易于统计。

为了做好这次调查，1995年10月，在国家高级教育行政学院举办了全国民族教育统计工作研讨班。

各级少数民族教育部门对这项工作给予了高度的重视，积极组织、认真填报。到年底，第一阶段的数据采集工作已基本完成。

撰稿　林仕梁　卢胜华
李　彬
审稿　韦鹏飞

〔**民族教育宣传**〕 为将民族教育的重要性、特殊性以及建国以来所取得的成就和现状广泛地进行宣传，让各级领导、广大干部和群众有所了解，以争取全社会对民族教育的关心和支持，1995年10月，在国家教委高级教育行政管理学院举办了全国民族教育宣传工作研讨会，总结了民族教育宣传工作取得的成绩。

会议对今后如何抓好宣传工作提出了几点建议：（1）每年召开一次民族教育宣传工作会议（已经连续开了五年）。通过宣传，给精神、给思想、给经验、给信息，给一条改革和发展民族教育的思路，并及时总结经验，表彰先进；（2）坚持每年编辑出版好《中国民族教育》杂志，加强对民族地区教育的宏观指导，改变过去对民族教育的支持只见物不见思想的做法；到年底，该杂志已编辑出版6期。（3）各级少数民族教育行政部门要设立专人负责民族教育宣传工作，编发简报、情况反映、宣传材料等，及时宣传民族教育取得的成绩，反映发展中存在的问题；（4）广泛联系有关新闻单位宣传民族教育。到1995年止，《人民日报》、《光明日报》、中央电视台、中国教育电视台、中国国际广播电台、《瞭望》杂志、《求是》杂志、《民族团结》杂志以及云南、广西、新疆等省区新闻单位均大量播发了宣传民族教育的稿件，产生了很好的社会效应。民族教育工作越来越引起了各级领导的重视，得到了有关部门、国内外许多友好团体和人士的援助，同时，民族地区改革和发展民族教育的信心也越来越得到增强。

撰稿 林仕梁 卢胜华
李 彬
审稿 韦鹏飞

〔**民族教育国际研讨会**〕 1995年11月15日至18日，中国少数民族教育研究会、中国教育国际交流协会和云南教育国际交流协会联合在昆明市举办了少数民族教育国际学术研讨会。美国、日本、德国、法国、菲律宾、印度、印度尼西亚、泰国、缅甸等10余个国家及国内17个省、市、自治区的百余名专家、学者和民族教育工作者出席了会议。会议共收到学术论文50余篇，经过评选，其中20余篇在大会上宣读或书面交流。

会议围绕“民族教育与民族发展进步”主题进行研讨。国家教委介绍了中国政府为帮助少数民族人民发展文化教育事业制定的一系列特殊政策、措施和建国40多年来我国少数民族教育事业发展的成就。与会的国内外专家、学者就少数民族教育在全民教育中的地位和作用、少数民族教育在民族发展进步中的作用、少数民族教育与经济发展和社会进步的关系、发展少数民族教育的政策与措施、少数民族语言文字教材建设和双语教学以及少数民族教育跨学科的研究等一系列问题进行广泛交流和深入讨论。会议达到了预期的目的。

撰稿 赵 卫
审稿 韦鹏飞

教育改革

〔**内地西藏初中班扩大招生**〕 根据《中共中央、国务院关于加快西藏发展，维护社会稳定的意见》中关于“继续办好内地西藏中学和西藏班，长期坚持，不断完善，适当扩大规模，并可适当招收部分进藏干部职工子女入学”的精神，1995年，国家教委在广东和福建两省创办内地西藏初中班，并扩大了招生规模。当年9月，广东省佛山市、惠州市、中山市和福建省三明市4所学校招收165名初中西藏学生。同时，在天津市、辽宁省、广东省首次招收124名进藏干部职工的子女，进入内地西藏初中班学习。同时计划在今后三年内，国家将继续在有关省市扩大内地西藏初中班招生规模，由现在每年招收1300人，逐步扩大到2000人规模。

撰稿 次仁·多布杰
审稿 韦鹏飞

〔**内地西藏班招生分流**〕 1995年，内地西藏初中班（校）根据国家教委下达的招生计划，从西藏自治区内招收小学毕业生1424名进入内地18个省市21所学校学习。

当年7月，在河南省郑州市召开了全国内地西藏班招生会议。1995年，内地西藏班有1283名初中毕业生，在参加各省市中专统考后，有1187名学生被42所内地各类中等专业学校的22个专业和普通高中录取，升学率占毕业生总数的95.88%。

1995年，内地西藏班有248名高中毕业生，在参加全国高校招生统一考试后，有247名被内地高等学校和自治区内3所高校录取。在内地有关中学培养下，这批学生的文化知识水平有明显的进步，达到北京地区最低录取控制线的人数比往年明显增多。

撰稿 张 强
审稿 韦鹏飞

〔**内地西藏班管理**〕 为进一步加强内地西藏班的管理工作，1995年7月，国家教委民族司在郑州召开内地西藏班管理工作会议。会上对1995年度优秀中专、中师、高中毕业生进行了表彰，会上，郑州四中等几所学校作了典型经验发言。

会后，国家教委民族教育司印发了《内地西藏中学班（校）学生须知》。8月，下发了《关于印发〈内地西藏班（校）办学水平综合评估评分细则〉（试行）的通知》，计划对内地西藏班（校）办学情况进行评估，以提高办学质量。同月，在湖南省岳阳市召开了预科年级汉语文教学大纲研讨会，提出了“内地西藏班预科年级落实《全日制小学语文教学大纲》的补充意见”。

撰稿 徐临燕
审稿 韦鹏飞

〔**管理干部培训**〕 1995年10月9日至20日，国家教委民族教育司在国家高级教育行政学院举办了第一期内地西藏班教育行政管理干部培训班。内地西藏初中班、中专班（校）的教育行政管理人员共31人参加了培训。国家教委、国家民委、中央统战部、中央民族大学等部门的专家、领导就有关民族政策、民族教育、西藏经济和社会进步发展状况、西藏教育状况以及民族学生心理特点及管理方法等做了专题讲座。7所内地西藏班（校）的同志在培训班上介绍了办学和管理的经验。培训期间，学员参观了北京西藏中学、天津红光中学以及部分中等专业学校，为今后做好内地西藏班工作提供了经验和方法。

撰稿 张 强
审稿 韦鹏飞

〔**民族地区农村教育综合改革**〕 为贯彻《纲要》和全国教育工作会议精神，进一步推动民族地区、贫困山区教育为经济发展和社会进步服务，加快农民脱贫致富步伐。由国家教委民族司和城市与农村教育综合改革办公室牵头，于1995年10月在湖南省凤凰县召开了全国少数民族地区、贫困山区农村教育综合改革经验交流会。

全国21个省、区及新疆生产建设兵团、部分高等学校和新闻单位的代表共180多人参加了会议。部分省、区的教委主任、专员、市（县）长带队参加了会议。国家教委副主任王明达到会并作了讲话。

会议期间，湖南凤凰县人民政府、山东平邑县人民政府、广西柳州地区教育局、吉林辉南县永康中学、河北迁安县职教中心、山西方山县圪叉嘴村小学和贵州关岭县乌拉小学等18个单位在大会上交流了教改经验。与会代表参观考察了凤凰县职业中专、腊尔山民族中学（一校三教多功能实验学校）以及四年制乡初中和寄宿制小学。

会议认为民族地区、贫困山区走好农村教育综合改革之路，还要着重解决几个问题：一是要进一步转变观念，把农村教育从单纯追求升学率的办学模式转到以为当地经济发展和社会进步为主，兼顾升学的轨道上来，坚持为民致富，为国育才；二是要进一步调整教育结构，既要保质保量的搞好普六、普九教育，又要办好职业技术教育和成人教育，做到三教统筹，农科教结合，积极主动地为提高农村劳动者的素质、培养农村经济发展需要的各类人才服务；三是从实际出发，朝着综合改革的思路和方向，大胆实验，发挥自己的创造性，具体的形式和办法可以多种多样。

撰稿　杨祖湘
审稿　韦鹏飞

〔**委属高校民族预科教育改革**〕　为了适应民族地区各项事业发展对人才的需求，为民族地区培养专门人才，1995年，国家教委加快了委属高校民族预科教育教材、招生改革。

使用统编教材。1995年4月4日，国家教委下发的《关于1995年继续在部分高等学校举办少数民族班的通知》，规定“使用国家教委颁布的教学大纲和统编教材组织教学，严格考核”。文件下发后，从秋季起，国家教委直属高校举办的民族预科班都陆续使用统编教材进行教学。

改革预科招生。(1)扩大招生地区。1995年，国家教委直属高校在全国5个自治区、14个省招收民族预科生，比1980年增加13个省、自治区。(2)增加理工类学校招生。1995年，增加了大连理工大学、清华大学在内蒙古自治区招收5名民族预科生。还增加了青岛海洋大学在广西、海南招收10名民族预科生。(3)改变招生对象。鉴于过去招收城市居民的高考生进民族预科学习、培养，再进入大学本、专科学习毕业后，大部分不能到边远、高寒、艰苦、贫困的民族地区工作。根据这一情况，从1995年起，对预科生的招生对象进行了改变。即：招收边远、高寒、艰苦、贫困民族地区农、牧民出身的考生和民族中学毕业的考生进民族预科学习和培养。使民族预科生升入大学本、专科学习毕业后，分配到边远、高寒、艰苦、贫困民族地区工作。

撰稿　杨明刚
审稿　韦鹏飞

教 学 工 作

〔**中小学《民族常识》教育试点**〕　国家教委、国家民委于1994年2月17日关于中小学开展《民族常识》教育试点的通知，要求将天津作为第一批试点地区，从1994年秋季开始在该市部分区、县普通中小学开设《民族常识》课程，试点教材采用国家教委、国家民委和中央统战部联合组织编写和审定的《民族常识》课本。到1995年，试点学校共1168所，教学班3331个，学生总数121601人。

天津市教育局、市民委精心安排和组织实施了这项工作。

加强领导。天津市成立了由市民委副主任为顾问、市教育局副局长任组长，各处室和各区、县教育部门负责人为成员的《民族常识》教育试点工作领导小组。

选好试点。根据该市少数民族较多，涉及小学、初中、高中各教育阶段，选择了有一定民族教育工作基础的红桥、河北、北辰、东丽、蓟县、武清、油田等7个地区的小学四年级、初中一年级和高中（含职高、师范）一年级的全体班级进行教学试点，做到范围广、类别层次多，便于发现问题，总结经验。

进行四级培训。第一级由主管局长组织培训有关处长和主任；第二级由市教育局、市民委联合组织培训各区县教育局主管局长、教育科长、教研室主任；第三级由区县组织培训各试点学校校长、教务主任、年级组长、教研人员；第四级由试点学校组织培训任课教师和有关工作人员。通过层层培训，提高了各级领导和教师的民族理论、民族政策和民族教育的认识水平，增强了开展试点教学工作的自觉性。

优选教师、组织教研。为了保证教学质量，市教育局要求各区、县、校要认真从思想品德课、政治课教师中选派优秀教师担任教学工作，并给予计算课时和工作量，享受有关补贴。根据小学、初中、高中三个层次同时开课和使用同一本教材的需要，组织编写了各年级的《民族常识课教学指导纲要》，针对各年级的特点和实际提出了不同的教学要点、具体要求、注意事项、课时分配等，以便教师教学时有所遵循。同时还组织部分区县开展教改实验，重视直观教学，增强教学效果。

开展丰富生动的教学活动。在保证正常教学的基础上，分别组织了区、县级的“民族知识竞赛”、“民族知识演讲比赛”、“民族歌舞比赛”等活动，同时运用录像、幻灯、图片、实地参观等形式辅助教学，使学生从多方面、多角度学习民族常识，加深了他们的理解，增强了民族团结的意识，使他们在幼小的心灵中受到了良好的教育和启迪。

1995年9月，在天津市召开了民族常识教学试点工作座谈会，国家教委、国家民委对天津的试点工作给予了充分的肯定。

撰稿 林仕梁 卢胜华
李 彬
审稿 韦鹏飞

〔**中小学民族文字教材审查**〕 为了保证义务教育民族教材质量，1995年，加强了民族文种教材的审查工作。

藏文教材。审查了义务教育藏文3个学科8种教材的名词术语2039条，143万字；全国自然科学名词术语委员会公布的《化学词汇》，高师化学教材中出现的有关交叉学科的名词术语，部分化学前沿学科中的名词术语和初、高中化学教材中的其它名词术语，共计2万余条。对藏文化学单科名词术语的审查，是全国藏文教材史上前所未有的，是深化藏文高校教材建设的第一步。

蒙文教材。共审查了义务教育语文、数学、政治、历史、地理、物理、化学、生物等8个学科的教材、教学参考书、教学辅导读物46种，达500万字。审查工作严格按照图书质量标准及全国蒙古文教材审定标准进行规范化审查，提高了教材质量。

朝鲜文教材。共审查了初中、小学语文和汉语文教材、教学参考书。

彝文教材。审查了义务教育语文教材、教学参考书和大纲，小学数学教材、教学参考书，小学思想品德、自然教材，初中语文教材、大纲，初中几何、代数、思想政治、地理、历史、生物、物理教材，共计12种教材、2种教学参考书、2种大纲及2000余条词汇约250万字。

撰稿 达来·沙玛加甲
审稿 韦鹏飞

〔**修订民族预科基础课程教材**〕 从1992年开始，国家教委民族教育司组织大连理工大学、中央民族大学、陕西师范大学、河海大学、新疆大学等一批高等学校的专家教授及长期从事预科教育的教师编写了普通高等学校民族预科《基础汉语》、《阅读与写作》、《数学》和《英语》系列教材及《英语》教学参考资料等。

为适应民族高等教育改革的需要，提高教学质量，在两年多教学实践的基础上，民族教育司与国家民委教育司于1994年11月、1995年10月、11月先后三次在武汉市、大连市和重庆市召开了全国高等学校少数民族预科基础课程教材修订研讨会和审稿会。会议肯定了从1992年开始编写的这套教材有如下优点：(1) 符合国家对高校民族预科(班)的培养目标及学生学好基础知识，加强基本技能训练的要求；(2) 针对性强，符合教学实际；(3) 教材体系较完整，体现了科学性，注意并较好地解决了各阶段知识的衔接；(4) 教材思想性强，体现了时代精神；(5) 有民族特色，有利于激发学生学习兴趣和民族自豪感。同时，也指出了教材内容上偏浅，不能很好适应不同地区不同文化程度学生的学习要求、印刷错漏较多等问题。

根据审稿会议讨论意见，民族教育司对民族预科教学要求和教材提出了修订的原则和意见：(1) 要按照国家教委1993年《关于印发普通高等学校少数民族预科基础汉语、阅读与写作、数学、外国语（英语）教学大纲的通知》的要求，作为修订教材的指导思想。(2) 在教材内容和教学要求上要加强针对性，有的教材要适当加深，有的要拓宽知识面，做到深浅适度。(3) 注意教材的思想性、科学性和民族特色问题。(4) 在教材结构上，要根据教学实际和大纲的要求，教材要适当调整知识结构。(5) 注意课程关系和教学时间的分配，突出汉语文、数学和英语3门工具课程的教学，对于讲座课，有条件的可继续试点，条件暂不具备的学校仍可因校、因地制宜地开设原已开设的相关课程，但应逐步创造条件，开设有关讲座课。

经过修订，普通高等学校民族预科教材浓缩了初、高中教材的知识精华，突出了少数民族学生学习的难点、重点，对进一步提高我国普通高等学校、中专及成人高校预科教育质量将发挥重要作用。修订版本教材将于1996年6月出版发行。

撰稿　易先培
审稿　韦鹏飞

对口协作

〔**综述**〕　自1993年由国家教委组织开展沿海经济文化发达省、市对少数民族贫困县的教育对口支援协作以来，各对口市(区)、县(旗)签订的协议项目大部分都已实施并如期完成。据不完全统计，截止1995年底，仅省际间援助资金和仪器设备价值总计达2000余万元。其中广东援助新疆达700万元，上海援助云南近600万元。民族贫困地区出现了一批由对口市(区)、县援建的学校：福建省援助贵州省建起紫云开元实验学校、黄平湖里学校、明望小学；北京市援建内蒙奈曼旗希望小学，上海市援建云南屏边县徐屏友谊中学等。在援助的义器设备中，有常规的教学仪器、音体美器材、图书资料及较为先进的语音、微机和电教方面的设备。深圳市为新疆喀什二中装备了一个微机室，配备486型微机2台，386型23台；为喀什第十小学装备一个语音室；天津市6个区(县)为甘肃6个贫困县的6所中学各装备一个语音室；上海市向云南19个贫困县赠送了一批优秀教师课堂教学录像带。内地发达省市通过各种形式为对口贫困民族省区培养和培训各种人才。上海市通过各种形式帮助云南贫困县培训干部、骨干教师三年累计达1800人次；深圳市帮助新疆喀什地区培养汉语教师，向喀什师范学校提供经费并选派教师去讲学，已招收学生75人；北京市崇文、朝阳区和昌平县为各自对口的内蒙古民族贫困旗培训了一批农林、美容美发、烹饪、服装裁剪、微机等专业的职业中学师资和汽车修理、企业会计等专门人才；山东省招远第二职业中专免费为青海省玉树县培训45名工业与民用建筑专业的学生；福建师范大学、漳州市师范专科学校免费为贵州省7所民族中等师范学校培养体音美、微机、数学、物理和汉语等专业的师资，两年共招18名学生。

由于内地对民族地区对口的资助，民族地区一大批贫困失学儿童得以重返校园。民族贫困地区的一批中小学、职业中学和中等师范学校与对口市（区）县相应类别和级别的学校结成了“手拉手”或“姊妹学校”，加强了教育教学改革、学校管理等方面的信息资料和经验交流，民族地区勤工俭学和校办产业也有所发展，使少数民族贫困地区办学条件得到一定改善，解决了民族地区中小学、民族师范学校短线学科教师和职业学校专业教师缺乏的部分困难，推动了民族贫困地区教育教学改革的深入开展，对少数民族地区教育事业的发展起到了积极的促进作用。

撰稿　赵　卫
审稿　韦鹏飞

〔**内地高校与新疆教育协作**〕　国家教委、国家民委和新疆维吾尔自治区人民政府于1995年7月4日在北京联合召开内地高等学校支援新疆第三次协作会议。参加会议的有承担任务的国务院有关部委教育司（局）、有关省、市教委、民委、有关高等学校的负责人及高等院校代表共150多人。国家民委主任司马义·艾买提、国家教委副主任王明达、新疆维吾尔自治区区党委副书记克尤木·巴吾东、自治区政府副主席吾甫尔·阿不都拉出席了会议并讲了话。

会议总结了六年来内地与新疆在高等教育方面开展支援协作的经验，肯定了国务院有关部委及其承担任务的所属高校在与新疆高校支援协作中所取得的成绩。从1990年到1995年，中央24个部委所属的54所高校共为新疆培养5000多名少数民族本专科生，培训少数民族厂长、经理400余人，还培养了硕士研究生，培训了骨干教师，促进了新疆的经济建设和社会发展。

会议认为，根据党和国家决定大规模开发建设大西北的形势，新疆对大批各民族高级专门人才的需求已显得越来越迫切。内地与新疆的高教支援协作，应是一项紧迫和长期的战略任务。经过会议讨论，确定自1996年至2000年，24个国务院部委所属高校继续招收新疆少数民族本、专科生；天津大学、大连理工大学继续培训新疆县、处级以上少数民族经济企业管理人才（具体规划表附后）。

会议要求承担任务的有关部委及其所属高校要高度重视这项具有重大现实作用和深远意义的工作，把它列入重要议事日程，加强领导，不断总结经验，及时改善办学条件。同时，要加强思想政治工作，对学生进行马克思主义民族理论和党的民族政策教育，增强其维护祖国统一，民族团结，反对分裂的自觉性。要进一步加强管理，努力培养各民族的合格人才。

国家教委直属高校为新疆培养少数民族本科生规划（1996～2000年）

	学校名称	生源	招生数 1996年	1997年	1998年	1999年	2000年	总计
1	大连理工大学 各专业	民考汉	30	30	30	30	30	150
2	上海交通大学 管理类专业	预转		30		30		60
3	华东师范大学 各专业	预转	10	10	10	10	10	50
4	南京大学 各专业	预转					20	20
5	北京外国语大学 各专业	预转	6	6	6	6	6	30
6	兰州大学 各专业	预转	20		20		20	60
7	陕西师范大学 各专业	预转	20	20	20	20	20	100
8	北京大学 各专业	民考汉	5	5	5	5	5	25
9	清华大学 各专业	民考汉	5	5	5	5	5	25
10	中国人民大学 各专业	民考汉	10	10	10	10	10	50
11	吉林大学 文史、经济类专业	民考汉	20	20	20	20	20	100
12	东北师范大学 各专业	预转	15	15	15	15	15	75
13	西安交通大学 各专业	民考汉	5	5	5	5	5	25
14	北京师范大学 各专业	民考汉	5	5	5	5	5	25
15	华中理工大学 各专业	民考汉	5	5	5	5	5	25
16	西南师范大学 各专业	民考汉	5	5	5	5	5	25
	总计		161	171	161	171	181	845

中央22个部委为新疆培养少数民族本专科生规划（1996～2000年）

年度 部委名称	1996	1997	1998	1999	2000	合计
农　业　部		60	32	64	64	220
42（其中民考汉32）	42（其中民考汉32）	42（其中民考汉32）	42（其中民考汉32）	42（其中民考汉32）	42（其中民考汉32）	210
中国纺织总会	40（民考汉）	50（民考汉）	40（民考汉）	50（民考汉）	20（民考汉）	200
中国轻工总会		25	25			50
财　政　部	60	60	60	60	60	300
对外贸易部	6（民考汉）	6（民考汉）	6（民考汉）	6（民考汉）	6（民考汉）	30
有色金属工业总公司		25			25	50
司　法　部	30	30	30	30	30	150
地　矿　部	25				25	50
邮　电　部		25		25		50
机械工业部			25		25	50
水　利　部	40	40	40	40	40	200
广播电影电视部	10	10	10	10	10	50
电力工业部	25				25	50
铁　道　部	20		20		10	50
林　业　部	30	30	30	30	30	150
交　通　部	30	30	30	30	30	150
国内贸易部	30	30	30	30	30	150
石油天然气总公司	30	30	30	30	30	150
冶　金　部	25				25	50
文　化　部	40	10	10	10	10	80
公　安　部	80	80	80	40	40	320
合　　计	563	583	540	497	577	2760

天津大学、大连理工大学为新疆培训少数民族经济和企业管理干部规划（1996—2000年）

培训学校 \ 年度	1996	1997	1998	1999	2000
天津大学	50	50	50	50	50
大连理工大学	50	50	50	50	50
合　　计	100	100	100	100	100

撰稿　张　辉
审稿　韦鹏飞

学校体育、卫生和国防教育

体育工作

〔**国防体育活动**〕　为培养跨世纪合格人才，国家教委学校国防教育办公室于1995年8月7日至11日在吉林省吉林市举办了首届全国大学生国防体育节。参加这届大学生国防体育节的有来自全国28个省、直辖市、自治区63所高等学校的大学生代表队，裁判员、教练员、运动员、观察员和工作人员共计880多人。

国防体育节的主要比赛项目是定向越野。比赛分女子短距离（4公里）定向越野，男子短距离（5公里）定向越野，女子标准距离（8公里）定向越野，男子标准距离（10公里）定向越野。每项比赛均设A、B两组，各取前8名，团体成绩以各队全体参赛队员的个人成绩相加评定。比赛场地设在基本符合国际比赛场地要求的左家和土们岭两处山地。

在定向越野比赛期间，各高校运动员发扬团结拼搏的精神，赛出了风格，赛出了友谊，赛出了水平。有的运动员脚扎伤，仍坚持跑完全程；有的运动员两只鞋都陷在沼泽地里，为不影响比赛成绩，光着脚跑到终点；有的运动员第一天胳膊摔伤，第二天挎上绷带，用一只手操作指北针和地图参赛并获得好成绩；有的运动员在途中发现其他运动员虚脱，宁可影响自己的成绩，在医生没有到来之前，先帮助进行救护等等。这些感人的事迹给运动员、裁判员、医护和工作人员留下了深刻的印象。

在国防体育节期间，还召开了中国大学生体育协会国防体育分会成立大会，通过了《中国大学生体育协会国防体育分会章程（草案）》，选举产生了国防体育分会的第一届全国委员会。清华大学党委副书记陈希当选为国防体育分会第一届全国委员会主席。

撰稿　田建东
审稿　宋尽贤

卫 生 工 作

〔**学生体质健康调研**〕 为掌握学生体质健康状况，科学开展学校体育卫生工作，按照国家对学生体质健康监测与调研制度的要求，1995年进行了建立该项制度以来的第二次学生体质健康调研工作。

此次调研是本世纪最后一次全国性、多民族的较大规模学生体质调研，从1994年下半年开始筹备，历时一年半。覆盖全国30个省（自治区、直辖市）、21个民族的1800余所学校，调查人数达31万，调查内容包括形态、机能、素质及健康检查等4方面20项指标。本次调查获得了中国学生体质健康现状的基础资料，获得了1985年至1995年间学生体质健康状况的动态资料，对制定“九五”期间的学校体育卫生工作的发展规划将发挥重要作用。

调研结果表明：“八五”期间，随着中国国民生活水平不断改善，青少年儿童的营养、教育及保健水平普遍提高，7岁～22岁青少年学生的体质健康状况又有明显改善。与10年前比较：

形态发育水平明显提高。身高、体重明显增长，7岁～18岁学生平均身高增长量为3.09厘米，平均体重增长量为2.50公斤。儿童青少年中的“豆芽菜”体型有所改善，尤其是城市学生更为明显。

身体素质有所提高。中小学生的50米跑、立定跳远成绩分别平均提高0.20秒、9.51厘米；反应力量的引体向上、斜身引体、仰卧起坐等指标也有明显提高。

学生部分常见疾病的发病率有所控制。乳牙龋齿患病率、恒牙龋齿患病率与1991年相比分别平均下降3.6%和2.4%，而城市中小学生龋齿矫治率则有所提高；与1991年相比，贫血率下降幅度为10%～18%，且绝大多数为轻度贫血，是可预防的。

少数民族学生生长发育的增长与汉族学生同步。回族、藏族、维吾尔族等20个少数民族学生的形态、机能、素质等发育水平都有全面、显著的增长。

但是在学生体质健康得到不同程度改善的同时，也还存在着一些不容忽视的问题：学生的耐力素质、柔韧性素质趋于停滞或呈下降趋势；反映心肺功能的肺活量指标明显下降；肥胖儿童及超体重儿童比率有所增加，肥胖正在逐步取代严重的营养不良，成为大、中城市学生的主要健康问题之一；城市学生近视率居高不下，农村学生近视率呈上升趋势；农村地区学生口腔保健水平(龋齿矫治率)仍处于低水平；部分少数民族学生生长发育的绝对水平仍然较低。

造成这些问题的原因是多方面的。例如，由于升学的激烈竞争，家长、学校都在自觉不自觉地增加学生的学习负担，严重影响了学校体育活动的开展；社区体育设施匮乏，学校体育场地不足，不能满足学生参加体育活动的需要；独生子女增多，家庭、学校对他们的意志品德、吃苦耐劳精神的培养有所忽视，致使他们缺乏刻苦锻炼的意志，怕苦、怕累的思想较为普遍；在体力劳动明显减少的同时，体育活动的时间减少、体育活动的强度也不够；生活水平虽然普遍改善，但食物结构不尽合理，热量、脂肪等摄入过多加重了肥胖的发生；长时间玩游戏机、观看电视等成为学生近视发生的不可忽视的重要因素；农村与少数民族地区经济、社会、教育发展相对滞后，卫生、教育资源相对匮乏，卫生保健意识淡漠等。

要解决影响学生体质健康的问题，必须从以下几方面采取措施：首先，应加大全社会科普知识的宣传力度，提高全民卫生保健意识，形成全社会都来关心青少年的身体健康；其次，全社会要为青少年儿童参加体育活动创造必要的条件，在进行社区规划时，必须把社区体育设施的建设纳入社区规划之中，以使青少年在课余时间及节假日能有条件参加体育活动；第三，要加大对贯彻实施《学校体育工作条例》、《学校卫生工作条例》的检查力度，并把对《条例》的督导检查纳入政府对教育的督导检查内容，促使《条例》在学校得到真正贯彻落实；第四，要重视学校体育教学和学生体育活动的开展，切实保证学生体育锻炼时间、重视体育锻炼的效果；第五，要切实减轻学生课业负担、保障学生身心健康；第六，要增加必要的健康投入，加强对学生常见疾病的防治。要对家长进行营养指导，以发挥家长在改善学生营养方面的特殊作用，要逐步在大、中城市及寄宿制学校推广学生营养餐，并加强对供餐单位的指导与卫生监督；第七，要重视广大农村地区和少数民族地区的学校体育卫生工作的开展，为这些地区的学校体育卫生工作开展解决急需解决的实际问题和起码的工作条件。

撰稿　张　芯
审稿　宋尽贤

国防教育

〔**增加学生军训学校**〕　1995年，学校国防教育工作贯彻《中华人民共和国兵役法》、《中华人民共和国教育法》、《中国教育改革和发展纲要》和《爱国主义教育实施纲要》等有关法规，继续做好高等学校、高级中学和小学、初中国防教育工作，逐步扩大学生军训范围，增加军训学校。

根据《中华人民共和国兵役法》关于高等学校学生军事训练的有关规定，逐步扩大高等学校学生军训范围，在多年考查各非试点军训院校情况并征求总参谋部、总政治部、财政部和有关部委及各省市教育部门意见的基础上，经研究决定于1995——1996学年度增加14所高等学校为全国学生军训院校，其中中央部委属院校11所，地方所属院校3所。财政部及有关省市财政部门已下达1995年新增加14所院校的军训专项补助经费。军事部门已就新增加军训院校的保障问题做了妥善安排，以保障新增军训院校学生军训工作的开展。截止到1995年底，全国列入计划开展军训的高等学校总数已增加到157所。

撰稿　田建东
审稿　宋尽贤

〔**国防教育科研**〕　为促进学校国防教育工作的健康发展，适应国防现代化的要求，在总结“八五”期间学校国防教育科研工作的基础上，国家教委学校国防教育办公室于1995年3月下发了“关于《‘九五’学校国防教育科研课题指南》的通知”，“通知”要求各军训高等学校要将这项工作列入议事日程，认真做好。

一、学校国防教育科研工作的指导思想。要以党的十四大精神为指针，认真贯彻《中华人民共和国兵役法》、《中国教育改革和发展纲要》、《爱国主义教育实施纲要》等有关文件精神，着力于学校国防教育的改革与发展，以重大现实问题为重点，以培养坚持社会主义方向的“四有”人才和为中国人民解放军训练后备兵员及培养预备役军官打基础为目的，开展学校国防教育、军事教育基础理论的研究，不断填补学科空白，完善和发展学校国防教育科学研究体系。

二、学校国防教育科研的主要内容。根据学校国防教育的特点，加强学校国防教育理论与实践问题的研究；学校国防教育内容、课程结构的研究；学校国防教育大纲、教育管理和教育方法的研究；学校国防教育的政策、法规、制度的研究；学校国防教育组织领导机制的研究；学校国防教育比较研究以及国外国防教育概况与发展趋势的研究。

三、学校国防教育科研选题的基本原则。(1)科研为教育服务。(2)选题应经过充分论证。列入“九五”规划的课题都要在“需求牵引、理论推动、物资保障”的基础上进行充分求实的科学论证，以确保列入“九五”规化的课题具有科学性、针对性、实用性和可靠性，对完成课题的条件应特别加以论证和核实，特别是考虑列项课题组成人员的科研能力和课题负责人的稳定情况。(3)突出重点。学校国防教育科研要注重研究国防教育与教育改革实际有关的重大问题，及填补科学空白或学科领域有突破性进展的基础理论课题。(4)综合平衡。在课题选择和设置上，要通盘规划，把握综合平衡，即：历史、现实与未来的平衡；基础理论与对策性研究的平衡；不同学科之间的平衡等。既要保证重点，又要注意发挥各自不同优势，调动各方面的积极性。

国家教委学校国防教育办公室制定的《学校国防教育科研指南》有关内容已被列入《全国教育科学‘九五’规划课题指南》。《指南》下发后，各军训高等学校，制定科研计划，选择科研课题，积极主动地开展学校国防教育科研工作。

撰稿　田建东
审稿　宋尽贤

〔庆祝军训开展十周年〕 1995年是按新《兵役法》规定开展学生军训工作的第十个年头。各级教育部门、军训学校利用开学、开训、校庆、各种集会等机会和利用广播、校刊、墙报、黑板报、讲演等多种形式，庆祝学生军训开展十年来的丰硕成果。一是组织军地领导和师生及家长参加座谈会，畅谈对学生军训的认识、体会、感想和希望；二是编印庆祝学生军训工作宣传材料，广泛宣传学生军训的伟大意义、丰硕成果及实施军训的有关规定等；三是召开新闻发布会，对学生军训工作给予宣传报道；四是在总结十年军训工作经验的基础上，评选先进集体和个人，进行表彰和奖励；五是开展“庆祝学生军训十周年征文活动”；六是召开庆祝大会，进行阅兵式、分列式和各种军事科目汇报表演。许多省市的党、政、军、人大、政协的有关领导同志参加了这些纪念活动。《人民日报》、《光明日报》、《中国教育报》、《解放军报》、《中国国防报》以及各省市的报纸、电台对各地举行的庆祝活动进行了采访报道。

各地总结十年学生军训工作的实践证明，新《兵役法》关于对大、中学生进行军事训练的规定是完全正确的。学生军训学校工作已成为学校教育不可缺少的重要组成部分，并在德育教育、爱国主义教育、精神文明建设以及校风校纪教育中发挥着不可替代的作用。学生军训工作进一步密切了军地军民关系，推动了双拥工作的开展。

撰稿　田建东
审稿　宋尽贤

〔军训教材建设〕 为贯彻国家教委与总参谋部、总政治部颁发的新的《高等学校军事训练教学大纲》，提高军事教材质量，1995年7月国家教委与总参、总政联合组织编写了高等学校军事课新的《军事学教程》。这次编写新教材，吸收了军事学的最新理论成果，反映了当今军事动态和军事科技趋势，是一部层次较高、信息量大、内容充实、系统性强的军事理论课教材。

为进一步加强中小学国防教育工作，提高中小学国防教育的教学质量，1995年5月国家教委学校国防教育办公室与总参政治部共同组织编写了一套九年义务教育阶段国防教育补充教材《国防教育》，这套教材共分三本，图文并茂、深入浅出，具有较强的针对性，分别适合在小学1年级～3年级、4年级～6年级和初中1年级～3年级开展国防教育时使用。

这两套教材出版使用后，对提高学校国防教育教学质量，促进学校国防教育工作的开展将起到促进作用。

撰稿　田建东
审稿　宋尽贤

电化教育

〔广播电视大学贯彻《纲要》意见〕

为了贯彻落实《中国教育改革和发展纲要》，依据《中华人民共和国教育法》，中国广播电视大学在总结建校16年经验的基础上，提出到本世纪末至下世纪初广播电视大学发展总目标、主要任务及当前应进行的工作。

到本世纪末至下世纪初广播电视大学发展的总目标是：立足国情，适应经济建设和社会发展需要，扩大开放办学的程度，发挥现代化教学手段的优势，为更多的求学者提供终生接受教育的机会和条件，提高广大劳动者素质，培养各类应用型人才，努力建设成具有中国特色的现代远距离教育开放大学。

为实现上述目标，遵循扩大开放、提高质量、增强效益、办出特色的指导思想，确定以下主要任务：(1) 坚持面向地方、面向农村、面向基层，多层次、多规格、多功能、多种形式办学，健全主动适应社会主义市场经济和社会发展需要的办学机制，增强适应性和灵活性，为地方，为广大农村、乡镇企业以及中小型企业生产第一线培养“质量好、下得去、用得上、留得住”的各类专门人才。(2) 努力办好学历教育。学历教育以高等专科教育为主，积极发展电视中等专业教育；积极开展中小学教师学历达标培训和提高学历层次培训，为普及九年义务教育积极作出贡献；在有条件的地方，有计划地稳妥地举办本科教育。争取到本世纪末，高等学历教育和中等专业教育每年分别为国家培养出30万名以上毕业生。(3) 大力发展非学历教育。非学历教育以岗位培训和继续教育为重点，为从业人员举办在岗和转岗培训，开展职业资格证书教育、中小学教师和管理人员以及其他各级各类专业技术人员的继续教育、公民的终身教育，为提高全民族素质和各行各业人员的业务水平作好服务。(4) 积极开展职业教育。参与小学后、初中后、高中后三级分流；促进学历教育向职业性方向发展；努力办好燎原广播电视教育，为农村教育综合改革和振兴农业作出积极的贡献。(5) 全面贯彻国家教育方针，全面提高教育质量。要进一步加强和改进德育工作，加强马列主义、毛泽东思想和建设有中国特色的社会主义理论教育，深化教学改革，提高教学质量，培养德智体等方面全面发展的社会主义事业的建设者和接班人。(6) 加强广播电视大学自身的建设，完善统筹规划、分级办学、分级管理的体制，调动中央和地方两个积极性。深化广播电视大学内容管理体制改革，建设一支有良好政治业务素质、结构合理、相对稳定的教学、管理和技术队伍。广播电视大学教师队伍建设要坚持专任教师与兼任教师相结合，其专任骨干教师应当成为掌握专业知识、了解本学科发展动态、精通远距离教学业务的现代远距离教育的专家。

为了实现上述目标和任务，当前应进一步深化改革，采取切实有效的措施，做好以下各项工作。(1) 希望各级政府和教育行政部门加强对广播电视大学从组织上、政策上和办学条件上给予领导和支持。(2) 进一步办好成人高等专科学历教育和普通高等专科学历教育，办出特色和水平，当前要着重办好财经、外语、文法等便于发挥广播电视大学优势的科类，理工科类要稳定规模，注意加强实践性教学环节，通过调整现有教学计划及举办灵活多样的职业班等途径，积极发展高等职业教育和中等职业教育，培养社会主义市场经济建设急需的各类人才。(3) 扩大开放办学，招收“注册视听生”。在确保教育质量和培养规格的前提下，为希望接受高等教育或中等专业教育并具备相应学历者提供免试参加广播电视大学学习的机会，通过试点逐步实现对教育对象的开放、教育资源的共享。(4) 遵循远距离教育的规律，适应经济建设和社会发展的需要，修订、完善教学计划，调整课程设置，更新教学内容，加强实践教学。(5) 加大教材建设力度，提高多种媒体教材的总体设计水平，尤其要对音像教材的编制进行研究和探索，着力提高音像教材的制作水平，抓住重点，保证条件，开展评优，争取近两年内制作出一批质量较高的、体现远距离教育特点的音像教材。(6) 积极开展远距离教学理论、方法的研究，积极开展计算机辅助教学和多媒体技术在教学中应用的研究，提高现代化教学水平；加快计算机教务管理和考试管理工作的进程，建立和完善广播电视大学系统信息网络。(7) 加强广播电视大学专兼任教师队伍和技术、管理人员队伍的建设，当前要在进一步提高学科业务水平的基础上，抓好专任教师课程总体设计及教材编制能力、计算机应用能力、外语能力的培训。(8) 加强地（市）广播电视大学分校和县广播电视大学工作站的建设。(9) 加强法规建设。制定有关广播电视教育的法规，使广播电视大学的管理工作走上法制化的轨道。(10) 增加投入，改善办学条件。希望各级政府和有关部门根据《教育法》的规定，在发展卫星电视教育和其他现代化教学手段方面，给予优先安排和扶持，逐步更新和采用更加先进的设备，对同级广播电视大学教育经费投入予以保证并逐步增加。鼓励各级广播电视大学面向社会多渠道筹措办学经费。

撰稿　张瑞麟
审稿　张　庆

〔**“注册视听生”教育试点**〕 1995年9月4日国家教委办公厅发出《关于广播电视大学招收高等专科“注册视听生”试点工作的实施意见》，确定在辽宁、黑龙江、内蒙古、浙江、福建、江西、甘肃、四川、重庆、哈尔滨10省（区）及计划单列市的广播电视大学进行试点。

“注册视听生”的教育内容及目标是：利用广播电视大学的现代化教学手段和教育资源，招收具有高中和中等职业技术学校毕业学历的在职人员和社会青年，免试入学，学习高等专科课程，学生以自学和收听、收看广播、录音、电视、录像等为主，不组班教学，接受适当教学辅导，实行学分制，必修课程由国家教委自考办组织考试。经考试合格者，颁发国家成人高等教育毕业证书。从1995年秋季学期起，试点单位已开始招收学员。

试行招生“注册视听生”是广播电视大学和自学考试制度的一项重大改革和新的发展，也是成人高等教育的一项重要改革，是中国教育事业发展的一条新路子。《实施意见》要求试行招收“注册视听生”要严把质量关，要努力办出特色，要稳步进行试点，要加强对试点工作的领导，要认真作好教学计划及相关的教学服务工作。

根据国家教委的要求，中央广播电视大学于1995年底开始，对“注册视听生”试点工作进行了调查。(1) 各地都多次召开会议研究部署试点工作。下发了有关“注册视听生”试点工作的文件；各地为做好试点工作，都成立了试点工作领导小组，省电大一直到办学点都成立专门领导机构等；(2) 基本体现了面向基层、面向农村、面向边远地区和民族地区办学的原则。学员分布以边远、贫困地区为主。从四川电大5024名学生的统计结果看，贫困山区的学员点62%，其中散居在少数民族地区的学生占21.2%。辅导点设置以地市县为主。从中央电大对试点的10个省市电大的247名学生所在教学辅导点的情况看，省城占21.1%；地市占33.2%；县市占41.7%；厂矿事业单位占4%。教学点以离学员近为主。从286名学生教学点离家距离调查情况来看，5公里以内占67.8%；5公里～10公里占15%；11公里～15公里占7.3%；16公里～30公里占5.2%；31公里～60公里占2.8%；60公里以上的占1.7%；(3) 试点省市充分利用电台、电视台和报刊等新闻媒介向社会进行宣传报道。如福建电大通过电视台、有线台、《福建日报》向社会报道；四川举行了两次答记者问，两次见报等；(4) 拨专款进行设备投资，建立计算机“点对点”通讯，设计完成了学籍、教务管理软件，进行现代化管理。现在试点的10个学校已经开始利用“点对点”通讯同中央电大之间传递信息。招收“注册视听生”受到学生的欢迎，特别受到在职成人、边远地区学生的欢迎。四川乐山地区的犍为、仁寿等县远离地市；峨嵋铁合金厂地处偏僻农村地区；大渡河水运局几千职工分散在一千多公里的大渡河沿岸。这些地区过去很难办学，“注册视听生”试行后，招生123人。

对学生基本情况调查分析。10个省市的“注册视听生”返回228份抽样调查表的统计结果：(1) 学生的入学文化程度：在243名学生中，高中（职高）占67%；中专（技校）占30.9%；大专占1.2%。入学前的职业：在236名学生中，无业、待业的占8.4%；在职职工占91.6%（其中工人占30%；军人占1.3%）；干部占32.2%；教师占1.3%；公司职员占26.7%。工作年限：在262名学生中，应届高中毕业生和一年工龄的占24%；2年以上工龄的占76%。入学年龄：在241名学生中，20岁以下的占15.8%；21岁以上的占84.2%。(2) 学生学习动力：在282名学生多项选择中，深造的占47.2%；对知识感兴趣的占30.7%；重新择业的占15.9%；就业的占6.2%。学习的基本形式：在多项选择中，自学占35.3%；面授辅导占42.5%；收看电视录像的占9.9%；收听录音的占12.4%。自学所占比重：在抽样的学生中，50%以下的占52.5%，50%以上的占47.5%。在自学中遇到的主要困难：在282名学生多项选择中，没有足够时间的占

36.6%；无人指导的占7.8%；没有正确方法的占10.9%；无人督促的占2.5%；抓不住重点的占24.1%；环境差的占1.5%；教材不适应自学的占14.8%；读不懂的占1.9%。提供的教材大多为借用教材，有的教材（如会计、法理）是借用普通高校本科教材，而且有的教材与教学大纲及考试说明不完全一致，有的教材不能按时到位，有的没有辅导教材等等。这些都给教学、学习增加了困难。随着“注册视听生”工作走向正轨，自学将成为其基本形式。学生基本靠自学掌握学习内容的程度：在被抽样调查的学生中，掌握一部分的占70.3%；基本能掌握的占10%；基本不掌握的占19%。在远距离教育中，文字教材是基础，学生通过自学基本能掌握学习内容。这些距我们的要求差距是比较大的，希望今后在文字教材上下功夫进行改进，真正编出适应学生自学的教材来。

由于“注册视听生”教学过程中对教材提出了更高要求，电大必须从实际出发，尽快编制出具有远距离教育特点的多媒体教材。同时，要加强实践性教学环节，培养目标强调是“应用型人才”，因此，实践性教学环节在整个教学过程中更具重要地位，包括“注册视听生”管理、作业、实验、实习等，要单设学分。

撰稿　任为民　张瑞麟
审稿　陈志龙

〔**继续教育协作会成立**〕　全国广播电视大学继续教育协作会成立大会暨首届年会于1995年5月27日至31日在北京召开。中央广播电视大学和44所省、自治区、直辖市及计划单列市和独立设置的广播电视大学的领导及有关部门负责人，全国广播电视大学继续教育协作会理事和特邀论文作者出席了会议。

会议的主题是：如何尽快适应社会主义市场经济的需要，卓有成效地开展继续教育。讨论通过《协作会章程》等文件；听取有关领导与专家的报告；交流继续教育研究成果、工作经验和体会；研究电大开展继续教育的方针、任务和对策。

会议宣读了中国继续工程教育协会关于中国广播电视大学继续教育协作会申请加入全国协会的复函。

撰稿　张瑞麟
审稿　陈志龙

〔**家用电脑暨软件博览会**〕　为普及计算机教育，推动中国教育软件的开发与应用，经国家教委批准，由中央电化教育馆和全国中小学计算机教育研究中心主办，北京家电科技开发公司承办的“'95中国国际教育/家用电脑暨教育软件博览会”（以下简称'95电脑博览会），于1995年10月7日至11日在北京中国人民革命军事博物馆举行。人大常委会副委员长雷洁琼和国家教委副主任柳斌出席了开幕式并剪彩。人大常委会副委员长王光英和柳斌分别为博览会作了“普及电脑知识，提高全民素质”和“发展计算机教育，培养新世纪人才”的题词。

本次博览会的主题是普及与提高相结合、硬件与软件相结合。其宗旨是服务大中小学校、提供新优廉产品。有近百家国内外计算机厂家参展，荟萃了国内外计算机硬软件产品以及电教设备和电子产品数千种。博览会充分展示了各参展厂家在教育和家用电脑方面软、硬件产品的最新成果。这些成果集中表现在多媒体产品推陈出新，多媒体组合技术发展迅速，多媒体光盘技术方兴未艾，多媒体教学软件层出不穷，教育软件开发工具百花齐放，汉字输入系统竞相争艳。

为推动教育软件的研制开发与推广应用，博览会组委会在展览期间组织了教育软件开发平台的演示和评议活动。评议活动由组委会聘请的电脑与教育专家主持。专家组从面向对象的编程环境、多媒体数据处理能力、超文本连接能力、应用程序连接能力、是否能播放由外部程序制作的动画并具有简单动画制作和处理功能、是否有能形成安装文件或可执行文件的功能等七个方面进行评议，为各省（市）电教馆开展CAI课件开发时如何选择功能强、用途广、调用程序方便、动画制作实用、技术支持有力的开放系统提供了指导和咨询意见。专家组认为，当前我国CAI教学软件开发的主体开始从企业电脑专家转到学校学科教师，这一观念上的转变使教育软件开发平台的状况得到了极大的改变。

撰稿　王建平
审稿　李　鹏　刘　晖

〔**《电化教育》杂志创刊15周年暨百期纪念**〕　1995年5月18日，为《电化教育》杂志创刊15周年和第一百期出版发行，《电化教育》杂志社在北京人民大会堂举办了纪念活动。国家教委、新闻出版署、文化部、北京市新闻出版局的有关领导、各部委和在京部分高校电教中心、北京市及部分区县电教馆、大中小学校的教师代表200余人出席了纪念会。中国教育学会会长张承先出席会议并讲话。

撰稿　齐元昌
审稿　李　鹏　刘　晖

干部管理与教师工作

教育行政学院培训工作

〔**培训情况**〕 1995年，国家高级教育行政学院共举办各种类型培训班16期，培训学员1333名。

1995年春季、秋季，学院先后举办了第七期高校中青年干部培训班和第十期高校领导干部进修班。学员为国家教委和国务院有关部、省、自治区、直辖市所属高校校级领导干部和中青年党员干部。办班目的：一是使学员学习党的有关文件、马克思主义有关著作、进一步系统学习《邓小平文选》第三卷，力求全面、系统、准确地领会邓小平同志建设有中国特色社会主义理论的体系和基本观点；认清社会主义本质，全面提高贯彻执行党的基本路线的自觉性和坚定性；掌握社会主义市场经济的基本知识。二是学习教育理论和教育管理理论，研究高等教育改革问题，进一步提高解决各种实际问题的能力，促进高等学校的改革与发展。

在培训方式上，坚持自学为主，辅以专题报告、考察参观、小组研讨以及总结交流等。

通过学习和研讨建设有中国特色社会主义理论，学员们主要认识到：(1) 建设有中国特色社会主义理论的科学体系是围绕社会主义这个主题、怎样建设社会主义的基本问题形成和展开的。为建设有中国特色社会主义指明了方向，阐明了在经济、政治、文化等社会生活各个基本领域建设有中国特色社会主义的基本理论和基本原则。(2) 解放思想，实事求是是辩证统一的关系。“破”叫解放思想，“立”叫实事求是，二者统一到主观与客观相符合。要坚持马克思主义基本原理同中国实际相结合；坚持独立自主的道路；坚持以社会主义初级阶段作为制定方针政策的根本依据；坚持以是否有利于发展生产力作为衡量各项工作的根本标准；坚持唯物辩证法；坚持实践是检验真理的标准的思想路线。(3) 进一步理解到“社会主义的本质是解放生产力，发展生产力，消灭剥削，消除两极分化，最终达到共同富裕”。五句话是一个相互联系的整体；解放生产力，发展生产力，是社会主义发展全过程的根本任务；消灭剥削，消除两极分化，是社会主义生产关系的本质要求；实现共同富裕，是发展和完善社会主义的根本目的。(4) 确认市场经济是发展我国生产力的有效经济形式。在中国，商品经济不发达，生产力落后，市场作为一种经济手段，有刺激经济活力、加快经济发展的积极作用。正确的态度是，坚定不移地加快经济体制改革，充分发挥市场对优化资源配置、提高效率的功能；要加强国家宏观调控，保证市场经济健康有序的发展；要坚持物质文明和精神文明两手抓、两手都要硬，保持社会政治安定。

通过学习和研讨教育理论和教育管理理论，学员们的主要收获是：(1) 明确了高等教育改革发展的方向和任务。(2) 增强了贯彻党和国家教育方针政策的自觉性。在建立社会主义市场经济体制的条件下，应发挥面向社会、自主办学主观能动性，增强从高校自身特点出发进行改革和发展的信心。(3)正确把握社会主义市场经济与高等教育的关系。高等教育要适应市场经济体制，为经济建设服务，要坚持正确的办学方向，还要适应市场经济对高等学校提出的新要求，深化高校改革，加强内部管理，提高办学效益，提高教育质量，为社会主义现代化建设培养出合格的人才。(4) 进一步认识到学习掌握教育理论的重要性和必要性。作为并达到合格的高校领导干部，要不断加强教育理论学习，对提高管理水平有重要意义。

〔**提高培训质量**〕 1995 年，院党委对培训工作质量采取了几项措施：(1) 建立一支精干、素质好、水平高的教师队伍。首先是结合学院人事管理改革，调整教师构成，优化教师队伍结构，建立一支精干、高水平的专职教师队伍；其次，引进高层次人才，充实断层，形成良性循环的教师梯队；第三，组织教师到基层调查研究，到教委有关司局锻炼。通过以上措施，来帮助教师提高教学水平。(2) 制定规范化的教学计划。首先在教学内容上，把建设有中国特色社会主义理论作为学习的主要内容，同时，学习和掌握教育理论、教育管理知识。其次，坚持因材施教。在制定教学计划时和教学设计时符合成人教育、教育系统和学校教育管理者的特点，提高教学各环节的效率，全面提高教学质量。第三，坚持灵活性原则。教学计划要具有稳定性，又要有一定的灵活性，根据不同时期党的路线、方针政策和不同阶段党对培养选拔干部的具体要求，不断调整教学内容，改进教学方法，使干部培训更加符合形势的需要。(3) 严把教学质量关。教研部门对任课教师的选题、备课、试讲等几个环节严格把关；为了保证教学质量，学院和教学部门还严格审定了教师的任课资格。另外，严把外请教师关，1995 年下半年，外请教师的教学水平和效果有一定的提高。(4) 改变教师不"教"现象。多年来，由于多种原因，教师队伍中存在一些教授不"授"、讲师不"讲"的现象，影响了教师的自身发展和教师队伍的建设。1995 年，学院继续组织 20 位教师（含双肩挑）走上讲台，为第十期高校领导干部进修班、第七期高等学校中青年干部培训班作了专题讲座。

〔**培训科研工作**〕 1995 年，学院围绕培训工作开展科研活动。首先，在学院事业费中，划拨出一定数额，作为学院科学研究经费。此举调动了广大教师和科研人员的积极性，推动了学院的科研工作。1995 年，院内多级课题有的已完成出版；学校人事管理研究课题，有的已进入了中期研究阶段；《教育管理大辞典》修订工作已经结束。其次，围绕培训实施已立项的科研课题。其中包括建设有中国特色社会主义理论、高校领导干部培训工作、中国教育行政、学校管理以及高等教育改革等。第三，加强科研工作的管理。1995 年，学院严格执行《科研管理条例》、《科研项目管理办法》等制度，增强了教师和科研人员的工作责任感，保证了科研成果的质量。

〔**对外合作与交流**〕 1995年，学院积极开展对外合作与交流。第一，亚洲银行支援学院培训项目开始启动，完成了第一阶段工作；世界银行贷款项目也于4月正式启动，并按项目执行计划举办了“少数民族地区中学校长培训班”；第二，举办UNDP普教项目首期教育管理骨干教师培训班，项目设备也如期到位；第三，全年接待国外来访人员118人次，举办15次学术讲座；完成三个团组的出访组织工作；第四，加强项目培训教材的建设，UNDP高教项目大学校长培训教材（共11本）已交付排版，普教项目教材正在编写、修改阶段。

撰稿 李 冬

审稿 张仁贤

教 师 工 作

〔**工资制度改革**〕 1993年12月，国务院下发文件，实施建国以来第三次机关、事业单位工作人员工资制度改革。为贯彻落实国务院文件精神，国家教委于1994年2月与人事部联衔下发了《关于下发高等学校、中小学、中等专业学校贯彻〈事业单位工作人员工资制度改革方案〉三个实施意见的通知》，文件下发后，一些省区结合本地区实际情况，制订了本省区教育系统工改实施意见，并统一组织本省区教育系统工资制度改革。经过各级教育行政部门和广大教职工的共同努力，绝大部分省区教育系统1994年完成了工资改革。到1995年，全国已按新的标准和运行机制调整教师工资。据抽样统计，全国教育系统工改人均月增资为：大学119.53元，中小学111.89元（含地方出台政策）。

教育系统新的工资制度的基本特点：(1) 初步建立了与学校特点相适应的新工资制度。工改使学校工资制度与国家机关脱钩，克服了旧工资制度“政事不分”的弊端，进一步完善了“国家宏观调控，学校自主分配”的工资管理模式，赋予学校更多的分配自主权；在国家统一政策指导下，学校内部工资制度起了根本性变化，有利于促进学校各项事业进一步发展。(2) 社会主义按劳分配原则得到更好体现。主要表现在：教育系统实行的职务等级工资制，通过工作和任职年限、职务、职称确定教职工工资档次，教职工的工作能力、累积贡献、近期贡献、所承担责任大小等基本要素得到较好反映；工资档次适当拉开，缓解了工资“大平台”问题；津贴的发放必须以考核为基础，与工作人员工作的数量和质量直接挂钩。(3) 进一步引入竞争机制和激励机制。30%津贴制度的建立是这次工改大突破。津贴的分配自主权交给学校，较好地解决了过去工资统得过死的弊端。此外，教职工个人工资由固定和活的两部分组成，活工资分配完全与工作的质和量挂钩，有利于贯彻“多劳多得，少劳少得，不劳不得”的原则，发挥了工资的经济杠杆和激励作用。(4) 建立了考核和正常晋级机制。工改中学校在各级教育行政部门的指导下，进一步完善了校内教职工考核制度，严格了津贴发放、职务职称晋升等与考核结果挂钩的体制。此外，教职工工资将按照国家统一部署正常晋级。(5) 教职工工资水平得到较大提高。此次工改进一步提高了教师待遇，教职工的增资幅度超过建国以来历次工改，较好地体现了党和国家关心、重视人才的政策。据统计，工资改革中，教育系统教职工平均工资增长 40 个百分点左右。

新的工资制度的主要内容：(1) 教育系统教师实行职务（技术）等级工资制。颁发了新的职务（技术）等级工资标准，大、中、小学各类人员执行其对应的工资标准。(2)学校工作人员工资由职务（技术）等级工资和津贴两部分组成。职务（技术）等级工资为工资构成中固定的部分，主要体现工作能力、责任、贡献、劳动的繁杂程度；津贴为工资构成中活的部分，主要体现各类人员岗位工作特点和实际工作的数量、质量差别。在各单位工资总量构成中，职务（技术）等级工资部分占 70%，津贴部分占 30%。(3) 津贴：津贴是工资构成中活的部分。津贴的发放要以考核情况为基础，与工作人员的岗位、实际工作数量和质量紧密挂钩，多劳多得，少劳少得，不劳不得，不得平均发放；30%津贴的实施实行总量控制、政策指导，学校自主分配。

实行新的工资制度后的奖励制度：对有突出贡献的专家、学者和技术人员继续实行政府特殊津贴，对在教育教学、科学研究、科技开发和管理等方面做出突出贡献的人员要给予奖励；根据国务院工改文件规定，新工资制度实施后，各地区、各部门所属学校工作人员要进行年度考核，对考核合格的工作人员发给年终奖金，奖金数相当于本人一个月的工资（当年十二月份职务工资与津贴之和）。

正常升级制度：各级各类学校的工作人员在严格考核的基础上，实行定期升级增资制度。凡正常履行工作职责、连续两年考核合格的人员，可以晋升一个工资档次。考核不合格者，不得晋升。对考核优秀的专业技术人员，可提前晋升或越级晋升，晋升比例一般控制在本单位总人数的 3%以内。各级各类学校工作人员职务（技术等级）晋升时，按晋升的职务（技术等级）相应增加工资。新参加工作的取得博士和硕士学位的毕业生不实行见习期，在确定职务前执行初期工资。其他各类学校毕业生均实行一年见习期，并实行见习期工资。毕业生见习期满后，按确定或受聘的职务领取相应的职务工资。到边远、艰苦地区工作的各类学校毕业生，可以提前定级，定级工资标准可高于同类人员 1～2 档。离退休人员待遇按国家统一规定执行。中小学、中等专业学校教师职务工资标准提高 10%部分计入离退休基数。

工资改革后存在的问题：(1) 教职工工资水平仍然偏低。根据国家统计局提供的数据，1994 年教育行业人均年工资 4935 元，居国民经济 16 个行业的第 12 位。(2) 教职工工资关系仍不够合理。以教师与技术工人的职务（等级）工资为例，1956年大学本科毕业生与技术工人的定级工资之比为1.6∶1；1985年为1.4∶1；此次工改降为1.23∶1。教师的最高工资标准与技术工人的差距也在缩小。1956年为3.8∶1；1985年后为3.1∶1，此次工改后，教授7档与工人高级技师8档之比为1.6∶1，与工人高级工10档之比为1.9∶1。甚至出现学校中级（初级及以下）专业技术人员的工资、处级（科级及以下）管理人员的工资分别低于工作年限相同的高级技工的现象。在学校内部，管理人员工资水平偏低。主要表现为：套改条件偏严；增资水平低；同等学历条件下，管理人员工资标准偏低。(3) 产生了新"平台"问题。由于套改方案中，工作年限段次拉的过长，任职年限段次过少，产生了新的"平台"现象。(4) 少数省区部分地区由于财政困难或领导重视不够，工改增资未能及时兑现。(5) 津贴的发放应与教职工的考核结果直接相关，但由于相当多的学校考核制度未建立或未跟上，使得部分学校，尤其是中小学的津贴分配未能完全做到合理拉开差距，而平均发放，削弱了新工资制度应有的激励作用。

工资调整。1995年12月，经国务院批准，人事部、财政部、国家计委联合颁发了《关于印发机关、事业单位工作人员正常晋升工资档次办法的通知》，《通知》规定：机关、事业单位正式工作人员中，凡1993年10月1日工资制度改革后，两年考核成绩均为称职（合格）以上的人员，可从1995年10月1日起在本职务（技术等级）所对应的工资标准内晋升一个工资档次。考核不称职（不合格）以及两年中只有一年考核称职（合格）的人员，不得晋升工资档次。为体现党和政府对广大离、退休人员的关心和照顾，在在职人员晋升工资档次的同时，国务院颁发了《国务院关于机关、事业单位离退休人员增加离退休费的通知》规定：离休人员按同职务在职人员晋升一个工资档次的增资额增加离休费，每月低于25元的按25元增加；退休人员按每月20元增加退休费。依照国家规定退职的人员，按每月15元增加退职生活费。

撰稿 张 健

审稿 陈文博

〔国家教委直属高校推行工资总额动态包干〕 根据《中国教育改革和发展纲要》以及国家教委《关于高等学校内部管理体制改革的意见》精神，为进一步深化改革，改善管理，促进发展，在调查研究、论证的基础上，1995年初，国家教委制定下发了《国家教委直属高等学校工资总额动态包干管理暂行办法》，开始在国家教委直属高校全面实施工资总额动态包干。

高校工资总额包干的总体思路是：围绕教育科研上水平的目的，通过包干深化内部管理体制改革；充分利用编制和工资包干的有效机制，调整人员结构，提高队伍素质，提高办学效益和办学水平，推动学科建设。

工资总额包干包括国家教委对直属高校包干和学校对基层包干两个层次。1995年国家教委直属高校工资总额计划以工资总额包干基数的形式下达，包干工资总额基数的核定实行国家工资和校内津贴分类核定，全额拨款与自收自支区别对待。实行工资总额包干的高校，其工资总额全年包干使用。结合考核评估，包干单位每年末向主管部门提交完成年度工作任务、人员使用和工资包干实施情况检查报告，经主管部门考核批准后，方可认定兑现全部包干工资额。

同时高校内部在包干总体布署、改革措施和实施方法上各有特色，主要办法有：控制编制、调整结构；综合改革、配套实施；规范体制、分类管理；严格考核、合理放权；加大力度、奖勤罚懒；注重导向、保证效果等。许多学校把包干与校内分级管理、基层目标管理体制改革相结合。包干时校方与院系签订目标管理任务书，明确院系本年度教学、科研、招生、学科建设等方面的目标、任务以及学校在人员编制、经费、工资总额、师资补充、物质准备等方面的条件保证。任务书签订后，校方和包干单位分别保证实现己方责任和义务，每年学校包干小组依此任务书进行考核并实施奖惩。

工资总额包干作为深化高校内部管理体制改革的重要举措，初步显现了积极效果。从1995年实施情况看，工资总额宏观管理得到改善；学校自主权逐步得到落实，自我约束机制正在形成；学校人员、编制使用效益逐步提高，人员结构逐步优化。

国家教委指出：《国家教委直属高等学校工资总额动态包干管理暂行办法》的基本精神原则上适用于全国各级各类高等学校及学校内部校、院、系（所）之间的工资总额包干管理。

撰稿　杨　鸿
审稿　陈文博

〔**民办教师工作**〕　据1995年的调查：1994年底全国实有民办教师200余万人，约占全国中小学教师总数的25%，占全国农村中小学教师总数近三分之一，一些边远贫困地区的比例更高。全国民办教师中，中学20余万，小学180余万，具有合格学历民办教师达到160万人，占民办教师总数80%。全国绝大部分省区都对民办教师评聘了教师职务，占民办教师总数的85%。民办教师中受到省级以上表彰的近5000人，地（市）级表彰的约5万人，县级表彰的26万人。相当一部分民办教师已成为农村教育管理骨干，全国有18万人担任中心校、村小学校长、教导主任。全国85%的民办教师在30岁～50岁年龄阶段，从教时间一般在10年以上，他们兢兢业业，辛勤从教，为中国基础教育事业的发展作出了巨大贡献，是农村普及九年义务教育的生力军。广大民办教师在条件艰苦、待遇较低的情况下，从事教育教学工作，他们的工作、生活条件存在着许多突出问题，如耕教矛盾突出，与公办教师同工不同酬，缺乏基本的社会保障等，影响了这支队伍素质的进一步提高和九年义务教育的普及。

1994年4月国务院总理办公会议和5月中央政治局常委会议听取国家教委关于全国教育工作会议筹备工作情况汇报以及《中国教育改革和发展纲要》实施意见的说明时，在加强教师队伍建设方面特别强调指出，要力争在本世纪内解决农村中小学民办教师问题。6月，党中央、国务院召开全国教育工作会议明确提出“争取到本世纪末基本解决民办教师问题”的目标。李鹏总理、李岚清副总理曾多次指示有关部门尽快研究解决民办教师问题的措施。

根据党中央、国务院确定的民办教师工作目标和方针、政策，国家教委在1994、1995两年，对解决民办教师问题的指导思想是：在加强管理，提高素质，改善待遇的同时，全面贯彻实施“关、转、招、辞、退”五字方针，以“转、招”为主要途径，尽快减少民办教师数量，实现本世纪末全国基本解决民办教师问题的目标。并提出妥善解决民办教师问题的重要措施：（1）坚决关住新增民办教师的口子，任何地区、任何单位都不能以任何理由吸收新的民办教师。（2）有计划地将合格民办教师转为公办教师。到本世纪末，国家将每年安排一定数量的专项指标，用于民办教师转公办，同时，各地在逐年落实国家专项指标的基础上，从国家下达的年度增人计划中再安排一部分劳动指标用于“民转公”。（3）每年从师范学校招生中，划出一定比例招收民办教师，全国中师每年定向招收民办教师的数量要达到中师招生总数的20%以上，有条件的地区要争取达到30%以上。（4）不合格的人员和实行教师资格制度后未取得教师资格的民办教师要坚决予以辞退。（5）老弱病残民办教师实行离岗退养制度，参照民办教师退休的有关规定发给生活补助费。（6）在国家调整公办教师工资时，相应增加民办教师工资。（7）民办教师较多的地区，在一定时期内，可实行以县为单位的民办教师国家补助费总额包干制，减少民办教师，不减补助费，节余部分专项用于提高在职民办教师的工资待遇。（8）无论任何部门、单位都不能以任何理由、任何名目，在民办教师转公办过程中，向民办教师收取不合理费用。

由于采取以上措施，加快了“民转公”的速度。1994年、1995年，全国每年安排约25万“民转公”指标，两年共计50万左右的民办教师转为公办教师，其中，国家每年下达15万“民转公”指标，地方每年在国家下达的增人计划中也相应调剂5万～6万指标用于“民转公”，师范学校每年定向招收民办教师数量4万～5万。全国民办教师总数由1994年初的230万人下降到1995年底的180万人。

在解决“民转公”问题的同时，较大幅度地提高了民办教师的工资待遇。全国民办教师增资水平分为三类。一是基本参照公办教师同幅度增资的有浙江、江苏、天津、山东、湖南省市等；二是不低于公办教师增资水平的三分之二的有福建、四川、安徽等16个省（区）；三是民办教师的增资水平不低于35元或30元的有山西、内蒙、河北等省（区）。增资经费来源渠道一般是政府财政、教育费附加各负担一半。工资改革后，民办教师月人均达到200元以上的有浙江、广东、天津、江苏、陕西、福建、湖南、吉林等9省（市），其中，浙江民办教师月人均工资410元，广东民办教师月人均355元，基本达到与公办教师同工同酬；民办教师月人均工资在100元～130元之间的有青海、云南、贵州、河南、广西等9省（区）；其他13省（区）民办教师月人均工资水平均处130元～200元之间。

到1995年，全国民办教师工作仍存在一些突出问题。主要表现在：解决民办教师的具体规划和相应配套措施尚未落实；一些地方在“民转公”工作中明显不符合国家的方针、政策和民办教师实际的具体做法频频发生，屡禁不止；与“民转公”工作有关的部门协调配合不够，影响整个民办教师工作。针对上述问题，国家有关部门正在研究制订《统筹解决民办教师问题“九五”计划》和相应具体政策，争取本世纪末基本解决民办教师问题。

撰稿 姚发明
审稿 陈文博

〔**教育界获得“五一”表彰的先进工作者名单**〕　全国总工会在1995年“五一”劳动节共表彰全国劳动模范和先进工作者2873名，其中，教育界获表彰的先进工作者185名，占获表彰总数的6.43%。名单如下：

北京市

李　烈(女)　北京第二实验小学副校长
马芯兰(女)　北京朝阳区幸福村中心小学副校长
王　选　北京大学计算机科学技术研究所所长
吴良镛　清华大学建筑与城市研究所所长
冯长根　北京理工大学力学工程系教授
巫昌祯(女)　中国政法大学法律系教授
彭明友　北京怀柔县喇叭沟门中心小学党支部书记
孙毓敏(女)　北京戏曲学校校长
柯惠新(女)　广播电影电视部北京广播学院副主任
孙绿怡(女)　国家教委中央广播电视大学中文系副主任

上海市

马在田　上海同济大学海洋地质与地球物理系教授
王建磐　华东师范大学副校长
闻玉梅(女)　上海医科大学基础医学院室主任
顾玉东　上海医科大学附属华山医院外科主任
陈　竺　上海第二医科大学附属瑞金医院研究所副所长
冯恩洪　上海建平中学校长
孙幼丽(女)　上海虹口区崇明路小学教师
黄静华(女)　上海尚文中学教师
沈晓宏(女)　上海金山县枫泾镇南星小学教师
张鉴周　上海青浦中学副校长

天津市

谈　遒　天津大学石油化工技术开发中心主任
王培德　天津第四中学教师
杨学钧(女)　天津河北区育婴里小学教师
王希萍(女)　天津和平区岳阳道小学校长
邱明才　天津医科大学总医院内分泌科副主任

内蒙古自治区

洪　峡(女)　呼和浩特土默特中学教师
赵士莹(女)　包头市第四职业高级中学校长
吴日图　内蒙古科尔沁左翼中旗蒙古族中学校长
旭日干　内蒙古大学校长
齐俊梅(女)　内蒙古阿左旗巴彦浩特镇回民小学教师

山西省

李　玲(女)　太原市北城区新建路小学教师
马文有　山西左云县综合技术学校校长
徐　重　太原工业大学表面工程研究所所长

河北省

王锡伯　河北青县实验小学党支部书记
刘　韧(女)　唐山市路南区南新道小学校长
王光紫(女)　邯郸市第一中学教师
王　健　河北农业大学教授

辽宁省

葛朝鼎　东北育才学校教师
刘积仁　东北大学教授
徐世政　大连市第十五中学教师
马静娴(女)　锦州市第一中等职业技术专业学校教师

吉林省

李元昌　吉林榆树市秀水二中校长
孙昌璞　东北师范大学理论物理研究所所长
田同德　长春市文教锅炉厂厂长
徐桂生　吉林第二十九中学校长
张术良　吉林镇赉县第一中学校长

黑龙江省

程晓莉(女)　哈尔滨第十八中学教师
陈晓君(女)　齐齐哈尔市第二中学教师
杨玉庆　黑龙江宁安市教育委员会主任
高红岩(女)　牡丹江立新实验小学校长
乔淑芳(女)　大庆师范学校教师

江苏省

张祖望　江苏苏州中学教师
朱士雄　江苏无锡县中学校长
庄玉明(女)　常州市实验中学教师
李瘐南(女)　南通市启秀中学教师
陈　钧　江苏理工大学农业机械学院教授
马恩甲　江苏扬州汶河中心小学校长
阎成米　江苏泗洪县临淮镇二河船头小学教师
安在勤　江苏丰县中学主任
张学光　苏州医学院教授
鲁　洁(女)　南京师范大学教授
沈乃珠(女)　南京市中华中学教师
陆作楣　南京农业大学教授

安徽省

刘学华　安徽肥西县南分路乡鸽子笼小学校长
庞定亚　芜湖市第一中学教师
查灿云　安徽天长中学校长
方晓顺　安徽铜陵市第一中学校长
张裕恒　中国科学技术大学结构中心主任
丁超尘　安徽农学院农学系党支部书记

山东省

管华诗　青岛海洋大学校长
杨运德　山东淄博第一中学校长
张则如　山东诸城市繁华中学校长
傅国杰　山东德州市第一中学校长
邓从豪　山东大学博士导师
郭跃进(女)　山东戏曲学校讲师
刘桂珍(女)　山东乐陵市寨头堡乡找顾小学教师

浙江省

刘绶石　杭州第十一中学教师
宗庆后　杭州娃哈哈集团公司总经理
何性善　宁波市镇海中学校长
楼森岳　宁波师范学院物理系研究室主任
谭文莹(女)　浙江交通学校校长
黄　宪　杭州大学化学系教授
姚　克　浙江医科大学附属第二医院教授
严晓浪　杭州电子工业学院院长
洪景椿　浙江瑞安中学教师
徐美玲(女)　浙江新昌县镜屏乡安山中心完全小学教师
童克祖　浙江浦江县堂头中学校长
郑青岳　浙江玉环县教委教研室物理教研员
傅亚芹(女)　浙江遂昌县王村口镇上垟小学校长

江西省

李盛光　江西临川县第二中学校长
陈少平　江西奉新县第一中学教师
吴国林　江西彭泽县第二中学教师
左福士　江西吉安市第一中学教师

王运遂 南昌市十九中学教师
童报春(女) 江西玉山县瑾山小学教师
彭宣宪 南昌大学教师

福建省

陈　征 福建师范大学教授
郑兰荪 厦门大学化学系教授
戴　俊 福州第八中学校长
王毓泉 厦门双十中学校长
吴惠天 福建南靖县无线电(校办)厂厂长
施天水 福建莆田第一中学校长
黄梅玉(女) 福建霞浦县海岛学区北霜小学教师

湖南省

邓华凤 湖南安江农业学校助理研究员
杨玉声 湖南冷水江市教委教研室主任
黄忠英(女) 湖南郴州市一中教师
欧阳恩成 湖南隆回县建华乡中心小学教师
刘　筠 湖南师范大学研究室主任
何丽娟(女) 湖南道县会潭乡中心小学教师

湖北省

李文衡(女) 武汉市硚口区崇仁路小学校长
陈鼎常 湖北黄冈中学教师
金升烈 湖北天门中学教师
傅廷栋 华中农业大学研究所所长
卓仁禧 武汉大学化学系教授
骆东风 湖北枣阳市实验中学副校长
殷鸿福 中国地质大学地质学院院长

河南省

吴养洁 郑州大学化学系教授
朱慈源 洛阳市第五中学教师
王淑英(女) 河南新乡市第十中学校长
买永玲(女) 河南平顶山市第六中学教师
姚文俊 安阳市人民大道小学校长
王立新 河南固始县高级中学教师
王　庆 河南焦作市第十三中学教师
景金英(女) 河南三门峡市第三中学教师

广东省

袁　浩 广州中医学院第一附属医院教授
钟南山 广州医学院院长
郭永萍(女) 广州白云区京溪小学校长
李邦磐 广东汕头市第一中学校长
张小云(女) 深圳大学生命科学研究室主任
李夑尧 广东五华县城镇小学校长
唐丽云(女) 广东潮州市湘桥区昌黎路小学教师
黄蕴慧(女) 广东汕尾市城区凤山街道奎山小学教师
江日亨 广东台山第一中学教师
谢子轩 广东高明市荷城区沛明实验小学副主任
黄学平(女) 广东湛江市第八小学校长
梁广坚 广东西江大学科研科长、副教授
王珣章 广东中山大学生命科学院院长
邓远天 广东连山壮族瑶族自治县教师进修学校副校长
瞿金平 华南理工大学研究室主任

海南省

潘正结 海南文昌中学校长
黎新王 海南乐东黎族自治县永明乡抱邱小学校长
张　本 海南大学研究员
邹福如 海南中学校长
韩玉玲(女) 海口市第九小学校长

广西壮族自治区

梁美英(女) 柳州市第一中学教师
邓建民 广西资源县教委主任

李继祥　广西玉林地区教育学院院长
叶国祯　广西大学化工系室主任
张葆全　广西师范大学校长

贵州省

张庆勤　贵州农学院教授
张菲菲(女)　贵阳市第一中学教师
朱　时　贵州六盘水师范高等专科学校副教授
伍国珍(女)　安顺市第七小学校长
夏献禹　贵州龙里中学校长
谢世梅(女)　贵州剑河县久仰乡民族学校教师
胡清珍(女)　贵州织金县第二中学校长

四川省

牟学良　四川苍溪县唤马镇小学校长
梅国仁　四川资中县第二中学校长
张学钊(女)　四川梁平中学教师
罗清泉　四川仪陇县文星乡小学教师
任正隆　四川农业大学小麦研究所所长
郑昌琼(女)　四川联合大学化工系高新技术院院长
黄尚廉　重庆大学光电精密仪器系主任
王玉兰(女)　重庆北碚区朝阳幼儿园园长
李良怀　四川泸县第二中学主任
任久惠　四川盐亭县金孔镇宗海小学校长

云南省

曾令柏　昆明医学院第一附属医院工会主席、教授
李奉忠　云南峨山县岔河乡谢扎村小学教师
吴兴惠　云南大学物理系室主任
颜金德　云南电子技工学校校长

陕西省

李小艾(女)　陕西渭南市北塘实验小学校长
王思明　陕西延长县罗子山乡下西渠小学教师
乔志德　西北工业大学教授
王尚锦　西安交通大学教授
张大田　陕西煤炭工业学校讲师

甘肃省

于国良　甘肃碌曲县藏族中学党支部书记
刘仲奎　西北师范大学教授

宁夏回族自治区

安长忠　银川二中教师
郑淑琴(女)　宁夏固原县第二中学教师
刘士强　宁夏大学教授

青海省

赵宗福　青海师范大学系副主任
李正风　省委党校现代科技教研室副主任

新疆维吾尔自治区

徐国谋　建设兵团五师八十五团中学校长
加马力丁·明夏　塔什库尔干县马尔洋乡皮力村教学点教师
吾守尔·斯拉木　新疆大学计算机科学系主任

西藏自治区

白　珍(女)　拉萨第一小学校长
徐凤翔(女)　西藏农牧学院高原生态研究所所长

〔**奖励优秀教师和教育工作者**〕　为了认真贯彻实施《中华人民共和国教师法》，根据《教师和教育工作者奖励暂行规定》的精神，国家教委、人事部于1995年4月联合下发了《关于认真做好1995年奖励全国优秀教

师和全国优秀教育工作者工作的通知》，决定在1995年教师节前夕，会同全国教育工会、中国中小学幼儿教师奖励基金会联合奖励全国优秀教师和全国优秀教育工作者。

《通知》规定，此次奖励的范围是近两年来在各级各类学校和其他教育机构中在教育教学、学校管理、服务工作等方面做出显著成绩的教师、专业技术人员、学校和教育行政部门的管理人员及其他职工，重点是在教学第一线的教师，教师中又应以中小学教师、幼儿教师、职业学校教师为主。对获奖的教师和教育工作者分别授予“全国优秀教师”、“全国优秀教育工作者”称号，颁发相应的奖章和证书；对其中有突出贡献者，授予“全国教育系统劳动模范”称号，颁发相应的奖章和证书；对获得“全国教育系统劳动模范”称号的教师，同时颁发“人民教师”奖章和证书。《通知》同时颁发了《全国优秀校长评选暂行办法》和《全国普通高等学校优秀思想政治工作者评选暂行办法》。并将全国中等以下学校校长和全国普通高等学校思想政治工作者纳入评选和奖励范围。对获得“全国教育系统劳动模范”称号的校长，同时颁发“全国优秀校长”奖章和证书。

评选条件按照《教师和教育工作者奖励暂行规定》执行。奖励的名额，按1994年底全国各地区教职工数的千分之零点四左右的比例下达给各省、自治区、直辖市和中国人民解放军、武装警察部队。奖励总名额中的10%比例为全国教育系统劳动模范名额。《通知》要求，各地在分配奖励名额时，要考虑到基础教育、高等教育、成人教育、职业技术教育、幼儿教育、特殊教育、扫盲教育等不同类型、层次的学校和教育机构的特点，使其均有适当比例；要切实保证在教学第一线的专任教师占奖励总人数的绝大多数。

为了加强对奖励工作的领导，国家教委、人事部会同全国教育工会、中国中小学幼儿教师奖励基金会组成奖励工作领导小组（简称奖励工作领导小组），国家教委主任朱开轩任组长，人事部副部长张学忠任副组长。领导小组统一领导奖励工作。领导小组下设办公室，负责日常工作，指导各地的奖励工作，并组织评审小组对各地的申报材料进行评审。各省、自治区、直辖市也成立了相应的机构，负责对本地区获奖人选的审定和申报工作。领导小组办公室先后编发4期简报，以沟通情况，交流信息，及时指导各地的评选工作，保证奖励工作的顺利进行。各地在评选和申报工作中，坚持了正确的政策导向，注意走群众路线，实行层层评选，逐级申报，坚持标准，严格评审，对教育工作者的比例不超过10%、要向中青年教师倾斜等要求落实较好，基本做到了把在群众中有较高威望，工作成绩突出的优秀教师和优秀教育工作者选拔上来，确保了奖励工作的质量。全国奖励工作领导小组办公室对各地报送的人选进行了严格评审。

经全国奖励工作领导小组评审决定，1995年，共表彰全国优秀教师和全国优秀教育工作者5950人，其中全国教育系统劳动模范586人，全国优秀教师4843人，全国优秀教育工作者521人。在这次奖励工作中，有18名全国优秀校长、4名全国普通高等学校优秀思想政治工作者被评为全国教育系统劳动模范，有14名全国普通高等学校思想政治工作者被评为全国优秀教育工作者。获得全国教育系统劳动模范称号的人员，享受省部级劳动模范待遇，晋升一级工资，所有获奖人员发给一次性奖金800元。

在奖励工作中，配合教师节活动，国家教委会同中宣部等单位，向全社会广泛宣传全国优秀教师和全国优秀教育工作者的事迹，充分发挥先进人物的激励作用。在教师节期间，新华社、中国青年报、中国妇女报、中国教育报等十多家中央新闻单位都报道了全国优秀教师和全国优秀教育工作者的先进事迹。尤其是中央电视台“焦点访谈”节目报道了“全国教育系统劳动模范”贵州省松桃县教师田沛发三十年如一日扎根山区办学，奋不顾身，勇斗歹徒，保护学校财产安全的动人事迹，在社会上引起较大反响。

除国家奖励全国优秀教师和全国优秀教育工作者外，地方各级政府和教育行政部门也采取多种形式奖励优秀教师和优秀教育工作者，地方新闻单位也大力宣传当地优秀教师和优秀教育工作者的事迹。这项工作的开展，体现了党和政府重视知识、重视教育的一贯方针，对于落实科教兴国，教育优先发展战略，进一步形成尊师重教的社会风尚，调动广大教职工教书育人的积极性，具有重要意义，产生了良好的社会效果。

撰稿　顾　春　孙霄兵

审稿　陈文博

附：

全国教育系统劳动模范、优秀教师和教育工作者名单

全国教育系统劳动模范

北京市

方惠坚	清华大学
陈先霖	北京科技大学
郝　菊（女）	北京市电厂公司技校
纪晓村（女）	北京第一实验小学
贾俊连	顺义张喜庄乡成人学校
李萼锦（女）	北京市一商局幼儿园
屠舜耘	北京工艺美术学校
王　越	北京理工大学
吴凤英（女）	顺义县杨镇一中
谢志华（女）	崇文区崇文小学
张兆生	门头沟大峪中学
郑乃强	西城区大水车小学
周美玲（女）	北京工业大学
臧龙光	北京工业大学附属中学
邱济隆	北京市第四中学

天津市

鲍福生	天津市第一轻工业学校
马法成	天津市职工技术学院
倪文秀（女）	武清县杨村镇第四小学
杨培玺（女）	和平区滨江道中学
尤以明	南开大学数学研究所
张鼎言	天津市第四十二中学
岳鑫龄	天津市塘沽区实验小学

河北省

艾印琳	石家庄市第二十四中学
白占国	石家庄市平山县塔崖小学
曹锡江	石家庄市正定中学
陈春芝	衡水市衡水中学
陈晓玉（女）	河北师范大学
程廷英	巨鹿县辛寨小学
段绍篪	邯郸市第一中学
李富花（女）	蔚县西合营镇中心校
李彦彬	河北工艺美术学校
李子年	保定市教育学院
刘爱华（女）	黄骅市黄骅中学
刘俊萍（女）	涞水县板城小学
刘志忠	石家庄市第四中学
任新睿（女）	南宫市南宫中学
沈文彬（女）	涉县原曲中学
舒连芹（女）（满）	三河市第二小学
苏金陵（女）	香河县第三中学
孙世芳	华油水电厂子弟中学
王新山（女）	廊坊市第九小学
熊文利	滦县滦州镇中学
张春兰	沧州市卫生学校
张海发	景县龙华镇中学
张启江	满城县龙门中学
张启通	怀安县柴沟堡一中
张淑贞（女）	邯郸市第十三中学
赵文林（女）	宣化区鼓楼幼儿园
郑祥五	唐山市教委
周鸿祥	石家庄市师范学校

山西省

戴良贵 盂县教育局
宋应川 交城县中学
弓水和 晋东南工业学校
郭汉贤 太原工业大学
贺敬业 大同市第六中学校
简尔庄(女) 十三冶一中
李保槐 昔阳县中学
李坤民 晋城市第一中学校
梁广录 临汾一中
梁广生 交口县中学
孙晓青(女) 南城区青年路小学
唐兴胜 潞城市一中
王宝林 怀仁一中
温凤林(女) 灵石县南堰乡香山战学校
武艾娥(女) 省盲人中级卫生学校
杨美珍(女) 宁武县西关小学
张根明 太原五中
张兰英(女) 原平市第一小学
张世温 运城康杰中学

内蒙古自治区

孟凡成 乌兰浩特市教育局
吴景云 红山区教育房建公司
阿迪娅(女)(蒙古)四子王旗民族幼儿园
敖云其其格(女)(蒙古)阿拉善右旗蒙古族中学
道尔吉(蒙古)正镶白旗蒙古族小学
姜玉清 赤峰元宝山建昌营学校
李巨宝(鄂温克)鄂温克旗伊敏永丰小学
梁振山(蒙古)奈曼旗蒙古族中学
刘　敏(女) 包头市昆区钢铁路三小
刘培荣 准格尔旗巴润哈岱教办
任建中 乌拉特前旗蓿亥中学
王凤兰(女)(回)通辽市第十一中学
杨景龙 翁牛特旗布力彦中心校
张　亨 呼市一中
张　军 清水河县城关一小

辽宁省

邓世昌 锦州市锦州中学
符苏霞(女) 鞍山市铁西区黎明小学
顾贞珍(女) 辽宁省实验中学
韩慕纯(女) 锦州铁路分局职工子弟一中
李　智(满)义县九道岭初级中学
李　刚(女) 葫芦岛市高级中学
李永大 鞍山市师范学校
刘明石(女) 铁岭市高级中学
刘玉花(女) 大连市甘井子区海燕第二小学
罗道富 沈阳市财会学校
明志友 北票市娄家店乡初级中学
潘兆香(女) 丹东市站前小学
司玉琢 大连海事大学
宋玉普 大连理工大学
王　俐(女) 大连市金州区实验小学
王素华(女)(满)朝阳师范专科学校附属中学
王喜梅(女) 大连市中山区第一幼儿园
王兴东 抚顺市师范附属小学
温良斌 辽阳市 16 中学
杨印忱 大洼县高级中学
张维国 鞍山市农业综合中等专业学校
张锡华(女) 沈阳市第一三四中学
张亚权 辽中县第一高级中学
张志贤(女) 本溪市第一中等职业技术专业学校

赵贵祥		阜新市高级中学
赵继才		辽宁省铁岭农业学校
邹德山	(满)	盖州市红旗满族乡初级中学

吉林省

樊永丰		吉林市教育委员会
刘元天		双阳县教育局
柏树友		四平市第四中学
陈　功		辽源市第五中学
陈塑寰		吉林工业大学
程　琪(女)		吉林市实验中学
邓惜华		吉林省戏曲学校
富光武	(满)	松原市扶余区四中
江　涵		通化市第一职业高中
林复明(女)		吉林市第二十九中学
申今子(女)	(朝)	图们市二小
王继忱		白山市二十一中
王日祥		双辽县农职教中心
王室轩		敦化市实验小学
王晓清(女)		长春市第一实验小学
张景周		大安市第五中学
周世双		长春市八十八中
谢在皋		东北师大附属中学

黑龙江省

单玉凤(女)		松花江地区尚志教进校
刁荣琦(女)		哈尔滨市第四十七中学
冯柏华(女)	(回)	齐齐哈尔建华厂二中
侯　君		哈尔滨市呼兰县一中
胡友凤(女)		双鸭山市第一中学
姜文华(女)		黑依安县第一中学
李凤媛(女)		七台河市勃利二中
李文静(女)		绥化市东富乡腰房小学
李玉敏(女)		哈尔滨市第116中学
李玉琴(女)		牡丹江市第四中学
刘彩华		黑宝泉岭农管局高中
刘绍忠		伊春市二中
牟文彬		黑山河屯林业职技高中
石桂荣(女)		巴彦县爱民镇勇敢小学
王　强		鹤岗市南山区铁西小学
王仲奇		哈尔滨工业大学
温淑云(女)		大兴安岭实验中学
许光勇		密山市教育委员会
郁　琦		齐齐哈尔市实验中学
张巾超(女)		哈尔滨医科大学
张淑霞(女)		明水县第一小学
张玉珩		大庆市教育局
赵玉文(女)		哈尔滨市第113中学
郑桂玲(女)		北安市兆麟小学
刘文华		佳木斯市第一中学

上海市

蒋辉藻		上海市奉贤中学
吴程里		上海大学
吴小仲(女)		上海市第二中学
陈明仪		上海大学
顾玉东	(满)	上海医科大学
黄秀宝(女)		中国纺织大学
陆谷孙		复旦大学
倪闽景		上海市复兴中学
沈焕庭		华东师范大学
杨明华	(回)	上海市大同中学
张　甦(女)		嘉定区黄渡中心小学
张建平		华山美术职业学校
张圣道		上海第二医科大学
周　剑(女)		长宁区实验幼儿园

江苏省

李传仁		江苏省淮阴中学
庞道炎		江宁县湖熟职业中学
曲钦岳		南京大学
汪乾荣		江苏省南通中学
陈惠平		射阳县中学

陈黎平	徐州师范学校
陈佩玲(女)	南京化工学校
成翠珠(女)	盐城市聋哑学校
范大昭	江苏省无锡市工业学校
方大纲	南京理工大学
顾冠群	东南大学
顾家俊	阜宁县合利乡阜东小学
黄天成	镇江市第十六中学
黄宇麟	江苏省无锡市第一中学
李培森	武进县前黄中学
李玉芳(女)	泰兴市襟江小学
刘成华	邳州市宿羊山高级中学
柳玉书	云台区猴嘴中学
陆知轩	江苏省海门中学
浦建宏	苏州昆山市第一职中
钱逸瑞(女)	南京市第九中学
沈　骅	江苏省姜堰中学
孙德霖	苏州江苏省苏州中学
万秀梅(女)	涟水县中学
王建忠	启东市中学
吴小兰(女)	常州市第二中学
许良瑜	兴化茅山镇朱龙小学
杨瑞清	江浦县五里行知小学
杨绪光	宿迁骆马湖乡戴场小学
扬作山	连云港市海州中学
张宝海	宝应县城镇中学
郑恒成	沛县教育局教研室
朱其华(女)	泗洪县实验小学

浙江省

赵静芝(女)	衢州市柯城花园乡中心
朱敦礼	宁波效实中学
陈定生	舟山中学
陈国阳	新昌中学
陈远蔚	宁波服装学校
何向荣	浙江冶金机械技工学校
黎连高	建德市寿昌卜家蓬初中
潘月娟(女)	永嘉县实验小学
齐　栋	杭州高级中学
邵起凤(女)	湖州市爱山小学
沈之荃(女)	浙江大学高分子科技系
吴根土	金华市第五中学
吴心平	宁波大学
夏富财	庆元县实验小学
杨涤江	海宁市高级中学
张彩香(女)	温岭市钓浜乡中心小学

安徽省

程荷生	黄山市屯溪第六中学
姚多忠	淮南市安徽工贸学校
陈　岩	蚌埠市第二中学
陈有源	贵池市灌口乡梅山小学
丁　抗	凤阳县黄湾中学
丁　明	合肥工业大学
胡福友	安庆市第十三中学
胡志珍(女)	广德县誓节镇牌坊小学
蒋立甫	安徽师范大学
李　侠(女)	濉溪县四铺乡新庄小学
李鼎新	阜阳城郊中学
鲁国佑	繁昌县新林乡官塘小学
乔玉兰(女)	马鞍山市第二中学
邱林霞(女)	安徽医科大学
王　水	中国科技大学
许克礼	铜陵县钟鸣职业中学
杨益民	安徽机电学院
叶文孙	安徽农业大学
余宗信	宿州行署宿城第一中学
张　铃	安徽大学
张先庚	无为县旭光初级中学
赵嗣文	霍山县职业高级中学
朱玉扬	合肥市肥西师范学校

福建省

黄清流	漳州三中
陈　明	福州乌山小学
陈龙岗	厦门广播电视大学
陈明富	莆田湄洲湾工业学校
陈如凯	福建农业大学
葛晓英(女)	南平建瓯实验幼儿园
何世英(女)	屏南一中
黄盛椿	南平师范学校
潘鸿华	宁德福安甘棠学区
秦立训	福建机电学校
唐崇惕(女)	厦门大学
许秀甲(女)	泉州通政中心小学
叶挺森(女)	三明宁化泉上学区
杨玛罗	福建师范大学附中

江西省

吴光蓓	大余县职业技术学校
袁可仁	宜春地区教育委员会
郭炳光	万载县中学
黄　琰(女)	南昌市百花洲小学
黄翠兰(女)	南昌市第十中学
黎杜玲(女)	九江市双峰小学
潘际銮	南昌大学
舒正新	余干县中学
王建英	南丰县第一中学
王梅蓉(女)	玉山县冰溪镇瑾山小学
伍绍光	吉安市白鹭洲中学
夏施仪	信丰县铁石口镇红背小学
肖烈谐	万安县沙坪中学
谢世汉	新余高等专科学校
徐松柏	景德镇市第一中学
许保珍(女)	芦溪区麻田乡蔡家小学
叶子齐	贵溪县文坊岭西小学
殷敏如	九江市第一中学
余信文	东乡县孝岗镇第一小学

山东省

高清山	沂南县教育委员会
牛世绪	淄博师范学校
朱平坦	枣庄农校
毕可山	荣成市第二十二中学
曹桂荣(女)	寒亭区第六中学
程和方	新泰新汶中学
冯德文	蒙阴县教研室
冯庆俊	泗水县第一中学
郭忠孝	临朐县第一中学
侯爱华(女)	济南章丘官庄养军小学
胡素清(女)	长岛县长岛中学
匡志仁	胶州市第一中学
李　刚	费县第一中学
李崇基	莱芜市第一中学
李德香(女)	沂水县沂水镇小学
李新芝(女)	菏泽市北关小学
李兴芹(女)	泰安灵芝街小学
刘法聚	曹县一中
路英杰(女)	垦利县第一中学
马海雁	胜利油田第一中学
马晓玲(女)　(回)	济南纬九路小学
么富江	冠县民生小学
孟广高	聊城市民主小学
宋瑞祥(女)	山东省济宁贸易学校
宋淑玲(女)	烟台市第一职业中专
孙宝书	龙口市实验小学
孙景熙	安丘市实验中学
孙素梅(女)	东明一中
王丙春	平原第一中学
王翠玲(女)	青岛开发区实验小学
王金柱	平原师范学校
王克明	山东大学
王明先	无棣县第一中学
王秀英(女)	山东省电子工业学校

许克林	莱西市第一中学
严先纯	微山县夏镇一中
杨德胜(女)	金乡县实验小学
杨梅岩	滕州一中
张传若	日照市教研室
张方洪	博兴县实验小学
张宏图	青岛大学
郑良伟	淄博市北博山中学
阙国和	石油大学(华东)
王骏华	青州第一中学
翟远杰	嘉祥县第一中学

河南省

高　俊	河南安阳市第七中学
郭建平	河南洛阳第五中学
纪铭有	河南郑州市三职专
李培模	河南信阳罗山教育局
白中兴	河南许昌实验小学
程守亮	南阳唐河县一高
丁国平	郑州登封唐庄龙池小学
段　劭	河南信阳市九中
范魁生	河南医科大学
葛祥瑞	商丘虞城县高级中学
胡世兰(女)	河南驻马店第二中学
姜东瑞(女)	新乡市十中
姜聚池	洛阳市第一高级中学
蒋　淼	郑州中原区郑上路小学
晋风莲(女)	平顶山汝州温庄中学
李慧军(女)	河南濮阳市实验小学
李小建	河南大学地理学系
梁松林	商丘睢县教体局教研室
林诒勋	郑州大学数学系
刘国昌	周口鹿邑县老君台中学
刘莲叶(女)	洛阳市廛河区新建小学
吕廷华	郑州市十一中
申利萍(女)	鹤壁市第二中学
史国栋	河南农大机电工程学院
王键吉	河南师范大学化学系
王君良	周口西华县第一高中
文俊峰	河南漯河临颍一高
毋立平	河南沁阳市海泉中学
张义文(回)	开封高中
张正森	三门峡陕县大营乡中学
赵兰琴(女)	河南淮滨县高级中学
朱建勋	河南上蔡县朱洼初中
朱金才	南阳内乡县高级中学
朱黎明(女)	河南平顶山第十四中学
朱蓓棣(女)	开封市杞县大同中学

湖北省

刘成德	天门市教育委员会
潘国华	黄冈地区教育委员会
裴德重	五峰县教育委员会
任心廉	武汉大学
陈风敏(女)	襄阳县方集乡中心小学
陈国山	嘉鱼县老官镇老官小学
程火平	孝南区徒岗中学
高作本	鄂州市华容胡林镇中学
洪治城	黄石市第八中学
李汉忠	随州市西城岁丰学校
李双锁	荆门市沙洋师范学校
林应日	武汉市第十五中学
卢国珍	石首市第一中学
陆美锋(女)	孝感高级中学
马光明	湖北省潜江中学
潘元福	仙桃市沔城高级中学
沈　萍(女)	郧县城关一中
石　萍	麻城市一中
石晓明	东西湖职业技术学校
宋国梓	监利县程集镇初级中学
王仁卉	武汉大学
王荣林	枣阳市姚岗镇疆口小学

王新刚	十堰市勤工俭学办公室
王忠文	广水师范学校
吴传喜	湖北大学
吴裕金	咸宁市横沟高中
邢福义	华中师范大学
杨思中　(苗)	来凤县实验小学
袁学福(女)	黄冈地区教委
张其海	宜昌市伍家乡花艳小学
朱贤鑫	恩施市第一中学
李水生	华中师范大学一附中

湖南省

陈楚生	湖南省冷水江市铎山学区
陈练模	湖南省平江县幕阜林场小学
邓奕瑜	湖南省永兴县第一中学
江崇书	湖南省临澧县第一中学
兰树林	湖南省株洲县太湖乡中学
黎景春	湖南省新化县吉庆镇吉庆中学
李　健	湖南省长沙市第一中学
李建平	空军长沙航空工程学校
刘朋生	湖南湘潭大学
刘平贵	湖南省沅江市第五中学
刘淑惠(女)	湖南省郴州市第三中学
刘仲良	湖南财经学院
马彬兰(女)	湖南省攸县教师进修学校
商建东	湖南省桃源县商家河小学
沈谷林	湖南省宁乡县沩山乡联校
师明南　(土家)	湖南省龙山县第一中学
宋善军　(土家)	湖南省沅陵县柳林汊乡中学
唐玉桃(女)(土家)	湖南省张家界市索溪峪镇双新学校
陶用舒	湖南省益阳师专
文亚杰	湖南省衡山县岳云中学
吴永良	湖南省衡阳县永寺上桥小学
杨初春	湖南省兴邵县第一中学
杨根发	湖南省黔阳县第一职业中学
易纯辉(女)	湖南省湘潭县第一中学
余三定	湖南省岳阳师专
张仕荣(女)	湖南省道县新车学区
周进禄	湖南省冷水滩市四小
邹豪生	湖南省邵阳师专
谌伯纯(女)	湖南省长沙市电子工业学校
王楚松	湖南师范大学附属中学

广东省

陈春波(女)	茂名市化州山背小学
陈继岳	潮州湘桥区黄金塘小学
陈家堃(女)	广州医学院
陈敏生	龙门县龙城镇第二小学
陈耀汉	广州市培英中学
程耀杰	广东高州师范学校
郭朝琦	湛江市第二十五小学
郭乃正	广东广雅中学
胡树源	肇庆市肇庆中学
黄若凡	中山市沙溪理工学校
梁雅祥	江门市新会师范学校
刘桂梅	清远市第一中学
刘济锐	汕尾市陆丰县甲子中学
刘绍鸿	深圳市罗湖区翠竹小学
刘　嵘	中山大学
罗锡文	华南农业大学

欧远和		云浮市云城振华小学
潘庆棠(女)		佛山市元甲学校
彭爱平		广东北江中学
谭树堂		东莞市望牛墩中学
童　真		华南理工大学
温登湖		湛江市廉江第三中学
肖京昌		梅州市梅县东山中学
曾纪基		阳江市第一中学
詹向桐		揭阳市惠来县英内小学
张俊华		紫金县蓝塘镇告坑小学
张小玲(女)		梅州市梅江区人民小学
郑加伦		珠海市头门县实验小学
杨子权		汕头市聿怀中学

广西壮族自治区

戴良朝		广西玉林地区教育局
梁宝球	(水)	广西宜州市教育委员会
何雨生		广西临桂县县城一小
黄必镜	(壮)	广西武宣县新龙乡教育组
黄福荣	(壮)	广西南宁市武鸣县中学
李辉谟		广西合浦县公馆镇中心小学
梁　艾		广西防城港市中学
梁宗源		广西苍梧县龙圩镇初级中学
廖庆俊		广西岑溪县南渡镇教育组
谭蝶影(女)		广西柳州市高级中学
唐纪良		广西农业大学
唐平记		广西南宁地区宾阳中学
田广义		广西灵山县灵山中学
王绯玲(女)	(壮)	广西百色市第五中学
韦编贤	(壮)	广西南宁民族师范学校
赵宗隆	(壮)	广西体育运动学校
郑灼球		广西荔浦县中学
张本焕	(壮)	广西田东县田东中学

海南省

韦迪兴		三亚市第一中学
周永香		万宁县教育局
关贻猷		昌江县昌江中学
傅映柏(女)		海口市第二十七小学

四川省

高阳海		乐山市草堂高中
龙义华		四川省新都县第一中学
涂文涛		西南财大党委
袁世海		重庆铜梁中学校
包胜国		重庆渝北区舒家乡中小
曹永泰	(羌)	北川小坝羌族藏乡小学
陈兴万		重庆巴南区成人教育校
陈运贞(女)		重庆医科大学
单根初(女)	(藏)	阿坝州马尔康第二小学
单珍彭错	(藏)	得荣县瓦卡乡中心校
段文光		乐山市仁寿县天明初中
傅德明		渝州大学
韩树英(女)		四川省科学城一中
何致祥		自贡市蜀光中学
侯觉民		南充高中
胡愈敏		四川省旺苍中学
贾蒲欣(女)	(土家)	雅安市一中
贾映松		射洪县潼射镇教办
蒋朝明		四川省忠县拨山中学
景光武		四川省邻水中学
李　艳(女)		内江市第一小学校
李　林(女)		重庆永川红星幼儿园
李　渠		达川渠县奉家乡小学
李如庸		涪陵市第五中学校
李统茂		中江柴山小学
李学清		四川省奉节中学校
李子银		盐边县国胜乡村小
廖善玉(女)		威远县新场镇一小
林培明		凉山州宁南第一中学校

刘文碧（女） 成都师范学校附属小学
罗正容（女） 宜宾县大塔滩村小
彭大光 重庆潼南县中学校
屈义襄 四川省泸州化工学校
苏万方 达川地区达川市第一中
孙洪初 邛崃羊安镇一小
唐小我 电子科技大学
王茂荣 四川省巴中中学
王绍安 都江堰玉堂镇龙凤村小
王伟民 四川省梁平中学校
杨先杰 成都市十三中学
游志胜 四川联合大学
赵体发 西充太平中心小学
周成杰 乐山市眉山土地乡小学
周明芬（女） 宜宾市第三中学校
邹廷宁（女）（土家）酉阳县第一中学校
孙维亮 彭水县火石乡中心校

贵州省

杨炯珠（女） 贵阳市女子职业学校
赵汝凡 仁怀县教育工会
何忠勇 遵义县三岔镇红星小学
李敏修（女） 兴义市下五屯镇中心小学
刘　鹏 贵州省政法管理干部学院
罗方新 贵州师范大学
寿安祥 （侗） 黎平县雷洞乡教育辅导站
田沛发 （苗） 松桃县牛朗镇格老村小学
王光荣 普定县教育培训中心
杨文明 （苗） 瓮安县职业高级中学
阳荣华 凯里市第三中学

云南省

张寿国 云南中医学院
凹开明 （彝） 大理州巍山县大仓乡梧岗山小学
毕国才 （彝） 巍山县庙街乡草场小学
车开礼 勐腊县勐仑中学
孔治恩 （景颇）德宏州路西县西山乡小学
刘兴梅（女） 临沧地区镇康县勐棒栏杆坝小学
刘自廷 （彝） 红河州蒙自县冷泉乡教委
宋承淑（女） 昆明市盘龙区中华小学
王云中 思茅二中
王正荣 云南工业大学
吴永金 玉溪地区通海县第五中学
杨成福 马关县教育局
张炳彦 （白） 昆明医学院
朱勋汝 宣威市第五中学

西藏自治区

邹乐平 西藏银行学校

陕西省

李保义 西北工业大学
徐精彩 西安矿业学院
赵耀忠 黄龙县界头庙山河小学
成惠斌 武功县绿野中学
高秀芳（女） 耀县瑶曲镇教场坪小学
巨绪龙 岐山县益店高中
李忠仁 澄城县王庄中学
柳大雄 安康市第一中学
欧松龄 勉县第一中学
宋国乡（女） 西安电子科技大学
王凤侠（女） 礼泉县骏马中心校
谢友柏 西安交通大学
姚纯厚 陕西省安康农业学校
朱俊珍（女） 西安灞桥区纺织城小学
栾陇霞（女） 陇县西大街小学

甘肃省

陈光彩 华池县教研室

胡俊元 张掖师范学校
黄惠玲(女) 崇信县中学
汤 芳(女) 安西县渊泉第二幼儿园
魏含芳(女) 皋兰县石洞小学
武勤俭 两当县第一中学
徐大芬(女) 天水市第一中学
殷长秀(女) 定西县东方红中学
张宗晓 古浪县第三中学
赵兴绪 甘肃农业大学
雒 秀 靖远县第一中学

青海省

刘达萍(女) 果洛州大武民族中学
王增武 (回) 黄南州尖扎县直岗拉卡乡李家完小
张太平 (蒙古)海北州刚察县哈尔盖民族寄小

宁夏回族自治区

何克亮 彭阳县白阳镇第一小学
胡庆和(女) 宁夏医学院
王跃祖 中卫县第一中学

新疆维吾尔自治区

哈力汗·赫孜巴克 (哈萨克) 阿勒泰地区一中
阿布得力 (哈萨克)哈密地区巴里坤县萨尔乔克中学
阿布利米提·铁木尔(维吾尔) 新疆红新月中学
翟仲华 伊犁地区新源县阿勒玛勒乡二中
冯泽森 新疆工学院
刘旦兴 阿克苏地区库车县第二中学
马书煊 新疆兵团农八师石河子总场一中
孟兆珍(女) 昌吉州吉木萨尔县第一小学
努里曼·吾吉(女) (维吾尔) 喀什地区伽师县第一小学
色依提尼莎·依明(女)(维吾尔) 和田地区一中
铁力瓦尔地·沙吾提 (维吾尔) 新疆克孜勒苏自治州一中

中国人民解放军

王 强 总后勤部青藏兵站部八一中学
于桂芳(女) 沈阳军区后勤部机关第二幼儿园
张翠芝(女) (蒙古) 内蒙古呼伦贝尔军分区幼儿园
朱长友 广州军区空军机关幼儿园

中国人民武装警察部队

陈金源 武警医学院

全国优秀教师
全国优秀教育工作者

北京市

全国优秀教师

白益三	柏纪明(女)	陈宝民
陈学先(女)	程冠英(女)	崔振常
戴克镭	单福琪(女)	邓仁生
丁兆兰(女)	董 晨(女)	董小林(女)
杜 俐(女)	恩晓琴(女)	傅聚英(女)
高铭暄	高树香(女)	谷莉莉(女)
郭景仪	韩庆祥	贺恩和(蒙古
胡师莉(女)	胡正义	吉翠兰(女)
姜文华	金绍春(女)(回)	金 涌
兰保伶(女)	雷淑英(女)	李 君(女)

李恩荣	李华云(女)	李如生(女)
李淑虹(女)	李晓林	李　颖(女)
李志新	李　绮(女)	刘　宜(女)
刘艾民(女)	刘法魁	刘国权
刘彤华(女)	刘永祥	刘玉茹(女)
刘玉玉(女)	隆　震(满)	卢海峰
陆　禾	梅汝莉(女)	宁重君(女)
祁建新	祁京生	尚学敏(女)
沈清泉	盛祥耀	时学缇(女)
史庆英	宋　怡(女)	宋复华
宋宜纯	苏大图	苏其伟
谭向勇	唐和平(女)	腾永华(女)
王　欢(女)	王安国	王超一
王成荣	王传丽(女)	王春声
王德森	王凤华(女)	王凤华(女)
王慧琴(女)	王　健	王礼先
王　珊	王泰库	王　夔
夏　洁(女)	萧树铁	肖永生
谢宗成	徐惠彬	徐祥俊(女)
徐晓剑(女)	许立冬(女)	许铁成
杨超英(女)	杨淑琴(女)	
杨学清(女)(回)	杨植兰(女)	杨中漪(女)
杨忠健	叶培大	叶绍芳(女)
尹伟伦	尹振水	于　红(女)
张兰生	张彭华(女)	张庆珩
张胜琴(女)	张学毅(女)	张　雪(女)
张志耀	赵庆和(女)	赵相印
赵英芹(女)	郑春和	郑君里
周国彪	周韫玉(女)	朱继文(女)
祝　盾	闵维方	裘锡圭

全国优秀教育工作者

蔡少甫	陈　昊	黄懋广
梁新儒	吕　牧	马树孚
孟广烈	田国庆	吴吟韶
徐顺意(女)	赵汝林	周　围

周之良

天津市

全国优秀教师

白雪银(女)(满)	边永朴	董亚静(女)
高尔爱(女)	谷书堂	韩宝国
何万田	霍晓宏	贾淑苹(女)
李宝琛	李贵清	李家玲(女)
李文霞(女)	李玉敏(女)	刘洪贵
刘润忠	刘隽亭	鲁光淮
吕月琴(女)	马玉芹(女)	毛玉香(女)
阮永丰	宋世慧(女)	孙连富
陶　冶	王　强	王家琴(女)
王克强	王玲荣(女)	王中合
辛志敏(女)	邢和利	许俊明
杨　地	杨寿义	杨素芸(女)
杨渝钦	姚家诗	于洪雨
于振丽(女)	章耀成	张国华
张健昌	张健红(女)	张乃鑫
张淑华(女)	张学珍(女)	张兆娣(女)
赵　峰	赵　昕	赵宝荣(女)
赵淑敏(女)	赵树祥	周连永
朱恩发	裘愉梁	

全国优秀教育工作者

陈学刚	胡汉昌	康岫岩(女)
李　琴(女)	李凤珍(女)	李绍武
刘万亮	卢行志	阎治身
于秀媛(女)		

河北省

全国优秀教师

安玉景	白存富	毕静贞(女)
边从敏(女)	蔡德发	曹建龙(满)
柴戈北(女)	柴全喜	常镇亮(女)
陈宝贵	陈乃江	陈贤拓
陈兆民	楚玉彩(女)	崔青荣(女)
崔永根	董双辰	董文模(女)

杜秋富（女）	房运泉	冯素芝（女）	任世明	任西发	容世彦
傅秀荣（女）	高二娃	高俊格（女）	沙书萍（女）	商庆云	尚平均
高勤江	弓何云	关树志	邵　志	石俊瑞	石素芬（女）
郭爱云（女）	郭凤英（女）	郭俊科	宋鸿君	宋霞文（女）	宋玉林
郭坤林（女）	韩铁铮	韩小蕊（女）	苏　坤	孙安同	孙大业
韩运贤（女）	郝国安	和金海	孙建军	孙丽华（女）	孙淑敏（女）
何泽水	胡慧敏（女）	胡清英（女）	孙志明	唐洪敏（女）	
胡玉品（女）	黄振玲（女）	霍北利（女）	唐树青（女）（回）	田香云（女）	王爱国
霍全禄	霍彦芬（女）	霍永泉	王保位	王　椿	王东改（女）
姬忠年	吉双宝	及乐林	王贵刚	王怀平	王静林
季希武	贾秀莲（女）	贾寅戌	王　菊（女）	王兰英（女）	王联风（女）
贾玉华（女）	蒋林章	焦兰池	王良军	王淑英（女）	王淑云（女）
金社强	金玉香（女）（满）	景存东（女）	王树春	王素荣（女）	王文普
孔凡均	郎计海	李爱华（女）	王文英（女）	王新军	王学勇
李宝林	李本文	李翠英（女）	王艳英（女）（满）	王玉瑾	王增云
李国瑞	李洪军	李俊荣（女）	温宝君	温书华	吴是云
李梅书（女）	李　强	李庆荣（女）	伍均峰	谢继忠	星书臣
李荣彦（女）	李书岭	李银茹（女）	邢怀年	徐金荣（女）	徐艳军
李永存（女）	李志刚	李志俊	许桂英（女）	许兰表（女）	薛　芳
李志武	梁保云（女）	梁翠云（女）	薛章群	阎玉科	杨京楼
梁坤江	梁培政	梁银兰（女）	杨乱腾	杨兴华（女）	杨　毅
刘昌青	刘风歧	刘惠茹（女）	杨义胜	杨英虎	杨玉升
刘兰山	刘淑敏（女）（回）	刘树华（满）	杨志海	姚中枢（满）	殷政云（女）
刘新敏（女）	刘秀武	刘秀芝（女）	尹　兴	尹志扬	尹志远
刘学军	刘雅轩	刘玉东	游思慧（女）	于红珍（女）	于　健
刘玉庆（回）	刘玉琦	刘　增（满）	于进孝	于　艳（女）	袁小平（女）
刘占恒	刘镇宗	刘芝凤（女）	岳　宏	岳书申	占玉强
刘志信	柳起林	卢翠芝（女）	张翠平（女）	张建平	张金龙
禄作辉	吕常明	吕素侠（女）	张　库	张立颖（女）	张沛池
罗利民	马春暖（女）	马丽静（女）	张　青	张润芝（女）	张绍禹
马淑芳（女）（回）	马玉娥（女）	马峙英	张素芬（女）	张素玲（女）	
牛翠枝（女）	牛金娣（女）	欧连俊（女）	张小燕（女）（满）	张燕军（女）	张月恩（女）
潘文礼	庞俊梅（女）	庞　禄	张占功	张中跃	赵长城（满）
齐宝昌	齐国爱（女）	秦志武	赵怀斋	赵立新	赵青木
秦　壮	屈瑞东	任森行	赵树森	赵　文	赵喜顺

赵子玉　郑会民　郑善昌
朱少男(女)　朱元照
邬荷郁(女)(蒙古)　闫凤林
窦龙晓　褚祥虎

全国优秀教育工作者

邓　顺　杜宝生　傅品正
郭九书　韩明礼　何玉军
姜广明　李亚军(女)(满)　卢凤生(女)
孙　斌　王宝良　王国庆
王宏义(满)　王全成　王振刚
谢增力　邢树春　杨成健
杨缦雯(女)　袁叫唤　张东利(满)
张立志　张满城　张　侠
郑书海　邹春风(女)

山西省

全国优秀教师

安桂花(女)　常建国　常俊杰
陈建平　陈续成　陈志刚
董彩萍(女)　董启峰　董玉仙(女)
都金山　段有前　范桂枝(女)
冯俊莉(女)　高　芳　高秋林
高耀珍(女)　宫秉礼　郭爱莲(女)
郭俊连(女)　郭青枝(女)　郭瑞兰(女)
郭象坤(女)　韩同蒲(女)　韩子平
郝金霞(女)　郝树民　郝志栋
何元喜　侯冬梅(女)　侯启山
胡　进　胡光兴　黄红梅(女)
黄素琴　霍志珍(女)　贾白提
姜苏珍(女)　晋　琳(女)　康殿烈
康桂英　郎潞庭　李　进
李　坤　李爱娟(女)　李慈德
李翠梅(女)　李凤英(女)　李丽珍(女)
李吾代(回)　李新燕(女)　李银元
李玉玲(女)　梁丽霞(女)　梁秀玲(女)
梁占梅(女)　刘　刚　刘兰英(女)

刘仍彪　刘希敏(女)　刘玉平(女)
刘云兰(女)　刘正洪　刘致和
刘澍民　吕林庆　吕绍林(女)
吕正谋　罗寅旭　孟　飞
明增鱼(女)　牛金福　牛志敏
钱学锋(女)(回)　秦　兴　秦礼堂
任宝来　任陆平(女)　申增平(女)
施继平　石灵草(女)　石玉兰(女)
史海莲(女)　宋君琴(女)　宋宪章
苏凤鱼(女)　孙东亮　孙敬森
谭民悟　田克勤　田云儿(女)
王　晋　王　胜　王爱萍(女)
王爱琴(女)　王德俊　王东巧(女)
王凤仪(女)　王桂梅(女)　王丽媛(女)
王利文(女)　王凌彬　王满福
王媚萍(女)　王秋蔚(女)　王世勋
王淑敏(女)　王先明　王晓梅(女)
王彦来　王忠民　魏胜利
卫安哲　吴德文　吴秀山
吴艳琴(女)　武桂莲(女)　武海娥(女)
肖广文　肖文科　辛宝亮
刑国明　许官文　薛俊敏(女)
薛满平　薛喜焱　薛在亮
杨安和　杨金华(女)　杨景元
杨芹波(女)　余　涛　原学生
张凤琴(女)　张桂蕊(女)　张宏灿
张建中　张丽珍(女)　张临生
张灵灯(女)　张美珍(女)　张润仙(女)
张苏华(女)　张王马　张新民
张玉平　张玉喜　张增旺
赵爱云(女)　赵建红　赵科文
赵连彪　赵良宝　赵青英
赵万科　赵阳升　赵玉梅(女)
甄伟芳(女)　郑雪梅(女)　郜彩霞(女)
臧　晓

全国优秀教育工作者

陈美玲(女) 党改果(女) 杜咸池
郭敏基 亢东升 李 盛
刘长鼎 王 英 王德育
王生钰 王彦炯 王振英
相从智 徐仲安 杨喜高
张炳义 赵秉珠(女) 郑麦祯

内蒙古自治区

全国优秀教师

阿拉坦苏和(蒙古)
阿其拉图(蒙古) 安淑清(女)
昂斯拉玛(女)(蒙古)
敖彩云(女)(蒙古)
巴图孟和(蒙古) 班雄鹰
包桂花(女)(蒙古)
包淑华(女)(蒙古)
布和巴雅尔(蒙古) 常宝明
车 键 陈永喜(蒙古)
陈忠泽(蒙古) 达日玛(蒙古) 邓秀华(女)
邓永盛 狄朝群
额尔敦哈斯(蒙古)
鄂玉宏(女)(达斡尔) 钢苏和(蒙古)
高凤云(女) 哈日巴拉(蒙古)
哈斯其木格(女)(蒙古) 韩桂连(女)
何玉华(女)(满) 贺换枝(女) 侯运芳(女)
胡日查(蒙古) 黄成文 季庆瑞
姜九龄 江庆翘
鞠素兰(女)(蒙古) 郎朴娥
李爱莲(女) 李广芹(女) 李海玉
李建光 李向荣(蒙古) 李笑莲(女)
李秀芹(女) 李银枝(女) 李玉风(女)
李振华 梁 波 刘彩霞(女)
刘东升 刘 高
刘金荣(女)(蒙古) 刘 凯(女)
刘淑琴(女) 刘彦彰 罗万龙
马力男(女) 马秀云(女)(蒙古)
孟 华(女) 米尚智 宁国昌
其那日图(蒙古) 齐 静(女)(蒙古)
齐远东 却金扎布(蒙古) 任连生
商国策 沈丽云(女) 石应荔
斯庆巴特尔(蒙古) 宋文慧(女)
宋占奎 苏风仙(女) 孙桂云(女)
孙励华(女) 孙占文 孙振茹(女)
索纪本(蒙古) 通拉嘎(蒙古)
万星会(女)(蒙古) 王宝杰
王殿芹(女) 王桂荣(女) 王建国
王景芬(女) 王胜利 王淑云(女)
王淑珍(女) 王天禄 王维生
王亚贤(女) 王振基 王 志(蒙古
魏慧真(女) 吴桂华(女)(蒙古)
吴国山(蒙古) 吴 秀 武凤枝(女)
徐风礼 徐文华(女) 许桂美(女)
杨常义 杨福英(女) 杨 森(蒙古
姚美英(女)(蒙古) 张伯昌
张桂兰(女) 张建峰(女) 张文科
张协生 张 星 张 友
张召梅(女)(蒙古) 张 熹
赵凤喜 赵金庭(女) 赵静石(女)
赵兰芬(女) 赵兰荣(女) 郑广明
周秉高 周 华(女) 周怀起
佟双山(蒙古) 裘桂新(女)

全国优秀教育工作者

蔡志勇 根格宝(女)(蒙古)
金喜祥 王茂林 温玉庭
乌日图(蒙古) 武 俊 于福龙(蒙古
于国林 于文泉 张永胜

辽宁省

全国优秀教师

安恒久 安颖芝(女) 柏曙红(女)
毕绍中 边明鹏 曹希立

曹秀莲(女)	常迎晨(女)(回)	陈　玲(女)	潘喜荣(女)	潘芙蓉(女)	齐秀荣(女)
陈凤珍(女)	陈连第	陈美艳(女)	齐志华(女)	曲广珍(女)	曲惠春(女)
陈素英(女)	陈占春(蒙古)	程　艳(女)	任锡江	邵郁祁(女)	沈纯湖
丑述敏(女)	丛善滋	崔海生	石清澄	时素兰(女)	宋翠华(女)
崔金山	戴俊英(女)	戴欣华(女)	苏宇权	孙长惠	孙长林
丁志敏	董雅芝(女)	董英力	孙兰英(女)	孙世侠(女)	孙永胜
方铁珊	付朝东	付守田(满)	孙玉华(女)	陶国安(满)	田　冬
高慧清(女)	高旭国	高学俊	汪淑兰(女)	王　芬(女)(满)	王　秋(女)
葛淑妍(女)	谷祖裕		王　英	王成元	王崇贤
关玉芳(女)(锡伯)		郭　军(女)	王桂芬(女)	王桂珍(女)	王洪生
郭桂荣(女)	郭向阳(女)	郭季安	王惠贤(女)	王家璋	
韩　光	韩维莲(女)	韩云先	王景君(女)(满)	王俊秋(女)(满)	王丽雪(女)
郝立庆	贺贵权	洪生茂	王梅芳(女)	王铭光	王启东(锡伯
侯冬岩	胡广娟(女)(满)	胡艳玲(女)	王谦平	王庆瑱	王香珍(女)
吉连祥	贾景兰(女)	贾同福	王兴田	王秀军	王永华(女)
姜春玲(女)	姜克定	姜来胜	王玉贤(女)	王允铎	魏姝芳(女)
姜日波	姜玉珍(女)	蒋爱玲(女)	吴　玲(女)	吴　岐	吴剑华
焦志侠(女)	金尔埠	金秀杰(女)	吴俊德(锡伯)	吴立文	吴晓华(女)
金延春	金宗仁	荆铁军	吴学芝(女)(满)	吴永才(蒙古)	
鞠亚力	康　恺(女)	孔立远(女)	肖成华(女)(回)	肖瑞峰	徐　平(女)
李　华(女)	李　武	李恩来	徐淑兰(女)(蒙古)		薛大力
李福清(女)	李付英(女)	李甲申	薛新国	薛秀荣(女)	杨巨枝(女)
李奎春	李丽荣(女)	李明声(女)	杨秀芳(女)	姚素坤(女)	叶柴筠(女)
李庆民	李淑文(女)(回)	李树田(满)	伊桂贤(女)	尤殿宏	于　龙
李廷本(满)	李晓红(女)	李雅君(女)	于　沐	于彬彬(女)	于光复(女)
李艳霞(女)	李玉芹(女)	栗荣华(女)	于桂春(女)	于俊平(女)	于连明
厉素娟(女)	梁锦华(女)	梁庆云(女)	于树成	于英敏(女)	于　永
梁悦华(女)	刘德林	刘福连(满)	袁忠杰(女)(满)	岳平山(蒙古)	张　辉
刘洪奎	刘铁贵	刘秀英(女)	张　莲(女)	张凤杰(女)(满)	张国凤(女)
刘艳秋(女)	刘玉华(女)	刘志谦(满)	张敬聚	张丽彬(女)	张连仲
卢秉通(满)	卢淑芝(女)	吕连枝(女)	张清泉	张瑞兰(女)(蒙古)	
吕香梅(女)	罗振兰(女)	马　健(女)	张树森	张晓东(女)	张艳侠(女)
马　俐(女)	马德良	马淑敏(女)	张云蛟(女)(锡伯)		张志芬(女)
马晓辉(蒙古)	马玉芬(女)	毛　昕	赵　华(女)	赵　杰(女)	赵长俊(女)
孟庆全(满)	潘　峰	潘启森	赵广志	赵鸿利	赵景云(女)

赵丽艳(女)(满) 赵茹珍(女) 赵素凤(女)
赵玉昌 赵再新(女) 郑福申
郑洪新(女) 周惠欣(女) 周丽君(女)
周力田 周素伟(女) 周玉玲
朱　晖(女) 朱碧霞(女) 朱素杰(女)
朱佐岩 奚宽义 栾毓琴(女)

全国优秀教育工作者

白景林(满) 曹秀荣(女) 陈玮玲(女)
邓晓春 黄柏珍(女) 江大志
雷才斌(锡伯) 李应烈(朝鲜) 龙学敏
卢兆洵 苗彦英(女) 申鸿华(女)
宋成玉 王立文 王绍强
王文元 徐　慧(女)(满) 徐凤山
徐桂英(女) 张宝民 张成伟
赵魁元 朱锡杰

吉林省

全国优秀教师

陈　福 陈晓华(女)
陈秀芬(女) 陈绪丽(女)
崔　敏(女)(朝鲜) 戴桂娟(女)
邓　平 丁春艳(女) 丁乐群
杜重寒 段立芳(女) 樊翠英(女)
傅文芳(女) 甘泽洁(女)(满) 高　星
高　云 庚淑丽(女) 关桂清(女)
郭丽佩(女) 郭泰一(朝鲜) 国凤阳
韩淑珍(女) 韩玉春 郝喜凤
郝振华(女) 何凤国(蒙古) 贺成文
洪哲金(朝鲜) 胡殿兴 胡恩厚
胡启泰 胡素芝(女)(满) 华树江
黄向东(女) 黄志芬(女) 纪　良
姜粉善(女)(朝鲜) 姜久清(女)
姜永刚 蒋维忠
金成淑(女)(朝鲜) 金淳弼(朝鲜)
金永花(女)(朝鲜) 金周硕(朝鲜)
金诩哲(朝鲜) 雷东河 冷晓会
李金萍(女) 李深业 李显文
李晓芳(女) 李孝忠 李秀春(女)
李羽祥 梁玉梅(女) 刘朝彦
刘春梅(女) 刘凤珍(女) 刘可石
刘淑贤(女) 刘文祥 刘晓晨
卢　军 吕守林 吕志良
马长君 马庆文 梅显臣
母玉兰(女) 潘占侠(女) 朴西源(朝鲜
齐百华(女) 齐延庆 商忠林
石春兰(女) 石瑞丽(女)(满) 舒丽华(女)
宋百兴 宋喜荣 宋喜堂
孙　安 孙　胜 孙淑兰(女)
孙文志(女) 唐翠玲(女) 唐方江
唐广琴(女) 唐桂芬(女) 万有礼
王凤珍(女) 王　惠
王金红(女)(满) 王金强 王乐平(女)
王丽君(女) 王士民 王淑荣(女)
王文芳(女) 王艳萍(女) 王泽福
吴桂萱(女) 吴　敏(女) 武常德
武丽萍(女) 肖永吉(女) 许承日(朝鲜
严　肃 严月玲(女) 杨德信
杨金华(女) 杨　阳(回) 杨振生
姚　侠(女) 姚晓华(女) 姚艳玲(女)
殷学军(女) 于海生 于会荣(女)
于秀廷(女) 于学宁(女) 于志华(女)
袁清修 袁淑英(女) 战永复
张桂萍(女) 张　衡 张洪玲(女)
张　辉(女) 张会轩 张金莲(女)
张金文 张敬华(女) 张盛文
张淑芬(女) 张显唐 张雅红(女)
赵　华(女) 赵　君(女) 赵　库
赵敏捷(女)(满) 赵淑珍(女)
赵玉萍(女)(满) 赵振邦 郑景洲
郑玉雪(女)(朝鲜) 周兴学
朱万华(女) 朱　寰 窦乃智(女)

全国优秀教育工作者

段　平　高礼义　龚　玲(女)
韩兆义　黄德胜　李金声
李万林　刘庚九　刘中树
孙茂荣(女)　王宪邦　吴凤玉(女)
邢　友　袁振民　岳振平(女)
张黎明(女)　赵杰民

黑龙江省

全国优秀教师

毕淑芬(女)　蔡桂香(女)　曹玉珍(女)
陈海鹏　陈淑芳(女)　陈孝桂(女)
陈永波(满)　陈志贵　程翠英(女)
程金生　迟效杰　崔强一(朝鲜)
崔润千　崔秀琴(女)　戴艺嫱(女)
单景龙　邓三瑞　邓文久
丁宝霞(女)　董淑范(女)　杜怀明
杜艳君(女)　方　莲(女)　付国才
高凤艳(女)　高丽萍(女)　高维栋
高显章　高宪宏　耿海宽
关成文　关春明(满)　关明辉(满)
关永中(满)　郭成林　郭吉然(满)
郭庆科　郭守信　郭相琴(女)
韩济湘　韩淑珍(女)　郝　俐(女)
何　静(女)(蒙古)　胡世学(满)
华丽萍(女)　华淑杰(女)　季克凤(女)
姜凤俭　姜国栋　姜荣君(女)
姜淑杰(女)　金爱兰(女)(朝鲜)
李　明　李　云(女)　李昌大(朝鲜)
李翠平(女)　李凤顺(女)(朝鲜)
李桂英(女)　李桂芝(女)　李海全
李恒君　李继华(女)　李名媛(女)
李培芬(女)　李清彦　李秋莲(女)
李士光　李世库　李淑芬(女)
李月波(女)　李忠信　李膺成
梁焱秋(女)　林子常　刘　伟

刘宝全　刘春柱　刘家凤(女)
刘俊兰(女)　刘奎春
刘丽君(女)(蒙古)　刘孟兰(女)
刘树杰　刘晓威(女)　刘义山
刘友三　刘振涛　刘丕林(满)
柳凤凯　龙　彪　卢鸿勋
吕德志　吕绍荣(女)　马　臣
马金发　马学靖　毛玉梅(女)
孟宪思　欧阳超　裴桂芝(女)
裴升镐(朝鲜)　彭喜文(女)　曲安钧
曲家园(女)　曲秀芝(女)　屈春霞(女)
任常富　史丽珍(女)　司宝金
宋丽梅(女)　宋淑香(女)　宋显宗
苏贵朴　苏永才　孙保东
孙德荣　孙凤琳(女)　孙国辉
孙国喜　孙申田　孙文清(女)
孙喜君　孙晓佳(女)　孙永刚
汤士武　唐家玮(女)(满)唐世杰
万景云(女)　汪　洋(女)　王　安
王　伟(女)　王宝兴　王朝辉(女)
王福荣(女)　王广召　王立冬(女)
王乃玲(女)　王淑琴(女)　王相国
王秀全(女)　王永平　王振国
王志基　王子文　魏　吉
吴双云(女)　武广富　向玉茹(女)
辛永学　徐长友　徐东升
徐丽敏(女)　许雅娟(女)
杨爱娣(女)(回)杨丽华(女)　杨希权
杨晓红(女)　殷景华(女)　尹　英(女)
尹鹤峰　于　斌(女)　于　鹤
于成文　于俊兰(女)　于晓清(女)
于智玲(女)　原　杰(女)　岳金铠
战秀芝(女)　张　馨(女)　张彩萍(女)
张成禄　张桂英(女)　张桂芝(女)
张贵海　张洪斌　张怀龙

张丽芝(女)	张淑兰(女)	张淑兰(女)
张晓宏(女)(蒙古)		
张志莹(女)(满)	张作力	赵　旭(女)
赵海波	赵焕成(女)	赵立彬(女)
赵淑范(女)	赵喜春	赵喜娟(女)
郑万峰	郑彦芳(女)	郑永杰(女)
周　炎(女)	周殿双	周宏立
周继成	周玉璞	朱梅亭
朱瑞和	闫兆平	缪丽娟(女)
臧凤琴(女)	滕秀芝(女)	褚廷夫

全国优秀教育工作者

陈忠森	付晓光	高桂琴(女)
管洪奎	韩伟民	姜连志
李熙成	李中会	刘宝文
刘桂湘(女)	刘天平	马庆河
曲洪勤(女)	任甫英(女)	宋国权
宋国文	王殿安	温中先
徐世界	于德斌	张少杰
赵　奇	周　刿	周学琦

上海市

全国优秀教师

蔡爱莉(女)	曹家麟	陈瑞琪(女)
陈新民	陈迎庆	陈治东
程隆霞(女)	邓嗣源	董　奇
董励荣(女)	端木福林	范天平
冯嘉元	高一敏(女)	顾毓鹏
关四彤(满)	郭　雄	郭西薇(女)
何慧湘(女)	何兆熊	侯文永
胡才龙	贾传江	江东霞(女)
焦馥杰	金　廉(女)	柯元炘
李凤英(女)	李国平	李建民
李美玲(女)	李汝勤	林德悟
林永中	刘敏正(女)	卢济威
陆　俭(女)	陆国征	陆荣麟
陆一平	马远国	毛美娟(女)
倪亚明	潘康宁	钱旭红
阮顺红	申　珏	沈绍平
沈岳奋	盛觉民	石　磊
石四箴(女)	寿伟达	苏正安
陶海根	田志明	万善正
汪耀鸿(女)	汪耀良	王邦佐
王道桃	王红珠(女)	王颂赞
王益民(女)	卫玉芳(女)	吴大器
吴瑞莲(女)	吴锡龙	谢家虬
谢锡林	谢忠新	谢宗豹
忻　琪(女)	徐家迈	徐丽丽(女)
徐学兰(女)	徐则民(女)	许三保
薛维梅(女)	姚　军(女)	姚洁吉(女)
叶雷明	雍炯敏	虞定海
虞忠懋	章　臻	张奠宙
张功镀	张金海	张赛静(女)
张圣坤	张士华	张为国
张友麟	张运来	张振华
郑华耀	郑继波	周惟炎
周伟俊	朱光明	朱知言(女)
诸鸿文	诸雨谷	仝曰芝(女)

全国优秀教育工作者

陈裕全	程士湘	姜秀娥(女)
凌桂明	王小山	许建苗(女)
张玉林	张止静(女)	周新美(女)
朱士明		

江苏省

全国优秀教师

白明华(女)	包立法	曹　成
曹　琳	曹新建	常宗美(女)
陈　冰	陈　波	陈昌彪
陈殿玺	陈国强	陈建乡
陈丽娟(女)	陈绍娟(女)	陈绳敏
陈淑君(女)	陈淑媛(女)	陈宜周
陈佑庄	陈泽诞	陈志萍(女)

崔　克	崔连柱	戴万顺	马一新	毛　涵	孟凡洋
戴永香	邓一先	翟立群(女)	孟庆亚	倪美娟(女)	潘振华(女)
丁汝洋(女)	丁时汉	丁顺前	平其能	钱俊元	钱晓华(女)
丁志荣	董桂兰(女)	杜柏兰(女)	乔葆俱(女)	秦培元	邱永智
端祥玉	樊德三	范德先	邱　琛	任宝生	沙荣驰
方　军	房立超	费志泽	尚稷桢	邵良俊	邵统亮
甘思芳(女)	高　镇	高如鸾	沈　泽(女)	沈红娟(女)	沈克强
高晓利(女)	高玉华(女)	高正东	沈其严	沈文瑛(女)	沈亦健
葛　虹(女)	葛心慧	葛永松	沈志桂	盛芝义	施克勤
耿建祥	龚洪祥	龚慧芳(女)	石志群	宋　恒	宋　军
顾太忠	郭德才	郭耿良	宋大志	宋鼎杰	苏洪祥
郭　荣	郭学忠	郭玉芬(女)	孙彩华(女)	孙定夷	孙　林
韩菊芳(女)	韩咏梅(女)	何惠生	孙宜广	孙正谦	汤成军
何企明	何书照	何一鸣	唐　华(女)	唐建国	唐建雪
何振国	侯红兵	胡若珍(女)	唐黎平(女)	唐瑞庭	唐　燕(女)
胡兴庚	胡兴来	胡学章	陶文胜	汪素琴(女)	汪永文
花日富	华一利(女)	黄复兴	王　辉	王爱玲(女)	王翠琴(女)
黄迎春(女)	姬作智	季　明	王桂成	王金生	王克洪
纪　沅	贾成林(女)	贾德霖	王能玉(女)	王韧农(女)	王士国
贾启俊	姜建平(女)	江　铭	王士林	王笑梅(女)	王宜兵
江文宏	蒋建成	蒋静贤(女)	王义簪	王永银	王月琴(女)
金荷华(女)	金礼荣	金　毅	王宗路	魏从强	吴计彬
景旭初	冷清平(女)	冷永成	吴佳莉(女)	吴文华(女)	吴友庚
李　艳(女)	李秉武	李伯珏	吴再陵(女)	吴志高	夏玉茹(女)
李长志	李惠芬(女)	李琳凤(女)	夏筱平(女)	向　军(女)	肖振海
李明显	李晓明	李雪林	徐伯清	徐康毅	徐坤生
李玉英(女)	李志建	李重骅	徐　凝(女)	徐浦宏	徐士月
梁　驰	凌　燕(女)	刘海莉(女)	徐雅清(女)	许尚德	许仲梓
刘建平(女)	刘明富	刘　萍(女)	宣立新	薛宝珑	严迪昌
刘新春	刘玉美	刘兆旭	严国元	严建波	杨　光
刘召建	刘芝云(女)	刘志辉	杨　勇	杨春才	杨林生
刘中俊	刘宗宝	刘晓萍	杨蔚南	杨秀兰(女)	姚汉卿
鹿丙奇	陆宝珍(女)	陆春金	叶韵辉(女)	叶志英(女)	殷文南
吕伏安	吕恒强	吕述兵	尹志高	应承仪(女)	尤维萍(女)
吕志涛	马　伟	马选华	于玲玲(女)	于向东	余　民(回)

俞洪南	袁文期	曾淑慧(女)
章松华(女)	章庭坤	章子豪
张安巡(女)	周素湘(女)	周月华(女)
朱禾勤	朱坤元	朱启林
朱效成	朱秀昌	朱英凤(女)
朱元生	朱泽芳(女)	朱兆贵
朱中海	朱　获	祝其悌
茆正荣(女)	闵乃本	张必中
张　标	张德才	张光毅
张桂林	张惠芬(女)	张建平(女)
张柳梅(女)	张世善	张先尘
张　彦(女)	张云方	张子云(女)
赵国平	赵家泰	赵良才
赵席霞(女)	仲伟贵	仲质伟
周家蔚(女)	周瑞祥	周　胜

全国优秀教育工作者

蔡龙增	葛国宏	顾晓松
郭恒忠	韩　斌	何邦彦
胡　迪	黄德明	黄文林
江恒进	金厚志	居有福
李成雄	刘汉奎	马荷英(女)
孟昭瑞	桑毓清	邵申骅
沈洪昌	施梅芳(女)	孙晋庭
唐善山	王建良	王　杰
肖德生	张　桦	周楚臣
朱　鸣	朱五华	

浙江省

全国优秀教师

蔡寅生(女)	曹苏芬(女)	陈成英
陈定鸿	陈耿忠	陈欢庆
陈家行(女)	陈式浩	陈增善
程建成	程水根	池昌松
崔向琪	戴锡保	董五川
杜晨鹰	樊厚通	范春黛(女)
范佩珊(女)	方松根	封云芳(女)
冯尚申	傅　进	傅德勤
傅凤香(女)	傅锡荣	傅一鸣(女)
洪百发	胡　野	胡　萃
胡加明	胡建淼	胡全华
胡锡标	胡祖光	贾超英
蒋维国	解启发	来宪江
梁世界	林卫民	娄宝海
鲁　兵	陆瑞端(女)	陆小义
吕光峻	吕圭源	罗进勇
梅新林	倪伟华	潘　令(女)
彭添生	钱荣泉	钱樟润
邱林甫	屈小武(女)	邵亚珍(女)
沈传龙	沈德荣	沈祖德
施月娟(女)	史定海	孙　钢
孙常秀	孙友娣(女)	孙招友
谭健儿(女)	唐淑华(女)	陶　侃
田梦森	王　坚	王宝棠
王惠林	王建华	王俊杰
王宁君	王燕骅(女)	王再平
王芝萍(女)	温莲珠(女)	翁　奇(女)
吴海进	吴玉农	夏晓华(女)
徐才信	徐汉珠(女)	徐铭华
徐文良	徐文先	许锦云(女)
姚培英(女)	姚孝崇	叶凭文(女)
应丽珠(女)	曾　苏	章炳熙
章剑蕉(女)	章晓炀	张　江
张碧联	张联禹	张曙光
张显高	张芝仙(女)	赵海星
赵加启	赵明才	赵启迪
赵士宏	赵忠良	郑　平
郑仁敏	郑治九	周美凤(女)
周惕民	周镇和	周毓敏
朱　军	朱爱莲(女)	朱碧芳(女)
朱昌淼	朱赤红	朱法娣(女)
朱健安	朱良骥	朱望阳

朱晓申(女)　祝国强　岑建苗
岑可法

全国优秀教育工作者

蔡建平　陈显阳　单昌源
都莲英(女)　胡颖秋(女)　金烈忠
梁树德　邵佳明　叶仙法
张洁辉　庄志模　宗　炜(女)
佘显炜　竺芝芬(女)

安徽省

全国优秀教师

包茰莓(女)　鲍启虎(女)　鲍昭玲(女)
蔡宝珠　蔡志银　蔡自宝
曹　凯　查贵生　陈传林
陈开文　陈永华(女)　程正务
崔时慧(女)　戴焕如(女)　邓柏林
邓玉华(女)　丁家云　董　毅
董武清　杜来民　方小培
房文彩　顾　飞　顾祖钊
桂根旺　郭守云(女)　郭正元
韩景志　韩克绵　郝登峰
郝荣霞(女)　何　念　洪法水
胡春玲(女)　胡国光　胡惠珍(女)
胡配南　胡绪应(女)　胡一政
黄继禹　黄永安　姜之洪
蒋必祥　蒋德歌　蒋士聪(女)
蒋玉珉　来浩然　李　立(女)
李　新(女)　李敦凯　李厚勤
李继愿　李家泰　李清友
李位三　李兴志　李玉荣(女)
梁　斐　梁兆亚　林特夫(女)
刘　靖(女)　刘　宁　刘贯章
刘海伦(女)　刘家军　刘启明
刘清真　刘子臣　刘子万
刘自芳(女)　卢文章　鲁有周
吕　平　吕灿群　吕美义
吕锡山　吕小华(女)　马如纯
马有金　梅香莲(女)　孟　迅
潘树强　潘友根　潘中毕
彭岳庆(女)　钱代根　乔占亚
权循熙　沈万和　盛天明
师卓敏(女)　石　剑　宋在璋
孙德富　孙根才　孙继明
孙全国　汤　敏(女)　唐　跃
陶汉之　陶伦荣　陶仁萍(女)
田发明　童朝林　汪　洋
汪春本　汪庆德　汪深涛
汪晓东　王德群　王光华
王广海　王继文　王佳田(女)
王健荣　王克荣(女)　王立业
王奇云(女)　王清灵　王任华
王淑云(女)　王双六　王素芹(女)
王素珍(女)　王为勤　王文举
王兴春　王亚洲　王玉珍(女)
王懋勤(女)　吴大元　吴甘来
吴宏林　席家生　项思明
谢长根　谢雅珍(女)　邢守兰(女)
徐嘉炜　徐黎明(女)　徐良荣
徐青兰(女)　徐士兰(女)　徐作璋
许金林　许荣镒　薛朝玉
薛俊锋　杨德利　杨光洵
杨绪萍(女)　杨玉燕(女)　姚启环(女)
尹富林　俞昌旋　袁秀云(女)
章腊华　张　海　张　良
张博文　张承萍　张凤英(女)
张劲秋　张劲松　张利华
张脉飞　张明今　张若琳(女)
张文厚　张学斌　张玉标
张玉民　张裕生　张运年(女)
张正友　郑存才　郑治祥
周秉根　周纪民　周晓兰(女)

周中明　朱广辉　朱美玲(女)
佘云美　邬培华　闫广志
濮存德　滕俊荣　嵇启华(女)

全国优秀教育工作者

甘　霖　高同启　葛月川
顾亭玉(女)　郭德荣　郭文瑛(女)
黄诗豪　李广文　李家勋
刘福乔　马　建　欧儒利
孙利平　徐　龙　杨世新
战秋萍(女)　张广忠　张继新
张时香(女)　朱明盛

福建省

全国优秀教师

蔡妙妙(女)　蔡彦士　陈　强
陈炳恕　陈成碧　陈锋英(女)
陈江明　陈柳絮(女)　陈守志
陈文化　陈雪梅(女)　陈雅芳(女)
陈永煌　陈章华　程松连
邓清香(女)　邓永武　董永贵
方丽英(女)　高淑婴(女)　高亚勤(女)
郭华阳　郭太良(回)　郭献文(回)
何爱珍(女)　洪冰风　胡传群(女)
黄爱玉(女)　黄乃华　黄素芬(女)
黄素华(女)　黄耀荣　黄赠金(女)
黄兆平　黄志雄　江德端(女)
江火局　蒋丽英(女)　康海根
柯淑华(女)　孔连根　孔祥新
赖仙河　李屿芬(女)　连雪红(女)
练文生　梁桂芬(女)　梁金贵
梁小宁　梁玉柏　林　聘
林　巧(女)　林　岩(女)　林丹薇(女)
林福坤　林华清(女)　林金聘
林景花(女)　林净英(女)　林敏华(女)
林世中　林淑霞(女)　林锡如
林应基　林再生　林忠文
刘飞敏(女)　刘芬金(女)　刘奇华
刘天霖　吕文龙　罗炳杰
罗承春　罗方红　骆秋良
骆燕金　欧阳少鸣　潘天枢
潘仰华(女)　潘耀全　钱本殷
邱福寿　邱守雄　全柏洪
宋　哩(女)　宋李生(女)　吴长彬
吴伏住(畲)　吴贵木　吴国平
吴龙云　吴庆伟　吴运连
吴志明　肖忠农　谢长如
谢为坤　谢永文　杨　铃(女)
杨丹砂(女)　杨丽芬(女)　余瑞火
余深琢　俞建枝　袁能玲(女)
曾金春　曾云森(女)　张达甦(女)
张步铭　张金星　张开锦
张美惠(女)　张敏燕(女)　张信任
郑爱萍(女)　郑宝生　郑彩化(女)
郑崇善　郑国添　郑声滔
朱　捷(女)　朱赣华(女)　朱林水
朱文章　邹湘楠(女)　黄益盟

全国优秀教育工作者

陈勉吾　董胜厚　郭　侃
郭孟春　刘在琳　涂丽珍(女)
王国忠　姚林淦　曾民勇
郑金全　朱麟锁

江西省

全国优秀教师

艾　夏(女)　艾昌焕　鲍洪昌
毕认国　陈桂秀(女)　陈敬君(女)
陈茂鼎　陈庆祥　程文铨
戴建华　邓觐仁　丁强华
段凌国　范雯芩(女)　方国华
冯发明　傅寿生　付宁千
高国荣(女)　高雪琴(女)　龚杏古
顾建华(女)　贺苏瑞　洪细毛

胡建道　胡荣国　胡绍廉
胡水城(女)　胡卫宁(女)　胡学杰
胡友珠(女)　胡元古　黄　磊
黄金元　黄今言　黄军峰
黄劳生(女)　黄明璋　黄秋兰(女)
黄振藩　简善明　赖燕萍(女)
乐通柏　李定煌　李谷晓
李军华　李美英(女)　李世茂
李世贤　李新林　李越胜
李娅嫣(女)　李桃英(女)　梁小平(女)
梁学芳　廖玉春(女)　林崇海
林尚金　刘德清　刘福铨
刘汉屏　刘兰凤(女)　刘世强
刘旭春　龙石生　卢谋邦
罗夫泉　罗来金　罗淑霞(女)
聂善祥　聂裕民　欧阳槐
潘章胜　庞志群　彭龙估
彭中朝　饶大勋　任厚兴
邵胜旺　宋才福　孙星明(女)
涂美娟(女)　涂玉平　王　烈
王　珊(女)　王　薇(女)　王道仁
王华清　王玲丽(女)　王石兰
王晓萍(女)　王晓云(女)　王秀玲(女)
王秀贤(女)　吴德森　吴乃兴
吴润根　吴社会　吴滋干
吴自强　肖承协　肖国飞
肖加努　谢新文　谢玉兰(女)
谢泽连　徐爱华　徐德才
徐九妹(女)　徐九香(女)　徐美荣(女)
严一些(女)　杨　军　杨逢春
杨国蔚　杨洁如(女)(蒙古)
杨文伟　杨耀防　叶　斌(女)
叶礼禄　余世源　俞志堂
袁克忠　袁秀兰(女)　曾保如
曾存马　曾孟嘉(女)　占金兰(女)

章秋香(女)　张凡荣　张桂来
张桂兰(女)　张器武　张升利(女)
张实凡　张志华　张忠英
赵善机　郑德新　郑军生
郑秀珍(女)　钟帮清　钟光波
钟峻苏　周德芳(女)　周冬秀(女)
周礼仁　周清明　周莎莉(女)
周燕燕(女)　周忠伟　朱爱莲(女)
朱进生　朱丽帆(女)　祝绳校
邹俊贵　鄢素芬(女)　奚蔚燕(女)

全国优秀教育工作者

甘思谦　关振溪　何磐山
黄长清　况云龙　梁振旅
卢国兴　毛达生　宋国孝
万新国　汪　强　王　胜
熊耀祖　杨镇南　尤芳泵
曾爱华　郑人仕

山东省

全国优秀教师

安茂学　暴　风　毕彩丰
边秀房　边振常　曹炳友
曹承珍　曹淑华(女)　柴之良
陈　光　陈　军　陈　岩(女)
陈　英(女)　陈春青　陈福泰
陈桂珍(女)　陈家邦　陈绍忠
陈世则　陈西堂　陈之太
成为平　程和平　迟景唐
丛志强　崔安勤　崔茂海
崔兴岭　戴新德　丁建志
丁延民　董安平　董传宝
董梅生(女)　董玉清(女)　杜美清(女)
杜永波　杜永美(女)　杜兆喜
段德元　段恒尚　范丽霞(女)
范耀军　范正和　房绍坤
封宗霖　冯兴兵　傅淑芹(女)

付义光	高耿勋	高化池	刘培启	刘其荣(女)	刘润涛
高康林	高汝武	高天伟	刘守家	刘显贵	刘向东
高兴田	高志清	葛长珍(女)	刘兴柱	刘延吉	刘月华(女)
宫玉进	古.旭	郭　宽	刘云霞	刘章剑	娄礼俊
郭传欣	郭美娟(女)	郭绍铭	吕荣珍(女)	吕学江	吕学良
郭跃梅(女)	郭振虎	郭振胜	吕泽岭	吕缀昭(女)	罗文岩
郭宗和	韩　伟	韩公泉	马　孚	马德吉	马锋华
韩庆敏	韩玉霞(女)	韩振国	马家厚	马立诚	马孟春
郝延忠	侯来家	胡连红(女)	马绪耘	马振强	茅　玲(女)
胡天琳	胡以功	黄炳奎	孟凡启	孟广荣	孟宪洲
黄飞彪	黄瑷昶	姬长永	孟祥谦	牟新才	牟宗智
纪有亮	贾淑华(女)	贾学仟	牛玉华	牛兆芹(女)	牛祺辉(女)
姜念萍(女)	姜全仁	姜维茂	庞洪才	彭实戈	戚惠烈
蒋继泉	蒋有林	焦安云(女)	秦朝华	秦伟进(女)	秦晓伟
焦子栋	解秀悦	金　雁(女)	秦宗义	曲怀忠	曲信绪
金扬刚	靳清平	康红华(女)	渠怀爱(女)	任尚杰	任尚玲(女)
孔范今	孔庆鉴	乐效宗	任心明	桑爱民	商梅泉
黎淑芳(女)	李　华(女)	李　芝(女)	邵泽海	申德印	石兆胜
李爱荣(女)	李昌敏(女)	李昌武	时春芳(女)	史淑芬(女)	司宝海
李长青	李承刚	李殿杰	宋学军	宋玉德	宋智贤
李东辉	李凤岐	李国华	孙丙辰	孙传文	孙福岭
李华璞(女)	李兰基	李连生	孙鹏祚	孙庆余	孙淑兰(女)
李龙桥	李明花(女)	李明玲(女)	孙友臣	孙玉太	孙葆华
李培收	李勤道	李瑞娟(女)	谭炳先	唐美玲(女)	唐振莲
李盛洲	李士忠	李淑华(女)	田先民	汪遵元	王　江
李素梅(女)	李素香(女)	李维超	王安心	王长波	王道荣(女)
李希贵	李兴邦	李延年	王典进	王付珍(女)	王桂东
李永安	李永明(满)	李永祥	王化初	王焕芝(女)	王惠霞(女)
李悦印	李兆赢	李宗棣	王继锁	王家超(女)	王家堂
李嵘光	梁凤席	梁衍海	王金玉	王敬荣	王克仓
林凤珍(女)	林华祝	林养静(女)	王来森	王兰美(女)	王明普
林澍美(女)	刘　斌	刘　俊(女)	王念蔼	王启信	王世明
刘　明	刘福民	刘富超	王淑梅(女)	王淑琴(女)	王书耀
刘广恩	刘花兰(女)	刘金龙	王素轩(女)	王文珍(女)	王星龙
刘克利	刘来村	刘乐庆	王兴华	王行君	王秀兰(女)

王秀珍(女)　王学端　王学善
王延庆　王永洲　王玉凤(女)
王悦田　王子良　王宗耀
韦　珏(女)　魏　卫(女)　魏本水
魏相明　温　超　温乎江
文宝军　吴春华　吴家忠
吴乐滨　吴秀云(女)　武传博
武光瑞　夏继璋　徐存臣
徐德雨　徐国亮　徐可志
徐来旺　徐立国　徐志京
许怀宗　许世忠　许云霞(女)
薛立德　薛彦科　杨　力(女)
杨　耀　杨殿嘉　杨沛然
杨启峰　杨希玲(女)　杨玉芹(女)
姚源喜(女)　伊继江　尹曙光
油文玉　于庚坤　于冠卿
于吉湖　于正朝　禹素珍(女)
袁炳臣　苑保爱(女)　张　帆(女)
张　钒(女)　张　海　张　辉
张　立(女)　张承芬(女)　张翠玲(女)
张洪金　张洪俊　张继绪
张景春　张巨和　张克敏
张立军　张立玲(女)　张鲁平(女)
张庆娟(女)　张庆坦
张瑞雪(女)(回)　张绍麒　张守群
张书水　张希景　张效和
张永国　张永胜　张玉梅(女)
张玉泉　张月贤　张昭平
张志民　张志敏(女)　赵　潜(回)
赵　玉　赵德玉　赵丰平
赵国林　赵京德　赵良善
赵明慧(女)　赵锡鸣　赵祥秀(女)
赵序启　赵友新　郑德谦
郑树材　周长华　周次清
周建营　周茂琦　周树义
周素敏(女)　朱茂禄　朱摩西
朱支柏　庄汉进　庄英莉(女)
宗元山　仝锡广　谌文美(女)
奚玉芝(女)　闫洪禄　闫联合
闫正国　乔熙昌

全国优秀教育工作者

陈　平　陈发举　陈太平
陈之安　黄智英(女)　贾宪启
孔庆思　李廷佳　李宪春
李义山　林淑清(女)　刘承津
卢得欣　石运兴　石自刚
苏世经　孙方佑　孙立才
王桂凤(女)　王华新　王树焕
王天福　位仁田　夏文超
徐龙海　杨保相　杨尊修
张本涌　张建标　张胜聚
张永坚　赵祥庆　周庆枚
朱少恒　臧兆田

河南省

全国优秀教师

艾　琴(女)(满)　安国栋　柏　勉(女)
鲍祖亮　卞　科　柴见信
常丽丽(女)　常秀伟(女)　车允英(女)
陈保有(满)　陈付贵　陈江风
陈金贵　陈雷雨　陈培尧
陈晓东　陈欣洲　陈玉玲(女)
陈玉柱　崔克华(女)　崔兰圃(女)
崔万青　崔学民　崔振国
翟发祥　丁留重　丁瑞香
董龙瑞　杜志民(女)　段红梅(女)
段其祥　樊玉荣(女)　范明亮
范同钦　范雪琴(女)　方冠亚(女)
方建厂(回)　方应举　冯建民
冯文正　高文勤(女)　高喜坡
耿爱君(女)　管先灵(女)　郭春杰

郭留臣	郭书向(女)	郭廷震	孙照海	陶安华(女)	陶新莲(女)
郭显功	郭晓英(女)	郭志坤	万阴亮	汪增诞	王　保
韩丽华(女)	韩阳升	何当停(女)	王　虹(女)	王爱勤(女)	王保华(女)
何德海	何付卿	何志民	王丙度	王冬花(女)	王凤英(女)
贺昌明	贺占斌	洪文莹(女)	王福铸	王宏坤	王惠典
侯明印	侯清华(女)	侯学奎	王建刚	王金保	王金钟
胡其图(蒙古)	胡淑芳(女)	黄建宇	王菊红(女)	王茂林	王普进
黄祖卫	姬安乐	季广生	王群召	王润信	王书三
简宗福	姜传成	蒋梅立(女)	王祥英(女)	王向阳	王秀荣(女)
金永岭	晋海亮	寇超英(女)	王玉林	王玉平(女)	王玉霞(女)
兰坤寅	李　明		王玉先(女)	王致正	王怡录
李道梅(女)(回)	李凤领	李福学	魏崇伦	温国献	文静传(女)
李国栋	李汉进	李鸿钧	吴淑玲(女)	武　池(女)	夏殿敏
李华启	李金霞(女)	李金星	夏振高	向启莲(女)	肖　勤(女)
李兰芳(女)	李培中	李平申	谢小伟(女)	熊丽亚(女)	徐海林
李启云	李清吉	李清沼	徐建英	徐永庆	徐运法
李瑞明(女)	李树德	李松山	许琳琳(女)	许宪甫	玄先贵
李武昭	李香萍(女)	李兴梅(女)	严　红(女)	杨　蓬	杨帮柱
李之合	梁广敏	梁秋霞(女)	杨成俊	杨翠莲(女)	杨钢军
梁文燕(女)	廖诗亮	刘　玉(女)	杨光生	杨会明	杨金义
刘长德	刘二景(女)	刘光熹	杨留功	杨罗站	杨念宇
刘桂兰(女)	刘梅然(女)	刘淑琴(女)	杨天禄	杨文清	杨永华
刘思峰	刘玉芬(女)	刘玉敏(女)	阳仕政	姚德普	应立芳(女)
刘玉婵(女)	吕保廷	吕振法	于争国	余存海	余桂玲(女)
马海贵	马瑞六(女)	马祖霞(女)	余平新	余银珍(女)	袁锡庆
毛爱亭	梅家新	孟奎堂	原合书	张　伟	张　兆
苗书梅(女)	穆松盘	倪新坤	张百顺	张保国	张长银
潘改青(女)	庞铁块	裴顺安	张德明	张付生	张桂存(女)
彭吕朋	齐炳德	祁玉明	张桂兰(女)	张贵安	张海顺
秦树枝	秦太梅(女)	邱瑞园	张鸿鹤	张宏韬	张环英(女)
全聚海	石永红(女)	史宏德	张剑华	张建丽(女)	张聚贤
史明月	宋春东	宋年军	张莉莉(女)	张梅竹(女)	张明尧
宋艳玉(女)	孙炳献	孙富聚	张明英(女)	张铭钦	张培长
孙光召	孙洪朗	孙红侠(女)	张培生	张钦有	张群艺
孙俊岭	孙新年(女)	孙以斌	张绍卿	张铁安	张喜林

张祥生　张晓安　张笑如(女)
张秀荣(女)　张学诗　张宇乐
张玉华(女)　张重相　张丕臣
赵　辉　赵鸿甫　赵建峡(女)
赵青兰　赵玉玲(女)　赵玉申(女)
赵志勇　赵宗芳　郑斌武
郑观州　智青山　周百金
周凤敏(女)(回)　周锦国　周湘漪(女)
周秀焕(女)　周应喜　周章宝
朱国良　朱圣勋　朱守民
朱喜莲(女)　朱震东　祝庆伟
左金枝(女)　仉建涛

全国优秀教育工作者

陈英才　崔中堂　杜中强
范丙义　付　丽(女)　高根超
勾洪波　谷爱民(女)　韩　伟
虎海军　黄汉忠　雷宏远
李锦龙　李书亮　马中文
任爱臻(女)　孙法良　汤初清
王金花(女)　王运朝　张保友
张景山　张振中　赵德政
赵洪杰　周丙尧　周明扬
左书兰(女)　弋月亭　岑起隆

湖北省

全国优秀教师

艾立学　何承德　蔡久林
蔡中平　曹道坤　陈　利(女)
陈德政(土家)　陈光源　陈科力
陈丽华(女)　陈耀东　陈银成
陈元飞　陈远翚　陈韵娟(女)
陈毓敏(女)　成爱菊(女)　程伯安
程金元　戴桂芳(女)　邓勤才
丁连运　董昌运　董先绪
董祥林　董远胜　杜显运
杜义勤(女)　段玉荣(女)　范祥英(女)

范信兵　范友根　方长江
冯广艺　冯绍兴　傅国庆
付振亚　甘欣荣　高伯全
龚光松　龚一坤　构凤枝(女)
关垒云　郭德敏(女)　郭立军
郭玲俐(女)　郭维富　韩琼娣(女)
何名芳　何仲岳(女)　贺正福
贺志南(女)　洪殿祥　胡德坤
胡家全　胡均安　胡良平
胡为堂　胡咏梅(女)　黄　鹤
黄　敏(女)　黄传书　黄次元
黄继东(土家)　黄世勇　黄太纯
黄新琼(女)　黄义富　纪大树
贾明三　姜菊英(女)　江乐平
江晓梅(女)　蒋世纪(土家)　柯　焰(女)
柯树生　乐立新　雷怀兴(女)
雷淑云(女)　李必艳(女)　李从喜
李定华　李定明　李拱辰
李恒英(女)　李鸿芳(女)　李年春
李鹏霄(女)　李仁修　李绍平
李天恩　李文耀　李兴山
李玉华(女)　李云祖　李振华
李忠局　林志民　刘爱存(女)
刘常伦　刘承英(女)　刘道芬
刘东杨　刘光荣　刘国雄
刘克清　刘明珠(女)　刘念清
刘平洋　刘其龙　刘庆如
刘时银　刘树元(苗)　刘蔚然
刘文华　刘小燕(女)(土家)
刘作林　龙德清　龙启胜
罗四胜　罗延蛰　罗玉辉(女)
马文珍(女)　潘　康(女)　潘伯祥
潘良朗　裴有明(女)　彭春芳
彭光杰　彭国晏　彭天喜
皮四明　蒲盛忠　漆金花(女)

祁泽旺	秦忆	沈玉(女)
沈顺庚	施克江	石晓清
宋太伟	苏厚琳(女)	孙惠君(女)
孙季翔	孙良英(女)	孙群英(女)
孙少国	汤时勤	陶三发
童忠良	涂友明	万家富
万志杰	汪光东	汪盛君
王传友	王光坤	王国海
王国勇	王焕林	王继先
王金桥	王奇才	王蓉芬(女)
王守宏	王先登	王志华
王忠前	文昌才	吴郁
吴巧莲(女)	吴绍裘	吴贤强
吴宪国	夏仕	夏锦平
夏绍兵	朱林华	向尧珍(土家)
肖小宁	肖小权	肖学民
邢菊初	徐家明	徐明谦(女)
徐为时	徐业双	薛厚炎
严顺珍(女)	严永梅(女)	杨凌
杨桂元	杨国民	杨国权
杨尚键	杨声萍(女)	杨水清
杨兴虎	阳吴宝	姚光嘉(女)
易书谦	易正贵	游国庆(女)
虞盛世	余昌国	余建华
余祥运	曾繁荣	曾广群(女)
曾令格	占秀武	章爱玲(女)
张京	张乾阶	张尚才
张淑珍(女)	张天寿	张友云(女)
张玉华(女)	张玉金	张增常
张正大	赵荣林	赵诗德
郑道杰	郑功信	郑金玉
郑世玮(女)	郑向南	郑兴国
郑益民(土家)	郑志雄	钟鼎(苗)
周济	周崇尧	周纯武
周和凯(土家)	周明荣	周秀菊(女)
周志芳(女)	周志龙	周治金
朱宏旗	朱华伦	朱文辉
朱元庆	邹祖斌	闫祖海
王建平		

全国优秀教育工作者

白祖庆	陈爱群	陈家铮
程时海	戴秀国	邓业斌
邓自学	段善斌	关英廷
郝良浩	胡安良	黄诗前
柯正甫(土家)	李诵国	李绪德
李正洪	刘高华	刘世朝
刘天华	吕佑坪	王钧(女)
王士雄	王宗林(土家)	杨国玉
杨伦发	叶文英	叶泽其
曾仲德	张杏芝(女)	赵家凯
周明辉	周忠兴	

湖南省

全国优秀教师

曹寒英(女)	曹门保	曹全之
曹仕豪(土家)	曹淑琼(女)	曹荫南
陈炳玉(女)	陈汉湘	陈佳明
陈洁余(女)	陈丽娟(女)	陈美丽(女)
陈启元	陈文友	陈荫城
陈中秋	楚竞心(女)	戴力斌
戴玉林	邓桂秋	邓子友
丁剑鸣	段国荣	方缉熙
冯丹	冯安达	符日光
谷伏太	郭敏	郭希
何和平	何兴龙(侗)	贺前锋
贺仕民	洪丕海	侯宗义
胡立	胡阳忠	黄承金
黄凤英(女)	黄金莲(女)	黄克勤
黄永继	姜大专	蒋海艳(女)
蒋元龙	金正佳	荆桂香(女)
匡宗春	兰天美(女)	雷方星

李柏玉	李东珍(女)	李范俊	吴卧池	吴小建	向　阳(土家
李富生	李光华	李国华	向家成(土家)	向仲华(土家)	肖　军
李洪桂	李家英(苗)	李今朝	肖少和	谢恩福	谢辅新
李康桂	李克勤(女)	李鸣皋	谢厚坤	辛举兰(女)	熊玉环(女)
李启凤(女)	李气祯	李仁发	徐安玉(女)	徐碧芬(女)	徐传旺
李舒凯	李意循(女)	李义兵	徐镇钧	徐志刚	宣家骥
李映刚	梁乾生	廖家源	杨昌友	杨慈秀(女)	杨经建(女)
廖前友	刘爱华(女)	刘丙皇	杨菊媛(女)	杨利兵(女)	杨启凡(侗)
刘伯瑜	刘成初	刘大生	杨顺先(侗)	杨桃英(女)	杨晚云(女)
刘吉群	刘力平	刘隆燕	杨湘蒲	杨仪辉	杨永宗
刘朔彪	刘仁宗	刘侍玉(女)	羊钧陶	阳以胜	
刘思华	刘晚娥(女)	刘新艳(女)	姚世平(女)(土家)		姚晓村
刘中秋(女)	龙　薇(女)	龙先成	姚学初	易碧文(女)	易秉瑜(女)
龙献球(苗)	龙振武	罗定中	尹金娥(女)	尹仁萱	余大红
罗良才	罗敏杰(女)	罗日才	袁淑蓉(女)	袁宇文	袁肇凯
罗三明	罗武玲(女)	罗泽民	袁宗衡	曾环健	曾思江
梅嘉陵	孟凡涛	米贤会	曾唯一	曾玉雄	章　瑶
莫德智(瑶)	聂红樱(女)	欧全跃(侗)	张　尧	张国雄	张建仁
欧阳春湘(瑶)	欧阳护国	潘仁彪	张金初	张锦辉	张世亮
彭爱玲(女)	彭德华(女)	彭俊成	张新宇	张庸泗	张治国
彭先成(土家)	彭湘云	邱丽葭(女)	张自立	张姣元(女)	张炜光(女)
沈初春	沈生福	施昌寿	赵欢迎(女)	赵新源	郑世盛
首兰华(女)	苏　光(土家)	苏沙平	郑英滨(土家)	郑月光	钟克佩
苏绍泉	苏业洪		钟六梅(女)	钟少林(女)	钟兴隆(土家
苏义英(女)(回)	孙圣香(女)	谭清连	周爱华(女)	周持中	周和平
谭映秋(女)	汤金石	唐秉仁	周平安	周仕玉(女)	周祥林
唐凤鸾(女)	唐金香(女)	唐荣河	周愚泳	周柱粱	朱林森
唐世群	唐玉莲(女)	唐贞通	朱明生(土家)	朱普庭	朱喜容(女)
田达强(苗)	万来珍(女)	王　耀	邹选塘	邝彩珠(女)	覃宪单(土家
王观珍(女)	王回英(女)	王丽君(女)	覃正均(土家)		
王满秀	王梅春	王清辉(女)			
王小刚	王言香(女)	王义生			
王永桂(女)(布依)		王昭武			
王志勇	王忠诚	文励文(女)			
巫纪光	吴建攀(土家)	吴生权(苗)			

全国优秀教育工作者

包君康	陈若海	程三民
胡昭程	黄定兵	赖良彬
李炳卿	李传英	梁文忠
刘大志(瑶)	刘新发	鲁作之

彭孟超　舒烛模　唐国民
唐前睦　王凤飞　吴葆春
肖洪陆　谢炳炎　许成林
许远森　曾德清　曾培高(苗)
曾锡滨　张九鹏　张文华
赵绪亮　邹文光

广东省

全国优秀教师

曹翠欢(女)　陈　枞　陈楚绵
陈传和　陈传佳　陈德焕
陈德兴　陈房桂　陈宏基
陈家嫦(女)　陈家瑜(女)　陈甲兴
陈建平　陈美兰(女)　陈明霞(女)
陈沛泉　陈庆林　陈少莲(女)
陈少珍(女)　陈淑贞(女)　陈树奕
陈顺行　陈添智　陈维亚
陈小安(女)　陈应升　陈育庭
陈志伟　陈祖枝　陈奕雄
邓春江　邓金海　邓青兰(女)
邓秋霞(女)　邓日润　邓矢平
邓喜秀(女)　邓新强　邓自强
范志坚(女)　方少明　冯垛生
冯汉梅(女)　冯惠萍(女)　傅卓英(女)
甘志强　高婉嫦(女)　龚春英(女)
顾雪娴(女)　郭辉玉　郭荣发
郭远花(女)　何慧明(女)　何惠燕(女)
何庆节(女)　何石榴　何勋海
黄爱华　黄福全　黄国宪
黄娇兰(女)　黄礼坤　黄利民
黄柳芳(女)　黄天华　黄伟忠
黄文任　黄振模　黄莘南
江楚森　江经文　江淑蓉(女)
江友真　黎雪芳(女)　李　翀
李　健　李　团　李炳华
李浩仁　李开祥　李满祥
李培坚　李容欢(女)　李先坚
李小曼(女)　梁　娇(女)　梁　民
梁国珍(女)　梁联昌　梁婉仪(女)
廖宝莲(女)　林　洁(女)　林大豪
林华荣　林金爱(女)　林锦亮
林景飞　林来兴　林丽忠(女)
林庆寿　林如和　林小苹(女)
林尤杰　刘的堂　刘国富
刘海涛　刘小明　刘杨秀
刘振华(女)　龙小敏(女)　卢传华
卢继文　卢绍强　卢统全
陆明辉　陆能琫(女)　陆锡鹏
吕玉明(女)　罗　见(女)　罗厚强
罗旗帜　罗小平　马韶斐(女)
马树容(女)　马武英(女)　麦巨添
毛巨芳　莫　干(女)　欧步凌
欧可欣　欧阳爱贞(女)　欧阳细联(女
欧永佳　潘天养　彭　年
彭建来　齐雨藻　钱满娥(女)
丘国纲　丘子传　邱少芬(女)
邱正筹　全　锋(女)　任根玲
容永阳(女)　阮贵春　沈幼兰(女)
舒　扬　司徒惠清(女)　苏炯川
苏菊霞(女)　苏增卫　孙光林
孙建明　谭　斌　谭丽珍(女)
谭增森　唐广林　唐琴方
童有合　汪子凡　王彩英(女)
王根强　王惠生(女)　王良方
王明顺　王如晓　王永宜
王宗锐　王淼琛　韦杰森
吴　贵　吴　潞　吴　荣(女)
吴娵瑛(女)　吴国威　吴家清
吴黎明　吴明娟(女)　吴铭宜
吴清坚　吴贤民　吴业亮
吴宇星　吴璋欣　伍爱婵(女)

伍国裕　伍建中　伍进强
伍少萍（女）　肖敬光　肖任泉
肖茗西（女）　谢小斌（女）　谢友祥
谢岳隆　谢郑兴　徐丽娇（女）
徐自强　许道欢（女）　许杜方
杨　云　杨爱华（女）　杨宝霖
杨芬妮（女）　杨锦泉　叶富良
叶木林　叶永艺（女）　叶志坚
余构金　袁锐锷　越冠英
曾　乔　曾碧莲（女）　曾映红（女）
曾运生　张超明　张国林
张坚询　张茂基　张鸣亮
赵光敏（女）　赵惠森　赵良银
赵仕滨　郑观卫　郑秀香（女）
钟绍华　钟燕如（女）　钟祝莲（女）
周篪欣　周湘娥（女）　周月桃（女）
朱焕池　朱慧萍（女）　朱咏莲（女）
庄惠娟（女）　庄义友　卓爱娟（女）
左国豪　邝惠秀（女）　邝祥盛
邬丽萍（女）　於贤德

全国优秀教育工作者

曹叶萱　陈永年　陈运森
何　斌　胡百龙　黄浩庭
黄耀邦　刘江南　刘文企
罗绍振　吴章保　张达华
钟从智　卓展雄　邹树金
岑松庚

广西壮族自治区

全国优秀教师

曹敬忠　陈廷禧　陈雁明（女）
陈郁波（女）　党雪妮（女）　邓崇清
邓国显　邓继球（壮）　邓世荣
董文财　樊志萍（女）　范秀山
傅其駉　甘　勇　管祖秀
郝海廷（女）　何成昌
何龙群（女）（壮）　何敏玲（女）　何燕龙
黄伯科（壮）　黄伯仁（壮）　黄定雄
黄华杰（壮）　黄俊良（壮）　黄科忠
黄　露（女）　黄敏梨（女）
黄佩英（女）（壮）　黄任常　黄升益
黄艳芳（女）（壮）　黄　英（女）（壮）　黄兆珍（壮）
黄著荣（壮）　黄燮安　江业国
蒋树生　李昌勇　李东勋
李国梧　李济春（壮）　李名聪
李庆杰（壮）　李如黎（女）（壮）　李睿娴（女）
梁彬贤　梁彩燕（女）
梁春美（女）（仫佬）　梁建初（壮）
梁秀华（女）（壮）　梁秀娇（女）　廖纯红（女）
廖群英（女）　廖英杰　林进令
林　威　凌　丁（壮）　凌立枢
刘明登　刘晓榕（女）　刘中和（壮）
龙怀益（苗）　陆　强（壮）
吕桂宁（女）（壮）　吕文略　伦　飞（壮）
罗朝东　罗旭焕　罗燕珍（女）
马文杨　马元瑞（壮）　马志忠（壮）
麦结华　麦廷云　么连忠
蒙永荣　莫　宁（女）
莫青旧（女）（壮）　莫　玮（女）
农　皞（女）（壮）　农加琼（壮）　农　牧（壮）
潘毛良（瑶）　潘培之（仫佬）　潘启优（壮）
盘翠荣（女）（瑶）　裴厚业　秦文荣
禽国新（壮）　时　羲　苏次容
谭志先（壮）　唐叶梅（女）　王炳珍（女）
王仁寿　王叙林　王倚卿（女）
韦　官（壮）　韦兰馨（女）（壮）　韦守强（仫佬
韦寿宾（苗）　韦校俊（毛难）　韦耀武（壮）
韦银花（女）（壮）　韦肇允
吴慧美（女）（仫佬）　吴业炎
夏建军　肖家文　谢桂清
熊伟建　徐爱莲（女）　徐治平

许建瑶（壮）　许其仟（女）　杨福礼（壮）
杨建敏　杨庆斌　杨荣政
杨汝福（白）　杨善娟（女）　叶　伟
余秋华（女）　余亦玲（女）　俞德华
玉贵逢（壮）　禤玉珍（女）　曾念钻
赵定奇　赵汝松　郑启琨（瑶）
郑月英（女）　钟斐庆　周汉良（壮）
周三强（壮）　朱启毅（壮）　谌绪民
覃伯文　覃　杰（壮）　覃　俊（壮）
覃思平（壮）　覃桃森（壮）　覃为祯（壮）
覃信章　钟夏平　周从钜
周耀群

全国优秀教育工作者

陈炽章　龚国献　黄格胜（壮）
卢汝伦（壮）　明世琼（女）　潘沃培
秦敬德（女）　邱少初　吴大有
肖汉斌　颜昌廉　杨建中（苗）
杨立汉　钟海青

海南省

全国优秀教师

蔡型河　陈天龙　陈文雄
陈育贤　程为群　冯增杏
符丽花（女）　郭子杰　何玉华（女）
胡硕文　黄翠英（女）
黄秀兰（女）（黎）　利祝珍（女）　林少玲（女）
刘镜波　罗家壁　宋开雄
唐应礼　翁祚国　吴乾铭
吴琼妹（女）　吴任英（女）（黎）　邢秀沈（女）
徐庆东　尤国炳　张玉君（女）

全国优秀教育工作者

苏英博　王君吾　文庆荣
徐志章　钟家琪（女）　卓　平
冼世奇

四川省

全国优秀教师

白茂丽（女）　白美元　包爱华
蔡景孝　蔡文琴（女）　曹学禹
陈安鹏　陈　斌　陈朝华
陈红山　陈华林　陈慧川（女）
陈进忠　陈景富　陈丽华（女）
陈　玲（女）　陈隆林（女）　陈谦德
陈绍卿　陈绍云（女）　陈曙光
陈素华（女）　陈廷芳（女）　陈婉英（女）
陈　颖（女）（土家）　陈颖遐
陈永钦　陈友光　陈玉蓉（女）
陈元金　陈远渝（女）　陈泽斌
陈正汉　陈宗敏　成敬武
程　峰　程一凡　淳世华
代加明（女）　邓　德　邓正金
丁先松　董柱献　杜静年（女）
尔古拉伍（彝）　范　林　范天顺
费会茹（女）　丰德文（彝）　冯长霖
冯端清　付书作　高炳芳
高继芳（女）　高水泉　龚家伦
龚年跃　巩小蓉（女）　郭开秀（女）
郭太祥　韩健维　郝勖挺
何臣德　何成湘　何洪蓉（女）
何家秀（女）　何立远　何林远
何思伦　何先哲　何兴荣
何永强　何贻庭　贺光亚（女）
贺宗飞　洪志先（女）　侯建国
胡德根　胡　贵　胡国友
胡清林　胡玉章　华世英（女）
黄光平　黄家华（女）　黄克明
黄丽娅（女）　黄少兵　黄胜忠
黄维仲　黄显丛（女）　黄晓明（女）
黄尤英（女）　黄玉沛　黄中明
霍人彬（女）　吉　新（女）　贾志永
贾子潘　江家骏　蒋秀强
蒋治祥　金　玲（女）　康年玉（女）

亢志萍(女)	蓝廷勋	兰贵明	唐开禄	唐先琼(女)	陶福登
黎家乾	黎万才	黎新异	陶友珍(女)	田汉夫	童华池
李　全	李炳青(女)	李昌麒	万海柱	万云富	汪文革
李朝云	李焕渠(女)	李家玉(女)	汪中泉	王承雍	王发芝(女)
李家珑(女)	李良才	李茂华(女)	王继志	王家泽	王建军
李明仲	李全国	李万富	王麦林(女)	王明金	王明宣(女)
李万煊	李西和	李显成	王南勋	王　萍(女)	王秋华(女)
李秀蓉(女)	李一可	李元敏(女)	王三华	王守澄(女)	王淑媛(女)
李远祥	李直荣	李中植	王廷瑞(女)	王同义	王万金
李宗群(女)	梁素琴(女)	廖加兴	王维坤	王位金	王文章
琳　玲(女)	林汉安	林　静(女)	王显茂	王小平	王植修
凌达华(女)	凌宗兰(女)	刘昌明	王治英(女)	王忠诚	王忠林
刘芳泽	刘华芝(女)	刘金龙	魏顶先	魏先敏	
刘觉民	刘　泉	刘仁万	魏正旭(女)(藏)	温廷举	温以中(女)
刘盛清(女)	刘世全	刘世跃	吴邦良	吴传志(女)	吴克敏(女)
刘书卫	刘兴泉	刘亚刚(彝)	吴守玉(女)	吴希明	伍德兵
刘　政	刘宗全	卢年明	伍修敏	伍　呷(女)(藏)	鲜开长
卢志刚	卢忠泽	吕仕金	向守军	肖庆元	谢华宁
罗光群(女)	罗海平	罗绵强	谢贤淑(女)	谢作民	熊　宪(女)
罗书兰(女)	罗兴兰(女)	罗兆碧	熊伯芳(女)	熊昌进	熊　洧
马克忠	马　武	马振南	徐　刚	徐惠芳(女)	徐继森
毛辅忠	莫新玉(女)	倪裕彬	徐天伦	徐维珍(女)	徐修乐
聂勋文(女)	聂玉成	欧阳本文	严德惠	严汉哲	颜恩文(女)
潘大任	潘光宇	潘文林	杨朝玉(女)	杨成孝	杨从矩(女)
裴良进	彭　谦	彭青蓝(女)	杨代富	杨　帆	
彭书林	蒲守易	漆明光	杨洪强(女)(彝)	杨会凯	杨明文
秦艳君(女)	邱昌琼(女)	邱拉金(彝)	杨名兰(女)	杨仕伦	杨　涛(女)
邱玉珍(女)	任洪林	任靖康	杨万建(女)	杨玉才	杨在东
任其文(羌)	任思凡	阮期敏(女)	杨泽国	杨正纲	杨正红
盛名高	盛先业	舒家琼(女)	杨志遥	叶　华(女)	叶松柏
舒元梯	束小梅(女)	宋建碧(女)	叶永林	易　俊	易文武
宋世道	宋维平	孙芳城	易忠兰(女)	尹长清	余　哲
谭常济	谭家梁(土家)	谭克万	余孝珍(女)	郁海发	袁艾为(女)
谭宁忠(女)	谭晓琴(女)	谭仲康	袁灿书(女)	袁思康	岳碧琦(女)
汤经武	唐　汇(女)	唐久彬	岳炽先	泽仁翁修(藏)	曾代照(女)

曾凡金 曾凤鸣(女) 曾光炳
曾令国 曾详骏 曾永红(女)
张长力 张崇家 张敦诚
张官相 张光琴(女) 张光全
张宏书 张建军 张静学(女)
张前芳(女) 张群生 张荣朴(女)
张世春(女) 张仕太 张万和(土家)
张永贤 张跃邦 张再筠(女)
张政武 张志友 张中银
张仲奎 张仲麟 张遐阳
赵彬川(满) 赵昌志 赵长生
赵光华 赵世钺 赵竹香(女)
郑运健 钟茂兰(女) 钟蔚薇(女)
钟玉萍(女) 钟治华 周大海
周仁灏 周世忠 周淑容(女)
周天喜 周小凡 周宗裴(女)
周 倩(女) 朱家才 朱家全
朱学麟(女) 祝彼得 祝永林
邹德富 祖孝敏 佘良成
佘玉奎 呷铁大哥(彝) 缪品兰(女)

全国优秀教育工作者

曹子建 陈次伯 陈莲英(女)
程光熹 戴素芬(女) 高俊生
何斌章 何维哲 何文斗
贺正一 焦桂华(女) 景诗华
康厚芳 李桂芳(女) 李星国
刘家彬 刘忠安 罗建明
罗祖宏 马炳军 马启肇(回)
彭继元 蒲世怀 秦大俊
冉隆华 唐明达 唐明贤
万 朴 王涛深 王志坚
杨正国(土家) 阳举学 易林章
曾天齐 张爱先(女) 张德厚
张康晋 赵正刚 周兴儒
周祖德 竹贵荣 谌敦友

贵州省

全国优秀教师

安太直(土家) 陈 冲(女)
陈 燕(女)(布依) 程昌霞(女)
戴尚芳 代 鸣(仡佬) 邓莉莉(女)
杜龙宪 段泽志 傅启华(女)
勾正杰(仡佬) 韩仪辉 韩元武
何 明(土家) 胡世年 华俊松
黄淑敏(女)(彝)蒋先觉 赖凤莲(女)
蓝泰凯 李宝林 李崇美(苗)
李大明(仡佬) 李世萍(女) 李学明(苗)
李永强 李远兴(彝)
梁 华(女)(畲)刘德华(女) 刘明成
刘若英(女) 刘世忠(布依) 刘彦良(侗)
刘正邦 龙柏林(苗) 龙高灿(苗)
龙孝华(苗) 娄必芬(女) 鲁治材
陆定富 陆红宇 陆文模(侗)
罗昌芬(女)(仡佬) 罗永泉(布依
罗宗俊 马德富(回) 马林可
马正提(苗) 牟永昆 聂绍书(女)
宋瑞芳(女) 孙万邦 谭大军(侗)
谭代琪(女) 谭贵年 唐朝元
唐启煌 唐守文 唐中义
田满华 田儒荣(土家) 田应洲
王本玉 王述祥(彝) 王一波
王振伦 王峥嵘
韦时英(女)(布依) 魏贵均
吴达交 吴仕贤 吴玉华(女)
吴正昌(侗) 夏光普 项学礼
肖家翔 许如虎 杨昌德(苗)
杨思义(侗) 杨同华 杨再木(侗)
姚源军(侗) 姚祖裕 余代华(土家
余歌今 俞月玲(女) 章云贵(布依
张华海(侗) 张开华(女) 张克勤

张铭瑞 张仕凯 张忠兴
张宗伊(女) 赵光钰(女) 赵志雁(白)
郑成芳(女) 钟学仪(女) 朱光极
朱运怀 谯 波 胥廷伟(苗)

全国优秀教育工作者

陈培正 樊正高 顾学群(女)
何 华 李福伟 李立生
梁祖炎(布依) 梁作霞(女)(布依)
刘延龄 龙朝元(苗) 任德斌
吴若丁 朱义甫

云南省

全国优秀教师

昂金亮(彝) 白升富(苗)
曹铁娟(女)(满) 陈 寿 迟焕彩
寸少奇 董启汉(女)(白) 董永平
段明扬 段体德 范宝明(彝)
丰 瑾(女)(傣) 冯吉荣 甘祖逖
高玉忠(彝) 格茸登巴(藏) 格茸太(藏)
郭李荣 郭明灿 何 忠
何开仲 何顺敏(女) 胡国华(彝)
黄仁耀 姜文学 蒋玉明
金志敏(回) 康 成 李 高(彝)
李 华(女) 李 丽(女)(白)
李 琪(女)(苗) 李存珍(女) 李美书(女)
李汝植(白) 李双华 李舜荣
李学旺 李永顺 李云峰
李占兰(女) 李祖碧(女) 连林生
刘洪珊(彝) 龙宝文 鲁国壁
鲁山东 陆华岳 吕家寿
罗广成 罗国荣(彝) 罗漫江
罗乔仙(女) 毛德昌 慕文龙
木文典(纳西) 泰国证 施季顺(彝)
石世龙 舒家政 双国新(傈僳)
宋楚琨 宋维卿(女) 孙二权
孙海燕(女) 孙文爽 孙占林
万建国 王德铭 王德云
王高云 王海波(傣) 王怀琨
王金婵(女) 王康书(女) 王茂苗
王萍英(女)(壮) 王荣仁 王世德
王书秀(女)(彝) 王正松 魏明忠
吴瑞芳(女) 吴治三 夏碧玉(女)
肖树生(白) 熊桂芬(苗) 熊顺仙(女)
许家荣 许时坤(女) 薛家贵
杨长能 杨立品 杨茂昌
杨寿明 杨天福 杨文敏
杨跃先(白) 杨正福 姚会龙(白)
叶保存 叶燎原(回) 尹可湛(傣)
余建中 袁杰锋 曾 华
张 顺 张赶良 张继虞
张江萍(女)(白) 张世霖 张学超
张雨林 赵惠泽(白) 赵家勤(佤)
赵品兴 周德才 周定邦
周明纯(女) 周永福(女)(纳西)
周再兴 朱正华

全国优秀教育工作者

蚌德富(傣) 陈道源 李玉山
马永明 万世祜 文仕品(傣)
徐才盛(白) 杨定理 余善成
张金华(白)

西藏自治区

全国优秀教师

嘎 旦(藏) 江村旺扎(藏) 拉 琼(藏)
李风珍(女) 仁增欧珠(藏) 王华清(女)

陕西省

全国优秀教师

白军祥 白月娥(女) 毕掌玺
曹世周 曹义林 曹宗孝
陈焕海 陈静芳(女) 陈志夫
程经民 翟斌儒 杜玉儒
樊相合 范积成(女) 范学敏

方俊明　　冯均科　　冯礼信
符长璞　　符良生　　高汉阁
高进学　　龚世平　　谷炎城
郭惠民　　郭明华　　韩度顺
韩秀华(女)　　韩玉翔(女)　　贺志忠
胡　华　　胡妙玲(女)　　户思社
黄玲利(女)　　黄卫军　　黄振成(女)
姜志文　　蒋巧玲(女)　　蒋永升
金德武　　靳崇谦　　寇　恺
雷开寿　　李邦军　　李吉翔
李洁华　　李金凤(女)　　李俊玲(女)
李　宁(女)　　李胜军　　李新生
梁君侠(女)　　梁忠民　　刘宝玲(女)
刘长尊　　刘虎生　　刘吉周
刘敏贤(女)　　刘青山　　刘清莲(女)
刘树荣(女)　　刘兴山　　刘祖会
刘　玮　　龙圣武　　鲁从文
吕同春　　罗发亮　　罗随洲
马结平　　马顺成　　屈金芳(女)
屈善志　　权惠玲(女)　　任杰义
容　博　　茹淑娟(女)　　申延生
石景昭　　石康杰　　司荣耀
宋冬芳(女)　　宋丰智　　宋俊明
宋奶生　　苏　谦　　孙香兰(女)
孙永奇　　唐必钧　　田希民
涂治学　　王爱兰(女)　　王芳琴(女)
王耿心　　王光濯　　王宏绩
王华峰　　王建豪(女)　　王秋香(女)
王世杰　　王素芬(女)　　王维如(女)
王引秀(女)　　王有一　　王玉清(女)
王跃平　　王增玲(女)　　王志刚
魏炳波　　魏　亮　　魏齐华(女)
魏重庆　　温大道　　问关恩
吴健夫　　吴　玲(女)　　吴文君
武宏林　　武木林　　武育文
武正亮　　辛婉君(女)　　熊公平
徐长春　　徐苏宁(女)　　薛广儒
杨光远　　杨惠萍(女)　　杨景波
杨志文　　杨宗邃(女)　　姚金海
余　忍　　袁　森　　曾汉宝(女)
张保定　　张洪泉　　张江舟
张淑贞(女)　　张　旭　　张学习
张尧生　　赵福元(女)　　赵继玲(女)
赵录怀　　赵培杰　　赵尚元
赵兴礼　　周诚考　　周　杰
朱文凤(女)　　朱聿忠　　卓武平
闫永璋

全国优秀教育工作者

陈振海　　程西峰　　丑恪谦
邓春林　　邓继武　　郭治芳
雷平一　　李克让　　米忠科
申沛昌　　王安全　　王英才
吴伯明　　杨世宗　　余建民
张　健　　赵文广　　郑甫清

甘肃省

全国优秀教师

安铁鸟(女)　　曹　琏　　陈万海
陈晓云(女)　　陈秀琴(女)　　陈亚范
达延德　　党发荣　　翟文杰
丁凤英(女)(回)　　丁致德　　段晓波(女)
樊永明　　方英华　　冯　绪
冯治业　　傅国治　　富连芳(女)
高秦生　　何宗乾　　胡兴祖
惠志涛　　孔庆浩　　寇正芳(女)
李　平　　李秉德　　李发忠
李经训　　李茂同　　李彦龙
李育杰　　梁随东　　刘彬彩
刘庆荣　　刘永成　　柳克理
龙作联　　鲁廷臣　　陆万忠
罗秉贵　　罗自德　　马春兴

马如勋 马维玺 马耀武(回)
马永建(女) 马占荣(回) 孟照范
石文义 宋贵杰 宋玉红(女)
苏得程 孙季源 田生富
王　莉(女) 王海金 王鸿第
王建礼 王利民 王美娜(女)
王汝发 王震川 王志录
王志明 徐林玉(女) 徐万根
徐也农 徐中才 薛春娥(女)
杨　桦(女) 袁志明 张　硕
张　琪(女) 张宝泉 张发贤
张凤祥 张建炳(藏) 张学义
赵大周 赵康兴 赵树河
赵文廉(满) 周燕留 朱春林
朱富国 邬玲荣(女) 雒江生

全国优秀教育工作者

常福宝 雷百庆 黎庶泰
刘成林 裴立国 秦国智
王西奎 王旭鹏 徐光远
杨文瀚

青海省

全国优秀教师

才仁多杰(藏) 崔玉倩(女)
旦珠卓玛(女)(藏) 党万秀(藏)
道尔吉(蒙) 韩有才(回) 蒋广波
李岚峰 罗奇丽(女) 马　云(回)
宋中科 万玛才让(藏) 王善荣(女)
王　伟 王义轩 徐美华(女)
杨廉琨 杨秀荣(女) 张文邦
朱玉芳(女)

全国优秀教育工作者

代　免 完德太(藏)

宁夏回族自治区

全国优秀教师

陈凤霞(女) 陈毓秦(女) 冯居正
黄秀荣(女) 贾　春 李道娟(女)
李国艳(女) 李进才 刘　军
马英玲(女)(回) 马玉树 马占富(回)
任国栋 索凤兰(女) 田自昌
王光彩 卫方挺(女) 徐坤豪(女)
许冬梅(女) 杨彩霞(女) 张宝玉
赵瑞祥

全国优秀教育工作者

罗修贵(女) 马明亮(回) 杨培华(回)

新疆维吾尔自治区

全国优秀教师

阿布都维力·达吾提(维吾尔)
阿米娜·艾买尔(女)(维吾尔)
阿尼瓦尔·麦苏木(维吾尔)
阿提克扎克尔(女)(维吾尔)
阿瓦卡思木(女)(维吾尔)
阿依古力·依明(女)(维吾尔)
艾尔肯斯迪克(维吾尔) 艾瑞芝(女)
巴依尔(女)(蒙古) 白乃刚
拜新乾 本　拜(蒙古)
布沙莱姆·买苏木(女)(维吾尔)
布娃沙木·艾则孜(女)(维吾尔) 陈俊生
陈美珍(女) 陈　清
多力坤·西日甫(维吾尔) 范　炜(女)
郭　宁(女) 哈旦木·卡斯木(女)(维吾尔
韩吉孝 韩宗礼 何　涛
惠尚文
加米拉什·尔斯拜(女)(哈萨克) 姜振环(女)
江嘎孜(哈萨克) 卡　宾(哈萨克)
库娜尔汗(女)(哈萨克) 李安宁
李春香(女) 李怀征 李惠琴(女)
李　琏(女) 刘艳霞(女) 陆云红(女)
玛吾丽旦·安瓦尔(女)(维吾尔) 马英杰(女)
买合木提努尔(维吾尔)
买托乎提克里木(维吾尔) 孟竞兰(女)

努尔合亚·托克塔森(女)(哈萨克)
努拉合买提(维吾尔)
吾甫尔·买买提(维吾尔)
吾热力汉·库尔曼哈力(哈萨克)
夏克尔(哈萨克) 夏 熙 夏仲山
杨玉芹(女) 杨正林 袁伟军
原 新 再坦·哈吉英拉(女)(哈萨克)
曾 坚(女) 章 谊 张宝珍(女)
张学魁 张延强 张元儒
赵觉文 郑殿礼 郑彦萍(女)
祖农·吐尔地(维吾尔) 闫志刚
钱爱花(女) 钱国勇
热西提姑丽巴拉提(女)(维吾尔)
赛买提·艾则孜(维吾尔)
沙特巴勒地(哈萨克) 邵书彤(女)
孙炳岩
塔克古力·艾合买提(女)(塔吉克)
吐地达吾提(维吾尔)
吐尔逊·吾买尔(维吾尔)
吐尔逊哈日·苏来曼(柯尔克孜)
吐逊汗·哈力(女)(维吾尔) 王 飞
王国荃 王合理 王 坚
王险峰(女) 王新达 王佑夫

全国优秀教育工作者

阿不力米提·吐尔迪(维吾尔) 刘应先
马永霖(回) 买买提明·玉苏妮(维吾尔)
生进华 宋大梁
苏来曼·司马义(维吾尔) 王福朝
吾甫尔·斯马依(维吾尔) 杨志英(女)
赵立城

中国人民解放军

全国优秀教师

车建华(女) 陈廷楠 程天民
迟跃霞(女) 邓方林 甘茂治
高淑萍(女) 郭秀云(女) 李桂英(女)
李庆玲(女) 刘继红(女) 刘业础
吕 荣(女) 马正举 莫衍琳(女)
潘黔英(女) 庞凤贵 戚凯莉(女)
沙基昌 沈凤英(女) 史 德
史良琪(女) 唐振芝(女) 王绮婷(女)
吴俐娥(女) 谢希仁 徐秀云(女)
徐仲坤 许振江(女) 杨士敏
姚照英(女) 张金锁(女) 赵桂香(女)
赵秀俊(女) 赵学清 郑紫云(女)

全国优秀教育工作者

韩艳娥(女) 刘安秀(女) 严筱琴(女)
于海琴(女) 张瑞华(女)

中国人民武装警察部队

全国优秀教师

金立达 李安政 门益成
苏庆和 吴力合 许志宇(女)
张泽发

全国优秀教育工作者

刘晓健

财务管理与基本建设

教育经费管理

〔**全国教育财务工作通气会**〕 1995年3月在江西省召开全国教育财务工作通气会议。会议传达了李岚清副总理和国家教委领导关于教育财务管理和改革工作的重要指示；介绍了北京市、江西省、云南省、辽宁省多渠道筹措教育经费，推进“普九”工作的经验；各地交流了贯彻落实《中国教育改革和发展纲要》及《〈纲要〉实施意见》的经验，讨论了《关于建立教育经费监测制度的试行办法》、《关于利用中央普及义务教育专款（增量部分）实施“贫困地区义务教育工程”的意见》等文件初稿。

会议提出，1995年度全国教育财务工作的基本思路是按照国家教委的总体部署，通过深化改革，转变职能，加强管理，按照全教会和《〈纲要〉实施意见》确定的关于教育投入的各项任务，精心组织、落实到位。在调查研究的基础上，逐步完善各项改革和配套措施，加快教育财务改革的重大理论、政策和法规制度的研究，努力增加教育投入，提高经费使用效益。

会议提出1995年乃至以后较长一段时期的几项重点工作：(1) 全面落实已出台的关于增加教育投入的各项政策和措施；(2)各地要认真做好“九五”时期和2010年教育经费需求和经费来源规划；(3) 完善全国教育经费需求计划的编制工作；(4) 组织好“普九”资金的筹措和管理工作；(5) 完善教育经费筹措政策，建立各条筹资渠道稳定增长的机制；(6) 加强财务管理内部改革，调整不合理师生比，合理调整中小学学校布局，提高教育经费使用效益。

〔**建立经费监测制度**〕 为保证教育经费的稳定来源和增长，提高教育经费使用效益，根据国务院关于“加强对各级政府教育投入水平的监控”的要求，国家教委和国家统计局于1995年7月下发了《关于建立国家教育经费执行情况监测制度的通知》。《通知》决定，建立国家教育经费执行情况监测系统。国家监测办法由国家教委和国家统计局负责制定，监测各省、自治区、直辖市政府的教育经费执行情况。教育经费执行情况监测的主要内容是各省、自治区、直辖市政府落实《中国教育改革和发展纲要》和教育法律、法规中有关教育投入的规定的执行情况。监测的指标为：(1) 预算内教育经费占财政支出比例；(2) 预算内教育经费增长与经常性财政收入增长速度比较；(3) 生均预算内教育事业费和公用经费增长情况；(4) 财政性教育经费占国民生产总值比例。

《通知》还规定，出现下列情况时，国家监测系统将及时向国务院提出报告，必要时向全国人大提出报告，责成省级政府采取措施予以解决：（1）预算内教育经费增长速度低于经常性财政收入增长速度；（2）生均预算内教育经费、公用经费低于上年水平；（3）生均公用经费增长幅度明显低于物价上涨幅度。

教育经费执行情况的监测结果，由国家监测系统在每年7月底以前以监测公报的形式向社会公布。

〔**经费年度计划编制**〕 根据国务院《关于〈中国教育改革和发展纲要〉的实施意见》的要求，国家教委、财政部于1995年10月联合下发了《关于编制教育经费年度计划的通知》。《通知》指出：编制教育经费年度计划是国家对教育经费管理制度的一项重要改革。通过编制教育经费年度计划，可以全面了解全国教育经费的供需情况，掌握经费收支差距，为教育决策提供可靠依据。

编制教育经费年度计划，应参照《预算法》规定的编制原则和同级财政预算编制程序进行。县属和县以下政府教育部门直接管理的各类学校、教育事业单位的年度教育经费计划，由县教育行政部门和财政部门负责代编。县级以上地方人民政府教育行政部门和财政部门负责编制本级直接管理的各类学校和教育事业单位的教育经费年度计划，负责汇总下一级教育行政部门和财政部门编制的教育经费年度计划。从中央教育事业费中开支的各类学校教育经费年度计划的编制工作，由各学校负责编制，并由主管部门负责汇总上报中央财政及中央教育主管部门。

全国教育经费年度计划由中央本级和省、自治区、直辖市教育经费年度计划组成。中央本级教育经费年度计划由中央各业务部门教育经费年度计划组成。地方教育经费年度计划由本级教育经费年度计划和下一级教育经费年度汇总计划组成。

教育经费需求计划的编制，应符合本地区、本部门教育和经济发展水平实际支出需求。人员经费年度需求计划，应按照国家及省、自治区、直辖市规定的人员编制数、离退休人员实际数、预算年度尚不能完全消化的超编人员数，根据国家规定的工资福利标准编制；有关学生开支的人员经费，按照学生在校实际人数及学生奖贷学金的标准编制。公用经费年度需求计划，应按照国家或省、自治区、直辖市制定的各类学校生均公用经费标准（或综合定额）编制。对于一些目前学校公用经费开支水平与规定的公用经费差距较大的地区，以及目前尚未制定各类学校生均公用经费标准的地区，应根据当地办学的实际开支需要和相关因素，合理加以确定。编制年度公用经费需求计划时，可参照上一年学校实际支出的生均公用经费水平，按照逐年增长的原则计算编制。基本建设年度需求计划，应按照本地区、本部门教育事业发展规划和各类学校的实际需要，按照量力而行的原则编制。

教育经费年度来源计划，应按照当前国家政策规定的各项资金来源渠道据实编制，全面反映教育经费的各项来源情况。要切实保证除国家预算拨款外，其他教育经费来源渠道真正成为教育经费的稳定来源，实现各条渠道的稳定增长。各级政府的预算拨款部分，应按照《教育法》和《中国教育改革和发展纲要》规定的三个增长原则编制。即各级政府教育拨款的增长要高于同级财政经常性收入的增长，并使按在校学生人数平均的教育费用逐步增长，切实保证教师工资和生均公用经费逐年有所增长。同时，要根据本地区财政状况和完成教育发展目标对资金的基本需要，合理确定本级政府财政支出中教育经费所占的比例。其他教育经费来源部分，应按照国家规定的有关政策，依据本地区的实际情况，可以参照上年实际支出状况，或参考历史因素等，如实反映各条经费渠道的可能来源。

教育经费年度需求计划和来源计划之间的差距，应经教育和财政部门核实后，提出相应对策，以便为人大和政府在研究教育经费预算时作出相应决定。教育经费年度计划中涉及财政预算拨款的建议，经同级财政部门审核后可作为编制本级财政预算草案的参考依据。

〔**落实国家专项资金**〕 1995年，国家教委经商得财政部同意，落实了普及义务教育中央补助专款增量39亿元；“211”工程中央财政专项资金10亿元。

为提高中央义务教育专款的使用效益，结合国家教委“普九”整体部署，用专款的增量部分启动了“国家贫困地区义务教育工程”；重点支持“二片”、“三片”地区的贫困地区“普九”的实施，并下发了《中央义务教育专款（增量部分）使用管理办法》、《关于进行国家“贫困地区义务教育工程”项目规划和可行性研究的通知》，建立了国家“贫困地区义务教育工程”项目专家组，运用计算机程序对国家“贫困地区义务教育工程”项目规划、计划、执行报表进行分析和评估。

〔**制定高校收费配套政策**〕 为配合高等学样招生和收费制度改革，完善对困难学生的资助办法，国家教委下发了《关于对普通高等学校经济困难学生减免学杂费事项的通知》，建立起奖学金、贷学金、勤工助学基金，和对特困生给予特殊补助、减免学杂费的“奖、贷、助、补、减”的资助体系。

撰稿　财务司

审稿　钱一呈

外资项目管理

〔**世行贷（赠）款项目管理**〕 1995年，国家教委再次利用世界银行贷款发展“第三个贫困地区基础教育”项目。本项目支持甘肃、青海、河北、安徽、河南、吉林、福建等7个省的124个列入《国家“八七”扶贫攻坚计划》的贫困县实施九年义务教育。项目总成本为2.12亿美元，其中世行贷款1亿美元，国内配套资金9.28亿元人民币。资金主要用于消除小学及初中学校的危房；为项目学校装备仪器设备、图书资料和课桌椅；加强对校长及教师的培训等方面。本项目将于1996年5月启动，执行期为五年。

1995年，世界银行贷款给中国发展“第二个职业技术教育”项目。本项目主要支持山东、江苏、广东、天津、辽宁5省（市）的82所中等专业技术学校和职业中学，力图建成一批集职前和在职培训为一体的“职业技术教育中心”。本项目总成本为0.71亿美元，其中世界银行贷款3千万美元（包括无息贷款2千万美元及有息贷款1千万美元），国内配套资金3.38亿元人民币。世行贷款主要用于为项目学校配备实验实习设备及图书、对校长及专业骨干教师的培训。

关于世界银行“机构发展基金”赠款项目是世界银行批准国家教委利用“机构发展基金”赠款共20万美元支持高等教育改革。其中12万美元用于高等教育课程改革，8万美元用于高等学校学生奖贷学金制度研究。该项赠款协议于1996年1月生效，项目执行期为两年。

供稿　财务司
审稿　钱一呈

〔**世行贷款项目执行情况**〕　1994、1995两年，中国政府与世界银行新签订了贷款金额为6920万特别提款权（以下简称SDR），折合1亿美元的“少数民族及贫困地区教育发展项目”，与亚洲银行签订了赠款金额为40万美元的“国家教委机构加强项目”和赠款金额为50万美元的“青海省中学教师培训项目”以及赠款金额为50万美元的“国家高级教育行政学院机构加强项目”。世界银行贷款“中学在职教师培训项目”和“教材建设项目”已执行完毕。截止1995年底，由国家教委归口管理的世界银行教育贷款项目总数已达11个，贷款总金额为11.68亿美元，其中已经完成的项目6个，仍在执行的项目5个；由国家教委归口管理的亚洲银行赠款项目3个，赠款金额为140万美元，均在执行中。

到1995年，已完成世界银行贷款项目11个中的6个，其中1994年完成2个，分述如下：(1)“中学在职教师培训项目”总投资1.048亿美元，其中用世行贷款3774万SDR（折合5081万美元），用于20个省（市）所属的72所教育学院购置设备图书和实施技术援助计划，扩大和提高初中在职教师培训的规模和质量，帮助政府实现普及基础教育，提高教师素质，加强学校建设。1994年，此项目的执行工作全面完成。共招标三次，签订合同591个，采购设备26.3万台（套）；采购图书共20万余种，计200余万册；共聘请外国专家66人，聘请国内专家378人，举办外国专家讲习班30个；派出国外留学进修人员205人，国内培训人数达6454人。72所项目学校项目结束时在校生达到422746人，是项目建设初期在校生数的3倍。(2)“教材建设项目”于1995年6月30日执行完毕。项目总投资4.42亿元人民币，其中世行贷款额为4180万SDR（折合5700万美元），支持中国政府改进小学、中学和大学教材的规划，用于为人民教育出版社（课程教材研究所）提供设备、图书和教学资料，以提高教材的质量；为高等教育出版社印刷厂、人民教育出版社印刷厂和北京印刷学院提供设备和土建；为22个省的项目印刷厂提供设备和土建；为21所大学的出版社和印刷厂提供设备和土建；以及为达到上述4个目标，提供人员培训和技术援助。共签合同111个，购设备593台（套）；购各种书籍12956册；完成各种国内培训达19970人/月，聘请23位外国专家来华举办讲习班或研讨班，参加培训班学员达875人；选派6个团组54人出国访问和进修，还派出10个国外考察组（每个组6人～10人）。

到1995年底正在执行的世界银行项目有5个，分述如下：(1)“职业技术教育项目”。1994年进行了第3次招标，采购仪器设备6582台（套），金额为812.3万美元。1994年下半年直接采购设备1447台（套），采购金额为217.3万美元。本项目的图书采购工作于1994年全部完成，采购图书27.4万余册，费用约80万美元；此项目的技术援助部分到1995年底已完成国外培训104人，外国专家讲习班24个，国内培训中完成管理人员培训约1200人/月，长期教师培训约900人/年，短期教师培训约3800人/月。1995年国家教委和世行多次协商批准，本项目的关闭期延至1996年12月31日。(2)“重点学科项目”。本项目经过1992年的第一次国际招标和1994年的第二次国际招标，共签合同1050个，采购仪器设备3655台（套），用汇约8500万美元。采购的设备已全部到货，项目执行单位对设备的安装、调试、验收工作基本完毕。本项目的图书采购基本完成；购置境外图书资料（含期刊、光盘、软件等）近一万余种，约15000余册。本项目的技术援助部分截止1995年底已聘请国外讲学专家125人，派出人员数已达721人。截止到1995年底，项目支付额占贷款总额的80.95%。(3)“第一个贫困省教育发展项目”。本项目普教部分的教学仪器设备、土建及图书招标工作由6个项目省负责进行。1994年，国家教委贷款办对项目省的招标工作进行了指导和审查，并及时报世行审批。截止到1995年底，已基本完成项目的总计划。本项目高教部分和5省的教育信息中心的仪器设备和图书资料的采购工作由国家教委统一协调与管理。1994年确定的9所高等院校和省教委信息中心的第一次仪器设备国际招标已经完成，共签订合同281份，采购设备3482台（套），合同金额708.3万美元。第二次设备招标采购工作已完成招标、评标工作；图书资料采购工作，初步研究了采购工作方案。本项目1994、1995年度派出4个考察团，参加考察人数87人，考察内容涉及到高教管理、复式教学、外语教学、少数民族教育、学生评估及理科教育等方面，本项目录取留学人员27人，已派出6人。另外本项目的课题研究项目已展开。(4)“师范教育项目”。本项目总投资14.86亿人民币，其中世行贷款1亿美元，贷款协议1994年1月11日生效。1995年完成第一次国际设备招标采购工作，共签合同490个，购置仪器设备76539台（套），合同金额约为4100万美元，截止1995年底，50%的设备已到项目学校。本项目教育信息管理信息系统中央及省级设备采购工作，已完成清单确认，汇总和采购标书编写工作；本项目图书采购招标工作已经展开，待确定代理商后即将开展采购工作。本项目计划用500万美元开展师范教育改革课题研究，课题涉及师范教育的各个方面。世界银行对课题研究共批复课题456个，预算金额402万美元，课题小部分已经完成，大部分正在进行中。截止到1995年底，本项目已派出留学人员26人，派出考察团4个（每个团5人～10人），国家级国内培训完成1790人，占项目计划的31.9%，省级培训6432人，完成计划的86.8%。截止到1995年底，项目设备采购2000万美元，技术援助部分24.9万美元，约占总贷款额的20%。(5)“第二个贫困地区基础教育发展项目”。1994年，中国政府与世界银行新签定“中国少数民族及贫困地区基础教育发展项目的信贷协定”(即二贫项目)。国际开发协会提供6920万SDR（折合1亿美元），国内提供配套资金10.6亿人民币，项目总投资为19.3亿人民币，用于加快实施贫困地区的九年义务教育。本项目的目标为：①所有项目县基本实现普及初等义务教育，同时，适当发展初中阶段义务教育，赶上或接近本省平均发展水平；②合理调整学校布局，通过改善项目县小学和初中的办学条件，使项目覆盖的学校建设达到国家规定的标准；③调整四川、江西省中等师范学校的布局和结构，改革办学模式，提高办学质量和效益；④建立健全项目省、县两级教育管理信息系统，提高地方各级教育行政管理部门的决策和管理水平。本项目的建设内容是：帮助四川、江西、广西、新疆、宁夏和内蒙六省（自治区）111个贫困县（旗）加快实施九年义务教育。本项目1995年4月7日生效，计划于2000年12月31日关闭。1995年上半年本项目正式启动，土建、设备及图书资料的招标工作由各项目省负责。截止到年底各项目省（区）的第一批土建合同都在按照批复的合同进行工程的招标、评标工作。各省选定的设备或图书招标公司也已得到世行的批准。人员培训及其它技术援助方面的工作均按项目的计划要求顺利进行(如国家级培训完成431人，占总计划的41.4%，省级培训完成34124人，占总计划的25.3%)。

撰稿　徐德明　俞秀义

审稿　汪原仁　尤少忠

〔**正在执行的亚行项目**〕　1994、1995年两年，中国政府与亚洲银行共签订3个赠款援助中国教育项目，项目执行情况分述如下：(1)“国家教委机构加强项目”是由国家教委负责管理的第一个亚洲银行项目。亚行1994年6月15日正式批准了此技术援助赠款项目。赠款额度为40万美元，用于加强国家教委教育规划统计和财务管理能力，受益单位包括国家教委计划和财务部门及全国各省（自治区、直辖市）教委（教育厅）的计划与财务部门。通过本项目实施，开发并设计一套基础教育发展规模及师资供需预测模型；开发并建立一套教育财务监控模型等。项目内容包括国内外专家提供咨询服务、举办省级教育规划和统计及财务管理培训班等。本项目的国外执行机构为香港大学潘锦溪学院。本项目于1994年12月9日开始执行，到1995年年底已全部执行完毕。通过本技术援助项目的实施，完成了项目规定的各项计划和任务，基本达到了项目的预期目标。(2)“青海省中学教师培训项目”。1994年12月，亚行正式批准此项技术援助赠款项目，赠款额度为50万美元。1995年4月25日，中国人民银行代表中国政府与亚洲银行签署了本项目的技术援助协议。本项目利用国内外专家帮助青海省(贫困地区)培训中学教师，提高中学的教育教学质量，为普及九年制义务教育服务。具体目标包括：加强培训中学教师的能力；提高青海省的5000名中学教师的教学水平；改进中学教师培训人员在课程设计、教学法和教育研究方面的能力；开发青海省规划和实施大规模在职教师培训工作的能力。项目内容包括为青海省中学骨干教师和管理人员举办培训班；为北京师范大学及青海省有关师范院校举办研讨班；选派有关人员赴国外考察和短期培训；开发培训教材和制作教学录像带；采购少量录像带制作设备等。本项目选定澳大利亚墨尔本大学为国外执行机构。此项目 1995 年 7 月 12 日开始执行，1996 年 5 月 31 日完成。截止到 1995 年底，一级培训班完成培训人员 120 人，二级培训班完成培训人员 250 人，其它方面的工作正在按计划进行。(3)“国家高级行政学院机构加强项目”。本项目于 1995 年 1 月亚行批准，此项赠款项目的金额为 50 万美元，1995 年 8 月中国人民银行代表中国政府与亚行正式签署了本项目的技术援助协议。本项目旨在加强国家高级教育行政学院开展大、中、小学校长的培训和少数民族地区教育干部的培训，增强该学院科学研究的能力，开发培训方面的教材，并采购部分相关的设备。此项目 1995 年 9 月开始执行，1997 年 9 月执行完毕。

撰稿　徐德明　俞秀义
审稿　汪原仁　尤少忠

〔**亚行技援项目管理**〕　为了加强教育宏观管理，提高教育管理水平，1994 年 10 月我国政府与亚洲开发银行签订了中华人民共和国与亚洲开发银行技术援助协议。国家教委计划建设司承担了加强教育规划、统计工作的有关任务。该项目从 1994 年 12 月开始启动，于 1995 年 10 月关闭。完成的任务主要有：

研制、开发计算机应用软件。经过考察、研究分析、编程、调试、试运行等过程，在项目规定的时间内，研制、开发了以下计算机应用软件：(1) 教育统计常用指标自动生成系统。该系统主要功能是根据需求，将教育统计中 85 个常用指标从统计年度数据库中自动生成，为工作人员及时掌握教育信息动态提供方便。(2) 教育统计填报质量检查报警系统。该系统主要功能是将年度统计数据经过相邻两个年度的比较，找出反常数据，进行核实更正。该系统的开发，为工作人员提供了自动校对数据的检查工具，避免数据出错，减轻了手工劳动，提高了工作效率。(3) 基础教育规划软件。该软件的研制，为中央、省（自治区、直辖市）、县三级教委编制中长期（5 年～15 年）基础教育规划及师资供求、师资培养、经费预测提供了计算机辅助工具。该系统与现有的教育统计信息系统建立了平台，系统所需的教育信息大部分可从中取得，节省了采集数据的时间。软件设计时利用了我国多次教育规划所积累的经验和形成的组织体系，采用了宏观分析与微观统计相结合的方法，充分发挥了计算机的信息综合分析能力、仿真分析能力与决策人的抉择能力，可操作性强，具有较好的实用价值。

加强培训工作，实现技援预定目标。1995 年 6 月和 10 月，在安徽省和四川省分别举办了教育统计和教育规划软件培训班，全国各省（自治区、直辖市）从事教育统计和教育规划工作人员以及国内外项目专家共 100 多人参加了培训。为了做好培训工作，国内项目专家编写了相应的培训教材。培训期间，国内专家着重讲解了软件的基本设计原理、流程及使用方法，国外专家介绍了香港及国外有关教育方面的情况。通过培训，进一步提高了我国教育统计和教育规划工作人员的技术水平和管理能力，达到了预定目标。

开展国际教育学术交流，提高我国教育

管理水平。根据亚行技援项目计划，1995年9月，派员赴澳大利亚、新加坡考察和学习市场经济体制下教育规划的理论方法以及教育统计指标体系等；1995年10月，派员赴印度、香港进行教育规划和教育统计考察、培训；1995年12月，应我国政府的邀请，执行该项目的国外专家一行5人来华，在国家教委讲学，作了“教育规划的原理与国际关注的课题”，“市场经济体制下教育规划与社会经济、人口等发展的关系”，“目前在西方国家最热门的管理话题——业务流程创新”等报告。通过上述活动，进一步学习和了解了国外教育管理方面的先进经验，为提高教育规划和统计工作的水平拓宽了思路。

本项目开发的有关模型和软件已在部分地区试用，今后将在试用基础上进一步完善，并在更大范围内推广。

撰稿　杨晓青　李燕丽

审稿　李仁和

教育信托投资

〔**综述**〕　国家教委从1988年开始研究探讨设立主要为教育服务的金融机构。1993年初，经国务院及各有关部门研究，同意成立主要为教育服务的金融机构。党中央、国务院发布的《中国教育改革和发展纲要》中作出明确规定：要“运用金融、信贷手段，融通教育资金，支持校办产业、高新科技企业以及勤工俭学的发展，开发教育储蓄、贷学金等业务。”以促进教育改革和发展。根据《纲要》精神，由国家教委、财政部、国家计委、中国国际信托投资公司共同发起组建中国教育科技信托投资有限公司（以下简称“中教信公司”）。中国人民银行于1993年11月17日复文批准，开始筹建工作。1994年7月16日中国人民银行正式批准成立中教信公司，1994年8月28日中教信公司在国家工商行政管理局登记注册，注册资金为2.305亿元人民币（其中人民币1亿元，美元1500万元）。1994年11月28日国家外汇管理局颁发了中教信公司外汇业务许可证。1994年10月12日中教信公司正式开业。

中教信公司是有限责任制全国性非银行金融机构，也是中华人民共和国企业法人，以其全部资产，依法自主经营，自负盈亏。中教信公司业务上受中国人民银行的领导、管理、协调、监督和稽核，行政主管部门为国家教育委员会。

中教信公司的宗旨是：贯彻党和国家的方针、政策，遵守法律、法规，运用经济手段，融通社会资金、教育资金和科技资金，促进教育、科技与经济的结合，为扶持和发展教育、科技产业服务，为发展教育事业和科学技术进步服务，为经济建设服务。

中国人民银行批准中教信公司办理的业务范围是：信托存款、贷款、投资；委托存款、贷款、投资；证券买卖、发行及代理发行；融资租赁；代理财产保管与处理；代理收付；经济担保、资信调查和咨询；接受委托承办境内外对中国教育科技事业的捐款；接受委托管理境内外专项基金业务；办理学生教育年金信托业务；以及经中国人民银行和国家外汇管理局批准的其他业务。

中教信公司是按照《中华人民共和国公司法》规定成立的国有大型有限责任公司。中教信公司根据《公司法》规定，由4家发起组建的股东单位，按出资比例，分别派出股东代表、董事、监事，组成股东会、董事会和监事会。

股东会行使以下职权：(1) 决定公司的经营方针和投资计划；(2) 选举和更换董事，决定有关董事的报酬事项；(3) 选举和更换监事，决定有关监事的报酬事项；(4) 审议批准董事会的报告；(5) 审议批准监事会或者监事的报告；(6) 审议批准公司的年度财务预算方案、决算方案；(7) 审议批准公司的利润分配方案和弥补亏损方案；(8) 对公司增加或者减少注册资本作出决议；(9) 对股东向股东以外的人转让出资作出决议；(10) 对公司合并、分立、变更公司形式、解散和清算等事项作出决议；(11) 修改公司章程。

经股东提名、股东会选举，王显明任公司董事会董事长兼总经理，任强、陈守益、练汝丰任副董事长，田嘉任董事。

董事会行使的职权是执行股东会决议，负责公司的经营业务及管理等工作，实行总经理选举制。董事会下设计财、投资、证券、外汇业务、综合、人事等经营及业务管理工作机构。

监事会为股东会设立的监察机构，经选举，由陈俊才任首席监事。

1995年是中教信公司开业后全面开展经营活动的第一年，是建立、健全公司内部各项管理规章制度的一年，也是探索教育与金融结合途径的一年。年内进行的主要工作有：(1) 在股东会、董事会的领导下，结合国内金融形势和市场的实际，确定了“稳健经营、规范管理、打好基础、适度发展”的经营方针。(2) 加强规范化内部管理，制订了一系列管理规章制度。进一步加强了计算机网络系统建设，建立了财务管理系统和证券营业管理系统。(3) 开展了吸收存款、同业拆借、信托贷款、委托贷款、经济担保、信托投资、承销发行1995年国库券等业务。同时，不断拓展金融业务，参与市场竞争，更好地为教育事业改革与发展服务。筹建并成立了北京证券营业部；为密切配合国家教委有关制度改革，接受委托开展了国家公派留学生出国学习保证金代收代付业务；并积极研究、策划教育年金信托业务和开发教师住房建设业务。(4) 本着精干、效能原则，加强职员队伍的建设。

1995年主要经营成果有：到年底，公司总资产由1994年末的4.68亿元(人民币，下同)，增长为10.86亿元，增长率132%。中教信公司1995年利润总额2503.9万元。

〔**经营业务活动**〕 1995年，中教信公司围绕树立良好形象和信誉，坚持公司宗旨，为教育提供金融服务，支持教育事业改革和发展开展了以下经营业务工作：

信托存款、融资。1995年，中教信公司共吸收信托存款5.49亿元（人民币，下同），同业（非银行金融机构）融资5.51亿元。这些资金的融通，不仅为中教信公司扩大经营规模、广泛开展业务提供了宝贵的“血液”，而且使“支持教育事业发展”的愿望落到了实处。中教信公司在融通资金工作中，始终坚持公司的经营方针，坚持“安全性、流动性、盈利性”原则，做到了按期还款、付息。

信托贷款。信托贷款是金融信托投资公司的主营业务。1995年，中教信公司共做信贷项目30余个，其中近60%是给教育企、事业的贷款。获得中教信公司信贷支持的北京市超音波经贸集团，增强了发展力度。

1995年中教信公司在外汇业务方面，共进行4个信贷项目，资金总额370万美元。

证券买卖、发行、代理发行。1995年，中教信公司经过半年筹备，成立了北京证券营业部，并于1995年7月18日正式开业。至年底，股民开户达1500个，股票交易累计4.3亿元。1995年，中教信公司完成了承销发行1995年三年期无记名国库券2.9亿元的任务。

经济担保。1995年，中教信公司共做担保项目5个，担保金额2500万元（人民币，下同），其中为教育企业做经济担保项目4个，担保金额2000万元，缓解了教育企业资金困难，产生了较大的经济效益。为清华大学研制开发一项汽车无盲区后视镜担保贷款300万元，使该项目第一年利润率就超过30%。

撰稿　陈建华

审稿　王显明　田　嘉

教职工住房建设综述

党中央、国务院继1994年全国教育工作会议和大连教师住房建设工作经验交流会之后，1995年3月，国务院办公厅转发了国家教委、建设部、国家计委、财政部、国家土地局、全国教育工会《关于加快解决教职工住房问题的意见》。1995年5月，中共中央政治局委员、国务院副总理李岚清在国家教委关于1995年教职工住房会议准备情况的报告上又作了重要批示，“办好教育的关键是抓好教师队伍的建设，一是对教师的培养和充分发挥他们的作用；二是关心和帮助他们解决他们生活和工作条件方面的困难。我体会，小平同志说他要为教育工作当‘后勤部长’，可能用意在此。我们要认真向小平同志学习。”“当前教师生活和工作上的一个突出困难是住房问题，安居才能乐业，在现有条件下逐步为他们在住房方面解困，才能稳定教师队伍。因此，我希望教委抓住这个问题不放，连续抓若干年，共同努力把这件大事抓好”。李岚清同志身体力行，到外地视察教育工作，都要了解和实地察看教职工住房情况。1995年6月，党中央和国务院的几位领导同志，对国家教委、国家计委《关于解决高校青年教师住房问题工作思路的报告》作了重要批示，决定从1995年起至2000年，增设中央部委在京高校青年教职工住房建设专项补助投资。1995年9月15日，李鹏总理在参观中国居住环境建设成就展览会时，很关心教职工住房问题。他希望各级政府对教职工的住房问题要继续给以关注，希望学校利用现有条件，不断改善住房环境。在国务院领导同志的重视、关心和亲自指导下，各地区、各部门的领导认真贯彻落实1994年全国教育工作会议和大连教师住房会议的精神，在思想上重视教职工住房建设，在行动上真抓实干，多次召开会议，制订本地区、本部门教职工住房建设规划，确定建设目标，明确实施责任，亲自协调有关部门，采取切实可行的政策和措施，加大投资力度，解决教职工住房建设中遇到的各种实际问题，使当地住房建设进展迅速。

1995年，教职工住房建设投资和建房面积大幅度增加。据各地区、各部门报告的数据统计，1994年，全国城镇中小学和普通高校教职工住房建设投资89亿元，竣工面积(建筑面积，下同)1468万平方米，建成住房20.5万套。其中，城市中小学教职工住房建设1994年一年的投资，是“七五”期间五年投资的1.06倍，是历史上最高的一年。预计到1995年末，全国城镇中小学和普通高校教职工住房建设投资将达119亿元，比1994年增长33.7%，竣工面积将达到2008万平方米，比1994年增长36.85%。其中，1995年全国城镇中小学教职工住房建设投资预计可达93.4亿元，竣工面积1577万平方米，建成住房21.5万套；全国高校教职工住房建设投资25.62亿元，竣工面积432万平方米，可建成住房5.8万套。全国城镇中小学教职工住房状况进一步改善，家庭人均居住面积已由1992年底的6.62平方米，提高到1994年底的7.38平方米。一些地区的城市中小学教职工家庭人均居住面积已经超过8平方米。还有一些地区和部委的高校，教职工家庭人均居住面积也提前一年实现了“八五”目标。

1995年，教职工住房建设涌现出一批对这项工作重视，工作实绩突出的地区，其中比较突出的有云南、四川、广东、上海、天津、山东及大连、昆明、青岛、长春等省市。云南省一贯重视解决教职工住房问题，到1994年底，全省城市中小学教职工家庭人均居住面积已达到9.06平方米，成套率73.2%，提前6年达到并超过国务院办公厅《关于加快解决教职工住房问题的意见》提出的要求；昆明市1993年已建成东、西、南、北四个功能比较配套的“园丁小区”，1995年又建成两个园丁小区，并于教师节前交付使用。全市城镇教职工家庭人均居住面积已由1994年的9.93平方米提高到10.8平方米，高于当地居民平均居住水平。四川省把解决教职工住房作为贯彻落实1994年全国教育工作会议和大连会议精神的大事和实事来抓。肖秧省长亲自担任“四川广厦工程”领导小组组长，省政府发出了《关于实施四川省广厦工程，解决教职工住房问题的通知》，提出到本世纪末，全省将新建教职工住宅1225万平方米，教职工家庭人均居住面积将达到8.5平方米，成套率达85%以上。为实现此目标，确定1995年～2000年全省进一步加大教职工住房建设投资力度。1995年1月～7月，全省新征教职工住房用地约114

万平方米，新开工和正在建的教职工住房182万平方米，已竣工122万平方米，完成本年建房150万平方米的81%。广东省1994年全省城镇中小学教职工住房建设投资10.2亿元，竣工面积156万平方米，建成住房1.93万套。预计1995年全省城镇中小学教职工住房建设的投资可达18.9亿元，竣工面积317万平方米，建成住房3.7万套。青岛市1995年通过各种渠道筹集资金2.35亿元，年底将建成住房21.5万平方米，超过前5年的总和。

教职工住房建设所取得的成绩，在教育界和社会上产生了积极影响。一是喜迁新居的教师亲身感受到党和政府的关怀，称赞党和政府为教育和教师办了一件好事、实事，激发了他们搞好教育工作的积极性。二是进一步促进了尊师重教社会风尚的形成。从政府作出兴建教职工住房的决策到工程的交付使用，涉及到各个部门和社会的许多方面。在这个过程中，许多部门、单位和群众以实际行动关心和支持教育事业，涌现了许多动人的事迹，促进了尊师重教社会风尚的形成。三是由于教师住房条件的改善和教师待遇不同程度的提高等多种因素的作用，有些已经“下海”的教师开始要求回校任教，报考师范院校的生源质量明显提高，教师队伍不稳，流失严重的现象开始得到改变。

一年来，教职工住房建设积累的新经验。主要有：(1)修订或制订建设规划，确定新的建设目标。前几年，不少省、区、市人民政府和中央部门，把解决城镇教职工住房建设纳入城镇建设总体规划，制订了所辖范围内的教职工住房建设“八五”计划和十年规划，对解决本地区和部门教职工住房问题起了重要作用。大连会议和国务院办公厅《关于加快解决教职工住房问题的意见》下发后，许多地区和部门根据形势发展的需要，对教职工住房现状重新调查摸底，修订或制订了教职工住房建设规划，重新确立了住房建设奋斗目标。长春市委、市政府决定，从1995年起，把教职工住房建设作为阶段性战略重点，进一步加快步伐，实施分两步走的规划目标：第一步，在1995年内，多方筹措资金2.3亿元，开工建设城镇中小学教职工住房24.8万平方米，相当于建国40多年累计建成面积的一半以上，将使全市城镇教职工家庭人均居住面积从1994年底的7.48平方米提高到8.8平方米，其中市区教职工家庭人均居住面积可从1994年底的5.73平方米提高到6.8平方米，超过市区居民家庭人均居住面积水平。第二步，再用两年时间，到1997年底，使全市城镇中小学教职工家庭人均居住面积达到10平方米，成套率71%，达到长春市居民2000年的住房规划目标。(2)加强领导，成立由政府领导同志牵头的住房建设领导机构，对教职工住房建设实行优先优惠。为了使加快教职工住房建设工作有可靠的组织保证，许多省、区、市主要领导都亲自抓教职工住房建设，成立了由政府主要领导负责，并由计划、财政、税务、金融、城建、土地、房地产、教育及教育工会等部门参加的教职工住房建设领导小组或“广厦工程”领导小组，负责研究解决教职工住房建设中遇到的各种重大问题。这样，教职工住房建设工作就从过去主要由教育部门负责转变为政府行为。如，四川、上海、长春、天津、山西、浙江、宁夏、甘肃、北京等地区都在1995年成立了这样的领导小组。实践证明，强化政府行为，把解决教职工住房作为当地政府的重要职责，领导同志亲自抓，有关部门密切配合，对教师住房建设实行优先优惠政策，是加快住房建设的根本保证。(3) 签订责任书，落实责任。为了落实各级政府在教职工住房建设过程中的责任，保证住房建设总目标及任务的如期实现，四川、北京、河北、山西、湖北、上海、天津、长春等许多省、区、市政府与所辖下一级政府签订了责任书。责任书一般包括建房目标及任务，建房资金筹措方式和各级政府应承担的责任，奖励与惩罚等项内容。上海市根据分级办学，分级管理的原则，确定解决市属学校教职工住房问题的责任在市政府，解决其它中、小、幼教职工住房问题的主要责任在区(县)政府。市政府主管城建和教育的副市长与区县相应领导签订了责任书。这种把实现住房规划和目标的责任，按照权限划分，分解到地方各级政府的作法，使教职工住房建设的责任明确，也便于检查、监督，值得重视。(4) 设立或增加住房建设专款，推动多渠道筹集资金。资金缺乏，是各地区建设教职工住房遇到的普遍问题。许多地区和部门根据国家的有关规定，设立或增加了教职工住房建设专项补助投资。据不完全统计，1995 年各省、区、市设置教职工住房建设专款 15.8 亿元。广东省设立中小学教职工住房建设专款 8000 万元；四川省设立中小学教职工住房建设专款 2000 万元；山东省设立高校教职工住房建设专款 1 亿元；甘肃省设立教职工住房建设专款 2000 万元；青岛市设立中小学教职工住房建设专款 2800 万元。政府设立专项补助投资，缓解了资金不足，为地方各级政府和部门树立了榜样。在政府设立专款的同时，各地加大住房建设和分配制度改革的力度，通过部门、学校、个人筹集资金，加快了住房建设。山东省政府财政拨专项资金 1 亿元，加上学校及教职工个人筹资，总投资达 2.30 亿元，可建成建筑面积 25 万平方米，1996 年教师节前大部分项目可以竣工交付使用，届时该省 25 所高校教职工住房困难将大大缓解。尤其值得重视的是，一些地区资金紧张，但省、区、市政府在土地划拨、减免各种配套费等方面给予了许多优惠政策，降低了工程造价，缓解了资金紧缺程度。实践证明，只要认识到位，决心大，政策符合实际，资金是可以筹措到的。(5) 及时召开会议，总结交流经验，推进教职工住房建设工作。为了传达贯彻大连会议精神，贯彻落实党中央，国务院关于解决教职工住房问题的方针政策；总结交流本地区、本部门在解决教职工住房方面的经验；研究应进一步采取的措施，以加快本地区解决教职工住房问题的步伐，全国多数省、区、市政府召开了本地区教职工住房建设工作的经验交流会或现场会。

1995 年，各地区、各部门在教职工住房建设工作中做了大量工作，取得了好的成绩。但还存在不少问题和困难，任务仍然十分艰巨。全国城镇教职工家庭人均住房面积仍低于城市居民人均住房面积。据统计，到 1994 年底，全国城市居民家庭人均居住面积为 7.7 平方米，全国城镇中小学教职工家庭人均居住面积虽已提高到 7.38 平方米，但仍然比全国城市居民低。1994 年城市中小学教职工家庭人均居住面积在 7 平方米以下的有 7 个省，其中 3 个省城市教职工家庭人均居住面积还未达到 6 平方米。到 1994 年底，全国高校教职工家庭人均居住面积只有 6.82 平方米，比全国城市居民低 0.88 平方米。有些地区和部委的高校教职工家庭人均居住面积还不到 6 平方米，比全国城市居民低 1.7 平方米以上。这与高校教职工所担负的繁重的教学和科研任务极不相称。教职工中还有较大比例的无房户和住房困难户。到1994年底，全国城镇中小学教职工家庭中还有25.36%的缺房户，总计达86.93万户，其中无房户（婚后无房及暂住非居住房屋和租、借房屋居住的教职工家庭）46.7万户，困难户（每户人均居住面积小于4平方米的住户或异性大龄子女不能分室及三代同居一室的教职工家庭）40.23万户。还有等房结婚的大龄青年教职工20.3万人。到1994年底，全国高校教职工家庭中还有20.93%的缺房户，总计达18.72万户，其中无房户9.7万户，困难户8.59万户。还有等房结婚的大龄青年教职工6.18万人。

1995年11月27日至30日，国务院办公厅在云南省昆明市召开了第二次全国教职工住房建设工作经验交流会。这次会议的主要任务是，总结各地区、各部门贯彻落实1994年全国教育工作会议、大连教师住房建设工作经验交流会和国务院办公厅《关于加快解决教职工住房问题的意见》的情况，明确今后的目标和任务，进一步推动全国教职工住房建设迈上一个新台阶。李岚清副总理亲临会议，作了重要讲话。他充分肯定了1995年各地建设教职工住房所取得的显著成绩，同时也指出了搞好这项工作仍面临的严重问题和任务的艰巨性、紧迫性，全面论述了解决教师住房问题的重要意义，就如何进一步抓好教职工住房建设工作指明了方向，并向各地、各部门提出了希望和要求。国务院副秘书长徐志坚在会议结束时作了总结讲话，国家教委副主任张天保作了工作报告，建设部副部长李振东、国家计委、财政部有关司局负责人也在会上发了言。

会议提出了要切实加强政府对教职工住房建设工作的领导；落实对教职工住房建设的各项优先优惠政策；加大住房制度改革力度，继续走多渠道筹措建房资金的路子；实事求是，分类指导；中小学校园内的教职工住房不能出售等5项要求。会议组织代表参观了云南省和昆明市教职工住房的建设情况。云南、青岛、哈尔滨工程大学、宁夏、福建、昆明、四川、天津商学院、广东、长春、天津、上海、山东等地区和学校的代表在会上介绍了本地区和学校教职工住房建设的工作经验。

撰稿　马锡地

审稿　牟阳春

技术装备建设

行业管理

〔**综述**〕 据不完全统计，1995 年全国共有 476 个工厂承担教学仪器设备生产任务，比 1994 年增加 2.80%；1995 年全行业职工总人数为 32359 人，比 1994 年减少 6.30%，其中工程技术人员 3733 人，占 11.54%，比 1994 年减少 7.55%；固定资产原价为 54540.8 万元，比 1994 年减少 8.90%；1995 年全行业共完成工业总产值（不变价）118919.9 万元，比 1994 年增加 29.0%，其中教学仪器设备总产值 82465.7 万元，比 1994 年增长 41.94%；利润总额完成 9791.8 万元，比 1994 年增加 20.40%，税金总额完成 5877.6 万元，比 1994 年减少 8.9%。

教学仪器设备全行业 1995 年实现的主要经济指标：工业产品销售率为 94.55%，低于全国标准值；工业资金利税率为 13.47%，低于全国标准值；工业增加值率为 33.17%，高于全国标准值；工业全员劳动生产率为 13120 元/人，高于全国标准值；工业成本费用利润率为 9.92%，高于全国标准值；流动资产周转率为 1.32 次，低于全国标准值；工业经济效益综合指标为 1.11。

完成教学仪器设备产值 1500 万元以上的省市有：北京市、河北省、山西省、上海市、江苏省、浙江省、安徽省、福建省、山东省、宁波市、河南省、湖北省、湖南省、广东省、四川省。

在行业管理方面，1995 年做了以下工作：(1) 着手职教装备的开发、生产、供应的管理工作。举办了首届全国职教仪器设备展示订货会，会议成交额逾 2000 万元。会上还举办了关于职教装备工作的研讨会。会后印发了会议《纪要》；对理顺各地职教仪器设备生产、供应管理工作体制起到了疏通和引导作用，通过这次会议，初步建立起了职教仪器设备的产需衔接渠道，掌握了全国职教产品及生产情况，了解了职教学校及各级管理部门对设备工作的要求、希望及存在的问题，为拟订职教配备目录和开发、生产职教仪器设备的计划做了准备工作。(2) 开发了 TZTJ 软件，开始试运行，并举办了这组软件的业务培训会，为实施全行业管理手段现代化奠定了基础。(3) 完成了国家教委教学仪器设备生产厂定点工作。对广东、广西、湖南、上海、辽宁、甘肃等省的有关工厂进行了考核验收，对中、西部地区的工厂作了政策倾斜，广东省教学仪器厂、兰州教学设备厂等 12 家生产厂被确定为第四批国家教委教学仪器设备生产定点厂，至此，历时 4 年的国家教学仪器设备定点生产工作全部完成，从 1996 年起转入正常管理阶段。现在全国共有教仪生产定点厂 95 家，这些厂将作为教学仪器设备行业生产的骨干厂，承担着主导产品的开发、生产工作。(4) 布置全行业清理教育装备“三角债”工作。(5) 举办全国教学仪器普教订货会。春季昆明会，共设标准展位460多个，会议正式代表3300人，连会外代表总计5000人，总成交额3.2亿元。秋季丹东会，仅新产品和电教产品参展，正式代表2900人，成交额2亿元。(6) 继续深化教学仪器订货会的改革。1995年进一步理顺管理体制，整顿购销环节，以服务为宗旨，以质量为中心，规范教学仪器市场，使订货会的管理法制化。订货会强调的是进行参展厂家及产品资格审查、编制参展产品目录，把教学仪器设备的生产环节和购销环节结合起来，作为一个系统工程来抓。1995年昆明会已全部实行标准展位。同时，教学仪器市场将进一步对外开放，争取把教学仪器订货会办成具有国际博览会性质的大会。(7) 完成中小学文科配备目录及小学自然补充目录和理科补充目录的编制审订工作。(8) 颁发了《教学仪器新产品新技术鉴定验收办法》。(9) 审查了教学仪器研究所编制的“1996年度教学仪器研究计划”和9个教学仪器行业产品标准，并正式下发。(10) 筹集教学仪器设备发展基金19万元。

在质量管理方面，1995年所做的工作有：(1) 安排39种教学仪器和13种切片的质量监督检测工作，由国家教委教学仪器研究所及各检测站具体承担检测工作。对初中电学实验盒等49种419件教学仪器产品进行了质量监督检测，首检合格率为88.1%。同时对86种179件教学仪器产品进行了质量监督补检，检测结果合格率为85.5%。全年产品监督检测平均合格率为87.3%。(2) 完成了语言实验室质量审查补审工作。

全年，全国共申报厂家14家，经专家组工厂考核和产品检测，有13家14个型号产品获得了国家教委产品合格证。另外，上年获证厂家开发新产品及补报新型号的又有16家，经审核有27个型号产品获国家教委产品合格证。

在技术改造和销售方面，1995年技术改造更新措施投资计划为1250.9万元，实际完成2621.2万元。产品销售收入为111625.5万元，比1994年增加33.87%。出口交货值为2661.9万美元，其中教学仪器1309.7万美元，比1994年增加4.77%。

撰稿　俞伟跃
审稿　李兴植

〔**企业管理工作**〕　为了进一步理顺国家教委委属企业的管理体制，根据1994年12月6日国家教委党组会议精神，成立了国家教委委属企业管理委员会（简称“企管会”）及其管委会办公室（简称“企管办”），并于1995年6月1日印发了《关于国家教委委属企业管理委员会及其办公室领导成员组成的通知》。由国家教委副主任韦钰兼任企管会主任。企管办设在条件装备司。

委属企业管理委员会的主要职责是：(1) 贯彻国家关于国有企业的有关法规、各项方针政策和委党组的决定，结合委属企业的实际制定实施办法，并监督实行。(2) 对委属企业的国有资产保值增值情况进行监督、管理，并按国家有关政策决定国有资产的经营。(3) 审核、批准企业经营形式、重大改革方案和其他重大决策，确定企业财产收益的分配方式和比例。(4) 决定或批准企业的设立、合并、分立、变更形式、终止、拍卖等，批准企业提出的被兼并和破产申请。(5) 根据国家的有关规定，审批企业财产的报损、冲减、核销以及关键设备、成套设备或者重要建筑物的抵押、有偿转让，组织清算和收缴被撤消、解散企业的财产。(6) 审查批准对企业主要领导干部的奖惩和工资标准，协助委党组做企业主要领导干部的考核、任免（聘任、解聘）的有关工作。(7) 决定委属企业上缴的投资红利和管理费计划及其使用方向和办法，保证委属企业对教育事业的改革和发展的支持。(8) 审查批准企业提出的需经政府部门批准的生产性建设项目和重大技术改造计划。(9) 确定委属企业的注册资本和中长期发展方向及规划。(10) 审批企业章程和年度工作报告。(11) 保护企业合法经营，协助企业解决实际困难。

委属企业管理委员会办公室是管委会的办事机构，受管委会的领导和委托，归口负责委属企业日常的协调、监督、管理和服务工作。

委属企管会成立后，分别于5月9日、9月15日、12月13日三次召开管委会全体成员会议，研究确定企管会和企管办职责、中国教育服务中心整改意见、华教有限公司工资改革方案及委属企业工作会议筹备情况。

为了进一步掌握委属企业转换经营机制，保证国有资产的保值增值，和加强对委属企业国有资产的监督管理，防止国有资产流失，根据企管会的要求，企管办于1995年10月10日和11月14日分别印发了《关于建立年终工作总结汇报和国有资产保值增值考核制度的通知》。

撰稿　石耀初　迟玉收
审稿　李兴植

〔**校办产业**〕　据1995年对29个省、自治区、直辖市（西藏暂缺）统计，全国中、初等学校共有70.79万所开展了各种形式的勤工俭学活动，普及率为93.13%。共有各类勤工俭学基地（包括农林牧副渔、校办工厂和校办第三产业网点）77.68万个，其中工业企业8.77万个，第三产业网点18.21万个。固定资产净值达183.72亿元，年末占有流动资金340.66亿元，分别比1994年增长20.90%和21.93%。从事勤工俭学、校办产业的各类职工共193.90万人，其中包括教师15.92万人。1995年工农业总产值及第三产业营业额总计952.83亿元，比1994年增加196.59亿元，增长26.00%；利税总额146.64亿元，其中总纯收益（即纯利润）117.54亿元，比1994年增加19.60亿元，增长20.02%。纯收入超过2亿元的省市有21个，其中最高的是江苏省，达到14.65亿元。1995年中初等学校勤工俭学、校办产业收益中用于补充教育经费的部分达66.37亿元，占总收益的56.46%，比1994年增加11.88亿元，增长21.80%。1995年全国中初等学校校办产业共上缴国家税收29.10亿元，比1994年增加4.16亿元，增长16.67%。

党和国家对中、初等学校开展勤工俭学、兴办校办产业继续给予鼓励和重视。江泽民总书记在1994年全国教育工作会议讲话中指出："教育与生产劳动相结合是坚持社会主义教育方向一项基本措施"，"有关方面要积极支持和配合，为学生参加生产劳动提供必要条件。"李鹏总理在全国教育工作会议的报告和《国务院关于〈中国教育改革和发展纲要〉的实施意见》提出："国家支持学校开展勤工俭学，兴办校办产业，对包括各类职业学校在内的校办产业仍继续实行减免税政策。”同时规定：“国家对校办产业的政策性低息贷款将逐年增加。”1995年3月18日全国人大通过的《中华人民共和国教育法》规定：“国家采取优惠措施，鼓励和扶持学校在不影响教育教学的前提下开展勤工俭学，兴办校办产业”。

为落实《中国教育改革和发展纲要》及其实施意见精神，财政部、国家税务总局在新的税制法规出台后，先后对高等学校和中、小学校办工厂、农场自身从事生产经营所得以及举办的各类进修班、培训班所得，暂免征收所得税。原校办企业享受的优惠政策仍然保留，由税务机关采取先征税后返还的办法。为了扶持和推动中小学校办产业的发展，国家教委、财政部特别设置了中央扶持中小学校办产业周转金，1994年底首期拨出5000万元，对一批规模较大，项目前景好，产品适销对路，资金周转快的校办企业进行扶持。

但是，资金短缺，设备陈旧，管理体制尚未完全理顺，企业素质较低以及部分税收优惠政策尚未完全兑现等，仍在一定程度上制约着中、初等学校勤工俭学、校办产业的发展。

撰稿　王卫贤

核稿　李英惠

教学实验工作

〔**中小学实验教学普及**〕　概况：实验教学普及县情况：截至1995年，全国29省、自治区、直辖市（西藏、台湾除外）的2400余个县（市、区）中，已实现中小学实验教学普及县达601个，比上年增长160个，占全国总县数的25%。实验教学普及率情况：据全国95418所中等学校（含中等职业学校、中等专业学校）的统计，普及物理、化学、生物课实验教学的学校数达47553所，占学校总数的49.8%，全国694694所小学中，普及自然课实验教学的达311974所，占学校总数的44.9%。仪器设备金额情况：全国中小学已有物理、化学、生物、自然课实验仪器金额40.1亿元，其它类教学仪器设备金额59.5亿元，总计99.6亿元。仪器设备额投入情况：用于购置各类教学仪器设备的经费共计13.7亿元，其中财政拨款4.8亿元，社会集资8.9亿元。尚需仪器设备额情况是：若全部中小学实现教学仪器设备全面配置，按各省配备标准：尚需理、化、生、自然课实验仪器经费44.9亿元；音、体、美、计算机、语音、电教等其它各科教学训练用仪器设备经费119亿元，共计163.9亿元。

制发《中等师范学校教学仪器设备配备方案》（征求意见稿）。为加快中等师范学校教学实验室规范化建设，全面开展实验教学，进一步提高教育质量。1994年5月，国家教委师范司与条件装备司组织制定了中等师范学校《教学大纲》。根据《教学大纲》的要求，1995年9月，国家教委条件装备司与师范司邀请了部分中等师范学校和省教育技术装备部门的有关同志，讨论并吸取有关教师的意见后，编制了《中等师范学校教学仪器设备配备方案》（征求意见稿），印发全国有关教育部门讨论，提出修改意见。

印发《2000年中小学实验教学普及县和各类实验室建设工作的意见》(征求意见稿)。为更好地配合普及九年义务教育工作，推动全国中小学实验教学普及县和各类实验室的建设工作，国家教委条件装备司在调查研究的基础上，结合近年来全国中小学实验教学普及情况的统计分析，拟定了《2000年前全国中小学实验教学普及县和各类实验室建设工作的意见》(征求意见稿)，印发全国各地教育委员会，教育厅(局)讨论，提出修改意见。

〔**高校实验室工作**〕 据不完全统计，截至1995年，全国（除西藏、台湾外），1045所普通高校拥有教研科研仪器设备310万台(件)，原值144亿元；据1994/1995学年度全国967所普通高校统计，现有实验室36924个，使用面积为747万米^2；拥有实验室工作人员128745人。开设教学实验457810个项目，完成7374436个学时的工作量；承担科研课题32928项，完成388万个机时工作量；开展社会服务32313项，完成585万个机时工作量。

印发《高等学校基础课教学实验室评估办法和标准》。为了贯彻《中国教育改革和发展纲要》及其实施意见，保障高等学校办学的基本条件，落实《高等学校实验室工作规程》，加强高等学校教学实验室的建设与管理，保证基础课的教学质量，提高实验室投资效益。1995年7月6日国家教委印发了《高等学校基础课教学实验室评估办法和标准》。到年底，部分省、自治区、直辖市教育委员会和高等学校已开始着手组织实施评估工作。

开展大学分析测试中心计量认证工作。1995年完成了对复旦大学、吉林大学、南开大学、北京微量所分析测试中心、大连理工大学振动与强度中心实验室的国家级计量认证评审工作，并对四川大学分析测试中心进行了复审换证工作。

北京中关村地区联合分析测试中心基金的审批工作。1995年度北京中关村地区联合分析测试中心受理了来自全国21个省、自治区、直辖市125个单位的684项基金课题申请，其中122个单位的656项课题得到了基金的资助。55所高等学校的247项课题共1218人获得资助金额47.6万元；自费金额31.9万元。高等学校批准的课题按科研性质分：基础研究86项，应用研究14项，应用基础研究146项，技术开发1项；按学科分：物理15项，材料工程100项，化学化工55项，医学、生物、农业35项，其它42项；按课题来源分：国家自然基金100项，科技攻关14项，863高技术13项，国防军工9项，国际合作2项，部门重点28项，本单位研究课题56项，毕业论文25项。

召开全国高校实验室工作研究会第三次会员代表大会暨第五届学术研讨会。1995年5月16日～18日，全国高校实验室工作研究会第三次会员代表大会暨第五届学术研讨会在河北省邯郸市召开。会议通过了《全国高校实验室工作研究会1995—1997年工作计划要点》和《全国高校实验室工作研究会第三次会员代表大会决议》。

撰稿 陈小平
审稿 李兴植

教学仪器研究和技术管理

〔**仪器研究审查**〕 国家教委教学仪器研究所于 1995 年 9 月 16 日～19 日在天津召开了国家教委 1995 年度教学仪器研究项目审查会，会议审查 1995 年全国向国家教委申报的高教、普教教学仪器研究项目 144 个。与会专家经认真评审有 70 个申报项目通过审查。会后，由国家教委教学仪器研究所编制成 1995 年度教学仪器研究计划，报国家教委批准下达执行。

会议期间，与会专家还就教学仪器今后的发展及近期的研究工作提出了建议：(1)随着教学改革的深入发展，中学物理应继续加强对基础件系列化、通用化、标准化的研究，用现代科技手段改造原有的传统仪器或实验方法，发展一些有利于学生动手动脑，能激发学生认识兴趣，价格低廉的学生实验仪器和随堂实验仪器。(2) 针对目前职业教育迅速发展的新形势，积极开发适路的职教仪器。(3) 加强高等生物基础学科（如：细胞、生化、遗传学等）教学挂图及投影片的研究。(4) 注意在学科实验中引进先进技术、先进材料和现代化手段，提倡多媒体（示教、声像与计算机辅助软件）教学。(5) 积极开展教学用投影片印刷技术的研究。(6) 针对某些教学难点课题重复立项问题，建议可以组织那些多年从事教学的教师，结合教学实践对一些教学中难以讲明又抽象的内容设计一些教学思想新颖、手段先进的实验题目，进行仪器开发并推广，同时要积极创造条件，在教学仪器科研中开展立项查新和鉴定查新工作，防止盲目立项和课题质量不高的现象。

〔**研究成果**〕 在 1995 年中，共有 30 项教学仪器研究成果通过国家教委鉴定。其中，由国家教委教学仪器研究所承担的“学生实验动手能力”调查已完成，列入了全国教育科学“八五”规划国家教委重点课题。通过对 10 省、市的 10000 名学生现场实验动手能力测试，集 10 万个数据统计显示，全国高校、初中学生理、化、生实验动手能力均未达到测试合格线，小学自然科动手能力刚刚达到及格线。这项测试调查结果，引起了教育界的广泛重视。

研究成果中，还有多项采用高、新科技推动教学手段现代化的项目，如：TWJ-1 通用微机接口实验仪，大学基础物理实验的计算机仿真系统，以及协助教师自动生成计算机教学软件的写作系统等。这些成果的应用，对改善学校办学条件，提高实验水平，将起重要作用。

国家教委教学仪器研究所组织编制的“小学思想品德、语文、社会、英语、健康教学仪器配备目录”和“中学思想政治、语文、历史、外语教学仪器配备目录”业已完成并经国家教委批准下发执行。这两个目录是继 1978 年发布中、小学理科教学仪器配备目录以来，第一个中、小学文科教学仪器配备目录。

〔**自制教具评选**〕 1995年，由国家教委条件装备司、基础教育司、师范教育司、中国教育报刊社、国家教委教学仪器研究所、北京市教委教育技术装备部等单位联合组织，由国家教委教学仪器研究所具体承办的全国第四届自制教具评选，于11月19日～25日在北京揭晓。

本届评选活动共收到29个省、自治区、直辖市和6个计划单列市教育部门选送的作品481件。由56位专家组成的14个评选组，按照事先公布的评选条件，在听取参评人员的介绍、演示后，经过认真评议，以无记名投票方式选出获奖作品162项，其中一等奖21项，二等奖42项，三等奖99项。获奖比例为实际参评作品的33.7%。按照评选团体计分办法，河北省、上海市、重庆市分别获评选团体第一、二、三名。

11月23日，主办单位在北京举行了表彰会，国家教委副主任韦钰出席并讲话指出：“教师制作教具是一种教研活动，要明确自制教具也是我们教改工作中的重要组成部分。”联合国教科文组织和儿童基金会驻华办事处的官员也参加大会讲了话。大会对获奖项目授予国家教委颁发的获奖证书，对团体第一、二、三名分别授予了奖杯和奖状。所有参评的作品都发给了参评证书。

第四届全国自制教具评选获奖名单

团体奖

第一名	河北省
第二名	上海市
第三名	重庆市

获一等奖项目

名　　称	单　　位	制作者
声传播演示器	上海市童的梦实验学校	王衍庆
微机多功能物理实验图示仪	上海市南洋中学	奚天敬
记忆测力计	上海市风华中学	陈开云
二氧化硫的催化氧化实验装置	上海市敬业中学	盛月华
单机双投影附加器	上海市南洋模范中学	周承高，宋宁生，徐俭，薛蔚芝
多功能静电演示箱	江西省乐安县第二中学	董德珍
智能单摆	深圳市华侨城中学	方兴，李聪杨
水力、机械系列教具	辽宁省铁岭市银州区第十二小学	刘典军
双受精示意模型	辽宁省鞍山市六十六中学	王　荣
力的传动模型	黑龙江省鸡西市鸡西小学	苑长梅，刁其恩
纸漏斗	安徽省凤阳县凤阳中学	滕尚杰
家鸽双重呼吸模拟演示器	河北省安国市教师进修学校	李秀云，王宝山，王志强，张俊杰

超重失重演示器	河北省平山县中学	安岳锡
百数图	湖北省荆沙新沙路小学	费　华
古代历史教具组	广东省珠海市拱北中学	赵立林　等
三角函数图象数学系列演示仪	广东省肇庆市卫生学校	邱金棠
保险丝作用演示器	河南省三门峡市铁路中学	杨振华
多用天体演示板	重庆市第十中学	马昭恺
“壶嘴高度的秘密”系列教学具	福建省福州市师范二附小	林维超
液体对容器底压力演示器	福建省福州市杨桥中学	周　桦
平面镜实验盒	福建省三明钢铁厂第一中学	陆　健

〔**标准化和质量检验**〕 1995年12月18日～22日在北京召开了第二届全国教学仪器标准化技术委员会（以下简称“标委会”）工作会议，这是本届标委会自1992年成立以来经过人员调整后的第二次会议。出席会议的有19位委员。国家教委条件装备司、国家技术监督局的有关领导出席会议。会上，对1988年以来订标任务的执行情况进行了清理。讨论通过了《关于当前制（修）订教学仪器设备行业标准工作的意见》、《制（修）订教学仪器行业标准“九五”规划》和《1996年教学仪器标准制（修）订项目》等3个文件。“九五”期间拟制（修）订行业标准项目229个，其中制订标准项目189个，修订标准项目40个。会议还审查并原则通过了由国家教委条件装备司组织起草的26个高校科教仪器试验方法标准。

1995年，国家教委教学仪器研究所检测室以及各测试站完成了国家教委下达的135个教学仪器品种的质量审查工作，一次抽检平均合格率为87.29%。但逃检的产品和厂家仍居高不下，从总体上看教学仪器产品质量状况不容乐观。

撰稿　王长毅
审稿　冯振家

国际交流和与港、澳、台地区合作

外事管理与宣传

〔**教育参赞工作会议**〕 为进一步加强和改进教育对外交流和留学生工作，1995年7月10日至14日，国家教委在北京召开驻外使领馆教育参赞工作会议。驻美国、加拿大、日本、澳大利亚、英国、法国、德国、俄罗斯使馆和驻纽约总领馆的教育参赞等参加了会议。国家教委副主任韦钰在会上作了主题报告。会议期间，国家教委主任朱开轩作了重要讲话；国务院副总理李岚清在中南海会见了与会参赞，并同大家座谈，就参赞们所关心的问题作了重要指示。会议明确了今后一个时期教育对外交流和留学生工作的指导思想、工作方针、目标和重点，讨论研究了工作中的有关问题。

〔**涉外法规建设**〕 1995年1月26日，国家教委发布《中外合作办学暂行规定》。2月15日，国务院新闻办在北京召开中外记者招待会，国家教委副主任韦钰就发布《暂行规定》作了说明，并回答了中外记者的提问。《暂行规定》明确指出，中外合作办学是中国教育对外交流与合作的重要形式，是对中国教育事业的补充。《暂行规定》规定：中外双方可以合作举办各级各类教育机构。但义务教育以及国家有特殊规定的教育、培训除外。国家鼓励在职业教育领域开展中外合作办学。中外合作办学，必须遵守中国的法律、法规，贯彻中国的教育方针，符合中国教育事业发展的需要和人才培养的要求，保证教育质量，不得以盈利为目的，不得损害国家和社会公共利益。《暂行规定》还在中外合作办学的范围、主体、审批程序、管理体制和外国院校可否授予外国文凭等方面作出了明确规定。同年，国家教委还就台湾人士和民间机构在大陆捐资助学和合作办学的有关问题作出了规定。

为给外籍人员子女在中国境内接受教育提供方便，完善对外籍人员子女学校的管理，促进中国的对外开放，1995年4月5日，国家教委发布《关于开办外籍人员子女学校的暂行管理办法》。《暂行管理办法》在申请开办学校的基本条件、课程设置、教材、教学计划、办学经费、人员聘用以及学校用地等方面作出了规定。

撰稿　徐永吉
审稿　蒋妙瑞

〔**对外宣传工作**〕 为快速及时地向留学人员传递国内信息，拓宽宣传渠道，提高对外宣传工作的层次和效益，《神州学人》电子版经过半年筹办，1995 年 1 月 12 日开始对外传输。每周发送 1 期，每期约 2 万字。在机订户 3160 多个，阅读电子版的读者达 10 万人次。电子版还被美国图书电脑网络中心正式编目，使得与该中心联网的 3 万多所大学和图书馆的读者都有机会阅读电子版。

1995 年，共为在外留学人员制作和发运了电视节目录像带 4 批共 9320 盘，电影 10 部共 416 个拷贝。向各驻外使、领馆教育处（组）提供“中国妇女风采”、“跨世纪人才”图片 2 套。为配合世界反法西斯战争胜利 50 周年，对留学人员进行爱国主义教育，向各驻外使、领馆教育处（组）提供了《中国人民在反法西斯战争中》的宣传图片，并为驻日本、韩国使馆教育处特别制作了“二战风云录”等电视录像片 18 盘。为改进《人民日报》海外版在美国的发行工作，经征得人民日报社同意，改由中国留学服务中心纽约分中心承办《人民日报》海外版在美国的发行工作，提高了《人民日报》海外版的使用效益和宣传效果。

1995 年，组织编译了《中国妇女教育》、《中国学位教育》、《中国高等院校的科学技术研究》、《中国成人教育》、《中国电化教育》、《中国师范教育》、《中国特殊教育》、《中国体育卫生与艺术教育》和《中国教育成就》9 个对外宣传小册子，初步形成了中国教育对外宣传小册子系列。组织翻译了《中华人民共和国教育法》，重印了《中国教育改革和发展纲要》。完成电视片《中国教育》和《留学中国》的终校工作；录制成 7 种文字的录像带共 308 盘，发往 130 多个国家和地区。

撰稿　牟文杰
审稿　蒋妙瑞

留学工作

〔**出国留学**〕　1995 年 2 月 23 日至 25 日，国家教委在南京召开 1995 年全国出国留学选派工作会议。会议对 1995 年国家公费出国留学人员选派工作进行了部署，研究了在江苏、吉林两省进行国家公费出国留学人员选派和管理办法改革试点的有关问题。为加强和改进国家公费出国留学工作，保证派出人员的质量，提高派出效益，1995 年，在江苏、吉林两省进行了国家公费出国留学人员选派和管理办法的改革试点后，共录取国家公费出国留学人员 90 人，其中江苏省 51 人，吉林省 39 人。

1995 年，国家教委根据“按需派遣，保证质量，学用一致”的选派方针，经过对 2400 多位候选人进行形式审查、初审及专家评审，确定国家公费出国留学人员 1616 人，其中访问学者1450人，攻读博士学位研究生122人，博士后研究人员44人。同时，加大了鼓励留学人员长期回国工作的力度。一是发挥中国留学服务中心和19个分中心及留学人员工作站的作用，提供“双向选择”信息，推动各地根据当地实际情况，制定落实有各自特色的鼓励留学人员回国工作的政策和措施；二是支持和帮助有关驻外使领馆教育处（组）与国内各级留学服务机构、用人单位直接建立联系；三是认真积极地组织有关留学人员的重大活动，以多种形式影响、吸引在外留学人员回国工作。1995年，留学人员回国人数达5000多名，比上年增长15%。

1995年，国家教委先后组织或与有关部门、单位共同组织了“留德学人回国考察团”、“首届海内外中华青年学者材料科学技术研讨及交流会”等18个有关留学人员短期回国工作及以多种途径为国服务的活动。党和国家领导人江泽民、李岚清等出席了有关活动，对留学人员以多种形式为国服务给予了充分肯定。

1995年，国家教委设立了留学人员短期回国服务资助基金，资助优秀的在外留学人员短期回国服务。1995年，国家教委留学回国人员科研启动基金共资助1009名留学回国人员，资助总金额3100余万元，其中资助获得博士学位的留学人员847人，占资助总人数的84%。

1995年，完成1994年度自费出国留学数据统计、培养费收缴工作。进一步完善了《全国自费出国留学管理系统》软件。1994年全国自费出国留学人员总数为1.26万人。

撰稿　张　宁　赵树海

审稿　曹国兴

〔**接受来华留学**〕　1995年，根据我国与有关国家和国际组织的交流协议或双边交流关系，国家教委向147个国家提供中国政府奖学金名额。1995/1996学年度新录取了来自124个国家的1807名来华留学生，其中亚洲留学生占37%，非洲留学生占15%，欧洲留学生占42%，美洲与大洋洲留学生占6%。

1995年，中国政府还单方面对外提供了以下专项奖学金：优秀生奖学金、汉语水平考试（HSK）优胜者奖学金、中华文化研究奖学金、通过联合国教科文组织提供的奖学金、发展中国家智力援助奖学金等。1995/1996学年度新录取的享受以上专项奖学金的来华留学生52人。

1995年，在华享受中国政府奖学金的来华留学生总数为4097人，其中大学本科生占40%，硕士研究生占18%，博士研究生占4%，普通进修生占32%，高级进修生（已获硕士以上学位者）占6%。

1995年1月，中国政府再次提高了政府奖学金的生活费标准。调整后的标准为：本科生550元人民币/月，硕士生650元人民币/月，博士生750元人民币/月。全额奖学金留学生除按月领取生活费外，还享受免交学费、住宿、医疗、教材、实验、部分集体旅游等费用的待遇。

随着中国进一步扩大对外开放，与各国经贸交流和友好往来不断加强，除享受中国政府奖学金的来华留学生外，通过校际交流、地区间交流、个人申请等多种渠道到中国有关高等学校学习的其他来华留学人员也继续增加。1995年，中国共有283所高等学校接受32758名来华留学人员，比1994年增加49%，其中6719人系在华留学期限为6个月以下的短期人员。他们分别来自亚洲（25616

人，占 78.2%）、非洲（778 人，占 2.4%）、欧洲（3160 人，占 9.6%）、美洲与大洋洲（3204 人，占 9.8%）的 154 个国家。来自日本的人数最多（11678 人），其次是韩国（10516 人）。学习汉语专业的留学生为 22860 人，学习其他文科专业的留学生为 3517 人，学习文科以外专业的留学生分别为：理科 596 人；工科 933 人；农业 143 人；医学 3945 人（其中中医专业 2803 人，针灸专业 480 人）；体育 293 人；艺术 471 人。

1995 年，国家教委在近年来已逐步扩大高等学校招收和管理来华留学生自主权的基础上，重点调查研究政府主管部门加强宏观管理的有效措施，积极拟订有关加强管理的规定和检查评估办法，以确保国家接受来华留学生事业的健康发展。1995 年 12 月，国家教委正式发布了《关于外国留学生凭〈汉语水平证书〉注册入学的规定》，明确了来华留学人员必须具备的汉语知识水平。根据此规定，来华接受本科学历教育的外国人，必须参加汉语水平考试（HSK），并获得相应的最低合格等级的《汉语水平证书》，方能申请正式注册学习专业。

撰稿　张国庆
审稿　曹国兴

国际交流

〔**聘请和派遣专家、教师**〕　1995 年，全国各类学校在聘请外国文教专家、外籍教师工作中，坚持“突出重点，保证急需，以效益为中心”的原则，使聘请专家的质量更加提高，结构进一步趋向合理。同时，逐步规范和完善了外国专家的管理工作，使外国专家、教师发挥了更大作用。

1995 年，全国各类学校共聘请外国文教专家、外籍教师 14798 人次，其中计划内聘请 9273 人次，计划外聘请 5525 人次；聘请的外国文教专家、外籍教师中，有长期语言专家 1858 人，其他学科长期专家 692 人，各类短期专家 10090 人，外籍教师 2158 人。

1995 年，国家教委通过政府协议途径向 28 个国家派出教师 45 人，其中汉语教师 31 人。目前，通过政府渠道派出仍在国外任教的长期教师共 115 人，他们分布在 47 个国家的 77 所高等或中等学校。此外，还有一批通过其他政府部门、民间渠道派出的专家和教师在世界许多国家工作。

撰稿　刘少华
审稿　李海绩

〔**双边交流**〕　1995 年，我国与其他国家政府教育部门之间的高层人员往来继续增多，进一步推动了双边教育交流与合作。3 月，国家教委副主任张天保率团访问了瑞典和罗马尼亚。6月，国家教委副主任韦钰以中方主席的身份赴英国参加中英友好奖学金计划委员会第十次会议。会议期间，会见了英国海外开发署、教育部、文化委员会的高层人士，签署了中英教育科技交流计划。7、8月间和11、12月间，国家教委主任朱开轩率团分别访问了哥伦比亚、阿根廷和埃及、印度。此外，国家教委负责人还访问了俄罗斯、匈牙利、捷克、澳大利亚、日本等国。

1995年，是近年外国教育代表团访华最多的一年，仅副部长级以上代表团就有28个。3月，以色列教育、文化与体育部长阿·鲁宾斯坦率团访华，这是中以建交后以色列第一个部长级教育代表团访华，双方签署了中以教育合作的意向备忘录。5月，文莱教育大臣佩欣·阿卜杜勒·阿齐兹率团访华，国家教委主任朱开轩与对方进行了工作会谈。6月，日本文部大臣与谢野馨率团访华。国家教委主任朱开轩和副主任韦钰与日方进行了工作会谈。双方互换了中日两国教育首脑会谈纪要。7月，韩国教育部长官朴瑛植率团访华，这是中韩建交后首次来访的韩国教育部长官。国家教委主任朱开轩与代表团进行了工作会谈，双方签署了《1995—1997年中韩教育交流与合作协议》。1995年，派遣副部长级以上团组来华访问的国家还有毛里求斯、肯尼亚、缅甸、老挝、澳大利亚、古巴、英国、德国、瑞典、乌克兰等。

1995年，中国与发达国家继续加强教育合作，争取援助项目，积极引进资金，成果显著。在美大地区，加拿大CIDA新的五年周期援华项目中，教育立项有4个，加方投入3700万加元；澳大利亚出资1500万澳元设立的“中澳管理培训项目”正进入项目设计阶段；投资418万澳元的“中澳大学机构合作项目”的设计已经完成，即将开始执行。与美国IBM公司签署由其投资2600万美元在中国23所高等学校建立技术中心的合作意向书。SYBASE公司和SUN公司分别向我捐赠200万美元和80万美元的软件及设备。在欧洲地区，中国与英国、德国、欧盟和荷兰正在执行和新签的教育合作项目有27个，资金分别为4301万英镑、2225万马克和25万荷兰盾。在亚洲地区，日本、韩国有关企业、公司、基金会以及个人通过国家教委向有关学校提供赠款或援助，金额总数为100多万美元。

1995年，中国智力援外工作有新的发展。国家教委从外经贸部得到900万元人民币用于援助非洲大学发展项目，促成了中国对津巴布韦、赞比亚、毛里求斯和肯尼亚的教育援助项目的启动；完成了对乍得、喀麦隆教育援助项目的立项考察，并着手落实对纳米比亚、科特迪瓦、扎伊尔等国教育援助项目的设备采购和运输。同年，根据项目协议，向非洲7个国家派出教师14人。

1995年，国家教委共派出专家、学者4318人次出国考察、讲学、合作研究和参加学术会议；共聘请外国专家、学者2099人次来华考察、讲学、合作研究和参加学术会议。

1995年，国家教委共派出85个教育代表团组出国访问，其中副部长级以上团组12个；邀请并接待外国教育代表团组91个，其中副部长级以上团组28个。

1995年，我国与有关国家签署双边教育交流与合作协议（执行计划、会谈纪要、备忘录等）共38个。

撰稿　张启峰

审稿　蒋妙瑞

〔**多边交流**〕 1995 年，国家教委与联合国儿童基金会的合作执行的项目共 9 个：在职师资培训项目、远距离教育项目、教材编制与印刷项目、教具研制与开发项目、小学教育质量监测项目、促进贫困地区女童教育项目、特殊儿童教育项目、学前教育项目、基础教育目标监测项目。同时，着手准备 1996—2000 年与联合国儿童基金会教育合作项目的立项工作，并正式签署了合作项目国别方案。

1995 年，国家教委与联合国人口基金合作继续执行的项目有：大学人口学培训与研究项目、中学人口教育项目、农村成人学校人口教育项目和中国人民大学人口学培训中心项目。这些项目已于 1995 年底全部执行结束，并在终期审评会上，受到外经贸部和联合国人口基金驻华代表处的赞扬。1995 年，国家教委接待了以伊朗教育部副部长率领的人口教育考察团。中国人民大学、山东教育学院还分别为朝鲜、伊朗人口学者开设了人口学及人口教育课程。

1995 年，国家教委与联合国开发计划署合作。正在执行的项目有：中小学校长培训项目、中小学师资培训项目和中学现代化教学手段运用项目。自 1995 年下半年起，国家教委与外经贸部和联合国开发计划署就 1997—2000 年合作项目立项工作进行了接触，并就下一周期在西部 5 省确立以教育扶贫为主的合作项目达成了共识。

1995 年，国家教委利用联合国儿童基金、人口基金、开发计划署援款共 530 万美元，国内各级政府配套投入 3000 多万元人民币。根据项目协议，国家教委向 28 个国家派出 32 个团组；向 3 个国家派出进修人员 8 人次；接待了 3 个来华团组、5 个项目专家。

1995 年，国家教委承担了亚太经济合作组织下设人力资源开发工作组教育论坛的工作，并派人参加了在菲律宾马尼拉召开的 APEC 教育论坛第五次会议。国家教委还与人事部合作承办了 APEC 教育论坛第六次会议和人力资源开发工作组第十二次会议。来自 APEC18 个成员国的 40 多名代表出席了教育论坛的会议，并在会上确定了共计 3.3 万美元的“学校效益指标体系”项目。国家教委还在南开大学成立了 APEC 研究中心，负责协调、组织全国高等学校有关 APEC 的研究活动。迄今为止，该中心已承担 30 多个 APEC 研究课题。

1995 年 9 月，国家教委承办了联合国第四次世界妇女大会的 6 个非政府教育论坛，向世界各国的知名女学者、女教育家和社会活动家发出了邀请。会议期间，国家教委主任朱开轩，副主任柳斌、韦钰还分别会见了与会的联合国有关机构和部分国家政府教育主管部门负责人及有关人士。

1995 年，国家教委向亚洲和欧洲 4 个国家派出 6 个学生体育代表团，共约 120 人次，参加了世界大、中学生重要的体育赛事，取得团体冠军 2 个，亚军 2 个的好成绩。

撰稿 肖 堰
审稿 曹国兴

〔**参加国际学术会议**〕 1995 年，国家教委直属高等学校和单位在国内举办 140 多个国际学术会议，邀请 4000 多名外国专家、学者来华与会，国内参加会议的学者有 1.2 万多人次。国家教委为上述会议提供 60 万元人民币的经费资助。1995 年，国家教委直属高等学校和单位共派出 1938 名专家、学者出国共参加1556个国际学术会议，与会人员中有高级职称的占84.5%，中级职称的占13.5%。国家教委为其中265名学者提供了经费资助。

撰稿　赵升元
审稿　李海绩

〔**对外汉语教学**〕　1995年，全国约有300所学校从事对外汉语教学工作。对外汉语教学已经建成包括短期速成教育、汉语预备教育、本科与研究生学历教育以及函授教学、远距离教学等门类较齐全、结构较完整的教学体系。1995年，又有一些高等学校成立了对外汉语教学中心，许多学校在对外汉语教学中心的基础上成立“海外教育学院”、“汉学院”、“国际文化交流学院”等学院级机构。

1995年，对外汉语教学在学科、教材建设方面取得新的进展。召开了“第五届对外汉语教学学术年会”、“全国对外汉语教学基础汉语推荐教材问题讨论会”、“中美汉语教学法讨论会”等学术会议。为使教材建设内容更加突出重点，正在集中力量编写《新编汉语教程》、《短期速成汉语教程》等示范教材。1995年，完成新的对外汉语教材20余种。“对外汉语教学语法大纲”、“外国人使用汉语语法”等一批新的科研成果也已完成。

汉语水平考试得到进一步推广。国内新增5个考点，使国内考点增至19个，参加考试人数8893名；国外考点新增3个，在12个国家和地区的15个考点完成了对3717名考生的考试工作。国内外考生总人数12610人，比1994年增加71%。汉语水平考试的理论研究、考题研制、考务管理等方面也有一定提高。

对外汉语师资培养工作取得新成绩。对外汉语教师资格审查工作继续进行，200多名教师获得对外汉语教师资格，使全国获得对外汉语教师资格的总人数达到1300人。北京语言学院、汕头大学等高等学校继续举办中外汉语教师的各类培训班、进修班。国家教委委托北京语言学院举办的“第五届暑期外国中文教师短期研修班”共培训来自18个国家的中文教师34人。

对外汉语教学国际交流与合作广泛开展。国家教委向俄罗斯莫斯科大学和匈牙利罗兰大学分别赠送一套语言实验室设备；向捷克的2所大学赠送了用于汉语教学的电教设备；向国外大学、汉语教学与研究机构、国外学者及友好人士赠送中文图书3.6万余册，录音、录像带1500余套。

1995年，中国关注在海外留学人员子女的中文教育。国家教委向在美国、日本、加拿大、德国等国的中国留学人员子女中文学校赠送4500套国内小学语文课本和大批汉语教学的图书资料。

撰稿　赵国成
审稿　李海绩

民间交流

〔综述〕 1995年，中国教育国际交流协会（以下简称“交流协会”）发挥民间组织优势，积极开拓，讲求实效，在巩固和完善原有交流与合作项目的基础上，不断开辟新领域。

1995年，通过各种渠道聘请来华任教的外籍英语教师276人，其中长期教师53人，短期教师223人；派出学习进修人员15人，其中日本霞山会项目5人，国际文化交流协团项目赴美国10人；接待教育考察团组72起，1013人次；组派出国考察团组26起，255人次；组织召开和出席各种类型的国际教育研讨会20个，参加研讨会的中外学者3764人次，其中境外代表675人次。

传统项目继续巩固和发展。(1) 为继续搞好英语教师暑期培训班项目，交流协会与美国英语学会于1995年10月在美国洛杉矶联合举行暑期培训班项目评估会。中国17个省市的46名项目官员出席了会议。双方就修订听说和写作两套教材、如何抓好现有的17个省市的培训中心、如何使用现有教材及教学方法等进行了交流，在英语教师培训应由效益型向功能型发展，注意提高英语教师的听说和写作能力问题上达成共识。(2) 英国志愿教师项目（VSO）已合作了14个年头。为避免多头管理，标准不一的弊端，1995年5月，交流协会在贵阳召开项目座谈会。会议针对存在的问题，起草了《VSO项目工作手册》和《VSO教师须知》，使该项目在管理中更加规范化。(3) 美中友好志愿者项目是交流协会承办的政府委托项目。1995年，交流协会会同外交部、四川省教委对该项目进行了评审，认为效益较好。美方派遣的首批志愿者20人已于1995年6月期满回国。中美双方商定，第二批志愿者增至30人。其中18人已于1995年7月来华，并按计划分赴四川省的成都师专、乐山师专、绵阳师专、宜宾师专、内江师专和南充医学院任教，任期为两年。(4) 为期6年的中加高中后职业技术项目(CIDA)1995年底已期满。经双方协商，项目期限延长至1996年6月。为扩大该项目成果，中国职业技术教育交流中心于1995年3月成立。该中心作为协会在职教方面的对外交流机构，推动中国职业技术教育领域对外交流。29个项目院校参加该中心工作并通过这些院校覆盖全国职教系统。(5) 国际文化交流协团项目（AFS）已进行多年，为学校培养了一批英语教学骨干。1995年，交流协会在试探派出人员年轻化和在北京、天津、西安等地试行“住家计划”方面初步获得成效。

开拓新项目。(1) 配合国家的艺术教育指导方针，与澳大利亚南威尔士国际培训与咨询中心合作在华举办小学电子琴音乐教育项目，已在天津、北京16所小学推开。设备的购置、安装、调试及教材和教师培训基本完成。项目学校反映实施该项目对提高学生的音乐修养，改革音乐教学很有好处。(2)与比利时安特卫普大学首次尝试合作强化培养经济管理硕士生项目。首批招收11名学员将于1996年初赴比利时安特卫普大学接受为期一年的培训，通过考试合格者将获得该大学颁发的经济管理硕士学位。(3)交流协会与中国国际友好联络会、美国国际教育基金会合作组织以“为明日的世界，教育今日青年”为主题的德育教育研讨会，1995年分别在扬州、西安、重庆、武汉、杭州、济南举行。会议针对现今青少年所面临的伦理道德、家庭婚姻、价值观、性解放等思想品德修养方面的问题进行研讨。中美德育教育工作者千余人出席了研讨会。中方与会代表认为此类研讨会很有意义，教育工作者不仅要开发学生的智力，还要注意学生的品格培养，使之能自觉地运用所学的知识造福于社会。(4)1995年，与日本国际情报化协力机构合作在北京进行计算机培训项目。根据双方签署的协议，日方负责提供22台高档计算机由中方无偿使用，中方负责提供教室并进行教学管理。日方提供的计算机将于1996年初到位。(5)1995年，交流协会与韩中文化学术交流协会磋商，签定了接收韩国学生来华留学的协议。韩国30名学生通过交流协会联系，将于1996年安排到中国有关重点大学学习中国文化、历史、中医药、商业管理等专业。(6)1995年，交流协会与澳大利亚新南威尔士教育部正式签定了互换语言教师协议。根据协议，双方于1996年将互派语言教师赴对方国家任教。(7)此外，交流协会与日本太田专利学校等签署了向该校派遣5名职业技术进修生协议，与日本东北电力有限公司签署了连续五年向该公司派遣电力技术考察培训人员的协议。

〔**组织有关活动**〕　1995年9月，由交流协会与中国教育发展研究中心合作，举办了联合国第四次世界妇女大会“妇女与教育”非政府组织系列论坛。是中国主办的42个非政府论坛中的唯一的一个系列论坛。该系列论坛由“女童教育与发展”、“二十一世纪妇女教育面临的挑战”、“女教授与女大学生”、“农村妇女成人教育”、“城市妇女成人教育”、“妇女与高等教育”等6个论坛组成，涉及妇女教育的各个方面，1200多名中外代表参加了研讨。其中境外代表400多人，他们主要来自美国、巴西、加拿大、西班牙、荷兰、巴基斯坦、印度、阿联酋、马来西亚、牙买加、丹麦、南非等国家和地区。几个论坛各有特色，内容精炼，形式活泼，显示出我国妇女教育的整体水平，受到与会人员的热烈欢迎。配合这次会议，交流协会在有关单位的协助下，还编辑出版了《中国妇女教育》一书。

为了纪念抗日战争和世界反法西斯战争胜利50周年，1995年8月12日，交流协会和国家教委基础教育司、北京市丰台区政府联合在芦沟桥中国人民抗日战争纪念馆前举办了“芦沟桥之声”抗战歌曲演唱活动。北京、湖北、黑龙江、山东等省市2000多名中小学生代表参加了演唱活动。全国政协副主席钱正英、国家教委副主任张天保及北京市有关领导出席了演唱会。

为提高民办教师的社会地位，宣传民办教师对中国农村基础教育所作出的重要贡献，进一步唤起全社会对民办教师的关心和支持，交流协会和国家教委人事司于1995年10月首次组派由20名民办教师组成的研修考察团赴香港、澳门访问。在香港、澳门期间，访问了港澳的各类中小学校，就学校的行政管理、课程设置、教学方法等进行了交流；了解了港澳地区的教育现状、存在的问题向港澳教育界、新闻界介绍了内地民办教师的由来、现状、地位和作用以及当前解决民办教师问题的方针和目标，得到香港、澳门社会的普遍关注。

为了培养青少年热爱大自然，增强环境保护意识，1995年6月1日，交流协会与日本家长教师会共同在北京举办《生活与自然》中日儿童画展。这次画展是为配合国际儿童彩虹——文具赠送活动举行的。有100幅日本儿童和144幅中国儿童的优秀作品参展。中国儿童日记画中有10幅获金奖，90幅获银奖。

为加强亚太地区儿童的相互了解，交流协会和日本三菱公司、日本民间教科文俱乐部协会于10月5日至17日在北京联合举办了亚太地区儿童艺术节中国儿童“日记绘画展”。这次绘画展突出了民族性，100幅优秀儿童日记画主要来自少数民族地区。其中10幅优秀作品到日本参展。

为探索新的交流渠道和方式，交流协会与中国教育国际旅行社合作，接待了日本《朝日新闻》组派的“平成遣唐使”团。该团由8名学者、学生组成，另有5名日本记者随团采访。该团于3月29日由日本神户出发步行到大阪，乘船到上海，再由上海步行经江苏、安徽、河南省到陕西西安，行程1315公里，历时56天。沿途访问了中国30所学校，与师生们进行座谈和联欢。日本新闻界对“平成遣唐使”团的这次途步旅行活动作了很多报道，称此次途步旅行是探索中日文化历史渊源的文化寻根活动。

1995年12月底，华夏园丁迎’96大联欢活动在汕头市举行。来自全国30个省市和港、澳地区的350名中小学幼儿教师欢聚，辞旧迎新，共叙胞足情谊，并围绕“因材施教，全面提高教学质量”的主题进行了研讨。

1995年3月25日，日本国际凯尔和家长教师会第五次向中国贫困地区赠送小学生学习文具仪式在北京举行。2000多箱文具全部运送到辽宁和甘肃贫困地区。赠送仪式后，双方还就今后五年的合作计划进行会谈，并取得了一致意见。

第九届中日美加国际研讨会于7月1日至7月8日在日本举行。经批准，由交流协会组团，国务院外办、外交部国际问题研究所等17个单位参加的一行18人赴日出席研讨会。中国与日本、美国、加拿大四国代表团的70多位代表参加会议。此次研讨会的主题是：面向21世纪的国际合作——亚太地区的政治稳定与经济合作。与会代表就国际社会共同关心的亚太地区各国政治、经济、社会与环境保护、区域安全、经济合作等问题作了重点演讲。会议分为六个专题小组进行研讨，融学习、学术研究、探讨和辩论于一体。各国代表表达了在未来的21世纪，各国人民应该互相沟通、交流、理解、合作，迎接新的挑战，以求达到共同发展的愿望。

1995年11月，交流协会与国家教委民族教育司、云南省教委在昆明市联合举办首届少数民族教育国际研讨会。会议主题是：各国民族教育发展途径和趋势以及进一步推动民族教育的国际交流。参加研讨会的中方学者教授、民族教育专家共70余人，他们来自14个少数民族。国外的专家、学者、教授共17人，分别来自美、日、德、法、缅甸、泰国、印尼、菲律宾、印度等国。会议收到论文四十余篇。国家教委副主任王明达、国家民委副主任图道多吉出席研讨会并致词。云南省副省长梁公卿和交流协会李滔会长在会上作了专题发言。

由交流协会和加拿大社区学院协会联合主办的“环境与教育”国际研讨会1995年11月在北京召开。这次研讨会由加拿大国际发展署提供资助并得到国家教委和国家环境保护局的大力支持。中国有关大学、高中、职业学校、科研出版单位及环保企业的代表和加拿大社区学院的代表、环保研究人员共70余人出席会议。会议就环保意识教育与政府和教育的关系，学校环保课程的设置与开发等问题进行研讨。

〔**团组互访**〕　1995年，交流协会在对外交往中注重高层次的交流，互派团组活动较往年有所增加。派出和接待的主要团组有：

2月27日至3月4日，中国国际交流协会高履端副秘书长访问日本，就双方的交流计划进行了磋商并达成部分协议。

3月27日至4月1日，日本东北电力公司董事长、日本国际研修交流协会理事长明间辉行一行9人应邀访华。双方就水利、电力以及民间教育交流问题进行了磋商。

6月13日至6月27日，应美国国际教育基金会邀请，交流协会与中国国际友好联络会组织的中国德育教育代表团一行20人，对美国进行了为期两周的访问。在美期间，代表团参加了“探索人格教育的典范”研讨会，参观了亚特兰大视听中心。

9月9日至9月12日，李顺兴秘书长应澳门中华教育会邀请赴澳门出席了该会成立75周年纪念活动，并代表国家教委和交流协会在庆祝大会上致词。在澳门期间，访问了澳门大学并拜会了有关方面的负责人，就与澳门各界进行教育合作交流事宜交换了意见。

10月4日至10月9日，南非纳塔尔大学校长高雷夫人应交流协会邀请访华。高雷夫人访问了北京大学、中国人民大学、北京理工大学，同国家教委外事司、交流协会就中南（非）交流和合作事宜进行了会谈。

10月8日至10月15日，以会长、前众议员柳川觉治为团长的日本学士会代表团应邀访华。国家教委主任朱开轩会见了该团。代表团在华期间赴西安参加了第二次日语演讲比赛。

10月16日至10月29日，中国日语教师团应日本霞山会的邀请赴日本进行交流和考察。在日本期间，代表团考察了日本的各级学校和国立国语研究所，吸取了许多有益的经验。

10月30日至11月5日，日中教育交流协会理事长田中一郎率团访华。国家教委副主任柳斌会见了田中一郎一行，并就中日教育交流的问题交换了意见。

11月1日至11月9日，日本文部省财团法人日本放送大学教育振兴会会长井内庆次郎一行5人来华访问了北京、武汉、厦门、上海等地。

撰稿　张守华

审稿　李顺兴　张　安

与联合国教科文组织合作

〔**综述**〕 1994和1995年，中国联合国组织秘书处遵循国家对外政策和对联合国教科文组织的基本工作方针，充分利用该组织在开展和推动国际智力合作方面的特点和优势，为国内经济建设和教育、科学、文化事业的发展服务。

1994和1995两年，中国与联合国教科文组织在教育领域开展的合作项目共计208项。

〔**援华活动**〕 近两年，联合国教科文组织在普及初等教育方面，对中国贫困地区教育，特别是对女童教育的支持，开展了多项研究与培训活动；继续对在中国开展的“提高初等教育质量联合革新计划”（小学JIP）和“提高中等教育质量联合革新计划”（中学JIP）的开展与扩散工作予以支持。实施小学JIP的甘肃等省在贵州和云南举行了第5和第6次磋商会；北京、山西和陕西实施的中学JIP也扩展到第二阶段。

在农村教育和扫盲方面，联合国教科文组织了对中国西南、西北省份教育发展的研究与培训活动，对成立保定国际农村教育研究与培训中心的工作给予了支持，在中国召开了有10余个亚太地区国家代表参加的农村教育迫切需要地区研讨会，举办了妇女、女童教育的国家讨论会、扫盲培训教材编写培训会等，并开展了数项研究活动；对中国“八五”教育研究课题“农村教育综合改革与社会进步”以及扫盲和扫盲后读物系列丛书的编辑出版提供了资助；进行“100个乡镇功能性文盲的研究”；继续对在贵州实施的亚太地区扫盲教育试点项目给予支持，并召开了一次亚太地区的经验交流会。

1994年11月初，在联合国教科文组织支持下，在国家教委、中国联合国教科文组织全国委员会和河北省政府的共同努力下，建在河北保定的国际农村教育研究与培训中心正式落成。联合国教科文组织总干事马约尔专程赴保定为中心揭幕并与国家教委副主任、教科文全委会主任韦钰就该中心的工作签署了正式协议。

1994年11月，为配合国家教委对教育如何适应正在逐步建立的社会主义市场经济体制的需要这一课题的研究，在联合国教科文组织支持下，中国联合国组织秘书处与国家教育发展中心合作首次在京举办了市场经济与教育改革国际研讨会。中外学者专家80余人应邀参加了会议。国家教委主任朱开轩出席开幕式并发表讲话。联合国教科文组织总干事马约尔亦到会讲话，称赞我国市场经济与教育改革为世界树立了典范。

1995年6月，中国教科文组织与联合国教科文组织亚太地区总办事处合作在北京举办了亚太地区环境和人口教育信息为发展服务研讨会。来自本地区国家和有关国际组织的专家、代表和观察员共30余人参加会议。

与会者就各自相关领域的活动广泛交流了经验，分析和确认了实施环境人口教育的需要和优先领域，制订了地区和国家级的行动计划并就其具体实施提出了建议。

1995 年 9 月，联合国第四次妇女大会在北京召开期间，联合国教科文组织于 9 月 8 日组织了以妇女、女童为主题的“国际扫盲日”活动。国家教委主任朱开轩、副主任王明达、韦钰应邀主持开幕式。下午，国务院副总理李岚清和全国人大副委员长、全国妇联主席陈慕华会见了联合国教科文组织总干事一行，并出席了国际扫盲奖颁奖仪式。全国妇联荣获了联合国教科文组织 1995 年度“世宗王”国际扫盲奖。韩国总统夫人孙命顺、世妇会秘书长蒙盖拉夫人以及与会各国代表数百人出席了颁奖仪式。

〔**参加国际活动**〕 1994 年 10 月中旬中国国家教委副主任、教科文全委会主任韦钰率领代表团参加了联合国教科文组织在日内瓦召开的第四十四届国际教育大会。此届大会的主题是“国际理解教育的总结与展望”。韦钰团长在专题辩论会上作了题为“通过全民教育促进和平、人权民主文化”的发言。其间，韦钰团长还应邀出席了由联合国教科文组织、联合国儿童基金会和联合国人口基金共同倡议召开的 9 个发展中人口大国教育部长会议。

1995 年 4 月，国家教委副主任、教科文全委会主任韦钰应联合国教科文组织总干事邀请，作为和平、人权和民主教育国际咨询委员会成员，赴巴黎出席了该委员会首次会议，介绍了我国对开展和平、人权和民主教育的原则立场和主张。北京师范大学加入了亚太地区国际教育和价值教育网络。

此外，1994 年，联合国教科文组织俱乐部在中国成立教科文俱乐部协会全国联合会。到 1995 年，中国已有 100 多所中小学建立了教科文组织俱乐部。以全国联合会主席、北京市人大常委会副主任陶西平为首的中国代表团首次出席了教科文组织俱乐部协会世界联合会第四次代表大会，宣传了中国在开展教科文俱乐部活动方面的经验。8 月举办了有 12 个国家和中国 6 省市共 70 人参加的教科文组织俱乐部’95 长城夏令营活动。

中国通过教科文组织于 1994 年和 1995 年向我周边国家各提供 10 个奖学金名额。

撰稿　教育处
审稿　张崇礼

与港、澳、台地区合作

〔**与台湾交流**〕 1995 年，在江泽民总书记春节前夕发表的《为实现祖国统一大业而继续奋斗》重要讲话的指导下，海峡两岸教育交流取得新的进展。国家教委直属高等学校赴台湾参加学术会议、参观访问、讲学的学者共有400余人次，其中包括20余所高等学校的校长、副校长，比1994年增加1倍；同时接待了台湾近600人次教育界人士来访。北京大学与台湾大学，厦门大学与淡江大学，清华大学与台湾新竹清华大学签定了交流协议或合作意向书。1995年，祖国大陆高等学校共接收台湾学生约350人就读，其中硕士生、博士生74人。

〔**与香港交流**〕 1995年，国家教委直属高等学校及直属单位赴香港出席学术会议、讲学、合作科研人员约2300人次，攻读学位研究生约250人。国家教委接待香港教育界行政人员及教师代表团组17个，316人次；国家教委及有关高等学校还接待了香港高等学校学生代表团组20个，约570人次。香港科技大学、香港城市大学、香港浸会大学3所更名大学校长应国家教委邀请来北京访问，受到国家主席江泽民的接见。中山大学岭南学院校董会代表团受到国务院副总理李岚清的接见。香港理工大学联络14所内地高等学校成立了科技开发协作网。香港浸会大学邀请内地20多所高等学校作为其“林思齐东方研究中心”的会员学校。中国人民大学与香港城市大学合作，在香港举办了硕士学位课程。香港大学在北京大学、复旦大学设立了学术交流联络处。北京语言学院举办了第二届有100名来自香港的学生参加的“我的祖国”京港鲁学生交流营活动，全国政协副主席万国权出席了开营式。11月，北京大学、清华大学等27所内地高等学校在香港举办了高等教育展览。1995年，内地高等学校在香港地区录取硕士研究生68名，博士研究生19名。

1995年，香港一些教育基金会继续向内地教育事业赠款。邵逸夫先生向内地大、中、小学共192个项目赠款1.9亿港币，用于建设教学楼等。国家教委副主任韦钰率团赴香港参加邵逸夫先生第八次赠款仪式。10月底，霍英东教育基金会在广州举行了第六次理事会暨顾问委员会联席会议，评选出第五届高等学校青年教师基金和青年教师奖，奖金金额为147万美元。12月，曾宪梓教育基金会在北京召开第五次理事会，评选出1995年中等师范学校教师奖1000名，奖励金额为610万元人民币，并于12月22日在人民大会堂举行颁奖仪式，国务院副总理李岚清、全国人大常委会副委员长雷洁琼接见了获奖教师代表。华夏基金会向内地职业教育及基础教育项目资助了100万美元。香港柏宁顿(中国)教育基金会向内地捐资423万元人民币。王宽诚教育基金会捐助16.36万美元，支持内地学校开展国际学术交流活动。

〔**与澳门合作**〕 1995年，国家教委直属高等学校赴澳门出席学术会议、讲学、合作科研人员为300余人次。国家教委接待澳门教育界人士来访团组10个，130余人次。内地高等学校招收澳门本、预科生464人，保送生143人，硕士研究生57人，博士研究生3人。应澳门政府公职司及有关高等学校邀请，内地高等学校48位教授、专家前往澳门任教或工作。11月29日至12月3日，国家教委副主任韦钰率中国教育代表团赴澳门进行了正式访问，分别会晤了澳门总督韦奇立、政务司黎祖智等，并进行了工作会谈，促进了内地与澳门的教育交流与合作。

撰稿　纪建军　王胜刚
　　　任西慰
审稿　李海绩

教育审计

〔**年度工作指导思想**〕 1995年初，国家教委办公厅下发了《关于做好1995年教育审计工作的意见》，提出全年教育审计工作的指导思想是：认真学习、宣传和贯彻《审计法》、《教育法》，进一步强化对教育经费的审计监督，更好地为教育改革和发展服务。确定了年度三项工作目标：巩固和加强教育审计机构，进一步加强审计队伍建设，大力提高教育审计工作水平。提出抓好四个重点：预算内教育经费和预算外集资办学资金、校办产业、基建和维修工程项目、大型教学科研仪器设备管理和使用情况的审计或审计调查。

为落实上述指导方针和基本任务，审计局于3月13日至15日在北京召开了全国教育审计工作会议。国家教委副主任柳斌、国家审计署副审计长金基鹏到会讲话。会议主要内容是学习、贯彻《审计法》和全国审计工作会议和全国教育工作电话会议精神，总结交流1994年的工作经验，部署1995年的工作任务。

〔**完成审计和调查情况**〕 1995年，教育审计加强了对本部门、本单位和下属单位财务活动的审计监督，开展了办学效益、内控制度、基建项目、校办产业、固定资产、经济责任等类型的审计。据22个省、自治区、直辖市、计划单列市教育主管部门和34所国家教委直属高校提供的资料统计，1995年共完成审计项目43647项，审计总金额3183438.25万元，已纠正违纪违规金额39974.03万元，挽回经济损失43458.4万元，促进提高经济效益11723万元；提交审计报告14648份；在审计过程中帮助被审单位制定和修订各种规章制度5860件；查出万元以上贪污贿赂案件114件，贪污贿赂总金额1169.91万元；移送纪检监察部门给予党纪、政纪处分的175人，移送司法机关处理的58人；开展各种审计调查项目4929项，提交审计调查报告2158篇。通过上述工作，维护了国家的财经法纪，推进了廉政建设，增加了教育经费并提高了使用效益。江西省教委审计处，1995年通过各项审计，及参与“普九”的检查和验收，为教育部门增加经费8千多万元；四川省教委审计处参加全省教育经费的审计检查，对教育投入情况进行审计，取得了成绩。

驻委审计局根据国家审计署的统一安排和国家教委领导交办的任务，1995年完成了对北京师范大学、厦门大学、北京语言学院、国家语言文字工作委员会、教育图书进出口公司、“神州学人”杂志社、高校人文社科图书基金会和驻俄罗斯、日本使馆教育处（组）等9个单位的直接审计，委托组织中育和宏信等社会审计机构对人民教育出版社等10个单位进行了财务收支审计或负责人离任经济责任审计。在对上述19个单位的审计中，查出违规违纪金额2710万元，提出处理意见和建议81条。

在审计工作中注意加大审计监督力度。一是坚持依法审计，依法处理；对违规违纪问题，做到该退的退、该罚的罚，决不让国家资财受到损失。二是对重点、热点和难点问题进行审计或结合审计进行审计调查，搞清情况，有针对性地提出纠错防弊及挽回经济损失的意见和建议。三是对审计中发现的重大的、带普遍性和倾向性的问题报委领导批准后予以通报，对各单位起到警戒或借鉴的作用。

〔**组织和制度建设**〕 1995年，在机构改革中，部分省（区、市）教育行政部门撤并了审计机构，削减了审计人员。对此，国家教委审计局大力宣传、贯彻《审计法》，提出建立健全内审制度、独立设置审计机构、配备与审计工作相适应的审计人员的要求，并下发了《关于加强对教育经费审计监督的几点意见》，同时宣传推广一些省市部门、单位加强内审机构和队伍建设的经验。1995年，绝大多数教育部门和单位保持了审计机构和队伍的稳定，有些部门和单位还有所加强。据22个省、自治区、直辖市、计划单列市教育主管部门和34所国家教委委属高校统计，截止1995年底，全国共有各级教育内审机构2653个，其中独立设置的1065个，与其他部门合署办公的1588个；审计人员11427人，其中专职审计人员3394人，兼职审计人员8033人；审计事务所76家，从业人员695人。北京、上海、湖南、湖北、山东、甘肃、新疆、大连等地还建立起在国家审计机关指导下，内部审计与社会审计、专职审计人员与兼职审计人员相结合的教育审计体系和网络，推动了教育审计工作的发展。

随着《审计法》、《教育法》的实施和《审计署关于内部审计工作的规定》的发布，1995年，各地教育主管部门、高等学校和一些教育企事业单位，制发了一系列教育审计工作的规章制度、具体规定及有关审计业务规范。据不完全统计，各地教育部门和单位及审计机构新制定各种教育审计工作的法令、法规、规章制度和业务规范等近2100件，使教育审计工作在法制化、制度化、规范化方面不断加强。

1995年，驻委审计局根据高校科研经费日益增多、管理使用亟待加强的情况，下发了《国家教委直属高校科研经费决算审签办法》。

〔**理论研讨和人员培训**〕 1995年，各地教育审计机构和教育审计学会，结合学习、贯彻《审计法》和总结建立教育审计制度十周年的经验，围绕教育审计的准则、质量标准和规范，效益审计的职能、内容、方法和综合评价指标，经济责任审计等课题进行研讨。全年共撰写各种论文640篇，在各类刊物上发表315篇。

1995年，各地教育部门和单位加强审计人员培训工作。据统计，各地共举办各种培训班537期，参加培训16095人次。通过培训，大大地提高了审计人员的工作水平。许多审计人员利用业余时间，刻苦钻研业务，参加全国会计师、审计师资格考试或学历考试。

〔**教育审计学会理事会换届**〕 1995年3月，中国教育审计学会第一届理事会任期届满并于3月16日召开了第二届理事会议进行换届选举。第二届理事85人，其中具有高级职称者37人。理事会议推选出常务理事19人。学会会长由覃立垣担任。学会设在北京。学会下属学术委员会、培训委员会、会刊编辑委员会分别设在北京、武汉、上海三地，开展日常工作。

参加会议的代表充分肯定了第一届理事会的工作成绩。

第二届理事会提出在建立社会主义市场经济体制的形势下，要将教育审计理论研究、审计人员业务培训及办好《教育审计》刊物等方面的工作继续抓紧抓好。

〔**审计工作片会**〕 1995年，驻国家教委审计局召开了省、区、市教育审计工作4个片会及国家教委委属高校教育审计工作3个片会。

西北五省(区)片会于7月22日至25日在青海省西宁市举行。会议就进一步学习、宣传和贯彻《审计法》、《教育法》，建立健全教育审计制度，加强机构和队伍建设等问题进行了讨论。

东南省、市片会于10月16日至20日在福建武夷山市召开。会议讨论修改《教育系统内部审计工作的规定》，交流工作经验。

中南西南省（区）片会，于10月18日至21日在广西南宁市举行。会议主要研讨在社会主义市场经济体制下，教育内审如何发挥教育经费监督作用；同时交流贯彻实施《审计法》和《审计署关于内审工作的规定》的做法和经验。

华北东北省、市（区）片会，于11月7日至10日在辽宁省沈阳市举行，会议着重对如何加强机构和队伍建设，进一步强化对教育经费的审计监督等问题进行了研讨。

委属高校华东地区片会，于9月4日至6日在山东大学威海分校举行。华东地区12所委属高校的28位代表出席了会议。会议对预算执行情况审计、校办产业审计、内审发展的目标和策略进行了讨论。

委属高校京、津、东北地区片会，于10月10日至12日在天津大学召开。会议着重研讨了如何开展对基建、修缮项目的审计和预算执行情况的审计。

委属高校西南、中南、西北地区片会，于10月18日至20日在中山大学举行。会议研讨了内审的职能、地位和作用，及如何进一步提高教育审计的质量和效益。

撰稿 刘 宜

审稿 覃立垣

教材建设

人民教育出版社

〔**人民教育出版社建社45周年**〕 1995年11月28日，人民教育出版社在北京饭店举行题为“为二十一世纪培养人才”座谈会，庆贺建社四十五周年。国家教委副主任王明达、新闻出版署署长于友先等领导同志到会祝贺；北京教育界、出版界的专家、学者以及人民教育出版社各级领导、中小学教材审定委员共300余人出席了座谈会。

人民教育出版社成立于1950年12月1日，是国家教委直属的全国最大的中小学教材和教育图书出版机构。毛泽东同志亲笔题写了社名。建社四十五年来，人民教育出版社起草或参与起草了历次中小学各科教学大纲；先后编写、出版了九套面向全国的中小学教材以及各级各类教材和教育书籍。累计出书品种2万种，印行300多亿册。随着我国改革开放的深入发展，经济建设发展的需要，人民教育出版社还在原有单一的文字教材的基础上，配套出版了音像教材，目前还在开发出版电子教材，为发展我国的基础教育事业，培养人才做出了重要贡献。

于友先同志在讲话中说：特别值得褒奖的是，为了不断实现邓小平同志提出的“课前到书，人手一册”的目标，人民教育出版社与各省出版部门和新华书店建立了良好的合作关系。在1978年以后的十几年中，人教版中小学教材课前到书率达到98%，有些省市达到了100%，为发展我国教育事业作出了贡献。目前，在教材种类繁多的情况下，人教版教材使用的，在全国仍然达到80%左右，这一方面说明人教版教材的质量高，影响大；另一方面也说明了人教社的合作精神强，服务态度好。

人民教育出版社建社45年来，始终把社会效益放在首位。每年都要投入大量资金，出版一批又一批有价值的教育文献、大型教育学术丛书以及特殊教育教材，为教育理论的研究和特殊教育领域教育事业的发展，默默耕耘，无私奉献。

王明达同志在总结了人民教育出版社四十五年的成就后提出希望说：在由“应试教育”向面向全体学生、全面提高素质转轨的过程中，所有从事基础教育的单位和人员，都要转变教育思想，更新观念，克服“应试教育”的倾向，为培养21世纪社会主义现代化建设人才做出自己的贡献。世界处在世纪之交，我国处在向现代化迈进的重要时期，人民教育出版社任重而道远，要继往开来，不断前进。

45年，对人民教育出版社来说，艰苦的

创业和奋斗求发展使她拥有了辉煌的成就。她将满怀信心地在党和国家各项教育出版方针政策指引下，走向更加灿烂的明天。

撰稿　王丽娜
审稿　魏国栋

〔**新工时制中师教材内容**〕 根据国务院关于新工时制的要求，人民教育出版社对下列中等师范学校各科教材内容作了如下调整。

语文：教学大纲规定的教学要求不变，教学内容就《阅读和写作》第一、二、三册作了删减，一些课文改作课外自读。

数学：教学周课时由原来一、二年级分别为5，5，调整为一、二、三年级分别为5，3，2。具体安排：一年级不变，开设代数与初等函数第一册，几何第一册。二年级开设代数与初等函数第二册。三年级开设几何第二册。教学内容不变，只是供书计划作了相应的变更。

物理：按照调整后的教学大纲，对课本作了删减，并降低了部分内容的教学要求，调整了个别章节的顺序。

化学：教学内容和要求作了调整。(1)将6个教学内容改为选学，与其相关的演示实验、习题、复习题也改为选学。(2)教学中根据学生情况删去初中学过的内容。(3)将2个学生实验改为选做。(4)机动和复习的课时调减为14课时。

生物学：调整意见：(1)删去了8个知识点。(2)删去了5个知识点中的9个教学内容。(3)降低了4个知识点的教学要求层次。(4)第一部分植物和第三部分动物各减少5课时，第四部分儿童少年生理卫生减少3课时，讲授地方教材的课时减少2课时。

历史：世界历史部分的内容作了一些调整，以下四部分改为阅读内容：(1)“非洲古代文明”全章。(2)“美洲古代文明”全章。(3)“近代科学和文化”中的“近代文学艺术”部分。(4)“现代文学艺术”全章。

地理：调整意见：(1)将与义务教育阶段重复的内容调整为选学。据此将“我国各地区的地理特征”和“世界各大洲的地理概况”两部分全部调整为选学。(2)将系统地理部分自然地理中的一些较深难的内容调整为选学。

小学教育学教程：教学内容调整如下：绪论部分，为加强基础理论教学，增加2课时。有关教育在人的发展中的作用，转入课题一。课题二删去与政治课重复的部分，精简2课时。课题六为加强实践技能训练，改为全部用来操作训练，其余有关小学教改部分，并入前面两个课题。品德教育课题删去与心理学重复部分。课外活动、班主任和少先队的实践活动合并进行。三个选学课题改为任选其中两课题。

心理学教程：教学内容调整如下：第四章“小学儿童的言语和思维”改为“小学儿童的思维”，删去该章第一、二节，原第一节相关的内容列入“思维与言语”课目。第七章“小学儿童在班集体中的人际关系心理”中删去第三节，有关内容与其它课目合并讲授。第十一章“儿童心理发展的基本理论”中删去第四节。原第十二、十三、十四章内容全部删除。另外，考虑到某些章节的课时安排偏紧，适当予以增加。

音乐：音乐第三学年教学内容调整如下：声乐和指挥：(1)将其中的力度、速度对比移至第二学年中。(2)删去“巩固第一、二学年所学指挥内容”。欣赏：删去“1.”的教学内容。乐理：将“2.”“3.”两项内容合并，改学习为介绍。视唱：将“变拍子、混合拍子”移至第二学年视唱中。练耳：删去“1.”的教学内容，将“3.”的内容移至第二学年练耳中。

美术：(1) 将“环境艺术欣赏”调整为自学。(2) 将“中国画”由原来的18课时减为12课时。(3) 将“应用美术”由原来的30课时减为28课时。(4) 将“设计与制作”由原来的34课时减为28课时。(5)“乡土教材”增加了部分内容。

撰稿　张月仙
审稿　魏国栋

〔**教育图书编辑出版**〕　《邓小平论教育(增订本)》在1990年第一版的基础上，增收了15篇著作，该书第1版曾重印8次，荣获全国图书特等奖。

为迎接1995年9月在北京召开的第四次世界妇女大会，人民教育出版社编辑出版了《中国女教师》一书，表彰为基础教育作出贡献的优秀女教师；中央领导同志为此书题词；该书荣获第二届全国优秀妇女读物二等奖。

由国家教育委员会师范教育司组编的《教育学学科建设指导性意见》，对我国教育学科的若干重大理论问题（包括公认的原则性问题和有争议的问题）作了回顾、分析，加以归纳、总结，提出了明确的有导向性的观点和进一步研究的建议。

《奠基工程——一个县的教育改革》是全国哲学社会科学“七五”规划国家级重点科研项目“普通教育整体改革的实验与研究”成果之一，也是我社《教育实验丛书》之一，该书是对上海市青浦县教育改革实践的总结和初步的理论探索。

《当代外国教育——教育改革的浪潮与趋势》，研究的对象国多达16个，其中既有发达国家，也有中等发达国家和发展中国家，具有代表性和典型性强的特点。

《中学优秀教师的成长与高师教改之探索》以大量的调查数据，阐明了中学优秀教师的成长道路，从而为高师教改指出了方向；本书荣获上海市政府决策咨询二等奖。

《发展心理学》从生命全程的角度阐述个体心理发生、发展的规律及毕生心理发展的年龄特征。《大学心理学》把学习心理、教学心理穿插在了解大学生的个体心理与社会心理之中，并对大学教师的心理和高校管理心理进行了探讨。《爱国情感教育心理学初探》从心理学角度，以情感教育为突破口，探讨了中小学的爱国主义教育；本书荣获上海市教育科研优秀成果一等奖。

此外，《教育科学分支学科丛书》、《比较教育丛书》、《蔡元培年谱长编》、《中华五千年卡通故事》等重点图书也正在陆续编辑出版之中。

撰稿　诸惠芳
审稿　吕　达

〔**电子出版物出版工作**〕　1994年6月，人民教育出版社以与电子部华北计算技术研究所合作开发计算机教育软件为契机，成立了教育软件开发中心，负责全社计算机软件、多媒体光盘等电子出版物的开发、研制，正式开始了电子出版物的出版工作。

为了发挥人教社编写中、小学教材经验的优势，先期拟重点开发与人教版九年义务教育各学科教科书配套的计算机教学软件。力图充分发挥计算机以及多媒体计算机的文本、图形、动画、视频和音频的综合处理能力，创设出图文并茂、绘声绘色、生动逼真的教学环境，激发学生的学习积极性和主动性，提高教与学的效率，满足学校与社会对计算机教学软件与日俱增的需要，促进九年义务教育的发展，同时也兼顾本版图书电子出版物的开发。

经过一年多的工作，1995 年先后出版发行了 9 个品种的教育类软件。这 9 个品种是：《九年义务教育初级中学英语 STS 多媒体教学系统》（软盘），《电脑 ABC》（软盘），《物体沉浮条件及应用》（软盘），《强劲高考英语复习大全》（软盘），《九年义务教育初中英语中考超纲词检测系统》（软盘），《九年义务教育初中英语中考自动组卷及题库系统》（软盘），《初级汉语字典》（光盘），《基础汉语字典》（光盘）。

撰稿　李福利
审稿　魏国栋

〔**援建“希望学校”**〕　在纪念抗日战争和世界反法西斯战争胜利 50 周年之际，人民教育出版社捐款援建的河北省平山县“平山希望学校”，于 1995 年 6 月 1 日前顺利落成。

人民教育出版社的全体职工为响应党中央在全国开展“希望工程”活动的号召，决定为革命老区人民办点实事。河北省平山县温塘镇焦家庄村小学始建于 1966 年，现有学生 310 多人，共分 9 个班，但是只有 8 间面积狭小、光线昏暗的教室。有 70 余名学生仍坐在用砖搭的木板上，在露天上课。人民教育出版社决定将职工捐献的和社里集资的 30 万元人民币以及价值 5 万元的新课桌、课椅捐赠给焦家庄村，用于兴建一所希望学校。当焦家庄的乡亲们听说人民教育出版社要捐资兴建希望学校后，立即召开了全村大会，开展“人人献爱心”活动，仅一个星期捐款就达 1.6 万元。

经过 10 个月的精心设计、精心施工，一所建筑面积约 1200 平方米，有 14 间教室，能容纳 500 多名学生的教学楼，已矗立在焦家庄村前向阳的山坡上。著名书法家启功先生为该校题写了校名。

1995 年 5 月 27 日，在焦家庄举行了“平山希望学校”落成典礼。国家教委副主任柳斌，河北省人大、省教委、省新闻出版局的领导，以及石家庄、平山县等有关部门的同志和人民教育出版社的领导同志出席了剪彩仪式并发表讲话。

1995 年下半年，人民教育出版社的职工以及离退休的老同志，结合党支部活动，多次到平山西柏坡，到焦家庄村参观，接受革命传统教育；到希望学校与教师座谈，交流传授教育教学经验，为学校的发展和革命老区的建设作贡献。

撰稿　袁琦湘
审稿　吕　达

〔**获奖书刊**〕　1995 年人民教育出版社有 22 种图书获奖 23 次，其中《叶圣陶教育文集》（一至五卷）两次获奖。获奖书中有丛书两种、期刊一种，目录如下：

新闻出版署主办国家图书奖

国家图书奖　叶圣陶教育文集（一至五卷）

新闻出版署主办中国辞书奖

三等奖　新编小学生字典

新闻出版署主办 1995 年全国优秀社会科学期刊奖

优秀教学辅导期刊奖　课程·教材·教法

国家教委第二届全国高校出版社优秀学术著作奖

社科类特等奖　叶圣陶教育文集（一至五卷）

国家教委人文社会科学优秀图书奖

教育学二等奖　教育学文集（丛书）
中国高等教育结构研究
儿童社会化与教育
走向未来的学校—中小学教育结构模式探讨（《教育实验丛书》之一）

心理学二等奖　西方社会心理学发展史

国家环保局、国家教委环境教育优秀教材奖

二等奖　小学自然第五册

三等奖　九年义务教育初中地理第一册
高中地理上册
高中生物第一册

全国妇联第二届全国妇女优秀读物奖

二等奖　家庭教育学

三等奖　中国女教师

中国出版协会教育图书研究会第三届优秀教育图书奖

二等奖　心理学导论
邓小平教育思想概述
辽金元教育论著选（《中国古代教育论著丛书》之一）

三等奖　学前儿童语言发展与教育科学研究方法
当代外国教育思想研究

上海市人民政府决策咨询奖

二等奖　中学优秀教师的成长与高师教改之探索

上海市第五届教育科研优秀成果奖

一等奖　爱国情感教育心理学初探

江苏省 1994 年普通高校人文社会科学优秀成果奖

二等奖　中国学前教育史

撰稿　李　琳
审稿　吕　达

高等教育出版社

〔**重视信息反馈和服务工作**〕 社会主义市场经济条件下出版业的竞争，出版社必须以卓著的信誉和形象，优质的服务，才能在竞争中取胜。高等教育出版社为了沟通出版社与读者、作者及社会各界的信息渠道，听取他们对出版社的图书质量、服务质量及其他各项工作的意见和建议，更好地为作者、读者服务，于1995年元月起，向全社会公开服务热线电话、服务部门和人员，专门接受各方面的信息，快速提供各种服务或查处出版社工作中的有关问题；热线开通一年来，已接受电话、信件形式的各种信息、意见、建议近900条（件），并均已及时进行了处理或解答。这项工作的开展，还促进了出版社内部管理工作的加强和工作质量的提高，各部门工作人员均比以往更重视对信息的吸收和反馈，更重视自已的工作质量和对作者、读者的服务，也使出版社的社会形象和信誉得到了维护和保证。

〔**开展质量检查**〕 质量是图书出版永恒的主题。1994年高等教育出版社建社40周年社庆时，曾将这一年确定为质量年，在全社开展质量意识教育，以提高对质量的重视。从1994年到1995年，在出版质量方面采取了以下措施：

一、从1994年底到1995年4月，对出版社1994年出版的新版图书共计310种，进行全面的编校质量检查，在责任编辑自查的基础上，组织有关专家按比例对61种进行了复查。这次检查引起了全社上下的关注和重视，社领导先后4次召开社务会议，听取情况，分析问题，研究保证图书出版质量的对策。

二、建立健全各项规章制度，在认真学习贯彻新闻出版署《图书质量管理规定》和《书刊印刷产品质量监督管理暂行办法》的基础上，起草制定了《高等教育出版社图书质量管理办法》（试行），并正在组织修订或起草制定有关的配套办法、质量标准、质量要求。

三、建立健全质量管理组织机构，成立了以社长、总编辑为首的质量管理委员会，设立专门的质量管理办公室，在出版部设质量科，层层落实质量管理职责和质量责任。

四、组织建立图书编校质量审读、图书印装质量检查和图书装帧设计质量检查评比人员三支队伍，并保持相对稳定。召开全社质量工作会议，学习新闻出版署和出版社的有关质量管理规定和办法，分析出版社图书质量状况，落实质量职责和质量责任。

五、配合国家教委、新闻出版署等机关对出版社进行的各项质量检查。1995年，国家教委先后两次对高教社6种书进行了编校质量检查；新闻出版署质检中心对高教社的

10种书进行了印装质量的检查；新闻出版署图书司对高教社1种图书进行了编校质量的检查。

六、组织进行1995年度的图书编校、印装、装帧设计质量检查评比工作。这三项检查已于1995年底全部结束，并印发了《简报》。

七、严格对质量事故的处理，对存在质量问题的图书，一是坚决不允许流向社会，不准发行；二是对有关责任人进行处罚，如对《少林五形八法拳与实战术》一书的处理。

八、加大质量工作在考核中的力度，把质量工作同年终总结考核挂钩，与晋级晋升考核挂钩。

〔**高教出版社评为良好出版社**〕 1995年10月10日，新闻出版署发布《关于表彰商务印书馆等127家良好出版社的决定》，根据《关于1995年出版社年检登记的通知》规定，在1995年出版社年检登记工作中，确定127家出版社为良好出版社。高等教育出版社由于办社宗旨明确，遵守出书范围，其它办社条件完备，出书结构合理，书号使用量自我控制好，没有买卖书号行为，遵守出版管理规定，没有出版内容有问题和质量不合格的图书，经营管理好，内部机构健全，编辑队伍健康，培训工作经常，被推荐评为良好出版社。

撰稿　苏雨恒

审稿　于国华

教育科研、学术与报刊

教育发展研究

〔**“教育发展战略”学科总结**〕 中共中央宣传部于1994年底提出对全国哲学、社会科学各主要学科的进展情况进行调查，了解改革开放以来这些学科研究的主要课题、重大争论及有关的国内外论点，以及“九五”期间各学科应着重研究的理论与实践课题。国家教育发展研究中心承担了“教育发展战略”学科课题的调研总结任务。

1995年国家教育发展研究中心组织力量查阅了有关的图书与刊物，整理了对本学科建设有重要意义的资料文献，组织从事教育发展战略研究的专家、学者和学科组成员进行了多次讨论，并在此基础上形成了学科总结报告。学科总结共分4个部分：(1)教育发展战略研究的发展历程；(2)教育发展战略研究的学科建设与若干特点；(3)教育发展战略研究的理论突破；(4)“九五”期间教育发展战略研究的主要课题与宏观教育学科建设的主要方向。第一部分回顾了学科兴起的内部与外部原因，以及取得的主要成就。第二部分从学科建设的角度论述了教育发展战略这一学科的性质，在教育科学研究中的作用与位置，与相邻学科的关系，该学科的研究领域和研究方法，并在此基础上探讨了教育发展战略研究与微观教育研究和规划研究不同的特点。第三部分总结了近年来教育发展战略研究探讨的主要理论问题，如：教育发展与经济、社会发展的关系及其相互作用的机制问题，构建具有中国特色的现代教育结构体系问题，教育发展的区域理论问题等等。第四部分在总结学科发展的经验与存在问题的基础上提出本学科的努力方向：加强相关学科的渗透与综合，加快建设教育决策支持信息系统，加强教育发展的实验研究等，以尽快构建宏观教育学科的学科体系，并提出了“九五”期间教育发展战略应重点研究的课题。

撰稿 诸 平

审稿 谈松华

〔**中央教育专项资金项目管理与效益评价**〕 “中央教育专项资金”系指由中央财政拨付，用于支持特定的教育事业和按照规定的用途和方向使用的专门资金。专项资金属于财政预算内教育经费，由国家教委、财政部共同管理。教育专项资金以普及义务教育补助专款为主。《中国教育改革和发展纲要》及实施意见中指明：中央财政对边远、贫困地区义务教育及有关的师范教育等专项扶助经费。从1994年开始由中央拨专项款2亿多元，从1995年起，在两三年内达到每年不少于10亿元。

1994年10月，亚洲开发银行与中国政府签订技术援助协议，聘请境内外专家开展“国家教育委员会机构加强项目”。其中一项内容是“开发设计教育专项资金项目管理效益评价系统”,以便充分发挥中央教育专项资金的宏观调控和导向作用，提高资金的使用效益，为国家教委改进和完善专项资金管理效益评估和监测体系提供咨询参考。

到1995年底,国家教育发展研究中心和国家教委财务司合作设计了《教育专项资金项目管理效益评价系统》。该系统对专项资金项目准备阶段、项目执行阶段、项目完工与后评估的程序进行了阐述，并分别设计了项目执行单位社会经济和教育情况报告表,即：项目建设情况表、项目效益表。每个表包括若干项评估量化指标。这套报表适用于：申请项目、制订项目规划、项目执行情况报告和项目的检查、评估、验收。表格由项目执行单位逐级填报。各级检查部门可以根据项目不同阶段需要，利用这套报表，对项目执行单位申报的基年数据和目标年数据进行对比检查。通过对比检查来评价项目效益。

该项目于1995年底完成,得到亚洲开发银行的认可。国家教委财务司于1995年12月15日～19日在山东淄博召开的“全国教育财务处长亚行项目培训班”,对此项目作了推广培训。

撰稿　周满生
审稿　谈松华

〔“九五”和2010年教育目标调研〕

为配合党的十四届五中全会讨论“中央关于制订国民经济和社会发展‘九五’计划和2010年远景目标的建议”，中央财经小组办公室部署有关部委组织相应的专题调研。国家教委党组决定由国家教育发展研究中心会同有关司局负责组织“教育事业‘九五’计划和2010年远景目标”专题调研。

专题调研组依据《中国教育改革和发展纲要》及其实施意见确定的到本世纪末教育发展目标，分析了实施中内部和外部条件的变化状况，对“九五”教育事业发展的主要目标作了论证；并在预测分析下世纪初教育事业发展的需求和供给趋势的基础上，提出2010年远景目标建议。调研期间先后于3月和11月召开了两次研讨会,邀请全国有代表性的省市教育部门负责人、部分高等院校和科研部门专家共同就跨世纪中国教育事业发展的环境、制订目标的依据、目标选择以及保障措施等问题展开了研讨。同时，还对教育目标的经费需求以及目标期内可能提供的教育经费作了多方案测算，为目标选择提供了参考依据。调研报告经教委党组讨论，就调研报告涉及的目标、政策和投资等重大问题同国家计委领导交换了意见。李岚清副总理主持会议，邀请国家计委、财政部、国家科委等有关部门的领导对调研报告内容进行讨论，李岚清同志对调研报告涉及的问题发表了重要意见。调研组根据领导指示和各方面意见，经反复修改后提交了关于教育事业“九五”计划和2010年远景目标的专题调研报告，经国家教委党组讨论同意后，报送中央财经小组办公室，为中央关于制订国家经济建设和社会发展“九五”计划和2010年远景目标的建设有关教育部分的内容提供参考依据。

调研报告对《纲要》实施意见提出的到本世纪末教育事业发展的主要目标作的论证认为，实施意见所提的关于基本普及九年义务教育、基本扫除青壮年文盲、关于积极发展职业教育和成人教育，关于适度发展高等教育的方针和目标是符合实际的。同时作了两点说明：第一，《纲要》实施意见所提基本普及九年义务教育目标为双85%，即初中入学率达到85%，人口覆盖85%地区普及九年义务教育。按照1990年人口普查资料测算，2000年全国初中在校生达到5500万人即可实现；但按1994年国家统计局抽样调查测算，在校生5500万人的条件下，入学率只能达到79.6%，在校生须要达到5900万人才能实现入学率85%，因此，“普九”目标有很大难度，要作极大的努力。第二，《纲要》实施意见提出到2000年高校本科在校生达到630万人，其中本科生180万人，专科生450万人。预计实际高教发展规模可能稍有突破，本科在校生到1995年已达到180万人，建议在本专科生比例上略作改动。报告还规划2000年和2010年教育体制改革和教育教学的目标和政策措施，并对教育投入问题提出了确保到本世纪末实现财政性教育支出占GNP4%目标的具体建议，包括开征固定资产投资教育附加费等若干措施。

撰稿　张　力
审稿　谈松华

〔**农村地区义务教育目标监测**〕　中国普及义务教育的国情是，全国义务教育的重点在农村，而农村义务教育的难点在贫困地区。1994年至1955年，国家教育发展研究中心在联合国儿童基金会的支持下，进行了90年代农村地区义务教育目标监测的调研。调研工作得到河南、江西、陕西、甘肃、广西和贵州等省区教委协助，就义务教育阶段入学需求、办学条件、师资状况、学生家庭教育支出以及辍学等专题进行了抽样调查和典型调查（另有新疆、四川、广东、宁夏、吉林和江苏做为调研的对照样本地区），样本数据涉及全国农村初中、小学校数和学生数的6%，相当于进行全国农村人口5%的抽样调查。

调研重点在贫困农村地区，其样本占50%，调查表明，1990年到1995年间，贫困地区初中、小学入学率虽然提高5～10个百分点，仍大大落后于全国平均水平，特别是女生入学率明显落后于男生；农村普及义务教育的关键是经费投入，贫困地区义务教育办学条件长期处于薄弱境地，校舍和设备资金缺口普遍很大；师资水平偏低，拖欠工资和医疗费用报销成为贫困地区教师的后顾之忧；农民家庭对子女受教育的期望值普遍很高，但家庭经济条件困难仍是辍学率居高不下的首要因素。

为此，项目报告建议：要切实加强对贫困地区义务教育目标的监测工作，增大政府专项教育经费向贫困地区投入的力度，采取有效措施进一步稳定教师队伍，因地制宜地进行贫困地区教育改革，加强教育扶贫项目的协调合作和实验研究。这一项目报告已为国家教委及有关国际组织对中国农村义务教育扶贫工作提供了参考。

撰稿　张　力
审稿　谈松华

〔**《中国教育地图集》编制出版**〕　1995年9月，国家教育发展研究中心与华东师范大学、国家教委和国家统计局有关司局等单位联合编制出版了《中国教育地图集》。这是中国出版的第一部反映教育内容的大型国家级图集。

《中国教育地图集》为中英文对照，分为5个图组共计240幅地图和400多幅统计图表。其中，"序图"部分介绍了与教育事业有直接关系的经济、人口、地理环境、民族等背景情况，以及我国近百年来学校系统的演变和各级各类教育的结构概况；"初等教育"部分展示了普通和成人初等学历教育以及幼儿园的情况；"中等教育"部分对普通和成人中等学校的学历教育作了详尽的介绍，特别对近年来蓬勃发展的中等职业技术教育分学校不同类型介绍了现状和发展趋势；"高等教育"部分对专科、本科和研究生教育、对普通高等教育、成人高等教育和高等职业教育进行了系统的展示；"综合情况"部分则描述了民族教育、师范教育、从业人员培训、特殊教育、远距离教育、学校教育管理、学校条件装备、国际交流合作等情况。

《中国教育地图集》的编制是根据国家教委和国家统计局提供的约1600万个数据进行综合分析处理的，信息量丰富，数据最早取自1903年，最新的到1994年，其中约有1/3的资料是首次公开。图集大部分采用的全国和分县数据到1993年，部分采用分省数据到1992年，还提供了各级教育到2000年发展趋势的一些预测数据和中国与世界各国（地区）教育发展水平的比较。

江泽民总书记为图集题词："希望这本地图集的出版能有助于大家了解中国教育的历史与现状，真正树立科教兴国的思想。"李鹏总理题词："《中国教育地图集》为发展教育事业作出了贡献。"李岚清、李铁映、费孝通、雷洁琼等有关领导也为图集题了词，国家教委主任朱开轩作了序。1995年，经专家评审认为，《中国教育地图集》"保证了思想性、科学性、实用性、艺术性的有机结合，作为全国性教育宏观决策和科学管理的综合性地图集，具有国际领先水平。"

撰稿　张　力
审稿　谈松华

中国教育学会

〔**学术研究活动**〕　1995年，中国教育学会及所属分会举行了多种学术研究活动。

召开第九次全国学术讨论会。1995年9月11日至16日在哈尔滨市举行。主题是教育与生产劳动相结合与人的全面发展。张承先会长主持了会议。《教育与生产劳动相结合理论与实验研究》课题组为会议提供了阶段性研究成果;与会同志提供了一批研究论文,并在现场参观基础上交流了经验。与会同志认为,教育与生产劳动相结合是马克思主义教育学说的一个基本原理,是我国教育方针的组成部分。全面贯彻教育方针,实施教劳结合,是变“应试教育”为素质教育的关键。目前,我国中小学的生产劳动教育还是个比较薄弱的环节。积极开展对教劳结合的理论探讨,研究和总结贯彻教劳结合的新情况、新问题和新经验,具有重要现实意义和深远历史意义。张承先在会上发言指出,贯彻落实“教劳结合”方针,首先要解决思想认识问题,要把它提到坚持教育的社会主义方向,培养全面发展的社会主义新人,胜利进行社会主义现代化建设的高度来认识;同时要解决实际问题,诸如教师队伍建设、教材建设、生产实习基地建设等,要重在落实,狠抓落实。实践证明,关键在领导,只要领导坚持马克思主义的教育原理,坚持党的教育方针,坚定不移地进行教育改革,社会主义教育将在社会主义两个文明建设中显示出强大力量,做出巨大贡献!

召开全国农村初中教育改革研讨会。1995年10月14日至18日在成都、德阳、乐山3市分段举行。主题是探索农村初中教育改革的思路。张文松和陈德珍副会长主持了会议。与会同志认为,农村教育任重道远。当前中国农村初中教育最突出问题是脱离农村社会主义建设的实际,解决这个问题的根本出路是由“应试教育”转向全面素质教育,使农村初中教育紧密结合当地实际,有效地为农村经济建设、社会发展和提高人口素质服务,这是农村初中教育改革的出发点和归宿。

召开学校特色建设研讨会。由《中国教育学刊》编辑部和天津市教育学会、教科所联合于1995年6月7日至9日在天津市举行。主题是学校特色建设的理论与实践。与会同志认为,学校特色的本质是学校教育优质的规定性,它具有优质性、独特性和稳定性的基本特征。构成学校特色的最基本要素是学校特色的主题思想、学校教育行为方式和学校环境氛围。建设学校特色最基本的思路是:从发挥学校教育工作中的优势入手;从革除学校教育工作中的弊端入手;遵循一定的理论构思设计。

召开纪念杨贤江同志诞辰100周年大会,1995年4月8日在全国政协礼堂隆重举行。国务院副总理李岚清作了书面发言,高度评价杨贤江的崇高精神和光辉业绩,号召广大教育工作者学习、研究和宣传杨贤江的马克思主义教育思想,并强调全党和全社会应特别重视、切实加强对青少年的思想品德教育,为中华民族的振兴培养好我们的下一代。

1995年,中国教育学会及各地方分会还分别召开雷沛鸿教育思想学术研讨会、素质教育、美育、教育心理、教育教学改革及实验、民办教育、21世纪教育发展等学术研究活动,各活动从不同侧面研究和探讨了该类教育的现状及发展问题,繁荣了学会的学术空气和理论,为教育发展和改革起了促进作用。

〔**教育——科普和咨询工作**〕 1995年,中国教育学会开展了《教育法》、《教师法》宣传活动。辽宁、陕西、广州等省市地方学会组织《教育法》培训班、讲师团和座谈会。广西教育学会举办的《教师法》知识竞赛,参赛人数达70万人,促进了《教师法》的落实。沈阳市学会围绕现代教育思想与教育改革等问题举办10次讲座,参加人数达1万人次。

开展教育咨询服务。企事业教育分会就当前企事业教育面临的问题和对策向李岚清副总理写了建议报告。广东省教育学会参与珠江三角洲总体规划，开展关于开放地区社会环境对青少年影响及对策的研究，在7个市、20多所学校、2000多名学生中进行调查，写出报告。北京市学会举办4次教育漫谈，就教育热点问题进行研讨，每次规模200人。天津市学会配合行政部门进行学校内部管理体制改革的调查研究，提出对策建议，行政部门基本予以采纳。江苏省学会召开教育现代化及其对策研讨会，提出从苏南开始，逐步推向苏中、苏北的方案，供领导决策参考。陕西省学会为了落实"两全"，对实施素质教育，提出报告和建议，得到省教委的充分肯定。北京市学会召开提高青年教师素质研讨会，并汇集27位青年教师的经验编辑出版了《青年教师成才之路》一书。小学语文教学研究会举办全国首届青年教师阅读教学观摩活动，参加者2600人。小学数学教学专业委员会召开全国小学数学优化课堂教学观摩交流会，参加者1700人。

〔**办好刊物及出版图书音像制品**〕 一年来，中国教育学会主办的《中国教育学刊》在内容和形式上都有改进。在教育基本理论和教育教学理论的研究方面也更加注意切合实际需要，就教育现代化、素质教育、加强学校德育工作、课堂教学改革、发挥学生的主体作用、发展学生智力、减轻学生负担、教育实验和教育督导等方面发表了一些较有分量的文章。《学刊》发刊量稳中有升。《中国校园文学》、《中小学数学》和研究会、地方学会办的学术报刊质量也有所提高，读者反映较好。

1995年，中国教育学会编了《中华爱国主义文学名著文库（缩写插图本）》两辑共20册，第一辑已由国家教委图书馆工作委员会列入《1996年中小学必备书目》，发行近万套。学会与中国高等教育学会合编了《中国教育群英谱》两卷，介绍了近年来受到全国嘉奖的教育英模211人，李岚清副总理作了序，雷洁琼副委员长等题了词。此书共发行2万套。学会还与广州金龙影视制作发行中心合制《特级教师指导学习》（小学、初中版）录像带63盘；教育学研究会主持编写了一套《教育学丛书》，由叶立群副会长任总主编。该丛书的特点是：贯彻理论与实际相统一的原则，既具有较高的理论深度，又针对各级各类教育工作的实际，具有鲜明的实践性。丛书共10卷，240万字。

〔**对外和对港、澳、台学术往来**〕 1995年，中国教育学会会长张承先、副会长顾明远等在京会见了台湾教育会理事长赵金祁一行，就加强海峡两岸教育学术交流、咨询合作和师资培训等问题进行了探讨。顾明远等会见了台湾比较教育学会理事长黄光雄和杨深坑教授。中国教育学会接待了美国语言艺术与文化教育代表团，就中小学语言教学问题进行了交流。应日中农林水产交流协会邀请，学会派出7人组成的代表团访日。中国比较教育分会、工读教育研究会分别召开国际研讨会，邀请美国、日本、加拿大、澳大利亚和香港的30多位学者参加，探讨违法犯罪青少年的教育、培训和就业问题。历史教学研究会召开学术会议，邀请日本、越南等国14位学者参加，研讨世界反法西斯战争和中国抗日战争历史的教学问题。

撰稿　毛士元

审稿　郭永福

中国高等教育学会

〔**教育科研学术活动**〕 1995年，中国高等教育学会及其团体会员单位，配合各级教育行政部门积极开展多种形式的学术研讨活动，交流科研成果，取得可喜成绩。

1995年3月，中国高教学会在太原召开了秘书长工作会议。会议总结交流、部署学会工作，并就“新形势下学术社团建设”进行研讨。会议深入探讨了学术社团如何理顺关系、筹措经费、稳定队伍、开展科研学术活动等问题。8月，中国高教学会在北京召开“学习建设有中国特色社会主义理论，加强高校德育工作研讨会”。这次研讨会是在邓小平建设有中国特色社会主义理论指导下，根据中央对高校德育工作的要求，研讨如何加强和改进高校德育工作，主要就加强学科建设、德育队伍建设等问题进行研讨。

这一年，部委、省、市、自治区高教学会及各专业研究会（专业委员会）一般都围绕高教改革和发展的热点、难点问题开展学术活动，交流科研成果。有的举行了专题研讨会或专题讲座，有的召开了学术年会或报告会。主题有加强高等教育研究，促进高教改革与发展；深化改革，高教为经济建设服务；提高教学质量和办学效益；面向21世纪高教发展战略；“211工程”建设等。如上海高教学会举办高教论坛6次。

〔**国际学术交流**〕 1995年，有色金属学会承办“’95亚洲科学技术与发展国际学术研讨会”；高等师范教育研究会组团赴日本参加“中日教师教育国际研讨会”；兵器高校高教研究会、高等教育学研究会的秘书长分别赴美考察高等工程教育、高等教育科研工作；电力学会组团赴澳大利亚、新加坡进行考察；水利教育协会组团赴美国、加拿大进行高校建设国际合作考察，进行了比较广泛的学术交流。

〔**专项调研**〕 1995年许多学会、研究会接受教育行政部门的委托，进行专项调查研究活动。黑龙江省学会接受省教委的委托，对高校人事制度改革、师资队伍建设、招生制度改革后高校管理等问题进行调查研究。广东省学会承办国家教委主办的“有中国特色社会主义高等教育理论（第3次）研讨会”。水利教育协会配合水利部制订《“九五”教育事业计划》。江西省学会配合省委宣传部、省教委开展“全省高校校风建设十年总结大检查”和对师专办学水平的评估工作。四川省学会配合省委、省教委举办“全省高校‘两室’主任及德育骨干教师学习邓小平建设有中国特色社会主义理论培训班”。浙江省学会承办“全国部分高校教材建设管理培训班”。高等职业技术教育研究会与国家教委师资培训交流中心合办“高等职业技术教育干部研讨班”。科研管理研究会举办“在职科研管理干部培训班(4期)”。高校基本建设学会举办“教育系统监理工程师培训班”，通过考试，合格的获建设部颁发的培训证书。

〔**科研成果评奖**〕 据不完全统计，1995年有20多个学会和研究会组织了优秀科研成果评奖活动。此外，冶金学会协助冶金部人教司组织教学改革优秀成果评奖。江苏、河南省学会承办哲学社会科学优秀成果评审工作。许多学会把优秀科研成果推荐到全国各大报刊上发表。四川省学会每年评奖后都编印优秀论文集。上海市学会、河南省学会专题验收“八五”重点课题；辽宁省学会制订《“九五”教育科研规划》，搞好选题落实。许多学会、研究会还表彰、奖励了优秀的学会工作者。

〔**学会建设**〕 1995年中国高教学会经有关业务主管部门审核提出意见，并根据章程规定的程序，接纳了高校教育管理信息系统专业委员会、高校外国文学教学研究会、高等学校校史研究会等3个组织为本会团体会员。至此，中国高等教育学会共有81个团体会员。其中有：国务院16个部委、总公司的高教学会（研究会）；27个省、自治区、直辖市的高等教育学会；38个专业研究会或专业委员会。

中国高教学会每年3月召开秘书长工作会议已形成制度。北京市高教学会还专门召开“学会工作研讨会”，研讨新形势下如何搞好所属研究会的工作，交流了研究会的工作经验、面临问题及下一步工作建议。

1995年中国高教学会秘书处对学会管理工作进行了专项调查，拟在调查研究的基础上制定《专业研究会管理暂行办法》，以规范专业研究社团的运作，促进专业学术社团健康发展。

撰稿 章炳良
审稿 罗宏述

中国教育报

〔**概述**〕 1994—1995年度，中国教育报为落实党中央的重大决策和有关教育的指示精神，围绕国家教委的工作部署，弘扬主旋律，宣传推进教育改革和发展的成绩和经验。

1994年，中国教育报突出宣传了党中央、国务院召开的全国教育工作会议，进一步落实教育优先发展的战略地位，推进《中国教育改革和发展纲要》的全面实施；宣传《教师法》，激发广大教师提高自身素质、努力做好工作的积极性。围绕上述宣传中心和《纲要》及其《实施意见》的贯彻实施，报导全党全社会进一步重视教育、加快教育改革和发展的好形势。

1995年，中国教育报围绕《教育法》的颁布和实施，党中央召开的“全国科技大会”，宣传了“科教兴国”战略，宣传了邓小平“科学技术是第一生产力”的观点；有组织、有计划、有深度地宣传了高校科技转化为生产力的典型，宣传了基础教育、成人教育、职业教育与科普结合的先进经验；大量报导了教育战线改革和发展的形势和动态。

〔**宣传邓小平理论，弘扬主旋律**〕 1994、1995年度里，邓小平同志教育思想、邓小平同志“建设有中国特色社会主义理论”是中国教育报宣传的基调和最强音。

1994年元旦，中国教育报以通栏标题、配照片，刊登了邓小平同志1985年在全国教育工作会议上的讲话——《把教育工作认真抓起来》，并配发社论《学习邓小平教育思想，落实教育的战略地位》，阐明了“邓小平教育思想的最主要的内容，就是明确教育在社会主义建设中的战略地位”，指出“在不少地方，教育优先发展的战略地位仍然没有落实”，希望“各级党政领导同志都能像邓小平同志那样高瞻远瞩，领导人民消灭愚昧，发展教育，消灭贫穷，走向富强，消灭落后，走向现代化”。1月29日第三版，在“认真学习《邓小平文选》第三卷真正落实教育发展的战略地位“通栏标题下，整版刊发了部分人大代表、政协委员等学习《邓选》三卷的体会，并在显要位置选登了邓小平有关教育的三段论述，紧密呼应了元旦重新发表的邓小平同志的重要文章。从1994年1月5日开始，中国教育报开辟《学习邓小平文选第三卷专题概述》专栏，连续发表了中央党校的6篇文章，阐明“坚持两手抓”“坚持四项基本原则”“共同富裕”“教育是现代化战略基础”等重要观点。11月5日，又率先发表了逄先知等介绍《邓选》一二卷内容的专稿。随后，在一二版、《思想者》《学园》专刊连续发表学习体会、经验，把学习活动引向深入。

1995年，围绕《邓小平有中国特色社会主义理论学习纲要》的发布和学习活动，结合中央四中全会精神和五中全会精神、“八五”成就、“九五”蓝图，中国教育报反映了社会各条战线的重要动态，并动员教育界代表人物在本报发表文章来教育广大读者。

坚持正确舆论导向，弘扬主旋律，是中国教育报在两年内宣传的主要特色。1994年，中国教育报思想理论版发表了《略论人生的价值重在社会贡献》（1月12日）、《培养大学生以集体主义为核心的人生价值观》（1月19日）、《论个人利益的正确导向》（2月9日）、《反对拜金主义，提倡奉献精神》（8月17日）等一系列正面阐述了应该坚持什么样的人生观、价值观、道德观的文章。并且针对“分配不公”“国民心态”“社会风气”“坚持公有制为主体”等社会热点问题，组织系列文章，为读者释疑解惑。

加强对重要纪念日、重大活动的宣传。1994年突出了毛泽东主席《为人民服务》发表50周年的宣传力度，8月30日、9月7日、10月5日，一、三版在《为人民服务精神永放光芒》通栏标题下，发表了在本报组织的座谈会上邓立群、袁宝华、罗青长等老同志的发言，9月8日一版全文刊登了《为人民服务》并配发了毛主席照片。1995年，中国教育报在纪念遵义会议60周年、纪念“五·四”、“一二·一”、“一二·九”的宣传中，都及时、准确地体现了中央的意图，特别是以文化生活部为主，各编辑部门配合实施的“纪念世界反法西斯战争和中国人民抗日战争胜利50周年”的宣传，发表了《虎头要塞》等颇有影响的文章，突出了中国共产党在抗日战争中的中流砥柱作用，突出了中国共产党统一战线思想，突出了中国在抗日战争中对世界反法西斯战争做出的杰出贡献，向广大教育工作者及青少年学生进行了一次重要的爱国主义教育。1995年，中国教育报向教育战线宣传了孔繁森精神，配合“世妇女”在京召开，展示了中国女教授的风采，配合纪念文字改革和现代汉语规范化工作40周年，宣传了党和政府有关政策、方针，批评了当前一定程度存在的“殖民文化”倾向。

〔**贯彻《教师法》，宣传《教育法》**〕 1994年“教师法”全面实施。

1月1日，中国教育报刊登了国家教委政策法规司负责人的文章：《贯彻教师法，加强教师队伍建设》，人事司负责人谈“全心全意为教师办实事”（2月2日）政策法规司负责人谈“建立教师申诉制度，维护教师合法权益”（2月26日）吉林省副省长高严的文章“贯彻执行教师法是各级政府的责任”（7月7日）。在这期间，还报道了提高教师素质的典型和维护教师权益的案例；也陆续报道了吉林等地解决和关心教师住房问题的消息。为配合国务院召开的全国教师住房建房工作经验交流会，还着重宣传了大连市建设教师住房的经验（6月18日）。6月29日发表的《民办教师忧喜录》为彻底解决民办教师问题做了舆论准备。

1995年《中华人民共和国教育法》的颁布和实施，从根本上保证了教育走上法治轨道。为此，中国教育报进行了有准备、有计划、有步骤的宣传。针对教育改革与发展中的投入不足这一焦点，中国教育报从年初就制定计划，调动编辑部、记者站的全部力量，全方位地宣传《教育法》的意义，多角度宣传“实施《教育法》是各级政府的责任”，大力宣传各类地区政府和党政主要领导的重教事迹，大面积地组织省、市领导人写文章，谈教育在当地各项事业中的重要地位和政府在当地发展教育事业的计划、措施。在《教育法》颁布前后，和9月份《教育法》正式实施，形成了两个宣传高潮。1995年初，中国教育报抓住“教师医疗费报销难”组织了系列报道并被电台转播，300多名读者来信感谢自己的报纸向社会传达了他们的呼声。教师住房问题是中国教育报1995年宣传的主题之一，配合国务院在昆明市召开的教师住房现场会，报纸组织了几个专版，使一些地区领导受到了震动，对国务院主持的“教师安居工程”起了积极的推动作用。

〔**宣传各类教育，落实《纲要》动态**〕

近两年，中国教育报对各类教育落实《纲要》情况作了大量报导和宣传。

基础教育：1994年2月3日发表了基础教育司司长“坚定不移地推进‘九年义务教育’”的谈话。接着，以大量篇幅陆续介绍各类地区的“普九”典型。就农村教育费附加的征、管、用这一难题，介绍了河南、湖南的好作法、好经验；针对教育内部的课业负担过重、乱收费等热点，教育报介绍了北京朝师附小的“乐学会学全面发展”经验、上海的愉快教育经验，还介绍了各地的“收费卡”等控制乱收费制度和监督措施，针对民办学校收费过高问题，也陆续发表了消息、文章、访谈等，全面宣传了对民办学校要鼓励、支持、引导、管理的方针。同时，大力宣传了督导工作的重要性和及时报道国家督学团和各级督学的督导活动。1995年，国家教委相继召开了经济欠发达地区和经济较落后地区（简称“二片”“三片”）会议，部署了“普九”工作。中国教育报在对中央有关“普九”政策和各地做法充分报道同时，还穿插进行了减轻中小学生课业负担、制止中小学乱收费、义务教育阶段的“择校生”问题、双休日怎么过、应试教育向素质教育转轨、师德建设与教师应事应语及忌事忌语等报道。关于“两基”的另一方面——扫盲工作，1994年初，及时报道了河南、内蒙古、吉林、黑龙江抓紧扫盲工作的消息，针对扫盲工作应该如何抓的问题，在年中，介绍了吉林省突出政府责任的经验，甘肃省“政府抓，抓政府的经验；黑龙江省“政府行为先到位”的经验。1995年初、国际扫盲日、10月扫盲电话工作会议前后，中国教育报就扫盲工作的认识、典型、推广经验形成了三个宣传高潮。

高等教育：1994年是高等教育改革继续深化的一年，在年初全国普通高校招生工作会议后，中国教育报就管理体制、招生、收费、毕业生就业问题作了深入报道，回答了社会关注的“并轨”问题。同时，重点介绍了西安大学、南昌大学、东北大学、北京大学内部改革的经验，引导高校内部管理体制、教育教学改革。1995年，高校改革力度加大。中国教育报抓住招生并轨、联合办学、高校班子建设、高校党建和思想政治工作、高校教学改革、文理科基地建设、学风建设等改革关键性问题进行了深度报道。还突出了同济大学民主推选校长的报道。

职业教育和成人教育：中国教育报努力宣传国家教委关于调整宏观教育结构，发展职业教育和成人教育的指导思想。1994年1月14日，发表了职教司负责人的谈话“以改革应万变”；接着发表甘肃省教委主任“把职教办成经济建设的支柱”的文章；又陆续介绍了江苏省铜山县、安徽省合肥市办好职教的经验；5月，重点介绍了河北省职教中心，并配发了评论员文章，突出宣传了“中国教育的根本出路在于大力发展职业教育”的观点。1995年，中国教育报配合国家教委有关重要会议，宣传了上海石化、湖南芷江、山东潍坊、河北九源等城、乡职教发展能促进当地经济发展的经验。1995年，中国教育报则着重在理顺成人管理体制、企业职工素质教育、鼓励和引导民办成人学校等问题，通过典型经验引路，进行了疏导性的宣传报导。

〔**报社内部改革，提高宣传质量**〕 1994年，中国教育报编辑部建立、健全编前会制度、干部学习制度、部门例会制度，编采人员的政治意识、大局意识、责任意识不断提高。9月15日，国家教委党组宣布中国教育报、人民教育杂志、中国高等教育杂志、神州学人杂志“一报三刊”合并，组建“中国教育报刊社”的决定。在新报刊社党委领导下，中国教育报调整了机构、聘任了中层干部，宣传工作在平稳中过渡。

1995年，6月底“中国教育报刊社”迁进新址办公大楼。7月1日，在新社址发出了第一张报。年内，中国教育报的报道、文章曾47次被中央人民广播电台摘播，《新华文摘》等文摘类报刊共摘转文章140篇以上，在社会新闻界各项评选好新闻活动中，中国教育报记者有31篇作品获奖，综合新闻部主任符德新被评为全国“百佳”新闻工作者；宁守合被推荐参加“韬奋新闻奖”评选并获纪念奖；中国摄影家协会组团访问北欧，刘全聚任团长，并在国外举办了他的个人摄影作品展；《中华新闻信息报》《中国摄影报》还专版介绍了刘全聚的作品；《中华新闻信息报》还在头版头条介绍了中国教育报对“科教兴国”战略的宣传情况。中国教育报在1995年初聘请了28位国家督学、35位工作在基层的全国教育战线先进工作者，组成了一支评报员队伍。他们在逐月的评报表中列出了当月最好的文稿、图片和专刊，并肯定中国教育报坚持正确的舆论导向，及时传达了中央和国家教委的指导方针，介绍了各类教育中的典型经验和优秀人物等办报的特色。

撰稿　王金重

审稿　俞家庆

北京市教育

概　　况

〔**基本情况**〕

1995年各级普通学校基本情况

单位：人

学校类别	学校数（所）	毕业生数	招生数	在校学生数	教职工数	
					计	其中专任教师
一、普通高等学校	65	51284	62896	209361	103624	36563
研究生		6190	10028	27188		
本　科		28522	38205	146054		
专　科		16572	14663	36119		
二、中等专业学校	119	17697	27911	75893	15201	6510
中等技术学校	99	13790	23352	61394	12740	5309
中等师范学校	20	3907	4559	14499	2461	1201
三、普通中学	710	167012	206337	628246	70169	46106
高　中	286	23353	23353	525724		8773
初　中	424	143659	182984	102522		37333
四、农业、职业中学	171	17519	38473	85544	10916	6045
高　中	171	17519	38293	85364		6043
初　中			180	180		2
五、工读学校	6	375	442	734	429	176
六、小　　学	2867	183894	168903	1007301	74075	60976
七、特殊教育学校	32	1083	962	7440	945	660
八、幼儿园	3024	103355	148472	315277	38549	19912

1995年各级成人学校基本情况

单位：人

学校类别	学校数（所）	毕业生数	招生数	在校学生数	教职工数 计	教职工数 其中专任教师
一、成人高等学校	83	40045	65684	190122	20104	8408
广播电视大学	2	2481	2325	6565	1029	404
职工高等学校	44	5861	10099	41642	9436	4458
农民高等学校						
管理干部学院	34	6361	9038	18587	8151	2896
教育学院	1	876	1998	4225	600	255
独立函授学院	2	505	825	2559	888	395
普通高校举办：						
函授部		14454	25442	73949		
夜大学		7841	11011	33815		
干部专修科						
成人脱产班		1666	4946	8780		
二、成人中等专业学校	137	28351	42501	96887	11285	5249
广播电视中专	1	7597	4091	15478	1208	636
干部中专	9	2384	7981	13363	2437	1237
职工中专	91	11452	18173	41549	4792	1915
农民中专	12	4493	4361	12368	635	306
函授中专	1	1138	1683	5032	96	23
教师进修学校	23	1287	6212	9097	2117	1132
三、成人中学	(367)	4177	6486	10781	8464	2878
职工中学	(335)	3861	5883	9983	5249	2504
农民中学	(32)	316	603	798	3215	374
四、成人技术培训学校	(28704)	2079884	2264223	184339	8464	2878
职工技术培训学校	(21549)	1492613	1660293	167680	5249	2504
农民技术培训学校	(7155)	587271	603930	16659	3215	374
五、成人初等学校	(26)	647	778	282		
职工初等学校	(26)	647	778	282		
农民初等学校						
其中：扫盲班						

注：括号内为教学班（点）（个）。

基础教育

〔**综述**〕 1995年，北京市普通教育改革和发展取得进展。

一、加大布局调整力度，加快普教结构改革，促进教育资源的优化配置。1995年，全市各区县按照市教育局关于普通教育布局调整的指导思想和原则，从本区县实际出发在充分论证基础上加大布局调整力度，把布局调整与加强基础薄弱学校建设、普及高中阶段教育、优化配置教育资源结合起来，为全市中小学进一步深化教育改革，提高办学效益和教育质量奠定了基础。

二、深入落实四个会议精神，扎扎实实提高教育质量。1995年，北京市相继召开“马芯兰教学思想研讨会”、“中小学教学工作会议”、“德育工作会议”和“普通高中工作会议”，四个会议围绕发扬北京市一贯重视教育质量的优良传统这条主线，充分调动普教系统干部教师的积极性，要求把主要精力集中到教学工作、课堂教学和课堂教学改革上来。中小学干部教师认真落实会议精神和要求，扎扎实实开展教学工作，提高教育质量。各区县教育行政领导把实施素质教育作为重点工作来抓，制定整体改革方案，努力使本区县中小学教育质量再上新台阶。教育行政部门和教研部门的领导到教学第一线，了解教学、研究教学、指导教学，摸清课堂教学的薄弱环节，确定教研工作重点，规范教学管理，建立健全相应的教学规章制度。同时，进一步加强干部教师的培训和骨干教师队伍建设，普遍提高教师的实际教学业务能力。根据市教育局的要求，全市中小学把落实四个会议精神与减轻学生过重课业负担、全面贯彻教育方针、推动中小学由“应试教育”向素质教育转变结合起来。随着中小学德育规章和德育教材建设工作的加强，德育工作向科学化、规范化推进。结合世界反法西斯战争和抗日战争胜利50周年，采取多种形式，开展多种活动对中小学生进行爱国主义教育。马芯兰教学改革经验在全市大面积推广。《小学生质量综合评价》从改革实验逐步成为全市小学教育的基本管理制度。中小学活动课程也开始进行积极探索。

三、加强教育法制建设，在促进教育立法、执法和执法监督方面取得新进展。1995年，北京市加快配套教育行政规章和法规文件的制定，加强了执法监督、检查的力度。各级政府、教育行政部门普遍加强领导，增强执法意识，建立起逐级自查和检查制度。1995年，全市普教系统深入、扎实地开展教育法律、法规的学习和宣传，区县政府部门做到首先自身学好教育法律、法规，一些区县把教育法律、法规纳入领导班子理论中心组必学内容。1995年全市加大自查和监督检查的力度，首次对市属8个委办局就教育经费、学校建设用地和教师公费医疗等问题进行检查，增强了有关单位执法的自觉性和积极性。

对各区县，则按其特点和不同问题实行有针对性的重点检查，促使一批久拖不决的问题得以解决。

四、继续加强调查研究，为“九五”期间普教改革和发展做好基础性工作。1995年，市教育局组织人力针对一系列教育热点问题展开调查研究，摸清问题产生的背景、原因，提出解决问题的思路和办法。在深入调查研究基础上，提出了《关于减轻中小学生过重课业负担情况的调研报告》、《关于加强基础薄弱学校建设十项措施》、《关于进一步治理中小学招收择校生高收费的几点意见》、《关于小学毕业考试、初中入学办法改革三年总结及完善意见的报告》、《关于1996—1997学年度提高中小学杂费、学费标准的报告》、《关于提高助学金标准和解决特困生就学困难办法的报告》以及《北京市民教育观念的调查报告》等。这些调查报告为行政决策做了基础性工作。

〔**“两法”执行情况检查**〕 5月4日，北京市召开1994年“两法”检查总结暨1995年“两法”检查动员大会。市文教办主任蓝天柱作1994年检查《义务教育法》、《教师法》实施情况的总结报告，部署1995年度“两法”检查工作。市人大常委会副主任陶西平、副市长胡昭广分别讲话。市“两法”检查工作领导小组办公室下发了“两法”检查中确定的5个重点调研和专项督导提纲。各区县均成立“两法”检查工作领导小组，制定本区县检查文件，召开专门会议对自查工作进行部署。区县政府和市有关委办局的自查工作自5月上旬开始至9月底结束。9月中旬，市“两法”检查工作领导小组办公室召开会议，确立1995年“两法”检查工作以《义务教育法》、《教师法》、《教育法》及“实施办法”为要求及标准的基本思路，并确定检查程序及时间安排。10月10日至11月2日对每个区县的自查情况和“两法”施行情况进行检查。市检查组共深入到25个乡镇、46所中学、48所小学和9个居民住宅小区抽查。

10月13日，市“两法”检查工作领导小组对市地税局依法征收教育费附加的执法工作进行检查。市地税局做依法征收教育费附加情况的汇报，并就如何加强农村教育事业费附加的征收工作进行座谈。10月20日，对市卫生局和市公费医疗办的执法工作进行检查。市卫生局汇报了全市教师公费医疗的执法工作，检查组对教师公费医疗中存在的问题提出了意见，就依法保证教师的公费医疗问题进行了座谈。11月1日，对市建委、市规划局贯彻“两法”情况进行检查。市人大副主任陶西平、副市长胡昭广、部分市人大代表、市政协委员等参加检查。市建委、市规划局、市城建委，分别做了贯彻“两法”搞好教育配套设施规划管理和建设的汇报。市人大代表、市政协委员依法提出了在城市住宅小区建设中，教育配套设施建设存在的问题。胡昭广在讲话中强调，检查教育法规执行情况，抓住了小区建设和危旧房改造中学校配套设施建设这样一个关键问题，对北京教育事业的发展会产生很大的影响。各个部门的领导要树立法制观念，依法行政，市每年要检查政府各部门落实教育法的情况。11月24日，对市财政局执行“两法”工作进行检查。市财政局做了执行“两法”的自查汇报。市人大代表、政协委员会就教育经费管理、教育经费两个增长的计算办法、依法增加教育投入确保教育优先发展、教师公费医疗等问题提出了意见。检查结果表明：北京市“两法”执行情况有新的进展，但也存在一些问题。检查组针对存在的问题向市政府提出了改进建议。

〔**小学生质量综合评价**〕　1月中旬，市教育局组织专人再次对《北京市小学生质量综合评价手册》和《评价手册使用说明》进行修改。修改后的评价手册仍按一年级、二年级、中年级、高年级4个年级段设计。评价标准体系由德、智、体三项组成。对思想品德评价的10条标准及内容进行调整和补充，突出了每个年级段学生思想品德水平要求的重点。在知识能力评价中增加了学习习惯一栏，旨在强调学生掌握知识，提高能力的同时，养成良好的学习习惯。5月，发出《关于在全市小学实施小学生质量综合评价的通知》，要求各区县教育局应从本区县实际出发，注重实施小学生质量综合评价的实效性和针对性，并提出组织学习、研究方法、加强管理三点要求。从1995年秋季入学开始，《小学生质量综合评价手册》代替原来各年级使用的《学生成绩册》，原来的《学生成绩册》停止使用。原来学校进行的三好学生评选仍按照三好学生评选条件通过小学生质量综合评价进行。

〔**高中教育**〕　1995年，普通高中教育拓宽思路，因校制宜，进一步改革学校办学体制、办学模式。批准国有民办办学体制试点单位十一学校在全市范围内招收高中新生；批准西城区新街口中学等4所学校进行综合高中办学模式试点；同意北京师大二附中恢复高中文科实验班；同意西城区110中学高中阶段试办美术特长班。转发国家教委《关于大力办好普通高级中学的若干意见》、《加强薄弱普通高级中学建设的十项措施（试行）》和《关于评估验收1000所左右示范性普通高级中学的通知》，要求各区县充分认识普通高中在社会主义现代化建设中的地位和作用，增强办好普通高中教育的紧迫感和责任感；积极推进办学模式的改革，逐步实现办学模式多样化；认真对照有关标准，抓好示范校建设，强调在加强薄弱校建设方面，对没有合理规划、有力措施和突出成效的区县，不进行示范性普通高中的评估。在调查研究的基础上，上报市政府《关于落实政府责任加强示范性普通高中建设的请示》，建议市政府召开专门会议，研究示范性普通高中建设的基本思路，并就该项工作总体规划做出决定，同时研究解决示范性普通高中建设所需资金问题。12月26日至27日，市教育局在怀柔县召开北京市普通高中工作会议，部署下一段普通高中工作。

〔**学前教育**〕　1995年，全市各类幼儿园贯彻《规程》，加强管理和青年骨干教师队伍建设，努力提高办园水平。学前班“小学化”倾向通过试验正在逐步克服。4月，在通县、石景山召开全市学前班工作会议，向全市推广通县、石景山区学前班试点工作经验。会后，各区县结合本区县学前班实际情况制定管理办法，明确管理机构和职责，提出学前班保育和教育工作的基本要求。5月，在北京市第五幼儿园召开现场会，推广其教育环境，观摩了各年龄班幼儿活动区，不同组织形式的教育活动和户外游戏活动。6月，在平谷县靠山集乡中心园召开全市山区乡中心园建设现场会，总结山区乡中心园建设成绩：(1) 乡中心园管理工作逐步走上制度化，规范化轨道。(2) 初步建立一支稳定、合格的教师队伍。(3) 认真贯彻《规程》，保教质量有所提高。1995年，市教育局组织有关人员及区县教育行政部门、教研部门对全市13个区县20所各类幼儿园进行集体视导。同时，针对一些幼儿园管理上的薄弱环节、存在问题进行评析、具体指导，提出改进方向。9月～10月，市教育局与市政府文教办、市卫生局继续对10个区县35所乡镇中心园进行达标验收。经验收认为乡镇中心园办园条件进一步得到改善，幼儿园管理工作逐步走向规范化，干部、教师教育观念有了显著变化，教育技能有了提高，卫生保健工作得到加强。

〔**教学改革实验与研究**〕 1月5日，召开马芯兰教改经验会。副市长胡昭广等有关领导出席。朝阳区幸福村中心小学特级教师马芯兰做研究课，教育专家顾明远等发言。市教育局副局长汤世雄回顾了10年来马芯兰教改实验工作，对今后扩大这项实验提出意见和要求。副市长胡昭广在讲话中指出：研讨马芯兰的教学思想对于各级各类学校教学有普遍意义，要在全市掀起学习马芯兰教学思想、推广马芯兰教改经验的热潮，把北京市的教育质量提高到一个新水平。为加强对马芯兰教学经验实验工作的领导和指导，市教研部成立研究指导小组。8月20日举办实验班骨干教师培训班，马芯兰介绍了教学思想和经验，为新学期试教工作打下良好基础。自1995—1996学年度第一学期开始，市教育局在原来两轮实验取得显著效果的基础上，进一步扩大推广马芯兰教改经验实验。7月，发出《关于印发〈北京市教育局关于扩大推广马芯兰教改经验实验工作的意见〉的通知》，成立了推广马芯兰教改经验实验领导小组和指导小组。全市共有18个区县，477所学校，1748个教学班，61962名一年级新生参加了实验。各区县成立了相应的领导小组和指导小组，对实验进行统筹规划，积极进行教师培训工作，注重抓好典型，带动全面。

1995年，北京市中学数学学科开展“中学数学思想方法”专题研究。物理学科进行了“贯彻义务教学大纲，以教材改革为中心，推动物理教学整体改革”的实验和研究，并继续进行“高中物理课堂改革与实验专题研究”、“高三物理总复习改革”研究以及“物理教学中学生能力培养”的研究。中学化学学科开展“在高中化学教学中如何培养学生能力”的专题研究活动。中学语文学科以市青年语文教师研究会的名义成立“叶圣陶、吕叔湘、张志公语文教学理论”等专题研究组，拟定若干子课题进行研究。地理学科与首都师范大学地理系合作，从1月开始组织部分学校的地理教师开展“地理教学信息环境”的研究。生物学科与4所学校合作开展能力培养专题研究，另外还开展了计算机辅助教学的研究。

1995年编写的中学语法实验教材，在海淀区初一、初二年级试用，约有4万名学生参加。经一轮试验后，已将该试验教材编入初中语文第二册、第三册。10月，外语学科召开了“问—句—文”教学法总结大会，此教法于1992年由北京四中提出，推广于普通校和基础薄弱校。试用此教法的学校在1995年高二会考中均取得好成绩，尤其是学生的口头表达能力有明显提高。初中化学教材实验课本试用进展顺利，教材在9个区县试用。地理学科开展了九年义务教育初中地理新教材的试验，在全市17个区县普通中学开始试验，取得良好效果。劳技学科受人民教育出版社课程教材研究所委托，完成了全国教育科学《义务教育劳动技术课教材的试验与研究》试验教材的试教工作，为进一步修订教材及开展教学研究提供了依据。小学语文学科新编义务教材在全市推广使用。小学思想品德课继续进行《中华传统美德》教材试验。

〔**为革命老区培养中学生**〕　4月30日，市教育局与北京圆明园学院、北京15所重点中学签定“为老区培养优秀中学生协议”，决定从陕西延安、江西吉安、河南信阳、安徽六安、山西吕梁、湖北黄冈、湖南湘潭、江苏淮阴、四川南充、福建龙岩、贵州遵义、广西百色、河北张家口、四川广安、山东临沂15个老革命根据地，每地区选拔4名，共60名家境贫寒、品学兼优的初中学生，分别进入北京一零一中、中国人民大学附中等15所市重点中学学习。15所重点中学免收老区学生的住宿费、学杂费；北京圆明园学院每年为每个学生提供2000元费用。这些学生考入大学后，学费由圆明园学院资助，大学毕业后无条件为老区贡献才智。协议自1995年7月21日生效，有效期三年。9月6日，李岚清副总理接见60名学生和15所重点中学的领导，指出办好教育，培养人才，发展科技，是振兴革命老区的重要途径。叮嘱来自老区的孩子要珍惜在京学习的宝贵机会，好好学习，奋发进取，成为德智体全面发展的优秀人才，将来为老区的经济振兴贡献力量。新年前夕，李鹏总理和夫人朱琳致信这些学生，勉励他们靠自身努力和勤奋，做到全面发展，并随信寄去亲笔签名的贺年卡。

〔**改革招生考试办法**〕　招生缩小择优比例。1995年，在加强薄弱初中校建设、提高办学整体水平的前提下，各区县缩小了保送（择优）比例，保送生限定为获得“金帆奖”、“银帆奖”、市级“三好学生”证书的小学毕业生（城区适当保送部分区级三好学生），同时继续试行保送极少数五六年级全面发展有突出进步且学业成绩特别优异学生（其比例仍保持在5%以内）的办法，对这部分学生坚持了综合评价，不以毕业成绩一分之差定优劣。海淀教改试验区初中入学采取5%的市级三好学生保送升入重点中学的办法。其余学生划片考试，片内入学，就近择校。1995年全市保送生的比例比1994年下降3.6%，未完全实行就近入学的区县保送的比例都控制在5%以内，较困难的城区保送生比例也由去年的20%缩小到1995年的15%左右。

崇文区、海淀区中考改革。1995年，海淀教改实验区改革了中考考试科目。初三毕业、升学考试文化课只考语文、数学、外语、物理四科，每科满分为100分，由区教委自行命题和组织阅卷，按市里规定的折算办法将四科总分进行折合后，加体育考试成绩（满分为30分），参加全市统一录取，政治、化学作为考查科目，也由区教委命题，学校组织考试、阅卷，成绩只做毕业依据。崇文区继1993年、1994年进行“九年义务教育教材试验班”初中毕业、升学考试办法的改革后，进一步加大了考试改革的力度，提出了“三严格，两适当，一符合”的区自行命题原则，适当调整了考试科目的分数权重：语文、数学、英语满分各为120分，物理、化学满分各为100分，政治考试取消了试题区分度，削减了原考试内容，试卷满分为50分、6科总分为610分，按市里规定的折算办法折合后加体育考分（满分为30分）参加全市统一录取。

改革传统项目学校招生办法。1995年，为贯彻落实市教育工作会议关于“不许再用小学生竞赛成绩与推荐升入初中挂钩，并要逐步减少中学竞赛成绩与升学资格挂钩项目”的要求，使招生工作既有利于减轻中小学生过重负担，又有利于各类人才的培养，市教育局对市级体育、艺术、科技传统项目学校招生进行了改革。（1）市级传统项目学校由市教育局、市体委会同区县教育局、体委重新认定。(2) 各校的招生计划由区县教育局初审汇总后报市教育局，会同市体委审批后将招生项目数额刊登在招生简章上。(3)各校招收的传统项目特长生以竞赛成绩为报考资格，以招生计划一倍的数量参加市里统一组织的体能技能测试，测试成绩当场公布。(4) 市级传统项目学校原则上在本区县范围内招生，个别需要跨区县的须经市教育局批准，对中考成绩达到420分以上者，依据测试成绩择优录取。1995年，全市传统项目学校招生（亦计算在各区县保送择优比例内）1959人，占新生总数的1.08%。

〔**中小学收费管理**〕 1995年，根据市政府纠风办公室关于开展纠风评议活动的安排部署，市教育局制定了《北京市治理中小学收费工作评议标准》。评议标准设立“好、较好、一般、较差”四个等级，进行量化考核，并把治理义务教育阶段乱收费问题作为考核重点。市教育局还与市政府纠风办一起对参加评议考核活动的人大代表、政协委员、特约监察员、离退休老干部等人员进行了业务培训。市教育局还制定了《关于进一步规范中小学收费管理工作的实施意见》，并经市清理中小学收费工作领导小组讨论同意、市政府第60次常务会议审议通过，作为全市清理中小学收费工作的依据。9月至12月初，北京市开展中小学收费大检查。9月中旬市教育局召开会议向全市各区县布置1995年下半年中小学清理收费工作，规定进行大检查的12项内容。大检查分学习政策、自查自纠、重点抽查、总结整改四个阶段进行。全市共清退各种费用97.59万元。针对中小学招收择校生高收费问题，市教育局经市委市政府同意，也制定了近期内《关于进一步治理中小学招收择校生高收费的意见》。采取标本兼治、多管齐下的办法，分步解决择校生问题。一是治本，加强基础薄弱校建设；二是治标，限制收费和改革初中入学办法；三是进一步调整普通高中结构设置；四是改进经费筹集办法；五是加强舆论宣传和检查监督。

撰稿　耿　申

审稿　汤世雄

普通中专教育

〔**综述**〕 1995年，北京普通中等专业教育工作贯彻党的十四届四中全会精神；学习贯彻全国教育工作会、北京市教育工作会和中专教育工作会的精神，落实《中国教育改革和发展纲要》、《关于大力发展职业技术教育的决定》。以教育教学改革和招生就业制度改革为重点，加快“321”工程建设，深化改革，加快发展，优化结构，全面提高。

1995年北京普通中专学校（不含中等师范学校）共招收新生23352人，其中招收高中毕业生2254人，招收初中毕业生21098人。专任教师5309人，具有高级职称的886人。学校占地面积342.3万平方米；校舍建筑总面积140.6万平方米；学校固定资产值68751.87万元；藏书313.13万册；仪器设备值11610万元。

1995年继续推进了学生缴费上学，自主择业的改革，招收费生的比例由上年的30%增加到50%；招收了“不转户口，自主择业”的学生近3000余人，比上年约增长50%。

中专学校与部分高校继续联合试办高职班。1995年，北京无线电工业学校等11所中专学校与北京工业大学、北京联合大学联合举办12个高职班，从中专学生中招收359人，比上年增长2.3倍。

〔**体制改革**〕 1995年北京中专学校内部管理体制改革的重点是：(1) 以提高办学水平、管理水平、人员素质为目标，进一步精简机构，压缩行政人员编制，优化队伍，许多学校举办教师和管理人员计算机、外语培训班，安排教师进修或到企、事业生产第一线实践锻炼。(2) 加大考核力度，实行满工作量和多职聘任，择优上岗，把考核与分配、职称评定、晋职晋级挂钩。教师工作量由最早的周课时5.6增加到1995年的10至14，师生比达到1∶11.6（其中市属学校师生比达到1∶12.9），教师与行政后勤人员的比例在部分学校达到1∶1。

继续推进办学体制改革，采取多种形式联合办学和多层次办学。1995年北京市第一轻工业学校、北京市仪器仪表工业学校和北京市振华旅游学校的联合办学及首都中等卫生学校（6所区卫生学校联合办学）在教学管理、教学质量检查、教师联聘、图书资料共用、学生管理、学生活动和招生工作中开展了联合，并取得明显的成效。许多中专学校同企业、远郊区县职业高中举行多种形式的联合办学。办学形式有学历班和非学历班的培训等多种形式，部分重点中专学校和大学联合举办了高职班。

〔**教学改革**〕 1995年，中专教学改革主要围绕增强学生的适应性，在能力培养上下功夫。为适应社会主义市场经济和社会发展对中等人才的需求，1995年在中专毕业生中逐步推行了“双证书”制；在专业设置上改造旧专业，增设新专业，全年增设30多个专业，如物业管理、娱乐管理等。在教学工作方面，许多学校继续进行“3+1”或CBE理论教学模式；利用计算机进行毕业辅助设计和多媒体进行教学已经取得较好效果，并在北京电信学校召开采用多媒体进行教学的现场会。

继续加强学生的英语、计算机、语文能力的培养，进行全市中专英语、语文水平测试，第一次组织中专学生参加国家教委考试中心组织的计算机等级考试。本年共有8000余人参加英语水平测试，及格率为60.23%；3867人参加了语文水平测试，及格率34.19%；1837人参加全国计算机等级考试，取证率为34.30%。

加强教学管理工作。市高教局印发了加强教学领导工作的考核标准（试行）和教务科的评比条件（试行）。进行了北京中专学校第三届教学成果奖的评选工作。组织专家对10所国家级和市级重点中专学校的毕业环节教学进行检查评估。

〔**教师队伍建设**〕 为了进一步提高中专教师教育理论水平，1995年北京市举办了中专学校教师职业技术教育理论培训班，有245名教师参加了培训。组织专家对申报高级讲师的85名教师进行评审，有65名教师取得高级讲师任职资格。

各校加强对中青年教师的培养，把业务能力强、政治思想表现好的中青年教师提到专业科或教研室任职，如北京无线电工业学校科主任平均年龄39岁，教研室主任平均年龄37岁；北京市皮革工业学校科主任平均年龄36岁。

1995年，中专学校评出了全国教育系统劳动模范、全国优秀教育工作者各1名；全国优秀教师5名。评出北京市优秀教师56名；北京市优秀教育工作者6名；北京市优秀青年教师12名。

撰稿 詹生根
审稿 林浦生

高等教育

〔**综述**〕 1995年，北京高校招收本专科生、研究生分别比上年增加2%和33%。全市高校校舍总面积达1154.9万平方米，比上年增加35.7万平方米。

努力推进高教办学和管理体制改革。市委、市政府将体制改革列为高教工作的重点，组织力量进行广泛深入的调查研究，提出地区高校办学管理体制改革统筹规划的初步设想。1995年，北京经济学院与北京财贸学院合并为首都经济贸易大学；北京农业大学与北京农业工程大学合并为中国农业大学；北京动力经济学院与华北电力学院合并为华北电力大学，邮电部、林业部、地质矿产部分别将其所属的在京管理干部学院并入北京邮电大学、北京林业大学和中国地质大学（北京）。国家教委与市政府进行磋商共建清华大学、北京大学、中国人民大学和北京师范大学。在高校合作办学方面，有25所高校参加校际之间的双边或多边合作，从多方面资源共享、优势互补、协同发展、以达到共同提高办学质量和办学效益的目的。

坚持不懈地抓好高校内部管理体制改革。1995年，北京各高校结合各自的改革发展目标，深入探索适合本校的管理结构模式，强化目标责任制，坚持考核、聘任、待遇一体化的运行机制。高校中有70%以上的学校都进行了较严格的考核，通过考核优化队伍、精减人员达3892人，其中校内流动1150人，流向校外2742人。压缩行政人员23.4%，后勤人员21.2%，使高校教职工总数首次实现负增长。

抓住重点，加大教育教学改革力度。全市高校1995年内有90%以上的学校召开了校级教学工作会或教学研讨会，并制定出教学工作状态检查的标准与方法，定期进行检查。市高教局制定了《大学本科教学管理通则》，就教学管理的基本内容、原则和规范提出系统意见，为教学管理科学化提供了依据。此外全市还通过抓工科院校“金工”课程评估、高校教材评估、教学工作合格评价等活动，促进高校对教学工作的重视，调动了教学及其管理部门的积极性。通过抓市属高校的“三重工程”对市属高校的重点学科、重点实验室和重点课程建设提出规划意见和实施办法。在国家教委组织的《面向21世纪高等工程教育教学内容和课程体系改革计划》第一批专家推荐立项中，北京市有10所高校牵头或主持19个项目，占首批立项总数的53%。1995年北京市积极推进高等职业教育的发展，提出两个网络建设目标。一是北京联合大学与中专学校相衔接的高职网络；二是以各大学郊区分校为基础的农村高职网络。已就高职师资队伍、教材、实践基地等内容提出了规划，1995年参加试点的专业有26个，在校生1000余人。

继续推进招生“并轨”和毕业生就业制度改革。1995年，北京高校中实行招生收费并轨的学校已达31所，占总校数的48%，本专科招生中实行并轨的计划数已占全市高校计划招生总数的60%。为配合这项改革，各高校进一步完善了奖学金、贷学金、勤工助学、特困生补助和减免学杂费等制度。在年度毕业生数为历史上最高一年的情况下，北京市经过积极协调和加强毕业生思想政治工作，顺利地完成了全部派遣工作。在派遣工作中坚持了“搞好宏观调控，加强政策引导，培养就业市场，完善服务体系”的方针，将培养就业市场工作的重点放在学校中，收到了较好的效果。

抓紧“项目工程”建设，推动各项工作深入开展。1995年，北京高校继续增强“211工程”建设力度，到年底已有15所高校通过了部门预审。市属北京工业大学和首都师范大学也已完成“211工程”建设规划，并在抓紧落实。组织北京高校在2000年前有100项科技成果在京推广和参加10项北京市重大技术改造项目的“110工程”，在1995年内已制定出工程项目管理办法，北京市有关部门为项目提供了贷款、周转金1400万元，在高校中已选择17个项目，正在逐一落实。

北京高校教师住宅工程建设顺利进行，位于北京西北部40.6万平方米的教师住宅小区建设已进入装修阶段，可望在1996年教师节前让高校教师搬入新居。已批准在北京的东北部再建设40万平方米的住宅小区，市有关部门进行了工程的筹资、规划等基础工作。

在全国科技大会精神指引下，北京高校贯彻“科教兴国”战略，推动高校科技进入经济建设主战场，全年高校在研项目600多项，投入经费6.9亿元，比上年增长18%。校办产业又有较大发展，年产值达50多亿元，比上年增长25%。

〔**办学体制改革**〕 1995年，北京高等教育紧紧围绕逐步建立和完善政府统筹规划和宏观管理，学校面向社会依法自主办学新体制这个总目标，积极稳步地推进高等学校办学和管理体制改革。市委教育工委、市高教局联合组成调研组，先后走访35个部委的教育司、局（涉及55所高校）和8所部属高校，就高等教育办学和管理体制改革进行调研。学校主管部门和地方政府积极支持配合，改革力度不断加大。北京高等学校进行了调整合并、共建、合作、协作办学等多种形式的改革实践并取得进展。

进行共建试点，探索有益经验。中国航空工业总公司与市政府经充分酝酿、协商，于1994年4月签订了合办北京航空航天大学协议书。一年多来，市人事部门为北京航空航天大学的师资队伍建设引进了高水平人才。市科技部门从项目入手投资与学校共建“复合材料”、“计算机新技术应用”两个高技术实验室，既为国家也为地方服务；学校向市申报科技项目立项享受与市属高校相同的政策。北京航空航天大学为北京市培养急需的人才，学校科研结合北京需要选题攻关，适宜科技成果优先服务于北京。“共建”使高等学校在完成国家任务的前提下拓宽服务面向，为经济、社会发展作出更大贡献；逐步淡化隶属关系，在服务中多渠道筹集办学经费，支持学校向高质量、高水平、高效益方面发展。

高校调整合并，布局结构更加合理，规模效益明显提高。为进一步适应首都经济建设和社会发展的需要；提高高校教育质量和办学效益，1992年7月，北京实施对市属高校布局调整方案。到1995年，市属高校经过较大规模的调整合并，科类结构、层次结构、专业结构更加合理，规模效益明显提高。办学实体由原来的26个减少为12个，校均规模由1100人左右增加到3300人。经过调整合并，北京工业大学、首都师范大学、首都医科大学、首都经贸大学作为市重点高校进行建设，其中北京工业大学、首都师范大学争取进入国家“211工程”重点建设学校行列。将原以培养本科生为主的北京联合大学逐步转变建设成北京高等职业教育中心，其他学校也都确定各自的位置并加强建设和发展，使北京市属高校更加适应首都现代化建设的需要。

高校与区县政府联合办学，为农村培养高级专门人才。为适应郊区县经济建设和社会发展对人才的需求，市政府决定部分郊区县与北京高校联合创办一批大学郊区分校。到1995年，大学郊区分校为郊区县输送了近万名大学生，郊区县接收大学郊区分校毕业生人数占接收大学生总数的48%。他们来自农村，毕业后又扎根农村山区，为农村经济发展作出了贡献。

支持企业办学和民办大学，逐步形成新的办学格局。1979年首都钢铁公司开办了高等教育办学点。16年来，该办学点面向首钢，实行产学结合，共同育人，培养了大批首钢发展急需的人才。到1995年，办学点建设已初具规模，形成了企业办学特色，经国家教委批准，已正式建立首钢工学院。为推动高校办学体制改革，探索民办大学的路子，1984年3月市政府批准建立国家承认学历，自费走读，不包分配，多渠道筹措经费的新型全日制综合性高等专科学校——海淀走读大学。11年来，学校坚持面向人才市场，灵活设置专业；坚持多种形式、多种规格培养人才的办学模式；坚持自费走读，不包分配的办学体制，学校得到迅速发展，培养的学生受到社会欢迎。

〔**教学工作**〕　1995年北京高校加强教

学工作。(1) 不同类型、层次的学校按照各自改革和发展目标，把工作重心转移到以教育教学工作为中心的轨道上来，教育教学工作在学校中的地位得到加强。(2) 教育教学改革的重点向教育思想、教学体系、教学内容、教学方法等方面探索、试验和拓展，并注意加强对学生实际应用能力和文化素质培养。(3) 学校对提高教学质量作了大量富有成效的工作，教学条件有了明显改善。

加强教学工作具体反映在以下几个方面：

以积极申报国家教委“面向21世纪教学内容和课程体系改革计划”为契机，努力将教育教学改革推向深入，此项工程已经在各校内部产生积极反响。在第一批专家推荐立项项目总计36项中，北京有10所高校担任项目牵头单位或主持单位，涉及19个项目。

1995年，有90%以上的院校召开了全校性的教学工作会议或教学研讨会，制定教育教学发展规划和阶段性计划，认真研究教学工作，努力增加教学投入；90%以上的院校均已制订教学工作状态检查的标准和方法，并坚持定期进行检查。

为加强对高校教学的科学化、规范化管理，组织教学管理方面的专家，立项研究并提出《高等学校本科教学管理通则》，就教学管理的基本内容、原则、方法等提出了系统意见，《通则》的拟订已在部分高校引起了积极的反响，并将在1996年国家教委举办的高等学校教学工作研讨班上试用。

高校“211工程”建设继续推进，北京已有15所高校通过了部门预审。北京工业大学、首都师范大学已制定了争取列入国家“211工程”重点建设学校的建设规划，市政府已拨4000万元专项经费，增强两校校园计算机网络、重点学科、基础实验室和直接为教学、科研的公共服务体系建设的力度。

开展教学“评估、评价”工作收到较好效果。工科院校“金工”课程评估第一阶段工作结束，在此期间共投入课程建设经费231万元，增加实习场地1985平方米及专用教室面积。已有28所院校通过了工作评估，在自评阶段共投入45万元资金加强教材管理的硬件设施。北京地区参加首批普通高校教学工作合格评价的8所院校在迎评促建中做了大量扎扎实实的工作。在自评过程中，学校主管部门增拨上千万元资金，促进了学校的建设。

积极推进北京高校产学研合作教育改革试点，并制订“产学研合作教育‘九五’试点计划”。北京地区各高校在教学管理方面对学分制的研究已进入试点实施阶段，根据中国的具体情况和本校特点，制定符合我国高等教育实际的学分制实施办法。

撰稿 李　壑　郭　静
王秀卿　刘春生
审稿 林浦生

成人教育

〔**综述**〕 1995年，截止到9月，全市参加各种成人教育培训人数达到380万人次。与成人教育相关的教育工程全面启动实施。

参与普及高中阶段教育工程。全市121所有条件的成人学校（站）挖掘潜力，1995年共招收应届初中毕业生14000人。为保证教学质量，在市财政的支持下，加强了教学基本建设，努力改善办学条件。重新修订52个专业教学计划和教学大纲，统一编写了基础课和专业基础课的教材，制定了适合初中毕业生的管理措施。

积极组织实施示范学校工程。市成人教育局初步制定了示范性独立设置的成人高校、成人中专校、乡成人学校的建校标准，并同有关部门协调，初步确定6所独立设置的成人高校、20所成人中专校、30所乡成人学校为拟建的示范学校。为加强乡成人学校示范校的建设，在海淀区召开了示范乡校现场会，推广了海淀区四季青乡成人学校建设的经验，要求各区县除了建好市级示范校以外，每个区县还要确定1—2个本地区的示范性乡校。1995年在市财政的支持下，与区县一起重点扶持7个市级示范性乡校的建设。

组织实施职业教育工程。在总结过去试办高等职业教育经验的基础上，1995年市成人教育局提出了《关于举办成人高等职业教育的决定》（讨论稿），初步拟定了本市独立设置成人高校参与实施全市职业教育工程的规划。并向国家教委提出了在23所成人高校26个专业点进行高等职业教育试点的意见。

开始实施山区教育工程。为帮助山区脱贫致富，发挥乡成人学校的作用，市成人教育局组织力量并由主要领导带队对7个边远山区县经济发展和乡校建设情况进行了一个多月的实地调查，提出了支援山区建设、装备山区乡校的具体措施。并召开山区乡校建设座谈会，提出了加强边远山区乡成人学校建设意见。

抓紧实施教师队伍建设工程。为加强成人院校师资队伍建设，继制定《北京市成人教育院校师资队伍建设的意见》之后，又初步拟定了《北京市成人教育教师资格标准》、《北京市成人教育师资认定章程》等文件，并开始运作。与此同时，抓紧落实《关于开展北京市成人院校管理干部培训工作的意见》，举办了民办高校、成人中专和成人高校校长培训班，提高各类学校校长的管理水平。使全市成人教育系统教师队伍和管理队伍的建设走上规范化的轨道。

继续组织实施教育综合改革试验工程。为推动城区教育综合改革的实施，市文教办和市成人教育局年初在宣武区召开现场会，总结交流了宣武区、石景山区实施劳动者素质工程的经验。6月初，市成人教育局与市商委、市文教办和市劳动局联合召开现场会，总结交流了市百货大楼集团进行企业教育综合改革的经验。配合国有企业改革，建立现代企业制度，市成人教育局与市文教办、市体改委等有关部门共同决定扩大企业教育综合改革实验单位，由原来的10个大、中型企业增加到30个，并于7月召开大会，全面部署了企业教育综合改革实验工作。

〔**实施三项培训工程**〕 1. 中高层次紧缺人才培训。(1) 制定了建立紧缺人才培训中心的标准和认定办法，抓紧了全市成人教育培训中心和10个专项性培训中心的筹建工作。市成人教育局和市经贸委、市商委、市农办等筹建的"北京市成人教育培训中心"、"北京市国际经贸中高层次紧缺人才培训中心"、"北京市商业中高层次紧缺人才培训中心"、"北京市农村经济中高层次紧缺管理人才培训中心"等一大三小紧缺人才培训中心已基本就序，已确定培训规格、标准与要求，制定了考核大纲、教材和考核办法。各培训中心均采用边筹建、边培训、边受益的原则，在筹建过程中已开展了各项培训活动，如市成人教育培训中心积极开展了出国人员外语、计算机等项培训活动。据统计，1995年全市中高层次紧缺人才的培训人数达44000人次。(2) 围绕实行学历文凭与职业资格证书并重制度，积极开展了职业资格性培训，1995年全市有3000多人参加了培训。市经贸委系统在实施"北京市国际经贸人才培训计划纲要"的同时，在全市率先实行外经贸人员资格培训和资格证书制度，建立了专家考核委员会，对合格者由业务主管部门和教育行政部门联合颁发资格证书，作为任职上岗的依据。市商委在全市开展了高层次岗位任职资格函授培训。市经委系统积极筹备试行现代企业高级经理的资格培训和考核制度。(3)围绕21世纪发展高科技产业的需要，培养跨世纪的高层次管理人才，积极开展硕士研究生教育。市政管委与清华大学联合举办了工商管理在职研究生班，市商委和市经委也分别与中国人民大学合作举办了工商管理在职研究生班，市农办也和北京农业大学合作举办了农业经济管理研究生班。1995年全市约有600名在职管理人员就读研究生班。

2. 转岗人员培训。(1) 按照企业富余下岗人员和外来人员的需求，开展了各种类型的转岗人员培训，截止到1995年9月，全市参加各种转岗培训的人数已达40万人次。市工业系统结合"优二兴三"、企业兼并、合并的行业结构性调整，对44000名下岗职工进行了转岗培训，占下岗职工总数的50%；市商业系统结合大中型商业企业的兴建、扩建及小型商业企业的改造，对24000多名商业职工进行了转岗培训；市城建系统结合提高队伍素质，保证施工质量，对大量进京劳务人员进行了转岗培训，并进行了劳务资格证书培训的试点，把取得劳务资格证书，作为进入京城建筑企业务工的基本条件。9月，召开了全市转岗人员培训的经验交流会。推广了北京化工集团、东城区煤碳公司和海淀区超市发商贸集团等开展转岗人员培训的经验。各行业、部门和地区在实施工程过程中，把转岗培训同再就业工程结合起来，使大量转岗、下岗职工经过培训不但获得新的技能，也解决了就业出路问题。转岗人员培训工程的实施，提高了从业者的基本素质，进一步开发了劳动力资源，促进了人才流动和劳动生产率的提高，也促进了劳动力的合理分流和再就业，缓解了待业与就业的矛盾，配合了北京的经济结构调整，为社会稳定起到了重要作用。(2) 按照国有企业改革和调整经济结构的要求,为不断提高职工队伍素质,广泛开展了在岗人员的提高性和资格性岗位培训,据初步统计,全年参加在岗培训的职工近 200 万人次。结合企业经济结构的调整和经营机制的转换,各行业、企业按照岗位的不同特点和专业工种的需求,对在岗人员开展了有针对性的岗位培训。对一些人才紧缺的专业(工种)和关键技术岗位,通过培训,涌现出一批技术尖子,改善了职工队伍的文化技术结构,促进了职工岗位成才,从而提高了企业的劳动生产率和经济效益。1995 年上半年工业系统开展工人技术比赛,在全市 76 个工种树立了一批高水平的技术状元。结合用工分配制度的改革,全市各主要行业和骨干企业正在逐步形成培训、考核、上岗和分配相结合的良性循环机制,使职工培训成为考核上岗的手段,工资分配的重要依据之一。

3. 乡镇企业职工培训。(1) 围绕郊区乡镇现代化建设,促进乡镇企业的发展,开展了乡镇企业职工教育。市农工委、农办、文教办、乡镇企业局和市成人教育局统筹协调,共同努力,依靠区县政府,动员有关部门,从上到下抓紧乡镇企业职工培训任务的落实。全年共为乡镇企业培养大专生 1836 人,中专生 6264 人,培养初级以上技术人员 3600 人。参加岗位、技术培训的职工有 137000 人次。各区县在工程实施过程中,注意总结典型经验,以点带面。通过召开现场会和经验交流会的形式推动工程实施,促进了学历教育向农村特别是向乡镇企业的转移。各区县除了充分利用本区县的教育资源外,还与中央、市属成人院校合作,开展联合办学,举办大专班、中专班。一些富裕村如房山区的韩村河、窦店、白草洼、通县的大镐村等纷纷把生产业务骨干送进大专班学习,加快了乡镇企业人才素质的提高。(2) 围绕郊区农村经济和社会的发展,继续开展"绿色证书"教育和实用技术培训。在实施"乡镇企业职工培训工程"的同时,加快了农村县、乡、村三级办学网络的建设。到 1995 年,全市 276 个乡、镇都建有成人学校,4000 多个行政村,60% 建立了村成人学校。按照市委、市政府提出的抓好"菜篮子"、"米袋子"工程的要求,县、乡、村三级成人学校开展了大量的科技推广、"绿色证书"培训和实用技术培训,据初步统计,全年农村教育培训的总人数已超过 50 万人次。

〔**企业教育改革**〕 围绕国有企业改革,建立现代企业制度,深化企业教育改革,探索现代企业教育制度。市、区县成人教育局及各行业教育部门深入试点企业,调查研究在建立社会主义市场经济体制的过程中如何建立与现代企业制度相适应的现代企业教育制度。针对一些企业职工教育滑坡现象,市成人教育局先后会同市政府有关委、办研究制定了加强职工教育的若干措施。市经委提出了《关于在建立现代企业制度试点工作中加强企业职工培训的意见》,督促试点单位积极探索建立现代企业教育制度,使企业教育与企业科技、经济相结合,与企业劳动、人事、工资制度改革相配套,使工业企业教育出现了好的局面。

〔**计算机培训**〕 1995 年,全市动员各方面力量,广泛开展社会化的计算机培训。经专家评议委员会评议,市成人教育局批准,报国家教委考试中心备案的全国计算机等级考试的考点有 65 个,培训点 86 个,初步形成了计算机培训、考核网络。一年来全市共有

1000多所各级各类成人学校开展了计算机培训，培训人数已达10万人次。9月，市成人教育局在全市组织14000人参加了全国计算机等级考试。为推动全市计算机培训，及时总结推广了东城区委、区政府一班人带头学习计算机知识，并获得一级证书，以及首钢总公司50%的专业技术、管理人员掌握计算机知识，持证上岗的经验。1995年，全市有7个区县140余名区县委常委、区县长以上领导干部参加了计算机培训。为进一步推动首都电脑信息化的进程，市成人教育局与市委组织部、市科干局、市人事局联合发布了《关于组织全市干部参加全国计算机一级B类培训考核的通知》，对党政机关、社会团体和企事业单位干部参加计算机培训考核做出了政策性规定；与团市委联合发布了《关于组织北京市青年参加“CRE”活动的通知》，对全市团员、青年参加全国计算机等级考试提出了鼓励支持和奖励的政策；市成人教育局还发出了《关于在成人中、高等学校和民办高校开展全国计算机等级考试的通知》，对此三类学校接受学历教育的毕业生提出了参加计算机培训、考核并取得相应等级证书的规定；并发出《关于组织市民参加全国计算机等级考试的通知》，以进一步在全市加大普及计算机知识的力度。

〔**办学模式改革**〕 围绕经济建设，扣紧科技进步，积极探索面向企业、面向农村、面向市场育人的新途径，是1995年办学模式改革的重点。(1)继续进行为乡镇企业劳动模范、生产业务骨干提供深造机会的“劳模预科班”的试点。在14个区县举办了“劳模预科班”，有800名劳动模范、生产骨干参加了预科班学习。各区县选调最优秀的人员到预科班学习，给其创造接受高等教育的机会，为郊区培养了一大批留的住、用的上、素质高的生产和专业骨干。(2)积极探索学历教育与岗位技能培训的有机结合，进行“双证制”“多证制”教育的试点。在部分成人高校和成人中专校财务会计专业进行了同时取得毕业证书和会计资格证书的试点。在市计划劳动管理干部学院进行了学历证书和计算机等级证书“双证制”的试点。(3)探索社区教育的办学模式，积极创办社区大学。联合社区内各类成人院校，沟通职前职后教育，充分利用教育资源，提高办学效益，建立社区成人教育新格局。为适应地区经济和社会发展对人才的需求，制定了社区大学的初步方案，并初步确定了试点区，积极进行筹备工作。(4)继续在15所民办大学15个专业进行国家学历 文凭考试的试点工作。制定了首届毕业生的政策性文件，得到国家教委批准。

〔**自学考试**〕 1995年，高等教育自学考试报考人数为26.2万人次，比上年增加11%；报考总科次为58.8万科次，比上年增加10%。为提高基础教育的教学质量，加快培养大专层次的小学教师，市高等教育自学考试委员会新开考了“自学考试高等师范小学教育专业”，通过自学考试途径，培训大学专科程度的小学教师。学员以自学为主，业余时间参加辅导，寒暑假考试，修完规定课程，考试合格，领取国家承认的大学专科毕业证书。此项教育活动已在各区县小学教师中开展。

〔**教学工作**〕 一是积极开发农村乡镇企业，城市第三产业急需的专业，加大紧缺人才培养的比重。二是从职业特点出发，结合岗位人才素质的实际需要，重新审定专业设置，修订教学计划。成人高校统一修订的“乡镇企业管理”和“市场营销”两个专业教学计划，调整了课程设置，更新了教学内容和方法，加强了学员的实践和动手能力的培养。三是在成人高校教学中普遍推行了学分制的管理办法，既方便了学员学习，又提高了课程考试质量。四是狠抓教学基本功训练，提高教师队伍基本素质。市经济管理干部学院和北京广播电视大学分别组织青年教师教学基本功比赛，推动了教学基本建设，促进了教学质量的提高。

撰稿　吴晓川

审稿　马叔平

天津市教育

概　况

〔**基本情况**〕

1995年各级普通学校基本情况

单位：人

学校类别	学校数（所）	毕业生数	招生数	在校学生数	教职工数 计	教职工数 其中专任教师
一、普通高等学校	21	21401	23847	74140	27421	10490
研究生		1198	1792	6060		
本　科		9508	12822	46028		
专　科		10695	9233	22052		
二、中等专业学校	73	10866	20688	60102	10556	4794
中等技术学校	63	8864	17859	51867	9058	4069
中等师范学校	10	2002	2829	8235	1498	725
三、普通中学	716	116704	177324	456293	49522	34626
高　中	190	18647	26037	68537		6310
初　中	526	98057	151287	387756		28316
四、农业、职业中学	125	12246	20364	52710	5586	3476
高　中	122	10383	19333	51679		3419
初　中	3	1863	1031	1031		57
五、工读学校	3	270		473	76	37
六、小　学	3216	156641	148922	884476	62499	51401
七、特殊教育学校	21	70	202	1896	750	538
八、幼　儿　园	286	11851	10949	157990	8007	4370

制表　李　琪　王　挥

审稿　赵宝琪

1995年各级成人学校基本情况

单位：人

学校类别	学校数（所）	毕业生数	招生数	在校学生数	教职工数 计	教职工数 其中专任教师
一、成人高等学校	44	17182	21578	59449	8654	4282
广播电视大学	1	4186	4095	12557	2247	997
职工高等学校	34	5200	5546	17430	4496	2550
农民高等学校						
管理干部学院	8	2258	1892	4947	1470	544
教育学院	1	642	908	2392	441	191
独立函授学院						
普通高校举办						
函授部		2109	3480	8594		
夜大学		1945	4340	11533		
干部专修科		842	1317	1996		
二、成人中等专业学校	96	16201	20407	47694	4779	2393
广播电视中专	2	2883	2689	9342	153	93
干部中专	14	3177	3096	6471	764	279
职工中专	54	7086	10295	23769	2471	1285
农民中专	10	1226	4053	7548	444	226
教师进修学校	16	1829	274	564	947	510
三、成人中学	30	5214	5767	9326	163	75
职工中学						
农民中学						
四、成人技术培训学校	2868	532526	584089	86746	2153	1237
职工技术培训学校	106	48785	50736	10761	1172	557
农民技术培训学校	2762	483741	533353	75985	981	680
五、成人初等学校	141	6298	7563	1752	156	126
职工初等学校						
农民初等学校						
其中：扫盲班	9	520	520		18	16

〔**天津市教育委员会成立**〕 1995年9月19日，中共天津市委、市人民政府印发组建天津市教育委员会方案，决定撤销天津市教育卫生委员会、高等教育局、第二教育局，成立天津市教育委员会。

市教委综合管理全市各类教育。高等教育以市教委管理为主，有关部门为辅；中等职业教育、成人教育由市教委统筹管理，有关方面具体管理。基础教育的重大问题由市教委决策，市教育局组织落实；市教育局在市教委领导下负责具体管理基础教育。

市教委是市政府主管全市教育事业的职能部门。主要职责是：贯彻执行党和国家的教育方针、政策；研究拟定全市教育工作的地方性法规和重要的规章制度，并组织实施；研究拟定全市教育发展战略、规划，拟定教育事业发展的重点、规模、速度和步骤，并组织实施；管理全市各级各类教育；负责天津市培训工作委员会的日常工作；指导全市教育体制改革；会同有关部门改革和完善教育投资体制；管理全市教育系统人事、劳动工资工作；归口管理全市教育系统职称工作；归口管理全市学历教育及其考试工作；指导学校的教育、教学改革和德育、智育、体育、美育、劳动教育及国防教育工作；组织学校承担国家和天津市重大科技项目并协调实施；归口管理全市教育系统对外交流与合作；指导全市教育改革和发展的理论研究和试验；管理委直属事业单位等。市教委设20个职能处室。

经市人大常委会和市政府任命，副市长庄公惠兼任市教委主任；邢元敏任常务副主任；张云间、俞海潮、李闻玺、薛进文、何致渝任副主任。

10月28日，市委、市政府举行市教委成立新闻发布会，市委常委、市委教卫工委书记王鸿江，副市长、市教委主任庄公惠出席会议并为市教委揭牌。

撰稿 刘 毅
审稿 赵宝琪

〔**教师住房建设**〕 为解决教师住房困难，天津市政府成立了以常务副市长李盛霖为组长的教师住房建设领导小组，统一规划和领导全市各级各类教师住房的建设工作。

“八五”期间，市属高校率先采取“五家抬”（即市计委、建委、财政局、学校和教职工五方面集资建设教师住房）的方法，已形成多渠道筹措资金建设教师住宅的新局面。高校“八五”期间建成教师住宅7.8万平方米，共1400余套，约占现有住宅总数的1/4。1995年，市属高校教师住房建设计划投资3050万元，年内完成建设投资2306万元，竣工2.8万平方米，建成住宅568套。市属高校人均居住面积达到7.01平方米。

1995年，全市多渠道筹措中小学教职工住房建设资金27556万元，区投资13807万元，教职工自筹7290万元，计划新建住宅4890套。年底实际完成投资2.77亿元，竣工4860套住房，建筑面积24.3万平方米。城市中小学教师中“无房户”问题已基本解决，家庭人均居住面积达到6.94平方米。

12月，国家教委召开第二次全国教师住房建设经验交流会，副市长庄公惠在会上介绍了天津市的经验，国务院副总理李岚清对天津市教师住房建设工作取得的成绩予以肯定。

撰稿 褚介福
审稿 赵宝琪

基础教育

〔**综述**〕 1995年，天津市委、市政府把贯彻落实《中国教育改革和发展纲要》和全国教育工作会议精神作为战略重点来抓，召开了三次教育会议，先后制定了《天津市关于教育改革和发展的若干意见》，《巩固提高九年义务教育成果，进一步提高办学水平和教育质量的意见》、《加强和改进学校德育工作的实施意见》、《关于发布〈天津市多渠道筹措教育经费的若干规定〉的通知》、《关于发布〈天津市解决教师住房问题暂行办法〉的通知》。此外，还颁布了《天津市实施〈中华人民共和国义务教育法〉办法》、《教师法实施办法》等地方性法规，使天津市教育的发展逐步走上法制化的轨道。

天津市普及九年义务教育达标后，着力进行巩固，提高并开始实施义务教育办学新标准，向义务教育示范校和规范乡目标推进。全市涌现出义务教育示范校169所，规范乡镇16个。

高中阶段教育加快了普及进程，城区高中阶段入学率超过95%；农村超过60%。高中阶段又建设了一批新的重点校，市级重点普通高中由33所发展到44所，省部级重点职业高中由10所发展到26所，各类职业技术教育发展迅速，职校招生人数达到高中阶段招生总数的63%，职业技术学校与普通高中招生比达到1.79∶1。在116所职业高中中有10所被评为省部级重点校，6所被评为国家级重点校。全市80%的学校实行校长负责制。市教育局颁发了《关于在实行校长负责制的中小学贯彻民主集中制的意见》，以促进学校决策民主化。

办学体制改革继续深化。一是稳步发展，二是兴办了一批以重点校、示范校为依托的公办民助，民办公助学校。三是加强规范管理，坚持年检制度。到1995年底，社会团体和公民个人办学达到45所。

教育教学改革逐步深化。以教学手段现代化为目标的多种教学媒体的教学手段和方法的改革成果，在全市中小学普遍推广。本市首创的义务教育阶段“五四内容，六三管理”的学制、课程综合改革稳步推进，得到国家教委肯定。

教育投入体制改革有了新进展，各区、县把对基础教育投入作为政府行为，实行预算单列，1995年，向国家教委、财政部争取拨款740万元，社会集资8064万元，校办产业创收4037万元。用于改善中小学办学条件、补充经费不足。

教师队伍素质得到了进一步提高。小学、初中教师学历达标率分别达到96%和83%。有11.48%的小学教师和18.71%的初中教师已达到比国家规定高一级的学历。

〔**巩固“普九”成果**〕 天津市在普及九年义务教育基本目标完成后，1995 年着力实施以提高办学新标准、提高师资水平、提高教育质量为目标的“三提高”计划。市委、市政府于 4 月 11 日～12 日召开了“巩固双基成果，提高全民素质”动员大会，把巩固和发展“普九”成果列为工作重点，其措施是：

加强薄弱校建设，缩小校际间差距。1995 年，市教育局把加强薄弱校建设，办好每一所学校，作为巩固“普九”成果，促进教育整体优化，大面积提高教育质量的措施列入全年重点工作。年初和第二学期开始，先后两次召开工作会议进行部署。市和区、县层层建立责任制。和平区政府、区教育局本着“全面贯彻党的教育方针，全面提高学生素质，办好全部学校，全面提高办学效益和教育质量”的“四全”指导思想，从全区教育总体规划入手，采取多种措施向薄弱校、困难校倾斜，到 1995 年，该区为薄弱校先后投入 1022.4 万元，用于校舍维修，操场整修等；投入 158.3 万元为薄弱校购置图书、体育器材及音、美教学设备。先后向薄弱校调入补充 30 名校级干部，分配、调入教师 487 人。该区到 1995 年底，有 5 所学校被评为市级义务教育示范校；有 3 所一般校被评为区级素质教育示范校。吉林路中学、汉阳道中学、滨江道中学等，获国家级和市级先进校的荣誉称号。1995 年 12 月 7 日，市教育局在和平区召开了“天津市加强初中建设、缩小校际差距现场会”，向全市推广了和平区初中教育整体优化的经验。南开区筹款百万元帮助薄弱校。该区五大机关的领导每人分别与一所困难校挂钩。驻区的大厂、公司、局、街也与困难校挂钩帮助解决实际问题。红桥区为加强基础薄弱校建设，一是成立了以区教育局党政一把手主要负责人和有关科室负责人参加的加强基础薄弱校建设领导小组。二是成立了区人民政府教育督导室，并把督查政府各部门扶持基础薄弱校作为督导的任务之一。三是区委、区政府主要领导建立了基础薄弱校的定点联系校，各校分别聘请定点联系的主要领导为学校的名誉校长，并与名誉校长的主管部门挂钩，建立定期联系制度。四是区委、区政府筹出 100 万元专款，专项扶持基础薄弱校。五是政府拨专款设立了“中小学生奖励助学金”。重点资助基础薄弱校中的优秀生、特长生和困难生。六是成立了以 6 所小学为主体的“加强学校基础建设课题研究组”，专题研究加强薄弱校的基础建设。七是加大对这类学校“敬业、爱生、奉献”典型的宣传，鼓舞干部、教师的士气。

在普教系统内部，积极开展重点校、示范校“手拉手”支援薄弱校活动。以长期挂钩，双方签订“联谊协议”的方式开展对口支援。10 月 18 日，市教育局召开了直属 5 所重点中学与 9 所薄弱校签订对口支援协议书签字仪式。重点校、示范校除向对口校提供部分教学设施和 24 万余元的办学经费、奖励基金等支持改善办学条件外，着重发挥其在教学和师资方面的优势，帮助对口校从实际出发制订切实可行的改进和提高计划。通过举办教师备课、听课、讲课观摩活动、提供教学信息等形式，帮助对口校培训师资，提高教学水平。截止到 1995 年底，已签订联谊的学校有：南开中学、市一中、耀华中学、新华中学、实验中学与嘉陵道中学、蓟县下营镇初中、高中，五十九中学、第十一中学、一〇六中学、一〇八中学、红地中学、蓟县许家台中学；小学方面，各区县每所重点校、示范校均与1～2所普通校建立了联谊关系。

建立和完善教育执法监督机制，加大执法监督力度。在机构改革中，市教育局设立了政策法规处，成立了行政执法领导小组。1995年3月30日颁布了《天津市对义务教育阶段辍学生家长或其他监护人进行处罚的若干规定》用法制武器巩固和发展教育成果，防止学生流失，做到依法治教。各区、县、乡(镇)政府也相应制定了有关规定。宝坻县实行学校、家长、乡镇政府共签协议书的办法，控制学生流失。蓟县李庄子乡政府制定了《关于落实义务教育法十条奖惩的若干规定》，控制了初中学生流失，该乡初中校1995年在校生巩固率达到99.13％，初一学生统一考试合格率为100％。

改革校内管理，寻求自身突破。(1)分析校情，找出自身薄弱环节。各中小学在校内落实岗位责任制的基础上，发动全体教职员工针对学校实际分析校情，对照先进学校，找出自身薄弱之处，统筹规划，寻求突破办法。

(2)发动教师研究学生，做好“差生”转化工作。在做“差生”工作时，强调不能就事论事，要在“养成教育”上下功夫。培养学生养成日常良好行为和品德，彻底改变薄弱校学生的精神面貌。

〔**学校布局调整**〕 为优化资源配置，市教育局在1995年，以全面提高区县教育水平为重点，加快学校布局调整步伐，积极优化教育资源配置。和平区本着有利改革发展和稳定的原则，采取调、撤、并、改、建的综合方式，通过调整建设4～6个水准较高，资源能够共享的教育小区及15所窗口学校和一批重点校、示范校、特色校；减少国办中学，扩大学校办学规模，提高师生比例，使现有的24所国办中学减为22所；53所国办小学减为30所，6所职业学校减为4所，以充分发挥学校办学效益。该区结合南市一带平房改造，建设具有现代化水平的示范中、小学各1所。该区还计划投资9000万元，对学校教学设施进行第三期更新改造，使一批中小学达到现代化标准。

农村地区在九年义务教育达标的基础上，新办学标准开始实施。1994年完成了乡办初中的布局调整，130个乡办中学和中心小学的80多万平方米新校舍建设任务全部完成，到1995年底，农村已有400所中小学拥有新的教学楼，40％的中小学的校舍及教学设备达到了国家级一类标准。天津市中小学布局调整工作受到国家教委、财政部200万元的奖励。

〔**学校领导和教师队伍建设**〕 1995年，中小学、幼儿园参加培训的教师有21542人，其中中学教师11962人；小学教师5880人，幼儿园教师3700人。至此，“八五”期间，全市共有87659名中小学教师、幼儿园教师参加继续教育，并取得合格证书，占教师总数的97.1％。有4000多名小学教师，1500多名中学教师参加了提高学历层次的培训，使11.48％的小学教师，18.71％的初中教师分别达到了专科、本科学历。

为提高中小学、幼儿园、职业中学、职业中专管理干部的政治、业务素质和履行岗位责任能力，于12月21日成立了“普教行政干部培训中心”，该中心主要任务是加强中小学校长、幼儿园园长等培训工作的领导，落实国家教委有关中小学校长培训的各项要求，为全面提高中小学教育质量和管理水平服务。1995年共培训中小学校长、幼儿园园长、职工、职专校长1736名，其中中学校长

863名，小学校长442名，幼儿园园长133名，后备干部195名，职中、职专校长103名。至此，“八五”期间，参加岗位培训的中小学校长、幼儿园园长等，共计5208人，按国家教委规定提前两年实现校长持证上岗的要求。

〔**课程、教学目标和测评实验**〕 市教育局从1995年秋季开始，在76所中小学校中的一、二年级和初中一年级493个教学班1533名中小学教师和23022名学生中进行九年义务教育学科课程教学目标和学习水平测评实验工作，取得经验后再在全市中小学推广、正式实施。测评实验的学科：小学有语文、数学、自然、思想品德、音乐、美术6科；中学第一学期有语文、代数、外语、政治、历史、地理、生物、美术、音乐等9科，第二学期除上述9科外增加几何共10科。实验工作，依据九年制义务教育课程计划制定出学科教育目标和评价标准体系，指导义务教育各学科的课堂教学，提高教学质量。实验的重点由过去测重知识领域转向技能领域。通过评价实验，有效地促进教学改革提高教学质量。

〔**教育投入与支出**〕 1995年，预算内教育经费财政拨款106277.4万元，比1994年增加14504.9万元，增长15.81%。预算内教育经费支出(含抵支19192.7万元)123263.6万元，比上年增加20182.4万元，增加19.85%。教育事业费实际支出103864.2万元，比1994年增加14451万元，增长10.16%，占财政支出的11.49%。教育经费的增长高于财政经常性收入的增长。多渠道筹措教育经费共收入58812.8万元，比上年增加14036.6万元，增长31.35%。多渠道教育经费支出54902.3万元（用于抵支部分19192.7万元）。

1995年，预算内外总支出161017.6万元，比1994年增加27158.3万元，增长20.29%。其中预算内外用于教育经费147286.5万元，用于基建支出13731.1万元。

通过专项资金投入，充实了教学设备、仪器装备。1995年投资5779万元，新辟理、化、生、自然教室169间，购置理、化、生、自然实验设备143721件。新辟计算机教室124间，增配计算机3133台。新辟语音教室135间，增配语音设备2244套（单人），增添电化教学设备：彩电825台，录像机595台，录音机2831台。增添体育器械38316件，大型球类7374个，增添音乐器材：钢琴35台，电子琴306台，一般音乐设备1211件。新增美术设备2471件，添置办公桌椅2947套，实验桌椅5046套，购置图书52万余册，期刊5000余册，其他设备5243件。

1995年，修缮校舍投资7560.11万元，新建、改扩建、大修和一般维修教学用房42.9万平方米，另建、修附属房6.15万平方米，修建围墙1.13万米，修整操场19.13万平方米。更新改造取暖锅炉162台，饮水锅炉98台，办学条件有了进一步的改善，基本上保证了教学的需要。

〔**组织学生双休日活动**〕 根据国务院和国家教委实行标准工时制的规定精神，天津市中小学从秋季开始一律执行重新调整后的中小学课程教学计划，计划规定小学1～3年级周课时（下同）分别为27、28、29节，4～6年级均为30节；初中各年级均为32节。并根据国家“一要认真休息，二要活动好”的规定精神妥善地安排学生双休日活动，内容涉及科教、文化、体育、旅游等方面。市、区、县各级领导把抓好学生双休日活动列入巩固“普九”成果，提高学生素质和教育整体水平的重要组成部分，使中小学生课外生活丰富多彩，促进学生全面成长。红桥区组织学生双休日活动坚持抓主阵地，以校园为基地，组织多种多样的教育活动。抓特色，学校与学生家长和街道三结合，在有关区街建立特色活动点，组织学生参加有益活动；抓典型，以点带面，全面开花。该区于10月14日召开了落实“双休日”学生活动现场推动会，由市第五中学、太平街回民小学介绍了经验。全区40多所中小学组织了科学兴趣，技能训练等方面的活动小组仅第五中学一校就组织了24个，初一、初二两个年级参加小组活动的学生人数占86%。加上群体活动，周六在校活动的学生达95%以上。天津市师范附属小学在开展传统的科技活动的基础上，创办了“中小学科技活动中心”。面向所在区中小学生，成为中小学生“双休日”活动的新阵地。佳园里小学发挥该校人才优势，创办了周末少儿民族艺术学校，培养少儿艺术人才。该区教育局于11月中旬利用“双休日”组织全区96所中小学举办了“天津至三峡”象征性长跑，参加学生达7.6万人，计划在年底累计跑完“全程”。结合长跑途经的名城、名地，分别组织有教育意义的活动。如经延安、三峡时，组织“继承延安革命传统”、“学习三峡人民支援国家建设无私奉献精神”等专题活动，把爱国主义教育和革命的传统教育寓于双休日的体育活动之中。该区还利用“双休日”进行田径、乒乓球、足球、篮球等项比赛活动和跳绳、独轮车、抖空竹等趣味项目竞技活动。此外还组织了“周末合家欢”、“快乐的周末”赴京观升国旗等活动，使学生受到有益的教育。东丽区有些学校利用“双休日”开设活动课，计有微机、环保、书法、合唱、阅览、物理实验等，仅东丽中学就有活动小组24个，吸引了全校700多名学生参加。

〔**教师工作**〕 1995年，天津市政府把改善教师生活，提高教师地位作为市、区(县)各级政府和教育行政部门常抓不懈的工作，并列入市政府为群众办好20件实事的内容。特别是关注广大教师的住房问题，市政府批准普教系统从1995年起，用5年的时间为教师建房150万平方米，为此，成立了以市委副书记、常务副市长李盛霖为组长、副市长庄公惠为副组长的市教师住房建设领导小组。出台了《关于实施教师住房暂行办法》。全市18个区县均设立了区、县教师住房建设领导小组，并由3名区、县政府主要领导担任小组主要职务。1995年，教师住房建设全年开工面积达到30万平方米，已有24万平方米竣工交付使用，教师节有2500户教师迁入新居。

评选优秀教师。1995年，普教系统共评选出14838名各级优秀教师和优秀教育工作者。其中全国劳动模范4名（含全国优秀校长1名）；全国优秀教师和教育工作者46名，市级优秀教师和教育工作者392名，区县级3902名，校级10494名。并在教师节期间进行表彰。

评选第四批特级教师。1995年，由市教育局、人事局组成第四批特级教师评选领导小组，制定评选条件和推荐评审程序。经各区、县层层考核、推荐、市政府审定批准第四批特级教师81人，在教师节期间命名并颁发了证书。其中，中学（含职业中学）50名，小学24名，师范、进修学校4名，幼儿园3名。

建立教师工资发放监控制度。为确保《教师法》的贯彻实施，保证教师工资按月足额领取，市教育局从1995年起，加强对教师工资发放情况的监控，建立教师工资总额发放到位监控统计制度，在全市建立90个监控点，及时反馈工资发放情况。到1995年底，教师工资无一拖欠。

撰稿 王 挥

审稿 张凤民

职业教育

〔调整中等职业学校布局〕 1995年10月，市教委会同市经委、建委、商委、农委制定《关于中等职业学校布局结构调整的若干意见》。

《意见》提出：(1) 中等职业教育根本出路在于深化改革。通过调整，使天津市中等职业学校保持合理结构，实现教育资源的优化配置，提高办学规模和效益，促进职业教育的发展。(2) 稳步推进调整工作，首先在区县内、行业内进行合并与联合，同时提倡地区与部门之间、部门与部门之间、职前职业学校与职后成人学校之间以及各类职业学校之间的横向联合与协作。(3) 支持有条件的地区、部门建立地区、系统、行业的职业教育中心，集学历教育、岗位技术培训为一体，实行人才培养、科技开发和生产经营相结合，职前职后相互沟通的培养、培训人才基地。通过调整，使一批学校规模逐步达到1000人以上。集中力量重点建设50所具有国内先进水平的骨干示范学校。(4) 调整、合并中等职业学校。按学校隶属关系，主要由区县政府和行业委局统筹实施，教育行政部门进行宏观指导，有关综合部门密切配合。调整中等职业学校时，如涉及撤销或设置学校，按现行职业学校审批程序报市政府审批。调整后可实行一套班子几块牌子，原管理体制、隶属关系、人员、校舍、经费渠道不变。另外，学校主管部门可从实际出发考虑学校归属变动问题。(5) 凡规模较小、办学条件较差、未能达到国家设置标准的学校，要努力达到设置标准。在一定时期内仍未达到的，限制或停止招生。逐步实行办学许可证制度。(6) 把调整中等职业学校布局结构列入本地区、本部门经济和社会发展规划中，分阶段、分步骤组织实施，并把这项工作列为区县和行业教育工作考核的主要内容之一。

1995年11月，静海县将县属原职业中专学校、普通中专学校、成人中专学校（含电大工作站）合并，建立静海县职业教育中心，统筹使用原有学校的校舍、师资、经费、教学仪器、图书资料、实验实习基地等。12月，天津港务局将局属原培训中心（职工中专学校）、港口管理中专学校、水运技工学校合并为港务局教育培训中心。

撰稿　吴兴华
审稿　赵宝琪

〔**评审重点学校**〕　1995年，天津市教育部门在办学水平评估的基础上，审定了一批重点中等专业学校、职业学校和技工学校。

天津市经济贸易学校、仪表无线电工业学校、机电工业学校、药科中专学校、建筑工程学校、艺术学校6所学校为市级重点普通中等专业学校；

天津市和平区经济开发职业中专学校、河西区统计职专、南开区立信财务职专、南开区口腔职专等16所职业学校为市级重点职业学校；

天津市建工技校、化工技校、一轻技校等15所学校为市级重点技工学校；

天津市交通技校和海员学校为国家级重点技工学校。

撰稿　吴兴华
审稿　赵宝琪

〔**世行贷款职教项目实施**〕　1995年，世界银行贷款第二个职业教育发展项目已经国家批准立项，天津市接受世界银行此项贷款475万美元，确定13所市级重点职业技术学校塘沽区第一职业中专、第二职业中专、化工学校等为项目学校。

市教委已对该项目作出相应安排。各项目学校也开展了有关项目启动的计划工作。

撰稿　吴兴华
审稿　赵宝琪

〔**技工教育改革**〕　天津市技工教育认真贯彻《劳动法》和《中国教育改革和发展纲要》，进一步理清改革思路，明确发展方向，努力适应社会主义市场经济需要，初步建立起主动适应市场、服务经济的灵活、开放的培训运行机制，使技工学校逐步成为综合性多功能的培养多种人才的职业技能开发基地。

1995年，天津市召开技工学校工作会议。总结近年全市技工学校改革取得的成绩，提出了《关于深化技工学校教育改革的意见》。要求积极发展新校，拓宽办学领域，充分发挥劳动部门的办学功能，形成多层次、多形式、多渠道的办学格局。新办的技校要起点高、办学思想明确，表现出较强的活力。

1995年，在基础条件较成熟的机电工程技校、电子仪表技校试办了两所高级技工学校，培养高素质、高技能的技术工人。

根据社会急需调整和增设专业。技工学校的专业设置力求适应天津市经济建设和产业结构调整的需要，更新、充实老专业，满足第三产业对技术工人的需求，同时积极面向劳动力市场，增设社会急需的新专业。1995年，全市有64所技工学校开设了经济类、金融类、艺术、体育类及其他第三产业专业42个，全市技工学校用于改善新专业办学条件的总投入达300多万元。

推进技工学校招生制度改革。第一，部分学校实行自主招生，即在劳动部门的监督下，坚持“公平、公正、公开”的原则，由学校自行组织报名、考试和录取工作；第二，积极推进招生“并轨”和就业制度的改革。1995年有35所技工学校实行招生“并轨”，占招生总数的34.6%；第三，拓宽生源渠道，招收“农转非”学生，满足国有大中型企业

"苦、脏、累、险"等工种对技术工人的需求。1995年有46所学校的15个专业共招收"农转非"学生2700人。

开展教育教学质量评估。为提高学生的操作技能和综合素质，市教育部门选择部分学校对教学计划、教学大纲、教学内容和教学方法进行综合改革试点，并验收和推广了市化工局"680系统教改方案"。1995年，通过开展评估验收，又有4所技工学校成为市级重点校，8所成为一级技工学校。在重点校、一级校建设中，各学校用于基本建设投资2244万元，增加实习、实验设备747台(套)，扩大教学、实习场地面积2.7万平方米，技工学校整体办学实力有所增强。

撰稿　李树岭

审稿　赵宝琪　刁九健

高等教育

〔**管理体制改革**〕　1995年，天津市采取"整体推进、重点突破"的方针，切实做好高等学校的"共建"、"合并"工作。天津市与国家教委实行共建南开大学和天津大学后，为两校解决建设、发展用地近16万平方米，支持两校一批重点科研项目，积极支持和争取两校进入"211工程"部门预审。天津医学院和天津第二医学院合并组建天津医科大学后，天津市将医科大学作为重点建设的高校之一，在多渠道筹集建设资金的同时，市财政进行重点投资近1.1亿元。为彻底解决4所大学分校的归属问题，经过向市人大代表、政协委员、高校干部教师征求意见和反复调研论证，形成"合并"方案，将天津理工学院一分院、二分院和天津大学冶金分校等3所工科分校与天津理工学院合并。

在管理体制改革中，天津商学院积极进行内部管理体制改革。天津商学院是国内贸易部直属高等学校，占地约36.9万平方米，校舍面积17万平方米，有硕士点一个，本科专业18个，在校硕士、本科、专科生共4640人，成人教育本、专科生2000余人，全院教职工1158人，其中专任教师391人。近年来，学校努力深化改革，办学效益和质量不断提高。该院进行内部管理体制改革的特点是：(1)以人事、分配制度改革为切入口，打破"大锅饭"，紧缩固定编制，实行固定编制相对稳定与浮动调剂余缺相结合，人员管理实行"一院两制"，131名从事经济实体人员由事业编制分流为企业编制，工资、津贴全部由企业负担，实行干部聘任制。(2)专业技术职务评聘由静态变为动态。实行试聘、试用、低职高聘、高职低聘，打破职称终身制。在45岁以下中青年教师中以公开竞争方式，通过成果展示、公开述职、民主评议、专家表决等程序高聘高级职务，聘期两年，凡两年内未获晋升者，不再续聘。35岁以下教师申报高一级技术职务，均先进行低职高聘，见习称职后申报。(3) 完善岗位职责，实行量化考核。对全院教职工从“德、能、勤、绩”4个方面按百分考核，其中教学人员按德、勤、教学数量、教学质量和科研成果5个方面进行考核。考核结果与人员的使用培养、晋级升职、任免奖惩、高聘低聘、待遇分配完全挂钩。(4) 改革分配制度。试行国家工资与院内津贴双轨制，实行工资总额包干和分值津贴。通过学年考核，在普遍提高待遇的基础上，拉开分配档次，克服平均主义。1995年，国家工资与学院工资比为1∶1.3。(5) 加强队伍建设。选拔和培养跨世纪学术带头人，选送和支持中青年教师和党政干部攻读硕士和博士研究生，用“4+1”模式培养达到硕士生水平的辅导员队伍。1994年开始实施“青蓝工程”，投资80万元和40套住房引进高层次人才。(6) 推行后勤管理体制改革。后勤服务社会化。撤销4个处级后勤机构和20个科室，建立后勤办公室和保障实业总公司，成为小机关多实体。(7) 改革公费医疗制度。推行以预防保健为主，合理用药，医药费由国家、学院和个人合理分担的方法，按在职人员工龄发放医疗补贴金；对在不同医院就诊实行不同的个人报销比例；建立医疗互助基金和集体互助基金，为教职工提供医疗保障，医疗费开支明显下降。(8) 改革住房制度。1994年自筹资金建设教工住宅6600平方米，105户教师迁入新居。1995年与刘家房子农工商总公司商妥，由该公司出资兴建1万平方米教职工住宅由教职工租赁、学校补贴，探索以社会力量解决教职工住房的新路。

撰稿　刘　毅

审稿　赵宝琪

〔**联合办学**〕　1995年，天津市在高校办学体制改革的基础上，推动多种形式的联合办学。天津职业大学实行校政（府）联合、厂校联合，先后与塘沽区政府和中国汽车工业总公司所属潍坊柴油机厂联合办学。天津医科大学与南开大学合作，试办八年制医学教育试点班(1988年始为七年制)，连续招生16届。1995年5月，国家教委对天津医科大学进行评估，认为这一办法“充分发挥了综合大学师资力量强、办学条件好、学术空气活跃的优势，使学生打下了较广泛的社会科学知识，较宽厚的自然科学基础，而且培养了学生良好的科学素质与学术风气。”

天津大学通过全方位挖潜，开展多层次、多形式的联合办学。(1) 与塘沽区政府联合创办天津大学滨海工商管理学院，按照“因地制宜、因时制宜、因需设教、因材施教”的原则，设立相关的管理专业，形成从专科至博士研究生的完整教学体系。(2) 与石油部、中国石化总公司联建“天津大学石油化工学院”和“天津石化技术开发中心”；在国家计委的支持下创办了天津大学管理学院，发展了管理类学科。学校还与一些省、市地方政府在人员培训、产品的研制开发和技术改造等方面开展协作，并积极承担国防军工项目。1995年，天津大学获国家计委等四部委“国防军工协作配套项目先进单位”称号。年内，还与国家医药总局共同建立了“国家医药结晶工程研究中心”。(3) 与石化总公司、长江三峡总公司、华北制药厂、一汽、二汽、天津汽车工业总公司、吉林化学工业公司、华北石油管理局、胜利油田等建立了密切的合作关系，学校通过为公司（企业）培养人才，委托承担科研项目等方式，每年从公司（企业）争取到科研经费数千万元。学校还吸引企业界资金来发展校办科技产业，如开元制药公司、万轩精细化工有限公司、功能材料有限公司等，其中万轩公司和功能材料公司被天津市列入“百亿工程”项目。近年来，校办科技产业年融资约1亿元。(4) 与国外的大学和科研机构联合。到1995年，已与俄罗斯莫斯科大学、美国耶鲁大学等20多个国家的60多所学校建立了长期的友好合作关系，并进行实质性合作。(5) 与兄弟院校联合，实行优势互补，资源共享，提高办学效益。1995年，天津大学与南开大学专门就联合问题召开两校领导联席会议，成立了两校联合办学领导小组，准备在学分互认、教师互聘、仪器共用、图书互借、学科互相促进、共同建设新专业、共同申报综合性、大型课题等方面开展广泛合作。(6) 校内联合协作，实现资源优化配置。对跨系联合申请科研项目、联合申请博士点、硕士点予以鼓励和支持，并主张具有相近性质或职能的系、所、研究中心相互协作，必要时可以合并。学校还鼓励学科之间的联合，提出组建11个学科群的规划，同时也鼓励行政单位相互合作，强化主动服务职能，提高工作效率。

撰稿　刘　毅
审稿　赵宝琪

〔**教学工作评价**〕　根据国家教委关于进行首批高等学校教学工作评价的要求，1995～1997年，国家教委将对天津城建学院、理工学院、农学院、武警医学院和外国语学院进行本科教学工作评价。天津市政府和市教委、建委、农委财政局等部门给予积极的支持和配合。市教委组织专家组对天津理工学院、天津城建学院进行了预评估和具体的指导，提出学校教学工作中存在的问题和改进意见。各学院也为此作了大量的准备工作。天津理工学院通过分级自评，狠抓重点项目、突破薄弱环节，强化教学管理等一系列措施，大大加强了教风、学风和校风建设，全院教学工作发生了明显的变化。1995年11月，国家教委组织专家组对理工学院进行本科教学工作评价，同意学院自评合格的意见。天津城建学院通过1994年12月的教学评价，评出了忧患意识，全院师生“卧薪尝胆、苦练内功”，积极整改，进一步明确办学思路，按照“厚基础、宽专业”的原则调整和规范专业，全面修订教学计划和265门课程的教学大纲、实验指导书和实习大纲；增加教学投入800多万元，改善办学条件，实验开出率达到95%以上；采取措施从严治教、从严治学，加快师资队伍建设，学院教学工作以新的面貌通过复评。

撰稿　穆树发
审稿　赵宝琪

〔**“211工程”部门预审**〕　天津市委、市政府对南开大学、天津大学申请进入“211工程”予以高度重视和支持。特别是与国家教委对两所学校实行“共建”后，为两校共解决建设、发展用地近16万平方米，约合人民币1.29亿元；为天津大学铁基记忆合金项目贷款1000万元；为南开大学大屏幕液晶显示项目投资535万元；对两校落实政策性补贴近900万元。

1995年3月8日，市委书记高德占、市长张立昌和市委常委王鸿江、副市长庄公惠率领市高教局和南开大学、天津大学党政负责同志前往国家教委，与国家教委主任朱开轩、副主任张孝文就南开大学、天津大学进入“211工程”部门预审问题进行商谈。5月22日至24日，国家教委和天津市政府共同组织了对两校“211工程”的部门预审，市委书记高德占、市长张立昌和国家教委副主任韦钰等出席了开幕式。

预审工作以北京大学校长吴树青教授为组长的南开大学专家评审组和以清华大学校长王大中教授为组长的天津大学专家评审组，同国家教委和天津市有关负责同志分别听取了南开大学校长母国光、天津大学校长李光泉关于学校“211工程”整体建设规划报告，实地考察了南开大学化学、经济、管理等6个重点学科、重点实验室、基础科学人才培养基地和天津大学精密仪器与光电信息等8个学科（群）、部分教学实验室及校办科技产业等，召开了学科带头人和中青年学术骨干座谈会，并对整体规划报告进行了认真的评议。

两个专家组认为，南开大学、天津大学是两所具有悠久历史和优良传统、在国内外享有良好声誉的高等学府，特别是改革开放以来，坚持社会主义办学方向，培养了大批优秀人才，取得了高水平的科研成果，已成为师资力量雄厚，学科优势特色明显，教育质量和科研水平较高，属于国内一流水平，在国际上有较大影响的社会主义大学。专家组一致建议，通过南开大学、天津大学进入“211工程”部门预审。

通过预审后，南开大学、天津大学按照国家教委要求，积极着手立项准备工作。天津市委、市政府明确表示，将按对等投资原则，与国家教委共同支持南开大学、天津大学的建设和发展。

撰稿　徐卫红
审稿　赵宝琪

〔**德育工作**〕　推广教改新成果。在“两课”中加强爱国主义、集体主义和社会主义教育。天津市率先在全市学生中开展法律知识教育的经验，受到国家教委和司法部的好评。高校以爱国主义为主旋律，融理想、信念、人生观、价值观、中华民族优秀传统文化、“两史一情”、劳动实践等各项教育为一体的德育进一步取得成效。

撰稿　刘　毅
审稿　赵宝琪

〔**教师工作**〕　1995年，天津市在高等学校广泛开展评选优秀教师活动。共有103名教师被评为“教学楷模”，99名中青年学术带头人被授予专家称号，40名中青年教师被评选为跨世纪学术带头人和国家级有突出贡献的中青年专家，南开大学、天津大学又有3位专家当选为中国科学院和中国工程院院士，天津高校中“两院”院士达到13名，占全市院士总数的93%。1865名青年教师参加计算机、外语等培训。全市教师队伍的总体实力得到增强。

撰稿　刘　毅
审稿　赵宝琪

〔**科技工作**〕　1995年，天津市普通高等学校及医学院校附属医院中共有科技活动人员24558人，通过各种渠道取得科技经费18155.21万元，比上年增加23.8%。当年，列入学校一级科学研究年度计划的理、工、农、医学科研究与开发课题共3088项，其中国家“八五”攻关项目103项，国家“863”高技术项目26项；列入学校一级科学研究年度计划的人文、社会科学研究课题672项，其中国家社科规划基金项目57项，国家教委社科研究项目89项，国家各部门社科专门项目30项，省、市社科项目138项。

高等学校共鉴定理、工、农、医类科研成果184项，其中国际水平61项，国内首创54项，国内先进53项。共获得理工农医类科技成果奖励86项，其中国家发明奖2项，国家科技进步奖6项，国务院各部门科技进步奖30项，省部级科技进步奖41项。共获得人文、社会科学研究成果奖励66项，其中国家级奖励1项，省部级奖励24项。

1995年，全市高等学校共出版理工农医类科学专著126部，其中自然科学43部，工程技术47部，医学33部，农业科学3部。发表理工农医类学术论文5215篇，其中在国外学术刊物上发表770篇，在全国性学术刊物上发表2715篇，地方性学术刊物上发表1730篇。共出版人文、社会科学类著作414部，其中专著149部，教材185部，工具书等80部，另外出版译著20部，发表译文23篇。共发表人文、社会科学类学术论文1968篇，其中在国外学术刊物上发表34篇，国内外公开发行刊物上发表755篇，国内公开发行刊物上发表1179篇。

撰稿　刘　毅

审稿　赵宝琪

〔**教育科学研究**〕　1995年，天津市教育科学研究院共完成各级各类教育科学研究课题42项，获优秀成果奖18项（市级以上8项），被政府机关采纳或转化为政府文件的成果7项；出版论著、编著8部，发表、提交论文及研究报告130篇，国际学术交流论文20篇；主办有较大社会影响的国内外学术讨论会12次，组织各类培训活动35期，讲座近百场。

天津教科院加大教育决策性问题的研究力度。针对天津市教育改革和发展中的重点和热点问题，组织开展15项调研和专项研究。市人大教科文卫委员会根据该院《关于大学与企业合作问题的对策研究报告》中提出的“制定大学与企业合作的法规、条例，以此规范合作双方的行为”的对策意见，正式提出条例草案，提交市人大常委会审议；《天津市教育学科现状与发展趋势的调研报告》受到全国教育科学规划办公室的好评；《关于天津市工业系统高中级专业技术人才以及教育对策研究》、《关于规范中小学收费调查研究》、《考纪考风问题调查研究》等调研项目获天津市优秀调研成果奖；《国办民助办学模式的调查研究》、《天津市职业技术教育调查报告》等课题都提出了可行性对策建议，受到决策部门的重视；该院创办的《教育决策参考》当年出刊20期，为教育决策提供咨询服务。

1995年，天津市教科院进一步强化与教育行政部门、教学研究部门和学校的紧密配合，为基层教育和教学改革提供理论支持和咨询服务。该院以“加强对基层教育实践、研究的分类指导，总结经验，推动全局”作为服务目标，采取课题研究性合作、培训性合作和咨询性合作等多种形式，在指导天津市近百所学校进行系列教改实验的基础上，积极向区域合作的方向发展，初步形成了教育实验区，产生了以点带面、点面互动的整体效应。天津市18个区县中，与教科院进行业务合作交流的已达15个。

为拓宽科研成果的开发应用范围，天津教科院在科研成果转化方面做了一系列新的尝试。1994年与天津电视台合作摄制并播放的23集家庭教育系列电视片《家教方圆》(小学版)，1995年在中央电视台、中国教育电视台、上海电视台、天津经济电视台连续播出，产生积极的社会反响，受到中央领导同志和社会各界的好评。当年，《家教方圆》(中学版)也已拍摄完成。爱国主义教育系列丛书《托起明天的太阳》由天津市委宣传部举办首发式和向18岁成人赠 书仪式，产生了较大的社会影响；《心理健康辅导》电视系列片编撰已近完成。

撰稿　宋立鹤
审稿　赵宝琪

〔**国际交流**〕 1995年，天津市有7所高等学校共聘请外籍长期专家、教师63人次，短期交流学者189人次，语言专家35人，专业技术专家28人。南开大学、天津大学、天津师范大学、天津外国语学院、天津医科大学、天津中医学院、天津轻工业学院、天津理工学院、天津商学院和天津美术学院等10所高等学校接受外国留学生总人数达1600名，留学生来自亚洲、非洲、欧洲、美洲的100多个国家和地区，从事汉语短期学习、专科接本科学习、进修、高级进修、本科学习、硕士学位研究、博士学位研究以至博士后研究等各个层次的学习，学习的领域扩展到理、工、农、医、文、史、哲等各个学科。

1995年共派出教育交流团组207个，共426人次，与国外一些教育机构、学校和科研机构建立联系或合作关系。1994年～1995年，高等学校接受国外捐款、基金、奖学金、教学科研设备、图书资料等共折合5806万美元，开发中外合作项目20余项。

撰稿　王全令
审稿　赵宝琪

成人教育

〔**调整学校布局**〕 1995年，天津市对成人学校布局和结构调整实行“重在改革、重在调整、重在提高”的方针，积极推进行业、企业成人教育管理体制的改革。结合政府机构改革和建立现代企业制度，1995年，市第一轻工业总公司、市汽车工业总公司、市电力工业总公司和市医药局等系统组建了成人教育培训中心，以进一步理顺成人教育管理体制、优化教育资源配置，提高办学规模和办学效益。

1995年，天津市教委根据国家教委关于对成人高等学校开展评估的部署，对市属19所独立设置的成人高校进行评估；在天津大学夜大学进行普通高等学校函授、夜大学教育评估试点工作。

撰稿　窦焕嫄
审稿　赵宝琪

〔**评选成人中专示范校**〕　1995年，根据国家教委《关于评选省、部级示范性成人中等专业学校的通知》，天津教育部门制定了《天津市示范性成人中等专业学校评选办法》。市政府办公厅、市教委和部分中等专业学校共同组成评审组，在学校自评的基础上，采取听取汇报、查阅资料、查看教学设施、座谈等等方式对学校工作进行全面了解，共评选出9所学校为天津市成人中等专业教育示范学校，即：和平区职工中专、大港区成人中专、东丽区成人中专、市广播电视中专、宝坻县成人中专、静海县成人中专、市建工集团总公司干部中专、市第二轻工业局干部中专和市铁路成人中专等。

撰稿　窦焕嫄
审稿　赵宝琪

〔**岗位培训**〕　1995年，天津市各委、局和区、县结合生产和工作实际，有针对性地开展了多形式、多渠道、多层次、多对象、多内容的干部职工培训，全市共培训各类人员128万人次以上。其中列入市政府为农村人民办实事的子项目——计划培训农村各类急需人才60万人次的任务，实际完成65万人次；市经委系统计划培训率为35%，实际完成40%；乡镇企业管理局、和平区、蓟县等的培训任务都超额完成10%以上。一个遍及城乡、覆盖各行业的学习培训热潮已经形成。

全市培训工作的特点是：(1) 各级领导对培训工作高度重视。市委、市政府领导多次在全市性会议上强调学习培训、提高人才素质的重要性和战略意义。市委书记高德占亲任市培训委员会主任，多次主持召开培训委员会会议，动员和部署培训工作。8月，到市计委培训中心调研；9月22日，在天津市培训工作会议上发表重要讲话。各级领导对培训工作的认识不断深化，自觉地把培训工作纳入本单位经济和事业发展的总体规划中，并建立了领导工作目标责任制。(2) 健全培训工作的组织机构。各委局、区县进一步充实和健全各级培训工作委员会及其办事机构，理顺培训工作管理体制，完善了培训网络。西青等12个郊区县建立了以区、县培训中心为龙头、乡镇培训基地为依托、村厂培训阵地为基础的培训网络，形成层层有人抓、事事有人管的培训工作格局，保证了培训工作按时完成。(3) 增强培训的针对性和实用性，拓宽培训内容，开展全员培训。市建委围绕建立市场经济的需要，开展了企业经理、项目经理、建筑师、房地产经济人等7个内容的培训；市房管局系统“一县十员”培训率达到97%；市经委系统企业干部培训率达到77%；和平区干部培训率达80%；河东区举办了市民学校，培训对象扩展到街道居民，培训内容包括爱国主义、社会公德和家庭伦理教育；市汽车工业公司围绕年产15万辆夏利轿车扩建项目，开展了管理人员、工程技术人员、市场营销人员和操作工人的全方位培训；汉沽造纸厂提出“治厂治亏先治人”的口号，经过3个月培训，实现生产扭亏为盈；农业系统围绕“高产、高效、优质”的农业丰收计划，广泛开展培训、示范和推广服务。(4) 增加投入，搞好培训基地建设。市经委筹资4000万元，新增培训基地面积5万平方米，并向国家经贸委申请专项拨款105万元，用于3个教育培训基地的建设；市邮电管理局筹资1亿多元，兴建教育培训中心；市劳动局建成22个工人技能考核站；天海集团公司年培训经费达300万元，为正常规定提取经费的10倍；市港务局年人均培训经费达930元；许多区县从乡镇征收的教育费附加中提取20%用于培训。(5) 建立培训制度和培训机制。许多委局、区县初步建立了先培训后上岗、先培训后就业、先培训后任职和考核、使用、待遇相结合等制度并实行年度检查，逐渐形成了培训的保障和激励机制，调动了干部、职工参加学习培训的积极性。

撰稿　高士荣
审稿　赵宝琪

〔**社会力量办学**〕　为把天津市社会力量办学纳入依法管理的轨道，市教委按照《天津市社会力量办学管理暂行办法》，于1995年11月对全市社会力量办学单位进行了办学合法性、组织领导、教学管理、财务管理、招生广告和办学条件等6个方面的重点检查。在被检查的779个办学单位中，有661所年检合格，占84.8%，市教委向这些单位颁发了统一的天津市社会力量办学许可证；有57个办学单位因存在问题被要求限期制定整改措施；有61个办学单位被吊销了办学许可证。同时，市教委加强了对招生广告的管理，制定了社会力量办学招生广告审批办法，对存在问题的办学单位发出质询通知。

撰稿　窦焕嫕
审稿　赵宝琪

河北省教育

概　况

〔**基本情况**〕

1995年各级普通学校基本情况

单位：人

学校类别	学校数（所）	毕业生数	招生数	在校学生数	教职工数 计	教职工数 其中专任教师
一、普通高等学校	47	36627	43458	127484	32230	14608
研究生		239	431	1194		
本　科		10911	14909	54044		
专　科		25477	28118	72246		
二、中等专业学校	202	46948	65523	180268	26282	13291
中等技术学校	136	31914	47833	131949	19744	9701
中等师范学校	66	15034	17690	48319	6538	3590
三、普通中学	5256	753458	1206441	3102408	224781	179543
高　中	561	88448	146607	355812		25867
初　中	4695	665010	1059834	2746596		153676
四、农业、职业中学	359	57460	95099	242698	25174	16621
高　中	271	48240	79705	199303		14022
初　中	88	9220	15394	43395		2599
五、工读学校	1			5	6	7
六、小　学	47133	1192243	1626040	8513146	293128	270146
七、特殊教育学校	74	712	2042	11217	2150	1095
八、幼　儿　园	2319			1553019	55437	

1995 年各级成人学校基本情况

单位：人

学校类别	学校数（所）	毕业生数	招生数	在校学生数	教职工数	
					计	其中专任教师
一、成人高等学校	38	24548	32673	88192	8294	3535
广播电视大学	1	7192	6669	22212	1094	397
职工高等学校	15	3029	4035	9763	3242	1370
农民高等学校						
管理干部学院	8	2184	3695	7338	1789	682
教育学院	14	4268	3179	8562	2169	1086
独立函授学院						
普通高校举办：						
函授部		4204	8968	25060		
夜大学		1466	3326	9707		
干部专修科		2205	2801	5550		
二、成人中等专业学校	227	43432	38818	99579	7737	4601
广播电视中专	6	4403	3169	12595	429	221
干部中专	8	374	1927	4197	467	243
职工中专	45	3864	8236	20594	2103	1129
农民中专	18	1577	1688	4263	538	357
函授中专						
教师进修学校	150	33214	23798	57930	4200	2651
三、成人中学	305	13749	12850	15478	1125	498
职工中学	184	6500	6961	8496	649	283
农民中学	121	7249	5889	6982	476	215
四、成人技术培训学校	36230	5556334	5027090	3238999	32554	11745
职工技术培训学校	1338	260127	249098	208306	5730	3085
农民技术培训学校	34892	5296207	4777992	3030693	26824	8660
五、成人初等学校	12332	268855	2717786	199823	9681	2330
职工初等学校	119	10138	6431	6961	249	106
农民初等学校	12213	258717	2711355	192862	9432	2224
其中：扫盲班	9415	126983	130533	105768	7094	1404

1995年，河北省各类教育事业在改革中继续发展。

基础教育稳步前进。全省小学招生比上年增加3.5万人，在校生增加35.27万人。7～11周岁适龄儿童入学率98.23%，在校生年巩固率99.16%；小学毕业生升学率90.19%，比上年提高4.54个百分点。初中招生比上年增加13.44万人，在校生增加31.52万人。初中毕业生升学率达41.05%，比上年增加5.2个百分点。普通高中招生比上年增加2.79万人，在校生增加5.13万人，普通高中缩减现象得到控制。全省特殊教育学校比上年增加7所，毕业生比上年增加0.3万人。全省幼儿园2319所，学前班39965处，每万人口中入园（班）幼儿数为244人。

中等职业技术教育继续发展。高中阶段职业技术学校招生数占高中阶段教育招生数的比重提高到57.1%，达到国家提出的目标要求。全省职业中学招生比上年增加0.64万人，在校生增加3.66万人。

普通高等学校实行联合办学。有8所院校合并为3所，47所普通高校中，地方院校34所。本专科招生比上年增加0.90万人，在校生增加0.6万人。

成人高等学校比上年减少5所。以农民为主要对象的成人技术培训学校呈增长势头，乡村两级农民技术学校覆盖率分别达到100%和87%。以大中型企业职工为主要对象的成人中等专业学校有一定发展，学校达227所。1995年全省扫除文盲教育又有新变化，举办各种类型的扫盲学校（班）9415个，扫除文盲30万人。

1995年，全省中小学教职工（包括职中、特教职工）5452.33万人，比上年增加10690人，其中小学专任教师学历合格者占95.65%，初中专任教师学历合格者占70.07%，高中专任教师学历合格者占46.41%。

1995年，教育优先发展的战略地位进一步落实。全省教育系统以改革为动力，以稳定为大局，积极推进各类教育事业的发展。基础教育作为“重中之重”得到加强，高等学校重新调整组建有序进行，县（市）级职教中心建设达到预期目标，成人教育办学效益明显提高。全省各级各类学校的办学经费、办学条件、师资水平、教师住房都得到改善和提高，各类教育资源和教育内容要素之间正在形成新的机制，运作良好，协调发展。

基础教育

〔**义务教育**〕 1995年，全省有28个县（市、区）基本普及九年义务教育，至此，累计有68个县（市、区）基本普及了九年制义务教育。有146个县（市、区）基本普及了小学阶段义务教育。主要措施是：

一、抓好7项重点工作。1月，省教委召开1995年“两基”工作会议，提出1995年全省要有40个县（市、区）普及小学阶段义务教育。会上省教委主任与各市（地）教委负责同志签定了目标任务责任书，确保28个县（市）实现“两基”。抓好7项重点工作：(1)进一步强化政府行为，切实落实目标任务责任制；(2)增强法制观念，明确法律责任，加大执法力度；(3)增加投入，积极改善办学条件；(4)落实办学责任，下大力气办好初中；(5)加强管理、深化教育教学改革，提高办学效益；(6)加强扫盲和成人教育阵地、队伍建设；(7)加强督导评估。

二、实施贫困地区义务教育工程。河北省139个县中有国家级重点贫困县40个，省级贫困县6个，贫困人口约占全省人口总数的23%。这些县分布在太行山及坝上地区，地方财政困难，农民群众生活水平低，中小学校舍破旧，设备差，危房率高。对此，省委、省政府决定从1995年起，逐年加大对贫困地区“普九”资金的投入力度，到1998年，共投入资金5亿元人民币（包括国家专项拨款)，帮助这类地区力争三年内，在“硬件”方面达到“普九”标准。为帮助贫困地区推进义务教育，河北省被列入财政部和国家教委“贫困地区义务教育工程”的二片地区，从1995年到1997年中央拨专款12400万元人民币。省政府按中央专款1∶1比例安排省级配套资金，两项总计约2.5亿元。

三、多渠道增加教育投入。增加教育投入是实现“普九”的基础性工作，各级政府采取积极措施，努力增加教育投入。如张家口市政府出台了基础教育投入的新规定：政府财政预算要保证“三个增长”；设定义务教育补助专款；从城市建设税总额中提取不低于8.5%款项用于中小学校舍建设；城市教育费附加按3%计征；农村教育费附加按不低于上年度1.5%计征；非生产性建筑每平方米另加5元，用于教育等等。

唐山市在“八五”期间，党政领导把普及九年制义务教育作为百年大计和基础工程，高起点、高标准制定实施“普九”目标责任制和评估认可制度，明确奖惩激励措施。1994年、1995年连续两年召开县（区）第一把手“普九汇报会”，兑现责任状。近几年全市用于改善办学条件总投入累计达8.1亿元，仅1994年国拨教育经费就达4.16亿元，高于同期财政经常性收入的比例。率先把农村教育费附加比例提高到2%。截止1995年末，全市小学适龄儿童入学率达99.8%，巩固率99.7%，毕业率99.8%，残疾儿童入学率85.2%；小学毕业升入初中，市区达到99%，10个县达到95%以上，初中生年巩固率达98%，在全省率先提前5年实现“普九”。地处京津之间的廊坊市也已在全省首批实现“普九”。为达到“两基”标准，市委、市政府提出“2311”工程：“2”指县、乡两级，“311”指县级要办好1所重点高中，1所初中，1所职教中心，1所幼儿园，建起1处教工住宅小区；乡（镇）要办好1所初中，1所中心小学、1所成人教育学校，1所幼儿园，建起一处教工住宅小区。为保障工程实施，采取了一系列措施，如每年从城市维护建设款总额中提取7%～10%用于教育；除生产性建设项目外的一切建设项目，一律按建筑面积每平方米加收5元义务教育费，但改建扩建中小学、幼儿园免征；征收旅店业教育费，每个床位加收5%的义务教育费等等。

〔**帮助失学女童重返校园**〕 1月24日，

江泽民总书记在省委书记程维高陪同下，到张家口市张北县馒头营乡郑油坊村慰问贫困农民，了解到张素珍失学情况，当即指示河北省解决她的复学问题。1月26日，张北县政府、县希望工程办公室、县教委的负责同志赶往郑油坊村详细了解了张素珍失学情况，并同她的父母、老师及乡村干部协商，落实了复学班级、课本及学习用品，县希望工程办公室决定每学期资助她200元，学校决定免收学杂费。同村3个类似张素珍失学的孩子，也复学读书。2月13日，省委书记程维高将自己多年积攒的稿费交到省希望工程办公室，要求转送给张家口坝上地区，救助包括张素珍在内的30名失学儿童。

在中央和省委领导带动下，省妇联发起旨在帮助失学女童重返校园的“献爱心助学”活动。全省11个地（市）都建立了助学活动领导小组，有些地（市）规定适龄儿童接受九年义务教育是达到小康的必备条件。“助学”活动得到社会各界支持，张家口军分区召开驻军首长联席会，当场决定帮助当地赤城等10个县3000名失学女童返校。“助学”活动还受到省内外100多家企业的支持，捐资捐物达数百万元。全省有1.8万名女童重新回到学校就读。

〔**爱国主义教育**〕 1995年是世界反法西斯战争和中国抗日战争胜利50周年，全省学校利用这一契机，开展形式多样的纪念活动，用生动事实对学生进行爱国主义教育。省教委举办了学生爱国主义教育演讲会，开展了“六个百工程”，即读百部爱国主义教育图书，看百部爱国主义影视片，唱百首爱国主义歌曲，读百首爱国主义诗歌，讲百个爱国主义故事，熟悉百名爱国主义杰出人物。编写了《爱国主义教育导论》和《我爱河北》等读物。表彰54名省级优秀班主任，9个省级优秀思想政治工作先进学校，69名省级优秀学生干部，1585名省级三好学生，282个省级先进班集体。确定和建立42个德育教育基地。全省爱国主义教育有如下特点：(1)遵循青少年身心发展特点，多层次全方位开展爱国主义教育活动。(2)利用课堂教学、校园文化、社会实践、爱国主义教育基地开展爱国主义教育。(3)把爱国主义教育与校风学风建设结合起来。(4)把爱国主义同热爱共产党结合起来。

〔**素质教育**〕 5月20日至22日，全省中小学素质教育现场会在唐山市召开。国家教委副主任柳斌到会并就素质教育做了专题讲话。指出实施素质教育是经济和社会发展对基础教育的要求，也是面向21世纪建立和完善有中国特色社会主义普教体系的重要内容；素质教育是与“应试教育”相对立而提出的，是以全面提高学生思想品德、科学文化、身体心理、劳动技能素质、培训能力、发展个性为目的的普通教育。副省长刘作田出席会议，省教委主任田洪波作了总结发言。为了广泛深入地实施素质教育，省教委决定从6月起，用半年时间开展全省范围的素质教育大讨论。会上，唐山、邯郸、秦皇岛市介绍了实施素质教育的经验，与会人员参观了唐山市13所素质教育“示范学校”。

〔**师资培训**〕 河北省原有中等师范学校175所，自1993年以来进行两次大的调整，至1995年为66所，其中34所隶属于市（地）教委直接领导，以培养合格小学教师为主，另外32所由县（市）教育部门管理，侧重培训民办小学教师，其中有的是相邻县（市）联合办学。为适应普及九年制义务教育的需要，1992年以来，逐年扩大招生，由年招生1.3万人增加到1.7万人，累计输送合格小学教师5万多人。另有5万余名在职初中教师参加函授——卫星电视教育——自学考试相沟通的培训，到1995年，有30108名教师取得师范专科毕业证书，使全省初中教师学历达标率由1992年的40.58%上升到1995年的70.7%。三年来，省、市（地）、县共投资3000万元，有卫星地面接收站172个。河北师范大学、省（市）教育学院、省广播电视大学及其分校等39所院校以及市（地）县教师进修学校、电大工作站等都参与了该项培训。扭转了全省初中教师学历达标落后的局面，为普及九年制义务教育打下了师资基础。

〔**幼儿教育**〕 1995年，全省幼儿园比上年增加687所。城乡小学附设学前班比上年增加486处。在园（班）幼儿比上年增加约2万人。平均每万人口入园(班)幼儿数为244人。1995年全省新建乡（镇）中心幼儿园254所，改建1146所，投资总额达489万元，办园规模由学前一年教育扩展到学前二年、三年教育，提前了幼儿受教育的时限。5月，在兴隆县召开河北省幼教专业委员会第六届年会，交流表彰了一批幼教科研成果和优秀论文。7月，省教委幼教处与电教馆在秦皇岛市联合举办幼儿园电化教育培训班，培训幼儿电教员100余人。10月举办幼儿园园长培训班，培训100余人。

〔**民族教育**〕 河北省有6个民族自治县，74个民族自治乡，少数民族240万人。各级政府把发展民族教育事业与加快民族地区经济建设一起抓，在民族教育投资、教师配备、招生分配等方面都给予特殊的优惠政策。到1995年，全省有民族中小学1773所，在校生35万人。6个民族自治县中，已有2个经省教育部门验收，基本普及了九年义务教育，有40多个乡普及了初等义务教育，适龄儿童入学率、巩固率、毕业率均达到95%以上。丰宁满族自治县，有民族小学132所，民族中学33所，分别占全县中小学总校数的26.5%、70.2%，在校少数民族学生近4万人，占在校生总人数的80%左右。1994年该县被省政府命名为“民族教育先进县”。在各级教育部门支持下，民族地区中等职业技术教育和师范教育也有较大发展。省政府为各自治县县级职教中心解决办学累计贷款近千万元，有5个县新建县级职教中心。先后为民族师范教育投资1480万元，兴建两所民族中等师范学校和1所民族师范专科学校。这些地区正向一个由国家扶持与自身发展相结合民族教育方向发展。

〔**清理中小学乱收费**〕 年初，省教委将治理中小学乱收费作为全年纠正不正之风专项治理重要项目，纳入省委、省政府反腐倡廉整体部署，成立由省财政厅、物价局、教委组成的领导小组，各地（市）也建立相应机构。5月，组织学校自查自纠，重点抽查19个县（区）的51所学校。8月召开全省清理乱收费汇报会和电话会，对新学年收费标准做了统一安排。省教委还设立了举报电话，收到举报信函（电话）50多件，共查处乱收费案件40多起，处分50多人。截至年终统计，全省共查出不合理收费1402.28万元，已清退930.07万元，取消不合理收费项目271个，停止征订各种复习资料197种，近308万册。

〔**竞赛活动管理**〕 近年，中小学生参与的各种竞赛活动过多过滥，一些单位借机收取高额费用，搭售复习资料，严重干扰学校日常教学和增加学生负担。对此，省教委发出《中小学生竞赛管理办法（试行）》，规定："各种竞赛活动不得以盈利为目的，本着自愿参加，不以高额资金引诱参加的原则组织竞赛活动"。"各种竞赛活动必须由各级教育行政部门归口管理，分级负责。具备主办活动资格的单位或部门应在规定时间内根据竞赛管理批准权限向有关教育行政部门提交书面申请"。《办法》还对省级及跨地市活动的审批备案、对师生的奖励、中小学校参加此类活动的条件等做出相应规定。

〔**学生军训**〕 自1985年以来，石家庄市把中学生军训当作一件大事，坚持不懈抓好，10年间经过军训的中学生达9.8万名。为抓好常年性军训，市委、市政府和驻军组成党、政、军领导参加的军训领导小组，市教委拨出12万元专项经费用于军训，省军分区为军训试点学校提供训练器材30多种2万余件，支援经费10余万元。在军训中针对军事课的特点，加强思想政治教育，请部队首长、老八路讲解放军光荣传统，组织学生观摩部队内务和课目训练，举办英模报告，看战斗故事影视片。通过多种形式激发学生军训热情，使其既接受了国防教育，又达到了锻炼身体、严明纪律的目的。

职业教育

〔**县级职教中心建设**〕 1995年2月，省政府召开第三批职教中心建设工作会议，省政府和国家教委职教司的领导及全省50个县市政府的主要领导参加了会议。会议提出，第一、二批已建成的100所职教中心中有49所达到示范标准，其余51所也形成了一定的办学规模。会议要求，1995年内要建成第三批39所职教中心。要把职教中心建设纳入各县1995年度工作计划，纳入政府目标管理责任制，搞好统筹工作。省政府采取三条措施支持建校：一是在省级教育经费里划拨一笔专款补助职教中心建设；二是银行安排一笔贷款；三是为第三批职教中心安排一批春季中专班招生指标。

3月21日至23日，国家教委主任朱开轩考察了河北省三河市、玉田县、丰润县、迁安县、丰南市和唐山市内的6所职教中心。邀请了唐山市有关部门、企业和学校负责人进行了座谈。朱开轩认为，河北省建职教中心的特点，可概括为四点，即政府统筹、联合办学、产教结合、优化管理。对河北省在发展农村职业教育方面取得的成绩给予肯定。

到1995年，全省139个县（市）全部建成职教中心。从1991年到1995年，县级职教中心共投资12亿元，其中利用贷款2亿元，群众集资8000万元，各地自筹资金7.4亿元，各级财政投入1.9亿元，变卖原校产16.2万元，建成的职教中心校均建筑面积

18600平方米，校生均1226人。各县以职教中心为辐射源，与职业初中、乡村农技校、普通中小学联网。与乡、村技术扩大部门联网，实行上挂横联下辐射，共为农村培养中级人才100万人，有80万人接受了各种类型技术培训，有22500人次到职教中心寻求各种技术咨询。职教中心还以实习基地为依托，与家庭社会相结合，形成实验实习基地网，推广技术。全省共推广优良品种1812万公斤，推广面积约34.7万公顷，共获县级科学实验奖1087项，地市级398项，省级232项，国家级58项。

南宫市职教中心创办于1981年，始终坚持为经济建设培养人才的方向，按照市场经济发展的需要，缩短知识转化为技能，技能转化为财富的周期，进行了三项改革：改革培养方法，对学生实行定向培养、定向扶持；改革实习方式，让学生承包校内基地，学校根据承包情况给予适当报酬，并作为考核专业成绩的一项内容；师生共建技术服务实体，面向社会开展有偿服务。该校有610名在校生办起家庭经营项目，人均收入1500元，高于周围乡邻500多元。1700多名长班毕业生中，有215名成为乡村农业技术员，133名回乡办起了个体诊所，467名成为各类企业技术骨干，其余人员大多成为当地致富典型。1994年，该中心获全国“农村教育综合改革先进单位”称号。

1995年5月，丰宁满族自治县职教中心在团中央、国家教委、中国科协联合组织的劳动实践教育活动中，荣获“全国百所学校劳动实践教育活动先进学校”称号。该校师生艰苦奋斗，勤俭建校，12年来共为当地经济建设输送3000名各类初、中级人才，为本县经济发展作出了贡献。

〔**农村中学引进职教因素试点**〕 河北省丰南市西葛中学在教学中引进职教因素，加强劳技教育，走出一条普、成、职三教协调发展的路子。该校实行“一址办两校，一长管两校”的办学体制，成人学校和初中设在同一校址，分为初中教学区、实验区和成教区。学校主要工作由镇教委办公室负责，师资、办学设施统一使用，在教学中，该校初中生可以利用劳技课，学习种、养等农村实用技术；对于未能升入高一级学校的毕业生，学校对他们进行为期一个月的岗前实用技术培训；准备进入乡镇企业的学生，可进“三加一”班，接受一年的职业技术培训。该校的具体做法是：各学科教学与学生劳动技术培训相结合；学生的劳动技能培养与第二课堂活动结合；引进职教因素与本地经济建设结合。从1989年到1995年，该校有86人被乡镇企业录用，81人成为科技致富能手。

肥乡县张达中学是一所普通农村初级中学，每年有40%的毕业生进入高中和中专，其余60%回村就业。从1988年开始，该校根据当地经济建设需要调整培养目标，连续7年在初三开设职业技术课，实行分流教育，学校克服了缺乏师资、场地、教材等困难，先后开设了农作物管理、蔬菜种植、食用菌栽培、服装剪裁与缝纫、农机具修理、家电与木工技术等7门必修课，使近千名毕业生成为“进厂能做工，回家能种田，从副能致富”的实用型人才。

〔**勤工俭学**〕 1995年，以职业技术学校为主体的全省勤工俭学活动持续、稳固开展，开展勤工俭学的学校达52103所，占学校总数的98.3%；校办工业总产值达344378万元，比上年增加23%；工业利润达37646万元，比上年增加19.46%；学校劳动基地（包括林、牧、渔场等）达到31404个，比上年增加2.4%。农业总产值达33347万元，比上年增加33.86%，其中纯收入达8969万元，比上年增加1937万元。各类商业服务网点11143个，营业额89467万元，利润14100万元，分别比上年增加14.54%和12.64%。1995年全省勤工俭学总产值529840万元，比上年增加18.4%；勤工俭学总收入95754万元，比上年增加14730万元；学生人均收入达79.47元，比上年提高10.5%。全年勤工俭学收入补助教育经费53804万元。

〔**扶助贫困农村教师**〕 从1987年开始，河北省教育工会发动工会干部和工会积极分子在农村教师家属中开展扶贫工作。在扶贫中，发挥教师自身能力优势，突出科技、信息服务。通过技术培训、传递信息、实地参观、推广实用技术等形式来提高教师家属的劳动技术和科技知识水平，把扶贫与兴办三产结合起来，把个体扶贫与集体致富结合起来，使扶贫工作由单一型向多业型、开发型转变。截止到1995年，全省各级教育工会兴办项目1160多个，筹措资金3451万元，年创经济效益950万元；共扶助29620户贫困教师家庭，其中27843户脱贫，占扶持贫困户的94%。其中4675户年人均收入超千元。青龙满族自治县有40多名家庭困难的教师，原打算离开教师队伍另谋职业，经扶持使家庭脱贫后安心教师工作，有些人还成为教学骨干。滦县教育工会在全县学校自办和联办项目80多个，安排100多名教师家属就业，年创利近90万元。

〔**技工教育**〕 “八五”期间，全省理顺技工学校管理体制，加强对技工学校的综合管理，调动社会各界办学的积极性，使技工学校迅速发展，形成了“放开计划、自主办学、自费上学、自主择业、多形式多层次培训”的新机制。截止到1995年，全省共有各级各类技工学校304所，比“七五”末增加144所，在校生总数达10万人，比“七五”末增加2倍。技工学校的教学质量和毕业生技术等级普遍提高。1995年参加全省“双证”考核的毕业生1.88万人，是毕业生总数的70.5%，其中取得三级以上技术等级者，占参考人数的96%。

石家庄市劳动技校1993年被省确定为实施“双元制”教学模式的首批试点学校。在试点工作中，校厂双方密切配合，对教材内容进行改革，加大了生产实习比重，突出了技能训练重点。市纺织机械厂专门划出一块区域作为技校培训基地，配备了高水平的技师和有经验的操作能手任实习教师，提供设备、原材料。学员既是学校的学生，又是企业的学员，增强了责任感。1995年纺织机械厂搬迁的4个月中，机加工任务全部由试点班学员承担。试点班学员的操作技能已被工厂认可，未毕业各车间就到校争要学员。据石家庄劳动局对试点班学员操作技能考核结果，有80%以上的学员达到四级工操作水平。

高 等 教 育

〔**“211 工程”建设**〕 河北大学、河北工业大学（原河北工学院）是河北省确定争进国家“211”工程的两所重点大学。年初，省委、省政府决定每年拨专款 3000 万元，连续 7 年共计 2.1 亿元。同时筹资 5000 万元重点建设 50 个专业。据此，两校分别制定了 7 年建设规划和 4 年建设计划，从国内外引进博士导师、专家教授、博士后和博士学位教师 20 人，落实攻读博士学位 73 人，攻读硕士学位 578 人，在岗的博士学位教师由上年的 11 人增加到 28 人，硕士学位教师增至 356 人。12 月 20 日，省委书记程维高和保定市委主要领导到河北大学现场办公，察看了图书馆、教工宿舍和正在兴建的基因工程中试基地施工现场，并会同在场的省教委、计委、财政厅、保定市及河北大学负责同志一起现场分析解决了兴建博士楼等问题。此前，省长叶连松也到河北工业大学现场办公，解决实际问题。两校还积极改善教学和科研条件，努力提高教学、科研水平。1995 年，两校在校大学生在全省高校非计算机专业学生计算机知识和应用能力等级考试中获得好成绩。在科研方面，河北大学社会科学研究继续保持全省领先地位。随着研究条件的改善和高层次人才的引进，该校基础理论、基础应用研究方面也出现了好势头。河北工学院在鉴定的 35 项科研成果中获省部级奖 5 项，获发明专利 8 项，该校承担的国家火炬计划项目“MZ—20 型模块化励磁调节装置”经鉴定达到 90 年代国际先进水平。

〔**调整高校布局**〕 5 月，省委、省政府召开会议，确定高等院校布局结构调整方案：由河北医学院、河北中医学院、石家庄医学高等专科学校合并组建河北医科大学；由河北财经学院、河北经贸学院、河北商业专科学校合并组建河北经贸大学；河北农业大学、河北林学院合并组建河北农业大学。此调整方案已经国家教委批准。经过调整，全省高等教育将逐步形成以学科优势较集中、科研能力和科技开发能力较强、多学科渗透和办学要素优化配置的河北医科大学、河北农业大学、河北经贸大学为骨干，带动其他院校共同发展的新格局。上述第一批三组 8 所院校的合并重组工作分别于 1995 年 7 月、5 月、9 月正式启用新校名，顺利完成了合并工作。在省内北部再新建一所本科师范院校的调查论证工作正在运作。各市院校调整工作也正在谋划。

河北省高等院校经过不断调整，层次结构趋于合理。到 1995 年，普通高等院校在校本专科生比 1990 年增长 66%，其中省属地方院校在校生 9.97 万人，比 1990 年增长 60%。1995 年全省地方院校招生 3.45 万人。本专科生比例由 1990 年的 1∶0.69 达到 1995 年的 1∶1.41，培训人才层次比例更趋于合理。1995 年，经过调整，全省高等教育专业种类由1990年的181种增加到317种（本科162种，专科155种），增加136种（本科增加34种，专科增加102种），所设专业种类已覆盖了全部10个大学科门类。本专科专业点由359个增加到537个（本科224个，专科313个），增加178个（本科增加58个，专科增加120个），特别是面向全省主导产业、优势行业和急需应用型专业、信息技术、电子、影像等高新边缘学科专业有较大的增加，许多学校改变了多年来单科办学的模式，进一步体现了为全省经济建设培训人才的办学宗旨。

〔**教学工作**〕　河北省各高校认真贯彻国家教委《关于加强普通高等学校教学工作的意见》，以培养合格专门人才为目标，强化教学研究和教学管理，创造良好的学风、校风和育人环境，采取各种措施，调动广大教师教书育人的积极性。(1) 全省各院校举办曾宪梓优秀教学奖评选活动；(2) 开展了教学评估、金工实习评估、图书馆评估和本科教学工作合格评价试点；(3) 在外语、计算机、高等数学、大学物理等基础课和马克思主义理论课教学中进行改革实验；(4) 师范院校进行了在校生教学技能检查；(5) 举办英语四级考试，通过率较上年有较明显提高；(6) 举办了非计算机专业学生计算机知识与应用能力等级考试，取得了较好效果。上述措施和活动，对规范高等学院教学要求，改革课程设置和教材建设，改善教学条件，提高教学质量等方面起到了积极作用。

〔**高校科研**〕　1995年全省高校围绕“高校科技开发工程”，承担了国家和省级科研任务，从事科技研究、技术开发、科技服务的教师达6000余人，参与社会科学研究的有3400余人。承担自然科研课题1680项，人文社科课题490项，多渠道筹措科研经费3750万元，获省（部）级以上科技奖180项次，获国家教委社会科学成果奖4项。全省共组织实施19项“产学研联合开发工程”，11项列入省计委重大攻关项目。其中河北师范学院承担了“左旋苯甘氨酸生产新工艺”中试项目达到国际先进水平。有3项列入省政府高新技术产业化计划，总投资3400万元，年利税3250万元。6月，省教委科研处组织省内部分高校参加河北省第九届技术交易暨第六届发明展览会，展出科研成果365项，科技产品30余种，达成意向100余项，有33项科研成果被评为金奖，占金奖总数48.4%。

〔**教师队伍建设**〕　1995年全省高等学校专任教师中，具有高级职称的教师比例由1990年的18.5%提高到29.8%。教师学历结构有了明显改善，全省高校具有研究生学历的教师比例由1990年的10.3%提高到14.5%。为增强高校师资力量，河北大学等院校开设了硕士研究生进修班，组织了学者访问活动和教师岗位培训班，先后有2000余名青年教师参加培训，或出国进修、攻读学位，高校教师数量不足、质量不高的状况有明显改善，缓解了教师队伍青黄不接的问题，一批学术带头人脱颖而出。积极做好省外人才的引进工作，各级教育部门和院校把争取和引进省外院校毕业生作为一项重要工作，各自采取了许多优惠政策。1995年，全省共争取省外院校本专科毕业生5232人，毕业研究生153人，其中近一半充实了高校师资队伍，大大增强了师资力量。

为迎接在北京召开的联合国第四次世界妇女大会，省教育工会对全省高校女教工进行了专题调查。据39所地方高等学校统计，截止1995年6月，共有女教职工11991人，其中教学第一线女教师4944人,占专任教师总人数的38%。其中博士10人，硕士506人,学士3846人,具有大学本科以上学历的占88%,具有中级职称以上77%。女教师中获国家级荣誉称号的7人，省级63人，市级139人,校级524人,共占女教师总数15%。荣获国家级科研成果奖的31人，省级216人，享受省政府特殊津贴19人。

〔**毕业生就业**〕 1995年全省大中专毕业生8万余人,是毕业生人数最多的一年。由于受多种因素的影响，不少专业出现供大于求的现象，特别是中专层次、专科层次毕业生迅速增长,给就业市场增加了更多的困难。针对上述情况,4月20日和6月16日,省政府办公厅先后两次发出通知，要求各级政府进一步做好1995年毕业生就业安排工作,省教委也组织力量,兵分6路到各地市县调查,为领导决策提供情况和依据。通过努力，全省共安排大中专毕业生82644人，其中，本专科毕业生40401人,中专毕业生41892人,毕业研究生351人。本专科生被安排到市(地）就业32412人，占该层次毕业生的80.2%；中专毕业生安排到市（地）就业38961人，占93%；毕业研究生安排到市(地）就业42人，占12%，除上述外均安排到省直部门、中直驻冀单位或出省（52人)。整个工作兼顾各方需求，符合国家有关毕业生面向基层就业的方向原则，完成了本年度大中专毕业生就业安排任务。在此项工作中,继续推进河北工学院改革毕业生就业双向选择试点的实验，该校积极开展毕业生就业指导,组织专人到各市（地）推荐该校毕业生,为毕业生择业提供信息,全校当年毕业1588人，6月底已落实就业单位1512人，占总人数的95.4%。

〔**利用世行贷款发展高师教育**〕 省政府决定利用世界银行贷款发展高等师范教育。从1994年1月开始生效的世界银行贷款745万美元，国内配套投资4303万元人民币，共计1亿元人民币，主要用于河北师范学院等10所高等师范院校建设。为提高办学效益和教育质量，购置急需仪器设备、图书资料，培训了专科教育师资及管理人员，开展师范教学改革试验，建立健全教育管理信息系统。配套资金主要用于土建设施、教学仪器及人员培训。1995年底该项资金已支出4600万元人民币，各项建设完成接近一半。

成人教育

〔**扫盲教育**〕 1995年,各级政府加强对扫盲工作的领导,明确责任,建立考核和激励机制,责任层层落实到人。省政府规定,在教育经费中安排2%用于成人教育,农村教育附加用于成人教育的比例不能低于5%；各地从义务教育补助中安排一部分用于农村扫盲；设立扫盲专款和建立扫盲社会基金。县级由政府负责人牵头成立扫盲工作协调领导机构，乡（镇）成立扫盲委员会。专职教师按万分之二配备。村成人学校或教学点校长一般由村委会主任兼任，由普通小学兼管。凡脱盲者，每人建立一份档案，落实一个巩固提高的学习项目，每年组织一次考核。

6月，省政府召开扫盲工作会议，要求在国家规定的扫盲年龄段标准的基础上，扩大扫盲年龄范围；非文盲率在达到国家规定的95%标准基础上向更高标准努力；脱盲标准在农村人口识字1500个，城市人口识字2000个基础上，使脱盲人员再掌握一两项致富技术。省政府还规定各级政府除教育事业费安排一定比例用于扫盲，根据需要，从农村教育费附加中划出一定比例作为扫盲经费外，还要从地方财政中拨出一定数量的专款用于开展扫盲工作。

从1990年到1995年初，全省共扫除青壮年文盲86万人。1995年，省教委会同有关部门联合成立省扫盲工作组，到11个市（地）指导、督促当地的扫盲工作。同时，在全省范围内动员几十万人，以1990年第四次人口普查数字为依据，逐县、逐乡、逐户进行核查，进一步搞清了文盲底数，对剩余文盲制定了扫除规划。1995年，全省通过脱盲考试，又有30余万人达到脱盲标准，年底，全省青壮年非文盲率达到98.47%。

〔**成人高等教育**〕 “八五”期间，河北省成人高等教育坚持积极发展、加强管理、提高质量的原则，取得较大成绩。以发展内涵为主，深挖潜力，扩大招生规模。省属成人高校招生人数由1989年的1.4万人增加到1995年的2.3万人（不含第二学历8000人），在校生由4万人增加到7.5万人。实行《专业证书》制度，使4万多人获得各类证书；培养复合型人才，实行专科第二专业教育，以解决转岗、学非所用和综合性岗位人才需求问题。据统计，从1992年到1995年，招收专科第二专业成人考生2.5万人左右；试办大学基础教育及自学考试沟通教育，此类在校生达7000多人；逐步统一了教学计划，调整专业设置，改革教学内容和教学方法，坚持教学质量抽考制度和评估制度。

1995年河北省成人高等教育加大改革力度，拓宽了办学渠道。在唐山职工大学、河北医学院两所学校3个专业进行了成人高等职业教育试点的准备工作。实行优秀师专毕业生直接推荐上本科政策，共推荐413人。规范、落实成人高考预科生制度，共招生1341人。审核、颁发电大、职大、业大、函大及管理干部学院本科专科毕业证书1.1万本，办理双专科享受本科待遇证明书817个。审批15个省内业务厅局委托13所高等院校举办20余个专业的大专《专业证书》班，招生1800人。修订、统编了14个专业的专科教学计划。制定了函授、夜大学评估方案及细则，成立了评估领导小组，召开了评估工作会议，布置了评估的各项工作。

〔**完善县、乡、村农村教育网络**〕 1995年，全省重点启动500所示范性乡镇成人学校建设。到年底，唐山市已建成20余所，邯郸市建成40余所。各市（地）乡镇成人学校根据当地的资源优势和农业产业调整的需要，对农民进行“两高一优”的培训和向二、三产业转岗的培训。同时，还对乡镇企业职工和回乡中学生进行培训。省教委还要求凡百人以上产值百万元以上的乡镇企业都要建立职工业余学校，到年底全省共建乡镇企业职工学校2636所。据统计，全省已有590万农民接受了种植、养殖、加工等实用技术的培训；参加文化、技术、法制等各种内容培训的农民达1000万人次以上；各乡镇企业职工业余学校年培训29万人次。县、乡（镇）成人学校办学面达100%，村成人学校办学面达87%以上，农村三级成人教育网络基本建成。

河北省丰宁满族自治县南关蒙古族乡成人学校建校6年来，面向市场需求，开展多种形式的技术培训，全面提高农民科技文化素质。该校坚持“实际、实用、实效”原则，结合“燎原计划，按照农民致富需求和季节特点，采取集中办班、广播讲座、播放录像、技术咨询等多种形式教学。共举办农作物管理、果树栽培、药材种植、养殖、毛织、缝纫、家电维修、蔬菜种植等技术培训班300期，受训农民达9000多人，占全乡总人口的51.1%，村培训面达100%。通过多种形式的培训，使许多农民成为当地经济发展的带头人和示范户。长阁村农民曲桂生参加养牛培训班后，科学喂养和管理，商品牛存栏达100多头，成为当地的“养牛大户”。南关村妇女赵明清参加养猪培训班后，靠养猪致富，形成“种、养、加工”一条龙，成了乡里的“养猪女状元”。

〔**社会力量办学**〕 河北省各级教育行政部门按照“大力支持、积极鼓励、正确引导、加强管理”的方针，在发展社会力量办学的同时，加强管理，使之规范化、制度化和科学化，初步形成多层次、多规格、多门类、多规模的办学体系。调整了学校布局和专业设置。在审批学校和专业设置上，重点扶持那些社会短缺而又急需的学校和专业，控制压缩过于饱和的学校和专业。改善办学条件，提高办学效益和质量。据统计，到1995年，全省经教育部门批准的学校共1565所，其中高层次的92所，中等层次415所，初等层次的1058所，在校生共20余万人。累计培训、培养各类人才300多万人，有的成为生产骨干和技术能手，有的利用所学技术自谋职业。社会力量办学还为农村乡镇企业和非公有制经济组织补充了人才。

为加强对高等层次社会力量办学的管理，省教委组成专家组，从11月8日至15日，对省内社会力量办学医学类院校进行首批全面系统验收。专家组从人员配备、办学条件、学校管理等十二个方面99个项目指标逐条考核。验收结果表明，河北省高层次社会力量办学的整体效益、办学质量、办学规模等方面都有较大提高。石家庄市7所医学院校都自建了校舍，校园面积共343347平方米，建筑面积101711平方米，固定资产达5200万元，其中仪器设备516.05万元。河北中华冀联医学院建有8000平方米的校舍，能同时接纳1600余人学习和食宿。据首批验收的医学院校统计，已毕业学生10989人，在校生10464人。

民办中小学发展迅速。据统计，到1995年初，全省共有民办中小学300所，在校生27112人。其中小学242所，在校生16189人；初中44所，在校生7692人；高中14所，在校生3231人。民办中小学的创办人主要是私营企业家、社会团体和个人，学校多为完全小学或中学，管理上一般实行董事长领导下的校长负责制，教师和管理人员聘任制。生源以当地为主。民办学校分为寄宿制和走读制两种形式，每生每年交纳学杂费、食宿费从几百元到上万元不等，一般为几千元。经过三年多的发展，民办中小学的办学条件和办学质量有所提高。邢台市光华学校为学生配备了25台计算机和44台语言设备；石家庄市凯音中学建起2个语言教室、2个计算机室；石家庄市美音艺术小学，为学生配备了32架钢琴和上百把小提琴。

〔**职工教育**〕　从1993年开始，省教委根据省人大代表和省政协代表的提议，在省政府的领导下着手起草在职职工教育条例，经过两年多的调查研究和听取各方面的意见后形成《草案》。1995年6月，《草案》经省八届人大常委会第14次会议初审后，省人大教科文卫委员会组织有关部门根据初审意见作了修改和补充。7月，省八届人大常委会第15次会议审议通过了《河北省在职职工教育条例》。《条例》从颁布之日起施行。

1995年，全省有职工学校1400余所，并有许多企业自办的培训机构。全省从事职工教育的教职工有21200人，其中专职教师10200人，用于职工教育的校舍面积达159万平方米，参加各类培训的职工有2400万人次。通过培训，职工队伍的政治、文化、技术、业务素质有很大提高，缓解了企事业单位缺少管理、技术人才的矛盾。初步形成了专业比较齐全、基本适应经济发展需要的职工教育体系。

〔**农业广播电视教育**〕河北省农业广播电视学校成立于1980年。到1995年，已形成以中专学历教育为主，同时开展大专教育、"绿色证书"教育和实用技术培训的多层次办学格局。中专教育先后开设了种植、养殖、经济、工程四大门类20个专业，共招收学员13万人，已毕业6.2万人；实用技术培训每年达50万人次；"绿色证书"教育共培训农民9万人。据统计，全省累计有8万多名学员、5025名技术干部和农业广播电视学校教师共同承担各类试验、示范、推广项目8715项次，落实项目约553万公顷，占全省农业技术推广总面积的57%，创直接经济效益13亿元。同时，为配合小康建设，全省农业广播电视学校还组织11万名学员开展了带领农民学科技、闯市场、奔小康活动，并有2.4万多名学员成为"种、养、加"专业户，3万名学员成为小康户。农民学员的平均收入比当地农民高出28.5%，共带动10万农户实现科技进步。

〔**农村教育综合改革**〕　自1987年3月国家教委和河北省政府共同建立"河北省农村教育综合改革实验区"以来，经过9年的探索和实验，总结出一些成功的经验，如高校参与、办综合型多功能的县级职教中心、实行"上挂、横联、下辐射"的办学机制，"五四"学制等。为提高农村劳动者的素质，增强农村吸收和运用科技的能力，省教委在上半年组织实施了"农村教改示范体系建设工程"。即，要求12个农村教改实验县（市）在县、乡、村三个层次上都要抓好一批农村教改示范性学校，并使之形成网络。省教委要求：在县一级抓好5所学校，即县（市）职教中心、县成人教育总校、县重点高中、县实验小学、县幼儿园；每县（市）抓好2个乡镇，每个乡镇重点抓好4所学校，即乡中、乡成人学校、乡中心小学、乡中心幼儿园；每个乡抓1～3个村，每村重点抓好3所学校，即村小学、村成人学校、村幼儿园（班），到1995年，全省12个教改实验县共确定192所教改示范学校。

撰稿　李　铭　高智军

审稿　田洪波

山西省教育

概　况

〔基本情况〕

1995年各级普通学校基本情况

单位：人

学校类别	学校数（所）	毕业生数	招生数	在校学生数	教职工数 计	教职工数 其中专任教师
一、普通高等学校	26	20575	21450	68756	22967	8929
研究生		263	524	1336		
本　科	13	7975	9452	36541	17374	6983
专　科	13	12337	11474	30879	5593	1946
二、中等专业学校	129	31474	35898	107443	18225	9161
中等技术学校	105	21917	26737	82484	14777	7376
中等师范学校	24	9557	9161	24959	3448	1785
三、普通中学	3401	431719	552978	1509738	144810	113216
高　中	393	70764	69774	190391		18381
初　中	3008	360955	483204	1319347		94835
四、农业、职业中学	377	38238	46721	105131	12713	8632
高　中	268	28866	35564	78217		6794
初　中	109	9372	11157	26914		1838
五、工读学校	2	25	62	93	91	45
六、小　学	40795	553648	642867	3270404	188828	171860
七、特殊教育学校	19	402	555	2522	812	544
八、幼　儿　园	8477			1026401	45761	37483

制表　秦志伟

1995年各级成人学校基本情况

单位：人

学校类别	学校数（所）	毕业生数	招生数	在校学生数	教职工数 计	教职工数 其中专任教师
一、成人高等学校	35	12293	20092	51855	6189	2723
广播电视大学	1	1917	2533	6011	687	222
职工高等学校	17	1771	2791	6868	2596	1211
农民高等学校						
管理干部学院	6	1328	1846	4103	1049	432
教育学院	11	2613	2645	8124	1857	858
独立函授学院						
普通高校举办：						
函授部		3206	6590	18517		
夜大学		1138	1976	5691		
成人脱产班		320	1711	2541		
二、成人中等专业学校	176	13731	15112	43237	4890	2490
广播电视中专	3	267	247	506	68	36
干部中专	2	121	90	443	30	18
职工中专	48	3097	6048	14837	1933	876
农民中专						
函授中专	5	2942	1906	6857	224	58
教师进修学校	118	7304	6821	20594	2635	1502
三、成人中学	713	63025	41143	45418	966	162
职工中学	70	6778	8636	9211	212	69
农民中学	643	56247	32507	36207	754	93
四、成人技术培训学校	25859	1982756	1481103	1572393	33231	5737
职工技术培训学校	643	89348	90901	92449	1488	387
农民技术培训学校	25216	1893408	1390202	1479944	31743	5350
五、成人初等学校	11721	185974	202774	212299	10953	1497
职工初等学校	71	5721	6451	6890	127	6
农民初等学校	11650	180253	196323	205409	10826	1491
其中：扫盲班	6342	69721	65621	68349	5592	724

制表　秦志伟

〔年度工作方针〕 1995年，山西省教育工作的指导思想是：以邓小平建设有中国特色社会主义理论和党的基本路线为指针，大力推动国务院关于《中国教育改革和发展纲要》的实施意见和中共中央德育工作文件的全面实施，深入贯彻全国和全省教育工作会议精神，以全面启动教育10项工程（“两基”工程，教育扶贫工程，职教发展工程，高校“四重”工程，成人岗位培训工程，教育综合改革工程，调整教育结构和布局工程，师资培训工程，教师安居工程，德育工程）为重点，把“两基”作为“重中之重”，进一步加大教育改革力度，努力促进全省教育事业的改革与发展。

〔制定中长期规划〕 1995年，山西省制定了教育事业“九五”计划和2010年长期规划纲要。“规划”根据《中国教育改革和发展纲要》和实施“科教兴国”战略以及实现经济体制、经济增长方式的转变的要求，以山西经济建设和社会发展对教育的需求为主题，紧紧抓住调整和优化产业结构这条主线，努力解决教育发展中存在的突出问题和主要矛盾，以提高教育质量和效益为中心，推进教育事业稳步协调发展。“九五”和2010年教育发展的指导思想是：贯彻“科教兴国”战略，围绕科教兴晋目标，注重内涵，优化结构，夯实基础，确保重点，全面提高教育质量和办学效益，全力增强对全省经济社会发展的适应性。基本方针是：(1) 正确处理改革、发展、稳定的关系；(2) 努力保持教育事业持续、稳定、健康发展；(3) 全面贯彻落实科学技术是第一生产力的思想，努力提高教育发展中的科技含量；(4) 调整优化教育结构；(5) 转变教育发展方式；(6) 大力推进综合配套改革；(7) 进一步扩大对外开放；(8) 既要量力而行，又要尽力而为。

到“九五”末期全省教育事业发展的总目标是：全省人民受教育水平有明显提高；城乡劳动者职前和职后教育有较大发展；各类专门人才的拥有量基本满足现代化建设的需要；形成层次门类齐全、服务功能完善、布局结构合理、持续协调发展，具有山西地方特色、能够面向21世纪的社会主义教育体系的基本框架。

“九五”期间教育发展的主要目标是：(1) 全面实现“两基”。1996年实现基本扫除青壮年文盲的任务。(2) 建立以县办综合职教中心为骨干的职业技术教育发展新体系。到2000年在全省各县区建成一所综合职教中心。各类中等职业学校在校生总规模达到35.6万人。各类中等职业学校的招生和在校生人数占高中阶段招生和在校生总数的比例达到60%。(3) 普通高等教育适度稳步发展，高校“四重”（重点建设大学、重点建设学科点、重点建设实验室、重点科技成果研究开发）工程建设取得较大进展。到本世纪末，力争使山西大学和太原工业大学两所地方高校，进入国家“211工程”；重点建设40个学科，力争2至3个学科进入国家重点建设学科行列，力争使高校的博士点增加8至10个，硕士点增至150个左右；重点建设一批实验室，力争使1至2个实验室进入国家重点建设的实验室行列；完成重点科技成果800项，力争通过其中30%以上成果的应用开发和推广转让，创造经济效益10亿元以上。到“九五”末，普通高校在校生总规模达到5.5万人，在校研究生达到1400人以上。(4) 成人教育职工岗位培训和农村实用技术培训取得更大实效。到2000年，在全省推行“双证书”制度（学历证书、技术等级证书），使三分之一以上的从业人员受到较为规范的岗位技术培训。5 年中每年对农民进行实用技术的培训保持 100 万人次。各类成人高等教育在校生总规模达到 4.5 万人。

为了确保全面实现“九五”时期的目标任务，必须坚持以下 6 条基本指导方针：第一，坚持科教兴晋方针。加强教育与经济、社会的联系。第二，坚持以改革促发展的方针。全方位地不断深化教育改革，并且积极扩大对外交流。第三，坚持重在提高教育质量和办学效益的方针。使教育发展方式切实转变到主要依靠内涵发展、实现集约化发展上来。第四，坚持积极进取和实事求是相统一的方针。要善于把国家关于教育的大政方针和整体要求与山西的具体情况结合起来，从教育发展的实际出发，分区规划，分别要求，分类指导，分步实施。推动改革发展进程必须尽力而为，又要注意量力而行，还要坚持按教育发展的自身规律办事。第五，坚持以重点带全面的方针。继续坚定地实行重点发展战略，促进教育上水平、上档次，赶超全国先进水平。第六，坚持“两全”方针。首要的是要端正学校的办学方向，认真贯彻国家教育方针，大力加强各类学校德育工作，提高学生思想道德素质，真正使他们全面发展，健康成长。

2010 年远景目标：

——基础教育继续完成“普九”的剩余任务。已经完成“普九”任务的地区，在认真巩固“普九”成果的基础上进一步向普及高中推进。60%以上的地区基本普及高中阶段教育。

——各类中等职业技术教育在质量和规格更加适应经济发展需要的基础上规模进一步扩大，招生规模达到高中阶段教育招生总规模的 66%以上。

——成人教育继续本着学用结合、按需施教和注重实效的原则，广泛开展从业人员的岗位培训和继续教育，大力发展以乡镇成人文化技术学校为依托的农村成人教育，努力加强在学历教育方面和普通学校的联系与合作，特色更加突出，质量和效益进一步提高。

——普通高等教育在结构上基本适应经济和产业结构调整优化的需要，质量和效益进一步提高，规模适度扩大，本专科在校生数达到 8 万人左右，在校研究生达到 2500 人以上。

根据以上规划，3 月，省政府印发了《山西省贯彻国务院关于〈中国教育改革和发展纲要〉的实施意见的细则》，对山西省到 2000 年教育发展的目标和任务、深化教育改革的任务和政策保证措施等作了全面部署，要求各地制定本地区、本部门和学校实施《纲要》的具体规划和措施，分阶段、分步骤组织实施。

〔**教育督导**〕　1995 年，山西省把“五项内容”（“两基”规划的实施情况、《教师法》落实情况、增加教育投入的情况、加强德育工作的情况和减轻义务教育阶段学生过重课业负担的主要措施落实情况）的督导检查作为一项重点工作认真抓。根据省委、省政府意见，省教委在年初召开的工作会议上，对五项督导检查进行了部署，省教委与各地市教委签订的 1995 年教育工作目标责任制，把五项督导检查作为一项重要指标列入其中；各地市又将其分解到县区。省、地（市）、县各级都分别成立了由政府、人大、政协以及人事、财政、计委、教育、工商、税务、审计等有关职能部门参加的“五项内容”督导检查领导组。临汾、阳泉两地市明确提出，县、乡两级政府如抓“五查”不得力而使“两基”工作不能按期得到评估验收，要对党政一把手降工资甚至“摘帽子”。5月，全省组织120余人，分19个组对38个县（市、区）进行了历时10天的检查核实，收到很好效果。一是对部分县的“两基”规划帮助作了调整，使之更加切合当地实际；二是推动了《教师法》的贯彻，全省多数县实行了优先发放教师工资制度，并建立和完善发放教师工资的保障机制。贫困山区民办教师工资待遇普遍得到提高。三是推动了增大对教育的投入，中小学办学条件进一步改善。平定、盂县、临汾等3个县市在五项督导检查中多方筹资，分别投入300万元、1500万元和2000万元的基础教育经费；四是促进了德育工作落实；五是减轻中小学生课业负担收到成效。对检查中发现的教育投入不足、拖欠教师工资、初中学生流失率偏高等问题向各级政府作了通报。

〔**教育投入与支出**〕 1995年，全省教育总投入为35.38亿元，比上年增加5.8亿元，增长19.60%。其中：（1）预算内教育拨款21.66亿元，比上年增加1.14亿元，增长5.56%，占总投入的61.22%，比上年的68.82%下降7.6个百分点。（2）各级政府征收用于教育的税费3.6亿元，比上年增加1.19亿元，占总投入的10.17%。其中城市教育费附加比上年增长36.1%；农村教育费征收比上年增长57.6%。（3）勤工俭学收入用于教育的经费达到1.27亿元，比上年增加0.34亿元，占总投入的3.6%。（4）其它属于国家财政性教育经费0.19亿元，比上年增加0.09亿元，占总投入的0.54%。（5）社会捐集资办学经费5.27亿元，比上年增加2.07亿元，占总投入的14.89%。（6）学杂费收入2.92亿元，比上年增加0.73亿元；占总投入的8.25%。（7）其它教育经费0.47亿元，比上年增加0.07亿元，占总投入的1.33%。

1995年全省教育事业费总支出20.94亿元，比上年增加1.38亿元，其中：（1）普通高等学校支出2.14亿元，较上年增加0.11亿元，（2）中等师范学校支出0.46亿元，与上年基本持平。（3）中学支出7.36亿元，较上年增加0.52亿元。（4）小学支出7.87亿元，较上年增加0.51亿元。1995年全省“三个增长”情况。（1）全省财政收入129.4亿元，较上年增长44.26%，财政支出112.89亿元，较上年增长25.86%。教育事业费20.94亿元，较上年增长7.09%。增长速度低于财政收入的递增速度37.17个百分点。（2）生均教育事业费。高校4551.36元，比上年增长13.27%；中师1833.92元，比上年增长4.17%；职业中学832.28元，比上年增长11.93%；高中931元，比上年增长11.44%；初中478.94元，比上年增长3.27%；小学262.31元，比上年增长4.19%。（3）生均公用经费。高校1745.46元，比上年增长13.64%；中师417.76元，比上年增长2.17%；职业中学227.88元，比上年增长18.1%；高中133.74元，比上年增长17.6%；初中43.67元，比上年增长13.64%；小学13.93元，比上年增长13.71%。

1995年，全省用于改善办学条件的资金达到6.57亿元。共新建校舍120.4万平方米，维修校舍104.3万平方米，购置教学仪器81.1万套（件），购置文体器材24.4万余件，购置图书资料460.4万册，教学仪器、图书资料、文体器材三配套的比例由1994年的79.82%上升到1995年85.60%。

〔**全省农村教育工作会议**〕　省委、省政府于10月13日至16日在吕梁地区召开了全省农村教育工作会议。各地市、县（市、区）的党政一把手，各地市分管教育的领导，各地市、县（区）教委主任，各普通高校的主要领导，省直有关部门的负责同志，共400余人参加会议。省委书记胡富国、省长孙文盛、省委副书记郑社奎、省委常委、副省长刘泽民参加会议并讲话。国家教委副主任王明达受朱开轩主任的委托专程前来参加会议，并就农村教育的发展形势和改革思路讲了话。省委书记胡富国在讲话中指出："省委、省政府一直把农业、农村和农民问题作为经济建设的中心工作，把农业放在第一位，农村要发展，必须提高农民的素质。农民素质的提高，最根本的必须依靠教育。各级党政领导务必要提高认识，不仅要用经济的观点而且要用政治的观点来看待教育，要带着感情抓教育。"孙文盛省长代表省委、省政府作了《实施科教兴晋战略加强农村教育工作》的主题报告。报告提出了今后五年山西省农村教育发展的总体目标是：到本世纪末在全省实现"两基"，使农村人口受教育的水平有明显提高，农村劳动者的职前、职后教育和培训有较大发展，广大农民掌握一定的科学知识和技能，多数农民掌握一门以上实用技术或具有一技之长；初级、中级乃至高级专门人才的数量明显增加，其拥有量基本能满足发展农村经济和各项事业的需要；初步建立起三教统筹、农科教结合、布局结构合理、服务功能较强、基本适应农村需要的教育体系的基本框架。报告还就增加教育投入、加强师资队伍建设、深化教育体制改革以及抓好教育扶贫工作等提出具体要求。会后印发了《中共山西省委、山西省人民政府关于加强农村教育工作的决定》。12月，省政府印发《山西省农村教育事业费附加征收管理使用实施办法》。

〔**宣传贯彻《教育法》**〕　《教育法》颁布后，省教委作出《关于学习宣传贯彻实施〈教育法〉的安排意见》。5月19日，省教委在太原、大同、长治、阳泉、朔州、晋城6个省辖市开展了较大规模的《教育法》宣传日活动，近万名教育工作者和各级党政领导参加宣传活动。在太原市，省、市教委组织200余所大中小学2000余名教职工在主要街道设立宣传点，散发宣传资料，开展咨询，向社会广泛宣传《教育法》。省委、省人大、省政府、省政协的领导参加了宣传活动。10月26日，省长孙文盛为《教育法》正式施行在山西日报发表了《划时代的法律，民族振兴的保证》文章；山西教育报在全省举办了教育法知识竞赛，有29万人参加。

〔**教师住房建设**〕　为了尽快改变全省城市中小学 教师家庭人均居住面积低于全国平均水平的状况，1995年山西省把解决教师住房困难作为贯彻《教师法》，为教师办实事的一项重要工作认真组织实施。省政府办公厅印发了《关于加快解决我省教职工住房问题的通知》，9月，在阳泉召开了全省教师住房建设会议，全省教师"安居工程"全面启动。省政府作出规划：从1995年至1997年，用3年时间投资15840万元建设城市中小学教师住房26.4万平方米，以解危解困为主，重点解决无房户及人均居住面积在4平方米以下的困难户。1998年至1999年，再用2年时间投资7920万元，建成住房13.2万平方米，到1999年全省城市中小学教师家庭人均居住面积达到8平方米，成套率达到60%以上。用4年时间投资7800万元，建设13万平方米住宅，集中解决普通高校2000余户讲师以上职称教师的住房问题。到1998年省属普通高校教职工家庭人均居住面积达到8平方米，成套率达到70%以上。为实现上述目标，解决建房资金采取省、地（市）专项资金，学校和个人共同负担的原则。省专项资金解决三分之一，地、市、区专项资金解决三分之一，学校和个人自筹三分之一。省政府决定，在正常补助地市教育基建投资以外，1995～1997年每年安排专项投资1760万元；1998—1999年每年安排1320万元用于资助城市中小学教师住房建设。高校教师建房资金仍采取省投资一半，学校和个人集资一半的办法。1995～1998年省从正常高校基建投资中每年安排975万元，另一半资金由学校和教职工个人分4年筹集。到1995年底，全省完成城市中小学教工住宅8.8万平方米，建设高校教工住宅3.7万平方米，使全省教师住房条件得到明显改善。

基础教育

〔**义务教育**〕 1995年，基础教育实行“三级办学、两级管理、以县为主、首长负责”的新的办学和管理体制，进一步明确了县级政府在“普九”工作中的责任和地位，调动了地方政府和人民群众办学的积极性和责任感。6月上旬，省政府办公厅印发了《关于九十年代基本普及九年义务教育和基本扫除青壮年文盲的实施意见》，就今后几年义务教育的领导管理、目标规划、经费筹措等问题提出了指导意见和若干改革措施。6月下旬，省教委参加了国家教委召开的全国“普九”二片地区会议。根据会议提出的普及九年义务教育坚持“积极进取、实事求是、分区规划、分类指导”的基本原则，省教委提出了全省贯彻“二片”普九会议精神意见，在10月召开的全省农村教育工作会议上，向各地作了部署。全省各地“普九”进度普遍加快，经济、教育基础较好的地方，全面强化义务教育各项管理，提高水平，迎接评估验收。山老贫困地区以改善办学条件和积极普及小学阶段义务教育为主要目标，努力按规划完成“普九”任务。到年底，又有12个县区基本普及初等义务教育，使全省基本普及初等教育的县增加到89个，人口覆盖率上升到91%；有25个县（市、区）基本普及初中教育，通过省级评估验收，达到“两基”的基本要求，使全省实现“两基”的县（市、区）数增加到39个，人口覆盖率上升到55%。全省新建36所特殊教育中心校，全省残疾儿童少年入学率达到71%。

〔**调整中小学布局**〕 为了提高教育投资效益，解决因中小学布局不合理而造成的结构性浪费，1995年山西省开始实施为期三年的中小学布局调整工作。调整中小学布局与改善全省50个贫困县办学条件结合进行。省教委和省财政厅成立了中小学布局调整工作领导组。全省中小学布局存在的主要问题是：(1)城市和县镇中小学严重不足。随着城市、县镇建设规模不断扩大，城镇人口剧增，但城市和县镇中小学建设却严重滞后，致使全省6个直辖市的城区和118个县城所在地，都程度不同地存在着中小学校规模大、班容量大，学生入学难的问题，有的中小学校班容量达80人以上，还有一些城市出现了"二部制"。(2)农村初中布点仍较分散。全省农村仍有八年制初中463所、单轨制初中781所，农村初中校均学生仅290人。学校规模小、布点分散，使本来就十分紧缺的师资、经费、设备不能合理使用。(3)农村小学复式面大，复式层次多。全省复式小学有20530所，占小学总数49.7%，其中仅有一名教师的单人小学就有16229所，占小学总数的39.3%，在这些学校，国家的课程计划很难落实，教育质量和效益普遍较差。(4)特殊教育薄弱。目前单独设置的特殊教育学校36所中，农村仅9所，不能为农村盲、聋、哑和弱智儿童少年接受义务教育提供足够的条件。针对上述情况，调整中小学布局的目标是：用三年时间(1)在城市、县镇新建小学163所、初中107所；(2)压缩八年制学校457所，新建农村单办初中372所；(3)在山区新建寄宿制小学1300所，压缩生源较少的单人小学2955所。实现上述目标后，在保证全省适龄儿童入学率99%的基础上，单人小学将减少到13274所，寄宿制小学将增加到3561所。这样，农村小学，特别是山区小学的布局将基本合理，办学条件大大改善，教育质量和办学效益将明显提高。1995年，实施调整中小学布局的第一年即初见成效。全省取消八年制学校273所，新建寄宿制小学317所，新建、扩建初中204所，使全省初中学校平均拥有学生数由1994年的399人增加到438.6人。

〔**高中教育**〕 6月，省教委召开地市教育行政部门领导和省首批重点中学校长会议，部署高中教育工作。之后组织力量对全省高中教育的现状进行调查研究。在调研基础上，草拟了《关于"九五"期间普通高中教育改革和发展若干问题的意见》。其主要内容是：改革普通高中单一的办学模式，逐步形成多种模式并存，各有侧重，相互补充，协调发展的高中教育新格局。即全省10%的高中学校，以升学预备教育为主，70%的学校以升学预备教育和兼有就业预备教育为主；15%的高中试办以就业预备教育为主，5%的高中以侧重某一学科的特色教育为主。改变单一由政府办学的体制，在继续鼓励和支持社会力量办学的同时，确定一些学校进行"公办民助"、"民办公助"、"公有民办"等多种形式的改革试验，逐步建立以地方政府办学为主，社会各界参与办学的新体制。12月，省教委召开全省高中教育工作会议，把《意见》提交大会讨论，并提出"九五"期间在全省建立普通高中评估晋级制度，在全省争取建成30所全国示范高中、50所省级示范高中、100所地市级示范高中，并从1996年起，取消首批重点中学和非首批重点中学称号。会后全省各地加强了高中教育工作。1995年全省高一招收新生70028人，比上年增加10437人。

〔**示范校（园）验收**〕 根据“八五”规划，1995年前要在每个县（市、区）建设一所省级示范初中、示范小学和示范幼儿园。1990年和1993年曾两次进行检查验收。1995年进行了最后一次检查验收，共验收示范初中21所、示范小学18所、示范幼儿园9所。至此，全省示范初中、小学和幼儿园验收工作全部结束。全省共有省级示范初中127所、示范小学152所、示范幼儿园159所，基本实现了每个县（市、区）都有一所的目标。这些学校在普及九年义务教育中，注重改善办学条件，注重提高教师队伍整体素质，注重加强学校管理，注重全面贯彻教育方针，注重从应试教育向素质教育的转变，为当地中小学、幼儿园起到了示范作用。

〔**初中毕业生抽测**〕 1995年，对按规划在1995年底前普及九年义务教育的39个县（市、区）的初中毕业生进行抽样测试。由省教委统一命题。考试科目为政治、语文、数学、物理、化学、外语6科。参加考试的学生共182467名，其中6科全部及格的158349名，全科及格率为86.8%；达到毕业要求的学生171984名，毕业率为94.3%。通过对考试成绩的综合分析，表明全省教育、经济较好地方，初中教学质量已基本达到国家九年义务教育要求；语文、政治两科较强，及格率分别达到97.8%和96.7%；数学、英语两科较弱，需要采取针对性措施予以加强。

〔**幼儿教育**〕 1995年，幼儿教育以加强学前班管理和幼儿教师队伍建设为重点。1995年制定了《山西省评估县市区基本满足幼儿学前三年教育工作试行方案》，决定从1995年开始，在“两基”验收合格的县（市、区）进行基本满足学前三年教育验收。经过检查，太原市南郊区、阳泉市郊区、晋城市城区、临猗县、祁县、曲沃县基本合格，为其颁发了山西省幼儿教育先进县牌匾，并奖励1万元。1995年省教委下发了加强学前班招生管理的意见。11月，在祁县召开了全省农村幼儿教师队伍建设工作会议，推广祁县农村幼儿教师管理的经验。为了提高幼儿教师的待遇，省教委会同省财政厅、省人事厅、省劳动厅制订了《关于调整托幼长期临时保教人员退养生活补助费标准的通知》，为退养人员每月增加补助35元。1995年，全省幼儿教师学历合格率达到44%。

〔**德育工作**〕 1995年，为了贯彻落实省委《关于进一步加强和改进学校德育工作的意见》和省政府办公厅印发的《山西省德育工程实施意见》，省教委制订了《山西省德育工程建设和验收标准》和《山西省中小学爱国主义教育实施方案》，集中力量抓中小学德育示范县和示范校的建设，调动各级地方政府在德育工程建设中的积极性，努力营造全社会共同为青少年健康成长创造良好社会环境的氛围。1995年，在各地市自评验收的基础上，完成5个德育示范县50所示范学校，250个示范基地的建设任务。年底，省委宣传部和省教委表彰了99名优秀思想政治课教师。

〔**安全教育**〕 4月6日上午，朔州市小峪煤矿第二小学四年级五个班共195名学生在10名教师带领下，到附近的柏岭山春游，因野炊引发大火，当场烧死学生29名，重伤1名，轻伤3名，国务院副总理李岚清就此事批示：这又是一次血的惨重事件。现在春季已到，再加实行五日工作制后户外郊游活动会增加。请一定注意师生安全，要提安全第一的要求。同时，严肃处理，做好善后工作。国家教委领导也就此作了批示。4月10日晚，省政府召开全省安全电话会议，省委常委、副省长刘泽民和副省长彭致圭在讲话中要求各级党委、政府的主要领导要以“4·6”火灾事故为教训，下大力抓好安全工作。省教委主任曹福成要求各级教育行政部门和各级各类学校，要采取有力措施，防止火灾、交通、危房、食物中毒和煤气中毒、溺水及爆炸事故的发生，加强对各种大型社会活动的管理，建立学校事故报告制度。为进一步加强学校安全工作，省教委制订了《山西省各级各类学校安全教育及管理暂行规定》和《山西省各级各类学校安全教育大纲》，确定了各级各类学校“安全教育日”，进一步明确了安全工作的教育、管理、事故处理等职责，实行了安全工作“谁主管、谁负责”、“谁主办、谁负责”原则，明确了校长及地、市教育局长（教委主任）是安全工作第一责任人，使学校安全工作逐步制度化，规范化。“4·6”火灾事故调查结束后，对小峪煤矿第二小学负有直接责任的教师等 7 人作了严肃处理。

〔**教师队伍建设**〕 1995 年，全省有 1500 名高中教师进修本科，28900 余名初中教师参加“三沟通”（卫电、函授、自学考试）全员培训，6250 名小学教师参加中师专业教育培训。经过多种形式的培训提高，使全省高中、初中、小学教师的学历达标率分别达到 46%、59.74%、81.38%，分别比 1994 年提高 3.6、6.5、5.27 个百分点。为了提高贫困地区小学复式教学师资水平，举办了贫困地区小学复式教学师资培训班，共办班 12 个，培训教师 480 人。制定了山西省开展小学新教师试用期培训的实施意见。试用期培训从 1995 年秋季开始，共培训 4000 余人。此外，为加快小学教师达到专科学历培训步伐，还在山西省教育学院、阳泉、晋城市教育学院招收优秀应届中师毕业生直接参加小教大专班学习，共招收 500 余人。

此外，1995 年培训重点中学校长 240 名、普通中学校长 1000 余名、小学校长 2500 余名。全省中小学校长岗位培训工作已全部按要求完成，为 1996 年中小学校长持证上岗奠定了良好基础。

1995 年山西省石广元、王金玉、李槟等 24 名教师获曾宪梓教育基金会 1995 年中等师范学校教师奖。

〔**解决教师工资拖欠**〕 省委、省政府高度重视解决拖欠教师工资问题。到 1996 年春节前，全省中小学教师工资已全部兑现。省委书记胡富国经常讲：“再穷不能穷教育，再苦不能苦教师”。他在 1995 年 9 月 9 日全省庆祝教师节大会上再次指出：“一些地方出现的拖欠教师工资问题，给本来比较清苦的教师，特别是农村教师造成了更大的生活困难，这是违反《教师法》的。必须建立有效的保障机制，有效解决中小学教师工资兑现问题。除了非常特殊的情况，今后绝不允许出现拖欠教师工资的现象，又经拖欠的要限期解决”。4 月，一度出现 4 个地市 17 个县拖欠教师工资达 737.2 万元的情况。这一情况在《山西省教委简报》刊出后，省长孙文盛、副省长刘泽民等先后作了重要批示，责成 4 个地市政府限期解决并向省政府专题报告，并要求省教委负责检查、督促。省政府领导下基层每到一地，都要过问教师工资兑现情况，强调保障教师的合法权益。省教委始终把解决拖欠教师工资问题列入重要议事日程，常抓不懈。近年来省教委与各地市教委签订的工作目标责任书把解决教师工资拖欠列为第一项，并在全省建立了教师工资拖欠情况的定期报告制度。1995年，先后4次上报或下发了关于制止拖欠中小学教师工资的报告、通报、通知等专题文件，提出了进一步解决拖欠教师工资问题的具体措施：一是要求各级地方政府和教育部门尽快从根本上理顺经费管理体制；二是完善和加强定期报告制度，要求各地市县每月10日前，将本地区上月拖欠教师工资额、涉及人数及解决情况报省教委；三是试行教师工资发放监控统计，由地市责成每个县区指定有代表性的中、小学各一所做为监控联系点，及时向省反馈工资到位情况。同时，省教委在7月中旬、12月底组织的年中、年终两级工作目标责任制检查中，都把教师工资兑现作为主要内容进行督促检查。检查结束后对拖欠严重的地市，再派工作小组重点督查。这种办法有效地监督和促进了解决拖欠教师工资问题。如1995年7月全省拖欠额上升到1700余万元，省政府召开电话会议，要求各级政府采取有力措施，扭转这种局面。随后，省教委派人下去检查督促，经过努力，到9月教师节前下降到400余万元，且只拖欠一个月。1995年山西全部兑现中小学教师工资的信息上报国家教委后，朱开轩主任作了批示，肯定了山西省解决中小学教师工资的工作。

〔**为教师办实事**〕 1995年教师节，省长孙文盛代表省委、省政府宣布为全省教师办的8件实事有两项是关于民办教师待遇的：(1) 省政府决定从1995年10月1日起，给全省民办教师每人每月增加工资30元；(2) 1995年解决1万名民办教师转正指标。其中国家下达6800名，省解决指标3200名。

1995年教师节，省教委组织50个贫困县山老区教师代表（每县1名）到太原参加为期一周的度假活动。他们都是长年工作在贫困偏远山区教学第一线的优秀教师和教学能手，其中年龄最大的59岁，最小的25岁，既有公办教师，又有民办教师。省委书记胡富国、省人大主任卢功勋、副主任孙祥炎、副省长刘泽民出席度假周开幕式，向园丁们表示节日祝贺，与代表们亲切座谈。在一周的度假活动中，教师们参观了太原飞机场新候机楼等几个省重点工程建设和名胜古迹，与省实验小学、通宝育杰学校的教师进行了教学交流。参加度假周活动的全体教师向全省山老贫困地区教师发出倡议，希望共同为加快全省“普九”步伐献计献策，为山西的教育改革与发展作贡献。

1995年8月，太原五中女教师白枫获香港柏宁顿（中国）教育基金会首届“孺子牛金球奖”，并获奖励10万元人民币。

1995年8月15日，长治市中级人民法院依法判处迫害长治七中教师申丰祺致死的原长治市公安局办公室副主任兼指挥中心主任于列海死刑，剥夺政治权利终身；判处同案犯、原长治市公安局长何土宽有期徒刑5年；其他4名参与迫害的罪犯分别被判处无期徒刑或有期徒刑。至此，历时一年震惊全国的长治市公安局刑讯逼供致死人民教师一案有了结果。

〔**抗灾救灾**〕 1995年8月31日至9月8日，大同、朔州、忻州3个地市的17个县（市、区）遭受百年不遇的洪涝灾害，造成大量房屋倒塌。据统计，这3个地市共倒塌中小学校舍7070间，计17.6万平方米，形成危房54万平方米，占3个地市校舍总面积的13.43%。有2136所学校、17.47万学生被迫停课，直接损失1.2852亿元。灾情发生后，在省委、省政府统一部署下，省教委积极采取措施支援抗灾救灾，从正常省补普教基建投资中拿出1000万元，从维修补助费中拿出150万元，计1150万安排下达3个地市作为救灾补助，帮助灾区中小学尽快复课，并发动省教委机关和高等学校教职工为灾区募集捐款68万元和一大批衣物，有力地支援了灾区中小学重建和复课。

〔**治理乱收费**〕 1995年，全省加大了治理中小学乱收费工作力度。成立了由副省长刘泽民任组长的山西省治理中小学乱收费工作领导组；7月，省政府召开全省治理中小学乱收费再动员电话会议，刘泽民在会上要求各级领导强化政府行为，在年内要取得阶段性成果；省教委、省财政厅，省物价局、省纠风办公布了《山西省1995年中小学收费标准》；从秋季新学年开始，在全省中小学使用统一格式的收费监督卡，实行持卡收费。秋季，省教委、省纠风办、省财政厅、省物价局联合组织，并邀请省人大、省政协有关领导参加，进行全省治理中小学乱收费工作检查。据检查11个地市118个县区的3540所普通中学和41472所小学的情况，查出违纪学校432所，违纪金额972万元，清退669万元，上交财政和教育基金会129万元；处理违纪案件22起，处分责任者17人。

〔**电化教育**〕 1995年，对全省学校电化教育进行了全面普查。结果表明，常规电教手段已在全省中小学得到广泛应用。在投影、幻灯教学方面，全省共拥有书写投影仪22975台、实物投影仪1099台、手动幻灯机2042台、自动幻灯机588台、银幕13204幅。在录音、录像教学方面，全省共有各种收录机32455台、快速录音磁带复制机202台、语言室学生用机11065台。直接用于课堂教学的常规性电教教材中，教学投影片51125套、教学幻灯片16164套、教学电影片1914部、教学录音带376891小时、教学录像带136906小时。电教用房也在不断增加，全省拥有语言实验室209个，共15092平方米；计算机教室373个，共20439平方米；综合电教教室1415个，共66048平方米；声像阅览室55个，共2217平方米；演播室987个。随着多媒体计算机辅助教学的开展，中小学计算机教育也纳入了电教发展的轨道。全省中小学用于计算机学科教学和辅助教学的各类计算机8063台，其中386以上的计算机占到52.9%。直接用于课堂教学的计算机教学软件达2516套，V—CD光盘、CD—I光盘、CD—ROM光盘、LD光盘等先进电教教材也有一定的拥有量。1995年全省学校电教经费也呈增加势头，上级拨款和自筹资金分别比上年增加11.25%和27.83%。这次普查为制订“九五”期间全省学校电教工作的奋斗目标和今后学校电教设备、电教教材的配备提供了重要依据。

职 业 教 育

〔**综述**〕 1995年，全省职业技术教育工作坚持“深化改革、突出重点、提高水平、促进发展”的指导思想，以实现“三个转变”为目标，深化体制改革。“三个转变”即：办学体制以政府办学为主逐步转变到由行业、企事业和社会办学为主；毕业生就业由国家包下来逐步转变到依靠人才市场调节，学生自主择业为主；教育行政部门对职业学校的管理由直接、具体的管理逐步转变为综合评估督导和宏观调控为主。采取抓典型带动一般，抓评估提高整体水平的工作方法，使职业技术教育又有新的发展。1995年全省中等职业学校共招生91000人，在校生达到233555人，招生数和在校生数分别占到高中阶段招生数和在校生数的56.2%和55.1%。全省中等职业技术学校校办产业纯收入达到5200万元。

〔**职业中学建设**〕 4月至5月，在《山西省职业技术教育条例》颁行7周年之际，省教委会同省人大教科文卫委对各级政府贯彻执行这个条例的情况进行了执法检查。对全省11个地市、118个县区的275所职业高中普查了一遍。各级人大、教育部门和部分重点中专学校校长共250多人参加了检查。检查结束后作了通报。根据各地职教发展情况把118个县区分为三类，对当地领导重视、职教投入有保障、职教发展健康、办学条件好、效益高的一类25个县区给予通报表扬；对不重视职教发展、职业教育发展落后甚至尚未起步的三类18个县区给予通报批评。这次检查通报对各地震动很大，使各级政府对职业教育的重视程度进一步提高，在经费投入、有关政策的落实、师资队伍建设、改善办学条件、加强学校管理等方面都有很大改进。

在对全省职业高中进行普查的基础上，进行了第一、二批省级重点职业高中的复评工作和第三批省级重点职业中学及首批国家级重点职业中学的评估工作。6月，评出合格职业中学114所，由省教委发合格证书。10月，经国家教委认定合格的第一、二批和第三批省级重点职业高级中学共33所。年底，还向国家教委申报了15所国家级重点职业高中。

由省教委同国家教委、太原电视台联合摄制的反映左云县综合技术学校马文有校长艰苦创业、实业兴学事迹的6集电视连续剧《脊梁》，12月在中央电视台播出，年底在北京召开的“电视刷《脊梁》座谈会”上，国家教委和首都新闻界对该剧给予了很高评价，认为这是一部高扬主旋律、事迹典型、催人奋进、感人至深的力作，是我国第一部反映职教战线英模人物先进事迹的电视剧，对宣传职业教育作出了贡献。

全省建设县办综合职教中心工作全面起步。制订了《山西省县级职教中心建设实施方案》。全省已有18个县区的职教中心开始运行，有的已初具规模。

〔**高等职业教育**〕 1995年全省高等职业教育继续稳步发展。山西省职业师范专科学校和太原大学都从1995年开始，全部从职业中学应届毕业生中对口招生。为了加快职业高中师资培养步伐，还在山西师范大学、太原工业大学、长治医学院等6所高校开设了职教师资班，共招生230人。

〔**中等专业教育**〕 1995年重新核定了全省中专学校的办学规模，并调整了部分中专学校的专业，使中专教育与经济建设对人才的需求更贴近。在调查研究的基础上，起草了《山西省中专教育改革与发展的意见》。根据全国中专学校使用统一教材的需要，分6批派出18名教师参加了国家教委组织的政治课新教材培训，并利用假期培训了省内中专学校政治课教师170多人。1995年，还组织全省中专学校开展了“革命传统我继承”主题演讲会，“祖国在我心中”知识竞赛等活动，加强了中专学校的思想政治工作。

〔**农村教育综合改革**〕 继续贯彻“点上深化、面上扩展”的工作方针，使“三教统筹”、“农科教结合”和实施“燎原计划”为主要内容的改革取得新的进展。1995年新增永济市、翼城县、交城县3个综改实验县，使全省综改实验县达到35个；新增“燎原计划”示范乡37个，总数达到335个。随着综合改革的深化，涌现出一批具有特色的典型，如柳林县前元庄、方山县圪叉嘴等。国家教委副主任王明达在考察这些典型后称之为农村教育改革的方向。10月，国家教委在湖南召开的全国农村教育综合改革会议上，圪叉嘴学校作为特邀代表作了经验发言。

高 等 教 育

〔**重点学科建设**〕 在1994年对省重点学科进行规划，确定到本世纪末投资5000万元，建设40个重点学科，其中2至5个学科力争成为国家重点学科奋斗目标的基础上，1995年，省教委制定了《关于重点学科建设的几点意见》和《山西省高校重点学科建设点专项经费管理办法》，使重点学科建设进一步规范化、制度化。在遴选和评审工作中坚持从严掌握，到1995年底，共评审出30个学科，其中22个已预备立项列入重点建设计划。省教委和有关高校采取了一系列有效措施和打破常规的管理办法，对重点学科建设予以扶持。在教师和研究人员的调动、职称晋升、青年学科带头人培养、出国留学进修、科研课题资助、经费投入等方面优先保证重点建设学科点。1995年在省政府支持下，省财政设立了专项经费，并拨400万元资助重点学科，省计委又从基建投资中安排大型仪器设备专项经费近200万元，对生理学、有机化工、无机化学、中国古代文学等16个学科给予重点资助。固体力学、光学、结构工程3个学科的资助总额达到60万元。重点学科建设促进了高校教学质量和办学水平的提高，同时也带动了学位授权审核工作。1995年，全省高校新增硕士点24个，其中省属高校12个。山西大学、华北工学院各增5个。

〔**跨世纪人才培养**〕 从1994年开始实施的到本世纪末培养100名青年学科带头人和1000名中青年骨干教师的高校跨世纪人才培养计划，1995年取得新进展。省教委制定了《山西省培养高校青年学科带头人实施意见》、《山西省培养高校青年学科带头人基金管理办法》(暂行)和《山西省普通高校选拔培养优秀中青年骨干教师的规定》，使跨世纪人才培养计划的实施工作进一步完善。由此，高校的师资建设从普遍提高转为重点培养。经组织专家评审，从25所省属高校推荐的608名教师中，首次评审出325名优秀中青年骨干教师培养对象；评选出27名青年学科带头人培养对象。连同1994年评出的55名，全省高校青年学科带头人培养对象达到82名。这82名青年学科带头人年龄均在40岁以下，他们理论基础扎实，知识面广，专业知识雄厚，教学科研成就显著，发展潜力很大。他们中获博士及博士后学位者36名，硕士学位者41名，共计77名，占总数的94%；副教授以上职称的72人，占总人数的88%。1994年底和1995年，省教委拨出120万元专款，首次资助省属高校1994年评审出的青年学科带头人，其中108万元用于科研项目，12万元用于个人津贴。即每人每月图书资料费补贴50元。这些措施为改善青年学科带头人的工作条件和生活条件起了积极作用。

〔**专业调整**〕 1995年省教委印发了《关于核准普通高等学校现设专科专业的通知》和《关于核定普通高等学校“九五”期间专业设置总数的通知》，对高校本、专科专业设置进行了清理和核定。年底印发了《山西省普通高等学校本专科专业设置清理审核结果》，公布了核准的本、专科专业。至1995年底全省普通高等学校共有562个本、专科专业，其中含专业方向40个。省属高校有417个，部属高校有145个。按层次分：本科237个（其中省属高校165个）、专科325个（其中省属高校252个）。

〔**科技工作**〕 1995年高校共拨入科技经费3378.1万元，承担课题1382项，其中国家级项目80项。1995年高校获省科技进步奖37项，其中一等奖4项，二等奖23项，三等奖10项。高校科技还为兴晋富民作出了积极贡献。太原工业大学1995年与省内外15个企业建立了合作开发研究关系，进行新产品、新材料、新技术、新工艺的共同开发及长期的互惠合作。组织科技人员到陵川县、长治等地进行科技考察，建立长期的合作关系，并且现场指导乡镇企业生产，进行科技人才的培训，为乡镇企业提供科技成果10余项。山西大学以沁县钛白粉厂为实验基地，完成了金红石钛白粉工业试验，而且使该企业年实现产值123万元，利税40万元。至1995年底，全省高校校办企业已发展到90余个，从业人员达2000余人，其中山西大学、太原工业大学、山西医学院、山西农业大学、山西矿业学院已有79个，这些企业1995年产值达7347万元，利润达1563万元，上交学校635万元。

1995年高校人文、社会科学研究有新的

进展和突破。省教委制订了《山西省教委人文社会科学研究优秀成果奖励试行办法》，决定从1995年起每两年或每四年开展一次评奖活动。首届共评出一等奖62项，二等奖112项。山西大学徐久刚完成的《邓小平生产力思想概论》（专著）获国家教委优秀成果二等奖。运城高专青年学者李安纲教授在《山西大学学报》发表长篇论文，提出《西游记》作者不是吴承恩，引起学术界关注。

〔**德育工作**〕 1995年，省教育行政部门和各高校认真贯彻《中共中央关于进一步加强和改进学校德育工作的若干意见》、《爱国主义教育实施纲要》，积极探索思想政治工作的新途径、新规律、新方法。（1）10月下旬至11月上旬省教委组织力量对全省高校1993——1995年思想政治工作进行首次全面评估。评估重点包括思想政治工作组织领导、政治理论教育、政工队伍建设、日常思想政治工作、爱国主义教育5个方面22个项目。这次评估对高校思想政治工作起到了明显的促进作用，使高校明确了存在的问题和差距，明确了今后工作思路，达到了以评促建的目的。（2）开展以爱国主义教育为主线的世界观、人生观、价值观教育。省高校工委、省教委根据高校的实际和特点，制定实施了山西省高校爱国主义“3511”工程，即组织“青年与时代”、“青年与使命”、“青年与成才”3个宣讲团；举办以中华在我心中为主题的5个活动（“心系中华”征文赛、“祖国颂”文艺汇演、纪念抗日战争胜利50周年知识竞赛、拍“学子魂”电视片、爱我锦绣山河夏令营、知我中华知识竞赛）；创建10所爱国主义教育示范学校；建立100个校内外爱国主义教育基地。“青年与时代”、“青年与使命”、“青年与成才”3个宣讲团由老教授、专家、学者、“三育人”模范以及有成就的往届毕业生组成，对广大学生进行了刻苦学习、立志成才的教育，教育大学生树立正确的人生观、世界观、价值观，在大学生中引起强烈反响。在高校开展的“心系中华”征文大赛、纪念抗日战争胜利50周年知识竞赛、“祖国颂”文艺汇演，以较强的思想教育性和艺术感染力激发了大学生热爱党、热爱祖国、热爱家乡，投身“四化”、报效祖国的思想感情。以上多种形式、丰富多彩的纪念庆祝活动，使爱国主义教育取得良好效果。山西大学的爱国主义教育受到中共中央宣传部、国家教委的表彰，被命名为“全国高校爱国主义教育基地”。

〔**党建工作**〕 1995年，全省认真贯彻第五次全国高校党建工作会议精神，根据省委决定，在全面规划高校党建工作的基础上，省委组织部、省高校工委、省教委组织力量对19所省属高校的领导班子进行了全面考察，调整、充实了部分高校领导班子。一批年富力强、政治上坚定、事业心强、勇于开拓进取的中青年干部充实到领导班子中。他们大多学有专长，又有基层工作经验和管理能力，年龄多在45岁左右。经过这次调整，使高校领导班子成员年龄老化问题有所缓解，文化和专业结构也得到进一步改善。1995年，认真贯彻《中国共产党普通高等学校基层党组织工作暂行条例》，进一步加强了高校党的基层组织建设。11月，召开了中共山西省高校系统党员代表大会。

〔**公开选拔高校校长**〕 1995年8月，省委组织部和省教委在太原工业大学进行公开选拔校长的试点工作。太原工业大学是山西的两所重点建设大学之一，也是全省高校管理体制改革试点单位。这次公开选拔校长，借鉴外省一些院校的经验，采取民主推荐、组织考察、公开答辩、择优聘用的办法。根据民主推荐和深入考察，遴选出3名现任副校长为校长候选人，然后进行公开答辩。最后经省委、省政府研究决定，于11月16日由省政府任命48岁的博士生导师、煤化工专家谢克昌为校长。当选的校长实行聘任制和任期目标责任制，每届任期4年。这次公开选拔校长，受到社会各界的广泛关注和好评。普遍认为民主推荐、组织考察、公开答辩、择优聘用的办法把公正、平等、择优的竞争激励机制引入高校干部队伍建设中，是高校领导班子管理制度改革的一个创举。

〔**解决“特困生”生活问题**〕 省政府重视高校中家庭经济特别困难学生的生活问题，把它当作关系到高校乃至全省安定的大事来抓，省长孙文盛专门主持召开会议研究解决“特困生”问题。提出了解决办法：(1)1995年和1996年，非师范类院校按国家任务在校生数的8%给予补助，补助标准为每人每月30元。其中，省属高校由省财政负担，地市属高校由地市财政负担，部属高校向主管部门申请解决。(2) 1996年省财政安排1000万元，专门设立高校勤工助学基金，以利息收入支付参加勤工助学学生的劳动报酬，从根本上解决高校“特困生”的生活补助问题。省政府要求，有关部门和高校要制订严格的管理和使用办法，专款专用，不得挤占或挪用。由于省政府重视，全省没有一名贫困生因经济困难辍学。

〔**对外交流**〕 1995年全省高校聘请长期外国文教专家、外籍教师54名、短期科技专家99名。“国庆”期间，组织新到任的48名外专、外教赴青岛参观访问，并配合山西电视台举办了山西省首届外国人演唱中国歌曲“晓庄杯”大赛。全年接收外国来华长、短期留学生67名。

在国家公费和省筹资金出国留学生选派工作中，坚持精选精派，学用一致的方针和少而精的原则。与此同时，把出国留学工作的重点放到了吸引留学人员回国并为他们提供必要的科研项目资助工作上。各高校1994年～1995年回国的留学人员近40名。各高校1994年归国留学人员科研资助项目65个，资助经费483万元，占各校科研总经费的50%以上。1995年审批自费出国留学110人。

1995年选派49名专家、教授和学者赴国（境）外参加国际学术会议。山西大学、太原工业大学、山西省教育学院和山西高校联合出版社等举办了规模较大的国际学术研讨会，邀请来自世界20多个国家和地区的120多位专家、学者出席会议。山西大学6月在太原举办的第四届压缩态与测不准关系国际会议，有19个国家和地区近60位外籍代表参加，会议收到论文300余篇，会议论文集将由美国宇航局出版。1995年派出教育考察团组11个。省教委组团赴美参加了第六次中美教育学术交流会议。

1995年又有山西大学、山西财经学院、华北工学院、山西矿院、山西省教育学院、山西省财税专科学校，运城高专和太原大学等8所院校与国外高校建立了不同形式的校际交流关系，有的已正式签订了合作协议，有的确立了交流意向。日本水月会为山西省五台县豆村中学捐资500万日元兴建的教学楼，配套资金由五台县地方筹措，于1995年4月破土动工，10月18日竣工。

〔**招生工作**〕 1995年，省招生委员会和省教委制定了《关于加强普通高校和中专学校招生录取管理工作的十项规定》,并通过新闻媒介向社会广泛宣传,接受社会监督。"十项规定"对录取工作的政策、程序、工作人员纪律、录取场所的管理和录取工作监督制约等提出严格规定。建立了录取领导组办公会议制度,规定重大问题必须由领导组集体研究决定,任何个人无权擅自降低录取分数线,无权擅自特批录取不达标准的考生,无权更改考生志愿和办理调档手续。规定在录取期间所有招生人员不得接受考生及家长的宴请,不得参加可能影响正常执行公务的各种营业性娱乐活动,严禁接受和索取考生及家长钱物;新生录取通知书必须通过邮局寄发,任何人不得索要和扣压通知书;录取场所实行分阶段全封闭管理。这些措施有效地保证了录取工作的正常进行,使1995年的录取工作进度明显加快,"公平、公正、公开、择优录取"的原则进一步体现,受到社会好评。招生录取期间,国家教委监察局和学生司的负责同志和山西省人大、省政协、省纪委的领导同志亲临检查指导,对录取工作加强管理,严明纪律,取信于民的做法给予肯定。

成人教育

〔**扫盲工作**〕 年初由省教委等11家新闻单位共同组织的"三晋扫盲行"记者采访活动和9月8日"国际扫盲日"的宣传活动,以及下半年的"全省扫盲知识竞赛"活动,收到明显成效,使扫盲工作的重要性更加为社会所认识。为了确保在1996年底以前完成全省基本扫除青壮年文盲的历史任务,省政府采取了有力措施。一是成立了由副省长刘泽民任组长、省有关部门负责同志参加的省扫盲工作协调小组,并对教育、财政、农林、宣传、广播电视、文化、民族宗教、军区、共青团、妇联等有关部门在扫盲工作的分工作了明确规定。同时,确定每个部门重点联系一个县,帮助联系点抓好扫盲工作。二是落实扫盲专项经费。省政府决定从省、地、县各级教育经费中划出1%,从农村教育费附加中划出10%用于扫盲和农村成人教育,从义务教育专项经费中拿出一部分用于扫盲。三是建立健全扫盲和农村成人教育机构,配齐配好扫盲专职人员。县级教育行政部门要按每万人至少配备一名专职教师的比例,配齐配好乡镇扫盲和农村成人教育专职教师,其编制从教师总编制中解决。12月17日至18日,省政府在太原召开全省扫盲工作会议。副省长刘泽民在会上要求各级党委、政府进一步提高对扫盲重要性的认识,要将扫盲工作落实到村、到校、到户、到人,不留"死角"和"空白村"。在扫盲工作上,山西决不拖全国的后腿,也不允许任何人、任何单位拖山西的后腿。会议分析了全省扫盲形势，1990年～1995年山西省共扫除青壮年文盲31万人，青壮年非文盲率已接近98%，1995年有45个县（市、区）通过省级扫盲评估验收，全省118个县区中，累计已有84个县区通过了省级扫盲评估验收，占县区总数的71.29%。但是扫盲工作进展很不平衡，任务仍很艰巨。主要是剩余的34个县区大多数是山老贫困地区，经济、教育条件较差，扫盲难度较大；剩余的25万文盲中，妇女文盲占到70%，青壮年文盲多，脱盲难度大。针对扫盲工作面临的主要困难和问题，会议要求，各级政府之间、教育部门之间要继续推行扫盲工作双轨责任制，建立必要的奖惩制度和检查制度，严格执行基本扫除青壮年文盲单位的验收标准，不允许搞形式主义，更不允许搞浮夸，防止走过场。对不负责任，工作不积极，弄虚作假，拖延时间的个人和单位，要给予严厉批评甚至行政处分。省教委还决定拿出170万元专款补助尚未通过省级评估验收的34个县区用于扫盲工作。同时要求有关地县也要拿出配套资金，切实保证扫盲经费投入。会议还要求已经通过省级评估验收的84个县区，要巩固扫盲成果，严格堵住新文盲的产生，重点办好县、乡、村三级农民文化技术学校，将扫盲与学文化、学技术结合起来，抓好巩固提高工作。尚未通过省级验收的县区，要采取集中办班、送教上门等形式，重点抓好扫盲工作，确保如期完成任务。到年底，全省共有10万人参加扫盲学习，有5万人脱盲。

〔**职工岗位培训**〕 1995年，山西省职工岗位培训管理体制逐步理顺。撤销了原设在省经委的省职工教育委员会办公室，职工教育统计工作已由省教委安排。

为推动全省普及计算机知识开展社会化培训，省委办公厅、省政府办公厅转发省教委、省委组织部、省人事厅《关于普及计算机知识开展社会化培训和考核的意见》，提出用5年时间，使省、地、市党政机关、事业单位中50岁以下的工作人员的计算机应用能力达到初级以上水平；中、高级专业技术人员达到相应技术职务所要求的等级水平。

〔**成人学历教育**〕 1995年，省教委组织力量对6所管理干部学院、16所职工大学首次进行全面评估验收。对评估合格的学校在招生计划、专业设置等方面予以支持和进行改革试点；对评估不合格的学校限其整改，停止招生，促使其走联合办学的道路。这次评估比较全面准确地掌握了全省成人高校的现状及存在的问题，使各校明确了各自的努力方向，推动了成人高校的改革与发展。

根据国家教委关于评选省部级示范性成人中等专业学校的部署，省教委组成考评小组，对申报的14所学校进行了综合考评，评出上报7所省部级示范成人中专学校。为了加强成人中专学校教材建设，6月，省教委组织人员对1990年编写的成人中专基础课教材中的《语文》（文、理）、《数学》（文、理）、《物理》进行了重新修订。

〔**社会力量办学**〕 1995年，山西省社会力量办学全面贯彻“积极鼓励、大力支持、正确引导、加强管理”的方针，紧紧围绕在改革调整中求发展，在巩固提高中上水平这一中心，加快社会力量办学立法工作步伐；以检查评估为主要手段，加强管理，努力提高教育质量和社会效益，进一步促进社会力量办学的健康发展。（1）制定《山西省社会力量办学管理条例》。1995年11月25日经省人大常务委员会审议通过，公布施行。(2)从1994年6月至1995年5月底，历时一年完成了对全省97所社会力量举办的非学历高等教育办学单位的视导评估工作。这次评估按照《山西省社会力量办学视导评估试行办法》规定的量化评分标准进行，评估等级分合格、基本合格、不合格限期整顿、不合格撤销停办四种类型。经评估合格和基本合格的有60所，不合格的有30所，需要处理的有7所。根据评估中发现的办学思想不端正、管理混乱、教学质量低劣等问题，省教委制定了加强管理的措施。同时对扶持社会力量办学，为其创造良好的发展条件做了大量协调工作，如会同团省委在社会力量办学校中建立了共青团组织，积极与有关部门协商解决学生待遇、教师职称、人事管理等问题，确立民办学校的社会地位。在此基础上，对全省75所非学历高等教育办学机构的招生规模、专业设置、招生类别进行了统一审定，并在《山西日报》上公布，以便社会监督。经过评估和整顿，遏制了社会力量办学中存在的乱办学、乱招生、虚假广告骗取学生钱财的现象。1995年底，全省社会力量办学举办的各级各类教育和培训机构已有1167所，有教职工13501人，其中专职教师5927人；固定资产达32254万元；在校生95248人，已毕业学生84029人，其中不少毕业生通过人才交流市场被用人单位录用。

〔**自学考试**〕 1995年，全省共开考78个专业，其中高等教育本科（段）专业9个，专科64个，中等专业5个；共举行考试7次。首次进行了计算机等级考试。1995年报考人数和考试人数是实行自学考试制度以来第二个高峰。全年累计报考人数256972人，报考科次达715711科次。毕业生达12489人，其中本科（段）毕业生449人，专科毕业生11997人，中专毕业生43人。

撰稿 张　为　张正义　任月忠
　　 秦志伟　乔建华　贯真真
　　 许建良
审稿 宋玉岫

内蒙古自治区教育

概　　况

〔基本情况〕

1995年各级普通学校基本情况

单位：人

学校类别	学校数（所）	毕业生数	招生数	在校学生数	教职工数	
					计	其中专任教师
一、普通高等学校	19	8592	12106	37248	15524	7070
研究生	(9)	81	227	533	375	375
本　科	12	6	5851	22490	12641	5400
专　科	7	8505	6028	14225	2508	1295
二、中等专业学校	104	16269	19019	57656	15841	7493
中等技术学校	82	12449	14647	43953	12687	5839
中等师范学校	22	3820	4372	13703	3154	1654
三、普通中学	1853	284092	410041	1093531	106369	77973
高　中	354	50168	70371	185151		14654
初　中	1499	233924	339670	908380		63319
四、职业中学	420	39620	64912	153665	18038	12971
高　中	193	19136	22121	53319		6361
初　中	227	20484	42791	100346		6610
五、工读学校	1	35	15	66	61	15
六、小　学	13645	424759	452161	2343129	172962	153461
七、特殊教育学校	19	93	409	2049	543	381
八、幼儿园	1576		64064	145775	22192	15546

1995年各级成人学校基本情况

单位：人

	学校数（所）	毕业生数	招生数	在校学生数	教职工数	
					计	其中专任教师
一、成人高等学校	22	8454	13999	35684	4022	1868
广播电视大学	1	1775	3215	7712	990	398
职工高等学校	9	1181	1054	3162	815	402
农民高等学校						
管理干部学院	2	780	1360	2934	414	171
教育学院	10	2275	2697	6032	1803	897
独立函授学院						
普通高校附设						
函授部	(10)	1530	2948	8896		
夜大学	(7)	656	1812	5393		
干部专修科	(4)	257	913	1555		
二、成人中等专业学校	117	15372	20156	44740	6405	3334
广播电视中专	2	4376	4807	11910	283	161
干部中专	5	609	440	1088	202	89
职工中专	42	4891	7584	16333	2565	1273
农民中专	3	118		60	51	36
函授中专	1	2524	2959	5735	497	126
教师进修学校	64	2854	4366	9614	2807	1649
三、成人中学	69	3964	4381	4438	430	260
职工中学	47	2317	3089	3183	414	246
农民中学	22	1647	1292	1255	16	14
四、成人技术培训学校	8444	1810000	1340000	1470000	13161	3730
职工技术培训学校	482	50000	50000	60000	1797	899
农民技术培训学校	7962	1760000	1290000	1410000	11364	2831
五、成人初等学校	4009	131581	144742	126410	5067	2125
职工初等学校	26	724	1843	1243	146	146
农民初等学校	3983	130857	142899	125167	4921	1979
其中：扫除文盲	2608	74661	61567	60199	4009	1337

制表　武福英

〔**实施《纲要》措施和进展**〕 1995年4月23日至25日，自治区党委和政府召开了有各盟市、旗县市区、大厂矿、高等院校以及自治区有关部、委、办、厅、局党政主要负责同志参加的全区教育工作会议。会议以学习、贯彻《中国教育改革和发展纲要》和全国教育工作会议精神为主要内容，重点讨论修订了《内蒙古自治区关于〈中国教育改革和发展纲要〉实施意见》(以下简称《实施意见》)以及相关配套文件。会议期间，自治区党政主要负责同志作了重要讲话，各盟市主要负责人作了典型发言。会后，于7月12日，自治区党委、政府正式下发了《实施意见》。《实施意见》是到本世纪末贯彻《纲要》，指导自治区教育改革和发展的“施工方案”，共分六部分，34条。

第一部分提出到2000年全区教育发展的任务、目标和战略。(1)全区教育工作的总任务是：落实教育优先发展的战略地位，全面贯彻《中国教育改革和发展纲要》，加快教育的改革和发展，进一步提高劳动者素质，培养社会主义的建设者和接班人，建立适应社会主义市场经济体制需要的、具有地区和民族特色的教育体制，实现教育的“三个面向”，更好地为社会主义现代化建设服务。(2)全区教育发展的总目标是：各民族人民平均受教育年限和受教育水平有明显提高，城乡劳动者职前、职后教育有较大发展，各类专门人才能基本满足需要，各级各类教育数量上协调发展，结构更加合理，质量和效益明显提高，初步形成具有地区和民族特色的、适应自治区经济社会发展需要的、面向21世纪的社会主义教育体系的基本框架。依据这一总目标，对各级各类教育分别提出了具体的发展目标、发展重点以及质量和效益要求。(3)全区教育发展的战略选择是：坚持深化改革，持续协调发展；调整教育结构，实现重心下移；统筹兼顾全盘，突出重中之重；增加教育投入，提高师资素质；提高教育质量，注重办学效益；实行分类指导，加强社会参与；建立保障机制，强化执法监督。

第二部分是深化教育改革的任务和措施。《实施意见》提出教育体制改革要依据综合配套、分步推进的方针，按照各类教育的特点，对领导管理体制、办学体制、教育结构、教育思想、内容和方法以及招生和毕业生就业制度等，分别提出了改革思路和要求。

第三部分是全面贯彻教育方针，全面提高教育质量。《实施意见》提出要进一步转变教育思想，围绕各类教育的培养目标和规模，从教学管理、教材、教研、德育、体育卫生、艺术教育、劳动教育等方面，分别提出了具体的要求。

第四部分是改革和完善教育投资体制，增加教育投入。《实施意见》根据《中国教育改革和发展纲要》提出的“三个增长”，围绕增加财政拨款、实行教育经费预算单列，增加各类教育专项补助费和基建投资，落实城乡教育费附加征管用办法，开征用于教育的地方附加费，大力发展勤工俭学和校办产业，发动社会和群众集资办学，制定各类学校的收费标准，加强教育经费的管理、使用与审计监督等方面，提出了具体的落实措施。

第五部分是加强教师队伍建设，提高教师待遇。《实施意见》根据全区各类教育发展对师资的数量与质量要求，重点围绕师资的培养、培训、管理和待遇4个方面提出了具体的指标和落实措施。

第六部分是落实教育优先发展的战略地位，加强党和政府对教育工作的领导。《实施意见》提出要建立有效的促进和保障机制，建立各级领导班子和领导干部重视教育的工作制度、政绩考核制度和奖惩制度等。

全区教育工作会议的召开和《内蒙古自治区关于〈中国教育改革和发展纲要〉实施意见》的贯彻执行，各级党政领导和社会各界对教育工作的重视程度普遍提高，教育工作由过去的部门行为逐步转变为政府行为，由过去教育部门的独家经营逐步转变为在政府统筹下的齐抓共管。到1995年底，全区12个盟市和2个计划单列市中，已有8个盟市（呼市、包头市、赤峰市、兴安盟、呼盟、锡盟、巴盟、伊盟）和1个计划单列市（二连市）召开了规格高、规模大、任务明、措施实的教育工作会议，制订了当地贯彻《中国教育改革和发展纲要》的实施方案。全区教育改革不断深化，教育事业取得新进展。

〔**年度工作方针**〕 1995年全区教育工作总的指导思想是：以建设有中国特色的社会主义理论为指导，认真贯彻落实《中国教育改革和发展纲要》和自治区的《实施意见》，进一步深化教育改革，促进教育事业的发展，努力提高教育质量和办学效益，保持教育战线局势的持续稳定。根据这一指导思想，自治区教育厅确定1995年全区教育工作要点：(1)积极协助自治区党委和政府召开全区教育工作会议，制订下发《内蒙古自治区关于〈中国教育改革和发展纲要〉实施意见》，确定到2000年全区教育发展的任务、目标、战略及改革思路和工作原则。(2)把依法实施义务教育，大力扫除青壮年文盲作为全区教育事业发展的“重中之重”，按照积极进取、实事求是的原则，认真完成“两基”年度工作目标。(3)进一步调整中等教育结构，切实搞好以初中后分流为主的三级分流，大力发展多种形式的职业技术教育。(4)以提高教育质量和办学效益为中心，走内涵发展为主的路子，稳步发展高等教育。(5)调动各方面的积极性，积极发展成人教育，加强岗位培训、继续教育和农牧民实用技术培训。(6)优先重点发展民族教育，积极探索“双语教学”、“三语教学”的改革路子。(7)全面贯彻教育方针，全面提高教育质量，切实改进和加强学校德育、体育和卫生、艺术、劳动教育。(8)采取综合配套、分步推进的方针，认真抓好教育体制改革，推动教育事业的健康发展。(9)积极争取各方面的支持，努力增加教育投入。(10)认真贯彻实施《教师法》，把加强教师队伍建设作为教育改革和发展的根本大计来抓。(11)继续深入开展反腐败斗争，加强廉政建设，坚决纠正乱收费等行业不正之风。(12)加强领导，加强管理，确保教育战线特别是高校的持续稳定。

〔**教育投入与支出**〕 1995年，全区国家财政性教育经费支出26.78亿元，占全区国内生产总值（839.61亿元）的3.19%。自治区在财力十分困难的情况下，注重了对教育的投入，基本保证了全区教育事业的发展。“八五”期间，全区教育事业费支出累计达63.72亿元，年均递增18.20%，比“七五”期间的34.52亿元，增长84.6%，推动了全区教育事业的发展。

1995年自治区教育经费投入总体水平和“三个增长”情况。(1)全区地方全口径教育经费支出总额为31.69亿元，比上年的25.94亿元增长22.17%，其中国家财政性教育经费支出26.78亿元，比上年的22.63亿元增长18.29%。全区地方财政预算内教育经费支出19.99亿元，比上年的17.19亿元增长16.39%，其中预算内教育事业费支出

16.91亿元，比上年的15.13亿元增长11.7%。全区财政经常性收入为76.30亿元，比上年的68.10亿元增长12.04%。从上述数据看出，全区国家预算内教育经费的增长高于财政经常性收入的增长，实现了《中国教育改革和发展纲要》中提出的“第一个增长”。(2)全区地方财政总支出102.2亿元，国家财政预算内教育经费占财政总支出的比例为19.92%，比上年的18.52%提高1.4个百分点，其中，教育事业费支出占财政总支出的比例为16.66%，比上年的16.30%提高0.36个百分点。自治区基础教育预算内教育事业费就绝对数来说比上年有一定的提高，但按生均占有量分析其结果是：高中生均教育事业费为782.67元，比上年的806.71元减少2.98%；初中生均教育事业费为485.60元，比上年的449.40元，增长8.06%，其中农村为380.81元，比上年的362.75元增长4.98%；小学生均教育事业费为330.25元，比上年的292.94元增长12.74%，其中农村为284.02元，比上年的248.24元增长14.41%。从以上数字表明，没有实现《纲要》中提出的“第二个增长”。(3)全区生均公用经费分别是：高中168.22元，比上年的159.34元增长5.57%，初中74.92元，比上年的61.43元增长21.96%；小学36.00元，比上年的31.06元增长15.89%。实现了《纲要》中提出的“第三个增长”。

1995年全区地方教育投资运行态势。全区多渠道筹措教育经费主要体现在政府主渠道的投入有所增加，渠道在不断拓宽。继1992年自治区政府出台《关于多渠道筹措教育经费，改善中小学办学条件的决定》后，1995年又出台了征收地方教育附加费等一系列政策措施及具体实施办法，使城乡教育费附加征收比例有所提高；社会捐资、集资、兴学、助教势头不减。办学经费来源渠道相对稳定，办学资金稳步增长。1995年全区地方性教育经费总支出31.69亿元，比上年增长24.00%。其中：(1)预算内教育经费支出19.99亿元，比上年增长29.39%。(2)政府征收用于教育的税费支出1.95亿元，比上年增长62.5%(城市教育费附加7340万元，增长61.67%；农村教育费附加1.07亿元，增长46.58%)。(3)企业办学教育经费支出3.49亿元，比上年增长9.4%。(4)校办产业、勤工俭学和社会服务收入用于教育的经费支出1.19亿元，比上年增长24.73%。(5)其他属于国家财政性教育经费支出1454万元，比上年增长118.37%。(6)社会捐资、集资办学经费支出1.70亿元，比上年增长107.41%。(7)学费、杂费支出2.6亿元，比上年增长27.39%。(8)其他教育经费支出4829万元，比上年增长61.50%。以上数字说明全区教育经费的来源结构形成了以国家预算内教育经费投入为主，多渠道筹资办学为辅，比较符合自治区财政实际的教育投资新路子。

经费使用效益情况。1995年，全区各级各类学校改造危房面积59.8万平方米，支出金额1.46亿元；购置学生课桌凳31.3万单人套，支出金额2132万元；购置各种教学仪器18.2万台(件)，支出金额达3382万元；购置图书资料247.1万册，支出金额达1122万元，使办学条件有了一定程度的改善。

教育经费支出的内部结构情况。1995年，全区教育经费支出中，作为主渠道的预算内教育经费占国家财政性教育经费支出的72.87%，比上年降低3.03个百分点，其中教育事业费和教育基建支出占64.4%，比上年降低4个百分点；各级政府征收的用于教育的税费占6.98%，比上年提高1.68个百分点；企业办学经费占15.3%，比上年提高1.2个百分点；校办企业、勤工俭学和社会服务收入用于教育的经费占4.3%；比上年降低0.1个百分点。

教育经费支出中人员经费和公用经费比重同上年比较情况。1995年，教育部门财政预算内教育事业费实际支出为17.01亿元，其中，人员经费支出为13.41亿元，占总支出的78.84%，公用经费支出为3.6亿元，占总支出的21.16%；人员经费比例比上年减少1.36个百分点，而公用经费比例比上年提高1.36个百分点（其中，职业中学公用经费比例由上年的15.35%下降至1995年的15.09%，普通中学公用经费比例由上年的15.59%提高至1995年的17.08%，普通小学由上年的10.6%提高至1995年的10.9%，普通高等学校由上年的39.46%提高到1995年的44.08%）。

撰稿　陈　联　张润厚

审稿　韩永久　秦政奇

基础教育

〔**义务教育**〕　1995年，内蒙古自治区的普及九年义务教育工作又上了新的台阶。全区7～11周岁学龄儿童的入学率达到98.9%，其中女童入学率达98.7%；小学在校学生的巩固率达到98.8%，初中在校学生的巩固率达到94.3%；小学毕业生的升学率达到88.4%。到1995年底，全区已有15个市（县级）、区（县级）普及了九年义务教育，其人口覆盖率占到全区的15%；有870个乡、镇、苏木普及了初等义务教育，占全区乡、镇、苏木总数的55.6%。

提高宏观调控能力，规范义务教育工作。1995年，自治区人民政府办公厅和自治区教育厅分别印发了《内蒙古自治区普及义务教育评估验收实施办法》、《内蒙古自治区义务教育评估标准》和《内蒙古自治区普及义务教育评估验收实施细则》，从评估标准、评估项目、评估指标、评估验收程序到表彰和处罚等方面规范了义务教育的评估验收工作，提高了宏观调控能力，进一步推进了普及九年义务教育工作。

大力宣传《义务教育法》，增强执法意识。1995年5月是内蒙古自治区第三个《义务教育法》宣传月。在本年度的宣传月活动中，除认真组织安排多种形式的宣传活动外，还结合开展了捐资助学、制止辍学现象、减轻学生过重的课业负担、制止乱收费、查处违法案件等活动，使全区广大干部群众对依法实施义务教育的认识得到新的提高，进一步调动了全社会的积极性。

健全组织，加强领导，确保义务教育规划的顺利实施。到1995年，自治区各级人民政府都成立了义务教育领导小组，全面负责本地区义务教育的实施，及时解决义务教育工作中出现的问题和困难。大多数乡、镇、苏木也配备了义务教育专职干部，负责本地区义务教育档案的建立和完善，掌握义务教育的现状和动态，为本地区实施义务教育的宏观调控提供依据。各地在实施义务教育的过程中，通过各级政府之间、教育部门之间，以及政府与教育部门之间签订的义务教育责任状，把义务教育的工作目标和任务分解到各级政府的各有关职能部门，把各部门实施义务教育的职责具体化，进一步保证了义务教育规划的顺利实施。

坚决执行课程计划，减轻学生课业负担。1995年，在坚决执行国家和自治区制定的九年义务教育课程计划的同时，自治区教育厅先后印发了《内蒙古自治区普通中小学生竞赛评奖活动管理暂行办法》、《关于进一步加强普通中小学用书管理的意见》和《关于切实减轻中小学生过重课业负担的若干意见》等，围绕义务教育阶段各年级的在校时间、作业留量、考试次数、征订教学辅助材料、参加各类竞赛活动等方面提出了更加具体的要求，进一步减轻了学生的课业负担。

〔**普通高中教育**〕 1995年，内蒙古自治区的普通高中教育在调整中稳步发展。全区普通高中学校数比上年减少17所；在校生数比上年增加13073人；招生数比上年增加5229人；普通高中学校平均规模为523人，比上年增加55人，通过调整，提高了普通高中的办学效益。

深化改革，探索办学模式。为适应自治区社会、经济发展的需要，改变过去以升学为目的的传统办学模式，一些普通高中进行了多种办学模式的探索。主要有：适应升学和就业两种趋势的“高二后分流模式”，适应学生爱好特长的“特色学校模式”，能够适应现代社会选择多种职业的“综合模式”等。

普通高中毕业会考在不断完善中稳步推进，调动了一般中学的办学积极性，对全面贯彻教育方针，面向全体学生起到了积极作用。但是，由于缺少第一年与第二年试题水平之间的一致性分析技术和教学大纲与试题之间的一致性分析技术，也给通过会考对普通高中教学质量的准确评价带来了一定的困难。

〔**教师队伍**〕 1995年，内蒙古自治区中小学教师的学历合格率有了新的提高。小学专任教师的学历合格率达到82.7%，比上年提高2.7个百分点；初中专任教师的学历合格率达到59.2%，比上年提高3.4个百分点；普通高中专任教师的学历合格率达到48.1%，比上年提高1.7个百分点。

中小学教师的业务培训得到进一步加强。在通过卫星电视教育、自学考试、函授等形式提高中小学教师学历层次的同时，开始注重对中小学教师进行更新专业知识、充实现代科学知识、掌握最新教育科研成果和现代化的教学手段等方面的短期培训。

〔**学校管理**〕 为推动普通中小学学校管理走向民主化、科学化、规范化轨道，1995年7月，内蒙古自治区教育厅印发了《内蒙古自治区普通中小学常规管理基本要求（试行）》、《内蒙古自治区义务教育基本达标学校、标准化学校要求（试行）》、《内蒙古自治区义务教育示范学校要求（试行）》、《内蒙古自治区义务教育实验学校要求（试行）》、《内蒙古自治区普通高中管理先进学校要求（试行）》等文件提出，到2000年，建成400所义务教育示范学校、150所义务教育实验学校、100所高中管理先进学校、50所示范性高中和20～30所国家级示范性高中。

1995年9月，自治区组织开展了第三次“乡镇苏木义务教育抽查评估和中小学学校管理评估工作。截止到1995年底，全区已有130所学校获得“内蒙古自治区义务教育示范学校”称号，有29所学校获得“内蒙古自治区普通高中管理先进学校”称号。

〔**办学条件**〕　1995年，内蒙古自治区中小学实验室、图书馆、体育场、教学仪器、体育器材、音乐教学设备、美术教学设备、图书等方面的建设得到进一步改善。全区中小学教学设施和设备按国家标准配备的达标率如下表：

达标率（%） 项目学校	小学	初中	高中
实验室建筑面积	23.28	34.16	52.54
图书馆（室）建筑面积	21.41	22.95	38.98
体育场（馆）建筑面积	33.33	40.16	54.80
理科教学仪器配备	23.60	30.29	47.74
体育器材配备	26.79	24.55	38.98
音乐教学设备配备	22.65	20.35	33.90
美术教学设备配备	21.22	18.88	29.94
图书馆藏书	25.41	20.01	38.70

撰稿　额尔德尼

审稿　韩永久　秦政奇

职业教育

〔**“九五”发展目标**〕　1995年4月召开的全区教育工作会议确定了到2000年全区职业教育改革和发展的目标与任务，即有计划地实行小学后，初中后，高中后分流。以初中后分流为重点，大力发展中等职业教育，逐步使50%～70%的初中毕业生进入各类中等职业学校学习，各类职业教育占高中阶段在校生的规模达到60%左右。全区教育工作会后，自治区教育厅制定了全区教育事业“九五”发展计划，确定了“九五”期间职业教育发展的具体目标：（1）发挥中专在职业技术教育中的骨干作用，稳步扩大中专办学规模，到2000年，招生规模在现有基础上，年递增7%，达到每年2.3万人，学校平均规模由1993年的493人增加到860人，省部级重点中专达到1000人，国家级重点中专达到2000人。（2）每个旗县和大厂矿企业要着力办好一所综合性职业高中或职教中心。职业高中校均规模达到600人左右。（3）技工学校校均规模达到550人左右。（4）集中力量办好一批国家级、自治区级和盟市级重点职业学校。到2000年，全区重点建设70所左右的示范性职业高中和中专学校。

〔**教育教学改革**〕 (1)适应市场需求，调整专业设置，搞活办学机制。近年来，全区农村牧区农牧类职业教育出现了生源不足的情况，在边远偏僻地区比较严重。面对困难的形势，各盟市积极采取措施，通过调整专业设置，搞活办学机制，吸引学生报考农牧职业高中。赤峰华夏职业学校提出："学制并行一二三（学制灵活，有一年的、二年的和三年的），灵活办学八不限（即招生年龄、婚否、文化程度、区域、办班形式、办班时间等不受限制）"。学校主动适应当地农牧区经济建设和农牧民致富的需要，适时调整专业设置，在坚持办好农牧类专业的同时，瞄准市场需求，开办了农牧民致富急需的短线专业。兴安盟的职业学校逐步形成了灵活的办学机制：在学制上，既办三年制的长班，也办一年以下或几个月的短班；在授课形式上，既有全日制，也有函授、夜校、间断式授课等；在招生对象上，即招应、往届毕业生，也招成年人。(2)联合办学向深层次发展。联合办学由一厢情愿，变成双方自愿，企业主动找学校，学校积极为企业服务，形成了教育与经济双向服务、互相依靠的格局。呼和浩特市实行了跨系统、跨行业联合办学。联办单位直接参与学校管理，参与人才培养规格的制定和教学计划的审定，参与教材的选用。联办双方职责明确，共同管理，实现了联办联管。(3)中专招生制度改革。年内，在4所省部级中专学校进行了中专招生"并轨"的改革试点。试点学校所收费用全部纳入学校预算内管理，其中50%用于改善办学条件，50%用于学生奖学金、贷学金和伙食补助。

〔**重点学校建设**〕 自治区政府批准第三批自治区级重点职业高中11所。至此，全区共有自治区级重点职业高中24所。自治区教育厅公布第二批盟市（地区）级重点职业高中14所。年内，根据国家教委《关于开展国家级重点职业高级中学评估认定工作的通知》精神，在全区组织开展了国家级重点职业高中的评估工作。自治区评估组依据《国家级重点职业高中的标准》，在旗县、盟市自评的基础上，于9月、10月分别对全区5个盟市 的申报学校进行了实事求是的评估，评出8所学校作为自治区国家级重点职业高中的备选学校，上报国家教委审批。这8所学校是：包头市第四职业高中、呼和浩特市第二职业高中、包头市第八职业高中、乌拉特前旗第一职业高中、赤峰市华夏职业学校、乌兰浩特市第一职业高中、临河市第一职业高中、赤峰第一职业高中。在创建国家级重点职业高中的过程中，各有关盟市、旗县都把创建工作列入政府工作计划，作为年度工作目标。评估工作得到了各级党政领导的重视，促进了学校办学规模的扩大、办学条件的改善和教学质量、办学效益、管理水平的提高。8所学校校均在校生规模达到1500人以上。各级政府为参评学校投入资金，使参评学校新增占地面积452698平方米，新增建筑面积91871平方米，新增图书近20万册。

〔**为当地经济建设服务**〕 1995年，全区中等职业技术学校坚持为当地经济建设服务的办学方向，面向城市、面向农村牧区，培养合格的中级技术人才（学历教育部分）5.2万人。农牧类中专和农职业中学积极开展了人才培训、科技示范、技术推广等活动。据不完全统计，全区农职业中学年内为广大农牧民举办短期实用技术培训班1120期，培训农牧民67361人次；与当地贫困乡（苏木）、村（嘎查）及农户签订致富合同341个，经济效益达2183.7万元；推广实用技术项目442个，经济效益达1269.2万元。包头市郊区农职业高中制定了“以农为主，全面发展，长短结合，面向乡镇，培养四有新人”的办学方针，学校年内进行了“吨粮田”等农业技术项目的推广，取得了良好的经济效益和社会效益。

撰稿 陈俊杰

审稿 韩永久 秦政奇

高等教育

〔**体制改革**〕 1995年9月～10月，由教育厅厅长韩永久挂帅，教育厅和有关高校领导参加，分两组深入到全区各高校和有关盟市，就如何优化高校结构，深化高教体制改革，促进高校开展多种形式的联合办学等问题，进行了调查研究。在调研中逐校、逐地传达了国务院办公厅转发国家教委《关于深化高等教育体制改革的若干意见》的通知精神，结合自治区高等教育的实际，广泛听取了各级领导和广大教职工对高教体制改革的意见和建议，共同探讨了自治区高校间开展多种形式联合办学的必要性、可行性，全面了解了各高校的现状和办学中所面临的困难，共同研究了解决问题的途径和办法。通过调查研究，统一了思想，明确了改革的方向。自治区教育厅在调研的基础上，提出了自治区高校管理体制改革的总体思路和具体方案，待自治区党委和政府批准后，分步实施。

为进一步理顺部分高校的管理体制，促进高等教育健康发展，1995年10月自治区继内蒙古民族师范学院、哲里木畜牧学院、内蒙古蒙医学院财政拨款体制由哲盟上划自治区后，又将赤峰民族师范高等专科学校划归自治区统一管理。

各高校坚持以发展内涵为主，积极调整和改革内部管理体制，探索校、院、系三级管理办学模式，取得新的进展。1995年9月，经自治区人民政府批准，成立了内蒙古大学蒙古学研究院、内蒙古大学生命科学学院、内蒙古大学继续教育学院和内蒙古大学经济学院。

根据国家教委高校校名规范化的要求，经国家教委批准，包头师范专科学校更名为包头师范高等专科学校；昭乌达蒙族师范专科学校更名为赤峰民族师范高等专科学校；海拉尔师范专科学校更名为海拉尔师范高等专科学校；乌兰察布盟师范专科学校更名为集宁师范高等专科学校；内蒙古丰州联合大学更名为民办内蒙古丰州学院。经自治区教育厅决定，将原内蒙古丰州联合大学所属青城大学和中山学院分别更名为民办内蒙古丰州学院青城分院和民办内蒙古丰州学院中山分院。

1995年，自治区所属农林院校、医药院校、师范院校文理科继续执行定向招生，单独划线，提前录取的政策。内蒙古大学、内蒙古工业大学、内蒙古财经学院部分专业招生实行“并轨”制，赤峰民族师范高等专科学校音乐、美术专业招生部分实行三年预科制。经国家教委批准，内蒙古大学建立了数理、生物学、蒙古语言文学等3个国家级的理科、文科人才培养基地，并已安排招生。经自治区教育厅批准，内蒙古大学又建立了化学和文史哲2个自治区级的人才培养试办基地。

〔**重点学校与学科建设**〕 以重点课程、重点学科、重点学校的建设为龙头，推动教学建设和教学管理。1995年，自治区教育厅决定分期分批建设一批自治区级重点课程。落实这项任务，各高校做了大量基础性工作，在已确定的系级重点课程中，遴选出一批校（院）级重点课程，加大投入，重点建设，并从中建设一批自治区级重点课程。在自治区级30个重点学科的建设中，引入竞争机制，实行了评估制度，推动了重点学科教学水平、科研水平的提高。自治区教育厅对重点学科投入也有所增加。

自治区政府和教育厅支持内蒙古大学争进国家“211工程”，1995年自治区落实1500万元，用于内蒙古大学的建设项目。自治区政府就内蒙古大学争进国家“211工程”计划，正式向国家教委提出了预审立项申请报告。

1995年，自治区继续把提高学校教学质量摆在突出的位置来抓，特别是加强了大学外语和计算机教学工作。自治区教育厅在1994年底召开的全区大学外语教学工作会议的基础上，1995年2月，修改印发了《关于改进和加强大学外语教学工作的意见》，这对加强高校外语教学，提高外语教学质量起到了积极的推动作用。组织高校学生参加1月和6月举行的全国大学英语四、六级、俄语四级、日语四级考试，共有29389名考生参考，考试成绩较往年有新的提高。为提高全区各高校非计算机专业学生计算机应用水平，自治区教育厅决定在全区普通高校举行非计算机专业学生计算机应用水平等级考试，于1995年3月和11月举行了两次，共有9000人次参考。该考试既考理论知识，又考上机操作和调试能力。通过考试检查了各高校计算机教学现状，总结了经验，找出了差距，有力地推动了计算机教学。

〔**专业管理和结构调整**〕 1995年，自治区教育厅印发了《内蒙古自治区高等学校专业设置管理暂行规定》，加强了专业设置和管理的科学化、民主化、规范化。对高校新增专业，实行坚持条件，民主审议，严格审批。新增了少量自治区缺门短线专业，有效控制了上专业热的趋势。招生工作中扩大了研究生招生规模，稳定了本、专科招生规模。对部分长线专业，继续采取停招、减招、隔年招的办法，使专业设置和招生计划尽可能与社会需求相适应。

〔**高校科技**〕 1995年，自治区高校科技活动人员为11324人，其中具有高级专业技术职务的人员2321人，中级专业技术职务的人员4623人。内蒙古大学旭日干教授被聘为中国工程院院士。科研机构在调整的基础上有了新的发展，目前全区高校共有各类研究机构60个，这些机构有专兼职科技人员483人。科技经费达到1030万元。1995年，全区高校共承担各级各类科技项目579项，其中国家“八五”攻关项目5项，“863”项目1项；共完成各类项目273项，发表论文1324篇，鉴定成果152项，有40项成果获各级各类奖励。

1995年，各院校广泛开展教学、科研、生产三结合活动，建立了一批校内外“三结合”基地，大批科技成果应用于生产实际，为自治区经济建设做出了贡献。内蒙古农牧学院与达拉特旗签定了农牧业科技服务与开发的合作协议，在该旗全面开展了“科技兴旗”活动。内蒙古工业大学研制成功了中国首条“磁卡”生产线，面向国内外销售，获得了显著的经济效益。

〔**学籍和学历证书管理**〕 1995年9月，教育厅印发了《加强和改进普通高校学生学籍管理补充办法》，进一步规范了高校学籍管理。根据国家教委的统一安排，加强了高等学历教育的宏观管理和统一管理，使学历证书的管理、发放走上了规范化的轨道，乱招生、乱办班、滥发学历文凭的现象得到了有效控制。

〔**学位、研究生工作**〕 国务院学位委员会下放了博士生导师遴选权力后，教育厅组织专家对各校申报博士生导师的人员进行评议遴选，批准13位博士生导师，其中8人是新增博士生导师，从而促进了学科建设和带头人的培养。组织了第三次全区成人本科毕业生申请学士学位外语统一考试；组织了首次具有同等学历人员申请硕士学位外语统一考试。

〔**做好评估准备**〕 根据国家教委部署，1996—1997年，自治区所属内蒙古财经学院、哲里木畜牧学院、内蒙古蒙医学院和包头医学院将接受国家教委高校本科教学工作合格评价。评价工作得到了自治区党委、政府、教育厅和有关部门的关注，自治区领导多次深入被评院校现场办公解决实际问题。教育厅进行了专门调查研究，并向政府提出了迎评措施。4所迎评院校对照评价标准，认真开展自评，找出差距，加强“软硬件”建设，力争届时顺利通过评价。根据国家教委将于1997年对普通高校函授、夜大学教育进行评估的精神，1995年底，教育厅组织专门班子，对内蒙古大学、内蒙古师范大学的函授、夜大学教育工作进行了试评，为全面开展评估奠定了良好的基础。

撰稿 王金豹 李栋梁

审稿 韩永久 秦政奇

成人教育

〔**成人高等教育**〕　1995年，根据自治区的实际，重点围绕稳定发展规模，理顺管理体制，挖掘内部潜力，建立高效运行机制等方面展开工作。一是组织制定、研究论证了《内蒙古自治区成人高等教育改革发展意见》；二是编制了年度成人高校招生计划，制定了有关招生政策；三是按照国家教委要求，完成了电大基础班的完善工作，组织实施了电大“注册视听生”的试点工作；四是在实施改革措施的基础上，加强并完善了成人高校的制度建设。

〔**成人中专教育**〕　按照加快发展成人中等专业教育，完善学校各项管理制度，促进规范化管理的工作思路，对全区60多所成人中等专业学校进行了全面评估检查，提高了学校主办单位依法执法、治教治校的认识和服务意识，增强了管理能力，调动了学校的办学积极性，推进了学校的科学化、规范化管理。

〔**岗位培训**〕　全区岗位培训按照行业、系统管理的原则，正在稳步实施。1995年共完成各类培训达百万人次，在提高职工队伍的科学文化、政治业务素质方面发挥了重要作用。同时，全区继续组织了高等、中等专业证书教育，开展了多种形式的培训，进一步发挥了成人院校为经济建设和用人单位服务的功能。

〔**社会力量办学**〕　自治区的社会力量办学工作于1991年起步，到1995年，已形成了高等、中等、短期职业培训等多种办学层次，为社会人员提供了广泛的就学机会，并为企业和用人单位培养了一大批有专业知识和职业技能的实用型人才。

〔**教育综合改革**〕　根据国家教委的要求和部署，1995年，全区共确定31家自治区级试点企业和一批盟市级试点企业并实行了分级管理制度；全区确定的3个教育综合改革试点城市已进入启动阶段。

〔**扫盲教育**〕　1995年10月31日，自治区政府召开了全区扫盲工作电话会议。自治区副主席宝音德力格尔、教育厅厅长韩永久，自治区农业厅、妇联、团委的负责同志分别在会上讲了话。自治区政府强调，要进一步提高对扫盲工作重要性的认识，抓住机遇，把自治区扫盲工作进一步推向高潮。明确了扫盲工作是各级政府的重要职责，要直接抓到乡镇一级政府，同时落实到村。把扫盲工作同各级领导的任期目标结合起来，实行目标管理并作为考核各级领导政绩的一项主要内容。自治区政府还对扫盲工作的管理机构、专职队伍建设、多渠道解决扫盲经费等作出了明确规定。韩永久同志要求全区各级教育部门要真正把扫盲工作列为整个教育工作的“重中之重”，加大扫盲工作力度，增强扫盲工作的责任感和紧迫感，制定扫盲规划，加强扫盲教学研究，严格评估验收，主动协调各方面力量参与扫盲。

根据自治区实际，初步确定了“九五”期间自治区扫盲工作的思路：(1) 1995年之前要在全区经济相对发达的14个市属区、12个县级市，率先扫除青壮年文盲。这一阶段的任务1995年已基本上按期完成。(2) 1998年之前要使60个左右条件较好的旗县基本扫除青壮年文盲。(3) 剩余的十多个边远、贫困旗县，集中精力，在2000年之前予以重点突破。

改革开放以来，自治区累计扫除青壮年文盲160多万人。1995年扫除青壮年文盲53800人。现在全区1288万15周岁以上建国后出生的青壮年中非文盲为1217万人，非文盲率为94.45%。现有青壮年文盲709052人，文盲比例为5.5%。全区100个旗县市区中有6个旗县市区经1995年度自治区组织的“两基”评估验收，达到了“两基标准”，实现了基本普及九年义务教育、基本扫除青壮年文盲。这6个旗县市区是：包头市郊区、石拐区、东河区，呼市郊区，巴盟临河市，乌海市海渤湾区。

自治区政府要求：每个乡、苏木至少配备一名专职人员抓好扫盲工作；任务重的乡、苏木要配备2至3名并保证专职专用。各级教育部门都要设有基本适应扫盲工作需要的专职机构。截止1995年底，全区有乡、苏木级扫盲专职人员3000多人，兼职教师13000多人。从1995年起，自治区团委、教育厅联合组织了全区大中学生志愿者扫盲与科技文化服务行动，动员10万名中小学教师和高年级学生、大学生参与扫盲工作，基本形成一支能适应工作需要的专兼职教师队伍。

〔**农村文化技术学校**〕 1995年，自治区贯彻了国家教委《关于加强乡、村农民文化技术学校建设》的通知精神，不断加强和完善乡、村两级农牧民文化、科技培训网络。目前，全区已建立乡、苏木级农牧民文化技术学校1446所，占乡、苏木总数的93%；建立村、嘎查农牧民文化技术学校18693所，占村、嘎查总数的78.5%。自治区要求1998年以前，每个乡、苏木、村、嘎查都要有一所农牧民文化技术学校，其中1/3要办成示范性的农牧民文化技术学校。此外，自治区农牧民初中等教育也得到明显发展。1995年，经自治区评估验收的校、站有农业广播电视学校分校、工作站66所，农牧业机械化学校29所，农民中专3所。农民中专、农业、广播电视学校已毕业学生18800多人，在校生4000多人，平均年招生规模约1500人。

自治区政府作出决定，全区实施“绿色证书”制度，“八五”期间为全区316万农牧户每户培养一名掌握一技、两技之长，可以发家致富的农牧民家庭技术员。到1995年，全区共培养农牧民家庭技术员270万人，并颁发了“绿色证书”，其中1995年培养家庭技术员48万人。

撰稿　杨惠良　刘振基

审稿　韩永久　秦政奇

民族教育

〔**综述**〕“八五”末期，内蒙古自治区的民族教育在布局结构上有所调整，在改革中有所创新，在质量上有所提高。

1995年，民族小学校数调整为2978所(蒙古族小学2381所，蒙汉合校451所，其他民族小学146所)，在校生为339730人(其中住宿生为35063人)，专任教师为27292人。蒙语授课小学生为241675人。民族幼儿园达116所，在园幼儿12024人，专任幼儿教师1837人。少数民族学前班学生达28747人。

1995年，民族中学校数调整为359所，其中初中284所(蒙古族初中166所，蒙汉合校101所，其他民族初中17所)，民族高完中75所(蒙古族高中61所，蒙汉合校11所，其他民族高中3所)。少数民族中学生达到155999人(其中初中生127404人，高中生28595人)。少数民族职业中学有48所(蒙古族职业中学25所，蒙汉合校20所，其他少数民族职业中学3所)，学生13751人(其中职业初中生8807人，职业高中生4944人)。

1995年，全区普通高等院校中，都招有一定比例的少数民族学生，其中设有蒙语授课系科专业的高等院校10所。各高等院校共有少数民族在校生8776人，占全区高校在校生总数的23.9%，高于少数民族人口占全区总人口的比例。其中，蒙古族学生7774人，占全区高校少数民族学生88.6%，蒙语授课的少数民族学生3203人，占蒙古族学生的41.20%。在普通高等院校专任教师中，有少数民族教授75人，副教授486人，讲师962人，助教445人，无职称的264人。

1995年，全区普通中等专业学校中，均招有一定比例的少数民族学生。其中，38所中等专业学校招收蒙语授课专业和民族班。普通中专共有少数民族在校生14166人，占全区中专生的24.6%，高于其人口比重。其中，蒙古族学生12650人，蒙语授课学生5870人，占蒙古族学生的46.4%。

1995年，成人高校少数民族学生3164人，占成人高校在校生总数的15.4%；成人中专少数民族学生8558人，占成人中专在校生总数的21.8%。

1995年，自治区牧区教育有了较大发展。牧区小学达到2418所，在校少数民族学生242802人，其中蒙古族学生160544人，占牧区小学在校生的66.1%。牧区中学达207所，在校生62760人，其中蒙古族41407人，占牧区中学生的66.0%。

〔**对口支援**〕为了进一步贯彻落实国家教委办公厅《关于对全国143个少数民族贫困县实施教育扶贫的意见》，总结交流1992年以来北京——内蒙古对口支援协作的经验，进一步推动这项工作，经自治区教育厅与北京市教育局协商，于1995年4月在北京召开了“北京——内蒙古教育对口支援经验交流会”。北京市教育局局长陶春辉、内蒙古教育厅厅长韩永久主持了会议，国家教委民族司司长韦鹏飞到会讲话。内蒙古有12个接受支援的贫困旗县的旗县长、教育局长与北京市对口的区县代表参加了会议。

1995年，北京市广大教职工自愿募捐130万元，为内蒙古哲里木盟奈曼旗扩建了一所蒙古族希望工程小学。500多名学生包括不少因贫困失学的儿童走进了新落成的教学大楼。一年来，有北京市东城区与内蒙古科右中旗、大兴县与翁牛特旗、海淀区与清水河县、昌平县与克什克腾旗、崇文区与杭锦旗等12对达成协议的区旗县。对口支援协作工作的主要形式有：相互派员访问、考察；交流教育信息；建立姊妹学校关系；协助改善教学设备；无偿培训师资；接受挂职锻炼；推销校办企业产品；优惠购车购物；救助失学儿童等等。

〔**管理干部培训**〕 为提高民族教育行政管理干部的素质，教育厅于1995年6月～7月举办了民族教育管理干部培训班。本次培训班，本着虚实并举，联系实际的原则，在学习《纲要》和有关文件的基础上，安排了民族教育改革与发展思路、加强九年制义务教育和学校管理、中小学德育工作、中小学整体改革等4个专题讲座。为了提高教育行政干部对农村牧区教育改革的认识，组织与会人员专程赴湖南省凤凰县和怀化地区参观考察了全国民族教育的先进典型学校。这一培训活动，对于提高民族教育管理干部的政治业务素质起到了积极的促进作用。

〔**表彰先进活动**〕 “八五”以来，特别是全国第四次民族教育工作会之后，自治区民族教育通过深化改革，强化管理，取得了可喜的成绩，涌现出一批民族教育的先进集体和先进个人。为了表彰他们的先进事迹，以充分发挥他们的骨干带头作用，推动民族教育的改革，自治区教育厅与自治区民委联合，于1995年9月“民族团结表彰月”和教师节，表彰了一批在“八五”期间民族教育教学工作中业绩突出、贡献卓著的先进典型。经过学校、旗县、盟市及自治区逐级评比，共有36个集体和106位个人，荣获自治区民族教育先进集体和先进工作者称号。

〔**“三语”教学改革实验**〕 为了使蒙语授课高中毕业生能进入区外院校学习，经教育厅批准，内蒙古师大附中从1992年开始进行“三语”教学（蒙语文、汉语文、外语）改革。实验班由高中一年级33名学生组成，该班学生从小学到初中一直实行蒙语授课，从小学三年级起加授汉语文，不学外语。进入实验班以后，“三语”并开，蒙语文只保留少量课时，有的学生选修；加强汉语文，重点学好英语（每周八课时），其他课程仍用蒙语教学。要求学生在高中阶段学完普通中学6年的英语课程。高考时，英语记入总分，蒙、汉语文各记50%，其他学科均按高考规定执行，学生用蒙古语文答卷。经过师生的共同努力，1995年第一届实验班毕业生参加高考的33人中，成绩在500分以上的12人，其中11人考入了全国重点大学。实验班学生高考升学率为82.7%。

撰稿 乌兰图克

审稿 韩永久 秦政奇

辽宁省教育

概况

〔基本情况〕

1995年各级普通学校基本情况

单位：人

学校类别	学校数（所）	毕业生数	招生数	在校学生数	教职工数	
					计	其中专任教师
一、普通高等学校	61	45644	55899	187267	58455	23400
研究生		1572	2589	7855		
本科		20239	28597	104607		
专科		23833	24713	74805		
二、中等专业学校	171	33966	43821	140870	25757	12378
中等技术学校	141	24662	35864	108688	20713	9648
中等师范学校	30	9304	7957	32182	5044	2730
三、普通中学	2459	601421	756666	2008338	189553	137185
高中	397	81814	112245	291679		21220
初中	2062	519607	644421	1716659		115965
四、农业、职业中学	594	51246	67881	182984	22979	13765
高中	532	48881	66626	180224		13439
初中	62	2365	1255	2760		326
五、工读学校	13	460	565	1121	503	289
六、小学	14594	672482	703538	3751941	237981	198815
七、特殊教育学校	79	850	1044	8204	2639	1948
八、幼儿园	11220		607336	1021123	69346	44598

1995年各级成人学校基本情况

单位：人

学校类别	学校数(所)	毕业生数	招生数	在校学生数	教职工数	
					计	其中专任教师
一、成人高等学校	60	33011	50374	151765	13106	5951
广播电视大学	3	7316	9194	30017	2356	1127
职工高等学校	48	6826	8336	23390	7971	3569
农民高等学校						
管理干部学院	7	2901	4812	10334	1804	752
教育学院	2	1424	1333	10290	975	503
独立函授学院						
普通高校举办：						
函授部		10168	16672	49394		
夜大学		4376	10027	28340		
干部专修科						
二、成人中等专业学校	253	25286	30249	86681	13173	7784
广播电视中专	14	10635	10566	32300	683	304
干部中专	2	151		387	298	132
职工中专	111	9040	12105	35209	4908	2485
农民中专	32	4052	5949	12093	1141	662
函授中专	1	123	24	629	21	9
教师进修学校	93	1285	1605	6063	6122	4192
三、成人中学	650	40932	51216	42858	4203	2921
职工中学	348	20557	24971	21135	2917	1923
农民中学	302	20375	26245	21723	1286	998
四、成人技术培训学校	13832	4118839	3402968	2936427	30787	10070
职工技术培训学校	689	400079	366148	371827	14795	4086
农民技术培训学校	13143	3718760	3036820	2564600	15992	5984
五、成人初等学校	3141	282804	184355	146350	2189	1367
职工初等学校	42	3508	4788	4419	278	164
农民初等学校	3099	279296	179567	141931	1911	1203
其中：扫盲班	1292	60051	54783	14897	371	230

制表　倪　蕊

〔**年度工作方针**〕 1995年全省教育工作的指导思想是：认真落实全国和省教育工作会议精神，以贯彻落实《纲要》及深入贯彻省委、省政府科教兴省的战略方针，以深化教育改革为中心，进一步加强宏观调控，全面推进《辽宁省教育改革和发展纲要》和《关于〈辽宁省教育改革和发展纲要〉的实施意见》的实施，促进教育事业的发展和教育质量的提高，使教育更好地适应辽宁经济建设和社会发展的需要。

基础教育重点抓好普及九年义务教育，深化教育教学改革和学校内部管理体制改革，全面提高教育质量。（1）切实加强对"普九"工作的领导，加快全省农村特别是贫困地区"普九"的进程。加强教育督导，积极开展"普九"评估验收。（2）总结推广全面贯彻教育方针的典型经验。推进教育教学内容和教学方法改革，切实减轻学生课业负担。（3）积极发展城市高中阶段教育。继续推进普通高中办学模式的改革。（4）加强民族学校教育教学管理，提高办学水平和效益。（5）积极探索市场经济条件下发展幼儿教育的途径和方法，抓好学前班试点工作和幼儿教育师资培训工作。

职业技术教育重点是中等职业技术教育改革与发展，加强重点学校的建设，主动为经济建设服务。（1）有计划地实行初中阶段、初中后、高中后职业教育分流，把初中后分流作为发展职业教育的重点。（2）进一步强化各级政府对职业教育的统筹，推动每个县都办好一所适应本地区发展特点的综合性中等职业学校（培训中心）。（3）配合计划部门和行业主管部门，制定中等职业教育的发展规划和总体改革方案，提出中等职业学校布局和专业结构的初步调整意见。（4）推进中等职业技术学校的综合改革，抓好骨干学校建设。（5）积极发展高中后职业教育和培训。完善职业技术教育体系。（6）推进农村教育综合改革，认真实施"燎原计划"。

高等教育，抓紧进行高等学校布局和专业结构的调整，提高办学质量和效益。（1）制定高等教育体制改革总体规划，本着积极、稳妥的原则，分类指导、分类实施、逐步到位，推进校际之间，地方、企业与学校之间的联合办学和共建工作。（2）提出高等学校布局、专业结构调整意见以及重点学科建设、师资队伍建设、改善办学条件的意见。（3）积极推进高等学校招生、毕业生就业制度改革。选择有条件的学校实行缴费上学、自主择业的试点，逐步建立与之配套的奖、贷学金和困难学生补助的制度。（4）积极推进高等学校教育教学改革。（5）进一步加强高等学校科研工作，加大重点项目支持力度，积极组织高等学校科技成果的转让、推广和开发，更好地为全省地方经济发展，产业、产品结构调整和农村脱贫致富服务。（6）进一步开展引进国外人才、智力和招收留学生工作，开展高等学校的国际交流和合作，加强对国家、单位公派出国留学人员的计划管理和吸引回国等工作。

积极发展成人教育，以岗位培训和继续教育为重点，加强对社会力量办学的管理，推进成人教育结构调整。（1）制定有关管理法规，逐步把社会力量办学纳入社会化和法制化的轨道。（2）适应人才市场的需求，调整学校布局和专业设置，促进联合办学。开展高等职业技术教育，选择条件较好的成人高等学校试办高等职业教育班。（3）积极促进行业、企事业单位建立和完善岗位培训制度、继续教育制度。（4）巩固扫盲成果，扫盲工作以扫为主转向堵盲和脱盲后继续教育为主。加强乡(镇)、村农民文化技术学校建设。广泛开展农民实用技术和乡、镇企业职工培训，积极推行“绿色证书”工程。

进一步加强各级各类学校德育和高等学校党的建设，继续保持学校的稳定。

〔**宣传贯彻《教育法》**〕 3月18日《教育法》颁布之后，辽宁省政府及时召开座谈会，请各有关方面的人士就全省学习宣传和贯彻实施《教育法》进行座谈。会上，张榕明副省长就各级领导干部带头学好用好《教育法》，以及宣传贯彻《教育法》、切实解决当前教育改革和发展的实际问题等发表了讲话。8月30日，《教育法》即将实施之际，省政府召开电话会议，副省长丛正龙以《提高认识，明确责任，真抓实干，认真贯彻实施〈教育法〉》为题作了重要讲话，对全省宣传贯彻《教育法》提出了明确的要求。省委书记顾金池、省长闻世震分别在《辽宁日报》和辽宁电视台发表文章和电视讲话，阐述《教育法》颁布的重大意义，以及实施科教兴省战略的打算。在省委省政府的带动下，全省各地宣传贯彻《教育法》的活动得到深入开展。沈阳市的市县（区）两级领导和有关部门的负责同志与10余万师生一起走上街头，采用歌舞、出版报、悬挂标语、散发宣传提纲等多种形式宣传《教育法》，市委主要领导还在报刊上发表文章，《沈阳日报》开辟《学习〈教育法〉宣传〈教育法〉落实〈教育法〉》专栏，编印教育法规汇编和举办教育部门负责同志培训班，掀起学习、贯彻《教育法》的热潮。辽阳市把《教育法》纳入法制课中，做到教师、教材、课时三落实。还通过印发《教育法》手册、培训骨干、举办知识竞赛等方式，把《教育法》送到千家万户。

〔**教育经费投入**〕 1995年全省财政预算内教育事业费支出为36.6亿元，比上年增加5.5亿元，增幅为17.63%；全省财政总收入为183.6亿元，总支出为269.6亿元，财政预算内教育事业费支出占全省财政总收入和总支出的比例分别为19.93%和13.58%。另外，全省校办企业、勤工俭学收入用于补充教育经费5.5亿元，比上年增加2.5亿元，增幅为83.33%。

〔**制订“九五”计划和2010年规划**〕 根据省政府的部署，依据《辽宁省教育改革和发展纲要》及其实施意见，经多方协调论证，省教委制订了《辽宁省教育事业“九五”计划和2010年长期规划》(草案)。《规划》(草案)确定“九五”期间全省教育改革和发展，必须坚持教育为社会主义建设服务的指导思想，坚持端正方向、深化改革、增加投入、提高教师素质、注重办学效益和教育质量的工作方针，明确提出了各类教育发展的目标和任务。

基础教育

〔**综述**〕 1995年全省小学学龄儿童入学率为99.39%，比上年提高0.31个百分点；其中农村小学学龄儿童入学率为99.17%，比上年提高0.5个百分点。全省小学生辍学率为0.82%，比上年降低0.55个百分点。小学毕业生升入初中升学率为95.83%，比上年提高2.92个百分点。初中生辍学率为3.55%，比上年降低2.14个百分点。中小学专任教师学历达标率进一步提高。小学专任教师学历达标率为95.14%。(其中专科学历达标率已达8.03%)，比上年提高1.32个百分点；初中专任教师学历达标率为71.19%，比上年提高2.51个百分点；高中专任教师学历达标率为68.67%，比上年提高2.11个百分点。全省中小学教师与学生的比例渐趋合理，高中为1∶13.75，初中为1∶14.80，小学为1∶18.87。

〔**教育教学改革**〕 1995年积极稳妥地推进中小学办学体制改革。全省国有民办、民办公助及私立中小学已有94所。召开了全省农村初中教育改革经验交流会，明确了农村初中教育改革的方向，即加大职教因素，提高初中学生的巩固率和教育教学质量，为当地经济和社会发展服务。在认真总结中小学学制改革实验经验的基础上，继续稳妥地进行“五·四”学制和“九年一贯、五四分段”学制的试点工作。1995年全省已有334所中小学、3064个教学班进行这项学制改革。积极进行农村初中办学模式改革，制订了《辽宁省农村示范性初中办学标准》，同时规划了“九五”期间分期分批建好100所示范性农村初中的工作方案。为加强招生工作管理，推进义务教育和高中教育的发展，切实减轻中小学生课业负担，省教委制定下发了《关于1995年中小学招生工作的意见》和《1995年辽宁省初中升学考试纲要》，全省小学招生和小学升初中坚持依法就近就地入学，完善小学升初中取消考试的制度、取消小学、初中统考和期中考试，加快了普通高中招生制度改革的步伐，总结推广了营口等市重点高中一定数量招生指标分配到初中的经验，继续进行课程结构改革，认真落实三种课型（必修课、选修课和活动课）、强化两类课程（选修课和活动课）的开设，制订了活动课教学纲要，推动基础教育健康发展。

〔**评选名师、名校、名校长**〕 为了加强基础教育、学校管理和教师队伍建设，调动广大教职工的积极性，促进教育改革的深化和教育事业的发展，省政府决定对近年来涌现出的功勋教师、优秀校长、模范学校（即名师、名校长、名校，简称“三名”）予以表彰。经各市推荐和省评选，决定授予高洪茂等14名教师辽宁省功勋教师称号；授予葛朝鼎等10名校长辽宁省优秀校长称号；授予沈阳市第一三四中学等20所学校辽宁省模范学校称号，并颁发荣誉证书、奖牌和奖金。这批功勋教师、优秀校长和模范学校，是全省教育战线的优秀代表。他们以邓小平同志建设有中国特色社会主义理论为指导，积极进行教育改革，促进教育事业发展，为全省经济建设和社会进步培养德智体全面发展的人才作出了重大贡献。这些功勋教师、优秀校长在自己的工作岗位上，几十年如一日，辛勤耕耘，呕心沥血，无私奉献，为人师表，教书育人，忠诚于教育事业；他们解放思想，不断更新教育观念，积极投身教育改革之中，坚持科学育人，严谨治校，把自己的全部聪明才智贡献给了教育事业。这些模范学校是全省同类学校的榜样，他们坚持从实际出发，加强领导班子和教师队伍建设，把提高学校领导水平和提高教师素质作为办好学校的关键和保证，大胆探索，科学管理，教育、教学改革取得了突破性进展，在全面贯彻教育方针，加强学生思想品德教育，开发学生智力、培养学生能力等方面，具有明显的特色；他们坚持教育整体改革，减轻学生负担，大面积提高教育质量，成为全省乃至全国的教育整体改革的实验基地；他们长期坚持为农村经济发展服务，深入改革教育模式和教学内容，发展农村职业技术教育，受到各方面赞扬与欢迎。

〔**教师住房建设**〕　认真落实国务院办公厅大连教师住房建设现场会精神，省政府印发了《关于进一步解决教师住房的通知》，编制了“九五”期间教师住房建设规划，确定到1998年全省教工人均住房面积要达到8平方米，并分别在阜新市和辽阳市召开经验交流会，推广这两个地区加大教工住房建设力度的先进经验。1995年全省共投资4.25亿元，建成中小学教工住宅8449套、55万平方米；中小学教工住宅人均面积已从1994年的6.6平方米增加到1995年的7平方米。

〔**教育书刊发行管理**〕　年初省教委召开了全省中小学教育教学用书发行工作协调委员会会议，下发了《关于进一步加强教育系统书刊发行工作有关问题的通知》，随后又与省新闻出版局联合下发了《关于进一步加强全省教育系统书刊发行管理工作的通知》，加大了对全省教育系统书刊发行工作的管理力度，理顺了全省教育系统书刊发行的渠道，对制止教育系统滥编、滥印、乱发行，对提高教育教学质量，起到了良好的保障作用。

〔**治理中小学乱收费**〕　为切实治理中小学乱收费，在年初全省制止中小学乱收费工作会议上，省教委与各市教委签订了责任书，市与县、县与学校也分别签订了责任书，形成层层负责、齐抓共管的局面。为严格禁止各地自立收费项目，省教委与省物价局联合下发了《辽宁省初中、小学收费管理办法》和《关于普通高中招收自费生有关问题的通知》，对收费项目和标准作出明确规定。同时组织力量认真监督检查。省教委先后4次抽调70多名机关干部深入各市检查，对严重乱收费案件，在全省通报。聘请100名收费监督员，编发了《加强中小学收费管理文件与案例》。为强化社会监督机制，采取向社会公布收费项目和标准、公布中小学用书目录、开设举报电话、通过新闻媒介宣传政策等方式，增加收费的透明度，调动社会方方面面的力量参与治理，有效地遏制了乱收费的势头。据不完全统计，全省共取消中小学不合理收费17项，查出不合理收费金额1375.1万元，已退还学生1024.4万元，其余正在清退；纠正乱收费999起，罚款134.9万元，免去11名违纪校长的职务，给予罚款及行政处分的校长、教师有40名。

〔**教育救灾工作**〕 1995年辽宁省遭受特大洪涝灾害给灾区农村中小学造成严重损失。党中央、国务院十分关心辽宁灾情。国家共投入1615万元用于辽宁教育救灾。省政府高度重视教育救灾工作，省长闻世震在新宾县现场办公，亲自组织省直28个企业对口援建26个水毁学校；副省长张榕明多次到受灾严重地区查看灾情，组织落实救灾措施，检查抢建校舍工程进展情况。洪灾发生后，省教委立即开会研究成立救灾领导小组，要求各地克服一切困难，采取各种灵活办法，保证灾后学校按期开学，并早日修复水毁校舍，确保受灾师生安全过冬。省教委还与团省委联合行动，组织全省中小学生开展向灾区学生献爱心活动，并发动千家团委和企事业单位，修建30所学校，修复300所学校。据统计，全省有5094个教学班受洪灾影响，不能以正常方式开学，涉及15万学生。由于采取了二部制授课、合班上课等多种变通方式，98%的受灾学校都于8月24日如期开学，重灾学校也于9月上旬相继开学。为修复水毁校舍共投资1.5亿元，翻建272个水毁校舍，除有18个工程需跨年度施工外，其余已全部竣工交付使用。

受灾地区各级政府非常重视教育救灾工作，提出“救灾先救教育，建房选建校舍”的号召，对抢修水毁校舍提供优先征地、免征各种费用、优先供应建筑材料等优惠政策，并加大救灾经费的投入。大多数拟参加1995年“普九”验收的受灾县（市）教育救灾力度更大，其救灾投入远远高于当地有关“普九”的损失程度，从而使这些地区的受灾学校经修复后，其办学条件都恢复或超出了灾前的水平，保证了全省“普九”工作的质量和进度。受灾地区教工住宅的重建工作进展顺利，各地都安排了补助专款，并提供了优惠政策。到年底有90%的受灾教工已搬进新居。

〔**“普九”验收**〕 截止1994年底，全省已有43个县（市、区）基本实现“普九”，人口覆盖率为22.16%，这些地区绝大部分都是城区和近郊区。从1995年起，“普九”工作的重点转到了农村，工作难度明显加大。为此，省教委本着“坚持标准、实事求是、因地制宜、分类指导、全面推进”的原则，对已实现“普九”的43个县（市、区），通过复查，抓巩固提高；对拟于1996年以后实现“普九”的县（市、区），进行督促，加大工作力度；对1995年申请验收的县（市、区）在进行全面检查的基础上，以初中生入学率、辍学率，教师学历达标率等为重点内容进行严格验收。同时改进督导方法，加强过程评估，把工作的着眼点放在评估各地“普九”工作的过程上，并在辽阳县和灯塔县进行评估验收预检试点，在进行“普九”验收检查时，充分考虑到特大水灾对有关县（市）“普九”工作的影响，采取对受灾县（市）后验或缓验，验收时对受灾县（市）的受灾乡镇必验等措施，确保“普九”工作的质量。辽阳县、铁岭县、灯塔县和海城市虽然受灾较重，但救灾力度大，经省验收合格；清原县、抚顺县和开原市由于灾情重，灾后难以在较短时间内恢复到灾前水平，经协商，予以缓验。这样，1995年全省又有24个县（市、区）（含大连经济技术开发区）通过省“普九”验收，覆盖人口1173万人，人口覆盖率为29.48%。至此，全省实现“普九”的地区达67个县（市、区），累计人口覆盖率达62.64%。

〔**小学教师基本功训练现场会**〕 1995年6月17日至21日，国家教委在锦州市召开小学教师基本功训练现场会，推广该市小学教师基本功训练的经验。

锦州市小学教师基本功训练于1991年起步。一是抓一般基本功，包括普通话口语训练，钢笔、粉笔、毛笔字训练，教学简笔画训练，板书训练；二抓学科教学基本功，包括熟练掌握教学大纲、教材、教法，使用教具，制作简易教具；三抓特色基本功，使教师某方面的基本功达到较高的造诣，形成独特教学风格。在具体实施中，他们广泛深入宣传动员，抓试点带动全局，使所有教师都能参加进来，所有学校都能动起来；制订规章制度，加强领导与管理，保证基本功训练的严肃性、规范性；建立制约、激励机制，促进全员培训目标的实现。历时五年的基本功训练，取得了丰硕成果。全市1.7万名小学教师到1994年底，基本功过关31336科人次，合格率88.63%。为推广锦州市小学教师基本功训练这一经验，国家教委召开全国小学教师基本功训练现场经验交流会，考察了锦州市城市、县镇、农村三种类型学校的16个现场，随机抽查4所学校。在考察现场和抽查学校时耳闻目睹了锦州市小学教师精彩的基本功汇报表演。从白发苍苍的老教师到初踏教坛的新手，他们流利、标准的教学语言，工整、熟练的“三笔”字，设计精巧、书写规范的板书，妙趣横生，突出教学重点的简笔画，运用自如的电教手段，精美的自制教具，展示出教师纯熟的职业技能。锦州市以大练基本功为突破口开展小学教师继续教育的经验是：以提高教育教学能力为核心，以教师任职学校为主要基地，以任职学校校长为主要组织者和责任者，以教师进修学校为管理、指导、考核中心，全员性，有计划、分层次、多渠道地持久开展教师基本功训练，提高小学教师队伍的整体素质，从而达到提高教育质量的最终目的。

职业教育

〔**综述**〕　1995年，全省普通中等专业学校比上年增加6所。其中，工业学校52所，农业学校12所，林业学校1所，医药学校22所，财经学校18所，政法学校7所，体育学校14所，艺术学校8所，其他学校7所，师范学校30所（包括4所幼儿师范学校）。招生数大体与上年持平；在校生数比上年增加7803人；专任教师中副高级职称的2185人，中级职称的5287人，初级职称的4488人。全省职业中学比上年减少12所；招生数与上年持平；在校学生数比上年增加15108人；专任教师中，高级教师1411人，一级教师4694人，二级教师4669人。

〔**教育教学改革**〕　省教委根据实际、实用、实效的原则，积极推进职业学校专业设置、教学计划、课程体系的改革。职业高中幼儿教育专业以能力培养为主线的教学模式、课程设置的改革，得到国家教委的肯定。1995 年全面调整全省职业高中有关专业的教学计划和教学大纲，编制 20 个专业的教学计划及相关的 170 个学科的教学大纲。省教委与计划、劳动、公安、粮食等部门协调，制定了从农村招收一批苦脏累险专业（工种）职业学校学生的政策，采取招生招工相结合的原则，解决了部分企业生产一线技术工人匮乏的问题。

〔**重点职业高中建设**〕 1995 年省教委在全省开展重点职业高中评估认定工作，共评出省级重点职业高中 96 所，国家级重点职业高中备选学校 22 所。评估工作推动了学校建设，据参评国家重点职高的 23 所职高统计，基建总投资达 2.4 亿元，校均 1042 万元，其中包括政府投入、社会支持和学校自筹。扩大校园占地面积 41.4 万平方米，校均 1.8 万平方米，增加建筑面积 21.6 万平方米，校均 9397 平方米，相当于新建 23 所原规模学校。实验实习设备设施投资 2752 万元，校均 131 万元，增加千元以上设备 6645 台件，校均 289 台件。设备总值达 5.9 亿元，校均 255 万元。23 所学校在校生达 36899 人，校均规模 1580 人。

向国家教委申报的 22 所国家级重点职业高中备选学校有以下几点明显的特色。①办学方向明确，骨干专业稳定突出，连续办学 15 年以上，社会、经济效益显著，适应当地经济建设需要。②根据社会需要确定培养目标，根据培养目标设计教学模式，逐步实现从以书本、理论教学为主线向以培养学生实践能力为主线转化。③教学手段先进，设备优良。各地、各校肯于投资，2 所学校校均微机 120 多台，型号先进，都是 386、486、586 和多媒体，有的学校达 700 台以上；语音室从单听式、到视听结合、向多媒体发展；财会模拟室实现了电算化；幼师专业钢琴都在 40 台以上；电化教学手段不断更新。校校有新建实验实习楼，骨干专业实现了实验室、模拟室、校内外实习基地配套成龙。④校企合作、联合办学深入发展，企业参与学校办学全过程，真正实现了教育与经济之间“依靠”和“服务”的关系。⑤校办产业有较大发展，逐步实现了产教结合，增强了办学活力。三年来校产创收。⑥校均 281 万元，有的学校年创利 1000 多万元。教育教学改革成果显著。每个学校教学改革有计划、有课题、有研究、有成果。

〔**职业教育中心建设**〕 根据《辽宁省教育改革和发展纲要》提出的每个县要在政府统筹下，重点办好一所适应本地区发展特点的综合性职业学校（中心）的要求，省教委制定了《县（市、郊区）职业教育中心建设标准》。各地加强了对农村中等职业教育、中等成人教育改革和统筹的力度，有的已采取切实可行措施，融各类中等职业教育、中等成人教育于一体，成立县（市、郊区）职业教育中心。到 1995 年底，全省已有 19 个县（市、郊区）建立了职业教育中心，合并学校 65 所，使教育资源得到合理配置，办学条件得到进一步改善，教育投资效益明显提高。

高等教育

〔**综述**〕 1995年，全省普通高等学校专任教师中，有博士研究生575人，硕士研究生5153人；有正高级职称的1677人，副高级职称的6491人，中级职称的9636人，初级职称的4538人。全省普通高等学校学生与专任教师比为7.67∶1，生均仪器设备资产值为0.54万元，生均校舍面积为42.47平方米。

〔**体制改革**〕 年初省教委召开了全省高等教育体制改革座谈会，明确了省高等教育办学体制和管理体制的改革思路。根据统筹规划、分步实施、分类指导、积极稳妥的原则，经反复协调论证，省政府与国家教委、大连市政府签订了共同建设大连理工大学议定书，议定在大连理工大学原隶属关系、投资渠道不变的基础上，实行由国家教委、辽宁省政府、大连市政府三方共同领导，以国家教委为主的体制，国家教委继续向大连理工大学核拨额定的事业经费、基建投资及各种专项拨款、补贴，并按对委属高等学校投入的正常增长比例增加投入；辽宁省、大连市将大连理工大学与省属、市属高等学校同等对待，大连理工大学享受省、市给予省属、市属高等学校的各项政策优惠。还对十年来辽宁省与机械工业部联办沈阳工业大学的经验进行了认真总结，对进一步深化联办的有关问题进行了深入研究和论证，提出了相应的意见。1995年积极促进地方政府与国家有关部委共建有关高校，鞍山高等职业专科学校已并入鞍山钢铁学院，沈阳大学与沈阳工业高等专科学校合并。企业参与办学及校际间合作办学也开始起步，沈阳药科大学与企业共建工商管理学院，全省4所院校成立了有企业参与的校董事会，8所学校开展了合作办学，2所专科学校已划归企业集团。

〔**招生并轨改革试点**〕 以统一招生计划、统一录取标准、统一收费标准，毕业后学生自主择业、双向选择为主要内容的招生并轨改革试点，在全省18所高等学校中展开。省教委做了大量的实施前期准备工作，制定了高等学校学生奖学金、贷学金、特困生补助、勤工俭学补助金管理办法，以确保成绩优秀但家庭经济困难的学生能够入学深造。参加并轨改革试点的高等学校有辽宁大学、大连医科大学、大连外国语学院（不含师范专业）等8所省属普通高等学校，中国医科大学、大连海事大学（陆上专业）、大连理工大学等8所部委院校和沈阳大学、沈阳医学院等2所市属高等学校。并轨改革试点进展顺利，在总结经验的基础上，将于1996年全面铺开。

〔**师范院校调整**〕 改革开放以来，师范教育事业得到较快发展。到1995年，全省有本科师范院校6所，师范专科学校10所，高等学校艺术师范培养点2个，本专科在校生3.3万人；有普通中等师范学校23所，在校生2.6万人。全省已形成学科齐全的高等和中等师范教育体系,培养了大量的中小学师资,为普及九年义务教育起到了重要的保障作用。但是,随着全省九年义务教育的逐步普及以及计划生育取得的显著成效,师范教育现有规模大于中小学师资实际需求的矛盾越来越突出。同时,现有师范院校和专业布点过多,许多学校师资力量薄弱、办学条件较差、规模效益不高,概括起来就是小而全、小而散、小而弱。这些问题的存在,严重制约着全省师范教育质量和办学效益的提高,为此,省政府批转了省教委关于调整全省师范教育规模、结构和布局的报告,确定了调整原则:一是按各市和县(区)每年实际需要补充的小学教师数和中学分科教师数并存留有较大余地的情况下,确定师范院校招生的规模和结构。二是优化师范院校资源配置,提高教育质量和办学效益。这次调整将部分中等师范学校撤销,部分中等师范学校与师范专科学校合并。撤销或合并的师范学校的办学条件继续用于办好师范教育,原则上不得外流。特别是仪器设备、图书资料、房地产等要用于增强师范教育办学实力,形成新的合力和优势,确保学校合并后达到或超过国家规定的办学标准。通过合并调整,充实、加强师范教育师资队伍,提高学校的规模效益。三是提高初中和小学新教师的学历层次。今后普通高中和职业高中文化课的教师由省属本科师范院校培养,初中教师逐步过渡到由省市属本科师范院校培养,小学新教师逐步由市属师范专科学校培养。四是加强省市县三级教师进修院校建设,注重教师教学能力的培训。理顺在职教师的培训体系,进一步加强中小学教师职后教学业务能力的培训。

师范院校的调整方案及实施意见:一是办好省属师范院校,面向各市培养中小学教师。继续办好辽宁师范大学、沈阳师范学院、锦州师范学院,提高办学质量,为全省培养高中和部分初中教师。辽宁省艺术幼儿师范学校并入沈阳师范学院组建二级学院,培养初中音乐、美术教师及专科层次幼儿师资。辽宁省外国语师范高等专科学校并入辽宁大学。继续保留大连外国语学院、沈阳音乐学院、鲁迅美术学院3所学校的师范系,培养中学教师。努力办好辽宁省朝鲜族师范学校、辽宁省蒙古族师范学校,逐步创造条件举办5年制专科,培养小学教师。二是办好沈阳、大连、鞍山3所市属师范本科院校及抚顺和丹东师范专科学校,主要为本地区培养初中教师。以上5个市所属的中等师范学校,首先要搞好5年制专科试点,条件具备时再并入本市师范学院或师范高等专科学校。其余各市的师范高等专科学校与中等师范学校原则上合并为培养专科学历小学教师的师范高等专科学校,同时撤销这些市的中等师范学校。没有师范高等专科学校的盘锦市继续办好师范学校,创造条件举办5年制专科,培养小学教师。四是适应提高小学教师队伍素质的实际需要,加强教师进修院校建设。省教育学院要办成全省中小学教师进修提高、教学研究与实验以及在校长培训方面具有指导作用的教育中心。市、县政府及各市教育行政部门都要重视和加强师训、教研和干训基地建设,配备得力的领导班子,选拔优秀教师补充教研、师训和干训教师队伍,进一步改善办学条件,保证师训、干训、教研经费。要制定鼓励教师接受继续教育的政策措施。

按上述方案调整后,全省高中教师将全部由省属本科院校培养,初中教师由省统筹大部分在本科院校培养，小学教师主要由市属师范专科学校培养，从而形成以省统筹为主，省市结合的师范院校办学体制的新格局。

〔**高校党的建设**〕 省委于1995年11月29日召开了全省高等学校党建工作会议。省委书记顾金池作了总结讲话，副书记曹伯纯作了题为《加强和改进高校党的建设，推动全省高等教育的改革和发展》的主题报告。会议印发了《辽宁省高等学校领导班子和领导干部考核评估暂行办法》等文件，征求与会代表的意见，并交流了大连海事大学等高等学校加强党的建设的先进经验。

曹伯纯在报告中分析了全省高等学校党的建设工作面临的形势，概括总结了全省高等学校党的建设工作几条基本经验后指出当前和今后一个时期，全省高等学校党的建设工作的指导思想是，坚持以邓小平建设有中国特色社会主义理论和党的基本路线为指导，认真贯彻落实党的十四届四中、五中全会和第五次全国高校党建工作会议以及辽宁省第八次党代会精神，紧密围绕高等学校的改革和发展、教学和科研工作，加强和改进党的建设，加强思想政治工作，动员和团结广大师生员工、更好地完成培养社会主义建设者和接班人的根本任务，为落实省委提出的结构优化、外向牵动和科教兴省战略，建设新辽宁的宏伟目标作出贡献。曹伯纯在报告中强调，要以领导班子建设为重点，全面加强高等学校党的建设，切实加强高等学校领导班子建设，努力提高领导班子领导学校改革发展和驾驭全局的能力；要紧密围绕学校的改革发展稳定和教学科研工作，加强党的基层组织和党员队伍建设；要继续推进马克思主义理论课和思想品德课教学改革，加强和改进高等学校的德育工作；要加强高等学校党务干部和政工干部队伍建设。

顾金池在总结讲话中着重强调三个问题，一是着眼大局，充分认识新形势下加强高等学校党的建设工作的极端重要性及其根本任务；二是抓住重点，切实搞好高等学校领导班子建设，全面提高高等学校党的建设的工作水平；三是奋力开拓，更好地发挥高等学校在落实科教兴省战略中的骨干作用。

〔**高校领导班子建设**〕 1995年辽宁省从高等学校领导班子年龄结构、专业结构以及缺职状况出发，有计划、有步骤地调整30所高校领导班子，涉及79人。配合中央部委，调整了东北大学等12所部委院校的领导班子，提拔18人，改任8人，免职7人；调整了辽宁师范大学等18所省属高等学校的领导班子，提拔32人，改任4人，免职17人。通过调整，高等学校领导班子建设有了明显变化，一是改善了班子群体结构，专业化水平有了较大提高，具有副高职以上职称的占90%，具有硕士学位以上的占34%，平均年龄49.6岁，改善了班子的年龄结构；二是提拔的干部，思想解放，进取精神强，工作务实，政绩较为突出，提高了学校领导班子的领导水平。

〔**高校思想政治工作**〕 1995年，省委印发了加强和改进全省高等学校德育工作的意见，省委副书记曹伯纯还在《辽宁日报》上发表署名文章《加强和改进学校德育工作，促进全社会精神文明建设》，推动高校德育工作进一步开展。1995年积极推进高校马克思主义理论课和思想品德课（即“两课”）的改革和建设，省教委拟订了《关于大力推进全省高校“两课”改革和建设的实施意见》。以纪念抗日战争和世界反法西斯战争胜利50周年为契机，通过抓主题、弘扬主旋律，抓载体、精心设计规划，抓活动、讲求教育实效，抓基地、强化育人功能，抓宣传、创造教育氛围，深入开展了系列爱国主义教育活动，收到良好成效。

成人教育

〔**教育教学改革**〕 1995年，全省成人高等教育和中等专业教育规模初步稳定，成人中学及初等教育得到很大发展。随着社会主义市场经济体制的逐步建立和完善，成人教育原有的办学体制和办学模式已不能完全适应经济建设和社会发展的需要，必须根据新形势下所出现的新情况和新问题，结合本地区实际，不断进行改革，使成人教育直接有效地为经济建设服务。1995年，辽宁省成人教育主要采取以下改革措施：（1）开展国家学历文凭考试试点。国家学历文凭考试是国家对不具备颁发学历文凭资格的民办高校毕业生的学历认定考试。从1995年起初步确定27所学校10个专业作为第一批试点学校和专业。(2)改革与发展广播电视教育。1995年在辽宁广播电视大学3个专业进行招收注册视听生试点，共招生2500人；选择部分专业进行电视大学与自学考试双沟通的试点，1995年在5个专业进行试点，参加试点学生近8000人；在学年学分制基础上实行完全学分制的试点，1995年省电大选择21个专业，共计2623名学生参加了试点。这些改革措施充分发挥了广播电视教育现代化教学手段的远距离、灵活机动、覆盖面广的优势，促进了广播电视教育的发展。（3）试办高等职业教育班。为适应经济建设对专门人才的需求，突破传统成人高等教育单一培养规格，培养生产第一线急需的工艺型、管理型和高级操作型人才，经过充分论证，选择9所成人高等学校23个专业进行举办高等职业教育班试点。(4)进行成人中等专业招生制度改革。完善预科制水平考试和学校单独命题考试的试点工作。预科制水平考试实行6年来，在保证成人中等专业考生质量，稳定成人中等专业学校规模方面得到国家教委的肯定和推广。进行选拔优秀成人中专毕业生进入成人高等学校学习的试点。1995年在12所评估合格的成人中等专业学校中，共选拔35名优秀毕业生保送进入成人高等学校对口专业学习。

〔**评估检查**〕 1995年省教委对各类成人学校进行了评估和检查（1）全面开展对独立设置的成人高校教育评估工作。召开评估现场会，在总结6所学校试点评估经验的基础上，下发评估方案，举办评估培训班，全面开展评估。(2)开展普通高等学校函授、夜大学教育评估工作。确定辽宁大学为评估试点校，拟定评估试点方案。(3)开展评选省、部级示范性成人中等专业学校工作。在成人中专评估的基础上，制定下发了《辽宁省示范性成人中等专业学校标准》，拟评选出8至10所省、部级示范性成人中专学校。(4) 开展普通高校函授站检查备案工作。下发了《关于进一步加强普通高等学校函授辅导站管理的通知》，对设在辽宁境内的函授站进行一次全面检查，并重新登记备案，凡不具备设站条件或未经备案的函授站，一律不得招生。这项措施基本上解决了一些学校未经批准乱设站、乱招生，宏观管理失控的问题，在一定程度上调整了专业结构与布局。(5) 开展民办高校检查整顿工作。下发了《关于对民办高等学校检查整顿的要求》，对49所民办高校（筹办）、民办高等进修（培训）学院进行检查整顿，并提出调整整顿意见，进一步规范了全省民办高校的管理，保证了民办高等教育事业的健康发展。

〔**扫盲工作**〕 在高标准、高质量地完成基本扫除青壮年文盲的历史任务之后，辽宁省把扫盲工作的重心转移到堵盲、防止复盲和扫盲后继续教育上来，要求各地扫盲机构不撤、人员不减、经费不少、工作不停步，继续抓好堵盲和脱盲后的巩固提高工作。各级政府和教育行政部门扎实有效地抓好普及九年义务教育，提高适龄儿童入学率，严格控制辍学率，从根本上堵住新生文盲的产生；对已脱盲人员，通过建立健全县、乡、村脱盲人员教育责任制，确保其参加继续学习。同时在广大农民中掀起学技术、学文化的热潮，把扫文盲与扫科盲、扫法盲和社会主义精神文明建设结合起来。1995年全省组织2万人参加各种扫盲学习，有1.5万人脱盲。有630万人次接受各种实用技术培训。残疾人扫盲工作在总结试点经验的基础上，有计划、有步骤地向全省推开。辽宁省扫盲工作得到国家教委的肯定，10月9日，国家教委作出决定，对辽宁省扫盲工作予以表彰，奖励100万元。

撰稿 李洪军

审稿 卢鸿德 刘劲姿

大连市教育

〔**综述**〕 1985年经国务院批准，大连市成为计划单列市。大连被国家确定为计划单列市后，市委、市政府在1985年3月12日召开的全市教育工作会议上强调，发展教育，必须遵循邓小平同志关于“教育要面向现代化，面向世界，面向未来”的要求，牢固树立振兴经济必须依靠人才和知识，也就是依靠教育，教育必须面向四化建设，重点是经济建设这一指导思想。市委、市政府要求教育工作者，要从封闭型的传统教育观念转变为开放型的现代教育观念，要从偏重全日制普通教育转变为普通教育与职业教育并重、全日制教育与业余教育并重，要从单纯注意传授知识转变为既注意传授知识更注重开发智力、既教书又育人。

1985年制定大连教育发展规划，确定1985年至1990年全市教育发展的主要目标：实现两个"普及"，即在不断提高教育质量的基础上，在农村普及小学和初中教育，在城镇普及高中阶段教育；做到三个"翻番"，即以1985年为基数，中等职业技术教育在校生数量翻一番，地方高等教育在校生数量翻一番，各类专门人才数量翻一番；推动一个"改造"，即把全市三分之一左右的学校改造成为采用先进教学手段、实行科学管理的水平较高的学校：建立新的教育体系，即建立起普通教育与职业技术教育并重而又互相沟通，全日制教育与业余教育并行而又互相补充，结构合理，规格多样，适应大连经济发展需要的教育体系。

1995年各级普通学校基本情况

单位：人

学校类别	学校数（所）	毕业生数	招生数	在校学生数	教职工数	
					计	其中:专任教师
一、普通高等学校	13	13038	15149	51999	16657	5953
研究生		634	1034	3189		
本　科		6862	8848	32942		
专　科		5542	5267	15868		
二、中等专业学校	26	4562	6714	21399	3775	1776
中等技术学校	23	3557	6044	18109	3214	1477
中等师范学校	3	1005	670	3290	561	299
三、普通中学	269	81959	102854	277607	26507	18005
高　中	60	12509	16862	45259		3339
初　中	209	69450	85992	232348		14666
四、农业、职业中学	97	10038	13133	34884	4044	2047
高　中	97	10038	13133	34884	4044	2049
初　中						
五、工读学校	2	109	68	178	81	52
六、小　学	1511	85638	92968	471242	29501	24055
七、特殊教育学校	8	137	203	1351	430	316
八、幼儿园	2136		72002	162223	10415	6342

1995年各级成人学校基本情况

单位：人

学校类别	学校数（所）	毕业生数	招生数	在校学生数	教职工数 计	教职工数 其中专任教师
一、成人高等学校	21	7804	9461	30920	1753	906
广播电视大学	1	1294	1023	4655	179	61
职工高等学校	6	1592	953	3198	886	469
农民高等学校						
管理干部学院	1	549	610	1202	326	181
教育学院	1	401	628	5824	362	195
独立函授学院						
普通高校举办：	12	3968	6247	16041		
函授部		2361	2774	8058		
夜大学		1348	2696	6980		
干部专修科		259	777	1003		
二、成人中等专业学校	41	6060	6112	15799	1744	1008
广播电视中专	3	3548	2637	8079	23	
干部中专						
职工中专	23	1983	2145	5270	690	352
农民中专	5	529	1330	2450	229	131
函授中专						
教师进修学校	10				802	525
三、成人中学	11	295	608	390	81	48
职工中学	11	295	608	390	81	48
农民中学						
四、成人技术培训学校	1721	758637	569021	171871	2668	1677
职工技术培训学校	156	44634	70334	33407	1360	738
农民技术培训学校	1565	714003	498687	138464	1308	939
五、成人初等学校	52	950	1074	143	80	48
职工初等学校	7	950	1074	143	80	48
农民初等学校	45					
其中：扫盲班	45					

制表　王九存

〔“普九”工作〕 自1986年起，全市分四批实施普及九年制义务教育，到1994年已有城区和123个乡镇通过了市级评估验收，地区人口覆盖率达95%。1995年是“普九”决战的一年。市政府把“全面完成‘普九’任务”列为重点抓的经济建设和人民生活18件实事之一，为保证北三市（普兰店、瓦房店、庄河）贫困地区6个乡镇如期达标，市委、市政府、市人大领导和教委以及计委、财政、扶贫办等有关部门负责人先后两次现场视察。针对上述地区完成“普九”任务需要解决校舍教学设备不足、资金短缺、教师待遇偏低等困难和问题，进行了研究处理，并决定从教育附加、专控商品附加和“希望工程”基金等拨出500余万元扶持。对拖欠公办教师工资问题，市财政局和市教委商定采取县（市）财政借款、调整乡镇财政基数和推广金州区实行统筹的办法妥善解决。北三市面对“普九”工作历史欠帐多，经济基础薄弱、差距大的严峻形势，提出了“达标决心不变，工作力度不变、标准不降低”的口号和做到领导安排、计划决策和经费投入三优先。6月，最后一批乡镇“普九”工作，经大连市政府评估验收全部达到合格标准。到1995年10月，辽宁省政府对北三市和经济技术开发区正式验收（其他区市县已于1993年通过验收）。至此，大连全市城乡“普九”工作的教育投入，改善办学条件，以适龄儿童入学率、在校学生巩固率、15周岁人口小学教育完成率、17周岁人口初中教育完成率为标志的普及程度等方面，全市都达到了“普九”的基本要求。

在进行“普九”工作同时，市委、市政府强调要重视对学生进行思想政治教育。市教委和学校，确定在中小学教学中开展“八心八德两意识”教育和“情·知教学”。1994年，市教委提出了心理素质的“八心”（以勤、俭、智、恒、奋、勇、群、重八字为重点内容）、道德素质的“八德”（以仁、义、孝、敬、公、廉、忠、诚八个字为重点内容），连同思想政治教育范畴的“公民意识”、“爱国意识”，合称为“八心八德两意识”作为中小学德育的主要内容。随后，全市中小学的“八心八德两意识”教育全面启动。为使这一教育活动得到顺利实施，市教委主任贾聚林向各校校长、骨干教师作多场报告，还与本市教育界老领导、教育专家冷冉合著了《中华传统美德选赞——新三字经》、《中国国民意识集粹——新四字鉴》两本辅助教材（先后于1994年3月、1995年4月由辽宁人民出版社出版）。市教委组织编写的《八心八德两意识教育系列参考纲要（小学部分）》也于1995年6月以文件下发。

1995年内，各区、市、县教委分别召开了经验交流会。甘井子区在教育中注重实效，针对学生追求歌星、影星的心态，将“八心八德”16个字比作16颗星，开展了“夺星”活动。西岗区在配合课堂主渠道教育中，开展了以“勤”为主题的“做劳动小能手”、以“仁”为主题的“助人为乐”等多种教育实践活动。这些活动融教育性、趣味性为一体，集明理——习行——自觉行动于一程，有效地加强了中小学学生心理、道德素质和公民、爱国意识的教育，为改进德育工作开辟了新的途径。

1995年，以教育家冷冉的“情·知教学”思想为理论基础、由市教委、教研所及教研部门联合组织实施的大规模的中小学“情·知教学”实验进入总结推广阶段。分布全市11个区市县的22所实验点校围绕认知目标与情性目标的和谐共进，在前二年全面实施“创造适宜的学习环境”、“建立‘立体结构’的信息传递方式”、“教会学生学习”、“给学生提供表现的机会”等7项实验因子的基础上，深入广泛地开展了教学诊断和专题研究活动，使实验有所突破，总结出情性过程与认知过程统一，实现课堂教学整体优化的有效方法和途径。这项作为辽宁省“八五”教育科学规划重点课题的实验，于1995年7月通过了省专家组的验收，并赢得高度评价。经二年的倡导和推广，至1995年，“情·知教学”在全市中小学初步普及。开始形成具有地方特色的教学风格。实施“情·知教学”，推动了片面的认知教学向全面的素质教育转变，促进了教育教学质量的提高。

大连市在实施“普九”工作中，重视中小学教师住房建设。1992年教师节前，市委、市政府作出“用二至三年时间，基本解决中小学教师住房问题”的决定，并把它列入《大连市经济上新台阶发展纲要》和《科教兴市决定》中。为解决城区教师住房问题，市政府无偿拨出市中心的2.3万平方米建设用地，筹集资金1.8亿元，新建5幢各31层、总建筑面积为11.2万平方米的教师大厦，提供1000套教师住房。工程于1993年5月破土动工、1994年末竣工，1995年千余户教师迁入新居。1994年10月，国务院办公厅在大连召开的全国教师住房建设工作经验交流会，李岚清副总理率会议代表参观了教师大厦、科学家公寓等，对大连市积极解决教师住房问题给予表扬。截至1995年末统计，“八五”期间全市共投资3.67亿元，新建教师住宅30多万平方米。住房遗留问题基本上得到解决，教师家庭人均居住面积，从1993年的6.34平方米，上升到9.2平方米，实现了市委、市政府的规划目标，达到了国家规定的住房标准。

〔**职业教育**〕　实施《大连市职业教育条例》。大连市在党的十一届三中全会以来，市政府根据国家和省有关指示，结合本市实际，先后制定、实施了一系列调动社会力量兴办和发展职业教育的方针政策和措施，职业教育得到迅速发展。到1993年，各类中等职业学校已有260所，在校生58000余人，招生人数与普通高中招生人数的比例达到1.6∶1；乡职业学校有128所，在校生4000余人。为适应社会主义市场经济不断发展的需要和使职业教育走上法制轨道，市政府1994年要求市教委会同市劳动局起草制定《大连市职业教育条例》，经大连市人大常委会通过，辽宁省人大常委会批准颁布，于1995年7月1日起施行。《条例》共8章45条。规定了全市各级政府、有关部门以及企事业、学校的职责；规定了职业学校建立、撤销及专业设置等审批权限，校长职责，解决经费途径，岗位培训、毕业生就业、奖惩制度等。

市教委和各县（市）区教委分期分批举办职教干部贯彻《条例》学习班；学校组织师生学习《条例》，找差距，求规范；并在全市范围开展了宣传活动。

〔**高等教育**〕　到1995年，大连市所辖区域13所普通高等学校中有国家教委直属大连理工大学，其它部委属高校6所、省属高校5所，市属大连大学1所。从1994年起，大连市与国家教委协议共建大连理工大学，其它部委和省属院校也积极协商共建计划。市属大连大学设有工学院、经济管理学院、师范学院和医学院，原来各院分散在市内4处狭窄的校舍内办学。全校难以实行集中统一的领导，人力物力不能统筹安排使用，影响了整体效益的充分发挥。1992年12月，市委、政府作出决定，以换建的形式，投资4亿元，为该校建设新校园，计划总建筑面积48万平方米。1994年10月破土动工，至1995年9月，仅用1年时间，总建筑面积达24万平方米、可以容纳全校8000多名师生员工及全部仪器的一期工程全部竣工。这期工程共建94栋楼房，以总建筑面积为2.1万平方米的图书馆为主建筑，周围是理工、文学、医学、艺术、体育等6个相对独立而又互相连结的组团建筑群。

迁入新校园后，该校继续实行党委领导下的校长负责制，在实行“统一领导、分级管理”领导体制的基础上，强化校级统一领导的职能；加强系（院）的管理权限，改变校、院、系三级管理为校、系（院）二级管理。同时，积极准备条件，随着学科建设的发展需要，逐次组建若干新的学科组群，实现新的校、院（系）二级管理。调整后的系（处）级教学单位由原来的31个减为25个。

大连大学以扩建的形式大踏步地改善了办学条件，不但使学校走出了生存的困境，而且大大促进了学校管理体制的改革，深化了各院系之间的联合，为提高办学效益和进一步发展奠定了坚实基础。

〔**成人教育**〕 1995年，全市有成人高校部省属4所，市属5所，共有在校生14879人，毕业3413人，教职工1802人。普通高校办函授、夜大学12所，共有在校生16017人。高等教育自学考试开考2次、毕业2237人。成人高校办高等职业教育试点扩大到3所学校、5个专业。全市有成人中专学校41所，其中职业中专23所，广播电视中专3所，教师进修学校10所，共有在校生15799人，教职工1744人。中专教育自学考试开考2次，毕业713人。职工教育有职工学校（培训中心）154所，1995年参加学习的职工为375106人（不含沈铁、东电、辽河油田、东北输油等系统），占被统计职工的40%。岗位培训共培训326873人，其中规范化培训占26.2%，适应性培训占58.5%。继续教育培训29765人，占被统计干部19.8%。参加成人高中学习的2188人，毕业1509人。社会力量办学有502个单位，共办各级各类班480个，培训179892人次。农民教育有中等农业技术学校（农民中专）5所，农业广播电视学校1所（下设7所分校），共有在校生7850人；乡镇职业技术学校128所，占乡镇数100%，其中达标建制114所，占职校总数89%，共培训280152人次，毕业230839人次；村办职校1439所，占行政村数95%，共培训592315人，毕业483164人次，乡镇企业职工教育有市培训中心1所，县、市、区培训中心7所，乡镇中心校102所（其中50%是借用职校校舍），企业职工学校461所。全市农村共有实施“燎原计划”示范乡（镇）49个，占乡镇总数38.8%。经年终抽查结果，皆取得显著成效。全市于1994年经国家教委验收宣告完成了扫除文盲的历史任务，1995年对剩余文盲进行重新登记，并对脱盲者结合实用技术教育进行再提高。

大连市教委供稿

审稿 贾聚林

吉林省教育

概　况

〔基本情况〕

1995年各级普通学校基本情况

单位：人

学校类别	学校数（所）	毕业生数	招生数	在校学生数	教职工数	
					计	其中专任教师
一、普通高等学校	43	27507	33980	106492		
研究生	16	1282	1819	5707		
本　科		11746	15577	56601		
专　科		14479	16584	44184		
二、中等专业学校	123	23462	42883	113969	18425	8816
中等技术学校	99	17026	34099	86992	15199	7120
中等师范学校	24	6436	8784	26977	3226	1696
三、普通中学	1819	404310	468263	1287429	120920	88908
高　中	289	51039	75488	191760		14945
初　中	1530	353271	392775	1095669		73963
四、农业、职业中学	299	61330	65969	150375	14755	9809
高　中	255	45165	48891	113558		8073
初　中	44	16165	17078	36817		1736
五、工读学校	5	60	66	176	144	80
六、小　学	10202	419415	490253	2690280	181873	152534
七、特殊教育学校	56	784	1483	9667	1898	1346
八、幼儿园	4869		387181	583584	31795	21567

制表　王起山　马立红

1995年各级成人学校基本情况

单位：人

学校类别	学校数(所)	毕业生数	招生数	在校学生数	教职工数	
					计	其中专任教师
一、成人高等学校	44	20224	31714	90040	7498	3589
广播电视大学	2	4645	7786	16949	1604	828
职工高等学校	25	3476	4228	13621	2497	1133
农民高等学校	4	203	484	966	263	146
管理干部学院	6	1785	1906	4624	1801	601
教育学院	7	375	701	1841	1333	881
独立函授学院						
普通高校举办：		9740	16609	52039		
函授部		8226	14125	45142		
夜大学		1267	1667	5371		
成人脱产班		247	817	1526		
二、成人中等专业学校	170	13317	23662	53084	9751	5451
广播电视中专	2	1794	6394	13112		
干部中专	5	373	795	1318	151	74
职工中专	76	6686	11790	28122	3872	1945
农民中专	15	2462	2739	5418	670	393
函授中专	2	2002	1539	4138	481	209
教师进修学校	70		405	976	4577	2830
三、成人中学	121	6644	6967	8028	458	280
职工中学	40	2647	2903	3802	223	152
农民中学	81	3997	4064	4226	235	128
四、成人技术培训学校	8906	2093618	2272066	1584677	13466	4729
职工技术培训学校	321	214094	196255	156567	2850	1672
农民技术培训学校	8585	1879524	2075811	1428110	10616	3057
五、成人初等学校	3080	113014	115426	67505	5919	2203
职工初等学校	21	1481	1437	1693	94	54
农民初等学校	3059	111533	113989	65812	5825	2149
其中：扫盲班	2031	24874	26875	25967	4012	1388

制表　王起山　马立红

〔**贯彻全国教育工作会议精神**〕 1995年，吉林省继续学习贯彻全国和省教育工作会议精神。各地认真组织学习、宣传，并结合实际，制定落实措施。做到“三抓”，即：抓好各级党政领导的学习，增强了落实教育优先发展战略地位的紧迫感；抓好各有关部门负责同志的学习，增强了支持教育的自觉性；抓好教育系统内部的学习，结合干训和师训组织培训，特别是抓好中小学校长的学习，增强落实全教会精神的使命感和教书育人的责任感。通过学习，把全教会精神转化为各级党委、政府以及社会各界的尊师重教和广大教职工教书育人的实际活动。

切实落实教育改革和发展的目标任务和政策措施。各地一方面认真落实国家和省确定的目标任务和出台的政策措施，同时从本地实际出发，搞好本地的教育规划。各地都召开了市（州）教育工作会议，确定具体的目标任务，出台新的政策措施，并将目标任务和政策措施纵向分解到县、乡两级政府，横向分解到政府各个部门，明确责任，搞好分工，保证落实。

认真开展贯彻全教会精神的五项督导检查。为搞好五项督导检查，省教委做出全面部署，并会同省人大、省政协有关委员会下发文件，提出明确要求。各县（市、区）都按照要求完成了对本地的“两基”规划调整情况、《教师法》执行情况、教育经费落实情况、德育工作情况、减轻中小学过重课业负担情况等自查工作。通过五项督导检查，推动全教会精神在实际工作中的落实。

依法保证全教会精神的落实。通过贯彻实施《教育法》，把教育改革与发展的目标任务、政策措施纳入法制轨道。9月1日，《中华人民共和国教育法》正式实施，省委、省政府对宣传、贯彻《教育法》非常重视，省政府召开全省电话会议，省委书记张德江发表署名文章。按照省委、省政府要求，省教委召开会议，下发文件，进行全面安排和部署，并及时将其纳入“二五”普法系列，通过广播、报刊等新闻媒介进行广泛宣传，组织各市、县开展《教育法》宣传月活动，指导市、县开展分级培训，收到较好效果。为认真实施《教育法》，加强教育法制工作，省教委发出《关于加强教育法制工作的意见》，并以省政府文件下发了《吉林省地方各级人民政府及省政府有关职能部门实施〈教育法〉职责》，具体规定了地方各级人民政府及其有关职能部门的职责。同时，积极组织市、县进行教育专业法培训，并将其列入干训、师训内容，对教育行政干部、中小学校长、教师进行全面培训。组织了全省统一的验收考试，共有26万多人参加。

〔**教育投入**〕 1995年，继续发挥国拨教育经费的主渠道作用。财政预算内教育经费占财政支出的比例，全省达到20%，其中省级达到8.5%，县（市）级达到24.7%。生均教育事业费，中学达682.48元，小学达362.04元，分别比上年增长9.2%和11.2%。初步落实了重点学科建设、“211工程”、职教专项经费。加强了教育投入的监控，建立了教育经费投入定期公布制度。用足用好国家和省出台的有关政策规定，多渠道筹措教育经费。全省征收农村教育费附加2.7亿元，城市教育附加费1.3亿元。此外，旅馆床费等教育附加费共征收2478.8万元。

积极吸收外资。得到世界银行“第三个贫困地区基础教育发展”项目贷款500万美元，用于靖宇、镇赉、大安、通榆、汪清等5个国家级贫困县普及九年义务教育经费；

世界银行"第三批师范教育发展项目"贷款也已正式启动。

挖掘潜力，节省资金。为避免结构性浪费，提高教学质量和办学效益，在和龙市召开了全省中小学布局调整工作现场会，推广了和龙市的经验。在全省中小学推广了介质取暖方法，取得了明显的经济效益。

积极创办各级各类学校校办产业。1995年，全省各级各类学校校办产业共创产值24.7亿元，利税4.36亿元。其中，中小学、中专学校勤工俭学创产值21亿元，利税3.76亿元；高校校办产业创产值3.7亿元，利税0.6亿元。

1995年，办学条件进一步改善。新建中小学校舍50余万平方米，危房比例已下降到0.34%；中小学实验室装备率达到83%，卫生室装备率达到91%，图书室装备率达到67%。又有5个县（市、区）达到普及实验教学标准。

〔**改善教师待遇**〕 依法兑现教师工资。理顺教师工资管理体制，公办教师工资由县发放，民办教师工资实行乡筹县管体制，保证民办教师工资有稳定可靠的来源。同时，坚持实行市、县两级政府一把手为第一责任人，主管财政和教育的领导为第二责任人，财政局长和教委主任（教育局长）为第三责任人的兑现教师工资责任制度。同时，认真落实教师工资改革方案，省教委发出《全省高校、中小学30%部分津贴发放指导意见》，各地、各高校积极组织实施。

做好民办教师工作。贯彻落实全国民师工作会议精神，对全省计划内民师重新登记、发证，并选招一批优秀民办教师。通过考试、考核，直接转正4000名民办教师。

加快改善教师居住条件。建立了多渠道解决教师住房的新机制，1995年全省新建城镇中小学教师住房55.5万平方米，教师家庭人均居住面积已达7.9平方米，高校教师家庭人均居住面积已达6.8平方米，进一步改善了教师居住条件，稳定了教师队伍。

〔**教育对外交流**〕 1995年，聘请外国文教专家254人，接收外国留学生1130人；公派出国留学生457人，为"八五"期间最多的一年，自费出国留学生291人。建立国际间校际交流关系的学校有20所。经省教委审批的接受国外赠送的仪器、设备、图书、项目资助折合人民币110万元。经省政府批准，举办了2所中外合资办学的学校。

〔**教育抗灾自救**〕 1995年下半年，吉林省遭受了历史上罕见的洪涝灾害，教育系统受灾损失很大。全省1209所校舍受灾，其中被冲毁校舍120所；受灾校舍面积达164万平方米，其中被冲毁面积达14万平方米。8228户教职工住宅受灾，受灾面积40万平方米，其中被冲毁1442户，面积达7万多平方米。按照省委、省政府抗灾自救的统一部署，全省教育系统抗灾自救，保证教育工作各项任务的完成。省教委党组召开教育系统抗灾自救专题会议，成立了省教育系统抗灾自救领导小组，召开省教委主任办公扩大会议，向各地区提出了抗灾自救的具体要求。省教委领导多次赴灾区，了解学校受灾情况，慰问受灾教师，并同市、县领导及教育行政部门共同研究抗灾自救措施。

实施教育系统抗灾自救三个行动计划，即：各级教育部门依靠当地党委和政府的领导，组织实施受灾地区教育抗灾自救自力计划；响应省委提出"全社会救援大行动"的号召，在教育系统中实施"为灾区师生献爱心，自愿捐资助学"行动计划；对重灾区、重灾校和重灾户，有计划地组织实施对口支援行动计划。全省教育系统捐款及对口支援捐款共750多万元，各种衣物、文具150多万件。

在组织抗灾自救“三个行动计划”的同时，向全省受灾地区提出千方百计做到“三个保证”的要求，即：保证中、小学校能够按期开学；保证不让一个受灾学生辍学；保证受灾教职工能够安全过冬，确保正常的教学秩序。

立足于自力更生，多方筹措资金。各地政府和教育行政部门，按照省委、省政府提出的坚持自力更生的精神，认真搞好教育系统的抗灾自救工作。全省受灾地区在用足用好省委、省政府有关抗灾自救的优惠政策的同时，还结合本地情况，为教育提供优惠政策，修复受灾校舍和教职工住宅。在立足于自力更生抗灾自救的同时，积极争取外援，多方筹措救灾资金。国家教委和财政部划拨救灾专款补助费780万元。

总结表彰抗灾自救工作的先进典型，开展各种生动、实际的教育活动。要求各地教育行政部门和受灾学校，充分利用抗灾自救工作中表现出的良好的党群、干民关系和自力更生、助人为乐的精神，采取各种形式，对师生进行生动、实际的爱国主义、社会主义和集体主义教育，收到良好效果。对抗灾自救工作突出的48个先进单位和55个先进个人进行表彰奖励，全省教育系统广大师生员工呈现出良好的精神状态。

经过努力，全省教育系统抗灾自救工作取得了阶段性成果：按期开学，基本保证了正常的教学秩序。新学期开学没有一名学生无故辍学，避免了学生流失，保证了正常的教学秩序。到9月上旬，受灾地区暂时的“二部制”授课问题也已得到解决；抢修、抢建受灾校舍，使办学条件得到改善。全省修复受灾校舍面积达136万平方米，其中重建校舍10万平方米；加快教师住宅建设，确保教职工安全过冬。修复教工住宅28.8万平方米，其中重建1.7万平方米。住宅被冲毁的1442户教职工，已有1100户迁入新居。在抗灾自救中，坚持抓好“普九”。1995年全省申报“普九”的11个县（市、区）中有4个受灾，即三岔子区、通化县、梅河口市和磐石县。在抗灾自救的同时，坚持“普九”决心不动摇，“普九”标准不降低，“普九”时间不推移。经省督导检查验收，这4个受灾县（市、区）在不降低标准的基础上都基本达到“普九”的要求。

基 础 教 育

〔义务教育〕 1995年，继续把普及九年义务教育作为教育工作的“重中之重”来抓。进一步完善了“地方负责，分级管理”体制，强调县级政府在基础教育管理中的作用，调动政府和各方面办学的积极性。省对1994年“验而未收”的12个县（市、区）和当年申报的11个县（市、区）分别进行了复查和评估验收，认定有16个县（市、区）达到了“普九”标准，向国家申报并已公布。至此，全省累计已有47个县（市、区）普及了九年义务教育，占全省县（市、区）总数的78.3%。全省初等义务教育整体合格县（市、区）已达56个，占全省县（市、区）总数的93.3%。残疾儿童入学率已达96.6%。少数民族地区普九人口覆盖率居全国各少数民族前列。

〔**体育、卫生与艺术教育**〕 1995年，完成全国学生体质健康调研，检测全省7岁～22岁学生5万人，统计分析检测指标数据200万个，为开展学校体育卫生工作提供了科学依据。加强中小学卫生室标准化建设，建设100所中小学标准化卫生室。完成全省中学器乐教学和高中艺术欣赏必修课教学改革实验。组队参加全国中学生小歌手比赛，获优秀组织奖；4名参赛歌手获三等奖，2名获优秀奖。学生身体素质明显提高，在全国第六届中运会上，获8枚金牌，列全国第三名；获田径男子团体冠军、女子团体第三名，取得了历届中运会的最好成绩。

〔**幼儿教育**〕 1995年，省教委与省人事厅、财政厅联合召开幼教工作表彰大会。表彰先进集体80个、先进个人100名。进行了全省幼儿园（班）第二次登记注册工作，进一步规范了幼儿园（班）管理。参与联合国儿童基金项目，共同研制《幼儿教师培训》录相片。积极发展示范性幼儿园，树立14个各类幼儿园排头兵。开展安全教育活动，落实职责，健全机构，改善条件，受到社会和家长的赞誉。

〔**德育工作**〕 认真落实中共中央《关于进一步加强和改进学校德育工作的若干意见》和《爱国主义教育实施纲要》，研究社会主义市场经济新形势下德育的新情况、新问题，探索了德育的新思路、新方法，有针对性地进行教育，强调德育的实效性。对中小学生加强了法制教育和行为养成教育，编写《中华三字经》作为中小学生的辅助教材。充分发挥德育基地的作用，编写了教材，编制了录像带。结合纪念世界反法西斯战争和中国抗日战争胜利五十周年，推荐了百首爱国主义教育歌曲，组织观看爱国主义教育影片，举办大型演唱会和读书活动，对学生进行生动的爱国主义教育。并结合教育战线抗灾自救涌现出的先进事迹，对广大师生进行集体主义和中华民族传统美德教育。1995年，全省在校生无犯罪县（市、区）达到100%。

〔**师资培训和管理**〕 积极推进中等师范学校办学条件标准化和现代化建设，促进教师队伍规范化管理。开展中等师范教育科技年活动，进行中等师范学校理科必修课评估。71%的教师进修学校达到了一类教师进修学校标准，中师标准化学校达到76%以上。制定和完善了教师队伍管理的各项制度，把教师管理工作纳入法制轨道。

加强中小学教师继续教育。以高师函授、卫星电视教育、自学考试教育“三沟通”的形式培训教师，同时，进一步加强教风、学风和考风建设，保证培训质量和效益的提高。组织7000多名学历不合格教师参加培训，加快了教师学历培训步伐。1995年，全省小学教师学历合格率达98%，初中教师达83.94%，高中教师达65.97%。

提高教师思想政治素质。组织广大教师学习《邓小平文选》和党的十四届四中全会、五中全会文件，用邓小平建设有中国特色社会主义理论武装头脑，加强形势教育和师德教育，进一步提高了广大教师的思想素质。

树立、宣传典型。1995年教师节共表彰奖励900余名全国、全省优秀教师、优秀教育工作者和教育系统劳动模范，激发广大教师忠诚人民教育事业，教书育人，为人师表。同时，中小学内部管理体制改革力度进一步加大，搞活学校内部机制，调动了广大教职工的积极性，促进了教育质量和办学效益的提高。

〔**治理中小学乱收费**〕　认真研究解决"择校生"问题，拟定了省《解决择校生问题的意见》。召开了治理中小学乱收费电话会议，下发文件，组织检查。共查处137件乱收费违纪案件，退还学生家长不合理收费360万元，使中小学乱收费得到扼制。教育专项治理工作完成了阶段性目标。

职业教育

〔**综述**〕　1995年，省政府决定在全省开展第二个"职教年"活动，召开电话会议，作出部署，省政府有关领导还深入各地进行调研。省教委会同省政府有关部门制定了《职教年活动方案》，并组织各市（州）教委主任考察了河北省、北京市的职业教育情况，对职教年活动作了具体部署。各地利用各种形式进行广泛宣传和动员。通过职教年活动，进一步增强了各级政府、教育部门和社会各界发展职业教育的紧迫感，树立了"大职教"的观念，深化职业教育办学体制和管理体制改革，加强各级政府的统筹和管理，发动企业、行业和各种社会力量办学。认真规划"三后"教育，搞好"三教"的沟通与衔接，打通职业教育和成人教育界限，加强职前、职后教育的沟通与协作。在农村办好职业教育中心，以农职业高中为依托，既含有3年制的学历教育，又有短期农职业技术培训；既设职业高中，又设有农民文化技术学校，一校多用，这种农职业高中已占全省农职业学校总数的80%。1995年，全省中等职业技术学校在校生占整个高中阶段在校生总数的63.19%；51.2%的县（市、区）建成省级重点校标准的职业教育中心或职业高中；国家重点中专达8所，国家重点职业高中达11所。

农村教育综合改革完成了"八五"期间农村人才培养、培训计划和科技实验与推广计划，并进行了经济效益和社会效益评估。农村科技实验与推广"241计划"示范乡镇已达到408个。推广实用技术156项。"1253"计划培训技术人才52万人，培训科技致富新户主124万人。为促进农科教结合，进一步强化了"三教统筹"，实行五种办学模式：普教与职教相结合的“渗透型”模式；普教与职教并存的“分流型”模式；普教与职教对接的“附加型”模式；职教与成人教育合一的“复合型”模式；普教、职教、成人教育合轨，“一校多教”的“多功能型”模式，取得了较好的教育综合效益。加强了以科技实验服务区为中介，以集团承包、技术推广为中介，以农村各类学校的实验实习场地为中介三种农科教结合的型式，大力推广实用技术，取得了较好的经济效益。

高等教育

〔**“211工程”建设**〕 为支持具备条件的高校通过国家“211工程”部门预审，省委、省政府和省教委领导深入有关高校进行视察、指导，各有关高校都进行了自我评估，明确了学校建设目标及其措施，在改革和发展方面采取了一些重大举措，抓好重点学科和学科群的建设。1995年，确定了部委属院校首批重点学科33个，省重点学科10个，省属高校省重点建设学科15个。经过认真努力，吉林工业大学、吉林大学、东北师范大学通过国家“211工程”部门预审。

〔**办学体制改革**〕 1995年，进一步加大了高校与地方共建，促进学校之间的合作办学，鼓励企业、企业集团、科研单位积极参与高等学校的办学管理等高教管理体制改革的力度。国家教委和省政府共建吉林大学、东北师范大学，机械工业部与省政府共建吉林工业大学，省政府与地矿部共建长春地质学院。吉林大学与白求恩医科大学实行联合办学，吉林工业大学与东北师范大学、长春邮电学院联合办学，延边地区5所高校合并。吉林工业大学、东北电力学院、东北水电专科学校、吉林电气化专科学校等成立董事会，增强了学校办学活力。进一步促进了高校之间资源共享、优势互补，提高了全省高校的教育质量和办学效益。1995年，全省普通高校招生3.22万人，在校生达10.08万人，达到历史最高水平，其中省属高校招生16004人，比上年增长3.2%；省属高校有20个新增专业招生，又新批准了11个本科专业和8个专科专业。

〔**德育工作**〕 加强马克思主义理论课和思想教育课的改革。编写出版了“两课”教材，系统培训了“两课”教师，总结推广了吉林工学院“两课”改革、长春地质学院大学生“马列主义、毛泽东思想研究会”和东北师范大学校风建设的经验。保持战线的稳定，对高校特困生进行补助，加强后勤管理，提高服务质量。

〔**为经济建设服务**〕 进一步优化教育结构，增强教育主动为经济建设服务的能力。根据全省产业结构和市场经济需求，搞好教育结构的优化，对省属普通高校进行了专业结构调整。工科招生数占招生总人数的比例上升到41.62%。压缩了长线专业，增设和试办了适应全省经济发展需要的31个新专业，以加快培养急需人才，充分发挥人才使用效益，使其更好地为全省经济建设服务。

1995年，全省高校共有150项科技成果在企业中转化，创产值2亿元，利税7000万元。高校与全省县（市、区）共签定长期技术协作关系协议100个，和70个乡镇、110个企业建立长期协作关系，创产值1.8亿元，利税5000万元。对80个企业进行技术服务，创产值3亿元，利税4000万元。全省高校在为企业进行科技成果转化、技术协作、技术服务中，共创利税1.6亿元。

成人教育

〔**综述**〕 1995年，全省扫除剩余文盲24900人，复盲率控制在3%以下。

伴随着现代企业制度的建立，在一汽、吉化等实行股份制的企业，进行建立现代企业教育制度的试点，实行经科教结合，为其实行公司化管理、商品化经营，逐步实行全员合同制开展职工培训。在20家国有企业进行了社会主义市场经济体制下企业教育改革的现状及趋势的调研。积极探索中小企业、三资企业、第三产业教育综合改革的路子。

撰稿 林乐琨

审稿 于志凯 刘德敏

黑龙江省教育

概　况

〔基本情况〕

1995年各级普通学校基本情况

单位：人

学校类别	学校数（所）	毕业生数	招生数	在校学生数	教职工数	
					计	其中专任教师
一、普通高等学校	38	31966	37184	119166	43324	16542
研究生		1344	1914	5643		
本科	21	12885	17006	63655		
专科	17	17737	18264	49868		
二、中等专业学校	111	23369	35879	100003	18075	7757
中等技术学校	81	16177	26806	71239	14087	5726
中等师范学校	30	7192	9073	28764	3988	2031
三、普通中学	2681	507909	688617	1791196	173311	129272
高中	475	73306	93860	252376		21536
初中	2206	434603	594757	1538820		97736
四、农业、职业中学	398	44775	49860	121520	17176	11028
高中	370	40977	40658	104315		10394
初中	28	3798	9202	17205		634
五、工读学校	1	19	13	39	91	23
六、小学	16163	638456	639529	3729337	247894	214944
七、特殊教育学校	75	778	1393	8859	2954	2080
八、幼儿园	3918		511287	651655	42219	28890

1995年各级成人学校基本情况

单位：人

学校类别	学校数（所）	毕业生数	招生数	在校学生数	教职工数 计	教职工数 其中专任教师
一、成人高等学校	67	29107	38425	108384	13176	6463
广播电视大学	2	5569	8971	24551	3487	1576
职工高等学校	43	6552	7406	22189	6175	3054
农民高等学校						
管理干部学院	5	1249	1206	2707	979	399
教育学院	17	1674	1757	5205	2535	1434
独立函授学院						
普通高校举办：						
函　授　部		10104	12786	38098		
夜　大　学		2995	5662	14228		
干部专修科		964	637	1406		
二、成人中等专业学校	432	40288	44253	115103	16170	8914
广播电视中专	6	9212	6172	19630	1475	753
干部中专						
职工中专	235	18263	21555	57762	9407	4803
农民中专	63	9087	9736	22455	1922	1255
函授中专						
教师进修学校	128	3726	6790	15256	3366	2103
三、成人中学	369	25943	27974	22193	4045	2239
职工中学	286	17018	16982	15389	3207	1676
农民中学	83	8925	10992	6804	838	563
四、成人技术培训学校	12449	4300000	3140000	2700000	40000	40000
职工技术培训学校	1094	940000	980000	280000	20000	20000
农民技术培训学校	11355	3360000	2160000	2420000	20000	20000
五、成人初等学校	9152	152134	137721	180619	18641	7943
职工初等学校	34	1267	1599	1941	182	82
农民初等学校	9118	150867	136122	178678	18459	7861
其中：扫盲班	6120	72033	73531	90382	11964	4426

制表　梁秀海

〔**实施《纲要》进展情况**〕 1995年，全省教育工作围绕实施《中国教育改革和发展纲要》，通过深化教育改革，强化保障条件，分步推进《纲要》提出的教育事业发展目标的实现。

各级各类教育事业健康发展。“两基”工作在巩固扫盲成果的基础上，加快了“普九”工作步伐，全年验收26个县（市、区），使全省“两基”验收合格人口覆盖率达总人口的34.4%。职业技术教育继续得到发展，全省高中阶段职业学校（中等专业学校、技工学校、职业高中）在校生达29.01万人。成人教育以提高在职人员技术能力为重点，进一步得到发展。扫除青壮年文盲7.2万人，青壮年文盲率下降到1.31%，其中有45个县（市、区）的青壮年文盲率下降到1%以下。全省接受实用技术培训的青壮年农民达656.19万人次。高等教育稳步发展，校均规模达2987人。

以提高办学水平和办学效益为重点的管理体制改革全面展开。职业技术教育的职教中心学校建设、成人高校的联合合并和齐齐哈尔、佳木斯两市普通高校的联合合并工作取得新的进展。校际间的合作办学和省部共建工作也在试点的基础上展开。招生、毕业生就业制度改革力度加大，省属普通高校非农业非师范的9所本科学校的本科专业实现招生“并轨”。成人高校扩大招生改革试点。深化办学体制改革，加快社会力量办学发展步伐，全省民办学校达2200余所，其中，高中等职业学校1400多所，年培养培训各类人才20多万人次。齐齐哈尔医学院和齐齐哈尔第一机床厂职工学院的国有民办改革试点也积累了经验。农村教育综合改革在点上深化的基地上，扩大了面上推广范围。

师资队伍建设得到加强。1995年，省人大颁布了《黑龙江省实施〈教师法〉条件》，教师队伍建设开始走向依法管理的轨道，教师待遇受到法律保护。在保证教师工资不低于国家公务员平均工资水平的基础上，出台了《农村中小学实行浮动工资的实施意见》，使全省乡镇以下中小学教师工资提高15%。继续下力气解决拖欠中小学教师工资问题。全省拖欠中小学教师工资数额由1994年的24107万元，下降到16765万元，使拖欠问题得到一定的缓解。教职工住房建设步伐加快，1995年，全省地方交付使用的中小学教师住宅达17.3万平方米，解决3750户教师住房。省属高校投资4711万元，建职工住宅13.2万平方米，人均居住面积达7.8平方米，超过了当地居民的平均水平。

强化筹资工作，拓宽经费渠道。1995年，出台了《农村教育费附加征收管理办法》和《关于城市教育费附加征收管理的几项规定》。省政府设立了“211工程”、“职教中心学校建设”、“教职工住房建设启动金”等多项专项经费。把教育集资审批权下放到县级人民政府，使集资、捐资工作有很大进展。进一步提高了非义务教育阶段收费标准。

〔**年度工作方针**〕 1995年，全省教育工作总的指导思想是：深入贯彻全国教育工作会议、省委七届三次全体（扩大）会议和全省教育工作会议精神，进一步解放思想，转变观念，以全面实施《中国教育改革和发展纲要》为重点，加快改革步伐，推进事业发展，增强服务于全省经济和社会发展的能力。

加快改革步伐，抓住薄弱环节，分步推进《纲要》实施意见中各级各类教育总体目标的实现。基础教育抓住解决薄弱初中，初高中教师学历达标率和降低流失率三个主要问题，在30%的人口地区实现“两基”。进一步深化农村中学的办学模式改革。发展多种形式的职业技术教育，以县级职教中心建设为重点，推动县级职业教育的改革和发展。广泛开展农村成人实用技术培训，加强继续教育。以提高办学质量和办学效益为中心，稳步发展高等教育。加快省属高校布局结构调整，全面启动“2855工程”(争取2所省属高校进入国家“211工程”，8个学科列入国家重点学科，5所重点高校进入全国同类院校先进行列，50个学科（专业）达到国内先进水平)，推进招生和就业制度改革。

加快发展校办产业。高等学校校办产业要充分利用有关优惠政策，发展高新技术产业，研制、生产技术含量高，附加值大，转化快的产品，起到科研成果的中试基地、孵化器的作用。继续作好科技成果的推广、转化工作，使校办产业成为向乡镇企业、区街企业、私营企业推广科技成果的辐射源。中小学校要积极开展勤工俭学活动，注意开发占领教育内部市场的校办企业，形成教育内部自我服务体系。

以落实多渠道筹措教育经费和提高教师待遇的有关政策措施为重点，保证财政主渠道的投入，切实做到“三个增长”，积极争取各项教育专项经费的落实，保证对贫困地区教育的扶持和重点建设项目的启动和运作，做好多渠道筹资政策的宣传、论证，力争早日出台实施。继续采取措施，解决拖欠中小学教师工资问题，作好民办教师工作，探讨培养提高、辞、退、养的具体步骤和措施；积极稳妥地进行教师队伍的清理、整顿工作；做好跨世纪优秀人才培养工作，落实解决教职工住房的具体政策，推动城镇“园丁住宅”建设工程的实施。

抓住《教育法》颁布的有利时机，加强教育法规建设，推进依法治教。抓好教育法规的贯彻落实工作，按照《义务教育法》和《未成年人保护法》推进九年义务教育的实施；贯彻《黑龙江省职业技术教育条例》，积极发展多种形式的职业技术教育；宣传、贯彻《教师法》，重点落实教师资格证书制度和保障教师待遇的有关规定；宣传、落实《黑龙江省社会力量办学管理条例》，重点抓好以举办高等教育助学班为主的社会力量办学机构的调整、整顿工作；加快地方教育法规、规章建设，制定和规划地方教育法规体系，出台《黑龙江省实施〈教师法〉条例》。加强执法监督，严肃执法。

〔**教育投入与支出**〕 1995年全省地方教育经费总收入46.50亿元，比上年增长20.06%，其中教育部门办学总收入37.37亿元，比上年增长20.50%，占总收入的80.37%。教育部门收入中：预算内拨款24.29亿元，比上年增加2.92亿元，征收用于教育税费4.27亿元(其中城市教育费附加2.71亿元，农村教育费附加1.35亿元)，比上年增加1.61亿元；其它属于财政性的教育拨款0.14亿元，比上年增加0.02亿元；社会捐资助学2.62亿元，比上年增加0.58亿元，其它0.90亿元，比上年增加0.25亿元。

1995年全省地方教育经费总支出46.72亿元（占国民生产总值的2.31%，占财政总支出的26.87%)，比上年增长21.32%。其中教育部门37.42亿元，比上年增加6.63亿元。教育部门各类支出中：预算内支出24.54亿元（占国民生产总值的1.21%，占财政总支出的14.11%)，比上年增加3.16亿元。其中，教育事业费支出24.02亿元，教育基建支出0.19亿元，专项资金0.33亿元；征收用于教育的税费支出 4.27 亿元，比上年增加 1.65 亿元；勤工俭学、社会服务收入用于教育的 1.75 亿元，比上年增加 0.27 亿元；社会捐集资助学支出 2.62 亿元，比上年增加 0.64 亿元；学杂费支出 3.25 亿元，比上年增加 0.78 亿元；其他教育经费支出 0.84 亿元，比上年增加 0.22 亿元。1995 年全省各类学校支出情况见下表。

	1995 年实际支出数（元）				
	合　计	人员经费	占支出比例%	公用经费	占支出比例%
合　计	2350244	1909974	81.27	440270	18.73
高等学校	382150	183147	47.93	199003	52.07
中等师范学校	44136	24960	56.55	19176	43.45
农业、职业中学	93193	68189	73.17	25004	26.83
中　学	800464	695342	86.87	105122	13.13
小　学	1030301	938336	91.07	91965	8.93

撰稿　梁秀海　毕国君
审稿　童明英　郑吉南
　　　张　民

基础教育

〔**综述**〕　1995 年，全省小学招生比上年减少 4.72 万人，在校生比上年减少 3.59 万人，学龄儿童入学率达到 98.86%，比上年提高 0.37 个百分点，巩固率达到 99.08%，比上年提高 0.08 个百分点。全省普通初中招生比上年增加 7.27 万人，在校生比上年增加 9.61 万人，适龄少年入学率达到 86%；巩固率达到 96.84%，比上年提高 0.94 个百分点；初中毕业升学率达到 44.07%，比上年下降 1.57 个百分点。全省普通高中比上年减少 22 所，招生比上年增加 0.41 万人，在校生比上年增加 1.07 万人，巩固率达到 96.11%，比上年提高 0.61 个百分点。特殊教育长足发展，三残儿童少年综合入学率达到 98.4%。学前教育有较大发展，全省幼儿园 3918 所，其中有民办幼儿园 2125 所。中小学教师学历达标率进一步提高，高中教师学历合格率达到 55.8%，比上年提高 2.6 个百分点；初中教师学历合格率达到67.2%，比上年提高4.49个百分点；小学教师学历达标率达到91.45%，比上年提高1.0个百分点。小学教师专科以上学历的教师达到6.9%。教师总数中有专业技术职称的比例，初中达到83.0%，比上年提高1.3个百分点，小学达到84.7%，比上年提高1.2个百分点。其中，中教高级、一级教师比重，高中和初中分别达到53.5%和28.7%，小学中教高级、小教高级达到22.8%，比上年分别提高5.3、3.5、2.5个百分点。全省“中小学危房改造工程”圆满完成，危房率下降到1%以下，砖瓦化结构达到95%以上，有65%的中小学达到了规范化学校标准。

〔**义务教育**〕 1995年，以普及九年义务教育作为教育发展的“重中之重”，按照国家对“普九”工作目标的要求，对“普九”规划做了阶段性调整，采取有效措施，加快“普九”步伐。

“两基”工作扎实推进。1995年，对第二批申报“两基”验收的26个县（市、区、企）进行了评估验收，全部达到国家和省“两基”工作指标。被验收地区的人口为607.1万人，占全省总人口的16.6%，加上首批验收的地区，全省已有53个县（市、区、企）普及了九年义务教育，普及地区人口1270万人，占全省总人口34.4%。加快了残疾儿童少年接受义务教育的进程，截止到1995年末，全省三残儿童少年综合入学率达到98.4%，基本普及了残疾儿童少年义务教育。特殊教育工作受到国家教委等有关部委表彰奖励的县（市、区）已达61个，有9个县（市、区）被评为全国特教先进单位，共获奖金45万元。

加强规范化学校建设，提高中小学综合办学水平。1995年，全省中小学规范化学校建设呈现出：“争规范、上标准、创一流”学校的良好发展态势，评出示范初中8所，标准小学119所，全省65%中小学达到规范化学校标准。小学基本合格以上学校达10500所；初中基本合格以上学校达1400多所。规范化学校建设改变了薄弱学校的面貌，全省有5000多所小学、800多所初中摆脱了薄弱状况，成为全省合格学校。促进了全面贯彻教育方针，全面提高教育质量，推动基础教育由应试教育向素质教育的转化。全省评出第二批“双全”先进学校118所，小学、初中毕业生合格率分别达到96%和88%以上。全省基础教育水平得到明显提高。

强化依法治教，严格控制中小学生流失。在“普九”过程中，以《教育法》、《义务教育法》为依据，强化各级政府和教育行政部门的教育行为，实施目标管理，把实施义务教育作为自己的重要职责，结合本地实际，制定了地方法规和行之有效的乡规民约，建立督导评估机制，促进义务教育管理法制化、规范化和制度化。中小学生流失得到进一步控制。到1995年末，全省初中生流失率由上年的4%降到3.16%，小学生流失率降到1%以下，分别达到和超过国家教委规定的要求。

拓宽筹措经费渠道，改善中小学办学条件。全省基本建立了以财政拨款为主，以征收教育附加税费，校办产业收入为辅，以社会集资和“普九”专项经费为补充的多渠道筹措教育经费的体制。同时，对率先“普九”的县（市、区、企）进行表彰奖励。全省中小学办学条件得到了较大改善。小学生均校舍面积达到3.6平方米，中学生均校舍面积达到4.5平方米；学校教学设备、图书资料、音体美器材得到进一步充实；一些市县从“老三室”（理、化、生物实验室）发展到“新三室”（微机室、语音室、体育馆），学校面貌有了很大改观，使黑龙江省成为全国改善办学条件先进省份。

〔**教师队伍建设**〕 1995年，黑龙江省继续采取有力措施加强师资队伍建设。一是加强教师的思想政治教育和职业教育，倡导敬业和奉献精神，努力提高教师的思想政治素质，增强教书育人的责任感和使命感。二是加强教师的培养、培训工作。进一步拓宽师范院校毕业生通往农村的渠道，1995年出台了《黑龙江省关于适应农村“普九”需要，深化师范院校改革，加强农村师资队伍建设的若干意见》。严格按照编制配备中小学教师，提高中小学办学效益。加大师资培训工作力度，提高教师的教学水平和业务能力。全省形成了由3所师范本科院校、8所师范专科学校、28所中等师范学校组成的师资培养体系和由18所教育学院、128所教师进修学校组成的师资培训体系，大力开展教师的学历补偿教育和具备合格学历的继续教育，加强教师的岗位培训、职级培训和骨干教师培养。教师的业务水平有较大提高，加快了教师学历达标的步伐。三是加强了教师队伍管理。改革教师任用制度，实行教师资格制度，建立竞争激励机制，促进教师队伍优化。四是完善教师奖励制度。注重教师奖励制度化、正规化建设，不断完善评选程序和办法，严把质量关，评出优势，评出特色。几年来，在全国和省的各项奖励中，获奖教师人数不断增加，先后有159人荣获曾宪梓教育基金会教师奖。在1995年首届“柏宁顿奖”评选中，黑龙江省教师陈晓君荣获最高奖励。在全省“十大女杰”、“巾帼建功标兵”、“乡村教师”、“资助优秀年轻教师基金”等各种奖励中，都有教师多人受奖。这些奖励对于稳定教师队伍，提高教师社会地位，激励广大教师热爱教育，献身教育发挥了积极作用。

加强教师队伍梯队建设，培养跨世纪优秀人才。为尽快解决教师队伍中高级职务人员年龄老化、青黄不接的问题，全省在教师职务评聘，特级教师评选等项工作中，都注重选拔和培养中青年人才，加大政策倾斜力度，创造有利条件和宽松环境，积极促进优秀中青年教师脱颖而出。经过几年努力，教师队伍青黄不接和骨干教师断层状况得到明显改变，年龄结构、职务结构趋于合理。全省中学高级教师平均年龄下降到50.1岁，其中45岁以下的占评审通过总数的29.8%；小学高级教师平均年龄下降到44.2岁；在1995年评选的99名特级教师中，最年轻的只有29岁。

〔**德育工作**〕 1995年，认真贯彻中共中央《关于进一步加强和改进学校德育工作的若干意见》和《爱国主义教育实施纲要》，加强新形势下中小学德育工作的思想政治课教学工作，加强国情教育、爱国主义、集体主义、社会主义教育，坚持不懈地开展日常行为规范教育，突出德育工作实效性。

对德育目标进行了重点规划。提出了新时期学校德育工作的任务目标，把坚定正确的政治方向摆在首位，培养有理想、有道德、有文化、有纪律的社会主义新人。并将目标按不同年龄、层次进行分解规划，形成了低、中、高循序渐进、逐步发展的目标分解体系。充实调整了德育内容，把爱国主义教育列为中小学思想教育基本内容。不断探索德育方法，按德育规律施教，变学生被动接受教育为学生主动接受教育。完善德育工作管理体制，形成了学校、社会、家庭三结合的教育网络，使学生在社会生活中处处有德育，时时受教育，达到培养“四有”新人的目的。

大力推广“五心”教育经验。佳木斯市“五心”教育经验在全国中小学爱国主义教育经验交流会上交流后，受到中央领导的充分肯定和与会者的好评。认为这个经验有可操作性，在全社会有接受性，找到了一条新形势下加强学生思想道德养成教育的有效途径。这一经验在全省中小学校的推广面从1994年的10%，扩大到1995年的95%。

增强德育工作实效性。1995年在1994年建立15个省级德育基地的基础上，各市命名了市县级德育基地150多个。这些德育基地都分别挂牌交付使用，定期向中小学生开放。全省80%以上的中小学建立了校内外德育基地。全省中小学校普遍建立了周一升旗仪式制度、重大节日开展爱国主义教育制度、基地使用管理制度、定期检查评估制度、奖励表彰制度。加强了德育队伍建设。在省和地市教育行政部门建立了政教处（科），设专职德育视导员。以省教育学院、教科所为龙头，组织各地市教育学院、教科所、县教师进修学校分期分批分层次轮训中小学校长和骨干教师。省组织编写的《礼仪常识》、《中华传统美德读本》以及地市县组织编写的德育乡土教材，在全省中小学校广泛使用。

养成教育常抓不懈，收到较好效果。1995年，全省中小学日常行为规范“三会”（会背、会讲、会用）率达到85%以上，中小学生劣迹率明显下降，后进生转化率稳定上升。在各级各类学校中开展了以大庆精神、“铁人”精神、北大荒创业精神为重点的“两史一情”教育，中华传统美德教育和革命传统教育，培养学生艰苦奋斗和勇于进取的创业精神，结合纪念抗日战争和反法西斯战争胜利50周年，开展爱国主义教育活动，开展了“热爱祖国，做四有新人”和“热爱祖国，立志成人”读书活动，组织观看百部爱国主义教育影片，阅读百部爱国主义教育图书活动；评选优秀中学生活动；告别“三厅一室”（舞厅、卡拉OK厅、电子游戏厅和台球室），改掉学生不良行为习惯等活动。

撰稿　毕德来　袁锦绪
审稿　童明英　郑吉南
　　　张　民

职业教育

〔**综述**〕　1995年，全省中等技术学校比上年增加1所，在校生比上年增加16.7%；技工学校220所，比上年增加18所，在校生80809人；职业中学比上年减少30所，在校生比上年减少2.7%。全省有1所省属民族中等专业学校，有2所独立设置的少数民族职业中学，这两所职业中学在校生291人。中等职业技术学校在校生占高中阶段在校生总数的52.49%，比上年下降1个百分点。中等职业技术学校在加快发展的同时，强化了质量标准。全省职业技术学校继续贯彻多种形式并举、社会各方举办的方针，围绕资源二次开发、深度开发、面向第三产业等培养中级技术人才。

全省以抓职业技术教育中心学校建设为突破口，推动了中等职业技术教育的改革和发展。到1995年底，全省已启动40所技术教育中心学校，这些学校按三年建完的总体规划正分步实施。职业技术教育中心学校的建设改变了全省中等职业技术教育办学力量分散、生源不足、水平不高、效率低下的状况，涌现出一批整体办学水平较高的职业技术学校。到1995年，全省各职业技术教育中心学校的招生人数平均提高50%，专业设置科学合理，实用性强，从职业技术教育中心学校毕业的学生已成为当地经济发展的顶梁柱和致富带头人。

〔**试办高职教育**〕 为贯彻《黑龙江省关于〈中国教育改革和发展纲要〉的实施意见》的通知精神，"逐步建立初等、中等、高等职业技术教育相衔接的制度"，1995年全省4所地方短期职业大学开始从应届职高毕业生招收新生，毕业生发给国家承认学历的普通高等学校毕业文凭。这4所大学是哈尔滨大学、牡丹江大学、佳木斯大学、鸡西大学，1995年共招收应届职业高中毕业生160人。为大力发展职业技术教育，培养应用性较强的专门技术人才，在省内44所普通高等学校安排高等职业教育班计划。

1995年5月，全省第一所高等职业技术学院——哈尔滨师范大学职业技术学院成立。按照校、院、系三级办学模式创立的职业技术学院，其办学宗旨是在为中等职业技术教育培养合格教师的同时，为各级各类职业技术部门培养急需的高级职业技术人才。该校拟定本、专科两个层次、24个专业的招生计划，其中餐旅专业和服装设计专业已招收76名学生。学校将逐步实现职业高中单独招生，培养职业中学师资，达到职业技术教育一条龙。该院的创立将进一步探索全省高等职业技术教育的办学途径。

〔**教育改革**〕 职业技术教育中心学校把原来分散办学的各类职前、职后中等职业技术学校联合起来，集中力量办学，实行政府统筹，部门联办，教委协调，一校多制的管理体制。这项改革在1994年启动21所学校的基础上，已全面展开。为保证职业技术教育中心学校建设质量，对第二批申请起步的职业技术教育中心学校进行了考核，决定1995年启动19所职业技术教育中心学校，并集中财力进行支持。同时，省政府组成联合考评小组，对首批21所和拟启动的19所职业技术教育中心学校进行了现场考评。为扶持职业技术教育中心学校的建设，为县城经济培养中等技术人才，省教委协同省计委下达了2400名普通中专招生指标，采取职业技术教育中心学校与普通中专联合办学的形式，筹集资金2400万元，用于各职业技术教育中心学校改善办学条件。为确保职业技术教育中心的建设，制定了一系列切实可行的政策和措施。7月省政府批转了省教委等7个部门《关于集中力量办好职业技术教育中心学校的意见》，对建校标准和办学模式、管理体制、资金筹措办法、基地建设、毕业生就业及待遇等作了明确规定，为职业技术教育中心学校提供了政策保障。为加快职业技术中心学校专业实验室建设，达到职业技术教育中心学校的10条标准，省教委和省财政厅发出《关于下达职业技术教育专项补助费的通知》，省财政厅下拨2000万元职业教育专项经费，对21所职业技术教育中心学校的专业实验室建设进行支持。据1995年末统计：40所职业技术教育中心学校的总投入是1.6亿元，其中省给予政策扶持的8所申报国家级重点职业高中的总投入是7616万元；校均957万元。同时，委托东北农业大学、哈尔滨工业大学机电学院、黑龙江财政专科学校、省广播电视大学作为职业技术教育中心学校专业实验室建设的指导学校。8月，省政府在密山市召开了“建设中的黑龙江省职业技术教育中心学校现场会”。周铁农副省长做了《提高认识，加大政府统筹力度，推进职业技术教育中心学校建设》的报告。会后，各级政府认真贯彻会议精神，制定本市、地的发展规划，进一步增强了各级政府办好职业技术教育中心学校的责任感和使命感，加快了全省职业技术教育中心学校的建设步伐。首批建设的中心学校进一步完善办学条件和管理制度，提高教学质量和办学效益，合理设置专业，快上一产专业，调整二产专业，发展三产专业。到1995年底，全省大多数县(市)都对职业技术教育中心学校的建设工作进行规划部署。

面对社会产业结构的变化、企业技术改造和科学技术的发展，全省各级各类职业技术教育进一步深化教学改革，发挥各自的优势和特点，开办各种适应性强的专业，尽快为社会培养短缺人才。讷河市职业技术教育中心学校了解到大兴公司与哈尔滨铁路局在讷河联办油脂厂，缺乏技术人员，校领导马上与大兴公司领导协商，并请示省教委审批了中专指标，及时联合开办了粮油深加工中专班，为新产品开发，企业发展做了超前性的人才准备。大庆蒙妮坦职业高级中学通过对油田当前和未来经济发展对人才需求状况进行深入的调查分析，明确了职业高中教育必须为大庆经济建设和精神文明建设服务，必须面向市场走按需办学之路，为大庆二次创业培养精通一技、德才兼备的应用型人才，为此，学校调整了专业设置。针对市场经济的需要和跨世纪人才的标准，齐齐哈尔职业技术教育中心学校强化礼仪教育，把礼仪教育课作为各专业学生的一门必修课。由于加强了礼仪教育，把德育工作提高到一个新水平，推动了其它各项工作的开展，学校呈现出“一高、二多、三满意”的新局面。“一高”是职业技术教育中心学校在当地的声誉越来越高；“二多”是生源多，毕业生就业多；“三满意”是学校师生满意，学生家长满意，用人单位满意。

〔**发展校办产业**〕 1995年，全省职业技术学校从省情出发，强调宜工则工、宜农则农、宜商则商，充分利用专业设备、技术等方面的优势，遵循产教结合的原则，结合专业调整，大力发展生产实习基地和校办产业，走产教结合，实业兴学的办学路子，扩大生产规模，提高了产值和效益，直接参与开辟经济发展“第二战场”和农业强省建设。全省中等技术学校中有93%的学校有校办产业，已建成生产实习基地和校办产业75所，固定资产净值1587万元，实现产值8038万元，创经济效益1702万元。全省职业中学72%的学校有校办产业，已建成生产实习基地和校办产业613处，固定资产值2709万元，实现产值8883万元，创经济效益1896万元。中等技术学校和职业中学生产实习基地和校办产业总产值1.7亿元，上缴税金702万元。1995年申报国家重点的职业中学校办产业利税均超过50万元，职业技术学校校办产业的迅速发展，使全省职业技术学校在全国的位次不断前移。大庆蒙妮坦职业高中遵照依靠教学发展校办产业，校办产业创收服务教学的方针，集中人力、物力、财力狠抓生产实习基地和校办产业建设。计算机专业有设备先进的打字复印服务社，烹饪专业有档次高雅的桃李园饭庄和古金城饭店，美容美发专业有规模大、设备先进的蒙妮坦美容美发院等实习基地。

〔**农村教育综合改革**〕 1995年3月，省政府发出《黑龙江省深化农村教育综合改革为全面发展农村经济服务的意见》，就“九五”期间全省深化农村教育综合改革的总体思路、具体目标、保证措施提出了明确要求。年末，省农科教领导小组召开了全省农科教工作会议。

农村基础教育普遍引进职教因素，初中大部分毕业生接受了较为系统的职业技术培训。农村实用技术培训得到了大面积实施，教育结构不断调整完善，三教比例日趋合理。1995年齐齐哈尔市又被国务院农科教结合协调领导小组确定为全国11个农科教结合示范区和联系点之一，作为全面推广农科教结合的突破口，总结和发展了讷河市、宁安市等老典型的典型经验，扩展了五常市，汤原县等一批试点县（市）。通过点上深化，面上扩展，全面提高了全省农科教结合的整体水平。结合各学校优势，制定了16条落实措施。1995年新列入省教委科研计划的102项科研课题中，70项是结合地方经济建设，从生产实践中提出的科研课题。为适应全省农村对各类人才的需要，农、医、师类院校的50％，中专的80％毕业生定向分配到县、乡；其它面向农村的学校和专业普遍按一定比例实行定向招生，定向分配，打通人才通向农村的渠道。“燎原计划”稳步实施，到1995年全省实施“燎原计划”的示范县14个，示范乡（镇）215个，从1995年起，每年扩展4个实验县。根据点上深化，面上发展的指导思想，推进“燎原计划”、“星火计划”、“丰收计划”的紧密结合，加速农业强省的建设和县城经济、乡镇企业的发展，推动农村“两个文明”建设。近几年，全省农村教育综合改革的成功经验多次在全国推广。1995年，在全国农村教育综合改革会议上，马国良副省长作为唯一省级政府的代表做了经验介绍。

在农村教育综合改革中，宁安市推进农科教结合为经济和社会发展服务取得了经验。宁安市位于黑龙江省东南部，全市设7镇12个乡，348个行政村，总人口44万，其中农业人口28万。该市大力发展多种形式的农科教结合载体，深层次，全方位地推进农科教结合，为当地农村经济注入了新的活力，促进了当地经济建设和社会文明的大发展。(1)推进农科教结合的措施。一是强化领导力度，完善运行机制。建立农科教结合的领导和工作保障机制。成立由市、乡主要领导为组长的农科教领导小组，各级党政一把手亲自抓。制定了“以示范乡建设为重点，以示范村建设为突破口，出人才、搞示范、建基地、重效益”的工作目标。建立农科教结合的推进机制，注重搞好三个对接：即农科教结合与全市经济发展总体规划的对接；农科教结合与深化农村改革相对接；农科教结合与鼓励发展科技教育的各项政策的对接。二是建立健全人才培养和科技推广网络。贯彻《纲要》，抓好“两基”。在全省率先通过了省政府关于基本普及九年义务教育和基本扫除青壮年文盲的验收后，1995年又提出以争创全国教育先进市（县）为目标的“3838工程”，即在三年内创办3所省级重点校，8所省级示范初中，38所省级标准小学。以人才培训为重点，形成全方位，立体化网络。利用市、乡、村、户四级网络搞好人才培训及科技推广。以教育电视台为载体，强化现代传媒手段。1990年以来共投资180多万元建立市教育电视台和16个乡镇教育台站，占应建率的100%。三是培养典型、推广先进。抓好龙头校——市职业技术教育中心学校建设，在人力、物力、财力等方面予以重点扶持。自1990年以来，职业技术教育中心学校共培养毕业生3222人，占全市农职业毕业生总数的75%。加强示范乡、示范村建设。全市19个乡镇全部成为示范乡，建设成示范村185个，占村总数的55%。四是强化专业村、专业协会建设。建立健全“一村一品、一业一会、一户一员”的农科教结合模式。按行业建立起专业技术协会，为每个农户培养1名懂生产经营的技术员。(2) 农科教结合的主要成绩。经省市农科教结合部门的检查评估，宁安市成为省级农科教实验县，建成省级农科教示范乡镇4个，地方级示范乡镇8个，乡镇农科教实验面达100%。在全市范围内建立了人才培训及科技推广的市、乡、村、户四级网络。市级网络以职业技术教育中心学校为骨干，搞好中级人才培养和技术推广；乡镇网络以乡镇中学为阵地，以六大站所为依托，在普通中学中积极引进职业教育因素，创办不同形式的初中职业教育班，搞好初级人才培训和技术推广；村级网络以村小学或村民校为阵地，发挥专业协会职能，以村农民技术员和小学教师为骨干，搞好实用技术学习和技术推广；户级网络以家庭文化技术学校为阵地，以专业大户为骨干，带动村民学习实用技术。农科教结合促进了当地经济和社会发展。宁安市成为全省首批实现“两基”先进市（县），职业高中与普通高中在校生的比例达到1.5∶1。近三年来，全市各级各类科技人员共完成科技推广项目30项，开发新产品68个，技术改造43项，农业科技成果转化率由45%提高到85%，科技含量由30%提高到47%。农业投入产出比由1∶2.8提高到1∶3.9，经济发展速度不断加快。农科教结合也促进了精神文明建设的发展，建成文明单位（村）472个。连续五年被省委、省政府授予农业生产先进县、教育先进县；被评为全国粮食生产先进县；连续两年跨入全省综合实力十强行列。

撰稿　张淑瑛

审稿　童明英　郑吉南

　　　张　民

高等教育

〔**综述**〕 1995年，全省普通高等学校本、专科招生比上年增加1020人，增长2.98%；在校生11.35万人。在学研究生比上年增加549人，增长10.8%；研究生招生1914人。高等学校对办学层次、科类结构进一步进行调整，本、专科招生比为1：1.1，法学、工学、理学、文学、农学专业招生数量较上年有所上升，经济学、教育学、医学专业招生数量下降。全省普通高等学校校舍建筑总面积547.68万平方米，生均达48.24平方米；藏书1513.93万册，生均133册；教学仪器设备资产总值6307万元。高等学校师资队伍建设继续加强，教师学历、年龄结构正趋于合理，师资水平进一步提高。1995年，全省普通高等学校专任教师中，有3883人获得博士或硕士学位，占专任教师总数的23.47%；专任教师中教授1526人，副教授4634人，讲师6726人。副高级职称以上教师占专任教师总数的37.23%。培养和选拔跨世纪优秀人才，省属高校新增22名学科带头人和博士生导师。

〔**管理体制改革**〕 按照《纲要》提出的深化教育体制改革的要求，借鉴正在进行联合办学的黑龙江大学、东北农业大学、黑龙江中医学院、东北林业大学的成功经验，继续以优势互补、平等互利、资源共享、归属不变、先易后难为指导方针，实施高校间的联合办学，从而形成整体优势，提高办学效益。1995年10月，哈尔滨科学技术大学、哈尔滨电工学院、哈尔滨工业高等专科学校联合成立了哈尔滨理工大学。齐齐哈尔师范学院与齐齐哈尔轻工学院合并成立齐齐哈尔大学。佳木斯工学院、佳木斯医学院、佳木斯师范专科学校、佳木斯大学联合成立佳木斯大学。合并方案已经国家教委批准，具体规划正在进行实质运作。省政府与建设部达成共建哈尔滨建筑工程大学的协议，双方将帮助支持哈尔滨建筑工程大学进入“211工程”，以此解决黑龙江省高层次建筑、建材等专业人才缺乏培养渠道的问题。1995年，民办黑龙江东方学院正式成立，并招收专科生200人。联合和共建，使高等学校的资源得到合理配置并充分发挥效用，使单科类院校向综合类院校发展，单一部门办学向多部门或与地方联办方向发展，逐步形成规模较大，学科优势集中，多学科互相渗透，办学水平与效益大为提高的高等教育新格局。加强了中央和省的两级管理，特别是省级政府对本地高等教育的统筹。

〔**招生和毕业生就业**〕 1995年，全省高等学校进一步完善招生、收费和毕业生就业制度的改革，在全国各省市中率先实行高等学校招生“并轨”制度的试点，在9所省属高校60多个非农非师类本科专业中将原来的国家任务招生、委托培养、自费生三种计划招生形式改为一种，即国家指令性招生，全部实行缴纳部分培养费上学，毕业时在国家计划指导下自主择业。1995年招收“并轨”生4000人，占省属高校招生总数的23%。由于注重了计划制定和收费标准的全面论证，加强了考前社会宣传，完善了有关配套政策，使这项改革进展顺利，并为1997年全面实行“缴费上学”、“自主择业”奠定了基础。积极稳妥地推进师范院校毕业生分配制度改革工作，完善毕业生就业市场，加强宏观调控，保证农村教学第一线对师资的需求，为普及九年义务教育服务。为适应全省经济结构、产业产品结构的调整，1995年全省省属高等学校新增应用性较强的本科专业14个，专科专业20个，1995年全省应用专业招生占招生总数的70%。为进一步打通人才通往农村、边远地区和贫穷落后地区的路子，省属院校继续坚持定向招生、保送与考试相结合、合同委托等招生改革形式。1995年，省属高等学校招收委托培养生和自费生8115人，占当年省属高等学校招生总数的43.22%。

〔**加强高校重点建设**〕　1994年末，省政府拨款2000万元给东北农业大学和哈尔滨医科大学，使这两所争取进入“211工程”的省属高等学校在经费方面得到保证和支持。哈尔滨医科大学将学科群建设、校园网建设、公共服务系统建设、实验动物中心建设列入建设项目，1995年已全面启动。同时哈尔滨医科大学和3个附属医院又投入配套建设资金4000万元，到本世纪末，哈尔滨医科大学将有6个学科和专业有新的发展。东北农业大学的“生命科学和生物技术中心”建设也已开始，中心建成后，将有助于东北农业大学的农学、园艺、牧医和食品工程四大学科优势的发挥，使教学与科研水平取得进展，更有利于黑龙江省建成“农业强省”。全省8个学科争进国家“211工程”重点学科行列，5所省级重点高等学校和50个省级重点学科建设工作已全面展开，重点学科评估工作已经完成，有关建设正在逐步实施落实。同时还注意重点学科后备学科带头人的培养选拔工作，并制定相应政策，改善培养对象的工作条件和环境，提高其生活待遇。此外，高等学校继续加大办学模式的改革，办学效益明显提高。

〔**教学改革**〕　加强教学基础建设，全面提高教育质量。为使人才培养更加适合经济建设发展的需要，积极改造老专业，创办新专业，省属高等学校1995年新增应用性较强的专业34个。1995年，全省省属高等学校重新修订了教学计划，强化了主干课程，加强大学外语和计算机教学，召开了全省高校CAI教学工作会议，推动和促进学校的计算机辅助教学。全省高等学校100门课程评为省级重点课程，相应的投入与管理力度也不断加大。试行本科—硕士—博士连续制，把按专业招生改为按系招生，进行按系培养，“淡化”专业的培养方式，试行课程的主辅修制，促进学科的交叉渗透学分制和双学位制。加强图书馆、实验室、电化教育的建设和管理，强化教学管理，健全学籍管理及考试制度，教学质量明显提高。

〔**为经济建设服务**〕　1995年，全省高等学校以校办产业牵动全省产业产品结构调整和科技成果转化的作用加强，加速了产、学、研一体化进程，校办产业产值、收益明显提高，直接促进了全省的经济发展，各高等学校发挥自身人才与科技优势，积极创办多种形式的校办企业实体。1995年全省高等学校有校办企业284个，其中高新技术校办企业114个，全年实现销售收入4.06亿元，利润

3949万元。高等学校以高新技术产业开发区为依托，创办园区和科技一条街，逐步形成高校高新技术产业群，不断提高科技成果转化现实生产力的能力。许多校办企业的项目、产品技术含量大、附加值高、经济效益好。1995年，全省高等学校三次在省、市科研成果洽谈会上展出140项科研成果，宣传推广626次科技成果和67种校办企业高新技术产品，与全省大中企业、乡镇企业、区街企业和民营科技企业签定了251项技术转让合同。1995年，全省20多所高等学校与114个乡企工业小区对接，开展帮扶工作，实行了人才培养、成果转让、产品开发、科学管理一条龙全程服务；继续开展对克东县的包扶工作，帮助克东县制定了经济发展规划，在技术转让和科研成果转化上予以优惠，扶持克东县发展乡镇企业和县镇企业，使克东县彩色琉璃型复合瓦厂等3个企业1995年的经济效益明显提高。农业院校学生还利用寒暑假开展“科技兴农”活动，推广优良品种，智力扶贫，促进农村经济发展。

撰稿　崔多立
审稿　童明英　郑吉南
　　　张　民

成人教育

〔**综述**〕　1995年，全省成人高校比上年减少9所；教职工比上年减少0.04万人，减少2.69%；在校生10.84万人；招生比上年减少0.3万人，减少7.2%；校舍建筑面积129.37万平方米，增加0.57万平方米，增长0.46%。成人中专教育体制改革不断深化。职工中专继续进行专业结构调整，农村成人中专实行开放办学，与各类职业学校实行联合办学，一些县市已经形成了综合职教中心的大格局。1995年，全省成人中专比上年增加72所，教职工1.6万人，毕业生4.03万人；招生比上年减少1.73万人，减少28.08%；校舍总建筑面积107.30万平方米。自学考试坚持为经济建设和社会发展服务，积极增加和设置符合省情发展的专业，调整改进专业结构，考试制度不断完善，规模逐步扩展。1995年，全省自学考试开考62个专业，全省春秋两季参考总人数为21.89万人次，比上年增加5.49万人次，增加33.48%；毕业生10577人，其中，本科生153人，专科生9778人，中专生646人。1995年1月1日，全省实施《黑龙江省社会力量办学条例》，各级党委、人大和政府协调有关部门认真按《条例》规范社会力量办学的管理行为，依法整顿治理办学秩序，促进了社会力量办学的健康发展。1995年，全省有民办学校2200所，其中，高中等职业技术学校1442所，年培训各类专业技术人才21万人次。随着全省经济建设步伐的加快，成人技术培训工作也有所加强。国有大中型企业克服各种困难，坚持搞好职工岗位培训，全省职工岗位培训试点工作顺利进行，1995年，全省企业职工全员培训率达45.11%。以农村实用技术培训为主要内容的“燎原之冬”活动进行五年来，更加广泛深入，并向专业化培训方向发展。1995年，全省接受实用技术培训的青壮年农民达656.19万人次，其中，农村知识青年达239.57万人次。在此基础上，各地加强了专业化培训力度。一年来，全省共培训农村专业化人员94.84万人，其中农村知识青年18.68万人，农村基层干部5.89万人，“绿色证书”教育试点5.65万人。教育与扫盲后的继续教育取得突破性进展，各地进一步加大扫盲与扫盲后继续教育的力度，扫盲工作的重点已转移到扫盲后巩固提高教育的轨道上来。

〔**体制改革**〕 全省成人大中专学校深化办学体制改革，整体办学水平明显提高。1995年6月，省政府正式批复同意由省教委拟订的《关于我省部分职工高校调整联合的意见》。《意见》所涉及的齐齐哈尔、牡丹江、鸡西、伊春等5个地市和7个省直主管部门已按联合方案运行，有关院校内部管理体制逐步理顺，各项规章制度日趋完善，预计1996年可完成调整方案。1995年，成人高校调整联合后，虽比上年减少9所，但学校总体办学规模扩大，办学条件改善，整体办学效能进一步增强，对全省的成人高等教育的改革和发展起到了促进作用。同时，各成人高校坚持“以质量求生存，以开拓求发展，为地方经济发展培养直接有效的应用型人才”的工作方针，面对社会人才市场对各类、各层次专业人才的需求，确定办学方向和招生规模，调整专业设置和专业结构。省教委提倡成人高校积极与普通高校联合办学，允许普通高校在成人院校设函授点，允许成人院校设电大教学班、自学考试辅导班等。全省大多数职工高校形成了多学科、多层次、多功能的办学体制，具备了承担高、中、初三个层次的学历教育、继续教育和岗位培训的教学任务。成人高校继续深化招生制度改革，1995年，录取“预科生”3000人，“往届生”5600人，“资格生”247人，均比上年有所增加。同时，还录取1847人为“第二学历”专科教育生。招生考试科目改革取得新的进展。文化课与专业技能相结合的“5＋2”考试，已在5所学校11个专业展开。文化课与专业课相结合的“3＋2”考试也在9所学校3个专业中进行试点，两次试点共录取新生3260人。

成人中专教育体制改革也不断深化。1995年，职工中专继续进行专业结构调整，省教委加强了对学校的评估领导工作，激发了办学部门的积极性，大多数学校具备了承担学历教育、继续教育和岗位培训的能力。农村成人中专学校面对市场竞争，实行开放办学，与各类职业学校实行多位一体、联合办学，形成了综合职教中心的大格局，年毕业人数与招生人数均稳定在万人以上，为发展农业和农村经济培养了适用人才。1995年，职工中专和农村成人中专继续按照考试录取和免试录取“两条腿走路”的方针，推进招生制度的改革。同时，继续在8所成人中专实行自行命题考试的试点，以及单科结业、累计毕业的试点，并取得一定经验。

〔**农村成人学校建设**〕 1995年，农村成人学校建设又上新台阶，农村成人教育四级培训网已在全省各地形成。县（市）综合职教中心建设的推进，使县办农村成人中专的办学条件得到进一步充实和完善。乡镇成人学校建设也呈现出高起点、高标准、高水平的发展势头。1995年，齐齐哈尔、牡丹江、佳木斯、大庆、鸡西、七台河、绥化、松花江等市、地的16所乡镇成人学校达到或基本达到了省级示范性乡（镇）成人文化技术学校标准，这些学校都配有图书室、标本室、试验室及实验实习基地。村办农民文化技术学校注重与村小学、村农技推广室实行联合办学，初步形成了村级农科教结合的综合体。农村科技户或“高产大王”个人兴办的农民家庭技术学校，以其典型的实验基地、明显的示范作用和灵活的办学形式越来越赢得农民群众的信赖和欢迎。

农村成人学校在扫盲和实用技术培训中发挥着越来越大的作用。1995年，农村成人学校组织17.91万文盲参加扫盲学习，培训农村青壮年656.19万人次。同时，48所县、乡两级农村成人学校承担着联合国人口基金与国家教委合作的人口教育项目。自1991年至1995年，先后建立人口教育联系点159个，培训学员5.14万人，培训农民群众70.93万人次，其中接受培训的农村妇女占49.5%。这一项目的实施，在帮助农民树立科学的人口观念，增强人口意识，提高人口素质，有效控制农村人口增长等方面，均已取得良好的社会效果。

〔**扫盲教育**〕 1995年，全省进一步加大扫盲与扫盲后继续教育的力度，努力实现高标准扫除青壮年文盲的目标。一年来，全省共扫除文盲7.20万人，其中扫除妇女文盲4.49万人。青壮年文盲率下降到1.31%。

在1994年扫盲工作通过国家验收后，省教委抓住扫除剩余文盲的扫盲后巩固提高工作，制定了全省高标准扫除青壮年文盲规划。即从1995年起，全省用三年时间将青壮年文盲率降到1%以下。1995年1月，省教委发出《关于加强农村成人初等文化技术教育的意见》，要求将扫盲工作的重点转移到加强扫盲后巩固提高教育的轨道上来。组织15～30周岁的脱盲人员、六年制小学读满四年或五年制小学读满三年的待业人员，参加农村成人业余小学班学习。据此，各地层层制定了相应的高标准扫盲规划，坚持扫盲机构不撤，经费不减，工作不停步，把扫盲做为提高劳动者素质的重要智力基础来抓，并将其纳入当地经济和社会发展的总体规划。一年来，全省各地共组织17.91万文盲参加扫盲学习；7.88万脱盲人员进入业余小学班学习；8.78万脱盲人员进入读书读报组学习。1995年，全省已有45个县（市）青壮年文盲率达1%以下，并获省政府颁发的“高标准扫除青壮年文盲单位”铜牌。1995年10月9日，国家教委通报表彰黑龙江省扫盲工作，并奖励100万元。

撰稿　单雪丽
审稿　童明英　郑吉南
　　　张　民

上海市教育

概　况

〔**基本情况**〕

1995年各级普通学校基本情况

单位：人

学校类别	学校数(所)	毕业生数	招生数	在校学生数	教职工数	
					计	其中专任教师
一、普通高等学校	45	42606	49117	157460	65764	21522
研究生		3038	4776	13378		
本科		20873	28204	102225		
专科		18695	16137	41857		
二、中等专业学校	100	22601	41244	108521	15915	6372
中等技术学校	89	19754	38440	99609	14349	5557
中等师范学校	11	2847	2804	8912	1566	815
三、普通中学	756	183786	259396	723991	72180	46519
高中	258	36402	47454	128945		8942
初中	498	147384	211942	595046		37577
四、农业、职业中学	76	18251	35615	86447	5904	3177
高中		18160	35490	86063		
初中		91	125	384		
五、工读学校	15	659	1230	2414	733	362
六、小学	1807	210223	170941	1097784	71567	54517
七、特殊教育学校	39	363	1140	5728	1434	841
八、幼儿园	1041		136267	307683	30800	19789

1995年各级成人学校基本情况

单位：人

学校类别	学校数（所）	毕业生数	招生数	在校学生数	教职工数	
					计	其中专任教师
一、成人高等学校	66	16573	24288	75544	11850	5208
广播电视大学	1	776	1180	4509	354	74
职工高等学校	48	4248	4436	16449	7900	3387
农民高等学校						
管理干部学院	5	453	1025	2531	789	324
教育学院	12	725	518	1874	2807	1423
独立函授学院						
普通高校举办：						
函授部	(4)	4655	7187	21807		
夜大学	(30)	4676	8837	26518		
干部专修科	(2)	1040	1105	1856		
二、成人中等专业学校	119	9802	22842	54260	6421	3076
广播电视中专	2	3353	4221	9237	73	42
干部中专						
职工中专	104	6202	17745	42524	4867	2313
农民中专	2	103	183	462	122	50
函授中专						
教师进修学校	11	144	693	2037	1359	671
三、成人中学	81	6616	36034	34073	1602	980
职工中学	47	5814	34182	32601	1464	861
农民中学	34	802	1852	1472	138	119
四、成人技术培训学校	672	681819	981852	460755	10930	5076
职工技术培训学校	489	386727	533714	289601	9114	3964
农民技术培训学校	183	295092	448138	171154	1816	1112
五、成人初等学校		205	32	268	2	2
职工初等学校						
农民初等学校		205	32	268	2	2
其中：扫盲班		67	32	109	2	2

说明：成人技术培训学校中毕业生数、招生数及在校学生数均包括长班与短班人数。

制表 冯静波

〔**宣传、贯彻《教育法》**〕 1995年，上海市开展了《教育法》宣传月活动，印发15万册《教育法》及几十万册学习辅导材料。各级教育行政部门、学校组织干部和师生学习、宣传《教育法》，增强学法、知法、守法的观念。市教委成立了教育执法综合办公室和教育行政复议办公室，加强教育执法工作。在有关部门的支持和配合下，贯彻执行《教育法》的有关规定得到落实：(1) 改革教育经费管理体制，实行教育经费在财政预算中单独列项；(2) 加大教育投入力度，保证教育经费的“三个增长”，全市预算内用于教育的拨款占全市财政支出的比例要高于20%；(3) 扩大教育筹资渠道，开征用于教育的地方社会事业建设费，即：以1994年征收的个人所得税为基数，从每年的增量部分提取10%用于教育；还开征广告费和旅店床位的教育地方附加费用于教育事业；(4) 成立上海教育发展有限公司，以增强盘活教育资产存量，教育系统自身筹措和管理资金的能力；(5) 从1996年起，全市将实行教育经费执行情况监测制度。

为进一步明确教育执法程序，完善教育执法和监督机制，按照国家教委关于开展教育执法和监督试点工作的要求，在闸北、长宁、奉贤二区一县开展了教育执法与监督的试点工作。在明确政府各有关部门法律责任、领导干部学法执法、增加对教育的投入等方面取得成效和进展。

以贯彻落实《教育法》和《教师法》等教育法规为主要内容的督导检查工作已经启动，市成立了领导小组，部署了工作计划，各区县和市有关职能部门分别采取措施做好落实工作。同时，根据《教育法》和《教师法》的精神，按照市人大和市政府的要求，着手调研和起草《上海市实施〈中华人民共和国教师法〉办法》。

〔**上海市教委成立**〕 1995年2月28日，经中共上海市委、上海市政府批准，决定撤销市府教卫办、市高教局、市教育局，组建上海市教育委员会。任命郑令德为上海市教委主任。上海市教委的主要任务是，对全市的教育工作进行规划、协调、监督、管理和服务，对基础教育、高等教育、职业技术教育、成人教育分别承担指导和领导工作。

上海市教委的成立，改变了原来教育管理机构相对分散独立、内设机构重叠、部分职能交叉、人员编制膨胀的状况。为施行转变职能，形成统一有力的宏观管理系统奠定了基础，为基础教育、职业技术教育、高等教育、成人教育形成一个互相衔接、互相渗透、相互补充、相得益彰的有机整体创造了条件。有利于加快上海教育事业的改革和发展。

〔**制订“九五”计划和2010年规划**〕 党的十四届五中全会通过了《中共中央关于制订国民经济和社会发展“九五”计划和2010年远景目标的建议》，提出了实行“两个转变”的决策。上海教育系统认真学习、贯彻。回顾总结了“八五”计划的执行情况，提出了上海教育发展与改革的基本思路和指导方针，制订了《上海教育事业“九五”计划和2010年规划》，确定了各类教育应达到的总体目标，实现目标的主要政策措施以及加速上海教育发展的重大项目。此外，基础教育、职业教育、高等教育、成人教育以及特殊教育等均分别制订了相应的“九五”计划和2010年规划。各区县、高校根据实际情况，也分别制订了相应的“九五”计划和2010年规划。

〔**教育投入与支出**〕 1995年，全市各级财政拨款教育事业经费35.5亿元，比上年增加9.04亿元，增长34.2%；其中区县拨款29.9亿元，比上年增加8.02亿元，增长36.65%。市级1995年财政拨款为5.65亿元(其中普教事业费1.36亿元，高教事业费4.29亿元)，比上年增加拨款1.03亿元，增长22.7%。城市教育附加实征数7亿元，较上年增加1.5亿元，增长27.7%。农村教育费附加实征数9573万元，比上年增加765.19万元，增长8.7%。各区县中小幼学杂费、管理费收入4.29亿元，比上年增加7700万元，增长21.9%，普通高校学杂费收入2292万元。学校预算外创收及校办企业支持教育4.7668亿元，社会和群众捐资助学9593万元，其他投入1.76亿元。

1995年各级财政拨款总支出40.68亿元，比上年支出增加9.84亿元，增长31.90%。城市教育费附加支出5.28亿元，农村教育费附加支出9363.79万元。1995年全市中学生实际生均支出1698.26元（其中生均公用经费453.41元），比上年增加358.65元，增长26.77%。全市小学生实际生均支出1212.48元（其中生均公用经费246.36元），比上年增加309.27元，增长34.24%。全市普通高校生均事业费为12355元，比上年的8562.31元增长44%。

〔**体育、卫生、艺术、科普工作**〕　开展体育活动和学校卫生教育工作。制订了《上海市教育系统贯彻〈全民健身计划纲要〉的实施意见》和《上海市高等学校体育课程评估指标体系》。市体育传统项目学校从125所调整为117所，举办了市第六届大学生运动会、市第二届中专职校运动会，承办了第六届中学生运动会（华东赛区）男子足球和女子排球预赛。组织市大学生代表团、市中学生代表团分别参加了市第十届运动会和第六届全国中学生运动会，均取得优秀成绩，其中，中学生代表团获全国中运会田径男子乙组团体总分第7名，男、女排球队和女子足球队获亚军，男子足球获第4名，复旦大学男女排球队分获全国乙级联赛冠军，双双晋升全国甲级队。完成了4万名大中小学生体育调研工作，编写出版了健康教育课本，大中小学生开课率达100%。对3.8万名大学生进行了预防艾滋病学校健康教育，受到国家好评并向全国推广。

学校艺术、科普、国防教育工作广泛开展。制定了《上海市区县学校艺术教育评估标准》。举办了大学生歌会、学生乐队比赛、小歌手比赛、双周星期免费音乐会等多项活动，提高了学生艺术素养。组织了上海市第三届科技节青少年系列活动，筹建青少年科技教育中心。举办青少年科技百花园、大学生摄影展、“金钥匙”科技竞赛、“生物百项”等活动；召开了上海市中小学国防教育经验交流现场会，举办’95京津沪粤第二届大学生军事夏令营，检阅10年学生军训成果汇报，表彰了高校国防教育先进集体、先进个人。

〔**对外交流与合作**〕　加强外事工作管理。制订了《关于区县教育外事工作归口管理的几点意见》等文件；首次召开了上海教育外事和对台交流工作会议；开展了“高校涉外后勤的管理和服务”等5个专题的调查研究，提出了指导意见。会同市公安局制订了《关于重申国内外组织和个人不得擅自在沪招收自费出国留学人员的通知》，遏制了国内外少数机构和个人在沪非法招生的现象，保障了社会安定。

对外交流与合作不断扩大。1995年，接待各类境外来访团组113批，计874人次。其中外国副部长级以上团组11批，计57人次。加强了与外国企业界的联系，高校计算机网络建设已得到国外两家公司约300万人民币的设备资助。上海高校及其他教育机构1995年接受各类海外捐赠197批，合人民币逾2000万元。此外，对台交流特别是青少年的交流工作得到发展，上海高校1995年赴台讲学和参加学术活动的团组有50个，计260人次，比1994年增加160人次。台湾教育界来访团组70个，计700人次。上海市第三女子中学50人室内乐团赴台湾访问，引起轰动。

合作办学和外国留学生工作有了新的发

展。1995年，上海有各级各类合作办学机构42所，其中1995年批准举办的有12所。上海有6所国际学校（外籍人员子女学校），1995年批准的“德国学校”已开始招生。外国留学生规模又有扩大，1995年在校留学生达2230人，比1994年增加30%；短期生有2000余人。留学生层次不断提高，自费生已占学生总数的80%。留学生管理工作进行了改革，本科留学生的学籍管理与中国学生学分制管理已基本并轨。同时，具有大专以上学历人员自费出国留学人数逐年下降，1995年（至12月20日）为1811人，比1994年减少24%。

外国文教专家和教师工作得到加强。各项规范化的聘请和管理措施逐步落实，聘请外专中介服务机构已开始试运行。1995年在上海学校长期任教的专家和教师已达283人次，短期讲学专家有1197人次。

基础教育

〔**综述**〕 1995年，上海各区县按照建设一流教育的总体规划，结合城市布局与产业结构的调整和农村城市化、城乡一体化的进程，通过加快建设教育小区、扩大学校规模等形式，积极开展了中小学校布局和教育结构的调整。卢湾、静安、黄浦、闸北、徐汇、长宁等区已取得进展。同时，上海全市在1994年经国家验收实现基本“普九”目标后，1995年，积极推进“双高普九”工作。为提高基础教育的整体水平，上海实施高标准、高质量普及九年义务教育，制订颁发了《2000年普及义务教育标准》。召开市特殊教育工作会议。制订了《深化改革，提高本市幼托园所办园质量的几点意见》。此外，积极推进小学、初中九年一贯制教育试验，全市已有20所九年一贯制学校。认真治理中小学乱收费。聘请206名教育收费特邀检查员，1995年全市共查处清退乱收费199.6万元。

〔**减轻学生课业负担**〕 在专题调查基础上，市教委召开新闻发布会，分析中小学生课业负担过重的原因，制订了减轻课业负担的对策。在重申已有规定的同时，发出《关于当前减轻中小学生过重课业负担的通知》，修订了《上海市中小学生市级竞赛管理办法》，严格控制各类竞赛，停办各类文化补习班和奥林匹克班，加强对社会力量办班的管理，初步遏制了中小学生课业负担过重的势头。

〔**教学工作**〕 充实调整了市课程教材改革委员会，制订了高中课程教材改革试行方案，高一年级从秋季起全面推行了新课程新教材，小学一、二、三年级全面实行新课程新教材，根据五天工作日相应调整了教学大纲。此外，加强了中小学自制教具工作，在国家教委举办的全国中小学自制教具评比中，上海获第二名。

〔**招生工作**〕 完善了初、高中招生制度改革。1995年初中招生实行就近入学，不进行全区性统考，允许适度选择，取消竞赛与升学挂钩。静安、闸北等区作出决定，从1996学年起，全区小学、毕业生就近直接升入初中，以切实减轻学生过重课业负担。高中招生确定以基础知识为主的命题方向。成立了市招生监察仲裁领导小组和招生监察办公室，制订了一系列规章制度，保证招生公正、顺利进行。

〔**薄弱学校建设**〕 1995年召开加强薄弱学校建设工作会议，市教委与区县政府签订了"实施薄弱学校更新工程"责任书，薄弱学校更新工程正式启动。在3～4年内，市教委将集资3亿元改革和更新230所薄弱中小学校，首期投入6000多万元，各区、县也将按比例集资，以启动该项工程。根据规划，各区县每年完成1/3左右薄弱学校建设，通过三年努力，基本消除薄弱学校。1995年，静安区通过撤销、兼并、挂钩、联合等，使全区7所薄弱学校全部得到了改变，摘除了薄弱学校帽子。奉贤县采取政策倾斜、重点扶持、整体协调和联动增值等措施改造薄弱学校，取得了良好效果。

〔**教师队伍建设**〕 1995年，召开了全国和市教育系统劳动模范、优秀班主任、优秀教育工作者表彰大会，评选表彰了市"十佳"模范班主任和市、区县"园丁奖"获得者。开展了教师专业技术职务评审工作。普教系统评审通过了中学高级教师136名。

继续开展中小学教师、校长培训。截止1995年"八五"期间有3.6万名中学教师、4.1万名小学教师、1万名幼儿园教师参加240学时的职务培训；2300名中学教师、3100名小学教师、1400名幼儿园教师参加了研究班培训；8800名教师参加了合格学历培训；14000名教师参加高一层次学历培训。遴选市级中青年骨干教师作为重点培养对象，积极开展培养工作。

加强新师资的培养与引进。1995年共招收中师生1890名（其中五年制师范生893名）、高师生1341名（本科生939名，专科生402名）。此外，从外省市引进应届高师毕业生441名（本科生300名，专科生141名）、在职教师674名。同时，试行招聘非师范类应届毕业生进中学任教。

1995年，市教委制订了《关于解决教职工住房问题的若干意见》，以及"广厦工程"规划及解决教师住房困难的实施办法，召开了全市教师住房解困工作会议。市教委作为市政府实施项目责任单位，完成了"基本解决中小学教职工人均住房4平方米以下的'困难户'"的任务。

〔**德育和社区教育**〕 开展爱国主义教育活动，拟订了《上海市〈爱国主义教育纲要〉实施细则》，组织《爱国主义教育实施方案》操作展示现场会。试行"上海市区县教育局中小学德育工作目标"，加强对中小学德育工作目标管理。有100多万名中小学生观看了百部爱国主义影片。加强了中学思想政治课建设。

社区教育工作不断加强。11月，结合纪念上海社区教育工作开展10周年，召开了先进集体、先进个人表彰大会，推动社区教育发展，促进社区精神文明建设。上海市14个区和125个街道（镇）普遍建立了社区教育组织，学校、家庭、社会三结合教育得到保证。1995年，已有128个街道、镇、乡建立了社区教育奖励基金，基金额达 2979 万元。学生的双休日活动引起社会重视，许多学校开放学习、娱乐场所，与社区结合，共同开发学生活动项目，丰富活动内容，提供场地与设施，加强对学生“休闲教育”的指导，合理安排校内活动与作息时间，有系统地开展学生社会实践活动。

职业教育

〔**综述**〕 1995 年，召开了市职业技术教育工作会议。加强对职业教育的领导，成立了市职业技术教育委员会，召开全市《职教条例》宣讲大会，努力推进上海职业技术教育走上以法治教、依法行政的轨道。开展教师专业技术职务的评审工作，中专系列评审通过高级讲师（含高级实验师）148 名，讲师 269 名。完成《上海市中等职业技术学校师资建设状况的调查报告》，提出加强职教师资队伍的对策和措施，建立职教师资职后培训基地 5 个。召开市农村教育综合改革现场会，总结推广青浦县的先进经验，进一步动员和部署上海郊区教育综合改革工作。与市农委联合召开市实施“燎原计划”促进科教兴农经验交流会，总结实施“燎原计划”的经验，评选奖励 11 个优秀“燎原”项目。

〔**职业学校建设**〕 评审 9 所市级重点职校，评估 7 所申报国家级重点职校，并向国家教委正式申报。召开了重点中等职业技术学校校长会议，讨论了国家教委有关示范性学校评估验收标准。同时，研究确定了加强示范性学校建设的总体意见与安排，完成第三期第一批中等职业技术学校重点项目装备工作，集中财力在 28 所职业技术学校建立实验基地，共投资经费 3750 万元。会同有关部门调研行政性企业管理局改制后涉及的中专与技校的管理问题，拟定了理顺体制、保证经费渠道畅通的方案。

高等教育

〔**体制改革**〕 "八五"后期，上海市把加快高教体制改革作为一项首要工作。1995年市教委成立后，制订了上海高教布局结构调整方案，加快了改革的探索与实践。

通过"合并、联合"，高校布局结构调整取得实质进展。 在合并组建新"上海大学"、新"上海师范大学"的基础上，1995年又将"上海铁道学院"、"上海铁道医学院"，合并组建了上海铁道大学。撤消了上海市第一人民警察学校、第二人民警察学校，并入上海公安专科学校。上海西南地区由上海交通大学牵头的7所高校，东北地区由复旦大学牵头的9所高校分别实行联合办学，成立了联合办学管理委员会，在学校后勤管理、图书资料、科研合作等方面资源共享。此外着手将三类专业相近的高校作出合并、调整。一是将上海建材学院、上海城建学院并入同济大学，这3所高校合并后，将互补优势，成为全国具有竞争力的建筑类院校。二是针对上海新师资需要提高一个学历层次的要求，以及师范专科类院校办学规模过小的现状，拟将师范专科类院校与部分中师校合并组建一所新的上海师范专科高等学校；三是拟将纺织类的高校，结合与中国纺织大学的"共建"、进行合并调整。

通过与中央有关部委对在沪高校进行共同建设，逐步形成中央与省（市）两级管理，地方为主的管理体制。 在与中央部委"共建"复旦大学、上海交通大学、上海外国语学院的基础上，1995年又与国家教委、卫生部、财政部实施对同济大学、上海医科大学、上海财经大学的"共建"，同时积极支持中国石油化工总公司与国家教委"共建"华东理工大学。通过"共建"，一方面有利于充分发挥这些重点高校的自身优势和特色，为地方培养和输送更多合格人才，为上海经济建设作贡献；另一方面有利于上海将这些高校纳入城市建设总体规划，为逐步形成高等教育两级管理，地方为主的管理体制奠定基础。

通过"划转"，理顺市属高校的管理体制。 上海市属高校分属不同的部门，这一管理体制已不适应教育的改革和发展，必须加以理顺。1995年已完成上海城建学院、立信高等专科学校、上海医学高等专科学校的体制划转，将其纳入教育主管部门管理。

此外，上海市教委与华东师范大学实施项目共建。为充分发挥华东师范大学为上海地区的师范教育、基础教育服务的作用，经上海市教委与国家教委协商，确定华东师范大学为上海市实施项目共建的高校。项目共建，将从上海市发展基础教育迫切需要解决的实际问题出发，发挥华东师范大学师资、教学、科研等方面的特色与优势，承担起部分上海基础教育师资培养和在职骨干教师和管理人员的高层次培训任务；为上海基础教育和师范教育发展，开展高水平的教育理论研究和教育科学研究；华东师范大学为支持上海高质量普及九年制义务教育，指导建设部分示范中小学，创建上海市窗口学校，提供教育咨询服务等多方面作贡献。上海市教委根据需要和可能，每年具体审定华东师范大学有关为上海师资培养、人员培训、科学研究项目，包括支持华东师范大学建立“中小学课程发展研究所”，市教委将提供与项目实施相关的经费、政策上的多方面支持。华东师范大学的有关建设与发展将纳入上海市师范教育发展规划中，成为上海市基础教育的师资培训、教育科学研究和高级专门人才培养的重要基地和依靠力量。

〔**教学工作**〕 11 月召开市高校教学工作会议，明确了高校教学工作的发展目标、任务以及教学改革的重点工程和基本措施。市教委筹备成立高教评估所，以开展优秀学校、优秀教材、优秀教学成果、高等工程专科教学工作合格评估和专业教学改革试点的中期评估。对 100 个左右主体专业、100 门左右主干课程进行重点支持，并发挥优势，调整学科专业，以适应上海产业结构调整。为加强教学基础建设，市财政、市教育发展基金会将加大教育投入的力度，设立 2000 万元研究生教育发展基金，用于全面提高研究生教育水平；设立 1000 万元高校课程教材改革基金。同时，市教委投入 50 万元设立高校教学奖励基金，教学专项经费从每年 130 万元增至 500 万元。此外，高校的学分制教学有了新的进展，已确定 7 所高校 238 个专业推行以选课制为基础的学分制，全市高校开展选修课程 3000 多门，学生具有选课程、选教师、选上课时间的自主权，充分调动了学生学习的积极性。

〔**学位工作**〕 全市高校硕士点、博士点及本专科教育专业设置的宏观统筹和调整得到了加强，将对上海经济建设有较大影响的博士点和硕士点进行重点建设。充实调整了市学位委员会，健全了学位办的机构，加强了学位办的管理工作。对 7 个一级学科的硕士点进行了评估。在本市自行审批增列 65 个硕士点。同时，承担在职人员申请硕士学位英语全面统考的组织、考务与命题工作。

〔**招生和毕业生就业制度改革**〕 扩大了高校自主招生改革范围。从 1994 年 7 所高校扩大到 1995 年 17 所高校，学校在国家招生政策的宏观指导下，可自主确定考试科目、录取标准和录取办法，进行自主录取。1995 年，除师范、农林学校和专业外，其他市属高校都实行缴费上学制度，大部分部委属高校也实行了招生并轨。并试行推荐优秀高中毕业生接受高校选拔录取的试点，全市共推荐 1300 名应届优秀高中毕业生。为保障困难学生顺利完成学业，1995 年市拨款 1100 万元资助特困学生，各高校普遍实施大学生奖、贷、助学金办法，全市已有 40 所高校建立了校级勤工助学机构，负责和指导勤工助学；建立了以市政府和主管部门拨款为主渠道的勤工助学基金，其总额达 1546 万元；建立了近 20 个勤工助学经济实体，固定资产达 253 万元；开辟校内勤工助学岗位 25604 个及校外勤工助学岗位 20148 个。通过上述措施，近 3 万名特困学生得到资助。

做好毕业生就业指导工作。1995 年上海高校应届毕业本专科毕业生 39568 人（本科生 20873 人，专科生 18695 人）；毕业研究生 3038 人，其中博士生 494 人，基本上都被用人单位录用。此外，接收了约 7500 名外省市生源毕业生。

〔**科技工作**〕 1995 年，各高校先后召开科技工作会议或举办科技节活动，发挥和展示高校科研优势。1991～1992年，上海高校承担5项重大攻关项目，占全市14项攻关项目的1/3；“产学研”项目100多项，占全市项目的40%；获得市科技进步奖占全市的30%，支持了上海经济建设。“八五”期间，上海高校科技产业百项项目获银行贷款近4亿元，市财政贴息和周转金2000万元，支持和促进了高校产学研工作。“上海教育与科研计算机网络”也将开通。在’95上海科技博览会上，高校科研成果与科技产品有89项获博览会金奖，5项获银奖。市教委获“最佳组团奖”和“最佳布展奖”。出版发行7000本《上海高校科技画册》与《上海高校科技产业画册》。

〔**“211工程”建设**〕 成立了上海普通高校“211工程”领导小组和办公室，继1994年复旦大学、上海交通大学、上海医科大学通过卫生部、国家教委组织的部门预审之后，1995年，中国纺织大学、同济大学、上海财经大学又先后通过国家教委组织的部门预审。复旦大学、上海交通大学被国家教委列为首批立项的学校。上海第二医科大学和上海大学作为地方高校建设“211工程”的学校，已完成全部材料工作，并正式向国家教委申请进入“211工程”预审。

〔**重点学科和实验室建设**〕 完成了对市属高校第二期重点学科检查验收工作，第二期21个重点学科建设均达到预期目标，全部通过验收。在此基础上，召开了第二期重点学科建设总结表彰暨成果展示会。通过调查研究，确定了第三期重点学科建设的指导思想、建设目标、布点原则、投入方式和管理办法，并组织有关高校进行了重点学科的申报与评审工作。

高校实验室建设根据国家教委的要求，结合上海实际，连续6年实施市属高校基础教育实验室专项建设，1995年共安排了9所高校23个项目，如现代商务运作实验室、微生物工程实验中心、微机网络实验室等，共投入经费733.1万元，改善了基础教学实验条件。同时，连续3年安排市属高校计算机专项经费，1995年共投入经费550.28万元，显著提高了市属高校计算机装备水平。

〔**教师队伍建设**〕 1995年，市教委评选、表彰了1993～1995年高校培养优秀青年教师作出贡献的导师。有25名教师获曾宪梓教育基金会奖励；63名教师获宝钢教育奖。开展了教师专业技术职务评审工作，普通高校与成人高校评审通过了正教授（含正研）132人，副教授（含其它副高职）359人，讲师39人。继续开展了高校第三批优秀青年骨干教师的选拔工作，确定第三批高校优秀青年骨干227名。制订措施，认真解决高校教师住房困难，高校教职工户主家庭特困户已得到基本解决。

〔**德育工作**〕 加强高校“两课”建设。制定了实施高校“两课”改革成果评估与推广方案，复旦大学、上海交通大学等14所高校申报参加评估。同时，34所高校把《邓小平理论教程》列为必修课程。此外，组织开展了大学生社会实践活动，开展科技文化志愿服务活动、大学生挂职锻炼活动、勤工助学活动、“我爱浦东”宣传咨询等活动。组织了大学生纪念抗日战争和反法西斯战争胜利50周年歌咏比赛和外滩广场歌会。评选了一批高校优秀毕业生。

成人教育

〔**综述**〕 1995年，召开了市成人教育工作会议。针对现代企业制度的逐步建立，企业性主管局的改制，成人教育存在被削弱的可能和教育资源流失的危险。市教委及时召开有关会议，加强对成人教育的领导，颁发了《关于大力发展上海成人教育的意见》。初步确定一批成人学校进入示范性学校建设行列，拟订了《上海市示范成人中等专业学校标准》。

组织评估了区县政府成人教育综合管理工作，6所社会力量举办的院校通过了评估，9所成人中等专业学校接受了评估复审验收，并对同济大学夜大学（函授）进行了评估。调整成人中等技术学校，全市职工技术学校由540所调整到350所。

〔**培训工作**〕 筹建成立了以培训在职成人为主要对象的十大紧缺人才培训中心，以高校为主体，通过专业调整，学科建设，加速培养外语、计算机等八大类紧缺人才，1994～1995年，约40万市民参加了计算机应用能力考核和通用外语水平等级考试。上海教育发展基金会拨款100万元予以资助，还设立1000万元紧缺人才培训基金。

撰稿 徐钦福

审稿 郑令德

江苏省教育

概　况

〔基本情况〕

1995年各级普通学校基本情况

单位：人

学校类别	学校数（所）	毕业生数	招生数	在校学生数	教职工数 计	教职工数 其中专任教师
一、普通高等学校	67	61672	71210	219320	71635	27269
研究生		2202	3730	10700		
本科		21832	31145	110170		
专科		37638	36335	98450		
二、中等专业学校	213	51657	122744	318719	26735	12969
中等技术学校	177	42418	108661	279126	21584	10419
中等师范学校	36	9239	14083	39593	5151	2550
三、普通中学	4439	926216	1140318	3167536	259685	189128
高中	963	136521	184748	477146		35926
初中	3476	789695	955570	2690390		153202
四、职业中学	441	76060	105026	262434	29200	19501
高中	440	75674	104310	260538		19358
初中	1	386	716	1896		143
五、工读学校	3	67	46	169	131	57
六、小学	27062	990273	1304166	6447727	313527	273504
七、特殊教育学校	132	2210	7086	39776	3806	2704
八、幼儿园	19716		1210016	2147018	97317	81437

1995 年各级成人学校基本情况

单位：人

学校类别	学校数（所）	毕业生数	招生数	在校学生数	教职工数	
					计	其中专任教师
一、成人高等学校	63	27184	54252	132853	11508	5602
广播电视大学	2	8747	11624	30161	4577	2163
职工高等学校	41	3887	4000	10869	3171	1678
农民高等学校						
管理干部学院	9	1483	2065	4456	1440	642
教育学院	11	2824	3254	6752	2320	1119
独立函授学院						
普通高校举办：						
函授部	(46)	6343	22071	53853		
夜大学	(46)	2398	6855	18113		
成人脱产班	(31)	1502	4383	8649		
二、成人中等专业学校	246	42678	69477	180942	12228	6127
广播电视中专	3	12350	23231	61770	628	334
干部中专	6	2923	1983	6098	456	172
职工中专	155	14094	22560	58515	6110	3163
农民中专						
函授中专	2	4920	9381	22845	723	291
教师进修学校	80	8391	12322	31714	4311	2167
三、成人中学	575	50980	50206	66628	5052	3440
职工中学	251	29318	29103	37493	3227	2012
农民中学	324	21662	21103	29135	1825	1428
四、成人技术培训学校	30918	4635705	4238402	3798464	26680	13075
职工技术培训学校	1431	468592	637859	580399	7070	3866
农民技术培训学校	29487	4167113	3600543	3218065	19610	9209
五、成人初等学校	3950	454637	330149	363011	3918	1834
职工初等学校	372	49497	53964	73819	818	406
农民初等学校	3578	405140	276185	289192	3100	1428
其中：扫盲班	1655	210936	81769	79812	1403	560

制表　张晓林

〔**贯彻《纲要》情况**〕　1995 年，江苏教育以贯彻落实《纲要》及全国教育工作会议精神为主线，把省委、省政府在《关于〈中国教育改革和发展纲要〉的实施意见》中制定若干重大措施落到实处。一是层层制定《纲要》实施意见。各市、县（市、区）党委、政府和高校都结合本地实际，提出了实施《纲要》的意见，并把责任分解到各个部门加以落实。二是提出今后五年教育发展目标。全省 1995 年基本普及九年义务教育，人口覆盖率达 95%，基本扫除青壮年文盲，非文盲率达 98.48%。到 2000 年，高中阶段教育入学率达 70%，普通高中在校生达 65 万人，各类中等职业学校（含成人中专）在校生达 125 万人。高等教育（含成人高校）入学率达12%左右，普通高校在校生达35万人，成人高校在校生达20万人。各地也相应制定了教育发展目标。三是加大教育改革力度。推进办学体制改革，积极发展民办学校，全省民办学校已达593所，广泛开展各种形式的联合办学和共建活动。省属本科院校招生全部实现"并轨"。四是落实有关经费政策，对新开征的教育地方附加费实行地方包干，部分上解给省，仅此一项，省级可筹集资金2.6亿元。

〔**实施教育现代化工程**〕 1995年11月初，省教委在锡山市召开教育现代化工程实施工作现场会，提出到2010年全省基本实现教育现代化的目标，要求各地分区、分校、分年度做好规划，分步实施。省教委提出了乡镇教育、中小学和幼儿园基本实现现代化建设标准。各地按照标准和要求，采取措施，认真实施，取得较大进展。一是实施教育现代化工程已经成为各级政府推进本地教育改革和发展的重要工作内容。不少县（市、区）、乡镇把实现教育现代化纳入本地经济和社会现代化的总体规划之中，把教育现代化工程作为本地教育发展的主体工程进行实施，有的县（市）还将其作为县（市）政府的"重点工程"、"基础工程"和"一把手工程"；实施教育现代化工程开始成为各级政府继续增加教育投入的最大动因；许多乡镇把实施教育现代化工程作为人大的重要议题。锡山市33个乡镇中有18个乡镇把实施方案提交人代会审议通过。二是形成实施教育现代化工程的良好氛围。不少市、县（市、区）、乡镇召开了以教育现代化为主题的教育工作会议，制定政策，广泛宣传；有的县（市）政府与乡镇政府签订了实施工作责任书，形成了继普及九年义务教育之后集资办学、捐资助学的"第二次浪潮"。教育科研部门把教育现代化作为研究的重点。省教委摄制了电视系列片《跨世纪的工程》，介绍各地实施教育现代化工程情况，推广先进经验。三是抓好试点乡镇和学校工作。苏南及沿江22个县（市、区）都确定一批试点乡镇和学校。试点单位抓规划、抓关键，在农村小学布局调整、师资队伍建设、办学条件改善、教育思想转变等方面进行突破。有的市已组织对试点乡镇和学校进行达标验收。盐城市、铜山县等市、县确定了实施教育现代化的试点乡镇和学校，积极做好启动工作。

〔**实施教育促小康工程**〕 1994年12月，省教委发出《关于在苏北地区组织实施教育促小康工程的意见》。在全省范围内，特别是苏北地区大力实施教育促小康工程，利用教育优势致富农民，直接有效地为全省奔小康服务。1995年，整个工作呈现以下几个特点。一是加强领导，明确职责。省教委把组织实施教育促小康工程作为苏北农村教育综合改革的重点工作，组织实施了一批子工程。如推进创业教育子工程的实施，在7个市的29个县（市）的"两后"（初中后、高中后）培训中开展创业教育。各地把教育促小康工程与本地的扶贫工作、少生快富工作、发展多种经营户均年增收1000元的"千元工程"、小康村建设等统筹考虑，协调进行。各地还确定具体项目，明确责任，落实到人。二是全面规划，分步实施。针对区域发展不平衡的现状，加强分类指导。如盐城市组织部分乡镇和学校分别实施"教育现代化先导工程"和"教育扶贫工程"，不少学校成立了"青年创业小组"、"青年服务社"，带领广大青年创业。淮阴市加强对剩余劳动力的职业培训，市和县联网成立了"金桥集团"，仅半年就有计划地培养输出剩余劳动力3000余人。三是深化改革，加强统筹。各地在政府统筹下，增强教育整体效益，扩大教育服务功能，合理配置教育资源，使农村基础教育、职业教育和成人教育协调发展，农科教紧密结合。有的地方建立农科教结合基金，进行项目开发和技术推广工作，兴办实验示范基地或股份制经济实体，发挥示范、辐射作用。

〔**贯彻实施《教育法》**〕 1995年《教育法》颁布后，省人大、省政府召开座谈会，省委宣传部等单位联合下发关于学习宣传《教育法》的通知。省长郑斯林在报上发表署名文章，号召贯彻落实《教育法》，依法促进教育发展。各级领导带头学习宣传《教育法》，把《教育法》作为普法教育的重要内容。各新闻单位通过多种形式进行宣传，学校也组织师生走上街头宣传。全省先后组织了由县(市、区)政府分管教育工作的负责同志，市、县（市、区）教育局局长、普法宣传骨干及校长、教师等参加的多种层次的培训，开展《教育法》知识竞赛活动，建立了党委、政府定期研究教育工作制度，领导干部定点联系学校制度，领导干部重视教育工作的考核制度，形成了党政一把手亲自抓教育，分管领导主要精力抓教育的局面。

在贯彻实施《教育法》过程中，江苏突出抓好改善办学条件、提高教师待遇等现实问题。省财政每年安排7000万元左右，设立了实施义务教育补助经费、职业教育专项经费、高校重点学科和重点实验室建设资金及大中专学生贷款基金。1995年还一次性划拨5000万元，其中3000万元用于省属高校建设，2000万元用于普及九年义务教育。为解决淮北部分地区拖欠教师工资问题，在全省建立了教师工资正常发放保障机制。省财政从1995年起每年拨出8800万元，专门对财政缺口较大的县给予教师工资专项补贴，各有关市、县财政也都作出相应的安排。在此基础上，实行行政首长责任制，省长与淮北地区徐州、淮阴、盐城、连云港四市市长签订了《保证教师工资正常发放责任书》。市、县、乡各级也层层建立了责任制。一级抓一级，一级对一级负责，将教师工资发放列入各级主要干部考核的重要内容，实行奖惩，促进了这一问题的较好解决。在住房建设、住房制度改革等方面，对教师实行优先、优惠政策。制定了《关于加快教师住房建设的意见》。建设南京高校教师公寓列入省政府1995年工作目标，并已动工兴建。省还安排15000名教师“民办转公办”指标。各市、县也都采取措施，解决教师生活急需、医疗费报销难等问题。许多企业在教育界设立了奖教金、奖学金，尊师重教在全省蔚然成风。

撰稿 朱卫国

基础教育

〔**综述**〕 1995年，全省小学学龄儿童入学率为99.76%，比1994年提高了0.36个百分点。初中适龄少年入学率为91.89%，比1994年提高8.49个百分点。小学毕业生升入初中的升学率为96.57%，比1994年提高3.12个百分点；初中毕业生升入高中阶段的升学率为56.75%，比1994年提高65个百分点。在校学生的年巩固率，小学为99.55%，初中为97.26%。教师达到国家规定合格学历的比例，小学为89.66%，比1994年提高1.65个百分点；初中为77.03%，比1994年提高3.18个百分点。高中为58.82%，比1994年提高0.98个百分点。与1994年相比，普通中学校数减少322所，平均每校学生数增加74人；初、高中招生数分别增加0.94万人和2.64万人。1995年，全省民办普通中学共21所，其中初级中学7所，高级中学13所，完全中学1所。共有班级97个，专任教师204人，在校学生4474人。

〔**义务教育**〕 到1994年底，江苏省尚未"普九"未经国家"普九"验收的县（市、区）中有24个县（市、区）、353个乡（镇、场）基本集中在经济欠发达地区。这些地方的经济基础薄弱，可用财力少、经费筹措困难；原有教育设施较差，初中普及程度低，又逢适龄儿童少年的入学高峰，"普九"难度很大。为完成省委、省政府确定的1995年全省基本普及九年义务教育的目标，全省突出了"普九"重中之重的战略地位，加大了工作力度，动员广大干群，组织了一场"普九"攻坚战。

1995年初，在南京召开了"部分县（市）义务教育工作汇报会"。尚未"普九"县（市）的分管县（市）长和教育局长参加了会议。会上各县（市）汇报了义务教育的实施情况、存在问题和有关对策措施；会议部署了1995年和1996两年"普九"的有关工作。省长助理王珉在会上讲话。10月，省委、省政府在泗阳召开了"部分市、县（市、区）义务教育工作会议"。徐州、淮阴、连云港、扬州等4市分管教育的市长和教育局长，尚未"普九"县（市、区）的书记或县（市、区）长和教育局长参加了会议。省委副书记顾浩在会上发表书面讲话，要求各级党委、政府对"普九"要在思想上优先考虑、在工作上优先安排、在投入上优先保证；各地党政一把手要亲自抓"普九"，分管教育的领导要把主要精力放在抓"普九"上；在资金投入上要坚持两个"倾斜"的原则，经济建设投入向教育倾斜、教育投入向义务教育倾斜，服从和服务于加快"普九"这个大局。省长助理王珉在会上要求，建立各级党政一把手亲自抓、负总责为主要内容的"普九"责任制，把"普九"列为"一把手"工程；在考核1995年各级党委、政府领导工作实绩时，要把

“普九”工作作为考核的重要内容之一。会议提出“坚定信心、振奋精神、只争朝夕、千方百计确保全省今年基本完成普及九年义务教育”。会后，省委、省政府决定，继1994年省财政安排1000万元专项经费之后，1995年再安排2000万元的专项经费，用于扶持经济困难地区的“普九”工作。省教委多次组织有关人员，到有关县、乡检查指导“普九”工作，督促“普九”进程。各地采取有力措施，加快了实施步伐。经过全省上下的不懈努力，到1995年底，全省未“普九”的24个县（市）中有20个县（市、区）、302个乡（镇、场）基本普及九年义务教育，全年基本“普九”的县（市、区）41个，全省累计实现基本普及义务教育的县（市、区）总数达102个，乡（镇、场）达2020个，人口覆盖率超过95%，全省基本普及了九年义务教育。

共抽查了168个乡（镇、场）、359所初中（含完全中学）、656所小学。经评估验收，确认南京市秦淮区、江浦县、溧水县、徐州市鼓楼区、云龙区、泉山区、贾汪区、矿区、铜山县、新沂市、邳州市、沛县、南通市崇川区、如东县、海安县、通州市、如皋市、连云港市新浦区、连云区、云台区、海州区、赣榆县、东海县、淮阴市清浦区、清河区、洪泽县、金湖县、盐城市城区、郊区、射阳县、滨海县、响水县、阜宁县、扬州市广陵区、郊区、姜堰市、邗江县、江都市、仪征市、靖江市、丹徒县均达到了评估验收标准。经国家教委审核，这41个县（市、区）普及九年义务教育都达到了国家规定的标准。

经过多年的努力，徐州、南通、连云港、扬州4市，1995年在全境范围内基本普及九年义务教育。其中连云港市比规划提前三年、徐州市比规划提前二年，南通市和扬州市都比规划提前一年。到1995年底，全省11个省辖市中已有10个基本普及了九年义务教育。

撰稿 张 仁 殷天然 林 放

〔**小学教育**〕 为加强对各地小学教育现代化工程实施工作的指导，省教委制定了《江苏省小学基本实现现代化要求（试行）》（以下简称《要求》）。《要求》具体规定了小学基本实现现代化的10条要求，即：有明确的办学方向和目标；有科学的教育思想；有合理的课程计划和较高的实施水平；有良好的教育环境；有完备的校舍设备；有先进的教育技术和管理手段，校长具有较高水平；教师具有优良素质；有较高的教学质量；有鲜明的办学特色。

加强对实验小学的指导和管理。1995年5月18日至20日，省教委组织了对武进市湖塘桥实验小学、镇江市中山小学、如东市掘港小学、泰兴市襟江小学4所实验小学的视导检查。视导小组在学校采取了听（听取学校领导的工作汇报、随堂听课），看（察看教育教学设施、设备、场地等办学条件）、查（查阅教师备课笔记和学生作业本、查阅档案资料）、谈（召开校内外等各种类型座谈会）、测（测查学生思想道德和行为习惯、文化知识、身体心理素质等方面情况）、析（对材料和情况作研究分析）等方法，对学校的办学条件、管理水平、教改实验、教学质量、示范作用等五个方面48个项目进行了检查。4所实验小学办学目标明确，能认真贯彻教育方针，注重学生全面素质的提高；能发扬创业精神，使学校办学条件得到显著改善；实验意识较强，研究水平不断提高；领导班子和教师队伍整体素质较好；教学质量较高，社会反映良好，较好地发挥了实验小学的示范作用。与此同时，省教委分析了当前形势对实验小学的要求和小学教育发展趋势，分析了实验小学现状及面临的任务，重新制订了《关于进一步办好实验小学的意见》(以下简称《意见》)。《意见》从必须全面贯彻国家的教育方针，实施素质教育；必须率先实施教育现代化工程；必须加强管理；必须加强对实验小学的领导等四个方面提出了 20 条要求。据此，省教委还制定了《江苏省实验小学视导评估方案》(以下简称《方案》)。和《意见》配套使用。《方案》指标体系包括 4 个一级指标，18 个二级指标和 48 个三级指标，共 48 项。《意见》和《方案》于 1995 年 12 月颁行，它们是今后一段时期实验小学工作的依据和视导检查、评估实验小学工作的主要依据。

召开实验小学工作会议，1995 年 11 月 4 日至 7 日，江苏省实验小学工作会议在无锡市召开。会议进一步明确了小学教育改革、发展的指导思想，提出了推动小学教育现代化，切实办好实验小学，努力办好所有小学，把全省素质教育提高到一个新水平的措施。省教委副主任周德藩作了题为“坚持三个面向，办好实验小学，把素质教育提到一个新水平”的报告，回顾了全省五年来实施素质教育的成就，充分肯定了实验小学在素质教育过程中发挥的积极作用，一是认真贯彻教育方针，排除应试教育的干扰和影响，减轻小学生过重课业负担，促进学生素质的全面提高；二是积极开展实验研究，创造并总结了一些好经验；三是建立保障措施，如加强教师队伍建设，加强常规管理，积极改善办学条件，促进改革和实验研究的开展。会议还对进一步加强实验小学建设提出了要求。

撰稿 张 仁 殷天然
林 放

〔**中学教育**〕 1995 年 10 月，省教委在东海县召开全省初中素质教育经验交流会。会议认为，学校教育，尤其是初中阶段的学校教育，对每个学生全面素质的发展、国民素质的提高，有着十分重要的作用。实施素质教育，必须以转变教育思想为先导，使学校教育从“应试教育”转变到“素质教育”的轨道上来。实施素质教育最主要的途径是要落实到课程体系上，关键是要优化学科课程，提高课堂教学质量。会议对全省今后一段时间初中素质教育工作提出要求，要求各地在现有的基础上改革和完善对学生学习、学校办学的评价办法和小学升初中、初中升高中的升学制度，逐步形成有利于初中素质教育实施的政策和导向机制；要在普及九年义务教育的基础上，按照“教育现代化标准”和“巩固提高要求”切实改善每一所初中学校的办学条件，特别是要加强薄弱初中建设，为学校实施素质教育创造良好的物质条件；加强对干部和教师的培训，建设一支能够胜任学校素质教育的队伍；积极开展初中素质教育理论研究，逐步从理论上解决初中素质教育的目标任务、内容要求、运行机制等问题。

普通高中会考工作。1995 年 3 月，全省普通高中第二轮会考结束。据统计，参加会考人数 13.64 万人，合格人数 11.92 万人，合格率为 87.38%。为加强普通高中会考实验、劳技操作考查，省教委于 1995 年 6 月组织力量对全省28个县（市、区）57所普通高中的理科实验和劳技课现状进行了视导检查，达到优良水平的有11所，占19.3%；达到合格水平的有27所，占47.4%；不合格的有19所，占33.3%。省教委要求各地认真制定普通高中实验、劳技条件的达标规划，加强实验管理，确保劳技课教学目标的落实，认真做好实验考点校资格的确认工作。各地实验、劳技的考查必须严格执行省教委的有关规定，不得随意降低要求。1995年，免予参加省级统一会考的试点学校扩大到16所，其中9门学科全免的有9所，5门高考相关学科免考的有7所。为加强普通高中会考系统的队伍建设，不断完善会考制度，从1995年起，省教委每隔两年评选一次江苏省普通高中会考优秀考点和先进工作者。1995年，省教委表彰了28个会考优秀考点和68名会考先进工作者。

重点高中教育。1995年10月，省教委在连云港市召开全省普通高中教育工作会议，就如何贯彻全国普通高中教育工作会议精神提出意见：一是进一步搞好布局调整，提高办学效益，坚持以内涵发展为主，适度发展普通高中教育事业。二是进一步调整普通高中办学模式，发挥优势，形成特色。各地要根据实际情况，统筹规划办学模式的调整，积极促进各类模式的学校健康发展，使各种模式的学校形成合理的比例。三是切实加强薄弱高中学校建设。薄弱高中建设要与普通高中布局调整、改变办学模式、改革办学体制结合起来。四是重点高中学校要做素质教育的模范。五是要加强普通高中队伍建设和课程管理。省长助理王珉到会讲话，指出，各地在制定“九五”计划中，必须把普通高中建设和发展列入当地经济和社会发展计划，并使之与全省的计划相衔接。普通高中教育属于基础教育，应由地方各级政府负责。各地要按照分级办学、分级管理的规定，从当地实际出发，明确县（市）、乡（镇）政府的办学职责。要积极改变目前政府办学的单一体制，继续鼓励企事业单位办好普通高中，支持和鼓励社会团体，公民个人按照国家法律和政策举办普通高中，要实行“公办民助”、“公有民办”、“民办公助”等办学形式，把普通高中办活。

〔**学科竞赛**〕　1995年7月在北京举行的第27届国际中学生化学奥林匹克竞赛中，扬州中学学生陈景阳获得金牌。1995年7月在澳大利亚堪培拉举行的第26届国际中学生物理奥林匹克竞赛中，启东市中学学生毛蔚获得金牌。1995年1月，全国中学生化学竞赛在天津举行，扬州中学学生陈景阳、海门中学学生张军辉均获得一等奖。1995年10月，第12届全国中学生物理竞赛在太原市举行，启东市中学学生刘为民获得一等奖第2名。1995年8月，第4届全国中学生生物学竞赛在大庆市举行，南京师范大学附属中学学生钟鸣获得一等奖。1995年1月，由南通中学学生顾一驰、启东市中学学生蔡凯华、南京外国语学校学生杨天组成的江苏省中学生代表队参加全国中学生数学冬令营，获得“陈省身”杯（第3名）。1995年8月，在南京举行的第12届全国青少年信息学（计算机）奥赛中，苏州中学学生倪兆中获得一等奖。

撰稿　殷天然　徐俊峰

〔**德育工作**〕　1995年德育工作继续贯彻《中共中央关于进一步加强和改进学校德

育工作的若干意见》和省委的实施意见，落实中共中央批转的《爱国主义教育实施纲要》。一是制定下发了《江苏省学校爱国主义教育三年规划》，针对大中小学生的不同特点，区别不同层次，实事求是地确定了爱国主义教育的具体目标，并提出了可操作性的具体措施。二是贯彻德育大纲，加强德育制度建设和常规管理。三是开展调查研究，有针对性地开展德育改革试点和科研活动。

结合纪念抗日战争和世界反法西斯战争胜利50周年活动，深化爱国主义教育。1995年初，省教委对全省学校的教育活动作出部署，要求各地各校认真组织“六个一”活动。9月，省教委与国家教委基础司共同组织纪念活动，在“侵华日军南京大屠杀纪念馆”举行悼念仪式。

1995年，依据《江苏省中学德育工作考核评估方案（试行）》，省教委确认南京市福建路中学等61所学校为省级德育先进学校。为充分发挥江苏德育资源的教育作用，继续抓好德育基地建设，向国家教委推荐7个国家级德育基地；命名南京市太平天国历史博物馆等18个单位为第二批省级学校德育基地；对其中6个基地进行资助；编写出版了《江苏德育资源选编》。

1995年4月，根据省委部署，省教委组织力量在南京、苏州、南通等市对中小学德育工作状况进行调查。结果表明，当前中小学思想道德品质的主流是积极、健康、向上的，爱国主义情感在增强并见诸于行动，基础文明素质在提高，集体主义价值观占有主导地位。

撰稿　殷天然　徐俊峰

〔**特殊教育**〕　1995年，全省的乡镇中心小学有特殊附设班，随班就读点近2万个，三类残疾儿童少年的入学率达89.4%。其中盲童入学率80.4%，聋童入学率82.2%，弱智儿童入学率91%，至1995年，全省共有55个县区被评为全国特殊教育先进县（区），受到国家教委、民政部和中国残联的联合表彰和奖励。

全国“八五”特教工作总结会议推广江苏省特教发展经验。1995年11月，国家教委、民政部、中国残联联合召开全国特殊教育“八五”工作总结会，会上推广了江苏省特教发展的经验与做法。“八五”期间，我省特殊教育发展成绩显著，具有六大特色：一是特殊教育管理步入法制化。出台了一系列法规、政策，为特殊教育发展提供了良好的发展机遇和发展环境；二是特殊教育管理网络化。全省上上下下已形成较完整的特殊教育管理网络，省、市、县（区、市）都配备了特教干部和特教教研员，并建立了以特殊教育学校为骨干，以普通小学附设特教班和随班就读为主体的特教网络体系。三是特殊教育格局层次化。全省共有116个市、县、区，特殊教育学校有132所，达到市市县县都有特殊教育学校。全省共有2100多个乡镇，中心小学附设特教班达704个，乡镇办班率达33.5%。全省共有2.8万所小学，残疾儿童少年随班就读覆盖率达95%。此外，各地还积极创办残疾儿童学前教育。60%的市属特教学校在实施九年义务教育基础上，创办了职业高中班，1993年还试办了聋人普通高中班和盲人按摩推拿大专班，取得显著成效。四是特殊教育办学条件标准化。“八五”期间，依靠各级政府，动员社会各界，共投入1.35亿元发展特殊教育事业。各地特殊教育学校普遍建立了校史室、电教室、康复室、劳技室等专用教室，不少学校还建立了微机室，开始运用电脑辅助教学和学校管理；五是特殊教育教学工作基础化、素质化。根据残疾学生身心特点，在进行思想品德教育、文化知识教育和身心补偿教育的同时，把加强劳动教育和多形式、多层次的职业技术教育放在重要位置。同时积极开发活动课程和环境课程，努力培养残疾学生“学会生存”、“学会学习”的能力，强化知识技能、个性心理品质培养，体现教育基础化、素质化；六是特教师资队伍日趋年轻化、优良化。重视特教师资队伍建设，依托南京特殊教育师范学校和如皋师范学校特教部自1984年起每年招收100名特教专业教师，到1995年，毕业生已近千人，改变了特教队伍的年龄结构、学历结构和专业结构。定期举办各种类型师资培训班，分期分批培训在职教师。同时，重视特教科工作，依托省特教研究会，制定科研专题计划，召开学术研讨会，促进特殊教育质量的提高。

聋人普通高中试点班办学成果显著。1992年，国家教委、中国残联决定在南京市聋哑学校首次试办聋人普通高中班。创办聋人普通高中，在我国100多年聋人教育史上是一个突破。南京市聋哑学校根据聋人生理、心理特点，制定新的教学计划，编写新的教材，不断探索适合聋人高中的教学方法。在教学过程中，坚持把德育放在首位，针对学生实际进行“自尊、自信、自强”教育，鼓励他们“健全人能做到的，我们一定努力做，健全人还没有做到的，我们也要试一试”。在教师的辛勤教育下，首届8名毕业生1995年全部考取天津理工学院，该班级还被评为南京市学雷锋先进集体。

召开分类教学研讨会。1995年6月12日至14日，省教委在江阴市召开全省残疾儿童分类教学研讨会。会议认为，分类教学是发展特殊教育的先进教育思想和观念，必须认真组织实施，要让这种思想和观念体现在教育目标、教学要求、教学组织形式、教学手段和方法、教学评估、教学管理等中去，在教学中必须根据学生个体间及个体内差异，区别对待，分类教学、分类指导，充分发挥每个人的能力，尽可能使残疾儿童达到应有的发展水平。

推广《汉语双拼盲文方案》。为贯彻国家教委、民政部、国家语委、新闻出版署和中国残联《关于在全国试行推广〈汉语双拼盲文方案〉的通知》精神，尽快开展全省“双拼盲文”的推广工作，普及“双拼盲文”教育，1995年12月省教委和民政厅、省残联联合下发了《关于推广〈汉语双拼盲文方案〉的通知》。要求各地坚持积极、稳妥的原则，采取两文并存，逐步过渡的方针，到1997年年底前，各盲校、盲聋合校、附属盲班以及其他盲人特殊教育机构中的教师，要全部掌握“双拼盲文”及其教学方法，并先在初中以上班级中推行，在小学盲生中试行；到2000年，在江苏省全面推行“双拼盲文”。

撰稿　程益基

〔**幼儿教育**〕　1995年，全省在园幼儿比1994年增加6.5万人，幼儿园比上年减少571所，幼儿园教职工比上年增加1524人，其中有1504人为新增的专任幼儿教师。幼儿教师高中以上学历达标率为73.1%，达到幼儿师范学校（含职业高中幼师班）毕业程度比例为37.9%。

幼儿园登记注册基本完成。开始于1991年的全省幼儿园登记注册工作到1995年已基本结束。1月，省教委召开会议总结幼儿园登记注册工作经验，要求各地继续做好巩固提高工作。会议总结几年来这项工作的成绩：(1)明确了各级政府对幼儿教育的领导责任，各级教育行政部门增强了主管意识，加强了对各类幼儿园管理的力度。无锡市将幼儿园登记注册工作作为教育改革和“三优工程”的重要内容列入市政府工作目标，并将此目标分解到有关部门和各县（市、区）、乡（镇），作为各有关部门和县（市、区）、乡（镇）的考核目标。苏州、扬州、南通等市抓住登记注册的契机，由市政府发文推动该地区的幼教工作。锡山、张家港、宜兴等市把登记注册工作当作基础工作来抓，提出要像抓九年义务教育达标验收那样，按时全面完成幼儿园登记注册工作。教育部门经过5年的工作，对所有幼儿园作了调查摸底，建立了管理的规范和机制。(2) 促进了幼教事业的健康发展。1990年全省在园幼儿165万，1995年达到214万，增加49万，入园率稳步上升，成为历史上幼儿教育发展最好的时期。(3) 改善了幼儿园的办园条件。除政府拨款外，主办单位和社会各方面出资，各地调整了幼儿园的收费标准，据不完全统计，全省约投入7个亿用于登记注册，改善了办园条件，使幼儿园的面貌大为改观。(4) 促进了幼儿园保教质量的提高。几年来，教育行政部门和主办单位共把“用人关”，提高了幼儿教师队伍的素质。全省幼儿教师的学历达标率由1990年的48%，上升至73%，提高25个百分点。各级教育行政部门为提高幼儿教师的业务素质，实行幼儿园的分类指导以提高保教质量做了大量工作。

组织幼儿教育热门话题研讨。随着社会主义市场经济的建立和对早期教育认识的提高，有的幼儿园认为要在激烈的市场竞争中保持活力，就必须创造条件，尽量满足家长的某些需求。于是“特色园”、“兴趣班”应运而生，学电脑、学外语、教汉字、教拼音等等成了幼儿园、家庭乃至社会的热门话题。为端正办园指导思想，1995年2月和4月，省教委分别委托省教育学会幼教研究会和《早期教育》编辑部，对热门话题作问卷调查和召开研讨会，形成以下共识；(1) 市场经济的建立对幼儿教育提出了许多新课题，幼儿教育应根据自身的规律，在积极适应的过程中加深对幼儿教育规律的认识，为培养全面发展的人才打基础，而不是盲目迎合或追新求异。特色不等于特长，更不等于早期定向培养。(2) 扎扎实实贯彻《幼儿园工作规程》，认认真真完成保教工作任务，是全体幼教工作者的首要目标，这一经常性的、大量的、日常性的工作直接影响着保教质量的全面提高，幼儿园应当首先建立常规，做好这些本职工作。(3) 在幼儿园的课程领域进行实验、探索很有必要，应当采取积极鼓励的态度。但应视幼儿园的自身条件，特别是师资条件而定，不能盲目攀比，冲击正常的教育活动。

制订幼儿园现代化标准和视导示范幼儿园。1993年省教委着手起草幼儿园现代化标准，经过两年的调查研究和讨论修改，于1995年颁布试行，幼儿教育现代化工程开始正式启动。《江苏省幼儿园基本实现现代化要求（试行）》共30条，对现代化幼儿园的办园方向、园舍设备、教工队伍、管理水平和保教质量五个方面作了原则规定。1995年4月，省教委对徐州市公园巷幼儿园和连云港市六一幼儿园组织了视导。对两所幼儿园的办园条件、管理水平、教改实验、保教质量和示范作用的发挥等方面作了较为全面的检查。视导组认为两所幼儿园在被确定为省示范园后，较好地发挥了示范作用。(1) 办园条件的示范：两所幼儿园都能按照幼儿教育的规律进行思考和实践，努力为幼儿创设良好的教育环境。(2) 教师行为示范：两市教育局都重视为示范幼儿园配备素质良好的领导班子和教师队伍，两园形成了较好的园风。教师教育思想端正、文化和业务素养较好。(3) 管理示范：两园管理规范，各项制度健全，(4) 教育教学改革示范：根据本地幼儿的发展需要和实际工作中提出的问题设计研究课题，选择教育方案，注意探索有本园特色的课程。(5) 保教质量的示范：两园幼儿身体健康、身长体重及血色素达标率和出勤率高。幼儿情绪愉快、活泼大方，有礼貌、善交往，学习积极性高，行为习惯较好。(6) 家长工作的示范：家长工作的组织落实，家园联系的形式多样，注意形成园内外教育的合力。所有这些，都为各类幼儿园全面贯彻教育方针提供了样板。

撰稿　赵桂丽　成尚荣

〔**校长岗位培训**〕　1995 年，江苏省切实加强中小学校长培训工作，全面完成了“八五”期间全省 3.5 万余名中小学校长的岗位培训任务。经过培训，全省中小学校长政治业务素质和管理水平有了普遍提高，主要表现在：(1) 促进了办学思想由应试教育向素质教育的转变；(2) 树立了依法治校和依法治教、民主管理和规范化管理的观念，提高了学校管理效益；(3) 强化了改革和科研意识，促进了中小学教育教学改革和教育科研的深入发展；(4) 增强了事业心、责任感，改进了思想作风和工作作风。

1995 年，还在南通等 17 个市、县举办了 19 个以培训骨干校长为重点的继续提高培训试点班，近 1000 名中小学校长接受了培训。

〔**师资建设**〕　江苏省通过多种渠道，提高教师学历层次和业务水平，并加强教师进修学校建设。

积极稳妥推进中小学教师自学考试。全省中小学幼儿园教师自学考试自 1993 年下半年开考以来，至 1995 年，已开考专科、专科起点本科两个层次 21 个专业。其中，专科层次 16 个专业；专科起点本科层次 5 个专业。截至 1995 年，省中小学教师自学考试办公室制定下发了江苏省中小学幼儿园教师自学考试专科 16 个专业、专科起点本科 5 个专业考试计划和各专业所有课程考试大纲，组织专业人员选编了所有课程教材。中小学教师自学考试系列开考，受到各级教育行政部门和广大教师的普遍欢迎。1995 年参考的中小学幼儿园教师达到 10.8 万人，其中中学教师 3 万人，小学教师 6 万人，幼儿园教师 1.8 万人。

实行中小学教师继续教育证书制度。1995 年，为了进一步推进全省中小学教师继续教育工作的开展，保障中小学教师参加继续教育的权利和义务，根据《中华人民共和国教师法》及有关文件精神，省教委印发了《关于在我省中小学教师中实施继续教育证书制度的意见》。《意见》提出，自 1995 年起在全省中小学教师中实施继续教育证书制度。中小学教师接受继续教育的时间：高、中级教师每人每年不少于 72 学时（12 天），初级及以下教师每人每年不少于42学时（7天）。完成继续教育的总学时数，作为教师年度和任期考核的重要内容之一。继续教育的层次和形式，主要包括新教师试用期培训、岗位职务培训、提高学历（或第二学历）培训、各类专题培训、骨干教师培训、学科带头人培训、教学基本功培训和国内外教育考察等。

推进教师进修学校标准化建设。1995年，省教委先后在常熟、张家港和铜山两次召开加强教师进修学校建设现场会，动员各地把教师进修学校建设好。1995年，教师进修学校建设出现了好的势头：一是各县（市、区）教育局长把师训、干训工作，特别是把加强教师进修学校建设摆上了日程。二是各地教师进修学校建设以点带面，从苏南到苏北涌现出一批好的典型。三是教师进修学校领导精神振奋，办学出现前所未有的生机和活力。为保持教师进修学校建设出现的好势头，1995年省教委发文要求各地，建设一流师训、干训基地，为教育现代化工程和教育促小康工程作出新的贡献，并决定从1996年起用3年～4年时间，对全省73所教师进修学校的办学水平进行一次全面评估。

撰稿 邱坤荣 鞠 勤
张 行 唐厚元
吴仁林

职业教育

〔**综述**〕 1995年是完成“八五”计划的最后一年。全省职业技术教育事业在“七五”的基础上有了新的发展。中等职业学校由1990年的713所增加到822所，其中：中等技术学校177所，中等师范学校36所，职业高中440所，技工学校169所；招生数由1990年的12.57万人增加到26.52万人；在校生数由1990年的35.46万人增加到67.77万人。职业学校招生数和在校生数占高中阶段教育的比重分别由1990年的47.39%、46.51%提高到58.94%和58.68%，“八五”期间全省职业教育的规模效益有了较大提高，与“七五”相比，职业学校数增加109所；在校生数增加32.31万人，翻了近一番。1995年学校比1994年减少3所，但在校生增加近10万人。

1995年，完成了列入省政府年度工作目标的20所职教中心的建设工作。3月省教委制定印发了《江苏省中等职业教育事业发展和示范性骨干学校建设规划》，明确到2000年全省职教事业及职教中心建设分年度实施计划。省教委、计经委继续安排8000多普通中专自费生指标用于职教中心招生。1995年全省职教中心建设迈上新台阶。淮阴、徐州市政府专门召开了职教中心建设现场会，加快“1122”工程的实施步伐。1995年全省奠基新开工的职教中心10余个，且大多立足于地方现代化建设，总体规划，兴建在经济开发区内。近两年实现“1122工程”，促进了职教中心的建设，改善了办学条件，提高了办学规模和办学效益。据准备建成职教中心的84所学校统计，1995年校均投入增加706万元，占地扩大3.73公顷，设备增加123万元，校舍增加8682平方米，在校生增加491人，校均规模已达1300人。实施“1122工程”的学校现阶段在校生事业规模总数约占全省职业高中在校生数的50%。

〔**创建国家级重点职业高中**〕 1995年对各市、县申报的进入国家级重点职业中学的34所学校进行评估验收，并经国家教委审批，确定33所学校为国家级重点职业高中。在创建国家级重点职业高中的过程中，有关市、县政府把创建工作列入1995年政府工作目标，有的与学校主管部门签定责任状。创建国家级重点学校，一是进一步加强了地方对职业教育重要性的认识，并在工作权重、经费投入等方面得到重视。二是促进了学校办学条件的改善，为创建国家级重点职业高中，34所参评学校共投入资金3.5亿元，校均1051万元，与前几年省级重点学校评估比，校均增加校园面积5.6公顷，建筑面积13570平方米，仪器设备总价值180万元，图书31397册。充实了师资队伍，34所学校新增中级教师769人，高级教师483人，大学本科生997人。三是提高了办学的规模效益、经济效益。1995年参评学校办学规模与省级重点时相比扩大了近2倍，校均在校生达1617人。

〔**苏南现代职教制度研讨会**〕 为深化现代职教制度试验，2月14日至17日国家教委在无锡召开了苏南现代职业教育制度改革试验研讨会。国家教委副主任王明达、省长助理王珉到会并讲话。王明达指出，苏南地区改革试验的重点应放在建立办学体制上，明确企业特别是中小企业、乡镇企业在发展职业教育中的责任。要重视教育的宏观结构，发达地区大力发展职业教育的重点也仍然要放在中等职业教育上。要合理配置教育资源，重视规模效益，在质量上下功夫。会议对《现代职业教育制度改革试验方案》进行了讨论，并于8月经省政府同意报国家教委审批。

〔**世行贷款职教项目**〕 在世界银行贷款“第一个职业教育发展项目”取得较好效益的基础上，1995年省教委、计经委、财政厅积极争取第二个职业教育项目，项目共落实719万美元，重点武装机械、电子、纺织、轻工、航运、计算机、旅游等专业的23所职业学校。通过贷款，使项目学校的专业设备达到或接近发达国家同类学校的水平，培训一批专业教师和少数教育管理人员。组织常州、苏州、无锡、南京、扬州市接待了世界银行官员对项目的考察。为保证项目的顺利实施，省成立了世界银行“第二个职业教育发展项目”领导小组，省长助理王珉任组长。

〔**制定职业高中教师《教学常规》**〕 为了加强高素质的教师队伍建设，严格教学常规，特别重视教学基本功的训练，提高教学质量，省教委制定了《江苏省职业高中教师的教学常规》，分别对政治课、文化课、专业课、实习的教学业务人员从教学指导思想、备课、上课、安排批改和讲评作业、课外辅导、考核等都提出了具体要求。

撰稿 李步斗 马 斌

〔**中等师范教育**〕 1995年，中等师范学校招生比1994年增加0.07万人，在校生比1994年增加0.48万人。

推进五年制师范教育试验。“八五”期间，从江苏经济发达地区教育发展的需要和小学教育教学改革对教师队伍的新的素质要求出发，国家教委新批准常州师范学校、新苏师范学校、丹阳师范学校进行五年制师范培养专科程度小学教师的试验，使省试验学校增加到6所。全省“八五”期间累计招收五年一贯制学生2060人，三二分段制学生1080人，共有五年制师范（三二分段）毕业生480人，为基础教育培养了一批思想素质好、知识功底厚、专业能力强、科研基础实、发展后劲大的专科程度的新型小学教师，深受各地欢迎。“八五”期间，各级政府和教育行政部门加强对五年制师范试验的领导和管理，试验学校和科研人员不断探索和研究，使试验工作稳步发展，取得显著成绩。1995年3月，国务院副总理李岚清视察南通师范学校，观看了五年制师范生职业能力汇报，给予充分肯定。

强化教学改革。1995年，全省中等师范教育围绕教学中心，狠抓教学改革。一是加强人文学科，完善选修课教材建设，组织编写了《吴文化概观》、《金陵文化概观》、《楚汉文化概观》等选修课教材。二是加强科研先导工程建设，调整了中师各学科中心组，强化中心组的教育科研职能；评选了中等师范学校优秀教学成果奖、青年教师优秀教学奖和中师曾宪梓奖。三是举办首届中师生舞蹈比赛，推动了中师的舞蹈教学和艺术教育改革。四是加强教育教学管理，举办了五年制师范教学与管理研讨班，进一步提高校长管理水平。开发了中师办公自动化管理软件，逐步使学校管理走上科学化、现代化的轨道。

加强中师青年教师队伍建设。1995年主要采取了两项措施：(1) 委托南京师范大学举办中师青年教师硕士研究生课程进修班。共开设了中文、数学、教育心理学等九门学科，并根据师范教育教学的特点和需要，开设了相关的专业和研究方向。经过考核，共有510名在职青年教师入学，占全省中师专任教师总数的1/5和青年教师总数的1/3。研究生课程进修班学习两年，采取在职学习、平时自修与定期集中面授相结合的方式。(2) 组织中师优秀教学成果奖和青年教师优秀教学奖的“双优”评奖活动，分别奖励在教学改革、教学管理和教育科研等方面取得优秀成果的教师和教书育人成果显著的青年教师。经过评选，分别有10人、15人和25人获优秀教学成果一、二、三等奖，50人获青年教师优秀教学奖。此项活动激发了教师投身教学科研活动的积极性，促进了教育质量的提高和青年教师队伍的建设。

撰稿 邱坤荣 鞠 勤
张 行 唐厚元
吴仁林

高 等 教 育

〔**综述**〕 1995 年，全省普通高等教育在深化管理体制和办学体制改革中，进一步优化结构，办学规模和效益有所提高。“211 工程”建设进一步取得进展，继中国矿业大学和南京大学分别通过了煤炭部和国家教委的部门预审后，东南大学、南京理工大学和河海大学又分别通过了国家教委、兵器工业总公司和水利部的部门预审。全省有国家级重点学科 42 个，国家级重点实验室 14.5 个，有博士点 204 个，硕士点 601 个，公派出国留学人员 83 人，自费出国留学人员 880 人，接收来江苏高校留学的外国长短期留学人员 1693 人 比上年增加 30.2%。

〔**管理体制改革**〕 1995 年，江苏高校继续实行三级办学、两级管理，以省为主的管理体制，以“联合”、“共建”为管理体制改革的突破口，打破条块分割，实行条块有机结合。继续推进和完善江苏省政府与国家教委对南京大学、东南大学的共建工作；对扬州大学事业发展进行整体规划，推进其实体化联合的进程；抓好苏州蚕桑专科学校并入苏州大学的工作，同时对苏州大学实行省市共建；盐城工业专科学校与盐城职业大学加强联合，促进对其实行省市共建；进一步推进高等学校与企业集团或市县政府的联合办学试点，东南大学与金坛市、启东市政府合作办学，在东南大学成立了“金坛学院”和“启东学院”；推动省与部委属高校的项目共建工作，与南京大学等 11 所部委属高校开展 59 项共建项目。民办的三江学院正式挂牌招生，积极筹办民办九州大学和民办民达大学。

〔**重点学科建设**〕 在 1994 年全面启动 91 个省级重点学科建设的基础上，1995 年对省级重点学科建设的启动情况，进行了全面检查验收，分别定级。通过检查验收，总结经验，对省级重点学科实行滚动管理，不搞终收制，促进省级重点学科建设。与此同时，确定下达省级重点学科的第二批建设经费 2140 万元。计划到本世纪末，对文科学科平均资助额度达到每学科 100 万元，理、工、农、医类学科要达到 200 万元。为加快江苏高校“211 工程”建设的步伐，进一步为江苏经济和社会发展服务，江苏省还决定对 42 个国家级重点学科建设给予资助，首批资助经费 840 万元已经到位。

〔**校风建设**〕 1995 年，全省高等学校依据《江苏省高校校风建设评估指标》，继续对普通高校的校风建设进行了合格评估。经过评估，又有南京大学等 25 所高等院校成为第三批江苏省高校校风建设达标单位。截至 1995 年底，全省 67 所高校中共有 45 所通过了高校校风建设评估，完成了“八五”期间有 2/3 以上的高校校风建设达标任务，为“九五”期间创建优秀校风单位奠定了坚实基础。通过校风建设，江苏高校的校容校貌、校园环境发生了显著变化，师生的精神状态有了很大改变，基础文明水平有了很大提高，大大增强了各校的凝聚力，推动了学校各项工作的开展。江苏省高校校风建设正逐步走上科学化、制度化和规范化的轨道。

〔**学历证书管理**〕 1995年，江苏省高校学历证书管理工作进展顺利。在统一思想的基础上，全面启动，分步到位，坚持原则，严格管理，较好地完成了学历证书的发放工作，制止了少数高校乱发文凭的做法。经严格审核，全年共发放各种学历证书68213份，其中研究生学历证书2154份，本科毕业学历证书21692份，本科结业学历证书177份，专科毕业学历证书38045份，专科结业学历证书277份，专科起点本科班毕业证书387份，电大普通专科班毕业证书4995份，小学教师大专班毕业证书249份，第二学历学位班毕业证书236份，结业证1份。

〔**示范性专科学校建设**〕 1995年，成立了江苏省示范性普通高等专科学校建设咨询评议委员会（下称咨评会），省教委副主任葛锁网兼咨评会主任。咨评会完成了《遴选江苏省示范性普通高等专科重点建设学校评估方案（讨论稿）》的咨询工作，并通过了《江苏省示范性普通高等专科学校建设咨询评议委员会章程》。全面启动示范性专科学校建设，1995年全省已有25个工科类专科专业点和14个师范类专科专业点，进行示范性专业建设的试点工作。完成了对南京电力高等专科学校、南京动力高等专科学校、南京机械高等专科学校和盐城工业专科学校的教学工作合格评估。示范性专科学校和示范性专业建设，对于全面探索专科办学特色，努力提高教育质量和办学效益，具有重要意义。

〔**学位工作**〕 根据国务院学位委员会《关于开展省级学位委员会审批硕士点试点工作的通知》，江苏省学位委员会开展了审批硕士点的试点工作。在对全省现有硕士点的布局和结构进行调查分析的基础上，精心组织申报工作，合理制订审批方案。经过专家组严格公正的三轮评审，共评审通过新增硕士点59个，其中部委属高校33个，省属高校21个，军队院校5个、调整增列硕士点40个（调整增列的点中有5个评为“不合格”，按规定可在该单位其他合格的点中挑选递补），新增列三级学科12个，各学科组共列出前1－2名候补学科点32个。

〔**“青蓝工程”建设**〕 1995年，江苏省推进旨在选拔和培养高校跨世纪学科带头人和学术骨干队伍的“青蓝工程”。计划用5年时间，重点建设100个学术水平在国内领先的优秀学术梯队，培养和选拔3000名在国内外有一定影响的优秀学术带头人，培养和选拔1000名优秀青年骨干教师。为实施这一跨世纪的高校师资队伍建设工程，省教委组织实施了以提高中青年学科带头人和骨干教师综合素质为主的“素质工程”。在职称职务评审方面，继续向中青年教师倾斜，设立“青蓝工程”基金，建立对优秀人才的津贴和奖励制度。各高校的分房政策，体现对工作成绩突出的中青年学术带头人和骨干教师的奖励；建立了“优秀学科梯队”、“优秀学科带头人”、“优秀青年骨干教师”的评选制度；专项设置了高校青年教师“教学优秀奖”、“科学成果奖”、“教书育人奖”。1995年全省普通高校共评出优秀学科梯队29个，优秀学科带头人38名。

撰稿 蔡霖村 夏成满

〔**高等师范教育**〕 “八五”期间，江苏省利用世界银行贷款加强了师范专科学校及承担专科办学任务的师范本科院校的建设。该项目由国家教委和国家计委安排，执行期为1993年至1998年。江苏省贷款总额为676万美元，项目院校共8所。项目建设目标为：通过项目建设，使高等师范专科学校的布局、结构趋向合理，办学条件基本上达到国家教委规定的建设标准，增加初中师资的培养数量，促进师范专科教学内容和教学方法的改革，提高教育质量和办学效益。通过教育管理信息系统的建设，提高地方教育管理部门的规划与决策能力。至1995年底，仪器设备采购到货200万美元，实施各类人员培训近400人次。第一、二批立项的改革课题8项，贷款额度23.5万美元；第三批申报立项的改革课题23项，申请贷款额度17.2万美元。1995年6月和11月，在南京师范大学和盐城师范专科学校分别举办了物理教学法国家级核心研讨班和省级研讨班。项目执行三年来基本完成了预期的目标和任务，使全省高师院校的办学条件和综合实力得到了明显改善与提高。

实施“211工程”和“示范性专科学校计划”。1995年，江苏高师院校继续贯彻落实省委、省政府在《关于〈中国教育改革和发展纲要〉的实施意见》中提出的实施“211工程”和“示范性专科学校计划”的任务，以此推动师范院校的改革和建设。5月，省教委“211工程”预审的检查专家组对南京师范大学进行了检查，专家组认为该校实施“211工程”建设方向明确，特色鲜明，基础条件良好，已经具备了“211工程”预审的基本条件。省政府向国家教委提出了申请对该校进入“211工程”部门预审的报告。师范专科学校实施“示范性专科学校计划”取得进展。年初，省教委在向省政府提交的报告中提出了重点建设2—3所示范性高等师范专科学校和一批示范性专业的目标，印发了《关于做好高等师范专科专业教学改革试点工作的意见》，提出以培养跨世纪的初中教师和办出特色为目的，进行“高起点、小范围、大幅度、创特色”的专业教学改革试验，力争到本世纪末，建成一批达到国内同类学校一流专业教育水平的示范性专业。10月28日至11月7日，省教委组织开展了师专教学改革试点专业的考察评议工作，共评出14个专业为首批教学改革试点单位。省教委还组织制定了《遴选江苏省示范性高等师范专科重点建设学校评估方案（试行）》和《江苏省高等师范专科学校教学工作评价方案（试行）》，为开展示范性师专的遴选工作和教学工作评估做了必要的准备。

推进教学改革。1995年，高师院校进一步确立了教学工作为学校经常性的中心工作地位，以深化学科专业教学改革和推行学分制为切入点，全面推进教学领域的改革和建设。继南京师范大学实行学分制后，扬州大学师范学院、徐州师范学院、镇江师范专科学校、南通师范专科学校等校也推行了学分制。课程建设成绩斐然，在1995年度开展的江苏省普通高等学校第二批优秀课程评选中，高师院校有15门评定为一类课程，17门评定为二类课程。师范本科院校根据中等教育改革的需要，遵循“坚持方向性、突出师范性、增强实践性、拓宽适应性”的教改方针，进一步修订专业教学计划，把加强人文修养和素质教育、优化学科基础、发展个性特长、提高职业技能作为教学改革的重要目标，密切与社会特别是基础教育第一线的联系，解决实践中出现的新问题，着手研究《面向21世纪教学内容和课程体系改革计划》，努力做到师范性和学术性相结合，理论与实际相结合。师范专科学校抓住贯彻国家教委制定的高等师范专科二、三年制新教学方案的契机，适应基础教育改革和发展的需要，在学制上，长线专业基本实行三年制；在教学上，以设置公共课程、学科课程、教育课程、特色课程、实践课程、活动课程六大块课程体系来组织教学，改革教学内容，充分发挥课程的整体功能，促进学生的全面发展和素质的全面提高。高师院校还普遍加强了计算机教学、外语教学、现代教育技术和教师职业技能训练，参加国家教委组织的大学英语四、六级考试和全省普通高校计算机等级考试，促进了师资培养质量的提高。

撰稿 邱坤荣 鞠 勤
张 行 唐厚元
吴仁林

成人教育

〔**综述**〕 1995年，全省成人教育以终身教育思想为指导，以扫盲为重点，大力发展各级各类职业教育和实用技术培训，积极发展成人高中等教育，满足社会经济发展和全体在职从业人员对教育多样化的需求，1995年，扫盲通过省级评估验收并顺利通过了国家教委检查，实现基本扫除青壮年文盲；成人高校、中专校招生和在校生数均超过往年，创历史最好水平；全省普遍实行了计算机、外语等级考试；有330万职工参加各类教育培训，全员培训率达到45%，其中岗位培训270万人，占职工学习总数的82%；成人高、中、初等职业教育走出新路，积累了经验，受到国家教委的肯定，全省全年高等教育自学考试报名49.9万人，毕业10304人。

〔**扫除文盲**〕 1993年4月至1995年8月，省教委抽调320余名成教干部组成55个抽查工作组，分7批对全省106个县（市、区）进行了基本扫除青壮年文盲评估验收工作，随机抽查537个乡镇（街道）1039个行政村（居委会），听取了县、乡、村领导1700余次扫盲工作汇报，查阅数万卷扫盲、农村成人教育档案资料，召开由6400余人参加的1100余次座谈会，走访2300余人，随机抽考8130余名脱盲学员，平均成绩88分。到评估验收时，全省共扫除青壮年文盲159万人，(不含验收后脱盲数)，青壮年非文盲率达98.4%，青壮年实用技术培训面达16%。所有乡（镇）村均已建立成人学校（个别为教学点）。共筹集资金1.18亿元，其中政府拨款57.3%，社会各界筹措占25.4%，教育部门补助占16.1%，每扫一个文盲现金支出约81元。全省共配备扫盲、农村成教专职干部2631人，专职教师8052人。2000余所乡镇成人教育中心校已具有一定的规模，有33所省重点学校，数百所市重点学校。学校共占地373余公顷，教学用房面积47.4万平方米，课桌凳13.5万套，教学仪器2.76万套件，图书171万册，档案资料22万余卷。106个县（市、区）均验收合格。

基本扫除青壮年文盲通过国家检查。国家教委扫盲工作检查组于1995年12月9日至20日来江苏检查基本扫除青壮年文盲工作。分成五个小组于10日至17日分别对江苏省经济教育条件相对较差、青壮年文盲比例较高、青壮年文盲人数较多的连云港市所辖灌云县、淮阴市所辖泗阳县、盐城市所辖阜宁县、扬州市所辖高邮市和徐州市所辖邳州市五个县(市)的扫盲工作进行了抽查。此外，检查组分别对南京市和东海县、淮安县、江都市的扫盲和农村成人教育作了调查了解。

通过检查，检查组认为江苏省政府对所属县(市)扫盲工作的验收程序符合规定，验收结果符合实际。江苏省扫盲工作达标情况如下：

(1) 据1990年全国第四次人口普查统计，江苏省青壮年文盲高达229万人，青壮年人口中的非文盲率为92.82%，全省经过五年的奋斗，扫除青壮年文盲177万人，青壮年人口中的非文盲率达98.4%。抽查的5个县(市)虽然是全省青壮年文盲率较高、文盲绝对数较多的县（市)，但各县（市）均达到了国家规定的青壮年非文盲率95%以上的标准。(2) 全省各县（市、区）已全部普及了初等义务教育。检查组所到的5个县(市)均在1992年实现了普及初等义务教育，小学适龄儿童都能按时入学接受初等义务教育，主要指标达到了国家规定的普及初等义务教育的标准。(3) 全省脱盲人员的巩固率已达到95%以上。检查中，对所到乡村近三年来的脱盲人员按《扫除文盲工作条例》要求进行了抽样测试，共有1409名脱盲学员参加了测试，仅6人不及格。5个县（市）脱盲人员巩固率都达到了国家规定的95%以上的标准。(4) 全省县（市、区)、乡（镇）及同级企事业单位非文盲率分别达到了《条例》规定的指标要求。检查组所到的5个县（市）及抽查的15个乡（镇）青壮年人口的非文盲率也都达到了95%以上。(5) 全省乡(镇)普遍建立了农村成人教育中心学校和行政村农民文化技术学校。所抽查的5个县(市) 15个乡（镇）办学面均达100%，村级办学面达99%以上，尤其是乡镇成人教育中心学校，已建立了一支专兼结合的干部、教师队伍，具有一定规模的教学、实验基地和基本的教学设施。以上五项主要指标都达到了国务院《扫除文盲工作条例》和国家教委有关文件的要求。江苏省已基本扫除青壮年文盲。

〔**农村成人初等教育**〕 1995年，省教委发出《关于开展农村成人初等职业教育工作意见》。《意见》提出实施初等职业教育的范围，教育对象主要是：脱盲后的农村青壮年；在普及九年义务教育阶段因各种原因辍学的人员；乡镇企业（包括个体、私营企业）中没有达到初中毕业的职工和其他需要学习的人员（包括外来打工需要这类教育的对象）。苏南经济比较发达的农村可因地制宜，有条件的可开展中等职业教育或较高层次的实用技术培训。农村成人初等职业教育采用业余学习形式，学习年限一般为两年。总学时不低于1600学时。修满全部课程经考核合格者，发给《江苏省农村成人初等职业教育毕业证书》。完成该学历教育按7年计入当地人均受教育年限。

〔**成人高、中等教育**〕 1995年成人高中等教育以评估为龙头，以教学质量为中心，以高职教育改革为突破口，以队伍建设为保证，抓住机遇，加大改革力度，办学条件明显改善，事业规模进一步扩大，办学效益显著提高。成人高等学历教育招生和在校生数分别比上年增长9.92%和20.93%；成人中等学历教育招生和在校生数分别比上年增长5.78%和12.43%；成人高等专业证书教育录取2.07万人，在校生达3.38万人，分别比上年增长58.15%和65.3%。

成人高中等教育评估：(1) 县级电大的评估。完成了11所县级电大的自评、试评验收工作。通过试评，争取了地方党政领导对电大工作的关心和支持，11个县级电大改善了办学条件，增加投入5000多万元，引进师资，加强常规管理，提高了办学整体水平。试评结果是：综合等级为优的5所；综合等级为良的3所；综合等级为合格的1所。(2) 独立设置的成人高校的评估。完成6所试评院校的复查验收。通过评估扩大了办学规模，改善了办学条件，6所院校增加投入2100多万元。参加试评的南京人口管理干部学院、江苏农垦职工大学、常州电子工业职工大学、江阴职工大学、苏州市职工大学、江南社会学院全部通过合格评估。(3) 普通高校举办的函授教育和夜大学评估。根据国家教委的评估标准，进行了细化、量化，拟订了评估指标体系和评估工作实施方案，建立了全省普通高校函授教育和夜大学评估领导小组和专家评估组，确定南京师范大学、金陵职业大学为试点单位，全省各校自评同时进行。(4) 成人中等专业学校评估。在1994年首批68所学校评估合格的基础上，1995年又对第二批合格学校进行了评估，确定了67所学校为合格成人中专校。三所远距离成人中专校的评估正在进行之中。在合格学校评估的基础上，制订了江苏省省级示范性成人中等专业学校的标准，在合格学校中创建合格省(部)级成人中专示范性学校，1995年已开始启动。

成人高等职业教育试点。在1994年5个试点专业的基础上，1995年又增加建筑施工、烹饪两个专业，7个专业有2000多人报名，录取900多人。为了保证试点成功，组织学校在调研的基础上编写了《成人高等职业技术教育专业培养方案研究》，突出了职业能力本体，技能训练为中心的教学思想，实行“双纲（理论教学大纲和技能训练教学大纲）、双轨（课堂教学和实践训练两轨并进）、双师（理论课教师和工程师、技师同时任教）、双证（毕业证书和技能等级证书或职业资格证书并发）教学模式，对技能进行细化、量化制订的技能训练教学大纲，包含了一至三级指标，每项指标都明确了训练目的的基本要求、学时数、训练方法、考核方法及成绩评定、说明等。

召开江苏省成人高等教育教学工作会议。省教委于11月20日～22日在南京召开全省成人高等教育教学工作会议，会议全面总结了江苏成人高教教学工作的经验和教学改革的成果，提出了今后教学改革和管理的目标、思路，表彰了1994年江苏省成人高教教学成果奖获得者，会议出台了江苏省成人高等教育学生学籍管理新的管理办法，讨论了《加强成人高等教育课程建设的意见》和《加强成人高等教育实践性环节建设的意见》。

〔**职工教育**〕 检查《江苏省职工教育条例》的贯彻落实情况。在各市自查的基础上，省人大教科文委员会对无锡和扬州二市执行《江苏省职工教育条例》的情况进行了重点检查，从检查的情况来看，绝大多数部门和单位对落实《条例》的工作是认真和积极的，职工教育取得了进步和成绩，但也发现个别部门和单位贯彻执行《条例》不力。省教委结合检查活动，在反复调查、征求多方意见的基础上，制定了《江苏省职工教育条例实施细则》，并已报省政府待批以进一步加大执行的力度，保证做到有法可依，执法必严，违法必究。

〔**外语、计算机等级考试**〕 1995 年 1 月，省委办公厅、省政府办公厅批转省教委、省委组织部、省计经委、省科委、省人事局《关于组织外语和计算机培训考核的意见》，要求经过 5 年的努力，使 50 岁以下的党政机关工作人员、企事业单位管理人员及专业技术人员的外语水平和计算机应用能力都达到初级以上水平；中、高级专业技术人员应达到相应技术职务所要求的等级水平。常务副省长季允石担任考核委主任，省长助理王珉任考核委副主任。在自编教材（大纲）的基础上，1995 年组织 8 万人的初级计算机考核和 4000 人的外语（英语）初级考试。

〔**社会力量办学**〕 江苏省社会力量办学艰苦创业，自筹经费，面向社会按需施教，为社会培养了一大批有用人才。形成了多层次、多形式、覆盖面广，适应性强的办学格局。据 1995 年的不完全统计，全省社会力量办学单位已发展到 2300 个；教学班 19000 个，培训学员 100 万人，专业涉及基础教育、职业技术教育、高等教育和成人教育等方方面面。1995 年 12 月，省教委在徐州召开了社会力量办学现场会，总结了经验，布置 1996 年的工作任务，力争社会力量办学走上新台阶。

撰　稿　张联华　经贵宝
　　　　裴东根
总审稿　蔡霖村

浙江省教育

概　况

〔**基本情况**〕

1995年各级普通学校基本情况

单位：人

学校类别	学校数（所）	毕业生数	招生数	在校学生数	教职工数	
					计	其中专任教师
一、普通高等学校	37	23351	29719	97466	28194	11491
研究生		908	1625	4609		
本科		9159	14161	51216		
专科		13284	13933	41641		
二、中等专业学校	158	29023	60025	139062	16082	7765
中等技术学校	129	20619	48299	108258	13022	6083
中等师范学校	29	8404	11726	30804	3060	1682
三、普通中学	3255	588377	806665	2105443	133718	107724
高中	541	70888	115099	290859		19285
初中	2714	517489	691566	1814584		88439
四、职业中学	511	50976	82225	179970	14609	10193
高中	501	50512	81456	177995		10117
初中	10	464	769	1975		76
五、工读学校	2	26	30	95	42	33
六、小学	22608	700080	661915	3629838	158391	143379
七、特殊教育学校	56	1791	2831	23690	1433	1130
八、幼儿园	11794		556669	994277	49377	40220

1995年各级成人学校基本情况

单位：人

学校类别	学校数（所）	毕业生数	招生数	在校学生数	教职工数	
					计	其中专任教师
一、成人高等学校	36	14685	33306	82475	4428	2230
广播电视大学	2	6866	14328	35207	1716	854
职工高等学校	26	1261	1173	3385	1185	619
农民高等学校						
管理干部学院	2	386	404	1240	506	213
教育学院	6	2145	2461	6651	1021	544
独立函授学院						
普通高校举办：						
函授部		3204	8404	20189		
夜大学		823	6536	15803		
干部专修科						
二、成人中等专业学校	146	21419	35757	86723	4430	2298
广播电视中专	16	4858	11261	26515	627	326
干部中专	2	26	576	576		
职工中专	70	4909	17260	39849	1788	962
农民中专	2	115	395	1056	52	38
函授中专	5	1688	3430	6191	160	78
教师进修学校	51	2782	140	3552	1803	894
三、成人中学	287	18039	20655	33610	1336	904
职工中学	135	12381	12463	22038	753	465
农民中学	152	5658	8192	11572	583	439
四、成人技术培训学校	14599	1991888	1924886	1514813	8352	3325
职工技术培训学校	815	167680	206890	146086	2280	970
农民技术培训学校	13784	1824208	1717996	1368727	6072	2355
五、成人初等学校	2326	90623	112427	118581	1873	813
职工初等学校	84	4565	3958	6374	118	26
农民初等学校	2242	86058	108469	112207	1755	787
其中：扫盲班	1769	57619	77218	77637	1498	616

制表　张其宏

说明：①成人高等学校中，普通高校举办成人脱产班毕业生943人，招生4318人，在校生6287人。②成人中等专业学校中，普通中专举办职工中专班毕业生541人，招生2218人，在校生4372人，中专函授部毕业生6500人，招生477人，在校生4612人。

〔**制定贯彻《纲要》意见**〕　贯彻、落实《中国教育改革和发展纲要》仍然是浙江省1995年教育工作的重点。1994年12月7日，省政府颁发了《关于贯彻〈中国教育改革和发展纲要〉加快我省教育改革和发展的若干意见》。《意见》共分6个部分，即：（1）正确认识浙江省教育事业发展的现状；（2）浙江省教育事业90年代发展目标和任务；（3）深化教育改革的任务和政策措施；（4）增加教育投入；（5）加强教师队伍建设，提高教师待遇；（6）加强领导，真正落实教育的战略地位。

〔**宣传贯彻《教育法》**〕　省委、省政府主要领导亲自抓《教育法》的宣传。省委书记李泽民在《浙江日报》上发表了题为《认真实施〈教育法〉，确保教育优先发展》的文章；省长万学远在中央电视台介绍了浙江省贯彻实施《教育法》的情况；徐志纯副省长在全省学习贯彻《教育法》电话会议上作了讲话，要求各地党政负责同志带头，认真学习贯彻。省人大、省政协也分别召开了学习宣传《教育法》的座谈会。省教委主动争取有关部门的重视和支持。4月初与省委宣传部、省人大科教文卫委员会、省政协科教委员会一起召开座谈会，要求各级政府、各有关部门把学习宣传和贯彻《教育法》列入议事日程，作为一项重要任务抓紧抓好。8月下旬省教委又邀请各级各类学校代表和有关部门领导，就如何贯彻落实《教育法》，推动浙江教育的改革和发展进行座谈。9月下旬又举办了由各市（地）、县教委负责同志100余人参加的学习班，省教委主任陈文韶要求教育部门的负责人率先成为懂法知法的专家、贯彻实施《教育法》的模范。与此同时，利用各种新闻媒介，全省掀起宣传《教育法》的热潮。

〔**评选“杰出教师”和教育新事**〕　为引导和鼓励社会各界更好地关心支持教育，弘扬人民教师无私奉献精神，1995年省教委推出评选浙江省“杰出教师”及“’94十大教育新事”活动。活动历时数月，得到全省广大教育工作者和社会各界的热情支持。最后评选出王坚等13名教师为省“杰出教师”，金华市解决教师住房困难，建设园丁新村等为“’94十大教育新事”。评选揭晓后，省教委、省人民教育基金会、浙江教育报社召开了新闻发布暨表彰会，省人大常委会副主任李德葆、副省长徐志纯、省教委主任陈文韶、省政协副主席詹少文出席了会议。会上省领导向省“杰出教师”和“’94十大教育新事”所在单位代表分别颁发了1万元和2千元的奖金。

〔**教育科研**〕　1994年11月，在原省教育科学研究所的基础上成立省教育科学研究院。下设普教研究所，职成教研究所、高教研究所等，以加强对各类教育的科研工作。1995年在不断巩固与完善省、市（地）、县（市、区）三级教科工作网络的基础上，进一步加强了对基层教科所（室）的指导与管理工作，形成了一批有影响的教育改革与实验基地和学校。如：完成了国家综合改革实验区——绍兴县杨汛桥镇的教育综合改革的第二轮方案，并付诸实施；在青田县开展了“三教统筹”综合改革实验，并把成人教育研究中“安子介扫盲识字实验”的成果移植到普通教育领域，并已在全国产生一定影响；组织、评选了浙江省实验学校首届“教改之星”；探索社会力量办学的模式与途径，在两所民办学校建立实验点；等等。召开了全省教育科研工作会议、全省继续教育研讨会、“爱国主义教育”为主题的班主任工作研讨会、“减轻负担，提高质量”研讨会等。组织实施或完成多项国家级、省级教育科研项目、调研项目，如《中等发达国家（地区）八十年代末教育发展水平与浙江省教育发展目标比较研究》、《浙江省中小学课业负担状况的调查分析报告》、《关于当前加强浙江省高等学校师资队伍建设的基本对策研究》等，为教育决策提供了重要依据。

撰稿　钱晓芳
审稿　阮忠训

基础教育

〔**综述**〕　1995年浙江省通过检查验收实现“两基”的县、市（区）有萧山县等24个县（市、区），全省实现“两基”目标县（市、区）总数达54个。占全省县数的61.36%，覆盖全省人口数的61.65%。至此，浙江省已实施九年义务教育的市（地）、县（市、区）、乡（镇）分别达到8个、81个、1745个，覆盖人口4209万人，分别占总数的73%、92%、94.5%、97%。初中（含职业初中）招生万人，比上年增长9.7%；小学升初中比例达到98.9%。义务教育学龄人口入学率98.3%，其中：初中入学率88.9%，比上年提高3.3个百分点。义务教育巩固率不断提高，达99.4%。初中毕业生升入高中段比例达到52.6%，提高6.5个百分点，普通高中发展迅速。

积极贯彻国务院《残疾人教育条例》，通过独立办校、办班、开展随班就读等多种形式，努力将盲聋哑等残疾儿童的义务教育纳入“两基”实施规划。全省特殊教育中小学校数以及附设的特殊班数比上年增长75.2%，在校学生数比上年增长31.3%，附设班和随班就读的学生达到17943人，增长42.6%。

民族教育进一步得到重视。1995年接受西藏班学生70余人，至此，在浙江普通中等专业学校和普通高中就读的西藏学生已达270余人。省内的民族教育工作也得到省政府的表彰，被评为省民族工作先进单位。

教师学历合格率有所提高，小学、初中、高中教师学历合格率分别达到82.6%、74.6%、56.8%。1995年省教委、省人事厅向全社会公开招聘具有合格学历教师1000名，经过统一考试，择优录取后，充实乡镇教师队伍。

〔**高中教育**〕　1995年11月21日至24日，省教委在金华市召开了浙江省普通高中工作会议。会议印发的《关于改革和发展我省普通高中教育的若干意见》，提出了90年代至21世纪初浙江省普通高中教育改革和发展的总体思路是：“坚持面向需求，放开搞活；分区规划，分类指导；体制多元，模式多样；增加投入，充实师资；注重效益，提高质量；初步形成适应社会主义现代化建设和社会主义市场经济需要，具有浙江特色，与各类教育相互沟通的普通高中新格局。”根据这一思路，浙江省确立了普通高中事业发展的目标：有计划按比例地发展普通高中，到本世纪末全省普通高中招生由1994年的9.8万人增加到13万人左右；建设好一批包括省级重点中学、普通综合高中和特色高中在内的省级示范性普通高中，并使其中50所左右的学校进入全国1000所示范性普通高中的行列；加强薄弱普通高中的建设，使一批薄弱普通高中的面貌尽快得到改观，以提高普通高中教育的综合实力和整体水平，使浙江省普通高中教育跻身于全国一流行列；加大教育教学改革力度，努力建立起素质教育的运行机制；切实加强对普通高中教育工作的领导。会议向镇海中学等14所省级重点中学、杭州外国语学校等10所特色中学、宁波市第三中学等8所省级综合高中授了牌。至年底，经评估确认省一级重点中学有24所，二级重点中学1所。

〔**“普九”后教育问题研讨会**〕　4月18日至20日，浙江省第十次义务教育研讨会在嘉兴市举行。会议就基本完成实施九年义务教育任务后，基础教育如何发展问题展开研讨。到会人员认为在此之后，基础教育的重点应放在一是转变思想，更新教育观念，将义务教育工作转到“提高全民素质”的轨道上来；二是建立激励机制，推动高标准、高质量实施九年义务教育目标的实现；三是加大依法治教的力度；四是深化教育改革，向改革要效益，向改革要质量；五是要努力实现教育现代化。

〔**德育工作**〕　6月15日省委宣传部、省教委在宁波召开全省中小学德育工作会议，省委常委、宣传部长梁平波、副省长徐志纯到会并讲话。会议出台了《关于在全省中小学开展行为规范达标活动的意见》和《关于在全省中小学开展争创文明学校活动的意见》。会后将会议经验材料汇集成《新时期的德育工作》一书，赠送给全省中小学校。

11月16日至18日省教委召开了首届全省民办中小学德育工作研讨会，代表全省130所民办中小学的近50名代表参加了会议，交流了各自的办学经验，探讨了新形势下德育工作的方法和重点。

1995年，浙江省第一批共30个爱国主义教育基地命名，为中小学开展德育工作提供了生动的教材。

〔**体育、卫生和艺术教育**〕　1995年省教委组织力量对部分市（地）、县（市、区）学校执行《学校体育工作条例》和《全民健身计划》情况进行了检查评估。省教委举办了全省第六届中学生运动会，并组建了省中学生男篮、女足、田径队参加全国第六届中学生运动会。浙江选手打破1项全国中学生运动会田径纪录，团体总分居全国第13位。

对全省大、中、小学7至22岁的1.5万余名城乡学生进行了体质、健康状况的调研；省教委与省卫生厅联合对在杭州的大中专学校的食品卫生和急性肠道传染病的预防工作进行了检查。

1995年1月4日至6日，以“为了明天”为主题，旨在弘扬民族文化，推广高雅艺术，抵制消极文化的浙江省教育系统’95元旦文艺调演在杭州剧院举行。这次调演是浙江省教育系统的一次艺术盛会，也是全省教育系统有史以来规模最大、范围最广、层次最高、人数最多的一次文艺调演，有56个节目参加调演。组建了“浙江省大学生艺术团”；开展了中师生“班班有歌声、人人唱好歌”活动。积极配合和接受国家教委艺术教育检查组的检查，检查组认为浙江省近年来艺术教育“有魄力、抓得紧、步子快、成效大”。

为提高全省各级教育行政部门领导对美育和艺术教育重要性的认识，加强对学校艺术教育工作的领导，1995年，省教委举办了市、地教委主任美育学习班，全体学员倡议在各校开展学唱优秀校园歌曲、抵制消极文化活动。

〔**师资培养培训**〕 为改变师资培养与使用脱节的状况，省教委在湖州师专召开了校县共育合格师资现场会。会议就如何加强高师院校建设提出六条要求：一是加大投入力度，改善办学条件；二是实行联合办学，加强师范院校的发展；三是深化高师教育改革；四是改革高师招生办法，从根本上解决师范生源问题；五是突出师范性，做好“师”字文章；六是高师院校应正确对待创收。会议认为“校县共育”是一条好措施，应加以推广。

1995年省教委决定运用电化教育手段，开展教师职业技能培训。要求在1995年、1996年两年或更长一点时间内，全省中小学教师必须参加这一培训，由省统一考核。

1995年基本完成了全省第一轮中小学校长培训，全年培训5500余人。

〔**“扶贫建校”活动**〕 为在1997年全省普及九年义务教育，省委、省政府于2月15日召开开展“扶贫建校”活动动员大会，发动社会各界开展帮助贫困地区建设100所初中。省长万学远在动员时说，改革开放16年来，浙江经济持续、快速、健康地发展，但是经济和社会发展还不平衡。全省还有文成、泰顺、景宁等17个县的150多个乡镇地区，因经济落后、资金缺乏、校舍破旧，小学毕业生难以升入初中，贻误了九年义务教育的实施。希望社会各界大力支持，共同努力，尽早普及浙江的九年义务教育。动员会后，许多企业和经济发达市、县纷纷捐款。建设100所初中所需要1.5亿元人民币，除省政府每年拨出教育扶贫资金外，其余要通过当地筹集和社会各界支持。至1995年底，第一期工程已筹资2630多万元。已有15个项目竣工投入使用、98个项目破土动工。

〔**学校安全工作**〕 1995年12月21日至22日，全国中小学安全工作汇报会在浙江省召开。会上浙江省教委介绍了近年来中小学安全工作情况。几年来浙江省对中小学安全狠抓了建章立制工作，共出台10余项涉及学校安全各个方面的规章制度，初步形成了组织、检查、评估、表彰制度的体系，同时加大了对中小学领导和广大师生普及安全常识的力度。具体做法：一是把对领导干部的系统教育与业务人员的培训结合起来；二是把安全教育与中小学生日常行为规范教育结合起来；三是把经常性的安全教育与季节性、环节性、针对性的安全教育结合起来；四是把常规安全教育与安全主题活动结合起来。

〔**治理中小学乱收费**〕 4月5日，省政府和省纪委联合召开电话会议，专项部署治理中小学乱收费工作。

会上，徐志纯副省长要求各级政府和教育行政部门充分认识乱收费问题的严重性、危害性，增强做好治理工作的责任感和紧迫感。各级政府要有一位政府分管领导具体负责，并根据上级部署，制定综合整治计划，层层落实责任制。全省成立了由纪委、教委、财政、物价等部门负责同志组成的治理中小学乱收费办公室，建立了联席会议制度，并公布了举报电话。5月，治理中小学乱收费办公室派出3个检查组，分赴杭州、金华、台州市及所属市县的部分中小学进行调查；8月16日，省政府领导召集省教委、物价局、财政厅领导对新学期中小学收费执行标准和管理办法进行研究。并在下半年学期开学前，通过新闻媒介公布了收费项目及标准，以接受社会监督。

〔**解决学生课业负担过重问题**〕 针对学生课业负担过重问题，省教委组织了专题调查。3月22日，向各市（地）、县（市、区）教委下发了《关于对导致中小学生课业负担过重的几个突出问题的整改意见》。《意见》指出：造成中小学生课业负担过重的原因是多方面的，解决这个问题的关键在于转变教育思想，更新教育观念；其根本出路在于改革教育内容、教学方法和教育质量的评估方法，推进招生制度和考试制度的改革，加强师资队伍和薄弱中小学的建设等等。《意见》强调：把中小学生的过重课业负担减下来。省、市（地）、县（市、区）教育部门对此负有直接的领导责任。在当前，要抓住导致学生课业负担过重的突出问题，诸如竞赛、评奖活动繁多，考试频繁，片面追求升学率以及各种资料泛滥等，进行整改。为此，省教委决定采取如下措施：（1）不再审批学科奥林匹克学校（班），已经批准开办的立即停办。（2）对以中小学生为对象的竞赛活动、评奖活动，实行教育行政部门归口管理，严格按照国家教委《关于进一步加强中小学生竞赛、评奖活动管理的通知》和省教委的有关规定加以控制。不审批全省性小学阶段各类学科竞赛，也不组织参加全国小学阶段的各类学科竞赛；严格控制省级组织的初中、高中学科竞赛。经批准开展的各种竞赛活动的所有经费，均由举办单位承担，不得以任何名义向学校和学生收取费用。严格控制读书活动，一年不超过一次。所有竞赛活动、评奖活动坚持学校和学生自愿参加的原则。（3）高考、中考和高中证书会考不按成绩排列名次。（4）杭州外国语学校初中部招生的考生推荐资格，与各种学科竞赛获奖脱钩。（5）目前在使用的小学《语文》、《数学》和初中的《语文》《数学》、《自然科学》、《社会》的作业本在教材修订再版时，将练习题、复习题编进教材。（6）除按国家教委规定由省级教育行政部门统一组织编写、审定供本省初三、高三年级学生使用的各一套复习与辅导资料以外，不编写或推荐复习资料和学习辅导资料。

《意见》要求各市（地）、县（市、区）教育部门必须严格执行如下规定：（1）不向下级教育部门、中小学校下达升学指标或考试成绩指标；不单纯以升学率和考试成绩作为对中小学校评价、拨款和奖惩的依据，不以此排列中小学校的名次。（2）严格按照国家教委和省教委颁发的课程（教学）计划组织教育教学活动，不随意增减课程和课时。（3）除高中证书会考、高中阶段招生考试（可与初中毕业考试合一）外，废止其他年级的会考、统考、统练。已经普及九年制义务教育的县（市、区）初中招生全部实行免试就近入学。初、高中还没有分设的完全中学，其初中部的招生要与其他中学一样，实行免试就近入学。（4）不编印、不发行、不组织学生购买未经省级教育行政部门审批的学习辅导材料、试卷集等。已经编写的，立即停止使用。（5）停止审批以任何名义或形式开办的语文、数学、物理、化学、生物、计算机、外语等学科奥林匹克学校（班）、少科班、提高班、“超常班”和培训班等。已开办的，立即停办。(6) 除可参加经省批准的省和国家举办的初中、高中学科竞赛外，不搞小学、初中和高中的学科竞赛。

〔**教师住房建设**〕 1995年3月，省政府在金华市召开教师住房建设工作经验交流会，各市（地)、县（市、区）政府分管领导和财政、城建、计划、教育等部门负责人共200余人参加。徐志纯副省长到会并讲话。会议确定了浙江省中小学教师住房建设目标：争取到1997年，教师住房达到当地居民平均水平，基本解决中小学教职工中的无房户、困难户；到本世纪末，中小学教职工住房面积和成套率超过当地居民平均水平。会议要求各地加快教师住房建设进程。1995年，全省投入教工住房建设资金6亿多元，建筑面积108万平方米。各地在建房和房改中对教师实行优先优惠政策。中小学教师住房有了很大改善。

〔**改善办学条件**〕 1995年全省普通中小学校舍面积达到2887.8万平方米，比上年净增138.2万平方米，学校占地面积、教学仪器设备和图书等达到标准的小学、初中学校比例均比上年提高。危房和破旧校舍改造工作进一步得到重视，1995年通过努力减少中小学危房面积20.3万平方米，危房面积比上年下降68.7%，全省中小学危房比例仅占0.29%。各地通过迁建、改建、扩建等，示范性窗口学校建设步伐加快，萧山中学、桐乡市高级中学等一批全省一流校舍、一流设施的学校移地新建，并开始招生。

〔**校办企业**〕 为表彰校办企业及其企业家所作出的贡献，1995年9月21日，省计经委、教委在杭州召开了浙江省骨干校办企业命名、优秀教育企业家表彰大会。杭州娃哈哈集团公司等104家校办企业被命名为浙江省骨干校办企业，宗庆后、葛南尧、李升根等14位同志被省教委授予浙江省优秀教育企业家称号。副省长徐志纯出席了大会。

至1995年底，浙江省已有9904家校办企业，已形成以机械、机电、电子、化工、教学仪器设备、轻纺、服装、印刷为主体的校办产业规模。校办工业产值居全国第2位，纯收益居全国第4位。

〔**建立教育督导室**〕 1994年底，省政府发文，决定建立省教育督导室，行使省政府赋予省教委的教育督导职权，以加强政府对教育工作的宏观管理，充分发挥教育督导机构对下级政府的教育工作，下级教育行政部门和学校的工作进行监督、检查、评估、指导的职能作用。省教育督导室设在省教委，原省教委督导室改为督导处，具体负责和处理教育督导工作的日常事务。1995年，省教育督导室除配备一定的专职人员外，还聘任29位同志为兼职督学，8位民主党派人士为省特约教育督导员。

撰稿 钱晓芳
审稿 阮忠训

职业教育

〔**综述**〕 1995年，职业技术教育继续保持良好的发展势头，办学总体水平有了进一步提高。全省中等职业技术教育招生总数已达15.7万人，比上年增长18.8%，与普通高中招生之比为1.37∶1。

职业中学学校数比上年增加30所，职业高中招生数比上年增长9.5%，在校生数比上年增长13.9%。多渠道多形式办学逐步形成，全省在297所普通中学、普通中专学校附设了职教班，对普通初中后、高中后的毕业生开始实施一年的职业培训。

中等专业学校新增1所。衢州市综合中等专业学校。全省中等专业学校招生数比上年增长22%，在校生数比上年增长28.1%。普通中专除招收普通中专班学生外，还招收职工中专班、函授生和职高生。

1995年在普通高校、成人高校安排高职班招收职高毕业生637人，在校生1217人。1995年试行在浙江交通学校以“3+2”方式招收高职班和在成人高校招收成人高职班。

〔**评定重点中专和职业高中**〕 1995年先后开展了中专学校合格评估、办学水平评估，有26所普通中专经省政府批准为省(部)级重点中专，其中有8所被国家教委确定为国家级重点中专。

4月3日，省教委就评定第二批省(部)级重点普通中等专业学校作了部署，提出重点中专的确定不搞“终身制”，今后将通过适当形式对重点中专进行验收，使这一工作制度化、规范化，促进重点学校进一步提高，鼓励更多的学校提高办学水平。

1995年经省政府批准，又确定18所职业学校为省级示范性职业学校。这样省级示范性职业学校已达44所。根据国家教委的要求，1995年着重抓了国家级重点职业高中的创建工作。经专家评估，省教委审核推荐，国家教委批准，宁波逸夫高级职业中学等12所职业高中被评为国家级重点职业高中学校。

〔**办好职业中专**〕 1994年，浙江省试点在省级重点或示范性职业中专班，当年审批杭州、温州等10所学校，共招生4920人。针对浙江省职业中专举办时间不长，各地重视程度不一的状况，为使职业中专走上健康发展的道路，1995年省教委提出《关于进一步办好职业中专的几点意见》。《意见》要求各地：(1) 认真做好职业中专教学点的选定工作，职业中专一般要在办得较好的职业中学内举办，因此要与重点职业学校、示范性职业学校的建设结合起来；(2) 要加强职业中专的领导班子建设，健全管理机构；(3) 要健全必要的规章制度；(4) 认真做好职业中专的招生工作；(5) 加强职业中专学生学籍管理工作。

〔**宣传职业教育成果**〕 为了宣传浙江省职业教育10多年来的发展和改革成果，扩大职教影响，使全社会更加关心、了解、支持职业教育，11月18日在杭州市武林广场举行了浙江省暨杭州市职教为民服务大型活动，展示职业教育成果，扩大社会影响。有44所职业学校参加了这一活动，受到社会的好评。各市地也都结合本地实际，开展了不同形式的宣传活动。

撰稿　钱晓芳
审稿　阮忠训

高等教育

〔**综述**〕　1995年，浙江省普通高等教育事业得到进一步发展，改革取得突破性进展。普通高校本专科招生数比上年增长6.2%，在校生数比上年增长7.7%。其中地方属高校招生20651人，在校生66862人，增长7.7%。电大普通班招生5001人，在校生9636人，分别增长24.7%、47.1%。研究生招生数比上年增长3.4%。其中地方属研究生培养单位招生543人。坚持博士生培养立足国内的方向，博士生招生增长27.7%。委培和学校自筹经费研究生招生共275人，占招生总数的16.9%。全省在校研究生数比上年增长15%，其中地方属为1588人。部分高校试行招收培养学位研究生。

〔**省级重点学科评审**〕　1994年12月，经省政府批准，成立了以副省长徐志纯为组长、由中科院院士和有关专家、厅局负责人组成的浙江省高校重点学科建设评估委员会。1995年，评估委员会对11所省属高校申报的91个学科进行了评议，最后评选出杭州大学的中国古代文学等20个学科为省级重点学科；杭州大学的西方经济学等20个学科为省级重点扶植学科。省政府对上述学科，特别是重点学科进行重点投入，使之通过努力，上一个新的台阶，促进浙江省高校教学质量、科研水平、学术水平的进一步提高。

为了加强对重点学科建设工作的管理和领导，1995年制订了重点学科五年建设规划，建立了重点学科年报制度和重点学科建设经费申请制度，为实现重点学科管理科学化、规范化打下基础。

〔**教学工作评估**〕　自1995年5月开始，开展了高校教学工作评估。通过评估确立了教学在高校中的中心地位，对加强教学工作领导、增加教学投入、加强重点学科和重点课程建设、加强教学管理等均起到了积极作用。全省38所高校中有24所成立了由校（院）长担任主任的校（院）教学委员会，还有部分院校成立了教学督导小组。校、系、教研室三级定期听课制度也已在全省大部分高校中建立起来。同时，围绕教学中心，各高校千方百计增加教学投入，以利提高教学质量。据年底统计，评估以后全省各高校增加教学投入总额超2000万元，这些资金主要用于课程建设、教学实验设备的充实和更新以及教学基地建设。

〔**重点教材建设**〕 省教委于8月印发了《关于实施浙江省普通高等教育重点教材建设计划的通知》，确定到2000年建设50种省级重点教材、200种校级重点教材，并初定“高等数学”等8门课程为省级重点教材。10月2日印发了《关于普通高等教育重点教材建设的实施意见》，提出了“重点教材编写指南”，对首批省级教材编写的原则、条件等作了具体要求。各校比较重视，积极申报，至年底，共有21所学校的38位教师申报编写重点教材。

〔**联合办学**〕 省教委根据省委、省政府的决定，1995年认真组织实施高校联合办学。完成了浙江工业大学与浙江经济管理干部学院、浙江农业大学与浙江农村经济管理干部学院的合并工作；绍兴师范专科、高等专科、电视大学三校合并筹建新校的方案通过了国家教委评估；杭州大学与浙江政法管理干部学院签订了联合办学协议。使多年来高校发展中的几个难点问题的解决有了较大进展，办学效益进一步提高，校均规模有了较大增加。

〔**德育工作**〕 1月13日，全省高校爱国主义、集体主义、社会主义教育经验交流会在杭州召开，会议总结、交流了全省各高校“三个主义”教育经验，并对1995年全省高校政治思想教育工作作了部署。省委常委、宣传部长梁平波到会讲话。

1995年省教委组织力量编写了社会主义建设课新教材，并且在4所高校进行了“两课”（马列课和思想政治教育课）改革试点；在高校组织了系列形势报告会，请省委书记李泽民、副书记刘枫、常委吕祖善等领导为师生作报告；开展了暑期浙江省大学生志愿者扫盲与科技文化服务活动；开展了学习杭州银行职员刘玲英勇斗歹徒、保护国家财产及读由她事迹写成的《生命之歌》活动和学习孔繁森同志先进事迹活动，产生了良好效果。学校师生精神面貌较好，校园形势稳定。

〔**校园文明建设**〕 12月5日，省教委和省委高校工委联合发出通知，要求各高校加强管理，注重校园文明建设：(1) 学校须辟专门地方张贴广告和启示；(2) 禁止在校学生承包录像放映、广告发行等活动，原则上禁止学生去娱乐场所打工；(3) 学生在校读书期间不得经商；(4) 禁止在学生宿舍楼内使用电（煤）炉，以杜绝火灾事故的发生；(5) 健全学校的各项规章制度，及时修订有关条例，以适应形势的要求。省教委和省委高校工委还组织力量，对宁波大学进行了校园文明建设评估，给予较高评价。

〔**招生“并轨”试点**〕 4月，省高校招生“并轨”改革实施细则出台。1995年开始“并轨”试点的高校为杭州大学、宁波大学、浙江工业大学、浙江医科大学、浙江中医学院、温州医学院、浙江财经学院、浙江农业大学、浙江水产学院和杭州应用工程技术学院等10所高校的非师范、非农科类所有本科专业。招生“并轨”后，按有关规定，学校向学生收费的项目调整为学杂费（含住宿费）一项，收费标准为每生每学年基础学科专业1000元，一般专业1500元，热门专业2500元。同时，各校均建立了一整套新的奖、贷学金和勤工俭学基金制度，以奖励优秀学生、帮助经济困难的考生不因收费标准适度提高而影响入学和完成学业。

〔**公开选拔高校领导干部**〕 经省委批准，省委组织部、省委高校工委以“双推双考”(即组织推荐和群众推荐包括个人自荐相结合，考试和考察相结合）的方式，在杭州大学、浙江师范大学、浙江教育学院3所高校进行了公开选拔副校（院）长工作的试点。这次公开选拔的对象主要面向全省24所省部属高校和杭州、宁波、温州3所师范院校。通过“双推双考”公开选拔产生6名高校业务管理类副校（院）长，3校各2名。

〔**科研工作**〕 1995年，浙江省高校共承担研究与发展课题4220项、应用推广和科技服务课题672项、哲学社会科学研究项目770项。全年拨入科技总经费28012万元，哲学社会科学研究经费723万元，分别比上年增长43.7%和15%。全年出版科学专著256部，发表科学论文9935篇，鉴定科技成果275项。共有169项优秀成果获得省部级以上的奖励，其中国家三大奖12项，签订技术转让合同232项，成交金额1533万元。“王浆、蜂蜜双高产浙农大1号意蜂”科研项目1995年获国家发明二等奖，是该年度农业领域发明的最高奖。

1995年经专家评审，省政府批准杭州大学承担的《高亮度超衍射光束激光系列技术》和杭州大学、浙江工业大学联合承担的《催化合成有机中间体》为浙江省高校重大科技攻关项目，并给予100万元的经费资助。

为了与上级科技、教育管理部门接口，增强奖励力度，从1995年开始，省教委科技进步奖由每两年评一次改为一年评一次，并从中推荐部分成果申报省科技进步奖。1995年省教委共评出科技进步奖80项，其中一等奖10项，二等奖25项，三等奖45项。

〔**培养中青年学科带头人**〕 1995年在高校建立了培养和选拔中青年学科带头人制度，实施跨世纪人才培养计划。首次评出25名省级高校中青年学科带头人；省政府拨款100万元，建立学科带头人奖励基金，鼓励更多的中青年教师脱颖而出。

〔**国际交流**〕 1995年，浙江省聘请来自17个国家的外国文教专家和教师399人次在高校任教，比上年增长83%；招收外国留学生483人，比上年增长38%；办理单位公派长期出国人员103人，临时出国人员269人，分别被派往美国等23个国家和地区进修和合作研究；至年底，浙江省各院校与国外、境外院校累计共建立了186对校际交流关系。

〔**省学位委员会成立**〕 6月13日，经国务院学位委员会批准浙江省建立学位委员会。12月28日举行省学位委员会成立大会，暨第一次全体会议。会议通过了《浙江省学位委员会工作章程》和《浙江省学位委员会学科评议组工作规程》、《浙江省学位委员会1996年工作要点》。省学位委员会主任由徐志纯担任。学位委员会首批组建6个学科评议组，即人文社科组、理学组、工学一组、工学二组、农学组、医学组。

撰稿　钱晓芳
审稿　阮忠训

成人教育

〔**综述**〕 1995年，浙江省的成人教育坚持以开展多层次、多形式的岗位培训和继续教育为主。成人高等学历教育招生数比上年增长7.4%，在校生数比上年增长25%。地方属成人高等学历教育招生3.11万人，在校生7.4万人，均超过普通高校全日制招生和在校生数。成人高等学历教育形式多样，基本形成高中起点本专科、专升本、第二专科学历教育、双学位、在职研究生等较完整的成人高等学历教育系列。

成人中等专业学历教育坚持以业余教育为主，其招生占总数的57.8%。

1995年各类成人文化技术培训学校达到17212所，近170万人接受了各类文化技术培训。全省参加50学时以上各种文化和技术培训的干部、工人达370万余人。

〔**扫盲工作**〕 1995年是浙江省扫盲工作关键的一年，对浙江省在1996年完成基本扫除青壮年文盲的任务具有决定性意义。为此，浙江省加大扫盲工作力度有几个显著的特点：一是大力宣传，形成声势。3月，省政府在金华市召开了全省扫盲工作会议，提出了“动员起来，打一场扫除文盲的大决战”。徐志纯副省长在会上讲话时要求各级政府加强对扫盲工作的领导，作为一项大政，作为精神文明建设的重要内容列入当地经济和社会发展总规划，摆到实施《纲要》的“重中之重”的位置来抓。会后在全省掀起了群众性的扫盲热潮。据上半年统计，全省组织了扫盲班4100余个，参加学习的文盲青壮年14.7万余人，在10月全国扫盲工作电话会议后，省教委即下发了《关于今冬明春进一步开展扫盲工作的意见》，要求各地坚持“普九”和扫盲“两基”并举并重的原则，并在人财物等方面采取有效措施，保证扫盲大决战的顺利开展。二是目标明确，任务落实。年初，省教委报请省政府提出全省扫除青壮年文盲分两步走的目标，即1995年全省所有的县（市、区）的青壮年非盲率达到95%以上；1996年全省达到国家的扫除文盲验收标准。同时，一次性下达1995、1996年两年扫除18.75万青壮年文盲的指标。省政府要求各地一级抓一级，建立扫盲工作责任制。各地也因地制宜提出扫盲指标，层层落实扫盲任务。三是抓住重点，加强薄弱环节。根据1994年报表统计，全省尚有14个县（市）和15个县（市）的部分乡（镇）青壮年非盲率未达到95%的要求。省教委将这些县（市）和乡（镇）的情况向全省发了简报，并在《浙江教育报》上公布，把这些县的扫盲工作作为重点来抓。省教委有关领导还分头对这些重点县（市）的扫盲工作进行检查指导。四是动员社会各方面力量参与扫盲工作。省教委和省妇联联合开展了“学文化，迎‘四大’妇女扫盲活动”，组织了“巾帼扫盲”奖的评选活动；与团省委组织开展了“浙江省大中学生志愿者扫盲与科技文化服务行动”，有14所高等院校和14个扫盲重点县（市）结成对子。1995年全省共举办扫盲班6267个，参加学习的21万余人，脱盲人数12万余人。除一个县外，全省所有的县（市、区）青壮年非盲率都达到95%以上，全省青壮年非盲率达到97%。

〔**成人文化技术学校建设**〕 全省在1994年开展乡镇成校等级评估的基础上，1995年着重抓了省级示范性乡镇成人学校的建设和评估验收。年初，省教委印发了《建设100所省级示范性成人文化技术学校的指导意见》和《评估细则》，要求各地以“建一流学校、创一流水平”为标准，建设一批规模较大、管理较好、教学水平较高、办学效益较好的在全省起示范作用的乡镇成人学校。10月，省教委在绍兴县杨汛桥镇召开省示范性乡镇成人学校评估现场会，组织省评审组成员对杨汛桥镇成人学校进行评估，各市（地）教委成教科（处）长参加了现场会。这次会议既是评估试点，又是一次现场培训活动。现场会后，省评估组分三路对各地申报的乡镇成人学校进行评估。经过评估，省教委确认15所乡镇成人学校为浙江省首批示范性乡镇成人学校。这些学校有以下明显特点：学校所在乡镇的党委、政府都十分重视学校的创建工作，列入了当地经济和社会发展的总体规划；学校建设、师资配备、教育教学管理和办学效益都有较高水平；学校开展的各级各类教育培训，层次多样，内容丰富，效益明显；学校的校长具有艰苦创业的精神，有着丰富的办学经验。评出首批省示范性乡镇成人学校，反映了浙江省多年来成校建设的成果，也代表了经济、教育发达，人口相对集中的大乡镇成人学校建设的方向。在建设省示范性乡镇成人学校的同时，各级教委都把对乡镇成人学校的等级评估作为一项经常性的工作，分别对一、二、三级乡镇成人学校进行了评审和确认。

〔**人口教育项目**〕 1995年是执行P20人口教育项目的第四年。全省10所项目学校共培训学员26863人，其中女学员17261人，占64.26%；还建立校外联系点24个，培训人数8211人，其中女学员4887人。在P20项目的带动下，全省开展人口教育非试点学校有1953个班。通过人口教育，广大学员了解了世界、全国、本省和本地的人口基本状况，明确了国家的人口政策，懂得了人口变化与社会发展、生态环境、家庭生活等的联系，掌握了优生优育的原理和方法，自觉地执行国家的人口政策。10所项目学校所在乡镇的人口出生率、自然增长率比省政府提出的控制数低1～5个千分点，计划生育率和晚婚率大大高于省提出的要求。

〔**成人高等、中专教育**〕 1995年有4所成人高校进行了招收应届职业高中、技工学校和中专毕业生的高等职业技术教育的试点，招生130名。浙江省电力局职工大学继续试办成人高职班，通过调整教学计划，增加实践教学环节等措施，加强学员的动手能力和适应岗位的需要。这一试点受到电力部的重视。

浙江省是国家教委批准的首批在电大招收“注册视听生”的试点。9月省教委召开了各市（地）教委副主任、电视大学分校校长、自学考试办公室主任参加的试点工作会议，并下发了试点工作实施意见。省教委先后两次对“注册视听生”的注册资格进行了初审和复审。1995年省电视大学共招收财会、法律、英语三个专业的“注册视听生”7705名。

浙江省高等教育自学考试与成人高校联合举办成人专科学历教育（简称“联合办学”）的试点工作，根据国家教委有关文件精神，省教委于4月下发了《关于停止招收联合办学基础段新学员的通知》，指出对已经进入基础段学习并取得规定课程自学考试合格成绩的学员，可录取进入专业段学习。1995年共录取专业段学员1556人。

1995年，省教委会同省人事厅继续在全省开展成人高等教育《专业证书》教学班的试点工作，年底省教委和省人事厅召开了大专《专业证书》教育工作会议，并下发了进一步加强管理工作的意见。1995年全省大专《专业证书》招生1.2万人。

1995年，省教委和省委组织部联合举办乡村干部“乡村经济管理”专业成人中专学历教育，共招生1万余人。为了加强对成人中专的管理，省教委于8月召开了成人中专学校学生管理专题研讨会。省教委首次进行了推荐成人中专优秀毕业生进入成人高校学习的试点工作，录取了推荐生58人。

大、中专自学考试工作进一步调整了专业结构，面向农村基层，1995年报考高等教育24.7万余人次、58.2万余课次，分别比上年增加7.5万人次和19.4万课次。取得单科合格证的20.33万人，获全科毕业证书的5361人。各级自学考试办公室加强考点和网点建设，强化各项管理制度，积极推动社会助学活动。省自考办全年共发行教材、大纲、辅导书500余种、600万册，发行《浙江自学考试》杂志18万册。

撰稿　金建雄　白锡定

审稿　阮忠训

安徽省教育

概　况

〔**基本情况**〕

1995年各级普通学校基本情况

单位：人

学校类别	学校数（所）	毕业生数	招生数	在校学生数	教职工数	
					计	其中专任教师
一、普通高等学校	35	29590	30500	90830	27312	11566
研究生		588	1051	2828		
本　科	21	9618	13089	47324		
专　科	14	19384	16360	40678		
二、中等专业学校	152	32014	44128	120842	16624	8480
中等技术学校	111	23866	35156	94987	12562	6269
中等师范学校	41	8148	8972	25855	4062	2211
三、普通中学	4170	712568	1052304	2815292	176089	140287
高中	617	73715	114420	289440		20396
初中	3553	638853	937884	2525852		119891
四、农业、职业中学	737	70244	144686	351438	21700	16488
高中	374	35491	63021	147244		7518
初中	363	34753	81665	204194		8970
五、工读学校	3	214	285	81	108	71
六、小　学	29343	1032358	1199358	6068810	289335	267271
七、特殊教育学校	44	674	3985	15398	914	643
八、幼儿园	2243		798921	1034758	26137	22148

1995年各级成人学校基本情况

单位：人

学校类别	学校数（所）	毕业生数	招生数	在校学生数	教职工数	
					计	其中专任教师
一、成人高等学校	27	15842	27490	79523	4405	2084
广播电视大学	1	3304	5717	14089	765	233
职工高等学校	15	1773	3125	8663	1782	888
农民高等学校						
管理干部学院	2	868	739	3248	388	159
教育学院	9	3913	3823	11011	1470	804
独立函授学院						
普通高校举办：						
函授部		4247	8555	24871		
夜大学		901	2606	7938		
干部专修科		836	2925	9703		
二、成人中等专业学校	140	19363	26399	55071	4483	2300
广播电视中专	4	3786	3376	8770	241	77
干部中专	14	1192	1745	3272	523	239
职工中专	66	3727	7203	16405	1822	1000
农民中专	2		261	261	27	22
函授中专	5	843	1741	3703	402	179
教师进修学校	49	9815	12073	22660	1468	783
三、成人中学	236	23860	29131	36555	797	599
职工中学	68	2377	3418	8230	670	533
农民中学	168	21483	25713	28325	127	66
四、成人技术培训学校	9222	2497708	2346143	2272214	5641	2203
职工技术培训学校	149	59286	25410	25157	2232	1432
农民技术培训学校	9073	2438422	2320733	2247057	3409	771
五、成人初等学校	9900	917899	700555	1151946	4871	1596
职工初等学校	1	154	30	30		
农民初等学校	9899	917745	700525	1151916	4871	1596
其中：扫盲班	8399	842745	615244	1052111	4282	1593

制表　江传瑞

〔**年度工作方针**〕　1995年，安徽省教育工作以认真贯彻实施《纲要》，全面落实全国、全省教育工作会议精神为中心任务，积极实施“科教兴皖”战略，进一步深化教育改革，优化教育结构，加快各级各类教育的发展。根据省政府提出的1993～1995“三年大发展”中关于教育工作的任期目标和任务，省教委确定了1995年教育工作方针：在各类教育中把“两基”作为“重中之重”来抓，为完成1994年全省教育工作会议提出的全省提前两年实现“两基”的目标，要求各地既要有积极进取的精神，克服畏难情绪；又要坚持实事求是的原则，防止不切实际的“冒进”。同时，要求各地加强分类指导，落实保障措施，扎扎实实地推动“两基”工作的稳步进展。职业教育重点抓好农村职业教育和骨干职业学校建设，积极开展国家级、省级重点职业学校的创建活动。成人教育主要通过加强内部管理和推进联合办学，提高教学质量和办学效益。高等教育坚持走以内涵发展为主的路子，积极稳妥地进行布局与结构调整，加强重点学校、重点学科和重点实验室建设；加快高校科研和科技开发，主动为经济建设服务。

进一步深化各类教育的改革，中小学在减轻学生过重课业负担的同时，全面开展素质教育，省教委召开专门会议进行了布置，素质教育已在全省中小学展开。有计划地实行小学后、初中后、高中后三级分流，大力发展多层次、多形式的职业教育。加强成人学校与职业学校的联合，把文化知识教育与职业技术教育紧密结合起来，培养更多的社会适用的技术人才。认真贯彻省政府《关于进一步加强农科教结合工作的通知》，全面推行农科教统筹结合，使教育进一步长入经济建设。积极推进高校办学体制改革，加强省部共建，对少数高校进行合并，进一步提高办学效益。深化高校招生体制、毕业生就业制度改革，在中国科技大学和安徽机电学院本科层次进行“并轨”试点，并出台扶持“并轨”的政策措施；继续推广毕业生就业“双向选择”试点范围。

进一步加强教育法制建设，坚持依法治教。认真贯彻落实《教育法》、《教师法》、《义务教育法》及其实施细则；制定《安徽省实施〈教师法〉办法》和《安徽省社会力量办学管理办法》；加强教育执法检查，推动各项教育法律法规的实施。

〔**教育投入与支出**〕　1995年，全省教育经费收入共572075.7万元（含中央驻皖大中专学校拨款19009.2万元），其中财政预算内拨款295246.1万元，占51.61%；各级政府收用于教育的税费82688.8万元，占14.46%；校办产业、勤工俭学、社会服务收入中用于教育的经费19864.4万元，占3.47%；其他属于国家财政性经费拨款数1951.8万元，占0.34%；社会捐资集资办学经费74374.1万元，占13%；学、杂费收入75866.3万元，占13.26%；其他教育经费22095.2万元，占3.86%。1995年，全省地方预算外教育经费收入由上年的118094.3万元增加到248086.6万元。主要采取了以下措施：（1）加强了对农村教育费附加征、管、用的监督，实行定期催报制度，并适时在全省范围内公布。（2）根据省政府《关于增加教育投入的决定》，省教委会同省地税局、财政厅、建设厅等部门对决定开征的旅客住宿、广告和基本建设教育附加费的征、管、用提出了具体实施意见。此外，全省16个地、市还结合当地实际情况，开辟了一系列地方教育附加费新渠道。据初步统计，1995年度全省共开征20多个地方教育附加费新项目，累计征收11153.3万元。(3) 积极鼓励社会力量集资捐资办学。

全省各级财政预算内教育事业费银行支出数为255406.2万元，实际支出259875.7万元。预算内教育经费支出占财政总支出的比重由上年的22.2%下降到20.3%。各类普通学校的生均预算内经费及生均预算内公用经费均有较大幅度提高。其中，普通高校由上年的3747.9元和1318.4元增加到4136.3元和1545.3元；职业中学由上年的387.2元和33.2元增加到453.3元和64.1元；普通高中由上年的582.2元和48.7元增加到713.3元和75.9元；初中由上年的268元和14.9元增加到322.3元和25.23元；农村初中由224.5元和10.9元增加到273.2元和18.8元；小学由上年的142元和4.83元增加到186.3元和8.26元；农村小学由125元和3.5元增加到165.6元和5.58元。

〔**廉政建设**〕 省教委把治理行业不正之风作为教育战线廉政建设的一项重要内容来抓。重点加强了对中小学收费工作的管理，坚决制止乱收费，在全省实行了“三统一、四公开、五不准”，即统一收费、统一使用票据、统一由学校财务部门管理；公开收费标准、公开收费项目、公开收费金额、公开支出项目；不准私设小金库、不准坐收坐支、不准公款私存、不准把收来的钱搞吃喝送请、不准用于职工福利。同时，全面推行了收费卡制度，以接受学生家长和社会监督。对于顶风违纪乱收费的典型案件，及时进行了处理。1995年，省教委还狠抓了群众十分关注的高、中考的考风考纪问题。中考期间，首次派出16个巡视组到全省16个地方巡考。中考录取后，严格把好新生复查关，清退361名中考舞弊入学的学生。对影响较为恶劣的长丰、宿松县高考舞弊案件作出了严肃处理。这些举措得到社会各界的拥护和支持，各地考风明显好转。

撰稿　江传瑞
审稿　陈贤忠

基础教育

〔**义务教育**〕 1995年，全省小学学龄儿童入学率为99.69%，比上年提高0.32个百分点；小学生保留率为98.41%，与上年持平。小学毕业生升学率达到98.8%，比上年提高7.4个百分点。1995年有11个县（市、区）通过省级“基本普及九年义务教育”验收，至此，全省累计有52个县（市、区）实现基本普及九年义务教育，占县（市、区）总数的50.5%，人口覆盖率达24.89%。为加快义务教育的发展，提高义务教育的质量，采取了以下措施：

调整了省普及九年义务教育的规划进度。1995年5月，省委、省政府《关于加快中等及中等以下教育改革和发展的决定》提出，到1998年，全省基本普及九年义务教育，即在占全省人口85%的地区普及九年义务教育，余下的少数贫困县在2000年前基本完成普及九年义务教育。省政府办公厅于1995年5月印发了经省政府批准的调整后的《安徽省普及九年义务教育规划进度表》，将普及九年义务教育的任务分解到各县（市、区），规划确定：到1998年要在人口覆盖率93.27%的99个县（市、区）实现“普九”，其余的4个县在1999年实现“普九”目标。

加强分类指导，提高宏观指导的针对性。(1) 建立县（市、区）“普九”汇报会制度。1995年3月和5月，省教委分两片召开了县（市、区）“普九”汇报会，各地汇报本地“普九”工作情况，分析“普九”工作形势，研究进一步推动工作的措施。(2) 组织调研，推动难点问题解决。1995年，省教委在全省开展了两次大规模调研，重点了解落实中央和省制定的有关加大教育投入，提高教师待遇和组织适龄儿童少年全部入学等情况。调研中注意将检查督促与具体指导相结合，将研究“点”上问题与推动全省工作相结合。调研后将情况通报各地，并对一些主要问题提出指导意见。(3) 加强对重点地区的指导。对原定于1995年接受“普九”验收的县（市、区）和人口较多、困难较大的地区，省教委多次组织调研检查，加强具体指导。

针对“普九”工作中的难点，扎实开展工作。一是狠抓小学毕业生全部升入初中。全省初中比上年增招7.7万人，新增班级3967个。一些地市提出了“组织100%的小学毕业生进入初中”的目标。二是继续抓补偿教育。由于“普九”规划的调整，一些地方实现“普九”的规划时间提前，使补偿教育的任务更加艰巨。省和地方采取措施加大补偿教育的力度：(1) 省教委对初中补偿教育的教学计划、教学内容提出了要求，并组织编写出版3种不同版本的补偿教育教材。(2) 打破招生常规，既招小学毕业生，也招已流入社会的适龄少年；既招初一新生，也招初二、初三插班生。(3) 打破学校办学常规，实行正规与非正规教育相结合，普通教育和职业教育相结合，统筹开展补偿教育。(4) 鼓励有条件的企业办初中教育补偿班。三是加速残疾儿童少年义务教育发展步伐，改变特殊教育在“普九”中的落后局面。

〔**幼儿教育**〕 继续组织实施《幼儿园工作规程（试行）》和《幼儿园管理条例》，进一步加强幼儿教育管理与分类指导。1995年，全省新增幼儿园281所，在园儿童比上年增加16万人；新增学前班4981个，学前班在校生比上年增加23.4万人。1995年，加强幼儿教育的措施有：(1) 对农村幼儿园、学前班进行管理和指导。为提高农村幼儿园的保教质量，充分发挥农村示范幼儿园的示范作用，实现农村幼儿园的标准化建设，对省农村示范幼儿园的建设标准进行了调整。同时对农村学前教育的现状与存在问题进行广泛的调查研究，制定解决办法和措施。确定寿县为农村学前班工作规范化试点县，以通过试点，找出路子，提高全省农村学前教育质量。(2)开展省级一类幼儿园评估活动，经评估，全省共有14所幼儿园被命名为省级一类幼儿园。(3)积极开展幼儿教育研究。省第四届幼教研究会组织的论文评选，有近80篇幼教论文获奖；全省地市级以上一类幼儿园园长联谊会组织了幼教论文评选活动，收到论文100余篇；寿县教委组织编写的农村学前一年儿童家长学校教材，被国家教委确定为全国农村学前一年儿童家长学校专用书。

〔**特殊教育**〕 1995年，全省特殊教育学校比上年增加12所，特教班由上年的53个增加到89个，盲、聋、弱智三类残疾儿童少年义务教育入学率分别达到43.8%、34.5%和41.1%。省教委采取切实措施加强特殊教育：(1)把特殊教育纳入法制轨道，与“普九”同步实施。要求1995年年底前，全省所有的县（市、区）三类残疾儿童入学率要分别达到30%；已通过“两基”验收的县（市、区），1995年三残儿童入学率城市要达到80%，农村要达到60%，并列入“两基”复查的内容之一；从1995年起，申报“两基”验收的单位都要执行80%、60%的标准，达不到的就暂缓验收，实行“一票否决权”。(2)加速特教学校建设步伐。要求30万人口以上的县（市）都要建特教学校，并让特教学校发挥特教中心校的作用，既吸纳残疾儿童入学，又担负起对本县（市）特教工作的指导任务，还可以承担起培训特教师资的任务。(3)切实做好特教师资培训工作。7月，省教委在安庆市盲哑学校举办了盲童随班就读师资培训班，全省70多个县（市、区）的140名教师参加了培训。(4)扩大“幼儿一体化教育项目”成果。省教委在和县举办了全省幼儿一体化教育师资培训班，31所幼儿园的教师参加了培训。全省开展一体化教育工作的幼儿园由17所增加至48所。

〔**高中教育**〕 1995年，全省普通高中校均8.9个班，比上年增加0.64个班；在校生比上年增长13.54%；校均学生469人，比上年增长14.3%；招生比上年增长19.37%。

普通高中教育教学改革逐步深化。(1)办学体制改革取得进展，主要由地方政府办学和企事业部门办学，也鼓励社会团体办学和公民个人办学，经省教委批准，全省私立普通高中已达13所，对政府办学起到了补充作用。(2)学校内部管理体制改革继续深化。实行校长负责制、全员聘任制、岗位责任制、内部奖金分配制的试点学校有所扩大，一些试点学校取得了较好的效果。(3)积极探索办学模式改革。有一批学校实行在高中教育的适当阶段分流为侧重升学预备教育和就业预备教育，试办综合性高中或特色高中。普通高中教育办学模式开始呈现出多样化。(4)进一步完善普通高中毕业会考制度。将地理学科会考时间由高一调至高二；编制了《安徽省普通高中毕业会考与教学质量评价手册》，建立起会考评价系统，以促进普通高中各学科教学质量的提高。

〔**素质教育**〕 1995年10月，省教委召开了“安徽省中小学素质教育汇报会”，总结了近年来全省实施中小学素质教育的主要经验。宣城地区的素质教育、蚌埠市的“名特校工程”、巢湖地区的“2340工程”、黄山市的“学陶师陶、合格+特色”教育、马鞍山市的“跨世纪希望之旅”，全椒县以班集体建设推动素质教育、芜湖市镜湖区的素质教育试点工作和马鞍山二中的“2311”素质教育工程等，都取得较好的经验。为指导全省的素质教育，省教委组织专题调查组，深入基层学校，采取对学生、教师进行广泛问卷调查等形式，对中小学生课业负担情况进行深入调查，为有针对性地指导素质教育提供材料和数据。同时，继续以省实验（重点）小学为联系点，以全椒县、芜湖市镜湖区为实验区，进行素质教育的试验和探索，以总结经验、指导面上的工作。一些地、市教委也确定了进行素质教育试点的地区和学校。在广泛调查研究，总结试点经验的基础上，省教委制定并下发了《安徽省中小学素质教育实施意见》和《安徽省中小学各学科素质教育基本要求》。

〔**体育卫生教育**〕 为全面落实学校体育、卫生工作条例，省及各地结合学习《教育法》，进一步做好条例的宣传工作，从全面贯彻党的教育方针和实施素质教育的高度提高对学校体育卫生工作重要性的认识。一些学校加大了经费投入，添置了体育卫生设施、器械（材）。规章制度、资料等软件建设和管理工作都有所加强。省教委组织了对7所省属重点中学体育卫生工作的检查评估，以推动有关地市的学校体育卫生工作。全省预防近视工作常抓不懈，取得一定成绩，马鞍山二中、蚌埠二中、合肥南门小学、合肥一中、合肥十中被国家教委评选为全国预防近视先进学校。安徽省教委体卫处被国家教委评为全国先进单位，荣获二等奖。安徽省组队参加了全国第六届中学生运动会，在田径比赛中，取得了女子乙组团体总分第八名，并获得一金、一银、一铜的成绩。合肥四十二中被国家教委授予“全国培养体育后备人才试点学校”称号。为了庆祝学生军训开展10周年，举办了学生军训成果表演。在合肥市、宣城行署等7个地市开展了小学、初中国防教育试点工作。

〔**教师队伍建设**〕 围绕“普九”目标，全省加强中小学师资培训，提高教师的学历合格率。组织8000多名小学教师参加高中毕业换证和专业合格证换证培训；采取函授、卫星电视、自学考试三沟通的培训办法，对学历不合格的初中教师进行专科层次培训，参加培训的达3.78万多人。通过培训，1995年全省小学教师学历合格率达到91.8%，初中教师学历合格率达70.8%。

重视在职教师的业务培训。省教委组织了中小学各学科的九年义务教育大纲教材的培训，参加培训的教师、教研员达2000余人，各地、市、县组织了二级、三级培训，参加培训的中小学教师达10余万人。

努力提高教师的社会地位和生活待遇。省教委、人事厅、财政厅于1995年10月发出《关于中等及中等以下学校男满30年、女满25年教龄的退休教师按原工资100%发给退休金的通知》，全省约6万名退休教师可按原工资的100%领取退休费，人均月增资约44元。

全面贯彻“招、转、堵、辞、退”五字方针，加强民办教师队伍建设。（1）建立民办教师三级信息库，使民办教师管理逐步规范化，堵住新增民师的源头。（2）做好1994年度指标“民转公”工作。省政府按1∶1安排了1994年度的配套指标6000名，并对今后几年安排配套指标提出了原则意见。（3）切实提高民办教师的工资待遇。省教委、省人事厅、省财政厅联合发出《关于提高民办教师工资标准的通知》，全省14万民师人均月增资62元。

〔**教育督导**〕 全省教育督导机构发展较快。到1995年，16个地、市均设立了教育督导机构，103个县（市、区）已有73个县（市、区）建立了教育督导室，省、地（市）、县三级教育督导网络初步形成。在对当年申报“两基”达标验收的县（市、区）进行评估验收的同时，对已通过“普九”评估验收后的地市进行复查，抓“普九”的巩固提高。从5月到9月，省教委对国家教委首批公布的安徽省24个“两基”县（市、区）进行了全面复查。在各地自查的基础上，省教委复查组通过听汇报、查阅有关资料、实地考察、召开座谈会等形式，全面了解这24个县(市、区）的巩固提高情况，将复查考核结果反馈给当地政府，对其中教育经费三个增长未到位的6个县（市、区），要求其及时增拨教育经费。复查工作全部结束后，省教委向各行署、市及有关县（市、区）人民政府发出了复查情况通报。

〔**勤工俭学**〕 1995年全省开展勤工俭学学校数达30654所，开展率由上年的84.3%上升到88.99%；年末固定资产净值51834万元，比上年增加13351万元；总产值及营业额245925万元，总收益33529万，比上年分别增长39.64%和34.75%。全省勤工俭学收益中补助教育经费16854万元，其中直接用于改善办学条件9415万元；全年校办企业纳税4780万元，比上年增加1683万元。全省16个地市中有12个地市1995年勤工俭学总收益超过1000万元。首次出现了年利润超过400万元和300万元的两家校办企业，即：滁州市明光中学的安徽省明光市玻璃厂（400万元）、宁国县津河中学的安徽宁国宁美实业总公司（347万元）。

1995年4月，省教委召开了全省勤工俭学工作会议，总结交流了各地开展勤工俭学、兴办校办产业的成绩和经验，研究、部署进一步发展校办产业的意见、措施和任务。省教委主任陈贤忠就加快中小学勤工俭学的发展步伐讲了话。6月，省政府办公厅印发了《转发省教委关于加快发展校办产业若干意见的通知》，明确了全省发展校办产业的指导方针、目标和基本思路；制订了对校办企业的优惠政策；提出了解决发展校办产业资金困难的筹资渠道。全省各级教育行政部门加快中小学勤工俭学的主要做法是：(1）加大工作力度，强化分类管理。省教委先后召开了全省骨干校办企业座谈会、企业办学勤工俭学会议、校办企业家联谊会和全省勤工俭学工作会议；制发了《教学仪器厂省级定点单位申请、验收办法》和《关于加快校办产业发展若干意见》等文件，进一步加强了分类指导与管理，扶持规范了校办产业发展。(2）加大改革力度，积极进行改革试点。宣传经济体制改革信息，介绍股份制、承包制等不同的经营体制。注意发现、促进和推广改革试点的典型经验。蚌埠股份制中兴城市信用社，广德县多所学校联办液化气连锁销售，天长二中交通器材厂和宁国宁美实业公司与高校联手开发高科技新产品，凤阳中学引进外资办合资企业，临泉滑集中学在上海市开办校办工厂等各种不同类型的经营机制改革试验，推动了校办企业走向现代管理，鼓励了校办企业跨校跨地区的联合与合作。(3）加强宣传导向，推进科技进步，实施名牌战略。在全省49家年利润超50万元的校办企业中，宁国津河中学宁美实业总公司的“电热膜沸水器”、宿州八中煤矿电器厂的“防爆电器”等都是高科技的新产品；明光中学玻璃厂的全自动制瓶生产线、淮南工贸学校商标公司的电脑自动商标织机等都采用了现代化的生产手段；广德育才实业总公司的跨地区连锁销售则是一种当代先进的营销方式。通过省内外新闻媒介对这些骨干校办企业进行专题报导，扩大影响，拓展企业的业务和市场。(4) 发展校园经济，促进城乡勤工俭学全面发展。结合安徽是农业大省的实际，各地重视搞好农村校园经济。阜阳地区推广了利辛县学校培育蘑菇的经验；宿县地区从抓种苗入手带动全区的水产养殖和银杏栽培；六安地区大力发展灵芝栽培与加工；池州地区利用地理优势发展茶叶栽种和制茶。各地根据自身优势寻找发展校园经济的主攻方向，围绕高校种植养殖业兴办勤工俭学基地。(5) 筹措资金为校办企业排忧解难，把管理服务落到实处。省教委1995年安排投放160万元省级勤工俭学周转金。不少地、市、县也在教育费附加中安排一定比例用于支持校办企业。各级教委、财政部门积极搞好申报和落实中央校办产业周转金的借用和管理；帮助校办企业从有关部门和产品归口管理部门争取项目资金支持。省教委开展校办企业税赋情况调研，供有关部门决策参考；利用各种渠道、不同方式为校办企业提供信息服务、技术服务、管理服务和销售服务；开展勤工俭学人员职称情况调查，制定了勤工俭学人员的职称评审条件和具体标准，在省中学高级教师任职资格评审委员会中单独设置了勤工俭学专业组，初步解决了勤工俭学人员评职称难的问题。(6) 建立激励机制，表彰奖励先进。省教委和省财政厅1995年4月联合表彰了58个1994年勤工俭学新达标的单位，同时，省教委制定了全省勤工俭学先进集体和先进个人评选办法，并于1995年10月表彰先进集体73个，先进个人84名。

撰稿　陈　钦
审稿　陈贤忠

职业教育

〔**发展规模**〕　1995年，全省中等职业学校招生总计达14.45万人(含普通中专、城乡职业高中、技工学校、成人中专招收应届初、高中毕业生)。全省中等职业教育招生数和在校生数占整个高中阶段的比例分别达到55.9%和56.2%。全省职业高中教育发展较快，招生数和在校生数分别比上年增长32.2%和26.3%。

全省中等职业教育事业发展规模（含技工学校）与“七五”末相比，招生数由7.44万增加到14.45万、在校学生数由21.16万增加到37.05万，分别增长94%和71%。

〔**骨干职业学校建设**〕　积极组织开展争创国家级重点职业高中的活动。将马鞍山市职业教育中心、芜湖市职业教育中心、铜陵市第一职业高级中学、黄山市中华职业学校、霍邱县陈埠职业高级中学、淮南市职业教育中心和合肥市职业教育中心，作为省首批争创国家级重点职业高中的备选学校，7所参评学校全部通过省级评估，并上报国家教委审批。在“争创”活动中，结合开展省级评估，帮助学校总结经验、理清发展思路，促进学校改革和发展。引导各地宣传贯彻全国、全省教育工作会议精神和《安徽省职业教育条例》，在全省形成了宣传职业教育、发展职业教育的良好氛围。

继续创办一批省级重点职业学校。结合全省职业高中教育发展的实际，调整和修订了省级重点职业高中的标准及评估指标体系，重新颁布了《安徽省重点职业高中评估方案（修订）》，明确了省级重点职业高中的必备条件，对学校的办学规模、占地面积、建筑面积、教学用房、生均经费、校办产业收入、教学实习条件等作出规定，推动学校把评估工作与学校建设、常规管理结合起来，提高学校的办学水平与效益。规范了第三批省级重点职业高中评估工作程序，即实行申评学校自评、行署（市）教委复评、行署、市政府审核、省教委评估组评估后报省政府批准备案，最后报国家教委认定公布的分级负责制。经认真评估、严格遴选，宿州市第一职业高中等16所学校经省政府批准、国家教委认定，被公布为第三批省级重点职业高中；第一、第二批13所省级重点职业高中均通过复评。至此，省级重点职业高中已达29所。

继续在全省范围内开展县（市）级示范职业高中的评估活动。通过抓试点、抓典型，结合争创活动，加强地方政府的统筹力度，建设一批县（市）级职业教育中心；特别是抓好空白地区、空白县的创建工作。

“八五”期间，先后组织开展了三次省级重点职业高中评估，两次县（市）级示范职业学校评估和首批国家级重点评估工作；在普通中专学校中，组织开展了合格评估、办学水平评估和省部级重点、国家级重点的评估等工作。通过开展各级职业学校的评估，促进了全省职业教育事业的发展和水平的提高。据统计，到1995年，46所参加办学水平评估的普通中专学校累计增加投入达1.5亿元；69所参加各级教育评估的职业高中累计增加投入1.53亿元，新增各类建筑面积30.1万平方米，新增图书81.2万册、新增教学仪器设备价值1798.9万元。特别是1995年初创建国家级重点职业高中活动开展以来，各地强化政府行为，加大投入力度，争创学校校均增加投入超过600万元，学校的办学条件、办学水平和教育教学质量以及学校内部管理水平等诸方面均得到显著提高。

〔**中等师范学校建设**〕 1995年，对全省28所师范学校进行了检查评估，各地加大了投入，据统计，1991年以来共筹资金7627万元，新建、改建校舍16.3万平方米，占校舍总面积的30%以上。按评估结果，将师范学校分为三类，一类14所，二类13所，三类12所。1995年重点加强了一类师范学校建设，在基建、投入等方面予以倾斜，这些学校办学条件不同程度地得到改善。徽州、蒙城、六安、凤阳、蚌埠、滁州、肥西等师范学校共投入2200万元，兴建3万多平方米校舍。

〔**教育管理**〕 加强普通中专学校教育教学管理。组织成立了中专学校的教学、校办产业和德育三个工作委员会，同时调整并成立了相应的学科研究会，制定了《安徽省中等专业学校日常行为规范（试行）》、《安徽省普通中等专业学校教学管理规范（试行）》和《安徽省普通中等专业学校教学管理评估指标体系（试行）》等文件。

加强职业高中发展的宏观管理。重点抓了职业中专计划的管理工作，针对职业中专招生存在的问题，规范了职业中专招生计划的申报手续，强调了申办职业中专班的基本办学条件，严格计划审批；同时，重新规范了职业中专毕业证书的核发程序，明确和强化了地市教委的职责与责任。

加强和规范初等、中等专业学校招生工作管理。本着“深化改革，加强管理”和“公平竞争、公正选拔、择优录取”的原则，针对过去中专招生工作中存在的问题，加强考试管理，加强考生档案的规范化建设，加强录取场所管理，认真做好新生入学资格复查工作，完成了招生任务。

〔**体制改革**〕 （1）办学体制改革得到深化，合肥、黄山、芜湖、马鞍山、安庆、滁州等省辖市，坚持“大家来办”的职业教育办学方针，在当地政府的统筹管理下，主要依靠行业、企事业单位和社会各界联合兴办多层次多形式的职业教育和培训实体，开展各种层次、长短结合的职业教育和培训，加大了政府对职业教育的统筹力度，加快了职业教育行业化的进程。（2）一些城市学校以实施“双元制”试点为突破口，以联合办学为主要机制，实行厂校合作，企业与学校的“双向”参与程度逐步深化，使职业教育与企业的需求进一步贴近。（3）深化学校内部管理体制改革，一大批骨干职业学校面向市场，打破封闭办学的模式，广泛开展联合办学，在办学体制、专业设置、课程结构、办学形式等方面均体现出了鲜明的职业教育地方特色。

〔**加强农科教结合**〕 全省贯彻省政府《关于进一步加强农科教结合工作的通知》，全面推行农科教统筹结合，85%的县（市、区）和1/3的乡镇开展了这项工作；统筹力度进一步加大；部门参与度有了提高；统筹结合的形式有新的突破；人才培训和科技推广取得了较大成效，教育进一步长入经济，全省建成县、乡两级农科教中心300多所，共培训农民180万人次，推广科技成果和实用技术300项（次），产生了较大经济效益。

撰稿 李明阳
审稿 陈贤忠

高等教育

〔**体制改革**〕 高等教育办学体制改革逐步、稳妥展开，并取得成果。1995年，举行了安徽省与机械工业部共建合肥工业大学协议签字仪式，双方共同努力，争取使合肥工业大学早日进入国家“211工程”。安徽省与中国科学院共建中国科技大学也已达成协议。淮南联合大学与淮南广播电视大学实现了合并办学。此外，积极推动高校之间、高校与厂矿企业、科研院所之间的联合办学，全省高校校际合作办学方案已经制定。经批准，安徽农业大学与合肥市郊区大杨店乡合作办学，建立了“高新技术农业园”。又有一批高校相继成立董事会，促进了高校办学体制改革，巢湖师范专科学校率先成立了高等教育发展基金。

高等学校进一步加快学校内部管理体制改革，普遍制定并出台了内部管理体制改革的方案和措施。安徽农业大学、安徽师范大学的综合改革逐步深入，取得进展，华东冶金学院等院校的内部管理体制改革取得明显成效。

〔**重点学科建设和专业结构调整**〕 省进一步优化高等教育学科、专业结构，切实加强重点学科建设和社会需求量大的短线专业的建设。省教委制定印发了《关于加强高校重点学科建设的意见》等文件，在各高校确定一批校级重点学科的基础上，评选出首批省级重点学科22个。全省普通高校增设经济建设和社会发展急需的本专科专业12个。同时，省对高校现有学科、专业结构进行了调整。

〔**教学改革与管理**〕 1995年，各高校把教学改革作为深化高等教育改革的中心工作来抓，狠抓了教育思想、教学内容、教学方法和教学管理制度等方面的改革，并从宏观上加强了对高校教学工作和教学质量的检查、监督和评估。各高校陆续出台了教学领域改革的措施，如中国科技大学的教育思想、教学模式的改革（素质教育），安徽农业大学的“学分制”改革，安徽医学院的“淘汰制”改革，安徽机电学院、淮北煤炭师范学院的“教考分离”改革等。各高校还普遍实行了“主辅修”制，并不同程度强化了外语教学和计算机教学，采取措施，更新教学内容，增设选修课，加强实践教学环节。在有关高校组织实施了国家教委“面向21世纪高等工程教育、农林教育、医学教育教学内容和课程体系改革计划”。

为加强外语和计算机等基础课程建设，省教委制定了《高校英语质量评估指标体系》、《高校计算机考试大纲》和《关于加强高校计算机教学工作的意见》，并选择部分高校进行英语教学和计算机教学改革试点。加强6所地方联合大学金工实习课程和基地的建设，根据国家教委评估组的意见，督促这些学校制定了整改措施和方案。同时，继续加强教材建设，组织出版了高校计算机基础课程教材、经济学教材、教师基本技能训练教材等共17种；并组织修订了马克思主义理论课系列教材，开展了第二届安徽省高级教材优秀奖评审活动。

〔**教师队伍建设**〕 为提高高校教学质量和科研水平，省教委把高校师资培训工作提到重要议事日程，召开全省高校师资培训工作会议，总结交流培训经验，研究明确今后培训工作的任务和重点。省教委制定了《高校教师培训工作规程》和《关于加强高校中青年骨干教师和学科带头人培养对象选拔培养工作的意见》。1995年，省教委举办了世界银行贷款院校教师短期培训班，组织合肥工业大学和高校师资培训中心举办了青年教师岗前培训班，并加强青年教师参加硕士研究生主要课程学习的组织工作。组织开展了高校中青年骨干教师和学科带头人培养对象的申报、评审，首次评出省级中青年骨干教师培养对象310人，学科带头人培养对象163人。

〔**科研和科技开发**〕 1995年，全省高校新承担科研课题1059项，争取研究经费12088多万元。全省高校共有333项科研、科技成果获奖，其中省部委级奖293项，国家级奖4项；143项获人文社会科学奖。安徽中医学院的“程序控制电针治疗仪”和蚌埠医学院的“二苯基二甲氧基硅烷”被国家科委列入1995年国家级重点新产品试制计划；华东冶金学院的“优质薄带钢”新产品被国家科委、国家教委列入国家级火炬计划重点项目；安徽大学的“皮革涂饰剂Ⅲ型”被国家经委评为1995年度国家级新产品。

加强对高校科研和科技开发工作的领导，推动高校的科技体制改革，促进科技经济一体化。配合安徽大学“211工程”建设、安徽农业大学和安徽师范大学的综合改革试点工作，在上述3所高校分别选择一个科研机构进行高校科技体制改革试点。试点单位在加强科技工作与工厂企业的联系，加强科技成果的推广和科技服务等方面，取得了较好的成绩。其中安徽大学高分子化学研究所共推广转让7项科技成果，扶持7个乡镇企业开发出新产品。省教委加强与省直部门和地市的联系与合作，举办4次较大规模的高校科技成果展示交易活动，推动了高校科技与经济建设的紧密结合。全省高校推广转让科技成果133项，成交合同金额达2270万元。省教委在调查研究的基础上，分别拟定了《全省高校科技工作九五计划和2010年规划》、《全省高校人文社会科学研究九五计划和2010年规划》以及《全省高校科技产业九五计划和2010年规划》。

〔**招生和毕业生就业**〕 1995年，安徽省坚持“深化改革，加强管理”的原则，改革高考科目，首次实行“3+2”科目考试；中国科技大学、安徽机电学院本科层次进行了“并轨”招生改革试点，并出台了扶持“并轨”的政策。为解决经济困难学生上学问题，省制定了《资助办法》，并安排勤工助学启动经费。1995年，全省有11.64万人报名参加高考，其中应届生6.12万，占52.6%。省内外500多所高校在安徽录取各类新生3.66万人，比原计划增招250人，总录取率为31.4%，比上年提高2.4个百分点。省教委狠抓高考考风考纪，从机关和高校抽调120名高考巡视员，分赴各考区全程检查考试纪律，对“重点”考区还特别增加巡考力量。省委、省政府、省人大常委会、省政协领导视察了部分考场。省教委严肃查处了一批考试、招生舞弊事件和有关责任人，促进考风考纪进一步好转。

1995年，继续深化高校毕业生就业制度改革，继续扩大“双向选择”试点，试点学校由上年的6所发展到9所，新增加安徽大学、中国科技大学和安徽商业高等专科学校。省教委、省计委继续进行建立毕业生就业市场的尝试，举行了安徽省一九九五年高校毕业生、毕业研究生“供需见面”暨“双向选择”洽谈会，省内600多家单位和省内外1.04万名毕业生参加洽谈。“双向选择”试点高校还举办了本校的毕业生就业洽谈会。

为加强对毕业生就业工作的管理，全省统一启用由国家教委印制并带有防伪标记的《毕业生就业派遣报到证》。加强了毕业生资格审查认定工作，抽调专人逐校逐人核查，对个别高校弄虚作假行为进行及时处理。为保证师范生及时到岗到位，以满足普及九年义务教育需要，全省实行师范专科毕业生毕业证书随档转寄的办法，提高了师范专科毕业生的报到率，全省该类毕业生平均报到率达95%以上。

〔**对外交流**〕　1995年，全省公派留学工作坚持贯彻“按需派遣、保证质量、学以致用”的选派方针，按照优先考虑国家重点学科、地方重点项目及培养学术带头人、业务骨干的需要，经专家评审，选派12名人员公派出国留学。省属高校还有国家公费派出访问学者8人。有关单位公派及赴港、澳、台地区进修或从事合作科研、参加国际会议的50余人。派出自费留学人员315人。与此同时，聘请外国文教专家的规模不断扩大，经国家外国专家局批准，全省共有19所高校获得聘请外国文教专家资格认可证书。1995年，省属院校聘请外籍专家、教师近30人。省属院校共接受长期来华留学生80余人。

〔**高校党建和思想政治工作**〕　省委教育工委高度重视高校党建工作，切实抓好高校领导班子建设和高校基层党组织建设。按照党的干部“四化”方针和德才兼备的原则，对安徽师范大学等4所省属高校的领导班子进行了调整和充实。强化制度建设，试点推行了高校行政领导任期制度，继续完善了高校校级干部的监督制度，加强了高校省管干部的年度考核。进一步加强高校领导班子思想作风建设，同时，狠抓了高校后备干部队伍建设。各高校加强和改进党员教育与管理，更好地发挥党组织的战斗堡垒作用和党员的先锋模范作用。

各高校坚持用马列主义、毛泽东思想和建设有中国特色的社会主义理论教育学生，把坚持正确的政治方向摆在首位，加强思想政治工作。认真贯彻落实《中共中央关于进一步加强和改进学校德育工作的若干意见》和《爱国主义教育实施纲要》，加强学生党团组织建设和学校精神文明建设。省委印发了《关于进一步加强和改进学校德育工作的实施意见》，省委教育工委、省教委就学习贯彻《实施意见》发出通知，各高校认真组织学习并制定了具体的贯彻落实措施。省委教育工委、省教委在部分高校开展了爱国主义教育试点工作，会同省委宣传部等单位在高校和中小学组织了“百万学生看安徽”活动和有600万学生参加的“热爱祖国，做四有新人”的读书活动，还组织了“全国热爱祖国、自强不息巡回报告演出团”在安徽的报告演出活动，推动了高等学校爱国主义教育活动的深入开展。各高校还组织大学生暑期社会实践活动，开展世界反法西斯战争、中国抗日战争胜利50周年和“一二·九”运动60周年、“一二·一”50周年纪念活动，弘扬爱国主义主旋律。全省有4个高校班级被评为“全国先进班集体标兵”和“全国先进班集体”，一批高校学生被评为“全国三好学生”和“全国优秀学生干部”，受到国家教委和团中央的表彰。

撰稿　吴金辉
审稿　陈贤忠

成人教育

〔**扫盲和农村成人教育**〕　1995年，全省共举办扫盲班43600个，组织文盲、半文盲118.6万人入学，扫除文盲68.5万人，青壮年文盲率由1994年的9.8%下降到7%。全省103个县（市、区）已有55个通过了基本扫除青壮年文盲验收。

扫盲后巩固提高教育和农村成人教育也取得新的进展，全省共举办扫盲后巩固提高班16450个，参加学习人员达56.48万。全省1936个乡（镇）有1849个办起了成人文化技术学校，31100个行政村有22325个村办起了成人学校（教学班、点），乡（镇）和村办学面分别达到95%和71%，共培训农村实用技术人才352万人。1995年2月，国家教委在安徽省召开了全国九省扫盲工作座谈会。会议前夕，国家教委副主任王明达考察了蒙城、利辛县扫盲工作。会议期间，国家教委主任朱开轩和副主任王明达对安徽的扫盲工作给予了高度评价。

扫盲工作继续坚持分类指导、狠抓重点的做法。1995年1月，省教委召开了扫盲任务重的14个县的扫盲工作汇报会，加强对这些地方的工作指导，省教委主任陈贤忠到会讲话。会议决定从专项经费中划拨100万元，支持贫困地区和扫盲重点县的扫盲工作。

〔**成人中专教育**〕　成人中专教育在改革中发展，主要改革措施有：(1) 在招生对象上，改变过去单一招收在职职工的做法，发展为招收在职从业人员、城乡社会青年和部分应届初、高中毕业生，既满足了一部分人的学习要求，拓宽了就业渠道，又体现了职前和职后教育的相互沟通，有利于“先培训，后上岗”，“先培训后就业”制度的实施。(2) 在招生办法上，由过去单一的全省统一考试，发展为报考种植、养殖、农产品加工专业的农村青年，凭初中毕业证书免试入学；对企事业单位的生产、业务骨干采取单位推荐与考试相结合的办法；对已经取得中等职业技术教育文凭，需要学习第二专业的免试入学；在少数地、市和学校开展从技工学校学生中选拔条件较好的进入成人中专学习的“双证”试点工作。(3) 开展村级干部中专专修班教育。为加强对全省农村基层干部及其后备干部的岗位培训和中等专业教育，省委组织部、省委党校、省教委联合发文，要求对现职村支部书记、村委会主任、文书和会计及村级后备干部普遍进行中专层次的学历教育。1995 年录取学员 1.2 万人，由 60 多所县级党校承担教学任务，省教委切实加强教学管理，对办班学校开展教学检查评估活动，保证了教育教学质量。(4) 选拔优秀成人中专毕业生进入成人高校学习。1995 年选拔 100 多人进入合肥工业大学成人教育学院和合肥电子工程学院的 3 个专业学习。

〔**成人高等教育**〕 1995 年，成人高校继续开办“第二专业专科学历教育”，试办了“职业型专科教育”，进行了中、西医和劳改劳教考试科目改革等。省教委进一步加强了对成人高校的管理：(1) 制定了《安徽省成人高等学校评估工作实施意见》和《安徽省成人高等学校评估指标体系及评分标准》，要求各校认真组织学习，成立自评领导小组，开展评估的各项准备工作。(2) 强化函授站的管理，对全省新老函授站进行了重新备案、登记。(3) 为严肃国家的文凭制度，保证成人高等学历教育的质量和规格，继续实行对各类成人高等学历教育毕业证书统一审核、验印，1995 年共验印毕业证书 14500 份。

高等教育自学考试举办了第二十二、二十三次考试。1995 年 4 月的考试，报名 145100 人，报考 292990 科次；10 月的考试，报名 176000 人，报考 350404 科次。1995 年上半年有 3829 人获得大专或本科毕业证书，下半年有 4000 人获得大专和本科毕业证书。1995 年，进行了应用型专业开考的试点工作，开考了电脑会计、国际贸易和汽车运用工程三个专业。创办了《自学考试导刊》，加强了对自学考试的宣传和辅导。

撰稿　江传瑞
审稿　陈贤忠

福建省教育

概　况

〔**基本情况**〕

1995年各级普通学校基本情况

单位：人

学校类别	学校数（所）	毕业生数	招生数	在校学生数	教职工数	
					计	其中专任教师
一、普通高等学校	30	20823	24329	73934	19971	8354
研究生		434	739	2248		
本　科		7043	8836	33449		
专　科		13346	14754	38237		
二、中等专业学校	109	22465	33713	96833	12458	6703
中等技术学校	84	13936	21210	65291	9027	4677
中等师范学校	25	8529	12503	31542	3431	2026
三、普通中学	1771	384302	634152	1552534	112918	91105
高中	404	55730	61562	165203		13306
初中	1367	328572	572590	1387331		77799
四、农业、职业中学	272	40926	65375	163428	13584	9752
高中	265	37971	63128	155429		9381
初中	7	2955	2247	7999		371
五、工读学校	1				2	1
六、小　　学	15765	625550	684919	3799640	182259	166191
七、特殊教育学校	63	1624	4643	23972	920	698
八、幼儿园	12748	600168	635328	1032391	46263	40640

1995年各级成人学校基本情况

单位：人

学校类别	学校数（所）	毕业生数	招生数	在校学生数	教职工数	
					计	其中专任教师
一、成人高等学校	20	8484	19076	47131	2532	1216
广播电视大学	2	2838	7581	17176	803	294
职工高等学校	9	754	665	2182	380	240
农民高等学校						
管理干部学院	4	1125	1684	3493	623	294
教育学院	5	1236	872	1917	726	388
独立函授学院						
普通高校举办：						
函授部	(12)	1412	4000	14352		
夜大学	(12)	218	1996	4582		
干部专修科	(14)	901	2278	3429		
二、成人中等专业学校	203	18978	37852	63594	5590	3169
广播电视中专	5	2200	2402	6129	95	50
干部中专	30	1627	4828	7200	1713	945
职工中专	78	3015	8543	20764	658	333
农民中专	12	435	479	1296	261	156
函授中专	5	2105	3911	8430	70	22
教师进修学校	73	9596	17689	19775	2793	1663
三、成人中学	316	5054	16316	22404	602	268
职工中学	40	1886	2265	3835	209	97
农民中学	276	3168	14051	18569	393	171
四、成人技术培训学校	13838	2381970	2246101	2164275	5528	2705
职工技术培训学校	997	292774	303879	325686	1103	809
农民技术培训学校	12841	2089196	1942222	1838589	4425	1896
五、成人初等学校	10251	256820	195385	219930	2403	585
职工初等学校	30	2023	1216	1696	2	2
农民初等学校	10221	254797	194169	218234	2401	583
其中：扫盲班	5666	148719	88356	110428	1045	146

〔**年度工作方针**〕 1995年1月25日，福建省教委印发《福建省教委一九九五年工作要点》，提出1995年福建省教育工作总的指导思想是：以党的十四届四中全会和江总书记视察福建的重要讲话为指导，动员和组织全省教育系统的广大干部和教职员工认真贯彻落实全国、全省教育工作会议精神，全面贯彻实施《中国教育改革和发展纲要》以及《福建省委、省政府关于贯彻实施〈中国教育改革和发展纲要〉的决定》、省委《关于加强和改进学校德育工作的意见》和《爱国主义教育规划》，进一步加大教育改革力度，加强教师队伍建设，加强和改进学校德育工作，以“两基”工作为重点，扎实推进各级各类教育事业的发展，积极朝着建设教育强省的目标迈进。

〔**实施《教育法》**〕 1995年3月，全国人大八届三次会议审议通过《教育法》后，省委宣传部、省人大教科文卫委员会、省教委、省司法厅、省教育工会立即联合发出了《关于学习、宣传、贯彻〈教育法〉的通知》，要求全省迅速行动起来，采取多种形式，把《教育法》学习宣传活动引向深入。全省举办了《教育法》宣传周活动。王良洁副省长于8月31日发表电视讲话，9月1日《教育法》开始施行之日，省人大、省政府召开《教育法》座谈会，就全省做好《教育法》贯彻实施工作进行了部署。11月23日，省委书记、省人大常委会主任贾庆林在《福建日报》专门发表题为《认真贯彻实施〈教育法〉，加快建设教育强省步伐》的署名文章，要求全省各级党委、政府进一步加大依法治教力度，采取切实有效措施，推进《教育法》的全面贯彻实施。为把《教育法》贯彻实施落到实处，福建省着重采取了四项措施：一是将实施《教育法》的职责分解到政府有关部门，层层建立责任制；二是建立教育经费执行情况监测制度，依法保障教育经费的增长；三是加强《教育法》的执法监督，严格依法治教；四是切实加强教育法制建设，力争90年代基本形成适应福建省教育改革和发展需要的地方性教育法规体系。

〔**教师住房建设**〕 1995年，福建省委、省政府把“实施园丁工程，改善教师住房条件，新建教师住房70万平方米，基本解决教师人均居住面积4平方米以下的困难户”列为全省为民办实事项目。省政府于4月份专门召开全省教师住房建设工作会议，常务副省长王建双代表省政府作了主题报告。会后，省政府制定了加快教师住房建设的意见，确定到2000年，全省城镇教职工家庭人均居住面积要略高于全国城镇教师家庭人均居住面积和全省城镇居民人均居住面积的目标，并对教师住房建设规划、审批立项、建设用地、减免税费、住房出售、经费补助、建立基金、发动社会捐助、安排公有住房以及功能配套等10个方面实行优先优惠政策。9月底，省教委、计委、建委、财政厅、人事厅联合在邵武召开了全省实施“园丁工程”现场经验交流会，总结交流了南平等市、县加快教师住房建设的先进经验。一年来，全省各级政府层层建立教师住房建设目标责任制，对建设进展情况实行目标管理；各有关部门主动把教师住房建设作为份内事，与教育部门密切配合，齐心协力打好教师住房建设攻坚战，使全省教师住房建设呈现了超常规发展的好势头。据统计，一年中，全省教师住房建设施工面积达100万平方米，完成投资5.1亿元，建成教职工住房72万平方米，使教师家庭人均居住面积从上年的7.2平方米提高到

8平方米，是1985—1994年十年间全省教师住房建设面积总和的一半。

〔**教育经费执行情况监测**〕 据统计，1995年全省多渠道筹措教育经费达60.85亿元，其中国家财政性支出占财政支出的比例为19.55%，农村教育费附加支出5.88亿元，社会集（捐）资9.5亿元。各类学校办学条件有所改善。全省中小学校生均校舍面积提高到5.78平方米，中小学危房率下降到0.33%，全省普通中学基本消除了一级危房。为贯彻省委、省政府《关于贯彻〈中国教育改革和发展纲要〉的决定》中提出的“改革教育经费管理体制，对教育经费执行情况进行公布”的精神，1995年6月，省教委、统计局联合发出了《关于建立教育经费执行情况监测制度的通知》，决定在省、地、县三级建立教育经费执行情况监测网络，对教育经费执行情况实施监测。监测的主要指标包括预算内教育经费占财政支出的比重，预算内教育经费增长速度与经常性财政收入增长速度比例，生均预算内教育事业费和公用经费的增长，财政性教育经费占国民生产总值的比重，农村教育事业费附加占农民人均年收入的比例等五个方面。省将根据这些指标，对各地执行情况进行汇总，并在年初公布上年的执行情况。

基础教育

〔**“普九”工作**〕 1995年，全省有21个县、市（区）通过国家验收实现“两基”目标。全省100%实现初等义务教育，宣布实施初级中等义务教育的人口达94.46%，教师学历达标率为小学86.6%，初中88.1%，高中62.8%。1995年10月，福建省教委召集1996年要完成“普九”任务的24个县（市、区）政府分管教育的领导和教育局长，在龙海市结合现场参观学习，交流这些县（市、区）和沿海地（市）推进“普九”工作的经验和进展情况，共同研究1996年如期高水平完成“普九”任务的具体措施。

会上，省教委主任郭荣辉传达了全国12省“普九”工作汇报会主要精神，并着重对确保高水平完成福建省1996年“普九”任务作了部署。强调无论发展水平、还是经费投入、办学条件都要求高水平；对这24个县要以扎扎实实地完成“普九”任务的实际行动来纪念《义务教育法》颁布10周年，全省要保证完成“普九”的县（市、区）和人口覆盖率双过半。会议要求1996年要验收的24个县（市、区）（1）坚持依法治教，继续抓好领导重视到位；（2）狠抓教育费附加的征收工作，增加教育投入；（3）加大改革力度，改革办学形式，使农村学生进得来，留得住，学有成效，尽可能提高完成率；(4) 下大力气突破初中学校规模及完成率、残疾儿童入学率等。

〔**中小学助学金制度**〕 为了更好地促进福建省九年义务教育的实施，为适龄儿童、少年就学提供可靠保障，1995年10月，福建省教委、财政厅联合发出《关于建立健全普通中小学助学金制度的通知》，对普通中小学助学金发放标准和管理办法等作出新规定。根据近年来的物价上涨指数，初级中学助学金，城市每生每学年由原来的2元提高到8元；县镇和农村每生每学年由原来的3元提高到12元。农村小学每生每学年3元，由县教育行政部门统一管理，主要用于有困难的少数民族地区、贫困地区和需要寄宿就读地区的家庭困难学生的补助。助学金经费来源，按照财政体制和教育管理体制，实行分级管理、分级负担，由各级财政安排的教育事业费统筹解决。同时，各地区还应从教育基金、学校勤工俭学收入等划出一定比例，提高学生助学金的补助标准。《通知》还对普通中小学助学金的享受条件、评定方式等作出了相应的规定。

〔**治理中小学乱收费**〕 1995年，党中央、国务院把治理中小学乱收费作为纠正部门和行业不正之风的一项重要工作来抓。福建省在年初就成立了由省教委牵头，省委宣传部、监察厅、省政府纠风办、省物委和省财政厅等单位组成的省清理中小学乱收费工作协调小组，制订了工作方案和步骤。6月底，省协调小组召开进一步治理中小学乱收费工作会议，省和各地（市）协调小组负责人签订了清理中小学乱收费工作责任书。同时进一步加强了中小学收费管理，建立了收费管理制度，加大了宣传力度，设立并公布举报电话；并先后2次深入各地市开展中小学收费情况调查和检查，督促各地结合实际进行自查自纠。由于措施得力，全省治理中小学乱收费工作取得了明显成效。一是严格执行国家教委的规定，明令取消了“择校生”收费，并试办了一批“国有民办”和“民办公助”的学校，满足了部分学生要求择校的愿望。二是坚决取消和停止执行擅自出台的收费项目，全部清退了所收的款项。三是取消了不准举办的各种收费的补习班、补课班等150多个。四是坚决制止以行政手段强制学生购买和使用各种形式的习题集、测试手册、复习资料等，学校基本停止了订购未经省教委统一规定的书目。五是制止和纠正社会有关部门及单位向学校乱摊派、乱罚款和搭车收费现象，清退金额87万元。六是查处了一批违反规定的乱收费案件，处分主要责任人数十人，清退不合理收费100多万元。

〔**道德教育**〕 为使中小学德育工作更贴近学生，更富有成效，福建省各地坚持从大处着眼，小处入手，狠抓中小学生基础道德教育与文明行为养成教育。省教委专门制定了《福建省中小学道德教育实验指导纲要》和《中小学日常行为规范若干具体要求》，把自尊自爱、诚实正直、勤劳俭朴、谦恭礼让、孝敬父母、尊敬师长等列为中小学道德品质教育的基本内容，明确要求中小学必须从文明礼貌和日常行为规范做起，扎扎实实抓好学生的养成教育。全省进行道德教育试点的140多所学校已在道德教育内容、层次、方法、途径等方面进行了有益的探索。福州师范学校一附小开展的《小学生“孝敬父母”道德启蒙教育研究》得到全国小学德育研究会的肯定，并被确定为全国小学德育实验试点校。

〔**幼儿园办园体制多元化**〕 针对一些机关、企事业单位为卸“包袱”而停办幼儿园，导致部门办幼儿园滑坡的问题，省、地、县各级教育行政部门根据国家教委等7个部委下发的《关于企业办幼儿园的若干意见》等文件要求，积极宣传办好幼儿教育的重要性。在充分调查基础上，积极采取措施，敦促有关主管部门继续办好幼儿园，有效地扼制了企事业单位停办幼儿园的现象。根据近几年港澳台同胞、外商独资、中外合资企业在闽举办幼儿园数量日益增多的情况，省教委组织对厦门、泉州、莆田等地境外个人、团体、企业来闽办园情况的调查，并研究制定了加强此类幼儿园管理有关政策，促进了办园的规范化。由于多方面努力，目前全省已初步形成办园体制多元化的格局、全省12748所幼儿园，教育部门办园有257所，部门办园1315所，乡（镇、街道）中心园1015所，村（居委会）办园（班）9296所，个人或团体办园791所，华侨办园66所，中外合作办园8所。

根据福建省幼儿园办园体制多元化、办园水平不一的情况，各级教育行政部门根据省教委制定的《各级实验幼儿园评定标准》、《乡（镇、街道）中心幼儿园评定标准》和《幼儿园登记注册标准》的要求，加强了对各级各类幼儿园的分级评估和分类指导。1995年，全省又有省实验幼儿园、泉州市刺桐幼儿园等6家幼儿园经省评估，进入省优质幼儿园的行列，使全省优质幼儿园总数达到16所。全省各地已评估达标的幼儿园73所，乡（镇、街道）中心园162所。

〔**农村示范小学建设**〕 1995年，福建省教委分别在长乐、莆田、漳平举行省农村规范小学片观摩会，1993年评出的100所农村示范小学校长通过教学观摩，互相交流，共同探讨如何适应新时期的历史需要，全面贯彻党的教育方针，加强教学管理，发挥农村示范小学的作用。1995年，全省又组织评选出100所农村示范小学，第二批的农村示范校在办学条件和办学水平上，都比首批示范校有很大的提高。

根据省委、省政府《关于贯彻〈中国教育改革和发展纲要〉的决定》提出的“到本世纪末努力建成100所示范性小学”的要求，省教委制定了《福建省示范性小学验收办法（试行）》，计划今后每年验收20所左右，力争到本世纪末完成全省100所示范性小学建设任务。

〔**特殊教育**〕 1995年福建省教委将特殊教育作为“两基”工作的重点，对全省的特殊教育工作进行了全面部署，将盲、聋、弱智儿童的招生指标下达到各地（市）、并组织多次检查，通过将特殊教育列入“普九”验收的重要内容，实行一票否决制度等措施督促落实。特别是对长期以来一直徘徊不前的盲童教育，全省在建好福州、泉州两所盲校和龙岩盲生部的基础上，还扶持三明、南平、莆田、宁德四地（市）各办起了一个盲生部。省教委与省教育出版社共同设立了光明教育基金会，对新入学的盲生每生一次性补助生活费500元，使全省的盲童招生工作有了突破性的进展，截止1995年底，全省已有特殊学校63所，比1994年增加6所，有普通小学附属特教班96个，在特教学校（班）就读的学生4244人，比1994年增加919人；全省普通小学共招收13644名残疾儿童随班就读；全省残疾儿童在校生达到17888人，适龄弱智、盲、聋童入学率分别提高到80.76%、45%和68.1%。

〔**高教自学考试开考小学教育专业**〕 经全国考试委员会批准，1995年福建省开始小学教育专业（专科）自学考试，由福建教育学院担任主考学校。小学教育专业自学考试面向全省各级各类小学在职公、民办教职工和在小学顶编代课的教师，以及各级教育行政部门、各教育事业单位工作的干部或教师。小学教育专业（专科）执行福建省考委制定的专业考试计划和考试大纲，凡通过本专业规定的各门课程考试成绩合格，达到规定学分，并经思想品德鉴定符合要求者，发给小学教育专业专科毕业证书，国家承认学历。首考于1995年8月份进行，考试课程为政治经济学和小学教育科学研究方法两门，报考人数达41526人，考试成绩良好，合格人数占实考人数的76.73%。

〔**初中教育改革**〕 1995年8月，福建省教委在惠安县组织召开了全省初中学校建设汇报会，强调政府行为到位和多渠道集资建校，促进全省掀起初中学校建设新高潮。由于各地重视，工作抓紧抓早，全省新建初中132所，扩建原有初中教室2000间以上，均为历史最好水平，基本保证1995年初中招生和增容的需要。

继续落实《义务教育法实施细则》，从1995年起依法在全省实行完成义务教育证书制度，进一步完善“普九”管理措施，促进各地采取有效措施，保证适龄少年都能受完九年义务教育。1995年，全省有7万多名流失的初中生、小学往届生和因学习十分困难且年龄已16周岁的学生经教育部门组织学习培训，完成九年教育，领取了《完成义务教育证书》。

为巩固和提高农村普及九年义务教育的成果，1995年初，福建省教委在广泛调查研究和总结试点经验基础上，制定下发了《关于加快初中分流教育改革若干意见》(征求意见稿)，并于9月组织召开全省初中分流教育改革工作经验交流会，在全省范围进行总结推广。全省共有518所学校开展了兼有职业技术教育内容的“初二后分流”改革，“分流”班学生近3万人，占初中毕业班学生总数的8.7%。

〔**提高高中办学水平**〕 1995年2月，省教委印发了《关于继续做好普通完中分级达标、分类推进工作的通知》，总结了前几年全省试行普通完中分级达标、分类推进工作，并对今后工作提出具体要求。各地普遍加快了对所属完中分级达标建设步伐。1995年，省教委组织复查验收3所申请一级达标校、9所三级达标校、15所二级达标校。到1995年止，全省已有102所普通完中达到三级以上要求，其中一级达标校11所、二级达标校60所、三级达标校31所。

根据国家教委《关于评估验收1000所示范性普通高级中学的通知》和《示范性高级中学评估验收标准》，1995年，福建省教委组织了有关学校校长和地市中教科长分赴广东和江苏两省考察学习。为具体落实全省到2000年前力争有30所左右的学校分期分批进入国家级示范性高中行列的目标，省教委对直属的福州一中和师大附中建设整体规划和方案组织进行论证，1995年10月、11月和12月，省教委还组织有关人员分赴厦门、龙岩、南平和福州的有关学校就建设国家级示范性高中与当地教育行政部门和学校交换了意见，提出具体要求，以促进这项工程建设尽快启动和实施。

〔**中学计算机教育**〕 1995年，省教委对全省中学计算机学科教育、辅助教学和辅助管理进行了调查，在此基础上，对全省普通中学计算机教育作了认真部署，要求全省普通中学在2000年以前都要分期分批将计算机课列入教学计划，规定全省三级以上中学（含重点中学）从1995年秋季入学的高中新生开始，将计算机课列入教学计划，同时，决定从1996年起实行福建省中学生计算机等级考试制度。此外，省教委还组织全省普通中学计算机教师进行培训，组织力量编写计算机教材、设立首批计算机教育研究和实验学校等。到1995年底，已初步建立了中学计算机教育的基本框架。1995年，福建省高中学生参加国际中学生奥林匹克学科竞赛，福州一中学生林凌获第七届计算机竞赛金牌。

〔**举办西藏初中班**〕 1993年，国家教委召开教育援藏工作会议，确定从1995年秋季起福建省每年承担招收西藏初中班45人的任务。省政府办公厅、计委、财政厅和省教委经过研究和实地察看，确定将西藏初中班设在三明市列东中学。三明市抓紧为西藏班征地5亩，并给学校下达了人员编制；省财政厅按高标准拨给开办费和第一年正常经费25万元，保证筹备工作正常运转；省计委立项西藏初中班综合楼，投资250万元，并按时到位，1995年9月，集教学、生活于一体的高标准的综合大楼已经落成；省教委抓紧落实教师队伍建设、经费及教育管理等问题。省教委马长冰副主任还亲自带队，组织有关人员赴江苏、浙江考察学习，结合考察情况制定了教学计划和管理措施；各地（市）和部分县（市、区）教育主管部门、学校以及省教育出版社等10多个单位向西藏班捐赠了累计价值20多万元的生活、学习设施和用品。到1995年9月下旬，各项准备工作就绪，根据国家教委统一安排，10月9日，来自西藏日喀则市的西藏学生及随班藏文教师抵达三明市，首期西藏初中班顺利开学。

职业教育

〔**体制改革**〕 根据省政府的部署，1995年，福建省教委把进一步深化中等职业学校招生改革作为工作重点，认真组织对中专学校艰苦和特殊专业进行认定，从实际出发，制定收费标准与奖、贷、助学金方法等相应配套措施，使缴费上学改革顺利进行。

继续把发动社会力量办学，作为探索职业教育办学体制改革的重点，积极扶持一批新创办的社会力量办的职业学校上规模、出效益。1995年，福建中华职教社与省职教学会联办福建中华职业中专学校，采取总校与分校结合双层运行的办学体制，当年招生6600多名，初显办学效益。

〔**重点学校建设**〕 为进一步发挥重点中等职业学校的示范作用，促进办学水平的整体提高，省教委对14所第一、二批省级重点职业高中进行复评，同时评估认定了第三批17所省级重点职高。到年底，省级重点职业高中已达31所，其中4所作为国家级重点职高备选校，上报国家教委审批。通过评估，促进各地各部门增加对学校的投入。据统计，各地政府在近三年，对17所省级重点职业高中增加投入10958万元，使这些学校改善了办学条件，提高了办学效益。

同时，积极开展中专学校合格评估，促进办学条件改善，提高办学效益。据统计，1995年认定的17所合格学校，近三年共投入资金7132万元，扩大校园面积13.66公顷多，增加建筑面积9.38万平方米，图书25万多册，设备投入1187万元；增加专任教师282人。

〔**校长培训和师资培养**〕 为提高职业教育质量和办学水平，省教委协同有关主管部门，一方面狠抓教师队伍的充实工作，通过选用师范类和录用非师范类毕业生、向社会招聘教师等办法，使中等职业学校教师数量明显增加。1995年，全省中专学校专任教师比上年增加217人；职业中学专任教师比上年增加1009人。浙江大学、福建师范大学、福建商业专科学校继续举办对口招收应届职业高中毕业生的职教师资班，1995年，共招生120名。另一方面狠抓校长培训和青年教师的培养，1995年，福建省教委在福建教育学院举办首届职业学校校长岗位培训班，有24位校长获得国家教委颁发的职业学校校长岗位培训证书。在武夷山举办了两期农村职业高中校长培训班，共有50多位校长参加培训。为加速青年教师成长，1995年省教委举行了第五届评选职业学校优秀青年教师工作，从各地市、主管厅局推荐的84名候选人中选出54名优秀青年教师。

〔**学生实践锻炼**〕 为提高职业学校学生动手能力和实际操作水平，一年来，福建省教委大力开展结合职业学校特点的以竞赛为主的形式多样的活动，促进职业学校重视和加强实践教学。先后与团省委、省电视台共同举办了职业学校旅游（介绍旅游景点、折叠杯巾花）、财会（点钞、珠算）、计算机、美容美发、烹饪（果雕）五个专业表演赛；组织职业学校进行钳工、电工、财会、计算机、音乐、幼教专业技能竞赛，同时结合进行专业技能等级考核，逐年推行“双证制”；组织职业中专学校进行英语、语文辩论赛，在武夷山举办职业高中学生英语夏令营活动；对省定点举办的职业学校体育、音乐、美术、幼教专业的应届毕业生实行统一考试，集中评卷。

高等教育

〔**“211工程”建设**〕 1995年，省属高校有重点学科24个，省部级重点实验室24个。博士学科授予点30个，硕士授予点163个，文、理人才培养基地5个，博士后流动站5个。1995年12月12日，省属高校“211工程”重点学科建设动员大会在福州隆重举行。陈明义省长讲话，宣布福建省高等教育重点建设项目——省属普通高校“211工程”重点学科建设项目正式启动。

抓紧实施普通高校“211工程”，是福建省到本世纪末教育事业发展的八大任务之一。根据省委、省政府《关于贯彻实施〈中国教育改革和发展纲要〉的决定》精神，从1995年开春起，省教委即组织人员着手进行实施“211工程”的方案调研，组织高校进行重点学科项目申报，并从6所省属高校的31个项目中评审筛选20个项目。之后，省政府聘请省外有关学科的著名专家、教授组成评审组，对初审选出的项目进行评审，确定20个重点学科。这些学科代表了福建省省属高校的教学科研水平，它们中既有基础理论研究方面的学科，也有应用性较强、能直接服务福建省支柱产业发展的学科，还有的是对福建省未来经济发展有可能产生重要影响的高新技术学科。为建设好这批学科，省委、省政府高度重视，专门设立了省属高校“211工程”建设专项资金，年底到位400万元，推动省属高校“211工程”重点学科建设项目进入了全面实施阶段。

〔**共建厦门大学**〕 在厦门市政府与国家教委共建厦门大学的基础上，1995年6月，福建省政府与国家教委签订了共建厦门大学协议书，之后下发了《国家教委与福建省政府关于共建厦门大学的意见》，把厦门大学建设纳入了福建经济、社会发展的体系。

福建省委、省政府一向重视厦门大学的发展。早在1983年，省政府就与厦门大学联合创办了艺术教育学院，1985年，又联办政法学院。12年来，省对这两个学院累计投资达5000多万元；还合办了厦门大学抗癌研究中心。根据福建省实际和高等教育发展的要求，省政府决定与国家教委共建厦门大学，支持厦大进入“211工程”。协议规定，福建省今后将继续负责联办的艺术教育学院和政法学院正常的教育经费（每年约500万元），并从1996年至2000年，每年再增加投入400万元，支持厦门大学的重点学科建设，通过共建，努力把厦大办成国内一流、在国际上有较大影响的综合性大学。

〔**高校联合办学**〕 继集美学村5所高等学校联合组建集美大学、厦门市政府与国家教委共建厦门大学之后，1995年4月～6月间，省政府与国家教委签订了共建厦门大学协议；福州市政府与福州大学签订共建协议；省教委、省林业厅、南平市政府共建福建林学院；省教委、漳州市政府共建漳州师院；省政府、国务院侨办共建华侨大学等工作也进入了实质性的协调和落实阶段。

与此同时，高等学校在争取社会各界、企事业单位参与办学上也取得重大进展。福州大学与实达公司联办电脑会计、现代建筑电器、计算机应用等3个专科；华侨大学与香港祥业集团创立了“华侨大学祥业工商管理教育中心”；福建师大与九州集团公司签订联合培养人才协议，九州集团每年拨出100万元支持学校联合培养博士、硕士研究生和有关学科的应用性人才；省建筑专科学校成立校董事会和中国武夷实业总公司合作办学，并加盟福建建工集团公司；中华职大和全省机械系统的42家企业建立了合作关系，共同组织了校董事会。这些不同形式的合作办学，拓宽了福建省高校的办学路子，较大地提高了办学效益。

〔**福建师大后勤服务社会化**〕 福建师范大学立足学校事业发展，于1985年开展招收公寓生试点，探索高校后勤服务社会化新路。10年来，学校与福州仓山区仓山镇万里村密切合作，加快学生公寓的建设和发展，建立了由学校职能部门（学工部）、社区（万里村）、住公寓学生三方共同参与、互相协调的“三维管理模式”，使学生公寓逐步成为学校和社区精神文明建设的窗口，不仅学生满意，家长放心，而且学校和社区都受益。公寓也由10年前的一幢发展到可容纳1200多名学生住宿的5幢公寓楼群。1995年底，李岚清副总理在福建视察工作，得悉福建师大的这一举措，十分赞赏，并在全国委属高校工作会议上专门推荐了福建师大的这一做法。

〔**高校科研成果**〕 1995年，福建省高校科研共开展1807项课题研究，鉴定成果127项，获成果奖116项，其中达到国际水平18项，国内首创23项，国内先进59项；有5项获得国家奖，有8项获省部级科技进步奖。全省高校充分发挥培养科技人才的主渠道作用，面向经济建设主战场，广泛开展科技攻关和应用开发，为全省经济建设和社会发展作出了贡献。由福建农业大学选育成功的“两系法籼稻光敏核不育系”通过了国家科委组织的技术鉴定，标志着这一国家“863”计划资助课题取得了突破性进展。福州大学自动化工程服务中心先后为10多家企业改造传统设备和开发新产品，累计为企业增加产值1亿多元。福建师大生物系研究的高新技术成果“金霉素F303”、“一步法生产L—苹果酸”、“真菌降脂素”、“碱性脂肪酸应用于生产”、使闽清化肥厂等一批企业重新获得了生机。由福建农业大学陈如凯教授为首的课题组进行攻关的“甘蔗品种资源鉴定、利用和新品种选育”成果获得国家科技进步一等奖。

全省高校的人文社会科学研究也取得显著进展。在国家教委举行的全国高校人文社会科学研究优秀成果颁奖大会上，福建省高校共有19项成果获奖。厦门大学钱伯海教授的“国民经济核算的平衡原则”获得一等奖；其它18项均为二等奖。

〔**省学位委员会成立**〕 1995年12月12日，福建省学位委员会成立大会在福州隆重召开。在成立大会上，国务院学位办谢桂华副主任宣读国务院学位委员会《关于同意福建省建立学位委员会的复函》并致辞。陈明义省长宣读省政府《关于建立福建省学位委员会的通知》，陈明义、谢桂华为学位委员会揭牌，与会省领导分别为学位委员会主任委员、委员颁发了聘书。王良洁副省长任主任委员，省教委主任郭荣辉、厦门大学校长林祖庚、福建农业大学教授、中科院院士谢联辉任副主任委员。

成人教育

〔**扫盲工作**〕 为推动扫盲工作，1995年，福建省成立了扫盲协调小组，专门召开了全省扫盲、农村成人教育工作会议，提出抓好扫盲、发展农村成人教育，实施科教兴省的战略措施，加大扫盲工作力度。1995年，全省共扫除青壮年文盲15.27万人，巩固提高30.44万人，使全省青壮年文盲率从1990年“四普”时的11.53%下降到4%以下，至1995年底已有31个县（市、区）通过省级扫除青壮年文盲评估验收。

为保证扫盲质量和推动扫盲工作开展，1995年福建省重新制定10套脱盲考试试卷，经国家教委认可，在全省推广使用，同时组织编写了扫盲后“优生、优育、优教”教材。在扫盲工作中，省教委注重与有关部门密切配合，1995年与省妇联协作，组织“学文化、作贡献”的“十个一”活动，迎接世界妇女大会在我国召开。在这一活动中，省教委荣获了“双学双比先进协调单位”的光荣称号。省教委、省教育工委还认真组织大学生暑期开展“扫盲、科技服务社会实践活动”，有8个单位和15支大学生自愿队获得表彰。

〔**乡村文化技术学校**〕 为促进各地新建一批上水平的文化技术学校，福建省教委积极推进农村成人教育“118”工程，即到本世纪末，全省有十佳文明技术校、100所示范校和800所达标校。在这一工程的推动下，1995年，全省农村县、乡、村三级成人教育网络继续巩固、发展。全省县成人教育中心已达49所，占80个县（市、区）的61.25%。100%的乡镇建立农民文化技术学校，已有230所文化技术学校达到省定“八有”办学标准，村级文化技术学校办学面已占村总数的70%以上。参加县、乡、村三级文化技术学校培训农村各类人员达216多万人次。

〔**成人学历教育**〕 1995年，福建省进一步优化成人高校专业结构，着力培养社会急需人才。一是组织力量对7所院校的14个新专业进行论证，改造和调整了财经和农学两科13个专业课程结构，开设适应性强、灵活性大、针对性明确的专业；二是政策上继续扶持农、林、农村医士等艰苦专业；三是积极组织全国成人高等职业教育“3+2”考纲编写工作；四是布署普通高校函授夜大学评估工作，在师大成教院和福州大学进行试点，制定评估指标体系。同时，首次开展成人高教质量抽查工作，共抽考54所院校、310个专业、454个学科、16612人。组织小学教师大专班和农村医士大专班单独招生考试。

继续实行成人中专入学水平考试和高中生免试入学政策，进一步完善和健全招生制度。春秋两季水平考试报考1.3万人，录取8017人，审批高中免试生10147人。继续进行高中（技校）“3+1”试点，批办6个班。首先在3所农科院校试点免试招收种植、养殖专业初中毕业生。为加强成人中专学校管理，1995年省教委对109所学校、33类61个专业进行114门课程质量抽查，参加抽考人达2万人次；开展了成人中专学校专项检查，共对128所学校招生、收费、教学管理、考风考纪等问题进行检查。

〔**“注册视听生”试点**〕 根据国家教委关于广播电视大学招收高等专科“注册视听生”试点工作的意见，福建省教委制定了《福建省广播电视大学招收“注册视听生”试点工作实施细则》，对“注册视听生”培养目标和原则要求，试点规模和招生工作、教学管理工作、考试与发证工作、收费以及教育行政部门管理工作等做出规定。“注册视听生”是充分运用广播电视大学的现代化教学手段和教育资源，通过国家考试使高中和中专毕业的在职人员和社会青年有更多的机会接受高等教育。学生可根据自己的情况，选择学习时间和部分选修课课程，以自学和收听、收看广播、录音、电视、录像课为主，不以固定的教学班建制组织教学活动，可接受当地电大组织的必要的教学辅导。“注册视听生”实行学分制。按照全国统一的教学计划，学生修满规定的课程，完成实践性教学环节，思想品德经鉴定符合要求，取得新规定的毕业总学分，即准予毕业并颁发国家承认的大专学历毕业证书。“注册视听生”考试实施工作在省教委和省考委领导下进行。全国统一必修课程考试由省自考办负责，选修课程考试由省电大负责。“注册视听生”形式受到广大青年的普遍欢迎，试点工作顺利进行。1995年，在7个地市审批“注册视听生”5090人。

撰稿 张凯民 吴仁华 戴颖

审稿 郭荣辉

江西省教育

概　　况

〔**基本情况**〕

1995年各级普通学校基本情况

单位：人

学校类别	学校数（所）	毕业生数	招生数	在校学生数	教职工数	
					计	其中专任教师
一、普通高等学校	31	22167	26617	82756	24640	9504
研究生		163	294	757		
本　科		6993	9549	35843		
专　科		15011	16774	46156		
二、中等专业学校	105	26564	41979	106297	13831	6971
中等技术学校	79	16892	29799	75753	10586	5019
中等师范学校	26	9672	12180	30544	3245	1952
三、普通中学	2790	539950	712098	1932712	141572	118610
高中	524	77486	91367	254463		20242
初中	2266	462464	620731	1678249		98368
四、农业、职业中学	385	38904	62450	128482	12893	8239
高中	336	31454	52416	105212		7231
初中	49	7450	10034	23270		1008
五、工读学校	1				9	2
六、小　学	24862	700501	840797	4305362	242467	228043
七、特殊教育学校	26	347	859	4970	360	296
八、幼儿园	4600		419190	525330	22284	18976

1995年各级成人学校基本情况

单位：人

学校类别	学校数（所）	毕业生数	招生数	在校学生数	教职工数	
					计	其中专任教师
一、成人高等学校	23	10985	19408	51711	4108	1967
广播电视大学	1	3550	6005	17799	841	411
职工高等学校	14	1552	2425	5829	1536	853
农民高等学校						
管理干部学院	3	1331	1365	3090	789	302
教育学院	5	1301	1907	4524	942	401
独立函授学院						
普通高校举办：						
函授部		2655	5010	14122		
夜大学		551	2069	5063		
干部专修科						
二、成人中等专业学校	127	4083	10622	32139	3285	1894
广播电视中专	2	1112	5342	17431	251	185
干部中专	3	89	124	256	74	36
职工中专	30	1619	3255	7296	866	492
农民中专	3	29				
函授中专	2	135	1495	4916	24	14
教师进修学校	87	1099	406	2240	2070	1167
三、成人中专	144	4675	10531	14181	303	183
职工中学	58	3606	3221	5896	265	161
农民中学	86	1069	7310	8285	38	22
四、成人技术培训学校	10558	1490663	1177371	1236278	4114	921
职工技术培训学校	112	36558	14600	17519	566	271
农民技术培训学校	10446	1454105	1162771	1218759	3548	650
五、成人初等学校	10324	300516	225115	300011	5315	1617
职工初等学校	1	40	24	24	2	1
农民初等学校	10323	300476	225091	299987	5313	1616
其中：扫盲班	7979	252560	183532	238314	4439	1537

说明：普通高校除举办函授部、夜大学外，还举办成人脱产班，当年毕业生45人，招生627人，在校生1284人。

制表　胡军

〔**年度工作方针**〕 1995年全省教育工作会议提出的年度工作方针是：以邓小平同志建设有中国特色的社会主义理论为指导，坚持党的基本路线，认真落实李鹏总理在全国人大八届三次会议政府工作报告中提出的1995年度教育工作的目标和任务，全面贯彻落实全国、全省教育工作会议精神，大力推动《中国教育改革和发展纲要》及其省里《实施意见》的全面实施。认真宣传、贯彻《教育法》、《教师法》、《义务教育法》、《江西省义务教育经费筹措和使用管理办法》，将教育工作全面纳入依法治教的轨道。以“两基”工作为重点，强化基础教育，大力发展职业教育和成人教育，稳步发展高等教育。进一步加强和改进学校德育工作，加强教师队伍建设，努力增大教育投入。突出改革，重在内功，保持教育工作的大好形势，促使全省教育事业的改革和发展上一个新的台阶。

1995年，江西省积极推进“两基”，对督导评估的《指标要求》进行了修订，并制订了《江西省2000年基本普及九年义务教育和基本扫除青壮年文盲的实施意见》，加强了对各地“两基”工作实施过程的督导评估，继续将义务教育的“四率”和扫盲人数列入政府目标管理，逐级分解，实行行政首长负责制。同时加强薄弱初中建设，加快特教事业发展和扫除边远乡村文盲和女性文盲的步伐。

大力发展职业教育和成人教育。采取“政府统筹，部门办学，教委协调，中心管理，一校多制”的形式发展职业教育。在每个县(市、区)重点建设一所职业高中或职教中心，形成了一批具有特色的示范性职业学校。普通中专由于采取了激励发展的政策，近几年规模以每年18—20％的速度递增，校均规模已达到958人，办学水平和效益明显提高。中等教育结构单一的状况得到根本转变。加强成人高、中等学历教育的管理，进一步完善了自学考试制度。深化了农村教育综合改革，有200多万农民参加了各种形式的实用技术培训，对当地农村经济的发展起到了积极的促进作用。

稳步发展高等教育。按照《纲要》的要求，坚持走高等教育以内涵发展为主的道路，制订了江西省高教布局调整方案，增设了一批经济和社会发展急需的专业，提高了工科比例，使全省高等教育的布局、层次、科类结构进一步趋于合理。科研工作努力适应市场经济发展需要，大力组织科技攻关，开展技术开发、推广应用和咨询服务，促进了科研成果转化为现实生产力。

按照《纲要》的要求，为了确保义务教育的投入，1995年，江西省制订了第一部专门规范义务教育经费投入的地方性法规《江西省义务教育经费筹措和使用管理办法》，1995年是《办法》正式实施的第一年，仅农村教育费附加的征收数额就比上年翻了一番多，达3.26亿元，创历史最好水平。

〔**教育投入与支出**〕 1995年江西省地方教育部门从各条渠道筹措的教育经费为291496万元，较上年255187万元增长14.23％，其中：财政预算内拨款为179302万元，较上年的171038万元增长4.83％；各级政府征收用于教育的税费为48381万元（其中城市教育附加10704万元）；校办企业、勤工俭学、社会服务收入中用于教育的经费为9658万元；其他属于国家财政性经费数为1001万元；社会捐集资办学经费为10722万元；学费、杂费收入为32098万元；其他教育经费为10335万元。以上各项收入较上年均有较大幅度的增加。

1995年地方财政预算内教育事业费实际支出为178114万元，较上年增长2.96%，其中：个人部分为156585万元，公用部分为21529万元，公用部分占教育事业费支出的12.09%，较上年增长1.37%；各级政府征收用于教育的税费支出为46349万元，其中个人部分为6702万元（主要用于农村中、小学校民办教师调资），占此项支出的14.46%，教育部门校办产业、勤工俭学、社会服务收入等项用于教育的经费支出为9262万元，其中：个人部分支出为2401万元，占此项支出的25.92%。各条渠道筹措的资金为弥补教育经费不足，改善办学条件起到非常积极的作用。

1995年财政经常性收入为64亿元，较上年的55.67亿元增长14.96%。而财政预算内教育经费较上年增长6.09%。

1995年江西省普通高等学校生均教育事业费为3656元，较上年3649元减少23元，其中公用经费为1609元，占44.38%，较上年1513元增加96元；师范学校生均教育事业费为1480元，较上年的1321元增加159元，其中公用经费为502元，较上年443元增加59元；普通中学生均教育事业费为361元，较上年增加23元，其中公用经费为30元，较上年22元增加8元；普通小学生均经费为206元，较上年增加15元，其中公用经费10元，较上年6元增加4元。

1995年江西省财政预算内生均教育事业费及生均公用经费均达到《教育法》提出的“三个增长”的要求。

基础教育

〔义务教育〕 全省执行了《江西省2000年基本普及九年义务教育规划》；尽管全省遭受了百年未遇的特大洪涝灾害，但依法推进义务教育仍然取得了新进展。一是义务教育的各项管理目标基本完成，全省小学适龄儿童入学率达99.42%，比上年增长0.37%，辍学率1.23%，比上年下降0.88%；初中阶段适龄人口入学率达84.54%，比上年增长10.21%，辍学率3.2%，比上年下降1.53%。二是对24个县（市、区）进行了省级“普九”评估验收，其中21个县（市、区）通过了督导评估，全省通过“两基”县（市、区）累计达42个，人口覆盖率累计达36.2%。三是强化分类指导，召开了全省“两基”工作汇报暨经验交流会，传达学习了全国十二省“普九”工作汇报会精神，着重研究和部署了下一步的“两基”工作。使各地特别是明后两年将要接受“两基”督导评估的县（市）明确了任务，进一步树立了信心，坚定了打好攻坚战的决心。三是制订《关于2000年在全省基本普及九年义务教育和基本扫除青壮年文盲的实施意见》，就深化管理体制和教育教学改革，促进“两基”积极健康地发展，努力增加投入，加强师资队伍建设，保证“两基”顺利实施，加强“两基”工作的领导，强化“普九”执法常规管理等作了明确的规定。四是落实贫困地区义务教育专项扶持经费。省教委会同财政厅联合下发了《关于加强贫困地区义务教育工程专项使用管理的通知》，明确省级和地（市）、县（乡、镇）级政府安排的经费对于中央专款按比例落实配套资金。为了加强对此项目执行情况的监督检查，省教委、财政厅联合组成“江西省义务教育专款项目管理小组”，同时在有关地市选聘了临时巡查员。1995年中央补助1200万元连同省财政专项配套资金360万元已下达到各项目县。五是加强了残疾儿童少年义务教育工作。省级特殊教育专项补助费增加到80万元，上高县等6个县（市、区）重视残疾人教育事业受到国家教委、民政部和中残联的通报表彰。为建立健全残疾儿童随班就读工作的规章制度，省教委制订和下发了视力、听力语言和智力三类残疾儿童少年随班就读办法。

做好抗灾复校工作。特大洪涝灾害使全省受灾中小学达5713所，受灾面积300余万平米，倒塌校舍25.5万平方米，倒塌围墙21.6万米，新增危房面积112万平方米，损坏课桌椅14.9万余套，毁坏教学仪器2万（台件），直接经济损失达6亿元。为了战胜灾害，省教委组成4个抗灾工作组，由委领导带队，分赴18个重灾县（市、区），慰问受灾学校干部、师生，实地察看受灾情况，帮助指导做好灾后复校工作。省政府千方百计从各个渠道筹集2420万元资金，用于灾后学校的重建、修复工作。与此同时，受灾地区各级政府对抗灾复校工作高度重视，不等不靠，发扬艰苦奋斗的精神，采取各种形式进行抗灾自救，不少地方由政府出面，实行贷款建校，施工队伍带资建校，从而使全省灾区中小学校全部保证了按时开学，水毁学校很快得到恢复。

1995年9月15日至26日，全国人大教育执法检查组对江西省基础教育进行重点检查。检查组一行13人，对全省基础教育的“两基”规划实施、《教师法》落实、增加教育投入、加强德育工作以及减轻学生过重的课业负担等“五项内容”进行了重点检查。检查组听取了省教委主任黄定元代表省政府所作的情况汇报，重点检查6个县（市、区），查看54所学校，9月26日，检查组向省人大、省政府、省政协领导通报了检查情况，指出，江西的基础教育发展快、变化大，已经进入了快速发展的轨道。

〔**高中教育**〕 继续开展评估工作。对23所省级重点中学办学水平进行了评估。同时，为激励普通中学提高办学水平，还进行了普通中学升级评估。通过评估，并报经省政府批准，临川市第二中学和新余钢铁责任有限公司第一中学升级为省级重点中学。召开全省普通高中工作会议，传达了全国高中工作会议精神，着重对今后一个时期的普通高中工作进行了研究和部署。

〔**德育工作**〕 学校德育工作进一步加强。一是下发了《中共江西省委关于进一步加强和改进本省学校德育工作的意见》，明确了各级党委及有关部门对学校德育工作的职责。二是围绕纪念抗日战争和世界反法西斯战争胜利50周年，开展了以“筑起我们新的长城”为主题的爱国主义教育系列活动，在全省中小学形成了一个“不忘国耻，振兴中华”的爱国主义教育热潮。三是制订了《江西省学校爱国主义教育实施细则》，从实际出发，对爱国主义教育基地的建设、社会氛围、组织领导作了具体要求，为全省中小学校爱国主义教育逐步形成深入持久的运行机制提供了制度保证。四是在总结几年来三好学生、优秀学生干部评选工作的基础上，对《江西省中小学三好学生、优秀学生干部评选条例》进行了修订和补充，增强了可操作性，开展了千名省级三好学生、优秀学生干部评选工作。

〔**学校管理**〕 治理中小学乱收费工作取得明显成效。省教委成立了治理中小学乱收费领导小组。各地也成立了相应的领导机构，并普遍建立责任制，一级抓一级，层层抓落实。为了调动社会方方面面力量参与对中小学乱收费的治理，增强收费工作的透明度，中小学收费项目标准向社会和家长公布，全省统一实行收费登记卡制度，建立违纪举报制度，强化了社会监督机制。省政府在进一步规范收费行为，完善收费制度的同时，突出重点抓了群众反映较多较强烈的四个方面问题。一是解决一些学校擅自增加收费项目和提高收费标准的问题；二是解决“择校生”高收费问题；三是解决社会摊派转嫁到学生头上的问题；四是解决向学生代收费过多的问题。通过一年来的检查和治理，据不完全统计，全省共取消违反规定的各种收费补习、补课和所谓“提高”或“超常”班128个，纠正以行政手段限制购买的各种习题集、测试手册、复习资料9000多套，制止社会有关部门及单位向学校乱摊派、乱罚款、搭车收费20项，取消和停止执行不合理的收费项目146项，查处乱收费的案件118起，处理82人，清理金额共计900多万元。

〔**改善办学条件**〕 全年共筹集中小学校舍修建资金6.76亿元，修建中小学校舍竣工面积310.03万平方米，其中初中扩建校舍47.18万平方米。实现校园“六配套”的乡镇累计达98%。比上年增加2%。针对临川市崇岗乡邵坊村小学发生围墙倒塌，造成学生一死两伤的严重事故，省政府专门发出通报，再一次强调各级政府要切实加强中小学校建设和校舍安全工作，建立县（市）、乡（镇）、村领导责任制。要求有关部门对中小学校舍及附属设施进行全面检查、建立档案、责任到人，要严格按照基建程序办事，坚决杜绝“三无”工程，防止类似事故再度发生。各地对此采取了有效措施，年底，全省中小学危房比例下降到1%以下。

中小学实验室建设和电化教育继续保持良好发展势头。累计有52个县（市、区）通过了省级实验教学普及县的评估验收，已占全省县（市、区）的总数的51.5%。建成省、地、县、乡教育电视台104座，教育电视覆盖了全省75%的人口。

认真贯彻实施《江西省义务教育经费筹措和使用管理办法》，依法多渠道增加教育投入。省政府及省教委等有关部门，除了召开专门会议之外，先后就征收农村教育费附加下发了《关于印发〈江西省农村教育集资管理暂行办法〉的通知》、《关于印发〈江西省农村教育事业费附加征收清册（式样）〉的通知》、《关于征收农村教育费附加的票证使用和代征手续费提支问题的通知》、《关于印发〈江西省农村教育事业费附加征管工作会议纪要〉的通知》、《关于农村教育事业费附加和征收管理使用问题的答复》等6个配套文件，由于措施到位，各级政府重视和地税、财政部门的支持，1995年全省农村教育事业费附加共征收3.26亿元，比上年的1.47亿元增加1.79亿元，增长1.2倍。

积极组织实施“贫困Ⅱ”贷款项目。1995年，列入世界银行贷款“第二个贫困地区基础教育发展项目”正式启动，落实贷款额度1750万美元。集中用于扶助20个老区贫困县和11所中等师范学校，到年底，动工修建校舍33.15万平方米，添置课桌椅4.8万单人套，培训教师和管理干部11410人次，完成了仪器设备、图书资料招标前的各项准备工作。此外，爱国人士邵逸夫先生捐赠860万元用于1所师范、2所中学、12所小学建设的15个工程项目全部竣工。爱国人士吴伟先生捐赠200万元与江西省在南昌市蛟桥镇联合兴建的“吴伟小学”，捐赠70万元给星子县扩建的白鹿中小学和李真将军捐献56万元用于永新县兴建禾川中学“李真楼”全部建成投入使用，受到社会的好评。

〔**教师队伍建设**〕 师资培训进一步加强，师资质量不断提高。省教委印发了《江西省小学骨干教师培训教学计划》，规定从1995年9月开始，全省小学教师继续教育工作全面展开。重点抓小学骨干教师培训，要求各县（市）教师进修学校按省颁教学计划，保质保量完成当地小学骨干教师培训任务。为促进各地进一步做好函授、卫星电视教育、自学考试“三沟通”培训工作，教委在各地自查的基础上，组织专家评估小组对部分地市的“三沟通”师资培训工作进行抽查，并开展了全省性的评选工作。全年全省有1.8万名小学教师参加“三沟通”师资培训，100名校长、3万名小学骨干教师参加继续教育培训，8千名小学教师参加了基本功培训，200名初中教师参加了试点培训。全省小学、初中、高中教师学历达标率分别达到82.84%、71.33%和43.1%，分别比上年增长2.96%、6.82%和1.53%。与此同时，省教委与省委宣传部联合下发了《关于实行中小学校长持证上岗的意见》，规定从1995年元月起，全省中小学校长实行持证上岗制度，未参加培训和培训不合格的一律不得参加各类评优、评奖，并委托省教育学院举办高中（完中）校长培训班。

认真贯彻执行《教师法》，切实提高教师待遇。对全省民办教师重新清理整顿、审查，确认5.2万名民师为本省第一批合格民师，并颁发了合格证书。对3054名民师录取升入中师学习和5000名民师转为公办教师进行了资格审查与具体实施工作。评选出200名全省优秀教师和教育工作者。向国家推荐19名全国教育系统劳动模范与175名全国优秀教师和教育工作者。全省县以上城镇中小学建成教职工住房3208套。拖欠教师工资问题基本得到解决。

职业教育

〔**综述**〕　1995年，江西省中等职业学校与1990年相比：职业高中增加56所，招生增加10143人，在校生增加13474人，毕业生增加4369人；中等专业学校增加3所(其中，中专增加7所，中师减少4所)，招生增加19615人(其中，中专增加16289人，中师增加3326人)，在校生增加44622人(其中，中专增加23378人，中师增加3790人)，毕业生增加5524人(其中，中专增加5175人，中师增加349人)。1995年，全省中等职业教育招生数占高级中等教育阶段招生数的比例为57.02%，比1990年增加9.72百分点，在校生数占高级中等教育阶段在校生数的比例为53.98%，比1990年增长11.53百分点，中等教育结构单一、比例失调的状况有了明显的改变。

〔**重点职业高中评估**〕　1994年9月省委、省政府召开的全省教育工作会议上提出：到2000年，各县、市和有关行业要办好一所示范性的中等职业学校或培训中心，要求各县市加强领导，搞好统筹规划，制定切实可行的政策措施。1995年，省政府把抓好省级重点高级中学的评估、认定工作列为省教委全年工作目标的主要内容。在1995年3月省教委召开的全省教育工作会议上，专门安排南昌市第一职业中学在会上介绍争创国家级重点职业高级中学的做法和体会。会后，省教委领导又专门召开由各处室负责同志参加的如何抓典型、促进全省职业教育发展的办公会议，对确定为争创国家级重点职业高中的学校，省教委除加强指导外，还从经费上予以倾斜，给予每所学校20—30万元的补助。

1995年4月，各地市教育局(委)按照省教委的部署，对原省级重点职业高级中学和要求新申报省级重点职业高中的省示范性职业高中自行组织了检查评估。1995年5月9日至26日，省教委组织专家评估组，对原15所省级重点职业高级中学和11所要求申报为省级重点职业高级中学的省示范性职业高中共计26所学校进行了评估。省教委把省级重点职业高中评估和国家级重点职业高中评估紧密结合起来。其做法是，在省级重点职业高中评估时，以国家教委颁发的《省级重点职业高级中学的标准》为依据，参照国家级重点职业高级中学评估指标体系对学校进行复评、评估，这是对学校进行一次高标准的评估，使学校看到差距，明确奋斗目标，同时也是申报国家级重点职业高中的预评，使学校尽快地熟悉国家级重点职业高中评估指标体系，为下一步开展国家级重点职业高中的申报、评估工作打下基础。

在各地市教育局(委)自评、省教委复评的基础上，经省人民政府批准，报国家教委认定，经复评合格的省级重点职业高级中学有15所：南昌市第一职业中学、奉新县冶城职业中学、景德镇市陶瓷职业技术高级中学、弋阳县职业高级中学、萍乡市宣风职业中学、龙南县第一职业技术学校、崇义县农林技术学校、黎川县职业高级中学、泰和县职业技术高级中学、宜丰县职业技术教育中心、九江市职业高级中学、大余县职业技术学校、南昌市飞机制造公司职业高中、临川县第一职业技术学校、吉安市第六职业中学。新申报的11所学校有9所被认定为省级重点职业高中：铜鼓县职业技术高级中学、玉山县职业技术学校、上高县农职业技术学校、婺源县彰公山共产主义劳动大学、靖安县职业中学、南昌市第三职业高级中学、永修县职业高级中学、赣州市第一职业技术学校、萍乡市职业中等专业学校。

1995年9月至10月，按照国家教委办公厅《关于开展国家级重点职业高级中学评估认定工作的通知》精神，在省级重点职业高中评估的基础上，省教委组织了国家级重点职业高中评估、申报工作。南昌市第一职业中学、弋阳县职业高级中学、奉新县冶城职业中学、大余县职业技术教育中心、泰和县职业技术高级中学等5所学校经评估组一致同意，省政府批准，上报国家教委，作为国家级重点职业高级中学备选学校。

〔**普通中专改革**〕 6月13日至15日省教委召开了全省普通中专改革与发展座谈会。会议总结交流了近年来中专学校改革与发展的经验，研究了深化改革，加快发展的措施。会议反映，近年来，全省普通中专事业快速发展，中专学校普遍提高了办学规模，1995年校均规模达958人；同时注意改革办学体制和学校内部运行机制，全省涌现出一批改革意识强，发展快，效益高，管理好的先进学校和特色学校。会议要求进一步促进全省中专整体水平进一步提高，改革发展更上一个新台阶。

普通中专成立了教学管理研究会，理顺了全省普通中专10个学科教研会组织。制定了《江西省普通中专各专业学制暂行规定》、《江西省普通中专学生学籍管理实施细则》以及《江西省普通中专优秀学生工作干部、优秀班主任评选条例》、《江西省普通中专三好学生评选条例》等文件。

〔**职业学校改革**〕 经学校申请，地市教育局（委）核查，省教委审批了铜鼓县职业技术高中等10所学校增挂职业中专校牌，南昌市第三职业中学等59所学校开办职业中专班。

1995年，省教委为全省职业中学优选了421种教材和教参，覆盖18个专业，同时规范了种植、养殖、饭店服务、中餐烹饪、电子电器、建筑施工、财经、文秘档案等专业的教学计划和大纲。

为培养职业中学专业师资，江西农业大学职业师范学院、南昌职业技术师范学院农学、园艺、农产品加工、建筑、工艺美术、服装、饭店服务等专业面向全省示范性职业中学应届优秀毕业生招生，毕业后回原地任教。1995年两校共招职业中学应届优秀毕业生150名。

高等教育

〔**综述**〕　全省省属高等教育继续稳步发展，宏观调控取得明显成效。地方普通高等学校计划招收本、专科生18600人，较上年增长0.9%；在校本、专科生达到58199人，较上年增长2.7%，研究生计划招生234人(其中博士研究生2人)，实际招生206人，较上年增长14.44%；在校研究生520人；较上年增长21.78%。

高等教育结构进一步优化。工科招生数已占招生总数的20.79%，工科在校生占在校生总数的18.98%，分别比上年提高1.38和1.16个百分点，达到了省政府领导提出的力争1995年高校工科招生比例达到20%的要求。为适应地方经济建设的需要，师范院校在确保培养师资的前提下，调整增设了一批主要招收委培、自费生的非师范工科、财经、文科专业；农业院校拓宽办学路子，调整增设了一批工科、财经类专业；医学院校调整了专业方向，培养短线医学人才。坚持农、林、医、师类专科生全部定向到县招生，继续为乡镇企业、计划生育系统招收定向生，保证了艰苦地区、艰苦行业的人才需要。南昌大学、江西师范大学继续试行招收了少量保送生。1995年，省属普通高等院校增设本科专业13个、专科专业20个，开设全部招收委培自费生的非常设专科专业89个，进一步适应了经济建设和社会发展的需要，提高了办学效益。

经省教委批准，江西师范大学成立了商学院、工学院，赣南师范学院成立了高等职业技术教育部。

按照国家教委的要求，在深入调查、测算、充分论证的基础上，省教委研制了《江西省高等学校进行招生“并轨”学生缴费上学改革方案》，于12月10日报省委、省政府批准。经省长办公会、省委常委会先后研究决定，省属高校将从1996年起，实行本、专科专业招生“并轨”改革。

〔**南昌大学重点建设**〕　在前两年南昌大学合并成功，重点建设取得重大成果的基础上，省政府申请对南昌大学进行“211工程”部门预审。南昌大学围绕预审目标，作了充分的准备工作。1995年省财政安排南昌大学重点建设经费3400万元，建校三个财政年度已累计增加投入1亿元，南昌大学重点抓了本科教学、重点学科、教师队伍、科技开发、校园基建、校风建设等6大建设。设立了本科建设基金，用于改善办学基础设施条件，实现教学管理手段现代化。设立了重点学科建设基金，用于硕士点、博士点和六个重点学科，使其尽快上水平、上质量、上效益。大规模开展校园基本建设，新建、改建5大教学科研楼和6个景区，面貌为之一新。按照学科群统一规划布局，进行南北两区调整搬迁，涉及80%的系（部、所）和3000多名学生，进一步巩固并校成果，实行了学科交叉渗透。采取“四个一”(一万元安家费、一套住房、一百元月津贴、一万元以上科研启动费)的优惠政策,引进博士、博士后、高级专家学者24人来校任教。到目前为止,南昌大学承担百万元以上重大科研项目31项,科研经费由1993年517万元,上升到1995年2000余万元。校办产业产值由1993年0.64亿元,上升到1995年1亿元。

中央领导对南昌大学的重点建设给予了肯定和支持。江泽民、李鹏、李岚清等分别为南昌大学题词。

〔**党建和思想政治工作**〕 根据中共十四届四中会全精神,认真贯彻落实了第五次全国高等学校党建工作会议精神,于10月召开了第六次全省高等学校党建工作会议,省委书记吴官正作了讲话,省委副书记、省长舒圣佑主持会议,省委副书记钟起煌作工作报告。南昌大学党建工作特别是领导班子建设成效明显,经推荐在第六次全国高等学校党建工作会上作了大会发言。1995年全省普通高等学校有学生党员3855人,占在校生总数的5%,比上年增加1.5%。

高等学校思想政治工作进一步加强,学习邓小平建设有中国特色社会主义理论持续升温。各高等学校认真贯彻落实《中共中央关于进一步改进学校德育工作的若干意见》、《爱国主义教育实施纲要》和省委的实施意见,发挥德育对学校工作的导向、动力和保证作用,取得了三方面的成效:一是高扬了爱国主义教育主旋律,结合抗日战争胜利五十周年开展了“四个一”爱国主义系列教育活动和“辉煌的中国”万人演唱会,通过读《筑成我们新的长城》、演讲歌咏比赛、夏令营和社会实践活动,掀起了一个又一个爱国主义教育的热潮。二是开展正确的世界观、人生观、价值观教育,典型引路、学有榜样。在全省高等学校广泛开展了学习孔繁森活动;组织了优秀留学归国人员赴全省高等学校巡回报告,听众2万余人;在南昌地区高等学校举办了“警民同心万里情”英模报告会;这些活动教育效果好。评选表彰了“十佳”青年教师、百名优秀班主任、千名省级“三好学生”。经省教委推荐的9名“三好学生”和优秀学生干部,6个先进班集体受到国家教委表彰,其中南昌大学的唐英被评为“全国三好学生标兵”。三是发挥“两课”教学主渠道作用,调整充实了“两课”教材编审委员会成员,成立6个课程协作组,定期开展教研活动;组织申报了“两课”体系、评估、师资等三个重点研究课题,进行科研攻关;召开了“两课”教改研讨会,评选优秀论文20篇;建立了“两课”教师暑假集体备课制度,举办了助教进修班和心理咨询教师培训班各一期;为适应五天工作制,及时调整了“两课”教学时数,保证了正常的教学秩序。

〔**校风建设**〕 开展了全省高等学校校风建设十年总结大检查。在南昌地区抽调20名离、退休校处级干部,组成两个检查组,对前两批达标并获得“江西省高校校风建设文明单位”奖牌的20所学校进行了复查,经复查全部合格,保留称号;对申请第三批达标的8所学校进行了检查评估,其中6所符合要求,授予“校风建设文明单位”;对其它5所学校也进行了全面检查。目前,全省有26所高校获得并保留了“校风建设文明单位”称号,占全省高等学校校数的80%。

从这次大检查反映的情况看,十年来特别是近五年来,全省高校校风建设成效明显。高校稳定向上健康发展,领导作风、教风、学风和校园环境明显改观,学校整体面貌发生了可喜的变化。各校在校风建设的实践中形成了领导重视、从严治校；齐抓共管、综合治理；常抓不懈、教管结合的基本经验，为进一步建设高度文明的社会主义大学奠定了良好的基础。经评比，十年来南昌航空工业学院、江西财经学院、吉安师范专科学校、宜春农业专科学校校风建设成效突出，省委宣传部、省教委决定授予“江西高校校风建设十年总结大检查先进学校”奖牌和称号，并予以表彰奖励。

〔**教学改革**〕 全省高等学校教学中心意识进一步增强，许多高等学校以激励机制为导向，试行学分制、滚动竞争制等教学管理制度改革，开始实施国家教委制定的《面向二十一世纪教学改革计划》，深化教育思想和教学内容、方法改革。认真贯彻了国家教委整顿考风考纪电话工作会议精神，采取有效措施教育广大学生树立良好考风考纪，预防、制止了考试作弊行为。

召开了全省高等学校第五次教学成果汇报会，表彰奖励了全省高等学校第四批优秀教学成果39项。其中一等奖4项、二等奖11项、三等奖24项。还首次评选表彰了全省高等学校优秀教务工作者53人。组织高等学校首次全国大学生数学建模竞赛，有9所高等学校40个代表队报名参赛，南昌大学获一等奖，景德镇陶瓷学院、江西农业大学获二等奖。大力加强了重点课程建设，高等学校外语、计算机课教学质量普遍提高。全省英语四级考试通过率达到64%，南昌大学四级考试率达到85%。提高了高等学校学籍管理科学化水平，新生入学实行软盘注册制度，毕业证书实行计算机三级管理。

加强了高等学校教育教学评估工作。研制了《高等师范专科学校办学水平评价方案》，对5所师范专科学校进行办学水平评估。6所工科本科院校参加了全国大学物理教学质量检测，对高等专科学校工科专业进行了金工实习检查。华东地质学院接受了本科教学评价初评工作。

〔**教师队伍建设**〕 进行了全省高等学校第二批中青年学科带头人和骨干教师工作状态调查和选拔工作。经组织专家评审，确定了中青年学科带头人100名，45岁以下的有64人，硕士、博士毕业生65人。各校成立了教职工数据库建库工作领导小组，全省高校建库工作全面展开，为教职工队伍建设规划提供决策依据。

〔**科研工作**〕 认真贯彻科教兴国、科教兴赣方针，修订了《全省高校科技发展“九五”计划和2010年规划》，完成了《全省高校人文社会科学“九五”规划》的制定工作，召开了全省高等学校第五届科研成果汇报会，评审表彰优秀科研成果106项，其中科技成果33项，社会科学研究成果73项。全省高等学校获省科技进步奖21项，其中二等奖8项、三等奖13项。南昌大学、江西财经学院各获全国高等学校人文社会科学优秀成果二等奖各1项。对南昌9所高等学校的科研工作进行了检查，基本完成全省高等学校社会科学专家库建库工作，并获得国家教委奖励。

成人教育

〔**扫除文盲**〕 1995年3月，省教委在新建县召开全省扫盲暨农村成人教育工作会议。总结1994年各地扫盲、乡村成人文化技术学校建设和实用技术培训等方面的工作，对1995年的扫盲和农村成人教育工作进行部署。会议要求对文盲状况进行核查；按照省教委和公安厅联合下达的文件精神，做好脱盲人员文化户口的更改工作。同月，省政府发出《江西省人民政府关于继续做好扫除青壮年文盲工作的通知》，提出“打好扫盲攻坚战”的五条措施，下达20万人的年度扫盲任务，并要求各地层层分解，落实到基层。1995年，全省共扫除青壮年文盲23.9万人，超额完成任务17.5%。全年有21个县（市、区）扫盲达标，通过省级评估验收。

1990年第四次人口普查时，全省有青壮年文盲207.45万人，非文盲率为89.7%。1990年到1994年底，有89.16万人经扫盲脱盲。排除丧失学习能力人员6.25万人、死亡人员1.86万人、迁出人员6.14万人、有非文盲原始证件人员19.49万人、“以考代扫”人员18.7万人，至1994年底，全省青壮年文盲剩余65.85万人，非文盲率为96.72%。全省99个县（市、区）中，非文盲率达到95%的县有84个，非文盲率达到95%的乡镇和行政村分别占全省总数的83.1%和80.9%。

充分利用乡村成人文化技术学校，以及电视录像等现代化视听手段开展扫盲后继续教育，大力开展实用技术培训。1995年，组织上年脱盲学员19.8万人参加巩固提高班学习，占脱盲人数的86.16%。有220万人次参加各种形式农村实用技术培训，超计划120%。为了加强农村成人文化技术学校建设，省教委制定了《江西省乡镇成人文化技术学校设置标准》。

为配合第四届世界妇女大会的召开，省教委会同省妇联，在全省妇女中开展妇女扫盲识字竞赛活动，联合表彰在妇女扫盲工作中作出贡献的先进个人98名、先进单位18个。另外，萍乡市湘东区广寒寨乡成人文化技术学校等4个单位和5名个人受到国家级表彰和奖励。

〔**成人高、中等学历教育**〕 以提高教育质量为中心，深化改革，加强教学基础建设和办学条件、办学水平的监控。3月，省教委在江西经济管理干部学院召开全省成人高等教育教学计划研讨会，制定5个典型专业的教学计划，组织校际间合作，制订47个成人高等学校专业教学计划。召开全省成人中专教学计划审定会，以编印的“教学计划选编”为示范，审定150余个成人中等专业教学计划。调整成人中专政治课课程设置，统一了教材。为了加强初中教学环节和考风考纪建设，省教委先后于5月和11月，分别在吉安和九江市召开成人高校校长研讨会和成人中专学校联席会，总结交流经验，制订相应措施。此外，还制订了《江西省成人高校英语及计算机等级考试意见》。6月，对10所成人高校进行了英语等级考试试点。参考学生1050人，经考试合格获得二、三级证书的有392人。

加强对成人高、中等学校的规范化管理。制订了《关于审批成人中专学校的补充意见》，提出江西省加强广播电视函授中专教育管理的实施意见。接着，又制定了《成人中专学校学籍管理暂行规定》。经省政府同意，新增设3所成人中专学校。按照国家教委《关于建立函授站登记制度的通知》要求，对普通高等学校所设置的函授站进行了全面清理，69个函授站（点）办理了备案手续。11月下旬，省教委组织人员对江西电力职工大学开展了评估试点，开展了对独立设置的成人中专学校办学条件的复评和评选省部级示范性成人中专学校工作。其中4所学校被确定为合格学校，1所学校为基本合格，中国农业银行江西省分行职工中专学校等5所成人中专学校评定为省部级示范性成人中专。

改革成人大中专学校招生工作。这一年，江西省广播电视大学进行了招收“注册视听生”试点，共招收6500名“电大注册视听生”。

〔**社会力量办学**〕　按照“积极鼓励、大力支持、正确引导、加强管理”的方针，继续加强对民办学校的管理。3月，省教委在新余市召开全省民办高校校长和地市成教科长会议，总结、推广民办江西渝洲电子工业学院的办学经验。5月，制定了民办高校广告管理办法，实行对广告进行内容审查、编号和签发的制度，召集民办高校负责人和有关部门的财会专业人员，研讨委托南昌市教委草拟的《南昌市社会力量办学财务管理办法》。为了加快关于社会力量办学地方性法规的建设，省教委还会同省政协教文委员会先后到新余、赣州两地开展了调查研究。

〔**农村教育综合改革**〕　在1995年全省教育工作会议上，省教委就今后几年全省农村教育综合改革工作进行了全面部署，提出了目标任务。11月中旬，省教委又召开地市成教科长会，传达国家教委在湖南怀化市、凤凰县召开的全国农村教育综合改革地区级联系点会议和全国民族、贫困地区农村教育综合改革工作会议精神。为了做好“点上深化、面上扩展”工作，省教委多次组织有关处室负责人到高安市、临川县、弋阳县、宁冈县等农村教改实验县进行考察，协助当地制定深化农村教育综合改革方案。其他实验县结合本县实际，统筹规划、合理布局，集中财力物力，加强县“职教中心”和乡镇“成教中心”建设。宁都、新干、宜丰、广丰等县的“职教中心”已经破土动工，有的已初具规模。上饶地区按照国家教委关于全国农村教育综合改革地区级联系点的工作要求，结合本地区教育和经济发展的实际，制定了全区到2000年的改革方案。

撰稿　周懋胜　侯铁军　胡　军
　　　何少加　邓　弘　熊庆任
　　　黄周村　俞东宁
审稿　黄定元　李国祥

山东省教育

概　　况

〔**基本情况**〕

1995年各级普通学校基本情况

单位：人

学校类别	学校数（所）	毕业生数	招生数	在校学生数	教职工数	
					计	其中专任教师
一、普通高等学校	49	52832	57112	164449	50829	19932
研究生		749	1501	4051		
本专科		52083	55611	160398		
二、中等专业学校	244	58680	95442	258801	36084	18211
中等技术学校	183	42887	77365	212030	27879	13879
中等师范学校	61	15793	18077	46771	8205	4332
三、普通中学	5073	1181407	1670579	4704572	358301	279301
高　中	643	162835	230122	625823		42414
初　中	4430	1018572	1440457	4078749		236887
四、农业、职业中学	569	126191	148764	414645	38224	24875
高　中	523	121718	143700	398408		23611
初　中	46	4473	5064	16237		1264
五、技工学校	312	65457	70251	169023	38891	13948
六、小学	47068	1540666	2053262	9403584	456568	422989
七、特殊教育学校	130	1293	4362	16387	4160	2552
八、幼儿园	48059			2629275	128395	108173

1995 年各级成人学校基本情况

单位：人

学校类别	学校数（所）	毕业生数	招生数	在校学生数	教职工数	
					计	其中专任教师
一、成人高等学校	53	55764	61032	198934	13159	6037
广播电视大学	2	14702	12142	35307	4792	2551
职工高等学校	30	7301	8952	24098	4329	1568
农民高等学校						
管理干部学院	5	2911	4181	12061	1275	477
教育学院	16	8915	6317	22881	2763	1441
独立函授学院						
普通高校举办：						
函授部	(41)	16027	21857	76164		
夜大学	(31)	3780	6223	24097		
干部专修科	(23)	2128	1360	4326		
二、成人中等专业学校	281	120409	84303	204489	16138	8701
广播电视中专	12	17805	9967	23692	720	420
干部中专	22	13892	8237	19412	1741	1000
职工中专	79	44327	33014	67928	5292	2760
农民中专	40	11530	11055	29304	2000	1233
函授中专	5	4361	3200	4775	138	97
教师进修学校	123	28494	18830	59378	6247	3191
三、成人中学	209	141795	30542	63835	2289	1391
四、成人初等学校	22132	755621	557690	680421	21063	9060
其中：扫盲班	16353	476684	283798	329291	13422	5127

制表 王景华

〔**“八五”教育工作综述**〕“八五”期间，山东省积极推进教育改革，各级各类学校在校生规模发展迅速，学校布局和教育层次结构趋于合理，培养了大批合格的专业人才，取得显著成就。

基础教育得到普及和加强。1995 年，全省学龄儿童入学率达 99.51%，小学毕业生升学率达到 93.82%。学龄儿童入学率比“七五”末提高 0.91 个百分点，小学毕业生升学率比“七五”末提高 17.92 个百分点。初、高中在校生分别比“七五”末增长 27.5%和 32.9%。到 1995 年底，全省 137 个县市区，2419 个乡镇全部实现了初等义务教育，人口覆盖率为 100%；其中实现初级中学义务教育的乡镇 1476 个，占全省乡镇总数的 61%，覆盖人口 5488 万，人口覆盖率为 64.3%。有

84个县市区基本普及九年义务教育，占县市区总数的61.3%。幼儿教育形成了以集体办为主，国家、集体、个人一齐办的格局。特殊教育得到发展，在校人数达16387人。

职业技术教育发展迅速，进一步调整了中等教育结构。1995年全省共有各类中等职业技术学校1125所，在校生82.62万人。职业技术教育学校在校生比“七五”末增长65.4%。高中阶段职业技术教育在校生占高中阶段在校学生总数的比例由“七五”末的51.4%提高到56.9%。

普通高等教育在改革中发展，初步形成了多层次、多规格、多形式的学科门类较为齐全的高等教育体系。1995年，全省高等院校在校生达16.44万人，比“七五”末增长52.4%。在校本专科学生比例由1990年的1∶0.67调整为1∶0.72；普通高校招生（不含研究生)5.56万人，比“七五”末增长60%。本专科招生比例由1990年的1∶1.24调整到1∶1.1，扭转了长期以来本专科学生倒挂现象。高等院校平均在校生规模达到3273人，师生比达到1∶8.05，万人口在校大学生18.50人。

成人教育向多元化、多形式发展。1995年，全省有独立设置的成人高校53所，各类成人高校在校生达19.89万人，比“七五”末增长69.02%。成人高中等专业学校根据需要，调整或开设专业，积极开展在职培训和转岗培训，以提高就业人员素质和适应能力。全省各乡镇普遍建立起农村乡镇中心成人学校，行政村建立起了有固定校舍的文化技术学校，农村青壮年非盲率达到98%以上。

“八五”期间，全省各级政府及教育行政部门，认真落实党的教育方针和《中国教育改革和发展纲要》精神，采取有力措施，加大教育投入，加强管理，使全省普及九年义务教育和扫除青壮年文盲工作取得显著成绩。1995年2月8日，省政府发出通报，授予54个县（市、区）“普及九年义务教育和扫除青壮年文盲县（市、区）”称号并进行表彰。

1995年，全省小学、初中、高中教师学历达标率分别由“七五”末的77.7%、35.92%和36.54%提高到93.81%、63.44%和50.88%。中小学教师中具有高级职称教师占教师总数的比例，小学为20.11%、初中为1.6%、高中为12.54%。初中、小学民办教师人数已由“七五”末的5.84万人和24.85万人减少到3.47万人和20.39万人。普通高校和中等专业学校师资队伍的素质和整体水平也有较大提高，职称结构有了明显的变化。普通高校具有正、副高级职称的占教师总数的比例为34.8%，具有中级职称的41.51%，均比1990年提高10个百分点。

社会办学、民间办学空前活跃，全省民办学校和独立培训组织已达1500余处，办学形式正在向多元化方向发展。

电化教育有了长足的发展。全省建有教育电视收转台28个，教育卫星电视地面接收站近1500个，占全国的1/5。省教育电视台的开播，标志着全省教育手段的现代化前进了一大步。

〔贯彻全国教育工作会议精神和《教育法》〕 1995年，山东省继续集中精力抓好全国教育工作会议精神的贯彻落实，围绕落实教育优先发展的战略地位，调动各级领导和广大人民群众的办学积极性，加强了舆论宣传、调查研究和督导检查。年初组织力量进行了高校体制改革的调研。3月，组织开展了对东营市教育的大型专题调研，还对部分欠发达县区教育发展组织了专项调研活动，针对一些带有倾向性的问题加强引导和指导，进一步明确了当前教育改革发展中需要重点把握的几个关系，总结推广了经验。除教育部门做好工作外，还积极争取人大、政协等有关部门的支持和配合，形成多方面的合力，推动了全国教育工作会议精神的落实。

《教育法》颁布以后，狠抓了宣传、贯彻工作。组织好《教育法》的学习宣传。发挥广播、电视、报刊等新闻媒介的作用，广造舆论，同时通过报告会、宣讲会等多种形式，在全省范围内广泛开展了学习宣传活动。省人大、省政府、省政协联合召开座谈会，省教委召开新闻发布会，举办大型辅导报告会和学习班，要求教育部门首先带头学法、用法，坚持依法治教，进一步增强全社会关心支持教育的自觉性和依法治教观念。省委书记赵志浩、省长李春亭分别在《大众日报》上发表了学习贯彻落实《教育法》的文章。

〔**制定实施《教师法》办法**〕 1995年12月14日，《山东省实施〈中华人民共和国教师法〉办法》（以下简称《实施办法》）经山东省第八届人民代表大会常务委员会第19次会议通过，并于公布之日起施行。

《实施办法》依据《中华人民共和国教师法》的规定，结合全省实际，分别就加强教师队伍的政治、业务建设，提高教师地位和待遇，维护教师的合法权益等重大问题作了具体规定。一是关于加强教师队伍的政治业务建设。《实施办法》就教师职责、资格培养、培训和考核提出了要求。同时还制定了对教师的约束性规范，实行了师范类毕业生服务期制度。二是提出建立和完善教师工资按月足额发放保障机制。规定要将国家支付工资教师的工资和国家补助、集体支付工资教师的国家补助部分全额列入预算，专款专用。教育费附加，实行乡征收、县代管、乡使用，首先保证民办教师的工资发放。三是规定对中小学、技工学校、乡镇成人学校和中等专业学校教师的职务等级工资在国家规定的专业技术等级工资标准的基础上提高10%。四是规定中小学、成人学校教师在乡（镇）、村学校任教的，在国家规定的工资标准基础上向上浮动一档工资，任教不满8年调离予以撤销，满8年固定。8年后继续在乡村任教的再向上浮动一档工资。五是规定连续从教30年的教师退休金按原工资的100%发给。六是在教师住房问题上，强调使教师人均居住面积高于当地居民人均居住面积。七是教师医疗享受与当地国家公务员同等的待遇。特级教师享受当地正高级专业技术人员医疗待遇。八是对民办教师提出在本世纪末全部转为公办。

〔**教师住房建设**〕 1995年，全省各级党政领导把教师住房建设作为贯彻《教师法》，落实教育优先发展战略地位的一项重要任务来抓，结合当地实际，制定了教师住房建设规划，采取了优先优惠政策，加大投入，教师住房条件明显改善。据统计，1995年全省教师住房投资约6亿元，建成住房100多万平方米，教职工家庭人均居住面积由1994年的8.2平方米提高到8.4平方米，成套率由1994年的54%增加到60%。青岛市党政主要领导亲自抓“广厦工程”，把解决教师住房问题纳入各级政府的工作目标，建立教师住房建设联席会议制度，加大政府投入，取得突出成绩。济宁市政府在全省率先出台《关于加快解决教职工住房问题的意见》，建成教师住房18.7万平方米。莱芜市完善并扩建原有的教师村，在城区教工住房初步缓解的基础上，着手解决农村公办教师住房问题，1995年又建教师住房4万平方米。济南市首先抓教师住房解困工作，使637户人均居住面积4平方米以下困难户喜迁新居。淄博市制定奖励政策，在县市区和乡镇驻地为长期工作在农村的骨干教师集中建住宅区。一些经济欠发达地区教师住房建设也取得进展。莱芜、济宁、淄博等8个市（地）达到教职工家庭人均居住面积8.6平方米以上。教师住房建设由过去分散建设逐步向集中成片的小区建设方向发展。如莱芜、青岛、济宁、胶州、平度、莱西、栖霞、莱阳等市建设了设施基本配套、便于生活和管理的"教师村"和"园丁小区"。

1995年5月，省委、省政府在省财力十分紧张的情况下，又安排专款1亿元用于省属高校教师住房建设，同时发挥各高校和教工个人积极性，筹措资金1亿元，将建设住房25万平方米。

〔**中国教育电视山东台开播**〕 经过3年多的筹建，由国家教委和山东省政府合办的中国教育电视山东台/山东教育电视台3月1日正式开播。中共中央政治局委员、国务院副总理李岚清为中国教育电视山东台题词："努力办好教育电视山东台为全面贯彻教育方针，进一步提高教育质量，培养更多优秀人才做贡献。"国家教委副主任柳斌、山东省省长李春亭出席开播仪式并为中国教育电视山东台揭牌。国家教委副主任柳斌在开播仪式上指出，中国教育电视山东台的建立和开播，为义务教育法的贯彻和落实提供了一个十分有利的条件，特别是对广大农村和边远地区的教育面貌的改善将发挥重大的作用。希望各省教委积极组织各自的卫星电视接收网点，做好节目的接收组织工作，尽量争取使70%的乡镇中心学校和少数民族寄宿制学校都可以直接收看到教育电视节目。中国教育电视山东台/山东教育电视台将通过定点于东经138°赤道上空的"亚太一号"卫星向全国及周边地区播放教育节目。电视开播后，国内直接收视人数可达1亿以上。

基础教育

〔**综述**〕 1995年，全省中小学校实行了布局调整和内部管理体制改革。学校数减少，在校生规模扩大，办学效益提高。全省小学学龄儿童入学率比上年提高0.66个百分点，毕业生升学率比上年提高6.12个百分点。初中毕业生升学率达到22.59%，比上年提高1.6个百分点。

1995年全省小学在校生辍学率为0.77%，比上学年降低0.46个百分点；初中在校生辍学率为1.48%，比上年下降0.35

个百分点。全省初中、小学留级率分别为0.07%和0.63%。1995年全省普通中小学平均在校生规模为：小学199.78人，初中920.71人，高中973.29人；每校平均班数：小学5.75，初中15.73，高中16.66；平均班额：小学34.72人，初中58.51人，高中58.43人。

1995年，山东省把实现“两基”作为重中之重，围绕“两基”实施，坚持量力而行，尽力而为，积极进取的原则，加强了分类指导，分步推进。在狠抓“两基”工作的同时，坚持“两全”，全面贯彻教育方针，全面提高教育质量。认真抓好教育思想的转变，突出学生的素质教育。加强了学校德育制度建设和劳动教育环节，与省委宣传部联合召开了全省中小学爱国主义教育现场会，制定下发了《关于建立中小学爱国主义教育制度的意见》，对中小学德育和爱国主义教育活动提出了要求。贯彻全国高中工作会议精神，召开了全省高中工作会议。继续开展了标准化学校建设。结合阳信经验的推广，进一步深化了学校内部管理体制改革。省政府办公厅转发了省教委等部门《关于中小学布局调整和内部管理体制改革的报告》，推动中小学内部管理体制改革在更大范围内开展，收到了明显成效。

〔**义务教育**〕 1995年，山东省按照国家教委要求和全省实际，年初对义务教育“实施规划”作了适当调整，逐县进行落实。制定了《山东省县级普及九年制义务教育评估验收标准》，印发了县级义务教育档案，特别对经济欠发达的地方加强了督促，检查和指导，以防止盲目攀比，降低质量。上半年，先后两次召开工作调度会，分析情况，掌握进度，严格质量标准。到1995年底，全省已有84个县市区和胜利油田实现了“两基”目标。

省教委与37个县市区签订“普九”责任书。1995年10月17日，省教委举行了与部分县区利用中央和省义务教育扶贫款实现“普九”目标责任书签字仪式。省教委副主任单兆众代表省教委与37个县（市、区）政府负责人签订了1996年实现“普九”的目标责任书。省教委主任崔惟琳在签字仪式上讲话，指出山东作为国家教委明确要求的全国“普九”的一类地区，一定要争取在1996至1997年基本“普九”，确保全国规划的如期完成。强调利用中央和省义务教育扶贫补助专款，对规划内1995年～1996年“普九”的37个贫困县区予以重点扶持，通过签订“普九”目标责任书这一形式，发挥资金使用效益，完成省定“普九”规划目标。

〔**治理中小学乱收费**〕 1995年，省教委把加强行业作风建设、治理中小学乱收费作为全省教育系统的一项重点工作，成立领导小组，建立专门办事机构，加强了对这项工作的领导；制定下发了《关于加强中小学收费管理工作的意见》和《关于制止乱编滥印和向中小学乱摊派各种复习资料及出版物的规定》两个文件；建立健全了中小学收费的管理制度；并将收费问题列入全省基础教育五项督导检查的内容之一。经过全省上下一年来的共同努力，治理中小学乱收费已取得阶段性成果。主要表现在：(1) 各级教育行政部门和学校的领导对治理中小学乱收费工作的认识有了进一步的提高，摆到了重要的议事日程。(2) 各地普遍建立了收费管理制度。(3) 各地通过自查自纠，及时清理清退了一些中小学违规收费项目和不合理收费。据不完全统计，1995年全省共取消违规项目405项，清退中小学不合理收费650多万元；

通过制止向学生摊派、搭售书刊商品，减轻学生负担12650万元。(4) 有关中小学乱收费的信访举报案件明显减少，从几个市地民意测验和行业作风评议的结果看，群众对中小学收费工作的满意率开始回升。

〔**学校常规管理和规范化建设**〕 5月4日至7日，山东省学校常规管理和规范化学校建设现场会在潍坊市召开，会议命名表彰了潍坊一中等47个验收合格的省级规范化学校，听取了潍坊、烟台等市地教委和部分省级规范化学校的经验介绍，参观考察了潍坊市的18所中小学。会议要求各地充分利用有利时机，一手抓九年义务教育的普及，一手抓学校管理和规范化学校建设，把基础教育提高到新的水平。

自1990年以来，全省学校常规管理和规范化学校建设取得明显成效，先后有155所、1769所、3755所普通中小学校分别被认定为省级、市（地）级、县（市、区）级规范化学校。对推动全省“普九”进程，提高九年义务教育实施水平起到了积极作用。总结几年来全省学校常规管理和规范化学校建设的经验，主要有：(1) 把这项工作纳入高水平实施九年义务教育，建设现代化基础教育的总体规范。(2) 树立敢为人先、勇于进取、争创一流的意识。(3) 建立激励机制、充分调动创建规范化学校的积极性。(4) 明确标准，加强对创建工作的领导。(5) 领导重视，人人参与。

〔**普通高中教育改革**〕 11月20日至25日，省教委在淄博市召开了全省普通高中教育工作会议。会议期间，淄博市教育局、青岛市教委、烟台市教委，胜利油田一中、济南七中、青岛六中、高密四中介绍了普通高中发展、改革的经验；会议代表参观考察了沂源一中、沂源二中、沂源实验中学、淄博一中、东营一中、油田一中6所普通高中学校现场。会议提出了全省普通高中教育改革和发展的目标。即：90年代末至下世纪初，在大力普及九年义务教育的同时，适度发展普通高中的规模。到本世纪末，全省普通高中在校生达到70万人左右；基本普及九年义务教育后，在经济发达的地方，逐步向普及高中阶段教育发展；继续调整、完善中学教育结构，使高中与其他中等专业教育在校学生大致保持4∶6的比例；办好一批省级规范化普通高中，创建80所左右全国示范性普通高中，加强薄弱高中，提高办学效益；加强教学管理，开展督导评估，努力建立素质教育的运行机制，初步形成能够适应社会主义现代化建设和社会主义市场经济需要的面向21世纪的普通高中教育体制。

〔**中小学大面积提高教学质量课题通过鉴定**〕 由省教科所承担的山东省社会科学“八五”规划重点课题——“县区中小学大面积提高教学质量实验与研究”，11月底通过了由全国著名专家组成的鉴定委员会的鉴定。专家们认为，“该课题完成了原设计任务，在国内同类课题研究与实验中达到领先水平”。

该实验具有“教学思想的先进性、体系结构的科学性、动作过程的开放性和实施操作的可行性”，适应了我国高质量地普及九年义务教育的需要，立题实施后，很快在全省推广。到1995年底，全省开展这项教改实验的县市区已达70个，参与的学校达3792所、教师达54349人，实验班达21935个，学生达884011人。参与实验的县区、乡镇、学校、学科的教学质量都有明显提高。专家们认为，该实验的实施，不仅大面积提高了教学质量，而且在转变教育思想，更新教育观念，以及提高教师教学水平等方面都收到了显著成效。

〔**泰安市合格民办教师全部转公办**〕 1995年1月，泰安市1.4万名合格民办教师全部转为“公办”。泰安市有民办教师1.65万人。为贯彻落实《中华人民共和国教师法》，泰安市委、市政府决定：“对现有的民办教师在考试考核、竞争上岗的基础上，全部解决转公办问题，工资按职称3年内逐步到位。”

本着“实事办实，好事办好”的原则，泰安市成立了由分管教育的副市长任组长，教育、人事、计划、财政、劳动、公安等有关部门负责人参加的转招工作领导小组，专设办公室。在反复调查研究、广泛征取意见的基础上，制订了《泰安市民师转公实施细则》，并派出工作组分赴6个县市区帮助基层做深入细致的工作。到1995年1月，将1985年底前任教，1987年登记在编，并取得《民办教师任教证书》，现仍在教育教学岗位上工作的合格民办教师1.4万人，全部转为公办教师。其他不符合转正条件的通过多种渠道，妥善安置。家属符合条件的农转非，子女符合条件的安排就业。泰安市所辖泰山区、肥城市转为公办的民办教师的工资1月开始全部按职称兑现。兑现后的肥城市教师平均月工资为450元。其他县市区的工资3年内逐步到位。1995年按职称到位的已达60%。

职业教育

〔**综述**〕 1995年，全省大力开展了标准化和重点学校建设，职业学校规模进一步扩大，办学效益明显提高。1995年，全省普通中等专业技术学校，平均在校生规模由上年的979.3人，扩大到1158.6人；中等师范学校在校生规模由上年的726.4人扩大到766.7人；职业高中平均在校生由上年的710.2人，扩大到761.8人。中等专业学校专任教师中，高、中级职称教师分别占教师总数的17.33%和35.36%。职业中学专任教师中，有文化课教师12926人，专业课教师11949人。全省中等职业学校师生比例分别为：中等技术学校1∶15.28，中等师范学校1∶10.8，职业高中1∶16.87。

1995年，围绕农村教育综合改革，继续狠抓农村职业技术教育培训，推进“燎原计划”实施，加强了职业教育的实践环节教学，开展了“双元制”试点，举办了“双元制”职教干部培训班。通过评估有计划地发展了一批骨干学校，使其在办学方向和提高教育质量上起示范带头作用。

〔**实施“重点带动工程”**〕 集中力量建设一批办学水平高、起骨干示范作用的职业学校，从而带动全省职业技术教育发展，是山东省发展职业教育的一项重要战略工程。1995年，省教委制定了实施方案，提出“161”规划，即到2000年，全省每个县、市、区都建成1所规模较大、设施完善、具有地方特色的骨干职业学校或职教中心；60所职业学校达到国家级重点水平；100所学校达到省级重点水平。为实现这一目标，在全省范围内进行宣传，积极发动，狠抓落实，形成了争创省和国家级重点职业学校的热潮。

各级党政领导重视，把重点学校建设作为大事来抓。青岛市将这项工程列入工作计划，实行了“四到位”、“四统筹”（认识到位、投入到位、工作到位、责任到位；统筹学校布局、校舍建设、经费投入、师资配备）。该市在接受华夏基金会50万美元捐赠之后，又投资2200万元，建成青岛华夏职教中心。1995年10月，国务院副总理李岚清为该中心题词：“办好职业教育，为我国的经济和社会发展培养更多的优秀应用人才”。诸城市委、市政府主要领导亲自参与学校规划设计，在已有的基础上又投入300多万元用于扩大职业中专规模，增添了仪器设备，使校园占地达到13.67公顷，校舍4.3万平米，仪器设备价值达250多万元。烟台市政府为创建重点学校制定了建设规划，并采取措施予以实施。沂蒙山区的沂南、莒县，鲁北的无棣县，鲁西南的单县等，经济虽不发达，但县委、政府重视，多渠道筹资，用于职业学校建设的投入共达2.7亿元。

狠抓办学条件改善。1995年，据全省53所申报国家级重点的职业中专统计，近几年学校新增校园占地达到90.67公顷，新增校舍面积30.6万平方米，新增实验室近百个，增加各种仪器设备总价值3170万元，新增图书90多万册，校办产业增加65个，固定资产增加5135万元。从而使这些学校校均占地达10.13公顷以上，图书6.37万册，教师128人，实验仪器设备价值222万元。

加强学校管理。1995年，全省申报国家及省级重点的学校已全部进行了内部管理体制改革，实行了校长负责制，教师聘任制、工资总额包干制、效绩工资制“四制改革”。学校管理水平和办学质量有了明显提高。

〔**重点职业学校评估**〕 1995年5月和9月，省教委组织力量，分两次对全省一、二批省级重点职业中专进行了复评，对第三批省级重点和上报国家重点的职业中学进行了评估。通过评估，全省56所一、二批省级重点职业学校通过了复评。62所学校通过了第三批省级重点职业高中评估，这118所学校经省政府批准，于1995年10月经国家教委公布认定。

报送国家教委的国家级重点职业高中，全省共申报53所，经过认真评审，选定38所报国家教委复评，并已全部通过国家教委专家组的评审。

高 等 教 育

〔**综述**〕 1995年山东普通高等教育以提高教育质量和办学效益为重点，在坚持内涵发展为主的同时，在校生规模比上年略有发展。全省49所普通高校在校本专科生达到16.04万人。其中，中央部委属院校在校生4.91万人，省属院校在校生11.13万人。全省普通高等学校共有专业种类281个，专业点996个。其中，本科专业点475个，专科专业点521个。有博士后流动站8个，博士学科点53个，硕士学科点268个，研究所250多个。高校专任教师与在校生的比例为1：8.05。

在1994年全省教育工作会议后，山东省调整了教育发展思路，扭转原来只注重扩大规模、处延发展的做法，把更多的注意力放在提高教育质量和办学效益上。严格了招生计划管理，引导学校注重抓好学科建设，根据经济和社会发展需要搞好专业设置和教学管理，强化实践环节，增强人才培养的针对性和适应性。同时，对国家教委亮“黄”牌、“红”牌的学校，进行重点指导，督促其尽快完善条件，实现达标。有计划、有步骤地进行了高校重点建设。组织开展了高校优秀教学及科研成果的评审，通过加强教学及科研工作，推动学校办学水平的提高。

狠抓高等学校德育建设和思想政治工作，千方百计确保学校稳定。对学生加强了爱国主义教育、基本路线教育和形势政策教育。开展了丰富多彩的校园文化活动。进一步强化了学校安全保卫、后勤保障和综合治理工作。采取多种措施，解决“特困生”问题，收到明显成效。

〔**“九五”高校重点建设项目评审**〕 1995年12月15日至24日，省教委、财政厅联合组织评审委员会，对省属本科高校申报的“九五”省级重点学科重点实验室和第三批中青年学术骨干、学科带头人培养对象进行了评审。评审会总结了全省“八五”期间高校重点建设工作。“八五”期间，省财政投入5000万元，有关高校投资1000多万元，在省属高校中重点建设27个学科、15个实验室，重点培养200名中青年学术骨干。此外在山东大学、青岛海洋大学、石油大学评选确定19个省级重点学科、11个省级重点实验室。经过五年的努力，已取得阶段性成果。学术队伍的结构有较大改善，高层次人才的培养能力有所增强，科研能力、学术水平有了明显提高，改善了实验条件，带动了相关学科的发展。

此次评审，坚持“按需布点，避免重复，依靠专家，坚持标准，突出优势，与国家重点学科建设相衔接；立足当前，着眼未来，坚持重点建设和大面积提高相结合”的原则。评审委员会各学科专家组在认真审查各高校申报材料的同时，到有关高校进行了实地考察。经学科专家组评议、推荐，评审委员会评审，共评出“九五”期间建设的省级重点学科27个、省级重点实验室15个、第三批省级高校中青年学术骨干学科带头人培养对象100名。

〔**高校教师、学生“双十优”评选**〕 1995年，省委高校工委、省教委联合组织山东省高校教师、学生“双十优”评选活动，经过3个多月的层层筛选及严格考察评审，评选结果于6月揭晓，并举行表彰大会。省委副书记韩喜凯，副省长张瑞凤和省教委主任崔惟琳出席了表彰大会。评出的十名优秀教师是：山东大学王克明、山东农业大学温浮江、泰山医学院刘来村、青岛海洋大学宋微波、石油大学张琪、山东医科大学刘兴柱、山东工业大学边秀房、山东矿院吴哲辉、山东建工学院李永安、山东经济学院王江。十名优秀学生是：山东大学薛薇、青岛海洋大学李景玉、石油大学史晓峰、山东医科大学解敏、山东矿业学院韩莹洁、青岛化工学院刁丽丽、山东工业大学肖滨、山东师范大学马辉、山东工程学院贾法菊、滨州医学院殷兆方。

〔**国际交流**〕 到1995年，全省已有25所大学与外国100多所大学签署了校际交流协议；聘请外国专家的院校由1978年的2所增加到48所；接受外国留学生的院校由1980年的1所增加到14所。为表彰在对外交流中作出突出贡献的先进单位和个人，3月，省教委作出决定，授予山东大学、青岛海洋大学等8所高校外办（外事处）和淄博师范专科学校“山东省高校外事工作先进单位”称号。授予在高校从事外事工作，做出显著成绩的53人“山东省高校外事先进工作者”称号。

成人教育

〔**综述**〕 1995年，山东省通过贯彻落实《纲要》和《教育法》，成人教育的外部发展环境有了较大改善，各级党委、政府对成人教育的地位、作用的认识和关心支持成人教育的自觉性进一步提高，社会对成人教育的认识逐步深化，教育内部逐步实行三教统筹。各地市充分利用报纸、广告、电视、图片、刊物等媒介广泛宣传成人教育的成果和地位作用，为成人教育工作的开展创造了良好的环境。

〔**扫盲与农村成人教育**〕 1995年，省政府发出关于确保按期完成扫盲工作任务的通知；召开了两次扫盲工作联席会和扫盲任务较重的市（地）扫盲调度会；与团省委共同组织了暑期扫盲志愿者活动；加强了扫盲督导验收，以验促扫。各市（地）特别是扫盲任务较重的聊城、菏泽、临沂、滨州、德州、济宁、泰安等地强化政府行为，落实有关政策措施，扫盲工作有了突破性进展。1995年，全省扫盲47.7万人，有49万脱盲学员接受继续教育，有84个县通过了“两基”验收，48个县通过了省扫盲验收，到1995年底全省青壮年非盲率达98%以上。

县、乡、村三级成人教育办学网络建设有了较大发展。在扫盲验收工作的推动下，全省8万多个行政村均办起了农民文化技术学校，比上年增加近2万所，办学面达100%。全省2400多个乡镇中心成人学校的办学水平和办学效益普遍提高，又有200多所学校达到省级规范化学校标准，示范学校总数累计达700余所。全省乡村两级成人学校年训农民1700万人次。

〔**岗位培训**〕 1995年，各种资格证书、继续教育蓬勃发展。潍坊围绕企业深化改革，提高效益，开展职工的岗位培训；济南的企业家培训、“绿色证书”培训、乡镇企业职工培训等，都围绕当地经济发展的需要开展，得到了各级政府的支持。省教委还与省委组织部、人事厅联合在全省开展了普及计算机知识、实行计算机等级考核制的工作，首次考试已经结束。“三后生”的职业培训也取得很大成绩。1995年滨州、潍坊、临沂、淄博等地广泛开展“三后生”培训，实行“双证”离校制度。淄博回乡初、高中毕业生实用技术培训面已达到90%以上。

〔**成人学历教育**〕 1995年，山东省成人中专有了较大发展。1995年招生（不含青岛市）比上年增加2万余人。通过争创省级、国家级规范化学校的活动，学校的建设、管理水平及教学质量均有所提高。

成人高等学历教育注重质量和效益。1995年，《专业证书》班招生近万人，第二学历招生4000余人。加强了教学质量检查，开展了抽查考试。对普通高校开展函授、夜大学开展试评估，促进了高校成人教育的规范化建设。开展了函授站登记备案工作。制定了高等学校非学历教育管理规定。成人高等教育从前几年追求规模数量转向注重质量、效益，向管理规范化、制度化发展。

〔**国际成人教育学术研讨会**〕 10月23日至29日，由中国成人教育杂志社与寿光成人中专联合举办的“国际成人教育学术暨期刊工作研讨会”在山东省召开。国内外及港台地区的代表150多人出席了会议。省教委主任崔惟琳，国家教委成人教育司司长董明传到会讲话，联合国教科文组织成人教育总干事埃道尔·热尔比先生为大会撰写了论文，并发来贺电。

会议交流了成人教育学术研究的最新成果及动态、信息，开辟学术研究新领域的国际合作；同时，研讨成人教育期刊工作的动态及走向，研究办刊规律，探索期刊交流与合作的新路子。会上共收到代表提交的论文86篇。会议期间，代表们分别考察了曲阜师范大学成人教育学院、寿光成人中专、寿光乡镇农民文化技术学校，寿光蔬菜基地等。

撰稿　王景华
审稿　马　钊

青岛市教育

青岛市辖市南、市北、四方、李沧、崂山、城阳、黄岛七区及胶南、胶州、平度、莱西、即墨五市，面积10654平方公里，人口678.5万（其中市区面积1102平方公里，人口215万）。1986年10月15日被国务院批准为计划单列市，1994年被定为副省级城市。

〔**教育发展情况**〕

1995年青岛市各级各类学校发展情况

学校类别	学校数	学生数	招生数	毕业生数	专任教师数
高等学校	4	24908	7978	7828	2783
普通中学	392	372335	110695	86204	22635
职业中学	65	46044	18044	14233	3361
中专（含职业中专）	45	23744	9175	6107	1715
技工学校	38	8089	3385	3049	834
小学	2039	595891	117677	114123	30062
特殊教育学校	15	2018	308	224	364
幼儿园	4888	206945	82181		12339
成人高等学校	6	11527	4168	5038	703
成人中专	51	40197	17617	23801	1238
成人中学	27	4264	2402	1908	70
成人初等学校	2	135	135	115	22
成人技术培训学校	2766	530139	621439	614752	651

〔**基础教育**〕 青岛市1980年开始普及初等教育，1984年经省、市两级政府检查验收，成为全省首先普及初等教育的地市。从1988年开始实施普及九年义务教育，1994年上半年基本完成，综合水平达到省定优秀等级。1995年全市小学入学率达99.8%，巩固率99.9%，普及率99.8%，毕业率98.1%；初中分别为98.1%、99.2%、98%、95%。1995年全面实施“两高两全两普及工程”(高标准高质量实施九年义务教育；全面贯彻教育方针，全面提高教育质量，实现基础教育由应试教育向素质教育转轨；市区和郊市、区的城区普及高中阶段教育，城乡普及学前三年教育)，一批薄弱乡镇和学校的面貌开始改

观。“八五”初期，市区基本普及了学前三年教育，农村基本普及了学前一年教育。有省级示范幼儿园26处。1995年，全市盲、聋、弱智少年儿童的入学率分别达到90.4%、91.7%、93.6%。

中等职业教育。城乡中等职业技术学校已达100多所，在校生总数达7万人，各类高中职业技术学校与普通高中学校招生的比例市区为6∶4，农村为1∶1。自1988年起，陆续施行发展职业教育的四项统筹措施：统筹职业教育经费，统筹专业设置和技术等级考核，统筹联合办学，统筹建设骨干学校，促进了职业教育的发展。1994年底，正式提出并实施“职业教育四统筹工程”，加快了重点学校的建设步伐，有12所学校被国家教委认定为省级重点职业高中（中专），8所学校由省教委向国家教委申报国家级重点职业高中（中专），建设了高标准的华夏职业教育中心。青岛市政府1990年被国家教委等四个部门授予全国职业教育先进称号。

高等教育。1985年建立青岛大学，1993年经国家教委批准，原青岛大学、青岛医学院、山东纺织工学院、青岛师范专科学校合并组建新的青岛大学。新青岛大学为硕士学位授予单位。1994年，青岛海洋大学、青岛大学被省委、省政府确定为争取进入国家“211”工程重点建设的高校。全市有博士后流动站1个，博士点9个，硕士点45个。

〔**成人教育**〕 青岛市积极推进成人高等教育办学模式改革。探索与境外人士联合办学，组建了青岛国际大学，引进外地高校到青设立函授站，试办大学基础教育，开办第二学历和专业证书教育，举办多种形式的自学考试。到1995年，全市有电视大学、职工大学、教育学院等成人高等院校6所，全日制大学也开办成人班。高等教育自学考试1995年报考196182人次，1994、1995两年获专科以上毕业证书者达1450人。城市成人中等教育的重点由早期的文化补习转为岗位培训，1985年以来，已轮训在职干部职工75万人次。1995年着手实施“三新岗位及紧缺人才培训工程”（三新即新知识、新技术、新管理），以适应青岛市建设现代化国际城市对人才的需求。农村1990年底在全省率先完成青壮年扫盲任务，15—45周岁的非盲率达99.3%，成人教育的重点已由扫盲转为扫盲后教育。1995年，在全市农村实施“双五富民工程”，即用5年时间，通过各级各类成人学校的培训，使50万农户年均收入高于其他农户10%以上。1995年，乡镇办学面达100%，村办学面达90%。

〔**教育改革**〕 管理体制改革。1992年，成立了青岛市教委，理顺了教育管理体制，完善了分级办学、分级管理的体制。自1984年起，在部分学校试行校长负责制，市区中学实行中层干部聘任制，在10所中学实行校级干部聘任制。1989年，9所学校进行了学校内部管理改革试点，1995年全市中小学全面展开以校长负责制、教职工聘任制、岗位责任制和绩效工资制为主要内容的内部管理体制改革。

办学体制改革。积极发展社会力量办学，初步形成了以政府办学为主，社会各界共同参与办学的局面。1995年，全市社会力量办的各类学校已近500处，其中私立学校15处。

调整学校布局。撤并了一批办学规模小、效益差的薄弱学校，扩大名牌学校的办学规模，加强示范学校的规划建设。1995年，将5所普通中专合并为综合中专，提高了办学效益。

招生制度改革。1990年开始在部分市区实行保送实验，逐步扩大到全市，以期达到小学毕业生全部就近入学。1992年，初中升高中实行毕业考试和升学考试两考合一。1995年，在市区采取了纯初中学校保送少数优秀学生进入省市重点学校的办法。在农村以乡镇教育综合评估的结果作为普通高中招生分配数额的主要依据，引导乡镇政府把升学竞争转为增加教育投入和提高教育质量的竞争。从1993年起推行高校招生并轨制度。

农村教育改革。自1979年起，全市农村各市、区大力开展农村教育综合改革实验，逐步形成了教育为当地经济建设服务的新格局。1985年平度市提出“三教统筹，协调发展”的方针，1988年国家教委确定平度县和胶南县为全国农村教育综合改革实验区。1989年省职教工作会议在胶南召开，推广了胶南实行“教育教学、生产经营、科技推广、社会服务”一体化的经验。

〔**教育宏观管理**〕 各级教育行政部门重视教育法规建设，依法治教，由对学校的直接行政管理，逐渐转变为运用立法、规划、政策指导和必要的行政手段进行宏观管理。1986年以来，先后制定了《青岛市托幼工作管理规定》、《青岛市义务教育条例》、《青岛市教育督导暂行规定》和《社会力量办学管理办法》等教育法规。成立了市、区（市）两级政府督导室，制定了区（市）、乡镇政府教育工作督导评估方案，强化执法监督。

从1991年起，在中小学开展了争创学校管理水平优秀等级和创建规范化学校活动，到1995年全市共有350所中小学达到市级优秀管理标准，有5所学校达到省级规范化学校标准，45所学校达到市级规范化学校标准。

〔**教育科学研究**〕 1980年成立了青岛市教育学会，此后又成立了青岛市职业教育学会，开展群众性教育科研活动。1987年成立了青岛市教育科学研究所。目前，形成了市、区（市）、校三级科研网络，建立了一支老中青、专兼群相结合的科研队伍，确定了一批中央和省、市教育科研机构的实验基地，广泛开展课题研究。青岛市教育科研取得成果，出版了《青岛教育科研》、《教育信息》及一批教育科研专著，发表了大量科研论文。1995年，在全省教育科研工作会议上，青岛市教委和即墨市、平度市、市南区等教委被评为全省教育科研工作先进单位。

1988年以来，市区90%的初中开展了目标教学实验，成果显著。1992年全市实行高中会考制度。在中小学建立了数百个教改实验班，确定教改项目360多个。“宋君语文教学法”、“张伟球形阅读教学法”等教研成果在全国有较大影响。青岛市提出了“学校教育要全面加特色，学生发展要合格加特长”的新思路，改革办学模式和教学内容，制定了《减轻中小学生课业负担的十项规定》，创办了一批特色学校。

〔**德育工作**〕 各级党委、政府和教育部门把德育放在学校工作的首位，搞好近现代史和国情教育、中华民族优秀传统文化教育。从1985年开始抓德育系列化教育，先后制定了《德育工作暂行条例》、《中学生思想品德评定试行标准》、《青岛市中学思想政治教育系列化纲要》、《青岛市中小学礼仪常规》，突出课堂教学主渠道作用，对各学科渗透德育内容提出了具体要求。广泛开展了社会实践、劳动教育和军民、警民、厂（店）校、街（村）校共建精神文明活动。1994年，市委、市政府首批命名了25处中小学德育基地。全市在校中小学生犯罪率一直在万分之一以下。

〔**体育卫生、艺术教育及国防教育**〕 学生体育达标率城市为100%，农村为95%以上。1993年成功地举办了第五届全国中学生运动会，以青岛市为主组成的山东省代表队获金牌总数第一。1989年开始，在部分学校进行了青春期教育试点，编写的课本已被省教委确定在全省试点学校使用。制定了《青岛市中小学艺术教育发展规划》、《青岛市中小学艺术教育基本要求》，成立了青岛市艺术教育委员会。青岛市被国家教委确定为国防教育实验区。

〔**对外交流**〕 教育对外交流与合作不断扩大，从学前教育到高等教育均有交流合作项目。近年，职业教育引进了德国双元制教学模式，先后引进世界银行贷款项目60万美元、德国汉斯·赛德尔基金项目370万马克、香港华夏基金会50万美元，分别用于建设青岛食品学校、平度职教中心和华夏职教中心。派出近20批教师赴国外学习交流，已外派150名研究生赴国外进修。

〔**教师队伍建设**〕 1995年，小学教师学历达标率为91.79%，初中和高中（含中师）学历达标率分别达到72.53%和53.36%，幼儿教师学历达标率为86%。全市中小学有特级教师53人；中学教师中，有高级教师1056人，一级教师4228人；小学教师中，高级教师6209人，中学高级20人。

新建和恢复了一批师范院校，全市12个市、区均建起了教师进修学校，各个乡镇也都建立了培训站（点）。1994年，出台了《青岛市跨世纪师资队伍建设工程实施方案》，提出到本世纪末师资队伍建设的奋斗目标。

把师德建设列入教育发展规划，制定了《青岛市中小学教师职业道德规范》。逐步建立健全教师的激励机制，每二年一次评选表彰市级优秀教师、优秀教育工作者和学校德育先进工作者，每年一次评选表彰青年教师拔尖人才。1980年以来，受市级以上表彰的优秀教师、教育工作者共4266名；1994年，首次评选了100名优秀教师为市教育名家。

〔**教育投入和办学条件**〕 1995年全市教育经费支出10.93亿元，其中地方财政性支出7.86亿元，比上年增长16.6%。市政府先后出台了关于在市区职工中征收义务教育费和对广告业、宾馆业征收教育费的规定等一系列增加教育经费的新政策。青岛市教育发展基金会于1995年9月成立，接受社会各界捐赠，发展教育事业。1995年全市勤工俭学收入用于改善办学条件6108万元，17年来勤工俭学共向教育补助约4.4亿元。

农村中小学实现了校舍、课桌凳、院墙、校门、厕所、操场“六配套”，城镇学校校舍改造工作全部通过省政府验收，并受到表彰。到1995年，城乡中小学全部按国家规定配备了实验室和仪器室，基本达到国家教委规定的一、二类标准；陆续配备了价值5098万元的电教器材和3050万元的音体美器材；配备图书1155万册。

撰稿 姜宏德 孙新兴 赵 强
审稿 马 钊 陈显青 钟觉民
王景华

河南省教育

概　况

〔**基本情况**〕

1995年各级各类普通学校基本情况

单位：人

学校类别	学校数（所）	毕业生数	招生数	在校学生数	教职工数	
					计	其中专任教师
一、普通高等学校	50	37941	43698	123695	39599	15538
研究生		340	469	1307		
本　科	18	10760	15297	56512	25212	9451
专　科	32	26841	27932	65876	14387	6087
二、中等专业学校	182	55129	85298	214283	27978	14126
中等技术学校	137	31003	54487	138940	20270	9708
中等师范学校	45	24126	30811	75343	7708	4418
三、普通中学	6367	1093502	1583433	4178647	297106	246788
高　中	641	135081	145787	429117	49654	34484
初　中	5726	958421	1437646	3749530	247452	212304
四、农业、职业中学	785	92182	207520	458605	31938	22776
高　中	736	81388	198653	429802	30515	21558
初　中	49	10794	8867	28803	1423	1218
五、工读学校	3	49	49	131	69	34
六、小　学	41698	1689568	2325225	10395639	423030	392345
七、特殊教育学校	109	425	1839	8136	2160	1615
八、幼儿园	29677		1930427	2305861	30886	18924

注：幼儿园各项统计数字内含学前班教学点数

1995年各级各类成人学校基本情况

单位：人

学校类别	学校数（所）	毕业生数	招生数	在校学生数	教职工数	
					计	其中专任教师
一、成人高等学校	52	32522	51941	147884	9265	4415
广播电视大学	1	8258	9963	25390	1841	815
职工高等学校	29	4366	4940	11374	3053	1578
农民高等学校						
管理干部学院	4	942	1889	4595	1360	556
教育学院	18	5213	5693	11950	3011	1466
独立函授学院						
普通高校举办：						
函授部		11236	20547	76188		
夜大学		827	3134	8059		
干部专修科		1680	5775	10328		
二、成人中等专业学校	247	38096	80304	143977	15568	8556
广播电视中专	4	1820	16238	23847	1047	545
干部中专	2	3958	7575	16721	1890	968
职工中专	67	2729	10622	17929	2389	1253
农民中专	42	4219	10493	23826	1912	1142
函授中专	2	11780	12500	23336	2974	1472
教师进修学校	130	13590	22876	38318	5356	3176
三、成人中学	60	35366	35226	33617	59	45
职工中学	25	31388	31565	31016	56	42
农民中学	35	3978	3661	2601	3	3
四、成人技术培训学校	22769	5429609	5459722	3161636	10626	7634
职工技术培训学校	916	442019	417019	178652	3506	1880
农民技术培训学校	21853	4987590	5042703	2982984	7120	5754
五、成人初等学校	10511	578936	629412	506704	1881	1526
职工初等学校	19	1934	2648	1993		
农民初等学校	10492	577002	626764	504711	1881	1526
其中：扫盲班	7708	333982	380845	274044	1383	1204

制表 杨学勇

〔实施《纲要》措施和进展〕 1995年，河南省进一步采取措施宣传、实施《教育法》、《教师法》等教育法规，提高全社会对教育重要性的认识，提出“科教兴豫”的战略方针，全面推进教育事业发展。省教委把1995年作为教育落实年，分别召开市地教委主任会、“两基”督导会、农村职教会、高校招生及管理会、高校党建和学校德育会，指导推动面上的工作。进一步加大改革力度，优化教育结构，各级各类教育继续发展。围绕教育落实年开展了“为人师表，育人楷模”活动，组织了师德报告团到全省各地做巡回报告29场，引起很好反响。制订与《省委、省政府关于〈中国教育改革和发展纲要〉的实施意见》的配套政策。1995年已出台的政策有：农村教育费附加实行“乡征、县管、乡用”；农村教育集资审批权放在县一级政府；各市（地）、县从城市建设维护税中划出一定比例用于城镇中小学建设；每年拿出3万名指标用于民师升学和转正等。《省委、省政府关于〈纲要〉实施意见》中关于省级教育事业专款每年按10%幅度递增，设立“211工程”专项经费800万元，建立贫困生资助金等也已落实。

〔**年度工作方针**〕 1995年，全省教育工作总的指导思想是：认真贯彻省委五届十次全会精神，全面落实《省委、省政府关于〈中国教育改革和发展纲要〉的实施意见》，加大改革力度，优化教育结构，突出重点，狠抓落实。切实加强学校思想政治工作和德育工作，积极推进“两基”，大力发展职业教育和成人教育，稳定提高高等教育，使教育质量和办学效益有明显提高。全省教育工作总的方针是：把1995年作为教育落实年，认真落实省委、省政府1994年召开的全省教育工作会议精神和《中共河南省委、河南省政府关于〈中国教育改革和发展纲要〉的实施意见》。制订具体办法，建立责任制，层层抓落实、人人抓落实。

〔**教育经费投入与支出**〕 1995年初，省级安排经费30515万元，本着首先保证工资，稳定学校正常秩序，集中财力，突出重点，解决突出问题的原则，妥善地安排了正常的教育事业费，保证了学校正常工作的开展。省财政厅1995年还追加经费2542.8万元。年终实际拨款达33057.8万元。1995年，全省教育事业费预算为35.27亿元（其中市地31.65亿元）。

努力做好教育费附加的征收管理工作。认真落实省政府关于农村教育费附加按农民上年纯收入的1.5%、城市按“三税”的3%计征比率的办法积极征收。全年城乡教育费附加征收10亿元，其中农村7亿元，城市3亿元。在做好教育费附加征收工作的同时，采取奖励机制，积极引导各地理顺农村教育费附加管理体制。全省有近30个县（市）实行了“乡征、县管、乡用”的教育费附加管理体制，省教委下达奖励款260万元。

1995年，全省各类教育基金在上年2700万元的基础上增加到4891.7万元，省级基金由270万元发展到927万元。省教委还拨出专款帮助89个县（市）建立起“扶助贫困儿童少年接受义务教育基金”，其总额已增加到1300多万元。

1995年校办产业稳步发展，全省勤工俭学、校办产业完成产值216986万元，纯收入达38938万元，较上年增长26.86%和22.38%。

〔**教育法制建设**〕 1995年，河南省组织力量修订了《河南省义务教育实施办法》，在省八届人大常委会第十六次会议上审议通过，更名为《河南省实施〈中华人民共和国义务教育法〉办法》，于1996年1月1日生效实施。制订了《〈中华人民共和国教师法〉实施办法〉，经省八届人大常委会第十七次会议审议通过，对维护教师合法权益起到了法律保障作用。《教育法》颁布后，省教委印发了《关于在全省教育系统开展学习、宣传、贯彻〈教育法〉的通知》，并会同省委宣传部、省人大教科文卫委、省司法厅等单位部署了《教育法》的贯彻实施工作。9月，在全省各地开展第六个义务教育法宣传月活动中，省教委与郑州市教委联合在郑州组织了《教育法》宣传活动，省市领导走上街头，向群众散发宣传材料，向社会各界宣传《教育法》。全社会教育法制观念增强，对教育重要性的认识普遍提高。

〔**教师队伍建设**〕 1995年，河南省教职工队伍编制比例向良性转化。各类学校每一教职工负担学生数继续提高，小学提高到1：24.6，初中提高到1：15.2，普通高中提高到1：8.6，职业高中提高到1：14.1，普通中专提高到1：7.6，普通高校提高到1：3.1。教师队伍学历和职称层次也进一步提高。小学专任教师学历达标率由上年的88.2%提高到90.4%，具有小教高级职称的比例由14.9%提高到18%。初中专任教师学历达标率由上年的53.9%提高到60.7%(全国平均69.1%)，具有中教高级职称的比例由1.3%提高到2%。高中专任教师学历达标率由49%提高到51.5%，具有中教高级职称的比例由14.9%提高到16.6%。职业高中专任教师学历达标率由25.1%提高到26.9%，具有中教高级职称的比例由5.6%提高到7.3%。普通中专教师学历达标率由64.1%提高到65.4%，具有高级讲师职称的比例由12.9%提高到14.5%。普通高校专任教师1.55万人，教师总数中研究生学历的比率由18%提高到18.7%，具有副高级职称以上的比例由28.4%提高到30.6%；博士生导师12人，硕士生导师850人。全省专任教师队伍中中青年教师所占比重较大。专任教师总数中，40岁以下的比例：小学占60%，初中占71%，高中占67.2%，普通中专73.1%，普通高校占69.1%。民办教师队伍数量持续减少，素质有所提高。全省计划内民办教师数减至21.9万人，比上年减少2.1万人，占中小学教职工总数的比例由32.6%降至29.1%。

〔**改善办学条件和教师住房建设**〕 1995年，河南省各级各类学校办学条件得到较大改善：(1)学校校舍面积有较大幅度增加。1995年，全省各类学校校舍占地面积达到3.5亿多平方米，比上年增加580万平方米，增长1.7%。校舍建筑总面积达到66840万平方米，比上年增加450多万平方米，增长7.2%。中小学危房面积由上年的27.4万平方米下降到21.3万平方米，危房比例由0.56%降至0.4%。各类学校生均校舍建筑面积分别为：普通高校41.6平方米，普通中专25.5平方米，普通高中13.2平方米，初中4.1平方米，小学3平方米。(2)固定资产、图书资料、教研仪器设备等办学条件继续充实。普通高校固定资产总值17.6亿元，比上年增加1.22亿元，生均1.44万元；教研仪器设备总值达4.51亿元，生均3680元；拥有图书1930万册，生均158册。普通中专固定资产总值15.4亿元，比上年增加2.22亿元，生均0.72万元；教研仪器设备总值1.9亿元，生均900元；拥有图书939万册，生均44册。成人高校固定资产总值4.6亿元，图书总量433万册。普通高中生均图书21.5册，初中8.9册，小学5.7册。(3)中小学教学设施、仪器设备、实验室及图书配备“达标”学校比例扩大。按有关规定计算，全省中小学校占地面积达到标准的学校占总校数的比例（占地面积达标率）为：普通中学70.9%，职业中学53.1%，小学64%；实验室建筑面积达标率分别为：普通中学53.6%，职业中学40.4%，小学38.4%；图书馆（室）建筑面积达标率分别为：普通中学35.9%，职业中学33.5%，小学28.4%；体育场（馆）面积达标率分别为：普通中学56.7%，职业中学39.7%，小学48.5%；图书馆藏书平均达标率分别为：普通中学51.5%，职业中学49.6%，小学41.5%。

省属高校对教师住房建设实行“三点”集资的办法，全年完成施工建筑面积10.58万平方米，建成住房1369套，城镇中小学继续采取多渠道筹措资金的办法建设教职工住房，全年筹措资金3.2亿元，建成教师住房85.3万平方米，约11800套。

基础教育

〔**综述**〕 1995年，全省小学、初中规模持续扩大，学校布局进一步得到调整。全省小学招生比上年增加12.5万人，增长5.7%；在校生比上年增加48.5万人，增长4.9%。全省小学校数比上年减少201所，设教学点11781处，平均每1700人拥有一所小学校（点）。普通初中比上年减少89所，另有附设初中班的小学（“戴帽”初中）395所；职业初中比上年减少16所。全省平均每1.5万多人拥有一所初中（含职业初中）。特殊教育持续发展，办学形式多种多样。全省特殊教育学校在校学生比上年增加1482人。其中盲聋哑学校90所，比上年增加9所，招生1338人，在校生5662人；弱智儿童辅读学校19处，招生501人，在校生达2474人。随着“两基”工作的推进，全省各地特殊教育工作稳步开展，开辟了随班就读、小学附设班（点）等多种形式，使三类残疾儿童少年入学率大大提高。同时为提高入学人数的巩固率，不少地方采取了方便就近入学，随时办理转学手续，让学生学习一点实用技术等措施，走出了“康复、教育、发展职教”一体化的新路。

全省积极推进应试教育向素质教育转轨。一是适应新工时制，调整了中小学教学计划，对中小学校过好“双休日”进行了调查研究，省政府印发了《关于安排好中小学生节假日休息活动的通知》。二是起草下发了《关于全面贯彻教育方针和减轻中小学生过重课业负担的八项规定》和《关于停办各级各类学科奥林匹克学校（班）的紧急通知》，减轻中小学生过重课业负担。三是继续实行教学用书目录登报制度，认真做好教学用书管理工作。并从1995年开始按照国家教委课程方案要求，从小学三年级到初中开设了科技活动课。四是把中小学安全教育工作摆上突出位置，就中小学生参加商业活动、夏令营活动、公益劳动、学校建设等安全事宜作出规定。11月召开了全省中小学安全工作会议，部署了河南省中小学安全工作。

〔**义务教育**〕 1995年，河南省把工作重点放在以县为单位的“普九”上，落实“以县规划，落实到乡”的指导思想，稳步推进“普九”工作。1月9日至11日，在郑州召开了全省“两基”暨督导工作会议，全面分析了“两基”工作面临的形势和任务，研究部署了工作，推广了原阳县“双聘双包”经验和洛阳五中学校内部管理体制改革经验。2月26日，召开了全省“普九”工作座谈会。受省政府委托，省教委同1995年“普九”的22个县（市、区）政府签订了“普九”目标管理责任书。针对全省小学升初中比率低于全国平均水平的状况，分解下达了各市地小学升初中的比率和初中适龄人口入学率的目标任务，要求上述两率分别达到84%和80%；针对视力残疾儿童入学率偏低的状况下达了视力残疾儿童少年入学率任务数。10月5日，省教委主任办公会议专题研究贯彻国家教委召开的全国第二片“普九”工作汇报会，遵照“规划不变，工作往前赶，努力完成二片‘普九’省任务”的指导思想，制定了全省到1998年基本“普九”的工作计划；加强了对义务教育成本的核算，对1998年基本“普九”全省所需师资、办学条件所需经费进行了估算，确保按期完成“普九”的历史任务。

积极推进义务教育阶段学生就近入学。7月5日，省政府批转了省教委《关于义务教育阶段学生就近入学的报告》，要求从1995年起在普及初中教育的地方特别是城市市区，推行小学毕业生免试就近入学制度。这一制度的施行，对加强城市薄弱初中建设，取消择校生，提高“普九”质量，将起到推动作用。

12月11日至16日，省教委又对郑州、平顶山、新乡、商丘、鹤壁、三门峡6市地的普及初等义务教育工作进行了检查验收。并认定上述六市地达到了普及初等义务教育的基本要求。至此，全省完成了普及初等义务教育的任务。

1995年，义务教育普及成果进一步巩固，各项水平指标继续提高。小学适龄儿童入学率99.2%，初中适龄人口入学率为83.3%，分别比上年上升0.2和8.3个百分点。在校学生巩固率小学为99.26%，初中为96.96%，分别比上年上升0.08和1.07个百分点。应届毕业班学生毕业率小学、初中均为98.8%，均比上年上升1.3个百分点。小学毕业生升入初中阶段学校的比率为85.6%，比上年上升6.9个百分点。初中毕业生升入高中阶段学校的比率为45.1%，比上年上升4.1个百分点。1995年计划实现“普九”的22个县（市、区）中已有15个县（市、区）通过了检查验收，剩余7个县（市、区）将在1996年上半年进行检查验收。这样，全省实现“普九”的县（市、区）可达44个，占全省县（市、区）总数的27.8%；人口1500多万，占全省总人口的17%左右。小学、初中容量增大，城镇部分地区“入学难”问题初步有所缓解。由于各地“普九”工作扎实推进，及早作了学龄人口预测，继续调整中小学布局，以及部分地方实行了小学后学生“分流”等，全省小学平均每校（点）设有5.2个教学班、194名学生。

〔**普通高中教育**〕 1995年，普通高中教育突出抓了招生工作管理，强化了会考功能。通过调整，普通高中规模效益进一步提高，全省校均12.2班，每校学生635人。普通高中会考工作，组织93级、94级考试和92级语文、数学、政治会考及92级9科的补考，完成了92级学生会考成绩合成及毕业证发放。教学质量稳步提高，不少学生在全国学科竞赛中获得好成绩。新乡铁路一中的冯秀程、郑州一中的任民，分别获全国中学生奥林匹克竞赛物理一等奖，生物一等奖。8月，国家教委副主任柳斌视察了郑州铁路一中，听取了工作汇报，对郑州铁路局、郑州铁路分局重视教育的做法给予充分肯定，认为该校在内部管理体制改革、素质教育等方面做了许多卓有成效的探索，取得了宝贵经验，尤其是举办中学生党校的经验应总结推广。

〔**幼儿教育**〕 1995年，全省继续贯彻《幼儿园工作规程》、《幼儿园管理条例》及《关于加强和改进学前班管理的意见》精神，坚持国家、集体、个人一起上和多形式、多渠道发展幼儿教育事业的方针，使幼儿教育事业继续呈持续、快速发展的势头。截至1995年底，全省各类幼儿园（班）比上年增加5038所（处），其中幼儿园2575所，比上年增加158所，学前班27102处，增加4880处，在园（班）幼儿比上年增加192719人，增长9.12%。

加强示范幼儿园建设，提高办园水平。3月，发出《关于颁发〈河南省示范幼儿园标准（试行）〉的通知》。9月18日至25日，省教委会同卫生、妇联等有关部门组织17个检查组对全省幼儿园、学前班登记注册工作进行了检查。并首次评选表彰全省幼教先进单位100个，先进个人100名。

〔**治理中小学乱收费**〕 1995年，河南省对中小学乱收费进行专项治理。印发了《河南省教委治理中小学乱收费实施方案》，先后两次由省政府组织财政、物价等部门，邀请省人大、省政协负责同志参加，深入全省17个市地71个县400所学校进行了抽查。并利用春秋开学收费的时机，及时督促、指导各市地对中小学收费和用书情况进行自查自纠和抽查，严肃处理顶风违纪案件。通过一年的专项治理，全省基本实现1995年治理中小学乱收费的阶段性目标。乱收费现象已得到有效制止，“一卡、三统一、五不准、一坚持”（即使用收费明白卡；统一使用由财政部门制发的行政事业性收费票据，统一由财会人员收取，统一由财会部门设专户管理；不准设账外账，不准公款私存，不准以任何名目对学生进行经济处罚，不准擅自增加收费项目，不准提高收费标准；坚持收支两条线，定期公布账目）的收费管理制度逐步落实。全省清理自立收费项目11个，清理乱收费与多收款1430.7万元；除部分市（地）初中毕业班还办有补习班外，其它各种收费的补课班、“兴趣班”、“提高班”已在全省各中小学取消；规范了中小学教学用书，辅助读物实行“准入证”制度，遏制了强行让学生购买辅助读物和学习用品的坏风气，减轻了学生的课业和经济负担；加大综合治理力度，社会对学校的摊派已由过去的45项减少到9项，保险、防疫等代收费也得到控制。

〔**德育工作**〕 1995年，召开了德育工作会，省委下发了《关于贯彻〈中共中央关于进一步加强和改革中小学德育工作的若干意见〉的实施意见》，对中小学德育工作的任务、队伍建设、经费、育人环境等提出一系列措施，要求解决德育工作者职称和建立一批德育示范县、校等，为做好德育工作创造了条件。围绕纪念世界反法西斯战争和中国抗日战争胜利50周年开展了主题鲜明的教育活动。各地和中小学校开展了读百部好书，看百部优秀影视片，唱百首优秀歌曲等活动，利用德育基地开展了寻抗战遗迹，访抗战英雄，讲抗战故事等。在开展学雷锋、学赖宁、学胡迪秀活动中涌现出为抢救落水儿童而献出宝贵生命的好少年任小翠。5月16日，省教委发出《关于开展学习罗盛教式优秀少年任小翠活动的决定》，并在全省中小学开展了学习活动。还开展了文明礼仪表演等教育活动，认真实施中小学生日常行为规范。对涌现出的“三好学生”和“优秀学生干部”进行了表彰。

职业教育

〔**综述**〕 1995年，全省职业教育贯彻落实省委、省政府《关于〈中国教育改革和发展纲要〉的实施意见》中提出的目标任务。以农村职业教育为重点，以开好全省农村职业教育济源现场会为契机，抓典型，抓落实，职业教育出现了良好的发展势头。1995年，全省各类中等职业学校1113所，招生31.5万人，在校生72.7万人，分别比上年增加5万人和14.7万人，增长18.9%和25%。中等教育结构进一步调整，各类中等职业教育招生、在校生占整个高中阶段学生数的比例分别为68.3%、62.9%。分别比上年提高3.4和4.9个百分点。

〔**召开农村职教现场会**〕 1995年7月3日至4日，省政府在济源市召开了全省农村职业教育现场会。副省长张世英、国家教委副主任王明达等到会讲话，济源市和罗山县在大会上介绍了经验，代表们实地参观了济源市工业中专、第一职业高中等学校。各地和有关方面普遍反映，这次会议开得好，重点解决了各县、市一把手的认识问题，理清了农村职业教育发展思路，推动了全省职业教育的发展。

〔**校长和师资培训**〕 1995年，省教委把职业中学校长岗位培训和专业课师资队伍建设作为提高职业学校办学质量和促进全省职业教育发展的一项重要措施。在校长培训方面，一是制订了加强职业中学校长岗位培训工作的实施意见；二是对尚未建立省级示范性职业学校的44个县（市）举办了一期农村职业学校校长培训班，以培训骨干，尽快把示范性学校建设搞上去。1995年举办了4期职业中学校长培训班，共计培训校长近200人。在专业课师资队伍建设方面，一是增加了高等院校培养职教师资的任务。1995年高等院校对口招收职业教育师资1198人，比上年增加172人。二是扩大了培训规模。先后在河南职业技术师范学院、信阳师范学院、开封市第二职业高中等学校举办了农村机电、计算机、果林、服装等17个专业师资培训班，共培训专业课教师900多人。三是要求各职业学校积极主动外聘科技人员和能工巧匠到学校上课。四是在全省分8片对普通中专和职业中专的政治课教师普遍培训一遍。

〔**骨干学校建设**〕 (1) 把100个县(市)建起示范性职业学校作为1995年的重点工作之一。一是打破地区界限，不分指标，扩大建设范围，鼓励目前尚未建设示范性职业学校的县，都着手进行建设。二是明确建设示范性职业学校的责任在县，要求县(市)切实负起统筹协调的责任。三是改变职教专款使用办法，实行以奖代补的办法，调动各地建设的积极性。(2) 根据国家教委1995年认定第三批省级重点职业高中，并对第一、二批省级重点职业高中进行复查的安排。省教委按照《省级重点职业高级中学标准》要求，对各市、地申报的第三批省级重点职业高中进行了评估，并对第一、二批22所省级重点职业高级中学进行了复查。通过评估，确认了第三批省级重点职业高中20所。经复查，认定第一、二批22所省级重点职业高中全部合格。到1995年全省共有42所省级重点职高通过国家教委认定。(3) 确认了首批国家级重点职业高中备选学校11所。

〔**教学改革**〕 3月，省教委在郑州召开河南省职业学校教学管理工作座谈会，分析、讨论了全省职业学校教学管理的形势、问题和加强教学管理工作的意见、办法。开封市、安阳市、省服装专业中心教研组介绍了加强教学管理的经验和做法。11月，省教委印发《河南省职业高级中学教学常规(试行)》，对职业学校教学工作的各个环节进行规定。其内容共10个部分，即基本要求，教学计划、教学大纲和教材，备课，课堂教学，实验教学，实习教学，作业与课外辅导，课外活动，成绩考核，教研机构和教学活动。11月，省教委在郑州召开河南省农村职业高中农业类专业教学改革研讨会。河南省第一、二批省级重点职业高中的12所农村学校的校长和部分特邀代表到会。会上，传达了全国部分省农村职业教育座谈会精神，学习讨论了由国家教委、农业部联合起草的《关于加强农村职业学校类专业教育的意见(征求意见稿)》。与会学校汇报、交流了开展农业类专业教改实验的经验和做法。安阳县职业中专、博爱县职业中专、南阳市第四职业中专、濮阳县职业中专的农业类专业教改实验工作成效显著，得到好评。

〔**中专学校设置**〕 1995年，省教委成立了河南省中等专业学校设置评审委员会和各类中等专业学校设置评审专家组，制定了《河南省中等专业学校设置评审委员会章程》和各类中等专业学校的设置标准，使中等专业学校的设置评审工作程序化、规范化、制度化。1995年全省共申报设置职业中等专业学校50所、普通中专2所。专家组分别予以受理，并对申请设置的学校进行考察，对有关材料进行认真审阅和讨论，根据《设置标准》逐校进行评审，向评审委员会提交评审报告。最后评审委员会表决通过41所职业中等专业学校和2所普通中等专业学校。

〔**招生工作**〕 普通中专招生工作，一是加强对招生工作的领导，除个别市地外，绝大多数市地实现了招生工作的统一管理。二是全省统一实行了中师、中专兼报，艺术专业实行全省统考，专业成绩全省通用。录取新生工作由省招办统一组织集中进行，同批录取，克服了过去中专、中师不兼报，录取标准不统一的弊端。三是统一规定中专、中师考生准考证号的编制方法，序号由计算机随机编定。1995年共有22万多名初中毕业生报考普通中专学校，普通中专计划招收初中毕业生36629人，实际录取37269人，完成计划的102%。中师计划招生16644人，全部按计划完成招生任务。

高等教育

〔**综述**〕 1995年，河南省本着优化文理专业，调整提高师范专业，适当发展农林、医药专业，大力发展工科、财经、涉外等专业的原则，加大专业结构调整力度。经省高校专业设置评审委员会评审，省教委研究，同意15所高校新增设专业31个（含筹建专业2个），其中本科专业18个，专科专业13个。在新增设专业中，工科、财经类专业20个，占新增专业总数的64%，优先发展了工科、财经等应用类专业。全省普通高校招生科类比例分别为：哲学0.1%、经济学17.9%、法学2.4%、教育学5.2%、文学15%、历史学2.5%、理学11.2%、工学34.1%、农学5.3%、医学6.5%。与上年相比，工学上升3%，经济学上升0.9%；理学下降2%，历史学下降0.6%，法学、教育学、医学、文学均有所下降。

普通高校规模效益明显提高。1995年普通高校每一专任教师负担学生数由上年的1：7.5提高到1：7.9，其中，省属学校由1：7.4提高到1：7.8。每校平均在校生规模由上年的2341人增加到2448人，其中，省属高校由上年的2209人增加到2287人。

〔**教学改革**〕 6月，省教委在安阳召开全省普通高校教学改革研讨会，交流了各校贯彻落实1994年全省高校教学工作会议精神的经验，对全省高校教学工作提出了具体意见和要求。制订了《河南省普通高校教学成果申报与鉴定工作细则》，成立了河南省高校教学成果鉴定工作委员会，开展教学成果鉴定工作。这一制度的建立，对于调动广大教师投身教学改革，提高教学质量具有积极作用。1995年，省教委继续在全省师范院校专科生中开展优秀毕业生升本科的工作，全省共有301名专科学生升入师范本科，占全省师范专科毕业生数的3%左右。继续推行师范专科联合统考制度和新教学方案的试行。5月和12月，省教委两次召开师专统考会，安排统考的有关事宜，并就部分学校在新教学方案试行过程中的有关问题进行讨论，为新教学方案在全省师专的全面试行奠定了基础。

1995年，新乡医学院被国家教委确定为首批进行本科教学工作合格评价的高校，为迎接国家教委的验收省教委成立了评价工作领导小组，召开现场办公会，对新乡医学院从政策和经费方面给予倾斜。

〔**体制改革**〕 1995年，河南省高等教育体制改革呈现出省部联合办学、企业参与办学、与海外合作办学、私人办学等多形式办学的发展势头。1995年，河南省教委与化工部人事教育司、机械部教育司座谈，本着“资源共享，余缺相济，优势互补”的原则，协商推进郑州大学、郑州工学院、郑州工业专科学校联合办学。1995年，河南省在办好郑州大学升达经贸管理学院的同时，依照“态度积极，慎重从事”的原则，支持省教育学院与美国马歇尔大学联合举办“HMC语言学院”、开封大学与日本神户YMCA学院合作开办日本语培训中心、洛阳农业专科学校与美国伊利诺斯大学新大陆高科技中心合作创办“洛阳国际语言学院”、安阳大学与台湾安阳同乡会合办安阳大学明诚商贸学院等。

〔**学校管理改革**〕 高等学校采取措施进一步深化内部管理体制改革。“八五”期间，河南农业大学贯彻“抓住机遇，深化改革，扩大开放，促进发展，保持稳定”的基本方针，先后进行了两轮人事、分配制度改革；进行撤系建院工作，由原来的八系二部一室，改建为七院三系一室；在总结第一轮人事分配制度改革的基础上，制订并实施了新的人事分配制度改革。教学和科研工作量混算，以工作量重新核定编制，实行满工作量运行。新的竞争和约束机制充分体现了多劳多得的分配原则。完善了各类人员的管理体制，学校基层党组织的选举制，行政干部的聘任制，工人的合同制，人才交流中心人员的试用制已经建立并运行。同时，还进行了职工住房制度、校舍维修体制、财务制度等项改革，提高了学校的管理水平。

焦作工学院积极深化内部管理体制改革。采用综合积分、公平竞争的办法从干部岗位的工人中选拔聘用5名干部；采取设内部指标、严把任职资格评审条件的办法，重点解决真正具有较高学术水平的青年教师的高级技术职务问题。撤销总务处、基建处的二级财务，实行由财务处集中统一管理。基建工作对新建工程实行向社会公开招标等办法。

河南师范大学结合实际改革学生工作体制。一是加强党的领导，建立“四位一体”的工作体制。即党委学生工作部、学生处、团委、思想政治教育教研室四个部门“四位一体”的工作体制。该体制由校党委主抓学生工作的副书记和校长直接领导，各部门既明显分工，又密切合作，把对学生的教育和管理有机地结合起来。二是实行“一、二、三”学生工作模式。即建立一套完备的学生工作规章制度，促进学生工作的制度化，规范化和科学化；建设两支过硬的学生工作干部队伍，即学生政工干部队伍和学生干部队伍，形成强有力的骨干力量；搞好三个方面的有机结合，即学生管理与思想教育相结合，学生工作与科研工作相结合，具体工作与培养目标相结合，充分发挥学生工作的整体优势。

〔**招生工作**〕 1995年，全省高校招生“并轨”改革稳步扩大，在上年河南财院招生“并轨”改革先行试点的基础上，扩大到郑州大学、河南大学（非师范专业）、河南财院和河南医科大学四所学校，“并轨”实际招生

3580人，占4所学校招生总数的58.3%，占全省地方属高校招生的11%。在积极推进高校招生“并轨”改革的同时，继续实行了国家任务计划与调节性计划相结合招生计划体制。国家任务招生2.71万人，占62.7%；委托培养和自费生调节性计划招生1.61万人，占37.3%。

在考试管理方面，加强高考巡视检查，除省、地两级招生工作人员巡视检查之外，还抽调人员组成高考巡视团，深入各个考点蹲点检查、定点观测。在录取管理方面，一是加强录取场所的全封闭管理，对进入录取场所的人员严格控制，除招生部门工作人员、招生院校派出的招生人员和负责纪检、监察的人员以外，其他人员均不得进入录取场所。二是加强招生计划管理，严格按照国家及省下达的招生计划安排招生，强调各种招生计划都必须随批录取，在录取场所按时完成全部招生任务。三是加强对录取控制分数线和照顾对象的管理，把各批录取的控制分数线和照顾对象的照顾标准印发给各招生院校，保证了录取工作有章可循、规范统一。四是改进档案管理办法，进一步实现档案调度的科学化、规范化。五是加强录取监督，增加录取工作透明度。

〔**高校为经济建设服务**〕 1995年，河南高校开展科学研究，主动为经济建设服务，取得成效。河南农业大学承担的科研项目“转双基因高抗虫烟草培育遗传工程研究”，针对农作物的主要害虫——鳞翅目昆虫造成的烟草产量下降，化学农药的使用致使该虫抗药性提高、人畜中毒、环境污染、烟草中农药残留量高等问题，以现代基因工程技术为手段，以提高烟草品种的抗虫性及保持抗性的持久性为目标，开展抗虫遗传工程研究，成功地获得转双基因高抗虫烟草新品系“抗虫931”，经1994年、1995年的大面积示范应用，每公顷节省农药及投工成本375元以上，增产值750元以上，在1600公顷大田示范中，共增收175万元。该项目荣获省科技进步一等奖。1995年，该校农业科技开发与科技扶贫工作取得新成绩。学校以改造中低产田为重点，以增产粮食为中心，以形成新综合生产能力为目标和实行区域开发、综合治理为目的，在周口、商丘、驻马店三个地区各开办1个试验区。学校科研人员针对当地农业生产存在的问题，采取配套技术，推广新成果、新技术，把试验、示范推广和技术培训有机地结合起来，共培训农民技术骨干20万人次，印发各种科技资料15万份。3个试验区比1992年新增粮食15%，人均收入增加150元，被省委、省政府授予“放心工程”。河南医科大学1995年与济药集团签订协议联合开发蝎毒；与许昌一企业签订了“药用卫生纸”技术转让协议；学校研究成功的抗肿瘤新药“胃瘤平”、“化瘀Ⅰ、Ⅱ号”等已申报国家专利。河南大学积极进行科技开发与推广工作，探索科技与经济相结合的新模式，同开封县联合组织了“科技兴县”工程，先后派出20名女大学生任科技副乡（镇）长，10名专家任县政府经济发展顾问，30名科研人员任科技副厂长，400名大学生任副村长，为开封县的经济发展送去知识和技术。同时还与虞城县结成对口扶贫单位，先后派出近百名专家开展科技扶贫工作。

成人教育

〔综述〕 成人教育紧紧围绕当地经济发展和产业结构调整的需要，坚持实际、实用、实效的原则，把学文化与学技术密切结合起来，取得了明显的社会经济效益。到1995年，已有94个县（市、区）通过了省政府组织的扫盲验收，约占全省县（市、区）总数的60％，青壮年文盲率已下降至5％以下。城镇以行业为主的干部、职工培训有了较快发展，"八五"期间，参加培训人员达900万人次，超额完成了省政府确定的500万人次的目标任务。县、乡、村三级成人教育网络进一步加强，在实施科教兴农战略中发挥了重要作用，成为当地科技推广和信息传播的主阵地。成人高等教育健康发展，社会力量办学进一步加强。

〔扫盲工作〕 1995年，全省扫除文盲工作按照"分类指导，加大力度，突出重点，保证质量"的原则，加快了扫盲工作步伐。省教委在信阳召开全省34个贫困县教委主任及所在市（地）教委分管主任、成人教育科长参加的会议。落实扫盲责任制，确保扫盲规划目标的实现，抓好贫困地区和妇女扫盲两个重点，继续加大对贫困地区扫盲工作的指导力度，在经费补助、仪器配发和图书教材等方面向贫困地区倾斜。

为广泛动员组织社会各方面力量支持、参与扫盲工作，5月28日省教委与团省委联合发出通知，决定从1995年起，连续五年在全省范围内组织实施"河南省大中学生志愿者扫盲与科技知识文化服务行动"。具体实施目标是：每年组织各2万名左右的大学生和中等学校学生志愿者，每年培训5000名农村扫盲教师和工作人员，每年使20万左右的青壮年受到识字和科技培训，五年累计培训100万人次。1995年全省共有37个县（市、区）经验收达到了国务院《扫除文盲工作条例》和省人民政府《河南省县级扫除青壮年文盲单位检查验收办法（试行）》的标准和要求。至此，全省实现扫除青壮年文盲的县（市、区）已达94个，占全省158个县（市、区）的60％。郑州、焦作、漯河三市所辖的县（市、区）已全部通过省政府的扫盲验收。

1995年，全省共组织38.1万名文盲、半文盲入学，脱盲33.4万人。9月8日，新郑市脱盲女学员靳喜俊作为特邀代表参加了联合国教科文组织在北京举行的"国际扫盲日"庆祝活动并作大会发言。12月5日，全国妇联、国家教委做出《关于授予全国扫除妇女文盲先进个人和先进集体"巾帼扫盲奖"荣誉称号的决定》，河南省王梅荣、袁喜娥、胡家钰、华德荣、胡广真等5人获全国第三届巾帼扫盲奖先进个人荣誉称号；1995年，李书善等5人被国家教委评为扫除文盲先进工作者；长葛市增福庙乡成人文化技术学校等5所学校被国家教委评为农村成人教育先进学校。

〔**农民技术教育**〕 以回乡初高中毕业生为主要对象的农村技术教育取得新进展。1995年，省教委与科委、农业厅、林业厅、文化厅、水利厅等11个部门联合签发文件，对回乡知青培训工作进行总结部署，提出新要求，并下达了回乡知青指导性培训计划。据1995年8月统计，仅1—7月，教育部门就培训回乡知青88.89万人（初训），复训103万人，全省还培训农民和乡镇企业职工273万人。培训的质量和效益也有明显提高。在经过培训的回乡知青中，有12.09万人成为农民技术员，有90932人成为农村基层干部，有436989人成为乡镇企业职工，有26136人成为农民教育教师，有451764人成为专业户和科技示范户；获得县以上科技成果奖2587项。据统计，1979年以来，全省共有回乡初高中毕业生1111.8万人，到1995年，已培训1066.06万人，占回乡初高中毕业生总数的95.88%。

全省乡（镇）、村成人学校建设取得较快发展。1995年全省乡（镇）成人学校发展到2089所，占乡（镇）总数的97.43%，比上年增加99所。其中达到省定三类以上标准的1394所，比上年增加425所，占全省乡（镇）学校总数的66.7%。全省村级农民文化技术学校（教学点）发展到4447所，占行政村总数的93.27%。

〔**农村人口教育**〕 1995年，县办成人中专普遍开设人口教育课，开展人口教育的乡镇达80%以上，其中项目中心校、试点校100所。接受系统人口教育培训的农民达58万人。经历了试点起步阶段、全面展开阶段，全省人口教育的工作重点已逐步转向以抓管理、上水平、求效益为中心的规范化管理阶段。一是强调坚持和完善人口教育的定期报告、检查评估和定期表彰制度。二是要求档案管理规范化、科学化，建立健全各项规章制度。三是强调注重培训的质量和社会效益，搞好社会跟踪调查和服务。9月，国家教委在河南召开了全国农村成人学校人口教育项目总结会，河南省农村成人学校教育工作会议同时召开。会议期间，与会代表实地考察了河南省项目师资培训中心及新郑、长葛两市部分乡镇成人教育项目学校。河南人口教育工作受到联合国人口基金高级项目官员的高度评价。

〔**成人中专教育**〕 为加强对成人中专教育的管理，5月省教委印发《关于建立中等专业学校设置评审委员会和各类中等专业学校设置评审专家组的通知》，决定建立河南省中等专业学校设置评审委员会。1995年，有15所成人中专先后通过评审。

1995年，成人中专学校从办学类型看，呈现以下特点：一是区域综合性的学校稳步发展。全省县（市）成人中专学校（原称县农民中专）达42所，占县（市）数的25%。继商丘地区之后，郑州市、漯河市也相继建立了市地级成人中专学校，结束了成人中专没有市地级学校的历史。二是行业、企业办的职工、干部中专处于调整、整顿阶段，一些多年未招成人中专学历生的学校，有的开始恢复招生，有的准备停办。三是非成人中专学校，如高等学校、普通中专、职业中专等举办成人中专班的数量增加。1995年有44所非成人中专学校举办成人中专班，招生数占全省成人中专招生总数的15.5%。为加快成人中专人才的培养步伐，成人中专招生出台了两项改革措施，即考生可以凭初、高中毕业证免试入学；改每年一次报名、一次录取为两次报名、两次录取。这些措施照顾到成人的特点，为求学者提供了更多的就学机会，使成人中专招生工作摆脱了多年徘徊的局面，录取新生和完成招生计划比例均超过往年。

〔**成人高等教育**〕 1995年，河南省成人高等教育坚持“控制规模，调整结构，提高质量”的方针。全省独立设置的成人高校52所，普通高校附设成人教育机构和市地级电大分校61处。全省学历教育招生比上年减少5700余人；在校生比上年增加1.47万人，增长11%。从学校分类来看，普通高校举办的成人高等学历教育和广播电视大学比重较大，其在校生分别占64%和17.2%，函授教育增长尤为迅速，已达到成人高校在校生总数的一半以上（51.5%）。从学科构成来看，工科、财经类所占比例，招生由上年的49.7%上升到54.3%，在校生由上年的52.4%上升到56.3%。其中，工科招生占21.7%，在校生占19.1%。

加强普通高校函授、夜大学教育的宏观管理。3月，省教委转发国家教委办公厅《关于印发〈普通高等学校函授教育评估基本内容和准则〉等文件的通知》，要求各举办函授、夜大学的普通高校，按照国家教委要求，结合学校实际制定自我评估方案并进行自评。7月，结合实际提出贯彻意见和评估工作计划。省教委成立了评估工作领导小组和评估专家组。制定了评估工作程序和《河南省普通高等学校函授、夜大学教育评估实施细则》。《细则》规定了评估项目、评估指标和评估要素。12月18日，评估专家组分别对试点学校洛阳医学专科学校（夜大学）、南阳师范专科学校、河南中医学院（函授）进行了评估。

加强办学招生广告管理。1995年，省教委、省工商局联合印发《关于加强教育办学招生广告管理的通知》。规定经各级教育行政部门批准设立的各级各类学校，通过报刊、广播、电视等媒介刊登、播放或张贴、散发办学招生广告（含简章）均属管理范围。明确了各级各类学校办学招生广告的审批权限；规定高等学校二级机构、非办学机构（企事业单位、部门、社会团体等）不得刊登、播放、张贴和散发办学招生广告；对违犯《通知》规定，擅自刊登、播放、散发和张贴办学招生广告的学校由工商行政管理机关和教育行政部门依照法规予以处理。26日，省教委印发《关于启用河南省教委招生广告审批章的通知》，明确今后凡须经省教委审批同意的各类学校招生广告，从1995年6月1日起，一律加盖“河南省教育委员会招生广告审批章”。

严格学历证书管理。省教委印发《关于加强学历证书管理的通知》，明确指出，举办高等学历教育的学校，必须是经国家教委批准设置的普通高等学校、成人高等学校（包括职工大学、广播电视大学、教育学院、管理干部学院、普通高等学校举办的函授、夜大学）以及经国家审核批准的大专班、分校。获取国家承认的高等教育学历文凭，必须是通过全国普通高考或成人高考，由省招办录取，学完规定的课程，成绩合格，准予毕业的学生，或通过自学考试各科成绩及格的学生。要求各有关高校要严格按照国家有关规定颁发证书。违者视情节轻重依法追究领导者及当事人的责任。1995年，经审核验印，毕业获本、专科成人高等教育证书的共28368人。

〔**社会力量办学**〕 1995年河南省对社会力量办学继续采取“积极鼓励，大力支持，正确引导，加强管理”的方针，对基本情况进行了调查，建立了河南省民办高等层次(非学历教育)学校设置专家评审委员会，印发了社会力量办学管理条例，严格把好审批学校关，并逐步规范学校名称，引导社会力量以举办职业技术教育和进修、助学辅导为主，严肃查处违反规定办学、招生、收费等问题。规范了社会力量办学的程序，加强了管理。1995年，河南省社会力量办高等层次学历教育的学校1所，非学历教育的162所，专业设置791个，在校生69117人，专职教职工2595人；中等层次学校420所，专业设置722个，在校生6.9万余人，专职教职工2796人；初等层次学校928所，在校生6.23余人，专职教职工3908人。

〔**自学考试**〕 1995年，共开考54个专业，其中本科14个，专科40个。全年报名人数达48万人。高等教育自学考试已成为全省规模最大的一种社会性考试，为保证自学考试事业健康发展，采取了以下措施：一是加强统一考试的组织工作，各地克服考生猛增带来的种种困难，千方百计安排考场，严密组织，严格管理，保证了考试的顺利进行。二是加强考务考籍管理工作，狠抓考风、考纪，严格落实毕业生审查制度，市地考办、主考院校、省考办层层把关，清除替考考生，保证了毕业生质量。

撰稿 韩 冰

审稿 亓国瑞 孙增福

何艾光 朱玉山

湖北省教育

概　况

〔**基本情况**〕

1995年各级普通学校基本情况

单位：人

学校类别	学校数（所）	毕业生数	招生数	在校学生数	教职工数	
					计	其中专任教师
一、普通高等学校	57	44018	57958	193794	65989	25220
研究生		2343	3732	11091		
本　科		21302	30984	112213		
专　科		20373	23242	70490		
二、中等专业学校	239	52245	115007	299284	33061	17124
中等技术学校	204	42843	97342	255177	27611	13771
中等师范学校	35	9402	17665	44107	5450	3353
三、普通中学	3761	677385	934182	2475861	214686	171408
高　中	575	98848	149589	367459		29506
初　中	3186	578537	784593	2108402		141902
四、农业、职业中学	414	41340	69961	170353	17390	12643
高　中	284	30233	49245	115952		8860
初　中	130	11107	20716	54401		3783
五、工读学校	5	25	25	100	79	36
六、小　学	29422	907560	1289448	6741588	343246	305852
七、特殊教育学校	59	532	1672	6888	1482	1080
八、幼儿园	3486		833382	1081822	47833	35264

1995年各级成人学校基本情况

单位：人

学校类别	学校数（所）	毕业生数	招生数	在校学生数	教职工数	
					计	其中专任教师
一、成人高等学校	73	50463	56543	170991	12830	5809
广播电视大学	18	12890	11016	31097	3836	2001
职工高等学校	36	2583	4157	11656	4227	1768
农民高等学校						
管理干部学院	8	2044	3703	10246	2763	1071
教育学院	10	12597	2775	7676	1964	933
独立函授学院	1	527	790	2417	40	36
普通高校举办：						
函授部		15220	22001	78484		
夜大学		2044	3178	10697		
成人脱产班		2558	8923	18718		
二、成人中等专业学校	304	53599	66417	148864	13672	7633
广播电视中专	6	2218	2779	4399	380	228
干部中专	8	2454	1969	4469	365	234
职工中专	172	26290	39057	88618	8102	4445
农民中专	62	3842	6204	13392	1437	926
函授中专	10	13092	7074	17319	1343	638
教师进修学校	46	5703	9334	20667	2045	1162
三、成人中学	79	6713	7408	8794	528	209
职工中学	23	1622	2065	2266	231	131
农民中学	56	5091	5343	6528	297	78
四、成人技术培训学校	9118	1992889	1661649	1189854	14145	7346
职工技术培训学校	372	123351	150814	98892	2734	1899
农民技术培训学校	8746	1869538	1510835	1090962	11411	5447
五、成人初等学校	6535	172353	136226	150660	5451	3329
职工初等学校	52	2396	3792	4376	166	93
农民初等学校	6483	169957	132434	146284	5285	3236
其中：扫盲班	5417	136172	100858	111880	4154	2419

制表　谌杏林　张文斌

〔**“八五”教育工作综述**〕“八五”期间，湖北省在教育改革和发展方面主要抓了以下几件事：

运用法规手段，确立教育战略地位。1993年11月，省委、省政府召开全省科教兴鄂工作会议，作出《关于科教兴鄂的决定》，出台了一系列发展科技和教育的政策和措施，确立教育和科技在全省国民经济和社会发展中的战略地位。1994年12月，召开了全省教育工作会议，作出了《关于教育改革和发展的决定》，提出了湖北省90年代教育发展的目标和措施。1995年10月，中共湖北省委六届四次会议通过的《关于制定我省国民经济和社会发展“九五”计划及2010年远景目标的建议》，强调加快实施科教兴鄂步伐，要切实把教育放在优先发展的战略地位，全面振兴教育事业。

努力增加教育投入。省委、省政府决定，从1995年起，全省财政支出中，教育经费比重达到20%以上，省教育事业费支出占财政支出的比例，在1993年的基础上每年增加1个百分点。从1995年到2000年，筹措1.2亿元，与国家教委共建武汉大学、华中理工大学。1995年，湖北省属高校基建投资由2560万元增加到4000万元。年底，省政府又增拨教育经费1250万元，用于解决省属学校建设。同时，省政府大幅度增加对义务教育的专项投入。1995年省义务教育专款达2000万元。

大力普及九年义务教育，积极扫除青壮年文盲。1995年5月，省长蒋祝平与各地、市、州的市长（州长、专员）签订了普及九年义务教育和扫除青壮年文盲责任状，此后，各级政府层层签订责任状，使普及九年义务教育和扫除青壮年文盲工作变成为政府行为，落实到每一个乡（镇）。到1995年，全省小学入学率达到99.24%，初中入学率达到87.5%，中小学生辍学率分别由上年的6.69%、1.84%下降到6.26%和1.66%。残疾儿童入学率超过60%。组织完成第三批普及九年义务教育县（市、区）评估验收，通过省级“两基”验收的县（市、区）已达29个。全省1995年扫除青壮年文盲16.7万人，已有69个县（市、区）基本扫除青壮年文盲。

加强宏观指导，深化教育综合改革和体制改革。加大农村教育综合改革力度。1995年，在潜江市召开全省农村教育综合改革经验交流会，提出了进一步推进农村教育综合改革的任务和措施，到1995年，试点县（市）从4个扩大到12个，各县（市）也确定了一批试点乡（镇）。加快中小学体制改革和办学模式改革的步伐。积极推进高等教育办学体制和管理体制改革。调整布局，优化结构，全省高校由原来的63所调整至57所；推进学校与企业、科技部门结合，建立“产学研”相结合的办学体制；推进校际间的联合办学，资源共享，优势互补，到1995年，全省已有16所高校以不同方式开展联合办学；省政府与国家教委共建武汉大学、华中理工大学，武汉市政府与国家教委共建华中师范大学；试办民办高校，改变国家包办高等教育的格局。

大力实施“科教兴鄂”战略，主动为经济建设服务。普通中小学积极渗透职业技术教育因素，普遍开设劳动技术课，同时积极开展小学后、初中后、高中后短期职业技术培训，全省农村初中基本上试行“两证”（毕业证、实用技术培训合格证）制度。农村职业技术教育开始实行“四个转化”，即办学方向由执行计划向面向市场转化、劳动基地由实习型向实业型转化、培养目标由单一的专业人才向多技能复合型人才转化、教学形式由传统的教学模式向教学、生产经营、科研、社会服务四结合转化。职工教育和农村成人教育坚持“实际、实用、实效”的原则，突出技能，优化培训环节，不断提高培训效果。1995年，全省职工岗位培训达110万人次，县、乡、村三级成人文化技术学校培训农民达500万人次。高校、中专学校科研和科技开发工作进一步加强，实施的“大学—乡镇合作计划”和“中专—乡镇合作计划”不断取得新进展。大力发展校办产业和开展勤工俭学活动，直接参与经济建设。1995年，全省勤工俭学总产值达35亿元，纯收入5.2亿元。

加强重点学校建设，不断提高教育质量和办学效益。重新确定全省重点高中、职业中学、中师和中专学校的建设规划，集中物力和财力建设了一批省级重点高中、职业中学和中师，评估认定了12所国家级重点普通中专、41所省级普通中专。围绕“211工程”目标，加强重点高校和重点专业（学科）建设。1995年，武汉大学、华中理工大学已顺利通过国家教委预审，中国地质大学、武汉工业大学、武汉水利电力大学也加快了建设步伐，省属高校湖北大学、湖北工学院等校加大投入力度，办学条件进一步得到改善，与此同时，重点专业（学科）建设不断取得新的进展。

加强教师队伍建设，提高教师待遇。通过举办小学教师专科班，初中教师实行卫星电视教育、函授、自学考试“三结合”培训模式，开辟高中教师专科升本科“三结合”培训渠道，扩大中小学教师学历培训规模，到1995年，小学、初中、高中教师的学历达标率分别达到86%、68%、55%，分别比1990年提高12.6、23.5和10.5个百分点。培训中小学校长3.7万余人，完成全省第一轮中小学校长岗位培训任务。高校青年教师的培养、培训进一步加强，遴选和培养学术带头人，实施“跨世纪工程”已初见成效。湖北省委、省政府对拖欠教师工资问题做了大量工作，采取了一系列措施，使拖欠教师工资现象有所遏制。加大教师住房建设力度，1995年全省用于城镇中小学教职工住房的投资达1.26亿元，完成建筑面积31.5万平方米，有4550名教职工迁入新居。全省已建成教师住宅小区10多个，教师家庭人均居住面积达到8.4平方米。为鼓励教师终身从教，省委、省政府决定，从1995年起，对教龄满30年的教师按原工资的100%计发退休工资，对教育行政部门认定的在岗民办教师国家补助标准每月由22元提高到38元，全省拿出1.5万个指标用于民办教师转为公办教师。评选了一批优秀教师和优秀教育工作者。

全面贯彻教育方针，加强学校德育工作。中小学德育工作逐步深入，省教委会同省委宣传部等单位在武汉市武昌区开展爱国主义教育试点，确定了武昌实验小学、武汉市第四十五中学等一批试点学校，1995年先后召开了全省中小学德育工作座谈会和经验交流会，成立了湖北省中小学德育工作研究室，进一步推进中小学德育工作向纵深方向发展。大、中专学校德育工作普遍得到加强，以加强学生管理和整顿教风和学风为突破口，将德育工作贯穿于学校各项管理工作之中。学校体育卫生工作、艺术教育、校园绿化美化等都有新的进展，育人环境有了较大改善。

“八五”期间，湖北省教育事业发展中存在的主要问题是：全省普及九年义务教育难度较大，教育投入不足，制约了教育事业的发展；提高教师待遇、解决教师工资按时发放还缺乏保障机制；教育与经济结合不够紧密，关键是教育与经济结合的机制没有解决好；教育法制不够健全，各种规章制度建设也有待加强。

湖北省教委办公室、调研处供稿

〔**教育督导检查**〕 1995年，省政府教育督导室、省人大科教文卫委员会、省政协科教文卫委员会发出《关于贯彻执行〈关于在全国开展基础教育“五项内容”督导检查的通知〉的通知》，省委办公厅也印发文件，对检查工作进行部署。在各地自查的基础上，11月上旬，省委、省人大、省政府、省政协和省教委及部分地市州县教委60余人组成10个检查组，对53个县（市、区）进行教育督导检查。检查结果表明：(1) 各级党委和政府普遍建立了定期议教制度、定点联系学校制度、层层抓教育工作责任制等。(2) 全省各地增加教育投入，基本做到了“两个增长”(教育经费的增长速度高于地方财政收入的增长速度、中小学生均教育事业费和公用经费逐年增长）和以财政拨款为主。检查的53个县（市、区）中，教育经费支出占财政支出比例达30%以上的有36个。普遍开征了农村教育费附加，多数县（市）计征率达到1.5～2%，实征率在90%以上的县（市）有11个。城市“三税”附加开征的县（市、区）也较上年有所增加。(3) 落实《教师法》。理顺教师管理体制。在检查的53个县（市）中，公办教师由县（市）教育行政部门管理的有46个，民办教师以县管为主、县乡（镇）两级管理的有48个。逐步建立教师工资由县（市）统一发放的体制。在检查的53个县（市）中，由县（市）统一发放教师工资的已有30个。民办教师工资自筹部分逐年有所提高，国家补贴标准也有所提高。教龄满30年的教师按100%比例计发退休费的县（市）已有48个。(4) 改革教育结构，调整学校布局有新的进展。各地在不断完善“分级办学、分级管理”的同时，鼓励支持部门和社会力量办学。(5) 各级党委和政府都制定了基本普及九年义务教育、基本扫除青壮年文盲规划，认真实施。

在检查中发现存在的主要问题有：各地贯彻落实《决定》的情况不平衡，有的地方力度不够大；教育经费不足的状况尚未从根本上得到解决，教育发展与投入不足的矛盾仍然突出；拖欠教师工资现象严重，教师实际困难仍然很多等等。

撰稿　周宗清

基础教育

〔**制止中小学生流失**〕　1995年9月1日至14日，省教委派出11个检查组，对全省各地、市、州及省直管市、林区的开学工作进行了检查。检查情况表明，中小学入学巩固情况良好，控制中小学生流失工作取得成效。黄冈、武汉、荆门、鄂州、天门、枝城等地、市小学生流失率在1%以下，其中荆门、枝城市小学适龄儿童全部入学，流失率为零。荆门、天门、枝城、五峰等市（县）初中生流失率在3%以下，其中荆门为1.5%。

各地在控制学生流失工作中采取了一些有力措施。(1) 普遍实行了义务教育证书制度、义务教育通知入学制度及学生流失报告制度，中小学生入学、巩固工作做到依法办理，规范有序。(2) 强化了义务教育的执法职能。如蕲春县、阳新县所有乡（镇）都成立了由人大、司法、教育等部门组成的“义务教育执法室”，对不听劝告，拒不送适龄子女入学的家长依法进行处罚。(3) 强调政府行为，各级政府层层签订责任状。(4) 各级教委严格督查，采取“校校听情况，班班点人数，户户去核实”的办法，对所有中小学的入学情况进行督查通报。(5) 积极开展扶贫活动。如襄樊、荆门市等地专门建立了贫困学生助学基金；荆门市每年为贫困学生减免入学费用近50万元；南漳县政府组织全县2007名副股级以上的干部，每人包扶1名贫困学生，每学期资助30—40元。

撰稿　雷方圣

〔**高中教育**〕　1995年5月，国家教委召开全国普通高中教育工作会议。为贯彻落实会议精神，省教委提出以下措施：(1) 扎实稳步地推进办学模式和办学体制改革。一是确定一批办学模式和办学体制改革试点学校和县（市）；二是统筹规划，分步实施；三是认真解决改革中的有关政策问题；四是加强对民办学校的管理，坚持“积极鼓励、大力支持、正确引导、加强管理”的方针，从实际出发，进行“公办民助、民办公助、国有民办”试点；五是成立办学模式改革课题小组，进行理论研究。(2) 加强普通高中校园建设和管理，每两年对校园建设和管理工作检查一次。(3)加强薄弱高中建设。要切实做好普通高中的布局调整工作，合理调配资金、师资、生源，改变薄弱普通高中规模小、生源少、师资队伍不雄厚、教育经费严重短缺的状况。(4)积极创建省级重点普通高中，规划到本世纪末创建100所省级重点普通高中，并从中确定国家级示范性普通高中50所。

撰稿　雷方圣

〔**办学体制改革**〕 中小学办学体制改革，一是完善分级办学、分级管理的体制；二是支持和鼓励社会团体、公民个人依法办学，打破政府单一办学的旧格局。办学模式改革，主要是全省初中实行“二一分流”或“三加短”（三年学生加短期职业培训）。高中实行四种办学模式，即升学预备教育为主的模式、升学教育和就业预备教育相结合的模式，就业预备教育为主的模式、特色教育模式。

1995 年 5 月，经国家教委同意和省政府批准，将华中师范大学附中作为办学体制改革试点学校。(1) 学校的领导管理体制由华中师范大学、省教委和武汉市教委共同领导，以华中师范大学为主，成立管理委员会，负责决定学校的重大问题。(2) 学校内部管理体制为“校长承办负责”，校长对管委会负责。学校的教学、管理工作人员由校长聘任，新增人员实行合同制。(3) 学校教学管理为“自主办学，目标检测”。学校根据国家的教育方针、课程计划和人才规格的要求安排教育教学工作，教育行政部门对其教学实施目标进行检测评价。(4) 学校招生实行“提前测试，统考统录，自主择优”的办法，教育行政部门对学校的招生实行计划总额控制，以招收武汉市学生为主，适当时候适量向其他地市招收部分学生。(5) 学校的办学经费，由华中师范大学每年按 1994 年给该校的拨款数拨给，不足部分通过多渠道筹资办法解决。(6) 学校实行奖学金和助学金制度，对学习优秀者予以奖励，对家庭有特殊困难的学生予以适当补助。以上改革措施分步分年实施，力争 3 年到位。

撰稿　雷方圣

〔**德育经验交流会**〕 1995 年 12 月，省教委召开全省中小学德育经验交流会。会议总结了近几年全省中小学德育工作的主要经验：(1) 各级党委、政府及教育行政部门和各级各类学校加强了对德育工作的领导和管理；(2) 突出爱国主义教育，实行德育内容序列化；(3) 多渠道、多形式开展德育工作的格局初步形成；(4) 加强教师队伍建设，建立了一支专兼结合的德育师资队伍；(5) 狠抓校园文化教育基地建设，创设良好的育人环境。会议提出：要健全德育工作管理体制，建立和完善德育机构，充实德育管理队伍；建立目标责任制，实行目标管理，形成稳定的德育工作规范；建立科学的德育工作考核、评估制度；各级教育部门和学校要合理确定德育的经费投入；进一步加强校园文化建设和社区教育；加强教材建设和德育科学研究。

撰稿　雷方圣

〔**中学考试改革**〕 1995 年，省教委对初中毕业、升学考试和高中招生制度（下称“中考”）进行以下改革：(1) 初中考试实行毕业考试、升学考试相结合的办法。将音乐、美术、劳动技术教育、理化生实验列为考查科目，体育列为考试科目，安排在初中三年级下学期期中进行；地理、生物合卷，安排在初二下学期考试；物理、化学合卷，历史、政治合卷，作为毕业考试（会考）科目、安排在初三下学期，与升学考试同时进行；语文、数学、外语作为毕业升学兼考科目，实行一试两卷，A 卷为毕业考试，B 卷为升学考试。(2) 命题与阅卷。毕业考查科目，由地、市、州命题，县（市）组织，学校实施；从 1996 年起，毕业、升学考试科目均由省命题制卷，地、市、县组织考试；阅卷由地、市、州或县（市）集中进行。(3) 毕业与升学资格。初中毕业的应届生必须参加统一组织的毕业考试，达到地、市、州规定的毕业标准，(领到毕业证书并参加升学考试；升学考试成绩达到规定的录取分数线)，才具备参加高一级学校录取资格。录取重点中学和中专的学生，其考查科目必须全部合格。(4) 升学招生办法。参加中考的学生实行分类编排，按志愿录取，重点普通高中、重点职业高中、中专（师范）三者不得兼报。招生指标分配按原招生办法不变，由地、市、州、直管市统一划定录取分数线。高级中等学校招生实行统一考试，分头录取办法，普通高中、职业高中和中专及部分招收应届初中生的成人中专，分别由有关主管部门组织录取、审批。重点中学（普高、职高）分别从招生计划中划出一定的比例用于保送。

撰稿　雷方圣

〔**特殊教育**〕　据统计，到 1995 年 9 月止，全省视力残疾儿童少年入学率为 31.9%，听力语言残疾儿童少年入学率为 42.6%，智力残疾儿童少年入学率为 72.5%。全省三类残疾儿童少年共入学 36590 人，入学率达 63.6%。全省已建起特殊教育学校 59 所，较 1990 年增加25 所；全省 101 个县级行政单位，都办起了特殊教育学校或班，较 1990 年增加 62 个。

开展特殊教育取得的基本经验是：(1)提高认识，加强领导。省及各地、市、州、县教育行政部门把残疾儿童教育纳入义务教育的工作轨道，与实施义务教育工作统一规划、统一领导、统一部署、统一检查。(2) 积极办校办班，开展随班就读，实现“三个一起抓”，即盲、聋、弱智三类教育一起抓，办校、办班和随班就读一起抓，省、地（市）、县（市）、乡（镇）一起抓，努力扩大事业规模。(3) 多渠道筹措特殊教育经费，改善办学条件。1989 年以来，全省来自各种渠道的用于特殊教育的投资达 5000 余万元，其中各级财政拨款是主渠道。(4) 加强教师队伍建设。通过特殊教育师范学校（班）进行正规培训与开展短期培训相结合。1989 年以来，省教委举办培训班 22 期，培训教师 700 余人次。(5) 加强学校内部管理，不断提高教育教学质量。一是抓管理干部培训。二是抓评估检查。三是依托省教育学会特殊教育专业委员会，以老校带新校的办法，组织多种形式的教育教学研究活动。

撰稿　雷方圣

〔**中师办学条件标准化建设**〕　1995 年，中等师范学校在办学条件标准化建设方面取得以下成绩：(1) 天门师范学校等 7 所中等师范学校各征地 20 亩以上，使其校园占地面积达到或接近国家规定的生均 53 平方米的标准。(2) 所有中等师范学校都有相当数量新校舍竣工，投入使用，其中，汉川师范学校等 10 多所学校建成新校舍面积都在 5000 平方米以上。到 1995 年底，校舍总面积在 3 万平方米以上的学校有 12 所，其中沙洋师范学校已达 5.2 万平方米。(3) 1995 年，全省中等师范学校用于购买教学仪器设备的经费达 567 万余元，购置 386 以上微机 556 台。沙洋师范学校等 6 所学校，还配齐了微格教学设备。(4) 1995 年各校重点加强了图书资料建设，共购进图书 21.54 万册，校均增加 0.61 万册，其中沙洋师范学校等 4 所学校新增图书都在万册以上。

撰稿　程天轴

〔**教师队伍建设**〕　湖北省采取多种方式,培养培训中小学教师。培养专科程度小学教师试验。从1992年开始,先后在武汉市第二师范学校等6所学校进行试验。试验采取"三二分段"学制,即在三年制中师毕业生中择优选拔,再学习二年。专业名称为"高等师范专科小学教育专业"。试验工作由省教委领导,教学管理实行中等师范学校与高等师范专科学校(教育学院)联合办学,以举办试验班的中等师范学校管理为主的体制。学生按省颁教学计划的规定,修业期满,各门课程经考试合格,由联合办学的师专(教院)颁发高等师范专科毕业文凭。至1995年,6所试点学校共招收试验班学生882人,已毕业269人。

成人高师本、专科"三结合"培训。湖北成人高师专科"三结合"(函授教育、卫星电视教育、自学考试)培训从1992年开始,当年有政治等12个专业招生,共招收初中在职教师和教育管理干部2万余人,均为专科。1995年,首届专科"三结合"培训有13156人毕业,这批学员的毕业,使湖北初中教师的学历达标率提高7—8个百分点。1994年经国家教委批准,开展成人高师专升本"三结合"培训,有政治等6个专业招生,共招中学教师(主要是高中教师)1.47万人。一年来,培训工作健康发展,步入正轨。制定教学管理文件,加强对教学工作的指导。颁布了成人高师专升本"三结合"培训模式三个学年的教学计划,成立了汉语言文学等6个专业中心教研组,建立了题库制度。1995年省列支专款64万元,对有关办学院(校)进行了补助,同时,还安排了近30万元专款用于教材建设和电教片的摄制。1995年共编写出版12本教材和4门课程的电教片。

初中教师继续教育研究试验。1995年10月,在潜江市召开全省初中教师继续教育研究试验工作汇报会,总结了研究试验工作取得的成绩。(1)各实验区在对当地初中教师的素质状况进行调查、研究的基础上,确立了工作重点与突破口。(2)分类别、分层次研究确定了培训目标与培训内容。(3)探索出适应城乡特点的培训模式。一是以教育学院、教师进修学校为基地展开培训;二是以教师任职学校为单位进行培训;三是师训、教研、电教三方联手开展培训。(4)教材建设已经起步。会议要求将中学教师继续教育的任务纳入教育"九五"规划;建立健全管理继续教育的组织网络;保证中学教师继续教育的经费投入,切实加强继续教育基地建设,将继续教育工作逐步纳入科学化、规范化、法制化轨道。

撰稿　雷方圣

〔**中小学校长岗位培训**〕　湖北省第一轮中小学校长岗位培训从1990年开始,至1995年11月,省、地(市)、县(市、区)三级共举办中小学校长岗位培训班637期,培训中小学校长及其他教育干部38260人,其中,高(完)中校长1319人,初中校长5999人,完全小学校长23152人,初级小学校长3976人,职业中学校长486人,其他教育干部1036人,中小学校后备干部2292人。经过综合考核,绝大部分已颁发《湖北省中小学校长岗位培训合格证书》。

撰稿　雷方圣

职 业 教 育

〔**综述**〕 1995年，湖北省职业技术教育深化改革，强化管理，加强重点骨干学校建设。各学校着眼于内部挖潜，根据经济建设和社会发展的需要，坚持满足急需，适当超前的原则，调整专业结构，拓宽服务面向，增强学校活力。1995年，普通中专开办新专业30多个、职业中学开设专业200余个，一个门类齐全、行业配套、基本满足全省需要的中等职业技术教育网络已初步形成。1995年，全省各类中等职业技术学校招生21.5万人（含中师、技校，下同），与普通高中招生数之比为1.5：1；在校生52.9万人，与普通高中在校生数之比为1.44：1，其中职业高中在校生11.6万人，中专（含职业中专）在校生29.93万人，技工学校在校生11.37万人。实施的“中专—乡镇合作计划”取得进展，50多所中专学校与50多个乡镇挂钩，共同开发项目100多个，取得较好效益。

1995年，湖北省职业技术教育也存在一些突出的困难和问题。一是发展不平衡，由于各地认识和重视的程度有差别，政府行为力度不一，致使学校的综合实力和办学水平的差距有拉大的趋势。二是生源不足，各职校之间争夺生源的问题没有缓解。三是人才市场机制不健全，职业学校毕业生就业困难增大。四是经费投入不足，少数学校办学条件差的问题长期得不到解决。

撰稿 刘立刚

〔**评估认定重点职业高中**〕 省教委组织4个专家评估小组，于1995年5月16日至6月7日，分别对第一、二批的20所省级重点职业高中进行复评，对申报创建第三批省级重点职业高中的24所学校进行全面评估。评估认定工作贯彻“坚持标准，实事求是，公平准确，保护积极性”的原则，采取“听、看、查、议”的方法，对各参评学校的工作成绩给予充分肯定，对存在的不足和学校的发展提出建议或意见。经专家小组评估，省教委审查同意，国家教委认定，荆沙市职业教育中心等19所第一、二批省级重点职业高中复评合格，武汉市东西湖职业技术学校等22所学校达到了省级重点职业高中的标准。至此，全省有省级重点职业高中41所，有县级重点职业高中83所。在此基础上，从各地申报创建国家级重点职业高级中学中选定18所学校上报国家教委，申请批准为国家级重点职业高中，以形成国家、省、县（市）三级重点职业高级中学网络，带动全省284所职业高中共同发展。

通过省级和国家级重点职业高中的创建

与评估，促进了全省职业技术教育的发展。(1)各重点职业学校办学条件又有明显改善。据对23所申报省级重点的学校统计，两年内共投入资金6522万元，新征地33.53公顷，增加建筑面积13万平方米，增购图书25万多册。这次评估认定和复评的41所学校，在办学条件方面，与1992年认定的省级重点学校相比，校园面积平均由26.66公顷增至63.33公顷，校舍建筑面积由11020平方米增至20338平方米，实验实习仪器设备总值由50.1万元增至128.1万元，校办产业纯收入由15万元增至37.9万元，在校生校均由600余人扩大到1135人，最高的达2165人。(2)不断端正办学方向，突出职教特点，坚持为当地经济建设和社会发展服务，建立健全各项规章制度，提高管理水平。宜昌县职业高中坚持为农民致富服务，1995年学校发扬"宁可少收10万元，也要培养农状元"的精神，免收新招农类专业学生有关费用。8年来，该校共培养毕业生1109人，对口就业率达100%，成为当地经济建设和社会发展的骨干力量。襄樊市第一职业高中长期坚持对学生进行"职业意识薰陶，职业纪律约束，职业道德养成，职业理想树立"的系列教育，毕业生一直受到用人单位的好评。许多学校使用先进的管理办法，将计算机应用于学校财务、人事、档案、图书、教学等方面的管理之中，提高了管理效应，促进了教育质量提高。(3)领导重视，政府行为得力。不少地市党政的主要领导亲自过问，经常深入学校考察、指导工作。各地政府重视创建重点职业学校的工作，做到政府行为到位，措施得力，动了真感情，上了强领导，下了重投入。申报第三批省级重点职业高中和申报国家级重点职业高中所在地的县(市)都成立了以党政主要领导为组长、教委、计委、财政等部门领导参加的创建工作领导小组，定期深入学校现场办公，解决具体问题，研究制定倾斜性政策，加大政府统筹力度，保证了创建工作顺利进行。

撰稿　吴炳权

〔**农业机械中专学校**〕　1995年，全省8所农业机械中专共招生6688人，比上年增长51.9%；在籍生(包括在校生与联合办学在校外上课的学生)14653人，增长55.3%，其中在校生12728人，校均1591人；1—9月办学收入3246万元，增长65.7%。促进农业机械中专发展的主要作法是：

适应社会需要，发挥优势，推行联合办学，办学规模扩大。各校成立招生分配办公室，深入人才市场，及时捕捉人才需求信息，为学校调整办学方向、设置专业、扩大生源等决策提供客观依据。打破传统格局，坚持全方位办学。各校以改革招生分配制度为突破口，继冲破行业、传统专业办学格局之后，又突破地方区域办学的格局，面向农村、乡镇、社会办学，在立足为本地经济建设培养人才的基础上，共与广东等8个省市的30多个地区和部门联合办学，向沿海和内地经济发达地区寻找生源，输送毕业生。1995年在省、区外招生2683人，占招生总数的40%。扩大生源种类，办学规格、层次多样化。既有国家统招计划内的公费生、委培生、实践生，也有计划外的职业中专生和成人教育学员。办学层次实现初、中、高(短训、中专、专科、本科)相结合。襄樊市农业机械学校、宜昌市农业机械学校各自发挥临近"汽车城"、"三峡工地"的优势，与有关工厂、大专院校联合举办职业中专班、成人中专班、成人专科和本科班，为实现教育资源互享，优势互补，相互促进作了有益的探索。

深化教学改革，努力提高教学质量。各校除了抓好教学领域的常规管理和改革外，1995年着重抓了教师队伍、教学基础设施的建设。一方面采用进修、“传、帮、带”等多种措施对在职教师进行继续教育，帮助教师拓宽知识面，提高实践技能和教学水平，使其“一专多能”；另一方面积极选调、引进、聘请新教师，不断优化校内教学人员的专业结构。各校增大教学实践设施的投入，促进了“五室”(实验室、电教室、语音室、微机室、专业资料室)和“馆、场、厂”(图书馆、运动场、实习工厂)的建设。应届毕业生基本上实现了“一生双证或多证”(毕业证和专业技术等级证书等)，适应性强，深受社会欢迎。

加大投入，促进学校建设。为尽快改变全省农机中专办学条件较差的状况，各校围绕“上规模、上水平、上档次”和“争创一流”的奋斗目标，多方筹资，集中财力投入学校建设。1995年1—8月，共投入资金1700万元，比1994年全年多投入800多万元。到1995年底，8校共新建校舍3万平方米，校舍总面积已达19.5万平方米，校均2.44万平方米，比1992年农业部水平评估时的1.45万平方米，增加了近1万平方米。学校的办学条件和校容校貌都有较大改观。

撰稿　卢进元

〔**教材和教研工作**〕　湖北省在组织力量自编农类专业教材，按期发行的同时，为国家教委有关部门代理发行职业学校教材328种，计41万余册。职业学校的教学研究逐年深入，省职业技术教育教学研究室正在筹建，各地市县均配备专职教研员1—2人。各级教研人员深入学校调查、听课，开展一系列教研活动。以各中心教研组为骨干，形成全省的教研网络。研讨教学中突出的共性问题，总结、交流经验。同时，依托中心教研组编写专业课教材，举行学科调研统考。《职业道德》、《农学》、《淡水养殖》等省编教材已在省内发行使用。1995年分别对一年级和毕业班学生进行了“经济·政治”和“职业道德”两门课程的统考，“职业道德”及格率为97%，“经济·政治”及格率95%。

撰稿　王彩燕

〔**专业技能竞赛**〕　组织专业技能比赛，是湖北省提高职业学校教学质量的传统作法。1995年5月在仙桃市举行了财会专业第九届珠算比赛和第二届点钞比赛，参赛选手122人。从珠算比赛成绩来看，全省整体水平提高很快，各地的团体水平差距缩小。6个单项中有4个破记录，个人全能成绩比上届提高150分。点钞比赛起步晚，进步快。按中国银行手工点钞的标准，单指单张有6人破记录，多指多张有2人破记录。5月16日至17日在武汉商业服务学院举行首届全省职业学校美发美容专业技能比赛，共有6个竞赛项目。武汉市选手夺得5个项目的第一名。比赛的优胜者代表湖北省参加8月在北京举行的全国职业中学“蒙妮坦杯”美发美容技能大赛，湖北省有5名选手(武汉市3名)参赛，有3人进入前8名。

撰稿　吴炳权　王彩燕

〔**技工教育**〕 1995年,武汉市政协教育文化委员会、市劳动局、市教委组成联合调查组,对武汉市技工学校现状进行了为期1月的专题调查。调查结果表明,武汉市技工学校数量严重不足,像拥有700万人口的武汉市,市属技校仅有36所,所培养的技术工人数量远不能满足全市经济建设和社会发展的需要。在仅有的技工学校中,能充分发挥培养技术工人功能的学校不多,多数技校由于种种原因难以为继,有的面临关门停办,有的已停办。在11月16日召开的专题座谈会上,与会的政协委员们一致呼吁重视技校、抢救技校、发展技校。武汉市有关领导李昌禄等参加了座谈会。与会人员分析技校发展困难的原因主要有:(1)管理体制未完全理顺,有的技校归劳动局管,有的归行业部门管,有的归企业管,虽然多渠道办学有其优势,但彼此协调不够,致使专业、课程设置重复,造成浪费;(2)办学经费严重不足,学校正常运转艰难;(3)师生"身份"不明确,尤其是企业办的技校教师没有《教师证》,享受不到普通中小学教师的待遇,技校毕业学生在职称评审中既不被视同高中学历,又不被视同中专学历,只相当于初中学历,影响了技校的招生;(4)受人才市场的制约,技校毕业生安置有困难,因此,报考技校的人数减少。委员们认为,发展技工教育当前最迫切的问题是各级领导应转变观念,重视技工学校建设,提高民族素质不能忽视技工学校的作用,劳动部门应规定企业用工必须优先从技工学校培养的学生中录取。委员们建议,将全市技工学校的发展纳入整体规划来考虑,在制定"九五"计划和确定2010年远景目标时,应有技工学校的位置。武汉市是湖北省技工学校相对集中的地方,技工学校生存发展遇到的困难在全省有代表性。

撰稿 鉴 边

高等教育

〔**综述**〕 1995年,湖北省继续调整和优化高等学校布局和结构,推进体制改革,提高办学效益;以教学改革为核心,加强教学基本建设和评估检查,不断提高教学质量;加强教学管理研究与改革,进一步提高教学管理水平。1995年,全省高校在校本专科生比1994年增加12575人,在校研究生比1994年增加1254人。高校专任教师中,教授2092人,副教授7013人,分别占专任教师总数的8.3%和27.8%。毕业本专科生、毕业研究生比1994年增长9.2%。高校校均规模达到3252人,比1994年增加430人;师生比由1994年的1∶6.94上升到1∶7.2。试办的5所民办高等学校1995年在校生3123人,成为全省高等教育的必要组成部分。

湖北省教委高教处供稿

〔**高等教育改革**〕 (1) 推进合作办学，促进管理体制改革。1995年继续协调宜昌师范高等专科学校、宜昌医学高等专科学校和宜昌职业大学合并为湖北三峡学院的过渡工作；完成了荆州师范高等专科学校和荆州教育学院、黄冈师范高等专科学校和黄冈教育学院合并的前期协调工作；协调武汉水利电力大学和葛洲坝水电工程学院合并；参与咸宁医学院接办地区精神病医院的可行性论证。(2) 以联合办学为主，推进办学体制改革。1995年是武汉大学、华中理工大学、武汉水利电力大学、中国地质大学（武汉）、武汉测绘科技大学5校联合办学实施的第一年，5校共有400余名学生报名到外校听课、辅修专业和攻读第二学位，调动了学生学习积极性。同时，经过近一年的协调和筹备，武汉交通科技大学、武汉冶金科技大学和湖北大学实现了联合办学，于11月24日签订了联合办学协议。按照协议，在不改变各校现行体制、隶属关系和经费来源的前提下，本着资源共享、优势互补、平等互利的原则，在3校间开展全日制本、专科互相选修课程、辅修专业和选读第二学位；教师互聘承担教学任务；实验室和教学基地互相利用；师生可在3校图书馆办理图书借阅；教学管理文件资料相互交流。校际协作，走联合办学的路子，已成为武汉地区30多所高等学校的一致趋向。(3) 分类指导，推进高等教育综合改革。1995年，召开了第三次全省高等师范教育改革座谈会，推进师范教育的综合改革。召开了第三次地方大学改革工作座谈会，进一步贯彻落实《中国教育改革和发展纲要》和国家教委《关于推动职业大学改革和建设的几点意见》，为推进“九五”期间地方大学的改革、建设和发展，在“科教兴鄂”战略中发挥更大作用奠定基础。为促进民办高校的改革和建设，召开了民办高校教学工作座谈会。

湖北省教委高教处供稿

〔**重点学科建设和教学工作**〕 到1995年，湖北省属高校有15个重点学科经1995年检查验收的7个学科，均达到5年前建设规划中的预定目标。与此同时，省教委积极协调和组织各高校向国家教委申报“面向21世纪教学内容和课程体系改革”的研究项目，并将其作为省级教学研究与改革立项的重要内容。在批准立项的159个项目中，“面向21世纪教学内容和课程体系改革”项目有79个。1995年省教委拨款320万元为16所省属高等院校各配置1个计算机教学实验室，拨款100万元为10所省属师范院校各配置1套人民日报光盘及计算机设备。1995年首次开展了省级高校优秀教研室评选活动，有156个高校优秀教研室受到表彰。

坚持以教学为中心，开展一系列教学评估检查活动。1995年首次对39所本科院校的大学英语教学进行了评估检查，促进了英语教学水平的提高。继1994年对3所专科学校的金工实习教学进行评估检查后，1995年对余下的4所专科学校的金工实习教学进行了评估检查，7所受评学校全部合格。近几年来，专科专业设置数增长较多，为督促学校提高新开专业办学水平，1995年对3所专科学校的5个专业进行了办学水平评估试点。为加强医科院校临床教学基地建设，在各校自查自评的基础上，省教委和卫生厅一起，组织专家对10所医科院校临床教学基地进行了认可性检查或抽查。学校工作中教学的中心地位进一步得到落实。

湖北省教委高教处供稿

〔**思想政治教育**〕 爱国主义教育。省教委与省委、团省委在调查和实地考察的基础上，确定了第一批40个社会实践基地、爱国主义教育基地。1995年，省教委与湖北省炎黄文化研究会共同组织召开了“炎黄文化与爱国主义教育”学术研讨会，以探讨爱国主义教育的新内容、新途径和新办法。为纪念抗日战争和世界反法西斯战争胜利50周年，武汉地区各高校选拔一批优秀学生党员赴井冈山、韶山、山东枣庄等革命老区实地考察，向学生进行革命传统教育，培养学生“勿忘国耻，振兴中华”的爱国主义精神。

学习邓小平建设有中国特色社会主义理论。各校把邓小平建设有中国特色社会主义理论作为政治理论课和思想教育课的主要教学内容，通过课堂讲解，帮助学生理解、掌握要点和基本精神。许多学校还利用业余党校、团校等培训学习骨干，大批经过培训的学生发挥自我教育、自我引导的作用，带动广大青年学生学习。有的高校针对学生普遍关心的问题进行专题宣讲，受到欢迎。随着学习的深入，学生组织了“邓小平思想研究会”等群众性社团，对邓小平思想作系统的、深入的研究。各校还开展多种形式的学习《邓小平文选》读书竞赛活动，如征文、讲演、知识抢答、辩论等。

撰稿　于　超

〔**学生社会实践活动**〕 全省许多高校从制度上规范对大学生社会实践的要求，作好组织工作。武汉地区30多所高校发给每个学生一张社会实践考核表，要求学生用暑期了解、服务社会的行动来填写。华中师范大学规定，从1995年暑期起，每个学生必须参加不少于7天的社会实践，没有社会实践接收单位的回执，开学时不予办理注册手续。湖北医科大学规定，对于不参加社会实践的学生将取消其评选奖学金和三好学生的资格。一些高校已明确将社会实践列入学生必修课，华中农业大学和中国地质大学学生的社会实践为两个学分。中国地质大学还将它纳入科研系列，学生在社会实践中取得的科研成果可以立项、评奖。

开展“支教扫盲”是1995年暑期社会实践活动的主要内容。武汉大学利用三学期制的优势，1万名学生于6月底分赴各地；在秭归县建成全省第一个文化站，捐赠了价值1000元的400本各类书籍。华中师范大学派出7个小分队近200人，帮助韶山、井冈山、麻城等革命老区培训民办教师。湖北大学体育系融保健康复知识于扫盲活动之中。

开展“科技兴农”活动。武汉水利电力大学投资5万元，派出3名专业教师、3名研究生和11名本科生，计划在秭归县帮助建一个山区小水电站；治河系49人赴黄河参加合约为5年的治理工程。武汉大学生命科学院博士生、硕士生和本科生组成的实践队，在博士生导师的指导下，为孝感市东山头种子站研究水稻增产技术，并向农民宣传防治病虫害知识；该校经济学院赴红安老区小分队对红安县城关镇金沙村村办企业进行调查，提出了在该地乡镇企业建立现代企业制度的构想，并为红安因地制宜发展花生奶产业进行了可行性分析与营销策划。华中理工大学的“小红帽”小分队赴葛洲坝，将该校科研成果“水果保鲜”技术传授给当地农民。

一些高校学生在社会实践活动中，充分发挥所学专业的优势，参与科研单位的科研活动。武汉大学电信学院赴电子工业部新乡22所和航天工业总公司西安504所的两支小分队,分别为这两个高科技单位完成16项和15项科研课题,其中有几项达到国内领先水平，具有很高的工程应用价值。该校计算机科学系的4支小分队,分赴海南、深圳、武汉等地,协助当地进行应用软件设计开发,都圆满完成任务,其中《商务管理信息系统》等软件已开始投入使用。

撰稿 于 超

〔**学位工作**〕 经国务院学位办批准，湖北省在34个一级学科范围内自行审批硕士学位学科、专业点。1995年，全省29所高校和19个科研院（所）有硕士学位授予权，有硕士点554个，博士点160个，博士后流动站25个。

加强学位授权点建设,调整学科设置,服务经济建设。1995年，省学位办制订了《湖北省普通高等学校学士学位评价指标体系》和《湖北省普通高等学校学士学位授权专业点评价体系》，据此对湖北民族学校、郧阳医学院、咸宁医学院进行检查审核、确认3校的5个专业点的学士学位授予权；同时确认湖北农学院园艺等3个专业点具有学士学位授予权。至此，除新组建的湖北三峡学院外，全省34所普通本科高等学校均有学士学位授予权。各高等学校结合自身条件和客观需要，制定学科发展规划，实事求是地提出硕士点申报方案，通过审核，批准新增硕士点98个。新增的学科都是国民经济发展急需人才的学科，同时也是湖北省支柱产业发展应重点扶持的学科，将为实现省“九五”规划及2010年远景目标所需的大批高级专门人才的培养打下基础。审核中，还调整了学科结构，撤销了22个原有硕士点，优化了专业结构。

开展学位与研究生教育检查评估，努力提高人才培养质量。继1994年受国务院学位办委托，由湖北牵头，组织河南、湖北、湖南三省硕士学位与研究生教育评估检查之后，1995年又评估检查3省的另外19所高校和1个研究所,受检的有7个一级学科,共113个硕士点。评估工作采取专家集中评审，实地抽查的方式进行。对评为优秀的硕士点将推荐1997年列为博士点;对质量较差的硕士点将由国务院学位办和主管部门采取一定措施予以调整或改造。

组织学位统一考试,严把学位质量关。湖北省有12所高等学校被批准接受在职人员申请授予硕士学位的工作。此项工作除严格按国家的有关规定办理外，湖北省还采取了一些具体措施。1995年，在职人员以同等学历申请硕士学位须经英语全国统一考试。为组织好考试，把好学位授予质量关，湖北省实行了“统一管理，集中考试”的方法，这次考试实际参考182人，及格率为44.5%。此外，还组织了成人本科毕业生申请学士学位的外语统一考试,报名参加考试的792人,221人合格，全年有282人获成人高校学士学位。

探索学位与研究生教育新思路。1995年12月,国家教委、国务院学位办在武汉大学、华中理工大学召开了全国首次学位与研究生教育年会和工作座谈会，省教委参与了会议的筹备工作。此前，召开了全省学位与研究生教育研讨会、在职人员以同等学历申请硕士学位研讨会和中南地区工科院校研究生教育协作组第六次年会等。通过研讨，总结经验，找出问题与不足，探索了学位与研究生教育改革和发展的新思路。

湖北省学位办供稿

〔**扶助贫困学生**〕 据调查，湖北省大学生月平均生活费约为120元～150元，其中月平均100元～120元的学生占13%，100元以下的学生占7%。各高校对此高度重视，采取有效措施扶助贫困生。武汉大学、湖北工学院、武汉交通科技大学、华中师范大学、武汉水利电力大学等院校，注意把解决学生实际困难与深化改革、提高人才培养质量结合起来，组织学生开展多种形式的勤工俭学活动，其中包括科技智能服务型、教辅和生活服务型、经营服务型、校园管理服务型、社会服务型等活动。根据武汉大学、湖北工学院、武汉交通科技大学的调查，98%的贫困生得到不同程度的资助。各校还通过完善奖学金制度、提高奖学金额度激励贫困生。武汉大学的专项奖学金由过去的10种增加到22种，奖金总额由4万元增加到48万多元。该校1995年获奖的2973名学生中，贫困生891人，占30%。为使那些未获奖学金的贫困生得到资助，完成学业，各校不断完善贷学金制度，有的学校将贷学金金额提高近5倍，使20%的学生可获得贷学金，有的学校还制订了一系列贷款免还条件。

1995年5月，省高校工委召开了全省高校分管学生工作的校领导、学生工作处长会议，交流推广了武汉大学、湖北工学院、武汉交通科技大学努力为学生特别是家庭贫困学生创造学习、生活条件的经验，并要求各高校把解决学生实际困难与改革人才培养办法、全面提高人才培养质量结合起来，不让一个大学生因家庭经济困难而辍学。

撰稿　翟　边

〔**为经济建设服务**〕 湖北省高校科技人员投身经济建设主战场，面向生产实际，开展科学研究和科技服务，加速科技成果向生产力转化。"八五"期间，各高校共投入教育科技人员1万余人，承担各类研究课题6200项，为国家经济建设和社会发展作出了重要贡献。高校科研成果转化率已达20.6%。

湖北高校积极加强横向拓展，主动从厂矿企业和社会有关部门获取科技项目。到1995年，湖北高校承担来自生产实际的横向课题增长较快，横向课题占课题总数的比例，由1991年的40%上升到65%。武汉水利电力大学横向课题所占比例从1992年的62%上升到75%。江汉石油学院承担的科技项目中60%来自企业。

湖北高校重视争取承担高新技术课题。全省高校平均每年鉴定的620多项科研成果中，40%属于高新技术，这些成果都具有广泛的应用前景，一部分成果已经产业化。武汉大学研究开发的高能电池系列产品畅销国内市场。华中理工大学的激光技术，已运用到军工和民用生产之中。

湖北高校积极运用科技为当地经济建设服务。全省高校承担的科研及科技服务项目中，直接为湖北经济服务的接近一半。近5年来，全省高校共转化、推广科研成果和进行各类技术服务1.6万多项（次）。实施的“大学—乡镇合作计划”取得进展，已有31所高校与63个县（市、区）的122个乡镇合作的项目达348个，新增产值5亿多元。有9所高校与12家大中型企业共同承担高新技术和重大新产品项目16项，新增产值9亿元。华中理工大学与武汉重型机床厂联合研制的大型轧辊数控激光刻花机床，填补了国内空白，达到国际先进水平。17所高校对口支援三峡建设，落实合作项目256项。华中理工大学近8年来承担为湖北服务的纵向课题和横向课题分别达759项和775项。武汉化工学院近几年在湖北地区转化科技成果41项，开发项目199项，创经济效益4886万元。湖北农学院组织一批科技人员长期深入农业生产第一线，开展农业科学技术的研究、推广、应用和开发活动，仅参与区域经济开发和推广的64个项目，就取得经济效益5亿元以上。

湖北高校还以派出的科技副县（市）长为纽带，长期开展校县（市）对口服务。1988年以来，高校推荐四批共166名干部教师，到全省40多个县（市）担任科技副县（市）长。通过科技副县（市）长牵线搭桥，全省高校每年有2000多名科技人员到农业生产第一线和乡镇企业参与科技活动，解决技术难题和引进适用技术2400多项。

湖北省教委科技办供稿

成人教育

〔**综述**〕 1995年，湖北省成人教育一是突出重中之重，加快了扫盲工作步伐。制定了《湖北省扫盲与农村成人教育发展规划》，把扫盲任务变成政府行为，落实到县（市）、乡（镇）、村，并要求落实到人。二是大力开展职工岗位培训和农村成人文化技术教育，培养科技致富带头人。全年职工岗位培训达110万人次，乡（镇）、村成人文化技术学校培训农民500万人次，培养科技致富带头人300万人次。三是规范社会力量办学。明确了学校管理体制、校名、招生广告以及学校管理，促进了社会力量办学的规范化管理。四是完成了联合国人口基金和中国政府合作的农村成人学校人口教育第三周期的任务，并按照国家教委“P20”项目小组的要求组织了评估。五是努力提高成人学历教育管理水平、教育质量和办学效益。制定印发了《湖北省成人中等专业学校办学水平评估方案》，开展了成人中专学校办学水平评估和评选省部级成人中专学校活动。制定了普通高校函授、夜大学教育评估方案，完成了评估试点。规范了成人高等专科教育学制，建立了普通高校函授站登记制度，组织了第三次函授站、校外班检查。继续加强对成人学历教育质量监督检查，组织对成人学历教育有关课程抽考。六是成人教育开始使用现代化手段。编制了成人中专学校学籍计算机管理软件，组织普通高校和成人高校有关人员参加国家教委计算机管理培训，开始使用计算机进行管理。

撰稿　汪振序

〔**扫盲教育**〕 1995年初，根据省委、省政府《关于教育改革和发展的决定》中提出的成人教育的发展目标和任务，在反复调查研究征求意见的基础上，制定了《湖北省扫盲与农村成人教育发展规划》，明确了今后几年扫盲与农村成人教育的工作思路，确定了全省扫盲与农村成人教育的工作重点，提出了实施规划的政策措施，将扫盲任务落实到县（市）、乡（镇），并要求县（市）、乡（镇）落实到村、到人。4月，召开了全省扫盲与农村成人教育工作会议，省委、省政府的领导出席会议并讲话，省教委对10个扫除文盲工作先进单位和100名扫盲先进个人给予表彰，同时，省教委与省妇联联合表彰50个“巾帼扫盲”先进集体和100名先进个人。

扫盲工作继续坚持“一堵二扫三提高”的方针，通过开展“学文化、迎‘四大’（第四届世界妇女大会）、扫文盲、奔小康”和组织近万名大中学生青年志愿者服务万村脱盲致富等多种活动，全年共组织233339名文盲参加学习，扫除文盲167037人；组织33万名脱盲学员参加扫盲后继续教育；组织力量对襄阳县等17个县（市、区）基本扫除青壮年文盲工作进行检查验收，至1995年底，全省已有69个县（市、区）通过省验收，达到国务院《扫除文盲工作条例》规定的基本扫除文盲单位的标准。

撰稿　姚　刚

〔**农村成人教育**〕 1995年，湖北省农村成人教育坚持面向农村、面向农业、面向农民、面向乡镇企业。县、乡、村三级农村成人教育网络建设进一步得到加强，全省除少数城市郊区外，基本上实现了县县有成人中等专业学校。县（市）成人中等专业学校承担了乡（镇）、村成人文化技术学校师资培训、科技村长和后备干部实用技术培训任务，编写了农村实用技术培训教材，开展了农村科技咨询服务活动。全省各乡（镇），除少数特别贫困的乡（镇）以外，都建立了乡（镇）成人文化技术学校。全省已有80%以上的村建立了村成人文化技术学校（主要是依靠村小学）。各地结合本地经济社会发展水平和成人文化技术学校工作情况，分别制定和完善了乡（镇）成人文化技术学校标准和评估指标体系，开展了评选先进和合格乡（镇）成人文化技术学校活动。咸宁地区结合实施科教兴农、农科教结合，在办好村成人文化技术学校工作方面创造和积累了许多好的作法和经验。宜昌、孝感、黄冈等地（市）完成了扫盲验收的县（市）都在继续做好扫除剩余文盲工作，并在抓好巩固提高工作的基础上，把农村成人教育工作的重点放在农村劳动者职业技术教育培训上来 。1995年，全省乡（镇）、村成人文化技术学校共培养农村劳动者500多万人次，其中培养科技致富带头人300万人次。

撰稿　汪振序

〔**成人中专教育**〕 1995年，湖北省在继续试行推荐成人中专学校优秀毕业生入普通高校学习的同时，又推荐650名全日制成人中专学校优秀毕业生入成人高校学习。成人中专学校招生政策进一步改革，农村学校面向农村、服务农业的专业，对农村的学生继续实行免试入学；全省除大中城市外，成人中专学校可以招收应届初中毕业生，实行中考统一划线录取。

在扩大成人中专学校办学规模的同时，努力提高学校的管理水平和教育质量。省教委开展了成人中专学校办学水平评估，评选省部级示范成人中专学校活动。至年底，学校自评和行业复评工作已基本完成，促进了成人中专教育管理工作的加强和教育质量的提高。

撰稿　姚　刚

〔**成人高等教育**〕 1992年，国家教委印发《成人高等专科教育制定教学计划的原则意见》，规定了成人高等专科教育各类专业的最低学习年限。之后，湖北省不少学校一直执行过渡学制，即业余学习的学制比规定的学制少半年。1995年3月，省教委根据国家教委紧急通知精神，要求在鄂高校举办的成人高等专科教育自1995年起必须实行国家教委规定的学制，各类专业的最低学习年限：理工、医药、政法类专业，脱产学习的学制不得低于三年，业余学习的学制不得低于四年；文科、师范、农林、财经、管理类专业，脱产学习的学制不得低于两年，业余学习的学制不得低于三年。

撰稿　张明礼

〔**普通高校函授、夜大学教育评估**〕 1995年，湖北省开展对普通高校举办的函授、夜大学教育评估工作，拟在试点取得经验的基础上逐步铺开。在试点阶段，省教委及各高校均成立了评估领导小组和评估专家组，制定了评估方案。省教委的评估方案就评估目的、对象、机构、日程和标准作了详细规定，主要是对学校的投入，教育管理和教育质量三个方面进行评估。评估步骤为1995年3月至1996年2月试点，1996年3月至1996年11月全面铺开，1996年12月至1997年5月复核总结。1995年11月28日，省教委召开全省普通高校函授、夜大学教育评估工作会议，进一步统一思想，明确目的、掌握标准，完善办法。在学校自评的基础上，12月下旬省教委组织专家组对湖北公安高等专科学校和湖北师范学院两所试点学校进行了试评，为评估工作全面展开打下基础。

撰稿　张明礼

〔**高校函授站管理**〕 为加强成人高等函授教育的管理，促进函授教育的健康发展，国家教委决定自1995年起建立普通高校函授站登记制度。根据国家教委的规定，湖北省要求举办函授教育的普通高校都必须履行函授站登记手续，在鄂高校在省内设立的函授站应报地（市、州）教委审批，送省教委备案；省外高校在鄂设立函授站，经函授站所在地（市、州）教委审查后报省教委批准。截止1995年底，外省高校在鄂设立的23个函授站已到省教委备案。

1995年7月～10月，各地（市、州）教委受省教委委托，对各普通高校、成人高校、自修大学在当地的197个函授站、校外班进行了检查。检查结果：53个站（班）评为优秀，121个站（班）评为合格，15个站（班）评为基本合格，8个站（班）不合格。不合格的站（班）将由地（市、州）教委予以撤销。

撰稿　张明礼

审稿　陈德清　罗成杰　胡学荣

湖南省教育

概　况

〔**基本情况**〕

1995年各级普通学校基本情况

单位：人

学校类别	学校数(所)	毕业生数	招生数	在校学生数	教职工数	
					计	其中专任教师
一、普通高等学校	47	33641	41821	133670	39519	15307
研究生	(17)	710	1209	3307		(1788)
本科	19	11214	17685	60351	28514	10278
专科	28	21717	22927	70012	11005	5029
二、中等专业学校	150	32999	66334	186108	22869	10559
中等技术学校	118	21919	52220	150986	18922	8533
中等师范学校	32	11080	14114	35122	3947	2026
三、普通中学	4863	717670	1111674	2854079	217690	179120
高中	737	106976	150502	387275		30660
初中	4126	610694	961172	2466804		148460
四、农业、职业中学	567	47841	87510	199292	20128	13915
高中	495	45315	82108	185991		13069
初中	72	2526	5402	13301		846
五、工读学校	1				8	2
六、小学	44105	1066707	1376311	7366539	317871	297964
七、特殊教育学校	54	317	2239	6819	932	642
八、幼儿园	2226		1227103	1315962	53360	45239

注：①培养研究生单位中，普通高校12个，科研机构5个。

②工读学校无毕业生，招生，在校学生数。

③幼儿园各项数据均包括学前班。

1995年各级成人学校基本情况 单位：人

学校类别	学校数(所)	毕业生数	招生数	在校学生数	教职工数	
					计	其中专任教师
一、成人高等学校	39	38777	48773	138517	6603	2771
广播电视大学	1	14149	14039	37511	1194	413
职工高等学校	26	5335	5915	15587	3140	1352
农民高等学校						
管理干部学院	4	2727	2602	8825	927	441
教育学院	8	3624	4478	10599	1297	565
独立函授学院						
普通高校举办：						
函授部		7099	10965	34867		
夜大学		4392	6700	22549		
干部专修科		1451	4074	8579		
二、成人中等专业学校	267	41428	75552	152263	11148	5941
广播电视中专	11	14359	26523	59697	1545	586
干部中专	29	1234	2811	5395	934	438
职工中专	78	8651	14293	40064	3373	1684
农民中专	42	4811	11674	16734	1829	1163
函授中专	2	1156	1507	1943	31	22
教师进修学校	105	11217	18744	28430	3436	2048
三、成人中学	356	36118	52759	69118	2731	1776
职工中学	157	17214	27467	35380	1315	1009
农民中学	199	18904	25292	33738	1416	767
四、成人技术培训学校	19966	1853855	1545866	1518377	34125	10721
职工技术培训学校	679	246278	242497	242105	5093	2526
农民技术培训学校	19287	1607577	1303369	1276272	29032	8195
五、成人初等学校	9391	338930	380825	384862	19640	5381
职工初等学校	33	3168	4608	2464	99	57
农民初等学校	9358	335762	376217	382398	19541	5324
其中：扫盲班	6704	234616	259646	264968	15601	3764

制表 许胜如

〔**年度工作方针**〕 1995年，全省教育工作按照“全面贯彻全国和全省教育工作会议精神，提出大力推动《纲要》及其实施意见、中央德育工作文件的实施，把全省教育工作推上新台阶”的指导思想，突出强调“抓落实、办实事、见实效”。(1) 扎扎实实按规划推进“两基”工作。保证小学升初中的比例达到90%，初中学生流失率控制在5%以下；扫除文盲30万人。按规划16个县市实现“普九”和扫盲。(2) 努力扩大职业教育规模。要求中等职业学校招生数达19万人，在校生达44万人以上，分别占高中阶段相应总数的56%和52%。扩大高等职教规模，增加普通高校对口招生职高毕业生的人数。进一步改革中专招生制度，扩大调节性招生计划的比例；推动中专办学体制多元化，鼓励校县、校乡、校厂、校企挂钩，支持多种力量举办中专教育。(3) 加大高等教育改革力度。抓好高等教育发展整体规划，确定高校布局和专业调整方案；组织首批省级重点专业审批，省安排专款建设30个左右重点专业，加强湖南师范大学两个文科基地建设；(4)大力开展职工教育和农村实用技术培训。职工岗位培训和继续教育达100万人，乡村两级实用技术培训规模争取600万人次。提高成人学历教育办学质量，争取自考在职人数55万人，社会办学规模达20万人左右。(5) 大力加强学校德育工作。召开全省学校德育工作会议，贯彻落实中央关于学校德育工作的意见，制订出切实有效的实施办法。(6)多渠道筹措教育经费，增加教育投入。重点抓好国拨教育经费的足额落实和城乡教育费附加的足额征收，确保教职工工资兑现和学校公用经费有实质性的增长；依法开展农村集资办学，把中小学危房率降到1%左右。(7) 进一步加大教育扶贫力度。争取省财政增加扶持少数民族、贫困地区发展义务教育的专项经费，动员社会各方面支持贫困地区发展教育。(8) 切实抓好教师队伍建设。重点解决拖欠教师工资问题，保证有1万名民办教师转为公办，对农村教师职务评聘给予倾斜。制定全省大中小学教师队伍建设规划，突出培养中青年骨干教师和跨世纪学术带头人。此外，全年还要认真抓好城乡教育综合改革、进一步开展中小学布局调整、抓好教育系统“安居工程”、加快教育法制建设、扩大教育对外开放、办好一批重点学校，认真处理教育的热点问题，促进教育改革和发展稳步前进。

撰稿 雷桂平

〔**教育法制建设**〕 年内加强了教育执法检查和教育立法工作，先后出台了《湖南省实施〈中华人民共和国教师法〉办法》、《湖南省少数民族地区普及义务教育若干规定》两部地方性法规，省政府颁布了《湖南省实施〈扫除青壮年文盲工作条例〉办法》，是湖南省有史以来教育立法最多的一年。年内除开展“两基”评估外，还对5个县市进行了扫盲工作单项评估，并对1996年、1997年实现“两基”的县市区教育负责人进行了督导评估工作培训，5月在益阳市召开了全省中小学督导评估经验交流会，中小学校督导评估工作开始纳入正常化轨道。

撰稿 雷桂平

〔**教育投入与支出**〕 1995年，全省教育部门教育经费总投入71.47亿元。按来源分类如下：(1) 财政预算内拨款32.10亿元(教育事业费和教育基建投资31.68亿元、专项资金及其他0.42亿元)；(2) 各级政府征收用于教育的税费10.38亿元(其中城市教育费附加2.93亿元，农村教育事业费附加7.17亿元)；(3) 校办产业、勤工俭学、社会服务收入中用于教育的经费2.38亿元；(4) 社会捐资集资办学经费7.13亿元；(5) 学杂费收入11.79亿元；(6) 其他教育经费7.69亿元。全年教育经费总支出71.39亿元，其中事业性经费支出59.02亿元，基本建设支出12.37亿元。

撰稿 杨定中

基础教育

〔**义务教育**〕 1995年，实施“两基”开始进入高潮。全省小学适龄人口入学率达98.04%，在校学生巩固率98.34%；初中入学率达85.52%。全省共扫除青壮年文盲30万人。民族地区的“两基”工作进展快。省政府继续支持少数民族地区建设100所寄宿制小学和70所寄宿制初中，民族地区每个乡镇都有1所寄宿制中心小学。省委书记王茂林亲自提倡发起为湘西援建百所“希望小学”，年内实际落成136所；省直机关开展“1（家）+1（人）”助学活动，全省个体工商户、私营企业主为教育募集“光彩基金”8000多万元。

两基工作评估验收。普及九年义务教育和扫除青壮年文盲县市区评估验收工作按照县市自查、地市预检、省评估验收的程序进行。全省有临澧县，衡东县，华容县，东安县，绥宁县，攸县，娄底市，洪江市，资兴市，津市市，邵阳市东区、西区，衡阳市城南区、城北区，郴州市苏仙区，株洲市郊区，常德市武陵区，岳阳市北区、君山农场、钱粮湖农场等20个县（市、区、农场）全面达到了普及九年义务教育和扫除青壮年文盲各项指标要求，经省政府核准并报国家教委审查，全部合格。省委、省政府和国家教委先后授予“普及九年义务教育和扫除青壮年文盲县（市、区、场）”的奖牌。这20个县级单位共有611.24万人，占全省总人口的9.7%。加上前两年评估验收的17个县市区，全省共有37个县级单位普及九年义务教育和扫除青壮年文盲，其人口约占全省总人口的17.6%。

撰稿　张大伟　雷桂平

〔**治理乱收费**〕 1995年，中纪委把治理中小学乱收费作为纠正行业不正之风三项重点之一，全省各级党委、政府对此非常重视。省物价局、省财政厅联合下发了《关于加强中小学收费管理的通知》，主管教育的省委副书记、副省长郑培民先后在春季开学和秋季开学时主持召开了全省治理中小学乱收费电话会议。各级教育行政部门主要抓了以下工作：(1) 利用各种宣传工具，广泛宣传中小学收费项目和标准，并提出明确的目的、要求，把政策、规定和作法交给群众，接受社会各方面的监督；(2) 各级教委都设立了清理中小学收费管理领导小组，下设办公室负责日常工作，进行监督检查；(3) 省教委制定了收费卡的式样交各地教委印发给学校，要求各校实行凭证、亮卡、专人、统一开具发票的收费制度；(4) 抓住春、秋开学时期重点治理，在县市区普查的基础上，省地州市组织抽查；(5) 采取面上全面统计，点上解剖麻雀的方法深入调查，澄清底子。1995年，全省中小学违规收费属教育部门和学校行为的占 4.2%，属其他部门搭车行为的占 9.8%，属政府解决投入缺口的占 86%；(6) 全年共查处中小学违规收费案件 407 起，处分 79 人，清退金额 2323.2 万元。同时，中共湖南省高校纪律检查委员会在加强全省大专院校收费管理中也做了大量工作，取得了明显成效，促使全省大专院校的收费管理工作逐渐走上规范化轨道。

撰稿 姚祖培 彭青平

〔**省人大、省政府执法检查**〕 5 月下旬至 6 月上旬，省人大常委会和省人民政府联合组织执法检查团，分赴长沙、株洲、邵阳、岳阳、益阳、郴州、怀化和湘西自治州对《中华人民共和国义务教育法》、《中华人民共和国教师法》以及《湖南省义务教育实施办法》的贯彻情况进行检查。8 个检查组分别由省人大常委会 8 名正、副主任和省政府 1 名副省长担任组长，检查组成员包括省人大常委会部分委员、省人大及其常委会各工作机构负责同志、省教委和省政府有关部门的负责同志。各检查组在有关地、州、市党委、人大、政府的大力支持和配合下，重点检查了 28 个县、市、区，61 个乡镇、217 所中小学校。在听取当地政府和有关部门汇报的同时，召开了有各级人大代表、基层干部群众、教育工作者参加的一系列座谈会，走访了部分教师和农民群众，查阅了一些帐目、统计报表和会议记录等。检查结束，各组分别与当地党政负责同志交换了意见，并向当地人大和政府交办了一些需要及时研究处理的问题。6 月 14 日，省人大常委会和省政府负责同志又专门召集政府有关综合部门负责同志，听取他们在职能范围内对两部法律执行情况的汇报，并向有关方面交办了一些整改事项。

从检查的情况看，各地近年来认真组织对两部法律的学习和宣传，社会各界的教育法制意识有所增强；各级领导带头执法，教育优先发展的战略地位正在逐步落实；依法筹措教育经费的体制正在形成，教育投入有了较大增长；改善办学条件的力度逐步加大，多数地方校舍设备已能基本满足实施九年义务教育的需要；依法保障教师权益，师资队伍建设有所加强；"普九"规划修订、实施工作平稳推进，教育质量不断提高。存在的主要问题是：部分干部群众特别是少数领导干部的教育法制观念仍然比较淡薄，依法筹措教育经费的规定没有完全落实，教育投入严重不足，中小学乱收费的现象仍然比较突出；部分地区学生流失现象比较突出，合格教师严重缺乏；保护教师权益仍然存在薄弱环节，在实施"普九"规划的过程中，有的地方存在着脱离实际、追求形式的现象，教育内部管理有待进一步加强。

检查结束后，省政府有关部门针对上述问题提出了整改措施。

〔**教育督导**〕 按照省教委颁发的《湖南省普通中小学校督导评估试行方案》，全省各地县在 1994 年对 6241 所普通中小学校进行督导评估的基础上，1995 年又对 7271 所普通中小学校进行了督导评估。5 月 12 日至 14 日，省教委在益阳市召开了全省普通中小学校督导评估工作经验交流会，参加会议的有各地州市教委负责同志、地州市和县市区教委督导室主任共 200 余人。益阳市等 3 个地区（市）、沅江市等 7 个县（市、区）和 2 所中小学校的代表在会上交流了经验。副省长郑培民就加强中小学校督导评估工作讲了话，省教委主任督学胡学军就建立健全普通中小学校督导制度作了工作报告，主任督学向宏业作了会议总结。

全省14个地州市和122个县市区都建立了教育督导机构，其中有3个地州市和26个县市区设立了人民政府教育督导室。据年底统计，全省共有督导人员1117人，其中专职416人，兼职701人；省教委聘任的兼职督学25人。

1995年，教育督导理论研究的学术气氛进一步活跃。经湖南省教育学会批准，5月12日成立了湖南省教育督导研究会。研究会成立大会在益阳市召开。全国教育督导研究会发来了贺电。会议产生了研究会第一届理事会，共有理事35人，由省地教育行政部门、教育科研部门、高等院校有关专家及省督学组成。8月25日至28日，在张家界市召开了中南片教育督导研讨会，出席会议的有广东、广西、海南、湖北、河南、湖南、深圳、武汉的代表和应邀前来的山东、青岛、江西等地的代表共30名。国家教委督导团办公室发来了贺电。有25篇论文和5本著作在会上交流。代表们围绕建设有中国特色社会主义的教育督导制度、普及九年义务教育和扫除青壮年文盲县市区评估验收、普通中小学校督导评估等有关理论问题与实践问题进行了研讨。

撰稿　王展经

〔**图书馆建设**〕　1995年2月9日，省教委发出通知，决定成立湖南省教委中小学图书馆工作委员会。图工委是省教委对全省中小学和中等职业学校、中等专业学校图书馆（室）建设进行管理、指导、协调、督查的工作机构。下设办公室负责日常工作，省教委于5月18日至19日召开了有各地、州、市、县教委主任（教育局长）参加的全省首次中小学图书馆（室）建设工作会议，8月1日下发《关于加快中小学图书馆（室）建设的意见》。省教委决定，在“九五”期间，全省各级教育行政部门和中小学要在继续抓好改善办学条件的同时，按照国家教委《中小学图书馆（室）规程》的要求，抓住“建、配、管、用”四个环节，统筹规划，把全省中小学图书馆（室）建设搞上去。

撰稿　欧阳勋

〔**教师队伍建设**〕　省教委转发了益阳市实施教师“形象工程”的20个“不准”，把师德教育摆到了突出位置来抓。着重抓了师范专科学校的改革及其实习基地建设，对部分教师进修学校进行了复查评估，对全省中师管理体制、投资体制提出了改革意见，规划了“九五”期间中师教育的目标。全省有1万余名初中教师通过“三沟通”培养，将获得自学考试专科文凭，全省初中教师学历达标率达到70%以上。同时召开了全省小学教师基本功训练试点现场经验交流会。年内又进行了一批教师专业技术职务评聘工作，专为农村学校教师增加1.5万名中级职务指标；初步扭转了大面积拖欠教师工资的状况；增加了民办教师转公办指标5500个，加上中等师范学校招民办教师，民办教师转公办的总数超过1.2万人；教师住房建设受到各地重视。全省评选表彰了全国教育系统劳动模范30人，全国优秀教师269人，省优秀教师1477人。

撰稿　雷桂平

职业教育

〔**综述**〕 1995年，湖南省各类中等职业技术教育发展迅速。全省中等职业技术教育学校招生数和在校生数分别占高中阶段招生数和在校生数的55.12%和53.43%。原职校招生不到高中阶段招生数15%和15个县市已达到30%以上。一些地方创办了一批融普教、职教和成教于一校的多功能学校。成人中等专业教育和岗位技术培训得到进一步加强，国家教委接连在怀化地区和湘西凤凰县召开了农村教育综合改革现场会，推广他们农村教育工作与当地经济建设相结合的办学路子。

〔**中等师范教育**〕 1995年，省政府办公厅转发了省教委《关于改革和发展中等师范教育的意见》。12月，全省中师教育工作会议召开，省长助理许云昭代表省政府作了《统一认识、深化改革，努力办好我省中等师范教育》的主题报告，省教委主任胡冬煦就"加强领导、深化改革，开创我省师范教育工作新局面"讲了话。会议对全省中师管理和办学体制改革作了新的部署，要求从1996年起，全省中师实行"分级办学、分级管理"，省政府负责办好湖南第一师范学校、湖南幼儿师范学校（原长沙师范学校），各地、州、市政府负责办好所在地区的地属中等师范学校，负责配备学校领导班子、调配和管理干部教师、指导教育教学工作、申报招生计划、依法落实办学经费、抓好学校标准化建设等。省级原来用于中师的基建投资改作对基本建设成效突出者给予一定奖励。

为进一步推动中师教学改革，省教委对中等师范学校语文、数学两科开展了教学质量评估。要求学校严格执行教学大纲和教学计划，必修课有质量、选修课有特色、课外活动有实效，教育实践重能力。经评估认定：湖南第一师范学校、湖南第三师范学校、常德师范学校、岳阳师范学校和邵阳师范学校的教学质量最为突出。

1995年，还成立了中师教育研究室，举办了湖南省第三届中师学生运动会，完成了对全省101所县(市)教师进修学校复查评估工作，全面铺开了小学教师基本功训练工作。

〔**中等专业教育**〕 6月29日至7月1日，省教委召开了普通中专教育工作会议。总结全省中专10多年来教育改革和发展的经验，研究了今后一个时期改革和发展中专教育的政策和措施。副省长郑培民在会上强调：中专教育仍然由部门办、部门管。中专教育是行业部门、集团公司重要的甚至是主要的人才基地，是面向新世纪、面向市场经济挑战的奠基工程，只能加强，不能削弱。省教委副主任陈白玉在报告中提出今后中专教育的发展思路是：着眼经济上规模，着眼内涵挖潜力，着眼效益抓管理，着眼质量出特色。会议还提出：到本世纪末，全省中专学校要达到180所，年招生达到8万人左右，在校生达到25万人，校均在校生规模平均达到1500人以上。绝大多数普通中专学校招生从1997年开始实行“并轨”，到2000年所有学校和学生全部按照新的招生和就业方式运转。会后，省政府下发了《关于进一步改革和发展普通中专教育的通知》。

〔**重点职业高中建设**〕 1995年，全省职业技术教育继续贯彻“一手抓重点建设，一手抓平衡发展”的工作方针，进一步集中力量创办重点学校，抓典型示范，以点带面。10月中旬，省教委组织专家评估组，对全省各地申报国家级重点职业高中的备选学校进行了全面评估。经过评估，确认株洲市职业中专学校等12所学校已达到国家级重点职业高中建设标准，于11月正式向国家教委申报。同时，国家教委年内认定湖南省33所省级重点职业高级中学。至此，全省共有省级重点职业高级中学53所。

撰稿　雷桂平

〔**教学改革**〕 1995年9月，省教委印发了《职业高中40个专业技能训练大纲》，与1993年下发的《湖南省职业高级中学50个专业教学计划》相配套，构成了教育行政部门和各有关中等职业学校组织实践性教学、衡量实践性教学质量、编写专业技能训练教程、实施专业技能考核、装备实验实习教学设施和配备实验实习指导教师的重要依据。《大纲》从1996年秋季实施。从1996年起，省教委将对全省职业高中逐步实施专业技能考核。

为了加强中等职业学校计算机教学工作，提高学生的计算机应用能力，培养适应改革开放和市场经济需要的中等职业技术人才，省教委决定从1995年开始，实行中等职业学校学生计算机应用水平等级考试制度。考试对象为全省普通中专、职业中专、电视中专、职业高中等中等职业学校学生。在1995年11月的首次计算机应用水平等级考试中，全省11146人参加，其中2189人达到一级，2052人达到二级，这些学生将由省教委统一颁发合格证书，合格证书将在学生对口升学或就业时作为录取、录用的重要参考依据。

撰稿　袁翠珍　彭酉滨

高等教育

〔**综述**〕 1995年，湖南省普通高校突出抓了“三项重点”（重点实验室、重点学科专业、重点课程教学）和“三大建设”（师资队伍建设、图书馆建设、教材建设），省级投资1600万元，各学校按1∶1.2的比例落实配套资金1000万元，主要用于配置教学仪器设备。高校科研工作共承担各级各类科研项目3638项，共获科研经费1.19亿元。新增选工程院士6名，湖南农业大学新增设博士后流动站，填补了湖南省高校的空白。省教委对独立设置的成人高校组织了综合评估，进一步加强了管理。

撰稿 雷桂平

〔**招生制度改革**〕 为建立适应社会主义市场经济体制要求的高校招生和毕业生就业制度，省教委提出了《关于进一步深化我省普通高等学校招生和毕业生就业制度改革的意见》。主要内容是：(1)简化招生计划形式。将原有国家任务公费、国家任务收费、委托培养、自费等4种形式逐步合并为国家任务一种形式。(2)实行缴费上学，学生缴纳部分培养费。(3)少数毕业生由国家安排就业或按合同就业，多数学生自主择业。(4)改革分三步到位，1995年在湘潭大学和湖南商学院进行招生“并轨”试验，本科专业收费标准为2200～2800元/年·生(含住宿费，不含书籍课本费，下同)，专科专业为2000～2600元/年·生；1996年省属本科学校非农、林、师的本、专科专业招生实行“并轨”；1997年，省属专科学校非农、林、师专业的“并轨”工作待有关条件成熟后，适时进行。(5)从招生录取、政府对学校拨款，实施奖、贷学金和资助家庭经济特别困难的学生，学校教学和学籍管理以及毕业生就业等五个方面建立和完善各项配套政策。1995年3月17日，省政府第66次常务会议研究同意了省教委的《意见》，并要求抓紧实施。1995年，湘潭大学和湖南商学院两所试点学校共招收“并轨”学生2982人，占省属普通高等学校招生总数的11.2%。从总体上看，两校招生“并轨”试验取得了积极的成果，新生质量和学习积极性明显提高，学校教学和管理方面的改革进一步深入，为湖南全面执行普通高等学校招生和毕业生就业制度改革，加快高等教育改革创造了有利的条件。

1995年全省加强了招生监察工作，主要采取了以下措施；(1)发挥舆论监督。通过会议、电视、广播、报刊等多种形式，宣传招生考试的政策、规定，增强执法的透明度。(2)加强组织监督。省地县三级教育行政部门均成立了招生考试执法监察领导小组，下设办公室负责日常工作，形成组织监督网络。(3)从制度上监督。根据国家教委有关规定，省教委会同省监察厅制定了《关于招生考试管理行政处分的若干具体规定》，为招生执法监察提供了法规依据。(4)进行现场监督。对各级各类学校招生考试，从报名、考试、阅卷、统分、建档、抛档、录取等各个环节，实行全方位的现场监督。(5)实行纪律监督。招考前，发出上年查处违纪案件的通报，使大家引以为戒；招考时，接受群众的举报，发现问题及时查处。通过上述工作，在全省范围内基本上杜绝了大的舞弊事件的发生。

撰稿 邓江祁 彭青平
姚祖培

〔**毕业生分配**〕 1995年湖南省共接收安排毕业研究生615人(其中博士生115人)、大学毕业生23546人(其中本科生8284人，专科生15262人)、中专毕业生34000余人(其中中师毕业生10486人)，总计58161人。1995年湖南省共有国家计划内普通高校自费毕业生7952人(其中自费生4778人，电普生3174人；本科生143人，专科生7809人)，年内办理了就业手续的有7000多人。

1995年湖南省大中专毕业生人数比1994年增加12500人，而社会需求量却因行政事业机构改革、企业经营效益较差等原因反而有所下降，因此供需矛盾突出，就业形势严峻。为了确保毕业生分配工作的顺利完成，全省各级毕业生分配部门依靠党委和政府的领导，依靠各有关部门的大力支持，坚持一手抓毕业生就业制度改革，在部分学校进行供需见面、双向选择试点基础上，首次举办了全省大中专毕业生供需见面洽谈会，为建立和培育毕业生就业市场积累了经验。一手抓工作措施的完善，各地州市都制定了强有力的政策规定，按照行业包专业、县市包生源的原则，一级一级包下去，确保每一个毕业生都能到位。与此同时，加强了毕业生的思想教育工作，并于5月8日举办了“95湖南高校毕业生‘爱我湖南，献身四化’文艺晚会”，收到了一定效果。

撰稿　唐利斌

〔**调整教育结构**〕　1995年，继续坚持稳定充实本科院校、发展加强专科教育的方针，专科教育获得了长足的发展，全省已有30多所专科学校，涉及工科、师范、财经、医药、政治等多个部门类。本、专科生及研究生的招生人数之比为1∶1.30∶0.12，省属高校本、专科招生人数之比达1∶2.39。专业结构也得到进一步改善，近几年改造30多个长线专业，新建203个专业点，其中绝大多数是湖南经济建设急需的短线、空白专业。学校根据自身发展和重点，进一步拓宽了专业领域，师范院校大都设置了少数非师范专业，一些单科性院校在朝着综合性方向发展。高校布局结构调整已经起步。

撰稿　左　清

〔**教师队伍建设**〕　全省普通高校建立了较完整的师资培训工作制度，开展了研究学者、研究生主要课程函授进修班等较高层次的培训，重点抓了青年骨干教师的选拔和培养。至1995年，共有524名青年骨干教师培养对象，安排300万元专款予以支持。1995年全省普通高校专任教师比1990年增加908人。其中教授、副教授、讲师分别由1990年的404人、3064人、5834人增加到958人、4174人、5826人；研究生以上学历的由2674人增加到3300人；45岁以下具有副高以上职称的专任教师由121人增加到1739人，由占教师总数的0.84%提高到11.36%。一批中青年骨干教师和学科带头人正在成长。1995年国家杰出青年科学基金评审确定，三年内资助湖南3位年轻教授60万元经费；1995年国家教委主持评选的全国高校首届人文社科优秀成果奖中，湖南获二等奖11项。

〔**成立省学位委员会**〕　6月13日，国务院学位委员会批复同意湖南省建立学位委员会。7月26日，省政府办公厅下发了《关于成立湖南省学位委员会的通知》，委员会由湖南省副省长郑培民任主任委员。7月29日，省政府在长沙隆重召开湖南省学位委员会成立大会。省委书记王茂林作了书面讲话，省长杨正午和副省长郑培民到会作了讲话。当天下午，省学位委员会举行了第一次会议。

撰稿　雷桂平

〔**实验室建设**〕 为了增强大学生的实践能力，全面提高教育质量，省教委于1995年6月在长沙召开了全省普通高等学校教学实验室建设工作会议。会上，郑培民副省长提出省属普通高等学校教学实验室的建设目标，即：（1）通过三、五年的建设，省属普通高等学校生均教学仪器设备值要达到国家教委规定的最低办学标准；到本世纪末教学仪器生均设备值达到全国高等学校同期的平均水平。（2）实验开出率，基础课、专业基础课要达到100％，专业课应不低于80％。（3）实验人数要求基础课达到一人一组，技术基础课二人一组，个别实验不能一人（或二人）完成的，应按照操作要求最低人数组织实验。（4）建立健全实验教学文件和实验室管理制度。

撰稿　王文斌

〔**对外交流**〕 1995年全省教育对外交流工作取得重要进展。（1）共派遣各类公费出国留学人员117名，审批自费出国留学人员160名；有48名留学人员学成回国，其中获博士学位的5名，获硕士学位的1名；派出高级访问学者35名、普通访问学者7名。（2）年初，省教委制定了《湖南省关于加强来华留学生工作的意见》，完善了来华留学生工作管理办法。1995年全省在籍来华留学生已有110人。（3）为了满足不同层次的学校聘请外国专家教师的需求，在调查、评审的基础上，1995年新批准了聘请点7个，其中中学3所、实验学校2所、职业学校2所，至此，湖南省聘请外国专家教师的学校由1994年的35所增加到1995年的42所。同时，为了促进学校聘请工作的规范化和科学化管理、提高聘用效益，省教委开展了管理工作评估，促进了学校管理水平的提高。（4）为了进一步调动在湘外国专家和外籍教师的工作积极性，省教委专门设立了优秀外国文教专家和外籍教师奖，即“芙蓉奖”，并于1995年12月30日首次评出17名优秀外籍教师，颁发了“芙蓉奖”。省委、省政府领导郑培民等出席表彰会并向获奖者颁奖。

撰稿　周芳友

成人教育

〔**扫盲工作**〕 1995年4月，省政府召集15个厅（局）部门负责人召开了省扫盲工作协调领导小组会议，研究部署扫盲工作。省财政全年安排扫盲专项经费120万元，团省委与省教委联合开展了大中专学生志愿者暑期扫盲活动，团省委开展的“希望工程”和省妇联开展的“春蕾计划”，使一大批失学儿童重返校园，减少了新文盲的产生。省教委制定了《湖南省扫除青壮年文盲县（市、区）评估验收工作若干问题处理意见》，对洞口县等5个县的扫盲工作进行了评估验收。全省1995年共扫除文盲、半文盲30万人。

9月14日，省政府常务会议审议通过了《湖南省实施〈扫除文盲工作条例〉办法》。该《办法》共21条，对文盲、半文盲公民的认定、对各级政府和基层组织在扫盲工作中的职责、经费投入、工作重点与方针、内容与形式、考核与验收、奖惩等方面作了明确的规定。同时规定每年12月为全省扫盲教育月。

10月中旬，全省扫盲与农村成人教育经验交流会召开。各地、州、市分管教育的副专员、副州长、副市长、教委主任等120多人参加会议。副省长郑培民，省人大常委会副主任刘玉娥，省政协副主席龙禹贤，省长助理许云昭等出席了会议。郑培民作了题为《强化政府行为、下决心如期实现全省扫除青壮年文盲的目标》的讲话，省教委主任胡冬煦就如何贯彻会议精神作了总结报告。会上，华容、沅陵、东安、安化、攸县、衡东、娄底、临澧、邵阳市郊区等11个县（市区）和51个乡镇分别受到省政府、省教委的表彰和奖励。1995年，湖南有4名扫盲工作者、5所乡农民文化技术学校和1所乡中心小学被国家教委评为扫盲先进个人和集体。

撰稿　雷桂平

〔**成人高校评估**〕 全省职工大学和管理干部学院的综合评估工作自1993年开始，历时3年，于1995年12月结束。这次评估工作，全面考察了学校贯彻执行党的基本路线和教育方针情况，加强了对学校的宏观指导和管理，促进了学校主动适应社会需要办学，不断改善办学条件，提高教学质量。据统计，1993年至1995年，全省职工大学和管理干部学院投入资金达1.22亿元，增加校舍建筑面积18.74万平方米、电脑1381台、图书47.5万册。1995年10月24日至11月10日，省成人高校评估领导小组组织有关专家、教授，对4所管理干部学院、40所职工大学（含分校）进行了复评，复评结果为：优秀学校12所，合格学校29所，不合格学校2所，摘牌学校1所。12月22日，省教委对12所优秀学校给予了通报表扬，即：中国保险管理干部学院、湖南经济管理干部学院、湖南金融管理干部学院、湖南农村金融职工大学、湖南政法管理干部学院、衡阳有色冶金职工大学、湖南工业职工大学、南方动力机械公司工学院、湖南兵器职工大学（总校）、湖南石化职工大学长炼分校、涟源钢铁总公司职工大学、空军第二职工大学。

撰稿　蒋维加

〔**农民中专评估**〕　为促进县办农民（成人）中专学校进一步改善办学条件，加强内部管理，提高教育质量和办学效益，省教委从1993年开始，对全省县办农民中专开展了办学水平评估工作。通过各校自评和地、县初评，省教委于1994年11月和1995年6月，分两批对全省40所县办农民（成人）中专学校进行了评估。评估结果：优秀级（90—100分）学校31所，良好级（76—90分）8所，合格级（60—76分）1所。得分前三名是临澧、桃源、郴县成人中专。在这次评估过程中，推动了县办农民（成人）中专的改革和发展。各校切实加强了领导，调整充实了校务委员会，加大了投入力度。1994年40所学校共投入办学经费2028万元，比1993年有较大增长；同时，各校还加强了师资建设，加大了招生工作的力度，1994年、1995年全省40所学校招生都突破12000人。

撰稿　刘洪秋

〔**社会力量办学**〕　1995年省教委对全省社会力量办学进行了一次全面清理登记。根据高等非学历教育、中专学历教育由省教育行政部门审批管理，中等非学历教育、高中学历教育由地（市）教育行政部门审批管理，初等非学历教育、初等（小学）学历教育及幼儿教育等由县教育行政部门审批管理的原则，省、地、县三级教育行政部门分别对全省范围内社会力量办学逐一进行了清理登记。明确保留开办的社会力量办学机构1427所，其中开展高等层次教育的学校143所，中等层次的767所，中等层次以下的517所；学校自建校舍面积57.9万平方米，租借校舍面积85.4万平方米，拥有图书资料356.8万册，仪器设备价值8529.2万元；有专职教师6749人，兼职教师10248人；在校学生20.3万人。经过这次清理登记，共取缔或停办了办学条件差、管理混乱、办学质量低、社会影响较坏的学校116所，乱招生、乱办班、乱发文凭的现象得到了遏制。

撰稿　李继武

〔**农村文化技术学校**〕　1995年湖南省撤区并乡工作全面完成以后，有乡镇成人文化技术学校2406所，占全省乡镇总数的96.95%；乡镇一级有专职教师7600名，兼职教师1.9万名；年内办班5.6万个，培训学员192万人次。行政村办学共42241个，占全省行政村总数的88.16%；行政村一级有专职教师2736名，兼职教师6.9万名；年内办班9.9万个，培训学员332万人次。乡、村成人文化技术学校在科教兴国、科教兴农、教育为社会主义经济建设服务中发挥了积极作用，为当地培养了一大批实用技术人才。

撰稿　陈小宣

民族教育

〔**颁布义务教育《规定》**〕 1995年8月29日，经湖南省人民代表大会常务委员会第17次会议审议通过，《湖南省少数民族地区普及义务教育若干规定》颁布实施，为制订这个《规定》，起草人员曾多次深入民族地区乡村开展调查，征求意见，并到云南、四川等兄弟省进行考察学习，8易其稿。为宣传贯彻《规定》，省教委会同省民委、省人大民族华侨外事委员会于1995年12月15日在长沙召开座谈会，省人大副主任赵培义、省长助理许云昭及民族地区各级代表和省直有关单位负责人在会上发言，对如何贯彻实施好《规定》发表意见，充分表达贯彻实施《规定》的信心和决心。

〔**寄宿制小学建设**〕 1995年，全省民族寄宿制中心小学定点建设工作主要抓两件事：(1)4月中下旬，省教委、省民委联合组织对1994年定点建设的第五批100所寄宿制中心小学检查验收，重点抽查湘西自治州、怀化、张家界和邵阳的69所学校，结果表明，合格学校48所，占81%。建设投入经费1053万元，其中省、地、县三级补助404万元，乡镇和群众集资649万元，共新建、改建教学和生活用房2.58万平方米，添置木质床铺2197个、开水桶399个，划拨菜地11.30公顷，为1851名在校学生提供寄宿条件。(2)5月15日至18日，省教委在张家界市永定区召开1995年全省民族寄宿制中心小学定点建设工作会议，总结1994年第五批寄宿制中心小学的建设情况，部署1995年第六批的建设任务，与会代表还现场参观了永定区的6所寄宿制中心小学先进校点。经过6年的努力，截止1995年底，省级共投入资金2270万元，地、州、市、县乡通过多渠道筹集资金1亿多元，全省民族地区建成寄宿制中心小学600余所，实现了省委、省政府提出的帮助民族地区每个乡镇建好一所寄宿制中心小学的要求。目前，在寄宿制中心小学就读的学生占民族地区小学生总数的五分之二，中心小学五、六年级学生占民族地区五、六年级学生总数的80%，在校学生达10万人。

〔**100所希望小学建成**〕 1995年9月10日，数千名苗、土家、汉族儿女聚集在湘西自治州吉首市吉首乡振武营村，隆重举行湘西自治州建成100所希望小学庆典大会。全国政协主席李瑞环和省委书记王茂林出席竣工典礼，并为湘西自治州100所希望小学落成纪念碑揭幕。出席庆典的还有中央统战部副部长郑万通、省委副书记储波、省人大主任刘正、省委常委胡彪等。李瑞环主席在会上赞扬湖南省委组织当地党政部门和社会各界，对贫困地区办教育进行定点支援，这种办法很好，可以在短期内取得明显成效，应该总结推广。李瑞环及其夫人还当场捐资

4000元建设希望小学，郑万通捐资1000元。为高速优质建好100所希望小学，省级筹措资金1875万元，湘西自治州发动社会自筹资金878万元，群众献地8公顷，献木材1563立方米，义务投工26万个。原计划定点建设100所希望小学，经各级、各部门的共同努力，已建成并通过验收合格的希望小学有136所，超额完成任务。

〔**教育援藏**〕 1995年，湖南召开教育援藏工作座谈会，要求在继续办好西藏班的同时，与西藏山南地区建立对口协作关系，推动教育援藏工作向纵深发展。主要工作是：(1) 根据山南地区教委的要求，向该地区派遣援藏教师12人，这批教师来自长沙、湘潭、邵阳、益阳和常德5个地市，分别到山南地区一中、二中和隆子、扎朗、贡嘎、桑日县6所中学任教2年。8月6日，在长沙皇冠宾馆举行欢送仪式，郑培民副省长到会欢送，勉励全体援藏教师为汉藏团结和西藏教育事业作贡献。(2) 沟通与山南地区的联络。9月，省政府组团赴山南地区考察，省教委派朱俊杰副主任参加考察活动并慰问湘籍援藏教师。年底，山南地区党政代表来访，12月14日，省教委在教委招待所召开座谈会，参加座谈会的有山南地区教委副主任、湖南省教委领导及有关处室负责人，通过协商，形成教育对口支援项目协议书。(3) 为进一步加强对西藏班的管理，在调查研究、广泛征求意见的基础上，制订《湖南省西藏班学生学籍管理办法》(试行)，内容包括西藏班学生的招生、退学、转学、学习成绩考核、升留级、奖惩等。(4) 6月，湖南省财会学校第二届西藏班40名财会专业学生毕业返藏工作。7月岳阳师范学校西藏班扩班招生，新招收80名师范专业的学生，至1995年底，该校西藏班在校学生有194名。

〔**教师"园丁之家"活动**〕 1995年7月25日至8月3日，省教委与省中小学教师奖励基金会共同举办第二届民族地区优秀教师"园丁之家"活动，来自湘西、怀化、张家界、邵阳等民族边远地区的15名优秀中小学教师代表参加活动。活动内容以纪念中国抗日战争胜利50周年为主题，组织参观南京抗战胜利纪念馆、上海浦东开发区等，加强爱国主义教育，开阔眼界，增长知识，收到良好效果。

撰　稿　樊国斌

总审稿　田维泉　罗春晖

广东省教育

概　况

〔**基本情况**〕

1995年各级普通学校基本情况

单位：人

学校类别	学校数（所）	毕业生数	招生数	在校学生数	教职工数	
					计	其中专任教师
一、普通高等学校	42	36095	51248	156990	41464	16552
研究生		1265	1829	5202		
本科		14665	21328	76797		
专科		20165	28091	74991		
二、中等专业学校	241	44181	88495	217430	23873	12479
中等技术学校	196	31743	64779	162929	18026	8852
中等师范学校	45	12438	23716	54501	5847	3627
三、普通中学	3845	858137	1311823	3394556	223091	175741
高中	836	102573	155585	389031	0	26255
初中	3009	755564	1156238	3005525	5985	149486
四、农业、职业中学	503	61227	81427	189292	18579	13900
高中	498	59053	78292	181347	2308	13531
初中	5	2174	3135	7945	0	369
五、工读学校	4	132	146	200	55	41
六、小学	24638	1215578	1515530	8831914	376759	321434
七、特殊学校	42	927	5143	29377	956	714
八、幼儿园	7923	1060039	1419777	2000082	90904	59344

1995年各级成人学校基本情况 单位：人

学校类别	学校数（所）	毕业生数	招生数	在校学生数	教职工数	
					计	其中专任教师
一、成人高等学校	61	41587	46737	135053	11035	5398
广播电视大学	3	8434	10047	38822	2981	1426
职工高等学校	31	5381	5370	16445	2907	1527
农民高等学院						
管理干部学院	14	4608	5933	13342	2416	1077
教育学院	13	7373	7671	18148	2731	1368
独立函授学院						
普通高校举办：						
函授部		4421	7000	20929		
夜大学		3579	5433	15215		
干部进修科		7791	5283	12152		
二、成人中等专业学校	294	70519	138813	233255	10985	6037
广播电视中专	3	1021	1343	2662	25	15
干部中专	10	2989	4368	8316	305	166
职工中专	137	17042	37480	91322	4570	2642
农民中专	41	5258	10723	25039	1936	1113
函授中专	2	3517	5849	14338	612	181
教师进修学校	101	40692	79050	91578	3537	1920
三、成人中学	447	73324	51969	67888	2170	975
职工中学						
农民中学						
四、成人技术培训学校	2282	81万	68万	64万	4268	1671
职工技术培训学校	225	8万	7万	9万	1371	866
农民技术培训学校	2057	73万	61万	55万	2897	805
五、成人初等学校	2399	397118	381577	342318	4692	982
职工初等学校						
农民初等学校						
其中：扫盲班	164	9093	6800	7483	356	36

制表　方树生　郑建辉

〔**年度工作方针**〕　1995年，广东省普教工作全面贯彻中央十四届五中全会和广东省委七届四次全会精神，以建设教育强省为目标，抓住全党重教、全民兴教的时机，围绕全面贯彻全国教育工作会议和全省教育工作会议精神，积极推动《中国教育改革和发展纲要》和广东省委、省政府《关于教育改革和发展的决定》的全面实施，以实现“两基”、“两全”为重点，加大教育改革的力度，推动形式多样、结构合理、机制灵活、开放多元的具有广东特色的教育体系的尽快形成；进一步完善多渠道的教育投资机制，努力增加教育投入；花大力气提高师资队伍整体素质，突出加强校长队伍建设，切实解决教师住房、民转公等各项教师待遇问题；进一步改进学校德育工作，努力提高教育质量和整体办学效益。

为使全省教育年度工作方针得到贯彻落实，1995年2月，广东省委、省政府在新兴县召开全省中小学教师住房建设工作会议，决定用3年～5年时间基本解决全省城镇和农村教职工的住房问题。并决定从1995年开始，省财政每年拿出8000万元补助中小学教职工住房建设。据统计，到年底，全省全年以国家、集体、个人共同投入教师住房建设的资金达28.7亿元，竣工住房41852套，建筑面积达358万多平方米，12月4日至7日，广东省政府在茂名市召开农村教育综合改革工作会议，总结交流农村教育综合改革工作的经验，研究今后一段时间特别是“九五”期间进一步加强农村教育综合改革，加速农村实施科教兴国、科教兴农步伐，促进“三高”农业发展和农村现代化建设的工作思路。广东省委常委、副省长卢钟鹤到会讲话。会议提出广东省农村教育综合改革的目标任务：到1998年，全省农村教育综合改革实验县（市、有农村的区）要发展到70个左右，占全省县（市、有农村的区）总数的80%，实施“燎原计划”的乡镇要发展到800个左右，占全省乡镇总数的50%；到2000年，全省各县（市、有农村的区）都要开展农村教育综合改革工作，实施“燎原计划”的乡镇发展到1000个左右，占全省乡镇总数60%以上，全省建设200个标准的“燎原计划”示范乡镇。1995年11月，广东省教育厅在深圳市召开全省中小学校长队伍建设工作会议，专题研究并部署中小学校长队伍建设工作，并决定从1996年初新学期开学起，在全省中小学校实行校长持证上岗制度。凡拟担任中小学校长、副校长职务的，必须按规定参加校长培训并取得岗位培训合格证书，才能上岗担任校长、副校长职务。1996年初新学期开学以前，尚未取得校长岗位培训合格证书的在职中小学校长、副校长，原则上不能继续任职。1995年底，全省第一轮培训已经完成。从1996年初新学期开学起，新任命中小学校长、副校长必须坚持“先培训、后上岗”的原则。对已取得中小学校长岗位培训合格证书的校长、副校长，各级干部管理部门应采取必要的措施，保持其相对稳定。与此同时，实行中小学校长职务津贴制度。

1995年，是广东省高等中专教育实施“八五”计划的最后一年。全省高等中专学校认真贯彻执行《中国教育改革和发展纲要》和《教育法》，紧紧围绕全国、全省教育工作会议提出的任务和目标，积极推进各项教育改革，使教育事业稳步发展。

〔**实施《纲要》措施**〕 1995年，广东省委、省政府按照党中央提出的“科教兴国”的伟大战略，继续加大教育改革的力度，认真实施《纲要》提出的教育发展目标，动员全党全社会为把广东建设成为教育强省而努力奋斗。广东省委、省政府的主要领导多次指出，教育要培养大批各种类型的人才，为广东基本实现现代化提供智力支持和保障；广东要走一条高效、持续发展的路子，就必须发展科技教育事业。各地按照广东省委、省政府《关于教育改革和发展的决定》，制定了到2010年教育发展的规划，明确各项目标和任务。广东省委、省政府在设立“普九”、教学仪器、贫困山区教师岗位津贴等多项专项资金的基础上，又增拨8000万元的教师住房专项资金，用于补助各地的教师住房建设，还拿出3亿多元专款补助有拖欠教师工资的市、县、区，使拖欠教师工资的问题在广东省得以彻底解决。广东省教育厅根据《纲要》的要求，制订了《广东省普教系统电化教育发展纲要》，加强学校教学手段现代化工作。由于省委、省政府和各级党政带头贯彻《纲要》精神，带头落实教育优先发展的战略，1995年又成为广东教育改革和发展的大年。

〔**学习、宣传、实施《教育法》**〕 《中华人民共和国教育法》（下简称《教育法》）自3月18日颁布并在9月1日实施后，广东各级各类学校及各地都认真组织了学习、宣传、贯彻的系列活动。广东省教育厅除专门召开会议进行部署外，还在11月1日至3日，举办了全省《教育法》学习班，县以上教育行政部门的领导及省有关部门人员160多人参加了学习。国家教委有关司局领导应邀前来讲课。这次学习班结束后，各地纷纷举办了各种类型的学习班，许多地区的党政领导和教育行政部门的负责人对学习、宣传《教育法》起带头作用。省委副书记、省长朱森林亲自撰文发表在《南方日报》上。广州市委书记高祀仁、湛江市委书记陈同庆等地方党政领导都在当地报刊上撰文或在电视台上宣讲《教育法》。年底，广东省人大会同省教育厅组织检查组赴各地对学习、宣传《教育法》的情况进行了检查。从检查情况来看，各地都把实施《教育法》摆上重要的议事日程，收到了较为显著的效果。

〔**教育投入与支出**〕 教育投入继续保持增长势头。1995年全省普教总投入168.3亿元，比上一年增长31.8%，其中国家财政性教育经费99.9亿元，比上年增长29.7%，社会捐资办学经费29.4亿元，比上年增长16.4%。

基础教育

〔**综述**〕 1995年，广东省小学招生比上年减少1.6万人，学龄儿童入学率达99.71%，比上年增加0.13个百分点；小学阶段辍学率为1.08%，与上年持平；小学毕业生升学率为95.34%，比上年增加3.55个百分点。普通初中招生比上年增加10.8万人，增长10.33%；在校学生比上年增加27.8万人，增长10.21%；初中学龄段人口净入学率83.2%，毛入学率达91.71%；初中阶段辍学率为4.34%，比上一年下降0.62个百分点。全省有60.28%的初中毕业生升上高中阶段学校，比上年增加2.17个百分点。普通高中招生、在校学生数分别比上年增加2.5万人及4.2万人，增长19.45%及12.23%，改变了前几年普通高中发展缓慢的状况；辍学率下降到2.86%，比上年下降了0.43个百分点。特殊教育在校学生比上年增加1.7万人。学前教育招生比上年增加19.4万人，增长15.78%，在校生比上年增加8.2万人。

〔**义务教育**〕 至1995年7月，全省经县一级验收已实现“普九”的乡镇有1447个，九年义务教育人口覆盖率达94%。1995年，是广东省普及九年义务教育关键的一年，也是难度最大的一年。按照省的规划，全省有25个县（市、区）要完成“普九”，这25个县（市、区）大多数是山区及贫困地区，教育及经济基础较弱，实现“普九”困难很大。能否按期实现，关系到广东省能否实现国家要求的于1996年基本实现“两基”的目标要求。

为保证这25个县（市、区）如期完成“普九”任务，广东省教育厅于3月初在佛冈县召开部分县（市、区）控制流失生工作座谈会，强化依法治教的意识，力争抓住“普九”进程中的薄弱和关键环节，努力保证当年规划的实现。会议推广了佛冈、平远、新丰、阳春等县（市、区）控制流失生工作的经验。佛冈会议之后，广东省教育厅即对25个实施“普九”的县（市、区）分片进行调查，实施面对面指导，与当地政府及教育部门一起分析研究“普九”存在问题，商讨解决措施及办法，推动了当地工作的开展。对实施普及九年义务教育的县（市、区）按照国家教委及省的标准，严格把关，特别对实验室、图书馆、体育器材及场地的建设逐一落实，收到了很好的效果。从9月底开始，分组分片对25个实施“普九”的县（市、区）进行评估检查和验收。至11月初，共有始兴、翁源、龙川、兴宁等24个县（市、区）通过了省级验收（另一个县推至1996年验收），上报国家教委。

〔**高中教育**〕 随着广东省“普九”工作接近尾声，一年来，全省普通高中教育有了新的发展。全省教育工作会议之后，各级政府及教育行政部门对完成“普九”任务之后发展高中阶段教育有了更加明确的认识，特别是珠江三角洲经济发达地区先走一步，促使高中教育有了可喜的发展。根据1995年国家教委普通高中教育工作会议精神，广东省提出了办好普通高中的步骤：(1) 认真组织全省各级教育行政部门、教育科研部门和普通高中学校学习、领会和贯彻会议精神。(2) 在适当时候由省政府召开全省高中教育改革和发展工作会议。7月，全省普通高中教育工作座谈会后，各级教育行政部门先后作了部署，在调查研究的基础上制定了本地区的普通高中教育改革和发展的规划，许多县（市、区）争办全国1000所示范性高中。

高中毕业会考和中招考试工作顺利发展，稳步推进。全省共进行9门学科的会考，会考成绩有7门合格率在92%以上。中招工作继续维持由广东省教育厅牵头组织一次报名、一次体检、一次考试、分口录取的办法，对减轻学生负担，维护学校正常教学秩序收到明显效果。

〔**幼儿教育**〕 1995年，广东省幼儿园比上年增加680所，在园幼儿比上年增加8.2万人。学前班的幼儿数占幼儿入园入班数的54.82%，比上年下降1.35%。保教质量有较大的提高。

深入贯彻幼教法规和国家教委《关于加强和改进学前班管理的意见》，促进了学前教育的健康发展。4月，在东莞召开了学前班工作会议，推广了东莞等市（县、区）学前班改革的经验，加强了学前班的管理，对学前班小学化的倾向进行了整治，引导有条件的地方逐步取消学前班，大力发展幼儿园，学前教育取得了有史以来的最好成绩。

充分运用等级评定的杠杆，促进幼儿园

办园条件的改善和保教质量的提高。广东省教育厅组织了省级幼儿园等级评审小组，对13个市107所申报省级的幼儿园进行了等级评定。通过严格的评审，确认68所幼儿园基本达到省级幼儿园的标准。省级幼儿园评审工作调动了主办单位办园的积极性，得到了社会和广大家长的大力支持。据不完全统计，为争创省级幼儿园，全省投入到幼儿园建设的经费超过1亿元。

4月份，广东省人民政府办公厅颁发了《关于加快我省幼儿教育事业改革和发展的意见》，对形成全省不同类型地区幼教事业发展的模式，促进全省幼教事业的健康稳步发展，起到了积极的作用。

〔**特殊教育**〕 特殊教育认真贯彻《残疾人教育条例》和全国特殊教育工作会议精神，确保“八五”特殊教育任务指标的完成。据年底统计，全省已有特教学校37所，在建学校17所，各类特教班556个，随班就读遍布城乡，在校的残儿学生4.6万多人，入学率为79.5%（国家教委对广东省的要求是60%）。

召开广东省特殊教育随班就读工作会议，总结了佛冈、德庆县开展随班就读工作的经验，并就如何进一步推动随班就读工作，落实“八五”提出的任务指标进一步作了部署，并及时通报了部分县（市、区）的达标情况。

抓师资培训，为发展特教事业提供保证。省举办了盲童随班就读骨干教师培训班，并开展层层培训。在肇庆、江门市分别举办了盲童随班就读教师培训班，初步形成省、市培训网络，为大力开展盲、聋随班就读工作提供了有力保证。

切实做好残疾人职业技术教育和劳动技能培训工作，为残疾人劳动就业提供条件。省教育厅还与省残联提出了《关于加强残疾人职业培训工作的意见》，并进行了对弱智儿童劳动技能和职业技术培训的研究。

〔**中小学德育**〕 中小学德育工作围绕贯彻《中共中央关于加强和改革德育工作的若干意见》、《爱国主义教育实施纲要》和全省德育工作会议精神，以努力实现德育先进省为目标，以世界反法西斯战争和中国抗日战争胜利50周年为契机，开展了形式多样的爱国主义教育活动，使全省德育工作有了新的进展。

认真组织全省中小学生学习《新三字经》。据统计，全省中小学生购买《新三字经》近千万册，各地开展了形式多样、丰富多彩的学习活动，使全省中小学生受到了一次极其生动深刻的传统美德教育和行为规范养成教育。

中小学德育（爱国主义教育）基地建设进展顺利，全省已建立德育基地近300个，其中被广东省委、省政府确认的省级基地有34个，并向国家教委等单位推荐了东莞鸦片战争纪念馆等5个单位作为全国爱国主义教育基地候选基地。同时在中小学内开展三项教育（安全教育、禁毒教育、法制教育），增强了广大中小学生遵纪守法的意识。全省中小学生违法犯罪率持续下降。

组织实施“金钥匙工程计划”。广东省教育厅与广东省委高校工委、省高教厅、南方日报社、省出版总公司等5个单位联合组织了“金钥匙工程计划”，向贫困山区的广大中小学生免费赠送图书。省教育厅具体承担了“‘一帮一’百万学生赠书大行动”的宣传发动、配对支援的安排和组织协调工作，并要求各地以赠书行动为主题，对中小学生进行一次爱国主义教育。据不完全统计,广州、深圳等8个市约100万学生参加了本次行动,共捐书籍300万册,在社会上产生了很大的影响。

〔**中小学改革**〕 根据《中国教育改革和发展纲要》以及广东省委、省政府《关于教育改革和发展的决定》的精神,积极发展民间办学、合作办学、民办公助等办学形式,进一步形成了政府办学为主、社会各界参与的多元化办学体制,民办教育正成为政府办学的重要补充。根据民办学校发展状况,1995年,省作出了停止审批高收费学校,并加强对这类学校管理的决定。据不完全统计,1995年全省有基础教育的各类民办学校600多所。其中有40所属高收费民办学校。这40所学校已基本完成了校舍建设,吸纳资金20亿元以上,并招生开学,逐步进入正常轨道,初步形成了办学规模。各地还根据有关规定加强了对民办学校的管理,普遍对高收费民办学校的帐目进行了审计,规范了办学行为,加强政策引导,从而保证了民办教育的健康发展。

县以下的分级办学、分级管理进一步得到落实和完善。镇一级政府进一步承担了管理所属学校,承担筹措教育经费不足部分,承担筹建缺少的校舍和添置不足设备的责任。镇一级政府在珠江三角洲普及高中阶段教育和贫困地区"普九"的工作中发挥了巨大的作用。省、市、县进行宏观调控的力度加大,办法增多,并加大了教育扶贫的力度。省的各项教育专款,重点向贫困地区倾斜;各级政府也采取了多种措施进行扶贫,保障贫困地区的"普九"和其他教育事业的发展。同时,着力抓好中小学的人事、财务制度等配套改革,进一步完善以"两聘两制一包一奖"为主要内容的内部管理体制改革,推进了"两聘两制",扩大了"一包一奖",较好地调动了教职工的积极性。

〔**教学改革**〕 教育教学改革以启发式教学为突破口,大力开展整体教学改革试验,大力加强外语、计算机、艺术教育以及运用生物园、地理园辅助教学等特色教育,全面提高学生整体素质水平。九年义务教育课程方案的试点实验取得良好效果。召开了全省中小学计算机教育工作会议,颁布了《广东省中小学计算机课程纲要(试用)》。语文、数学、物理、英语、地理、化学、音乐等学科已开始进行多媒体计算机辅助教学研究。在1995年国际中学生英语竞赛中,全省有6名学生获得一等奖,其中开侨中学林德光同学名列全国第二名。省还对教育、教学改革成果进行了展评。

教材建设也取得显著成绩。已经建立了几个相对稳定的省编教材系列,主要有劳动、劳动技术课系列教材,普通高中职业技术选修系列教材,农业职业中学专业课系列教材,小学写字课系列教材等。还新编34种教学用书。

〔**教师队伍建设**〕 中小学师资队伍得到进一步充实和发展。1995年,全省普通中学专任教师与1990年相比,共增加4.1万多人,年均递增5.5%;小学专任教师与1990年相比,共增加4.4万多人,年均递增3%。

中小学教师的素质明显提高。1995年全省小学、初中、普通高中专任教师学历达标率分别达到93.37%、78.8%和56.43%,分别比上年增加4.25、5和2.41个百分点。中小学专任教师的学历层次也有所提高。1995年全省小学专任教师中大专以上学历、初中专任教师中本科以上学历的分别达8.48%、9.53%,比上年分别增加2.19、2.2个百分点。

教师职称结构不断得到优化。1995年小

学高级教师有4.3万多人，一级教师有11.17万人，分别占小学教师总数的13.4%和34.7%；初中高级教师有2325人，一级教师有10.5万多人，分别占初中教师总数的1.5%和20.7%；高中高级教师有4644人，一级教师有9024人，占高中教师总数的17.7%和34.4%。

教师的社会地位和经济待遇进一步改善。除教师住房建设取得突破性进展以及各地认真兑现教师工资外，各地区加快了民办教师转公办教师的步伐，1995年，又有3.5万名民办教师转为公办教师。继续开展中小学教师评先奖优工作。教师节期间，广东省委、省政府表彰奖励了南粤杰出教师13名，南粤教书育人优秀教师800名；评选推荐全国教育系统劳模25名，全国优秀教师213名，全国优秀教育工作者12名。

〔**师范教育**〕 1995年中等师范招生比上年增加6626人；教育学院招生比上年增加500人，其中在职教师2500人，民师专科班1000人，普通本科班411人，普通专科班4000人；教师进修学校招生比上年略有增长。

加强中师办学条件建设。各级党委、政府和教育行政部门重视中师办学条件标准化建设，加大了政府行为的力度，1995年在建的达标项目共投入5.3亿元，新征土地32.5公顷(33万平方米)，新建校舍45.4万平方米。教学设备及图书资料也得到较大的改善，仅1994年和1995年就累计投入1亿多元。按照1995年11月初的调查，省政府规定1995年要达标的36所中等师范学校中大部分学校的办学条件建设，预计在1996年可顺利通过达标验收。

加强对中等师范学校和教育学院的管理。对中等师范学校，一是全面实施电脑管理；二是全面加强教学管理，促进教学质量的提高；三是继续加强招生工作的管理。教育学院已完成了国家教委新颁发的中学教师进修高师专科教学计划中15%地方课程教学计划(共12个专业，96门课程)的制订工作。

进一步完善中小学教师自学考试的管理工作。(1)重新登记中小学教师进修学历自学考试学员的学籍。(2)增开了高师专科物理、地理、历史、化学、生物、体育6个教师学历自考专业，并在华南师范大学开设了高师本科音乐教育专业自学考试。(3)修订了小学教师进修专科学历教学计划。

〔**中小学等级评估**〕 1995年，省、市、县(区)均认真制订了到2000年的中小学校等级评估规划(草案)。据初步规划，到2000年，全省完全小学将有300所评估验收为省一级学校，占全省完全小学的2.4%，1995年已评估67所，计划5年内再增评230所；初中计划将有80所左右评估验收为省级学校，占全省初中学校总数的2.6%，1995年已评估7所，计划5年内增评70所左右；普通高中计划将有120所评估验收为省级学校，占全省普通高中学校总数的14%，1995年已评估83所，计划5年内再增评40所左右。

1995年，全省又评定省级学校55所。至此，全省中小学省级学校有156所。市、县(区)级学校的评估工作也正在进行。

〔**体育与卫生**〕 4月份，广东省在东莞举行了建国以来规模最大、人数最多的第五届中学生运动会，取得了大面积的丰收。在田径和游泳比赛中，6名学生达到健将级标准，110名学生达到一级运动员标准，736名学生达到二级运动员标准。田径比赛有104人186次打破40项广东省中学生运动会记录。

运动会期间，广东省还表彰了贯彻《学校体育工作条例》先进学校55所，先进校长53名和先进体育教师106名。8月，组成体育代表团参加在武汉市举行的第六届全国中学生运动会，并取得了奖牌数、金牌数和团体总分三个第一。在田径比赛中，分别夺得甲组、乙组和女子乙组总分第一名，男子甲组、男子乙组总分第二名，有2人2队打破4项全国中学生运动会记录，2人2项达健将级标准，在首次设立的女子足球比赛中勇夺冠军。

开展7—18岁年龄组城乡男女中小学体质健康调查研究，共调查中小学生13920人，获得27.8万多个原始数据，经集中整理后，形成了中小学生“八五”期间体质健康状况的最新独立样本，为全省学校体育卫生工作的决策提供了科学的依据。

深入开展学生口腔保健教育活动。在9个地级市、53个县(市、区)、乡镇，872所小学、7195个教学班、369840名小学生中进行口腔保健教育，培训了上千名保健教师。

深化学校体育改革，在全省中小学开展了快乐体育运动，并与广东电视台联合举办了第二届广东省中学生体育卫生知识全能竞赛。同时，加强学校体育卫生的理论研究，组织发动了全省中小学体育教师、卫生人员撰写出250多篇学术论文，其中有10篇被评为全国优秀论文并参加全国性的论文报告会。

〔**教学设施建设**〕 全省中小学实验室建设和教学仪器设备配备达标规划的落实，取得了阶段性成果。1995年，有26个县(市、区)通过了省实验室建设和教学仪器配备的达标验收。加上已验收的83个县(市、区)，全省共验收109个县(市、区)，占全省县(市、区)总数的90%。全年各地共投入2.25亿元用于实验室建设和教学仪器配置。目前，全省中小学教学仪器总值按现行价计算达8.18亿元，按国家教委旧一类、二类标准配齐和基本配齐理科和小学自然科教学仪器设备的学校共2.38万所，占应配学校的81.84%，实验课演示实验平均开出率达80.15%，学生分组实验开出率达64.79%；全省有实验室的学校13024所，实验室配套达标较齐的学校有11145所；全省中小学有实验室18649间、仪器室26969间、独立实验楼1253幢。

〔**电化教育**〕 1995年，全省中小学校拥有幻灯投影机10.2万台，录音机14万多台，录放像机1.2万台，电视机1.6万多台；有计算机室1130间，拥有各类计算机4.3万台，有语音室1122间。全省开展电化教学的中小学校达1.2万所，占全省中小学校的40%，有6656所学校实现了两机(多机)一幕进教室。全省还评出电教达标优秀学校463所。

卫星电视台(站)的建设速度加快。1995年，全省建立了教育电视台3座，卫星地面接收站76座。目前，全省共建立了9座教育电视台，210座卫星地面接收站，播放网点2413个，实现了全省县县有卫星地面接收站的目标。

〔**勤工俭学**〕 1995年，广东省中小学勤工俭学开展面达90.37%，勤工俭学纯收入4.76亿元，比上年增长17.18%；勤工俭学全年补充教育经费3.3亿元，上缴税金1.18亿元，比上年增长53%；学生生均收入38.86元。有学农基地17069个，工业企业2637个，第三产业网点9113个；有接纳学生实习的劳动基地19523个。原定“八五”计划结束时，开展面90%以上，纯收入3亿元，学生人均30元的指标都已超额完成。

〔**语言文字工作**〕 推广普通话工作在全面贯彻广东省委、省政府《关于大力推广普通话的决定》的基础上，重点抓好学校普及普通话工作，落实国家教委、国家语委对学校普及普通话的各项要求。加强中小学普及普通话第一阶段(即教师、学生在教学和集体活动中坚持使用普通话)检查验收工作。同时，加大社会用字管理的力度，部署了全省地级以上市的社会用字管理工作。

〔**治理中小学乱收费**〕 通过一年的努力，中小学乱收费的势头基本得到遏制。全省3万多所中小学，对上年以来的收费情况都进行了一次全面的清理。全省清理出自立收费的项目949项，擅自提高收费标准164项，都已全部取消和纠正；查出学校不合理的乱收费总金额5600多万元，已清理返还给家长3238万元；另外，还清理出代政府有关部门的"搭车"收费7038万多元、社会向学校乱摊派的收费92万多元。

〔**教育对口支援**〕 除继续组织发动珠江三角洲等7个市对口支援新疆7个市(地、州)发展教育外，还接受了国务院下达的对口支援三峡库区巫山县移校的任务。据统计，到目前为止，广东省级和珠江三角洲7个市对口支援新疆7个市(地、州)，落实支援项目33项，已完成25项，价值723.8万元，已到位资金515.8万元；已确定移建巫山县中小学校15所，项目资金已陆续到位，下一阶段的支援项目正在洽谈之中。

〔**教育对外交流**〕 广东普教对外交流日益活跃。据统计，全年共组织32批共286人次到国外和港澳地区访问交流，比上年增加3批94人次，还第一次组团到南美洲的巴西进行教育考察。接待来访的教育团体24批共494人次。中小学聘请外籍教师从上年的60多人增加到1995年的80多人。暑假期间，组织12位北美教师到梅州市和阳江市举办中学英语教师暑期培训班，受训教师达180人。年底，省教育厅与中国教育国际交流协会和汕头市政府共同举办了"华夏园丁迎'96大联欢活动"，共有350多名来自全国各地的优秀教师代表参加，其中港澳地区代表有150多人。

撰稿 张 路 彭红光
方树生
审稿 林受之

职业教育

〔**综述**〕 1995年，广东省职业中学招生比上年增加5542人；在校生比上年增加3309人；学校数比上年略有减少。这主要是为扩大办学规模，合并了一些学校。职业中学教职工达1.86万人，职业高中教师达标率为36.41%，比上年上升4.43个百分点。

〔**职业教育统筹**〕 广东省委、省政府在1994年11月召开的全省教育工作会议上明确提出：2000年城市和经济发达地区普及高中阶段教育，各类中等职业教育学校年招生数和在校学生数占高中阶段学生的比例达到60%以上，2010年全省基本普及高中阶段教育；各市、县要重点办好一两所中学、三四所中等职业学校或培训中心等。各地按照这个目标，在1995年的工作中加强了对职业教育工作的领导，增加了投入。

1995年，广东省各级政府对职业中学建设重视程度大大提高。顺德市政府把占地1.86公顷、建筑面积6000平方米，价值近5000万元的原建筑局培训中心无偿调拨给梁銶琚中学；最近又征地2.33公顷，使学校占地面积达到国家级标准。鹤山市主管教育的市长亲自到职业中学召开现场会议，解决学校实际困难。清远市成立了以主管市长为组长、政府有关部门负责人参加的领导小组，负责清远市职中达标工作。梅州市政府决定从城市教育附加费中提取25%—30%用于发展职业中学教育。由于强化了政府行为，全省职中教育正稳步发展。1995年，职业高中改变了1990年以来招生逐年减少的状况，并略有发展。特别是在珠江三角洲等经济发达、就业充分的地区，职业教育出现加快发展的好势头。东莞、中山、顺德、南海等市普及高中阶段教育包括大力发展职业高中教育已成为政府的决心或人大的决议，正逐年按计划实施。职业中学教育与各类职业学校既竞争又联合，有的与中专、技校联办、与成人中专、成人大学联办，有的与中专自学考试结合来办，有的在省内跨县市联办，还有的跨省联办。职业教育的办学形式越来越活，路子越走越宽，职业教育的质量也有所提高。

〔**重点职中评估**〕 按照国家教委制定的省级重点职中标准和国家级重点职中标准，广东省各市均作出规划，制定分期分批上等级的目标，并在人、财、物等方面给予适当倾斜。准备上等级的学校也订出了争取达标的规划，积极行动，加速校舍、师资、设备和管理制度的建设，努力提高办学质量和效益。广东省教育厅明确要求各地到本世纪末要办好一批重点名校，职中要达到100所，其中40所重点职中进入国家级重点职中行列，并对原来的第一、二批省级重点职中拨款600万元，使老省级重点职中全面达标。4月至5月，广东省教育厅正式开展对已经国家教委审定的第一、第二批省级重点职业高级中学进行复评，同时开展第三批省级重点职中的评估认定工作。原有的19所省级重点职中，除中山市职中因该市调整学校布局改为普通高中外，其余18所均通过了复评。申报第三批省级重点职中的学校中，广州市天河职中等17所职中通过了评估。这些学校均被广东省人民政府批准为省级重点职中，并得到国家教委的认定。在国家级重点职中评估中，广东省共有11所职中进入首批国家级重点职中行列。

撰稿 张 路 彭红光 方树生

审稿 林受之

成人初、中等教育

〔**综述**〕 1995年，广东省成人中学招生比上年减少1.8万人，在校生比上年减少2.15万人；成人初等学校招生比上年减少6.3万人，在校生比上年减少4.3万人。全省在基本扫除青壮年文盲的基础上，继续做好巩固提高工作，全年扫除剩余青壮年文盲9093人，业余小学毕（结）业38.8万人，青壮年文盲率降为0.12%。农村教育综合改革实验市（县、区），实施“燎原计划”乡镇分别由上年的43个市（县、区）和464个乡镇发展到56个市（县、区）和623个乡镇，大大超出了省原订计划。

〔**扫盲工作**〕 1995年，广东省扫除青壮年文盲工作顺利通过了国家教委的验收，全省完成了扫除青壮年文盲的历史任务，如期实现了广东省委、省政府提出的基本扫除青壮年文盲的目标。广东省扫盲工作抓得早，抓得紧，堵得住，要求高，巩固好，走在全国前列，成为全国文盲率最低的几个省市之一，是全国经国家检查验收的第四个基本完成扫除青壮年文盲的省。全省有6个扫盲先进个人、1个扫盲先进单位受到国家教委的表彰。广东省教育厅也表彰299名扫盲先进工作者。惠来县教育局被邀请参加国家教委、全国妇联召开的第三届巾帼扫盲表彰大会，并在会上介绍了经验。

5月份，国家教委扫盲检查组对广东省扫除青壮年文盲工作进行检查，听取了广东省人民政府关于扫除青壮年文盲工作汇报，查阅了扫盲工作档案资料、分组对惠来县、吴川市、连州市、阳西县、乐昌市进行了抽查，重点检查15个乡（镇）、45个管理区，抽考337名脱盲学员，召开座谈会62次、参加座谈的有关人员共626人，到135户农家进行考查式的访谈。检查组认为，被抽查的5个县（市）达到了国家规定的基本扫除青壮年文盲单位的标准；同时认为广东省人民政府对所辖121个县（市、区）扫盲验收程序完备，结论符合实际，全省实现了基本扫除青壮年文盲的目标。国家教委副主任王明达也充分肯定了广东省扫盲工作，认为广东省实现了基本扫除青壮年文盲的目标，总体上是走在全国前列的，对全国有推动作用，意义十分重大。

〔**成人文化技术学校**〕　按照广东省委、省政府《关于教育改革和发展的决定》提出的"到1998年，各乡（镇）都应办好具有一定规模的、能常年开展成人学历教育和多种培训活动的成人文化技术学校，全省建设好200所示范性的乡镇成人文化技术学校"的要求和国家教委《示范性乡镇成人文化技术学校规程》要求，省教育厅制订了1996—1998年全省示范性乡镇成人文化技术学校发展规划。积极推动全省乡镇成人文化技术学校工作从扩大办学面转移到点上深化改革、扩大规模、改善办学条件、提高办学质量和效益上来。审核新增22所乡镇成人文化技术学校为省农村成人教育联系点。指导各地开展乡镇成人文化技术学校评估，促进了乡镇成人文化技术学校的发展。据了解，全省共有15个市根据广东省教育厅《关于开展乡（镇）成人文化技术学校检查评估的通知》要求，结合自己的实际，制订了评估标准、评估方案，开展了评估活动。同时，积极扩大管理区（村）成人文化技术学校的办学面，将巩固提高管理区（村）成人文化技术学校办学面作为基本扫除青壮年文盲单位和达标乡镇成人文化技术学校的一个重要条件。据统计，全省乡镇（场）成人文化技术学校发展到1674所，办学面为99.6%；管理区成人文化技术学校办学面达到90%。韶关、深圳、肇庆、茂名等18个市的乡镇成人文化技术学校办学面达到100%。乡镇成人文化技术学校办学条件不断改善。全省乡镇成人文化技术学校建筑面积达50万平方米，教学仪器设备总值1.2亿元，专兼职教师14878人。全年乡镇成人文化技术学校投入资金1.1亿元，比上年增长30%；乡镇、管理区两级成人文化技术学校培训学员630万人次，比上年增长10%，有力地促进了农村"三高"农业和社会经济的发展。深圳宝安沙井镇成人文化技术学校等6所镇成人文化技术学校被评为全国农村成人教育先进学校。

〔**农村教育综合改革**〕　1995年，广东省农村教育综合改革实验市（县、区）、实施"燎原计划"乡镇分别由上年的43个市、县（区）和464个乡镇发展到56个市、县（区）和623个乡镇，其中3个为地级实验市，东莞市为国家教委联系点，南雄县、从化市为全国实验县，初步建立了农村教育综合改革的大网络，形成了燎原之势。12月，广东省人民政府召开了广东省农村教育综合改革工作会议，进一步推动了全省农村教育综合改革工作的深入发展。"三教"统筹，加快了广东省职业教育和成人教育的发展，加速了普及九年义务教育的进程。农科教结合，并把"星火""燎原""丰收"三个计划结合起来组织实施，积极开展项目技术培训，提高了农村劳动者吸收运用科学技术的能力，加快了农村先进的适用技术转化和推广速度，促进了农村经济的发展。

撰稿　张　路　彭红光
方树生
审稿　林受之

高等、中专教育

〔**综述**〕　1995年，广东省普通高等学校中有部委属院校10所，省市属院校32所；本科院校26所，专科院校16所；招收本专科生比上年增长3.9%，本专科在校生比上年增长10.4%；研究生比上年增长12%；全省普通高校有本专科毕业生34830人，毕业研究生中硕士1111人，博士154人。全省普通高校专任教师中有教授1283人，副教授4635人，讲师6857人，教师整体素质不断提高。

由于广东省委、省政府的高度重视以及社会各界的关心和支持，教育经费逐年增加，当年全省共投入高教事业费57391万元，比上年增长14.27%，投入基建费21328万元，全年完成基建投资90%以上，建成校舍面积25.7万平方米，高校办学条件明显改善。

〔**提高整体水平实施方案**〕　1995年，广东高教系统把贯彻《教育法》同贯彻落实《中国教育改革和发展纲要》和全国、全省教育工作会议精神结合起来，围绕省委、省政府提出的建设广东教育强省的目标和任务，研究制定了“九五”期间以提高广东高等教育整体水平的教育6项工程的具体实施方案：一是深化教学改革的“1352工程”，编写100种具有广东特色和国内先进水平的教材，建设300门达到国内先进水平的省级重点课程，建设500个产学结合的校外实习基地，取得20个在全国有较大影响、对提高教学质量有较大促进作用的优秀教学成果。二是实施重点学科建设的“541工程”，在现有15个国家级重点学科、10个国家和部委重点实验室的基础上，再建设一批，使二者总数达到50个；在现有27个省级重点学科和重点扶持学科的基础上，再建设一批，使其总数达到40个；同时建设10个与重点学科布局相配套的地区性中心实验室、学科群实验室和新兴学科、交叉学科实验室。三是实施培养跨世纪人才的“千百十工程”，在全省高校选拔1000名30岁～40岁左右、具有研究生学历的中青年教师为校级学术骨干，选拔100名45岁左右、具有副教授以上职称、优秀拔尖的教师做为省级学术带头人，再从中选拔10名争取成为国家级学术带头人。四是抓好高质量的校园建设工程，进一步加大投入，全面规划，综合治理，既抓好师资、设备等“硬环境”建设，又搞好良好学风等“软环境”建设。五是加快实施教师住房建设的广厦工程，争取到2000年教师住房达到本省住房的较高标准。六是建设高校教学、科研、管理信息系统工程，主要包括大学计算机网、图书文献共享系统、大型设备共享系统、教育管理信息系统四大部分。这6项教育工程从1995年开始逐步实施。此外，编制了《广东省高等教育事业发展“九五”计划》，会同有关单位研究制定了《珠江三角洲经济区高等教育发展规划》等促进教育发展的方案。

〔**体制改革**〕 1995年国家教委把广东省定为全国“一省、一市、一部”高教体制改革试点省份，根据国家教委和省委、省政府的要求，1995年广东省在高教体制改革上加大了力度，进一步推进各种形式的联合办学，鼓励社会办学，拓展国际合作办学途径，努力建立以政府办学为主体的、多层次、多形式、多渠道的办学体制。一是继续完善省与有关部委共建中山大学、华南理工大学、中山医科大学、广州中医药大学、暨南大学和华南农业大学的体制。1995年省投入6所学校的各项资金共10199万元，其中中山大学和华南理工大学分别是2981万元和3369万元。中山大学和华南理工大学不断改革和完善学校内部管理体制和办学条件，顺利通过了国家“211工程”的部门预审。二是继1994年原中央部委属的广州外语学院和广州外贸学院划转省政府管理之后，1995年省政府又与国家农业部签订了将湛江水产学院划转广东省管理的协议。三是加快以实现校际间优势互补、资源共享为目的的区域性高校合作办学。1994年开始实行合作办学的广州石牌地区6所普通高校，1995年合作范围已扩大到互聘教师兼课、联合申报科研项目、实行图书资料共享、合作培养研究生和青年教师等多个领域，同时，省计划投资1200万元在6所学校中建设4个教学提高型共用实验室，以促进6所学校合作办学，提高办学效益。四是加大高校结构调整与合并的力度，实施《广东省普通高校布局调整方案》，对部分高校进行合并调整，将中央划转广东省管理的广州外语学院、广州外贸学院合并，组建广东外语外贸大学；将广东工学院、广东机械学院、华南建设学院（东院）合并，组建广东工业大学；撤消了深圳师范专科学校的独立建制，并入深圳大学，利用深圳大学的力量，重新组建深圳大学师范学院；撤消省电力专科学校独立建制，并入华南理工大学，将华南理工大学的有关学科、系联合组成电力学院；将佛山农牧高等专科学校与佛山大学合并，组建了本科层次的佛山科技学院。经过调整合并之后，全省普通高校校均在校生从1994年的2925人提高到3614人，本科院校校均规模达到4422人，专科达2301人，均超过国家教委规定的标准，规模效益明显提高。此外，根据广东经济社会发展的实际，对高等教育的学科专业结构进行了调整，全省普通高校新增本科专业18个，专科专业12个。经过改革、调整，全省普通高等教育的布局和结构日趋合理。

〔**教学工作**〕 结合国家教委开展的高校教学评估工作，积极开展高校教学领域的各项改革，加强教学管理，改善办学条件。为实施教学工作“1352工程”，研究制定了《面向21世纪教学改革项目指南和教材建设规划方案》；积极推广学分制，全省有20多所高校实行了学分制；认真加强高校教学质量宏观控制，通过组织全省大学生参加全国大学英语二、四、六级水平考试和非计算机专业学生计算机应用水平考试，提高大学生英语和计算机应用水平；加快高校电化教育和图书馆建设步伐，积极开展高校电化教育评估，完成28门电化教育深入课堂的课程试验，高校图书馆基本实现了采编、流通、管理等方面计算机自动化，并在向网络化发展。认真加强重点学科建设，全省各高校积极以学科建设为龙头，促进学术水平的提高，为实施重点学科建设的“五四一”工程，对原有的省重点学科进行评估和布局调整，并结合部分高校争取进入国家“211工程”的工作，对有可能成为国家级重点的学科予以重点支持，当年投入上水平项目经费3000万元，促进了重点学科的建设和发展。

加强学校体育工作，广泛开展群众性的体育运动，成功举办了第四届大学生运动会，全省3队24人28次打破12项全省大学生运动会纪录，8所高校体育代表团、38个运动队200多名运动员、裁判员获“体育道德风尚奖”。

〔**科研工作**〕 认真贯彻全国、全省科技工作会议精神，重点加强高等学校自然科学和社会科学的研究工作，并取得新的成绩，当年全省高校有65项成果获广东高校科技进步奖，27项成果获广东省科技进步奖，118项成果获广东高校人文社会科学研究优秀成果奖，24项成果获国家教委人文社会科学研究优秀成果奖。积极开展高等教育科学研究，探索有中国特色社会主义高等教育的理论，出版了《广东高等教育与社会主义市场经济》、《中国高等教育宏观背景研究》和《高等教育与广东现代化》，完成了《面向21世纪广东高教发展战略构想》等课题研究，促进了高教决策的科学化、民主化。此外，继续加强高校科技成果的推广应用工作，各高校广泛深入全省各有关市、县，开展科技成果的推广运用工作，积极参加各类科技成果贸易洽谈会，推介校园科技成果，取得明显效果。

〔**思想政治工作**〕 在加快教育改革和发展的过程中，广东高等教育认真处理好加快教育改革和发展与加强党的建设和思想政治工作的关系，坚持两手抓，一手抓改革发展，一手抓好学校党的建设和思想政治工作，学校思想政治工作不断加强。一是认真加强学校领导班子的组织建设和思想作风建设，健全学校各级党团组织，加强党对学校改革和发展的领导，并通过深入细致的思想政治工作，调动了广大党员和师生投身学校改革的积极性和创造性。二是认真贯彻落实中共中央《关于进一步加强和改进学校德育工作的若干意见》和《爱国主义教育实施纲要》，抓好学校形势与政策的学习教育工作，通过组织广大师生学习理论、参加社会实践等形式多样的活动，帮助师生正确认识形势，正确处理改革中出现的各种矛盾和问题，树立正确的政治观、人生观、价值观，有效地维护了学校的稳定局面。三是进一步加强高校马克思主义理论课和社会主义思想品德教育课“两课”的教学改革，研究制定了高校“两课”改革的实施意见，并通过组织教学观摩、利用暑假组织中青年理论课教师到广东经济发展较快的珠江三角洲地区进行社会调查活动等方式，增强高校理论课教学与实践的联系，提高了教学效果。四是认真加强校园文化和校园环境建设，通过举办纪念抗战胜利50周年的系列活动，强化师生的爱国主义意识。

〔**招生和毕业生就业制度改革**〕 1995年，广东省在上年中山大学等7所院校本科层次实行“并轨”招生试点取得成功的基础上，进一步加大招生改革的力度，全省本科全部实行“并轨”招生的改革，并轨学校31所，占全国并轨招生学校113所的27.4%。为保证这一改革的顺利进行，制定了多项改革配套措施，包括在各高校设立国家专项奖学金、单位专项奖学金、优秀学生奖学金、贷学金等制度，完善勤工俭学制度，推行学分制。省政府于1994、1995年共拿出4000万元，建立高校学生奖贷学基金，从物质上保证招生“并轨”改革的顺利进行。

1995年是历年来广东高校毕业生人数最多的一年，全省纳入调配计划就业的高校毕业生有36571人，实际接收安排46462人。而用人单位对毕业生的需求却比往年有所回落。为做好毕业生的就业安置工作，省高教部门积极改革以往的做法，适应新的就业形势，采取了集中和分散相结合、推荐和自主择业相结合的办法，开展多种形式的供需见面活动，拓宽就业渠道，顺利完成当年的高校毕业生就业安置工作。

〔**教师队伍建设**〕 为进一步优化教师队伍结构，提高整体素质，认真实施培养跨世纪人才的“千百十工程”，制定了《广东省高校“千百十工程”培养管理办法》。通过完善有关管理制度，组织教师进修、培训、出国留学，改革教师职称评聘办法等措施，逐步实现教师队伍建设和管理的规范化、科学化，教师队伍的整体素质不断提高。积极深化以高校人事分配制度改革为重点的学校内部管理体制改革，推行和完善全员聘任制、合同制，有效地提高了人员的素质，调动了工作积极性。1995年广东高教系统先进人物不断涌现，当年全省高校获国家劳动模范称号4人，国家级优秀教师称号32人，国家级优秀教育工作者4人；省级特等优秀教师40人，优秀教师161人；省级杰出教师特等奖1人，杰出教师奖6人。

根据省委、省政府1993年提出的高校教师住房建设“两年达标，三年解困”目标，积极实施教师住房“广厦工程”，改善教师住房待遇，召开全省教职工住房建设经验交流会，提出多渠道筹措建房资金，建立国家投资、院校出资、个人集资的投资体制，对教职工住房建设总投资，采取政府承担50%，学校和教职工承担50%的办法，加快了教师住房建设速度，全年共安排教师住宅建设资金6850万元，完成住宅面积8.5万平方米。至1995年，全省高校教职工住房面积达200多万平方米，教职工每户住房平均建筑面积达39平方米，(其中省属高校教职工平均建筑面积达39.8平方米)，超过了国家教委规定的36.74平方米的标准，教职工住房条件明显改善。

〔**教育法制建设**〕 1995年，广东高等教育根据《中国教育改革和发展纲要》提出的关于“加快教育法制建设”的要求，结合《教育法》的宣传、学习，进一步加强教育法规建设，制定和颁布了《广东省私立高等学校管理办法》、《广东省民办高等学校设置实施办法》、《广东省普通、成人高等专科学校设置实施办法》、《广东省教学成果奖励办法》、《广东省普通高等学校奖学金实施办法》等一批政府规章和规范性文件。同时，积极开展依法治教，整顿办学秩序。针对一些高校在教育改革中，由于内部管理体制改革的力度和广度不够，未能形成自我完善、自我约束、自我发展的机制，依法治教的意识不强而出现的乱招生、乱收费、乱发文凭的现象，省高教部门积极采取措施，认真整顿、治理教育违章行为，专门召开了“全省高校加强收费、招生和办学管理工作会议”，省委常委、副省长卢钟鹤在会上做了重要讲话，强调高校要依法办学，加强收费、招生和办学管理，坚决制止违章收费、招生和办学行为。省高教厅组成多个检查组分赴各地高校检查教育违章情况，并对个别严重违章收费、招生、乱发文凭的部门和学校进行了严肃处理，收到明显效果。

〔**对外交流与合作**〕 充分利用广东省毗

邻港、澳，海外华侨、港澳同胞众多，对外交往密切的优势，积极开展官方、民间等多渠道的对外教育、文化交流与合作，全省高校先后与国外170所高校建立了校际姊妹关系，校际间的教育、科技交流与合作广泛开展。与境外机构合作办学历教育的有7个单位，非学历教育的有9个单位；在港澳合作办学的有10家。当年省属院校派往国外进修、参观访问、合作科研达158批341人次，共接待国外来访团组43批345人次。目前受聘在广东高校工作的外国文教专家和教师有151人，在广东高校就读的外国留学生1034人，是历年来最多的一年。

〔**普通中专教育**〕　1995年，广东省新增普通中专学校8所，全省普通中专学校达241所，其中中等专业技术学校196所，中等师范学校45所，当年共招生88495人，在校生达217430人，每10万人口有在校生244人，超过全国平均水平，当年共为社会输送中专毕业生44181人。

1995年，广东省普通中专教育着重抓好重点中专学校的建设和发展，召开全省重点中专学校校长会议，传达贯彻全国重点中专学校建设工作会议精神，总结交流本省重点中专学校建设的经验，制定了加强全省重点中专建设的一系列措施和方案，在抓好原有重点中专建设的同时，省主管部门又与省水电学校、省机电学校等5所办学条件比较好的中专学校签订了共建国家级重点中专学校的协议书，采取学校主管部门主要投入，学校自筹投入和省高教厅支持一部分“三个一点”的办法，加快这些学校的建设和发展。开展中专教育规范化建设，提高中专办学水平，研究修订了《广东省中专学校教学管理工作规范》和《广东省中专学校学生管理工作规范》，并通过举办中专学校教务科长、学生科长培训班，有效地促进了广东中专学校教学管理、学生管理的规范化和制度化，提高了办学水平。此外，根据国家教委关于在中专学校试办高等职业教育班的精神，积极开展中专高职班试点工作，全省确定5所普通中专学校为试办高等职业技术教育班的试点学校。

撰稿　张耀荣　郑建辉
审稿　许学强

成人高等、中专教育

〔**综述**〕　1995年，广东省成人高等中专教育认真贯彻落实省委、省政府《关于教育改革和发展的决定》，研究制定成人高等中专教育2000年和2010年发展目标和措施，进一步加快成人高等中专教育的改革和发展。一是深化成人教育布局调整，不断优化教育结构，全省成人高校新增专业37个，新成立了12所成人中专学校。二是积极采取措施加强成人教育质量的控制与管理，组织编写出版了成人教育180多个专业2000多门教学大纲，修订72个成人中专专业教学计划，并通过专业课程抽考，开展高校函授、夜大学教学评估，加强计算机管理学籍工作等措施，促进了广东省成人高等中专教育教学质量的提高。三是根据国家教委提出评选省级示范性成人中专学校的要求，积极开展成人中专学校评估工作，通过评估，促进成人中专学校不断改善办学条件，提高办学效益。四是积极开展高等职业教育的改革试点工作，省高教厅成立了省职业教育领导小组，统筹全省高等职业教育的改革试点工作，全省有7所成人高校被确定为高等职业教育改革试点学校。

高等中专教育自学考试不断发展。省自学考试管理部门在认真总结以往改革经验的基础上，进一步完善考试管理体制和考试办法，改革以往高等中专自学考试开考权由省统管的做法，将中专开考权下放给各市自考委。积极开展考试管理手段的现代化建设，初步实现了自学考试命题、评卷、登分、学籍管理工作的电脑化，同时，根据社会的需要，采取灵活增加开考科目和专业，加快考试频率，增加小考次数等措施，主动适应地方社会经济发展对人才的需求，促进了自学考试事业的不断发展。1995年，全省报考人数达277597人，是广东自学考试开考以来人数最多的一年。

撰稿　张耀荣　郑建辉

审稿　许学强

广西壮族自治区教育

概　况

〔基本情况〕

1995年各级普通学校基本情况

单位：人

学校类别	学校数(所)	毕业生数	招生数	在校学生数	教职工数	
					计	其中专任教师
一、普通高等学校	27	18012	20713	60779	14994	7542
研究生	9	228	297	747		
本科生		4839	7396	25867		
专科生		12945	13020	34165		
二、中等专业学校	123	28331	40669	116667	14983	7797
中等技术学校	97	18883	32328	83525	11329	5630
中等师范学校	26	9448	8341	33142	3654	2167
三、普通中学	3077	487332	767307	1940534	132959	97749
高　　中	437	66030	78447	209327		14344
初　　中	2640	421302	688860	1731207		83405
四、农业、职业中学	274	26786	45662	113470	10274	6758
高　　中	246	22681	38624	95959		6027
初　　中	28	4105	7038	17511		731
五、工读学校						
六、小学	16005	810533	1074779	6399187	227021	194780
七、特殊教育学校	36	584	3159	20335	1061	691
八、幼儿园	2555		847583	1000686	30102	22956

1995年各级成人学校基本情况

单位：人

学校类别	学校数(所)	毕业生数	招生数	在校学生数	教职工数	
					计	其中专任教师
一、成人高等学校	23	18169	20185	52200	5300	2695
广播电视大学	1	4228	3994	12142	710	293
职工高等学校	9	1842	2169	5517	1588	813
农民高等学校						
管理干部学院	4	1691	1758	4142	905	409
教育学院	9	5484	4374	10996	2097	1180
独立函授学院						
普通高校举办函授部		4924	7890	19403		
夜大学						
二、成人中等专业学校	154	35261	97429	125679	8662	4554
广播电视中专	1	1334	52095	16078	702	311
干部中专	30	3812	11328	23367	2434	1262
职工中专	28	4280	6937	16647	1547	706
农民中专	13	1490	7083	15305	359	230
函授中专	5	8813	7726	22868	627	261
教师进修学校	77	15532	12260	31414	2993	784
三、成人中学	306	9162	36819	41465	1063	417
职工中学	29	2848	5242	8031	300	183
农民中学	277	6314	31577	33434	763	234
四、成人技术培训学校	12720	2821123	2858863	2621375	13371	3375
职工技术培训学校	129	40993	55511	51326	1303	511
农民技术培训学校	12591	2780130	2803352	2570049	12068	2864
五、成人初等学校	4256	105567	141197	159579	4372	650
职工初等学校	22	4025	5348	5244	32	15
农民初等学校	4234	101542	135849	154335	4340	635
其中：扫盲班	2275	35688	79290	43912	2724	341

〔**突出“两基”重点**〕 1995年，为了贯彻落实《中国教育改革和发展纲要》、《广西教育改革与发展纲要》以及1994年全国、全区教育工作会议精神，在本世纪末实现“两基”的奋斗目标，广西各级教育部门突出抓了三个方面的工作：一是加强宣传，增强广大干部、群众的教育意识，在全社会掀起重教兴教的热潮。全区90％左右的地、市、县（区）召开了教育工作会议，传达全国、全区教育工作会议精神，直接听取传达的人员达百万以上。自治区教委组织力量宣传《教育法》，自治区党委书记赵富林在报刊上发表宣传《教育法》的署名文章；自治区政府主席成克杰接受中央电视台记者关于贯彻落实《教育法》的专访；自治区教委主任李林在自治区人大会议上作普及《教育法》讲话；有

关部门开展了全区性的普及《教育法》知识竞赛活动，参加人数达十多万人。这些宣传活动，使教育的重要性进一步深入人心，为教育的快速发展注入了强大的动力。二是制订“两基”规划，把“两基”工作落到实处。根据“分区规划，分类指导，分步实施”的原则，从不同类型地区的经济建设发展趋势和教育状况出发，全区自下而上、自上而下修订、制订出区、地（市）、县（区）、乡（镇）的“两基”工作规划，并纳入各地“九五”经济建设和社会发展总体规划，把实现“两基”作为本世纪末实现小康水平的几个硬指标之一，明确了目标、任务、责任及保障措施。自治区政府委托自治区教委举办两期“两基”工作规划培训班，各县（市）分管教育的县（市）长及教育局长（教委主任）参加学习，回去后制订本县（市）的“两基”工作规划。三是统筹和协调发展“两基”工作，把“两基”当作系统工程抓紧抓好。在抓普及小学教育的同时，大力发展初中教育，提高义务教育的“普九”率。1995年广西新增初中学校42所，与上年相比，净增初中在校生达15.54万人，这是广西初中发展历史上速度最快的一年。1995年积极发展特殊教育，强化政府行为，切实把残疾儿童少年教育纳入义务教育工作轨道。全区各地继续加强扫除青壮年文盲工作。1995年自治区政府召开了全区扫盲工作电话会议，提出要在1998年完成基本扫除青壮年文盲的任务。为此，充实了自治区扫盲协调领导小组的力量，增补自治区扶贫办为成员单位，明确规定各部门各单位的挂勾扶贫点也是扫盲工作联系点，切实抓好扶贫点的扫盲工作。全区各地重视把扫盲学文化同学技术结合起来，同职业教育结合起来，有力地推动了各地的经济建设。

1995年11月9日至15日，全国九省区“普九”工作汇报会在广西召开。会议的主要内容是：针对西部发展地区实际，研究如何搞好“两基”工作，以及民族地区“普九”的特殊政策等。国家教委主任朱开轩、副主任柳斌、财政部副部长谢旭人、国家民委副主任图道多吉出席会议，广西自治区政府李振潜副主席在会上介绍了广西的基本情况和教育现状。广西教委主任李林向大会汇报了广西“普九”情况。会议期间，出席会议的领导和各省区的代表实地考察了广西桂林市、资源县、兴安县的15所学校（中小学、幼儿园、师范学校）。这次会议对广西“普九”工作是一次全面的检查，对广西加快“普九”步伐起了重大的推动作用。

撰稿　吴桂就　黄华吉

基础教育

〔综述〕 1995年，全区学龄儿童入学率为98.16%，比上年略有提高；普通初中招生数比上年增加7.8万人，在校生数比上年增长10.89%；职业初中招生比上年增加0.06万人，在校生数比上年增长20.69%。初中阶段教育的毛入学率为66.32%，比上年提高7.08个百分点。普通高中教育规模有所缩小。校数比上年减少15所。招生数比上年增加0.89万人，在校生数比上年减少0.54万人。

民办学校发展较快。1995年有民办普通高中21所（其中完中8所），民办普通初中136所，民办职业初中4所。民办小学76所，比上年增加17所，在校生数比上年增长97.7%。

1995年广西专业教师学历合格率有所提高。小学为88.45%，普通初中为59.84%，普通高中为61.09%，职业初中为46.92%，分别比上年提高2.23、4.22、1.96、16.47个百分点。

撰稿 廖 斌 周克依

〔义务教育〕 自治区教委于年初对1993年颁发的《广西壮族自治区普及九年义务教育标准和评估验收奖励办法（试行）》进行了修订，经自治区政府批准，10月25日将修订后的《广西壮族自治区普及义务教育标准和评估验收奖励暂行办法》印发全区实施。普及义务教育新标准对城市和经济发达地区、贫困地区、民族地区的普及九年义务教育条件提出不同要求，目的在于增强少数民族贫困地区党政领导和人民群众实现基本普及九年义务教育的信心，调动各地实施义务教育的积极性。

广西实施九年义务教育，以发展初中为重点；各地努力挖掘潜力，不断扩大原有初中学校规模，同时也积极创办新初中，使小学毕业生的升初中率从上年的77.7%提高到1995年的85.8%。全自治区先后有南宁市的新城区、城北区、永新区、兴宁区、江南区，贵港市，浦北县，柳州市的鱼峰区、柳南区、柳北区、城中区，梧州市的蝶山区、万秀区，玉林市和博白县等15个县、市（区）通过了自治区政府“两基”评估验收。至此全自治区共有20个县、市、区基本普及了九年义务教育，占县、市（区）总数的18.6%，覆盖人口712.8万，占全自治区总人口的16%。

1995年，百色地区的西林县、河池地区的巴马瑶族自治县和凤山县的普及初等教育工作，分别于1月、3月和5月通过地区行署的检查验收，并经自治区政府核准，确认为普及初等教育县。至此，广西的县、市（区）已全部实现普及初等教育。

〔女童教育〕 1995年是广西实施国家

教委与联合国儿童基金会合作的1994年～1995年过渡时期“促进贫困地区女童教育”项目的最后一年。自治区教委项目工作领导小组坚持项目工作指导思想，以实现项目目标为中心，培训师资为主要内容，组织开展各种项目活动。10个县的14个乡共137所完全小学，全部实施本项目，均完成了项目工作任务。14个乡中心校的校长和每乡一名骨干教师，分别参加了全国举办的校长培训班和骨干教师培训班学习；自治区举办了两期校长培训班和一期复式教学教师培训班，共培训140名校长和146名复式教学教师；项目县、乡也举办了教师培训班。经过各级培训，项目学校的1489名专任教师，全部达到任职要求。为改善项目学校办学条件，1995年广西共筹措资金181.5万元，新建校舍2450平方米，增添课桌椅1836套和一批图书、仪器设备。为尽快提高适龄儿童入学率，项目学校除办好原有的简易小学、早晚班外，还增设12个教学点，采取多种形式办学，方便女童入学。经过一年的努力，14个项目乡适龄儿童入学率从1994年的91.07%提高到1995年的95.5%，其中适龄女童入学率从87.7%提高到93.8%。全区有5个县、乡、15所学校和7位同志分别评为实施“女童教育”项目工作先进单位和先进个人，受到国家教委的表彰和奖励。

撰稿 刘谋桂

〔**学前教育**〕 继1994年在融水、金秀、平果、田东4个县的8个乡实施《贫困地区社区、家庭、教育机构共同促进学前儿童发展》项目以来，1995年初在取得经验的基础上在上述4个县全面铺开。一年来，4个县积极挖掘当地人力物力资源，采取多种办学形式，扩大幼儿受教育面。除了幼儿园和学前班等正规教育形式外，还采取了以下非正规教育形式：(1) 交叉式：即两个教师，两个班，交叉使用一个教师，一个班在教室，另一个班在户外活动。(2) 交替式：即一个教师两个班，一个班是周一、三、五来校，另一个班是周二、四、六来校。(3) 巡回式：一个教师在两个村巡回走教，一般在2.5至5公里之间。(4) 定时活动式：即小学放学后，学前班幼儿定时来教室活动。(5) 游戏（活动）小组式：即由中心校派学前班的教师到游戏点组织活动，每周1次～2次，每次1小时～2小时。

由于采取了正规、非正规教育相结合的方法，学前教育发生了根本性变化，4个县5周岁儿童入班率分别由41%、35%、25.4%、29.5%提高到75%、94.6%、74%、90.1%。贫困地区的幼儿能接受学前教育在当地传为佳话。9月初广西项目评估专家到平果、田东进行检查、评估，对项目所取得的成绩给予了肯定的评价。9月在北京召开的亚太地区幼教研讨会上，广西的经验文章《偏远、贫困及少数民族地区社区、家庭和教育机构共同促进学前儿童发展初探》作为大会中心发言，引起国内外学前教育专家的强烈兴趣。与此同时，广西在区内积极推广4个项目县的经验和做法。12月，在容县召开“广西发展农村学前教育经验交流会”，田东县、金秀县分别介绍了经验和做法。

撰稿 俞妮亚

〔**特殊教育**〕 1995年，全自治区各类特殊教育学校由上年的29所发展到36所，附设在普通小学的特教班 214 个，比上年增加 53 个，大量残疾儿童进入普通小学随班就读。此外，民政部门在社会福利院举办残疾儿童少年特教班 20 个，在班残疾儿童 210 人。

1995 年，残疾儿童随班就读工作又有新进展，广西教委认真贯彻全国特殊教育工作会议精神，坚持三类（视力、听力、智力）残疾儿童教育一起抓，建校、办班、随班就读一起布局，地、市、县、乡一起动手，全面推进三类残疾儿童随班就读工作。自治区盲教、聋教、弱智教育师资培训基地和随班就读指导中心举办了师资岗前培训班，使 102 名弱智教育教师，40 名聋教育教师、59 名盲教育教师接受了岗前培训。在校随班就读视残儿童 526 人、听残儿童 1603 人、智力残疾儿童 15185 人，合计 17314 人，占在校残疾儿童的 85%，比上年增加 6536 人，增长 60.6%。

由国家教委和联合国儿童基金会合作的贫困地区特殊儿童教育项目（1994 年～1995 年过渡时期），在广西的田阳、隆林、马山 3 县的桥业、巴别、雷圩、者保、沙梨、祥播、合群、加方、双联 9 个乡的实施工作已胜利完成。9 月下旬通过了国家教委特殊教育项目专家组的评估验收，该项目经过两年的实施，取得了很好的效果。1995 年底，9 个项目乡在校盲童 14 人，低视力儿童 31 人，入学率 100%；聋童 27 人，重听儿童 51 人，入学率 92%；弱智儿童 181 人，入学率 87.3%。这些残疾儿童在学校里受到了适合其身心特点的教育和缺陷补偿训练，他们的文化水平、生活技能和社会交往能力都得到了提高。项目工作成效得到了专家组的充分肯定。

1995 年，北京金钥匙视障教育研究中心和北京电视台合作，共同资助广西田阳县雷圩乡中心小学随班就读盲童李志敢到北京市盲人学校读书，负责李志敢从 1995 年 11 月起到 2000 年期间的一切学习生活费用。11 月 22 日，田阳县及雷圩乡政府为李志敢举行隆重的欢送仪式。11 月 23 日，自治区教委领导在南宁接见李志敢父子，勉励李志敢到京后努力学习，为百色革命老区人民争光，为广西各族人民争光。

撰稿　饶洁芳

〔**勤工俭学**〕 1995 年全区共有 18490 所中小学校开展了不同形式的勤工俭学活动，开展面为 96.1%。其中，拥有校办企业的学校 14299 所，占学校总数的 74.3%，比上年增加 3%。

勤工俭学全年总产值（营业额）达 259082 万元，比上年增加 56110 万元，增长 27.64%，纯收入达 51981 万元，比上年增加 13267 万元，增长 34.27%。学生均纯收入达 61.07 元，比上年增加 14.07 元，增长 30%。全年勤工俭学上缴国家税金 5242 万元。

勤工俭学的整体实力进一步加强。全区 15 个地、市级单位中有 14 个地、市年勤工俭学纯收入超千万元，其中玉林地区纯收入已达 20739 万元。89 个县（区）级单位中已有 83 个年纯收入超百万元，其中超千万元的有 12 个，比上年增加 4 个。全区中小学勤工俭学纯收入超 50 万元的学校已达 73 所，其中超百万元的学校有 14 所。1995 年，全区勤工俭学纯收入用于补充教育经费 34177 万元，占纯收入总额的 65.7%。其中，用于改善办学条件 21264 万元，用于师生福利和政策性补贴 1 万多元。

1995年，全区中小学校拥有农、林、牧副、渔基地27538个，面积44717公顷。部分中小学校除认真经营好自有学农基地外，还租赁荒山、荒水、荒地、滩涂，大搞校办农业连片开发,从而使校办农业形成规模。目前全区已有数个千亩林场、千头猪场、万株果园、万羽鸡场等大型种养场。在校办农业连片开发中，又以种植名、优、特水果最具特色,如灵山县全县生均果树已达1株以上，水果已成为广西勤工俭学支柱产业。

全区中小学校有校办工业企业2162个。职工41644人（其中教师9589人）。校办工业企业全年实现的总产值和纯收入的增幅都在10%以上。全区新增校办工业企业的特点是起点较高、规模较大，如宜州市实验学校投资350万元创办的宜州市焊接材料厂，建成后年产值可达1000万元。此外，各地十分注意对已有企业进行技术改造和扩建，使适销对路的产品产量成倍增长，如南宁市武鸣中学的鸣山水泥厂投资近千万元进行扩建，新上一条生产线，生产能力提高3倍。博白县中学铸造厂，一个初具现代化企业规模的铸造企业已正式点火投产。全区已拥有产值超亿元的校办企业1个（柳州市龙城化工总厂)；年纯收入超50万元的校办工业企业16个。年末，全区校办产业固定资产净值达65875万元，比上年增加9085万元，增长16%。

1995年全区第三产业（含其它勤工俭学收入）创纯利35606万元，比上年增加9676万元，增长37.3%。第三产业网点有10597个，比上年增加885个。校办第三产业已向建筑、运输、房地产开发、商贸、旅游业、智力开发等行业开拓。在经营范围上，既面向教育内部市场，又全方位面向社会市场。在教育内部市场，基本形成了县（市）、乡（镇)、学校三级服务网络。校办第三产业通过实行产、供、销、服务一条龙，逐步提高校办企业的知名度，从而在社会市场中占有立足之地。

自治区勤工俭学服务总公司积极为全区中小学校开展勤工俭学服务。1995年，公司负责人深入全区各地市大部分的县（市)，与各地一起寻找优势，研究对策，提出“抓两头，带中间”的方针，对勤工俭学基础较好的桂东南地区，要求校办企业必须在现有基础上进一步上规模、上档次，以取得最佳的经济效益，尤其是鼓励各地租赁荒山、荒水，大搞优质高效农业连片开发，发展大型养殖业、大型果场，进一步拓展勤工俭学新的增长点；对勤工俭学基础较差的桂西北地区，提出更新思想观念，必须靠山吃山，充分利用山地资源优势，大力发展经济林果业、养殖业、矿山开采业、竹木加工业等，贫困地区加大勤工俭学发展步伐，推动了全区勤工俭学总体水平的提高。总公司着重抓住几个典型进行重点指导和扶持，如重点扶持浦北县世聪中学开发66.7公顷芒果场，已全部种上良种优质芒果苗；重点扶持桂平市南木中学开发46.7公顷优质龙眼场，已种下优质龙眼果苗近20公顷，果场均是租赁农民的荒山进行开发的；重点扶持兴农县湘漓中学养猪场，已成为有200多头进口良种母猪，自繁自养，年存栏、出栏肉猪2000多头的大型瘦肉型养猪场；重点扶持恭城县栗木中学养猪场，全年出栏肉猪1000头。重点扶持这几个种养项目，在全区起到了典型和示范作用。总公司还积极配合全区职业技术教育重点抓好几个大的职教中心建设，发挥职教中心产教学一体化职能的部署，对勤工俭学周转金的安排向职教中心倾斜。总公司经过考察论证认为，贵港市职教中心提出的在沿街大道建设校办产业群基地，筹办多个企业厂、场，通过发展校办产业，实行产教结合，以产促教，以教促产，可取得最佳经济效益和办学效益的方案切实可行，就借给贵港市勤工俭学周转金300万元给予重点扶持，该职教中心的校办产业基地已基本完成土建任务。此外，总公司对部分职业中学校办企业也给予了必要的资金扶持。

撰稿　黄富雁

〔**师资培养和培训**〕　1995年继续采取多渠道、多形式、多层次培养和培训中小学教师。1995年，广西有普通高等师范院校9所（其中本科院校2所，专科学校7所），应届毕业生6347人（本科1286人，师范专科4501人，非师范专科560人）；招生6328人（本科1485人，师范专科4327人，非师范专科516人）；在校生16608人（本科5237人，师范专科10413人，非师范专科958人）。师专培训部培训在职中学教师，毕业学员539人，招生374人，在校生961人。（1）师范院校教学改革进一步深化。1995年自治区教委继续抓师专课程改革方案的试行工作。进一步规范了师专的学制管理：理科试行三年主辅修制；文科三年主辅修制或单科二年制；外语专业三年制，不实行主辅修。此项工作首先选择玉林师专为试点学校。

在中等师范学校全面推行教育思想、教育内容、教育方法、教育管理现代化的整体改革。自治区教委在部分办学条件比较好、办学水平较高的中师，首先推行了“大信息、多媒体、全开放、优质高效”的课堂教学模式改革。并调整了中师教学计划。

增设英语和计算机应用二门必修课，将劳动技术教育课改为科学技术教育课。从1995年秋季学期起，建立了中师必修课统考制度，并对语文、数学、政治、物理、化学、生物6科进行了统一考试。

为了加强师范院校自身教师队伍建设，启动了“中师百人跨世纪工程”，培养跨世纪骨干教师。遵照国家教委、中国科协在中等师范学校实施“园丁科技教育行动”的布署，制订1995—1997年度行动计划，举办了中师骨干教师“教育测量培训班”，共有38名教师参加培训。师范专科学校还充分利用世行贷款师范教育发展项目开展国内教学人员、管理人员培训。1995年送培了7名研究生，9人参加研究生班学习，143人参加各类短训班学习。

（2）继续采取函授、卫星电视、自学考试“三沟通”的形式对初中教师进行全员培训。1995年进行了两次考试，共22科，首次开考了体育专业。上半年参考为30797科次，平均及格率为80.7%，下半年参考为32016科次，平均及格率为31.8%。（3）组织中小学校长岗位培训。为了保证培训质量，4月对南宁、柳州、桂林、梧州四市和玉林地区的中小学校长培训进行了检查评估。受检的5个地（市）基本按要求完成了培训任务。1995年全区共培训中学校长1354人（其中高完中560人，初中794人），小学校长6979人，幼儿园长106人。至年底，全区已参加培训的高完中、初中、小学校长和幼儿园长分别为1151人、3056人、15854人和760人，分别占应培训人数的80%、88%、89%和84%。（4）加强中小学教师继续教育，年初召开了全区小学教师继续教育备课会，对继续教育现状、教育内容和教育方法等进行研讨。全区有小教、幼教培训中心4个，分别设在南宁民族师范学校，桂林民族师范学校，巴马民族师范学校和广西幼儿师范学校。1995年广西小教培训中心分赴22个县（市）对继续教育情况进行了调查研究和宣传发动，进一步扩大了小学教师继续教育范围。柳州市、象州、滕县、柳铁、武鸣、马山、全州等县和玉林地区大部分县均制定了实施小学教师继续教育的意见。据不完全统计，全年接受继续教育的初中、小学、幼儿园教师分别为7140人、13195人和309人，其中骨干教师培训分别为1492人、2588人和202人。(5)继续采取五年一贯制的模式在南宁、桂林、柳州、梧州4市师范学校试办小学教师专科班。1995年招生160人，至年底共招收480人。

(6) 1994年3月，广西柳州地区民族师范学校、合浦师范学校、百色民族师范学校被列为“中国—联合国儿童基金会合作加强师资培训”项目单位，1995年获得3万美元的无偿援助设备。该项目结束后，3所项目学校共获得儿基会无偿援助30万美元，国内配套资金465万元，学校办学条件得到了较大改善，培养培训了一批高素质的小学教师。1995年广西的桂林民族师范学校、钦州地区民族师范学校、宜州民族师范学校、柳州地区民族师范学校、南宁地区第二民族师范学校5所学校列入国家教委首批重点支持改善办学条件的民族师范学校。

撰稿　张兆飞　肖荣亮

职业教育

〔**综述**〕　1995年，广西各类中等职业技术学校比上年增加2所。在校生比上年增加25825人，招生比上年增长9288人。在校生数和招生数分别占高中阶段学生的59.9%和58.4%。专任教师中达到本科学历的8420人，占49.6%，具有高级专业技术职称的2041人，占12%，中级专业技术职称的6486人，占38.2%。

在各类中等职业技术学校中，有技工学校120所，在校生63938人，招生30737人，毕业20429人，分别比上年增长16.27%、25.8%和42.6%，教职工7408人，其中专任教师3180人。

〔**重点职业高中评估认定**〕　自治区教委于4月6日至8日，召开了地、市教委（教育局）领导，有关县（市）政府主管教育领导，教育行政部门领导以及申报重点和示范职业高中的校长参加的“国家级、省级重点和自治区示范职业高中评估工作会议”，布置评估认定工作。4月25日至5月24日自治区教委评估组对全区申报自治区示范和第三批省级重点职业高中及国家教委认定的第一、第二批省级重点职业高中（共27所学校）进行评估或复评。经自治区政府批准和国家教委认定，浦北、南宁、柳州、北海市第一职业高中，博白县、横县等14所职业高中为省级重点职业高级中学；自治区教委批准这14所省级重点职业高中和扶绥、宾阳、宁明、都安、百色、来宾等12县职业高中（共26所学校）为自治区示范职业高级中学。8月22日至10月15日，自治区教委评估工作组又对申报国家级重点职业高中的6所学校开展评估，上报国家教委。国家教委审查批准柳州市第一中等职业技术学校、浦北县第一中等职业技术学校、博白县中等职业技术学校、北海市第一职业高级中学、横县中等职业技术学校、桂林市旅游职业学校为国家级重点职业高级中学。

通过评估，全区骨干中等职业学校的办学水平和效益得到提高，为全职业校树立了榜样。加强了各地政府、教育主管部门和全社会对职业教育的重视和支持，促进了职业教育的发展。据统计，1995年，当地政府及社会对申报国家级重点职业高中的6所学校的投入就超过4000万元，新建校舍2.89万平方米，新建一批高标准、规范化的实验、实习基地，购置了一批先进的教学实习仪器设备，新增图书10万册。

〔**中专布局调整**〕 为了适应经济和社会发展的需要，根据《广西教育改革与发展纲要》提出的“中等专业学校，经自治区批准，可在一些地方设立教学点，有条件的可办分校”的精神，从3月初起，自治区教委对普通中等专业学校更名、设分校、办学点和新专业进行了评审。经评审，批准广西中医学院附设广西中医学校，桂林橡胶工业中专改为桂林工业中等专业学校，广西轻工业学校设立钦州分校，广西水电学校、广西建筑工程学校、广西林业学校在合浦、百色、桂林等地设立6个教学点，广西计量学校等18所学校新设工程机械专业、环境监测专业、中药专业等35个。通过办分校、教学点和新专业，调整了普通中等专业学校布局，优化了专业结构，增强了中专办学活力，扩大了服务面，扩大了规模，提高了效益。

〔**中专教学改革**〕 上半年，自治区教委组织中等专业学校部分年级学生政治统考。全区93所学校的4776名学生参加考试，及格率达94.3%。统考结果说明本区中等专业学校政治课教学的质量是好的，同时也暴露了政治课教学存在的一些问题，自治区教委及时提出改进措施：一是要求各学校主要领导要重视政治课教学，采取措施提高政治课教学水平；二是举办政治课教师培训班，选派广西水电学校等校的政治课教师到秦皇岛、成都等市参加国家教委举办的政治课教师培训班，然后在广西经济贸易学校举办《中国社会主义理论和实践》和《人生观、世界观》培训班，30所学校的领导、政教室主任及政治课教师近百人参加了学习，柳州铁路运输学校、柳州市交通学校的政治教师为培训班作示范教学。年底，中专语文教研会和数学教研会分别在桂林、南宁举行年会，总结交流了两科教改经验，并提出今后两科教学改革的意见。

〔**职业教育调查**〕 1995年5月，由自治区党委常委、区政府副主席李振潜任组长，自治区14个委办厅局有关负责同志参加的调查组分赴全区各地开展大规模的职业技术教育调查活动，其目的是为了贯彻落实《中国教育改革和发展纲要》，大力发展广西的职业教育，优化教育结构，建立包括初等、中等、高等（含成人教育、学历与非学历教育）的大职教体系，更好地培养多层次、多门类、素质良好的劳动者。通过调研，提出了广西职业技术教育发展和改革的基本思路、大职教体系的构建、发展目标和规划以及发展职业技术教育应采取的政策措施等。广西发展大职教体系的基本思路是：(1) 继续抓好中等教育结构调整，使职业教育在各级各类教育当中占有相对合理的比例。充分利用现有教育资源，挖掘潜力，发展职教，各中等专业学校普遍开办职业中专班，使高中阶段职业教育与普通高中在校生比例逐步趋于合理。(2) 积极抓好城乡教育综合改革，大力发展高、中等职业技术教育和成人教育，建立职教培训中心，举办一批综合性的初中和高中，鼓励社会各界包括私人积极兴办职校，使大批青少年在掌握一定文化知识的基础上，同时学习一种或几种谋生和发展所必须的技术和技能。抓住发展职业技术教育这一“龙头”，加速农科教结合和“三教统筹”，为当地产业发展和经济振兴作贡献。

〔**校长培训**〕　1995 年自治区教委继续在广西农业大学举办 3 期职业高中校长培训班，119 名职高校长参加了培训。通过讲授《马克思主义基本理论》、《职业技术教育政策法规及法律知识》、《学校管理》等 6 门课程和考察办得较好的职业高中等形式，使校长们的政治、业务素质和管理水平有了较大提高。另有 6 名重点职中校长参加了浙江大学培训。目前，全区参加培训的职中校长已达 157 人，占公办职中应培训校长的 74%。

〔**教材建设**〕　1995 年，为了使职业高中的专业课教材更好地适应教学和经济发展需要，自治区教委委托广西农业大学牵头，组织编写《电工基础》、《机械基础》、《电视机原理》等 11 门共 200 多万字职业高中机电类专业课教材，已交付出版社出版。这套教材的理论知识和操作训练内容，以培养技能型人才为重点，这对提高全区职业高中专业课教学质量将会产生重大作用。

〔**技工教育改革**〕　年初，自治区劳动厅印发《关于深化全区技工学校教育改革的意见》，经过一年实践，取得较大成绩。一是设立分校和办学点，扩大招生规模。1995 年招生 30000 人，比上年增加 20%。二是改革“苦、脏、累、险”工种招生对象，40 多个工种（专业）招收农业户口学生 2000 多人，并准予“农转非”。三是积极推进教学研究改革。出版《思想品德教育》和《法律常识读本》教材，修订 8 门学科教学大纲。自治区政府批准 11 所省级重点技工学校。全区技校毕业生 1.7 万人参加技术等级考试，获中级工的约占 45%，获初级工的约占 55%。这些学生均获得了“双证书”。四是加强了技能鉴定工作。24 个技能鉴定所共为 20000 多人鉴定了技术等级。自治区劳动厅、区经委、总工会、团区委、妇联等准备共同召开全区技术能手表彰会，促进全区技能活动的全面开展。

撰稿　李启源

高等教育

〔**综述**〕 1995年广西普通高等学校中部委直属院校3所，地方院校24所，分校1所，大专班点3个。有博士学科专业点1个，硕士学科专业点81个。

本专科招生数比上年多0.11万人，在校生数比上年多0.21万人，其中国家任务公费生和委培生在校生之比为1∶0.21，平均每万人口中的普通高校在校生数为13.36人，比上年提高7.4％。

普通高等教育层次结构进一步优化，研究生与本专科生招生数比由上年的1∶67.7变为1∶68.7，在校生数比由上年的1∶85.5变为1∶80.3，本科生与专科生的招生数比由上年的1∶2.1变为1∶1.7，在校生比由上年的1∶1.5变为1∶1.3。1995年，自治区对普通高等学校的投入较上年有所增加，使高等学校办学条件得到充实和改善，但由于在校生规模增长幅度比较大，因此普通高等学校的办学条件仍然偏紧。生均校舍面积、宿舍、教学仪器设备价值和图书分别为43.62平方米、7.4平方米、3176元和174.5册，生均校舍面积和教学仪器价值分别比上年增加0.32平方米和576元，生均宿舍面积和图书分别比上年减少0.1平方米和11.4册。

〔**开展五项评估**〕 1995年7月，自治区教委根据《中国教育改革和发展纲要》提出的“要建立和完善教育监测、评估和督导制度”的指示，制订了《广西普通高校五项评估试行方案》，在区属普通高校中试行。五项评估指标体系包括德育、教学、科研、技术装备和校园管理等评估。评估的目的是为了推动教育管理部门加强对高校的宏观管理的指导，推动学校重视这五项工作，加强薄弱环节，深化教育改革，进一步提高办学水平和办学效益。要求各校先进行自评，写出书面报告，于12月底前报到自治区教委，再由自治区教委组织专家进行测评，形成测评报告，给自治区有关领导提供决策依据。根据上述布置，下半年全区各高校开展了教学评估活动。同时在广西师范大学等校建立了教学质量监控系统，制订了《教学质量管理规程》。

撰稿 吴桂就 王华吉

〔**教学改革**〕 (1)1995年，自治区教委印发了广西“九五”期间《关于加强普通高等学校教学工作的若干意见》，在此基础上，陆续制订出高校师资队伍建设、教材建设、外语教学等专项规划。(2) 举办全区普通高校非计算机专业学生计算机一级考试，11828人参加，通过5849人，占参考人数的46.41％；成绩优秀者457人，约占参考人数的4%。(3)有计划地培训和提高教务管理队伍的业务素质和管理水平。先后举办了教务处长暑期高级研讨班、师资管理干部培训班、学籍管理干部培训班、教材管理培训班；初步建立了广西高校教务管理微机系统，主要包括：学生学籍学历证书管理系统、教学管理系统、教材使用和管理系统、教职工数据库管理系统。(4)建立高校教材建设委员会。开展首届文科类教材评优活动，评出"八五"期间文科优秀教材一等奖3种，二等奖4种，中青年奖1种。(5)在广西大学、广西工学院、广西民族学院等校试行学年学分制；在广西大学、广西民族学院、广西财政高等专科学校等校取消补考，试行重修制。

〔**"211工程"建设**〕 (1)《广西"211工程"建设纲要》已经自治区政府批准，首批政府拨款900万元已经到位；(2)组织了自治区重点学科的评审，申报42个，评出17个，经自治区人民政府批准已列入"211工程"的重点学科建设项目；(3)加强教育和科研计算机网建设，广西大学、广西师范大学和桂林电子工业学院校园网已与华南网接通并与INIERNET连通。

〔**科技工作**〕 (1)通过组织申报、调研论证，分两批下达了广西教委1995年科研项目共102项，总经费180万元，重点支持了跨世纪科技和学术带头人培养对象和留学归国人员；(2)与南宁高新技术产业开发区联合筹建大学工业园区；(3)组织申报广西科技进步奖(获二等奖6项，三等奖18项)和国家教委人文社会科学优秀成果奖(获二等奖2项)；组织评审广西高校科技进步奖(评出一等奖4项，二等奖9项，三等奖14项)和社会科学优秀成果奖(评出一等奖3项，二等奖10项，三等奖26项)；(4)组织高校"九五"科技发展计划，向自治区科委推荐"九五"科技计划项目，协助自治区科委编制广西科技"九五"计划的基础研究部分；(5)组织成立了广西高校科研管理研究会，与湖北省高校科研管理研究会联合召开了首次学术年会。

撰稿 刘 冰

〔**招生"并轨"试点**〕 1995年，在广西大学的本科专业和广西财政专科学校试行招生"并轨"改革试点，这两所学校招生"并轨"是在没有增加财政拨款的情况下进行的，收费标准较高，与"并轨"前相比，其生源出现了偏紧现象，广西大学36个本科专业，生源较足的有外语、计算机软件、计算机应用、工民建、发配电、金融、会计(理工类)、国贸(文史类)等8个专业，28个专业生源不足，采矿和铸造两个专业经降分后仍无生源，只好把计划调到其它专业招生。相反，区属其他院校的合格生源却明显好于往年。实践证明，招生"并轨"势在必行，但要增加财政拨款，要制订合理的收费标准，而且招生"并轨"要全面铺开，不应限在一两所院校。

撰稿 黄华吉

〔**毕业生就业制度改革**〕 1995年是广西历史上接收、分配高等学校毕业生、毕业研究生人数最多的一年，纳入计划安排就业的毕业生比上年增加19.6%。毕业生人数多，需求量却相对减少，专业结构和需求层次、结构、分布不平衡，分配工作十分艰巨。

自治区教委采取了在国家统一政策指导下，分级负责、相互调剂的办法，针对不同层次的毕业生实行多种形式的“双向选择”和“供需见面”办法落实就业单位。对国家教委直属高校分配回广西的毕业生，面向全区分配，并通过参加“双向选择”活动落实就业单位；对国务院有关部委直属高校分配回广西的毕业生，由对口厅局面向本系统、本行业安排，需跨系统安排的，由自治区高校毕业生分配主管部门协调后进行调剂；区属高校毕业生原则上在自治区内安排。对广西大学、广西师范大学、广西农业大学、广西工学院、广西民族学院5所区属高校，继续作为本区的改革试点单位，在保证完成自治区保证重点和艰苦行业人才需求任务的前提下，仍实行“双向选择”的分配就业办法。同时，组织其他高校的15%毕业生参加全区的“双向选择”活动。1995年寒假期间，自治区教委组织了广西‘95高校毕业生、毕业研究生“双向选择”洽谈会。据统计，参加这次会议的人数多达30000多人次，到会招聘毕业生的用人单位有1000多家，签订协议的有4500多人（其中区外院校毕业生1500多人），达成就业意向的2000多人。为落实本年高校毕业生的分配就业方案部分艰苦地区和规模小的用人单位得到了不少毕业生。如南丹县在副县长带领下组成招聘团，与毕业生签订了120多份协议。

在区属毕业生分配工作中，确定了综合性和工科院校回地方工作的毕业生不能低于65%，农、林、医、师院校不能低于80%，民族院校不能低于85%，财经院校不能低于70%的原则。来源于49个县市的毕业生，只要当地急需的，原则上都分回本地区工作。为满足老、少、边、山、穷县对高校毕业生的需求，自治区教委还计划分配给49个县毕业生2500多人，加上分到所在地重点单位及艰苦行业单位的毕业生数，返回率为87.2%。

撰稿　秦　斌

成人教育

〔**扫盲教育**〕 1995年，广西共开办6877个扫盲教学班，脱盲35688人，其中扫除妇女文盲26371人。巴马瑶族自治县经验收实现全区最后一个低标准脱盲县。至此，全区108个县(区)全部实现低标准扫除青壮年文盲。1995年自治区教委主要抓了以下几项主要工作：(1)年初召开全区扫盲工作会议，下达扫盲任务，强调凡有扫盲任务的地方，要把扫盲任务列入政府行为，并做到“八到村”，即建档立卡、组织领导、计划任务、宣传发动、双线承包、村规民约、检查督促、考核验收到村。要特别重视扫除妇女文盲。

(2) 修订扫盲规划。自治区教委办了2期培训班，从上到下认真修订扫盲规划，确定1998年前基本扫除青壮年文盲。(3) 自治区政府充实加强了自治区扫盲领导机构人员，增补区扶贫办为扫盲领导成员单位，并召开全区扫盲电话会议。自治区政府副主席李振潜讲话，明确了扫盲工作的方针、政策和具体做法。(4) 与有关部门齐抓共管扫盲工作。4月，自治区教委与自治区妇联联合发出通知，在全区农村青壮年中开展“学文化，迎‘四大’”的妇女扫盲活动；7月，自治区教委、团区委联合开展了“广西大中学生‘志愿者’‘95扫盲和科技服务活动”，组织6000多名大学生、120支志愿服务队分赴全区各县(市)开展扫盲活动，侧重服务于28个国家级特困县和21个自治区贫困县，对全区的扫盲工作起到了积极的推动作用。(5) 修改《广西壮族自治区县级扫除青壮年文盲验收实施细则(试行)》，并下发各地执行。(6) 认真做好扫盲验收工作。1995年内，全区已有15个县、市、区通过自治区政府高标准扫除文盲验收。(7) 自治区教委表彰扫盲先进集体14个，先进个人50名。另有3人获全国扫盲先进工作者。

全区“八五”期间共扫除文盲40.13万人，青壮年非文盲率为96%左右。

〔**农村成人教育**〕 1995年，各级教育行政部门更加明确了农村成人教育必须为当地经济建设服务的指导思想和办学方向。(1)进一步提高、完善乡(镇)、村成人文化技术学校建设和办学条件。各地结合实际，认真贯彻国家教委《关于乡(镇)、村成人文化技术学校建设规程》和《广西壮族自治区乡(镇)农民文化技术学校建设标准(试行)》，实行分类分批建设。到年底，全区已建成单门独院钢筋结构的乡镇成人学校400多所，初步形成县、乡(镇)、村三级成人教育网络。同时，努力抓好一批示范学校建设，全区已重点建设9所高标准、高质量、高效益的乡镇成人示范学校。1995年广西有3所乡(镇)成人学校评为全国先进学校。据统计，“八五”期间乡(镇)成人学校已发展到1272所，占乡(镇)总数的98.6%，比“七五”期间增加164所，增长11个百分点。(2) 对在乡知识青年广泛进行实用技术培训。各地从实际需要出发，举办了粮食、水果、经济作物、养殖、土特产生产、农村产品加工、机电维修、建筑、裁剪、经营管理、运输、微机以及文艺、卫生、政法、市场经济等专业培训班，组织在乡知识青年学习。办班灵活多样，长短结合，以短为主；办学形式有脱产、业余，以业余为主；培养目标有初级、中级，以初级为主。1995年参加各级各类技术培训班学习的有535万人，结业278万人，在校学员257万人，是历年来最多的一年。“八五”期间共培训1771.95万人，比“七五”增加1273.89万人。为振兴农村经济培训了一批技术骨干，许多农民经过培训掌握了1—2门实用技术，走上了脱贫致富道路。(3) 有计划、有步骤地培训了乡(镇)、村集体企业职工。1995年，举办各种技术岗位培训，参加人数6.1万人，结业5.6万人。(4) 继续对农民进行初等文化技术教育。全年农民参加业余小学学习的有17.54万人，毕结业6.5万人，在校学员11万人。许多农民既学文化，又学技术，既巩固扫盲成果，又学会脱贫致富技术，有效地巩固和发展扫盲后的继续教育。

为使农村成人教育工作顺利开展，自治区采取了如下措施：(1) 加强和健全各级成人教育机构。各地、市、县、乡（镇）共配备专职管理人员2024人，专职教师1909人，兼职教师25223人。一支以专职教师为主，兼职教师为辅的农村成人教育教师队伍基本形成。（2）认真抓好成人教育教师和管理人员的培训工作。形式灵活多样，有送培自培、以会代培和实践操作培训等，较好地提高其组织领导和实际工作能力。（3）普遍进行电化教学，扩大教育面。全区80%以上的乡（镇）采用实用技术录像教育，有的还利用有线广播讲学。（4）多渠道筹措成人教育经费。主要渠道：一是财政拨款。1979年，自治区从教育经费中划拨扫盲业余教育经费223万元下达各地、市、县，10多年来，80%的地方都保证使用，部分地、市、县随着财政收入的增长而有所增长。二是从农村教育费附加划拨5%—10%用以扫盲与成人教育。三是乡、村自筹。由于经费落实，保证并促进了扫盲与农村成人教育发展的需要。

〔**成人中专教育**〕 1995年，随着广西经济发展，特别是乡镇企业发展需要大批中、初级技术人才，全区成人中等专业教育在改革中也相继得到了持续、稳定、健康的发展。1995年自治区教委成立中专评审委员会。组织专家对新办成人中专校、新增专业、校外办学点、更改校名等进行评议，确保中专的办学质量；在部分县（市）党校、成人中专校试办村级干部（后备）中专班，培养乡村干部，以加强基层政权建设；举办首期成人中专校长岗位培训班，有80人参加培训；组织编写成人中专《语文》、《数学》科教材及《语文》教学参考书。组织全区成人中专校（班）首次语文统考。

撰稿　黎汉光

民族教育

〔**综述**〕 1995年广西有独立设置的民族中小学187所，民族普通中专22所（其中民族普通中师10所），民族普通高等学校3所。少数民族在校生数：小学252.71万人，比上年增长4%，占在校生总数39%；幼儿园20.26万人，比上年增长15%，占在园幼儿总数20%；普通中学70.24万人，比上年增长10%，占在校生总数36%；普通中等专业学校4.19万人，占在校生总数的35%，其中，中等师范学校1.27万人，占在校生总数的38%；普通高等学校1.79万人，占在校生总数的29%。少数民族专任教师：小学7.58万人，占教师总数的38%；幼儿园0.62万人，占教师总数20%；普通中学3.34万人，占教师总数34%；普通中等专业学校0.18万人，占教师总数的23%；普通高等学校

0.14 万人，占教师总数的 18%。

〔**综合改革实验**〕 1995 年融水县、龙胜县、罗城县、百色市、防城港市防城区等 5 个民族地区实验县（市、区）加大改革力度，三教统筹、农科教结合的路子进一步拓宽。各实验县重点办好县职业中学，大力发展校办产业，扩大产业规模。同时以职业中学为中心向全县（区）各乡镇辐射，带动本县（区）改革全面发展。龙胜县根据本县国民经济发展规划，依托县职中，选准项目，大力发展适合本地自然环境的种养业，培养急需人才，有效推动了本县经济的发展。罗城县继续在中学毕业生中开展短期职业技术培训，试行“两种证书”制度（在颁发初、高中毕业证的同时，发给职业技术培训结业证）。防城区在职业中学大量培育玉桂树苗，开办各类培训班，讲授玉桂种植知识，推动了玉桂种植业的发展。在此基础上，民族教育综合改革逐步向周边地区扩展。其中，宜州市的改革势头较好。该市扎扎实实在中小学进行职业技术教育，投资 1000 万兴建市职业中学，被国家教委定为民族地区综合改革联系县。

〔**大学预科教育改革**〕 广西 11 所高等院校的预科生 650 人集中在广西民族学院预科部培养。广西民族学院预科部根据国家教委关于开展改革实验的意向，在招生面向、专业结构、教学内容、师资待遇等方面进行改革。该院根据学生入学成绩落差大、基础普遍差的特点，总结出了“起点低、坡度平、台阶密、目标齐”的教学原则。按照预科生的实际情况确定教学计划、教学内容、教学方法，不搞超前要求。按中学内容的系统性和学生认识能力循序渐进地教学。对重点内容和需拓宽加深的知识，教学时做到一环紧扣一环，使学生尽快接受较深的知识。经过一年的教学，使学生成绩达到合格的大学本、专科生入学水平。这些经验得到了国家教委的充分肯定和兄弟省区的赞扬。

〔**壮汉双语文教学实验**〕 1995 年全区 23 个壮族聚居县 104 所小学开展壮汉双语文教学实验。各级教育行政部门和实验学校加强领导和管理，使此项教学实验稳步发展。(1) 全年共编印学前班至中师壮文教材 26 种，满足了实验的需要。国家教委授予广西壮文教编教研室民族文字教材建设先进集体，授予赵益真、黄永和民族文字教材建设先进个人称号。(2) 开展教研活动，深入探讨壮汉双语文教学规律。有不少研究成果在报刊上发表。10 月，召开全区壮汉双语文教学研讨会，对双语文教学经验进行总结，推动双语文教学向深层次发展。(3) 利用联合国儿童基金会资金培训壮汉双语文骨干教师 4 期近 2000 人。各县、校积极对教师进行壮语文基础知识和壮汉双语文教学法培训，培养了大批教师，保证了双语文教学顺利开展。自治区政府决定，将广西壮文学校壮文专业招生指标的 70%定向到壮汉双语文教学实验点所在乡，实行定向招生定向分配，使高素质的双语文教师有稳定的来源。(4) 教学质量稳步提高。6 月全区壮文小学毕业班壮语文统一命题考试，合格率达 80%以上。绝大部分壮文实验小学在升初中考试中，语文、数学双科合格率高于当地同类汉文学校。(5) 双语文教学赢得较高的社会声望。国家教委、国家民委经考察后认为，广西的双语文教学在全国双语文教学体系中独树一帜，成绩显著。在上海召开的“展望 21 世纪教育”国际学术研讨会和国家教委在云南召开的少数民族教育国际学术研讨会上，都对广西壮汉双语文教学法予以高度评价。

〔**中小学寄宿制民族班**〕 广西于1980年始陆续开办中小学寄宿制民族班，面向边远及贫困地区少数民族招生，以向上一级学校输送合格新生为办学目的。民族班有两个特点：一是民族成份多，二是学生文化基础比较差。各办班学校认真总结多年来的办学经验，积极探索新的管理和教学方法，使民族学生“进得来，留得住、上得去、回得来”，为民族地区培养高素质的人才。德育方面，加强了民族政策和民族常识教育，培养学生作为中华民族大家庭的整体意识。教学方面，积极探索合乎民族学生实际的教学方法，缩短成绩差距，全面提高教学质量。日常生活方面，对学生进行无微不至的照顾，使学生感受到民族大家庭的温暖；同时培养生活自理能力，东兰县武篆小学根据多年办班实践，总结了一整套管理和教学经验，带动了全校的发展。该校1995年毕业会考，语文、数学双科合格率达97%，成为全县小学的一面旗帜。柳州地区民族高中总结出了以学生母语为媒介进行普通话和英语教学的双语教学模式，民族班教学质量大幅度提高。1995年，全区中小学寄宿制民族班的教学质量良好，民族高小班升学率约91%，民族初中班升学率约82%，民族高中班升学率约73%。

〔**世行贷款项目实施情况**〕 广西天等、马山、东兰、巴马、凤山、都安、大化、靖西、那坡、德保、平果、凌云12个县被定为西南扶贫世行贷款项目广西教育子项目县，共获得贷款及国内配套资金1091万元人民币。贷款资金用于修建校舍、培训师资、购买教学设备、补助困难学生等。1995年，完成了项目的前期准备工作，平果、马山、东兰3个县的先导工程已按要求如期完成。项目论证获得好评，并作为样板被介绍给云南、贵州两省。项目的实施将大大加速这些县“普九”的进程。

〔**对口支援工作**〕 广西区内的南宁市与平果、龙州，柳州市与融水、金秀，桂林市与龙胜、三江的对口支援协作正常开展，并初见成效。广西的百色地区、河池地区、南宁地区、都安县、大化县、田东县、德保县、天等县分别与江苏的无锡市、扬州市、南通市、江都县、泰兴市、宜兴市、无锡县、海安县的对口支援也已起步。其中，广西百色地区与江苏无锡市，广西河池地区与江苏扬州市开展得比较活跃，双方频繁派员互访，进行讲学和洽谈支援项目。广西百色、河池两地区已派遣一批重点中小学校长赴江苏跟班学习，接受江苏支援款60多万元，用于建设希望小学。

撰　稿　赵益真　黄耀强

总审稿　李　林

海南省教育

概　况

〔基本情况〕

1995 年各级普通学校基本情况表

单位：人

学校名称	学校数（所）	毕业生数	招生数	在校学生数	教职工数	
					计	其中专任教师
一、普通高等学校	5	3152	3755	12084	3460	2579
研究生		7	16	43		24
本　科		1260	1412	5743		
专　科		1885	2327	6298		
二、中等专业学校	30	4583	7939	19069	2888	1461
中等技术学校	22	2506	4812	10754	1892	932
中等师范学校	8	2077	3127	8315	996	529
三、普通中学	478	84132	127641	317092	26613	18958
高　中	113	12550	16807	41626		3193
初　中	365	71582	110834	275466		15765
四、职业中学	41	2833	3777	8559	1350	933
高　中	41	2730	3554	8012		876
初　中		103	223	547		57
五、工读学校	1				6	
六、小　学	4430	139244	180493	1117457	49857	42583
七、特殊教育学校	1	17	184	985	67	38
八、幼儿园	477		97648	130780	5678	4090

1995年各级成人学校基本情况表

单位：人

学校名称	学校数（所）	毕业生数	招生数	在校学生数	教职工数	
					计	其中专任教师
一、成人高等学校	4	2812	3804	9928	314	160
广播电视大学	1	322	463	1139	95	55
职工高等学校	2	99	98	256	62	34
教育学院	1	380	639	1765	157	71
普通高校举办						
函授部		571	1238	2484		
夜大学		412	149	1594		
干部专修科		1028	1217	2690		
二、成人中等学校	27	3920	4779	10465	1151	574
广播电视中专	1	636		785	42	11
职工中专	5	528	970	2461	239	128
农民中专	3	122	146	420	105	55
教师进修学校	18	2634	3663	6799	765	380
三、成人中学	4	216	120	285	16	12
职工中学	4	216	120	285	16	12
农民中学						
四、成人技术学校	613	84913	156923	156923	75	73
职工技术学校	27	10770	12027	12027	61	61
农民技术学校	586	74143	144896	144896	14	12
五、成人初等学校	307	22155	37227	39007	151	48
职工初等学校						
农民初等学校	307	22155	37227	39007	151	48
其中：扫盲班	193	20989	35393	36276	98	24

制表　省教育厅计财处

〔**全省教育工作会议**〕　为全面贯彻1994年全国教育工作会议精神，省教育厅按照省领导指示修改了省委、省政府《贯彻〈中国教育改革和发展纲要〉的实施意见》、《海南省普及九年义务教育规划》、《海南省义务教育经费筹措使用管理办法》。

经过认真准备，1995年5月4日至5日，省委、省政府在海口召开了全省教育工作会议。参加会议的有各市、县党委、政府及教育、计划、财政部门的主要负责人、高等学校、省直属学校和省直有关部门的主要负责人。海南省党政军领导阮崇武、杜青林、汪啸风、陈玉益、董范园、王厚宏、吴葵光、刘名启、王辉丰、周传统等300多人出席了会议。开幕式由省委副书记杜青林主持，闭幕式由省委副书记王厚宏主持，汪啸风副书记作了《确立教育优先发展战略，提高海南国民素质，促进经济特区发展》的讲话，刘名启副省长作了题为《认真实施落实〈纲要〉，全面推进我省教育事业》的主题报告，并作总结讲话。

会后，省教育厅又紧接着抓了会议精神贯彻和信息反馈工作。及时收集各地落实会议精神的措施，并编辑发行了《教育动态信息》贯彻省教育工作会议情况特辑11期，报道了各市县召开教育工作会议情况和出台的措施。同时把贯彻全教会与省教育工作会议精神与宣传贯彻《教育法》结合起来，3月，《教育法》颁布后，省教育厅会同省委宣传部、省人大、省司法厅联合发出关于宣传学习《教育法》通知，并大力宣传贯彻，组织了《教育法》知识竞赛。教师节前又把贯彻《教育法》和《教师法》作为一项中心内容，要求全省上下，努力为教育办实事，推动了教育事业的发展。

〔**年度工作方针**〕　1995年，海南省各级各类教育发展年度工作方针是：认真贯彻《中国教育改革与发展纲要》，全国教育工作会议精神和省委、省政府确定的“科教兴琼”的战略方针，以建设有中国特色的社会主义理论为指导，从改革开放和经济建设的实际出发，深化教育体制改革，释放潜在能量，牵动整个教育工作登上新台阶。

基础教育要深入贯彻《义务教育法》，积极推进义务教育的实施。从全省实际出发，调整“普九”规划，把“普九”工作为全省教育工作的“重中之重”；继续完善分级办学，分级管理体制。

高等教育走内涵发展为主的路子，充分挖掘现有的潜力，根据现有的财力和办学条件，逐步扩大办学规模，扩大办学自主权，加快学校内部管理体制改革。深化招生、毕业生就业制度改革；搞好办学体制改革。

建立以政府办学为主体的社会各界共同办学的体制；充分发动团体和公民个人按国家法规和教育方针兴办教育；大力发展职业教育，认真办好骨干学校和示范学校；推广行业、企业、事业单位办学和社会各方面联合办学的体制。深化农村教育综合改革，为农村经济发展提供科技和智力支持，实现农村教育与县城经济的对接，加快城市教育改革步伐。探索深化教育内容、教育方法改革。全面贯彻教育方针，全面提高教育质量。加快大中专院校科技开发和成果转化的步伐，促进生产力发展，在“科技兴琼”中建功立业。

〔**教育投入与支出**〕　1995年，全省预算内教育经费支出总额为95688万元，占全省财政总支出的22.77%，比上年增长13.25%。其中教育事业费74391万元，占全省财政支出的17.7%，比上年增长14.87%。全年城乡教育费附加收入为4735万元(其中城市教育费附加收入4626万元，农村109万元)，比上年增收322万元（其中城市增收274万元，农村增收48万元)。全省中小学勤工俭学收入用于补充教育经费的达3087.2万元，全省捐资、集资12444万元。

各级各类学校的办学条件进一步改善，特别是中小学危房改造，1995年新建、改建校舍40万平方米，使全省危房占校舍比例从上年的7%下降到4.64%。教师住宅建设取得明显进展。从1994年至1995年，全省多渠道筹措投于中小学教师住房建设的资金达37748万元。其中国家拨款13692万元，社会捐资19835万元，教师自筹4107万元。共建房面积51.6万平方米。其中1995年新建的达34.6万平方米，是历史上兴建教师住房最多的一年。但教育投入远远适应不了教育事业发展的需要。年内，针对一度拖欠中小学教师工资等热点问题，省政府，省教育厅下了大力气，采取了一系列切实措施，使拖欠中小学教师工资问题基本解决。

基础教育

〔**综述**〕 1995年，全省适龄儿童1001940人，已入学992207人，适龄儿童入学率达99.028%。小学生升学率达79.6%，比上年提高5.6%。全省适龄少年380453人，已入学243431人，入学率64%，比上年提高2%，毛入学率72.6%。1995年普通高中招生比上年增加2192人，高中招生有所回升。

残疾人教育工作有所加强。1995年，全省残疾儿童少年在校生中小学生918人，初中生67人。在校生中聋哑学校学生135人；特教班3个，学生35人；随班就读810人。1995年还制定了《海南省全日制小学接受残疾儿童少年随班就读的意见》，强化残疾少年受教育工作。

幼儿教育有了较大的发展。1995年，全省在园幼儿比上年减少2638人。民办幼儿园发展迅速，至1995年底已达174所，大大缓解了幼儿入园的紧张状况。1995年6月，省教育厅召开全省幼儿教育经验交流会暨成立省幼儿教育研究会。海口市、东方县被国家授予“全国幼儿教育先进单位”称号；海南军区幼儿园被评为全军先进幼儿园。省机关第二幼儿园参加“全国青少年希望之星书画大赛”活动荣获了多项奖。

〔**义务教育**〕 修订“普九”规划。海南省教育厅于1995年初重新修订《海南省普及九年义务教育规划》，确定了在2000年全省基本实现“普九”的目标。制定实现目标的具体措施，作出分地区、分步骤实现的方案下发施行。其发展目标，到2000年全省普及九年义务教育人口覆盖率90%，小学阶段适龄儿童入学率99%以上(民族地区为98%以上)，在校生达120万人；初中阶段适龄少年入学率全省平均达90%(城市95%以上)，汉族地区87%；民族地区83%，在校生42万人。

实施步骤：第一步(1993～1996年)，在3.5%以上人口地区普及九年义务教育，主要是城市、农垦系统及经济条件，教育基础较好的农村。即琼海市、海口市、琼山市、万宁县和100个农场。以乡(镇)为单位验收：有223个乡(镇)和100个农场，普及人口占全省总人口84.3%。第二步(1997年～1998年)，累计约有80%人口地区普及九年义务教育。目前经济条件、教育基础中等及少部分中等偏下的地区普及九年义务教育，这部分地区人口约占45%。即三亚市、文昌市、白沙县、保亭县、澄迈县、定安县、屯昌县、临高县和乐东县。以乡(镇)为单位验收：有57个乡镇，累计有97%人口普及九年义务教育。第三步(1999～2000年)，累计90%人口的地区普及九年义务教育。即在占全省人口约10%，经济条件较差，但教育基础一般的地区普及九年义务教育。即陵水县、昌江县、通什市、儋州市、东方县和琼中县。在占全省人口10%的贫困地区(总人口约80

万左右)继续发展和巩固普及小学六年教育。以乡（镇）为单位验收：有 26 个乡（镇），人口覆盖面为 100%（累计）。

组织检查“普九”工作。1995 年，省教育厅组织春、秋两季开学检查，先后到 16 个市县、52 个乡镇、100 多所中小学、幼儿园，重点检查普及九年义务教育的实施情况、入学情况，各地为学校解决实际问题等情况。

抓好义务教育督导评估。1995 年，修订了《海南省贯彻国家教委“普及义务教育评估验收暂行办法”的意见》，完善了评估验收的各种资料。省教育厅在抽查上年基本“普九”达标单位，审定 128 个乡镇（单位）为海南首批实现“普九”单位，由省政府公布和表彰基础上，对 35 个农场进行评估验收；同年下半年，组织人员对海口市振东区“两基”评估验收。评估结果该区已基本达标。并报国家教委确认为全国“两基”达标县（市、区）”。

〔**高中教育**〕 省教育厅根据国家教委 5 月召开的全国普通高中教育工作会议精神，先后组织人员深入 20 多所省直属，市县、企业直属重点中学和薄弱高中学校，就学校的校舍、师资、设备、投入资金及学校内部管理等情况进行调查，同时，根据国家教委关于建设示范性普通高中的评估标准设计了一套调查表格，下发全省完全中学填报。在调查基础上，草拟了《关于改革和加强我省普通高中学校建设的若干意见》；12 月 26 日至 28 日，召开了全省普通高中教育工作会议，会上传达了全国普通高中工作会议精神，交流了普通高中办学经验，部署了本世纪末海南普通高中学校建设的规划等。

〔**德育工作**〕 为切实贯彻《中共中央关于进一步加强和改进学校德育工作的意见》、《爱国主义教育实施纲要》，1995 年省教育厅为省委草拟了《关于加强和改进中小学德育工作的意见》，在省教育工作会议上印发讨论，修改后由省委颁行。结合中国抗日战争和世界反法西斯战争胜利 50 周年及海南解放 45 周年，在全省学校开展“心中有祖国，心中有他人”活动，开展了“共筑热血丰碑”百万营造活动，开展“一帮一”交朋友活动；征集和审定了李硕勋烈士纪念亭、宋氏祖居、琼崖红军云龙改编纪念馆、海南烈士纪念碑、白沙起义纪念园、临高角渡海解放海南遗迹等 15 个校外爱国主义教育基地；与省委宣传部等部门组织编写《我爱你，中国》、《我爱你，海南》、《百部爱国主义优秀影视片主题歌选编》等三部爱国主义丛书；组织学生观看百部爱国主义影视片，唱百首爱国主义歌曲，读百部爱国主义图书活动。同时抓好《中学生日常行为规范》、《小学生日常行为规范》的实施工作，组织参加“新时期中学生班主任工作的理论与实践研究”课题组织活动，推动了德育工作的开展，提高了师生的思想政治觉悟。海南华侨中学老师张国旺撰写的《包子大王变了》、文昌中学老师林师波撰写的《他不再想弃学出国了》和东方县八所中学老师冯克邃撰写的《他当上了音乐教师》等三篇文章被入选中宣部编著的《中学班主任工作 100 例》，该书已出版发行；三亚一中张蔚兰、海口市一中郑传庆两位老师被评为全国中学政治课优秀教师。1995 年全省中小学学生被评为省级“三好学生”的有 384 人，评为省优秀学生干部的有 136 人。

〔**教学工作**〕 1995 年初，由分管教研的副厅长带领一批教研员先后深入 5 市县 20 多所中小学调查教学情况，共听课 144 人

(节)，组织评议，总结经验，进一步建立、健全学科教研联系点，每学科都制定了联系方案和工作计划，并分步开展运作。为了推动教研教改，确立了一批提高教学质量的课题：中学语文学科推广“快速作文教学法”；初中数学教学目的分级管理；提高小学语文教学质量的途径；高中二年级政治课教材的使用研究等4个重点教改专题，经进行研究和试验，已取得了初步成果。积极引进或走出去学习外地先进教学经验。一是引进湖南省杨初春创立的“快速作文教学法”，目前这个课题已在部分市县学校推广；二是组织部分市县教研室主任到湖北、江苏、福建等省学习考察，提高业务水平。各中小学校也积极开展教研教改活动。

〔**教师队伍建设**〕 1995年，海南省在中小学教师队伍建设上，采取了以下几点措施：

第一，改革师范院校招生办法。除海南师范学院每年招生继续招收部分保送生外，对海南教育学院本科班招生办法进行了改革，改变原从全国成人高考录取新生为推荐加考试的办法招收有专科毕业程度的中学教师进行培训，推荐条件为：1990年以来受市县教育局以上单位表彰的先进工作者或优秀班主任；具有专科毕业程度和有五年以上教龄。1995年，海南教育学院采取这种办法收入中文专业班80人、数学专业班30人。

第二，制订新的培训计划。1995年初，省教育厅召开了全省师训工作会议，总结经验，采用卫星电视、函授和自学“三沟通”办法，开展对全省未达学历要求的初中教师进行培训，具体由海南教育学院和琼州大学成教部负责，报名参加学习的共1213人；举办中学英语教师暑期口语培训班，海南教育学院培训63名，省外语师范学校培训57名；举办第三、四期小学教导主任岗位职务培训班，两期小学教师进修高师教育函授班，参加学习人数达2177人；举办8期民办教师培训班，参加学习人数1290人。通过以上形式培训，使全省中小学教师的学历和专业合格率高中、初中、小学分别达到48.42%、73.92%和93.84%，比上年分别提高4.86个、1.22个和1.34个百分点。

第三，制定优惠措施，吸引教师从事教育工作。一是继续抓紧教师住房建设，逐步改善教师住房条件；二是按照规定，做好教师的职称教务评定工作。1995年初发放94年度评审的5000名教师专业技术职务资格证书；评审出3354名中学一级、高级和小学高级职称的教师。并完成了全省中小学教师专业技术职务任命期满（三年）重新任命的换证工作。三是表彰奖励先进。1995年教师节，全省表彰奖励122名优秀教师和教育工作者，其中有37名被评为全国优秀教师和全国优秀教育工作者；评选全国教育系统“巾帼建功”标兵34名。其中获全国“巾帼建功”标兵1名，全省“巾帼建功”标兵33名。

〔**制止中小学乱收费**〕 1995年，省教育厅根据国家教委年初关于治理中小学乱收费工作电话会议和省委、省政府有关文件精神，成立“清理中小学乱收费工作领导小组”，进行宣传教育和清查工作；制订了《海南省清理中小学乱收费工作实施方案》送省政府印发各市县执行。会同省财税厅、省物价局联合印制了《海南省中小学生收费手册》发给每个学生人手一册，增加透明度。这一年通过两个学期开学后检查、清理，先后责令乱收费的学校将不合理收费276.5万元清退交款人。

〔**勤工俭学**〕 1995年，全省中小学勤工俭学持续、稳定发展，全省开展勤工俭学活动的中小学校共4770所，占中小学校总数4947所的96.42%。其中：开展勤工俭学活动的小学有4302所，占小学总数95.2%；中学有468所，占中学校总数的99%。全省中小学兴办农场4792个，占地面积5680公顷，比上年增加农场340个，增加土地面积21多公顷。接受学生参加劳动800136人，比上年增加67356人。全省中小学创办企业79个，比上年增加1个。第三产业网点共有1476个，比上年增加87个。

1995年，勤工俭学实现总产值及营业额达10975.8万元，比上年增加1937.2万元，增加23.6%。其中农业总产值2585.5万元，比上年增加27.4%；工业总产值（现行价格）1865万元，比上年增加14.75%。第三产业营业额80万元，其他勤工俭学收入21288万元，比上年增加36.83%。

1995年勤工俭学纯收入4337.5万元，比上年增加577.2万元，增加20%。其中农业纯收入822.1万元；工业利润总额336.7万元；第三产业利润1668.7万元；其他勤工俭学纯收入1508.9万元。创纯收入超万元以上的小学128所，超5万元以上的中学63所，超10万元以上的学区2个。

勤工俭学收入分配：用于补充教育经费3122.3万元，占纯收入72.4%，比上年增加7.1%。其中用于改善办学条件1702.1万元，比上年增加17.2%；用于学校集体福利803.5万元，比上年增加9%；用于教职工、学生个人福利616.7万元，比上年增加7.6%。

全省中小学按照教学大纲要求安排劳动课，对学生进行劳动教育和生产技能教育的学校有4764所，占中小学校总数的95%，接受学生参加劳动的基地4712个，参加劳动人数802836人。同时安排教职工家属、待业子女就业的有2253人。

〔**体育、卫生与艺术工作**〕 1995年，建立健全体育卫生艺术教育机构，积极开展工作。一是按照国家教委等五部委部署的“全国学校学生体质健康调研”任务，开展了对全省汉、黎两个民族大、中、小学生的体质健康状况检测，确定海口、琼山、乐东、保亭等4个市县为调研试点，调研对象为7岁～22岁大中小汉族学生（城乡男女生）及7～18岁黎族中小学生（男女生），共11200人，调研检测样本已送国家教委。1995年，省教育厅体育卫生艺术处被评为全国学生视力监测先进单位一等奖；琼山中学、琼山小学、府城一小、海口市九小、海口市十一小、海口市四小荣获先进学校称号。二是加强学校体育教学工作，举办了全省中学体育课教学优秀课评选活动，全省共有26名体育教师参加调研教学活动，共有600多名体育教师进行观摩。制订海南省初中毕业生升学报考高中、中师、中专学校考试体育的改革方案，并实施。1995年海南承办了全国中学生运动会中南赛区排球预赛；组队参加第六届全国中学生运动会，海南中学学生陈约琴获女子100米跑金牌；海南中学学生陈约琴、海南农垦中学学生邹政代表中国中学生田径队参加有72个国家运动员参加的世界中学生（学校杯）田径比赛，陈约琴获女子200米跑、跳远和100米接力3枚金牌；邹政获男子300米跨栏、1000米跑两枚金牌。

加强学校卫生工作，省教育厅与省卫生厅联办海南省首届学校卫生保健交流会，同海南省口腔医院在海南华侨中学、海口市二十五小学进行窝沟封闭防治龋牙试点；在海南大学、海南师范学院进行预防艾滋病宣传教育试点。

〔**教育设施建设**〕 1995年教学仪器和电化教学工作进一步加强。一是坚持几个"一点"的办法扩大筹措教学仪器设备经费渠道，全省普教投入仪器设备费2300万元，比上年增长15%。省教育厅和省委宣传部等11家单位联合发起向中小学捐赠图书仪器活动，共捐赠图书643500册，购书款8万多元，以及一批教学仪器。二是抓好中小学校实验室和电教用房建设，1995年新建用房12000平方米，比上年增长51.3%。一些重点中小学的实验室已在较高水准上达标。三是加强中小学普及实验教学，1995年经省、市县组织检查验收，达到合格的共有84个乡镇，使全省中小学实验教学普及率分别从上年的27.6%和27.9%增长到42.8%和52.4%，学生实验操作能力也得到很大提高，在12月举行的全省第二届中学理化实验竞赛中，考生两科合格率比上年增加23个百分点。四是推进电化教学工作，省教育厅按照国家教委要求将电教目标具体化，部署分期达标，认真开展工作，1995年编制的电视教学片113部，218课时，比上年增长40%，其中4部获全国二等奖。电教教材发行量大幅度增长，其中教学电视录像带12000小时，比上年增长7.1%；投影片22000套，比上年增长45.4%；教学录音带73000盒，比上年增长9.6%。加强中小学计算机教育，成立海南省中小学计算机教育中心，制发计算机软件近百盘，中小学电子计算机课程教学发展迅速，1995年增建电脑室42间，配备386型计算机210部，比上年增加35%；现开设计算机课程或开展活动的学校已达100所，比上年增长50%。省教育厅通过评估，选定海南中学为计算机实验学校，组织全省中学生参加NO'95全国分区联赛和NO1'95全国竞赛，海南选送三名学生参赛，海南中学学生黄兴亮、胡宁均获全国三等奖。

职 业 教 育

〔**综述**〕 1995年，职业技术教育在指导思想上突出产教结合、校企结合、学用结合办职教的原则，采取投入倾斜政策，深化改革，办好重点，提高效益，努力推动全省职业技术教育更好地为社会主义现代化建设服务。1995年，全省普通中等专业学校、中等师范学校、职业中学共招生11716人，比上年增加725人，在校生27628人，比上年增加2293人。1995年全省中等职业学校在校生数占高中阶段在校生的47.42%。除了由于多种原因职业中学招生比上年减少280人外，其它各类专业学校规模都有了新的扩大。

1995年5月30日，海南省职业技术教育学会于海口成立。学会旨在广泛开展职业技术教育方面群众性的学术交流和理论研究活动，促进职业技术教育健康发展。

〔**增加投入**〕 1995年，要求各地政府把发展职业教育作为提高劳动者素质的根本措施来抓，积极在经费、师资、场地等方面解决职校的困难。1995年省政府拨155万元职校补助专款，各市县财政投入2374.3万元，其中地方财政拨款2108.5万元，学校自筹265.8万元，使职校办学条件有了一定的改善。海口市委继1994年拨2000万元之后，1995年又拨1052.2万元，用于海口市旅游职业学校的校舍建设和教学设备，新建各种教学设施20038平方米，新建21个实验室和专用教室，投入1000万元装备现代化的职业技术教育管理与教学系统，装备100个终端闭路电视网、64路监控系统，85台（386、486）计算机组成的教学与行政管理系统，96座位的视听同步、多媒体的语音教学系统，100个站点的广播网、42门内部电话和54部有线对讲机等现代化通讯系统等，还装备了美容美发教室、机电实验室、模拟客房和模拟餐厅等实习设备。1995年该校已跨入省级重点职业中学的行列，并被推荐参加国家级重点职业高中的评估。白沙县委、县政府对发展职教做到认识到位、组织到位、行动到位和资金到位，把职业中学经费纳入本级教育事业费预算和基建投资计划，县和地区财政每年拨专项资金，即从农业的扶贫款中划出10%，从全县的教育附加费中提取20%，用于职业中学的发展。该县近年来，先后投资105万元用于改善职业中学的办学条件；还无偿划拨33公顷土地，扩大职中生产实习基地，并帮助解决科技试验项目中所需种苗和培训资金，使职业技术教育得到迅速的发展。

〔**重点职校建设**〕 省教育厅根据省委省政府关于“各市县要重点办好一、两所职业学校或职业教育培训中心”的指示，积极帮助职校解决经费、师资、场地等问题，扶持职业教育发展。1995年上半年抓了职中办学水平评估，在此基础上确定海口市第一职业高中、海口市旅游职业学校、三亚职业中学、乐东职业中学、儋州市大成职业中学、陵水县职业中学等为省级重点职业学校，并上报国家教委争取评审为全国重点职业学校。

〔**学校管理改革**〕 (1) 进一步推进职业学校办学体制改革和联合办学工作。中专学校除重点办好学历教育外，还逐步与成人教育、职业培训、技工教育结合；一些职业中学继续发展与企业、中专联合举办职业培训；开始出现企业和个人兴办职业教育的新局面。1995年有3个企业和1家港商在琼中县办职业技术教育。(2) 进行学校内部管理改革，海口旅游职业学校在联合办学中，实行董事会领导下的校长负责制。海口市第一职业高中实行在专业教学中以专业教学为主的“三统一体”（即思想政治教育、专业教学和实习生产创收融为一体）的改革。海南商业学校实行以校长负责制为中心的岗位责任制，全员聘任制和结构工资制；全校实行公开双向选择应聘，优化组合。临高师范学校在管理工作中采用科学的数量统计管理办法，对各岗位目标进行具体的量化管理规定，制订了《教师教学工作效果分项积分评估办法》、《职工岗位责任制和奖罚规定》等15项工作的综合量化管理制度。

〔**校长、师资培训**〕 1995年，省教育厅举办二期职业中学校长培训班，学习《中国教育改革和发展纲要》、《教师法》、《教育法》和有关业务知识，提高校长的业务素质。组织部分普通中专和职业中学校长参加全国职业教育教学改革研讨会，参加考察珠海、深圳、中山等先进地区的职业教育经验。为了解决专业教师的缺乏，委托上海旅游专业学校，继续代培饭店服务、烹饪专业的教师；委托海南大学、海南电视广播大学举办农牧、电脑、旅游等三个专业的高等职业教育班，这三个班的生源多数来自中等职业学校的应届优秀毕业生，采取文化课和专业课考试及面试的方法择优录取，每班招收40人，以补充职校师资的不足，适应海南特区经济建设对高层次实用人才的需求。

高 等 教 育

〔**综述**〕　1995年，全省普通高等学校专任教师中有正高级职称的73人，副高级职称的333人，中级职称的564人，初级职称的309人。

省教育厅为做好迎接国家教委对海南大学、海南医学院本科教学合格评估，曾多次和两所学校领导研究，抓好迎评促建。这两所学校面貌有了很大的变化。同时省教育厅制定、修改了《海南省普通高校达标建设规划》经省政府审批下发施行。各高校已按《规划》要求认真抓达标建设，办学水平有了普遍的提高。为提高普通高校生源质量批准海南大学4个本科专业进入第一批录取。进一步推进高校招生、收费“并轨”工作，取得了很好的效果。

〔**德育工作**〕　(1) 成立“两课”改革指导小组。1995年3月，省高校工委成立“两课”改革指导小组，协调和指导高校马列主义课和德育课的教学改革。指导小组由许明光（省教育厅副厅长、高校工委副书记）任组长，有关学校负责人、专家参加组成。并于5月召开会议，明确了职责、任务和近期工作重点。(2) 加强爱国主义教育。各高校普遍重视对青年学生和教职工进行爱国主义教育，把爱国主义教育同“两课”教学、传统文化教育、校园文化建设结合起来，海南师范学院党委高度重视在当代大学生中加强爱国主义教育，持续开展“六个一”活动，即：每天通过学院广播室播放一首以爱国主义为主题的歌曲；每周一举行一次庄严的升国旗仪式；每月向师生员工介绍一位爱国人物或他们的事迹；每学期总结交流一次开展爱国主义教育的经验，对先进单位和个人进行表彰奖励；每年十月份定为爱国主义教育月，在进行爱国主义教育正常化基础上，加大力度，有系统地开展一系列主题活动；每三个学期举行一次爱国主义教育研讨会，结合实际，将这一教育引向深层次。将爱国主义教育同思想政治教育、校风学风建设结合起来，并渗透在课堂教学中，内容丰富多彩，形式活泼生动，取得了良好效果。4月省高校工委发出通知，及时推广海师的成功经验。推动了各高校爱国主义教育的开展。(3) 开展中华民族优秀传统文化教育。5月17日至26日，省高校工委在海南大学举办“传统文化与现代化”培训班，聘请专家分8个专题围绕“中国传统文化及其现代化”主题对全省高校部分“两课”教师、政工干部、政治辅导员100多人，进行集中培训。培训结束后，各学员回去都采取专题报告会、学术讲座、开设选修课等途径，加强大学生的传统文化教育。

此外，省委加强了高校党建工作，考核了高校领导干部，提出了调整方案，并加强高校基层党组织建设，对教职员工进行不同形式的思想政治教育。

〔**学生社会实践活动**〕 1995年5月初，省高校工委对1994年暑期社会实践活动进行了总结，交流了经验，表彰了一批先进单位和个人。6月下旬，高校工委又召开会议，研究1995年暑期学生社会实践活动等问题，会议确定了“面向基层，加强服务，结合实际，讲究实效”的指导思想，对社会实践活动的具体内容和方式作了部署。暑期全省高校学生参加社会实践活动的达12500人，占在校学生人数的90%。海南师范学院以青年志愿者服务队为龙头，围绕科技扶贫、文化扫盲、希望工程等内容开展社会实践活动。全校组织16个实践队，共2529人，分别在领队老师带领下奔赴各地进行实践活动。其中走访“革命老区千里行”实践活动，形式独特，反响较大，得到有关部门的肯定。通过社会实践活动，使学生了解了国情、省情、民情和改革开放的伟大成就。12月下旬，省高校工委召开大学生社会实践活动总结表彰大会，对海南师范学院、华南热带作物学院等16个先进团队、50多名先进个人，30篇优秀论文作者进行表彰。

〔**学生管理**〕 海南省各高校为了培养适应社会主义市场经济的复合型人才，制定和完善了“浮动制”、“学分制”、“淘汰制”、“主副修制”、“查堂制”和“考勤制”，引入竞争机制和激励机制，调动学生学习积极性。海南师范学院在加大这些激励措施力度的同时，又引进了本专科分流制，即在新生入学一年后按学业成绩综合考评排名划分所有当年本、专科的指标。一年来专科转本科46人，淘汰警告254人，淘汰对象31人，淘汰退学7人。海南大学进一步严明考纪考风，制订了《关于加强考试工作的若干规定》、《关于学生考试作弊处理办法》；华南热带作物学院对学生考试也作了新的补充规定，托人代考和替人代考的，一律作勒令退学处理。1995年，几所高校共查处违反考纪的学生62人次，其中有4名问题比较严重被勒令退学。改革学生奖学金制度，拉大奖学金差距，重奖品学兼优学生，少给或不给表现差的学生。海南师院1995年就奖励品学兼优学生581人；华南热带作物学院规定：本科生通过英语6级、专科生通过英语4级的一次性奖励150元，对本科班级英语4级通过率达45%以上的，奖励班集体500元。有些学校还设考纪考风举报箱，实行学生凭考证进考场，聘请教学视导员巡视考场及院校领导、各学部党政领导、教务处负责人进行考场检查评估工作，促进了校风、学风、考风的好转。

〔**教学工作**〕 各高校认真抓好教学管理，深化教学改革，提高教学质量。(1) 抓教师队伍管理。海南师范学院进行以“老携幼”，利用离退休教师带年轻教师；加强对教师教学质量的考核和评估；在职称评聘时把好实际业绩关；在创收分配上体现出教学实绩，从而调动了教师的积极性。（2）全面修订教学计划。华南热带作物学院根据形势的发展，培养目标规格的要求，全面修订教学计划，在新的教学计划中对智育方面的培养规格突出知识、技能和能力三方面。（3）进行考试改革。华南热带作物学院制订和实施教、考分离的考试改革办法，1994～1995学年期末教、考分离的课程有58门，占全学期期末184门考试课的31.5%。海南医学院教考分离课程也由上年的4门扩大到20余门，占总必修课程53%。（4）加强课程建设，从根本上促进教学质量的提高，海南大学制定了《海南大学课程建设规划》，并开始全面执行。海南医学院制订了本科课程建设规划，提出了课程建设的目标和标准。（5）加强英语和计算机教学。3月28日，省教育厅召开了全省高校计算机基础教学工作会议，并成立海南高校计算机基础教学指导委员会；6月15日至16日又召开全省高校大学英语教学工作会议，共同分析研究非计算机专业计算机教学和《大学英语》的教学形势，总结交流经验，明确奋斗目标和改革教学的措施。会后，省教育厅制定了《关于加强计算机基础教学工作的意见》，各高校普遍修改、制定了有关进一步加强《大学英语》教学的办法和措施，提高了教学质量。1995年，计算机第二次考试，全省共3所高校531人报考，其中通过一级有16人，二级有80人，其中2人获优秀；《大学英语》全省进行了三、四、六级两次统考，每次报名人数约5000人，其中，后一次考试三级通过人数占参考人数的32.2%，四级通过的人数占参考人数的7%，六级通过人数占参考人数的15.2%（全国为19%）。（6）建立教学视导员制度。华南热带作物学院由院长聘任11名有丰富教学经验、责任心强的教授、副教授为院教学视导员，对全校教学工作的检查、评估和对青年教师教学工作进行指导，促进了教学质量的提高。（7）成立教学管理机构。海南大学成立“教学委员会”，将教学工作纳入专家集体指导下，进行重大的教学决策，规范教学管理、检查、监督和指导。（8）优秀教学成果立项项目检查，6月6日至10日，省教育厅对全省高校1994年立项的16项优秀教学成果立项项目进行检查，通过检查互相交流，互相促进，共同提高。

〔**图书馆和计算机网建设**〕 （1）4月7日，省教育厅召开全省高校图书馆自动化建设工作座谈会。会议交流了情况并部署了今后的工作。到年底除华南热带作物学院图书馆全面开通自动化管理外，海南医学院图书馆已基本实现电脑化管理，海南大学完成大部分数据库建设，海南师范学院图书馆和琼州大学图书馆自动化建设也正在起步。（2）3月28日，省教育厅召开全省高校计算机网络建设暨计算机基础教学工作会议，会后，省教育厅投资50万元在海南师范学院建设“中国教育与科研计算机网海南网中心站”，年底中心站已基本完工，并与华南中心网接通。该中心站建成为海南高校计算机网的建设提供条件，海南师院、华南热带作物学院和海南大学已制定了园网的建设方案，并正在筹建中。

〔**科研工作**〕 1995年，各高校积极制订科研规划，强化教职工的科研意识，加强科研管理，发挥优势，进一步提高科研水平。省教育厅在1995年向全国推荐高校人文社科优秀成果，经评审共推荐7项，其中海南大学叶舒宽的专著《中国神话哲学》获全国二等奖。推荐世界银行贷款教改项目海南师范学院和琼州大学共申报9项，经评审推荐5项，经专家评审，已通过4项，共5.9万美元项目经费，已报世界银行待批。海南大学农学院热带生物研究中心生化研究室开展的《海洋植物抗逆性基因研究》课题，取得阶段性成果，得到国家科委的肯定和支持。该项目已被列为海南省"九五"重点攻关项目。华南热带作物学院94学年～95学年研究的《香蕉花叶心腐血清学及病毒检测的研究》获海南省科学技术进步二等奖；《海南岛土壤无机磷的形态、磷肥在土壤中转化和施用技术研究》获海南省科学技术进步三等奖；还有6项课题取得阶段性成果鉴定，其中"环氧化天然橡胶1丁腈橡胶共混物"达到国内先进水平。海南师范学院年内科研成果21项，其中有1项获国家自然科学基金奖励，有6项获省的自然科学基金奖励。海南医学院完成了"国家自然科学基金"、"国家教委优秀青年科研基金"、"留学回国人员科学基金"课题的申报工作，获国家自然科学基金资助2项共16万元，省匹配国家基金2项4万元，省自然科学基金资助1项2万元；全省各高校出版著作15部，在国内外发表论文251篇。

成人教育

〔**综述**〕 1995年，成人高等学历教育继续发展。成人高等学校本专科招生比上年减少521人；在校生比上年增加827人；成人中等学校招生比上年增加388人；在校生比上年增加1021人；成人中学招生比上年减少333人，在校生比上年减少237人；成人初等中等技术学校招生比上年增加81078人，在校生比上年增加76733人。1995年，全省共完成扫除文盲23902人。以岗位培训为重点的职工教育进一步发展，全省参加各类学习的职工达26万人次。此外，还承办了"全国沿海开放城市经济特区第十二次职工教育协作会议"加强了与各沿海开放城市和经济特区成人（职工）教育合作和交流，促进全省职工教育的健康发展。

〔**扫盲教育**〕 1995年元月6日至7日，海南省教育厅在琼山市红旗镇召开全省扫盲与农村成人工作暨表彰大会。这次会议是总结经验，推广经验，表扬先进，督促后进。并将1995年扫盲2.3万人的任务分解下达到各市县，并抓好检查指导落实工作。会后，先后组织人员深入儋州、东方、昌江、乐东、通什、三亚、陵水、琼山、海口、澄迈等市县进行调查指导，与当地领导研究，做好经费、师资等方面的落实工作，保证任务的完成。到年底经省市、县验收，已超额完成扫盲任务，比原计划多脱盲1902人。万宁县教育局刘竞新和白沙县七坊镇成人文化技术学校，澄迈县文儒乡中心小学被国家教委授予全国扫盲先进工作者和先进单位。

12月27日至29日，省教育厅分别在儋州市、通什市、琼海市、三亚市召开扫盲工作汇报会，部署1996年扫盲工作，会议强调“两基”评估验收工作要按标准化、规范化进行。省教育厅根据国务院《扫除文盲工作条例》和国家教委有关扫盲评估验收文件，设计一套“扫盲评估验收必备档案资料”，即“四表三册一卡一报告”下发各市县执行，规范了全省扫盲工作的验收和管理。

〔**农村成人教育**〕 1995年，省教育厅根据《纲要》和全国教育工作会议提出的大力发展成人教育的要求，加强乡镇、村成人文化技术学校建设，取得了良好的成绩。据统计，到1995年底，全省乡镇办成人文化技术学校245所，办学面由上年的74%提高到79%；行政村办成人文化技术学校1553所，办学面由上年的55%提高到60%。全省共有35万人次参加了各类的培训学习，比上年增加5万人次。并能掌握1～2项实用技术。

1995年，省教育厅除继续抓好省属6个乡镇成人文化技术学校的联系点外，要求每个市县都抓好1至2所联系学校。琼山市红旗镇成人文化技术学校经过镇政府及有关部门的积极努力下，一幢三层400平方米的教学楼于12月中旬正式落成剪彩。省教育厅重点支持2万元给该校购置电脑设备。

〔**农村教育综合改革**〕 (1) 认真抓好点上深化面上扩展工作。1995年，省教育厅在继续抓好白沙、琼海两个国家级的农村教育综合改革实验县的基础上，重点抓好国家级的三亚市农村教育综合改革实验区联系点和民族地区贫困山区的农村教育综合改革工作。其他市县也积极抓好示范乡镇的建设，全面推进了全省农村教育综合改革。(2) 努力实施“燎原计划”。1995年，全省实施燎原计划的示范乡镇已由140个发展到160个，增加15%。形成了上挂横联下辐射的燎原之势，有力地促进了农村经济发展。

〔**社会力量办学**〕 1995年，全省有社会力量办的学校55所。省教育厅一方面积极鼓励和支持社会力量办学，另一方面，对那些借办学为名，牟取私利，只讲经济效益，不讲社会效益的一些学校进行整顿。撤销了(含注销)远东函授学院等11所社会力量办的院校或培训中心。为进一步加强管理，发表重新填报，已逐步建立审批、评估、检查、督导等制度，把民办教育纳入规范化和法治轨道，使社会办学稳步健康发展。

〔**自学考试**〕 1995年，省考试局组织两批自学考试，共开设专业32个，开考课程158门，报考人数15021人，共报考40731科，有13264科合格。当年有135人取得专科以上毕业文凭。

撰稿　唐和亲
审稿　符鸿合

四川省教育

概　况

〔**基本情况**〕

1995年各级普通学校基本情况

单位：人

学校类别	学校数（所）	毕业生数	招生数	在校学生数	教职工数	
					计	其中专任教师
一、普通高等学校	64	65119	69195	209290	69048	25809
研究生		1900	2820	8428		
本科		22475	28567	104930		
专科		40744	37808	95932		
二、中等专业学校	298	60069	92873	255353	38352	17721
中等技术学校	190	38434	69137	188197	28208	12326
中等师范学校	108	21635	23736	67156	10144	5395
三、普通中学	6259	950677	1424678	3691545	329909	257682
高中	1091	141676	175106	439384		39448
初中	5168	809001	1249572	3252161		218234
四、农业、职业中学	639	97811	111459	252968	31983	20606
高中	602	95224	106694	241663		19810
初中	37	2587	4765	11305		796
五、工读学校	13	198	102	204	256	141
六、小学	68436	1415872	1875631	9988734	493460	438420
七、特殊教育学校	83	630	1693	7031	1412	1081
八、幼儿园	18531		1566283	2354890	92074	75368

1995年各级成人学校基本情况

单位：人

学校类别	学校数(所)	毕业生数	招生数	在校学生数	教职工数	
					计	其中专任教师
一、成人高等学校	78	51688	74325	200902	13875	6396
广播电视大学	3	14555	17300	53689	1462	469
职工高等学校	46	5126	5996	16418	5266	2646
农民高等学校						
管理干部学院	11	3018	3660	7475	2454	958
教育学院	17	8572	7291	16805	3228	1583
独立函授学院	1	3021	3204	8498	508	282
普通高校举办：						
函授部		10299	14678	49331	957	458
夜大学		3323	3650	13656		
成人脱产班		3774	18546	35030		
二、成人中等专业学校	342	48086	92689	202661	14374	6280
广播电视中专	6	23032	37101	93977	1939	855
干部中专	28	1458	5651	9333	1328	564
职工中专	80	8555	19308	44960	3129	1530
农民中专	27	1010	4114	8106	743	426
教师进修学校	196	4470	6284	29683	5500	2855
函授中专	5	9561	20231	16602	1735	50
三、成人中学	479	41395	37406	56063	3491	2170
职工中学	83	6650	2163	16345	966	486
农民中学	396	34745	35243	39718	2525	1684
四、成人技术培训学校	43384	11366171	6117738	6508129	28515	13991
职工技术培训学校	612	194942	137534	149254	3600	2056
农民技术培训学校	42772	11171229	5980204	6358875	24915	11935
五、成人初等学校	9250	682238	827470	800017	11761	5009
职工初等学校	35	964	2058	2507	189	140
农民初等学校	9215	681274	825412	797510	11572	4869
其中：扫盲班	4745	271585	377163	402176	6234	2497

〔**实施《纲要》措施和进展**〕　1995年3月9日，省委、省政府颁布了《关于贯彻实施〈中国教育改革和发展纲要〉的意见》(以下简称《意见》)。《意见》提出了全省教育事业发展的指导思想和奋斗目标。即到2000年，确保在占人口85%以上的地区基本普及九年义务教育，青壮年文盲率下降到5%以下；中等职业技术学校在校生达到高中阶段在校生总数的60%以上，新增劳动力基本上受到不同程度的职业技术训练；大力发展以职业岗位培训和继续教育为重点的成人教育，成人中高等学历教育招生规模按年均7%递增；高等教育走内涵发展为主的道路，以提高教育质量和办学效益为重点，招生规模按年均6.6%递增，到2000年，全省普通高校在校本专科生达到24万人，在校研究生达到1万人，有6所左右的重点院校和一批重点学科进入国家“211工程”。

《意见》出台了一系列增加教育投入的政策措施。逐步提高各级财政支出中教育经费所占的比例；省用于教育的各项专款有大幅度增长；教育集资的审批权放在县一级；允许地方报经省政府批准，征收用于教育的地方附加费等等。《意见》对不断深化教育体制改革，全面贯彻教育方针，提高教育质量，大力加强教师队伍建设等作出了规定。到1995年底，多数市（地、州）、县（市、区）党委、政府制定了贯彻实施《纲要》的意见和本地区教育事业发展“九五”规划，抓了各项政策措施的落实。

3月，省委颁布了《关于贯彻〈中共中央关于进一步加强和改进学校德育工作的若干意见〉的实施意见》。主要内容包括：学校德育工作面临的形势和任务；进一步调整和充实德育内容；积极探索和完善德育工作的实施途径；切实加强德育工作的基本建设。各级党委、政府、教育行政部门和学校，根据上述精神，结合各地和学校的实际，制定了具体的贯彻实施方案和意见，进一步加强和改进了学校德育工作。

〔**学习贯彻《教育法》**〕 全省抓住《教育法》颁布实施这一契机，通过多种形式和途径广泛开展了《教育法》学习宣传活动，进一步落实教育优先发展的战略地位。省委、省人大、省政府、省政协相继召开座谈会；省教委和省级有关部门发出了《关于学习宣传和贯彻实施〈教育法〉的通知》，编辑出版了《教育法学习讲座》，举办了市、县两级教委主任学习《教育法》研修班；有关报刊开辟了《教育法》学习专栏，省委书记谢世杰和省长肖秧在四川日报上就《教育法》的学习宣传和贯彻实施发表了署名文章；各市、地、州、县（市、区）开展了《教育法》宣传周活动。一个“党以重教为先，政以兴教为本，民以支教为荣”的良好社会风尚在全省基本形成。《中国教育报》和《四川日报》曾以此为题，宣传四川的重教、兴教、支教典型，李岚清副总理对此给予充分肯定，并倡导全国都要努力形成这样一种良好的社会风尚。

〔**教育工作思路**〕 1995年，全省教育工作按照“狠抓落实，深化改革，促进发展，提高质量”的思路，以教育改革和发展为主线，深入贯彻落实全国和全省教育工作会议精神，推动全省教育事业和改革向纵深发展。

在全面推进各项工作的同时，注意突出以下工作重点：一是抓好普及九年义务教育和扫除青壮年文盲，保证目标如期实现；二是研究制定四川省高校体制改革的总体规划和实施方案，推进高校体制改革；三是努力筹措建房资金，落实各种优惠政策，抓好教师住房建设；四是抓好师资队伍建设，尤其是中青年学科骨干、学科梯队、学科带头人的培养；五是抓好学校内部管理体制改革。

年初，全省教育战线提出“教育要让人民满意”的口号。各级教育行政部门和学校进一步深化教育教学改革，加强和改进学校德育和思想政治工作，加强重点学科、重点专业、重点课程建设，从而保证各级各类教育事业持续、协调、健康发展，进一步提高教育质量和办学效益。治理中小学乱收费，强化中小学收费检查监督，全省各级各类中小学的收费行为基本规范，执行“一证一册一据”情况良好，绝大多数中小学没有自立收费项目、超标准收费和重复收费行为，少数学校的乱收费行为得到制止和纠正，学校乱收费现象基本得到遏制，基本上实现了省清理中小学收费工作协调领导小组确定的阶段性目标。

〔**教育投入与支出**〕 1995年，全省教育总投入99.80亿元，其中财政预算拨款56.45亿元，比1994年增加6.14亿元，增长12.2%；财政经常性收入增长11.28%，教育投入比同期财政经常性收入增长高出0.092个百分点。预算内生均公用经费增长，高等学校增长15.83%，普通中学增长8.7%，小学增长39.59%。

近几年来，省委、省政府出台了一系列多渠道筹措教育经费的政策。尤其是新近出台的按职工年工资总额的1—1.5%征收个人教育费的政策，涉及面广，影响面大，为做好实施前的宣传和舆论导向工作，编写了《宣传提纲》。同时，为落实这些政策，一方面要求各地解放思想、积极努力，充分调动人民群众办学的积极性，促进九年义务教育的普及；另一方面又保持清醒头脑，实事求是，循序渐进，处理好经济与教育，进度与目标之间的关系。1995年，全省多渠道筹集的各项教育经费42.63亿元，比1994年增加14.69亿元，增长52.57%。其中：征收各项教育费附加13.23亿元，比上年增加3.74亿元，增长39.3%（城市教育费附加3.46亿元，比上年增长42%；农村教育费附加7.92亿元，比上年增长26%）。

大力发展中小学勤工俭学和高校校办产业。利用税收优惠政策，坚持发展校办企业和校园经济两手抓的指导思想，促进了中小学勤工俭学事业和高校校办产业的发展。1995年全省中小学勤工俭学纯收入突破5亿元大关，学生人均纯收入达40元；高校校办产业利税达1.4亿元。

1995年，全省地方教育预算内外教育经费支出总额达到97.76亿元（不含中央属各类学校的经费支出），比1994年增加20.46亿元，增长26.47%。

各级普通学校预算内教育事业费支出情况

单位:元

项目 / 类别	生均教育事业费	生均公用经费	公用经费占教育事业费的比重(%)
普通高校	3738.25	1752.73	46.89
中师	1636.61	297.42	18.17
普通中学	509.78	48.98	9.61
职业中学	914.90	129.75	14.18
小学	250.56	12.94	5.17

1995年，全省开展了大规模的教育经费审计检查工作。通过审计检查，全省共查出欠拨教育经费5.48亿元，少征各种教育费附加2.76亿元，各种违纪金额2.12亿元（其中挤占挪用5645万元）。

撰稿　魏成松

基础教育

〔义务教育〕　1995年4月，省政府颁布了《四川省普及义务教育基本要求及检查验收办法》，对普及初等义务教育、普及初级中学义务教育、2000年前只能普及初等义务教育的县提出了基本要求，就检查验收、表彰和处罚等作出了具体规定。8月，全省普教工作会在广元市召开，会议总结了近几年全省“普九”工作，分析了现状，研究了“普九”工作的策略与措施。省教委主任王可植作了工作报告，副省长徐世群在会上讲话。9月，省教委在梁平县召开了“普九”检查验收现场会，实行分类指导，坚持按规划、按标准、按程序推进“普九”工作。10月，四川省八届人大常委会第17次会议通过并公布了《四川省义务教育条例》，自公布之日起施行，之前施行的《四川省义务教育实施条例》即行废止。

1995年，全省有成都市青白江区、双流县、大邑县、崇州市、龙泉驿区，重庆市九龙坡区、南岸区、万盛区，自贡市贡井区、大安区、沿滩区，泸州市泸县，广安地区华蓥市，万县市梁平县，绵阳市涪城区，攀枝花市西区，内江市市中区，乐山市青神县、彭山县、五通桥区20个县（市、区）经过省政府检查验收，普及了九年义务教育。加上普及九年义务教育的乡镇，全省1995年“普九”人口覆盖率达18%。至此，全省累计已有38个县（市、区）另1932个乡（镇），占全省人口总数45%的地方实现了“普九”。截止1995年底，全省已在占人口总数98%以上的地方普及了初等教育。小学适龄人口入学率达98.4%，小学毕业生升初中的比例达88.6%。小学毕业率达99%以上，初中毕业率达97.8%。

〔普通高中教育〕　5月，省教委转发了国家教委《关于大力办好普通高级中学的若干意见》等三个文件，提出了贯彻意见和具体要求：切实搞好普通高中改革发展的“九五”规划；积极稳妥地开展普通高中办学体制和办学模式的改革试点；创建一批实验性、示范性、高水平的普通高中，加强薄弱高中建设；改善普通高中的办学条件，加强队伍建设。

根据《国务院关于〈中国教育改革和发展纲要〉的实施意见》，省教委提出：到2000年，全省普通高中在校生达到70万人左右。“九五”期间，大中城市市区和经济发达的农村要普及高中阶段的教育；在已经普及九年义务教育的地方，要有计划地适度发展普通高中教育，未普及九年义务教育的地方，首要任务是实现“普九”；继续调整中等教育结构，稳定现有普通高中规模。

为进一步搞好普通高中分流教育，省教委与省劳动厅、省人事厅联合制发了《关于在普通高中进行就业预备教育有关问题的通知》，为全省普通高中分流教育稳定发展提供了相应的政策，促进了普通高中教育与职业技术教育的沟通。

抓好普通高（完）中达到办学基本要求的工作。1995年，经检查验收，全省又有75所学校达到了《四川省普通高（完）中办学基本要求》（以下简称《要求》），累计达到《要求》的高（完）中学校共145所。省重点中学除极少数外，绝大多数学校达到《要求》，学校面貌发生了明显变化。在此基础上，省教委提出："九五"期间，各地要继续抓好普通高（完）中达到办学基本要求的工作。已"普九"的县，要在2年～3年内完成这项工作；市（地、州）所在地（城区）的学校应在1998年前达标；到2000年，绝大部分高（完）中要达到《要求》。

完善普通高中"两项"改革，大面积提高普通高中教学质量。全省顺利完成了高中一、二、三年级毕业会考工作，合格率达到95%。

〔**幼儿教育**〕 1995年，全省3—6岁幼儿入园率达到46%。继续搞好示范幼儿园建设，全省有31所示范幼儿园通过检查验收，至此全省示范幼儿园达到181所。完成了国家教委部署的学前班教改试点任务，1995年10月，国家教委在四川召开了全国推广幼儿园小学教育衔接研究成果，提高学前班保育教育质量研究会，各省、自治区、直辖市的80多名代表参观了郫县、温江县、绵竹县的学前班，对四川学前班工作给予了充分肯定。会后，省教委举办了全省"幼儿园小学教育衔接培训班"，培训全省幼教行政人员、幼儿园园长、教师、小学校长共160人。11月，全国第五届幼儿教育学会年会在四川召开，600名专家学者、教师代表出席会议。

〔**特殊教育**〕 为促进特殊教育的发展，1995年，省教委举办了两期特教师资培训班，编辑出版了《三类残疾儿童随班就读问答》，完成了国家教委和联合国儿童基金会合作的促进贫困地区特殊教育项目。成都市青羊区、新都县，德阳市绵竹县，自贡市自流井区被国家教委、民政部等单位评为特殊教育先进县，受到表彰。

〔**德育工作**〕 组织师生员工学习党的十四届四中、五中全会精神和邓小平同志建设有中国特色社会主义理论，学习《教育法》、《教师法》。加强中小学日常行为规范的养成教育，注重校风、班风、学风建设。省教委制发了《关于开展中小学生日常行为规范教育检查的通知》，在《教育导报》交流了部分市、地的先进经验，组织编写了《中学生行为规范教育读本》；各地都开展了自查和自上而下的检查评比，涌现出一批示范学校和文明学生，学校面貌发生了较大变化。评选、表彰了四川省普通中学三好学生99名，优秀学生干部50名，先进班集体200个。5名中学政治课优秀教师受到国家教委表彰。组织编写了《中学生时事》教材，对中学生进行时事政策教育。

〔**体育、卫生、艺术、国防教育**〕 全面试行初中毕业生升学考试体育，凡升入高一级学校的初中毕业生均参加专门的体育考试，其成绩记入升学总分。9月，国家教委在四川省岳池县召开了全国农村学校体育现场研讨会，讨论研究了农村学校体育改革与发展问题，交流了岳池县学校体育工作经验，成立了中国西部地区农村学校体育研究会。全面实施《国家体育锻炼标准》，1995年，全省中小学施行面达92.5%，达标学生数

6917391人，及格率90.22%；其中，良好率39.62%，优秀率12.35%。1995年，省教委先后组织举办了全省体育后备人才田径比赛、中学生田径运动会。8月，组团参加了在武汉举行的全国第六届中学生运动会，获田径男子甲组团体总分第三名，男子乙组团体总分第六名，并获金牌四枚、银牌六枚；铜牌九枚。重庆一中、南开中学、成都十二中被国家教委、国家体委评为培养体育后备人才的优秀学校。

大面积开展体质健康调研。在全省14个市、地、州，对近10万名中小学生进行20个项目的调查研究，共收集有效样本35655个；获原始数据641800个，经处理后得出反映学生体质健康方面的数据上百万个。并对这些数据进行分析、研究，提出对策性意见，为省政府及有关部门制定学生体质健康政策提供科学依据。省教委下发了《加强学校卫生工作的意见》，督促指导各级各类学校加强卫生工作。

根据国家教委的部署，全省360所普通高中一年级开展了音乐欣赏必修课教学实验。通过换届选举，产生四川省第二届学校艺术教育委员会。举办了四川省首届中学生歌手比赛，组队参加8月在武汉举办的全国中学生歌手比赛获高中组一等奖。举办了四川省第二届中小学音乐、美术优质课教学评选比赛，参加全国首届中小学音乐、美术课堂教学评比获得优异成绩。

贯彻施行《小学、初中国防教育纲要》。全省接受系统国防教育的中小学生达600万人次。省教委会同省委宣传部、省军区政治部，对全省贯彻执行《四川省国防教育条例》的情况进行了全面检查。

〔**教师队伍建设**〕 1995年，组织教职员工学习《教师法》和《四川省实施〈教师法〉条例》，明确教师职责和义务，加强职业道德教育，提高教师政治业务素质。全省开展了中小学校长岗位培训，省教委组织进行了干训工作的专项检查，召开了全省干训工作会议，全面总结"八五"干训工作经验，研究制定"九五"干训规划。到1995年底，全省已完成国家教委提出的"现职中小学校长普遍轮训一遍"的任务。教师队伍建设着力在优化结构，提高整体素质上下功夫。一是建设以特级教师为核心的学科带头人队伍。省、市两级教委组织部分优秀特级教师到贫困边远山区开展献课活动；编纂出版了《四川省特级教师大辞典》；研究制定了《四川省特级教师评选及管理办法》。二是建设以高级教师为主体的骨干教师队伍。在评优、评职、进修、科研方面给予扶持，鼓励他们尽快成长为新的学科带头人。三是建设以一大批有潜力的优秀青年教师为基础的青年教师队伍。进一步完善了省、市、县三级培养优秀青年教师制度；全省评选并公布了第二批共562名省优秀青年骨干教师，并实施滚动管理，努力创造条件，形成人才辈出的良好环境。

以"三沟通"培训及考试工作为重点，加大初中教师培训力度，大力推进小学教师继续教育。狠抓考风建设，强化师资队伍建设，健全规章制度，确保"三沟通"工作顺利进行。6月，国家教委检查团一行21人赴川对全省"三沟通"工作进行检查，历时10天，深入到10个市地34个县（市），巡考200个考室，召开教师学员座谈会26个，对四川"三沟通"工作给予了充分肯定和高度评价。41183名小学教师、7896名幼儿园教师参加了专业达标考试，及格率分别达81.4%和

67.5%。为进一步提高小学教师水平，省教委在绵阳、德阳、攀枝花、泸州市进行为小学培养专科层次新师资的试点工作。

做好中小学教师职称评聘和管理工作。进一步规范评审程序，把握政策导向，做好职称评审的经常性工作；制定了各级各类学校教师的考核指标体系；在部分市地州试行《教师资格条例》，制定实施意见，为全省全面开展教师资格过渡做好准备。

贯彻“关、转、招、辞、退”的方针，强化管理，改善待遇，做好全省民师工作。1995年，全省开展了民师工作检查和调研，提出了全省解决民师问题的六年规划。全年共完成2万名“民转公”及3000名中师民办教师班的招生工作。

为教师办实事。广泛动员社会各界，开展“科教兴川、尊师重教”的宣传活动，造成良好的社会舆论环境，完成了省政府为全省教师办的10件实事。省政府表彰了505名省优秀教师、教育工作者。“一师一校”教师夏令营和乡村教师出国考察活动独具特色。为了弘扬山区教师扎根山区、勤奋耕耘、默默奉献的精神，7月，省教委、省教育基金会举办了乡村教师夏令营，邀请100名“一师一校”的优秀乡村教师到成都参观、学习，肖秧省长和徐世群副省长接见了这些第一次来到成都的乡村教师。9月，又组织24名贫困地区、边远山区乡村教师赴日本考察。开展为民族地区和边远地区教师送温暖活动，拍摄了反映教师风采的电视艺术片等。这些活动激发了教师献身教育的积极性，收到良好的社会效果。

〔**实施“广厦工程”**〕　3月，省政府与各市州政府、地区行署签订了促进教师住房建设的“广厦工程”目标责任书；徐世群副省长先后两次带领省级有关部门负责同志对广元市、自贡市实施“广厦工程”的情况进行专题调研，对苍溪县唤马镇“教师住宅一条街”的经验进行了总结。8月，省政府在广元市召开了全省第二次教师住房建设工作会。1995年全省征地114公顷，竣工面积180万平方米，2.48万套，总投资8亿元。

全省实施“广厦工程”主要有三种模式：一是以成都、重庆、自贡为代表的“大中城市模式”，集中在市区修建“广厦小区”，由政府无偿或优惠提供建房土地，教职工、学校和国家共同投资，国家投资比例相对较大。这种模式适应了大中城市学校校园普遍紧张的实际，有利于房改工作的进行。二是以广汉、双流为代表的“县城模式”，在城区集中建房和校内建房结合，以城区集中为主建“教师新村”或“教师大院”。这种模式除解决城内教师住房外，对长期在农村学校任教，退休后要求在城里居住的教师给予了照顾。三是以苍溪县唤马镇、石柱县西沱镇为代表的“乡镇模式”。这种模式以提高农村教师待遇和稳定农村教师队伍为宗旨，将教师住房建设纳入小集镇建设规划，乡镇政府无偿提供土地和多种优惠政策，支持和鼓励教师到镇上集中建“教师住宅一条街”。把解决教师住房同解决教师家属子女就业和教师家庭致富相结合，也促进了小集镇建设。在昆明市召开的全国教师住房建设经验交流会上，徐世群副省长作了大会发言。李岚清副总理和与会代表对四川实施“广厦工程”的经验给予了充分肯定。

〔**教育研究**〕　进一步加强教育科研管理。全省基础教育教学科研网络机构健全，人员配备到位。省教委建立了教育科学规划领导小组，制定了一系列规章制度以鼓励研究，每两年进行一次课题立项，四年进行一次评奖。省教委拨出专项经费资助普教科研，1995年此项经费已达25万元。政策导向上，在评职、评优等方面对教改教研成绩显著的教师给予倾斜；创一流学校、省重点中学等，都把学校的教研教改活动作为评价的重要内容。

1995年11月，“四川省中学教育教学改革与实验研讨会”在新都县召开。会议总结了“八五”期间教改教研工作与成绩，就普通中学、农村初中、职业中学办学模式，素质教育与综合改革，以及全面提高教学质量、加强常规管理等问题进行了讨论研究。

抓好教材建设。受国家教委委托，由省教委牵头，省教科所、西南师范大学等合作编写九年义务教育内地版教材，到1995年底已完成小学语文、数学等9科，初中语文、数学等12科教材及配套用书编写任务。小学一至四年级，初中一至三年级的各科教材均已通过国家教委中小学教材审定委员会审查。该书在四川、贵州、云南、海南等省的5000多所中小学，30余万学生中开展了教学试验。对收集的教材实验数据及实验报告进行分析研究，结果表明教材质量较高，教学效果显著。

教改教研成果显著。1995年，全省教育系统评出149项优秀教改成果，参加省科委评奖有46项获奖，其中一些成果在全国产生了较大影响，取得了较好的教育教学效益。如成都七中的“三体”教育模式，重庆市的社区教育研究，乐山市“农村职中宽、实、活办学模式研究”等。《中国教育报》以“四川掀起教育科研热潮”为题，两次作了长篇专题报道。

〔**教育督导**〕 开展基础教育“五项内容”督导检查。省教委、省人大教科文卫委、省政协教委联合下发了《关于开展基础教育“五项内容”督导检查的通知》，就督导检查的内容和重点、主要对象、时间安排、组织领导等问题作出了明确规定。年底前，县（市、区）已进行了自查。省教委会同省人大教科文卫委、省政协教委对成都、重庆等地进行抽查的情况表明，各地开展“五项内容”督导检查进展快、效果好。

撰稿 魏成松 杨秀军

职业教育

〔**综述**〕 1995年，中等职业技术教育规模比上年略有增加，招生数和在校生数分别占高中阶段各类学校的比例为59.2%和58.8%。多形式初等职业教育继续发展，高等职业教育开始起步，初步建立起从初级到高级、形式多样并与其他教育协调沟通的，能主动适应社会发展和劳动就业需求的职业技术教育体系的基本框架。

各级财政对学校加大了投入，使职业技术学校的办学条件普遍得到改善。1995年，仅申请创建国家级重点职业中学的11所学校就增加投入6600万元，全省职业学校增加占地面积170.8万平方米。继续对普通中等专业学校进行合格评估，新增17所合格学校，使现有中专学校合格率达到50%以上。同时开始对职业中学进行合格评估，力争使现有职业中学到2000年全部达到合格标准。

对中等师范教育事业的发展进行调研，初步确立了“九五”期间中师教育改革发展的规划框架。对第二批进入标准化建设的学校进行规划，30所中等师范学校被列入第二批中师标准化建设行列。1995年全省中师招生19500人。中等师范学校进一步扩大了对外交流，一是组织指导联合国儿童基金会项目学校完成了第三期项目执行情况评估，二是正式启动了世界银行贷款第二个贫困地区基础教育发展项目中师系列项目。

〔**教育管理**〕 省教委转发了国家教委《关于实行五天工作制后调整普通中专和职业高中教学时间的意见》，对职业学校的教学课时进行了调整。成立了四川省职业教育教材审查委员会，统筹管理全省职业中学、中专教材的审定和推荐使用。开展了全省职业中学种植、养殖、电子、机械、建筑和旅游专业的教研活动。颁发了《四川省职业高级中学德育大纲》和《四川省中等专业学校直接承担学生德育工作的专职人员评聘教师职务的试行意见》。从1995年开始每年在全省普通中专和职业高中评选省级优秀应届毕业生，以激励学生努力进取，1995年评选1289名省级优秀毕业生。在中等职业技术学校普遍进行技术等级考核，开考专业、参考率及参考学生合格率均比上年增加。省教委还组织了中专学校非计算机专业学生计算机应用知识和能力等级考试和非涉外专业学生英语等级考试，组织了美容美发专业职业高中学生参加全国职业中学第一届“蒙妮坦杯”美容美发技能大赛，并获得名次。

省教委先后制发了《四川省普通中等专业教育管理职责》和《四川省普通中等专业学校校长负责制试行意见》，进一步明确了省教委、省级主管部门、市（地）州政府（行署）及教育行政部门的管理职责，加大了市地州和学校的管理职责和权利。11月，省教委召开了全省重点中等专业学校校长会议，总结了近几年的办学经验，部署了今后的工作。

调整（或制定）了中师6个专业的课程计划和部分必修课教学内容，全面修订了选修课教材，加强了教学研究。新成立了舞蹈、电教、图书管理三个省级中心教研组，并依托中心教研组开展了一系列教研活动，大力倡导和具体指导各地、学校开展学科教学质量评估，促使教育质量进一步提高。

〔**国家级重点职业高中评估**〕 省教委于4月中旬召开了创建国家级重点职中工作会议，对这一工作作了部署、研究和落实，会后印发了《会议纪要》。各市地成立了以政府负责人为首、教育行政部门为主、有关部门和学校参与的创建国家级重点职中工作领导小组，制定了创建进度时间表，明确了职责分工，保证创建工作顺利进行。7月，省教委又召开了市地职教科（处）长会议，进一步分析研究了创建工作中的问题，并组建了评估小组，9月中旬，11所申报国家级重点职业高中的学校通过了省级评估验收，并经省政府向国家教委进行申报，经国家级重点职业高中评估审议小组审议、国家教委审定批准，四川省的成都市新华职业中学、重庆市旅游学校、重庆市女子职业高级中学、江津市工商职业高级中学、泸州市树风职业高级中学、德阳市黄许职业高级中学、射洪县中等职业技术学校、自贡市釜溪职业高级中学和达川市职业高级中学9所学校被评为国家级重点职业中学。

〔**职业教育改革**〕 四川省从1995年开始在35所省级重点职业中学试办了职业中专班，招收初中毕业生，学制三年。按照国家教委《关于制定职业高级中学（三年制）教学计划的意见》,并参照普通中专学校专业设置的要求制订和实施教学计划，学生学习期满，经考试考核合格，由省教委统一颁发职业中专毕业证书，实行国家不包分配、择优推荐、双向选择、自主择业的就业方针。

部分高校在继续举办职教师资班的同时，在职业中学试招了100余名调节性计划的学生。学生毕业后实行多渠道就业。采取切实有效措施，加强了中师教师的培训，通过教研、评职、培训等多种途径提高教师的素质和教学水平。

在中国水电七局技工学校进行了中专、技校“一体化”改革试点，对该校160名新生实行“分段培养，逐级分流”。其中46名学生被择优选入普通中专班学习，纳入普通中专学校学生学籍管理，毕业时经考核合格，发给普通中专毕业证书。在全省16所办学条件较好的普通中专学校招收自费生，不断拓宽办学路子，为当地经济建设培养中级管理和技术人才。

撰稿 周兴华 田星苍

高等教育

〔**体制改革**〕 四川省以“联合、合作、共建”为主要形式推进高校办学体制改革，促进高校主动适应经济和社会发展需要，提高教学质量和办学效益。根据全国高校体制改革会议精神，从四川高校布点较多，结构不尽合理，办学效益不高的省情出发，组织力量进行调查研究，本着“优化结构与布局、走内涵发展为主的道路，提高质量和效益”的原则，制定出《四川省普通高校办学和管理体制改革方案（草案）》报省政府审定后组织实施，推进了四川高校办学体制改革。

〔**党建和德育工作**〕 以稳定工作为前

提，以党建工作为龙头，切实加强“两课”改革和建设，进一步抓好学生思想政治教育工作。做好稳定工作。省教委会同有关部门对高校师生员工的思想动态进行调查、分析。增强了思想政治工作的针对性和实效性。切实加强党建工作。省委召开第五次高校党建工作会议；省委组织部、宣传部、省教委召开了高校党建工作会议；进行了有关党建调研工作。推进“两课”改革和建设。继续进行“两课”改革试点，开展了国家教委下达的三个重点课题研究；修改了省编“两课”教材；召开“两课”教学巡视员工作会议；开展了两次德育和“两课”教师职称评聘工作；举办了“两室”主任及骨干教师培训班。

加强和改进学生思想政治教育。以纪念中国抗日战争和世界反法西斯战争胜利50周年为契机，开展以爱国主义为主要内容的全省大学生演讲比赛，召开了大型学术讨论会，编辑出版了论文集《历史的丰碑》；在全省大学生中，评选表彰了省级“三好学生”、“优秀学生干部”，在高校中评选表彰了“先进班集体”；组织了“95四川高校优秀大学生夏令营”和“95四川全国优秀大学生社会实践考察团”，分赴西昌、攀枝花和北京等地开展社会实践活动；举办大学生社会实践成果巡回展览，并汇编成大学生社会实践成果专集。

〔**队伍建设**〕 进一步健全高校干部民主生活制度、民主决策制度。加大后备干部培养力度。培养跨世纪优秀中青年学术带头人，制定了全省高校学科队伍建设的规划和实施方案，选定了省、校培养的优秀青年教师。开展专业技术人员职务评聘经常性工作，使一大批具备条件的中青年教师晋升高级职务，一批有真才实学的青年优秀教师破格晋升。到1995年底，全省普通高校专任教师中，教授1593人，副教授6699人，具有高级职称的教师比例为34.04%。

1995年，省委宣传部、省教委、省科委组织力量，全面调查高校知识分子政策落实情况，针对存在的突出矛盾和问题，提出了进一步落实知识分子政策的若干建议。省政府坚持为教师办实事，表彰了一批教书育人的优秀教师，开展了高校教师家属“农转非”及招工工作，积极推进高校教师住房建设，进一步改善其教学、科研、生活条件，加强了高校教师队伍建设。

〔**教学管理和改革**〕 进一步完善教学质量监控机制，积极探索和建立教学质量、人才培养质量检测评价体系，进行学校办学水平综合评价。省教委成立了“四川省高等学校教学工作评价领导小组”，确定了“以评促改、以评促建、重在建设”的原则，组织专家组对川北医学院、成都气象学院进行省级检评，帮助学校找准问题，提出改进措施。在工科本科院校评选“教学工作优秀学校”。对省内工科本科院校的专科金工实习教学开展了评估。

完善对专业设置的宏观调控和指导，改进专业设置的评审程序和办法。1995年增设本专科10个专业，调整或撤并专业12个。进一步调整了本科专业结构，拓宽了专业服务面，使之适应经济和社会发展的需要。审核下发了地方院校专科专业设置名单，共减少重复设置、布点过多的专科专业130多个，规范了所有专科专业名称。全省普通高校有本专科专业约600余种，其中本科276种，专科约300多种，专业布点共1100多个，专业规模效益有所提高。加强重点工科专科专业建设，经国家教委批准，全省又有5个工科专科专业被确定为全国教改试点专业。

加强课程、教材和实习基地及省级重点实验室建设。到1995年全省累计已投入130万元，共建设175门省级重点课程。成立了“四川省普通高等学校教材协会”，以指导和协调省内各高校的教材建设。组织全省高校优秀教材申报工作，有4部教材获得了国家级奖励。继续加强师范院校实习基地建设，共投入250万元，建成100余个相对稳定的教育实习基地，缓解了师范院校实习难的问题。重点建设省级重点实验室。经申报、评审，确定了首批24个高校实验室进行重点立项建设，采取滚动实施的办法，建设一批，验收一批。召开了全省高校实验室工作研讨会，对全省高校实验室建设进行了研究分析，提出了对策。

4月下旬，全省高校教学改革座谈会在成都召开，会议总结交流近几年普通高校教学改革经验，研究高校教学改革的基本思路，部署1995年教学改革工作。

实行分类指导，加强教学管理。师范院校开展教学工作自查、自评，对非师范专业任课教师调配比例及知识结构状况进行摸底。专科学校贯彻国家教委制定的“三年制新教学方案”，推动了教学改革向纵深发展。进行高等医科教育教学改革调研，为召开全省高等医学教育改革工作会议做准备。本着“保一块、放一块”的原则，农林院校面向大农村，面向大农业，加快专业结构的调整，增强了适应性。进一步规范“专升本”工作。引进、应用和推广CAI电化教学等教学方法与手段，成立了全省高校计算机辅助教学工作(CAI)协作组。

加强高校学生文化素质教育的研究和改革试点。全省在国家教委确定4所试点学校的基础上，又确定省级试点学校15所，召开了高校大学生文化素质教育工作研讨会，推进此项工作。

〔**体育、卫生、艺术、国防教育**〕 省教委、体委、卫生厅组织力量，对高校贯彻落实《学校体育工作条例》的情况进行检查评估，并评选先进学校，有6所高校评为全国先进学校，10所高校评为省先进学校。全面实施《国家体育锻炼标准》，高校实施面100%，学生及格率在90%以上。举办体育骨干教师培训，组织首届大学生健美操比赛，组团参加全国首届大学生游泳比赛，获亚军和3枚金牌。

在2所高校开展了学生体质健康调研。加强学校常见传染病防治工作，建立高校卫生保健学会，会同卫生防疫部门对高校进行卫生检查和防疫工作，规范学校和学生卫生行为。

进一步完善了普通高校招收艺术特长生制度，组织统一专业面试，降分录取艺术特长考生。省教委、省委宣传部、省军区政治部对高校贯彻执行《四川省国防教育条例》进行了检查，召开了全省高校军训工作经验交流会，举行了第二届全省军训试点学校大学生军用枪射击比赛。

〔**科技工作**〕 贯彻《中共中央关于加速科技进步的决定》，实施科教兴川战略，积极组织高校面向经济建设主战场开展科技工作，在基础性研究、高技术研究、科技成果转化方面取得了较好的成绩。

加强科技计划管理，促使科研经费持续增加。组织高校申报国家教委优秀年轻教师基金、回国留学人员科研基金共15项；申报省重点项目87项，应用基础项目138项，软科学研究项目17项；申报省教委重点项目

130项，青年基金项目40项，对省科技项目390项，省教委项目135项的执行情况进行了全面检查总结。争取国际科技合作项目40多项，科技交流日益扩大，合作科研等日趋活跃。积极组织高校参与国家、部门、地方制订科技规划和计划。发挥高校学科齐全，实力雄厚的优势，积极开展基础性研究，1995年，全省高校获得国家自然科学基金项目185项，经费1602.1万元。1995年全省高校共开展科研项目5000多项，获得科研经费3.2亿元。许多高校从企业获得科研经费已超过总经费的50%，有的高校达到70%以上。

加强科技成果管理，一大批科技成果获奖。1995年全省高校申报各种科技奖150多项，获得国家级奖9项；获得四川省科技进步奖107项，其中一等奖6项，二等奖16项，三等奖85项。高校向四川省科委推荐省级鉴定评审专家600多人，促进了科技成果鉴定的科学化、规范化。推荐了34名四川省或全国青年科技人才奖候选人。

加强科技成果转化，提高社会经济效益。组织高校申报各类推广项目计划，争取贷款以及优惠政策，促进成果转化。组织8所高校的268项成果参加95中国新技术新产品博览会。共签订技术合同20项，金额达4159万元。西昌农业专科学校的新产品“整体硬化耐磨钢球”、四川农业大学的新产品“中华冰茶”被评为金奖产品。组织高校参加省内外的技术成果交易会四次。同时，组织高校与企业的联姻活动，省经贸委收集企业技术难题，省教委按学科优势组织高校揭标。促使高校科技成果尽快推广运用，产生社会经济效益。1995年，全省高校推广运用科技成果获得的社会经济效益达32亿元。年经济效益在百万元以上的项目达80多项。

促进社会科学研究发展。建立完善了社会科学研究专家库，研究机构库，加强对高校社会科学研究的管理。组织高校申报国家教委首届社会科学奖，获二等奖6项。组织有关专家制定了“九五”四川高等教育研究指南，制订了高校社会科学研究“九五”计划，以推动高校社会科学研究，省教委制订了重点科研项目管理办法、青年科研基金管理办法，制订了“九五”四川高校科技规划。

〔**招生与毕业生就业**〕 1995年，全省报名参加全国普通高等学校招生统一考试的考生为161997人，比上年减少3792人，减少2.29%。全省共设219个考区，302个考点，5614个考室，监考和工作人员近3万名。全国共有497所普通高校在四川计划招收新生67162人，实际录取新生66940人，较1994年增加686人，增长1.40%，升学比率为1∶2.42。

推动招生“并轨”改革。加强“并轨”宣传力度，使其逐步为社会理解和接受，在政策上继续加以引导、倾斜，录取时提前向“并轨”院校投档，保证了在川招生的82所“并轨”院校的生源数量和质量。加强管理，提高招生质量。着重抓了委培、考试、录取三个方面的管理工作。采取行之有效的“封闭加透明”的作法，通过电视、广播、报纸等新闻媒介进行招生宣传，增强透明度，受到考生、学校和社会的一致好评。严格条件，确保招生质量。认真执行招生政策，在大量调查研究的基础上，制定了一系列具体可行的招生办法，使党和政府的有关政策在招生中得到充分体现。加强信访工作，妥善处理了高分不合理落榜问题。

1995年全省高校毕业生就业工作在社

会需求量比1994年下降20%，毕业生人数增加50%，且专科生多，委培学生多的情况下，通过艰苦工作，普通高校6万多名毕业生已逐步走上工作岗位，2000名计划内自费生和2000名电大普专班毕业生，已有75%以上的人落实了单位。从毕业生的去向看，兼顾了中央和地方，内地和边远地区的需要，对边远地区和大中型企业以及一些国家重点建设单位给予了照顾，省属高校毕业生到中央在川单位就业的7%左右，到省属单位的占8%，到省外单位的占2%，到市、地、州的占83%。从就业去向看，充分体现了“统筹兼顾、合理使用、加强重点，面向基层”的原则，毕业生的流向基本合理。

〔**学位工作与研究生教育**〕 (1)积极做好硕士学位授权点审核工作。通过对全省现有硕士学位点学科结构布局、全省产业结构调整、科技发展、社会需求的分析，制定了四川省审核硕士点的实施方案，提出了审核硕士点的指导思想、原则、办法等，制定了《四川省学位委员会审核硕士学位授权学科、专业点暂行办法》，精心组织，坚持标准，保证质量，公正合理，审核通过135个硕士点，其中新增硕士点58个，调整硕士点64个，改善了全省硕士学位点结构。(2)组织审批省级重点学科。组织44名专家组成5个学科评议组，经学校审报、学科专家组评审、省教委审核批准，共评出51个博、硕士学位点为第二批省级重点学科，其中部委属高校38个，省属高校13个。(3)组织第三期西南片区云南、贵州、广西、四川4省区硕士点查评工作。(4)召开省学位委员会第二、三次全会。第二次全会审议通过了《四川省学位委员会工作制度》、《四川省学位委员会学科评议组组织工作章程》等文件和学科评议组的专家组成员名单。第三次全会对学科专家组审核通过的硕士名单以及对“审核硕士点工作总结报告”进行了审议。(5)组织申请硕士学位的在职人员英语统考。召开在职人员申请学位工作新闻座谈会，制定了在职人员以同等学历申请学位的外语水平统考办法，有490余人参加首次外语水平统考。(6)组织省属高校向国务院学位办申报博士点和部分硕士点工作。(7)成立四川省学位与研究生教育学会，同时召开了四川省学位与研究生教育工作研讨会。(8)加强省学位委员会学术队伍建设，经学校申报、学位委员会审议，组建了192位专家参加的17个学科评议组。

〔**校办产业**〕 全省高校校办产业有较大发展。1995年，全省普通高校共有校办企业499家，其中科技型企业242家，农场1542.9公顷，拥有固定资产5.7亿元，从业人员达到11714人，全年销售收入7.88亿元，利税总额达到1.31亿元，上交学校弥补教育经费不足3408万元。

为促进高校校办企业快速发展，省教委制定“四川省高校校办产业发展计划”，对销售(经营)收入、利润两个指标向各校下达指导性计划。其中1995年全省高校校办产业销售(经营)收入要达到10.65亿元，利润指标任务是1.15亿元。省财政厅、省教委组织力量深入省属高校调查研究，摸清部分省属高校发展校办产业的情况，并帮助他们获得省级财政在资金上的支持。继续做好为四川省校办产业园区服务的工作，争取把“园区”办成高校科技企业的窗口。筹备成立了四川省校办事业协会，并利用四川省高校工厂协会，为高校产业提供交流、研讨的渠道和场所。

撰稿 魏成松 蒲 吉

成 人 教 育

〔**扫盲教育**〕 1995年,全省教育工作电话会议明确提出“要继续花大力气扫除青壮年文盲(以下简称“扫盲”)和做好扫除青壮年文盲验收与脱盲后的提高工作。”全年全省扫盲27.2万人,16个县通过了省市州政府组织的基本扫除青壮年文盲的验收,使全省的非文盲率达到96%,比上年提高0.4个百分点,累计179个县(市、区)达到了国家规定的基本扫除青壮年文盲的标准。扫盲后的巩固提高工作进一步加强,全省参加各种形式巩固提高学习的脱盲人员达117.8万人。完成了国家教委、中国成人教育协会组织的《不同地区实施扫盲教育的目标方法与途径》、《四川省扫盲工作现状与对策》和《四川省文盲现状分析》等研究课题。叶浩生等7位从事农村成人教育的同志被国家教委评为全国扫盲先进工作者。

〔**农民文化技术教育**〕 1995年全省县级成人(农民)技术学校发展到69所,乡镇成人学校5219所,村成人学校(点)42990所(个),分别占县、乡(镇)、村总数的31.5%、86%和57%,使县、乡、村三级成人教育培训体系基本形成。全年各级农村成人学校农民高小班毕业5.5万人、农民初中班毕业2.6万人,较系统培训46.93万人,参加有关文化技术、时事政策、法制建设和社会生活知识等短期培训的达1234万人次。农民文化技术教育紧密结合农村经济发展、产业结构调整和农民致富需要,注重实际、实用、实效。以回乡中学生、基层干部、脱盲人员、专业户和示范户为对象,以推广新技术、新品种和科学管理为主要内容,紧紧围绕“两高一优”农业、乡镇企业、劳务开发及经济开发项目,广泛开展“短、平、快”实用技术培训,提高了广大农民群众接受、应用科学知识和先进技术的能力,促进了农业资源的合理开发利用和农业生产经济效益的提高。1995年4月,省教委在绵竹县召开了乡镇成人学校建设现场会,推动了农村成人学校的建设和发展。全省涌现了一批办学条件好、效益高、上档次、上规模的乡镇成人学校。江油市青莲镇成人学校等7所学校被确定为首批省级示范乡镇成人学校,绵竹县九龙镇成人教育中心校7所学校被评为全国农村成人教育先进学校。

同时,全省77所县、乡(镇)成人学校顺利完成了第三周期人口教育试点任务。各项目学校按照国家教委和省教委《关于农村成人学校人口教育项目实施意见》的要求,建立机构,加强管理,制定规划,落实措施,培训教师,印发教材,开展了多种形式的人口教育活动。到1995年底,全省农村成人学校对255.8万农村青年进行了人口教育。

〔**成人高等教育**〕 到1995年,全省举办成人高等教育的普通高校有54所,设置理工、农林、医药、师范等10多个科类近400个专业，开展脱产、半脱产、业余等多种办学形式，以专科为主。

1995年，四川成人高等教育从农业大省的实际出发，积极发展工科、农科、师范等科类的成人高等教育，调整方向主要放在外向型经济发展上，面向农业、乡镇企业、第三产业、基础设施等。为企业转换经营机制，为边远山区、三峡库区和少数民族地区培养和输送大批复合型、外向型、应用型人才。1995年4月，省教委召开全省成人高等教育研讨会，要求全省进一步贯彻落实国务院批转国家教委《关于进一步改革和发展成人高等教育的意见》，总结了1993年全省成人高等教育工作会议以后取得的成绩，交流经验，部署了成人高等学校的评估等工作。

做好成人高等教育评估工作。为强化成人高等学历教育质量控制，进一步加强了对学校办学方向、办学水平和教学质量评估，全面考查学校贯彻执行党的基本路线和教育方针情况，从1995年到1997年将在省属各类举办成人教育的高等学校中开展评估工作，1995年主要是部署安排和学校自查自评，省教委制定了《四川省成人高等学校评估工作实施意见》，明确了评估标准、评估指标体系和评估方法。为加强对评估工作的领导与指导，成立了以省教委主任王可植为组长的四川省成人高等学校评估工作领导小组。

制订成人高等教育统考科目教学大纲，为全省统一课程考试做好准备工作。在教学领域内的改革上，针对成人特点，在改革教学内容、教学方法上进行了积极探索，确定把英语、计算机应用写作作为全省成人高等教育基础课统一考试科目，从1995年秋季新生入学起，所有在川各级各类成人高等学校都要将这三门课程统一纳入各专业教学计划，并制定了三门统考科目的教学原则和教学大纲。

继续开展成人高等职业教育试点。四川省在1994年试点的基础上，1995年扩大到两所成人高校的4个专业(招生153人)。继续开展成人高等职业教育试点的主要作法是：已试点的学校进一步规范和总结经验，按照高等职业教育的思路、原则，抓紧制定所开设专业教学计划及教学大纲，做好教材的编写、任课教师的选派、进修等准备工作。

1995年在2所成人高校继续进行“双招”试点(“双招”即从参加普通高考的高中生中，通过招工招生相结合的方式，实现“先培训，后上岗”的要求)，共招生93人，为适应经济发展对复合型人才的需求，满足从业人员拓宽知识、专业领域的要求，继续进行第二专业教育招生试点，共招生3177人。组织大学基础教育试点，加强管理，确保教学质量。1994年，省教委批准四川省广播电视大学等14所高校以联合办学形式举办大学专科基础教育班，选择了社会需求量较大，应用性较强的机电工程等八大科类试点，招收学员9340人。1995年，按国家教委规定，暂不接收新学员。但对已举办大学基础教育班的院校进一步加强管理，严格教学组织、考试、考核。

开展“注册视听生”试点工作，实行教育行政部门主管、自考机构主考、广播电视大学主办的办学管理体制。全年共招收学员10024人。

〔**成人中专教育**〕　1995年，全省成人中等专业教育根据国家教委关于“教育重心下移”的指导思想，进一步调整布局、结构，促进学校走联合办学之路，扩大规模、效益。进一步扩大学校办学自主权，扩大试行了招生改革试点，共招收学员1万余人，取得较好效果。积极探索考试和免试相结合的招生办法，进行了保送优秀成人中专毕业生到成人高等学校学习的试点。为了促进和推动全省县办成人中专学校的发展，为经济建设服务，贯彻落实国家教委《关于改革和发展成人中等专业教育的意见》，1995年11月，省政府办公厅批转了省教委《关于四川省县办成人中等专业学校改革与发展的意见》。

至1995年底，全省有各类独立设置的成人中等专业学校342所，举办成人中专教育的普通中专等学校160余所，在校生达4万余人。同时，大力开展各种岗位培训、继续教育和各类短期培训，高等、中等层次累计结业80多万人。

〔**社会力量办学**〕 为认真贯彻落实省政府发布的《四川省社会力量办学管理办法》，1995年3月省教委颁发了《四川省社会力量办学管理办法实施细则》，根据《实施细则》规定，各地政府及教育行政部门，对社会力量办学进行了清理和规范，建立了年审换证制度。对已批准设立的学校，符合办学条件的，颁发《四川省社会力量办学许可证》；对不符合办学条件的，限期整顿，或停止换发《许可证》或停止办学；对申请新办学校，严格按照《实施细则》规定进行审批。同时，建立各种管理制度，规范办学行为。省教委、财政厅、物价局制定了《关于社会力量办学收费标准及有关问题》的通知，经过一年的清理整顿，净化了办学环境，鼓励和支持一批办得好，取得较好社会效益的学校，进一步端正了办学指导思想，确保了全省社会力量办学健康发展，基本形成了具有自身特色、多层次、多门类的社会办学格局。1995年，经教育行政部门年审合格，取得《四川省社会力量办学许可证》的各级各类学校7158所，其中幼儿园4582所，小学292所，中学129所，高、中等学历教育学校56所，非学历高等教育学校63所，其他职业技术培训、社会文化生活教育等学校2036所。各种经费来源25440.51万元，自有校舍面积796969平方米，租用校舍907173平方米，专、兼职管理人员21785人，专、兼职教师33402人。在校生人数846748人，毕结业学生67806人。

〔**职工教育**〕 贯彻《纲要》和《教育法》，紧紧围绕企业经营机制转换和建立现代企业制度开展培训工作，以岗位培训为重点的全员培训稳步发展。据统计，1995年参加各级各类培训的职工有343万人，占职工总数的34.8%，比上年增加2.5万人，毕(结)业297万余人。为宣传贯彻《教育法》，省教委于5月召开全省企业学习宣传《教育法》座谈会，部分国有大中型企业主管教育的书记、厂长及教育处长参加了会议。会后，全省企业掀起了学习、贯彻《教育法》的热潮。

〔**自学考试**〕 1995年全省高等(中专)自学考试(以下简称“自学考试”)坚持改革、完善、提高、发展的工作方针，把考试质量和社会效益放在首位，采取有效措施，加强宏观管理，使自学考试得到持续、快速、健康发展。

1995年，新开了邮电经济管理、通信技术、畜牧、兽医、市场营销、通信经济与管理、会计与统计核算7个专业，停考了物资经济管理、统计(本科)、会计(二)、中国画、音乐教育5个专业，至1995年底，全省共开考49个专业，其中专科40个、本科7个、中专2个(含市地州独立开考的中专)。全年报考人数较1994年增长13.4%。通过两次考试，全省有240648人取得单科合格证书，其中有19764人取得高等(中专)自学考试毕业证。

1995年，中国台湾同胞和新加坡、马来西亚、印尼、文莱、泰国、菲律宾6国的侨胞中，有50人参加了中医专业自学考试，其中15人获得本科毕业证、16人取得大专毕业证，其余19人分别获得科次不等的单科合格证书。迄止1995年底，四川省高等教育自学考试专科以上毕业生累计约10万人。

考试功能有新的扩大，首次在四川省开展了计算机等级考试试点，由四川省自学考试委员会审定并报国家教委批准，在11所普通高等学校中设立了考点，其中西南交通大学、四川联合大学、四川外语学院和西南政法大学等4个考点首次开考。全省参加首次计算机等级考试的694人中，笔试合格467人，上机考试合格405人。笔试和上机考试均合格获得等级资格证书的357人，占报考人数的51%。同时，会同省广播电视大学开展了“注册视听生”考试试点。

〔**城乡教育综合改革**〕　进一步抓好企业教育综合改革实验，促进企业教育的发展，从1989年到1995年，全省6个城市的47家企业开展了企业教育综合改革实验。省教委于1995年10月在四川川化集团公司召开了全省企业教育综合改革会议，总结了几年来企业教育综合改革实验工作，交流经验，研讨了下一步的工作。对国有大中型企业举办的中小学进行了调查，向国家教委报送了《调查报告》。

对全省农村教育综合改革进行了调查研究。对全省实施“燎原计划”的前期贷款还本付息情况进行了全面清理、核算。

撰稿　周兴华　李　岷

民族教育

〔**基本情况**〕

1995年四川省民族学校基本情况

单位：人

学校类别		学校数（所）	毕业生数	招生数	在校生数	教职工数（人）合计	其中：专任教师
幼儿园		210	56744	66511	86219	3091	2586
小学		8573	96902	177953	847763	46240	41384
普通中学（含内地班）	高　中	104	7507	9326	22806	2800	2500
	初　中	333	24768	70278	173460	17960	13506
职业中学	职业高中	28	2220	2257	4304	750	565
	职业初中	12	990	1828	4895	550	327
中等专业学校	中等技术学校	17	2220	3469	9172	1683	912
	中等师范学校	14	2529	2666	7985	1124	632
成人扫盲与技术培训		8491	511727	495773	497569	1473	737

〔**基础教育**〕 到1995年底，全省民族地区普及初等义务教育县累计达到27个，已普及地区的人口占民族地区总人口的80%，比上年提高1.3个百分点，其中甘孜、阿坝、凉山三州(以下简称“三州”)达到82.9%，比上年提高4.3个百分点(其中三州少数民族达到71.2%，比上年提高5.2个百分点)。学年巩固率达到94%，其中三州为92.4%；毕业率为97.6%，其中三州为96.7%。三州新增148所小学和94个教学点。民族地区开始以乡为单位推进九年义务教育，有46个乡(镇)首次通过州、地人民政府验收。初级中学校数增加4所，在校生增加11.2%。普通高中的招生数普遍增加。

〔**职业技术和成人教育**〕 1995年民族地区职业中学在校生比上年增加11.4%。全年扫除青壮年文盲8万人，有9个县按新标准扫除了青壮年文盲。农民实用技术教育已普遍在民族地区开展。

〔**寄宿制教育和双语教学**〕 1995年底，全省新建乡寄宿制完小25所，半寄宿制完小17所，使寄宿制、半寄宿制完小累计达到800所，在校生69430人，占小学民族学生总数的20.2%，其中，开设以藏、彝文为主的双语教育的小学增加了156所，在校生增加4470人。开设的以汉语教学为主的双语教学的小学增加100所，在校生增加3971人；开设两种双语教学的中小学累计达2121所，在校生达144552人。从事双语教学的专任教师有3309人。编译、审定和出版教材、教参及辅导读物40余种。各校基本按教学计划开齐课程，开足课时，以校、县为单位普遍开展了双语教学教研活动。

〔**对口支援协作**〕 1995年，内地9市对民族地区开展了多项支援协作项目，在给予民族地区经费和设备支持的同时，提供了大量的教改信息。帮助民族地区培训干部，组织特级、优秀教师到民族地区开展学术交流活动。开展联合办学等多种形式，给予民族地区教育以多方面的支持，其中重庆、乐山两市帮助民族地区开展勤工俭学，达成了生产氟化钠和教学用品等支援合作项目。

成都、重庆、德阳、绵阳等市为民族地区举办的民族班得到迅速发展，其规模达到317个班628人，教学质量得到提高，优生率、合格率不断提高，参加全省中学会考取得较好成绩。

撰　稿　周兴华　张　生
总审稿　王可植　纪穑缘
戴作安

贵州省教育

概　况

〔**基本情况**〕

1995年各级普通学校基本情况

单位：人

学校类别	学校数（所）	毕业生数	招生数	在校学生数	教职工数	
					计	其中：专任教师
一、普通高等学校	22	9046	11529	34953	12879	5599
研究生		71	91	277		
本科	9	3404	4140	16016	9422	3869
专科	13	5571	7298	18660	3457	1730
二、中等专业学校	110	19856	28309	72919	12505	6221
中等技术学校	82	13702	20351	51804	9363	4600
中等师范学校	28	6154	7958	21115	2687	1621
三、普通中学	1783	292185	410132	1084266	79257	64292
高中	334	37753	50449	132132		9859
初中	1449	254432	359683	952134		54433
四、农业、职业中学	271	21257	31296	72466	6374	4589
高中	160	13209	19211	43485		2743
初中	111	8048	12085	28981		1846
五、工读学校	3	559	113	120	57	41
六、小学	19702	511543	945676	4753439	183123	168358
七、特殊教育学校	16	752	3257	13047	811	408
八、幼儿园	1368		353613	408519	13894	11506

1995年各级成人学校基本情况

单位：人

学校类别	学校数（所）	毕业生数	招生数	在校学生数	教职工数	
					计	其中：专任教师
一、成人高等学校	17	7986	10877	32801	2950	1463
广播电视大学	1	3475	4850	11107	841	354
职工高等学校	6	811	1310	3114	556	296
农民高等学校						
管理干部学院	4	534	1934	5544	703	310
教育学院	6	1244	1592	4449	850	503
独立函授学院						
普通高校举办		1922	1191	8587		
函授部		1853	1075	8128		
夜大学		69	116	459		
干部专修科						
二、成人中等专业学校	28	7054	7941	30861	1187	584
广播电视中专	1	2870	2231	17269	289	92
干部中专	6	1119	1236	2748	183	68
职工中专	17	2890	4183	10160	596	346
农民中专		40	152	208		
教师进修学校	4	135	139	476	119	78
成人中学	4	60	829	997	64	37
职工中学	4	60	829	997	64	37
农民中学						
三、成人技术培训学校	7277	1920390	1688335	1644027	8800	1621
职工技术培训学校	22	16683	4395	3326	233	121
农民技术培训学校	7255	1903707	1683940	1640701	8567	1500
四、成人初等学校	3726	153262	263141	266475	6789	901
职工初等学校	2					
农民初等学校	3724	153262	263141	266475	6789	901
其中：扫盲班	3669	148027	250298	259301	6421	833

制表　黄　琳

1995年，全省各类教育事业发展与1994年相比有所变化。

基础教育：普通高中减少8所，普通初中增加22所；普通高、初中在校学生增加53439人；高中招生增加4859人，初中招生增加21457人；高中专任教师（其中高等学校本科毕业及以上学历的6125人，含师范专业的5039人）减少110人，初中专任教师（其中高等学校专科毕业及以上学历的33599人，含师范专业的3171人）增加1343人。小学增加11所；在校学生增加200471人；招生减少2391人；专任教师（其中中师、高中毕业及以上学历的122914人，含师范专业的90563人），减少484人。工读学校在校人数减少24人；特殊教育学校中有盲聋哑学校12所，弱智儿童学校4所。

中等职业教育：普通中等专业学校（含中等师范学校28所）在校学生（含中师21115人）增加6588人；专任教师增加219人。成人中等专业学校在校学生（其中成人中等专业学校62530人，普通中等专业学校8120人）增加8564人。农业职业中学减少8所；在校学生72466人（其中高中43485人，初中28981人），比上年增加4572人。

高等教育：研究生培养单位8个，在校学生中有博士生33人，硕士生244人；普通高等学校（其中本科院校9所，专科学校13所）在校学生增加2348人。专任教师增加59人。

成人高等学校（含教育学院、教师进修学院6所）在校学生（其中成人高等学校24214人，普通高等学校15373人）增加6773人。

撰稿　黄　琳

〔召开教育工作会议暨盘县现场会〕 贵州省1995年教育工作会议暨现场会于4月11日至14日在盘县特区召开。省直有关部门领导和各地（州、市）政府（行署）及教育、财政、计划部门的负责同志出席了会议，省人大、省政协有关负责同志应邀到会。与会代表认真学习了《中华人民共和国教育法》，听取了龚贤永副省长的报告，总结交流了各地贯彻实施《中国教育改革和发展纲要》和省委、省政府《决定》的情况，实地考察学习了盘县特区教育工作经验，落实了全省1995年教育工作的任务。

1994年1月11日，《人民日报》在第五版显著位置发表了盘县特区石桥镇教育辅导站青年教师许斌拍摄的6幅照片，以“校舍的忧患”为题，公开披露了当地中小学校舍中存在大量危房的严重事实。见报之后，盘县特区党政领导正确对待报纸的批评，迅速成立了以区长王云河为组长的“盘县特区普教工作领导小组”，加强对普教工作的领导，特区四大班子领导先后8次听取了关于普教工作的专题汇报。为了使乡镇负责人对普教工作真正认识到位、行为到位、投入到位，在1994年初召开的全区教育工作会议上，特区政府负责人与各乡镇负责人签订了全年必须完成的普教任务和师资培训的责任状。为了确保对教育的投入，特区党政领导横下一条心，决定由财政担保贷款200万元用于危房改造和新建校舍，加上各级财政拨款和多渠道筹措资金，到1995年共投入教育资金2743万元，为预算资金的151.82%，占本级财政收入的44.9%，占财政总支出的22.74%。一石激起千重浪，特区党政的实际行动感染并带动了各乡镇党政领导和广大人民群众，一个空前的多渠道筹措教育经费改善办学条件的高潮迅速形成，并涌现出一批尊师重教的“铁肩膀”乡镇，敢于承担教育重担的“硬骨头”书记和慷慨解囊的单位、个人。

撰稿 鲁源安

〔**筹措教育经费经验交流会**〕 1995年10月24日至26日，省教委在瓮安县召开贵州省多渠道筹措教育经费经验交流会，参加会议的有全省各地、州（市）教委负责人和部分县（市）教育部门的代表，省教委副主任金正宇出席会议并讲话，省粮食局有关负责人也出席了会议。会上，各地、县交流了多渠道筹措教育经费的经验，并实地参观、学习了黔南州、瓮安县的好做法，与会同志进一步提高认识，总结经验，看到成绩，找出差距，落实措施，争取1995年多渠道集资取得更大的成绩。

党的十一届三中全会以来，为加快教育事业发展步伐，改善办学条件，扩大教育经费来源，省政府在1990年发布了《关于多渠道筹措教育经费的暂行办法》，1994年省委、省政府在贯彻《中国教育改革发展纲要》的决定中，对多渠道筹措教育经费提出了具体措施，加快了全省多渠道筹措教育经费新机制的形成。根据省政府的文件精神及《纲要》提出的要求，瓮安县几年来不断想方设法筹措教育经费，该县对征收农村教育费附加明文规定，对截留和完不成任务的乡（镇），县财政从1996年元月份起，扣该乡（镇）拨款经费冲抵截留数和未完成数。由于措施扎实过硬，该县已基本做到足额征收农村教育费附加。1991年至1995年，瓮安县筹措教育经费1942.48万元，全部用于改善办学条件，使全县绝大部分学校面貌焕然一新，部分学校已基本达到“七配套”的办学标准，加快了“普九”工作步伐。

会议要求各地教育部门进一步贯彻落实中央和省政府出台的各项多渠道筹措教育经费的政策，依法足额征收“两项教育费附加”，管好、用好各项教育经费。通过瓮安县经验交流会的召开，使全省多渠道筹措教育经费的工作迈上一个新台阶。

撰稿 李学明

基础教育

〔**综述**〕 贵州省委、省政府在1994年9月召开的全省教育工作会议上提出从省到乡（镇）的各政府之间、教育行政部门之间对1995年发展基础教育实行双线责任制。

1995年，全省各地在贯彻全国和全省教育工作会议精神，基础教育在教育发展中“重中之重”的地位进一步得到落实。

1995年全省适龄儿童入学率由1994年的95.1%提高到96.04%，适龄女童入学率由1994年的90.47%提高到94.01%；全省适龄少年初中阶段入学率由1994年的44.53%提高到46.85%。小学和初中阶段在校生分别比1994年增加20.05万和4.71万人，小学和普通初中在校学生辍学率却比上年下降1.79和0.86个百分点。

1995年，全省特殊班达935个，比1994年增加255个，增长37.5%。在校三类残疾儿童、少年已达13047人，为1994年在校生的3.06倍。全省残疾儿童、少年入学率达22.84%，比1994年提高8.38个百分点。其中盲、聋哑、弱智儿童入学率分别为：10.06%、15.44%和26.31%，分别比1994年提高7.15、5.46和8.16个百分点，1995年省、地两级利用暑期共培训特教教师280多人。

1995年全省有40多万人次参加高中毕业会考。1995年对全省200多所普通高中的办学情况进行了一次全面的调查，并分别对省重点中学和一般中学的办学情况进行了定量和定性统计分析。

1995年全省在园（班）幼儿达40.85万人，比1994年增加5.18万人，增长14.52%。为了加强对学前班的管理，扭转学前教育小学化的倾向，省制发了《关于进一步改进和加强我省学前班管理的意见》和《关于我省学前班实行登记注册管理的通知》两个文件，并组织编写了学前班教师用书和学生读物供全省学前班教学使用，同时省、地、县逐级培训了学前班教师，使她们能正确掌握和使用新编读物。

从1994年开始的中国/联合国儿童基金会联合实施的“促进贫困地区女童教育项目”和特殊教育项目于1995年执行期满，贵州省16个项目县通过了专家组的修期评估。项目的实施，推动了项目县普及初等义务教育的水平。

〔**义务教育**〕 1995年，总人口达230万人的盘县、黎平、台江、丹寨、德江、册亨6个国家级贫困县，通过了基本普及初等义务教育的省级检查验收。使全省普及初等义务教育的总县数达到74个，占全省总县数的86%。1995年，贵州省有贵阳市云岩区、南明区通过了省级“两基”评估验收，并由国家教委认定这两个区达到普及九年义务教育和扫除青壮年文盲的基本要求。

1995年9月29日，省政府组织全省100余位教育行家对贵阳市云岩区、南明区“两基”工作进行了评估验收。评估验收团听取贵阳市政府和云岩区、南明区政府的“两基”工作情况汇报后，分为8个验收组，4个巡视组，对两区所属6办2乡的47所中小学和农技校进行了重点抽查，对49所中小学进行了面上巡视。评估验收团共召开了近10个职能部门负责人参加的座谈会，以及830余位教师、学生、居委会委员参加的各类座谈会；查阅有关资料、表册3430余份；专访有关人员238人次；抽查教案及学生作业近150本；抽考近三年脱盲人员106人，获取了大量真实可靠的评估信息、数据，为省“两基”评估验收领导小组认定云岩区、南明区“两基”达标提供了充分的依据。

贵州省1995年实施普及初等义务教育攻坚战成果喜人。到1994年底，全省所剩的18个未普及初等义务教育县（特区）全部是贫困县。这些县经济发展缓慢，教育基础差、欠账多，不少地方的教室年久失修，6县小学危房面积9.7万平方米；因各种原因未入学、辍学儿童为5万多人。

为加快贫困县普及初等义务教育，为普及九年义务教育打下坚实的基础，省、地、县、乡各级政府广泛动员社会各界和群众，同心同德联手展开一场艰苦的大规模攻坚战。围绕对教育工作的“认识到位、行为到位、投入到位”，各级领导通过学习教育的法律法规，增强了对发展教育重要性的认识和紧迫感。从省到乡，各级政府间层层签订了教育发展目标责任状，并将其纳入政府工作考核目标，党政主要负责同志直接过问，帮助乡村解决教育发展中的难题，加大对教育倾斜投入力度，社会各界和群众与政府协力“抬教”，盘县等6县在保证教育正常经费的同时，县、乡财政共投入3892万元，多渠道集资1266万元，群众投工献料折合1297万元。

省地教育行政部门加强了对普及初等教育的督查，实行分类指导，在危房资金困难的情况下，省级实行集中投入的办法，对6县实行三年危改经费一次投放、重点解决、落实入学复学通知书制度等措施，仅省地投入资金达1032万元，有力支持了6县普教攻坚战的实施。

通过攻坚，盘县、丹寨、德江、台江、黎平、册亨6个贫困县入学率全部超过96%，最高的黎平、册亨达到97.2%，册亨入学率比上年提高14.74个百分点；6县净增入学儿童中，女儿童近3万人；改造危房8.6万平方米，6县危房率均降至2.56%以下，6万学童告别破庙和危房，新增课桌4.5万单人套。

撰稿　陈敦佐

〔制订2000年义务教育规划〕　1994年省委、省政府召开的全省教育工作会议作出了《关于实施〈中国教育改革和发展纲要〉的决定》，确定了全省2000年教育发展的目标，其中义务教育阶段的目标是：全省基本普及初等义务教育，7～12周岁适龄儿童入学率达98%以上；在约占人口5%的边远山区普及初小教育。在60%左右的人口地区普及九年义务教育，使全民平均受教育程度由现在的5年提高到7年左右。全省基本扫除青壮年文盲。为了保证这一目标任务的如期完成，省政府按照《中华人民共和国义务教育法实施细则》第十条有关规定，在反复征求各地、州、市意见的基础上，1995年，制定了《贵州省普及义务教育实施规划》和《贵州省普及九年义务教育以乡（镇）推进规划》，并以黔府发（1995）37号文件正式下发。按照这个规划，到2000年全省86个县（含市、区、特区，下同）全部实现基本普及初等义务教育，其中41个县普及九年义务教育（其中95年以前3个，96年3个，97年9个，98年5个，99年8个，2000年13个）。届时，普及九年义务教育的县将占全省总县数的47.67%，其人口覆盖率达45.46%，加上其余45个县中部分经济、教育基础较好的乡（镇）实现普及九年义务教育，全省“普九”地区人口覆盖率将会超过60%。

撰稿　皮俊林

〔教学工作〕　为了贯彻全省教育工作会议精神，加强教学工作，提高全省基础教育教学质量，省教委于1995年5月4日～6日在贵阳召开了全省中小学教学工作会议。参加会议的有各地、州、市教委（教育局）分管教学的主任（局长），各地、州、市教研室（教科所）主任（所长），各县（市、区、特区）教委（教育局）分管教学的主任（局长）以及部分特邀代表和省教委有关部门的负责同志计140人。

省教委党组书记、副主任万方亮作了题为《加强教学工作，深化教学改革，为全面贯彻党的教育方针、全面提高教育质量而奋斗》的报告。要求全省各级教育行政部门、中小学校、广大教育行政干部、教研员、中小学教师，克服困难，勇于实践，为全面贯彻党的教育方针，全面提高教育质量作出贡献。

省教委党组副书记、副主任李兴国作了《提高认识，抓住机遇，为提高我省基础教育质量而奋斗》的讲话。他联系国内外实际，进一步论述了教育质量是教育的生命力之所在，论述了提高教学质量必须处理好几个关系，即思想品德教育工作与教学工作的关系，教学与发展的关系，课堂教学与活动课的关系，教师与学生的关系，提高教学质量必须树立全面效益观，提高教育质量应遵循的方针原则，大力加强教育教学研究是提高教学质量的基本保证等几个重要问题。

省教委副主任杨贵珠主持了这次会议，并作会议总结讲话说，贵州省基础教育发展缓慢，有一个质量不高的问题，入学率低，巩固率低，完成率低，辍学率高，复读率高，留级率高。今天提出大力抓教育质量，绝不是说前些年没有抓质量，对此要有正确的认识。要加强教研队伍建设，教研工作要进一步明确指导思想，端正作风，抓住教研工作的主攻方向，坚定不移推进教育改革等。与会代表进一步提高了认识，明确了方向，增强了信心。会上，黔东南州教科所等九个单位的代表就他们在贯彻“两基”、抓教学教研工作中的做法与经验作了发言。

撰稿　袁黔华

〔**德育工作**〕　1995年，省委、省政府下发了《关于贯彻〈中共中央关于加强和改进学校德育工作的若干意见〉的实施意见》，为进一步加强爱国主义教育，1995年全省中小学在坚持升降国旗制度的同时，又在教室里悬挂国旗。为加强对中小学生行为规范的教育和训练，根据国家教委新修订颁布的《小学生日常行为规范》和《中学生日常行为规范》，省组织修订了《中小学生日常行为规范挂图》，供中小学在校园里张贴、宣传和开展教育。全省中小学还开展了“忠心献给祖国、爱心献给社会、关心献给他人、孝心献给父母、信心留给自己”的“五心”教育活动，省教委向20个贫困县的480所中小学赠送了《五心教育读本》5000册。

撰稿　皮俊林

〔**中小学危房改造工程启动**〕　1995年是贵州省新一轮“三年基本消除中小学危房”第一年，此项工作开始启动。全省大多数地、县都完成了现有危房情况的复查工作，黔东南、黔南、遵义、毕节等地区的县教育部门与建设、计划、财政部门密切配合，联合组织人力对危房进行逐一复查，对受灾的县危房情况也作了调查统计，使危房校舍做到不漏掉，不冒报，造册登记，提出重建、修补、加固改建等具体的改造方案。各地在摸清底数的情况下，本着解危、解困的原则，结合普及初等教育和普及九年义务教育的规划，制定三年危改方案，至年底，全省9个地、州、市的危改方案已基本完成，基本做到一次规划，分期实施。

各地在危改方案中，都明确三年危改的任务主要是地方各级政府负责，中央及省的危改经费主要是给予补助和奖励。各地、州、市在财政十分困难的情况下，千方百计筹措危改专项经费；毕节地区从财政挤出450万元，县、乡、村配套经费1277.7万元。黔东南州300万元，安顺地区60万元，黔南州300万元，六盘水市100万元，遵义地区200万元，贵阳市结合“普九”的任务，从机动财力中拿出400万元，铜仁地区财政拿出130万元，黔西南州也积极筹措。

各地、州、市政府为抓好危改的管理，都成立了由有关部门组成的“危改工作领导小组”，有教育、城建、计委、财政、税务、土管、工商、物资、审计、民委等部门的领导为成员，领导和协调危改工作，并实行目标管理，层层负责。

各地还建立表彰和奖励制度。黔南州教委对自力更生精神强、积极性高、工作成绩突出的优先安排危房补助经费，并在年终评奖，州教委从人民教育基金中拿出17万元，奖励危改工作有功人员。安顺地区拿出30万元作奖励基金。黔东南州从每年危改经费中划出一部分比例用于危改奖励基金，黔东南的资金85%用于以奖代建，15%由受奖单位用于奖励有功单位和个人。

撰稿　罗小平

职业教育

〔**省级重点职业高中评估**〕　为了贯彻国务院《关于大力发展职业技术教育的决定》精神，加强职业高级中学建设，促进职业高中的改革与发展，推进骨干学校的建设步伐，省教委于1995年6月初成立了有教育管理人员、职教教研人员和职教专家参加的“省级重点职业高级中学评估组”。评估组首先认真学习了1990年国家教委颁发的《省级重点职业高级中学的标准》和贵州省制定的《省级重点职业高中(国标)评估、认定评分细则》，统一了尺度，掌握了原则；接着，评估组对全省28所新申报省级重点职业高级中学上报的材料，进行了认真细致的查阅；最后，通过评估组讨论决定对其中17所学校进行评估。省级重点职业高级中学评估组，于6月8日分两个小组(因17所职校所在县分散，交通不便)赴全省9个地、州(市)22个县(区)25所职校(其中有7所是对原来省级重点职业高级中学复评)进行实地评估。省级重点评估组经过深入细致、实事求是、秉公公平的评估，拿出了评估意见，并把评估情况向省教委领导作了详细汇报。经省人民政府批准，铜仁地区职业技术学校等15所职校为第三批省级重点职业高级中学。

通过省级重点职业高级中学评估工作，促进了职业教育的发展，尤其使农村职业高中办学条件有了明显改善；教学质量有了进一步提高；为争创国家级重点职业高中活动打下了坚实的基础。

撰稿 陈文举 高 山

〔**评估国家级重点职业高中**〕 国家教委《关于开展国家级重点职业高级中学评估认定工作的通知》下达后，省教委立即组织了学习、讨论。制定了贯彻落实意见，并得到省委、省政府领导同志的重视和支持。省教委召开了各地教委负责同志和各省级重点职业高中校长参加的"争创"动员会，明确了争创国家级重点职业高中的指导思想和工作部署。省教委领导多次带领职教处同志到申报国家级重点职业高级中学学校了解学校的详细情况，帮助学校找差距，提要求。明确提出学校需进一步深入、广泛地开展宣传活动，宣传职业教育的重要性，宣传骨干学校的先进经验，调动社会各方面的积极性，争取各方面的理解和支持，把"争创"工作变为社会各界共同参与、齐抓共管的社会工程；同时，要增强时限意识，早启动，早落实。要狠下一条心，集中力量，对照标准，科学安排，分类指导，抓重点，抓薄弱环节，重点突破和整体推进相结合，采取得力措施；扎扎实实地高标准地达标，争创一流学校，争创名牌学校。

1995年9月底，评估组历时19天，对全省5所申报国家级重点职高的参评学校进行实地评估。评估组通过听、看、查、访等方式，对参评学校进行了全面、认真、深入、细致的评估分析，对学校作出公正的评估结果，并及时与当地政府、教育部门、学校进行座谈，交换意见。评估组对照《标准》，客观地指出学校的不足之处，提出了促进学校发展的有益的建议，其中包括为学校争资金、土地、优惠政策等等。

省评估组对全省5所参评国家级重点职业高级中学学校进行了秉公评估；最后，经国家教委审批，贵阳市女子职业学校，贵阳市经济贸易职校、湄潭县职业高中为国家级重点职业高级中学。

撰稿 陈文举 高 山

高 等 教 育

〔**管理体制改革**〕 "八五"期间，贵州省高等教育通过对院校的调整、合并，使一部分学校扩大了办学规模，提高了办学效益。经省委、省政府同意，国家教委批准，先后将贵州工学院与贵州建筑专科学校合并成贵州工学院，贵州计划管理干部学院与贵州财经学院合并为贵州财经学院，贵州大学与贵州人民大学合并为贵州大学，安顺师专与安顺教育学院合并为安顺师专，铜仁师专与铜仁教育学院合并为铜仁师专。这10所合并院校中，既有省教委主管的，也有厅局及地州市政府主管的。通过调整、合并，优化了教育结构，改善了办学条件，对推动全省高等教育事业的改革和发展起到了积极作用。

撰稿 童 刚

〔**外国文教专家、教师及来华留学生管理**〕 “八五”期间，贵州省教育系统为进一步适应社会主义市场经济建设和发展需要，积极引进国外智力，不断提高教学、科研水平、加速人才培养。贵州省现有24所院校聘请外国文教专家，“八五”期间，共聘请219名长期外国文教专家、外籍教师来校任教，共培养中青年教师1000多人，培养研究生200多人，本专科学生近4000人，赠送图书、音像资料等价值5万多元。外国文教专家为高校开设了经贸英语、科技英语、公共外语等课程，为贵州的教育事业和经济建设作出了贡献。

聘请外国文教专家工作中，在管理上下功夫，主要抓以下几点：(1) 资格认可。根据国家外专局的要求，省教委会同省外专、省公安厅等部门，对聘请外国文教专家的二十多所院校进行了资格认可，对检查符合聘请条件的单位，授予“资格认可证书”，年终进行年检注册登记，管理工作搞得好的单位予以表扬，差的给予批评。这一措施的实行，确保了聘请外国文教专家单位的管理水平和条件。(2) 教学评估。各聘请外专院校开展教学评估，评上优秀教学奖的发给奖金、奖状，特别是省政府在国庆招待会上对工作认真负责、教学效果良好的外专、外教发给由省长签发的荣誉证书，更激发了他们的工作热情，聘用效益得以提高。

接收外国留学生学习汉语是贵州省近年教育外事工作从单项交流发展为双向交流的一大转折点。在省政府的领导与支持下，省教委鼓励高等学校创造条件，接收外国留学生及港台学生来校学习汉语、学习少数民族语言、文化，近几年已接收50多人次；并强调要加强留学生管理工作，注意提高对外汉语教学质量，严格统一收费标准与协议书制度。接收外国留学生来华学习，既宏扬了中华民族文化、提高了高等学校的知名度，同时又使学校增加少量收入以填补聘请外国文教专家经费的不足，促进了教育外事工作的良性循环。

撰稿 朱 琴

〔**高校科研**〕 1990年起至1995年，省财政通过省教委，每年安排30～50万元共210万元经费，专用于资助省直高校开展科学研究工作，共计资助10所本科院校174项科研课题，到1995年已结题67项。这项工作的开展，培养了一批中青年学术骨干，促进教学质量和科研水平的提高，且其中有一些课题具有良好的经济开发前景，引起社会各界的关注，有的课题已产生一定的经济效益。

撰稿 周世林

〔**高校党建工作会**〕 1995年12月19日至21日，贵州省高等学校党的建设工作会议在贵阳召开。各地、州、市分管教育的党委或政府领导、省属高等院校的党委书记、省直各有关部门的负责同志参加了会议。省领导刘方仁、陈士能、龙志毅、王思齐、王寿亭、李仁山、龚贤永等同志出席了会议开幕式。

这次会议的主要任务是深入贯彻落实党的十四届四中全会、五中全会精神和全国第五次高校党建工作会议精神，结合我省实际，总结高校党建工作的经验，研究部署加强高校党建工作。

省委副书记王思齐作了题为《加强高校党的建设，推动高校改革和发展，努力培养社会主义事业建设者和接班人》的报告；省委常委、组织部长王寿亭作了《加强思想政治教育，提高领导干部素质，把高校领导班子建设提高到一个新水平》的报告；省委宣传部副部长卜茂生作了《加强和改进高校思想政治工作，培养跨世纪的社会主义接班人》的报告。

与会代表对领导的讲话进行了充分的讨论，对在新形势下如何进一步加强党建和思想政治工作提出了许多积极可行的意见和建议，讨论修改了《关于加强高等学校领导班子建设的若干意见(讨论稿)》。贵州大学、贵州工学院、贵州师范大学、贵州财经学院、遵义师专、贵州商专等学校就加强领导班子建设，加强党的基层组织建设，加强思想政治工作等方面交流了经验。

通过这次会议，与会代表提高了对新形势下高校党的建设和思想政治工作重要性、紧迫性的认识，增强了信心，进一步明确了党建和思想政治工作的目标和任务，表示一定认真贯彻好会议精神，共同做好高校党建和思想政治工作。

撰稿　鲁源安

成人教育

〔**扫盲工作**〕　1995年，扫盲教育继续贯彻《中国教育改革和发展纲要》和《扫除文盲工作条例》，执行国家教委有关的方针、政策，全省有8个县（市、区）实现基本扫除青壮年文盲，各项指标达到国家和省标准。全省扫除青壮年文盲347047人，超额完成了扫盲任务。各级农民文化技术学校举办脱盲巩固班、种植、养殖、农村适用技术培训班以及人口教育、普法知识等培训班培训农民100多万人次。5名扫盲教育工作者和4所农技校受到国家教委表彰和奖励，50名扫盲先进工作者和19个扫盲先进单位受到省教委表彰。加强与有关部门的合作，团省委和省教委暑期组织，全省大中专学校36000多名学生投身于扫盲活动，与妇联开展“双学双比”和“妇女扫盲识字竞赛活动”，并共同表彰4个先进单位和4名先进个人。

1995年12月11日至16日,“联合国教科文组织亚太地区扫盲经验交流会”在黔召开,亚太地区办事处项目官员、中国联合国教科文全委会及老挝、尼泊尔、不丹等国家的代表参加了会议,会议交流了经验、参观了现场、讨论了下一步计划。亚太地区在黎平茅贡乡实施的《促进青年和成人扫盲地方试验项目计划》已取得显著成效,通过实施该项目计划,全乡已普及了初等教育,适龄儿童入学率98.1%,促进了扫盲教育,全乡青壮年中的非文盲率达98.3%;举办19个项目的文化、技术培训155期,培训1.1万多人,成人受训面达70%;全乡形成了学文化、学技术,讲卫生、讲道德的新风尚,村民的物质生活富裕,精神生活也更加充实。

撰稿 钱光祥 何秀黔
雷忠勇

〔**人口教育项目终期简况**〕 1990年开始在贵州全省25所农村成人学校开展的p20人口教育项目,一个周期来,项目试点学校乡村联系点由40个发展到316个,举办各级人口教育师资培训班128期,培训教师1078人,编写人口教育辅助教材资料15种,共发放250000多册,累计有43万人接受了不同层次的人口理论和人口知识教育,其中妇女占46%。全省人口教育已覆盖48个县(市、区、特区),占全省县总数的55.8%,农民受训面占乡(镇)劳动力总数的60%以上,有的达85%以上。通过P20项目的实施,有效地控制了人口的增长,增强了人口意识,形成了科学的婚育观,改善了生存环境,为全省人口、粮食、生态的协调发展做出了积极贡献。

撰稿 雷忠勇

〔**“燎原计划”实施**〕 “八五”期间,“燎原计划”取得了较大发展,实施范围不断扩大。到1995年,实施燎原计划的县已从实施初期的25个扩展到39个,示范乡从42个扩展到207个。“燎原计划”专项贷款有30个项目,贷款总金额为426.5万元,目前已还本付息的有6个项目,金额为106万元,占25%左右,需进一步催还的有186万元,占44%;因各种因素项目失败无法偿还的有134.5万元,占31%。

撰稿 雷忠勇

〔**成人中专改革**〕 贵州省成人中专教育现已初具规模,具有独立设置的各类成人中专学校38所(不含教师进修学校)、普通中专学校和成人高校中附设成人中专班(校)65个,共开设335个专业,在校生3万余人,为各行各业培养应用型中级专门人才7万余人(其中1995年有15900人),成为全省教育事业的重要组成部分。为适应社会主义市场经济体制的需要,成人中专教育坚持直接有效地为经济建设和社会发展服务的方针,通过改革措施(重点在招生制度改革方面),成人中专教育得到进一步发展。

推行“专转全”教育(即中专专业证书转毕业证书教育)。1992年率先在贵阳市职工中专学校进行试点,到1995年,已有7所学校11个专业推行了这项工作,共转录学生1438人,通过补足全科班课程的学习,有846人获得成人中专毕业证书。

积极参与初中后分流。1994年有11所

成人中专学校（班）22 个专业试行招收了初中应届毕业生 1000 多名，1995 年起此项招生改革全面推开，既拓宽了求学者的选择面，也增强了成人中专办学活力。

调整专业结构。本着服务于经济建设和社会发展的原则，新增专业 33 个，使成人中专的专业设置逐步超于合理化，以适应市场经济对人才的需求。

进行招生制度改革试点。为扩大学校办学自主权，1995 年选择条件较好的水钢职工中专等 5 所学校进行由学校单独命题组织入学考试的招生制度改革试点，在此基础上，认真总结经验，逐步扩大范围。

选拔优秀成人中专毕业生进入成人高校学习。根据国家教委有关规定，从1995年起，选拔推荐当年2%的优秀成人中专毕业生直接进入成人高校的相同或相近专业学习深造。

加大改革力度。1995 年结合实际，制定了《关于进一步办好我省成人中等专业教育的意见》（讨论稿），提出"九·五"期间全省成人中专教育发展规划、目标和若干改革发展措施，力求建立规模适度、布局合理、结构优化、质量和效益提高、各具特色和开放性的成人教育体系，全面提高成人中专教育水平。

撰稿 钱光祥 王 涵

民族教育

〔**综述**〕 "八五"期间，由于继续采取各种特殊政策和措施，促进了民族教育事业的不断发展。据 1995 年统计，全省各级各类学校少数民族学生约 200 万人；整个"八五"期间，全省各级各类学校少数民族学生占在校学生总数的比例均稳定保持在三分之一左右，基本接近全省少数民族人口总人口的比例，并已培养出大批的少数民族毕业生。

根据民族地区普及初等义务教育亟需大量合格教师的情况，"八五"期间，省继续优先、重点办好铜仁、都匀、凯里等 8 所民族师范学校，5 年来，省及有关地、州投入专项经费 1000 多万元，用于改善 8 所民族师范学校办学条件，民族师范学校在加强学校硬件建设的同时，也狠抓学校内部管理，努力提高教育教学质量，积极探索适应民族地区需要的办学路子，在"双语"、"复式"教学等课程开设和民族地区小学校长培训等方面做出一定成效；"八五"期间，8 所民族师范学校共培养万名毕业生，其中少数民族学生占 70%，分配到民族地区乡村小学任教的占 90%以上，为全省民族地区实施普及初等义务教育发挥了相当大的作用。从 1992 年开始，陆续在 20 多个民族贫困县条件相对较好的中小学内举办初中、高小寄宿制民族班，面向边远贫困的民族乡村招生；在黔东南、黔南、黔西南3个自治州、六盘水和毕节地区的州、市政府和地区行署所在地举办了民族高中，面向全州（地、市）择优招收农业户口的少数民族初中毕业生，这些班（校）在克服资金不足，办学条件差的情况下不断发展，取得一定成绩。"八五"期间，继续在贵州民族学院、贵州农学院、贵州师范大学举办少数民族本科预科班，贵阳医学院、遵义医学院结合医学专业的特点，开办了少数民族专科班，收到较好效果。黔东南、黔南和黔西南3个自治州的民族行政管理学校在改革中得以发展，进一步办出特色。

撰稿　潘建春

〔闽、黔两省教育对口协作〕 1995年，为使闽、黔两省教育对口支援协作工作不断深入开展，贵州省教委对全省11个民族贫困县的这项工作作出了布置和要求：(1) 进一步提高对教育对口支援协作工作的认识。要从贯彻执行邓小平同志建设有中国特色社会主义理论精神的高度认识这项工作，使之列入民族贫困县政府工作的议事日程，在全县范围内形成声势和影响。要积极主动地工作，很好地抓住机遇，做出成绩；克服消极被动、畏难等待的思想。(2) 把这件体现社会主义祖国民族平等团结、互相帮助、共同进步的好事切实做好，增进民族团结，不断加强两地间的理解与友好情谊，加速推动民族地区的社会进步。(3) 已签订协作协议书的县，要抓紧在上半年内落实所有协议内容；尚未签订协作协议书的县，要在上半年内签订协作协议书，并抓紧落实协议内容。(4) 受援项目资金多，工程量大的民族贫困县要以高度的政治责任感、扎实的工作确保工程顺利完成；经常监督、检查工程的进展情况，保证质量、杜绝浪费。(5) 民族贫困县要挖掘自身潜力，根据两地的实际情况和特点，深化协作内容，拓宽协作范围；本着优势互补、互惠互利的原则探索、开发经济领域的协作项目。

各县按照省教委的工作布置，积极、主动地开展教育对口支援协作工作，并不断深化双方协作内容。贵州省沿河县很快与福建省龙岩市签订内容实实在在的协作协议，双方已经把教育对口支援协作工作纳入县（市）政府工作日程，龙岩市1995年即向沿河县援助教育资金35万元及部分教学仪器、校服等。贵州省从江县主动加强与福建省晋江市的联系，双方已有20多个学校结成姊妹学校，从江县已派10名中小学校长赴闽挂职培训；晋江市通过发动师生向从江县献爱心捐款和市政府拨款，共援助从江县教育资金120万元。贵州省关岭县与福建省泉州市鲤城区等对口县（市、区）在落实教育协作内容的同时，还积极就经济等方面的协作进行洽谈，达成部分意向性协议。

福建、贵州教育对口支援协作工作的不断深入开展，在民族地区产生了非常好的反响，一些民族贫困县通过选派党政领导干部、骨干教师赴闽挂职培训和考察，大大开阔了眼界，更新了观念，对民族地区的改革与发展、教育教学质量的提高均有相当大的促进。福建省已向贵州省11个民族贫困县援助教育资金400多万元，民族贫困县已选派100多人赴闽挂职培训，已有1000多名家境贫困的适龄儿童受到学习资助。

撰　稿　潘建春

总审稿　霍健康

云南省教育

概　况

〔基本情况〕

1995年云南省各级普通学校基本情况

单位：人

学校类别	学校数（所）	毕业生数	招生数	在校学生数	教职工数 计	教职工数 其中：专任教师
一、普通高等学校	26	16469	16889	52375	17306	7415
研究生		183	343	948		
本科	12	5900	7161	27386		
专科	14	10386	9385	24041		
二、普通中等专业学校	143	26253	35073	102646	15200	7886
中等技术学校	115	18121	25645	74469	11782	5940
中等师范学校	28	8132	9428	28177	3418	1946
三、普通中学	2225	357144	476565	1272513	103732	80139
高中	455	55538	65382	177827		12668
初中	1770	301606	411183	1094686		67471
四、职业中学	233	28329	65620	125356	8020	5474
高中	199	26338	36945	77260		4670
初中	34	1991	28675	48096		804
五、工读学校	1	5	0	35	43	23
六、小学	24612	560295	879274	4624119	197478	181384
七、特殊教育学校	12	328	1143	8907	443	326
八、幼儿园	1340		419001	517436	22178	16330

1995 年云南省各级成人学校基本情况

单位：人

学校类别	学校数（所）	毕业生数	招生数	在校学生数	教职工数 计	其中：专任教师
一、成人高等教育	18	9259	13192	37502	2981	1357
广播电视大学	1	3335	4069	10004	817	338
职工高等学校	10	338	547	1360	781	374
管理干部学院	1	413	301	591	206	101
教育学院	6	895	1119	2265	1177	544
普通高校举办：						
函授部		2839	4597	15013		
夜大学		898	1399	5786		
成人脱产班		541	1160	2483		
二、成人中等专业学校	142	10010	19265	42477	3173	1669
广播电视中专学校	3	4565	10975	24532	507	437
干部中等专业学校		310	1587	2688		
职工中等专业学校	10	573	2882	5330	316	161
函授中等专业学校	2	3740	2693	7826	477	110
教师进修学校	127	822	1128	2101	1873	961
三、成人中学		42	36	106	9	5
职工中学		42	36	106	9	5
四、成人技术培训学校	7088	4070872	1573363	1622874	2759	1078
职工技术学校	60	36108	18465	18465	1046	364
农民技术学校	7028	4034764	1554898	1604409	1713	714
五、成人初等学校	664	451555	14293	482519	1156	199
职工初等学校		811				
农民初等学校	664	450744	14293	482519	1156	199
其中：扫盲班	616	432832		467065	1156	199

制表　叶淑英　唐家华

〔**全省教育三级干部会议**〕　全国教育工作会议以后，云南省委、省政府于 1995 年 2 月 7 日～11 日召开了有省、地州市、县党政一把手共 600 人参加的全省教育工作三干会，国家教委主任朱开轩到会并讲话。

会议讨论了云南省委、省政府贯彻实施

《中国教育改革和发展纲要》的意见，确定了到本世纪末云南省教育发展的总目标是:“全省各族人民的教育水平明显提高，受教育年限从人均4.6年提高到人均6年，城乡职前职后教育有较大发展，劳动者的思想文化技术素质和各级各类专门人才的拥有量基本适应现代化建设的需要，建成和完善符合云南实际、面向21世纪的社会主义教育体系。”具体目标是:到2000年,约占全省总人口70%的地区基本普及九年义务教育。其余地区普及六年义务教育，初中阶段入学率达到70%，全省小学入学率达到98%，青壮年文盲率降到10%左右,全省有88个县,约占总人口88%以上的地区基本扫除青壮年文盲。加快发展民族教育,办好省定40所民族中小学,增设100所寄宿制完小,200所寄宿制初小，招收特别贫困、人口分散地区的民族学生。到本世纪末，省定民族中学达到2级以上完中标准，省定民族小学建成县示范性学校;在3000所半寄宿制高小中,有80%以上达到乡中心完小办学水平。将云南教育学院实验中学建设成有1500人规模的省属民族中学，达到一级完中水平。要求边境口岸县建设好2～3所中小学,发挥对外开放的窗口作用。普通中等专业学校年递增7.2%,职业高级中学年递增6%，技工学校年递增7.8%。到2000年，普通中等专业学校、职业高级中学、技工学校在校生分别达到13.4万、10.5万和7万人。普通高中与高中阶段职业技术教育在校生的比例达到1∶1.5。成人高等教育年递增7.8%，在校生达到4.1万人,成人中等教育年递增7.2%,在校生达到5万人。努力使所有乡镇和60%的行政村办起农民文化技术学校。每年有250～300万人次接受对当年生产、当地经济发展起关键作用的实用技术培训。普通高等教育本专科在校生按5%递增，达到7万人；研究生按15.4%递增，在校研究生达到1600人左右。为了达到上述发展目标，决定从重点加强学校领导班子建设和党的建设、加强师资队伍建设、增加投入、加强教育法制建设等方面提供支持和保障。要求各级政府教育拨款要切实做到《纲要》提出的“三个增长”，使按在校生人数平均的教育费用、公用经费逐年有所增加,并切实保证教师工资逐步增长。要提高各级财政支出中教育经费所占比例，全省平均不低于20%，地州市要高于20%，县(市、区）比地州市要更高。乡（镇）财政主要用于教育。为了切实加强“两基”，决定“从1995年到2000年，省、地(州、市)、县、乡筹集资金40亿元，其中，省级要争取筹集20亿元左右，地县乡筹集20亿元以上，用于基本‘普六’、‘普九’和扫除青壮年文盲工作。”同时，要多渠道筹集教育经费。教育经费均要纳入各级财政预算，做到事权与财权相统一，保证教育经费的来源稳定和专款专用。要求要加强法制建设，进一步完善现行的各项教育法规,逐步走上依法治教的轨道,使依法办学成为各级政府、教育行政部门、学校和公民的行动准则。为切实保证教育优先发展的战略地位，要求各级党委、政府全面实施“科教兴滇”战略。各级党政主要领导必须亲自抓教育，把教育列入各级党委、政府的重要议事日程,纳入本地经济发展规划,在安排财政支出预算时优先安排教育投入。要把每年为教育、教师办几件实事列为各级党政主要领导和分管领导的任期目标责任制和考核政绩的重要内容，实行省地县乡的各级政府和各级教育行政部门双向负责的教育工作目标管理责任制。《中共云南省委、云南省人民政府贯彻实施〈中国教育改革和发展纲要〉的意见》于1995年12月正式下发实施。

会议还讨论了《云南省委、省政府贯彻落实〈中共中央关于进一步加强和改进学校德育工作的若干意见〉实施意见》和《云南省在九十年代基本普及九年义务教育和基本扫除青壮年文盲的实施意见》、《关于改革和发展云南省民族教育工作的意见》等文件草案待会后进一步修改审定后下发。

会后，各地各部门按照省委、省政府的要求，迅速传达、学习、贯彻全省教育工作三干会精神。到年底，已有125县（市），10个地州市以及昆明铁路分局、省农垦总局、省交通厅等省属厅局相继召开了教育工作三干会。各地、各部门召开的教育工作三干会，有三个显著特点：一是党委、政府高度重视，一把手亲自挂帅，主持召开会议；二是准备充分，积极稳妥，会前都对本地、本部门教育工作进行了认真调查研究，根据需要与可能，出台了一批推动教育改革和发展的重要举措；三是落实了“两基”的具体规划。绝大多数地州都切实把发展教育纳入政府的职责，上级政府对下级政府，上级教育部门，或者政府对教育部门都签订了教育目标管理合同，使教育工作真正落到实处。到年底，全省已有一半以上的县教育经费支出占财政支出的比例达到25%以上。玉溪地区教育投资总额为1.54亿元，比上年增长69.7%。通过贯彻全省教育工作三干会精神，使教育有了位子、落实了票子，出现了党委重教，社会办教，全民兴教的新局面。

撰稿　郎畴生
审稿　海　淞

〔学习宣传《教育法》〕　《中华人民共和国教育法》颁布后，省教委于1995年3月发出了《关于认真学习宣传贯彻〈教育法〉的通知》；要求各级教育行政部门、各级各类学校的领导带头学好《教育法》，深刻理解教育的地位、方针、基本原则、教育投入和条件保障等主要内容，提高依法治教的自觉性。4月17日，省人大教科文卫委员会和省教委联合在昆明召开学习、宣传、贯彻《教育法》座谈会，省人大副主任杨明、副省长赵淑敏到会并讲了话；4月14日，省委宣传部、省人大教科文卫委、省教育工会、省教委、省司法厅联合发出通知，要求认真学习、宣传、贯彻、实施《教育法》，并与贯彻落实《中国教育改革和发展纲要》和全省教育工作三级干部会精神结合起来。确保教育优先发展战略地位的落实，通知明确指出贯彻《教育法》绝不只是教育部门的事，而是全党全社会的共同责任，特别是各级政府的责任。

按照省委宣传部、省教委的要求，昆明市、思茅地区等地、州、市在9月1日前深入扎实地开展了宣传、贯彻《教育法》活动。全省17个地、州、市都分别举办了各类形式的座谈会、报告会，宣讲和座谈《教育法》。

〔实施《教师法》〕　为了贯彻实施《中华人民共和国教师法》，加快云南省教师队伍建设，根据省人大教科文卫委与省教委签订的《云南省人大常委会起草地方性法规三定责任书》的要求，以省教委为主的起草小组在学习外省经验和调查研究的基础上，结合本省实际，起草了《云南省实施〈中华人民共和国教师法〉的若干规定》经多次论证会，反复征求意见，数易其稿，最后由省政府提请省八届人大常委会第十七次会议审议通过。于1995年11月27日公布施行。《若干规定》从省情出发，着重规范了教师的管理职责、教师的待遇、教师的培养、培训以及奖惩，在民办教师和代课教师待遇、师范生待遇、贫困地区教师待遇等方面有所突破和创新，可操作性强，地方特色突出。

《若干规定》公布后，省人大教科文卫委、省教委召开了全省学习、宣传、贯彻《云南省实施〈中华人民共和国教师法〉若干规定》座谈会。省人大副主任杨明、麦赐球，副省长赵淑敏等领导同志出席了座谈会。会议由省人大教科文卫委主任委员龚一匡主持。杨明、赵淑敏、省人事厅厅长王世坤、省教委主任海淞就有关学习、宣传、贯彻《云南省实施〈中华人民共和国教师法〉若干规定》的问题讲了话。教育系统部分在昆的人大代表、政协委员以及有关委办厅局的负责同志、部分大中小学校长和教师代表应邀出席了座谈会。这次座谈会规格高、气氛好、影响大，对认真贯彻执行《中华人民共和国教师法》及《云南省实施〈中华人民共和国教师法〉若干规定》，全面依法治教，促进教育的改革和发展，起到了有力的推动作用。

〔**教育经费投入**〕 1995 年，云南省各级财政预算内教育经费 35.7 亿元（含省委、省政府“两基”专款增量 1.5 亿），比上年增加 3.5 亿元，增长 10.87%。各地坚持多渠道筹集教育经费，在国家政策允许的范围内，结合实际，制定了一些多渠道集资的新政策。全省城乡共征收教育费附加 4.5 亿元，全省中小学勤工俭学总收入达 1 亿元，比上年 0.87 亿元增加 0.13 亿元，增长 14.94%。

撰稿 潘丽华 雷 韬
马永珍
审稿 海 淞

基础教育

〔**概述**〕 1995 年，云南省把基础教育作为“重中之重”地位进一步落实，基础教育全面发展。1995 年，全省高中学校比上年减少 14 所，在校学生比上年增加 2600 人，初中毕业生升学率为 46.69%，比上年提高 2.23 个百分点；初中学校比上年增加 57 所，在校学生比上年增加 2.73 万人，小学毕业生升学率为 73.92%，比上年提高 2.75 个百分点，普通初中学生辍学率为 7.19%，比上年下降 2.19 个百分点。1995 年，全省普通中学校舍总面积 1037.56 万平方米，比 1994 年增加 61.4 万平方米，生均 8.15 平方米，其中危房面积 13.99 万平方米，危房率 1.35%，比上年下降 0.1 个百分点。

1995 年，全省小学校比上年减少 395 所，小学教学点 27936 个，比上年增加 55 个，在校小学生比上年增加11.8万人，小学学龄儿童入学率97.42%，比上年提高0.45个百分点，小学学生辍学率为4.55%，比上年下降1.09个百分点。全省小学校舍总面积1987.10万平方米，比上年增加70.27万平方米，生均拥有校舍面积4.3平方米，其中危房面积35.22万平方米，比上年减少5.67万平方米，危房率占1.77%，比上年下降0.36个百分点。幼儿园在园儿童比上年增加3.03万人。特殊教育学校在校学生比上年增加5709人。

普通中学和小学中，少数民族学生人数进一步增加，比例有了稳定提高。全省普通中学在校生中的少数民族学生有387596人，占在校生总数的30.46%，比上年增加14969人，提高0.48个百分点。小学在校生中有少数民族学生1664318人，比上年增加40244人，比例为35.99%，与上年基本持平。

撰稿　常锡光

审稿　海　淞

〔**“两基”评估验收**〕　根据云南省普及九年义务教育和扫除青壮年文盲的年度计划和有关县（市）的申报，受省人民政府委托，省教委组织8个检查评估组，于1995年10月～11月间，分别对宜良、晋宁、牟定、禄丰县，楚雄、个旧、开远市普及九年义务教育和扫除青壮年文盲及呈贡县普及九年义务教育进行了检查评估。评估组认为：8个县（市）能认真宣传、学习、贯彻有关教育法规文件；依法实施“两基”，分级办学、分级管理的体制比较落实；各级领导重视教育，把教育优先发展的战略地位和“两基”的目标任务作为大事来抓，目标明确，责任落实，制定乡规民约，采取有效措施，各职能部门齐抓共管，使“两基”工作落到实处；各级政府加大教育经费投入，改善办学条件，提高教师特别是民办教师待遇，新建教师宿舍解决教师住房；采取措施，着力解决民族、山区、贫困地区实施“两基”的难点问题。8县（市）基本达到“两基”评估验收要求。普遍存在的问题，一是图书、仪器设备特别是文体器材和场地、劳动技术教育设施不足；二是教育教学管理不够规范，基础教育改革力度还须加强；三是农村教育费附加未能足额征收；四是对防止学生辍学抓得还不够紧。根据检查评估结果，云南省人民政府已批准对8县（市）普及九年义务教育和扫除青壮年文盲的验收，并上报国家教委审查。这8县（市）人口占全省总人口的6.2%。至1995年底，全省共有15个县（市、区）通过了省政府的“两基”验收，覆盖人口占全省总人口的11.8%。在国家教委公布的全国第二批实现“两基”县（市、区）名单中，云南省有昆明市的官渡区、西山区、安宁县、呈贡县、晋宁县、宜良县，楚雄彝族自治州的牟定县、禄丰县。

1995年，云南省部分地区行署，州人民政府对15个县（市）普及六年义务教育进行了评估验收。这些县（市）是：曲靖地区宣威市、富源县、罗平县、师宗县，楚雄州姚安县，红河州弥勒、泸西县，思茅地区普洱县，大理州弥渡、巍山县，保山地区保山市、腾冲县，德宏州梁河、陇川县，丽江地区华坪县。验收情况已报省政府审核备案。省教委于12月至1996年1月，选择巍山县、腾冲县、陇川县、宣威市、普洱县进行了抽查，认为有关地州对这些县（市）的评估验收基本是实事求是的，同意有关地州的评估验收意见。至此，全省共有47个县（市、区）通过了普及六年义务教育验收，覆盖人口占全省总人口的38.9%，其中1995年验收的15县（市）占总人口的15.7%。

撰稿　李晓南
审稿　海　淞

〔**初中教育**〕　省教委于1995年9月下发了《关于改革和加强初级中学的意见》。《意见》提出要推进初中办学模式多样化（试办综合初中、农村初级职业中学宜执行综合初中课程方案、扩大初三分流、扩大"五·四"学制试验、完善中考制度）。要加强初中学校管理，全面提高教学质量：一是全面实施国家、省定课程计划，严格教学常规管理；二是加强初中宏观管理，提高整体办学水平和效益，初中发展要按规划实施，合理安排布局，提高学校规模效益，加强校园建设规划管理，建立办学水平评估制度；三是初中招生和收费应纳入规范管理轨道；四是重视和加强对民族中学的管理指导；五是通过采取加大投入措施、改善办学条件、加强领导班子和师资队伍建设，加强薄弱初中建设；六是因地制宜，加快办学模式改革步伐；七是建设一批试验性、示范性初中。要有保障措施，即依法治教；切实保证教育投入，不断改善办学条件；进一步加强教师队伍建设和管理；加强县（市、区）教研室建设；积极鼓励、大力支持初中开展勤工俭学。

1995年9月，省教委制定、下发了《关于扩大九年义务教育"五·四"学制试验意见》。《意见》指出，全省实施九年义务教育总体规划的确定，适龄儿童入学率和小学升初中入学率的提高、中小学办学条件的改善、教师队伍建设的长足发展，为云南有计划、有步骤地扩大"五·四"学制的试验提供了有利条件，扩大"五·四"学制试验工作的时机成熟，应在以往试验的基础上，积极稳妥地开展试验工作。根据实际情况分类要求：一是在实现普及九年义务教育的县（市），主要是城镇学校，可以进行改制试验；二是强调自愿原则，不搞"一刀切"，在同一地域、"六·三"、"五·四"两种学制可以并存，可以同时开展试验，但应相对集中，不要太分散；三是加强计划工作，将学校的学制改革列入"普九"、"普六"规划，做好中小学衔接工作。鉴于学制改革涉及面广，周期较长，省教委要求各地认真调查研究，充分论证，确定改制范围和学校，积极稳妥地开展试验工作。

〔**中小学管理**〕　1995年6月，云南省教委对中小学实行40小时工时制后的教育教学管理提出了具体要求：(1)各级教育行政、教研部门和中小学校应提高认识，明确40小时标准工时制的目的、意义，以此为契机，全面落实调整后的中小学课程（教学）计划。从1995年9月1日起，全省各中小学、特殊教育学校、幼儿园全部执行新工时制；(2)要保证严格执行课程（教学）计划。包括不得随意增加或超过国家规定的周课时总数，不得减少或挪用非考试科目课时；省教委教研室根据调整后的教学大纲，对教材提出处理意见；小学（初中）毕业考、升学考、高中毕业会考的命题以调整后的教学大纲、教材内容为依据。(3)各中小学以提高学生全面素质为宗旨，深化改革，加强课堂教学的指导和管理，加强教师的培训，改进教学方法，提高课堂质量和效率。切实减轻学生过重的课业负担。(4)教师工作量按调整后的学科课时安排，其工作量包括必修、选修和活动类课程，不满工作量者，由学校予以调整。(5) 安排好假日期间对学生身心健康有益的课余生活，学校不得以任何借口占用学生节假日时间，进行大面积补课。(6) 要改进和加强学校的常规管理工作，不因工时的减少影响学校的工作秩序。

为加强对中小学校的管理，保证基础教育的健康发展，在认真调查研究，广泛征求意见的基础上，省教委于1995年9月21日制定了《云南省中小学常规管理暂行规定》。《规定》包括总则、教学管理、教职工管理、学生管理、校园后勤管理、安全管理、教育行政管理、附则等8个部分，共36条。

撰稿 常锡光 刘治聪
肖二贤
审稿 海 淞

〔民办中小学〕 到1995年9月底，云南省的各级各类民办学校已近一百所，在校生达两万余人。十余年间各类民办学校已培训10余万各种类型的人才。民办学校在基本不花国家经费的条件下，扩大了教育规模，拓宽了学路，给社会成员提供了更多的接受教育和职业技术培训的机会，打破了政府包揽办学的格局，为推动教育体制改革发挥了积极作用。但是，处于发展阶段的民办学校也存在一些不容忽视的问题，如法规不够健全，管理力量薄弱，对办得好的支持不够，对乱办学的查处不力；一些学校刊登招生广告不严肃，不向学生说清学校性质、文凭、学历性质；一部分学校办学条件不足，教学质量不够稳定，少数民办学校收费过高，等等。为了加强对民办中小学校的宏观管理，促进和引导民办学校健康正常地发展，省教委于9月26日～28日召开了全省民办学校工作座谈会，同与会的有关地州市县区教委（局）负责同志和民办学校的校长，共同研究民办教育工作。会后，形成了《云南省民办中小学校管理暂行规定》和《云南省各级各类学校利用新闻媒介刊登招生广告的暂行规定》。两个法规文件根据国家对民办中小学校“积极鼓励、大力支持、正确引导、加强管理”的方针，根据《中华人民共和国教育法》及有关法律、法规，对民办中小学校的性质、办学方针、目的、管理、监督、评估和指导都作了明确的规定。同时对各级各类学校利用新闻媒介刊登招生广告必须提供有关文件及物价部门核准的收费标准，广告词必须符合教育法规，必须说明学校和办班性质、培养目标、学习时间、学历层次、规格等作了要求。

撰稿 潘丽华
审稿 海 淞

〔师资队伍建设〕 根据云南省教育事业发展的总目标，省教委制定了《云南省“九五”及2010年中小学师资规划》。《规划》提出中小学师资队伍建设的任务是：建设一支具有良好政治业务素质，数量足够，结构合理，相对稳定的教师队伍，保证基础教育发展对师资的需求。具体目标是：(1) 2000年，全省小学在校生480万人，小学教师由1994年的17.8万人增加到21.8万人。小学教师学历合格率达到90%，比1994年提高12.4个百分点。基本解决民办、代课教师问题。2010年，全省小学在校生490万人，小学教师增至22.3万人，学历合格率达到99%，具有大学专科程度以上学历的所占比例达到

20%以上。(2) 2000年，全省的初中在校生145万人，初中教师由1994年的6.6万人增加到8.5万人。学历合格率达到85%以上，比1994年提高15.8个百分点。2010年，全省初中在校生200万人，初中教师增加到11.8万人，学历合格率达到95%以上，具有大学本科程度及以上的所占比例达到25%以上。(3) 2000年，全省高中在校生20万人，高中教师数达到1.4万人，学历合格率达到65%。2010年，全省高中在校生达到25万人，高中教师1.7万人，学历合格率达到85%。(4) 全面开展中小学教师继续教育，对已经具备合格学历的中小学教师进行继续提高学历层次、专业水平的进修和培训。为实现上述目标任务，《规划》提出以下对策、措施：(1) 进一步加强中等师范教育，稳定规模、调整结构、内涵发展，在标准化建设的基础上逐步实现中等师范建设的现代化。(2) 扩大高等师范教育规模。云南师范大学在校生由4200人扩大到5500人，10所师范专科学校由校均在校生1000人扩大到2000人。(3) 充实、加强教育学院和教师进修学校，加强省小教、幼教、特教培训中心，有计划地实施中小学教师继续教育。(4) 充分发挥夜大、函大、自学考试、电大、电师、中师函授的作用，多形式、多渠道培养、培训教师。(5) 有计划地安排民办教师转公办教师指标，在中师招收民办、代课教师班，基本解决民办、代课教师问题。(6) 扩大师范院校定向招生的比例，建立师范毕业生服务期制度。(7) 加强对教师的思想政治工作，加强教师队伍管理。(8) 继续提高教师的待遇和社会地位。(9) 大力增加师范教育和师资培训投入。

1995年，省委、省政府为教师办10件实事：(1) 在试点的基础上，在云南教育学院和高等师范专科学校继续举办小学教师大专班，招收300名小学教师入学深造；(2) 加大住房建设力度，多方筹集资金，新建2500套中小学教师住房，实际已落成近5000套；(3) 表彰奖励247名优秀教师和优秀教育工作者，其中，147名优秀教师和教育工作者受到国家教委和国家人事部表彰(14位被授予全国教育系统劳动模范称号，123位被授予全国优秀教师称号，10位被授予全国优秀教育工作者称号)，100名优秀教师和教育工作者受到省教委、省人事厅、省中小学幼儿教师奖励基金会、省教育工会的表彰；(4) 省级财政安排50万元，加强省中小学幼儿教师奖励基金会；(5) 安排6000个增干指标用于民办教师转为公办教师；(6) 继续向从事教育工作满30年教龄的教师颁发荣誉证书；(7) 继续举办“园丁之家”活动，邀请在县以下工作的400名优秀教师参加；(8) 依据各地经济情况，增加民办教师工资；(9) 继续完善保证按时足额发放教师工资的机制；(10) 各类成人教育招收中小学教师3380名，为教师知识更新和深造提供机会。

1995年教师节，省教委、省人事、省中小学幼儿教师奖励基金会、省教育工会在昆明召开了隆重热烈的庆祝教师节暨表彰优秀教师和教育工作者大会，省委、省人大、省政府、省政协领导出席了开幕式，梁公卿副省长代表省委、省政府作了重要讲话，来自全省各级各类学校的100名优秀教师和教育工作者出席了大会。

撰稿　王强华　江耀武
　　　曹洪林
审稿　海　淞

〔**勤工俭学**〕 1995年，云南省中小学勤工俭学开展面达89%，有工业企业432个，比上年增加6个；土地面积25万多亩，比上年增加6万亩；能接纳学生参加劳动的基地20105个，增加1630个；第三产业网点4078个，比上年增加880个；固定资产原值16900万元，增加3090万元，工农业总产值、第三产业营业额等总值38187万元，增加6822万元。总纯收入16162万元，比上年增加3911万元，增长32%。其中用于补助教育经费12199万元，比上年增加2786万元，增长30%，占纯收入的75.4%；用于改善办学条件8423万元，修建教学用房396495平方米，投入2261万元；补助公用经费3507万元；师生集体福利2299万元，政策补贴和学生补贴等2243万元。另外上缴国家税金1138万元。纯收入超千万元的地州市有昆明、曲靖、红河、玉溪、文山、大理，比上年增加4个，其中昆明市达4099万元；5万元以上的学校389校，比上年增加33校。全省在校生均收入26.55元，比上年增加5.89元，其中，昆明市达到79.3元，名列全省第一。师生义务植树41617亩，增加6060亩，师生建校劳动为国家节约投资2045万元，增加266万元。

撰稿 刘建龙
审稿 海 淞

〔**贫困地区女童教育**〕 由国家教委、联合国儿童基金会合作设立的1994～1995过渡周期“促进贫困地区女童教育项目”在云南省13个贫困县的22个乡实施两年来，已取得显著成效：(1) 开展了形式多样的宣传活动，已在项目县、乡形成了有利于女童教育的社会大环境。(2) 通过大规模、多级别的培训，项目学校教师素质明显改善，教育教学质量大幅度提高。项目学校女童毕业率由1993年的94%提高到98%，留级率从5.5%下降到4%以下，部分项目县、乡已消灭了留级。(3) 学校的科学管理水平得到加强。通过对教育管理人员和校长的培训，项目学校已逐步走入科学管理轨道，常规管理得到加强，教育教学工作秩序井然，校园环境较项目执行前大为改观。(4) 学校办学条件明显改善。为了给女童接受教育创造良好的就学条件，各项目县、乡加大了教育投入力度，多渠道筹措教育经费，绝大部分项目学校在解决“一无两有”的基础上增加了图书和教学仪器，并做到了多配套。(5) 项目工作的开展，推动了项目地区成人教育、职业技术教育的发展。(6) 项目的实施，推动了项目地区初等教育的发展。项目学校适龄儿童入学率从1993年的91.22%提高到94.3%，上升3.1个百分点，其中女童入学率从87.83%提高到93.4%，上升5.6个百分点；在校学生辍学率明显下降，其中女生辍学率从5.1%下降到3%以下。原来起点较低的地区提高尤为显著，福贡县利沙底乡女童入学率从59.2%提高到86.6%，上升27.4个百分点。

1995年10月15日～22日，国家教委在昆明召开“全国《促进贫困地区女童教育项目》项目主任会暨总结表彰大会”，与会代表对云南省实施项目所取得的成绩给予了充分肯定和高度评价。云南省项目领导小组等39个项目单位和黄汝林等6名个人受到表彰。

撰稿 张祖武
审稿 海 淞

〔**幼儿教育**〕 根据国务院批准，国家教委颁布的《幼儿园管理条例》的规定和省人民政府批准发布的《云南省幼儿园登记注册管理办法》的要求，云南省认真组织了对全省幼儿园、学前班的登记注册工作。通过这项工作，对全省的园、班进行了普查、整顿和提高。省教委认真总结了这次登记注册工作，并对在工作中成绩显著的昆明市教委初教处等15个先进组织协调单位，五华区教委等50个先进集体，李家骧等100名先进个人进行了表彰奖励。

云南省教委于1995年7月26日至31日在昆明举办全省首批实施《规程》幼儿园办园水平认可性评估工作骨干研讨班。全省17个地州市教委(教育局)幼教专职干部、评估工作骨干和幼教专家70余人参加了研讨。研讨班对整个评估工作在讲解的基础上进行了现场观摩、学习。研讨班还传达了国家教委有关幼教会议精神；研究部署了全省191所首批实施《规程》园的认可性评估工作。省教委要求各地州市教委(教育局)1995年底按质按量完成此项工作，推动全省幼儿教育的改革和发展，对幼儿园分级分类管理奠定基础。

撰稿 张晓村
审稿 海 淞

职业教育

〔**概述**〕 1995年，云南省为加强对职业技术教育工作的领导，进一步充实加强了省级职业教育工作领导小组，负责全省职业教育领导，统筹协调工作。各地、州（市、县）也加强了统筹协调机构。大理州成立了以州长任组长，州委宣传部长、教委主任任副组长，有关部门参加的领导小组；省委、省政府增加了对职业教育的投入，在过去每年投入职业中学建设经费400万元，设备款500万元的基础上，1995年新增职业中学建设款2000万元。各地、州（市、县）也相应增大对职业技术教育的投入，大理州从过去州财政一分不投，到新增投入300万元；改革职业学校招生、毕业生就业制度，逐年加大调节性计划招生的比例，1995年占整个招生计划的30%。认真落实先培训，后就业制度。由于措施得力，全省职业技术教育迅速发展，1995年，全省普通职业技术学校达422所，其中，中专在校生比上年增加7280人，中师在校生比上年增加1045人；职业高中在校生比上年增加8189人；技工学校80所，在校生45869人。1995年，全省中等职业学校在校生22.78万人，占高中阶段在校生总数的56.7%，超过普通高中在校生人数，普高与职业技术学校在校生比例为1∶1.3。此外，1995年，成人中专及初等职业技术教育也有较大发展。成人中专还开办初中后“3+1”职业技术培训班892个，在校生33542人；

普通中小学普遍开设劳技课和劳动课，部分学校实行初三、高三分流，对学生进行职业技术培训。

〔**中专工作**〕 1995年5月省教委在昆明召开了全省中专工作会议。全省中专、中师、成人中专学校、省级有关厅局教育处负责人和各地州市教委主任共200多人出席了会议。副省长赵淑敏到会并讲了话。与会代表讨论了省教委起草的《关于云南省普通中等专业教育（不含中师）改革与发展的意见》、《关于扩大云南省普通中等专业学校办学自主权的意见》和《关于云南省普通中等专业学校招生与就业制度改革的意见》等文件草案。省教委主任海淞在会上作了题为《加快中专教育改革发展步伐，为富民兴滇培养跨世纪人才作出更大贡献》的报告。报告总结了近几年全省中专进一步提高办学水平、中师标准化建设、中专招生和毕业生就业制度改革、中专学校内部管理体制改革以及中专发展校办产业的成绩和经验，对云南省中专教育“九五”计划和2010年发展规划提出了意见：到2000年，中专教育年递增率为7.2%，校平均在校生由现在的600人增加到900人以上，总体规模由现在的在校生7.4万人增加到10.2万人；中师在校生以3%的速度递增，2000年达到3.2万人；成人中专教育按7.2%递增，2000年在校生达到5万人。2000年前，全省建设国家级重点中专学校7所，省部级重点中专学校18所，其余中专学校全部达到合格标准。要加强政府统筹和宏观指导，深化中专教育办学体制改革。要扩大学校办学自主权，中专学校成为主动面向经济建设和社会发展的办学实体。要全面推进学校内部管理体制改革。要进一步深化中专学校招生和毕业生就业制度改革。要深入开展中专教学改革，全面贯彻教育方针，全面提高教育质量。中专学校要大力发展校办产业，走产教结合的路子。要切实加强中专教师队伍建设。要增加投入，多渠道筹措办学经费，努力改善办学条件。报告还提出，在加快中专教育改革和发展的过程中，要注意正确处理好条块关系、理论教学与能力培养的关系、中专教育与同类职业技术教育的关系和重点与一般的关系。

〔**职业高中建设**〕 云南省的职业高级中学自1980年创办以来取得了显著成绩，但也存在一些问题：学校办学条件普遍较差，规模效益差。为此，省委、省政府在1995年2月召开的全省教育工作三干会上提出了《关于改革和发展云南省职业技术教育的意见》，《意见》强调职业高中建设要突出重点，分层建设。到2000年全省建成省级重点10所，每所在校生1000人以上，校舍不少于1.6万平方米，做到教室、实验室、图书室等教学用房与生活、行政用房配套，教学仪器设备总值不少于100万元，有实习基地和运动场地，图书不少于4万册；建成地区示范性职高20所，每所在校生800人以上，校舍不少于1.28万平方米，做到教学用房、生活和行政用房配套，有实习基地和运动场地，图书不少于3.2万册，仪器设备总值不少于70万元；建成合格职业高中120所，每所在校生550人以上，校舍不少于8800平方米，具有教学、实习、实验条件，图书不少于2.2万册，仪器设备总值不少于50万元。1995年，省财政单列职业高中基建专项经费2000万元，设备专款500万元。

撰稿 成文章 李剑舟

审稿 海 淞

高 等 教 育

〔**概述**〕 高等教育继续走内涵发展的道路，提高了教育质量和办学效益。继续落实省政府第57次常务会议精神，1995年9月完成了对云南大学“211工程”和省属5所重点大学规划及建设投资所需经费预算方案的论证，编制了云南高等教育“九五”计划和2010年发展规划，对26所普通高校和3所成人高校进行以内部管理体制改革为主要内容的学校全面工作的评估检查，促进了高校的改革和发展。在调查研究的基础上，提出了《云南省高等教育办学和管理体制改革的意见》，促成了云南大学和昆明理工大学合作办学，提出了成立云南财经大学的设想和征地报告。继续扩大大中专招生“并轨”试点，在云南大学、云南工业大学、云南财贸学院的基础上，增加昆明医学院、玉溪师专等5所普通高校的29个专业，在省林业学校等4所普通中专学校的4个专业进行招生“并轨”改革。在昆明师专等9所师范院校举办了小学教师大专班，招收中师毕业、教龄在5年以上的小学教师。进一步加强重点大学的建设，安排云南大学进入“211工程”基建投资1050万元，除云南民族学院外的4所省属重点大学安排了基建投资4825万元。全省地方所属院校招收博士生9人，完成计划招生6人的150%。硕士生招收214人，完成计划258人的83%，普通学校本、专科共招收14300人，完成计划的100%。聘请了第一批高校督学，对10所学校进行了督导检查。

〔**管理体制改革**〕 云南省高等学校的内部管理体制改革于1993年全面展开。1994年省教委曾对各高校内部管理体制改革进行过一次检查评估。为了促进高等学校深化改革，省教委在调查研究、总结经验的基础上，于1995年初制订了以内部管理体制改革为主要内容的《云南省普通高等学校综合检查评估指标体系(方案)》。评估方案制订后，省教委要求各高校先对1994年以学校内部管理体制改革为主要内容的工作情况进行自查、自检。省教委于1995年2月～3月组织有关人员对高校进行综合检查评估，对收集到的信息进行综合分析、研究，并逐项量化打分，作出评估。检查评估结果表明，各高校在1993年内部管理体制改革工作的基础上，1994年都不同程度地修改、完善了学校改革方案，加快了管理制度建设，并向综合改革方向发展。各高校深化改革的效果主要体现在几个方面：(1) 加大了改革力度，进一步完善了改革措施，逐步实现了数量管理向质量管理的过渡，推动了改革不断深化。云南大学出台的改革措施紧紧围绕“211”工程，制定了以提高教学质量、科研水平和办学效益为主要内容，促使教学上层次、科研上水平，管理上台阶的综合改革方案。许多学校在改革过程中不断总结经验，建立健全规章制度，使各项工作有章可循，有法可依。昭通师范专科学校1994年建立健全18种制度。各高校改革分配办法，鼓励教师抓教学、搞科研，对取得成绩者奖励兑现，调动了教师搞教学和科研的积极性。昆明医学院实施《昆明医学院科研管理试行办法》后，调动了部系和教师的积极性，1995年初申报科研课题150项，比1994年申报数增加80项。(2)各高校都十分注意结合本校的办学方向和培养目标进行改革，改革有一定基础，已向综合改革发展的高校，更突出为教学服务，改革政策的出台和实施向教学第一线倾斜，学校领导将更大的精力投入教学工作。云南大学加快主干课建设步伐，每年都抓一批主干课建设，每批建设经费由10万元增加到20万元。投入1000万元资金加快师资队伍建设，已到位212万元，重点培养100名中青年骨干教师。各校通过改革，重新调整了利益分配机制，突出了重点，充分调动了教学科研人员的积极性，使学校的教学科研水平逐步得到了提高。(3)各校在考核上逐步实现了由数量考核向质量考核的过渡。多数学校对各部门实行目标管理，签定了目标责任制合同，考核有了可量化、操作的客观依据。不少学校制定了对人、对事的综合考核评价标准，考评结果与教职工的聘任、职务晋升、评优选模、待遇享受等直接挂钩，逐步解决干多干少、干好干坏一个样的问题。省教委在检查评估后，对26所取得显著成绩的高校进行了表彰奖励，其中获一等奖的9所，二等奖的12所，三等奖的5所。

〔**科研工作**〕 1995年，高等学校通过开展科研为国家经济建设服务，推动社会进步。全省高等学校现有在研项目1460项，投入人力2061人，其中有研究生179人。项目中有国家攀登计划3项、“八六三”计划4项，国家攻关计划25项，国家自然科学基金项目96项，国际合作项目25项，还有生产单位委托的横向课题297项。这些项目涉及理、工、农、医各个领域，还包括成果推广和科技服务项目。1995年，云南省的高校完成鉴定科技成果138项，其中达到国际水平12项，国内首创21项，国内先进67项，申请专利14项，获专利授权13项。出版专著36部、发表学术论文1723篇、获得专利12项、获科技成果奖99项（含部、省、地级）、转让技术成果23项、成交额达114万元。昆明理工大学完成的“废弃物复合材料”已在福建省建成日产建筑模板面板350块的生产线，年利税可达120万元；昆明铁路分局配件厂利用这一技术及材料生产的“火车车辆用蕊盘垫板”耐腐蚀，不生锈，重量轻，成本低，已在一些列车上试用，效果很好。用该材料开发生产的建筑模板、钢绳与钢轮间的摩擦衬垫、橡胶树接胶杯、窨井盖等产品，也为经济建设发挥了作用。云南农业大学选育成功的“榆杂29”杂交粳稻，在宾川县创造单产1108.55公斤的世界纪录，在姚安县百亩大田创造单产850公斤的成绩，现正扩大推广面积。“大粒香12号”在滇南半山区海拔1300米～1700米区域推广10.24万亩，亩产534.1公斤，深受当地群众欢迎，被当地少数民族誉为“高山杂交稻”，1995年在红河推广20万亩。“冬玉米直播露地密植高产栽培技术”在德宏州利用资源推广1万亩，亩产524公斤，创全国玉米高产纪录。这些农业科技成果的推广对云南省的“米袋子”工程作出了贡献，效益显著。

高等学校还利用自己的科技成果和人才优势创办了校办科技产业，直接向社会提供先进的科技产品，为学生提供实习基地。云南大学南亚化工厂生产的“BR—120植物生长调节剂”，被列为云南省“火炬计划”和省“18生物工程”项目，并列为全国农业推广项目，已在全国22个省、市、自治区不同生态环境中对多种作物进行示范推广近300万亩，使粮食、水果、蔬菜等增产10～40%。云南师范大学研制的“电脑测配色系统”已在国内7家企业应用，产生了良好的效益，被列入国家“火炬计划”国家科技成果重点推广计划和国家新产品研制计划。

为提高科技成果转化率，在1995年11月国家科委、中国科学院和云南省政府在昆明联合主办的“中国昆明科技成果暨新技术新产品展览交易会”上，省教委组织14所高校146项科技成果和产品参展，成交额达百万元以上。高等学校还派出教师领办、参办乡镇企业。昆明理工大学科技人员到峨山县钢铁厂、玉溪牡丹炼铁厂帮助工作，建成两座37立方米和50立方米高炉，产品销往日本和东南亚。

高等学校还开展了科技扶贫工作。通过培养乡土人才、推广科技成果解决生产难题，派科技人员到贫困县任科技副县长等活动，为贫困地区经济建设、社会发展服务。

高等学校还通过自身建设增强科研能力，提高为经济建设服务的水平，拓宽服务范围。“八五”期间省政府确定在高等学校建设5个省级重点实验室，即昆明医学院的天然药物药理重点实验室、云南农业大学的植物病理重点实验室和动物营养及饲料重点实验室、云南工业大学的计算机技术重点实验室、云南大学的工业微生物生物发酵工程重点实验室。有3个学科专业被国家教委、卫生部列为教学、科研、临床基地。学位授权点增至博士6个、硕士100个。科研机构有69个，有实验室682个，教学科研仪器60975台，固定资产总值达2亿元。图书馆藏书达966万册。另外，云南省的高等学校还同20多个国家的70多所高等学校建立了校际交流合作关系，开展了科研合作。

1995年度云南省普通高校人文、社会科学领域共出版专著227部，发表论文1160篇，论文获国家级奖3项，省部级奖62项，地市级奖12项，其中成果应用提交有关部门44项，鉴定成果37项。

根据《中共中央关于科技体制改革的决定》精神，云南省教委于1990年改革科研补助费拨款办法，实行基金制。在省科委、省社科领导小组制订的科技、社科《项目申请指南》指导下，组织高等学校教师自由申请、学校推荐、专家评审、择优立项、省教委批准执行。1990～1994年，立项874项，其中重点项目41项，投入588万元，平均资助强度为0.67万元。1995年，省教委组织了由高等学校科研处长组成的检查组，对一般项目进行普遍检查，对重点项目进行逐项检查。经检查认为：省教委实行科研基金制符合改革精神，深受广大教师的欢迎；确定的重点项目绝大多数是准确的，在云南省的经济建设和社会发展中发挥了重要作用；一般项目的执行为申请省级以上科研项目打下了基础，也培养锻炼了年轻教师；追踪管理检查的方法使科研工作逐步进入规范化管理；并提高了有限的科研基金使用效益。

〔**学位与研究生教育**〕 1995年云南省2所本科院校、3个科研单位共招收博士研究生34人，毕业博士生16人，共有18人获得相应学科的博士学位，现仍在学博士生65人；9所本科院校和5个科研单位共招收培养硕士生304人，毕业153人，有154人获得硕士学位，仍在学硕士生共有873人；在职人员以同等学力申请硕士学位9人，其中3人经审核合格获得硕士学位；12所普通本科高校共毕业本科生5841人，有4819人获得学士学位。另经国家教委批准，云南大学1995年试办了以同等学力在职申请硕士学位教师进修班3个，分别为文艺学、基础数学和物理化学3个专业，并从各高等学校招收学员17人。

按照国务院学位委员会《关于进行1995年增列博士和硕士学位授权点审核工作的通知》精神，1995年，云南省推荐上报国务院学位委员会申请增列博士点6个，硕士点70个（其中重点推荐学科41个，一般推荐学科29个），参加全国统一评审。

按照国务院学位委员会有关文件要求，1993年由四川省学位委员会牵头对西南地区中国语言文学等4个一级学科硕士点进行了检查评估，云南省受查学科点有3个一级学科的16个二级学科。查评结果经专家组讨论并上报国务院学位委员会审核，于1995年向社会进行了公布。云南省受查16个硕士点共获得评估A等级学科7个，分别为云南大学的文艺学、专门史、中国民族史、生态学，云南民族学院的少数民族语言文学，昆明植物研究所的植物学以及昆明动物研究所的动物学；获评估A等级学科1个，即昆明动物研究所的细胞生物学；获评估B等级学科4个，分别为云南大学的植物学、世界地区史国别史、动物学和昆明动物研究所的生物化学学科；获得评估B等级学科4个，分别为云南师范大学的中国古代史、世界地区史国别史，云南民族学院的中国民族史和昆明生态研究所的生态学专业。

撰稿　郎畤生　谢怀昆
方　伟　马秀英
赵　纯　卢　明
审稿　海　淞

成人教育

〔**概述**〕　成人教育在切实抓好扫盲工作的同时，坚持以岗位培训和继续教育为重点，抓住各行各业对人才的需求不断增加的有利时机，积极发展。报考成人高校的人数比上年增加11655人，总数达到43364人，是云南成人招生报名人数最多的一年。农村成人教育把学文化和开展实用技术培训结合起来，培训人数达到407万人次。城镇进一步抓好干部职工的在职培训，提高了各类人员的素质。省教委制定评估方案，在部分成人高校、中专的部分专业进行了评估试点，使成人高、中等学历教育按规划要求，加强了管理，提高了质量。省地县还加强对社会力量举办的各类职业技术培训的整顿和管理，召开了全省首次民办学校工作会议，研究了加强民办学校工作的有关问题。

撰稿 郎畴生

〔**扫盲工作**〕 1995年，在省委六次全会、全省各级政府和教育部门把扫盲工作作为教育事业的“重中之重”来抓，使扫盲工作取得显著的成效。为加大扫盲力度，省人民政府拨出扫盲专项补助款1890.6万元，比去年增加373%，各地、州、县的扫盲经费也有较大增长。全省共办扫盲班24855个，扫除文盲432832人（其中妇女260367人），超额136%完成年度计划，是建国以来扫除文盲人数最多的一年，全省青壮年文盲率由17.4%下降为15.3%。1995年，有宜良、晋宁、个旧、开远、楚雄、禄丰、牟定、江川、澄江、曲靖、思茅、普洱等12个县（市）通过了省政府的基本扫除青壮年文盲单位的验收，全省基本扫除青壮年文盲的县级单位增加到42个，占全省县（市）的33%。全省有45个单位，104位个人因在扫盲工作中做出突出成绩，受到国家教委、全国妇联及省教委的表彰。

〔**成人文化技术学校**〕 1995年全省乡（镇）一级农民文化技术学校已发展为1426所，占乡镇总数的91%；村级成人文化技术学校6429所，占行政村总数的48%。乡村两级学校在校生数达154万人。1995年有407万人次在农村成人文化技术学校受过培训，培训内容已由过去传统的种植、养殖业扩展到第二、三产业，培训方式从短训为主发展到长短结合，灵活多样。

为全面提高农村成人文化技术学校的管理水平，充分提高办学效益，省、地、县各级教育行政部门分别建设了一批示范性成人文化技术学校，其中省级确定建设的100所学校中，已有49所形成独立的办学及生产、试验、示范体系。由于农村成人文化技术学校为农村经济发展培养了大批建设人才，受到当地干部和群众的欢迎。许多乡镇领导转变了观念，由“要我办”变为“我要办”，掀起了办学热潮。省教委还组织了对示范校的评估工作，以推动学校的建设和发展。

为适应当地经济社会发展需要，全省部分县（市）还成立了县级成人培训中心，在这些县（市）初步形成了县、乡、村成人教育培训网络，不断满足了农村经济建设的各项人才需求。部分地（州）一级也成立了成人培训中心。

〔**成人高校招生工作**〕 1995年，云南省报考省内外各类成人高校的人数达43364人，计划招生13940人，实际录取13730人，完成招生计划的98.5%；第二专科学历教育录取2810人。报考省内外各类成人中专的人数达9997人，计划招生6966人，实际录取81114人，完成招生计划的116.5%。1995年，云南省进一步改进和加强了成人高校招生计划管理办法，首次由指导性计划转为指令性计划管理方式。由于各级招办及招生学校的共同努力，成人高校录取的生源质量比往年有较大提高，高中起点本、专科文科录取线比去年提高20分，师范类专升本文科比去年提高30分。成人招生报名人数增加的主要原因是：云南经济和社会的迅速发展，推动了成人教育的发展，各行各业对人才的需求不断增加；各地工资改革措施的不断完善、公务员制度的推行、职称评定和教师达标的需要，使成人教育出现需求旺盛的势头；部分院校将函授点设到地州，解决了考生的工学矛盾突出的问题。成人中专报考人数增加的主要原因是放宽了招收待业、社会青年的政策。

〔**社会力量办学**〕 1995年，云南省社会力量办学有较大地发展，学校数已近500所，年培训20万人次左右。办学层次已包括初、中、高等各个方面；教学内容涉及学历和非学历教育以及各种职业培训；办学规模逐步扩大，有的学校在校生已超过2000人；管理体制和规章制度在不断理顺和完善，办学质量也在不断提高。

为加强对社会力量办学的指导和管理，提高学校办学水平和教育质量，维护学校和学员的合法权益，使社会力量办学在规范化的轨道上运行，省教委拟定了《社会力量办学合格学校评估标准》，组建了有教育行政、物价、财政、工商等部门和学校参加的云南省社会力量办学评估小组。

撰稿 郎畴生 姚 勇
陈海新
审稿 海 淞

民族教育

〔**概述**〕 民族教育进一步加强，在继续办好现有民族中小学和3000所半寄宿制高小，进一步提高质量的基础上，再增设30所寄宿制完小，在人口特别分散地区增设50所半寄宿制初小。省民族中学的规划立项工作已完成，争取进入实施阶段。23个民族贫困县实行教育对口支援的工作，取得了显著成效。

〔**双语教学**〕 由云南省教委、省语委和云南民族学院联合组成的“少数民族聚居区双语教学研究课题组”，组织民族语和现代汉语专业人员，于1995年对彝、白、哈尼、纳西、傣、佤、景颇、苗、瑶、壮、拉祜、傈僳十二个民族的“双语”情况进行调查、测试和对比分析研究，撰写出总论和十二个民族的分论。11月由云南民族出版社出版《云南省少数民族双语教学论文集》，在国家教委11月在昆明召开的“少数民族教育国际学术研讨会”和12月份世界银行贷款办公室在云南德宏州瑞丽市召开的“少数民族双语教育国际学术研讨会”上交流。展示了云南省双语教育的研究成果，被誉为建国以来比较完整的一部“双语教育专著”，是民族地区的师生和干部职工学习全国的通用语——普通话的好材料。

〔**民族教育国际研讨会**〕　由中国教育学会民族教学会民族教育研究会、中国教育国际交流协会和云南省教育国际交流协会共同主办的少数民族教育国际学术研讨会于1995年11月15日至18日在昆明召开。20多个国家以及全国26个省、市、自治区从事民族教育的专家、学者近200人出席了这次会议。与会代表就少数民族教育在全民教育中的地位作用、少数民族教育在民族发展进步中的作用、民族教育与经济发展社会进步的关系、发展民族教育的政策与措施、民族语言文字教材和双语教学等问题进行了广泛的交流和深入讨论。会议在昆明召开，为云南省学习和借鉴各国及各省的好经验，提供了一个良好的契机，同时也为宣传云南改革开放以来民族教育事业的蓬勃发展创造了有利条件。这次会议的召开对于扩大我国及云南省少数民族教育和世界各民族间的交往，宣传我国民族教育的政策和成就，增强世界各国对我国少数民族教育情况的了解，学习和借鉴各国发展民族教育的有益经验，争取国际友好团体和人士对我国的支持，推动我国民族教育的发展起到了积极的作用。

〔**教育对口支援**〕　1993年11月上海市教育局与云南省教委、上海市徐汇区等19个区县与我省屏边等19个少数民族贫困县签订了“八五”期间教育对口支援协议。通过双方三年多的共同努力，协议履行情况较好，推动了云南省民族教育事业的发展，促进了民族地区经济和社会的发展。据1995年底统计数，上海市教委及所辖19（区）县教育局，由局长、书记带队，多次赴云南，深入各对口县的村寨、学校，调查了解情况，指导工作，并派出最优秀的校长、教师深入各县讲学。上海市还安排、接待云南省赴沪学习考察人员共35次187人；为改善云南民族地区办学条件捐赠图书、教学仪器、电教设备、生活用品上万件，捐款600多万元。在做好“八五”对口支援工作的基础上，“九五”期间教育对口支援工作协议又于1995年12月31日在上海签订。协议内容共9项，包括建立民族教育扶贫基金，援建10所希望小学，帮助一批寄宿制民族中小学达到省定办学标准，援助教学资料和教学仪器，互相学习考察，培训骨干及高校间合作交流等。

〔**世行贷款扶贫**〕　1992年7月，世界银行贷款第一个中国贫困省教育发展项目生效，执行周期为5年。云南省是项目省之一。省委、省政府十分重视这项工作，成立了贷款领导小组，主管教育的副省长亲任组长，领导和协调重大事项。下设教育贷款办公室，负责组织实施全省20个少数民族贫困县2.6亿元人民币的项目投资建设，包括土建工程、教学仪器设备和图书购置、分类教师和管理人员培训、教育专题研究、教育管理信息系统建设等。到1995年上半年，已完成中小学校舍土建工程（新建、重点和大修）670152平方米，为项目总计划618042平方米的108.4%，从而使20个县的中小学危房率降低到全省平均水平；新配置课桌椅211788单人套，为计划数169648单人套的124.8%，实现了人人有课桌椅的要求。教学仪器和图书配置由省外资贷款办统一实施，按世行《采购指南》要求，委托有资格的招标公司面向全国招标，统一采购分发到项目县及学校使用。1994年完成一标教学仪器采购1342套，投资1400万元人民币，占计划配备套数4624套的29%，1995年完成了余下的全部招标采购任务，投资2300余万元人民币。

1994年完成一标图书采购2394000册，占配备总计划4522990册的40.17%。1995年上半年已全部分发转运到项目学校；二标采购图书计划1996年继续实施。教学仪器和图书采购计划完成后，20个项目县仪器设备、配备率年可达到国家规定标准，图书可达生均中学生7至9册，小学生5至7册，另外，依托大专院校和教师进修学校，采取长短期相结合，脱产与业余并举的形式，对项目县的师资和学校管理人员进行了学历和岗位培训。项目实施以来，累计培训师资31757人次，为计划数20388人次的155.7%，省级培训各类管理人员500余人次。还为20个项目县购置486型计算机和复印机各一台，培训信息管理人员120人次，普遍建立了中小学基本情况、教职工情况、设备和固定资产情况、财务管理四个数据库，为教育管理规范化、科学化打下了基础。

云南省世行贷款扶持贫困地区民族教育项目的实施，大大改善了办学条件，提高了校长、教师的素质，改进了教育管理，提高了教育质量和办学效益，加快了受益县普及九年义务教育的步伐，缩小了与全省教育水平的差距，为省内其他县提供了经验和示范。主要效益指标与项目实施前相比显著上升：如适龄儿童入学率由92.8%提高到96%，小学毕业生升入初中由55.9%提高到69.8%，一至六年级学生平均留级率由11.6%下降到5.7%。初中招生数由100.6万增加到136.2万人。校均规模由400.5人增加到506.8人。学校危房率由5.6%降低到2%。

撰稿 郎畴生 戴梅芳
吕昆池 陈洪武
审稿 海 淞

西藏自治区教育

概　况

〔基本情况〕

1995年各级普通学校基本情况

单位：人

学校类别	学校数（所）	毕业生数	招生数	在校学生数	教职工数 计	教职工数 其中专任教师
一、普通高等学校	4	525	1175	3878	1818	782
研究生						
本科生		310	466	1428		
专科生		215	709	2450		
二、中等专业学校	16	1196	1707	5575	1466	746
中等技术学校	11	693	872	3079	1003	498
中等师范学校	5	503	835	2496	463	248
三、普通中学	86	7155	12239	32711	3666	2834
高中		1399	2489	5356		514
初中		5756	9750	27355		2320
四、农业、职业中学	2	34	158	326	12	6
高中						
初中						
五、工读学校						
六、小学	3943	14412	59963	258651	14090	13349
七、特殊教育						
八、幼儿园	29		2749	4087	347	201

制表　次仁国杰

〔**实施《纲要》措施和进展**〕 1995年，自治区党委、人民政府作出了《关于实施科教兴藏战略，加速科技进步的决定》，对全区教育工作提出了新的要求。年内召开的自治区第五次党代会，对全区教育工作又提出重要意见。自治区教工委、自治区教委根据自治区第五次党代会的精神，提出了《关于贯彻落实区五次党代会精神的意见》(以下简称《意见》)。《意见》由三大部分组成：(一) 从战略全局的高度认识德育工作的重要性，进一步加大全区各级各类在校生德育工作的力度，力争使培养社会主义建设者和接班人的教育宗旨的实施万无一失。并提出加大德育工作力度的五大措施：一是加强爱国主义、社会主义、集体主义教育的工作力度。二是加强对在校生民族观、宗教观的教育。三是把好教材关。四是把好师资关。五是加大德育在教育质量评价中的比重。(二) 调整教育结构，提高教育质量，为社会主义市场经济建设和社会全面进步服务。在这一部分内容里强调，要认真实施“121”教育工程，特别是建立重点中小学和加强师资队伍建设两项工作。关于开办职业技术教育，《意见》提出，力争在1996年内大部分地（市）建立职业技术教育中心，争取在1996年内，多数未升学的小学、初中毕业生都能受到职业技术培训，到本世纪末，做到未受过职业培训的学生不能上岗、不被录用。(三) 加强党的建设，改善党的领导，改进机关服务工作。

1995年，自治区教委根据“规划、指导、监督、协调、服务”的职能，出台或拟定了一系列加强全区教育管理工作的重要文件。年初制订了《西藏自治区教育事业费预算核拨办法》、印发了《西藏自治区教师队伍建设规划》，5月份，会同财政、物价等有关部门制定下发了《西藏自治区中小学收费项目和标准》、制订了《西藏自治区解决民办教师问题办法》、出台了《西藏自治区教育电视台、地面卫星接收站管理规定》，制定了《西藏自治区中小学办学条件标准》，拟定了西藏自治区教育事业“九五”规划和2010年远景目标。年内，自治区教委深入实际，进行了大量的调查研究及检查服务工作。年初，由区教委主要领导带队，赴昌都等地检查了全区第五次教育工作会议精神的贯彻落实情况；年内区教委组织工作组对拉萨市区部分中小学收费情况进行了检查、纠正；组织工作组开展了全区各级各类学校自编教材（含传统教材）的调研活动；对拉萨市城关区和曲水县的“普六”情况进行了验收；先后召开了全区乡村学校康马现场会和全区职业技术教育山南现场会；组织了《教育法》、《教师法》宣传活动和全区第四次优秀教师、先进教育工作者的评选与表彰活动。自治区教材编译部门、电教馆和民族教育研究所，积极为改革和发展西藏教育服务。自治区教材编译局不仅承担了多种学科多种教材的编译工作，年内还对全区80多所学校教学仪器的管理、使用情况进行了调查，建立了教学仪器档案，实行了实验室管理的评估制度。自治区电教部门对拉萨、日喀则、山南、林芝、那曲、格尔木办事处等50个县共计60座教育单收站、4座教育电视台进行了历时3个月的调查研究，对30座教育单收站进行了重新调试，对基层单收站和教育台工作进行了具体指导。自治区电教馆，努力开发电教教材，年内拍摄、制作了一批适合本区实际的电教教材，其中《小学藏语文》第一册投影片获得1995年全国小学语文、数学、思想品德和自然电教教材三等奖，专题片《内地西藏 千里情牵》获 1995 年中国教育电视协会德育、爱国主义电视节目三等奖。年内还创办了《西藏电教》，加强电教宣传。自治区民族教育研究所，定期出版藏、汉两种文字《西藏教育》杂志，努力宣传教育方针政策，促进教育经验与信息交流，继续承担全区教育科研项目的立项管理工作；承担多项教研任务，集中精力狠抓全区中学藏语文授课试点工作，使这项工作取得圆满的成功。

1995 年印发《西藏自治区教师队伍建设规划》，是本区实施《纲要》的一项重大举措。这个规划由四大部分组成，即教师队伍现状、教师队伍建设目标、实现规划的途径和实现规划的措施。《规划》提出的本区教师队伍建设的总体目标是：采取各种有效措施，到下世纪初，建立一支具有较好政治业务素质、数量足够、专业结构合理、相对稳定，以少数民族为主体的教师队伍。根据教师队伍建设的具体培养目标，今后 9 年全区需新增教师 10000 人。其中高校需增加教师 550 人，中等专业学校需增 400 人，高中（含职业高中）需增 750 人，初中需增 2600 人，小学需增 5700 人。根据本区教师队伍建设的培训目标，通过对新教师试用期及对在职教师多渠道、多种形式的培训，到本世纪末，使 70％以上教师达到合格学历，80％以上教师达到任职要求。《规划》还提出了选拔培养骨干教师与改善和加强民办教师的工作。通过做好 1000 名中青年骨干教师、100 名教学能手的评选活动，加强骨干教师队伍建设。根据“加强培训，提高质量，调整整顿，减少数量，改善待遇，加强管理”的指导思想及“关、转、招、辞、退”的工作方针，加强和改善民办教师工作。到 2000 年，将民办代课教师人数控制在 3000 人以内。《规划》提出实现规划的主要途径为：（一）充分利用西藏大学、西藏民族学院和西北师大等区内外师范院校的有利条件，为本区培养中学以上师资 4500 人左右。（1）在内地西藏高中班中，每年安排 60 名左右高中毕业生到区外高等师范院校学习，毕业后补充高中以上师资；（2）在西藏大学、西藏民族学院每年安排 90 名本科生招生计划，毕业后，分配到高中以上任教；（3）西藏大学、西藏民院、西北师大、青海师大等师范院校每年安排 300 名招生计划，培养初中各科教师；（4）拟从内地志愿进藏应届大学生中和内地有关省市招聘中学教师 200 名；（二）采取各种形式，培养小学合格教师 6000 人左右。（1）每年选拔 600 名左右内地西藏班和区内初中毕业生到内地中等师范和区内各师范学校学习，毕业后到完全小学任教。2003 年，可培养 5000 人；（2）每年从区内初中毕业生中，定向招生培养初级小学教师 200 名左右，到 2000 年，可培养 1000 人左右。（三）贯彻“智力援藏”方针，各地市、院校积极与内地对口支援的省市、院校联系，为本区培养各类师资。（四）努力培训在职师资。（五）调整不合格教师。《规划》还提出实现规划的主要措施为：（1）认真贯彻《教师法》，依法加强师资队伍建设；（2）优先发展师范教育；（3）完善制度，依法管理教师；（4）改善教师待遇，稳定师资队伍；（5）各地市、各学校要保证培训在职教师所需经费；（6）各地市、各学校根据本规划制订出切合本地、本校实际的教师队伍建设规划，并付诸实施；（7）各级督导机构要把教师队伍建设作为评估的重要内容，对此项工作做得好的地市、学校给予物质和精神鼓励。

〔**教育投入与支出**〕 据初步统计，1995 年全自治区教育事业费支出为 29724 万元，其中，小学经费支出为11730万元，中学经费支出为7510万元，职业教育经费支出为46万元，中等专业学校经费支出为1796万元，高等学校经费支出为4104万元。

1995年，普通小学公用经费为3159万元，普通中学公用经费为1953万元，职业教育公用经费为14万元，中等专业学校公用经费为688万元，高等学校公用经费为1429万元（以上数据由自治区财政厅提供）。

撰稿　白玛次仁
审稿　孟德利

基础教育

〔**综述**〕　1995年，西藏自治区基础教育得到迅速发展。截止年底，全区的幼儿园、小学和中学已增加到4058所，其中幼儿园比上年增加6所，在园儿童比上年增加1570人；幼儿园教职工比上年增加47人，专任教师比上年增加32人；小学比上年增加466所，小学招生比上年减少3525人，小学毕业生数比上年增加2828人，小学在校生比上年增加25675人；其中小学少数民族在校生为251926人，比上年增加25652人，占小学在校生总数的97.4%；小学教职工比上年增加1700人，其中少数民族教职工13554人，占96.2%；小学专任教师比上年增加1835人，专任教师中少数民族教师有12812人，比上年增加1825人，占专任教师总数的96%；全区普通中学比上年增加9所，中学在校生比上年增加3986人，中学招生比上年增加1508人，中学毕业生比上年增加846人，其中少数民族在校生28449人，比上年增加3301人，中学少数民族学生占在校生总数的87%。中学教职工比上年增加66人，其中少数民族教职工2646人，占教职工总数的72.2%，中学专任教师中少数民族专任教师1990人，占70.2%。中学专任教师比上年增加143人，其中少数民族专任教师比上年增加157人。1995年，全区适龄儿童入学率为70%。

1995年，从区内小学应届毕业生中招收1300名学生到内地西藏班（校）学习，另外招收汉族考生124人（报考471人）。这一批招收到内地学习的主要是县以下进藏干部职工子女、内地办学初中毕业生共1189人，录取到内地高中361人、录取中师280人，录取非师范中专548人；内地办学高中毕业生266人，文、理科共录取265人。

1995年，中等师范学校继续招收初级师范生200名，扩大了中等师范定向生的招生规模。组织68名教师参加了“双语”教学和劳技教育培训；有160名民办教师经过考试转为公办教师；招收“民师班”140名；组织了民办教师资格证书考试。目前，全区1.77万中小学教职工中有民办教师6000余人。民办教师中$\frac{2}{3}$为小学肄业文化程度。

1995年，除“大庆”项目外，全区教育基建投资共计8200万元。全年新建中学12所，完小83所，村小学414所，改扩建乡完小72所。各级党委、政府在研究教育决策、教育投入等方面普遍落实了教育优先。一年中，在地、县两级地方财政收入中对教育的投入就达2200多万元，多数地、县都超过17%的比例。同时，各地、县积极争取对口支援省、市对教育的援助，到年底为止，资金已经到位或已经落实的已达3200万元。1995年，全区中小学校舍占地面积1215,2052平方米，其中小学校舍占地面积917,7882平方米，中学校舍占地面积297,4170平方米；中小学校舍建筑面积173,0280平方米，比上年增加20,2793平方米，其中小学校舍建筑面积118,8012平方米，比上年增加14,3215平方米，中学校舍建筑面积54,2268平方米，比上年增加5,9578平方米；中小学校舍危房面积18,7441平方米，比上年增加6,0799平方米，其中小学校舍危房面积15,0061平方米，比上年增加6,2087平方米，中学校舍危房面积3,7380平方米，比上年减少1288平方米。中小学危房面积比例由1994年的8.3%上升到10.8%。

1995年，既是实行高中考试入学制度改革的第一年，优先录取1000名高中生；也是高中阶段实行会考制度毕业生参加高考的第一年。由于高度重视、精心组织，考试录取工作顺利完成，考生的升学成绩有所提高，基本完成了各类招生计划。

〔**义务教育**〕　自治区人民政府印发的《西藏自治区实施义务教育规划》确定本区实施义务教育的总体目标是：全区至2000年，小学入学率达到80%以上，普及六年义务教育人口覆盖率达到80%；至2003年，全区基本普及六年义务教育，小学入学率达到85%以上，“普六”人口覆盖率达到85%以上；至2010年，全区基本普及九年义务教育，初中入学率达到85%以上，“普九”人口覆盖率达到85%以上。《规划》将全区73个县市区分为三种类型地区，分别确定了相应的实施步骤：一类地区，拉萨市城关区占全区总人口的6%，2000年以前普及九年义务教育；二类地区，52个县市，占全区总人口的71.4%，2000年前后基本实现“普六”，其中16个县市2003年以前基本实现“普九”，其余县2007年以前基本实现“普九”；三类地区，占全区总人口的22.6%，2000年以前基本普及三年义务教育，2005年以前基本实现“普六”，2010年以前基本实现“普九”。为了实现这一目标，自治区教委从加强义务教育法制建设，强化义务教育宣传，加快学校布点建设，大力提高办学层次，努力作好实施义务教育的各项基础工作入手，以加强教师队伍建设，努力提高教育质量，实行义务教育目标责任制，抓点带面，努力提高义务教育管理水平为重点，开展了卓有成效的工作。

1994年，自治区教委在拉萨市曲水县组织召开全区首批“普六”现场会。树立了农区普及教育的“曲水模式”。1995年，自治区教委又在西藏日喀则康马县组织召开全区乡村教育现场会。康马县是一个半农半牧县，平均海拔4300米，经济基础较薄弱，县委、县政府重视教育，确保教育优先，发动和依靠群众自力更生，艰苦奋斗，短期内完成了学校布点任务，实现了“一无两有”，小学入学率达到了86%。康马的这种办学精神在全区各地引起了强烈反响。1995年，经自治区验收通过，拉萨市的曲水县和城关区两个县区已经实现了“普六”目标。

〔**德育工作**〕 根据西藏自治区第五次党代会和全区第四、五次教育工作会议对学校德育工作提出的要求，进一步加强了对中小学生进行爱国主义、社会主义、集体主义教育的工作力度，强调从娃娃抓起。1995年，自治区教委下发修改和完善有关德育文件的同时，组织工作组检查部分学校的中小学《德育大纲》和中、小学生《日常行为规范》的执行情况。要求全区各中小学在校生在维护祖国统一，反对分裂的斗争中立场坚定，态度鲜明。西藏内地办学的各级学校，除对学生进行上述相关内容的教育外，要切实对学生进行热爱西藏、热爱家乡和艰苦朴素的传统教育，培养能在西藏艰苦环境下愉快工作并具有开拓、进取精神的一代新人。自治区教委特别强调加强对在校生的民族观、宗教观教育。要大力宣传“两个离不开”的思想，反对狭隘地方民族主义思想，增强民族团结，各中学要把民族观、宗教观教育作为政治课中的必修课。要讲好学好，联系实际，取得成效。坚持“宗教不得干预教育”的原则，让马列主义理论、观点占领讲坛，不留死角。在重视和加强学校德育工作的同时，对中小学校的体育卫生工作也引起了应有的重视。

〔**体育卫生工作**〕 1995年，自治区教委组织开展了全区第三次学生体质健康状况的调研工作，对4000多名中小学生进行了体质健康状况检测，取得了大量数据，为进一步搞好学校体育卫生工作提供了依据。年内组队参加了全国第六届中学生运动会和全国第二届中学生小歌手比赛。

〔**教材建设**〕 为了在全国普及推广九年制义务教育，国家教委从1993年秋季起在全国使用8套不同学制、适应不同地区的教材。为了达到国家教委提出的“藏、汉文教材配套建设，同步供书”的要求，自治区教材编译部门承担了中小学14门学科、328种教材的编译任务。从小学到高中全套“双语”教材和藏语文中师教材的编写在自治区尚属首次，在上级领导的重视和教材编译人员几年的艰苦努力下，截止年底，共完成各种教材222种（含大纲、课本、教参、练习册），总字数达3661.14万字，先后召开教材审查会议22次、审查大纲15种、教材122种、学科名词术语3800条。为顺利实施义务教育，保证“课前到书、人手一册”做出了积极贡献。自治区党委、政府重视教材工作，针对1994年自治区教材供应拖期严重的问题，年内多次召开专题会议研究教材工作，对1995年春、秋两季教材供应工作提出了明确的要求。1995年，教材编译、出版、印刷、发行等部门克服时间紧、任务重、电力和原材料紧张等实际困难，顺利完成了秋季教材的供应任务。

〔**双语教学**〕 本区实施义务教育法办法规定:“自治区逐步完善以藏语文授课体系为主的藏、汉两种教学用语体系”。自治区教委重视区内中小学、内地西藏班的藏语文教学及中小学藏语文授课体系的建立和完善工作。1995年，自治区教委创办的全区4所中学4个高中藏语文授课试点班已走完从初一到高三的6年历程，顺利完成了自治区中学藏语文授课试点工作。从试点结果看，在1995年全国普通高校招生考试中，高中试点班103名（试点班学生总人数为129人）考生的成绩达到高考录取最低控制分数线，其中文科考生上线48人，理科考生上线55人，上线率为79.8%。而非试点班民族考生上线率为39.34%，试点班比普通班高出40个百分点。1995年8月，自治区教委召开高中藏语文授课试点班经验交流暨总结表彰会，表彰奖励在试点工作中作出突出贡献的先进集体和个人。自治区有关部门和领导对高中藏语文授课试点工作所取得的成绩给予了充分肯定。自治区教委有关领导对本区今后中小学藏语文授课体系的建立和完善工作做了具体安排和部署。

目前，全区除部分城镇小学使用汉语文授课外，全区95%以上的小学实现了藏语文授课，近几年新培养的小学教师多数能用藏语文讲授各门课程；山南地区率先实现了从小学到高中藏语文授课体系的建设工作，其余地市的部分县中学开始使用藏语文授课。近几年培养中学“双语”教师500余人，完成了从小学到高中的全套藏文教材编译工作，为进一步完善和发展中小学藏语文授课体系奠定了良好的基础。

撰稿　索朗顿珠

审稿　孟德利

职业教育

〔**综述**〕　1995年是西藏自治区采取重大举措认真落实全区第四、五次教育工作会议提出的大力发展职业技术教育的指导思想的一年。1995年3月，自治区教委组成了“西藏自治区教委职教考察团”前往内地考察学习。考察团由自治区教委两名副主任带队，成员由昌都、拉萨、山南、那曲和日喀则等5个地(市)教体委有关负责同志及自治区教委成人教育处、中小学教育处的有关负责同志组成。考察团带着实地学习考察“人家是怎么干的”，进一步研究探讨“我们西藏怎么干”的任务，从1995年3月20日至4月8日先后分别对河北省和四川省的13个县（市）的职教进行了考察。考察团返回西藏后，根据考察团的任务，写出了“赴河北、四川职教考察报告”。“报告”总结了河北、四川两省职教改革发展的基本情况、基本经验和思路，并就大力开创全区的职教新局面提出了若干建设性意见：(1) 提高认识，统一思想，把发展职教摆在突出位置；(2) 主要领导抓职教，政府统筹办职教，抓紧建立全区职教管理体制的基本框架；(3) 努力建立和完善适合全区实际的职教体系；(4) 把建设自治区和地（市）两级职教中心作为开创全区职教新局面的主体工程抓紧抓好；(5) 加大改革力度，努力办好作为自治区中等职教骨干的普通中专学校；(6) 努力探索推行适合职教特点的办学模式；(7) 抓紧建立发展职教的有力社会保障机制，积极地逐步实行“先培训、后就业”的原则；(8) 多渠道筹措职教经费，努力增加职教投入；(9) 高度重视职教管理干部队伍建设，多渠道解决职教师资来源。除以上若干意见外，“报告”就1995年要抓的几项具体工作提出了要求。

为达到动员全社会各方面力量，加快调整教育结构的步伐，把大力发展职业教育摆在突出位置，明确思路，振奋精神，真抓实干，大力开创本区职业教育新局面的目的，自治区党委、政府召开了全区职业教育山南现场会。自治区党委副书记丹增同志代表自治区党委和人民政府作了题为《大力发展职业教育，努力促进我区经济发展和社会进步》的重要讲话。《讲话》提出的本区发展职业教育的指导思想和目标是：从现在起到本世纪末或下世纪初，在各级党委和政府的领导下，动员全社会各方面的力量，主动适应西藏经济、社会发展和农牧民群众脱贫致富的需要，积极发展职业教育，努力提高劳动者素质，初步形成与社会主义市场经济和社会发展需要相适应的，与其它各类教育形式共同发展、相互衔接、比例合理的职业教育体系。认真贯彻实施以小学后、初中后、高中后“三级分流”为主，兼顾其教育形式的职业教育办学方针和坚持“先培训、后就业”的原则，广泛开展各种层次的职业培训、职业预备教育和职业学校教育，逐步建立自治区、地(市)、县三级职业教育基地，全区新建8所职业教育中心或职业学校，有条件的县中、小学要开办职业教育班、办多功能学校。通过职业教育或培训，要使全区主要城镇80%的新增劳动力受过初中以上程度的职业教育，全区现有企业职工80%受到必要的岗位培训，高中阶段职业学校在校生（包括各种形式的职业培训生）占高中阶段在校生总数的相当比例。农牧区和城镇不能继续升学的“三后生”(小学后、初中后、高中后) 都要受到一定程度的职业教育或实用技术培训。通过上述指导思想的贯彻和各项目标任务的逐步完成，最终走出一条具有西藏特色的职业教育和其它教育协调发展的教育发展路子。这条路子要包括并坚持以下几个方面的基本内容：(1) 发展职业教育最根本的问题，就是要使教育更好、更快、更直接地为农牧民群众、城镇居民的脱贫致富奔小康服务，为西藏的经济建设服务；(2) 发展职业教育最核心的问题，就是发展职教和职教本身要“不拘一格”；(3) 发展职业教育最关键的问题，就是要走联合办学的路子，动员各方面的力量，发挥全区教育资源的整体效益。丹增同志在谈到“切实加强领导，采取有力措施，推进职教发展”时，提出了四条意见：(1) 党委重视、政府统筹，一把手亲自抓；(2) 分批建立职教中心，抓好骨干示范学校；(3) 必须坚持“先培训，后就业”的原则；(4) 真抓实干，从队伍抓起。会议期间，山南地区及3个县的负责同志交流了各自的经验，代表们实地考察了山南地区职业中学和贡嘎、扎囊、乃东三县的职业学校。自治区人民政府副主席次仁卓嘎对会议作总结，并就如何贯彻会议精神提出了意见。这次会议使各地市、各部门的领导进一步提高了对发展职业教育重要性的认识，增强了搞好职业教育的责任感和紧迫感。

〔**职业学校建设**〕 1995年，自治区教委组织了中专学校校长赴内地考察职业技术教育情况的活动，和四川联大职业教育师范学院洽谈，就培养本区职业教育师资问题，与对方达成了意向性协议；组织选派7名教师到浙江大学职教学院和北京中国科技经营管理大学进修学习。

1995年中等专业学校毕业生数比上年减少95人；招生人数比上年增加176人；在校生数比上年增加385人，在校生数中少数民族学生3971人，比上年增加648人，少数民族在校学生占总在校生数的71.2%；教职工数比上年增多27人，其中少数民族教职工982人，占教职工总数的66.7%，专任教师比上年增加2人，其中少数民族教师434人，占专任教师总数的58.2%。到1995年，内地中专在校生约1700人。区内大学附设中专在校生数632人。区内外中专在校生总数约7900余人。到1995年止，全区正规的职业中学只有1所，即山南地区职业中学。山南地区职业中学的学生和教职工均为少数民族。1995年，山南地区的贡嘎、扎囊、乃东、琼结、加查5县建有职业学校（中心）或办有职业技术培训班。到年底为止，山南地区(包括5个县)的职业教育开设17个专业，在校生达700余人。

〔**教育教学改革**〕 1995年，各中专学校在教育教学改革方面进行了一些不同程度的改革。但中专学校改革的难度较大，改革力度也不够。自治区党委副书记丹增在全区职业教育山南现场会讲话中，指出西藏现有中专学校存在的主要问题：一是办学的行业或部门性强、学校内专业性强、学校对社会服务面窄；二是单一的中专学历教育，限制了学校整体效益的发挥；三是中专、技校相对集中在拉萨城区，对农牧区辐射功能差。《讲话》指出，如何在职业教育中继续发挥中专、技校的骨干作用，出路在于改革。在目前管理体制下，各中专、技校都应办成所属部门、行业培养中等专业技术后备人才的基地，进行成人教育和职工培训的基地。在目前隶属关系不变的前提下，逐步打破部门界限，积极推行联合办学，要坚持开放性办学路子。学校要逐步进行招生、收费、分配制度改革，增强办学活力，提高管理水平、教育质量和办学效益。

全区目前唯一较正规的山南地区职业中学在教育教学改革方面的基本经验和做法是：第一，坚持“面向农牧区，学习一技之长，投身家乡建设”的办学宗旨。这是办好职中的根本保证。山南职中为适应从计划经济向市场经济的转变，为培养农牧区培养留得住、养得起、用得上的初、中级专业技术人才，面向广大农牧区，实行从哪里来到哪里去的办法，走自谋职业的路子。第二，一切从实际出发，以市场为导向，做好开设专业前的市场调研和预测工作，综合考虑市场需要和当地社会经济发展的实际及学校办学条件，选择并设置专业。主动适应市场的竞争，经受市场优胜劣汰的考验。讲究实用，注意实际，力求实效是他们选择专业的基本原则。专业设置灵活多样，力求实用，是他们开设专业的一大特点。自创办学校至今的短短两年多的时间里，学校先后开办了乡医、绘画、卡垫编织、缝纫、驾驶、机电维修、特教、礼仪公关、微机、英语导游、美容美发11个专业，目前共开设9个专业的教学班。第三，面向区内外，广求贤才，选聘具有真才实学、技术精通的专业技术人才担任专业教师，并为他们创造较好的教学、生活条件，充分调动他们的积极性。这是解决专业师资匮乏的有效途径，也是办好职中的重要条件。两年当中，该校已先后聘请区内外专业教师20人，这些教师以自己精湛的技艺，一丝不苟的敬业精神，赢得了全校师生的好评，为职业中学的发展作出了贡献。第四，以专业教学为中心，狠抓教学和生产两件大事，正确处理文化课与专业课、教学与生产之间的关系；确保教学质量的稳步提高，确保经济效益的持续增长。该校以培养掌握一技之长的实用人才为己任。从办学的第一天起，对学生提出了“专业不精，不算好学生”的口号，切实把专业教学当作一切工作的出发点和落脚点。在办学的实践中，正确处理两个关系：一是文化课与专业课的关系，把教学的重点放在专业教学上，文化课服从与服务于专业教学的需要，为专业教学补充必要的基础知识；二是正确处理生产与教学之间的关系，把生产劳动作为教学的重要组成部分，注重教学中的实践环节，以生产促专业教学。为提高专业教学质量，开展了形式多样的教学检查评比活动：分阶段举办学生作品（产品）展，对于评出的优秀作品（产品）给予精神和物质鼓励；将学生的作品（产品）推向市场，接受市场和社会的检验；学校领导不定期地深入各专业教学班，当场考试、抽查教学情况。第五，强化管理服务功能，在日常管理的基础上，重点加强学生管理与思想品德教育，积极做好组织协调工作，为专业教学创造良好的内外部环境。山南职中在办学中的不少做法，体现了“活”与“实”两大特点，这值得其他专业技术学校在今后的教育教学改革中借鉴。

撰稿 白玛次仁

审稿 孟德利

高等教育

〔**综述**〕 1995年，全区普通高等学校招生比上年增加80人，毕业生比去年减少96人，在校学生比上年增加598人；教职工比上年增加47人，专任教师比上年增加5人；高校在校学生中少数民族学生1910人，比上年减少656人，占普通高校在校学生总数的49.25%，在高校教职工中少数民族教职工831人，占45.7%，专任教师中有少数民族教师358人，占45.78%。

1995年，自治区第五次党代会对全区高等学校的德育工作和思想政治工作提出了更高的要求。自治区教工委、自治区教委为了贯彻落实会议精神，制定下发了《关于贯彻落实区五次党代会精神的意见》和《关于进一步加强大中专学校政治思想教育工作的意见》。《意见》提出：“我区的大中专教育，要在今后几年内使举办者、管理者和办学者的职责分明，职能规范；逐步调整结构，走内涵发展的道路，努力提高教育质量和办学效益。要逐步调整专业结构，减少专业重复，根据社会需求确定规模，克服贪大求全思想。要努力加强和改进教学管理，逐步使管理走上正规化和科学化轨道，向管理要质量，向管理要效益。要采取多种方式、多种渠道引进大中专学校骨干教师，培养培训在职教师，提高师资队伍的整体素质，提高培养人才的整体水平。扩大学校的办学自主权，走教学、科研、生产三结合的道路，提倡大中专学校出人才、出成果，真正把我区大中专学校办成我区经济建设和社会发展的高、中级人才的摇篮。年初，自治区教委召开全区高校财务工作会议和拉萨地区大中专学校负责人会议，对安排和部署1995年工作，加强高校领导班子建设，加大德育工作力度，加强和完善内部管理体制，走内涵发展的道路等方面作了具体安排。1995年下半年，自治区教委组织工作组，由教委有关领导带队，深入各高等院校开展了调研活动。自治区教委还组织全区大中专学校教材调研组，对全区大中专学校教材建设的总体情况、自编教材的内容等方面进行了深入调研。

〔**学校管理**〕　1995年，全区各高等院校为了培养跨世纪适应西藏经济建设的各类人才，狠抓内部管理，深化各项管理制度改革。西藏民族学院为了使教学管理工作进一步科学化、规范化，先后制订了考试工作规程、招生工作规程、教材管理规程等，逐步理顺了一些常规教学工作程序，同时调整和健全了学校学术委员会、学位委员会、教材委员会、职称评审委员会等机构。在教学管理科学化方面，以实行教学质量目标管理为起点，分解各项教学质量指标，建立教学数据统计制度，对教学工作情况定期检查、公布；在师资管理方面，陆续制订了《关于教师报考研究生及参加研究生班学习的暂行规定》、《关于在青年教师中实行导师制的规定》、《关于教师进修的规定》等规章制度，鼓励青年教师努力提高业务素质。同时，学院修订教学计划，优化调整各类专业的公共课结构，统一开设了藏语文、英语和计算机应用课程；加大专业选修课比例，开设跨系科公共选修课32门，拓宽了学生的知识面，培养了学生自学能力，端正了学风。西藏大学狠抓各教学环节的管理，不断稳定教学秩序，注重加强考试管理，组织有学校领导和有关负责人参加的巡考小组，推行教考分离的改革措施，建立学校试题库；加强教材的订购计划、采购、验收、保管和发放工作，使教材的供应率达98%以上；对历年来的自编教材内容进行自查；制订了实验室有关管理措施，积极创造条件提高实验开发率，对新上岗的实验教师进行了考核、建档工作。制订、修订、颁布实施了一系列管理规章制度，其中主要有《关于聘请本校离退休教师的暂行规定》、《西藏大学各类教学创收管理办法》、《教育实习经费包干管理办法》等。西藏大学还举办了“学校成立二十周年校庆”，向社会宣传西藏大学，展示办校二十年来的创业历程，取得了积极效果。西藏农牧学院从整顿学生纪律入手，狠抓学生管理，建设良好的校风，使学生管理制度化。在一段时间内，农牧学院学生纪律较涣散，学习积极性不高，法制观念淡薄，校园内经常出现打架斗殴、酗酒闹事、损坏公物等现象。学生在考试前后纠缠老师问考题、要分数的现象也时有发生。为了改变这种状况，建设良好的校风、学风，把整顿学生纪律、建设良好学风作为办好农牧学院、建立正常教学秩序的突破口来抓。与此同时，修订和完善了学院的《学生请假销假规定》、《学生违纪处罚条例》、《禁止学生酗酒赌博、不准在公共场所吸烟的规定》、《人民奖学金实施办法》等规章制度，全方位依法治校。既强调自觉，又以法制去约束、治理，经常督促、检查，从根本上转变了校风、学风。特别是奖学金制度的建立，使学生在思想表现、学习自觉性等方面有了大的变化。1995年，针对学院教学上存在的管理松弛、教师思想不稳、缺乏竞争意识等问题，狠抓了教学各环节的检查、督促和落实工作。学期开学前，检查教师的到位情况，要求教师提前两周备好课，并制订出详细的教学进度计划。开学后，根据学院制订的课堂教学评估指标体系，对每一名任课教师的授课情况进行评估，确保课堂教学质量的不断提高；为严格考试纪律，保证教学质量，除加强监考、防止作弊外，制订了《标准化命题检查表》和《考试成绩统计分析表》，实行教考分离和集体阅卷的办法，避免了考试过程中的漏洞；进一步加强了图书馆、微机室、实验室建设，逐步配套更新了资料、设备，新建了一些实验室和实验场地，完善了管理制度，强化质量、效益意识和服务意识，为师生学习、科研提供了方便。

〔**教学工作**〕 1995年，西藏民族学院专业设置由过去的7个增加到1995年的13个，增设了行政管理学、文秘、档案学、法学、税务及预防医学共6个应用性较强的专业。在层次上形成以本、专科专业为主，兼办中专专业，开始研究生教育的探索；规格上形成以学历教育为主，兼办非学历教育，以普通高等教育为主，兼办成人高等教育；渠道上形成以培养任务为主，兼顾区内外兄弟院校联合办学，探索出了多层次、多规格、多渠道办学的新路子。西藏民族学院第八次党代会通过的《西藏民族学院教育改革和发展意见》，提出了学院教育改革和发展的总目标："面向21世纪，把学院逐步办成以文理为主，文、管、经、法、理、工结合，达到全国同类院校中上水平，自治区一流水平，具有西藏特色的社会主义综合性民族大学"。为实现这一目标，学院召开教学工作会议，与会教职工以强烈的责任感和使命感，为学院教学改革献计献策，大家一致认为，西藏社会主义市场经济体制的建立，为高校人才培养提出了挑战，也为学院教学改革带来了难得的机遇。面对新的形势，要加大教学改革力度，狠抓教学质量，使学院工作再上一个新台阶。西藏大学根据学校特点和西藏社会实际需要，进一步解放思想，开拓视野，召开课程设置研讨会，经过各系调研、论证和反复修改，共修订了全校19个专业31种教学计划，修订后的教学计划具有规范性、特色性、可操作性和适用性等特点。西藏农牧学院为使人才培养更好地结合本区实际和社会需要，经过认真调查研究，重新制订了课程设置计划，调整了课程安排总表，修订了教学大纲，删减了不适用的教学内容，并根据培养目标和学生实际，专业特点，重新编写了部分有西藏特色、适用于本院学生水平的教材。学院本着有特色、出人才、出成果、出经验、上水平的原则，优化了专业结构，拓宽了专业方向。1995年，共完成11个专业、3个层次、26份教学计划的修订工作。

〔**科研工作**〕 1995年，全区各高等院校以加强科研管理机构、完善科研管理制度、注重教学科研队伍建设为重点，加大了科研工作的力度。西藏民族学院从提高教师的业务素质，鼓励教师搞科研入手，加强了学校的教学、科研工作。目前，西藏民族学院具有研究生学历的11人，攻读博士学位1人，攻读硕士学位3人，参加硕士学位课程进修班4人，26人在院内导师指导下在职进修。形成了一支拥有5名享受国家和自治区政府特殊津贴专家在内的、初具规模的教学科研队伍。在以科研促进教学，以教学带动科研的指导思想下，学校科研工作取得了显著成绩，截至年底，共发表学术论文832篇，出版学术专著16部教材和教学参考书7部，完成学院以上立项的科研项目60个，获学院奖励的优秀科研成果80项，获省部以上奖励的优秀科研成果5项。西藏大学制订了《西藏大学优秀科研成果奖评审办法》，举行了首届优秀科研成果评奖活动，评出一等奖2名、二等奖15名、三等奖14名；举办了教学经验交流与优秀教学成果奖的评选活动，评出一等奖11名、二等奖12名、三等奖20名；召开第十届学术交流会，提交论文62篇，利用社会捐资设立了“金桥奖励基金”，建立了专业技术人员科研档案。同时针对学校教学工作，召开了课程设置研讨会、教考分离研讨会等学术会议，完成了多项国家和自治区科研项目。西藏农牧学院制订了《西藏农牧学院科研工作管理暂行规定》和《科研工作“九五”规划和2010年远景目标》，召开了首届科研工作会议，调整了科研方向，使该院的科研工作密切与全区经济发展需要和学院的学科建设结合起来。1995年，农牧学院科研立项达27项，有国家项目1个，自治区重点项目7个，大部分为开发型、应用型项目，其中同拉萨食品厂共同研制生产的“红景天袋泡茶”在“全国第三届科技人才交流大会”上荣获金奖；与自治区外经贸厅合作研制成功了8个品类的“南美藜保健食品”和两个系列的“南美藜饮料”，成为外贸承担“510”工程的拳头产品。“红豆杉扦插培育”、“苗木繁育”、“果品加工”、“玉米杂交育种”已得到有关部门的前期投入，与企业的横向联合及对外交流协作已经迈出了可喜的一步。高原生态研究所在徐凤翔教授的带领下，除抓好调查研究、基础设施和成果总结外，经批准与有关部门合作，在北京建立了“北京灵山生态研究所”，同时正在筹建“西藏博物园”。通过科研，培养和锻炼了一批教师，涌现出了一些新的学科带头人，促进了整体教学水平的提高。

撰稿　索朗顿珠

审稿　孟德利

成人教育

〔**扫盲工作**〕　1995年，自治区教委继续重视了农村扫盲。自治区教委为广大农村编印、供应了15万余册的扫盲教材和扫盲辅助读物，拨付扫盲奖励及补助专款8万余元，为有特殊困难的县、乡提供汽灯、蜡烛、粉笔等价值2万余元的扫盲用品，为部分县、乡解决了开展扫盲工作的一些具体困难。1995年自治区教委对全区11个县的扫盲工作进行了督促检查。自治区妇联和自治区团委通过开展“双学双比”、“巾帼建功”及“乡村青年小康行动”活动，有力地配合和推动了全区的农村扫盲工作。据统计，1995年，全自治区共有4680个扫盲点，参加扫盲学习的人数达到6万余人、全年扫除青壮年文盲21860人，全区青壮年文盲由1994年的58%下降到目前的56%左右。尽管自治区在农村扫盲困难多、难度大的情况下，为扫除青壮年文盲作出了不少的努力，但西藏的扫盲工作离到本世纪末基本扫除青壮年文盲的目标还有很大的差距，农村扫盲的任务仍然十分艰巨，扫盲工作力度有待进一步加强。

〔**自学考试**〕 1995年，进一步完善了自学考试制度，增设了文秘、英语等“热门”专业，全区共开有10个自考专业，所设科目达119门，对藏文大专自考计划进行了较大的调整，删去了部分科目，增加了哲学、写作和中国革命史科目；继续加强了自考辅导和教材供应等服务工作，全年组织了两期自学考试辅导班，对在拉萨市（区）的300余人（次）进行12门课程的自学辅导，为考生提供3000余册自考教材。1995年，精心组织了春季和秋季两次自学考试，全年参加自学考试的达3308人（次），上半年及格596科（次），下半年及格487科（次），全年单科及格率为35%，有34人领到了毕业证书。

〔**成人中专与高校招生工作**〕 1995年，国家与自治区下达了成人中专招生计划180人，民办代课教师班招生计划140人。今年报考成人中专人数为267人，报考民办代课教师班人数为922人，实际录取成人中专生57人（其中少数民族35人，占61.4%），完成计划的31.6%；民办代课教师考生实际录取140人（其中少数民族110人，占78.6%），完成计划100%。1995年，中央、国务院所属各部委局分配给自治区招生计划447人，区内院校招生计划60人，共计招生计划507人，报考成人高校人数966人，实际报考918人，录取人数371人（其中少数民族153人，占41.24%），完成计划的73.18%，是近年来完成计划最好的一年。

撰稿 白玛次仁
审稿 孟德利

陕西省教育

概　况

〔基本情况〕

1995年各级普通学校基本情况

单位：人

学校类别	学校数（所）	毕业生数	招生数	在校学生数	教职工数 计	其中专任教师
一、普通高等学校	46	39399	43612	136815	52440	20200
研　究　生	(24)	1917	2896	8530		3083
本　　科		18474	24248	87233		
专　　科		19008	16468	41052		
二、中等专业学校	112	23959	34833	95068	16497	7036
中等技术学校	90	16374	25977	71947	13573	5391
中等师范学校	22	7585	8856	23121	2924	1645
三、普通中学	2788	374844	557055	1450717	129046	100084
高　　中	566	68648	105292	273832		21923
初　　中	2222	306196	451763	1176885		78161
四、农业、职业中学	285	33950	61106	119080	11333	6880
高　　中	270	32692	58504	113595		6500
初　　中	15	1258	2602	5485		380
五、工读学校	1	18(离校人数)	104(入校人数)	122	45	27
六、小　　学	36471	501187	862997	4515750	200359	183152
七、特殊教育学校	28	342	1594	6988	553	383
八、幼　儿　园	1380		686316	789110	23198	17708

1995年各级成人学校基本情况

单位：人

学校类别	学校数（所）	毕业生数	招生数	在校学生数	教职工数 计	教职工数 其中专任教师
一、成人高等学校	41	19156	33529	94301	7551	3353
广播电视大学	2	4054	5993	16767	2211	1101
职工高等学校	28	1830	2878	7388	2883	1194
农民高等学校						
管理干部学院	5	1462	1472	3658	1022	410
教育学院	6	2660	2666	13218	1374	648
独立函授学院						
普通高校举办：						
函授部		6042	11992	34236		
夜大学		2412	3084	8929		
干部专修科		696	5444	10105		
二、成人中等专业学校	125	9621	22608	52125	4558	2242
广播电视中专	3	2066	8026	18580	565	348
干部中专	2	30	88	130	74	37
职工中专	33	1643	4884	11269	872	403
农民中专						
函授中专	2	4346	5196	14440	811	281
教师进修学校	85	1536	4414	7706	2236	1173
三、成人中学	37	2040	2462	2710	230	179
职工中学	26	1278	1700	1948	171	150
农民中学	11	762	762	762	59	33
四、成人技术培训学校	16516	2373545	1092962	1764367	14986	4583
职工技术培训学校	277	57959	58628	48619	1945	1044
农民技术培训学校	166239	2315586	1034334	1715748	13041	3539
五、成人初等学校	11465	238227	232009	250696	12145	2231
职工初等学校	11	315	675	675	30	13
农民初等学校	11454	237912	231334	250021	12115	2218
其中：扫盲班	10519	230152	221047	239070	11344	2054

〔政策法规建设〕 1995年3月《中华人民共和国教育法》颁布之后，省教委为使全省教育尽快走上依法治教的轨道，对全省教育系统学习、宣传、贯彻《教育法》工作进行了具体部署与安排。5月，举办教育干部《教育法》5期学习班，共培训地（市）、县（区）教育局长和大学、中专学校校长300余人。7月，省教委组织《教师报》编辑部、省

教育学会、省教育工会和省教师奖励基金会等单位开展了一次面向社会的《教育法》知识竞赛活动，参赛者达5000余人，对成绩优异的70名参赛者颁发了获奖证书和奖金。9月，在全省范围内开展了《教育法》宣传月活动，充分利用广播、电视、报刊等多种新闻媒介，通知、领导讲话、专题文章，编发音像及文字资料等多种形式，掀起一个学习、宣传《教育法》热潮。省委书记安启元接受采访，围绕陕西如何实施《教育法》回答了记者的提问。省长程安东撰写并发表了题为《认真实施〈教育法〉，落实教育先行科教兴陕战略》的文章，他指出，只有实施《教育法》，才能确保教育优先发展的战略地位，才能加快教育的改革和发展步伐，强调实施《教育法》，政府行为必须到位。

加快了地方教育法规建设的步伐。《陕西省实施〈中华人民共和国教师法〉办法》，经过广泛征求意见和反复论证修改之后，于8月30日由省人大常委会讨论通过，已颁发实行。起草了《陕西省社会力量办学条例》，报省法制局审核。

〔**教育经费收入与支出**〕 1995年，陕西省国家财政预算的教育事业费支出达到177642.2万元，比上年增长16.4%。多渠道筹措教育经费支出达到122222.3万元，比上年增加39565.2万元。

但从各级生均预算公用经费支出情况看，尽管普通中学、职业中学、普通高等学校生均公用经费支出比1994年略有提高，可是占经费支出总额的比重仍然很低，普通中学为9.7%，普通高校是33.6%。而小学生均公用经费支出仍在减少，1995年为8.26元，比1994年减少2.4%；占经费支出总额的比率也在下降，1994年是5.36%，1995年只有4.87%，下降0.49个百分点。普通中学1995年生均公用经费支出为48.94元，比上年的37.27元增长31.3%；职业中学为148.88元，比上年135.64元增长9.76%，但如果扣除中央增加的教育专款部分，普通中学的公用经费实际上并未增加多少。另外，由于制定的中小学公用经费定额缺乏强制性，地方财政在安排年度预算时，除几所直属学校外，一般不给其它学校安排公用经费，有的甚至连工资性支出也留有缺口。总之，投入有所增加，公用经费短缺，矛盾相当突出。

从1995年多渠道筹措教育经费看，仍存在机制不健全与渠道不畅通的问题。针对以上问题，陕西省教委正在争取省政府出台增加教育投入的相应政策与措施。同时，在与有关部门反复协商的基础上，提出了开征新的地方教育费附加的意见，有待省政府审定。

基础教育

〔**义务教育**〕 1995年，陕西省以贯彻落实全国和全省教育工作会议精神为契机，积极推动普及九年义务教育，认真抓好“两全”，使基础教育水平有了新的提高。全省又有14个县（市、区）达到实施九年义务教育的基本标准和要求，累计普及九年义务教育的县（市、区）达到28个，人口覆盖率达到31.33%。又有220个乡（镇）实现了普及六年义务教育的基本标准和要求，累计普及六年义务教育的乡（镇）达到2490个，人口覆盖率达到97.14%。小学适龄儿童入学率达到98.97%，其中，女童入学率达98.68%；小学生辍学率下降到2.0%；小学生毕业升学率达89.44%。初中毛入学率为94%。特殊教育学校比上年增加5所，招生增加40.49%，在校生增加11.24%。残疾儿童入学率提高到57.8%，三类残疾儿童入学率达到57.8%；全省在园幼儿比上年提高2.47%。

1995年，国家教委把陕西省划入“二片”实现“普九”的省市，即要求1998年完成“普九”任务。陕西省根据这一新的要求，对原规划作了调整：1996年全省完成“普六”任务；1998年全省完成扫除青壮年文盲任务，并在87个县（市、区）85%以上人口的地区实现“普九”。省教委根据调整后的目标，把“普九”任务层层分解到地（市）、县（区），并与各地市教育部门签订了目标责任书，分级明确了目标责任。

为加快“普九”实施步伐，保证“普九”年度任务的完成，省教委召开1995年实施“普九”的14个县和下年准备实施“普九”的22个县的工作座谈会，研究了有关规划和政策问题，进一步明确了工作思路、原则和方法。根据“北抓旬邑，南抓白河”的战略方针，省教委在继续抓好旬邑县这一典型的基础上，又在白河县召开了全省贫困地区实施义务教育现场会，总结推广了白河等贫困县的经验；对全省贫困地区实施义务教育的目标任务及政策措施提出了指导性意见：1998年，28个贫困县完成“普九”，1999至2000年再完成12个贫困县的“普九”任务；剩余的10个贫困县将在2000年以后完成“普九”。为如期实现上述目标，陕西省从加强领导、规划实施、工作进程、实施标准、经费投入、教育改革、落实“两全”、督导评估8个方面，对贫困地区实施义务教育的工作提出了要求。在“普九”工作中，陕西省加大了督导检查力量，在11个县共追回教育经费（包括三个增长、教育费附加征收、教育专款等）1100多万元，使中央和省上的教育经费政策落到了实处，保证了教育投入。

为如期完成“普六”任务，并切实保证尚未实现的数百个贫困乡（镇）顺利实施“普六”，陕西省采取措施巩固“普六”成果。一是在全省开展创示范小学活动，经过各地

（市）县（区）的努力，大多数小学的整体水平有了明显提高，同时涌现出一批地市级示范小学。二是抓《陕西省义务教育小学学籍管理暂行规定》的落实工作，建立并理顺学生入学、休学、暂缓入学、免予入学、留级、处分等管理程序，落实了有关人员职责，使入学率和巩固率得以稳步提高。三是严格控制中小学生辍学，小学、初级中学、高级中学的辍学率分别比上年下降 0.15、1.66、0.14 个百分点。省教委已就严格控制中小学生辍学形成文件，报请省政府转发。四是对国家教委与联合国儿童基金会合作、加强贫困地区女童教育项目，陕西省抓检查，抓落实，抓评比，已初见成效，1995 年，全省 16 个贫困乡的女童教育试验取得一定成果，有 6 位个人和 10 个集体受到表彰。

〔**完善管理体制**〕 1995 年，为了进一步调动各级人民政府、社会各界和广大人民群众办学的积极性，落实各级人民政府统筹管理基础教育的责任，陕西省人民政府下发了《关于进一步完善基础教育地方负责、分级管理体制的意见》（以下简称“意见”）。

《意见》规定：基础教育主要由政府办学，同时鼓励企事业单位和其他社会力量按国家的法律和政策多渠道、多形式办学。有条件的地方也可以实行“民办公助”、“公办民助”等形式办学。县、乡两级政府对发展基础教育、实施九年义务教育负有主要责任。完全中学、单设高中、示范初中和实验小学一般由县办县管；一般初中、中心小学由乡办，县乡共管，以乡为主；其他小学原则上由村办或几村联办，乡村共管，以乡为主；初级中学也可以在县指导下几乡联办共管。省直辖市的中小学一般由区办区管，有条件的地方可以试行由街道办事处举办小学。《意见》强调：学校的开办、停办、撤销、合并、更名都要履行报批手续。村办小学由乡人民政府报县教育主管部门批准；农村中心小学、城市小学由县（区）教育主管部门报本级人民政府批准；乡（镇）初级中学由县人民政府报地区（市）教育主管部门批准；城市初级中学由区人民政府报市人民政府批准；完全中学、单设高中由地区行署或市政府报省教育主管部门批准。企业办的中小学仍应继续办好，确需停办的，应经省教育主管部门批准。企事业单位和其他社会力量办学要在当地人民政府统一管理下依法进行。《意见》对省、地（市）、县（区）、乡（镇）、村各级管理基础教育的职责做出了具体的规定，同时，鼓励、支持社会力量及公民个人举办中小学，1995 年，全省私立中小学已发展到 86 所，其中中学 28 所，小学 58 所。

〔**师资队伍建设**〕 1995 年，陕西省花大力气抓师资队伍建设。

抓师资培训。通过教师进修院校脱产、函授和卫星电视教育，使小学教师学历合格率提高到 86.74%，岗位合格率达到 94.94%；初中教师学历合格率提高到 60.41%，岗位合格率达到 64.42%；高中教师学历合格率提高到 53.76%，岗位合格率达到 55.5%。全省各地市在中小学的骨干教师培训、新教师上岗培训以及教师职级培训等方面都有不同程度的开展，小学教师的职后继续教育也发展良好。

抓教师待遇提高。省教委会同人事厅制定了《关于对三十年教龄的中小学教师发放荣誉金的实施办法》，落实了享受荣誉金的政策措施。教师住房条件得到进一步改善，全省城镇中小学带眷教职工家庭人均居住面积由 1990 年的不足 4 平方米提高到 7.5 平方米，住房的成套率提高到51%，基本达到全省城镇居民和全国中小学教师家庭人均居住水平。进一步解决民办教师问题，把11000名中小学优秀民办教师转为公办教师，招收2000多名民办教师进入中师或高师民教班进行培训，首次在西安外语学院开设了中小学民办教师英语班。全省增加中小学高级职称指标3000名，解决了中小学高级职称指标偏少的问题。

抓教师培养基地建设。1995年，陕西省借助国家教委对中师进行联检的有利时机，大抓中师办学条件标准化建设，使中师学校管理与教育教学水平迈上新台阶。省教委于年初召开会议，对接受联检作了全面安排部署；各地市教育行政部门和学校成立工作领导小组，订规划，定目标，落实实施方案；各地市政府召开专门会议，专题研究中师学校标准化建设中存在的亟待解决的问题，使全省中师的标准化建设在原有的基础上向前迈了一大步，据不完全统计，筹措资金1000余万元，竣工在建项目13个，新开工项目6个，各校还添置了许多教学实验设备、图书资料。受检各校以全体学生的基本功汇报向联检团展示了陕西中师生的整体水平在不断提高，受到联检团的好评。各校常规管理得到进一步加强，校园文明建设和宿舍文化建设的品位都上了一个新档次。联检结果，全省受检11所学校，有10所通过了国家教委联合检查验收。

抓表彰奖励。1995年，陕西省对做好优秀模范教师和教育工作者的评选与推荐上报工作十分重视。通过扎实细致的工作，评选出全国教育系统劳动模范15名、全国优秀教师154名、全国优秀教育工作者18名、全国优秀中学政治课教师3名；陕西省劳动模范24名、陕西省优秀教师217名、陕西省优秀教育工作者24名；15名中等师范学校教师获曾宪梓教育基金奖励；全国先进教育工作者、延安地区小学教师王思明同志获得香港柏宁顿教育基金会“金球奖”的特等奖。

此外，1995年，陕西省完成首轮培训中小学校长共5000名的任务。

〔**德育工作**〕 1995年，陕西省继续以开展爱国主义教育和日常行为规范教育为重点，不断加强中小学德育工作。首先，在继续组织中小学生观看百部爱国主义影视片的同时，结合纪念抗日战争和反法西斯战争胜利五十周年，开展了读百部爱国主义书籍、唱百首爱国主义歌曲、讲百个爱国主义故事的系列活动，对青少年健康成长产生了良好影响。二是省教委在3月就进行了关于政治课和德育工作状况的调查，在此基础上，提出了《关于进一步加强和改进政治课教学的意见》，发挥政治课在德育工作中的主渠道作用。三是坚持在中小学开展三好学生、优秀学生干部和先进集体的评选、表彰活动。经过层层评选，共评出受省教委表彰的三好学生296名、优秀学生干部204名、先进集体93个。坚持开展这一活动，对于中小学校全面贯彻教育方针、全面提高教育质量，纠正“应试教育”和不重视学生德育教育的做法，起到了积极的导向作用和促进作用。按照统一部署，全省各中小学通过多种形式开展内容丰富多彩的德育教育活动，如“创文明学校、班级”活动、“爱我中华，祖国万岁”活动、关心他人的“一帮一，手拉手”活动等等。这些活动促进了中小学生的健康成长，对建设社会主义精神文明具有重要意义。陕西省教委与国家教委基础教育司在西安联合召开了“弘扬延安精神，加强传统美德教育经验交流会”，重点介绍了陕西省加强中学德育工作的经验。

〔**教育教学改革**〕 1995年，省教委积极推进中小学校内管理体制改革，使校长负责制和岗位责任制不断得到完善；坚持试行教师聘任制等一系列改革措施，调动了广大教师的积极性，使学校增添了活力。省教委制定了《陕西省中小学常规管理基本要求》。针对新工时制的“双休日”，又草拟了《安排好中小学生节假日休息和活动的意见》报省政府转发。为切实保证九年义务教育教学计划的贯彻执行，减轻学生过重的课业负担，在调查研究的基础上，省教委制定下发了《关于减轻学生过重课业负担的十条规定》。同时，加强了对中小学生参加各种竞赛、评奖活动的管理，禁止了各类“特长班”和“奥校”；加强了对乱编滥印复习资料的管理，并对全省中小学教学用书情况进行了一次系统检查。组织各地市普教处（科）长赴广东考察学习经验的基础上，制定了省级示范高中、示范初中、示范小学和示范幼儿园的办学标准，以推动“3251”工程（即在“九五”期间，全省建成30所省级示范高中、200所省级示范初中、500所省级示范小学、100所省级示范幼儿园）的实施。按照新工时制的要求，对普通中小学教学计划和大纲进行了调整，对新教学计划执行情况，省教委于6月进行了一次大检查，督促学校进一步开好必修课，增设选修课，落实活动课。开展教学方法改革。9月，召开了全省小学“快乐教学”现场会，对陕西近十年来在小学开展“快乐教学”的经验进行了总结交流，并提出进一步在全省小学推广“快乐教学”的意见。在中学，积极进行“诱思探究”教学试验，于10月在陇县召开了现场会，对这一教改经验作了总结。在全省教师中开展了自制教具评选活动。各地市报送参评的自制教具百余件，评选优秀自制教具共41件。这一活动的开展，激发了广大教师自制教具的积极性，推动了中小学实验教学的改进。

课程改革有新进展。1995年，陕西省以劳动技术课为主，在普通中学渗透职业技术教育正在深入开展，省教委下发了“职业指导纲要”，并着手组织教材的编写工作，以满足教学需要。人口教育全面铺开，省教委为各地县培训人口教育骨干教师150余人。中小学生计算机教育得到进一步发展，各地市按省教委部署和要求，因校制宜开展计算机教育。

〔**体育、卫生、艺术教育**〕 1995年3月，陕西省按国家教委规定要求，开展学生体制、健康状况调查研究，到6月初完成各项调研检测任务。全省从西安、延安、汉中和高校的医院、防疫站与行政部门抽调160余名检测队员参加此项工作，检测50多所学校共15196名学生，每生测试20项，获取数据30多万人。上交数据软盘，经验收，一次合格并受到好评。此次调研，为进一步掌握学生体质健康状况，摸清学生生长发育规律，加强学校体育、卫生工作的科学管理，提供了可靠依据。中学生视力监测工作从1992年开始，省教委常抓不懈，1995年又部署20所中、小学近视眼监察点校，坚持每学期统计2次，上报国家教委，被国家教委评为二等奖。

为了进一步贯彻落实学校体育、卫生工作两个条例，加强体育教学，省教委认真组织了初中毕业生升学考试体育工作。发文件部署安排，召开专门会议强调纪律，然后进行检查。由于采取制定考务人员守则、培训工作人员、封闭考试操场、公开考试成绩等措施，检查3个地市的5个县区共23所中学，没有作弊现象发生。5月，组织并召开了全省第六届中学生运动会，参加人数、成绩均超过往届，有12人次打破全省中学生田径纪录。8月，省教委组团40余名教练、运动员赴武汉参加全国第六届中学生运动会，获2块银牌、3块铜牌。省教委还组织人员修改了小学健康教育课本，抓健康教育课程开设，在3个县30余所小学试点，取得经验后全面推开。

艺术教育工作有了新进展。全省高中按规定开艺术欣赏课的学校达到60%。其余学校未开设，原因有3个：缺乏师资；教材未到位；个别学校不重视。省教委针对这些情况，专门发了文件，强调艺术教育的重要性，已引起有关学校的重视。8月，陕西4名中学生歌手在全国中学生歌手比赛中，1名获二等奖，2名获三等奖，1名获优秀奖。

职业教育

〔**综述**〕 1995年，陕西省以“加强宣传，提高认识，理顺体制，调整结构，大力发展”为指导思想，加大了职业技术教育发展的力度。全省各类中等职业学校在校生人数占高中阶段在校生人数50.3%，比上年提高2.1个百分点，至此，陕西中等职业学校在校生数与普通高中在校生数的比例首次超过1∶1，实现了职业教育发展“八五”计划目标。

〔**调整教育结构**〕 为达到“八五”计划规定的目标，陕西省于1995年4月筹备并召开了职教工作会议，重点部署了招生工作。省教委采取给各地市下达职业中学招生计划、制订奖惩办法、委领导与各地市教育行政部门主要负责同志签订完成招生任务责任书等措施，把招生工作做到实处。各地（市）县（区）按照省教委的部署安排，采取多种办法，层层落实招生任务和责任：一是调整专业设置，尽可能设置适应本地社会经济发展的专业；二是加大投入，改善办学条件；三是调动相关部门的积极性，发动社会各方面办学；四是利用各种宣传媒体，广泛开展社会宣传。中等专业学校挖掘办学潜力，扩大办学规模，拓宽服务面，进一步加大调节性招生计划，从而，中等职业学校在校生数与普通高中在校生数的比例首次超过1∶1，实现了陕西省调整中等教育结构的重大突破。

〔**县级职教中心建设**〕 1995年，陕西省把县级职教中心建设摆到了发展职业教育的突出位置。年初，召开16个县的政府领导参加的建设县级职教中心座谈会，副省长姜信真进行动员并作指示，会后，16个县立即行动起来。在实际工作中，省教委以抓好横山县职教中心建设为突破口，推动全省职教中心的建设。一年时间，全省共建成6所县级职教中心，即：横山县、澄城县、韩城市、白水县、临渭区和泾阳县职教中心。还有在建的10个县（市、区）职教中心：神木县、洛川县、耀县、平利县、柞水县、汉中市、周至县、高陵县、旬邑县、秦都区。

1994年全省教育工作会议后，陕西省把横山县列为全省1995年首批建成县级职教中心的重点县。该县共投资2300万元，从1995年1月选点拨地，5月破土动工修建，到9月中旬顺利建成，10月初就开学上课，实现了当年建设，当年招生的目标。横山县职教中心统全县各类职业学校于一校，集产教、校企于一体，实行政府统筹，部门联办，教育协调，一校多制的新型管理体制。10月，县政府已决定将县职业中学、教师进修学校、电大辅导站、农广校、卫生学校、农机学校、商业学校、计划生育干部培训学校、林业学校、就业培训等学校并入职教中心。开展联合办学，除过县上开办煤炭、电大普专、农学、林果、家电、农机、蔬菜、计生干部培训、建筑、水稻等专业外，还与榆林师范学校、咸阳纺织学校联办普师、幼师、服装等专业。校办企业有服装厂、鱼种厂各1个，年产值100万元，利润可达20万元；计划在下年增办1个建筑公司、3个示范基地，预计产值可达1000万元，利润达100万元。横山县职教中心的建成，将为该县培养大批落地生根的初、中级技术人才，为促进该县经济发展发挥巨大作用。该县地处黄土高原的过渡地带，是全国重点扶持的贫困县，但那里的干部和群众凭着特有的战略眼光和艰苦奋斗的创业精神，走出了一条贫困地区发展职业教育、繁荣县域经济的新路子。省教委已在横山县召开建立县级职教中心的现场会，树立样板，进一步推动全省建立县级职教中心工作的开展。

〔**建设省级职教中心**〕 陕西省职业教育中心于1995年10月20日正式成立，是一个面向全省经济建设，多层次、多规格，融教学、科研、服务为一体的综合性职业教育基地。

陕西省职业教育中心的筹建，得到国家教委、省委、省政府以及社会有关方面的重视和支持。7月中旬，省长程安东批示，把修建省长办公楼的500万元用于该中心的建设。接着，省教委在深入调查、充分论证的基础上，修订并完善了建设方案，成立筹备小组，先后筹措资金250万元用于校舍维修改造和购置教学生活设备。程安东和副省长姜信真于建校期间又多次听取汇报，亲临现场办公解决问题。省教委、省人事厅、省计委、省财政厅以及其他省级有关部门的领导多次到现场指导，西安市政府、长安县政府与西北农业大学等单位也给予支持。成立当天，国家教委专职委员张保庆、职教司司长刘来泉从北京赴陕西参加成立大会并作讲话。

仅用几个月时间，陕西省就在西安美术学院旧址建成一所新型的综合性职业技术学校，已先后有香港华夏基金会、澳大利亚、比利时等国家和地区与该中心商议向该中心投资的具体项目。

陕西省职业教育中心的教育教学工作特色：一是制订教学计划。本着“学用结合，注重实效”的原则。邀请西北农业大学、陕西师范大学、西北政法学院等单位的有关专家、学者，在认真研讨的基础上，紧紧围绕培养方向，精心制订切合实际的教学计划。二是教学内容。在保证主要课程体系完整的同时，注重吸收新的科技成果，并切实加强教学的实用性。陕西工商学院院长、国家级有突出贡献的专家樊光鼎教授所做专题报告《乡镇企业发展》，让学员了解到陕西乡镇企业与全国乡镇企业的差距，增强了他们发展本县本乡经济的紧迫感和责任感。三是教学方法。针对学员具有丰富的实践经验这一特点，采取了课堂讲授、专题报告、分组讨论、社会实践、释疑答难、撰写论文等形式，使教与学相结合、理论知识与社会实际相结合，保证了教学质量。该中心先后两次组织学员深入到国家级、省级重点职业中学及其校办厂，陕西省“小康示范村”和技术含量高、效益好的村办企业，渭南市的部分乡镇企业等，进行考察学习，使学员深受启发与鼓舞。四是选聘教师。为两个培训班聘请教师达 40 多名，都是全国和省内外有丰富教学经验的教授、专家和有实际管理经验的行家，以及省有关厅局行政领导干部，他们的讲解使学员大开眼界，获益匪浅。

〔**骨干学校建设**〕 1995 年，陕西省按照国家教委统一部署，分两步走，评估确定国家级重点职业高中备选学校。第一步，对原有的 15 所省级重点职业高中进行复查，进一步提高其办学水平；继续评估验收省级重点职业高中 5 所，已经国家教委认可公布，它们是：西安市兴庆高级职业学校、渭南市城关职业中学、宝鸡新华路职业中学、西安培华职业高级中学、西安市莲湖职业技术中心学校。

在此基础上，开展争创国家级重点职业高中工作。陕西省采取“广泛动员，具体指导，发动地、县领导，实地解决困难”的办法和步骤，掀起“争创”热潮，并通过在汉中市第一职业高中召开“争创”现场会进一步推动，促进了全省职业教育的发展。经严格评估并报省政府批准，确定汉中市第一职业高级中学等 8 所学校为国家级重点职业高中备选学校，已上报国家教委审批。汉中市第一职业高级中学等 8 所学校，为创国家级重点学校，共投入资金 4600 多万元，在校学生达到校均 1458 人，新增仪器设备价值校均 65 万元。这些学校的情况得到省领导的关心和重视。省委副书记刘荣惠对汉中市人民政府在“争创”中投资 600 万元做法称作“有远见之举”，并批示：“当前，教育结构需要调整，在发展基础教育、成人教育的同时，必须大力发展职业教育，使教育从单纯的升学教育转向素质教育，使广大农村的经济开发与智力开发紧密结合起来”。

〔**联合办学**〕 1995 年，陕西省为贯彻全国教育工作会议精神，进一步落实《中国教育改革和发展纲要》，深化中专教育改革，加强骨干职业中学建设，提高职业教育整体水平，全省将 19 所省以上重点职业中学与首批建起的县区职业教育中心，与 25 所中专及师范学校实行联合办学。联合办学有利于发挥各方优势。中等专业学校可以在中等职业教育中起着骨干示范和带头作用，充分利用其师资力量、教学设备、图书资料等及其他教育资源，推广经验，提高办学效益，发挥更大的社会效益；职业中学则具有适应市场经济能力强、办学灵活等特点，在联合办学中，其促进经济发展和提高劳动者素质的作用可以得到充分体现。

1995 年，中专学校与骨干职业中学联合办学，全省共招生2086人，开设有工民建、计算机、音乐、美术、园林、化工、机电、财会、医疗等20多个专业。

〔**教育综合改革**〕　当前，城市教育综合改革中一个相当突出的问题是企业办学问题。1995年，省教委采用问卷形式，对全省企业教育综合改革实验单位和现代企业试点单位的企业教育状况进行了调查，并重点走访了西安地区的几家大中型企业，就企业在转换经营机制和建立现代企业制度过程中，企业教育所出现的新情况新问题进行了多次座谈讨论。同时，重点调查研究了企业举办的中小学在当前如何继续办好和有条件的地方实行与企业分离的问题。在此基础上，针对一些企业出现的中小学不稳定的问题，拟定并下发了《关于当前企业应继续办好中小学的通知》，要求企业继续办好中小学。

10月，召开了全省农村教育综合改革工作会议，总结和交流了近几年来农村教育综合改革工作的成绩和经验，表彰了一批在农村教育综合改革工作中做出突出成绩的先进集体和先进个人，对全省农村教育综合改革工作做出安排部署，提出了到本世纪末建成10个具有较强综合实力和较高整体水平综改示范县和250个燎原计划示范乡的奋斗目标。会议还讨论了《陕西省关于进一步深化农村教育综合改革的意见》和《陕西省农村教育综合改革示范、实验县评估标准》。这次会议推动了全省农村教育综合改革工作的深入开展。

高等教育

〔**综述**〕　1995年，陕西省有普通高校46所，较上年减少1所，其中中央部委属院校25所，省属院校21所。高校在校研究生较上年增加884人；在校本专科生较上年略有增加。普通高校平均规模为2789人，较上年增加89人，其中地方属院校增长幅度较大。办学条件进一步改善。新建校舍面积15.03万平方米，生均校舍建筑面积达到48.61平方米，生均宿舍建筑面积部委属高校达到7.1平方米。教学科研仪器设备资产值8.4亿元，比上年增加1.08亿元，增长14.76％。馆藏图书达到2109万册，比上年增加109万册，增长5.45％。

〔**思想政治教育**〕　1995年，陕西省把继续贯彻落实《中共中央关于进一步加强和改进学校德育工作的若干意见》和《爱国主义教育实施纲要》作为落实全教会精神的一项重要工作来抓。在全省教育系统开展了学习邓小平同志建设有中国特色社会主义理论的活动，高校有8个先进集体和个人在省委召开的全省干部理论学习经验交流会上受到表彰。全省有12万多名高校师生参加了爱国主义教育知识竞赛活动。高校还进行了“两课”改革，特别是以社会实践为主要形式，广泛开展了国情教育和形势政策教育；利用暑假与团省委共同组织20多个省市100余所高校的5000多名大学生赴延安参加“窑洞大学”学习，李岚清副总理亲临视察并给予高度评价。西安交通大学与陕西师范大学的校园文明建设成绩突出，得到国家教委的肯定。

根据全省高校工作会议精神，对34所高校班子进行了结构调整和充实，共调整任免校级领导干部126人，使班子平均年龄下降3.2岁。对所有后备干部进行了全面考查，确定471名跨世纪的后备干部，重点考查选拔100名跨世纪党政一把手人选。同时，重点抓了高校党的基层组织建设工作，在广泛征求意见的基础上，修订了高校党委、党总支、党支部等基层组织工作条例，制定了对流动党员的管理工作和党员教育工作的有关政策规定。

〔**高校工作会议**〕 1995年8月27日至29日，陕西省委、省政府召开了全省高校工作会议。根据全国、全省教育工作会议和第五次全国高校党建工作会议精神，着重研究加强高校领导班子建设和高等教育改革发展问题。省委书记安启元主持了开幕式，省长程安东发表了重要讲话，省委副书记刘荣惠、副省长姜信真分别作了关于加强高校领导班子建设和推动高等教育改革发展的报告，省委教工委书记、省教委主任戴居仁就如何贯彻落实好这次会议精神发表了讲话。

戴居仁讲话中对高等教育改革和发展问题指出，要重点在改革上下功夫，改革是促进发展的必由之路。抓好办学体制和管理体制的改革，是高等教育改革的重点和难点，也是高等教育在规模、结构、质量和效益等方面得到协调发展的关键。今后一段时间，应以推进联合共建为重点，充分利用“条条块块”的支持，减少“条条块块”的束缚，把着眼点放在扩大办学自主权上，优化高等教育结构，提高教学质量和办学效益。关于省属高校的调整与合并，他要求各有关院校和主管部门都要坚决执行省委、省政府关于学校合并的决定，在合校的整个论证和实施过程中，一定要保持学校的稳定，坚持正常的教学、工作和生活秩序，严格执行合校工作纪律。

〔**体制改革**〕 1995年，陕西省高等教育体制改革有了新的突破。

1995年，省政府与国家教委共建西安交通大学，签订了共建协议；完成了西安外语学院和省外语师范专科学校的合并；陕西工商学院、陕西商业专科学校、陕西财政专科学校3校合并方案经过论证，已报国家教委审批；西安交通大学、西安公路交通大学实行联合办学；陕西师范大学、西北政法学院、陕西财经学院和西安外语学院的联合办学正在启动；陕西省1995年招生并轨收费试点高校增加到6所，有西安邮电学院、西安交通大学、西北大学、陕西工商学院、西安音乐学院与西安美术学院。普通高校“211工程”建设进展较快，西安交通大学、西北工业大学、西安电子科技大学、西安公路交通大学、第四军医大学等5所高校已通过部门预审。

深化课程体系改革。1995年，陕西省教委颁发了高校专业设置审批制度，确定了对省属高校本、专科专业进行总量控制、分类定额管理的办法，将原有的253个专业调整为224个；停止29个专业点的招生，并印发

1995年招生专业目录。同时，成立省高校专业评议委员会，对申报专业先进行评议，然后审批，1995年，共批准本科专业5个、专科专业8个、筹建专业2个，同意设置大专班28个。

〔**教学工作**〕 1995年，陕西省教委发出《关于对普通高校在教学改革中实行"浮动学制"的补充通知》，重申了有关规定，决定在二年制和工科专业中不搞浮动学制。为深化教学改革，加强教学管理，提高教学质量，省教委发出《关于加强普通高等学校教学工作的意见》。《意见》要求：一是进一步端正办学指导思想，明确教学工作始终是高等学校经常性的中心工作；二是进一步深化教学改革，提高教育质量；三是抓好教学基本建设；四是建立和完善评估制度。《意见》明确了省教委对高等学校教学工作的主管职能："贯彻党和国家的教育方针，确定专业设置的基本原则与专业布点，制订有利于人才培养和提高教育质量的政策规章，检查教学设施和办学条件，组织进行教育教学评估、教学评价和检测，监督人才培养质量"。同时指出："高等学校在政策宏观管理和指导下，具有较大的教学管理自主权，可以根据社会需要，因校、因地制宜，在省教委统筹布点、总量控制的原则下，调整本校办学层次内的专业，确定专业培养要求，调整专业方向，自行制订教学计划、教学大纲、教学管理规章制度，选编教材，自行组织实施教学过程等，同时负有直接向社会输送合格人才的责任"。

〔**国际交流**〕 1995年，省教委在教育外事工作中，认真贯彻落实省委"以开放促开发，以开发求发展"的战略，坚持为教育、科技、经济建设服务的方向，广开交流渠道，开拓合作项目，广泛开展教育国际交流与合作。

全省教育系统全年接待境外来陕考察、访问团组的专家、学者共618批，6688人次；有43所学校（单位）经省教委、省外办、省公安厅联合审批和年检，取得了聘请外国文教专家的资格，并先后从美国、英国、日本、德国、法国、澳大利亚、俄罗斯等30多个国家和地区聘请了长期语言专家、教师136人，短期科技管理专家和来陕顺访专家学者660余人，到高校、职校任教、短期讲学、举办学术讲座、进行合作研究；其中有36名被学校聘为名誉、客座、兼职教授或专业顾问，有28名被评为"优秀外国文教专家"、"优秀外籍教师"。接受国（境）外来陕留学生350人、短期培训学员400余人，特别是西北大学和西安外国语学院接受留学生数比上年提高35%。国际学术交流异常活跃，西北工业大学、西安交通大学、陕西师范大学、西北大学、西安电子科技大学、西安理工大学等高校举办国际学术会议15个，邀请国（境）外专家、学者156人次，发表论文共76篇；举办专题报告会、座谈会20次，参加的中外专家学者达1500人左右。高校派专家、学者出国（境）参加国际学术会议56个，116人次，发表、宣读、张贴学术论文96篇。国际合作有新的进展，全省有26所学校与国（境）外36所学校、科研单位建立了友好关系，签订了交流与合作协议。学校接受国（境）外组织和个人无偿捐资、赠送教学、科研、实验仪器设备及图书资料价值约880万元人民币。

1995年，通过国家公派和单位公派，以及校际交流等渠道共选派335名中青年教师、教授、研究员到国（境）外作长、短期进修深造、攻读学位、进行合作研究与学术交流。陕西高校认真落实省人民政府《关于鼓励出国留学人员来陕工作的通知》，把做好出国留学人员回校或来校工作摆在学校各项工作的重要议事日程，积极采取措施，制订落实优惠政策，创造纳贤用人的良好环境，吸引出国留学人员，特别是尖子人才回校工作，取得了突出效果，1995年，全省高校吸引学成回国人员189人，充实了学校教学、科研和产业骨干队伍。

〔**高校科研和校办产业**〕 1995年，省教委努力贯彻党中央“科教兴国”的战略方针，促进高校科学技术工作上水平。在调查研究的基础上，制订了《关于加强高等学校科学研究工作的意见》、《陕西省教委专项科研基金管理办法》、《陕西省教委科学技术进步奖励办法》、《陕西省教委高校人文社会科学研究优秀成果奖励办法》、《陕西省教委专项科研基金项目研究成果评审验收办法》等。

全省高校共承担各级各类研究项目达6000余项，科研总经费首次突破3亿元，比1994年增加2000万元。其中从省科委争取到科研项目162项，总经费696.3万元。攻关项目占到47项，经费537万元；其它为自然科学基金项目共115项，经费159.3万元，都创下历史最高纪录。省教委批准立项的省属高校的科研项目有135项，其中重点科研项目17项。支持经费总强度达到183万元，比上年增加了两倍。省教委专项科研基金的增加和重点科研项目专款的设立，极大地调动了省属高校教师搞科研的积极性，使省属高校的科研工作开始跃上一个新台阶。

1995年，高校科研成果获省政府科技进步奖64项，其中一等奖7项、二等奖33项、三等奖38项；占省政府授奖总数的42.6%，所获一等奖数占所授一等奖数的53.8%。省教委授高校科技进步奖143项，其中一等奖20项、二等奖53项、三等奖70项；授高校人文社会科学研究优秀成果奖97项，其中一等奖15项、二等奖33项、三等奖49项；有10项人文社会科学研究成果获国家教委人文社会科学研究优秀成果奖。

重点实验室建设工作有较大进展。经过省教委考查与评估论证，在省属高校确定9个重点实验室，总投资90万元。有西北大学的现代分离科学实验室、电分析化学实验室、大陆动力学实验室、生物技术与生化工程实验室、光电子技术实验室；延安大学的化学反应工程实验室；陕西工学院的工业自动化实验室；汉中师范学院的资源生物实验室；宝鸡文理学院的灾害监测与机理模拟实验室。

陕西省在产学研结合与高校科技成果转化方面做了大量工作，成效显著。省教委与省经贸委、中科院与西安分院分别在西安、宝鸡两地联合召开了陕西省产学研联合开发工程重大项目洽谈会和陕西省西部地区产学研项目洽谈会，高校与企业达成合作项目281项，其中产值在5000万元以上的项目6项。另外，省教委还组织高校参加了陕西省第四届技术成果交易洽谈会、中国西部技术交易会、第二届杨陵农业科技成果博览会。

成人教育

〔**扫盲工作**〕 1995年，陕西省继续把扫盲工作作为重中之重，列为整个成人教育的重点，在完善扫盲法规、建立健全扫盲指导协调机构以及解决扫盲经费、印发扫盲教材、组织扫盲评估验收等方面做了大量工作。全年共举办扫盲班（点）10519个，参加扫盲学习239097人，已脱盲230152人。到年底，全省有19个县（市区）达到扫盲验收标准，累计全省有45个县（市、区）基本达到扫除青壮年文盲要求。

完善政策和法规。4月，省政府发布了《关于修改陕西省实施〈扫除文盲工作条例〉办法的决定》，随后，省教委又下发了《陕西省扫除青壮年文盲单位考核验收办法》、《关于县级扫除青壮年文盲单位考核验收工作有关问题的意见》、《关于印发〈陕西省扫除文盲评估项目表〉的通知》、《关于统一脱盲证书格式版通知》等文件，对规范并促使扫盲工作健康发展起了重要作用。

为加强对全省扫盲工作的协调和统筹，省政府成立了以副省长姜信真任组长，以省教委、省妇联、团省委负责同志任副组长，以宣传、财政、文化、广播电视、农业、林业、民委、科协、省军区等部门负责人为成员的陕西省扫盲指导协调小组。8月，指导协调小组召开第一次会议，明确了各成员单位的分工，提出了今后扫盲工作的意见。省政府把这次会议纪要印发各地（市）行署（政府）和省级有关部门，保证了扫盲工作的顺利进展。

根据国家教委要加大扫盲宣传的意见，陕西省积极开展扫盲宣传活动，为扫盲工作创造了良好的社会环境。4月，中央电视台新闻联播节目对陕西扫盲工作作了报导；9月，于国际扫盲纪念日（8日）在《三秦都市报》组织专版，发表了省教委副主任贺桂梅、商洛行署专员张伟、安康行署专员李宏琏等同志撰写的有关扫盲工作的文章；三秦都市报在头版头条报导全省扫盲工作成绩。省教委、团省委还组织大学生扫盲志愿者小分队，奔赴计划验收的县（市、区）帮助开展扫盲工作，共九支小分队，有90名大学生参加。

〔**农村成人教育工作会议**〕 为贯彻落实全国扫盲与农村成人教育工作会议以及全省教育工作会议精神，1995年7月11日至13日，陕西省召开全省扫盲与农村成人教育工作会议。省教委副主任贺桂梅同志做了题为《坚持不懈，扎实工作，把全省扫盲和农村成人教育推向一个新台阶》的讲话。到1995年，陕西全省县、乡、村三级农村成人文化技术学校共11837所，其中县办133所，乡办2403所、村办9301所；经地市验收达到合格的乡镇成人学校537所，省级示范乡镇成人学校 11 所，每年参加培训的农村成人达到 318 万人次。农村成人教育为农村工作和经济综合开发培养了大批人才，在农村经济发展和社会进步中起到了重要作用。但全省要在 1998 年完成 102 万人的扫盲任务，此项工作以及陕西的成人教育还存在着许多困难和问题：一是半文盲的比率偏高，绝对数大，且相对集中在边远贫困山区，客观上增加了扫盲工作的难度；二是农村成人教育缺少规划和分类分层次指导，实用技术培训层次低，水平不高，不能适应需要；三是农村成人学校建设的规模、速度、质量与农村改革和经济发展的要求还有很大差距；四是长期以来困扰扫盲与农村成人教育事业发展的经费问题，渠道尚不畅通。

针对以上情况，贺桂梅讲话认为应该采取措施，做好调整扫盲验收工作规划：从 1996 年开始，凡是 1998 年前要实现普及九年义务教育的县，要认真抓好扫盲工作，实行“普九”与扫盲同步验收；1998 年以后实施“普九”的县市，要调整好规划，制订出具体的实施步骤，到 1998 年先进行扫盲验收，以确保全省 1998 年完成基本扫除青壮年文盲的历史任务。二是大力发展以乡镇为重点的县、乡、村三级成人学校建设，积极试办面向农村的成人中等专业学校。省、地、县都要抓，县上抓发展，抓整体规划和合理布局；地市抓合格学校；省上抓示范学校。省上 1995 年拟批准 1 至 2 所面向农村的成人中等专业学校，争取到 2000 年，每个地市办起一所，到本世纪末，努力使全省农村人口的文化构成和技术构成发生一个根本性的变化。三是要抓好落实。

〔**整顿社会力量办学**〕 1995 年，陕西省采取得力措施整顿社会力量办学。

严格审核各校办学资格，换发《办学许可证》。4 月份开始，省教委派出由 33 人组成的 8 个检查组，对省属各成人高校的办学条件、管理水平、教学质量进行了检查，对符合办学条件的学校颁发了新的《办学许可证》，准予 1995 年招生；对不具备办学条件或严重违纪办学的 284 所学校予以撤销；对 62 所不完全符合办学条件的学校，暂缓发给新的《办学许可证》，令其 1995 年停止招生，抓紧进行整顿改造。这一措施的实行，支持了合格学校，惩处了严重违纪学校，消灭了皮包学校，督促了不完全具备办学条件的学校，纯洁了社会力量办学队伍。

严格招生广告管理，堵住虚假招生广告的源头。在整顿中，陕西省始终把加强招生广告管理作为治理“三乱”(乱办学、乱收费、乱发文凭）的一项硬措施来抓：一是重新设计、印制招生广告审批表，使之更加严密和规范；二是审批招生广告实行领导负责制，即由学校招生办、学校校长、省教委成教处处长层层审核把关，落实各级领导责任；三是建立健全招生广告档案管理制度；四是统一发布招生广告，于 8 月 26 日的《陕西日报》上统一发布了 1995 年社会力量办的学校联合招生广告。由于省教委对 430 多份招生广告严格把关，未出现问题，从而塑造了社会力量办学的良好形象。

强化社会监督机制。加大对社会力量办学宣传的力度，是强化社会监督机制的有效办法。在中央电视台、中央广播电台、《光明日报》、《中国教育报》、省电视台、省广播电台、省科教电台、西安市电视台、《陕西日报》、《中国成人教育报》等新闻媒体上，宣传陕西社会办学的成绩，治理整顿工作的措施和成效；向社会发布《关于 1995 年社会力量办学招生有关问题的公告》,公布社会力量办学的性质、任务、发证类别、收费项目、招生政策等;向社会公布具有1995年招生资格的学校名单;向社会发布省教委的举报电话和举报信投寄地址;省教委会同省科教电台组织了社会力量办学“双十佳”单位评选活动,把社会力量办学置于全社会的监督之下,为社会各界关心、重视和支持社会力量办学,广大求学者了解和掌握社会力量办学的政策规定,提高识别违纪办学的能力,创造了条件。

整顿校名,基本实现校名规范化;实行社会力量办学管理责任制;加强监督检查,及时查处“三乱”问题等等,这一系列措施的实行,达到了改善办学条件、理顺管理体制、治理“三乱”、促进社会力量办学健康发展的预期目的。

〔**查处“陕西综合大学”案**〕 1994年9月14日,西安市长安科技智能总公司经理郑文生等人以“陕西综合大学”名义,非法办学,制发虚假招生广告,诈骗来自十几个省、市757名学生(面授生348名,函授生409名)学杂费121万元的特大经济诈骗案败露后,省委、省政府立即作了部署,省教委、省公安厅、省工商局和西安市公安局分工负责,密切配合,依法抓紧查处。省教委首先采取紧急有效措施,于1994年9月17日前将348名受骗学生安排到其他学校举办的高教自学考试辅导班学习,迅速稳定了局势,控制了事态的发展。1995年1月20日,省教委将郑文生凭空炮制的非法办学机构“陕西综合大学”予以取缔。省教委、省公安厅、西安市公安局先后追回学杂费共98万元,并于1995年9月8日返还给受骗学生。西安市公安局于1995年3月24日将主犯郑文生捉拿归案,并于11月6日经市检察院批准逮捕。

〔**成人高校管理**〕 1995年,陕西省按照“加强管理,深化改革,优化结构,提高质量”的思路,以成人高校办学水平评估为重点,加强了对成人高等教育的宏观管理,促进了成人高等教育的改革与发展。先后制订并印发了《关于陕西省成人高等学校评估工作的安排意见》和《陕西省成人高等学校评估的基本内容和准则》两个文件,组建评估工作机构,成立陕西省高等学校评估领导小组和专家评估组,召开评估工作会议,交流各成人高校自评情况,安排并进行评估验收,促进了成人高校建设。同时,在西安交通大学、西北大学、西安外语学院进行了普通高校函授教育和夜大学的评估试点,为全省开展此项工作摸索经验。

为加强对普通高校和成人高校非学历教育管理,陕西省制定了《陕西省高等学校非学历教育管理暂行办法》,经全省高校工作会议讨论通过,下发各校执行。该办法对非学历教育招生广告(简章)的申报、审查和批准等作出了严格要求,规范了招生广告(简章)内容。陕西省还在此基础上,统一印制招生广告审批表,防止了乱招生问题的发生。在高等函授教育的宏观管理方面,省教委按照国家教委的要求,对全省函授站逐个进行审核,1995年共有185个函授站在省教委备案,其中省内高校140个(省属高校设立35个),省外高校45个。

成人高校继续进行成人高校招工与招生结合的职业技术教育试点,为生产第一线培养应用型人才。1995年共招305人,在校生达到790人。坚持试办第二专业专科学历教育,培养复合型人才,1995年,共招生204人,在校生达到500人。建立激励机制,继续选拔优秀专科生免试直接升入本科学习的试验，1995 年，共选拔 113 名优秀专科生免试升入本科学习。还招生 841 人举办了《专业证书》班。另外，建立了高等数学、哲学两门课程试题库，为这两门课推行教考分离制度，提高教学质量创造了条件，其中，高等数学试题库获省高教优秀教学成果二等奖。

撰稿　魏天纬

审稿　贺桂梅

甘肃省教育

概　况

〔基本情况〕

1995年各级普通学校基本情况

单位：人

学校类别	学校数（所）	毕业生数	招生数	在校生数	教职工数 计	教职工数 其中：专任教师
一、普通高等学校	17	14704	15808	47353	15623	7303
研究生		416	689	1873		
本科		5299	7105	25499		
专科		8989	8014	19981		
二、中等专业学校	113	17178	19807	58030	13128	6341
中等技术学校	91	12627	14708	42044	10702	4962
中等师范学校	22	4551	5099	15986	2426	1379
三、普通中学	1626	252360	337758	915263	76499	62669
高中	444	46948	64113	168589		12970
初中	1182	205412	273645	746674		49699
四、农业、职业中学	190	14053	19260	42747	6124	4173
高中	179	12935	17720	39766		3971
初中	11	1118	1540	2981		202
五、工读学校						
六、小学	23718	319684	525875	2737059	136924	130032
七、特殊教育学校	11	141	311	1529	319	224
八、幼儿园	1235			127583		

1995 年各级成人学校基本情况

单位：人

学校类别	学校数（所）	毕业生数	招生数	在校生数	教职工数 计	教职工数 其中：专任教师
一、成人高等学校	21	8396	12984	31432	2392	1244
广播电视大学	1	2077	2420	5685	176	69
职工高等学校	15	1245	1737	4234	1225	704
农民高等学校						
管理干部学院	1	590	860	1780	225	120
教育学院	4	1153	1132	2190	766	351
普通高校举办		3331	6835	17543		
函授部	(12)	2355	4214	11115		
夜大学	(12)	823	1422	4416		
成人脱产班	(9)	153	1199	2012		
二、成人中等专业学校	95	12474	18737	44859	2606	1308
广播电视中专	2	5799	9017	22914	45	29
职工中专	32	2452	4060	10400	1150	517
干部中专	5	382	487	1040	138	53
农民中专	2			8	25	14
函授中专	1	2952	2738	6418	120	34
教师进修学校	53	889	2435	4079	1128	661
三、成人中学	2	241	380	536	28	
职工中学	2	241	380	536	28	
农民中学						
四、成人技术培训学校	2617	958128	925116	804032	5625	997
职工技术培训学校	57	15235	14955	15995	300	208
农民技术培训学校	2560	942893	910161	788037	5325	789
五、成人初等学校	3189	276528	332160	329447	10320	1662
职工初等学校	9	62	70	70	41	41
农民初等学校	3180	276466	332090	329377	10279	1621
其中：扫盲班	2598	264261	308989	310008	9486	1571

〔**教育发展思路**〕 1995 年，甘肃省教育工作以全国和全省教育工作会议为指导，认真贯彻落实《中国教育改革和发展纲要》、《教育法》、《教师法》和《义务教育法》及省委、省政府制定的《关于加快教育改革和发展若干政策的决定》，进一步推进各级各类教

育的改革和发展，保证“八五”各项工作任务的顺利完成。

全省教育工作以“两基”工作为重点，继续遵循加强基础教育，积极发展职业技术教育和成人教育，稳步发展高等教育的原则，有计划地普及九年义务教育，加快扫盲工作步伐，调整教育结构，深化学校内部管理体制改革，推动教育改革的整体进展，全面提高教育教学质量和办学效益。

在普及九年义务教育的工作中，坚持因地制宜、分区规划、分类指导、分步实施的原则。在未普及初等义务教育的地方，首先普及初等义务教育，并积极创造条件，普及九年义务教育；在已普及初等义务教育的地方，重点做好普及后的巩固提高工作。继续完善分级办学、分级管理的体制，把普及九年义务教育工作真正落到实处。进一步加大职业技术教育改革的力度，加快重点骨干学校和职业技术教育中心建设，调整结构，扩大规模，提高办学效益。不断深化高校管理体制改革，以结构调整为重点，以学科建设为龙头，努力扩大学校办学自主权，推进学校之间、校企之间及中央部委和地方之间的联合办学。进一步推进成人教育的改革，加快扫盲工作步伐，积极促进成人教育更好地为当地经济建设和乡镇企业的发展服务。认真贯彻落实《教师法》，采取有效措施，加强师资队伍建设，努力提高教师队伍的整体素质和水平，积极实施教师“康居工程”。继续采取特殊措施，扶持发展少数民族地区的教育事业，提高广大少数民族群众的科学文化素质。

〔**贯彻《教师法》**〕 为了贯彻落实《中华人民共和国教师法》，促进依法治教，保障教师的合法权益，1995年9月，省八届人大十七次会议通过了《甘肃省实施〈中华人民共和国教师法〉办法》。《办法》共分27条，包括教师的权利义务，教师的聘任，教师的考核和提高，教师的待遇以及对各种违法行为的处理等。《教师法》所涉及的各个方面，都结合本省实际，作了一些具体规定。《办法》的颁布实施，是甘肃教育法制建设的又一重要成果，对于促进全省师资队伍建设，使师资队伍建设逐步走上法制化、规范化轨道，提供了重要的法律依据。

〔**教育投入**〕 1995年，全省教育经费的投入，重点是落实省委、省政府《关于加快教育改革和发展若干政策的决定》。省教委会同有关部门制定了《关于贯彻〈中共甘肃省委、甘肃省人民政府关于加快教育改革和发展若干政策的决定〉的实施办法》，解决教育经费的“三个增长”问题，对高消费、住宿、机动车辆等教育附加费的征收渠道、额度，校办产业发展等方面作了具体规定，进一步明确了各部门的责任。

1995年，全省国家财政预算内教育经费支出144490.8万元，占全省财政支出的18%，比上年增加13572.6万元，增长10.4%。其中：教育事业性经费支出138098.7万元，比上年增加12704.7万元，增长10.1%；全省地方所属各级学校基本建设完成投资35432.3万元，比上年增加15550.9万元，增长78.2%。其中国家预算内投资4767万元，地方自筹15841.5万元，其他投入14643.2万元，外资184万元。全省建筑施工总面积为94万平方米，竣工64.1万平方米。

继续完善多渠道筹措教育经费的体制，努力改善办学条件。省教委与有关部门联合下发了《关于甘肃省教育费附加有关征收问题的通知》和《甘肃省机动车辆教育附加征管办法》等文件，加强教育费附加征收和管理。1995年全省教育费附加征收2.096亿元，比上年增加5420万元，其中城市征收教育费附加8044万元，比上年增加2215万元，农村征收12242万元，比上年增加2577万元。1995年还改进和完善了中央补助地方实施义务教育基建投资项目管理，安排17个县的78所中小学修建校舍6.7万平方米，其中中央补助800万元，地方配套2131万元。对中央补助的义务教育事业费300万元专款实行项目管理，做到项目落实、责任落实、资金落实，启动了地方配套资金900万元，使6个国列贫困县的70所中小学在校舍、仪器设备、课桌凳、图书资料等方面，基本达到标准化要求。对中央补助的100万元职教专款，在河西4所职业学校建设中实行项目管理，取得较好效果。组织实施了全省干旱贫困地区“饮水工程”，解决了300所学校，3万多名师生饮水问题。

全省中小学仪器配套建设与“普及九年义务教育”同步进行，已有19个县达到实验教学仪器设备普及水平，村级以上完全小学数学和自然教具箱的配备率已达到95%，“三仪”即地球仪、行程演示仪、三球仪配备率分别达到95%、92%和54%。教育电视台、站的建设又有新进展，全省已有教育电视台27座、卫星地面接收站334座。

1995年，全省各地多渠道筹措用于改善办学条件的资金3.81亿元，新建、维修和改造校舍100.3万平方米，中小学危房比重由上年的3.35%下降到3.01%，52%的中小学实现校园“六配套”，15.7%的学校达到办学条件标准化。

1995年，全省勤工俭学校办产业总产值达到4.5亿元，比上年增长30%，生均收入15.5元，补助教育经费4500万元，占总收入的56%。

〔**教师“康居工程”**〕 1995年，根据全国教师住房建设座谈会精神，省政府成立了教师“康居工程”领导小组，设立了城镇中小学教师住房建设专项资金，决定每年筹集资金2000万元，专户储存，专款专用。省政府办公厅批转了省教委等部门《关于加快解决教师住房问题的意见》，提出5条筹资渠道，7条优惠政策，使全省教师住房建设形成了新的投资机制和管理体系。4月，省教委、省计委联合召开全省教师住房建设工作会议，结合本省实际，制定了1995—2000年全省教师住房建设奋斗目标。各地县在落实省政府有关教师住房建设优惠政策的同时，出台了当地教师住房建设、租赁、分配等一系列优惠政策。10月，省政府在敦煌市召开了第二次全省教师住房建设工作会议，总结交流一年来全省教师住房建设工作的经验，研究解决工作中存在的困难和问题，对1996年全省教师住房建设计划作了必要的协调。

1995年，省地县三级政府共筹措教师住房建设资金近2亿元，全省共安排教职工住房建设项目142个，其中省列项目96个，地县自列项目46个，在建项目总建筑面积43万多平方米（5200多套住房），相当于近10年所建教师住房建筑面积的总和。全省城镇中小学教师住房成套率由57.5%上升到60.1%，增加2.6个百分点；教师家庭人均居住面积由4.8平方米上升到5.8平方米，人均增加1平方米；省属高校教师住房成套率达到73.6%，教师家庭人均居住面积达到7.1平方米，接近城市居民人均居住面积。

撰稿　马光荣

基础教育

〔**综述**〕 1995年，全省有幼儿园1235所，小学附设学前班7587个，接受学前教育的儿童有41万人；有盲聋哑学校11所，小学附设特教班186个，接受义务教育的残疾学生达12679人（其中随班就读残疾学生9128人）；学龄儿童入学率达到96.91%，女童入学率达到94.9%，小学毕业生升入初中的比例达到85.95%，初中毕业生升入高中的比例为31.2%。小学附设初中班1839所，毕业生20748人，招生29415人，在校生76713人。全省又有3个县普及了初级中等义务教育，4个县普及了初等义务教育。与1994年相比，幼儿园增加209所，学前班增加711个，接受学前教育的儿童增加3.4万人，六周岁儿童接受学前教育的比例提高4个百分点。

〔**德育工作**〕 1995年，甘肃省中小学德育工作围绕学习贯彻《爱国主义教育实施纲要》和《关于进一步加强和改进学校德育工作的若干意见》，增强德育工作的实效性，确立德育在学校工作中的地位；积极开发德育资源，健全爱国主义教育基地网络体系，使学校德育工作的目标和任务落到实处。

一是结合各类学校的实际，制定了贯彻落实中共中央《关于进一步加强和改进学校德育工作的若干意见》的实施意见，转发了国家教委《中学德育大纲》，对全省中小学校德育工作提出了具体要求，使其更好地适应新的形势。

二是把爱国主义教育作为学校德育的中心内容。各地和学校采取多种有效的途径和形式，普遍对学生进行国情、省情、县情、乡情教育，广泛开展升降国旗仪式，坚持重大集会唱国歌制度，以及通过开展劳动技术教育，组织学生参加抗战50周年纪念活动等，把爱国主义教育贯穿到各项活动之中。全省建立爱国主义教育基地450多处，形成了省、地、县三级爱国主义教育基地网络体系。各地积极组织学生到基地参观学习，与基地建立联系制度，以基地为依托，开发德育资源，拓宽教育内容，突出爱国主义教育的主题，收到了较好的效果。

三是发挥课堂教学的主渠道作用。改革政治课教学，通过考试、考查，组织军训、社会实践等活动，提高学生对政治课学习的积极性；加强了对周会、班会、团队日活动的管理和指导，把思想品德教育渗透到各项教育教学工作之中。

〔**义务教育**〕 在贫困地区普及初等教育是甘肃普及九年义务教育的难点。1995年6月，省教委在渭源县召开了全省贫困地区普及初等义务教育现场会，推广了渭源县普及初等义务教育的经验，重点研讨了贫困县如何普及初等义务教育的问题，提出了贫困地区普及初等教育工作的思路和要求。10月，又在华亭县召开了全省普及九年义务教育工作会议，传达了全国九省区普及九年义务教育工作汇报会议精神，对“八五”期间全省普及九年义务教育工作进行了全面总结，分析了全省普及九年义务教育所面临的形势，研究探讨了经济不发达地区及民族地区如何根据自身特点实施九年义务教育的问题。经过各方努力，古浪、清水、通渭、文县4个县普及了初等义务教育，至此，全省普及初等义务教育的县（市、区）总数达62个，人口覆盖面达72%；1995年又有武威、西峰、华亭3个县（市）普及了九年义务教育，至此，全省普及九年义务教育的县（市、区）总数达18个，占全省县数的21%。

在普及九年义务教育过程中，注意加强评估验收工作，坚持标准，把分级办学、分级管理的体制真正落到实处。省教委向全省各地县转发了国家教委颁布的《普及九年义务教育评估验收暂行办法》，并对本省《普及九年义务教育标准及评估奖励办法》中的有关指标进行了调整，使全省普及义务教育评估验收水平得到提高。

1995年省教委利用联合国儿童基金会促进贫困地区女童教育项目1994—1995过渡周期援助资金，对庆阳、华池、静宁、定西、临洮、康县、武都、天祝、张家川、平凉共10个贫困县、市教育实行项目管理。加强了项目学校的设备配套和师资培训。各项目县和学校从实际出发，因地制宜实施项目计划，采取有效措施，狠抓薄弱环节，较大幅度地提高了女童入学率，办学条件得到改善，教育教学质量有所提高，项目学校成为贫困地区普及义务教育的示范性骨干学校。

为了保证新工时制实行后课程方案、课程计划和大纲的实施，全省各地、县对中小学校贯彻新工时制课程方案的情况进行了全面检查，特别是对学校选修课、活动课、劳动技术课、社会实践课进行了指导。11月，国家教委基础教育司对甘肃实行新工时制课程方案的情况进行了调查，对此项工作的实施情况表示满意。省教委根据国务院办公厅《关于安排好中小学生节假日休息和活动的通知》，决定从1995年9月1日起，在全省中小学、幼儿园实行五天学习日。

〔**幼儿和特殊教育**〕 1995年，全省幼儿教育工作继续贯彻执行两个幼教法规，加强了对幼教工作的调查研究和指导，开办了幼儿教育培训班，进行教学观摩，开展技能技巧培训，培训幼儿教师320多人，并为外省培训了100名幼儿教师。

各级政府把特殊教育纳入义务教育轨道，统一安排部署。1995年，各地教育行政部门认真实施国家教委调整后的全日制盲、聋和弱智学校课程教学计划，残疾儿童随班就读工作有了新的进展。全省“城乡兼顾，盲、聋、弱智一起抓，学校、班、随班就读同步发展”的特殊教育格局已基本建立。金昌市、敦煌市、高台县被评为“全国特殊教育先进县（市）”，受到国家教委、民政部、中国残疾人联合会的通报表彰。

〔**高中教育**〕 根据《纲要》精神和国家教委提出的“加强学校布局调整，集中人力、财力、物力，分期分批地办好一批标准化小学、标准化初中、重点中学”的工作思路，1995年全省高中教育工作以调整学校布局和结构，加强标准化学校建设和重点中学建设为重点，进一步明确了普通高中教育的性质、地位、任务和作用。8月，省教委在长庆召开了全省重点中学校长研讨会，会议认真学习了全国普通高中教育工作会议的有关文件，拟订了《甘肃省关于加强普通高中教育工作的意见》和《甘肃省示范性普通高中办学标准》，提出到2000年建成50所示范性普通高中和加强50所薄弱高中建设的目标。

〔**毕业会考**〕 1995年，全省初、高中毕业会考工作，根据国家教委“不断完善，稳步推进”的精神，在进一步完善会考制度，充分发挥会考功能的基础上，顺利完成了第二轮会考任务。在高中毕业会考中，加强了常规管理，明确了省、地、县、校会考管理的职责，使各级会考管理机构的职能得以发挥。4月，各级教育行政部门和学校对全省41860名应届高中毕业生进行了严格的资格审查，有41015人获得毕业证书，毕业率为98%，比上年提高0.55个百分点。初中毕业会考继续推行初中毕业考试、普通高中（职业中学）招生考试与初中毕业生升中专招生预选考试“三考合一”，以减少考试次数。加强了教育评估和教学评价工作，坚持实行会考成绩分析制度，促进教育教学改革。1995年全省初中毕业会考6科成绩合格率比上年提高2.95个百分点。

为促进初、高中毕业会考对学校教育教学工作的导向作用，1995年，省教委采用量化管理考核体系，首次对各地会考工作从学籍管理、会考报名、试卷管理、考风考纪、成绩管理、试卷分析、证书发放、教学评价、会考收费、计划总结共10个方面32个项目进行了全面客观的综合考评，促进会考有关政策和法规的贯彻落实，对会考工作先进单位和个人给予了表彰奖励。

〔**教师队伍建设**〕 一是继续重视教师培训基地建设。省教委召开了全省中等师范学校工作会议，加强了中等师范学校标准化建设和教师进修学校的评估验收和督查工作。二是中小学校长培训和多种形式、多种层次的中小学在职教师的培训取得成效。省教委制定了《关于进一步加强中小学校长培训工作的意见》和《甘肃省中小学校长岗位培训检查评估办法》。三是初中教师“三沟通”学历培训有了新进展。进一步完善了师范院校毕业生分配就业措施，充实了中小学教师队伍。1995年，全省小学教师学历达标率为84.7%，比上年提高1.5个百分点；初中教师为62.8%，提高4.6个百分点；高中教师为45.8%，提高1.1个百分点。四是教师专业技术职务评聘制度逐步完善。注重了中青年教师的职务评聘工作，从而使教师专业技术职务结构比例进一步趋于合理。五是评选表彰了一批优秀教师。1995年，全省有284名优秀教师获得“园丁奖”；87名优秀教师、10名优秀教育工作者受到国家教委的表彰奖励；11名教师和教育工作者获得全国教育系统劳动模范称号；14名中等师范学校和教师进修学校的教师获得曾宪梓奖励基金会的奖励。六是逐步解决民办教师的问题。1995年，根据有关文件精神，全省将1000名民办教师和96名获得全国优秀教师、省“园丁奖”的民办教师录用为公办教师。

〔**治理乱收费**〕 1995年，省委、省政府成立了治理中小学乱收费工作领导小组，省教委根据省委办公厅下发的《关于进一步治理中小学乱收费的通知》精神，重新整顿清理了中小学收费项目，在国家教委公布取消21项收费项目的基础上，又宣布取消了水电费等8项收费。各地、县也都成立了治理中小学乱收费领导小组，取消了一批不符合规定的收费项目。省教委先后组织5个检查组，对全省7个地、州、市的50多所学校的收费情况进行检查，省人大负责同志也深入各地检查指导。10月，国务院纠正行业不正之风办公室、国家教委监察局检查组对甘肃治理中小学乱收费工作进行了检查，认为甘肃省在治理中小学乱收费问题上，采取了有力措施，态度明确，行动坚决，使全省中小学乱收费现象得到了遏制。

撰稿　张兆勤

职业教育

〔**教育改革**〕　1995年，省教委制定了《关于加快发展我省职业技术教育的实施办法》、《加快我省普通中专改革与发展的实施办法》，还与省财政厅、中国人民银行甘肃省分行、中国农业银行甘肃省分行、中国工商银行甘肃省分行联合下发了《关于利用银行贷款扶持综合职教中心建设的通知》。省教委委托兰州大学、甘肃师范大学、甘肃农业大学、甘肃工业大学、兰州商学院等院校举办地方委培高等职业技术教育大专班试点，当年招生450人。继续有计划地实行小学后、初中后、高中后三级分流教育。重点放在初中后的分流上，这些举措遏制了职业学校招生“滑波”局面，稳定了职业学校办学规模，促进了职业学校改善办学条件，提高教育教学质量，为毕业生进入人才市场进行了有益的尝试。

为了强化政府统筹，理顺办学体制，省教委先后在兰州、红古、永登、张掖、酒泉、敦煌、武威、平凉、庆阳、白银、天水等地、县进行调研，宣传推广河北省经验，帮助制订发展职业教育的规划，动员组织党政领导、教育部门负责人和职业学校校长赴河北等地实地考察学习。全省先后有14个地区，100多人次到外省考察学习，开阔了眼界，提高了认识。与此同时，结合甘肃实际，有计划、有选择地在省内沿黄河灌区、城郊及河西一些率先奔小康的地、县进行“政府统筹、部门联办、教育主管、一校多制、综合性职教中心”的建设。1995年，在河西、沿黄河灌区及城郊地区初步建成15所县级职教中心，总计投资12220万元，其中一期工程投资8150万元，1995年已落实4157万元。职教中心开始在当地人才培养、生产示范、科技推广等方面发挥示范作用，省教委召开县级职教中心座谈会，及时总结交流和推广了职教中心建设经验。

1995年，全省职业技术教育改革在促进

全省社会发展和经济建设中发挥了明显作用。但仍然存在一些问题，如：政府对职业技术教育的统筹力度还不够大，投入不足、基础薄弱，机制发育尚不健全等，职业技术教育还不能满足建设社会主义市场经济的需要，在推进农村教育的综合改革，促进教育为当地经济建设和社会发展服务的目标还没有真正取得突破，有待于在改革发展中逐步加以解决。

〔**实行教育目标责任制**〕 1995年，甘肃逐步建立起包括目标管理、目标分解责任落实和考核奖惩为主要内容的管理机制。省教委与各地、州、市签订目标责任书，强化分级管理责任。制订完善了教育教学各项制度，制发了普通中等专业学校《教学管理规程》、《甘肃省职业中等专业学校管理暂行办法》和《市场调节生管理与质量监督办法》，修订了《甘肃省职业中学评估标准》。

〔**骨干学校建设**〕 在重点骨干示范职业技术学校建设中，坚持集中力量、重点扶持的原则，采取调整合并、联合办学等措施，促进职业技术教育上档次、上水平、出效益。通过普通中专选优评估，1995年普通中专合格学校由1994年的36所增加到50所，占全省普通中专总数的54.4%，其中省部级重点学校16所，国家级重点学校7所，有5所学校在校生规模达到2000人以上。全省职业学校继续进行三级评估工作，经评估验收，有2所学校达到A级标准，6所达到B级，5所达到C级，全省达到C级以上标准的职业学校已达82所，占全省职业学校总数的43.8%。省教委对天水市职业技术学校等7所省级重点职业学校按照国家教委新的省级重点学校标准进行了复评验收，全部达到新的标准要求。会宁郭城职业学校和兰州女子职业学校、酒泉市职业学校经评估后，报国家教委认定为省级重点职业学校，省级重点职业学校已达10所。

〔**教师队伍建设**〕 1994年以来，继续在甘肃农业大学、甘肃联合大学、上海旅游专科学校、西安统计学院为职业学校培养师资500多人，同时创造条件不断提高职业学校教师学历、职称达标率，改善职业学校教师的工作和生活条件。

〔**干部培训**〕 甘肃省教委有计划地组织职教干部到先进地区和学校去考察、学习、挂职培训和参加评估工作，让他们在实践工作中锻炼提高。先后组织甘南、临夏地区职教科长和部分职业学校校长、骨干学校校长到天津对口挂职学习和到河北等地进行考察。先后抽调职教干部和职业学校校长100多人次参加职业学校评估工作，通过多种形式培训，全省职教科长和职业学校校长培训率已达到85%以上。

撰稿 牛辉峰

高等教育

〔**德育工作**〕 1995年，全省高等学校在深化德育改革方面，作了一些尝试。在兰州师范高等专科学校开展了德育体制改革试点工作;各高等学校制订了德育工作实施细则，开展了丰富多彩的爱国主义教育活动，建立健全了德育工作体系，使德育工作逐步走向规范化、制度化。省教委组织力量重新编写了“两课”(马克思主义理论课和思想政治教育课）教学大纲，编写出版了《马克思主义哲学政治经济学基本原理》、《中国革命和建设发展概论》、《国际关系概论》、《思想道德修养》等一系列试验教材，学生对“两课”的学习积极性普遍提高。省委组织部、省委宣传部、省教委联合召开1995年全省高校党建工作会议，重点研究了高校领导班子建设问题。为进一步加强高校党政管理队伍建设，省委决定，将高等教育管理研究职务的评聘工作纳入正常的高校职称管理系列。1995年破格晋升管理研究职务助理研究员6名。1995年全省高校有党政管理研究员6名，副研究员94名，助理研究员449名，实习研究员251名。

〔**教学工作**〕 1995年，全省高等学校在教学工作中，强化基础，理清思路，进一步确立教学工作的中心地位，为“九五”期间教学改革全面深化奠定良好的基础。(1)继续加强外语、计算机、数学三大基础课建设。1995年全省高校有16505名学生参加了全国大学生外语四、六级考试，92级学生通过率已达到57.3%；省教委、省人事厅联合开展了第二届全省高校计算机等级考试工作，有3548名学生参加考试，通过率为46%；参加了第二届全国高校数学竞赛活动，甘肃省有5项获全国奖励，其中获全国一等奖1个，二等奖4个。国家教委工科院校教学工作评估组对兰州工业高等专科学校的金工实习教学进行了合格评估，认定该校金工实习教学达到了合格标准；兰州铁道学院数学课程经省评估专家组评估，达到了优秀课程的标准。(2)努力提高教师对教学工作的积极性。1995年，省政府下发了《甘肃省教学成果奖励实施办法》，设省级一、二等奖和省教委奖，规定全省教学成果奖每两年评审一次。确立了高等学校教学成果与科研成果同等重要的地位；为鼓励教师积极开展教学研究，首次下达全省高校重大教学研究课题6项，核拨经费9万元。(3)大力加强教学基础建设。“八五”期间，全省高校共出版教材465部。1995年，省教委开展了第三届全省高校优秀教材评奖工作，16部教材获省级一等奖，23部教材获省级二等奖，12部讲义被评为优秀讲义；甘肃中医学院、甘肃政法学院被国家教委列为第一批参加教学工作合格评估验收的院校。(4) 制订“九五”期间全省高校教学工作规划。召开了1995年全省高校教务处长联席会，研究了全省高校在“九五”期间深化教学改革,提高教育教学质量的指导思想、总体思路，拟订了《甘肃省高等学校“九五”期间教学工作的意见》。指出从总体上讲，“九五”期间高等教育改革要主动适应社会主义市场经济和甘肃政治经济文化的发展，以教学内容教学方法的改革为重点,有系统、有组织、有步骤地全面推进高等教育教学领域的改革，稳步提高教育教学质量。

〔**学生管理工作**〕 1995年,全省各高校注意探索新形势下学生管理的有效途径。一是规范了毕业证书的管理。全省高校实行了毕业证书发放工作的计算机管理，实行招生名册、入学注册名册、学籍变动名册、毕业生名册“四册联审”的办法，严把毕业证书发放关。二是开展了学生工作评估。在1994年学校自评的基础上，成立了以省教委主任为主任委员的学生工作评估专家委员会，对全省17所普通高校进行省级评估工作。三是进行了全国优秀学生干部、三好学生、先进班集体的推荐工作。兰州大学、西北师范大学有2个班级被评为先进班集体，全省高校有2名学生被评为全国优秀学生干部，4名学生被评为全国三好学生。四是进行了高校招生并轨和贫困生问题的调查。省教委和省扶贫办联合下发了《关于解决高等学校特困生问题的通知》,打通了高校学生在家乡贷款上学的渠道，省教委和省扶贫办筹资30万元，用于对贫困生上学贷款的贴息。

〔**科研工作**〕 1995年全省高校面向经济建设主战场，共承担科研课题1245项，获得经费7000余万元。其中，国家级96项，经费75.97万元；中央部委115项，经费528.6万元；省级部门722项，经费721.61万元。自然科学类992项，经费6540余万元；人文社科类253项，经费530余万元。参加科技活动的人员13256人，其中高级技术职称的2846人。全年共出版学术专著306部(自然科学类120部，人文社科类186部)，发表学术论文4649篇(自然科学类2912篇，人文社科类1737篇)。完成并通过鉴定的应用和应用基础成果近200项，部分达到了国内领先、国际先进水平。申请专利15项。获得厅局级以上奖励的182项(科技134项，社科48项)，其中省部级以上99项(科技71项，社科28项)。签订技术转让合同16项，当年收入400余万元。

各高校在科研工作中，总结出了一些行之有效的经验，一是强调特色，填补空白。兰州大学的“西部资源环境生态”研究、甘肃农业大学的“草原生态和旱农生态”研究、西北师范大学的“高海拔地区植物资源分类研究利用”等，都紧密结合甘肃的地质地域特色立项，取得了显著成果。二是积极主动，多出成果。甘肃工业大学、兰州大学、甘肃农业大学等学校一方面组织多学科攻关，在积极承担国家科研任务同时,又根据国家需要，提出科研项目，争取列入国家计划，获得了多方位的资助和支持，经济效益和社会效益十分明显。三是党政一把手亲自抓科研，促进科研工作不断发展。甘肃农业大学党委书记和校长协力抓科研，“八五”期间在科技兴农、兴省活动中作出了突出贡献，科研经费逐年增加，至1995年已由年60万元一跃达到年200万元。四是争取主动，找“米”下锅。1995年，国家教委国家自然科学化学资助基金评审会在西北师范大学筹备和召开，有5个项目获得国家自然科学化学资助基金53万元。当年，该校从各方面争取到的科研经费，已由过去每年40—50万元增加到170万元。甘肃农业大学积极承办国际牦牛研讨会,得到了全国牦牛研究专家的充分肯定,确定将全国牦牛研究中心设在该校。五是锲而不舍，力求突破。兰州师范高等专科学校根据本地菜农普遍面临的蔬菜病虫危害问题，多年来坚持不懈，在“化学烟雾剂”农药的研制方面取得了显著成效。至1995年，年产值已达75万元，年收入达到59万元。六是实行目标责任制，强化科研意识，推动科研工作。甘肃工业大学等校制订目标管理办法，把岗位目标作为考核领导干部任期政绩和教师晋升技术职称的重要指标，调动了广大教师的科研积极性。

根据社会主义市场经济的发展和教育、科技体制改革的需要，在认真总结全省高校科技进步奖、哲学社会科学优秀成果奖评奖工作经验的基础上，省教委会同省财政厅对奖励条例进行了修订，提高了奖励标准，改革、完善了评奖办法。按照国家教委要求，省教委组织高校编制报送了全国高校人文社会科学“九五”规划。

高等学校和企业在科研和科技开发方面的协作和联合取得了新的进展。西北师范大学与甘肃凉州皇台酒厂(集团公司)联合，本着互惠互利的原则，建立了“西北师范大学皇台学术著作出版基金”和“西北师范大学皇台科研奖励基金”。校方负责承担皇台集团公司发展生产中的部分技术攻关和开发项目的研究，企业分两次向学校无偿提供15万元资金和折合人民币30万元的产品，用于支持学校的科学研究事业。

为了充分利用甘肃工业大学的科技实力，发挥省内各科研单位、大中型企业的科研、技术力量，加速本省机械、电子科技成果的转化，提高机电行业的竞争实力，促进地方经济的发展，1995年，省计委确定依托甘肃工业大学建设甘肃省机电高新技术产品中试基地。基地为既依托甘肃工业大学，又相对独立的科研开发实体。

省教委制定下达的省属高校1995年科研项目计划，重点扶持了在促进学科建设、解决社会现实问题、推动本省教育和经济发展方面具有竞争实力的研究项目224项，资助经费90万元。在通过鉴定的项目中，有兰州大学牵头承担完成的国家“八五”重点科技项目“电力静电感应(si)器件专项基础技术研究”、兰州铁道学院承担完成的“超大型系列铝真空钎接炉计算机测控系统”等。有的项目已达国际先进水平，有的填补了国内空白。

〔**重点学科建设**〕 1995年上半年，省教委根据省属高校实际和全省经济建设与社会发展的需要，在已有16个省级高校重点学科的基础上，增补西北师范大学的《基础数学》和《英语语言文学》、甘肃农业大学的《作物遗传育种》和《植物病理学》、兰州医学院的《中西医结合医学》和《血液病学》6个学科为省级高校重点学科。至此，“八五”期间在省属高校共确定和建设省级高校重点学科22个。为了促进这些学科的建设与发展，省财政厅划拨170万元，作为省属高校“211工程”和省级重点学科建设的专款，主要用于为22个重点学科配备科研、教学仪器设备和资料。

〔**学科带头人培养**〕 根据国务院办公厅转发国家教委等部门《关于培养跨世纪学术技术带头人的意见》，1995年制发了《甘肃省省属高校跨世纪学科带头人选拔培养计划实施方案》，提出到2000年在省属高校的博士、硕士点和拟新增的硕士点授权学科中，选拔培养100名左右具有较高学术水平和良好思想品德、事业心强、有组织领导能力的优秀年轻学科带头人的奋斗目标。当年，在高校评选推荐、省教委聘请专家审查论证的基础上，确定省属高校首批跨世纪学科带头人19名。其中在40岁以下的16名，其中有30岁左右的9名，均具有高级技术职务（其中教授4名），在教学、科研工作中都已取得了突出成绩。为了加强对跨世纪学科带头人的培养，鼓励和促进他们尽快成长，省教委从当年重点学科经费中划拨40万元，为上述人员每人配置"486"微机一台。所在学校和学科也积极采取措施，给他们提供了较好的教学、科研和生活条件。

〔**学位与研究生工作**〕 从1995年3月开始，省教委协助陕西省学位委员会，组织开展了西北片哲学、外国语言学、数学、管理学、经济学、化学、自动控制等7个一级学科前四批硕士学位授权学科、专业点及其研究生培养与学位授予质量的全面检查和评估。有8名专家参加评议审查。有3所学校和1个研究所的19个硕士学位授权学科、专业点接受了检查与评估。甘肃农业大学的《草原科学》、《兽医产科学》、《动物解剖学、组织学与胚胎学》3个博士学位授权学科点，在自查自评的基础上接受了国务院学位委员会会同农业部联合组织的对农科博士学位与研究生教育质量评估的抽查，均达到了合格或良好的要求。

从1995年开始，省属高校新增博士生导师的审定工作，由过去国务院学位委员会统一进行，改为省教委组织审定。

〔**图书馆和学术期刊工作**〕 1995年10月，省教委会同省高校图工委召开了西北五省区高校图书馆第七次协作会议。调整充实了《西北高校图书馆》编委会，商定了刊物经费筹集办法和订购意见等事项，通报了《西北地区高校图书馆的历史现状》、《西北地区高校图书馆年鉴》两书发行状况，确定了今后协作的目标和任务。

为了迎接1996年国际图书联合会大会的召开，省教委、省文化厅、省高校图工委联合开展了全省图书馆服务宣传周活动。通过举办报告会，开展《我与图书馆》征文，张贴宣传画等形式，向读者和社会进行广泛宣传。这次活动共收到社会各界《我与图书馆》论文500余篇，评选表彰优秀论文23篇。与此同时，省教委会同省图书馆学会，召开全省图书馆学术研讨会，交流论文50余篇，表彰奖励优秀论文12篇。为了促进全省高校图书馆业务和管理工作的现代化、网络化进程，在兰州大学举办了计算机应用培训班知识讲座，全省高校图书馆的业务人员全部参加了培训。

通过各校评选推荐，专家组复查审定，1995年3月，对12所高校15种刊物的26位优秀编辑工作者进行了表彰奖励。7月，省高校学术期刊研究会会同西北师范大学承办了国家教委召开的全国高校"三优"评比会议。本省有4所学校的学术期刊获得了表彰奖励。其中兰州大学获得全国重点院校一等奖，西北师范大学、甘肃工业大学获得普通高校一等奖，张掖师范高等专科学校获得专科学校三等奖。

撰稿 何玉娥 刘玉泉

成人教育

〔**扫盲工作**〕 1995年，全省共扫除青壮年文盲26.4万人，比原计划的15万人超额76.2%，有3个县完成了高标准扫盲任务。2个县完成了省定（脱盲率达到85%以上）基本扫除文盲任务，全省青壮年文盲率由1994年的15%下降到11.5%，下降3.5个百分点。

1995年的扫盲工作进一步强化了政府行为，重视责任制的落实，建立了省级有关单位参加扫盲工作联系会议和各成员单位包县制度，落实了省政府与各地行署（政府）签订的扫盲责任书和扫盲规划的各项指标。

全省扫盲工作以河西三地区的高标准扫盲为重点，促进中部、东部地区基本扫除文盲并带动南部地区的扫盲工作。1995年，酒泉地区全区和张掖、武威两地区的大部分地方完成了高标准扫除文盲任务，中部和东部地区基本扫除文盲工作有了较大进展，甘南和临夏两个自治州的扫盲工作也在原有基础上取得了一定成绩。

1995年省教委印发了《关于进一步健全和完善扫盲报告制度的通知》，加强了扫盲工作的全过程管理；制定了扫盲验收程序，使扫盲质量得到进一步保证；完成了国家教委安排的两本实用技术教材的编写任务，新编了本省扫盲教材《实用语文》和《实用数学》。1995年是妇女扫盲工作取得较大成效的一年。利用世界妇女大会有利时机，各级妇联和教育部门共同努力，全年扫除妇女文盲160833人，占脱盲人数的61%，比往年有较大提高。

〔**农村文化技术学校建设**〕 1995年，全省农村文化技术学校发展到3180所，比上年增长26.2%，乡镇文化技术学校发展到1592所，各学校（中心）共培训劳动者100多万人次。

贯彻落实《甘肃省乡镇成人文化技术学校暂行规定》，开展了兰州、酒泉和张掖农村教育综合改革实验和农村文化技术学校达标工作。已建成示范性学校28所。

结合农村教育综合改革，对“燎原计划”100个示范乡的乡镇长进行了现场培训，对“燎原计划”开发项目进行了检查推广。全省“燎原计划”示范乡已发展到195个。

〔**成人高、中等教育**〕 1995年，全省成人高校招生数比上年增长7.7%，毕业生数比上年增长36%。成人中等专业学校招生数比上年减少8.6%，毕业生数比上年增加61%。地方委托培养已初步形成制度，1995年招生6000人，毕业5000多人；在甘肃广播电视大学进行招收注册试听生试点工作，已招收学员3000人。自学考试有了较大发展，根据社会发展需要，新设3个专业，总计开设专业已达40个，社会考生共计18万人。开办社会急需短线专业61个，招生4500人，在校生9000人。1995年，全省有1万多人取得成人大中专学历。

1995年，省教委进行了高等职业教育的调查论证工作，申报兰州炼油厂职工大学等学校进行高等职业教育试点；省广播电视大学的基础段教育试点取得较好效果；制定了《关于改革农广校管理体制的意见》，加强了地方和学校的联系，增强了学校适应当地经济建设的活力，1995年农广校招生4000多人。

1995年加强了成人高、中等教育的教学管理工作。一是加强了宏观调控，报考人数增长幅度较大，生源质量明显提高；二是加强了教学过程的管理，统一制订了独立设置的成人高校、成人中专34门课程的教学大纲和2个专业的教学计划；三是进一步完善了校际教研组活动，发挥了教研协作的优势；四是制定了比较科学的质量管理办法，完善了质量监控措施，通过对成人高校和中专170门课程的抽考和统考，教学质量有了较大提高；五是严把出门关，完善了毕业证书审核和验印办法。

1995年，省教委对全省独立设置的成人高校进行了统一评估。先由各校进行自评，再由省教委组织评估小组进行评估。在兰州大学进行了评估试点工作。开展了省级成人中专学校示范学校的评估选拔工作，评出示范性学校3所。

1995年，省教委承办了全国成人高等教育第三次协作会，全国各省、市、区的代表交流了各地成人高等教育的办学经验。这次会议对甘肃的成人教育提供了一个良好的学习和提高的机会。

〔**岗位培训**〕　1995年，省教委会同有关部门进行了岗位培训制度建设的调查与试点。试点把岗位培训制度的建立完善与体制改革结合起来，与建立社会主义现代企业制度结合起来，推动了企业教育综合改革；加强了培训基地建设，建立了培训中心（学校）的审查备案制度。1995年，全省共培训职工40多万人。

撰稿　温攀玺

民族教育

〔**综述**〕 1995年，全省民族地区有小学2512所，在校学生288838人，学龄儿童入学率为87%，女童入学率为76.61%，教职工14493人，其中专任教师13824人。普通中学141所，在校学生67539人，教职工5407人，其中专任教师5206人。职业中学18所，在校学生1315人，教职工316人，其中专任教师224人。中等专业学校10所，在校学生3702人，教职工663人，其中专任教师442人。

与1994年相比，小学减少26所，在校生数增加14710人，学龄儿童入学率提高1个百分点，女童入学率提高3.61个百分点。中学减少2所，在校生数增加895人。职业中学在校生数减少380人。中专在校生数增加105人。

〔**义务教育**〕 1995年，甘南藏族自治州委、州政府提出了《关于加快教育改革和发展的若干意见》，临夏回族自治州州委、州政府相继出台了"临夏州教育工作30条"和《关于贯彻全国、全省教育工作会议精神若干问题的意见》，把基础教育作为教育工作的重中之重。全省民族地区州、县分别制订了"九五"计划和2010年的普及九年义务教育规划，确定了分阶段实现普及初等义务教育的乡镇。1995年，临夏回族自治州有11个乡完成了普及初等义务教育的任务。全州已有53个乡（镇）达到了普及初等义务教育的标准，人口覆盖率近50%，全州学龄儿童入学率达到84.52%，其中少数民族儿童入学率达到75.37%，女童入学率达到73.48%，分别比1994年增加1.92、1.60、3.62个百分点。

〔**中小学教育**〕 1995年，省教委继续把提高民族地区中小学教育质量和办学效益作为当年的一项重要工作。派人到州、县进行检查指导。甘南藏族自治州把1995年作为全州教育"管理年"。州教育局与各县文教局、州直各学校签订了目标管理责任书。州、县督导人员长年巡回乡一级学校抓管理，指导工作。通过采取行之有效的措施，全州教育教学质量有了较大的提高。1995年，全州参加全国高考上线的人数比1994年增加一倍，初中普通类六科合格率达到18.71%，比1994年提高3.62个百分点；全州高中毕业会考，高中一年级平均成绩达到59.53分，比1994年提高7.13分，高二年级平均成绩达到57.49分，比上年提高2.03分。

〔**对口支援工作**〕 1995年3月，省教委召开部分高校校长和地、州、市教育局长会议，安排部署了在省内进一步开展教育对口支援协作工作。一些地、市教育部门和院校与民族地区达成了对口支援协议。甘南藏族自治州与3所中学和1所高校签订了培养人才的协议，根据协议，1995年为甘南州培养26名高中生，每年为甘南培养专科起点升本科教师20名。1995年省委宣传部组织省教委等六部门成立了支援甘南教育行动领导小组，为甘南藏族自治州的17所中学配发了图书、教学仪器和语音设备，价值达80万元。

甘肃省与天津市的对口协作工作取得了成效。1995年6月，省教委组织甘南藏族自治州、临夏回族自治州及部分县的教研室负责人到天津市教研室考察学习，并与天津市教研室签订了对口支援协议，在1996年由天津市教研室选派天津部分中学的特级教师来甘肃民族地区巡回讲学，培训提高民族地区教师的教学业务水平，提供交流教学方面的信息。1995年12月，甘肃省教委组织全省民族地区教育局长赴天津考察，与天津市教育局签订了1996～1998年教育对口支援协作三年规划。

〔**教育投入**〕 1995年，甘肃省对民族地区的教育投入，继续实行积极扶持和倾斜政策，对民族地区的专项补助有所增加，达到1472万元，人均补助5.11元，高于1994年国家对民族地区投入964.8万元，人均3.34元的水平。在国家给予扶持的同时，各民族地县也积极采取措施，多渠道增加对教育的投入。临夏回族自治州征收教育费附加553.2万元，社会集资328万元，勤工俭学纯收入132万元。临夏回族自治州和甘南藏族自治州利用国家补助的专项资金和地方自筹资金，1995年新修校舍14714平方米，维修校舍8129平方米，购置课桌凳3636人套，修筑围墙1200米，使中小学办学条件得到不同程度的改善。

撰　稿　白天佑

总审稿　阎思圣　高维新

青海省教育

概　　况

〔基本情况〕

1995年各级普通学校基本情况

单位：人

学校类别	学校数（所）	毕业生数	招生数	在校学生数	教职工数	
					计	其中专任教师
一、普通高等学校	7	2133	2350	7345	2965	1410
研究生			11	13		
本　科		1069	1046	4007		
专　科		1064	1293	3325		
二、中等专业学校	34	3280	4271	13643	3048	1691
中等技术学校	23	2134	2557	7744	2155	1130
中等师范学校	11	1146	1714	5899	893	561
三、普通中学	471	57835	69755	193862	19190	15691
高中	176	10823	18800	45194		4095
初中	295	47012	50955	148668		11596
四、农业、职业中学	28	7502	3198	11673	772	586
高中	24	2945	2755	5542		466
初中	4	4557	443	6131		120
五、工读学校						
六、小　学	3437	59411	83157	447978	28810	26881
七、特殊教育学校	2	58	67	3789	114	76
八、幼儿园	203		62084	72030	2694	1719

1995 年各级成人学校基本情况

单位：人

学校类别	学校数（所）	毕业生数	招生数	在校学生数	教职工数	
					计	其中专任教师
一、成人高等学校	3	1458	1550	3710	642	312
广播电视大学	1	509	385	985	179	86
职工高等学校	1	256	406	861	117	78
农民高等学校						
管理干部学院						
教育学院	1	480	515	1381	346	148
独立函授学院						
普通高校举办：						
函授部		107	97	221		
夜大学						
成人脱产班		106	147	262		
二、成人中等专业学校	19	1871	3721	9892	606	253
广播电视中专	1	361	1146	2893	141	90
干部中专	2	104	217	496	83	34
职工中专	15	996	1674	4304	333	129
农民中专						
函授中专	1	385	672	2122	49	
教师进修学校		25	12	77		
三、成人中学						
职工中学						
农民中学						
四、成人技术培训学校	615	258593	251414	228195	496	141
职工技术培训学校	4	3352	3006	3456	126	107
农民技术培训学校	611	255241	248408	224739	370	34
五、成人初等学校	409	33923	50734	54396	824	50
职工初等学校						
农民初等学校	409	33923	50734	54396	824	50
其中：扫盲班	395	33649	50132	53794	771	50

制表　张晓乐

〔**学习贯彻《教育法》和《教师法》**〕《中华人民共和国教育法》颁布后，青海省在全省范围内广泛开展了学习、宣传、贯彻《教育法》的活动。青海省省长田成平，副省长白玛，教委主任高荣就贯彻《教育法》发表电视讲话，宣讲《教育法》的重大意义，要求各级教育部门和学校，要把实施《教育法》同落实《中国教育改革发展纲要》和《教师法》结合起来，同落实各项教育法律、法规结合起来，依法推进教育事业的发展，真正把教育事业优先发展的战略地位落到实处。

省教委及时印发了国家教委关于认真学习《教育法》的宣传提纲和有关的宣传资料，多次召开座谈会，学习《教育法》，同时还拟定了全省教育系统实施教育法的安排意见。

全省各级党委、人大、政府、政协的领导带头学习宣传《教育法》。有的走访贫困地区的学校，千方百计地解决当地教育工作中存在的突出问题，为当地教育办实事。祁连县、平安县根据《教育法》的有关规定，在安排财政预算时，率先实行教育经费预算单列。并在县、乡两级建立了人民教育基金。

为了认真贯彻《教师法》，贯彻第一次全国教职工住房建设工作经验交流会议精神，省政府批转了省教委《关于加快解决全省教职工住房问题的请示》。决定建房资金的筹措采取国家、省、学校、个人各负担四分之一的办法，安排教职工住宅楼14幢，总建筑面积36195平方米。

为妥善解决民办教师问题，省教委与省财政厅，劳动人事厅联合下发了《关于提高中、小学民办教师国家补助费标准的通知》，与省招生委员会联合下发了《关于在全省中等师范学校招收民办教师有关问题的通知》，完成了1994年下达的500名民办教师招转指标，调动了民办教师的工作热情和积极性。

〔**女童教育研究**〕 1995年，青海省在国家“八五”哲学社会科学重点课题“女童教育研究”方面，完成了总的实验报告和6县研究报告及专题研究报告；主编出版了《从困境中崛起》（95女童教育国际研讨会专集）；与兄弟省区联合出版了《中国西部女童教育行动研究》；录制了《中国西部女童教育试验纪实——困境中崛起》两部录像专题片。女童教育研究在取得第一阶段试验成果的基础上，已进入对成果和实验经验的辐射扩散阶段。

省教育科研所所长，课题组组长刘文璞和实验学校，海西乌兰县联合寄宿学校蒙古族教师乌仁才其格，应邀参加了第四次世界妇女大会非政府组织论坛。刘文璞由于在女童教育研究中成绩显著，受到大会组委会嘉奖，他和省课题组副组长任玉贵、课题组成员王振岭等10多位同志，获得了台湾同胞宋文明先生的“中国西部女童教育突出成绩奖”，该所退休干部赵仰仑退休后继续为青海教育做贡献，成绩显著，今年被中国老科技工作者协会授予“全国优秀老科技工作者”称号，并受到奖励。

〔**教育投入**〕 全省教育经费投入，在1994年4.9亿元的基础上有新的增长。1995年用于义务教育、民族教育、职业技术教育等专项资金1517万元，比上年增加360万元。在省人民政府的协调下，省教委与省财政厅、省国税局、省地税局联合下发了《关于加强农村牧区教育费附加征收管理的通知》，进一步健全、完善了教育费附加征管办法，加强了征管力度。全省教育基建项目84项，建筑面积4.3万平方米，总投资991万元，年内交付使用的68项，面积为3.4万平方米。全年安排中小学教职工住宅36195平方米，共14幢。全部竣工后可缓解部分教师的住房紧张状况。

为了发展全省贫困地区九年义务教育，省教委从年初就抓紧组织落实世界银行“关于第三个贫困地区发展教育项目”工作（以下简称“贫三”项目）。成立了青海省“贫三”项目领导小组，由副省长白玛担任组长，省教委、省政府办、财政、计委、审计等部门负责同志为领导小组成员，下设办公室，开展工作。草拟了“贫三”项目的实施报告和配套方案，参加了在北京、长春、西宁等地召开的“贫三”项目答辩会议。组织世界银行官员和国家教委领导在青海“贫三”项目民和、泽库两个样板县的评估和考察活动，确定了下年度的工作计划，决定在西宁市大通县，海东地区的民和、平安、化隆、循化、湟源县，黄南州的同仁、泽库县，玉树州的玉树、杂多、治多、昂欠县，果洛州的达日、班玛县等14个贫困县实施“贫三”项目。总计使用贷款800万美元。

利用香港张永珍女士捐资，在祁连、同德和泽库等县建办6所帐房小学；利用香港云大棉先生捐资及省、地区配套资金，在河南县城关修建1所民族完全小学；争取香港邵逸夫先生第九批赠款120万港元，将用于修建1所中学和1所小学。

撰稿　高福寿　赵仰仑

基础教育

〔**综述**〕　1995年，青海全省46个县（区、市）中，约占全省总人口64.76%的16个县（区）基本普及了初等教育；约占全省总人口27.7%的10个县（区）基本普及了初级中等教育；约占全省总人口12.3%的乐都县、西宁市城中区、城西区，跨入了全国首批实现“双基”的县（区）行列，受到国家教委和省政府的表彰奖励。全省小学学龄儿童入学率提高到87.44%，比上年提高1.04个百分点，其中学龄女童入学率为83.69%，比上年提高1.85个百分点；小学毕业生升学率为86.51%；初中适龄少年入学率为48.95%；初中毕业生升学率为52.45%。湟源、循化两县各新办特殊教育学校1所，全省残疾儿童入学率提高到21%。

〔**学校管理**〕　进一步贯彻落实青海省政府《关于进一步巩固、完善、深化中小学内部管理体制改革意见》，在全省三分之一的地区开展了中小学内部管理体制改革试点；拟定了中学水平达标晋级综合评价方案、进行

4种办学模式、建设示范性普通高中、加强薄弱中学的建设等4个方面的改革意见；进一步完善了高中会考制度；召开了本世纪末普及九年义务教育县（区）工作汇报会，研究部署了普及九年义务教育的各项工作；召开了全省企业基础教育工作会议，交流了经验，讨论并确定了企业基础教育发展和改革的指导思想、目标任务和措施。

继续实行义务教育的入学通知制度、义务教育证书制度和流失生报告制度；制定印发了《青海省普及义务教育评估验收办法》、《关于严格控制义务教育阶段学生流失复读等有关问题的规定》、《加强中小学安全工作的通知》和《关于严禁在校学生参加各种商业性庆祝活动的通知》。会同财政、物价部门调整中小学生杂费收费标准，在全省实行中小学学生收费登记制，使中小学收费纳入规范化管理。

〔**德育工作**〕 在深入调查研究的基础上，制定了《青海省中小学德育工作考核、评估指标》、《青海省中小学学生思想品德评价方案》，下发了《关于当前中小学德育工作的几个问题的意见》，进一步加强了学校德育工作。

建立了省委、省政府、省人大、省政协领导同志联系学校的制度，共有14位领导与学校建立了联系点，并担任联系学校的名誉校长、校外辅导员，西宁市及海西州等地也已建立起领导联系学校的制度。

在全省中小学普遍开展了“四个百”（唱百首爱国歌曲、读百本爱国主义书籍、看百部爱国主义影视片、讲百个爱国主义故事。）和“五心”（忠心献给祖国、爱心献给人民、关心献给他人、孝心献给父母、信心留给自己）的活动；同时与团省委联合举办了“十八岁成人仪式”，增强了青少年的法制意识和对社会的责任感；为了纪念抗日战争和世界反法西斯战争胜利50周年，在全省中小学举办了征文电影月、歌曲演唱会、校园艺术节等活动，还组织学生参观“纪念抗日战争胜利50周年和邓小平图片展览”。通过以上活动，进一步激发了中小学生的爱国主义情感，了解了中国共产党的伟大光荣历史。

1995年11月21日至23日，省教委召开全省德育工作会议。会议明确当前和今后必须抓好的各项工作：（1）加强德育工作队伍建设；（2）落实德育内容，主渠道及规范养成教育常抓不懈；（3）抓好基地建设；（4）加强教学理论研究；（5）加强学生教育实践活动。1995年，通过“创先争优”活动，评选出10个全省德育工作先进集体、19名优秀德育工作者，48名优秀班主任，50名“三好”学生，50名优秀学生干部，20个先进班集体，在全省中小学德育工作会议上进行了表彰奖励。

〔**教学工作**〕 继续开展九年义务教育课程方案的实施工作。年内，围绕实施九年义务教育课程方案和配套教材使用做工作。3月初，省教委深入西宁四区，平安、循化、湟中、湟源四县及部分厂矿的54所中小学，就“九年义务教育”课程计划的执行情况、学生负担进行了调查研究。4至5月组成由22人参加的“讲师团”，三次分赴循化、化隆、平安和海南州宣讲“九年义务教育”课程方案、各科教学大纲及新教材教法，并且为当地教师作公开课和专题报告，听课教师达2000多人次，帮助基层完成二、三级培训任务，5月，下发了关于对九年义务教育部分学科抽查考试的通知，并对去年抽查的10所中学和18所小学二年级87个班的初中语文、数学、英语和小学语文、数学的教学情况进行了抽查；从6月起，通过问卷、座谈、听取汇报等形式，对实施九年义务教育方案的情况、经验、问题以及落实省教委转发国家教委《关于九年义务教育全日制小学、初级中学〈课程方案〉及〈实施意见〉两个文件通知》的情况进行了调查了解，共有400多名教育行政领导、教研员及学校师生，接受了问卷调查。5月中旬，举办了全省初中化学、小学社会课新大纲和新教材教法的二级培训，全省县级以上教研室专职教研员和部分中小学化学、社会课教师253人参加了培训。

通过调查研究，省教委下发了《青海省普通中小学教学常规（试行）》，作为今后检查、督导、评估学校教学工作的依据。

总结推广"愉快教育"经验。为了有效地解决中小学学生课业负担过重的问题，提高中小学教育教学质量，探求行之有效的教改模式，根据1995年青海省"基础教育工作要点"，在进行调查研究的基础上，于9月25日至28日，在西宁市城西区召开了全省愉快教育教改实验现场会。西宁市、海东地区、六州、水电四局、石油管理局及西宁4区1县、海东8县的教育局长、教研室主任出席了现场会。省教委主任、副主任分别作了题为"深化教学改革，提高教学质量"及"认真抓好教改实验，努力提高教育质量"的报告。与会人员听取了西宁城西区的经验介绍，参观了实验学校，观摩了实施愉快教育的四节示范课，并且认真讨论了省教委制发的《青海省开展愉快教育方案（讨论稿）》。会议明确了教改方向，增强了深化教改的信心。

开展"教学能手"的评选活动。为了培养中青年教学骨干，推广先进经验，促进教学改革，青海省评选第二届"教学能手"，经过自下而上层层筛选，1995年共推出52名教师（其中中学教师22名，小学26名，幼儿园4名），于10月15日会集西宁，进行了为期一周的讲课比赛，听课教师达一千余人。经评委对参赛教师的讲课、教案、论文的综合评选，省教委审批，授予16名教师省级"教学能手"的荣誉称号，有19名教师荣获二等奖，17名教师获三等奖。这次活动表明"知识引路、培养能力"已成为广大教师的共识。充分调动师生双方的积极性，运用电教手段，提高教学效率，寓教于乐等教学方法已普遍引起教师的重视。但也暴露出一些实际问题，要继续解决好思想教育的渗透问题；在开展教改实验的同时必须寻求教改理论的支撑；要建立教学常规和发扬优良的教学传统。

第二轮高中会考工作全面结束，本年度会考有1万余名高三学生达到省高中毕业标准。从1995年秋季开始，全省特别是海东地区，出现了高中新生增多的势头，比上年净增5000多名。

〔**教师队伍建设**〕 省教委印发了贯彻实施《教师法》的具体《办法》，加强了对教师的思想政治工作和师德教育。全年共举办小学骨干教师培训班7期，有420名教师接受了培训；根据国家教委与亚洲开发银行签定的"青海省中学教师培训项目"的协议，7月25至28日，外国专家组赴青海考察，并于27日举办了理化、数学、英语、课程设计及应用教育研究的5个研讨班，50名教师及教研员接受了培训；7月29日至8月12日，国内外专家还对青海省地、市及部分县级教研室主任共20人进行了应用教育研究的培训。全省116名中学校长和骨干教师在北师大附属实验中学进行了数学、物理、化学、语文、英语、学校管理6个专业的培训。青海师范大学、教育学院对全省210名骨干教师进行了培训，10月15至12月30日，这两所院、校举办了全省第20、21、22期中学校长培训班，150名校长接受了培训，截止年底，全省大部分地区已经完成了第一轮中学校长的培训任务。将于1996年开始，全省实行中小学校长持证上岗制度。

到1995年，全省已设“三沟通”教学点、函授站19个，学员达8128人，其中年内新招学员3415人。

不断深化师范教育改革。6月20至22日，全省10所中等师范学校的100名师生参加了“基本功”比赛，有68名师生在13个项目中获奖；9月12～20日，国家教委师范司及陕、甘、宁、新疆4省（区）教委对青海省的师范学校进行了联合检查；还组织29名中师学校教师赴河南、内蒙等地参加全国中师学校教师培训，并向国家教委推荐“曾宪梓奖励基金”候选人4名，全部入选。

省教委与财政、劳人部门联合下发了《关于提高中小学民办教师国家补助费标准的通知》；完成上年底国家下达的500名民办教师转公指标，较好地解决了民办教师的问题。

修订和完善了中小学（幼儿园）教师晋升专业技术职务任职资格评审条件，1995年全省有78名教师被评为中学高级教师。

1995年全省表彰99名省级优秀教师。推荐22名全国优秀教师和优秀教育工作者；其中有3名教师获“全国教育系统劳动模范”称号。

〔勤工俭学〕 全省勤工俭学1995年共创收4,152万元，纯收入1,331万元，生均收入19.84元，比上年增加了34%，其中用于补助教育经费1,077万元，占纯收入81%。

〔教育督导〕 8月18日至21日，青海省召开了首次教育督导工作会议。省人大副主任杨茂嘉，省政协教科文卫体委员会负责人及全省各州、地、市教育局（处）长，督导室主任出席了会议，副省长、省总督学白玛到会讲话，省教委主任、省主任督学高荣作了主题报告，会上传达了全国教育督导工作会议精神，总结回顾了全省督导机制恢复十年来的经验和成绩，并且对今后一段时期督导工作做了安排。明确提出今后一个时期，全省应以“加强领导、完善制度、强化职能、狠抓落实、促进发展”作为督导工作的方针。

下半年，省政府成立年度责任书考评领导小组，抽调21人组成6个考评组，对全省6州、1地、1市、26个县（区）、55个乡（镇、街道办事处）及132所中小学实施《目标责任书》的情况，进行了考评和复查。考评小组依据国家有关教育的法规和政策，以促进当地教育事业的发展为目的，重点抽查了义务教育各项指标的完成情况。考评结果，被查单位都完成了《责任书》确定的各项指标，乐都县、西宁市城中区、城西区和海南州的贵南县被评为教育先进县，互助县、同仁县、门源县、玉树县、班玛县和德令哈市被评为“实施目标责任书先进县”。

撰稿 杜献东 赵仰仑

职业教育

〔综述〕 1995年，青海省职业技术教育以“工作要点”为依据，深化改革，促进发展，狠抓评估，提高质量，使全省的职业技术教育得到持续、快速、健康的发展。据统计，1995年，全省中等职业学校（包括中专、农职业高中、技工学校）91所，在校学生由1994年的28966人，增加到29070人，中等职业学校在校生占整个高中阶段在校生总数的39.1%。其中技工学校29所，在校生9885人。根据青海省政府有关文件精神，1995年试办职业中专班，共开设5个专业，9个班，录取467人。青海省东部农业区举办农村初中后“三加一”职业教育班60个，在校生达3100人。

〔加强统筹协调〕 1995年，青海省政府强调各级政府在发展职业技术教育方面的重要责任。要求各地、各部门切实落实发展职业技术教育的政策措施及责任，调动了各级发展职业技术教育的积极性，协调各级政府、部门的关系。在申报国家级重点职业高中过程中，邀请财政、计委、劳动人事、西宁市政府等有关部门的同志参与评估，争取有关部门在政策、经费等方面给予支持。在评估西宁市第一职业中学的办学情况时，与西宁市委、市政府、市教委协调，在学校现场办公，按照评估标准的要求，为学校解决实际困难，改善了学校办学条件，使学校面貌焕然一新。互助县为解决职业学校实习场地、增添教学设备，加大统筹、协调的力度，投入17万元购置10台微机，开办了电脑专业。经济落后、条件艰苦的玉树州在州政府的统筹协调和支持下，创办了职业技术学校，填补了在职业教育方面的空白。

〔农村教育综合改革〕 搞好“三教统筹”、“农科教”结合，进一步在点上深化，面上扩展。湟中、乐都两个综合改革试验县年内对农民开展短期文化技术培训7100人次，“燎原计划”示范乡开展“科教兴农”项目，取得良好的经济效益，其中“牛羊育肥”、“科学种植”等技术辐射到附近区域，带动了当地经济的发展；继续推广湟中多巴、乐都曲坛两个乡镇开展的“三教统筹”、“农科教”结合的综合实验，形成了“一校多能，综合办学”的农村教育格局。根据国家教委的要求，组织专人赴有关项目地区清查“燎原计划”项目与资金的落实情况，并及时将情况汇总上报国家教委。积极引导和鼓励学校、企业、地方联合办学，加强学校内部管理，提高教学质量。

〔师资队伍建设〕 根据国家教委的安排，省教委在全省职业技术教育教师队伍中进行了问卷抽样调查。配合国家教委西北师资培训中心赴西宁、乐都、湟源调查了普通中专、职业高中专业技术教师的情况。参加了国家教委召开的职业技术教育教师队伍建设工作会议。在1995年青海省普通中专高中级教师职务评审工作中，会同劳动人事部门，组织普通中专教师，征求对“青海省普通中专教师专业技术职务评审条件”的意见，并修改完善评审条件，完成了教师职务评审的前期工作。

撰稿　何　平　丁生东

高等教育

〔**思想政治工作**〕　省教委配合省委高校工作领导小组，紧紧依靠高校党委，深化“两课”(马克思主义理论课和思想品德课)教学改革，加强对高校师生马克思主义理论教育，按照国家教委有关部署，确定高校马克思主义理论课为政治理论课的中心内容，以《邓小平同志建设有中国特色的社会主义理论学习纲要》为教学大纲，指导高校加强教学环节，活跃教学气氛，精心设计教学计划和课程内容，引导学生掌握马克思主义的精髓和有中国特色社会主义理论的实质，增强了实效性和时代感。同时，将“两课”教学中的理论问题和实际问题,作为重要课题,列入省属高校人文社会科学研究规划。

结合贯彻《中共中央关于进一步加强和改进学校德育工作的若干意见》、《爱国主义教育实施纲要》精神，利用“五一”、“五四”、纪念世界反法西斯战争和抗日战争胜利五十周年等时机，在高校广泛开展各种纪念活动，组织高校师生深入开展向孔繁森，张鸣岐等英模人物学习的活动，从而把思想政治工作，形势政策教育，中国特色社会主义理论学习，爱国主义教育，德育教育融合浸透，有机地结合起来，收到了良好的效果。

进一步优化高校育人环境，加强校园文化和精神文明建设。全省高校开展以“文化艺术周”为主的丰富多彩的校园文化活动,形成积极向上的思想基调和文化氛围，进一步激发和弘扬学生的爱国主义情感以及艰苦奋斗精神，增强学生对国情、省情的了解。暑假期间，省教委与团省委联合，组织开展了大学生社会实践活动，以“扫盲和科技文化服务行动”为主题，组成了“扫盲”，“医疗服务”“科技服务”等150个小分队，深入到州、地、市贫困地区，开展科技文化服务活动,赢得了贫困地区基层干群的欢迎和好评。活动结束后，表彰10个优秀组织单位19个先进集体，42个先进个人和8名优秀指导教师。

〔**体制改革**〕　1995年，省教委认真贯彻国务院批转国家教委《关于高等教育办学体制改革的若干意见》和省人民政府批转的《关于青海省高等教育联合办学的若干意见》精神，按照“先易后难，稳步推进”的原则，将这项工作贯穿于全年工作之中。六月，组织成立了“青海省高等教育联合办学指导委员会”，具体指导高校联合办学工作，并在省教委设立了联合办学办公室，负责统筹协调联合办学具体事宜。在调查研究，广泛征求意见的基础上，起草下发了《青海省高等教育联合办学实施方案》，推动了高校联合办学，为逐步实现高校间资源共享，优势互补，优化组合挖掘潜力，发挥整体优势和提高办学效益起到了积极作用。省属高等院校已经在师资培训、教材统筹、专业设置、职称评定、图书资料、教学工作量、教师互聘、馆际开放、学术研讨与交流等方面实现了初步联合。高校专业单一，封闭办学的模式已经被打破，逐步向效益最佳组合，向开放型办学方向发展。

〔**教学工作**〕 为进一步优化高校专业结构，使高等教育更好地为全省经济建设和社会发展服务，培养更多应用型专业人才，使专业设置，调整、改造得更加科学，符合实际需要，1995年4月初，成立了由省教委、计划、财政、编制、高校等方面有关专家学者组成的“青海省普通高等学校专业设置评议委员会”，并制定下发了《实施细则》。根据全省人才需求，学校现有专业结构，布点情况，按照国家教委《普通高等学校专业设置规定》，对省属普通高校申报设置的专业进行评议论证。今年，经评议委员会评议论证，省教委批准，青海大学新增了“有色金属冶金”本、专科专业，青海畜牧兽医学院新增了“食品工程”专科专业，青海师范高等专科学校新增了“经济贸易”和“计划统计”两个非师范类专科专业，并将青海大学“有色金属冶金”本科专业和青海民族学院“化学”本科专业调整为应用化学本科专业上报国家教委备案。

按照1994年全省教育工作会议确定的到2000年全省高校要建设20个左右省级重点学科和实验室，新增5个左右硕士学位授予点的目标，在上年工作的基础上，1995年年初经审核确定公布了全省高校第一批重点学科6个，重点实验室4个，作为首批重点学科和重点实验室立项，并制定了年度项目规划和建设目标。10月，经省财政厅审核下达了重点学科和实验室建设项目经费150万元。

配合学科建设，做好学位和研究生教育工作。省教委协同有关单位完成了对申报硕士学位授权点的检查、评估工作，组织师大、民院、医学院3个硕士学位授权院校进行第五批增列硕士学位授权点的申报工作，向国务院学位委员会申报了青海医学院基础医学免疫学硕士学位点。

为进一步加强学风建设，强化考试管理，根据1995年6月国家教委召开“加强高等学校学风建设，抓好考试管理”工作电话会议，提出经过二到三年的努力，使高等学校的教风学风、考试管理、教学质量有一个大的转变，迈上新台阶的精神。会后，青海结合全省实际，对贯彻会议精神提出了具体要求。9月，新学期开学后，省教委在高校负责人会议上就此问题又做了安排部署。明确指出：“教风好则学风好，学风好则考风好，管理好则校风好，制度严则校纪好，辩证统一，缺一不可”。此后，各校都采取了一些切实措施，收到了良好效果。

在做好上述工作的同时，省教委认真组织实施并完成1995年大学英语二、三级考试工作。参加考试总人数1914人（其中参加二级考试1896人，通过674人，合格率44%，比上年递增13.6%，参加三级考试352人，通过12人，合格率3.14%，并于1995年首次举行了大学英语四级考试，参考348人，通过29人，合格率12%。

〔**师资队伍建设**〕 1995年，省教委把着重点放在中青年教师的培训、进修、培养、提高方面。一是开办3个专业26人参加的首届高校青年教师研究生课程班，二是举办了第八期高校青年教师岗位培训班，三是组织招收了第三届21名“省内访问学者”，四是资助部分经费，选派11名教师到省外进修，五是安排布置了高校校级中青年教师和学科带头人的选拔、培养工作。为了激励高校青年教师奋发向上脱颖而出，勇挑重担，1995年10月，省教委组织进行1995年全省高校青年教师教学竞赛，45岁以下的青年教师均参加了竞赛活动。经校、省两级评审，评选出30名教师获“1995年青海省高等学校青年教师教学竞赛优秀奖”，并召开会议进行了表彰奖励。“教师节”期间，全省高校共评选出5名省级优秀教师和一名全国优秀思想政治工作者，分别受到了国家和省级表彰奖励。

〔**科研工作**〕 1995年，根据全省高等学校科技工作的实际状况和面临的新形势，采取了多种形式和途径，积极推进高校科研工作。争取省科委支持，资助高校科研项目，获得资助和项目经费共计11.60万元；同时，积极组织高校申报国家教委1995年人文、社会科学研究优秀成果奖，全省共申报16项。经国家教委评审，青海民族高等师范专科学校教师扎布的《藏族古典文学的种类和体裁》获中国文学二等奖。根据国家教委部署，完成了全省普通高校人文、社会科学专家库省、校两级的建库工作。上级的“专家库”，经国家教委验收顺利通过并进入全国普通高校人文、社科“专家库”。

撰稿 任玉贵 马顺清

成人教育

〔**综述**〕 到1995年底，已有12个县（区）经省人民政府批准，达到省颁基本无盲县标准，占全省县总数的26.09%。全省15～45周岁年龄段人口非文盲率达到84.82%，比上年上升4.45个百分点。全省年内扫除文盲52169人，完成计划数的

115.93%。乡镇农民文化技术学校发展迅速，年内新增37所，到年底共有206所。举办3876期各种技术培训班，42.9万人次接受了培训。成人高、中等教育健康发展，1995年新增3所成人中等专业学校，普通高校、中专举办成人教育严格纳入规范化轨道。通过整顿，进一步加强了对全省社会力量办学的管理，促进了社会力量办学的发展。1995年招生11985人，毕（结）业9700人，有8758名在校生。

〔**农牧民教育**〕 全省农牧民教育以贯彻省委、省政府《关于在本世纪末基本扫除青壮年文盲的决定》为中心，年内，省教委颁布了《关于贯彻〈中共青海省委，青海省人民政府关于在本世纪末基本扫除青壮年文盲的决定〉有关问题的意见》及《青海省乡镇成人文化技术学校设置标准及达标评估办法》两个文件，推动了全省农村成人教育工作。

为了加强和完善扫盲责任制，落实各项扫盲政策，加强乡镇农民文化技术学校建设，元月23日，省扫盲领导小组召开了工作会议。会议传达了《全国扫盲工作部际协调小组第一次会议纪要》和全国扫盲与农村成人教育工作会议精神，通报1994年度全省扫盲及农村成人教育进展情况；审议通过1995年度扫盲及农村成人教育计划。3月3日，省教委、省妇联联合召开了全省农牧区妇女“学文化，迎四大”识字竞赛评比表彰电话会议，会议表彰27名识字女状元，18名巾帼扫盲先进个人和2个巾帼扫盲先进集体。7月8日至10日，省教委组织召开了全省农村成人教育工作座谈会。会议广泛交流了全省各地开展扫盲及农牧民教育的经验。10月12日，省教委组织召开了全省扫盲工作电话会议，副省长，省扫盲领导小组组长白玛就贯彻全国扫盲工作电话会议精神，进一步推动全省扫盲工作作了重要讲话。

按全省扫除文盲工作“八五”规划确定的期限，年内分别对民和县，大通县，乌兰县，德令哈市达到省颁基本无盲县标准进行了检查验收工作。对全省5所人口项目试点学校周期工作完成情况进行了检查，并提交书面材料，在全国人口教育项目周期总结会上进行了交流。年底，省扫盲领导小组对1995年度全省扫盲工作进行了大检查，并对海北、黄南两州的扫盲工作进行了重点抽查。

年内，国家教委分别授予湟中县拉沙乡成人文化技术学校，西宁市城西区彭家寨乡成人文化技术学校，民和县峡门乡石家庄小学，祁连县李孝业，都兰县陈福全，湟源县马启琇全国农村成人教育先进学校和全国扫除文盲先进工作者称号。

〔**成人高、中等教育**〕 根据社会对人才的需求，社会成员日益增长的教育需求年内省教委以深化改革，加强规范化管理，努力提高教育教学质量为中心，采取有效措施，促使全省成人高、中等专业教育有了新的发展。

为了使成人中等专业教育布局合理，结构优化，年内分别批准成立了中国水利水电第四工程局职工中等专业学校，青海省青年干部中等专业学校和青海省海东成人卫生中等专业学校。其中，青海省海东成人卫生中等专业学校为青海省第一所地方政府主办的地区性成人中等专业学校。根据国家教委关于评选省部级示范性成人中等专业学校的精神，省教委颁布了《青海省示范性成人中等专业学校标准》，这个标准从办学条件、学校管理、教学质量、办学效益四个角度，对学校各方面工作提出了较高的要求。

成人中等专业教育继续实行"三面向"政策，（即面向农牧业，面向生产第一线，面向理工类）为广大农牧区培养"留得下，靠得住，用得上"的中等专门人才。年内组织了全省农业广播电视学校单独招生考试，有1200多人报名，录取新生802人。还实行了"两沟通"政策，即专业证书与学历证书双沟通制度。年内组织入学考试，有2400多人报名，录取新生1034名。

为了激励成人中专学生努力学习，根据国家有关规定，省教委颁布了《关于选拔我省优秀成人中等专业学校毕业生进入成人高校学习的通知》。"通知"下发后，省广播电视大学试办了大学基础教育，首批中专学校毕业学生在年初结业后，进入成人高校学习。为了发挥职工大学的优势，办出成人高等教育的特色，经国家教委批准，在联合职工大学设置了机电一体化、建筑经济管理、会计、高级护理、畜牧兽医5个高等职业技术教育试点专业。上述改革措施，促进了成人高、中等教育向职业性、开放性方向发展，进一步贴近了青海省经济建设的需要。

为了提高教育教学质量，省教委年内出台了《关于我省成人大、中专学校教学质量，毕业考试及证书颁发等问题的补充规定》，强化了成人大、中专学校的全程管理，规范了实践性教学环节。还制定了青海省广播电视、函授中等专业教育的管理办法，进一步加强了对远距离教育的规范化管理。与此同时，加强了对普通高校举办成人教育的管理，青海师范大学成立了成人教育处，青海大学成立了成人教育学院，青海民族学院成立了成人教育部，实行了普通高校成人教育归口管理，改变了以往普通高校举办成人教育的随意性。

为了促进教学研究，提高教学质量，省教委年内组织了全省成人中专首次课堂教学评优活动。12所中专的18名教师参加了评比，评出了一等奖3名，二等奖5名，三等奖7名。

为了强化实践性教学环节，办出成人教育特色，省教委总结了本省成人高等教育历年来毕业答辩的经验，颁布了《青海省成人高等教育毕业答辩评分标准》，并在全省成人高等教育1995届毕业生毕业答辩的基础上，于7月10日举行了全省成人高等教育1995届毕业生典型答辩，省内五所高校的12名毕业生获优胜奖。这次活动得到了国家教委成教司领导的充分肯定。为了严把质量关，省教委组织了全省成人大、中专教育1995届毕业生毕业课程统考。有15所学校，30多个专业，共4000多名毕业生参加了本专业的三门专业课考试。通过强化管理，促进了成人高、中等教育的健康发展。

〔**社会力量办学**〕 认真贯彻执行"积极鼓励，大力支持，正确引导，加强管理"的社会力量办学方针，强化对社会力量办学的指导、监督、管理。年内省教委发出了《关于社会力量办学几个问题的通知》，改革社会力量办学的管理体制，实行了分级管理，分级负责的管理体制，增强了省教委对社会力量办学的宏观管理和指导，扩大了市（州、地）、区（县）管理社会力量办学的权限，实行了社会力量办学许可证制度，严格了社会力量办学的资格审查；制定了《青海省社会力量办学评估标准》（试行），规范了社会力量办学检查评估办法；强化了学校审批、招生广告刊登、教学管理等环节的管理。上述政策、规定，为今后引导社会力量办学健康持续地发展奠定了基础。

年内，省教委还对全省社会力量办学进行了清理、整顿。撤销12所办学条件差，教学管理混乱的学校；对2所办学经费无保证，生源不畅的学校作出了停办的决定。年底，省教委组织了由省、市教育、物价等部门参加的检查组，对西宁地区各类社会力量办学进行了大检查。省教委对被检查的39所学校划分A、B、C3种等级，鼓励A级学校继续办学，对B级学校提出限期整顿，撤销或停办C级学校。到1995年底，全省有社会力量举办的各类各级学校47所。全省社会力量办学在深化改革，强化管理中健康发展。

撰稿 刘佑庞青

民族教育

〔**综述**〕 1995年，青海省教育全局中，仍坚持以民族教育为重点。在加强宏观指导、统筹的同时，加快发展，深化改革，教育的规模和数量有新的发展，教育质量有新的提高。到年底，全省各级各类专设民族学校已达到1586所，其中民族高校2所，民族中专13所，民族中学87所，民族小学1484所。学校总数已比上年增加14所（包括5所中学，9所小学），民族学校占全省学校总数的比例达39.85%；各级各类学校中的少数民族学生254395人，占全省学生总数的35.89%，用本民族语文授课的学校有812所，学生81598人，比上年增加3.24%。全省少数民族学龄儿童的入学率比上年增加3.11个百分点，达到75.9%。纯牧区入学率也增加2.7个百分点。当年省内外普通高校录取少数民族新生1297人，占录取新生总数的26.3%，比上年增长0.47个百分点。

〔**民族中小学建设**〕 为加快民族地区普及义务教育步伐，1995年主要抓了如下几项工作：(1) 继续努力办好寄宿制学校的同时，组织力量，深入基层，重点对泽库县、贵南县、同德县等藏族聚居的牧业县，考查了非正规教育情况，全面了解了帐房小学、集中教学点和牧读小学的办学现状，总结了办学经验，撰写了调查报告，并已起草《关于加强和完善多种形式办学的意见》，拟下发6个少数民族自治州参照执行，使牧区办学形式单一、学龄儿童入学率低、文盲增多等难题得到妥善解决。(2) 建设标准化学校。首批已选定11所民族中学，59所民族小学，进行标准化建设，为大面积办好民族学校，提高民族中小学教育质量创办一批可作为样板、窗口的示范学校，带动全省民族学校的标准化建设。(3) 积极争取利用外援，加快民族教育的发展。1995年协同有关方面落实了香港张永珍女士，云大棉先生，日本小岛镣次郎先生和国家建设部中房集团公司援助青海民族教育的捐助资金42.4万元，新扩建38所民族小学（含6所帐房小学），添置了一批教学仪器设备。

〔**中专民族班**〕 普通大、中专院校民族班，是青海省多渠道培养少数民族高、中级人才的一个重要渠道。为扩大民族班的规模，解决生源问题，1995年开始分别在省警察学校、司法学校和湟源畜牧兽医学校等中等专业学校，定向从民族中学招收初中毕业生升入普通中专专业班学习的试验，年内已招收少数民族学生95名，学制3～4年，拓宽了中等专业学校招收民族学生的路子，加快民族中级人才的培养。

〔**对口支援协作**〕 为总结山东对我省贫困县民族教育对口支援协作工作的经验，加强对我省10个民族贫困县的指导和协调，推动对口支援协作。12月21日至22日，在西宁召开了全省民族贫困县教育对口支援协作工作总结、表彰会，总结1993年以来协作工作的成绩和基本经验，研究部署1996年的工作，表彰了在此项工作中做出优异成绩的玉树、昂欠、民和3个民族县。省政府主管教育的副省长白玛出席了会议并讲了话。

〔**民族师资培训**〕 6月，由民族教育处会同电教馆在海南州共和县召开了全省牧区远距离师资培训现场会，40多人参加了会议。会上推广了共和县创办民族教育电视台、站，用现代化教学手段远距离培训教师的经验。会后省教委决定，先从牧区贫困县“贫三”项目中开展此项工作。年内还举办了两期民族教师培训班，一期是面向6个民族自治州民族教师的成人高考补习班，有45名教师参加了学习；举办了一期全省藏族中小学教师汉语拼音、汉语普通话和汉语文教材教法培训班，有54名汉语文教师参加了培训，结业前还进行了普通话比赛。6月还举办了全省中师基本功大赛，考察、检阅了中师学生课堂教学，板书设计及毛笔、钢笔字，体育、美术和文艺表演等方面的能力，对提高中师的教育质量，提高师范生的素质是一次促进。年内还协同西北5省（区）对青海省中等师范学校进行了联合检查，提出了改进工作的建议，商讨了深化中师教育改革与发展的对策。

〔**教材建设**〕 根据国家教委的安排，1995年10月首次开展了民族文字优秀教材的评选活动。成立了以省教委副主任马依沙为组长的评选领导小组和由专家学者19人组成的评委会，对1987年以来编译出版的所有民族文字教材，计35种进行了评选。在广泛征求基层学校意见的基础上，层层推荐选报优秀教材，进行认真评审，已评出29种优秀教材（自编的17种和翻译的12种），报送全国藏文教材评审委员会评审后，由国家教委最后审定。省教材编译处1995年还编译了心理学、物理和化学等藏族中师新教材，审定了藏族中师汉语文教材编写方案。调整了实行新工时制后《五省区义务教育全日制藏族小学、初级中学及高中课程（教学）计划》。

〔**民族教育实验研究**〕 1995年重点加强了在黄南藏族自治州同仁县进行的藏汉双语教学的实验研究。先后两次组织人赴实验学校考察指导实验工作并召开了两次实验领导小组扩大会，产生了《关于加强同仁地区藏族初等教育，藏汉双语教学改革实验研究工作的意见》和纪要，调整加强了实验研究领导小组力量，修改充实了实验研究方案，促进了实验研究工作健康深入地开展。8月，对双语教学的海东地区平安县红崖乡当采藏族小学恢复母语的实验成果进行了评审，并通过了专家组鉴定。

1995年，青海省还为国家教委11月在云南昆明召开的少数民族教育国际研讨会选报4篇论文，有他扎西的“我国藏汉双语教育体系中的几个基本问题”，刘文璞的“掌握重点，突破难点，探索发展牧区教育的新路子”，王骧业的“中国少数民族儿童心理研究对发展民族教育事业的重要意义”，王振岭的“在改革和探索中发展少数民族教育”，4篇均入选。

撰稿　刘永成　刘文璞
审稿　高　荣　程庆麟
　　　马琼沙　李维恒
　　　杨全玮　刘文璞
　　　高福寿　任玉贵

宁夏回族自治区教育

概　况

〔基本情况〕

1995 年各级普通学校基本情况

单位：人

学校类别	学校数（所）	毕业生数	招生数	在校学生数	教职工数	
					计	其中专任教师
一、普通高等学校	7	2726	2938	10734	3914	1763
研究生	3	9	28	48		
本　科	5	1080	1363	5530		
专　科	2	1637	1547	5156		
二、中等专业学校	28	4177	4512	12463	2929	1494
中等技术学校	23	2668	2884	8352	2347	1178
中等师范学校	5	1509	1628	4111	582	316
三、普通中学	436	79245	96885	272305	22431	18052
高中	114	15643	19625	53082		3854
初中	322	63602	77260	219223		14198
四、农业、职业中学	36	4157	4787	9588	1048	790
高中	33	2311	3317	7214		655
初中	3	1846	1470	2374		135
五、工读学校						
六、小　学	3843	89490	114619	617547	33305	30745
七、特殊教育学校	5	62	34	595	265	68
八、幼儿园	337		69363	83444	3849	2369

1995年各级成人学校基本情况

单位：人

学校类别	学校数（所）	毕业生数	招生数	在校学生数	教职工数	
					计	其中专任教师
一、成人高等学校	6	2065	3164	8624	849	430
广播电视大学	1	887	958	2815	163	52
职工高等学校	4	408	997	2454	424	260
农民高等学校						
管理干部学院						
教育学院	1	385	658	1547	262	118
独立函授学院						
普通高校举办：						
函授部	(2)	76	171	623		
夜大学	(3)	240	253	799		
干部专修科	(4)	69	127	386		
二、成人中等专业学校	29	1739	4204	9873	885	499
广播电视中专	1	154	462	1278	19	9
干部中专	2	48	254	437	83	52
职工中专	19	703	1526	3928	415	216
农民中专	1	43			29	9
函授中专	2	377	645	1223	8	3
教师进修学校	14	136	168	303		
普通中专职工班、函授班		278	1149	2704	331	210
三、成人中学						
职工中学						
农民中学						
四、成人技术培训学校	1418	219204	283412	283412	1148	308
职工技术培训学校	9	7666	222	222	163	104
农民技术培训学校	1409	211538	283190	283190	985	204
五、成人初等学校	581	30495	39667	45023	616	78
职工初等学校						
农民初等学校	581	30495	39667	45023	616	78
其中：扫盲班	507	28262	37374	44963	608	70

制表　殷骅

〔**落实教育工作会议精神**〕 1995年，自治区教委把督促各地开好教育工作会议，作为贯彻落实全区教育工作会议精神、推动全区教育改革和发展的一项重要工作。委领导带头并组织有关处室负责同志多次深入基层，宣传全教会的意义和取得的成果，检查各地贯彻全教会精神的情况，督促各地市县开好教育工作会议。同时，及时了解动态，编发简报。委领导和有关处室的负责同志先后出席了各地的教育工作会议，并就教育改革和发展提出了指导性意见。到1995年底，全区已有19个地市县召开了教育工作会议，并取得了积极成果。从各地情况看，都制订了规划，明确了目标，落实了责任，出台了一系列配套政策和措施，增加了教育投入，为教育办了许多实事。全区各地的会议规模之大，出台的政策措施之多，影响之深都是当地教育发展史上少见的。

〔**教育投入**〕 1995年，自治区政府增设用于义务教育专项补助资金200万元，民族教育专项补助资金100万元，职业教育专项补助资金100万元，扫盲和实施“231工程”专项补助资金50万元；总计450万元专项资金已全部到位，使主渠道的投入较上年有了较大提高。

自治区教委世界银行项目贷款办公室“贫困Ⅱ项目”工作取得阶段性成果，争取外援工作取得新成绩。1995年世界银行贷款“第二个贫困地区基础教育发展项目”已正式启动，进入实施阶段。经过上下努力，全部落实了第一年的配套资金。总投资1400万元的一期土建工程基本完成。共新建校舍20371平方米，改建校舍15137平方米，维修校舍38186平方米。课桌凳制作和设备采购及师资培训、课题研究等工作进展顺利，1995年本区共接受国内外友好组织和个人的援助项目9个，外资总额达590万元（其中邵逸夫赠款项目7个，港币430万元，完成建筑面积19079平方米）。这对改善本区部分地区和学校的办学条件起到了积极作用。

落实了有关政策和措施。1995年自治区政府先后颁布了《宁夏回族自治区农村教育事业费附加征收、使用、管理规定》、《宁夏回族自治区征收教育费附加的实施办法》、《宁夏回族自治区住宿教育附加费征收使用管理规定》、《宁夏回族自治区燃料油教育附加费征收、使用、管理规定》等四个有关教育筹资的法规性文件，并开始实施，为下一步多渠道筹措教育经费奠定了良好基础。

城乡教育费附加征收有了较大增长。连续三年在全区开展了征收城乡教育费附加的专项督导检查，有力地推动了全区的征收工作。1994年全区城乡教育费附加应征4611.8万元，实征3286万元，占应征额的71.3%，比1993年增长8.8个百分点（其中，城市教育费附加实征2237.05万元，比1993年增加1135.36万元，增长103%；农村教育费附加应征2374.8万元，实征1049万元，占应征额的44.2%，比1993年增长2.3个百分点）。

努力改善办学条件。1995年，继续把改善办学条件，加快中小学办学条件标准化建设步伐作为一件大事来抓。认真总结了去年的实施工作。调整了政策，建立了新的机制，及时召开专门会议作了统一布置。把标准化建设纳入全区“普九”规划，集中财力装备一批积极性高且有条件先行一步的市、县和学校，在补助经费指标内划拨上，向“普九”领先的市县倾斜。同时严格执行经费配套的比例要求，并实行按市、县配套经费数额确定自治区相应补助专款的办法。充分调动了市、县的积极性。目前，已筹集配套资金390万元，使243所中小学基本落实了标准化建设任务，为今后中小学办学条件标准化建设打开了局面，奠定了基础。

〔**教师住房建设**〕 1995年，自治区教委把加快教师住房建设步伐、改善待遇、加强培训作为教师队伍建设的重点。教师住房建设进展快、成效大，认真贯彻全国教师住房建设工作经验交流会议精神。制定了《自治区教师安居工程实施意见》，在中卫县召开了全区教师住房建设经验交流会。推广了中卫等县、市的先进经验，部署了教师安居工程的实施工作。采取有力措施充分调动了市(县)、学校和住房教师的积极性，多渠道筹措建设资金，加强了工程进度和质量的检查监督，使今年全区教师住房建设动手早、进展快、质量好、成效大。目前，全区中小学教师"安居工程"建筑面积达65469平方米，比原计划增加40409平方米；建住房1005户，比原计划增加511户。工程总投资3534.6万元，比原计划增加1834.6万元。高校、中师教职工住房建筑面积11000平方米，建房150户，总投资620万元。受到国家教委的表彰和奖励。

〔**宣传贯彻《教育法》**〕 围绕《教育法》，自治区教委精心组织、广泛动员，开展了形式多样、广泛深入的学习宣传活动。下发了《关于学习宣传和贯彻实施〈教育法〉的通知》，全面具体地部署了全区的学习、宣传和贯彻工作。召开座谈会，开展了知识竞赛，举办了由地、市、县（区）政府主管领导和教育局局长参加的《教育法》学习班，对统一思想、提高认识、深入开展《教育法》的学习、宣传和贯彻起到了重要作用。九月份在全区开展了《教育法》宣传月活动，印发学习宣传材料，成功地在银川市举行了近万人参加的声势浩大的庆祝《教育法》颁布施行宣传游行活动，收到了良好的社会效果。加强了舆论宣传的力度。自治区党委书记黄璜、政府主席白立忱、副主席刘仲等领导先后在报纸上公开发表了学习宣传《教育法》的文章，对促进各级党政领导学习贯彻《教育法》、自觉落实教育优先发展的战略地位产生了积极影响。

加强了教育执行检查。年初，自治区教委同自治区人大、政府一起，对全区贯彻《义务教育法》、《教师法》和《自治区义务教育条例》的情况进行了检查。推动了各地的依法治教工作。9月教委会同监察、审计、物价等部门，在全区开展了大规模的中小学收费情况检查，发现了问题，取消了一批收费项目，纠正了一批违规收费行为，在社会上产生了较大反响，对制止中小学乱收费起到了积极作用。

撰稿 陈少娟

基础教育

〔**义务教育**〕 1995年，全区小学学龄儿童入学率达到96.2%，初中阶段入学率达到56.75%，均比上年有所提高。

1995年，自治区教委普教处在参与筹备全区教育工作会议的同时，对全区市、县全面落实“普九”规划作了大量的调查研究。经过和市、县反复协商、论证，对全区“普九”规划作了合理的调整。为自治区主席白立忱在全区教育工作会议上与各市、县、区领导签定“普九”工作目标责任书提供了前提条件，使“普九”工作的政府行为落到了实处。

1995年6月在吴忠市召开了全区“普九”工作座谈会。会上各市、县（区）汇报了“普九”工作进程，交流了工作经验，分析了存在的问题，树立了按期完成“普九”工作的信心。在此基础上，教委领导及计财处的负责同志一道深入吴忠、青铜峡、惠农3市县，作了调查研究、分析，解决3市县工作中的实际问题。区教委决定1995、1996两年，对3市县增加投资，使3市县按规划提前一年完成普及九年义务教育目标。组织人员，深入山区7县，落实普及初等义务教育规划，指导山区加快以乡为单位普及初等义务教育工作。在教委主管副主任的带领下，组织普教处、督导室和两市教育局领导赴西安市学习“普九”工作的管理及评估验收办法，为两市“普九”验收创造了条件。

在原“普九”工作建档的基础上，经过反复筛选，确定了“普九”档案的必备目录，并制作了样表，使全区“普九”档案管理做到了统一、规范、科学，受到基层的欢迎。为“普九”验收提供了可靠、可查的依据。深入全区26个市、县（区）中的19个市、县（区），对“普九”工作人员进行培训，作关于《义务教育法》、《教育法》知识的专题讲解。同时对普及九年义务教育评估验收的必备条件及各项指标的操作测算方法进行培训，达30余场。参加培训的市（县）长、乡（镇）长、中小学校长、学区专干及工作人员达1300多人次。使大家熟练掌握了《义务教育法》的条文及指标体系，推动了全区“普九”工作的顺利进行。

为了保证各市、县（区）、实施“普九”中熟练掌握工作进程，保证逐乡自查自验的质量，在教委领导的支持下，人事、计财、师范处大力配合，由普教处、督导室牵头，在银川市举办了“普九”评估验收人员培训班。参加培训班的教育局长、督导主任、教育专干计80余人。大家认真学习了《义务教育法》、《教育法》，对“普九”验收的5个一级指标、21个二级指标进行了学习，并进行现场测算、解决问题，收到了明显的效果。与此同时，组织并完成了自治区人民政府对银川、石嘴山两市5个辖区的“普九”验收。验收结果表明，两市5个市辖区在实施九年义务教育过程中做了大量工作，各项指标达到区颁标准（现已由督导室上报国家教委）。此项工作填补了自治区“普九”验收的空白。普教处和督导室一道参与并指导了吴忠市率先在全区实行以“分”为单位验收“普九”工作，为农村实施和普及九年义务教育积累了经验。创办了“普九”工作专项简报。通过总结验收，传递信息，反馈情况，通报问题，对全区普及义务教育工作进行指导。目前简报已发到18期。

〔**项目执行情况**〕 1994年，本区完成了国家教委和联合国儿童基金会加强贫困地区小学教育项目，取得了很好的成绩。1994年底又参加了国家教委和“儿基会”过渡周期为一年的3个子项目，即：女童教育、语数质量监测、特殊教育。

女童教育是中国与联合国儿童基金会促进贫困地区女童教育项目，在本区9县11个乡的196所学校开展。通过建立项目领导小组，成立社区委员会或女童教育促进会，兴办家政学校和母亲培训班，培养选拔女校长和女教师；举办不同类型的培训班，发动教育界人士参与办学；开展勤工俭学，改善办学条件；采取灵活多样的办学形式等活动，使项目学校在一年内女童入学率由88.7%提高到90.5%，巩固率达到98%。在全国女童教育项目总结表彰会上，国家教委和“儿基会”项目官员对本区女童教育项目给予了很好的评价。本区女童教育项目领导小组被评为先进集体；灵武、固原项目领导小组被评为县级先进集体；12所学校被评为校级先进；教委普教处强学礼、王玉林等7位同志被评为先进个人。

语数监测项目：1994至1995年度，承担了国家教委和联合国儿童基金会“制定小学语文、数学学习标准及建立教学质量监测机制项目”。项目在吴忠、青铜峡、灵武、盐池4县（市）17个乡的95所完全小学进行，有5个年级的13365名学生和669名语文教师、552名数学教师参与了项目试验。按照国家教委下发的《小学语文、数学学习标准》各县教研室成立了领导小组和学科指导小组，将教学内容、教学要求逐条量化，找出了每一知识应达到的最低要求，使教师在教学前就知道每一章节、每项内容教到什么程度算符合要求，学生学到什么程度算作合格。由于这个试验十分贴近教师的要求，因此，广大教师热情很高，撰写论文、心得、体会100多篇。通过计算机对200多万个数据、信息量的统计，这项实验是成功的。我区上报国家教委的试验结果，是唯一一次性通过的项目。目前此项试验已在灵武、吴忠两县推开。

特殊教育项目：1995年在完成国家教委和“儿基会”确立的灵武、盐池、固原3县的项目中，制定了残疾儿童随班就读手册，对残疾儿童进行了深入细致的摸底和登记造册，并在实验县全面推开了随班就读活动。经过努力，3县9个乡的195名残疾儿童有148名入了学，入学率达到76%。9月27日，区教委在灵武县召开了现场会，交流了经验。

由于以上3个过渡周期项目工作出色，国家教委和联合国“儿基会”初步决定1996～2000年促进贫困地区教育项目仍选宁夏为实施省区之一。

〔**体育卫生**〕 1995年3～6月，完成全国统一部署的学生体质健康检测工作。本区共检测8个市县45所大、中小学校。完成回汉城乡8类116个年龄组的检测统计，每生23项指标，有效数据361，160个，耗资近18万。统计、录入工作已结束，软盘上报国家教委。5～6月全面推行初中毕业生升学体育考试工作，并取得良好的社会效益。

组织中学生参加全国第六届中学生运动会的田径、排球比赛。田径获得一枚银牌，实现了在全国综合性运动会上获奖牌零的突破。教委代表团在自治区九运会成年组全部项目的比赛中，顽强拼搏，取得了6块金牌、1块铜牌、1项第五名、4项第六名的好成绩，荣获自治区九运会成年组团体总分第一名和金牌总数第一名。

〔**高中会考**〕 1995年，在实施高中会考制度的过程中，把高中会考作为高中阶段整体改革的主要组成部分，坚持高中会考必须有利于全面贯彻国家的教育方针，有利于推动高中阶段的教学改革，有利于加强高中教学管理，有利于全面提高高中教学质量的原则。使社会各界、广大师生接受并了解了会考的性质、任务、功能和作用。经过工作，到目前，高中会考共制定管理文件13个，常规管理文件8个。完善了管理制度，形成了正常运转的操作程序，为顺利实施会考制度起了保证作用。

1995年共组织1995、1996、1997三届学生，进行9门学科的考试及3门学科的考查工作，共4万多人次。高一地理会考人数16480人，合格率为96.81%；高二历史会考合格率为95.72%，物理合格率为95.5%，化学合格率90.66%，英语合格率92.76%；生物合格率95.48%。

1995年还完成了第二轮会考，13154人中有11837人取得合格证书，12421人取得毕业证，733人结业，毕业率达到94.43%。

规范了同等学历的范畴。有25名社会青年经过会考9门课，取得合格证书。

撰稿 陈少娟

职业教育

〔**体制改革**〕 为了深化职业技术教育的改革，促进职业中学的发展，进一步调整中等教育结构，增强职业技术教育的吸引力，调动各地办好职业技术教育的积极性，探索职业技术教育发展的新路子，年初，自治区教委即会同自治区计委组成考察组，赴甘肃省考察学习职业中学转办为职业中专的具体作法、措施和经验。通过考察学习，开拓了各业务部门主管领导关于促进职业技术教育发展，办好职业学校的思路。决定从1995年起，在进行论证、比较、筛选的基础上，有步骤、有计划地将本区部分办学早、基础设施比较完备、师资结构合理、教育教学质量高、社会效益显著、职教特色突出的职业中学，转办为职业中专学校（或班）。为此，自治区教委（原教育厅）、自治区计委联合下发了《关于部分职业学校转办职业中专学校的通知（附：职业学校转办职业中专学校（班）管理办法）》。明确规定："职业中专毕业生学历与普通中专学历等同对待，学生招生不列入国家中专招生计划，学生一律实行不转户粮关系，缴费上学，毕业后国家不包分配，进入人才市场、双向选择、自主择业。""职业中专由自治区教育厅、计委审批，职业学校转为职业中专后，其学校建制、隶属关系、经费渠道、教师职务序列等均不改变。""职业中专的办学标准暂按国家教委颁布的《省级重点职业高级中学的标准》执行。"把职业中学转办为职业中专的工作得到了各地教育、计划部门以及各职业中学的响应和大力支持。在很短的时间里就有很多职业中学在当地教育、计划部门的支持下，增加投入，改善办学条件，提出转办为职业中专的申请。自治区教委、计委按照审批程序，结合实地考察，于6月份批准银川市第一职业中学、石嘴山市第一职业中学、吴忠市职业高级中学、银川市卫生干部进修学校转办职业中专学校。另外，银川市第四中学幼教职业班、银川市第十三中学计算机技术应用职业班转办为职业中专班。上述职业中专学校（或职业中专班）已于1995年秋季开始招收新生。职业中学（或职业班）转办职业中专学校（或职业中专班）的工作，在社会上产生了很大的影响，提高了职业技术教育的社会声誉，增强了职业学校的吸引力，对深化职业技术教育的改革和巩固职业学校的发展起到积极的促进作用。职业中专学校（或班）原计划招生780人，实际招生1030人。

〔**重点学校建设**〕 区教委根据《自治区贯彻〈纲要〉的实施意见》扎扎实实地做好"加强骨干职业学校建设"的工作。在借鉴外省经验的基础上，结合宁夏的实际，自治区教委专门制定了《关于办好综合职业教育中心的意见》，并深入到银川、石嘴山、银南、固原等地，与当地党政领导、教育部门的同志沟通意见，解决问题，研究制定职教中心的建设方案和措施。经过周密细致的工作，两市两地职教中心建设已见雏型，银南行署、石嘴山市的职教中心业已正式挂牌，基本建设业已开始。

根据国家教委的部署，在自治区人民政府的关怀下，自治区教委完成了第三批省级重点职业高级中学的评估认定工作。这次新认定的省级重点职业中学是：银川市第二职业中学、固原县职业中学。同时，自治区教委还积极组织参与了"国家级重点职业高级中学"的评估、申报工作。在自治区领导的亲切关怀下，在银川、石嘴山两市党委、政府的支持下，对照《国家级重点职业高级中学标准》的六条必备条件找差距，区、市两级人民政府共同为学校解决存在的问题。银川市人民政府为解决银川市第一职业中学校舍面积不足的问题，决定将原市商业部门所属的商业学校划归教育部门管理，并入银川市第一职业中学。并批准立项，区、市共同投资为银川市第一职业中学再建一幢4000平方米的综合实验楼。石嘴山市人民政府压缩开支，拿出40万元为石嘴山市第一职业中学建一幢2400平方米的实验实习楼。据不完全统计，在争取创建国家级重点职业高级中学的工作中，银川、石嘴山市的这两所职业中学新增占地面积146364平方米，新增建筑面积25785平方米，在校学生增加2053人，增加投入284万元，增加图书44184册，教学仪器总值增加66万元，校办产业固定资产增加275万元，创收增加69万元。经国家教委根据资料综合评估，认定银川市第一职业中学为首批国家级重点职业高级中学之一。

〔**学校管理改革**〕　为了更好地推动职业技术教育的改革与发展，年初，自治区教委还就内部各业务处室的分工做了调整，将普通中等专业教育的管理工作由高教处负责，调整为由职业技术教育处管理，既理顺了内部的管理机制，也为充分调动和发挥普通中等专业教育在发展职业技术教育中的骨干作用奠定了基础。在调查研究的基础上，针对我区普通中等专业学校主要由部门办学、部门管理的实际，自治区教委组织召开了普通中等专业学校校长联谊会。会上，各位校长结合工作实践，就深化普通中专教育改革畅所欲言，发表了很好的意见。根据国家教委的有关规定和校长们的意见，自治区教委转发了国家教委制定的《普通中等专业学校学生学籍管理规定》，下发了《关于做好普通中等专业学校毕业证书统一验印工作的通知》，规定："自1996年起，区内各普通中等专业学校（不含师范类），统一使用由自治区教育委员会制发的'宁夏回族自治区普通中等专业学校毕业证书'，并由自治区教育委员会负责验印。"

〔**教学改革**〕　积极支持普通中等专业学校教学改革。在自治区人民政府的领导下，自治区教委会同自治区计划、劳动人事、电力等部门先后两次针对银川电力工业学校（原名银川电力学校）提出的关于在银川电力学校、宁夏电力技工学校实行"一体化"（即从电校、技校电力专业各抽一个班，混合编班，进行'三、四年学制'、'分段培养'、'逐级分流'，从二年级起按学生德、智、体和生产现场需要情况决定其三年或四年学制的教学运行和毕业分配。新生名单分别报教委、劳人厅备案，毕业生使用新的银川电力工业学校毕业证，由教委、劳人厅共同验印）。对教学改革报告，进行了专题研究，协调各方面的意见，统一思想，使银川电力工业学校的"一体化"教学改革顺利实施。目前，银川电力工业学校"一体化"教学改革班的学生，思想情绪稳定，学习积极性高，教学活动有条不紊地进行着。

撰稿　丁广兴

高等教育

〔**体制改革**〕 1995年初，根据全区教育工作会议和全国高等教育体制改革座谈会精神，对本区高等教育的改革工作进行了深入研究。特别是在高等学校进行合并、合作办学方面，先后9次召开专业研讨会，对高等学校之间在教学、科研、教学仪器设备、图书资料、师资培训、专业布局、后勤服务等方面广泛开展合作的可能性和必要性进行了研讨、论证。5月，李岚清副 总理视察宁夏以后，根据李岚清副总理的指示，自治区党委、人民政府决定在全区高校中开展合并、合作办学工作。成立了宁夏高教体制改革协调指导小组，并在教委下设了办公室。为了做好这项工作，从高校借调有关人员，根据协调指导小组的工作安排，在教委领导下，先后两次到外省区考察学习合并、合作办学的经验；对全区高校专业设置、办学条件等进行了较为细致的摸底调查，并就合并、合作办学的有关情况向协调指导小组作了汇报。

〔**思想政治工作**〕 在党建工作方面，协同组织部对高校的领导班子，基层党组织建设等问题进行了专项调查，为参加7月召开的全国第五次高校党建会议作了材料上的准备。高校党建会以后，根据自治区党委常务会议决定，会同党委组织部、宣传部筹备全区党建会。并于1994年11月初召开了第五次全区高校党建工作暨表彰会。全区7所高校，6所成人学校的代表参加了会议。会上，传达了第五次全国党建工作会议精神，马启智副书记、刘仲副主席作了重要报告和讲话；代表们就本区高校党建工作和新时期加强高校党建工作的目标、任务及要求交流了经验和做法。会上，还表彰奖励了在高校党建和思想政治工作中做出显著成绩的6个先进集体和33名优秀思想政治工作者。在思想政治工作方面，配合宣传部召开了全区大、中专学校思想政治工作研究会年会。在高校中，进行了“两课”教学改革的试点。1995年，加强了高校稳定工作的领导，成立了专门的领导小组，下发了《关于做好今年全区高校稳定工作的意见》，对保持稳定工作做了全面、细致的安排。

〔**高校扶困**〕 由于近年来物价上涨等因素，高校学生中一部分家庭经济状况不好的学生在上学期间生活发生了困难。针对这一问题，自治区教委及时进行了调查，向自治区人民政府报告并提出补助的意见，区人民政府主席对此十分重视，从预备费中拨出50万元，解决特困生生活问题。专款下达后，共有2226名学生得到补助。下半年对区属6所高校招收的南部山区8个县农村户口少数民族女学生进行了统计。根据上级有关部门的要求，对全区7所高校的特困生情况进行了摸底调查。

〔**教学和科研**〕 制定了《宁夏回族自治区普通高等学校专业设置管理工作暂行规定》，成立了专业设置评议委员会，使专业设置工作规范化、制度化。完成了1995年度专业设置审批工作。组织专家组，对宁夏工学院本科教学工作进行了评估。在外语教学方面，组织了两次大学英语四、六级考试工作，全区共有4041人参加了考试，通过262人。

完成了全区高校1995年度科研项目立项工作。共评审、通过立项38项，其中理科25项、文科13项，资助科研经费30万元。制定了本区高校“九五”人文社会科学研究规划，明确了“九五”期间高校人文社会科学研究的重点领域和重点课题。组织了全国高校人文社科优秀成果奖的评荐工作，我区上报国家教委14项，获成果奖1项。按时完成国家教委科技统计、社科统计报表汇总、录盘、审核。

〔**师资培训和职称评审**〕 根据自治区职改办的工作部署，1995年高校教师职称评审工作安排得早，进行比较顺利，评审通过教授24人、副教授121人。在年青、优秀教师破格晋升工作上有所突破。破格晋升教授2人、副教授6人。“高校师资培训中心”1995年举办了一期青年教师岗位培训班，培训55人。

〔**学籍管理**〕 为了进一步加强学籍管理，3月，举办了普通高校学历证书三级管理系统微机培训班。4月和7月，完成了全区高校9名研究生、1080名本科生、1632名专科生的学历证书资格审查和毕业证书的发放工作。

8月，对两所师专报送的26名学生经中期选拔由专科升入本科的材料进行审核，升入宁夏大学相应本科学习。

〔**后勤工作**〕 为了稳定高校伙食价格，1995年召开了四次由委主管领导主持、高校有关人员参加的会议。会上详细听取了高校后勤特别是伙食工作情况的介绍和汇报，并将情况向自治区人民政府和有关部门反映。在政府的协调下，和粮食部门协商，在上半年城市居民供应尚未开始前，以优惠价格给高校（包括中专学校）学生每月供应10公斤面粉、5公斤大米、0.25公斤食油，对高校伙食价格起了稳定的作用。为了提高炊事人员技术水平和学生食堂伙食质量，10月份组织举办了全区高校首届“育才杯”烹饪比赛，收到了预期的效果。

撰稿 陈少娟

成 人 教 育

〔**办学体系**〕 全区初步形成多形式、多层次、多渠道和学科较齐全的成人高、中等学历教育与非学历教育并举的办学体系。至1995年底，全区共有独立设置的教育学院1所、广播电视大学1所、职工大学4所；普通高校夜大学2所、函授教育部2个；独立设置的成人中专学校12所、普通中专附设成人中专部近20个、成人高校附设成人中专部5个；教师进修学校14所。党的十一届三中全会以来，全区各类成人高、中等学校为宁夏培养了数以万计的各类专门人才。据统计，仅成人高校就先后设置专业达150多个，培养毕业生达25880多名，同时，还为各部门、各行业举办了大量的各类初、高中文化补习、大学后继续教育、岗位培训、专业证书教育和高等教育自学考试助学等辅导班；建成一支近5000人的成人高、中等教育师资队伍和管理干部队伍；办学条件也逐步得到充实和改善，并初具规模。目前，已形成成人高、中等教育与普通高、中等教育“两条腿走路”，共同发展的格局，为广大干部、工人、农民、教师和待业青年接受高、中等教育，改变人才结构不合理现象，促进高、中等教育结构调整，缓解本区各类专门人才紧缺的矛盾等发挥了直接、有效的促进作用。此外，各类成人非学历教育的开展，为广大干部、职工和社会青年增长文化知识和业务技能创造了有利条件，有效地提高了全区劳动者文化科技素质。

〔**社会力量办学**〕 “八五”时期，在“积极鼓励，大力支持，正确引导，加强管理”方针的指导下，全区社会力量办学开始起步。本着“先发展，后规范”的工作思路，在经过几年发展的基础上，1994年1月，自治区教育厅颁发了《关于加强社会力量办学管理工作若干规定》，为全区加强社会力量办学管理工作提供了规章依据，并开始了全区社会力量办学清理整顿和《社会力量办学许可证》登记、颁发工作。到1995年底，全区共有经教育部门注册的社会力量办学单位120个（经自治区教育行政部门注册审批的单位54个）。其中，高等教育层次的27个；中等教育层次的26个；文化补习、技术培训的67个。1995年，为全面贯彻执行社会力量办学有关文件精神，自治区教育行政部门重点加强了社会力量办学年检工作和招生广告审批工作。在规范化办学和日常管理上，多次组织专管人员进行调查研究，深入办学单位和课堂，实地了解和掌握各办学单位的教学和管理情况。年底，自治区教育行政部门又组织了银川地区社会力量办学经验交流座谈活动，并针对当前社会力量办学中存在的问题，提出整改意见和具体措施。目前，全区社会力量办学发展势头良好，各项管理工作开始步入正常运行轨道。

〔**扫盲工作**〕 积极开展扫除文盲工作。

召开了全区扫除文盲工作电话会议，对扫盲工作做了统一部署，进一步强化了各级政府的责任。完成了对贺兰、盐池两县高标准扫除文盲工作的评估验收。至此，川区11个县（市、区）已全部完成了基本扫除文盲的历史任务，盐池县在南部山区中率先实现了高标准扫除青壮年文盲的目标，全区青壮年非文盲率达到86.8%。同时，加强了对山区扫盲工作的领导，及时总结和推广了西吉县百人下乡包百村的扫盲工作经验，推动了山区扫盲工作的发展。

〔**实施“231工程”阶段性成果**〕 1990年9月，宁夏回族自治区党委、政府在总结农村经济发展和农民教育经验的基础上，决定在全区农村实施以“两扫三学一造就”（即在全区农村开展扫文盲、扫科盲，学文化、学科技、学经营管理活动，培养和造就一代新型农民）为内容和目标的“231工程”。这是为振兴全区农业和农村经济而提出的一项以农村智力资源开发为主的战略措施，它的核心是大力发展农村成人教育，尽快提高广大农民的文化科技素质和经营管理水平，促进农村生产力水平的提高，增强农业发展基础，繁荣农村经济，推动农村两个文明建设。截止1995年底，实施“231工程”已取得“山区初见成效、川区大见成效”的阶段性成果，基本达到5年规划目标。一是扫除文盲工作取得了突破性进展。5年扫除青壮年文盲23.4万，（其中1995年扫除文盲2.7万名），超过1990年前12年总和；全区青壮年非文盲率由1990年的77.32%提高到目前的89.5%；12个县（市、区）完成基本扫除文盲的历史任务，5个城市区完成“双基”验收任务，南部山区3个县青壮年非文盲率也达到85%以上。二是农村扫科盲及科技培训教育广泛开展，成效显著。5年共举办各种类型的农村实用技术和经营管理培训班达7.3万期（其中1995年举办1.2万期），参加培训的农民达458万人次（其中1995年培训农民78万人次）；有65万多（其中1995年为10.5万）农民经培训、考核，掌握了2～3门农村实用技术，达到近期扫科盲标准。三是实施“231工程”的阵地、教材、师资队伍及投入等基础条件得到逐步加强和改善，为进一步发展农村成人教育和深入实施“231工程”提供了物质保障。四是广大农民文化科技素质和经营管理水平明显提高，一代新型农民队伍开始形成。目前，全区农村已培养科技示范户和经营专业户达5.4万多，培养、评定为农民技术人员7300多名，并涌现出一大批依靠科技教育实现脱贫致富奔小康的典型和实施“231工程”先进集体、先进个人。五是实施“231工程”的教育、经济、社会等综合效益日益明显，为促进“八五”期间我区农业和农村经济的持续发展，农民人均收入的不断提高和农村社会进步发挥了直接、有效的推动作用。六是实施“231工程”，开创了本区农村成人教育发展的新局面，形成了以实施“231工程”为主要内容和特色的宁夏农村成人教育运行机制，走出一条具有宁夏特色的科教兴农之路。5年来，全区实施“231工程”积累了一些宝贵的经验，主要是：以抓好宣传教育为基础，充分调动广大干部和农民群众参与实施“231工程”的积极性；以建立领导和工作机构为保证，形成有效实施组织与指挥系统；以不断完善规划和年度计划为导向，明确“231工程”目标、任务；以健全管理制度和工作措施为手段，实行目标管理责任制；以强化政府统筹协调职能为重要环节，形成多部门齐抓共管、共同实施的局面；以多渠道投入和师资、教材、阵地建设为重点，为实施“231工程”提供有效的保障条件；以检查评比、表彰奖励为动力，建立起调控与激励机制；以实际、实用、实效为原则，开展多形式、多渠道、多层次、多种类和大规模的“两扫三学”活动。为总结、推广近几年来全区实施“231工程”与发展农村成人教育的理论与实践研究成果，进一步深入实施，自治区实施“231工程”领导小组于1995年上半年举办了全区实施“231工程”理论与实践研究征文评奖活动。本次征文活动经各地（市）、县（区）及各部门推荐和作者自荐各类论文共79篇，经有关部门的专家和负责同志共同评审，有23篇优秀论文获奖，其中一等奖3篇，二等奖6篇，三等奖14篇；另对22篇给予表扬奖。在自治区机构编制委员会和教育厅联合召开的“231工程”管理体制暨理论研讨会上，部分获奖论文作者宣读了论文。本次征文评奖活动在宁夏农村成人教育史上尚属首次。

〔**成人中、高等教育**〕 1995年，调整了本区成人中、高等学校的招生计划和部分专业，进一步拓宽了专业服务面。开展了省部级示范性成人中专学校的评选工作。为推进全区成人高等教育改革，促使各学校在办学条件、办学规模、科学管理、教学质量、办学效益等方面上一个新台阶，根据国家教委《关于各类成人高等学校评估工作的意见》和自治区教育厅制发的《关于对全区成人高等学校、普通高等学校举办的函授部和夜大学办学水平进行评估的通知》精神，1995年4月～7月，在各校及其主管部门自查自评的基础上，宁夏成人高校办学水平评估专家组一行14人，先后对宁夏重工业职工大学等4所独立设置的成人高校和宁夏大学夜大学等3所普通高校的夜大学（函授部）进行了办学水平评估。评估工作前，专家组成员首先认真学习、系统研究了评估指标体系及评分标准，统一了量化标准。在对宁夏重工业职工大学进行的试点评估中进一步修改了评分标准。此次评估，专家组采取“听、查、看、议”的方法开展工作，即：听取学校领导汇报和教师、管理人员及学生的意见；查阅学校的建章立制资料、教育教学档案、学籍管理档案等；视察学校的办学环境、教学设施、图书馆、实验室及后勤服务设施等；评议学校办学水平，根据指标体系及标准，量化打分，定性评价，提出最后评估意见和整改建议。经专家组的评估，合格的学校依次是宁夏煤炭职工大学、宁夏重工业职工大学、宁夏广播电视大学。宁夏职工科技学院因办学基础条件不稳定未通过本次评估。普通高校举办的函授部和夜大学评估合格的依次为：宁夏教育学院业教部（含函授部和银川师专夜大学）、宁夏大学夜大学（含宁夏大学函授部）、宁夏工学院夜大学。通过此次评估工作，专家组的全体同志对我区成人高等教育的改革和发展状况进行了全面回顾总结，充分肯定了成人高校在为宁夏培养实用人才、推进成人教育事业发展中所取得的成绩，并明确指出了阻碍本区成人高等教育事业发展中存在的问题。同时，提出了许多积极而又针对性强的建议。有的学校根据专家组意见，及时加强了管理，充实了办学条件，加强了对学校教育教学的研究和学校内部管理体制的改革；有的学校主管部门还拨出专款帮助学校改善办学条件。

撰稿　裴勇俊

民族教育

〔**综述**〕 1995年，民族教育工作的重点是贯彻全区教育工作会议精神，继续加强民族地区基础教育的建设，大力发展回族女童教育，探索和解决民族地区教育的重点和薄弱环节，进一步缩小民族教育和全区教育发展水平的差距。据统计，1995年全区普通学校回族在校生达到268021人，占全区普通学校在校生总数的29.05%，比上年提高1.19个百分点。民族地区义务教育继续发展，到1995年底，回族聚居的川区县（市、区）中已有4个普及初等义务教育，南部山区有8个乡镇通过了普及初等教育验收。全区小学回族学龄儿童入学率为86.3%。民族职业技术教育已具雏型。职业中学少数民族在校生有2239人，占职业中学在校生总数的23.35%。全区共有独立设置民族职业中学9所，有教职工208人，专任教师195人，在校生3520人。民族高等教育持续发展。高校回族在校生比例上升到22.54%，比上年提高2.94个百分点。幼儿教育迅速发展。特殊教育开始起步。全区独立设置的少数民族学校已达165所，在校生达到58503人。

〔**民族教育发展目标和措施**〕 1995年，自治区教育厅落实全区教育工作会议精神，根据《中国教育改革和发展纲要》和《全国民族教育发展与改革指导纲要（试行）》的总体要求，以及《中共宁夏回族自治区委员会宁夏回族自治区人民政府贯彻〈中国教育改革和发展纲要〉的实施意见》的有关精神，颁发了《宁夏回族自治区教育厅关于进一步改革和发展民族教育若干问题的意见》，进一步确定了90年代全区民族教育发展的总体战略目标、指导思想和保障措施。

指导思想：提高回族劳动者素质，大力加强基础教育，以普及义务教育、基本扫除青壮年文盲为工作重心，适当控制普通高中发展规模，适度发展民族高等教育，进一步优化教育结构，大力发展初、中级职业技术教育和实用技术培训，着重培养初、中级实用技术人才，为贫困地区脱贫致富服务，使回族教育与全区教育发展水平相适应，与全区经济、社会发展需要相适应，为实现全区社会主义现代化建设第二步战略目标和各民族的共同繁荣奠定良好基础。

90年代全区民族教育的目标和任务：通过普及义务教育和基本扫除青壮年文盲，大力发展职业技术教育和实用技术培训，适度发展民族高等教育，使回族人口受教育程度接近全区总体水平。全区各级各类学校中回族学生在校生的比例，小学达到34%，中学达到25%，大中专院校达到20%以上。逐步建立起基础教育以回民寄宿制中小学为骨干，职业教育和成人教育以普通、成人中专、重点职业技术学校和职业技术培训中心以及农民文化技术学校为依托；高等教育以民族预科部为重点的民族教育完整体系，形成地方特色。

政策措施：(1) 增加民族教育经费投入。自治区及各市、县财政在安排中央专项补助、自治区专项经费和教育事业费时，要保证落实发展回族教育的所需经费；自治区设立民族教育专项补助经费，每年安排100万元，主要用于县以下回族基础教育；自治区及回族聚居的市、县成立“回族教育发展基金”，募集海内外资金，用于发展回族教育，对在回族教育工作中做出突出贡献的单位和个人实行奖励；世界银行贷款、联合国儿基会、宋庆龄基金会等国内外组织的援助，发达地区的对口支援以及“希望工程”捐款等项目要向回族聚居地区倾斜，重点扶持发展回族教育等。(2) 加速民族师资建设。重点加强固原师范专科学校、固原民族师范学校的建设，使其成为全区培养、培训回族中小学教师的主要基地。充分利用卫星、函授、自学考试对在职回族教师进行形式不同的培训。重视培养一批回族骨干教师和学科带头人，逐步建立一支适应回族教育改革和发展的回族教师队伍；各级师范院校都要根据中小学教学改革的需要，增设实用技术课程，使学校毕业生，一专多能，既能讲授文化课，又熟悉掌握一到两门实用技术，以适应回族聚居地区发展职业技术教育的需求。(3) 加强民族教育工作的领导。各地教育行政部门要配备专人负责民族教育工作；各级教育督导机构，在督导检查工作时，要重视民族教育工作的督导检查；加强民族教育的科研和交流，提高民族教育发展水平。

〔**回族女童教育**〕　按照《中共宁夏回族自治区委员会宁夏回族自治区人民政府关于贯彻〈中国教育改革和发展纲要〉的实施意见》中“要高度重视回族女童教育，抓好女童教育的研究试验和推广，优化女童教育的社会家庭、学校环境，多方筹措资金，设立回族女童助学金，有效解决南部山区回族女生入学难问题”的要求，1995年，自治区和地区、县三级普遍重视和加强了女童教育的实践和探索。自治区继续重点抓好国家“八五”哲学社会科学重点课题“农村女童教育现状、问题及对策研究”的试验，及国家教委和联合国儿基会1994～1995年过渡周期促进贫困地区女童教育项目。要求各地把女童教育作为全区普及义务教育的难点和重点来抓，加强政府行为。采取了一系列措施：选拔和培养女校长，配备女教师和女班主任；加强学校与社区的联系，争取社区干部、群众的广泛参与和支持；改革课程内容，增加适应民族地区和女童特点的刺绣、编织、剪纸、缝纫、烹饪、布贴画、手工制作、庭院经济、阿语等课程或活动，丰富校园活动；发挥宗教人士的积极作用，发动他们动员教民送子女入学，劝退上寺念经的适龄儿童、少年；教学内容和上课时间灵活，允许带弟妹上学，开设早晚班，教学上只上语文、数学两科，实行非正规教育，条件具备的地方，还可开设回族女童班；举办家长培训班，双向交流，优化家庭环境；举办学前班，减少留级流失等，促进回族女童教育的发展。1995年5月，固原地区行署教育处在西吉县召开全地区六县〈固原、海原、西吉、泾源、彭阳、隆德〉女童教育工作会，总结和推广本地区发展女童教育的实践经验。5月中旬，西吉县在什字山庄回民小学召开试验成果报告会，邀请了全县16所回小校长参加了座谈交流，向全县辐射。同时，协同县妇联在马建、玉桥乡办起了23个“春蕾班”，救助失学女童104名，并规定从1995年起，希望工程“1+1”助学活动全部面向回族女童，16所回族小学寄宿制民族班全部招收回族女生。固原、海原、泾源、彭阳、隆德五县也相继采取了相应的措施，使贫困地区回族女童教育有了新的发展，涌现出了一批富有特色并能起到示范作用的乡、校。

撰　稿　王玉林

总审稿　徐永富　高　志

新疆维吾尔自治区教育

概　况

〔基本情况〕

1995年各级普通学校基本情况

单位：人

学校类别	学校数（所）	毕业生数	招生数	在校生数	教职工数	
					计	其中专任教师
一、普通高等学校	21	10505	12307	44918	18556	7687
研究生		91	180	509		
本科、专科		10414	12127	44409		
二、中等专业学校	115	18981	25260	68580	13520	6540
中等技术学校						
中等师范学校						
三、普通中学	1271	215756	286318	749788	84168	62934
高中	33	44589	58203	141330		14434
初中	1238	171167	228115	608458		48500
四、农业、职业中学	145	16490	25643	54122	5187	3494
高中						
初中						
五、工读学校						
六、小　学	7086	271227	419717	2201274	124508	106001
七、特殊教育学校	6	57	165	643	281	162
八、幼儿园	880	96812	135990	218020	15640	7983

注：中等专业学校学生数中含成人中专班毕业生2985人、招生2912人、在校生8211人。

1995年各级成人学校基本情况

单位：人

学校类别	学校数（所）	毕业生数	招生数	在校生数	教职工数	
					计	其中专任教师
一、成人高等学校	28	14940	20732	56145	4467	1967
广播电视大学	2	3909	6242	16769	1071	411
职工高等学校	12	1694	2831	8100	854	453
农民高等学校						
管理干部学院	2	916	1140	2315	531	209
教育学院	12	3051	3258	9358	2011	894
独立函授学院						
普通高校举办						
函授部		1189	2243	6149		
夜大学		4048	4920	13237		
干部专修科		133	98	217		
二、成人中等专业学校	92	19552	13000	47320	3936	2083
广播电视中专	3	12045	6132	27883	849	471
干部中专						
职工中专	32	4991	4911	15019	1464	706
农民中专						
教师进修学校	57	2516	1957	4418	1623	906
三、成人中学	22	13927	19149	22838	286	148
职工中学						
农民中学						
四、成人技术培训学校	1250	1010058	763630	849484	2223	907
职工技术培训学校						
农民技术培训学校						
五、成人初等学校	338	178699	93132	188498	736	224
职工初等学校						
农民初等学校						
其中：扫盲班		101630	45258	113172	591	133

注：广播电视大学学生数中含普通专科班毕业生788人、招生3400人、在校生7797人。

制表　黄睿彦

〔**教育基本建设**〕　1995年，自治区教育部门属各级各类学校共完成投资17081万元，新建校舍271229平方米，新增固定资产15877万元。其中，高等教育完成投资2339万元，新建校舍26938平方米，新增固定资产2427万元；普通教育完成投资14742万元，新建校舍244291平方米，其中住宅37852平方米，新增固定资产13450万元。

〔**“两基”评估验收**〕　1995年，由自治区人大、政协、自治区教委、人事厅、财政厅等有关部门组成的自治区“两基”评估验收团，先后对申请验收的阜康、奎屯、沙湾、乌苏、石河子、米泉等县（市），及乌鲁木齐市天山区、新市区、沙依巴克区的“两基”工作进行评估验收。经核准，自治区政府授予上述9个县（市、区）为基本普及九年义务教育和基本扫除青壮年文盲县（市、区）称号，并颁发了奖牌和共计270万元的奖金。这是自治区第一批实现了“两基”教育的县、市、区。

〔**捐资助学与尊师重教活动**〕　1995年继续开展“一人一月一元钱”捐资助学活动。截至1995年底，全区各级教育基金会共有基金9168万元。其中自治区教育基金会募集资金175万元，利息收入160万元，两项共收入335万元，开展活动支出95万元，年底基金总额为1262万元。

1995年1月10日，自治区有关部门在乌鲁木齐市召开自治区1994年捐资助学、尊师重教“双先”表彰大会，表彰了17个先进单位、94名先进个人。

1995年开展多种形式的尊师重教活动。6月6日至24日，组织维吾尔、汉、哈萨克、蒙古、俄罗斯5个民族的29名优秀教师、教育工作者赴延安和西安学习参观；8月底，组织8名各民族优秀民办教师去北京、北戴河参加全国民办教师“园丁之家”活动；9月27日，邀请乌鲁木齐地区的60名优秀教师代表召开座谈会，畅谈40年来自治区教育事业取得的巨大成就。9月4日至9日，44名优秀教师、教育工作者被邀请到乌鲁木齐市参加“园丁之家”活动。

1995年，自治区路兰生、吾斯曼·卡得尔、万栓成等15名中等师范学校教师分别获得曾宪梓教育基金会中等师范学校教师第二、三等奖。

基础教育

〔**义务教育**〕　1995年，自治区学龄儿童入学率为97.03%、少数民族学龄儿童入学率为97.14%；初中阶段适龄儿童少年入学率为62.97%、少数民族适龄儿童少年入学率为48.7%。占总人口95%的县（市）基本普及了初等教育，部分城市已基本普及了初中教育。师资队伍进一步得到加强，全区小学、初中教师学历达标率分别为92.53%和70.25%。

实施普及九年义务教育所面临的困难主要是：这一工程还未引起全社会的足够重视，依法实施九年义务教育的力度不够；教育投入不足，初中教育薄弱，校舍不足，教育设施简陋；由于人口居住分散、交通不便、学龄儿童基数大、多语种教学等因素制约，办学难度大，教育成本高，投资效益低；教师数量不足，整体素质不高，队伍不稳，教育教学管理水平低、质量不高。

〔**勤工俭学**〕 1995年，自治区开展勤工俭学的中小学校8710所，开展率为95%，比上年增加1个百分点；有校办产业的学校4094所，占学校总数的45%，比上年增加9个百分点；校办农、林、牧、副、渔基地6301个，占地29654公顷，比上年增加6002公顷；校办工厂772家，比上年增加21家；第三产业网点2337个，比上年减少22个；校办产业从业人员13537人，比上年增加2437人；校办产业固定资产17780万元，比上年增加2640万元；流动资金11935万元，比上年增加1717万元。

1995年，自治区中小学校勤工俭学总产值及营业额4.89亿元，比上年增加1.02亿元，其中农业总产值7135万元，工业总产值18703万元，第三产业营业额13379万元，其他收入6024万元。实现纯收入15203万元。勤工俭学校均收入16661元，比上年增加3626元；学生人均收入49.84元，比上年增加8.83元。纯收入超过2000万元的地、州是昌吉州（2226万元），超过1000万元的地、州是伊犁地区（1357万元）、塔城地区（1226万元）、乌鲁木齐市（1092万元）；超百万元的县、市（区）有36个，比上年增加10个，其中超200万元的县、市（区）8个，超300万元的3个，超400万元的3个，超500万元的1个（昌吉市，501万元）；纯收入超过50万元的乡、镇9个，比上年增加6个。纯收入10万元以上的校办企业76家，比上年增加30家，其中超过百万元的企业2家（生产建设兵团农二师四建中学沙石料厂，322万元；昌吉市第三建筑公司185万元），超过50万元的5家。

1995年，全区有6455个基地安排1845208名中小学生参加劳动，接受劳动技术教育；2240所学校的66万名学生，45326名教职工参加了拾棉花劳动，师生共拾棉花10万吨，创收4350万元。

1995年，全区用勤工俭学收入补助教育经费11753万元，占当年纯收入的77%，比上年增加3161万元，增加5个百分点。其中7883万元用于改善办学条件，1374万元用于集体福利，2016万元用于个人福利，全年结余480万元。全区勤工俭学全年向国家上缴税金1085万元。

〔**师资培训**〕 由联合国儿童基金会与中国合作的1990—1994和1994—1995两个周期加强自治区小学师资培训项目取得明显效果。5个项目单位（伊犁州小学师资培训中心、新疆幼儿师范学校、哈密师范学校、和田师范学校、塔城师范学校）在合作周期内均完成了终期执行目标，并完成了终期评审工作。

在上述两个周期内，联合国儿童基金会共援助自治区37.6万美元，我国投入1828.9万元人民币，用于软硬件配套建设。

在五年执行期内，自治区共培养幼儿新师资535人，小学新师资1801人，其中为挂钩贫困县培养958人；培训在职幼儿教师和小学教师2552人，其中为挂钩贫困县培训1370人，受益学生196880人。

1995年，自治区教委印发了《关于开展函授、电化教育、自学考试相沟通培训高中教师试点工作的通知》。《通知》指出，通过入学资格考试，招收在岗的普通高中、职业高中和中专学校相应学科的文化课教师，进行学历培训。

培训工作的主考院校为新疆教育学院，并可与具有颁发本科学历资格的高等师范院校联合办学，由新疆广播电视师范大学负责教学管理。学员修业期满后，颁发自学考试毕业证书。7月16日举行入学资格考试，经自治区教委审定入学资格后，共录取7个专业学员1700余人。

〔**实验教学**〕 1995年是自治区实施中小学实验教学普及县工作的第五年。这一年又有乌鲁木齐市新市区、温宿、策勒、新和、托克逊、鄯善、温泉、塔什库尔干、霍城、伊宁10个县、市、区，通过自治区、地州市检查验收。截至1995年底，自治区已有31个县市通过实验教学普及县验收。

1995年11月19日至25日新疆教学仪器公司组团参加了国家教委在北京举办的第四届全国自制教具评选活动。自治区有6件展品获奖，其中二等奖1个、三等奖5个。

1995年9月18日，自治区第七届青少年科技作品展览会在乌鲁木齐市举行。展览会共展出16个地、州、市及生产建设兵团的参展作品394件。作品分为小发明、小制作、电子、生物、地学、模型6大类。

〔**德育工作**〕 1995年9月30日，中国人民解放军进军新疆纪念碑在乌鲁木齐市人民广场落成。她是一座继承和发扬中国人民解放军光荣传统和优良作风，对各族人民进行爱国主义教育的历史丰碑。自治区党政军领导与社会各界以及中小学生共5000多人参加了揭幕仪式。这使全区中小学校又增添了一个具有重要历史意义的德育基地。

职业教育

〔**重点职业高中评估**〕 1995年4月18日，自治区职业教育工作座谈会公布了重点职业高中的基本条件，研究确定了重点职业高中的参评学校，安排了第一批、第二批自治区重点职业高中复评工作和第三批自治区重点职业高中评估工作。

会后，根据参评学校的自评材料和地、州、市教育局（处）的评估报告，自治区教委对参评学校进行了复评，经自治区政府同意，确定了自治区级重点职业高级中学名单。有14所学校经国家教委复评后认定为省级重点职业高级中学。

1995年，乌鲁木齐市、石河子市、库尔勒市、昌吉市均将民、汉两所职业学校合并为一所，推行集中办学。

〔**高等职业教育试点**〕 1995年，自治区有关部门首次组织了职业学校毕业生对口升入高等学校试点工作，探索中等职业教育与高等职业教育相沟通的路子。在新疆农业大学、乌鲁木齐职业大学办了4个自费大专班，采取单独命题、考试、录取的办法，对口招收职业高中（中专）毕业生136人。

〔**农村教育综合改革**〕 1995年是自治区农村教育综合改革和实施燎原计划第二期工程的最后一年。自治区加快了实施步伐。(1) 建立自治区教委领导农村教育综合改革联系点制度。自治区教委领导分别负责昌吉实验州、乌鲁木齐实验县和托克逊实验县，确定了农村教育综合改革的重点实验项目，努力提高试点水平。(2) 上半年，对乌苏、沙湾、奎屯、石沙子、昌吉、玛纳斯、阜康等14个实验县（市）和一部分"燎原计划"示范乡的工作进行了检查指导。(3) 3月中旬，召开了全区农村教育综合改革业务工作会议，总结了上年的工作，部署了1995年的任务，制订了对农村教改实验县、示范乡6项指标检查评估的标准。(4) 完成了1988年以来自治区接受国家燎原计划专项贷款的清理结算工作。(5) 加强农村专业技术师资培养。1995年安排伊犁农校10所院校招收中等专业民汉学员500名，纳入国家普通招生计划，自费招生，开设种植、养殖、加工、财会和经营管理等专业。(6) 9月，接受自治区科技兴新领导小组办公室对《农村劳动者科技培训配套工程计划》项目的检查，完成了项目的各项计划指标。(7) 截至1995年底，全区农村教育综合改革实验县基本完成了第二期工程自查自评工作，准备接受自治区级六项教改指标检查评估。

由自治区教育科学研究所承担，自治区党委农工部、自治区农业厅计财处、自治区科委计划处、农医处等10个单位协作完成的《新疆农科教结合的理论与实践研究》，于1994年4月22日通过了自治区科委组织的鉴定，认为这项成果总体达到国内先进水平。1995年11月28日获全国第二届农村教育科研论文评选一等奖，并经中国科学院组织的专家评选，载入科学出版社出版的《中国"八五"科技成果选（1990～1995)》。同时载入由新疆人民出版社出版的《新疆农科教结合研究》一书。这项研究报告的主要内容有：(1) 提高了对农科教结合的认识。明确了农科教结合的概念、内涵、实质、目的、关键、重点、主线、中心任务、重要环节，以及它的由来、发展过程和发展趋势。(2) 分析了实施农科教结合的意义。(3) 找出了农科教结合的政策依据和理论依据。(4) 提出了农科教结合的途径。(5) 对农科教结合进行了比较研究。(6) 对农科教结合所产生的经济效益进行了定量分析，对其社会效益进行了定性分析。

〔**师范学校建设**〕 自治区教委于1995年1月10日对区内17所中等师范学校1994—1995学年第一学期开设的部分必修课进行了抽查考试。参加抽考的三年制普师班学生共6196人，其中汉语学生2818人，民语学生3378人（维语2448人，哈语930人)。抽考课程共计11929人次，其中汉语

5173人次，维语4896人次，哈语1860人次。

抽考成绩按学科平均及格率统计，汉文科目：代数与初等函数32.2%；心理学教程79.2%，文选与写作（三）55.1%；小学教育学教程63.4%；文选与写作（五）72.7%；小学数学基础理论与教法91.8%。民文科目：代数与初等函数51.3%；心理学90.8%；语文（三）96.1%；教育学84.3%；语文（五）99.6%；小学数学基础理论与教法99.1%；哈语文（一）96.9%。

〔**中等专业学校评估**〕 1995年，自治区教委对4所中专学校进行了合格评估，对1所学校进行了办学水平评估。1995年，全区有不合格中专学校7所。

〔**残疾人职业中专开学**〕 1995年10月18日，自治区第一所残疾人职业中专学校举行开学典礼。为兴建这所学校，自治区和中国残联共投入350万元，社会各界捐款700余万元。

学校开设了计算机应用、电算化财会两个专业，开办了服装制作，烹饪两个培训班和一个编织班。

在开学典礼上，社会各界又向学校捐赠了图书、物品及现金，价值20余万元。

高 等 教 育

〔**表彰“三优一学”文明学校**〕 1995年9月19日，自治区第二届高等院校“三优一学”表彰大会在石河子市召开。共有25所高等院校分别被评为特优单位、优秀单位、良好单位和单项优胜单位。新疆医学院、石河子农学院被评为特优单位；石河子医学院等6所院校被评为优秀单位；新疆工业高等专科学校等10所院校被评为良好单位；新疆财经学院等7所院校被评为单项优胜单位。

〔**汉语教学改革**〕 1995年10月，新疆财经学院决定进行汉语教学改革，采用国家汉语水平测试（简称HSK），并以此为中心，对汉语教学目标、教学管理、教学内容、教学方法等进行全面改革。

学校决定，少数民族新生入校后，经过HSK摸底测试后分级入系。测试成绩达3级以上者免修预科直接进入专业班学习，5级以下者分级进行预科汉语学习。预科学习一年后，达到HSK5级以上者可进入各系进行专业学习，达不到者继续交费重修，直至达到5级以上。学生的HSK成绩不达标者不能获得毕业证书和学位证书；参加预科学习的少数民族新生由汉语教学部进行集中教学和管理；加大预科阶段汉语课时量；加强电化教学，完善汉语教学手段。

〔**“211工程”建设**〕 1995年12月，新

疆大学推出“211工程”整体规划。规划提出，新疆大学建设的总目标是：经过10至15年或更长一点时间将新疆大学建成一所具有文、理、工、法、经、管等多学科的全国重点综合大学；形成若干有鲜明民族特色和自身特点的重点学科；成为集人才培养、科学研究、社会服务于一身的自治区先进科技文化教育中心；成为全国少数民族地区中的先进高校和在国内外有一定影响的大学。

在发展战略上分两步走。第一步，从现在到本世纪末全面推进学校改革和发展，狠抓“211工程”重点建设，使学校的教育质量、科学研究和管理水平上一个新台阶；第二步，从本世纪末到2010年左右，使学校在人才培养质量、科学研究水平方面达到全国少数民族地区高校的先进水平，接近全国高等院校的先进水平。

重点建设项目包括队伍、学科、基本设施和基础设施、教学实验设备、重点课程、公共服务设施等。争取在10至15年内建立起18个硕士点、3～6个博士点，建成少数民族语言文学、应用数学、物理化学3个国家级重点学科。为此计划新增建筑面积20.01万平方米，用于建造生地楼、数学楼、电子电讯楼、学生宿舍楼等。同时计划建立图书自动化网络管理系统、综合文献信息中心、校园信息网等公共服务设施。

〔**毕业生分配**〕 1995年，自治区毕业研究生分配到自治区科研部门及高等院校的占57%；国家任务计划招收的专科以上公费生分配到自治区各地、州、市（含生产建设兵团）占84.2%，分配到自治区各厅局的占13%；中等师范毕业生中分配到各地州的占98%。计划内自费生全部在生源地自主择业。

〔**校办产业**〕 1995年，自治区高等学校共有校办企业122家，比上年增加23家。其中，科技型企业36家，增加12家。校办产业固定资产3354.8万元，比上年增加465.8万元；流动资金6112万元，比上年增加3.33万元。校办产业从业人员2083人。全年利润总额755.27万元，净利润716.8万元，比上年增加270.7万元。其中201.52万元上缴学校，补助教育经费。向国家上缴税金500多万元。

1995年，高校有53家企业经过审定领取了《校办企业证书》。

〔**对外交流**〕 1995年，自治区教育系统共接待来自美国、英国、日本、德国、哈萨克斯坦、马来西亚6个国家和港澳地区的19个代表团组共225人到新疆考察、访问和进行教育交流；派出4个代表团计14人分别访问了马来西亚、新加坡、泰国、哈萨克斯坦、日本等国。

1993年初以新疆教育国际交流协会的名义与英国海外志愿服务社签订的为自治区培训中学英语教师的合作协议于1995年4月圆满结束。英国海外志愿服务社投资3万英磅（约40万元人民币）。

1995年，自治区高等院校共接收来华留学生75人，同时派出公费留学人员64人，审批自费留学人员69人。

成 人 教 育

〔**扫盲和农牧民教育**〕 1995年，自治区共组织18万青壮年农牧民参加扫盲学习，其中14万人脱盲。全区93个县(市、区)中，已有92个县(市、区)扫盲基本合格，有16个县(市、区)经自治区政府抽查验收达到高标准扫盲要求。全区1949年10月1日以后出生的年满15周岁以上的人口中非文盲率已达95%以上，累计扫除文盲314万人。

1995年，自治区接受实用技术培训的农牧民达140万人(次)；新建乡(镇)农牧民文化技术学校86所，到年底，全区农牧民文化技术学校已发展到715所。

〔**成人高校招生**〕 1995年，自治区成人高校招生数中，少数民族占21.1%；脱产半脱产占70.72%，业余占29.28%；理工类占30.1%，文史类占69.9%。在整个招生任务中，专科升本科共录取1020人，完成计划的79.6%，其中师范类专升本录取438人，非师范类专升本录取582人。

1995年，自治区成人高校报名人数共73663人，其中汉语言报名66361人，民语言报名7302人，比上年报名人数增加近2万人。

〔**教育学院教学质量抽查**〕 为了全面提高自治区各教育学院教育教学质量，保证在职教师进修的培训规格，在过去两次对教育学院教学质量进行抽查考试的基础上，又进行了1995—1996年度抽查考试。

这次原则上仍是每人参加2门课程(公共课、专业课各1门)考试。考试时间是1996年1月15日至16日，考试不及格的于3月22日进行了补考。

参加这次抽查考试的有新疆教育学院等8校。参加人数5535人次(其中汉2519人、维1896人、哈1120人)，及格人数4542人(其中汉2049人、维1499人、哈994人)，及格率为82%(其中汉81.3%、维79%、哈88.7%)。

这次抽查考试共命题科目67门，其中汉语27门，维语22门，哈语18门。

〔**社会力量办学**〕 1995年自治区社会力量办学又有新发展。有的事迹十分感人。1995年7月1日，由维吾尔族个体户努尔塔依·阿吉自愿出资150万元创办的“努尔塔依·阿吉·斯坎代尔孤儿学校”在伊宁市成立。努尔塔依·阿吉原在伊宁市运输公司工作，近年来个体从事边贸生意，有了丰厚收入，不忘教育为本，于1995年4月向伊宁市政府递交了创建学校的申请。

国家将为这所孤儿学校负担10位教师的工资，其余人员的费用全部由努尔塔依·阿吉承担。

民族教育

〔综述〕

1995 年各级普通学校民族教育基本情况

单位：人

学校类别	学校数（所）	毕业生数	招生数	在校学生数	教职工数	
					计	其中专任教师
一、普通高等学校		4829	5918	24125	5735	2915
研究生		6	35	77		
本　科 专　科		4823	5883	24048		
二、中等专业学校		6103	12752	35574	6041	3420
中等技术学校						
中等师范学校						
三、普通中学		107057	170049	408062	41848	32389
高中		20479	25444	52570		6282
初中		86578	144605	355492		26107
四、农业、职业中学		5847	9306	20013	1355	958
高中						
初中						
五、工读学校						
六、小　　学		188262	294068	1578361	81088	68962
七、特殊教育学校		13	43	183	48	33
八、幼 儿 园		27751	40589	54721	3555	1781

注：中等专业学校学生数中含成人中专班毕业生 1095 人、招生 1177 人、在校生 2733 人。

1995 年各级成人学校民族教育基本情况

单位：人

学校类别	学校数（所）	毕业生数	招生数	在校学生数	教职工数	
					计	其中专任教师
一、成人高等学校		3800	5198	14041	1624	792
广播电视大学		982	2114	6270	284	95
职工高等学校		137	322	633	177	64
农民高等学校						
管理干部学院		346	363	755	206	90
教育学院		1611	1472	3979	957	543
独立函授学院						
普通高校举办						
函授部		33	203	466		
夜大学		618	626	1721		
干部专修科		73	98	217		
二、成人中等专业学校		4198	2307	10499	1709	977
广播电视中专		2129	770	6744	388	242
干部中专						
职工中专		881	614	1587	385	201
农民中专						
教师进修学校		1188	923	2168	936	534
三、成人中学		13164	18252	21242		74
职工中学						
农民中学						
四、成人技术培训学校		744603	506353	547768		703
职工技术培训学校						
农民技术培训学校						
五、成人初等学校		161695	80132	161804		195
职工初等学校						
农民初等学校						
其中：扫盲班		87387	34282	93530		120

撰稿　黄睿彦

审稿　庄文举

文件选编

国家教委关于在“两基”督导评估中防止弄虚作假，反对形式主义的通知

（1995 年 1 月 10 日）

依据《义务教育法》实施细则、《扫除文盲工作条例》和《中国教育改革和发展纲要》，建立普及九年义务教育、扫除青壮年文盲工作督导评估制度以来，各地正在按计划有步骤地对“普九”、“扫盲”县（市、区）进行评估验收，有力地推动着义务教育的实施和扫除青壮年文盲工作的开展，成绩显著，应予肯定。但从一些群众的反映看，有的地区在工作中存在着形式主义作法和弄虚作假现象，必须引起足够重视，坚决予以制止。为此，特作如下通知：

一、对“普九”、“扫盲”的评估验收是省级人民政府依法对县级人民政府实施九年义务教育和扫除青壮年文盲工作的督导、评估。内容主要是检查有关法律、法规的执行与执法监督情况；检查政府行为是否到位，其中特别是教育经费和办学条件是否能够基本满足实施义务教育的需要；检查义务教育的普及程度、扫盲水平和师资条件是否达到国家和省级规定的要求。督导、评估的主要对象是县级人民政府及其教育管理部门和其他有关职能部门。在督导评估过程中，察看适量的实施义务教育的不同类型学校，首先是为了了解政府行为是否落实，验证普及程度以及其他有关项目要求的达到度，然后才是考察学校履行法律责任的情况。因此，在督导、评估县级政府“普九”、“扫盲”工作时，不可主次颠倒，把学校作为主要检查对象，更不能组织学校开展迎检活动。

二、对县级政府的评估验收是对这些县、市、区实施义务教育和开展扫除文盲工作成果的阶段性检查和评价。县级人民政府必须立足在经常工作中，坚持依法治教，扎扎实实地实施义务教育和扫除青壮年中的文盲，而不要平时不抓，在督导评估前搞突击“达标”活动。从 1995 年开始，各省、自治区在评估验收“普九”、“扫盲”县（市、区）时，对反映普及教育程度的学龄儿童、少年入学率，在校学生辍学率，青壮年人口中非文盲率，以及在教育经费中的“两个增长”，教育拨款占财政支出的比例，年生均教育事业费和年生均公用经费等，要认真核查连续三年的统计数据，并重视考核在 15 周岁及 17 周岁人口中初等教育或初级中等教育完成率，教师学历合格率，脱盲人员的巩固率。在督导评估时要查阅的档案必须是在工作过程中形成的原始材料。各地不得突击编造，也不得修改数字或临时拼凑数字、档案。

三、普及九年义务教育、扫除青壮年文盲，是提高全民族素质的根本大计。在对“普九”、“扫盲”县（市、区）进行评估验收

时，必须坚持科学精神和实事求是的态度，防止弄虚作假，反对"浮夸"。为应付督导评估突击编造表册，"借用"别处教学设备、图书资料冒充顶数，以及组织非文盲人员冒名顶替参加脱盲考试等等作法，都是不允许的。在评估验收过程中或在评估验收后，如有群众反映某县（市、区）有弄虚作假问题时，有关省、自治区要立即派员查清情况。如确有弄虚作假行为的，要停止验收，或撤销其"普九"、"扫盲"县（市、区）称号。

今后，县（市、区）自查或省进行评估验收，都要听取当地人大常委会、政协和校长、教师、家长的意见，以加强对"普九"、"扫盲"评估验收工作的监督。

四、在督导评估活动中，要崇尚简朴，讲求实效，不扰民，不搞形式主义、"花架子"。

县级人民政府自查是县级政府及其教育和其他有关职能部门进行的自我检查、自我评价。此间，应组织人员对所辖乡、镇政府逐个进行检查。但是，乡、镇政府对学校应靠平时了解，不要在自查自评过程中再对学校集中进行检查，也不要组织学校自查。省、县两级和国家教育督导团在督导评估过程中对学校的察看，应采取随机抽样的办法选定。被随机抽中的学校在此项活动中，只接受一次检查，以防止基层学校负担过重。

各级人员到学校进行督导检查，不得打乱学校的正常教学秩序。学校也不要组织师生迎送、献辞、献花等活动。

各级组织的督导评估活动，参加人员数量要适当，日程安排要紧凑，要轻车简从，陪同人员不可过多。

五、要遵守纪律，坚持廉政。要严格按照国家和当地规定标准用餐，不得举行迎送宴会，不得住豪华宾馆，并按规定标准交付伙食和住宿费。不准远离工作地区游览。不准举办专场舞会、文艺晚会或其他文体表演。不准授受礼品、礼金。

六、请各省、自治区、直辖市将本通知翻印发给县以上教育部门和中小学校。如在"两基"督导评估工作中有违背本通知规定要求的，地方教育部门和学校有权拒绝执行和向上级教育行政部门及国家教委举报。

中外合作办学暂行规定

（1995年1月26日
国家教委发布）

第一章 总 则

第一条 为加强对中外合作办学的管理，促进我国教育事业的发展和教育对外交流与合作，制定本规定。

第二条 本规定所称的中外合作办学，是指外国法人组织、个人以及有关国际组织同中国具有法人资格的教育机构及其他社会组织，在中国境内合作举办以招收中国公民为主要对象的教育机构（以下称合作办学机构），实施教育、教学的活动。

第三条 中外合作办学是中国教育对外交流与合作的重要形式，是对中国教育事业的补充。

第四条 中外双方可以合作举办各级各类教育机构。但义务教育以及国家有特殊规定的教育、培训除外。

国家鼓励在职业教育领域开展中外合作办学。

第五条 中外合作办学，必须遵守中国的法律、法规，贯彻中国的教育方针，符合中国教育事业发展的需要和人才培养的要求，保证教育质量，不得以营利为目的，不得损害国家和社会公共利益。

第六条 在中国境内依照本规定实施的中外合作办学活动，受中国法律的管辖和保护。

第七条 国务院教育行政部门主管全国中外合作办学工作。县级以上地方人民政府教育行政部门负责本行政区域内合作办学机构的管理监督工作。

第二章 设 置

第八条 申请合作办学，必须符合下列要求：

（一）有正确的办学宗旨；

（二）有健全的组织机构和熟悉业务的管理人员；

（三）有合格的教师；

（四）有符合办学需要的教学场所、图书和教学仪器设备及生活设施等必要条件；

（五）有必要的开办资金和稳定的经费来源。

第九条 申请合作办学，必须提供以下文件：

（一）合作办学申请书；

（二）合作办学机构的章程；

（三）可行性论证报告；

（四）中方合作者业务主管部门的审核意见；

（五）合作双方签署的合作意向书或合作协议；

（六）外方合作者经公证或认证的资信证明。

第十条 举办实施学历教育的合作办学机构的设置标准，依照中国有关同级同类教育机构的设置标准办理。

第十一条 申请举办实施高等学历教育的独立设置的合作办学机构，按中方合作者的隶属关系，由省、自治区、直辖市人民政府或国务院业务主管部门审核后，报国务院教育行政部门批准。

申请举办实施高等学历教育的非独立设置的合作办学机构，中方合作者须为实施高等学历教育的高等学校，并按中方合作者的隶属关系，由省、自治区、直辖市人民政府或国务院业务主管部门审批，报国务院教育行政部门备案。

第十二条 申请举办实施中等学历教育的合作办学机构，按中方合作者的隶属关系，由省、自治区、直辖市教育主管部门审核后报省级人民政府或国务院业务主管部门审批，报国务院教育行政部门备案。

第十三条 申请举办实施各级各类非学历教育、培训的合作办学机构，按中方合作者的隶属关系，由省、自治区、直辖市教育主管部门或国务院业务主管部门审批后报省级人民政府和国务院教育行政部门备案。

申请合作举办幼儿园，由省、自治区、直辖市人民政府教育行政部门审批。

第十四条 申请合作办学有下列情形之一的，不予批准：

（一）违反中国法律、法规的；

（二）不符合中国教育发展规划的；

（三）其他不宜批准的。

第十五条 审批机关在接到合作办学申请后，应在三个月以内作出是否批准的决定。但其他法律、法规及规章另有规定的除外。对准予合作办学的，发给合作办学批准书。

第十六条　申请举办合作办学机构，符合正式建校招生条件的，取得合作办学批准书后，须经省级教育行政部门登记注册，领取办学许可证。取得办学许可证的合作办学机构即可按国家规定正式招生。

独立设置的合作办学机构，经核准登记注册、取得办学许可证后，即取得法人资格。

第十七条　申请正式登记注册，必须报送以下材料：

（一）登记注册申请书和合作办学批准书；

（二）校地、校产证明文件及设备清单；

（三）有关机构出具的出资、验资证明；

（四）理事长、校长资格证明文件；

（五）学校领导机构、理事会成员名单、教职工人员编制计划；

（六）学校名称、规模、学制、系科及专业设置、招生规模。

第十八条　申请举办独立设置的合作办学机构，尚不完全具备正式建校招生条件的，可由审批机关批准筹建，并发给筹建批准书。

经批准筹建的合作办学机构自批准之日起二年内应提出正式建校申请并经批准后办理注册手续。逾期未申请正式建校招生的，由原审批机关注销其筹建批准书。

筹备期内，不得招生。

第三章　运　　行

第十九条　具有法人资格的合作办学机构，独立承担办学责任。

不具有法人资格的合作办学机构，由合作双方共同承担办学责任。

第二十条　具有法人资格的合作办学机构应当设立理事会，不具有法人资格的合作办学机构应当设立联合管理机构。理事长或联合管理机构的负责人由理事会或联合管理机构选举产生。

理事会或联合管理机构中，中方成员不得少于总人数的二分之一。

第二十一条　理事会或联合管理机构行使以下职权：

（一）理事或联合管理机构成员的选任与解职；

（二）校（院）长或主要负责人的聘任与解聘；

（三）制定合作办学机构发展规划；

（四）决定教育经费的筹划方案；

（五）审批合作办学机构的预算、决算；

（六）管理合作办学机构的基金与资产；

（七）其他重大事项。

第二十二条　合作办学机构的校（院）长或其主要负责人，必须由在中国境内定居的中国公民担任，并报审批机关核准。

具有法人资格的合作办学机构的校（院）长或其主要负责人为法人代表。校（院）长或其主要负责人执行理事会的决议，负责合作办学机构的全面工作。

第二十三条　合作办学机构可以聘任专职或兼职教师，其资格参照中国同级同类公立学校的有关规定办理。

聘任外籍教师和管理人员，按照中国聘请外国文教专家和外籍教师的有关规定办理。

合作办学机构中教师、职员的聘任、解聘、报酬、福利、工作保障等事项，应当依法通过订立合同加以规定。

第二十四条　合作办学机构中，中国共产党基层组织的活动和工会组织及其他社会组织的活动，依照中国法律及有关组织的章程办理。

第二十五条 实施学历教育的合作办学机构的招生按中国有关规定，纳入国家招生计划统一管理。

合作办学机构招收境外学生，依照国务院教育行政部门有关接受外国留学生的规定办理。

第二十六条 合作办学机构在执行国家教育方针和国家颁布的培养目标和人才培养基本规格的前提下，自主地实施教育教学活动。

合作办学机构的基本教学语言文字为汉语言文字，某些课程可用外国语言文字教学。

第二十七条 实施学历教育的合作办学机构，依照中国的有关规定，可颁发学历证书。实施非学历教育的合作办学机构，学生学习结束后，可发给写实性（修业）学业证书或经国家认可的相应资格证书。

合作办学机构经国务院学位主管部门批准，可以颁发相应的中国学位证书。

合作办学机构颁发外国学历、学位证书的，应由中国国家学历、学位主管部门核准。但中国对其学历、学位的承认依照国家有关规定办理。

实施职业培训的合作办学机构，可以颁发外方合作者本国或国际认可的相应的资格证书。

第二十八条 合作办学机构的开办资金、向学生收取的学费以及以合作办学机构名义募集的资金（包括设备），必须用于本机构经费支出或用于本机构的发展，不得挪作它用。

第二十九条 合作办学机构应建立健全财务会计制度，配备专职财务人员，建立会计帐簿，接受主管部门和审计机构的审计。

第三十条 合作办学机构的校产，在本机构存续期间，归合作办学机构管理使用，受中国法律保护。直接用于教育教学的资产及其设施，不得出卖、转让或者提供担保。

第三十一条 合作办学机构进口的科教用品，按国家关于《科教用品报运进口免税办法》及其它的有关规定办理。

第四章 监 督

第三十二条 合作办学机构应接受教育行政部门的指导、管理、监督、评估和检查。

第三十三条 合作办学机构具有以下情形之一，可以向批准设置的部门申请解散：

（一）出现学校章程规定的解散情况；

（二）不能实现预期的目标；

（三）办学资源（如资金、生源或师资）严重不足，无法正常运行。

第三十四条 合作办学机构解散后，由教育行政部门或国务院有关业务主管部门组织财政、审计等部门对学校资产进行清算，清算后的合作办学机构资产，除依照协议返还或折价返还给出资人的部分外，凡社会各界捐赠的资产以及剩余的资产，收归中国国家所有，用于发展教育事业。

合作办学机构解散，由其举办人负责妥善安置在校学生。

第三十五条 合作办学机构的理事会因发生重大纠纷无法召集或出现违反法律、法规情形的，由主管教育行政部门责令其限期整顿；逾期不整顿或整顿无效的，主管教育行政部门可以责令其按照理事会章程重新组成理事会或采取必要措施予以整顿。

第三十六条 违反本规定，具有下列情形之一的合作办学机构，由省级教育行政部门视情节轻重，给予警告、罚款、没收非法所得、限期整顿、停止招生以及停办的行政处罚：

（一）未经批准擅自筹建或招生的；

（二）采取隐瞒、虚报、伪证等手段，获准筹建或正式建校招生的；

（三）违反有关规定，滥收费用、滥发文凭、证书的；

（四）管理混乱，教育、教学质量低下的；

（五）有其他违法行为的。

第三十七条　当事人对行政处罚不服的可依法申请复议或提起行政诉讼。当事人对行政处罚决定在法定期限内不申请复议、不提起诉讼又不接受处罚的，教育行政部门可申请人民法院强制执行。

第三十八条　中外合作双方履行合作办学机构合同、章程发生争执时，可以通过协商或者调解解决。中外合作双方不愿通过协商、调解解决，或者协商、调解不成的，可以依照事先或事后达成的书面仲裁条款或协议，提交中国仲裁机构仲裁。没有达成书面仲裁条款或协议的，可以向中国法院起诉。

第五章　附　　则

第三十九条　香港地区和澳门地区具有法人资格的组织和个人与境内具有法人资格的机构合作办学的，参照本规定执行。

台湾地区具有法人资格的民间机构和个人来大陆合作办学，由国家教育行政部门会同有关部门另行规定。

第四十条　境外组织和个人不得在中国境内单独举办以招收中国境内公民为对象的学校及其他教育机构。

境外组织和个人在中国境内举办招收在华居留的外籍人员子女的学校，按国家有关规定办理。

第四十一条　本规定第二条中所称外国法人组织、个人以及有关国际组织，不包括宗教组织和宗教人员。

第四十二条　各省、自治区、直辖市人民政府可根据本规定，结合本地区实际，制订有关的实施细则。

第四十三条　本规定自公布之日起施行。

普通中小学教材出版发行管理规定

（1995年2月16日国家教委、新闻出版署发布）

第一条　为加强对普通中小学教材出版发行工作的管理，特制定本规定。

第二条　本规定所称普通中小学教材，是指国家教委每年春秋两委颁发的《全国普通中小学教学用书目录》，以及由各省、自治区、直辖市教育行政部门审定、补充下达的《中小学教学用书目录》中所列的课本、教学参考书和教学挂图等各类图书。

第三条　供全国选用的中小学教材，必须经过国家教委审定，地方教材由省级教委审查。国家教委每年春秋两季分别印发《全国普通中小学教学用书目录》，供全国中小学选用。各省级教育行政部门根据国家教委的用书目录和本省的实际情况编制教学用书目录，并要及时发到新华书店，以保证印制、发行工作所必需的时间。具体时间由各省级教育、出版行政管理机关按照惯例和当地实际情况协商确定。教育部门不得扣压用书目录或订数，违者将追究责任。

第四条 中小学教材必须由各省级出版行政管理机关确定的符合出书范围的专业出版社出版，严禁超范围出书。出版单位应按照《中华人民共和国著作权法》的有关规定，同著作权人协商并合同约定支付报酬的形式及标准。

第五条 要严格教材的价格管理，中小学教材的定价应执行“低价微利”的原则，严格控制在5%的出版利润以内。具体定价标准由各省级出版行政管理部门商同级教育管理部门同意后报省级物价管理部门核准；中央出版单位出版中小学教材，其定价标准应报国家物价管理部门核准，同时报国家教委和新闻出版署备案。

第六条 中小学教材必须由定点书刊印刷厂生产。出版社和印刷厂要建立完善的责任制和监督系统，建立严格的质量标准，加强对教材印制质量的管理和监督，坚持不合格的纸型、胶片不开印，不合格的产品不出厂。凡有缺页、倒装、白页、模糊不清等质量不合格产品，供书单位和承印厂要负责退换，不得推诿。

第七条 中小学教材由新华书店统一归口征订和发行。中小学教材的选用工作，应遵循“在统一基本要求的前提下，实行教材多样化”的方针，在省、自治区、直辖市教育行政部门的指导下进行。各级新华书店应按照各地教育行政部门和学校选定的教材，做好征订发行工作。严禁随教材搭配征订教学用书目录以外的图书，严禁跨省发行教材，违者将追究责任。

第八条 新华书店原则上不得向学校预收书款，因故确须预收书款的，需商省级教育行政部门同意后报省级人民政府批准。但预收期不得超过3个月，预收书款不得超过预订教材总金额的70%。

第九条 各级新华书店要牢固树立为教育事业服务的思想，努力完善工作制度，保证开学前送书到校。个别地区书店送书到校确有困难的，对学校自行取书而开支的费用，应按当地标准实报实销。

各级新华书店要积极协助学校作好教材的补订和调剂工作。在县级以上的城镇，要逐步建立教材专业书店或教材专柜，配备能力强、工作认真的人员开展教材的零售业务，以解决因学生流动而产生的补订补购问题。

第十条 各级政府要加强对教材出版发行工作的指导，教育和出版部门要加强对此项工作的领导。各地新华书店和中小学校要互相配合，团结合作，共同做好中小学教材的供应工作。

第十一条 此规定由国家教委和新闻出版署负责解释。

第十二条 本规定自发布之日起施行。本规定发布之前的有关规定与本规定不符处，以本规定为准。

研究生学籍管理规定

（1995年2月23日
国家教委发布）

第一章 总 则

第一条 为了贯彻国家的教育方针，维护正常的教学秩序，加强和完善研究生的学籍管理，促进研究生德、智、体全面发展，保证研究生的培养质量，特制定本规定。

第二条 本规定适用于普通高等学校和科研单位（以下简称培养单位）按照国家招生政策、招生规定录取的接受学历教育的研究生。

第三条 研究生培养单位要紧紧围绕为国家培养高层次专门人才这一任务，不断加强、完善研究生管理工作。要建立健全规章制度，严格管理。要坚持行政管理与思想教育相结合，以教育为主的原则，调动研究生自我管理的积极性。

第四条 研究生要热爱祖国，拥护中国共产党的领导，努力学习马克思主义；遵守宪法、法律和培养单位的规章制度，具有良好的道德品质和文明风尚；勤奋学习，刻苦钻研，努力掌握现代科学文化知识。

第二章 入学与注册

第五条 新生凭录取通知书及其它有关证件，按培养单位规定的日期入学报到。因故不能按时报到者，须经培养单位批准。

第六条 新生报到后，经培养单位按照招生规定复查合格，准予注册者，取得学籍。

第七条 在体检复查中发现患有疾病不能坚持学习者，经县以上医疗单位证明在短期内可治愈的，由培养单位批准可保留入学资格一年，回家或回原单位治疗。

保留入学资格的新生，不享受在校研究生待遇。

保留入学资格的新生，须在下学年开学前向培养单位提出入学申请，经复查合格，方可重新办理入学手续。

第八条 新生有下列情况之一者，取消入学资格：

（一）未经请假 或请假逾期超过两周不报到者；

（二）入学复查不合格者；

（三）保留入学资格期满的新生未按规定申请入学，或虽申请入学但经复查不合格者。

第九条 每学期开学时，研究生要按时注册。因故不能如期注册者应请假，否则按旷课处理。

第三章 纪律与考勤

第十条 研究生要按时参加培养计划规定和培养单位统一组织的活动。因故不能参加者，必须请假。未经批准擅自缺席者，按旷课处理。

对旷课者应进行批评教育，情节严重的，要给予纪律处分。

第十一条 研究生必须按培养方案的要求，学习规定的课程。按规定参加所修课程的考试（考查），严格遵守考试纪律。

第十二条 研究生必须按培养方案的要求，参加科学研究、教学实践、社会实践和专门技术训练，遵守论文答辩和实践考核的规定。

第十三条 在学期间不受理研究生请假出国探亲。出国进修、留学等按国家有关规定办理。

第十四条 研究生在学习期间提倡晚婚。对符合国家规定的晚婚年龄而要求结婚者，由培养单位根据实际情况从严掌握。

第四章　休学与复学

第十五条　研究生因病不能坚持学习，经培养单位医院或县级以上医院证明需要休养治疗的可申请休学。

第十六条　休学一般以一学期为限，期满后仍不能复学的，可继续申请休学，但累计不得超过一年。

第十七条　经批准休学的研究生应离开培养单位，回家或回原单位治疗。其往返路费由本人自理。休学期间的医疗费等按培养单位的规定办理。

第十八条　休学期满的研究生，持培养单位指定的县级以上医院健康证明，办理复学手续。经复查合格，准许复学。

第十九条　研究生休学期间违法乱纪情节严重的，取消其复学资格，给予退学或其它相应处理。

第五章　转学与转专业

第二十条　一般不受理研究生转学、转专业，如因所学专业调整，原指导教师变动，本单位无法继续培养，或有其它特殊情况必须转学、转专业的，须经转出和转入培养单位批准。

第二十一条　经批准转学的，一般应在本地区本系统进行。个别无法解决的，可转到外地专业对口的培养单位，接受专业必须符合培养研究生的条件。研究生转学由本人申请，经转出和转入培养单位同意后，报所在省（自治区、直辖市）高教部门审批（跨省者须经两地高教部门批准），并由转入省（自治区、直辖市）抄送转入单位所在地公安部门。

第六章　退　　学

第二十二条　研究生有下列情形之一者，应予退学：

（一）休学期满不办理复学手续者；

（二）休学期满复学复查不合格者；

（三）硕士生一学期有两门学位课程考试不及格，或一门学位课程考试不及格经补考后仍不及格者；博士生有一门学位课程考试不及格者；

（四）培养单位经过考核认为不宜继续培养者或学位论文工作中，明显表现出科研能力差者；

（五）经过指定医院确诊，患有精神病、癫痫病以及患有其它疾病不能再继续学习者；

（六）意外伤残不能坚持学习者；

（七）本人申请退学，经说服教育无效者。

第二十三条　研究生退学由培养单位发给退学证明。学习满一年及以上、完成培养计划要求且成绩合格者，发给肄业证书；学习不满一年者，发给学习证明。未经批准擅自离校的，作自动退学处理，不发给肄业证书和学习证明。

第二十四条　研究生退学后的善后问题按下列办法处理：

（一）入学前为在职人员的，退回到原单位。

（二）入学前为应届毕业生，因学业成绩不及格退学的，由培养单位负责，原则上在其来源省（入本科学习前的户口所在地，后同）安排、推荐就业，报培养单位所在省的毕业生调配部门审批，办理派遣手续；

研究生退学后就业按入学前的学历安排、推荐。在培养单位规定时间之内没有接收单位的，退回其来源省。

（三）其他研究生，退回其生源所在地。

第七章 奖励与处分

第二十五条 培养单位要定期对研究生进行德、智、体全面考核，对于品学兼优的研究生应予以奖励和表扬。奖励和表扬采取精神鼓励和物质奖励结合，以精神鼓励为主的原则。奖励与表扬的形式有：通报表扬，发给奖状、证书、奖章、奖品、奖学金，授予荣誉称号等。

第二十六条 对犯有错误的研究生，培养单位可视其情节轻重给以批评或纪律处分。处分分六种：（1）警告；（2）严重警告；（3）记过；（4）留校察看；（5）勒令退学；（6）开除学籍。

留校察看以一学年为期。受留校察看处分的研究生，在察看期满时确已改正错误，可按期解除察看；在留校察看期间有显著进步表现的，可提前解除察看；经教育不改的，可勒令退学或开除学籍。

第二十七条 研究生有下列情形之一者，培养单位可酌情给予勒令退学或开除学籍的处分：

（一）有反对宪法确定的基本原则的行为者，组织和煽动闹事、扰乱社会秩序，侮辱和诽谤他人而坚持不改者；

（二）触犯国家刑律，构成刑事犯罪者；

（三）破坏公共财产，偷窃他人财物，造成严重损失和危害者；

（四）酗酒、赌博、打架斗殴，情节严重者，品行恶劣，道德败坏者；

（五）考试作弊或剽窃他人研究成果，影响恶劣者；

（六）经查实属靠徇私舞弊考取研究生者；

（七）违反培养单位其它纪律，情节严重者。

第二十八条 对犯错误的研究生，要严格要求，热情帮助。处理时要持慎重态度，坚持调查研究，实事求是。处分要适当。允许本人申辩。

当事人对处分决定不服的，应在15日内向培养单位研究生申诉处理委员会提出申诉，研究生申诉处理委员会应组织有关人员进行复查，在接到申诉请求后的15日内作出申诉处理决定。

研究生申诉处理委员会的组成，由培养单位确定。

第二十九条 对研究生作出勒令退学、开除学籍的处分，由培养单位审批，报上级主管部门及其所在省（自治区、直辖市）高教部门和国家教委备案。其中有特殊情况，须报省（自治区、直辖市）高教部门审批。

第三十条 研究生被勒令退学、开除学籍后回其生源所在地。对勒令退学者发给学习证明，开除学籍者不发给学习证明。

第三十一条 研究生的鉴定、奖励、处分等材料要归入本人档案，不得撤销。

第三十二条 被取消学籍、退学、勒令退学、开除学籍者，不得申请复学。

第八章 毕业与就业

第三十三条 研究生按培养计划的规定，完成课程学习和必修环节，成绩合格，完成毕业（学位）论文并通过答辩，德体合格，准予毕业并发给毕业证书。

第三十四条 研究生提前达到毕业要求的，经培养单位考核批准，可以提前毕业，按国家有关规定就业。

第三十五条 研究生在校学习年限，硕士生一般为二至三年；博士生一般为三年。研究生应在规定的年限内完成学习任务，一般不能延长。因特殊原因未能完成学习任务，经培养单位批准，可适当延长学习年限。

第三十六条 研究生毕业时，培养单位要做好毕业鉴定。鉴定内容包括德、智、体三方面。

第三十七条 研究生通过培养计划规定的学习，德体合格，但毕业（学位）论文未能通过者，准予结业，发给结业证书。

第三十八条 研究生毕业证书和结业证书由国家教委统一印制。肄业证书、学习证明由培养单位印制。

第三十九条 毕业研究生依据国家有关就业规定由国家安排就业或推荐就业；结业研究生由培养单位推荐就业。

第九章 附 则

第四十条 定向、委托培养研究生的学籍管理，除定向、委托合同另有规定外，按本规定执行。

第四十一条 培养单位可根据本规定制定具体实施细则。本规定由国家教育委员会负责解释。

第四十二条 本规定自发布之日起施行。

中学德育大纲

（1995 年 2 月 27 日
国家教委发布）

德育即对学生进行政治、思想、道德和心理品质教育。它对坚持学校的社会主义性质，保证人才培养的正确政治方向，促进学生全面发展，起着主导的决定性作用。学校必须以马克思列宁主义、毛泽东思想和邓小平同志建设有中国特色社会主义理论为指导，认真贯彻国家教育方针和《中国教育改革和发展纲要》，积极推进教育教学改革，切实保证德育的地位，努力做好德育工作，培养有理想、有道德、有文化、有纪律的献身有中国特色的社会主义事业的建设者和接班人。

中学德育工作应认真贯彻党在社会主义初级阶段的基本路线，遵循党关于社会主义精神文明建设的指导方针，在继承和发扬德育优良传统基础上，适应不断发展变化的新情况，赋予德育具有时代特点的新内容、新方法。要坚持实事求是的思想路线，从我国社会主义初级阶段的实际出发，从基础教育实际出发，从中学生的实际出发，遵循青少年的身心发展规律，分层次地确定德育工作的目标和内容，对中学生进行基本思想政治观点、基本道德、基础文明行为教育、良好个性心理品质和品德能力的培养。不断改进德育方法，逐步实现德育工作科学化、规范化、制度化。

《中学德育大纲》（以下简称《大纲》）规定了国家对中学德育工作和中学生品德的基本要求。它是中学德育工作的指导性文件，是各级教育部门对中学德育工作实行科学管理和督导评估的基本标准，也是社会和家庭紧密配合学校对中学生进行教育的基本依据。

一、德育目标

中学德育工作的基本任务是把全体学生培养成为热爱社会主义祖国的具有社会公德、文明行为习惯的遵纪守法的公民。在这个基础上，引导他们逐步树立科学的人生观、世界观，并不断提高社会主义思想觉悟，使他们中的优秀分子将来能够成长为共产主义者。

初中阶段德育目标：

热爱祖国，具有民族自尊心、自信心、自豪感，立志为祖国的社会主义现代化努力学习；初步树立公民的国家观念、道德观念、法制观念；具有良好的道德品质、劳动习惯和文明行为习惯；遵纪守法，懂得用法律保护自己；讲科学，不迷信；具有自尊自爱、诚实正直、积极进取、不怕困难等心理品质和一定的分辨是非、抵制不良影响的能力。

高中阶段德育目标：

热爱祖国，具有报效祖国的精神，拥护党在社会主义初级阶段的基本路线；初步树立为建设有中国特色的社会主义现代化事业奋斗的理想志向和正确的人生观，具有公民的社会责任感；自觉遵守社会公德和宪法、法律；养成良好的劳动习惯、健康文明的生活方式和科学的思想方法，具有自尊自爱、自立自强、开拓进取、坚毅勇敢等心理品质和一定的道德评价能力、自我教育能力。

二、德育内容

（一）初中阶段德育内容要点

1．爱国主义教育

热爱祖国的版图河山、语言文字、悠久历史、灿烂文化和著名民族英雄、爱国志士、革命先驱、文化名人的教育；

中国近代、现代历史和社会主义新中国伟大成就的教育；

初步的国家观念——尊重国家标志，维护国家尊严、荣誉的教育；完成祖国统一大业的教育；

尊重兄弟民族，加强民族团结的教育；

国防和国家安全及热爱和平，同各国人民友好交往的教育。

2．集体主义教育

尊重、关心他人，集体成员之间团结友爱的教育；

爱班级、爱学校、为集体服务、维护集体荣誉的教育；

正确处理自我与他人、个人与集体、自由与纪律关系的教育。

3．社会主义教育

初步的社会主义现代化建设常识和社会主义初级阶段党的基本路线的教育；

初步的社会发展规律教育。

4．理想教育

学习目的教育；

初步的职业理想教育；

社会主义共同理想教育。

5．道德教育

中华民族优良道德传统的教育；

社会公德教育和分辨是非能力的培养；

初步职业道德、环境道德教育；

《中学生日常行业规范》的教育与训练。

6．劳动教育

劳动创造世界的观点教育；

热爱劳动，尊重劳动人民的教育；

勤劳俭朴，珍惜劳动成果的教育；

以校内生产劳动和社会公益劳动为主的劳动实践和劳动习惯的培养。

7．社会主义民主和遵纪守法教育

我国公民基本权利与义务的教育；

宪法及有关法律常识和法规的教育；

知法守法，运用法律武器自我保护的教育；

遵守学校纪律和规章制度的教育。

8. 良好的个性心理品质教育

自尊自爱、诚实正直、积极进取的教育；

青春期心理卫生、性道德和男女同学正常交往、真诚友爱的教育；

健康的生活情趣和发展个性特长的教育；

坚强的意志品格和自我约束能力的培养训练。

（二）高中阶段德育内容要点

1. 爱国主义教育

中国人民斗争史、革命史、创业史和继承发扬爱国主义光荣传统的教育；

社会主义现代化建设发展前景和报效祖国的教育；

进一步的国家观念——国家利益高于一切，个人利益服从国家利益的教育；完成祖国统一大业的教育；

加强民族团结，反对民族分裂的教育；

正确认识中华民族优秀思想文化传统，汲取世界先进文明成果的教育；

维护国家主权，反对霸权主义，发展国际友好合作关系的教育。

2. 集体主义教育

尊重、关心、理解他人，集体成员之间团结协作的教育；

关心社会，为家乡、社区的公益事业贡献力量的教育；

正确处理个人利益与集体利益、国家利益关系的教育；

以集体主义为导向的人生价值观教育。

3. 马克思主义常识和社会主义教育

以建设有中国特色的社会主义理论为中心内容的经济常识、政治常识教育；

初步的辩证唯物主义和历史唯物主义常识教育和科学思想方法的教育。

4. 理想教育

勤奋学习、立志成材，树立社会责任感的教育；

职业理想教育和升学就业指导；

正确的人生理想教育；

献身有中国特色的社会主义理想信念教育。

5. 道德教育

中华民族优良道德传统教育；

自觉遵守社会公德的教育和道德评价能力的培养；

进一步的职业道德教育和环境道德教育；

《中学生日常行为规范》和现代交往礼仪的教育与训练。

6. 劳动和社会实践教育

勤俭建国、勤俭办一切事业的教育；

勤劳致富、用诚实劳动争取美好生活的教育；

质量、效益、服务观念的培养教育；

以参加社会公益劳动，学工、学农、军训为主的劳动及社会实践锻炼和艰苦奋斗精神的培养教育。

7. 社会主义民主观念和遵纪守法的教育

我国社会主义民主政治制度和公民权利与义务的教育；

遵守宪法，尊重人权，维护社会稳定的教育；

知法守法，抵制违法乱纪行为的教育；

自觉遵守学校纪律和规章制度的教育。

8. 良好个性心理品质的教育

自尊自爱、自强自立、开拓进取的教育；

健康生活情趣和健全人格的培养教育；

青春期心理健康、友谊、恋爱、家庭观的教育和行为指导；

坚强意志品格和承受挫折能力的培养训练。

初、高中除以上各系列内容的教育外，还要随着经济、政治形势发展进行形势任务和时事政策的教育。

三、实施途径

学校必须充分发挥主导作用，并与家庭、社会密切配合。课内外、校内外各实施途径均应以本大纲为指导，发挥各自的功能，互相配合，形成合力，共同完成德育任务。

（一）思想政治课教学和时事课

思想政治课是向学生较系统地进行思想品德教育、马克思列宁主义毛泽东思想基本常识及有中国特色社会主义理论观点教育的一门课程，在诸途径中居特殊重要地位，对帮助学生树立正确的政治方向、正确的人生观和思想方法，培养良好品德起着导向作用。

思想政治课应不断改进和完善教学内容体系，教学方法应适应学生的年龄和心理特点，紧密联系学生思想和社会实际，避免空洞说教。考试方法要注重考察学生对所学知识的理解程度和实际接受情况。

时事课是国情教育的一条重要途径。时间要保证，内容要落实。

（二）其他各学科教学

各学科教学是教师在向学生传授知识的同时进行德育的最经常的途径，对提高学生的政治思想道德素质具有重要的作用。各科教师要教书育人，为人师表，认真落实本学科的德育任务要求，结合各学科特点，寓德育于各科教学内容和教学过程之中。各学科的教材、教学大纲和教学评估标准，要坚持正确的思想导向；教学主管部门和教研人员要深入教学领域，指导教学工作同德育有机结合。

各科教师及全体职工都应在政治、思想、道德方面做学生的表率。

（三）班主任工作

班级是学校进行德育、实施本大纲的基层单位。班主任工作是培养良好思想品德和指导学生健康成长的重要途径。班主任是本大纲的直接实施者，应根据本大纲的内容要求，结合本班学生的实际情况，有计划地开展教育活动；组织和建设好班级集体，做好个别教育工作，加强班级管理，形成良好的班风。要注意发挥学生的主观能动性，培养他们的自我教育和自我管理的能力。要协调本班、本年级各科教师的教育工作，密切联系家长，积极争取家长与社会力量的支持配合。

（四）共青团、少先队、学生会工作

团、队、学生会是学生自我教育的重要组织形式，是学校德育工作中一支最有生气的力量。团、队、学生会应根据各自任务和工作特点，充分发挥组织作用，通过健康有益、生动活泼的活动，把广大青少年吸引到自己周围，落实本大纲的各项任务。引导学生树立远大的理想和良好的道德风尚，继承革命传统，学会自我教育、自我管理。要通过举办业余团校、党校、马克思主义理论小组活动，培养提高学生中的优秀分子。

（五）劳动与社会实践

教育与生产劳动相结合是坚持社会主义教育方向的一项基本措施。学校要把生产劳动和社会实践活动作为必修课列入教学计划，根据不同的年龄层次，指导学生学会自我服务性劳动和必要的家务劳动，组织学生参加一定的生产劳动和公益劳动，在劳动中切实培养学生热爱劳动、热爱劳动人民、珍惜劳动成果的思想感情、行为习惯和艰苦奋斗的作风；要积极组织学生参观、访问、远足、进行社会调查、参加社会服务和军训等实践活动，使学生开阔眼界，认识国情，了解社会，增长才干，把理论和实践结合起来，增强辨别是非的能力。

（六）活动课程与课外活动

各种科技、文娱、体育及班团队活动是促进学生身心健康发展，培养良好道德情操的重要途径。学校和班级应保证列入课程计划的各类活动的时间，并通过多种形式指导学生开展丰富多彩的科技、文娱、体育活动（包括课外兴趣小组和各种社团活动），发展学生的个性特长，培养学生的良好道德情操、意志品质和生活情趣，提高他们的审美能力。

（七）校外教育

校外教育是对学生进行政治思想道德教育，培养健康文明生活方式的一个重要阵地。学校要主动与少年宫（家）、少年儿童活动中心、儿童图书馆、文化馆、博物馆、纪念馆、科技馆等校外的文化教育单位建立联系，充分利用这些专门场所和社会文化教育设施，并积极开拓和建设校外教育的场点、营地，有计划地组织学生参加各种活动，在活动中进行教育。

（八）心理咨询和职业指导

心理咨询是培养学生健康心理品质的有效途径；职业指导是发展学生个性、进行理想教育的有效途径。中学生处于青春发育期，又面临对未来职业的选择。要通过谈心、咨询、讲座、热线电话等多种形式对不同层次学生进行心理健康教育和职业指导，帮助学生正确处理好学习、生活、择业、人际关系等方面遇到的心理矛盾和问题，提高他们的心理素质，培养承受挫折、适应环境的能力。

（九）校园环境建设

整洁、优美、富有教育意义的校园环境是形成整体性教育氛围的不可缺少的条件。学校要积极进行校园环境建设，加强校园环境管理，使学生受到良好的熏陶和影响。要充分发挥校歌、校训和校风对学生的激励和约束作用；利用黑板报、壁报、橱窗、广播、影视、图书馆（室）、劳动室、荣誉室、少先队室等多种形式专用场所，创造良好的教育环境。

（十）家庭

家庭对学生行为习惯的培养、品德的形成、个性的发展有着重要的影响。家庭教育主要通过亲子之情的感化激励，家庭生活的渗透熏陶及家长的言传身教而起作用，家长应努力为子女的健康成长提供良好的家庭环境。学校要通过家访、家长会、家长接待日、举办家长学校、开展家庭教育咨询、建立家长委员会等多种方式，密切与家长的联系，指导家庭教育，使家长了解并配合学校贯彻实施好本大纲，改进家庭教育的方法。

（十一）社会

根据国家有关法律和中央有关文件的规定，各级政府和社会各部门均应履行关心、促进和保护青少年健康成长的义务。各级教育行政部门要主动协助政府并会同有关部门，积极开发利用社会的德育资源；开辟青少年教育的社会教育舆论阵地；加强社会文化市场及娱乐场所的管理；提供青少年需要的丰富多彩、健康有益的精神食粮；做好执行《未成年人保护法》的协调工作，打击腐蚀毒害青少年的犯罪行为；充分发挥各级领导干部、革命前辈、各行各业先进模范人物、优秀科学家、作家、艺术家、企业家的榜样教育作用；组织好青少年教育的社会志愿者队伍,为青少年健康成长创造良好的舆论环境、文化环境、治安环境和社区环境。

教育行政部门和学校应采取有效措施，充分依靠关心下一代协会、社区教育委员会和街道委员会、村民委员会以及各种社会团体，并同所在地的机关、部队、工厂、商店等单位建立固定联系，发动、协调社会力量支持和参与德育工作，逐步建立学校与社会相互协作的社会教育网络，共同营造关心下一代健康成长的良好社会教育环境。

四、学生品德评定

对中学生品德进行评定是中学德育工作的重要组成部分，通过评定，鼓励学生发扬优点，克服缺点，促使学生不断地自我完善，并检查德育工作的情况，促进德育工作水平的提高。品德评定的基本方法是写操行评语和评定操行等级。

（一）评定的内容和标准

学生品德评定内容与标准以本大纲规定的教育目标、内容和《中学生守则》、《中学生日常行为规范》为依据。各地可根据本地区实际情况，对不同年级学生在思想政治觉悟、道德品质、行为表现等方面提出具体的要求，制定具体标准。

根据初、高中学生在以上内容诸方面的表现，评定中学生的操行等级，可分别评为优秀、良好、及格、不及格四等。

（二）评定的原则和方法

1. 坚持实事求是的原则。要根据评定内容的基本要求，从学生实际出发，用全面、发展的观点看待学生，实事求是地分析学生的优缺点，防止片面性。

2. 实行民主评定的方法。既要充分发挥班主任和各科教师在考核评价中的作用，又要尊重学生自评、小组互评，对学生的意见既要尊重又要引导，防止压制民主或放任自流。

3. 操行评语由班主任负责，在学生个人总结和小组评议的基础上写出。每一学期末，班主任对学生个人小结、小组评议签署意见，学年末写出评语。在评语中要指出优点、缺点、努力方向，以表扬为主。对犯有错误受到学校记过以上处分尚未撤消的，其主要错误和处分均应如实写在评语中。对受到校级或校级以上部门表彰奖励的，其事迹和表彰情况也应写在评语中。

操行等级由班主任在征求学生和任课教师意见基础上评定。学期末初评，学年末总评。评定方法要力求科学合理，简便易行。

（三）评定的领导与管理

1. 学校要有一名副校长分管学生品德评定工作，学生操行评为不及格者需经分管德育工作的校长或教导主任审定。

2. 评定结果（包括操行评语和操行等级）应通知家长，并记入学生学籍档案。对不及格者学校应与其家长面谈，商讨教育方法。保送生必须连续三年操行评为优等。品德测评结果应成为学生升学、就业的重要考察依据。学生品德行为有优异表现并受到区（县）以上教育行政部门表彰者，在升入高一级学校或就业时应予以优先录取、录用。

五、实施与管理

实施本大纲的关键在于加强各级教育行政部门和学校对德育工作的领导，提高德育工作的科学管理水平。

（一）各级教育行政部门的任务

1. 建立强有力的德育指导、操行、督导系统，形成有目标、计划，有措施保证，有检查、评估，职责明确、畅通运转的科学管理制度。

2. 加强德育工作队伍的建设。要建立健全培训制度，有计划地培训学校的校长、教导（政教）主任、班主任、年级组长和各科教师，以建设有中国特色的社会主义理论为指导，组织他们学习教育科学理论和做好德育工作所必需的知识，使他们掌握本大纲的内容和要求，不断提高自身工作能力，增强做好德育工作的自觉性。要解决好专职从事德育工作的人员的职务评定与聘任问题。培养一批在德育工作方面有专长和造诣的优秀校长、班主任、德育特级教师。

3. 加强德育的科学研究。要把德育的研究项目列入科研规划，注重学生政治思想品德现状和发展趋势的调查，开展德育的科学实验，为实施本大纲提供理论指导和业务咨询。

4. 协助当地政府做好青少年教育的组织协调工作，发动全社会关心、支持和参与学校德育工作。在各级党委和政府领导下，动员工、青、妇、民主党派、社会团体和宣传、影视、广播、文化、新闻、出版、司法、公安、经济、工商等有关部门共同配合贯彻实施本大纲。

5. 教育行政部门和学校要合理确定德育方面的经费投入项目，列入预算切实保证。要积极创造条件为实施本大纲提供生产劳动和社会实践基地、校外活动场所和电化教育等必要的教育手段；组织力量编写、制作实施本大纲配套的教育资料与音像教材、读物。

6. 定期对实施本大纲的情况进行督导、检查评估，以确保本大纲的贯彻落实。学校实施本大纲的情况应作为考核校长工作的重要依据。根据检查评估的情况，不断提出改进的措施。

7. 既要坚持统一要求又要因地制宜。各地教育行政部门应从实际出发，针对本地区和不同类型学校需要，对不同年级德育目标要求与教育内容的深浅程度和侧重点做出具体安排，制定切合本地区情况并具有可操作性的实施细则。

（二）学校的任务

1. 中学实行校长负责的德育工作领导体制。党支部要发挥政治核心和监督保证作用，支持和协助校长做好德育工作。

2. 校长要加强对教导（政教）处或德育工作指导小组的领导，通过他们具体组织、指导本大纲的实施。教导（政教）处或德育工作指导小组的任务是：调查分析学生的政治思想品德状况；制定贯彻实施本大纲的年度、学期计划和每月的工作安排；确定各年级组、教研组、团、队、学生会及各职能部门为完成工作计划应承担的具体任务及分工；组织协调好校内外各德育途径之间的相互配合；建设好校内外的德育基地，总结交流经验；保证学校德育工作的顺利进行。

3. 学校要加强对年级组和班主任工作的指导和管理。年级组应定期组织教师分析研究本年级学生的政治思想品德状况；制定实施本大纲的分年级要求；沟通信息，交流经验，开展年级性的教育活动，组织本年级教师共同完成本大纲的任务。学校领导要认真执行《中学班主任工作暂行规定》，指导班主任制定实施本大纲的班级工作计划；落实学校和年级提出的各项任务要求；并负责做好学生政治思想品德评定的工作。

4. 学校领导应十分重视思想政治课在

形成学生的理论观点、政治态度、道德观念等方面的导向作用，帮助思想政治课教师正确认识国内外形势，提高理论素养，为他们提供进行社会考察和学习进修的机会，指导他们遵循理论联系实际的原则，改革教学方法，提高教学质量。

5. 学校要建立和完善教育常规制度。每周一次升旗仪式；晨会，校会，班、团、队会；重大节日、纪念日教育活动，开学、毕业典礼，表彰三好学生、优秀生；郊游（远足），参观德育基地，参加社会服务等，均应形成制度，认真坚持。对各年级学生必读的书籍，必看的影视片，必须学会的歌曲，必须参观的本地区的德育基地、人文、自然景观等也要做出规定，积极创造条件，付诸实施。

6. 学校领导应建立、健全贯彻实施本大纲的岗位责任制。每个部门都应有德育的功能，每个教职工都应当是德育工作者。学校应对各个职能部门和教师、职工分别提出教书育人、管理育人、服务育人的明确具体要求，并列入考评教师的指标体系，作为评价考核教职工工作成绩的重要依据。要把贯彻实施本大纲与贯彻落实《中小学教师职业道德规范》紧密结合起来。

7. 学校领导在贯彻实施本大纲中，既要发挥教师的主导作用，又要发挥学生的主动性、积极性。特别要重视发挥共青团、少先队、学生会等学生组织的作用，引导学生自己管理自己，教育自己。学校应创造条件使学生对学校领导和教职工的管理工作进行评价，提出建议。

国务院办公厅转发国家教委等部门关于加快解决教职工住房问题意见的通知

（1995年3月10日）

国家教委、建设部、国家计委、财政部、国家土地局及全国教育工会《关于加快解决教职工住房问题的意见》已经国务院同意，现转发给你们，请认真贯彻执行。

关于加快解决教职工住房问题的意见

国务院：

近几年来，特别是《国务院办公厅转发国家教委等部门关于"八五"期间解决城市中小学教职工住房问题意见的通知》(国办发［1992］52号）下发以后，各地人民政府普遍关心、重视解决城镇学校教职工（以下简称教职工）住房问题，许多地方、部门和单位因地制宜，采取措施，增加投入，加快了教职工住房建设，使教职工住房困难问题得到一定程度的缓解。但由于种种原因，目前教职工尤其是大中城市的教师住房困难问题仍然十分突出，已严重影响教师队伍的稳定和教育质量的提高，成为我国教育发展面临的重大实际问题之一，应认真解决。根据《中华人民共和国教师法》和《中共中央、国务院关于印发〈中国教育改革和发展纲要〉的通知》（中发［1993］3号)、《国务院关于〈中国教育改革和发展纲要〉的实施意见》（国发［1994］39号)、《国务院关于深化城镇住房制度改革的决定》(国发［1994］43号）的精神，现就加快解决教职工住房问题提出如下意见：

一、提高认识，加强领导，增强解决教职工住房问题的责任感和紧迫感

振兴民族的希望在教育，振兴教育的希望在教师。解决好教职工特别是教师的住房问题，是稳定教师队伍的一项重要措施，是关系提高教育质量、促进教育事业健康发展的大问题，也是落实教育优先发展战略地位的具体体现。各地区、各部门要提高认识，增强责任感和紧迫感，继续高度重视解决教职工住房问题，列入重要议事日程，并采取有效措施，集中人力、财力、物力，认真解决。各地人民政府的主要领导同志要亲自负责，领导好本地区教职工住房建设工作，要实行目标管理，建立明确的责任制。国务院有关部门对教职工住房建设工作应加强督促指导，及时总结交流经验，切实帮助解决有关实际问题。各部门、各单位都应在各自的职责范围内，为解决教师住房问题提供支持和方便，使有关优先优惠政策落到实处。

二、确定目标，明确政策，加快教职工住房建设步伐

加快解决教职工住房的目标是：1997年底以前，要基本解决教职工中现有的无房户和人均居住面积4平方米以下困难户的住房问题，并使教师家庭人均居住面积和住房成套率达到或超过当地居民住房的平均水平；到2000年，教师住房要达到或超过全国城镇居民人均居住面积8平方米和成套率70%的水平，使教职工居住条件有明显的改善。经济发达地区应提前实现以上目标，贫困地区可适当推迟。各地区、各部门要结合本地区、本部门教职工住房情况的实际，在调查摸底的基础上，根据上述目标，认真研究修订到2000年的教职工住房建设规划和分年度建设计划。

（一）各地人民政府要将教职工住房建设纳入城镇住宅建设总体规划，按照尊重历史和现状、有利于教学、交通比较方便、远近期相结合的原则，统筹规划，分步实施。

（二）教职工住房建设所需土地，应充分利用学校现有的非教学用地，不得占用学校教学（包括体育运动）用地。确需新增用地，可依照有关规定提出申请，符合行政划拨方式供应的，由地方人民政府按有关规定以行政划拨方式供应。

（三）教师住房的建设，可比照《国务院办公厅关于转发国务院住房制度改革领导小组国家安居工程实施方案的通知》（国办发[1995]6号）的要求，由地方人民政府减免市政基础建设配套等费用。

（四）在住宅小区配套建设学校的同时，要配套建设相应的教师住房，以住房成本价（租金）出售（出租）给有关学校教师中的住房困难户。

（五）国家安居工程住房，在同等条件下，可以成本价优先出售给教师和离退休教职工中的住房困难户。

各单位出售或出租住房时，在同等条件下，可优先出售或出租给配偶是教师的职工。

教职工从城镇直管公有住房迁出后的空房，仍交教育部门安排给教职工中的住房困难户。

中小学校园内的住房不得出售。

（六）对教职工住房要有严格的管理制度。离开教育岗位的教职工，不得继续居住教职工住房，不再继续享受教师住房优惠待遇。

（七）各省（区、市）人民政府可根据上述原则和有关规定，制定相应的优先优惠政策。

三、深化改革，拓宽渠道，逐步增加教职工住房建设的投入

要深化住房制度改革，多渠道筹措教职工住房建设所需资金，逐步建立起国家、学校、教职工个人共同负担住房建设资金的机制。

（一）根据当地住房制度改革实施方案，城镇学校及其教职工，要按照"个人存储、单位资助、统一管理、专项使用"的原则，交纳住房公积金，建立住房公积金制度。

城镇学校按规定建立的单位住房基金，必须专项用于教职工住房建设和住房制度改革。

校办产业收入，可部分用于教职工住房建设。

（二）中央补助教职工住房基本建设专款，重点用于补助大中城市教师住房建设；高等院校基建投资的安排继续向教师住房建设倾斜。

（三）各地人民政府要设立或增加教职工住房建设专款；在安排年度基本建设投资计划和财政预算支出时，对教职工住房建设要优先安排；在安排国有住房出售收入的使用时，应向教师住房建设倾斜。

（四）鼓励房地产企业开发建设教师住房，住房以成本价向教师出售的，可享受相应的优惠政策。

（五）提倡企业和社会捐资，支持教师住房建设。可按有关规定通过自建公助、公建民助、集资合作、有偿分配等方式筹集教职工住房建设资金。不得乱摊派、乱集资，不得向学生及其家长变相集资或摊派。

（六）各省（区、市）人民政府可根据上述原则和有关规定，制定相应的教职工住房建设资金筹集办法。

各地区、各部门要继续认真贯彻国办发[1992]52号文件精神，并根据以上意见，结合本地区、本部门的具体情况，认真研究制定加快解决教职工住房问题的切实可行措施，抓紧组织实施。

建议请各级监察、审计等部门加强对有关方面执行以上意见情况的监督、审计和检查，避免和制止不正之风。

以上意见如无不妥，建议转发各地区、各部门贯彻执行。

国家教育委员会
建设部
国家计划委员会
财政部
国家土地管理局
全国教育工会
1994年12月22日

国家教委关于当前企业办中小学工作的几点意见
（1995年3月17日）

为贯彻落实《国务院关于〈中国教育改革和发展纲要〉的实施意见》和全国教育工作会议关于"企业举办的中小学应继续办好，有条件的地方在政府统筹下也可以逐步交给社会来办"的精神，指导当前企业办中小学工作，现提出如下意见。

一、企业在转换经营机制和建立现代企业制度的过程中应继续办好所办的中小学

坚持以政府办学为主，同时鼓励厂矿企业、事业单位和其他社会力量办学，是我国长期以来发展各类教育事业所采取的方针。《中华人民共和国宪法》、《中华人民共和国义务教育法》和《中国教育改革和发展纲要》对此都有明确的规定。企业举办的中小学经过40多年的发展，已形成相当大的规模，成为我国基础教育事业重要的组成部分，对发展我国教育事业，提高企业后备劳动者的素质，稳定企业职工队伍，促进企业的“两个文明”建设作出了重要的贡献。

当前，我国面临着建立社会主义市场经济体制的新形势。国有企业在转换经营机制、建立现代企业制度的过程中，应体现党的十四届三中全会关于“社会主义市场经济体制的建立和现代化的实现，最终取决于国民素质的提高和人才的培养”的精神，把建立现代企业教育制度作为重要内容，认真做好企业人才培养和培训工作。

企业在转换经营机制和建立现代企业制度的过程中要继续办好所办的中小学。要加强和改善对所办中小学的领导和管理，把所办中小学列入本企业的发展规划，并作为企业领导任期目标责任制的一项重要内容。企业要努力增加对所办中小学经费的投入，生均教育费用和生均公用经费要达到当地同类学校的标准，办学条件要达到国家规定的标准。要认真贯彻《中华人民共和国教师法》，保护教师的合法权益，稳定师资队伍。企业中小学教师的工资应不低于或高于当地公务员工资的平均水平。教师的住房和医疗待遇，应与企业干部和科技人员同等对待。对未到规定退休年龄的教师，不得强迫其提前退休。企业要扩大学校的办学自主权，实行校长负责制。要督促所办中小学全面贯彻国家的教育方针，认真执行国家统一规定的教学大纲、教学计划，深化教育教学改革，改进学校内部管理，努力提高教师的政治思想和业务素质，不断提高教育质量和办学效益。

二、各地政府、企业主管部门和教育行政部门要鼓励企业继续办好所办的中小学

各地政府、企业主管部门要从本地区、本部门的实际出发，制订鼓励企业办好所办中小学的政策。有条件的地方和部门可以对企业中小学给予财政补助。要认真做好城市教育费附加的返还工作，返还的城市教育费附加用于企业中小学。各地政府出台新的征收用于基础教育的地方教育费附加，可根据企业办中小学的具体情况，给予优惠政策。企业主管部门要支持、指导和监督所属企业办好中小学。

各地教育行政部门要加强对企业中小学的指导和管理，把企业中小学列入当地教育发展和普及九年义务教育的整体规划。要加强企业中小学校长和师资的培训工作，提高企业中小学教师队伍的素质。要将企业中小学的招生和收费、师资分配、教学交流、考核评估、督导检查等工作列入各级教育行政部门的工作计划，并与地方中小学一视同仁。要认真检查现有的规章制度和实际做法，对不符合本意见精神的规定和做法，要予以纠正。各地教育行政部门要加强同企业主管部门的联系，共同研究新形势下企业办中小学的新情况、新问题，深入企业中小学进行调查研究，帮助解决实际困难。

三、努力探索在建立现代企业制度条件下企业举办中小学的新思路、新办法

从我国国情出发，探索在新形势下企业

举办中小学的新思路、新办法，推动基础教育事业的发展，不仅是建立现代企业制度和深化教育体制改革的需要，也是社会稳定的需要。对此，各地政府、企业主管部门和教育行政部门要高度重视，积极进行试点，总结经验，逐步推广。

根据不同地区、不同类型企业的实际情况，企业可以探索不同的办学模式：(1) 企业中小学可以单独办，有条件的企业可以建立相对独立的社区服务机构，对学校进行统一管理。(2) 企业中小学可以联合办，采取企业与企业联合办学，或企业与事业单位和其他社会团体联合办学的形式。(3) 企业中小学可以实行企办公助，企业承担主要的办学责任，当地政府提供适当的资助，实行共建共办。(4) 企业中小学可以委托当地教育行政部门办学，企业承担办学经费，由当地教育行政部门进行统筹管理。企业要在实践中积极探索适合企业特点的办学模式。

探索企业办中小学的新思路、新办法，不能影响企业中小学的健康发展。未经县（市、区）一级人民政府批准，企业中小学不得停办或停止招生。国有企业投资形成的企业中小学，是国家教育资源不可分割的重要组成部分，企业中小学的土地、房屋、教育教学及办公设施，企业不得随意转移、挪用、变卖等。对于任意侵占校产的行为，要依法追究有关负责人的责任。各地政府、教育行政部门和企业主管部门要加强监督和管理。

对各地实行破产的企业和严重亏损的企业所办的中小学，原则上应由当地政府统筹安排逐步移交给社会继续办学。

四、在具备条件的现代企业制度试点企业进行所办中小学移交社会办学的试点

经国务院批准，全国确定了100家企业作为现代企业制度试点企业。对具备条件的试点企业可以进行所办中小学移交社会办学的试点。试点企业所办中小学，是否具备条件移交给社会来办，必须由企业和企业主管部门、地方政府及教育行政部门共同研究商定。

企业中小学移交社会办学的试点，应当遵循有利于建立现代企业制度，有利于基础教育的发展，有利于社会稳定的原则。移交工作必须在当地政府的统筹领导下进行。企业不愿把所办中小学移交给社会办的，当地政府和企业主管部门不得强制实行移交。

经当地政府批准同意移交给社会办的试点企业中小学，应由试点企业、企业主管部门和教育行政部门共同确定移交方案。学校资产原则上应整体无偿划拨给当地政府，由当地政府按国有资产管理的有关规定处理；办学经费要予以妥善落实；教职员工按规定的编制标准划转。企业移交所办中小学后，教育行政部门要保证企业职工子女入学和就学与当地居民子女一视同仁。

企业所办中小学移交给社会办学，是一项涉及面广、政策性强的工作，目前只能在进行现代企业制度试点的企业中，由政府选择有条件的企业进行试点，试点面不宜扩大。

中华人民共和国国家教育委员会关于开办外籍人员子女学校的暂行管理办法

（1995年4月5日）

第一条 为给外籍人员子女在中国境内接受教育提供方便，完善对外籍人员子女学校的管理，促进我国的对外开放，制定本办法。

第二条 在中国境内合法设立的外国机构、外资企业、国际组织的驻华机构和合法居留的外国人，可以依照本办法申请开办外籍人员子女学校（以下简称“学校”）。

第三条 学校以实施中等（含普通中学）及其以下学校教育为限。

第四条 申请开办学校，需具备以下基本条件：

（一）有相应规模的生源和办学需求；

（二）有适应教育教学需要的师资；

（三）有必要的场地、设施及其它办学条件；

（四）有必备的办学资金和稳定的经费来源。

第五条 申请开办学校，需提交下列材料：

（一）开办学校的申请书（包括办学宗旨、招生规划、招生区域、办学规模等）；

（二）学校章程；

（三）申请人证明文件；

（四）学校校长、董事会成员名单及其资格证明文件；

（五）拟建学校的设施、资金、校舍、场地、经费来源及有关证明文件；

（六）师资来源。

第六条 开办学校，由申请人向拟办学校所在地的省、自治区、直辖市教育行政部门提出申请，经审核同意后，报国务院教育行政部门审批。

第七条 经批准设立的学校，从批准之日起，具有法人资格，独立承担民事责任。

学校不得设立分校。

第八条 学校招生对象为在中国境内持有居留证件的外籍人员子女。学校不得招收境内中国公民的子女入学。

第九条 学校的课程设置、教材和教学计划，由学校自行确定。

第十条 办学经费由申请人自筹解决。

学校不得在中国境内从事工商业活动及其它营利活动。

第十一条 中华人民共和国政府鼓励并支持学校开设汉语和中国文化课程，以增进和加深学生对中国文化的了解。

第十二条 学校聘用外籍人员，依照《中华人民共和国外国人入境出境管理法》及外国人在华工作有关规定办理。

学校聘用驻华使领馆人员及其配偶，需经外交部批准。

学校聘用中国公民，须向省级教育行政部门提出申请，经核准后，方可聘用。

第十三条 学校进口教学设备和办公用品，按国家有关规定办理。

第十四条 学校及其工作人员和学生应遵守中国的法律和法规，尊重中国人民的风俗习惯，不得从事危害中华人民共和国国家安全和社会公共利益的活动。

第十五条 学校建设用地依照国家土地管理法规办理。学校校舍、场地不得用于进行与其职能不相符合的活动。

第十六条 学校每年应将教职员及学生名册、教材等送当地教育行政部门备案，并接受当地教育行政部门依法进行的监督和检查。

学校校长、董事会成员如有变更，应向省级教育行政部门备案。

第十七条 违反本办法，有下列情形之一的，由省级教育行政部门视情节轻重，可责令学校和开办人限期整顿或者停办：

（一）未经批准，擅自设立学校的；

（二）招收境内中国公民子女的；

（三）办学资源（包括资金、生源和师资）严重不足，无法正常运行的；

（四）从事工商业活动及其它营利性活动的；

（五）从事违反中国法律、法规活动的。

第十八条 驻中国外交机构开办的外交人员子女学校的管理，不适用本办法。

第十九条 省、自治区、直辖市人民政府可根据本办法，结合本地区实际制定具体规定。

第二十条 本办法自发布之日起施行。在此以前已经设立的学校，按本办法规定，补办有关手续。

成人中等专业学校校长岗位规范（试行）

（1995年4月17日国家教委发布）

一、基本职责

1. 坚持社会主义办学方向，全面贯彻国家的教育方针，使学校成为社会主义建设人才的培养基地。

2. 全面负责学校的教学、行政及管理工作，决定学校的有关重要事宜。

3. 配合党组织做好师生员工的政治思想工作，加强教师和管理人员的业务培训工作，关心他们的生活，建立良好的育人环境。

4. 协调、督促、检查学校各部门的工作，科学地管理学校，确保教育质量和管理水平不断提高。积极探索教学、科研、生产互相促进的学校发展模式。

5. 加强对外联系与合作，争取主管部门和社会各界对学校工作的关心、支持。

6. 接受教育行政部门的指导、监督和检查。

二、基本素质

（一）政治思想及职业道德要求

1. 坚持党的基本路线，坚持坚定正确的政治方向。

2. 忠诚于人民教育事业，热爱成人教育事业。

3. 具有开拓进取及改革创新精神。

4. 忠于职守，遵纪守法，严格执行国家有关办学的规定和要求。

5. 作风民主，团结群众，自觉接受党组织和群众的监督，在师生员工中起表率作用。

（二）知识要求

1. 政治理论知识

有一定政治理论水平，懂得马列主义、毛泽东思想的基本原理和邓小平同志建设有中国特色的社会主义理论。

2. 政策法规知识

（1）掌握国家教育法规及关于成人中等专业教育的政策、法规。

（2）了解党的干部政策和知识分子政策。

（3）了解国家和本地区有关重要政策、法规。

3. 业务知识

（1）掌握成人教育的基本规律，熟悉成人中等专业教育的特点及教学、管理等方面的基本内容。

（2）了解成人教育心理学的基本知识，掌握学生思想政治工作的基本内容和对学生进行教育管理的基本原则和方法。

(3) 熟悉成人中等专业学校财务管理、劳动人事管理、设备管理、总务后勤管理、多种经营管理、信息管理、现代技术管理、安全与环境卫生管理等方面的基本内容、政策原则和管理方法。

(4) 熟悉成人中等专业学校办学水平评估、专业评估、课程评估等内容体系和基本方法。

(5) 熟悉学校骨干专业的专业知识，具有一定的专业和教学实践经验。

4. 相关知识

(1) 了解领导科学的基本知识。

(2) 了解人才成长和人才培养的基本知识。

(3) 了解现代教育媒介的基本常识和管理方法。

(4) 了解现代经济和科学技术的一般常识。

(5) 了解国家和学校所在地区社会、经济、科技、文化等方面的发展概况和人才需求。

(三) 能力要求

1. 预测决策能力

(1) 积极开展调查研究获取信息，能根据国家和办学所在地区的经济、科技及行业、企事业的改革发展和教育改革的形势，把握学校发展方向。

(2) 根据不断发展的社会需求，采取灵活多样的形式，拓宽办学渠道，发挥优势，办出特色，不断提高办学效益，开创学校工作新局面。

(3) 主持制订学校的发展规划、专业设置、工作计划及管理制度。

2. 组织管理能力

(1) 善于发挥集体领导的效能和各部门的作用，协调各职能部门的关系，有效的组织实施各项工作。

(2) 善于发挥、调动教职员工的特长，较好地解决教职工教学、工作、生活中的困难。

(3) 深入教学第一线，探索总结教学改革的新方法，不断提高教育质量。

(4) 认真听取群众意见，及时指导有关部门和人员改进工作，提高办公效率。

(5) 有较强的语言、文字表达能力，能起草和修改学校的重要文字材料。

3. 社会活动能力

(1) 善于争取学校主管部门、办学所在地区教育行政部门及其他有关部门的支持。

(2) 善于与其他院校及有关单位开展协作，加强信息交流。

(3) 具备一定的社交能力。

4. 教学和教育研究能力

(1) 熟悉教学过程，能胜任一门以上课程的教学工作。

(2) 能指导并组织成人中等专业教育科学的理论研究工作。

三、任职基本条件

1. 具有大专以上文化程度。

2. 具有从事教育工作五年以上，担任副校长或相当于副校长职务两年以上的经历。

3. 获得岗位培训合格证书。

4. 身体健康、能胜任工作需要。

关于普通中等专业教育（不含中师）改革与发展的意见

（1995年5月17日
国家教委印发）

当前，我国改革开放和现代化建设正进入一个新阶段。社会主义市场经济体制的建立，对我国职业技术教育的改革与发展提出了新的要求和挑战，注入了新的活力，提供了良好的机遇。正如《中国教育改革和发展纲要》（以下简称《纲要》）所指出的：“职业技术教育是现代教育的重要组成部分，是工业化和生产社会化、现代化的重要支柱。”因此我们要抓住当前的有利时机，改革和发展职业教育，特别是深化中等专业教育的改革，促进中专教育的积极发展，提高教育质量，积极发挥他们在同类职业教育中的骨干作用。

党的十一届三中全会以来，中等专业教育有了很大的发展。广大毕业生受到用人部门的欢迎，他们中的大多数已成为我国技术、管理干部的重要组成部分，许多人已成为在生产第一线工作的技术干部的骨干，在国民经济建设中发挥着重要作用。特别是近几年来，在各级地方政府、学校主管部门的高度重视下，通过全面开展中专教育评估，有力地促进了中专的建设与发展，增加了投入，改善了办学条件，改进了管理，提高了办学质量、效益，拓宽了服务面向，扩大了办学规模，调动了广大教职工的积极性。几年来，多方面的改革试点，为今后深化改革奠定了基础，提供了思路。但是应该看到，中等专业教育在规模、质量、规格上尚与经济建设和社会发展，与社会主义市场经济体制建立的要求不相适应。当前中等专业教育要进一步解放思想，更新观念，加快改革的步伐和力度，使其积极协调地发展。

一、深化改革、积极发展，主动适应现代化建设的需要

中等专业学校的改革与发展，要坚持社会主义办学方向，按三个“面向”的要求，全面贯彻党的教育方针；要主动适应经济建设和社会发展的需求，要主动适应科学技术进步，生产工艺、装备水平及管理方式现代化对人才素质提高的需要。要优化结构，调整布局，不断探索有中国特色的发展中等专业教育的道路。

要贯彻《纲要》与《国务院关于大力发展职业技术教育的决定》，贯彻全国教育工作会议精神，大力发展职业教育。要通过挖潜，主要走内涵发展的路子，在同类职业技术学校中发挥好骨干作用。学校总体规模要扩大，校平均规模达到1000人。现有不合格学校通过努力要达到合格标准。使学校布局更趋合理，质量、效益有较大提高。加强重点学校建设，集中力量建设好一批省部级和国家级重点学校，使之成为校均规模分别在1500、3000人以上，办学条件、办学水平、教育质量、社会效益等方面能起到骨干示范作用的综合性学校。从而带动整个中专教育的发展与提高，更好地为我国现代化建设服务。

二、改革中专管理体制，进一步扩大学校自主权

要加快中专学校管理体制改革的步伐。随着政府职能的转变，要由对学校的直接行政管理，转为运用立法、政策导向、拨款、评估督导、信息服务和必要的行政手段进行宏观调控，逐步建立起政府宏观管理，社会广泛参与，学校自主办学的新体制和运行机制。

中等专业教育实行分级管理，分工负责，条块结合，地方统筹的管理体制。地方政府对中等专业教育的改革与发展负有主要责任，教育行政部门要加强对中等专业学校的统筹管理。同时要充分发挥计划、劳动、人事部门和业务部门的管理职能，使之在人才预测、学校布局等方面，发挥好宏观协调作用，开展好业务指导、评估督导。少数行业性强的部门，可继续由中央业务部门办学，但也要拓宽服务范围，面向社会，服务地方。要积极推进部门办的中专和地方结合的试点工作。

要进一步扩大学校自主权，使学校真正成为具有法人地位的办学实体。学校实行校长负责制。学校根据有关规定，在联合办学，资金筹措，校内机构设置，中层干部任免（聘任），专业设置，经费使用，奖金分配等方面享有自主权。

三、改革办学体制，多层次多形式办学

改革中等专业学校的办学体制，分别实行：地方为主、部门（行业）为辅；部门（行业）为主、地方为辅；企业为主，政府支持等多种办学体制。在主要依靠部门（行业）、企业办学的同时，积极推动部门（行业）与地方，部门（行业）间、企业间、学校间的联合办学。学校实行多种管理模式，如成立校董会，学校管理、指导委员会等。鼓励和支持社会力量办学。

中等专业学校，要面向社会需要，提高适应能力，挖掘办学潜力，增强办学活力，实行多层次、多形式办学，发挥多功能作用，提高办学效益。在坚持以普通中等专业教育为主体，保证完成国家任务招生计划的前提下，根据需要与可能，举办其它职业教育与培训，如：开办技工班、职高班、成人中专班以及各种类型的短期培训班等。做到全日制与业余教育、学历教育与非学历教育、职前教育与职后教育相结合。要允许学校在确有需求时通过委培、联合办学等形式为系统外、省外培养人才，鼓励支持有条件的中专经过有关部门批准，培养外向型人才和接受境外学生。学校要密切与地方、企事业单位的联系，积极参与人才市场的竞争，使中等专业教育办得更好。

四、拓宽服务面向，加快招生与毕业生就业制度的改革

中等专业学校要改变过去那种与计划经济体制相适应的单纯为全民所有制单位培养人才，统包统配的制度。通过改革，拓宽服务面向，为多种所有制单位服务，为我国的现代化建设，特别是要为农村经济建设培养合格适用的中等专业人才。

中等专业学校的招生，现在实行的是国家任务计划与调节性计划相结合的体制。要逐步过渡到全面实行上学缴费制度。对品学兼优的学生设立奖学金。要保证国家重点项目建设、国防建设、边远地区及艰苦行业所需人才的培养；需要毕业生的部门、地区或单位可以出资设立定向奖学金，学生毕业后要按合同规定到定向的部门、地区或单位工作。在过渡阶段，仍可实行国家任务计划与调节性计划。国家对中等专业学校只下达分省、自治区、直辖市，分部、委的招生总数，各省、自治区、直辖市及中央有关部门可根据实际需要，确定国家任务计划和调节性计划的比例。中等专业学校招生要逐步规范化，并将理顺学制与发展高中后职业教育结合起来。

改革毕业生就业制度。要采取有力措施，拓宽人才通向农村、通向艰苦行业和边远地区的渠道。要努力扩大为农村服务不包分配班，并利用各种招生形式为农村培养合格适用的人才。改变“统包统配”包当干部的做法，根据招生计划形式，实行不同方式的就业。国家任务招生实行按需培养，供需见面，双向选择，择优录用；委托培养生按合同就业；自费生自主择业。随着我国社会主义市场经济体制的建立和劳动力市场的不断完善，逐步全面实行学生缴费上学，大多数毕业生在国家政策指导下进入人才市场、劳动力市场自主择业。同时，地方与部门要积极建立和逐步完善就业指导与咨询服务。

五、增加投入，改善条件，多渠道筹措办学经费

中等专业学校要改变单纯依靠国家财政拨款办学的状况，在坚持国家财政拨款为主渠道的同时，实行多渠道筹措办学经费。中专要大力兴办校办产业，产教结合，促进学校自我发展。

为保证中等专业学校的积极发展，在政府职能、财政体制转变的过程中，各省、自治区、直辖市、各部门要妥善解决中专办学经费的拨款渠道和确定学校隶属关系，以利中专的改革与发展。各级政府要合理确定学校的基本办学经费，并建立按适当比例逐年增长的拨款制度。同时，应将学校的基本和重点建设项目纳入各级政府的基本建设计划。各省、自治区、直辖市，有关部委应积极筹措专项经费，促进中专教育事业的发展，并通过收取学费、培养费、培训费，发展校办产业的收益和接受社会赞助等多种渠道筹措资金。要努力拓宽学校自筹经费的渠道，不断增强学校自我发展的能力。总之，要增加投入，改善办学条件，提高教师待遇，以保证教育质量的提高。

六、深化教学领域的改革，努力提高教学质量

教学工作是学校工作的中心，搞好教学领域的改革，是中专改革的核心。要以改革促质量，以质量求发展。深化中等专业学校教学领域的改革，要以经济建设、社会发展和市场需要为导向，遵循中等专业教育的规律，着重提高学生思想道德和业务素质，全面提高教育质量。

要坚持规格，按需培养，进一步贯彻教育与生产劳动相结合的方针，实行教学、技术服务、生产实践三结合。要加强对教学工作的管理，调整专业设置，拓宽专业方向，修订教学计划，调整课程结构，改革课程设置，更新教学内容和教学方法。进一步加强教学的基础建设，积极开展教学研究，加强评估督导，不断提高教学的质量。要通过试点，总结经验，逐步实现教学模式的多样化，如：试行学分制、分段制、工学交替制、选修制、模块式教学等。

要增加投入，加强实验实习基地建设，扭转实验实习设备陈旧落后的状况，解决好生产现场实习的设施。加强教材建设，提高教材质量。加强统筹规划和管理，重点抓好系列教材和实验教材的编审工作。

七、积极推进学校内部管理体制的改革

中等专业学校内部管理体制的改革，以人事、分配制度改革为重点，增强学校内部的办学活力。一些地方和学校的改革试点工作，已经取得了显著的效果和成功的经验，初步实行了一些新的内部管理体制。校长是一所学校的行政领导者，是学校的法人代表。校长对学校的办学方向、教育教学、思想政治、后勤管理等各项工作负有全面的责任。要明确划分党政职责，充分发挥党组织的政治核心作用。加强学校的民主化建设，建立教职工代表会议为主要形式的民主管理与监督制度。把学校内部管理体制改革同深化教育教学改革相结合，学校实行教学目标责任制。要进行人事制度的改革，在不突破定编的前提下，依照条件公正、平等竞争、择优上岗、合理组合的原则，对教师、干部实行聘任制，对工人实行合同制。对于待聘人员，要按有关规定妥善安排。在国家规定的工资制度下，进行分配制度的改革。根据不同岗位要求的业务水平、工作能力和承担责任大小等为基础，实行严格公正考核，依个人业绩和贡献，实行按劳分配，拉开挡次，强化分配激励机制。要加快后勤管理的改革的步伐，逐步实行后勤管理的社会化、企业化。

各地方、各部门、各学校要努力创造条件，结合实际情况，积极开展学校内部管理体制的改革，通过试点，不断总结经验，使之日臻完善。

八、大力发展校办产业，走产教结合的道路

大力发展校办产业是由我国的国情和职业教育的特点决定的。发展校办产业是加强实习基地建设，促进教学改革，将职业教育与社会经济活动相沟通的重要渠道；是培养经济建设和社会发展所需人才的重要条件；是建立三结合教学机制的重要手段，是逐步实现产教结合，企校结合，弥补办学经费不足，形成学校自我发展能力的重要支柱。

当前，中等专业学校的校办产业还相当薄弱，需要有一个较大的发展。发展校办企业要与教学育人相结合，努力发挥专业特长；要充分发挥学校在人才、技术、信息、设施等方面的优势；要根据市场需求，按经济规律办事，因地、因校制宜，兴办经济效益高的产业。要统筹规划，合理配置人、财、物，既要保证教育质量的提高，又要为校办产业的发展提供必要的条件。根据校办产业发展的需要，可以实行行业、地区以及生产项目的联合，组成联合体或集团公司，可以与国内外进行合资经营，经批准也可试行股份制。有条件的学校要努力开发名优特新产品，走向国内国际市场。

九、进一步加强和改进德育工作

要认真贯彻中共中央《爱国主义教育实施纲要》和《中共中央关于进一步加强和改进学校德育工作的若干意见》，进一步加强和改进中等专业学校的马克思主义理论教育和思想政治教育，努力适应改革开放和社会主义市场经济对中等专业人才的要求。要坚持用建设有中国特色社会主义理论教育学生，加深其对党的基本路线的理解；加强爱国主义、集体主义、社会主义教育，要加强国情教育、近现代史教育、革命传统教育、法制教育和祖国优秀文化传统伦理道德教育，帮助学生树立自尊、自信、自强的精神，为树立科学世界观和为人民服务的人生观奠定基础；要从中专的培养目标出发，切实加强职业道德教育，帮助学生树立正确的职业观和职业道德规范，并坚持日常生活中严格要求，严格训练，培养良好的职业行为习惯。不断探索和总结在改革开放条件下加强德育工作的经验，进一步提供教书育人，管理育人，服务育人，建立良好的校风、学风，优化育人环境。学校思想政治工作要与学生的思想实际相结合，开展生动活泼、丰富多彩的活动，努力使思想政治工作更有实效。

十、切实加强师资队伍建设

当前，教师队伍正进入新老交替的关键时期，学科带头人和中青年骨干教师的培养和补充是当务之急。要采取有力措施，优化教师结构，加强培训，提高素质，切实加强师资队伍建设。到2000年，使中等专业学校的专任教师基本达到任职资格标准，要进一步加强教职工的思想政治工作，注重实效。要创造条件，利用各种形式促进教师与社会的密切联系，参加专业生产实践活动，提高实践活动能力。要改革专业技术职务评聘工作，允许符合条件的专业教师评定教师职称的同时，评定其他专业技术职称，要逐步下放教师任职资格评审权。要选聘有实践经验和必要的文化、专业知识的技术、管理人员到校任教，做到专兼结合。各地方、各部门、各学校要制定有利于兼职教师应聘和相对稳定的相关政策，逐步扩大兼职教师的比例。要为教师的进修提高创造条件，并逐步建立定期进修培训的制度。

要认真贯彻《教师法》，要把师资队伍建设和学校的内部管理改革结合起来，积极改善教师的工作、学习和生活条件。各地方、各部门要将解决中专教师住房问题纳入计划，统筹解决。随着人事工资制度的改革，切实解决教师的待遇问题。

国家教委关于进一步推动和完善初中入学办学改革的通知

（1995年6月6日）

国家教委1986年发出《关于在普及初中的地方改革初中招生办法的通知》，提出在普及初中的地方要“积极而稳妥地取消初中招生考试，并按学籍管理规定，凡准予毕业的小学生就近直接升入初中学习”。并要求各地“应积极创造条件，从1986年暑假招生开始执行。确有困难的市、县，经省、自治区、直辖市教育行政部门批准，可先试点，逐步过渡，积极争取在近几年内完成此项改革”。

近10年来，在各级地方政府的重视和支持以及各级教育行政部门的努力下，这项改革总的进展是顺利的。到目前为止，全国绝大多数的省、市、区在已经普及初中教育的地方取消了初中入学考试，实行了就近入学。实践证明，这项改革有利于端正办学指导思想，全面贯彻教育方针，全面提高教育质量；有利于减轻小学生过重的课业负担，使学生生动、活泼、主动地得到发展；缩小了初中校际间在生源上的差距，调动了大多数初中办学的积极性，推动了《义务教育法》的贯彻实施。改革的方向是正确的，效果是明显的。但目前一些地方在实施过程中也还存在一些亟待研究、解决的问题，也有一些地方虽已具备了条件，但尚未实施这项改革。为进一步推动和完善这项改革，除继续执行(86)教中字002号通知精神外，现补充通知如下：

一、初中入学办法改革是贯彻落实《义务教育法》的一项重要内容，是促进端正教育思想、转变教育观念的一个重要措施。各级教育行政部门应进一步提高对这项改革的认识，从提高全民族素质的战略高度认识并切实做好这项改革工作。

二、在已经普及了初中还没有实施这项改革的地方，要积极创造条件尽快实施这项改革。上述地方教育部门要在政府领导下，在调查研究的基础上，制定实施方案，并向社会广泛宣传，过细地做好有关工作，为顺利实施创造良好的社会环境。

已经实施的地方要不断完善这项改革。请各省、自治区、直辖市教育部门将实施这项改革的情况，按调查提纲的要求于8月底前报我委基础教育司。

三、严格执行国家教委教基［1994］24号文关于改革考试办法的规定，要废止任何形式的统考统练。普及初中的地方，更不得进行，也不得变相举行初中入学的选拔性考试。

四、要继续采取措施，加强薄弱初中校的建设。各地应制定改变薄弱初中校面貌的目标、规划，提出具体措施，分期分批改善这类学校的办学条件，提高教育质量和办学水平。进一步缩小初中校际间的差距，调动所有初中的办学积极性，大面积提高初中教育质量。

五、要加强小学教师的培训，不断提高教师的政治思想素质和业务水平，防止因实施此项改革放松教学要求的现象。要逐步深化小学教育的整体改革，优化教育、教学内容，改革教学方法，切实减轻学生过重的课业负担，促进学生在德、智、体等方面生动、活泼地发展。

六、要加强对小学教育教学工作的常规管理，逐步建立完善对小学教育质量的监控机制和评估体系。各级教研部门要加强对小学教育改革的研究和视导。

七、要进一步推进对口入学的小学与初中校过渡衔接的试验，初中校要关心对口小学的教育、教学工作，小学要努力为对口初中输送合格、优秀的新生。

八、有条件的地方要逐步建立并完善由学区范围内的企事业单位、公安派出所、街道居民委员会及学生家长代表组成的社区教育委员会（或其他社区教育组织），通过社区教育委员会的工作，让社会更多地了解学校的教育，关心并支持教育的改革，不断优化社区教育环境。

附件：实施初中入学办法改革情况调查提纲（略）

关于大力办好普通高级中学的若干意见

（1995年6月8日
国家教委印发）

中共中央、国务院颁发的《中国教育改革和发展纲要》以及国务院《关于〈中国教育改革和发展纲要〉的实施意见》，为我国各级各类教育在90年代以至下世纪初的改革和发展绘制了蓝图，指明了方向。建国以来，我国普通高中教育在事业发展、学校建设和教育教学等方面都取得了显著成就。尤其是党的十一届三中全会以后，在贯彻执行《中共中央关于教育体制改革的决定》进程中，调整了中等教育结构，加强了普通高中建设，初步形成了普通高中教育与义务教育、职业教育和高等教育协调发展的局面；建立了分级办学、分级管理的体制，教育投入有所增加，办学条件逐步改善，师资建设得到加强；在办学模式、课程结构、教学内容、教学方法、考试制度等方面进行了一系列重要改革和试验，普通高中教育教学质量有了明显提高，为高等院校培养了大量合格的新生，为社会主义现代化建设培养了大批劳动后备力量。

但是，必须看到，普通高中教育在总体上还不能适应我国社会主义现代化建设的需要。主要表现在：办学体制缺乏活力，办学模式单一，还没有形成与社会主义市场经济体制相适应的灵活机制；教育思想、课程结构、教学内容、教学方法、考试制度等在某些方面不能适应社会对高素质、多规格人才的需求；一些地方和学校应试教育的倾向仍较严重，学生课业负担过重；办学效益不高，经费投入不足，办学条件较差，校际间很不平衡，师资队伍不稳、素质亟待提高。

为了全面落实《纲要》及其实施意见，贯彻"教育要面向现代化，面向世界，面向未来"的战略思想，推动普通高中教育事业的改革与发展，促进普通高中的建设，迎接21世纪的挑战，特提出如下意见。

一、高度重视普通高中在社会主义现代化建设中的地位和作用

普通高中在我国社会主义教育体系中处于十分重要的位置，是培养德智体全面发展的社会主义建设者和接班人的重要基地，是联系义务教育和高等教育的纽带，是高中阶段教育的重要组成部分，与中专、中技、职高共同形成初中后教育多样化的发展格局。办好普通高中，培养出足够数量的合格高中毕业生，不仅有利于高等教育质量的提高，而且也是一个国家或地区形成雄厚的人力资源的重要标志，将对社会主义两个文明建设和未来发展产生重要的影响。

普通高中是九年义务教育后的高层次的基础教育。普通高中的任务是进一步提高学生的思想道德、文化科学、劳动技能和身体心理素质，发展学生的个性和特长，为高等学校输送合格的新生，为社会各行各业输送素质较高的劳动后备力量，有侧重地对学生实施升学预备教育或就业预备教育，为培养社会主义现代化建设需要的各类专门人才奠定基础。

90年代乃至下世纪初，我国普通高中教育改革与发展的总体思路是：在普及九年义务教育的基础上和继续调整中等教育结构的进程中，坚持分区规划、分类指导，适度发展事业规模；增加投入，加强师资队伍建设，改善办学条件；深化体制改革，促进办学模式多样，加大教育教学改革力度，全面提高教育质量，初步形成能够适应社会主义现代化建设和社会主义市场经济需要的面向21世纪的普通高中教育体制。

当前，我国社会主义现代化建设正处于进一步发展的关键时期，国内建设蓬勃发展，改革日益深化，国际交往日渐频繁，以经济、科技为中心的综合国力竞争更加激烈，各方面对人才的需求更加迫切。这些都对普通高中教育提出了更高更新的要求。因此，我们必须增强大力办好普通高中教育的紧迫感和责任感。

二、适度发展普通高中事业规模，积极推进办学体制和办学模式改革

根据《纲要》实施意见提出的"到2000年普通高中在校生要达到850万人左右"的发展规模，大、中城市和经济发展程度较高的农村地区要根据普及高中阶段教育的需要，有计划按比例地发展普通高中；经济发展中等的地区要从实际出发，适度发展规模；经济发展程度较差的地区首先要完成普及九年义务教育的任务，同时继续调整中等教育的结构。

大力办好普通高中，首先要办好现有的学校，充分挖掘潜力，调整布局，扩大规模，加强管理，提高办学效益，走以内涵发展为主的道路。尤其要大力加强薄弱高中的建设，从经费投入、师资配备、领导班子充实等方面给予更多扶持，使其尽快改变面貌，缩小校际差距。根据《纲要》实施意见的要求，到本世纪末，有计划、分步骤地重点建设好1000所左右起实验、示范作用的普通高中。

发展普通高中要注意调动社会各方面的积极性，拓宽办学渠道，改变目前政府办学的单一体制，逐步建立以地方政府办学为主，社会各界共同办学的体制。要鼓励和支持企、事业单位继续办好所办普通高中。有条件的地方可以进行与高等院校、科研部门等联合办学的试验。支持和鼓励社会团体、公民个人按照国家法律和政策举办普通高中，也可以实行“公办民助”、“民办公助”、“公有民办”等办学形式；各级政府和教育行政部门要制定相应的政策，健全审批制度，加强管理，指导上述各类学校按照国家的教育方针和规定办好学校。

要继续完善分级办学、分级管理的体制。普通高中的新建和撤并由地（市）级以上人民政府批准。农村地区的普通高中原则上由县管理，城市的普通高中由市或区管理，少数经济发达地区的农村普通高中也可实行县、乡（镇）分工管理，以县为主的体制。

要继续抓紧普通高中办学模式的改革，改变目前比较单一的升学预备教育模式，逐步实现多种模式办学。一部分普通高中可以升学预备教育为主，有侧重地为学生升入高一级学校打下坚实的基础，为高等学校输送合格的新生；大部分普通高中，可以通过分流，办成兼有升学预备教育和就业预备教育的学校；少部分普通高中可试办成以就业预备教育为主的学校，在学好普通高中基本文化课程的前提下，有侧重地为学生就业做好思想、心理、知识、技能等方面的准备，为各行各业培养具有较高文化基础知识的劳动后备力量。为了适应社会需要和发展学生的个性、特长，各地可以举办少量侧重外语、体育、艺术以及加强某一学科的特色学校或特色班，培养德智体全面发展并在某一方面具有特长的学生。各地可依实际情况确定普通高中各种办学模式的布局和规划。

三、认真贯彻教育方针，深化教育改革，全面提高教育质量

深化教育教学改革是普通高中教育的一项重要任务，是全面贯彻教育方针、全面提高教育质量的重要保证。各级政府和教育部门要高度重视，加大改革的力度，在认真进行试验的基础上，积极推广改革的成功经验。

德育是普通高中教育的重要内容，必然切实保证德育工作的地位，全面贯彻落实《中共中央关于加强和改进学校德育工作的若干意见》，认真执行《中学德育大纲》和各学科教学大纲规定的德育要求，大力改进并上好思想政治课和时事政策课，引导教师教书育人。要对学生简明扼要地讲授马克思主义的基本观点，有针对性地学习毛泽东同志的重要哲学著作，尤其要重点学习邓小平同志建设有中国特色的社会主义理论，进行党的基本路线教育，爱国主义、集体主义和社会主义教育，发扬革命传统和中华民族的优良道德传统，培养学生科学的人生观和世界观，养成良好的道德情操、行为习惯和个性心理素质。德育工作要紧密联系社会和学生的实际，采取生动活泼的形式，增强针对性和实效性。

要从普通高中的性质、任务和培养目标出发，依据办学模式多样化的要求，积极进行课程改革，加强教材建设，改变以升学为目标的单一的课程体系，增强针对性，体现多样性，逐步形成由学科类课程（包括公共必修课和多种选修课)和活动类课程组成的，能够适应社会、经济和科技发展的课程体系。制定课程标准和编写教材要面向大多数学校和学生，注意统一性与多样性相结合，贯彻因材施教和少而精的原则,改革陈旧体系,更新教学内容。要积极创造条件，逐步实现教学手段的现代化。

农村高中要从实际出发，加大办学模式改革的力度，根据本地经济建设和社会发展的需要,调整和改革课程结构与教学内容,教育学生热爱家乡，为建设社会主义现代化农村培养一代新型的建设者。

要转变教育思想，更新观念，克服应试教育倾向，继续深化教学领域的改革，鼓励教学方法改革的实验和探索，提高课堂教学质量，切实解决课业负担过重、忽视学生个性、影响青少年健康成长等弊端，让学生真正成为学习的主体，生动活泼地、主动地学习，发展兴趣、爱好和特长，培养较强的自学能力和动手能力、初步的研究能力和创造能力。

要重视体育、美育和劳动教育，开展生动活泼、丰富多彩的文体活动，组织学生参加生产劳动和社会实践。

实行毕业会考制度是普通高中教育的一项重大改革措施，要正确把握其毕业水平考试的性质和功能，从适应和促进普通高中教育改革和发展的需要出发,及时总结经验,兴利去弊，不断完善。要从有利于大面积办好普通高中,有利于学生减轻负担、全面发展,有利于高等学校选拔新生的目标出发，加快进行高考制度的改革。各地可以选择一些学校，进行学分制的试点；并积极进行高考招生、录取与高中学校脱钩的试点。

积极推行和探索学校内部管理体制的改革，在合理定编的基础上，对教职工实(试)行岗位责任制和聘任制，在分配上按照工作数量和质量适当拉开距离，调动广大教职工的积极性，转换学校内部运行机制，提高办学水平和效益。学校的行政后勤工作,要为教学服务，为育人服务。

四、采取有力措施，加强普通高中建设

建立以政府拨款为主的多渠道筹措经费的体制，增加对普通高中的投入。市、县财政要适当增加对普通高中的投入和提高生均经费标准，首先要保证危房改造、教师工资和必需教学设备的添置，并有计划地加强对薄弱高中、示范性高中的建设。继续鼓励社会集资办学或捐资助学,重点用于危房改造、扩大规模和教学基本条件的改善。各级政府要认真落实国家对校办产业的优惠政策，逐年增加对校办产业的政策性低息贷款，支持普通高中开展勤工俭学，发展校办产业，增加学校的自筹经费。

普通高中属于非义务教育阶段，可以收取学费，标准和办法由各省、自治区、直辖市政府根据当地实际情况和群众的承受能力，按教育成本的一定比例和物价指数的状况确定。不同地区、不同学校的收费标准可以有所区别。学校不得自定收费项目和标准。对家庭经济困难的学生应适当减免学费或提供助学金。

要有计划有步骤分期分批改善普通高中的办学条件。到本世纪末，要使大多数普通高中达到国家教委颁发的校园建设、校舍建设、实验室建设和设备配置、体育运动场地和设施、电化教育、图书馆建设等标准，消除危房，使办学条件有较大的改善。已达到标准的学校要继续改善办学条件，提高办学水平和质量。

加强普通高中师资队伍建设。各地要按照数量足够、素质良好、结构合理的要求认真规划，逐步落实。在注重发挥中老年教师骨干作用的同时，要把培养一批各学科优秀青年教师的工作摆在重要位置。要加强和改革师范教育。师范院校要坚持为基础教育服务的正确方向，主动适应普通高中多样化办学和实施新课程方案的需要，培养高质量的师资，并努力提高师范院校本科毕业生毕业分配到位率，重点满足普通高中的需要，同时，允许向社会和非师范院校按教师资格要求公开招聘教师，还可以从高等院校、科研机构和离退休人员中聘请兼职教师。要制定激励政策，使一些硕士、博士进入普通高中任教。要鼓励在职教师进修，提高学历达标率，逐步做到一专多能，以适应办学模式多样化和课程教材改革的需要。要按照《教师法》的要求，切实提高普通高中教师的待遇，除保证教师工资不低于或高于国家公务员的平均工资标准和足额按时发放外，各地区和学校还可以根据实际情况制定提高教师工资、奖金、津贴等标准和办法。要采取特殊措施，较大幅度地改善优秀骨干教师的待遇。

加强普通高中领导班子建设。要选派教育思想端正、热爱并熟悉教育事业、德才兼备、有威望的教师或教育行政干部担任校长。学校机构设置要精简，人员要精干，结构要合理。普通高中实行校长负责制，同时发挥党组织的政治核心和监督保证作用及教职工代表大会作用。对普通高中校长实行分级培训，建立持证上岗制度。对长期担任普通高中校长并做出突出贡献的可以由国家或省、自治区、直辖市授予荣誉称号。

五、各级政府和教育行政部门要重视普通高中工作，加强对普通高中工作的领导

办好普通高中是地方政府的责任。各级政府和教育行政部门要向社会广泛宣传普通高中在社会主义建设中的地位、作用、性质和任务，更新观念，树立正确的人才观、质量观、教育观，建立正确的舆论导向，依照学校的不同模式建立科学的便于操作的评估标准，纠正单纯追求升学的应试教育倾向和以高考成绩作为评价学校、教师工作唯一标准的片面做法。

各级政府要正确处理教育和经济的关系，各类教育之间的关系。要在普及九年义务教育的基础上办好普通高中。要把普通高中的建设列入当地发展规划，根据经济建设和社会发展的客观需要，确定高中阶段教育的合理结构和规模布局，使当地经济和教育，普通高中教育、职业教育、高等教育和义务教育协调发展。

各级党政领导干部要分工联系普通高中，尤其要关心一些非示范性高中，指导办好学校，帮助解决困难，为师生多做实事。要制定措施并鼓励示范性高中在搞好自身建设的同时，采取派干部和骨干教师、提供设备和场地、联合办学和在本辖区内办分校等多种方式，帮助附近一般高中，尤其是薄弱高中的建设。

要建立党政领导干部定期向高中师生做形势报告的制度。

各地政府和教育行政部门要把学习贯彻《教育法》、《纲要》及实施意见，1994 年全教会精神和本意见结合起来，制定措施，扎实工作，进一步推动普通高中教育的改革和发展。

少年儿童校外教育机构工作规程

(1995年6月21日国家教委、文化部、国家体委、全国总工会、全国妇联、中国科协发布)

第一章 总 则

第一条 为了加强对少年儿童校外教育机构的管理，促进少年儿童校外教育事业健康发展，制定本规程。

第二条 本规程所称少年儿童校外教育机构（以下简称“校外教育机构”）是指少年宫、少年之家（站）、儿童少年活动中心、农村儿童文化园、儿童乐园、少年儿童图书馆（室）、少年科技馆、少年儿童艺术馆、少年儿童业余艺校、少年儿童野外营地、少年儿童劳动基地、和以少年儿童为主要服务对象的青少年宫、青少年活动中心、青少年科技中心（馆、站）、妇女儿童活动中心中少年儿童活动部分等。

第三条 校外教育机构基本任务是通过多种形式向少年儿童进行以爱祖国、爱人民、爱劳动、爱科学、爱社会主义为基本内容的思想品德教育；普及科学技术、文化艺术、体育卫生、劳动技术等方面知识；培养他们多方面的兴趣、爱好和特长；培养他们独立思考、动手动脑、勇于实践和创新的精神，促进少年儿童全面发展，健康成长。

第四条 校外教育机构工作应当遵循以下原则：

（一）面向全体少年儿童，面向学校，面向少先队，实行学校、家庭、社会相结合；

（二）德、智、体诸方面的教育应相互渗透，有机结合；

（三）遵循少年儿童身心发展规律，符合少年儿童的特点，寓教育性、知识性、科学性、趣味性于活动之中；

（四）普及与提高相结合。在重视和搞好普及性教育活动的同时，对有特长的少年儿童加强培养和训练，使其健康发展。

第五条 地方各级政府要对校外教育机构的工作进行宏观协调和指导。各级各类校外教育机构的业务工作，应接受当地各主管部门的指导。

第六条 国家鼓励企业、事业组织、社会团体及其他社会组织和公民个人，依法举办各种形式、内容和层次的校外教育机构或损助校外教育事业。

第二章 机 构

第七条 设立校外教育机构应具备以下基本条件：

（一）具有符合少年儿童活动需要的活动场地和设施；

（二）具有合格的专职管理人员和专（兼）职辅导教师队伍；

（三）具有卫生、美观的活动环境、活动室采光条件；场馆内有防火、防毒、防盗、安全用电等防护措施。

第八条 设立少年儿童校外教育机构，应报当地主管行政部门批准。当地主管行政部门应报上一级主管行政部门备案。

独立设置的校外教育机构符合法人条件的，自批准之日起取得法人资格。

第九条 校外教育机构一般应由行政领导、后勤供应、群众文化、教育活动、专业培训及少先队工作指导（限少年宫）等部门组成，以满足少年儿童校外教育工作的需要。

第十条 校外教育机构实行主任（馆、校、园长）负责制。主任（馆、校、园长）在主管部门领导下，依据本规程负责领导本单位的全面工作。

机构内部可设立管理委员会，管委会由辅导员、教练员、管理、后勤等人员代表组成，主任（馆长、校长）任管理委员会主任。

管理委员会负责制定工作计划、人员奖惩、重要财务开支，规章制度建立以及其他重要问题。

不设管理委员会的单位，上述事项由全体教职工会议议定。

第十一条 校外教育机构应加强内部的科学管理和民主管理。按机构规模及工作性质建立岗位责任制以及财务管理、考勤考绩、检查评估、总结评比、表彰奖励等规章制度。

第三章 活　　动

第十二条 校外教育机构开展各项活动不得以营利为目的，不得以少年儿童表演为手段，进行经营性展览、演出等活动。

第十三条 校外教育机构的活动应当包括以下基本内容：

（一）思想品德教育，应结合国内外大事、重大纪念日、民族传统节日、古今中外名人故事、新时期各行各业英雄模范先进人物的事迹对少年儿童进行爱国主义、集体主义和社会主义思想教育，近代史、现代史教育和国情教育，良好意志品格、遵纪守法和讲文明、有礼貌的行为习惯教育。

（二）科学技术知识普及教育，应通过组织开展科普知识传授、发明创造、科技制作、科学实验等活动，向少年儿童传递科学技术的新信息。引导他们从小爱科学、学科学、用科学。培养创新、献身、求实、协作的科学精神和严谨的科学态度。增强他们的科技意识和培养良好的科学素质。

（三）体育运动，应通过田径、球类、游泳、体操、武术、模型、无线电、棋艺和多种多样的军事体育运动的知识和技能技巧，培养他们勇敢、坚强、活泼的性格和健康的体魄。

（四）文化艺术教育，应通过课外读物、影视、音乐、舞蹈、戏剧、绘画、书法、工艺制作以及集邮、摄影等活动培养少年儿童具有正确的审美观念和审美能力，陶冶情操，提高文化艺术素养。

（五）游戏娱乐，应因地制宜地开展少年儿童喜闻乐见的、多种多样的活动，并要努力创造条件，建立多种游艺设施，让少年儿童愉快地玩乐。

（六）劳动与社会实践活动，凡有劳动实践基地的少年儿童校外教育机构，应按国家教委颁发的劳动教育纲要提出的各项要求，组织开展各种劳动实践活动。向学生进行热爱劳动、热爱劳动人民、热爱劳动成果和不怕苦、不怕脏、不怕累的教育，培养自立、自强品格，促进少年儿童全面发展。

第十四条 校外教育机构的活动可采取以下形式：

（一）开展群众性教育活动是面向广大少年儿童开展教育的一种重要形式。应根据少年儿童的特点，选择鲜明的主题，采取生动活泼的形式，如：举办展览、讲座，组织联欢、演出，开展各项比赛、夏（冬）令营以及各种社会实践活动，对学生进行有效的教育。

（二）开放适合少年儿童的各种活动场

所。通过参加活动，开发智力，培养少年儿童的各种兴趣，使他们身心健康成长。

（三）组织专业兴趣小组。通过对少年儿童进行专业知识的传授和技能技巧的培训，使他们初步掌握一门科技、文艺、体育、社会服务等技能。

第十五条　社会公共文化体育设施应向少年儿童开放，安排内容丰富、健康向上的活动项目，并按有关规定对少年儿童实行减、免收费及其他优惠。

第十六条　博物馆、展览馆、图书馆、工人文化宫、艺术馆、文化馆（站）、体育场（馆）、科技馆、影剧院、园林、遗址、烈士陵园以及社会单位办的宫、馆、家、站等，可参照本规程规定的有关内容组织少年儿童活动。

第四章　人　　员

第十七条　校外教育机构工作人员应当拥护和坚持党的基本路线，热爱校外教育事业，热爱少年儿童，遵守教师职业道德规范，努力钻研专业知识，不断提高专业文化水平，身体健康。

第十八条　校外教育机构按照编制标准设主任（馆、校、园长）、副主任（副馆、校、园长）、辅导员（教师、教练员）和其他工作人员。

第十九条　校外教育机构主任（馆、校、园长）除应符合本规程第十七条的要求外，还应具有一定组织管理能力和实际工作经验，其学历要求可按当地具体聘任文件执行。

校外教育机构主任（馆、校、园长）由主管部门任命或聘任。

第二十条　校外教育机构主任（馆、校、园长）负责本单位的全面工作。其主要职责是：

（一）贯彻执行国家的有关法律、法规、方法、政策和上级主管部门的规定；

（二）负责本机构的行政管理工作；

（三）负责组织制定并执行本单位各种规章制度；

（四）负责聘任、调配工作人员，指导教师、教练员、辅导员和其他工作人员的工作；

（五）加强全员的思想政治工作，组织政治、业务学习，并为他们的政治、文化、业务进修创造条件；

（六）管理和规划机构内各项设施、经费的合理利用。

第二十一条　少年儿童校外教育机构教师应依照《教师法》的规定取得教师资格。校外教育机构教师实行聘任制或任命制。

第二十二条　少年儿童校外教育机构教师应履行《教师法》规定的义务，做到：

（一）关心、爱护少年儿童，尊重他们的人格，促进他们在品德、智力、体质等方面全面发展；

（二）制止有害于少年儿童的行为或者其他侵犯少年儿童合法权益的行为，批评和抵制有害于少年儿童健康成长的现象；

（三）对本单位工作提出建议。

第二十三条　校外教育机构其他工作人员的资格和职责，参照国家的有关规定执行。

第二十四条　校外教育机构应重视工作人员的职前培训并为在职培训创造条件。

第二十五条　校外教育机构要主动争取各级各类关心下一代工作委员会（协会）中的老干部、老专家、老文艺工作者、老科技工作者、老教师、老工人、老党员、老模范等老同志的支持，定期和不定期的聘请他们做少年儿童校外教育专、兼职辅导员。

第五章　条件保障

第二十六条　校外教育机构建设应纳入城乡建设发展规划，分步实施，逐步形成地、市、区（县）到街道（乡、镇）的校外教育网络。

第二十七条　校外教育机构的经费应列入各主管部门财政专项开支，随着当地经济建设和校外教育事业的发展，不断增加。

第二十八条　校外教育机构的工作人员的工资待遇、职称评定等，要按《教师法》及国家有关规定执行。属于教育事业编制、成建制的校外教育机构中的教师依照《教师法》规定执行。

第二十九条　校外教育机构在不影响正常教育活动下，不削弱骨干力量、不占用主要活动场地，并经当地主管部门批准，可适当开展社会服务，其收入应全部用于补充活动经费。

第六章　奖励与处罚

第三十条　对滋扰校外教育机构工作秩序，破坏校外教育活动设施的，有关部门应予制止，并依照《治安管理处罚条例》的规定追究当事人法律责任。

第三十一条　校外教育机构有下列情形之一的，由当地主管行政部门给予警告，限期改正、整顿，以至停办等处罚：

（一）未经批准，擅自设立校外教育机构的；

（二）校外教育机构开展的活动内容不健康，损害少年儿童身心健康的；

（三）校外教育机构开展活动以营利为目的的。

对主要责任人员，由所在单位或上级主管行政部门给予相应的行政处分；情节严重，构成犯罪的依法追究刑事责任。

第三十二条　各级人民政府及其有关主管部门，对开展少年儿童校外教育活动成绩突出的校外教育机构和个人给予表彰和奖励。

对关心、支持少年儿童校外教育工作，贡献较大的企业事业单位，社会团体及个人，由各级人民政府及其有关部门给予表彰和奖励。

第七章　附　　则

第三十三条　各省、自治区、直辖市有关部门，可根据当地的具体情况，制定实施办法。

第三十四条　本规程自公布之日起施行。

示范性乡（镇）成人文化技术学校规程

（1995 年 8 月 1 日国家教委发布）

第一条　为促进乡（镇）成人文化技术学校（以下简称学校）的健康发展，根据《中华人民共和国教育法》制定本规程。

第二条　示范性乡（镇）成人文化技术学校可按初级中学建制。

第三条 学校独立设置，布局合理，教学管理、生活秩序良好。搞好校园绿化，做到整洁、优美。

第四条 学校全面贯彻教育方针，坚持思想政治教育、文化教育、科学技术教育相结合的原则，建立健全思想政治工作制度，通过具体措施，培养有理想、有道德、有文化、有纪律、懂技术、善经营、会管理的农村新型劳动者。

第五条 学校建立校务委员会，由乡（镇）主要领导兼任主任。专职校长兼任常务副主任，教育、农业、科技、财政、乡镇企业、武装、共青团、妇联等有关部门负责人为成员。校务委员会坚持三教统筹、农科教结合的原则，负责协调有关部门分工合作；制订教育培训规划和措施；聘用专、兼职教师；筹措办学经费并监督经费的合理使用；研究解决办学和教学中的重大问题。

第六条 学校领导班子要认真贯彻党的方针政策，坚持社会主义办学方向，热爱成人教育事业，熟悉教育管理，有较强的组织能力和社会活动能力，具有中等以上文化程度、掌握一定的专业知识和脚踏实地的开拓进取精神。

第七条 示范性学校的认定，由乡（镇）人民政府提出申请，经县级教育行政部门同意，报省级教育行政部门批准。

学校专职校长由县（市、区）教育行政部门任命，并配备相应的专职校务管理人员和教学管理人员协助校长工作。

第八条 学校建有专用教室、办公室、图书阅览室、实验室、仪器室、资料档案室等。实验实习基地：城郊区乡（镇）不少于5亩，农村乡（镇）不少于10亩。

经济发达地区：学校校舍建筑面积在1500平方米以上，其中有关教学用房不少于1000平方米。

经济中等发达地区：学校校舍建筑面积在1000平方米以上，其中有关教学用房不少于500平方米。

经济欠发达地区：学校校舍建筑面积在500平方米以上，其中有关教学用房不少于300平方米。

第九条 学校有与教学相应的教学仪器设备。

经济发达地区：学校配有教学仪器、教学挂图、常用教学标本300套（件）以上，图书资料2000册以上；建有卫星电视地面接收站，配有电视机、录像机、录音机、电脑等电教设施。

经济中等发达地区：学校配有教学仪器、教学挂图、常用教学标本200套（件）以上，图书资料1500册以上；配有电视机、录像机、录音机等电教设施。

经济欠发达地区：学校配有教学仪器、教学挂图、常用教学标本100套（件）以上，图书资料1000册以上；配有电视机、录像机、录音机等电教设施。

第十条 学校建立校办厂（场）或生产实验实习基地，加强实践环节，把学校办成人才培训、生产示范、科技试验与推广、咨询服务的综合性、多功能的教育经济实体。

第十一条 学校有一支事业心强、胜任教学、专业结构合理的专兼职结合的教师队伍。学校专职教师要按当地总人口的万分之二的比例配备，举办脱产班和“3＋1”分流职业初中班，应适当增配专职教师，按每班2至3名配备。专职教师中具有大专以上学历的应占60％以上。兼职教师由校务委员会研究聘用，并保持相对稳定。根据国家有关文件规定，对专职教师的转正、晋级、评定职称、工资和福利等待遇均与同级普通学校的教师同等对待。

第十二条 教师要通过培训、自学等多种途径，不断提高教学水平。提倡教师一专多能，文化课教师至少要掌握二门以上实用技术，专业课教师要具备多种技能，有较丰富的实践经验,能指导学员实习和科学实验。

第十三条 学校应建立行政、教师、教学、总务、财务、档案、图书资料、实验仪器等各项科学管理制度，并不断充实完善。

第十四条 学校要按照因地制宜、按需施教、学用一致、讲求实效的原则，制订教育、教学（培训）计划，不断改进教学内容和教学方法，努力提高教学质量。建立完备的教学档案和学籍管理档案，加强人才跟踪调查和信息反馈工作。

第十五条 学校办学经费由乡（镇）人民政府根据国家有关规定负责筹措，采取地方财政、集体投入、收取学杂费、教育部门奖励补助等多渠道筹集资金的办法解决。学校要积极开展勤工俭学、兴办校办厂（场）和开展有偿服务，增收节支，不断改善办学条件，提高师生的福利待遇。

第十六条 学校要认真贯彻《中国教育改革和发展纲要》和国务院《扫除文盲工作条例》，积极开展扫除文盲教育，使本乡（镇）青壮年人口中的非盲率达到95%以上。根据学文化与学技术相结合的原则，积极扫除剩余文盲，开展扫盲后继续教育，巩固扫盲成果，不断提高农村劳动者的科学文化素质。

第十七条 学校坚持常年办学，紧紧围绕当地经济与社会发展的实际需要，举办多层次、多规格、多门类的培训班，其中举办一年以上的长班二个以上。培训规模按教学时间在20课时以上受训人数计算，学校年培训总数，经济发达地区每校不少于1000人（次），经济中等发达地区每校不少于800人（次），经济欠发达地区每校不少于500人（次）。

经济发达和经济中等发达地区要把培养初、中级人才摆到重要的地位。经济欠发达地区以培训当地适用人才为主，有计划地培养初、中级人才。

第十八条 在当地政府的统筹安排下，学校要积极参与实施“燎原计划”、“星火计划”、“丰收计划”，每年承担农业科技成果推广项目二至三个，通过多种形式开展技术培训，辐射面达90%以上，同时培养一批科技致富带头人和技术骨干，取得明显的经济效益和社会效益。

第十九条 大力开展乡镇企业职工、技术骨干、管理人员的岗位培训和技术等级培训，并取得明显的成效。加强与普通学校、职业学校的沟通和联系，充分发挥示范性学校师资和设施的潜力，积极参与开展小学后、初中后、高中后继续教育；积极参与实施“绿色证书工程”培训和其他有关资格证书的培训。

第二十条 采取多种形式经常对学员进行时事政策教育、法制教育、思想道德教育、人口教育、开展丰富多彩的社会文化生活教育，提高农民的法制观念和思想道德水平，促进农村精神文明建设。

第二十一条 学校要紧密结合当地经济与社会发展实际，办出特色，提高办学效益。要充分发挥学校的辐射作用，指导村和企业办学，培训村（厂）成人学校教师和技术骨干，使行政村的成人文化技术学校的办学面达到95%以上，建立科技示范联系户，带动各村普遍开展各类实用技术培训班，加快农民致富步伐，促进当地经济与社会发展。

第二十二条 省级教育行政部门对示范性学校要进行评估，经评估达不到标准的，撤消其示范性学校的资格和名称。

第二十三条 本规程自发布之日起实施。

中小学卫生保健机构工作规程

（1995年9月7日国家教委发布）

第一章 总 则

第一条 根据《学校卫生工作条例》第二十一条规定，特制定本规程。

第二条 地区性中小学卫生保健机构，是所在地区教育行政部门领导下的面向中小学校、直接为中小学生服务的事业单位，也是研究青少年体质健康、对学生实施健康教育和常见疾病、多发病防治的业务指导部门和社会性服务组织。

第三条 中小学卫生保健机构服务对象主要是所在地区内的中小学生。

第二章 任 务

第四条 协助教育行政部门规划、部署学校卫生工作。协助学校全面贯彻教育方针，实施学校卫生工作。

第五条 调查研究本地区中小学生体质健康状况。

1. 负责学生的健康体检，做好本地区学生的体质健康监测工作。

2. 建立健全学生健康档案，做好资料统计分析和积累工作，为教育行政部门制定有关政策提供科学依据。

3. 根据学生健康状况和发育水平，提出干预措施，指导学校卫生保健工作。

第六条 开展和指导中小学生常见疾病及其它疾病的防治工作。

1. 开展对近视眼、龋齿、沙眼等学校常见疾病的群体预防和矫治工作。

2. 按照国家有关规定认真做好传染病、地方病的防治工作。

3. 对在体检中发现有器质性疾病的学生要及时做好转诊工作；对因病不能坚持正常学习的学生要及时向学校提出处理意见。

第七条 帮助学校开展健康教育和咨询，普及卫生保健知识，提高学生的卫生素养和自我保健能力。

第八条 协助所在地区教育行政部门制定本辖区中小学卫生技术人员的培训计划，负责对本辖区内的中小学卫生技术人员和健康教育课教师进行培训和业务指导。

第九条 指导学校开展各项卫生工作，协助卫生行政部门对学校教学卫生、体育卫生、环境卫生、劳动卫生、饮食卫生等实施卫生监督。

第十条 开展辖区内学生卫生保健服务。

第三章 管 理

第十一条 中小学卫生保健机构接受所在地区教育行政部门领导和同级卫生行政部门的业务指导，依照有关法律、法规，开展学校卫生保健工作。

第十二条 中小学卫生保健机构实行行政首长负责制。

第十三条 中小学卫生保健机构人员编制由主管教育行政部门根据其任务和实际服务范围配编，中小学卫生保健机构总编制应不低于学生总人数的万分之三，其中专业卫生技术人员不得少于总编制的80%，中级职称以上的专业卫生技术人员不得少于总编制的40%。

第十四条 主管教育行政部门应把中小学卫生保健机构的基本建设纳入教育基本建设总体规划，保证中小学卫生保健机构开展工作必备的办公条件。办公用房面积应以服务对象、工作范围、开展群体防治工作的实际需要而定，一般应不少于每专业人员15平方米。卫生保健器材与设备配置应以普通、实用、配套、高效为主，以保证工作的正常开展，有条件的地区可配备一些先进的设备。

第十五条 中小学卫生保健机构在编人员的工资、办公费由主管教育行政部门从教育事业费中拨给。中小学卫生保健机构设备仪器的购置与维修费及房舍维修由主管教育行政部门和中小学卫生保健机构从教育事业费及中小学卫生保健机构预算外收入中支出。

中小学卫生保健机构按照国家有关规定开展卫生保健有偿服务的收入，应主要用于改善办所条件、科研、培训和表彰奖励学校。

第十六条 中小学卫生保健机构应建立卫生技术人员业务培训和进修制度，加强保健机构人员的经常性业务学习和科研实践，不断提高保健机构人员的思想及业务素质。

第十七条 中小学卫生保健机构卫生技术人员的专业技术考核、职称评定按照《学校卫生工作条例》第二十二条规定和（86）教体字018号文件精神执行，由教育行政部门组织实施。

第十八条 根据《学校卫生工作条例》第二十二条规定和（86）教体字018号文件规定，中小学卫生保健机构卫生技术人员和行政管理人员，享有本地区卫生部门规定的卫生津贴，同时主管教育行政部门应根据教育部门的实际情况合理解决中小学卫生保健机构的有关待遇。

第十九条 对在学校卫生工作中贡献突出者与长期从事卫生保健工作成绩显著者，应给予表扬、奖励。

第二十条 在学校卫生工作中玩忽职守，造成医疗事故或不良后果者，应按照有关规定给予处理。

第四章 附 则

第二十一条 中小学卫生保健机构是指中小学卫生保健所、学校体育卫生保健中心、学生保健站等直接为中小学生服务的卫生保健机构。

第二十二条 本规程由国家教育委员会负责解释。

关于推动职业大学改革与建设的几点意见

（1995年10月6日
国家教委印发）

为贯彻全国教育工作会议精神，落实国务院关于《中国教育改革和发展纲要》实施意见中提出的"通过改革现有高等专科学校、职业大学和成人高校以及举办灵活多样的高等职业教育班等途径，积极发展高等职业教育"的要求，通过改革与建设，促进职业大学的健康发展，使其在我国高等职业教育的发展和经济建设中发挥更大的作用，特提出如下意见：

一、进一步明确职业大学在我国高等职业教育事业发展中的地位和作用

80年代初，为适应地方经济建设和社会发展的需要，部分地方和中心城市相继举办了一批为当地培养实用人才的职业大学。经过十几年的建设，多数学校已具备了基本的办学条件，形成了一定的办学实力，教育质量逐步提高，为社会培养了三十多万应用型高等专门人才，为当地经济建设和社会发展作出了应有的贡献，为探索我国高等职业教育的办学路子取得了一定的经验与可喜的成绩。但是，高等职业教育在我国发展时间不长，经验不足，重视不够，以至职业大学在办学中尚存在着政策不配套、发展不平衡、办学条件不足、专业特色不明显等困难和问题，影响了职业大学的建设与发展。必须进一步明确，职业大学是我国高等教育的一种办学形式，是高等职业教育的重要组成部分。职业大学直接面向地方经济建设，面向基层，面向中小企业和乡镇企业，担负着为地方经济建设和社会发展培养高级（部分中级）实用技术、管理人才的任务。积极发展高等职业教育，推动职业大学的改革与建设，是我国高等教育进行结构调整，主动适应地方经济建设和社会发展需要的一项重大改革。因此要采取有力措施，重视和加强对职业大学的领导和管理，积极推动职业大学的改革、建设与发展。

二、推动职业大学改革与建设的基本要求和主要措施

1. 密切围绕培养应用型人才的特点，深化教学领域的改革，努力办出高等职业教育的特色。要从职业分析入手，根据一定的职业岗位（群）所需的知识能力结构并兼顾长远需要，确定培养目标，制订切合实际的教学计划。学校可根据经济发展的需要灵活设置专业，教学上要以能力培养为中心，课程设置和课时安排要保证培养目标的实现。理论教学要以"必需，够用"为原则。切实加强实践性教学环节，制订行之有效的职业能力训练计划，并列入考核内容，保证教育教学质量。采取积极措施逐步实行毕业文凭和技术等级证书或岗位资格证书并重的制度。要根据教学的需要重视和加强校内外生产实习基地的建设。国家教委将推荐一批高等职业教育特色明显的专业教学计划和教学模式，并部署高等职业教育专业教学计划的修订工作，制订高等职业教育的教材建设计划。在条件成熟后，将对全国职业大学开设的专业进行汇总，在总结分析各类高等职业教育专业设置情况的基础上，逐步进行规范。

2. 要加强与产业部门的联合，积极实行校企结合。有条件的学校，可建立包括企业界、科技界等方面代表组成的校董会。要努力探索产教结合的办学路子，大力发展校办产业，增强学校的办学活力与自我发展能力。积极开展应用科学技术研究、技术推广以及新技术、新产品开发工作，承担成人教育和岗位培训任务，不断增强学校在当地经济建设和社会发展中的影响力与促进作用。

3. 努力改善办学条件，提高办学水平。根据《中国教育改革和发展纲要》中关于"建立各级各类教育的质量标准和评估体系"

的精神，依照国务院发布的《普通高等学校设置条例》中关于高等职业学校的设置标准，国家教委将组织制定有关高等职业教育的质量要求和评估体系，对现有职业大学的办学条件与办学水平进行评估。确定并采取措施，首先办好一批起示范作用的骨干学校。具备办学条件、社会又有较大需求的学校，要努力扩大办学规模，提高办学效益。对不合格的学校要责成主管部门制定计划，采取措施，限期改善办学条件。职业大学要保持相对稳定，要在办学特色上下功夫，今后职业大学不再改名高等专科学校。

4. 加强师资队伍建设。要鼓励教师，特别是专业课教师钻研专业技术，对专业课教师和实习指导教师可逐步实行评定教师职称与专业技术职称的双职称制度。在评聘教师职务时，应将教师的教学实绩和专业实践能力与贡献作为重要的业务条件。要聘请一批富有实践经验，又能胜任教学工作的工程技术人员或管理人员到校任兼职教师，做到专兼结合。

5. 改革职业大学的招生制度。职业大学要根据培养目标的要求，逐步扩大招生对象，对于操作、技能性强的专业，可试点招收部分中等职业技术学校毕业生。有条件的学校，结合专业特点，经国家教委批准，也可举办专科层次的招收初中毕业生学制五年的专业。

6. 职业大学实行学生缴费上学制度，根据职业教育实践性强，所需经费多的特点，其收费标准可由当地教育部门会同物价部门参照当地其他普通高校收费标准制定。

三、切实加强对职业大学的领导

1. 职业大学属国家承认学历的全日制普通高等学校，其招生、在校生和毕业生待遇等方面执行普通高等院校有关的政策。学校主管部门配备学校领导人员，应按照普通高等学校的要求对待并力求相对稳定。

2. 地方政府要加强对学校的领导，制定必要的政策措施，为职业大学的健康发展创造条件。要将职业大学的发展列入当地教育事业发展的规划中，保证必要的事业、基建和设备经费的投入，其生均经费当前应首先做到不低于当地普通专科学校的标准，并逐年有所提高。

3. 要从当地实际出发加强职业大学的管理。根据职业大学办学地方性的特点，学校的专业设置、干部任用、办学经费筹集等主要由地方负责。省级教育行政部门主要负责学校办学水平评估，教育、教学指导及质量检查等工作。两级教育行政部门都要及时了解办学中出现的新情况，帮助学校解决实际困难和问题，促进职业大学的健康发展。

中组部、中宣部、国家教委党组关于加强高等学校领导班子建设工作的若干意见

（1995年11月13日）

为了贯彻落实党的十四届四中、五中全会精神和《中共中央关于抓紧培养选拔优秀年轻干部的通知》、中共中央颁布的《党政领导干部选拔任用工作暂行条例》，进一步加强高等学校领导班子建设，推动高等学校的改革和发展，更好地完成培养德智体全面发展

的社会主义事业建设者和接班人的根本任务，特提出以下意见。

一、努力提高领导干部素质

1. 高等学校领导干部应当具有较高的马克思主义理论素养，坚持邓小平建设有中国特色社会主义理论和党的基本路线，在以江泽民同志为核心的党中央领导下，认真贯彻党和国家的教育方针和政策；应当具有强烈的事业心和奉献精神，勤奋廉洁，深入实际，改革进取；应当具有良好的思想品德和组织观念，公道正派，实事求是，联系群众，团结同志，顾全大局，模范执行民主集中制；应当具有较高的科学技术和文化水平以及较丰富的现代教育管理知识，懂得办学规律，善于治校治教，有较强的组织、协调和领导能力。

党委书记和校长还应有较强的驾驭全局工作能力和领导工作经验，熟悉学校全面工作情况，作风民主，能团结与带领一班人开拓进取，搞好工作。

2. 今后一个时期，高校领导干部主要应学习和掌握邓小平建设有中国特色社会主义理论、社会主义市场经济理论和基本知识、党建理论和基本知识，解决好世界观、人生观、价值观问题，更加自觉地坚持和执行党的基本路线。同时还要努力学习《中国教育改革和发展纲要》及国家有关教育的法律、规章和政策，学习教育管理业务知识，按照《纲要》指出的方向和要求，努力完成高等教育改革与发展的任务。高校领导干部的理论学习以自学为主。要坚持和完善党委中心组学习制度。中心组要通过理论和政策学习，统一思想、提高认识、研究问题，推动改革和发展。在目前任务重，时间紧的情况下，脱产培训是保证学习的有效形式。中央有关部门将制定干部培训的总体规划。各地、各部门高校干部主管部门要研究制定本地区本部门干部的培训规划和计划，并严格执行和落实。

高校领导干部在上岗前或任期内至少应到中央党校、国家高级教育行政学院或地方党校、行政学院脱产培训一次。培训部门要切实做到理论联系实际、学用一致、按需施教、讲求实效。培训形式和方法要适应高校干部的特点，灵活多样。培训时间，根据工作需要和学习内容确定。

高校领导干部参加培训学习的情况要有认真的考核。考核成绩应与在校工作实绩一起作为任用、奖励、晋升的重要依据。培训期间享受原岗位的工资、奖金及一切福利待遇。

为培养和储备一批跨世纪的高校党政管理专门人才，各地方、各有关部委要积极创造条件，每年选拔一批德才兼备的有管理实践经验的优秀青年干部，接受高教管理或思想政治教育等专业第二学士学位或硕士、博士研究生学历教育。毕业后安排到高校管理岗位上。同时也要有针对性地安排他们到国有企业、地、县特别是条件比较艰苦地区的合适岗位上锻炼。

高校领导干部要将主要时间和精力用于学校的领导和管理工作，为学校的改革与发展做出贡献。根据工作和干部培养需要，应有计划地让高校各级领导班子成员在党政领导岗位之间换岗任职，以得到更全面的锻炼。高校领导干部要自觉坚持在实际工作中全面锻炼，不断提高自身素质和能力。

3. 高校校级党员领导干部的民主生活会原则上每学期一次，必要时可以随时召开。会前，必须有组织地广泛听取群众意见，领导班子成员之间也应通过开展个别谈心交换思想，认真做好会议准备。会上要以诚相见，坦率交换意见，认真开展批评和自我批评，提出改进措施。党委书记和校长要起表率作用。上级党组织应派人参加学校领导班子的民主生活会，及时了解情况，并帮助做好思想工作。党员领导干部还应以普通党员的身份定期参加所在党支部的组织生活。

二、坚持和健全民主集中制

4. 高等学校领导工作要贯彻党的民主集中制原则，实行集体领导与个人分工负责相结合的制度和向上级组织请示汇报制度。重大问题集体讨论决定，重要干部的任免要在充分讨论的基础上通过无记名投票决定。重要问题在决定前要充分调查研究，认真听取各方面的意见，进行比较与论证，党政主要负责人要充分酝酿。当意见分歧较大时，一般不宜急于做出决定。凡经集体决定的事情，任何个人无权擅自改变；个人有不同意见允许保留，也可在下次会议上重申，但行动上必须无条件服从并积极执行，以集体认定的精神对外表态。

5. 搞好党政分工与合作是做好学校工作的关键。实行党委领导下校长负责制的高等学校，党委是学校的领导核心，领导学校的全面工作，按照《中共中央关于加强高等学校党的建设的通知》的有关规定行使职责。党委要支持校长行使行政工作的指挥权，不要包揽具体行政事务。

高等学校以校长为首的行政领导班子负责对学校改革和发展，以及教学、科研、产业、人事、外事、学生教育和管理、财务、基建、后勤等各项行政工作中的重大问题提出工作意见和方案，在党委集体讨论通过后负责组织实施，并领导日常行政工作。校长要尊重和支持党委对学校重大问题的决策权。

日常工作中，领导班子成员之间既要明确分工，各负其责；又要密切配合，相互合作。领导班子的团结协调，党委书记和校长是关键。要经常互相通气，增强理解；要尊重和支持对方按规定行使职权，善于发挥各自的作用；要讲党性，顾大局，成为凝聚整个领导班子团结的核心。

6. 高等学校的重大问题和重要事项，必须经过学校党委会或常委会集体研究决定，然后根据职责分工，分别由党委或行政组织实施。党委要对会议决定事项的贯彻实施情况进行监督检查。设立常委会的党委，要注意充分发挥全委会的作用，既不能以常委会代替全委会，也不能以党政联席会代替党委会或常委会。

要建立健全高等学校的校务会议或校长办公会议制度。对会议决定的事项，校长要切实负起责任，积极组织有关部门贯彻落实。

7. 试行校长负责制的高等学校，要建立健全民主科学的决策机制，校长主持校行政负责人和校党委主要负责人参加的行政会议对学校教学、科研及其他行政工作作出决策。校长在对学校重要工作决策前应主动听取学校党委的意见。学校党委要充分发挥政治核心作用，参与学校行政工作中重大问题的决策，保证和监督党的路线、方针、政策在学校工作中得到贯彻与落实；领导全校党的建设工作和思想政治工作，负责干部的选拔、培养和任用。

8. 学校领导班子要定期在党代会或党员大会、教职工代表会议等范围内报告学校的工作情况，并就学校改革发展的重大问题广泛听取意见，切实改进工作。每个领导成员都要坚持深入基层调查研究，了解倾听群众的意见和呼声，自觉接受群众的监督。

三、完善领导干部选拔任用制度

9. 高等学校党代会每四年召开一次；高等学校行政领导班子实行任期制，每届任期原则为四年。党委和行政换届，都要按期进行。换届前要对原班子进行考核，并将考核结果作为换届中任用领导干部的重要依据。在换届工作中，要坚持党管干部的原则，建立科学、规范的程序，努力扩大民主，让广大党员和群众能更多地参与。要按照规定的程序进行。坚持必要的民主推荐、民主评议、民意测验和组织考察，由党委（党组）集体讨论决定任用，确保将真正符合任职条件、德才兼备的优秀同志选拔进高校领导班子。在届中进行个别调整和增补充实时，也同样要走群众路线，坚持民主推荐、全面考察，广泛听取意见。

对逾期未进行换届的高校，上级部门要帮助学校尽快召开党代会或进行行政换届。

10. 配备高等学校领导班子时，要注意班子成员能力、特长的互补，专业、学科的合理搭配，尤其要注意大力选拔优秀的年轻干部，使领导班子的年龄形成梯次结构，以保持领导班子的相对稳定性、工作的连续性和新老干部顺利交替。同时应注意选拔优秀女干部和党外干部进入领导班子。

选配高校领导干部，既要注意发现和起用本校的优秀人才，也要进一步推动学校之间、学校与社会之间的干部交流，促进班子改善结构，增强活力。其他部门交流到高校的干部应熟悉教育规律和知识分子政策。

11. 属于双重管理的高等学校，调整配备领导班子、考察干部时，有关部委要事先邀请地方党委参加，密切协作，相互支持，努力提高工作效率。干部任免前，主管方须事先征求协管方的意见，协管方在收到主管方意见后，应及时研究并进行答复。一个月内未予答复的，视为同意。双方意见不一致时，按《党政领导干部选拔任用工作暂行条例》中的有关规定办理。

四、加强领导干部的考核

12. 上级干部主管部门要把做好高校领导干部的选拔、任用考察与对领导班子及其成员的定期考核密切结合起来。当前，尤其要认真做好定期考核工作。定期考核一般包括领导班子的年度考核、届中考核和届满考核。考核的内容包括德、能、勤、绩四个方面，重点是看工作实绩。要制定科学的考核体系，除了对德、能、勤、绩四个方面进行定性的考评外，还应力求使考核标准定量化，从而使考核工作更加客观、准确和规范。

13. 为了使干部考核工作能真正发挥群众监督作用，要扩大考核工作中的民主，坚持组织与群众相结合的考核办法，严肃认真地做好各考核环节的工作。干部组织部门要认真做好准备工作，根据被考核对象的不同，确定参加评议的人员范围，既保证参加人员的代表性、广泛性，又做到范围适度。

14. 要把考核结果作为干部升降、奖惩的重要依据。对考核优秀或政绩突出的领导干部，应予表彰奖励；确实难以胜任工作或得不到群众信任的干部，则要分别情况，或免职降职，或改做其他合适的同级工作，或有针对性地进行培训，促使其提高。要真正做到干部能上能下。对违犯党纪、政纪的，要坚持按党纪、政纪严肃处理，不能姑息迁就。

15. 高等学校领导班子的年度考核工作，由学校党委负责，结合教职工的年度考核工作进行，考核结果报上级主管部门备案。届中、届满考核工作，由上级主管部门主持或参与，一般可按以下步骤进行：

（一）由被考核干部作述职报告。报告应采取写实的方式。主要报告考核期内所做的主要工作及其效果，思想政治与廉洁自律情况，未能完成的工作及原因，存在的问题、不足，今后工作的设想。

（二）进行群众评议。评议可采取背靠背的方式进行，也可由上级干部部门采取个别听取意见的方式进行。评议应针对每一被考核人的述职报告和实际工作情况，肯定成绩，指出不足，提出意见或建议。也可以组织填写相应的民主测评表，进行定量分析。

（三）意见的集中与反馈。在认真分析评议意见和测评表统计的基础上，由上级干部部门形成实事求是的考核材料，并向领导班子和被考核人员进行反馈。

（四）制定整改措施。召开学校领导班子民主生活会，认真听取与分析考核中提出的问题和意见，开展批评和自我批评，制定整改措施，并在一定范围内公布，自觉接受群众的监督。

16. 按照学校隶属关系，从现在起，上级主管部门要用两年左右时间集中力量对所属高校领导班子进行一次全面考核。通过考核，全面分析掌握校级领导班子的整体情况和每个班子成员的德、能、勤、绩状况。要认真解决好高校领导班子中存在的不团结问题和其他亟需解决的问题。对影响学校发展或不能正常开展工作的领导班子要及时进行充实、调整和整顿。

五、培养和选拔优秀年轻干部

17. 选拔优秀年轻干部，培养跨世纪的领导人才，是高校领导班子建设中一项刻不容缓的战略任务。要进一步拓宽视野，对德才优秀，政绩突出，群众拥护的年轻干部，应及时选拔到各级领导岗位上来。近几年内要逐步做到，高等学校党政领导班子中，50 岁以下的成员占一半，其中 40 岁左右的成员应有 1 至 2 名。

凡接近退（离）休年龄，在新一届班子中不能任职两年以上的干部，换届时原则上不再进新一届班子，退下从事业务工作或改任同级行政非领导职务。现在还没有 50 岁以下年轻干部的高校领导班子，必须在近期内补充；一时没有适当人选的，要空出职数，积极培养和物色适当人选，也可通过高等学校之间的干部交流加以解决；职数已满的，可以“先进后出”，也可将班子中年龄较大的成员改任相应的非领导职务，空出职数补进年轻干部。

18. 高校青年干部人才的培养教育要从学生阶段抓起。选拔要注意德智体全面发展，培养要着重于提高马克思主义理论素养，加强党性锻炼，坚定政治信念，树立正确的世界观、人生观、价值观，培养艰苦奋斗的敬业、奉献精神，增强处理复杂问题的能力。要采用理论培训，压担子锻炼，换岗交流，到工厂农村特别是艰苦地区工作，出国考察进修等多种形式，加大对青年校级后备干部的培养力度。各高校都要培养建设一支优秀的跨世纪青年干部队伍。

六、加强对高等学校领导班子建设工作的领导

19. 各地方党委和中央有关部委党组（党委）都要把高等学校领导班子建设工作列入重要议事日程，按照干部管理权限，明确工作目标，制定工作计划，加强督促检查，务必使工作落到实处。各地方党委与中央有关部委要加强联系，互相支持，密切配合，共同把高等学校领导班子建设工作推上新台阶。继续贯彻执行中共中央组织部、中共国家教委党组教党［1991］56号文件中规定的全国高校领导班子任免的备案制度。

20. 各地方党委和中央有关部委要在广泛调查研究的基础上，认真总结所属高校领导班子建设工作的经验，全面检查和完善领导班子建设工作的有关制度，在本地区或本部门的高等学校中开展经验交流，不断提高领导班子建设工作的整体水平。

21. 各地、各部门分管领导和干部管理部门，要经常深入高校，倾听群众意见，关心班子成员的思想、工作、学习和生活情况，指导工作并帮助他们解决实际困难和问题。对于“双肩挑”的党政干部，特别是党务干部的专业技术职务评定以及有突出贡献的专家评选等，应根据他们的实际水平和贡献，作出合理安排。

中国普通高等学校德育大纲（试行）

（1995年11月23日国家教委发布）

一、总　则

高等学校的根本任务是培养德智体等方面全面发展的社会主义事业的建设者和接班人。现在和今后一二十年高等学校培养出来的学生，他们的思想道德和科学文化素质如何，直接关系到21世纪中国的面貌，关系到我国社会主义现代化建设事业能否实现，关系到能否坚持党的基本路线一百年不动摇。为此，必须重视德育，把坚持坚定正确的政治方向放在学校工作首位。德育即思想、政治和品德教育，它体现教育的社会性与阶级性，是学校教育的重要组成部分。它与智育、体育等相互联系，彼此渗透，密切协调，共同育人。高等学校德育对学生健康成长和学校工作具有导向、动力、保证作用，对建设社会主义物质文明和精神文明，促进社会全面进步具有重要意义。高等学校德育的任务，是用马克思列宁主义、毛泽东思想和邓小平建设有中国特色社会主义理论教育学生坚持社会主义方向，树立科学的世界观和正确的人生观，形成良好的道德品质，把学生培养成为有理想、有道德、有文化、有纪律的一代新人。为贯彻落实《中共中央关于进一步加强和改进学校德育工作的若干意见》和《中国教育改革和发展纲要》，保证高等学校德育有效实施，根据《教育法》特制定《中国普通高等学校德育大纲》。

本大纲是国家对高等学校德育工作与大学生思想、政治、品德素质要求的具体体现，是指导和规范全体教职员工教育思想与行为的重要依据，也是各级教育行政部门对高等学校德育实行科学管理与检查评估的根据。制定本大纲旨在全面贯彻教育方针，全面提高教育质量，加强和改进高等学校德育工作，建立全方位德育格局，形成全员德育意识，增强德育整体效果，提高德育水平，建立和完善有中国特色的社会主义高等学校德育体系。

本大纲以马克思列宁主义、毛泽东思想和邓小平建设有中国特色社会主义理论为指导，适应改革开放、建立社会主义市场经济体制和迎接21世纪的新形势，继承和发扬高等学校德育的优良传统，总结新经验，促进高等学校德育工作逐步实现规范化、制度化。本大纲由总则、德育目标、德育内容、德育原则、德育途径、德育考评和德育实施等七部分构成，立足当前，面向未来，与中学德育相衔接，注意系统性和可操作性，并在实践中不断充实和完善。

二、德育目标

德育目标是德育工作的出发点和落脚点。

高等学校德育目标是：使学生热爱社会主义祖国，拥护党的领导和党的基本路线，确立献身于有中国特色社会主义事业的政治方向；努力学习马克思主义，逐步树立科学世界观、方法论，走与实践相结合、与工农相结合的道路；努力为人民服务，具有艰苦奋斗的精神和强烈的使命感、责任感；自觉地遵纪守法，具有良好的道德品质和健康的心理素质；勤奋学习，勇于探索，努力掌握现代科学文化知识。并从中培养一批具有共产主义觉悟的先进分子。

具体规格要求是：

1. 了解中国的历史和国情，继承和发扬中华民族优秀文化传统和中国共产党领导下的革命斗争传统。具有民族自尊心和自信心；自觉维护祖国的荣誉、独立统一和各民族的大团结；把个人利益与国家利益联系起来，视国家利益为最高利益。立志为实现我国社会主义现代化建设战略目标而奋斗，做一个忠诚的爱国主义者。

2. 正确理解和坚持党的基本路线，坚持以经济建设为中心，坚持四项基本原则，坚持改革开放。学会识别和抵制各种背离党的基本路线的错误倾向，拥护中国共产党的领导，走建设有中国特色的社会主义道路。

3. 树立社会主义民主法制观念。自觉维护和遵守中华人民共和国宪法和法律；正确行使法律所赋予的民主权利，自觉履行法律所规定的义务，知法、守法、用法，维护学校和社会稳定。

4. 努力学习马克思列宁主义、毛泽东思想和邓小平建设有中国特色社会主义理论。逐步学会运用辩证唯物主义和历史唯物主义的立场、观点、方法，分析现实社会生活中的政治、经济、文化、道德现象，识别各种社会思潮，正确认识人类社会历史发展客观规律。

5. 树立以社会主义集体主义为核心的人生观和价值观。努力为人民服务，发扬对国家和人民的奉献精神，顾全大局，正确处理国家、集体、个人之间的利益关系；反对拜金主义、享乐主义和极端个人主义。

6. 树立正确的学习目的。养成良好的学风，努力攀登科学文化高峰。

7. 养成高尚的社会主义道德品质和文明行为习惯。努力做到：诚实守信、勤劳敬业、谦虚谨慎、言行一致、乐于助人、见义勇为、尊敬师长、礼貌待人、朴素大方、廉洁奉公、尊重他人劳动、爱护公共财物、维护公共秩序、抵制不良社会风气。严格遵守校纪、校规，维护校园的安全和秩序。

8. 努力学习新知识，树立与改革开放、社会主义市场经济体制和社会全面进步相适应的开拓进取、讲求实效、公平竞争、团结协作、艰苦奋斗、自力更生等观念。

9. 具备健康、高雅的审美情趣和正确的审美观点，努力培养辨别美、丑的能力，自觉创造美的生活。

10. 具备良好的个性心理品质和自尊、自爱、自律、自强的优良品格，具有较强的心理调适能力。

三、德育内容

德育内容根据德育目标和教育对象思想政治品德发展的一般规律而确定，并随着社会发展进程而充实调整。高等学校德育内容是学校教育内容的组成部分，是中学德育内容的深化和延伸，要针对高校学生及各学习阶段的特点安排德育内容，形成以爱国主义、集体主义、社会主义教育为核心的、相对稳定的教育内容体系。

1. 马克思列宁主义、毛泽东思想和邓小平建设有中国特色社会主义理论教育

马克思主义的基本原理教育。

中国革命的理论和历史教育。

建设有中国特色社会主义理论和实践的教育。

正确认识当代世界经济政治与国际关系的教育。

2. 爱国主义教育

中华民族爱国主义传统教育。

中国近、现代史教育。

中国国情教育。

热爱社会主义祖国教育。

民族团结教育。

国防教育和国家安全教育。

3. 党的路线方针政策和形势教育

党的基本路线教育。

国内外形势与政策教育。

4. 民主、法制教育

社会主义民主教育。

社会主义法制教育。

纪律教育。

5. 人生观教育

人生价值观教育。

人生理想教育。

人生态度教育。

6. 道德品质教育

中华民族优良道德传统教育。

社会主义道德教育。

社会公德教育。

职业道德教育。

7. 学风教育

学习目的教育。

治学态度教育。

8. 劳动教育

劳动观念教育。

劳动态度教育。

热爱劳动人民教育。

9. 审美教育

审美观念教育。

审美情趣教育。

审美能力培养。

10. 心理健康教育

心理健康知识教育。

个性心理品质教育。

心理调适能力培养。

四、德育原则

高等学校德育原则是高校德育工作规律的具体体现，是德育过程中必须遵循的准则。

1. 方向性原则。高等学校德育必须坚持社会主义方向，坚持以马克思主义为指导，抵制各种错误思想影响。

2. 理论联系实际的原则。思想理论教育，要联系国内外政治经济文化的发展变化和学生的思想实际；既要注重理论教育，又要注重实践教育，知行统一。要求实务实，提高教育实效，防止形式主义。

3. 继承和创新的原则。高等学校德育，要继承和发扬中华民族优秀的德育思想和党的思想政治工作的优良传统，学习和借鉴国外有益经验和成果;要适应新的历史条件,不断改革内容与方法，不断创造新经验。

4. 整体性原则。高等学校德育，要完善科学的工作体系，发挥全体教职员工、各种途径和环节的德育功能，协调一致，形成卓有实效的德育合力。

5. 层次性原则。坚持德育目标，要从实际出发，针对学生的不同类型、不同层次和个体差异进行教育。

6. 正面教育为主的原则。要注重正面引导和说服教育，坚持灌输与疏导相结合，表扬与批评相结合，引导学生以积极因素克服消极因素。

7. 教育与管理相结合原则。管理是强化教育的必要手段。在各项管理、服务中要贯彻对学生的德育要求。各级管理人员应以敬业精神与良好作风去影响学生，并要发挥学生自我管理的作用。

8. 严格要求与热情关怀相结合原则。教育者要全面关心学生的健康成长，对他们既要严格要求，又要热情关怀，积极主动帮助他们解决思想、学习和生活等方面的实际问题。

9. 教育与自我教育相结合的原则。要发挥教育者和受教育者的两个积极性；教育者与受教育者要建立一种民主、平等、彼此尊重、相互学习的师生关系；增强学生接受教育的主动性，并不断提高自我教育的能力。

五、德育途径

德育途径是落实德育内容、实现德育目标的渠道和方式。要进一步拓宽德育途径,形成综合育人的有效运行机制。

1. 马克思主义理论课和思想品德课

马克思主义理论课和思想品德课是对学生系统进行思想政治教育的主渠道和基本环节，是每个学生的必修课程。要把“两课”作为重点课程来建设，要以邓小平同志建设有中国特色社会主义理论为指导，不断改革“两课”的教学内容和方法，努力提高实效。

本科马克思主义理论课应设置马克思主义基本原理课程、有中国特色社会主义建设课程、中国革命史论课程；思想品德课应设置思想道德修养课程、法律基础课程和形势与政策课程。文科类专业还应开设世界政治经济与国际关系课程，有条件的理工农医院校和专业可列入选修课。综合大学和师范院校的人文社会科学理论专业、思想政治教育专业和财经政法、民族类院校的课程设置,可与本专业基础课程统筹考虑,作必要的调整。马克思主义理论课的教学时数，文科类不少于250学时,理工农医类不少于200学时,专科文理科均不少于150学时。实行学分制的学校的马克思主义理论课，文科类至少安排15学分,理工类至少安排12学分。法律基础课程和思想道德修养课程教学时数，本科不少于85学时，专科不少于68学时。实行学分制的学校这两门课至少安排5学分。

各层次各科类的学生都要开设形势与政策课程，可按专题或讲座，或集中或分散安排教学，平均每周一课时，可不占教学计划内学时,但要按必修课要求学生和安排教学。

研究生继续开好现有课程并保证必要的学时。

2. 教书育人、管理育人、服务育人

全体教职工都负有德育工作的责任。

要高度重视和充分发挥教师的育人作用。教师要树立正确的教育思想，做到言传身教，为人师表。要发挥各科教学中的德育功能，结合教学相关内容和各个环节，有机地对学生实施德育。

学校各项管理工作都应与德育工作紧密结合，着眼教育，从严要求，注意方法，使之成为学校德育的重要途径。

学校各项服务工作都应有德育功能，全体服务人员都应热爱本职工作，以身作则，优质服务，使学生从中受到感染、激励和教育。

3．日常思想教育工作

辅导员和班主任是日常思想政治教育的直接组织者和协调者。要深入学生，搞好班集体、宿舍和年级工作；组织开展形式多样、生动活泼的教育活动；有针对性地做好深入细致的个别思想工作；加强心理健康和心理素质方面的咨询与指导；要通过各种行之有效的方式，密切学校与学生家长的联系，争取家庭教育与学校教育的良好配合。

4．党团工作和学生会工作

加强大学生中的党团建设，充分发挥学生党团组织在思想政治教育中的作用。通过业余党校、团校和学习马列、党章小组，加强大学生积极分子的教育、培养和学生党员发展工作，形成以学生党员为核心的学生骨干队伍。学校党团组织要加强对学生会（含研究生会）和学生社团组织的领导与管理，充分发挥它们的自我教育、管理、服务与约束的作用。

5．社会实践

教育与生产劳动相结合是坚持社会主义教育方向的一项基本措施。社会实践是促进理论与实际、学生与工农群众相结合的有效途径。学校要把劳动教育、军政训练、社会实践纳入教学、教育计划，有组织地开展各类社会实践活动，在活动中加强思想政治教育。学校应努力争取和借助社会各种教育力量，与社会企事业、部队、农村、机关共建社会实践基地。

6．校园文化建设

加强校园文化建设，优化育人环境，发挥环境的育人功能。要加强校风建设；开展各种文明健康的文化、科技和体育等活动；建设“文明、整洁、优美、有序”的校园环境；加强广播、影视、报栏、专刊等宣传舆论阵地的建设和管理，丰富精神生活，发挥正确的舆论导向和宣传教育作用；充分利用和发挥社会主义文化设施和大众传媒对德育的积极作用。

六、德育考评

德育考评是高校德育工作的重要环节，是实现高校德育目标的必要保证。通过考评，全面了解和衡量学生的思想政治品德表现及其发展水平。

各高等学校应以德育目标和普通高等学校学生行为准则为依据，建立和完善德育考评的指标体系和考评办法，按照思想、政治、品德的分项内容及其标准进行考评。

德育考评应坚持实事求是，采用科学方法和技术手段进行整体考核和综合评定，力求客观公正。应当以事实为依据，做到动态考评与静态考评相结合，定性考评与定量考评相结合，全面考评与重点考评相结合，阶段性考评与总结性考评相结合，教师考评与学生考评相结合。在考评过程中，要贯穿教育，注重实效。要激发学生参与的积极性，引导学生自我评价、自我教育。

德育考评是一项十分严肃与细致的工作，学校党组织与行政领导要高度重视、精心组织，并把考评结果与执行有关奖惩制度挂钩。

七、德育实施

实施德育大纲必须加强领导，必须有健全的领导体制，专门的组织机构，得力的队伍，完善的规章制度和必要的经费与物质保证。

1. 领导体制与组织机构

党委是学校德育工作的领导核心，应研究德育的指导思想、工作方针、任务和重要问题，主持制订德育的总体规划与实施计划，定期分析学生思想政治状况和德育工作状况。在党委的统一部署下，建立和完善校长及行政系统为主实施的德育管理体制，校长对学生德、智、体全面负责。应明确一名副校长（可由党委副书记兼任）具体负责德育工作。可成立学校德育工作领导小组，由党委书记或校长，或主管学生思想政治教育的副书记或副校长任组长。系（科）也应建立相应的德育工作领导小组。

高等学校的党委宣传部、学生工作部、“两课”的教学部门、教务处、学生处、团委是组织德育实施的主要职能部门；党委组织部、学生工作部和学校人事处是德育队伍的管理部门。学校的其他相关部门都要主动参与、密切配合，真正做到齐抓共管。

各省、自治区、直辖市和中央有关部委教育部门应有相应的机构，推动本地区和本系统高校德育的组织实施。

2. 德育队伍建设

高等学校德育队伍包括学生专职政工人员、“两课”教师和众多的兼做德育工作的业务课教师和党政干部。学生专职政工人员和“两课”教师都是德育专职教师。要优化队伍结构，建设一支专兼结合、功能互补、政治坚定、业务精湛的德育队伍。

学生专职政工人员是指专职从事学生思想政治教育的人员，包括学校分管德育工作的党委副书记（可兼副校长）、学生工作部（处）、团委中从事学生思想教育的人员、系党总支副书记（可兼副系主任）、团总支书记、辅导员（或年级主任）以及专职从事思想政治教育的其他人员等。与学生人数的比例大体掌握在1∶120—150。规模较小的学校应视情况酌情提高比例。高等学校的德育专职人员是教师队伍的重要组成部分。学校应当采取有效措施切实加强这支队伍建设，努力培养和造就一批思想政治教育的专家和教授。

马克思主义理论课和思想品德课教师队伍，应按照国家教委有关规定的比例配齐编制，优化结构。教育行政部门和高等学校应依据有关规定，采取切实措施，解决德育专职人员和“两课”教师的学习培训、专业技术职务评聘、待遇等问题，改善其工作、生活条件。

3. 建立与健全实施德育的规章制度

各地区和中央有关部委、各高校应根据有关规定和本大纲要求，结合实际建立健全有关规章制度。这些规章制度应包括：

（1）高校德育大纲实施细则。

（2）关于高校德育大纲实施情况的评估制度与办法。

（3）德育专职教师的培训制度、职务评聘办法。

（4）德育专职教师的工作条例、业绩考

评和奖励制度与措施。

(5) 兼职辅导员（或年级主任）、班主任（或班导师）的岗位责任及考核、奖励办法。

(6) 关于教书育人、管理育人和服务育人的制度。

(7) 有关学生的考评、奖惩的具体办法。

4. 实施德育的经费及物质保证

德育经费要确立科目、列入预算。基本来源为政府拨给的事业费和收缴的学生培养费或学杂费。其投入比例以占同年上述两项经费总数的2—4%为宜，人数较少的学校比例应高些。还应从预算外"学校基金"（含校办产业收入）中划拨一定比例的金额，弥补德育经费的不足。

高校德育经费投入的范围，包括对学生进行思想政治教育的教学、管理和日常德育活动两部分。思想政治教育教学、管理经费投入包括马克思主义理论课和思想品德课教学、德育专职教师的培训提高、社会考察与调研、有关教研室的业务条件建设和图书资料、德育科研。日常德育活动经费投入包括对学生的日常思想教育、假期和课余组织的学生社会实践、大型德育活动，以及用于学生和德育队伍表彰奖励（不含奖学金）等所需经费。

学校应把建设适应学生德智体全面发展的现代化德育设施、设备和活动场所、基地纳入总体建设规划，并从基本建设费和设备费中给予保证。

5. 德育工作评估

德育工作的质量是评价学校办学水平的重要指标之一，德育工作评估是使德育由软变硬，由虚变实的重要措施。按国家教委有关高等教育评估的规章对高等学校的德育工作实行两级评估。各省、自治区、直辖市教育行政部门负责对当地各高校（包括中央各部委所属高校）德育实施情况定期进行督促、检查，年终进行评估。各高校负责对本校各系、各部门德育实施情况定期进行督促、检查，年终进行评估。评估要围绕《中共中央关于进一步加强和改进学校德育工作的若干意见》和《中国普通高等学校德育大纲》执行和落实情况进行。主要内容包括：(1) 领导体制、机构和队伍建设情况；(2)"两课"建设情况、"三育人"工作开展情况，日常思想政治教育工作开展情况、党团工作和学生会工作情况、社会实践开展情况、校园文化建设情况；(3) 规章制度建设情况；(4) 德育投入情况；(5) 学校德育的总体效果。

6. 精心组织，加强领导

各省、自治区、直辖市和中央有关部委的教育部门和高等学校，要精心组织高校德育大纲的实施。用大纲统一认识，认真做好宣传、组织工作，充分调动学校各方面力量的积极性，认真执行，落到实处。还要有效地组织德育队伍大力开展德育科学研究，不断探索改革开放条件下学校德育的新经验和新方法，改进和加强学校德育工作。

本大纲自颁布之日起生效，国家教育委员会负责解释。

国家教委关于进一步加强和改进中学思想政治课教学工作的意见

（1995年12月20日）

为落实《中共中央关于进一步加强和改进学校德育工作的若干意见》，加强和改进中学思想政治课教学工作，现提出以下意见：

一、明确新时期改革思想政治课教学工作的任务

思想政治课是对中学生系统进行公民品德教育和马克思主义常识教育的必修课程，是中学德育工作的主要途径。它对帮助学生确立正确的政治方向，树立科学的世界观、人生观和价值观，形成良好的道德品质起着重要的导向作用。长期以来，广大思想政治课教师忠于职守、辛勤工作，为把一代又一代青少年学生培养成为有理想、有道德、有文化、有纪律的公民，并为把他们中的优秀分子造就成为马克思主义者做出了重要贡献。

党和政府历来十分重视思想政治课的建设。党的十一届三中全会后，为使思想政治课适应中国社会主义现代化建设和改革开放的需要，中共中央颁发了《关于改革学校思想品德和政治理论课程教学的通知》，阐明了改革思想政治课的意义、方针、方法和步骤。党的十四大后，中国社会主义现代化建设和改革开放进入了新的历史阶段，为促使学校德育工作适应21世纪世界经济政治发展的需要，中共中央及时制定了《关于进一步加强和改进学校德育工作的若干意见》，在《意见》中，党中央明确提出新时期思想政治课要重点进行教学内容和教学方法改革的任务。

国家教委将根据我国新时期社会主义现代化建设对公民品德素质的要求和当代青少年学生身心发展的需求，以邓小平同志建设有中国特色的社会主义理论为指导，修定思想政治课教学大纲，改进和完善现行思想政治课教学内容体系，组织编写出示范性的新教材；各级教育行政部门和教研部门要根据新形势的要求加强对思想政治课教学工作的领导，建立、健全对思想政治课的科学管理制度和有效的激励机制，不断提高思想政治课的教学实效和思想政治课教师的整体素质；各地的教学研究室、教育学院（教师进修学校）要通过开展教研活动、教师培训活动和继续教育活动等多种形式，积极创造条件帮助思想政治课教师改进教学方法和考试方法，引导他们把教育教学的重点放在帮助学生确立正确的政治方向、养成健康心理品质和提高分析解决问题的能力上，促进思想政治课教师业务水平的提高。

二、完善思想政治课教学内容和改进教学方法

根据中共中央《关于进一步加强和改进学校德育工作的若干意见》确定的学校德育工作的总体目标，思想政治课要在1992年国家教委颁发的《全日制中学思想政治课教学大纲（试用稿）》基础上，进一步科学规划九年义务教育阶段初中思想政治课和小学思想品德课的教学内容体系，完善高中思想政治课的教学内容，完成与小学思想品德课和大学思想品德课、政治理论课之间的整体衔接工作，处理好与其它学科中思想教育内容的有机联系，避免教育内容的脱节和简单重复，增强教学的针对性，提高教学的实际效果。

初中思想政治课要在小学以“五爱”为中心内容的思想品德课教学基础上，对学生进行公民的良好道德品质教育、健康心理素质教育、法律意识教育、社会发展常识和国情教育。帮助学生形成良好的思想品德，使他们对社会的发展方向和我国社会主义建设的实际情况能够有正确的认识，逐步树立起社会责任感。高中思想政治课在初中教育的基础上，以邓小平同志建设有中国特色的社会主义理论为中心内容，简明扼要地对学生

进行马克思主义有关政治、经济、哲学的基本理论观点教育和必需的社会科学常识教育。帮助学生逐步形成分析问题、观察社会、选择人生道路必须具有的科学世界观、人生观和价值观，使他们具有参加我国社会主义建设必备的思想政治观念和一定的分析问题和解决问题的能力，确立为建设有中国特色的社会主义奋斗的政治方向。

根据初中和高中思想政治课教学目标要求，国家教委负责组织编订《九年义务教育初级中学思想政治课课程标准》和《高级中学思想政治课课程标准》,并组织编写示范性的教材。《课程标准》和教材拟从1997年后开始逐步使用。各地可根据正式颁发的《全日制思想政治课课程标准》,按国家教委关于中小学教材编写、审查和选用的规定编写教材。

课堂教学是思想政治课教学的最基本形式。《课程标准》是指导教学的纲领性文件，教师要认真钻研《课程标准》和教材，并注意联系国内外形势和学生的思想实际情况，选择切实有效的方式和方法进行教学。为提高课堂教学的实效，思想政治课教师要注意不断加强政治理论和教育教学理论以及时事政策的学习。教师在教学中还要充分利用录音、录像、电影、投影、挂图及计算机等设备辅助教学，增强教学的效果。

时事教育是思想政治课的重要组成部分。时事教育内容是对思想政治课教学内容的重要补充。各地教育行政部门和学校要认真贯彻国家教委办公厅《关于进一步加强中学时事教育的几点意见》(教基厅［1993］25号）和《关于请各地组织收听〈中学生时事〉广播的通知》(教基厅［1993］21号）精神，组织思想政治课教师按照国家教委统一部署或各地教育行政部门的安排上好时事课。实行新工时制后，高中时事课改用选修课和活动课时间进行，每学年的教学总量不少于17课时；初中时事教育利用每周的晨会或校会时间，结合组织学生收听中央人民广播电台《中学生时事》广播或广播录音进行。上述规定的时间可每周平均使用，也可适当集中使用，但不得挪作它用。

社会调查和参观访问等社会实践活动是思想政治课教学的组成部分。它可利用思想政治课教学时间或学校教学计划中的社会实践时间进行，每学年安排一至两次。社会实践活动要因地制宜、因校制宜，讲求实效，注意安全。

三、建立思想政治课的教学评估制度、改进考试方法

建立和健全思想政治课教学的评估制度，是提高思想政治课教学质量的重要措施。对思想政治课教师教学的评估项目选定要反映全部的思想政治课课程目标，评估的标准确定应因地制宜，逐步提高。各级教研部门和学校要根据思想政治课的教学目标要求和本地的实际情况确定评估的项目，并制定出对教师教学、备课活动的评估标准，通过评估，检查教师的教学目标是否已经达到、教学方法是否有效地运用、选择的教学资料是否合宜等，促进思想政治课教师业务水平的提高。在各地评估工作的基础上，国家教委将研究制定指导性的《评估办法》。目前各地开展的优秀课、优秀教案、优秀教学论文等评选活动发挥了较好的作用，应进一步总结完善，逐步做到规范化、制度化。

学习成绩是反映学生完成学业状况的重要依据。平时教师应依据思想政治课课程标准，确定思想政治课的考核内容。思想政治课的考试要克服重片面强记资料、观点的倾向，注重对学生综合能力的考查。教师通过对学生的考核检查自己的教学效果、衡量学生对所学知识的理解程度和运用能力。提倡思想政治课的考试采取开、闭卷相结合的方式或撰写小论文、调查报告等多种形式进行。高中和高校的招生考试以及初中毕业考试和高中毕业会考中的思想政治课考试命题范围及深度、难度均要依据思想政治课课程标准制定。

四、加强对思想政治课教学工作的领导和教师队伍的建设

建设一支能坚持党的基本路线、有较高的政治理论素养、热爱思想政治课教学工作的师资队伍，是加强和改进思想政治课教学工作的根本保证。思想政治课教师必须坚决拥护党的基本路线，具有一定的马克思主义理论修养、较丰富的社会科学知识和必要的自然科学知识。初中思想政治课教师应具备相当于大学政教专业专科毕业或以上的学历，高中思想政治课教师应具备相当于大学政教专业本科毕业或以上的学历。凡尚未达到要求的现任思想政治课教师，要通过进修达到要求。为保证思想政治课教师队伍的后备力量，各地除鼓励应届高中毕业生积极报考师范院校政教专业外，还应有计划的选送优秀的学校的团委书记、大队辅导员到师范院校或教育学院政教、政法、政史专业进修学习，毕业后补充进思想政治课教师队伍。已取得合格学历的思想政治课教师，还要不断的接受继续教育，以适应社会发展的需要。今后各地要逐步把专职思想政治课教师参加进修培训的考核情况作为评定教师专业职称和晋级的必备条件。

依据《中共中央关于进一步加强和改进学校德育工作的若干意见》，各级教育行政部门和学校都要采取措施，组织思想政治课教师参加社会实践，接触实际、了解国情，增加教师对社会主义现代化建设的感性认识。思想政治课教师阅读文件的范围，可酌情放宽，凡中学校长阅读的有关文件，原则上可组织思想政治课教师阅读或向他们传达。学校资料室要为思想政治课教师订阅必备的教学参考书和报刊杂志。学校要努力为思想政治课教研组（室）配齐教学仪器设备，有条件的地区和学校还应努力为思想政治课教研组（室）建立电化教学资料库。

搞好思想政治课教学工作是用科学思想武装人，以崇高精神塑造人的重要保证，各级教育行政部门应有专门机构和一位领导分管思想政治课教学工作，学校校长应主管思想政治课教学工作。分管思想政治课教学工作的领导，要经常深入教学第一线了解情况，帮助解决困难和问题，切实保证教学工作的落实。高中思想政治课毕业会考结束后，学校应有计划的组织没有授课任务的教师参加短期培训、社会调查或安排他们开设选修课程。各地教育行政部门对未按规定开设思想政治课和未按规定进行时事教育的学校，应令其限期纠正。

资料汇编

全国人口主要数据

国家统计局1996年2月14日发布关于1995年全国百分之一人口抽样调查推算的主要数据公报：

遵照国务院的决定，我国于1995年进行了全国百分之一人口抽样调查。这次调查采取分层、多阶段、整群抽样的方法，在全国30个省、自治区、直辖市（未含台湾省和港澳地区，下同）共抽取1558个县级行政单位、47471个调查小区，共调查登记12565584人（含现役军人），占全国人口总数的百分之一点零四。调查登记的标准时间为1995年10月1日0时。在国务院和地方各级人民政府的领导下，各族人民群众积极支持和密切配合，经过广大调查员和全体工作人员的艰苦努力，圆满地完成了调查登记任务。目前，主要数据的快速汇总工作已经结束。

一、全国总人口

1995年10月1日0时，全国30个省、自治区、直辖市和现役军人的人口总数为120778万人。同1990年第四次全国人口普查的1990年7月1日0时113368万人相比，5年零3个月间增加7410万人，增长百分之六点五四，年平均增长百分之一点二一。“八五”计划期间我国人口增长速度明显下降，与“七五”计划期间相比，年平均增长率下降0.34个百分点，这表明“八五”计划期间我国人口控制工作取得了显著的成就。

二、出生率和死亡率

1995年我国人口出生率为千分之十七点一二，出生人口2063万人；死亡率为千分之六点五七，死亡人口792万人；自然增长率为千分之十点五五，全年净增1271万人。与1994年相比，出生人口减少47万人，死亡人口增加18万人，净增人口减少65万人。

三、家庭户人口

全国家庭户为32211万户，119181万人，家庭户平均户规模为3.7人；与1990年第四次全国人口普查相比，家庭户平均户规模减少0.3人。

四、常住人口状况

常住本乡、镇、街道，而常住户口在本乡、镇、街道的115098万人，占全国人口总数（未含现役军人）的百分之九十五点五五；居住在本乡、镇、街道，而常住户口在外乡、镇、街道的4758万人，占全国人口总数的百分之三点九五；其他户口状况的602万人，占全国人口总数的百分之零点五零。

五、性别构成

全国男性人口为61629万人，占百分之五十一点零三；女性人口为59149万人，占百分之四十八点九七，性别比为104.19（以女性人口为100）。

六、民族构成

全国汉族人口为109932万人，各少数民族人口为10846万人，与1990年第四次全国人口普查相比，汉族人口占总人口的比重由百分之九十一点九六下降为百分之九十一点零二；各少数民族人口占总人口的比重由百分之八点零四上升为百分之八点九八。

七、城镇人口

全国居住在城镇地区的人口为34752万人，与1990年第四次全国人口普查相比，城镇人口占全部人口的比重由百分之二十六点二三上升为百分之二十八点八五，提高2.62个百分点。

八、教育

每10万人口接受过各种教育的人口分别为：大专以上的2065人，比1990年上升643人；高中的8282人，比1990年上升243人；初中的27283人，比1990年上升3939人；小学的38441人，比1990年上升1384人。

全国文盲、半文盲人口为14505万人，与1990年第四次全国人口普查相比，文盲、半文盲人口占总人口的比例由百分之十五点八八下降为百分之十二点零一。

九、抽样误差

这次人口抽样调查在百分之九十五的把握程度下，人口出生率的抽样误差为千分之零点七三，人口死亡率的抽样误差为千分之零点三九。上述数据表明，这次抽样调查的结果符合设计要求，数据质量是可靠的。

注：1. 城镇人口为设区的市所辖的区人口、不设区的市所辖的街道人口以及不设区的市所辖镇的居委会人口和县辖镇的居委会人口。

2. 接受各种教育的人包括各类学校的毕业生、肄业生和在校生。

3. 文盲、半文盲人口为15及15岁以上不识字或识字很少的人。

4. 在估算1995年全国出生率、死亡率时，已经考虑了抽样误差的影响。

中国儿童的教育状况

1996年4月3日，新华社发布中华人民共和国国务院新闻办公室关于《中国的儿童状况》白皮书。其中有关“儿童教育”方面的内容，节录如下：

前　言

中国是一个发展中国家，有12亿多人口，其中16岁以下儿童有3亿多，约占世界儿童总数的五分之一。

如何看待中国儿童今天的状况呢？联合国《世界儿童状况1996》曾公布过的一组数字，已反映了几个方面的具体情况：

——关于儿童的基本指标，1994年5岁以下儿童的死亡率，发展中国家平均为101‰，东亚和太平洋地区平均为56‰，中国为43‰。

——关于儿童的营养状况，1980年到1994年，低体重（中重度）儿童的比例，发展中国家平均为35%，东亚和太平洋地区平均为23%，中国为17%。

——关于儿童的卫生状况，1994年1岁儿童卡介苗、百白破、小儿麻痹和麻疹的免疫所占的百分比，发展中国家平均分别为87%、80%、80%和78%，东亚和太平洋地区平均分别为94%、91%、92%和89%，中国分别为94%、93%、94%和89%。

——关于儿童的教育状况，1986年至1993年，发展中国家的小学净入学率男女平均分别为87%和80%，东亚和太平洋地区平均分别为99%和94%，中国分别为99%和94%。

为使世人更为全面地了解中国的儿童状况，了解中国政府和全社会保护儿童生存和发展的状况，以及中国作为发展中国家在儿童的发展方面还存在什么尚待解决的困难和问题，现将有关情况公之于世。

一、儿童权益的保障

儿童是人类的未来和希望，今天的儿童是二十一世纪的主人。儿童的生存、保护和发展是提高人口素质的基础，是人类发展的先决条件，直接关系到一个国家和民族的前途与命运。中华民族素有“携幼”、“爱幼”的传统美德，中国古语“幼吾幼以及人之幼”流传至今。中国政府一向以认真和负责的态度，高度关心和重视儿童的生存、保护和发展，把“提高全民族素质，从儿童抓起”作为社会主义现代化建设的根本大计，在全社会倡导树立“爱护儿童、教育儿童、为儿童做表率、为儿童办实事”的公民意识，并努力为儿童事业的发展创造良好的社会条件。中国实行改革开放政策以来，儿童工作进一步走上社会化、科学化、法制化的轨道，儿童工作成为国家建设和全社会义务的重要组成部分。

面向二十一世纪的儿童工作纲领

1992年2月16日，中国政府正式颁布了《九十年代中国儿童发展规划纲要》。《纲要》的制定，充分显示了中国政府重视和关怀儿童事业严肃、负责的态度。《纲要》根据中国国民经济和社会发展十年规划和第八个五年计划（1991—1995）提出的任务和总目标，依据世界儿童问题首脑会议通过的两个文件精神，结合中国儿童工作的实际情况，以面向世界、面向未来、面向现代化的姿态，提出了到2000年将1990年的婴儿死亡率和5岁以下儿童死亡率分别降低三分之一、使1990年5岁以下儿童中度和重度营养不良患病率降低一半等10项主要奋斗目标和实现这些目标的策略和措施。中国30个省、自治区、直辖市都依据《纲要》，结合本地区的实际制定了儿童发展规划，全国范围内实现《纲要》的措施和工作是扎实而有效的。

立法保护

中国多年来致力于通过立法来保护儿童的合法利益，进而使儿童权益的保护法制化、规范化。

中国从国情出发，参照世界各国立法，特别是有关保护儿童权益的法律和国际文件，制定了以《中华人民共和国宪法》为核心，包括《刑法》、《民法通则》、《婚姻法》、《教育法》、《义务教育法》、《残疾人保障法》、《未成年人保护法》、《妇女权益保障法》、《母婴保健法》、《传染病防治法》和《收养法》等在内的一系列有关儿童生存、保护和发展的法律，以及大量相应的法规和政策措施，形成了较为完备的保护儿童权益的法律体系。中国宪法明确规定："国家培养青年、少年、儿童在品德、智力、体质等方面全面发展"，"儿童受国家的保护"，"禁止虐待儿童"。根据中国宪法，中国的有关法律对儿童的生命权、生存与发展、基本健康和保健、家庭环境和替代性照料、教育、休闲和文化活动以及残疾儿童的特殊保护等均有全面系统的规定，并规定对虐待、遗弃、故意杀害儿童以及偷盗、拐卖、绑架、出卖、收买儿童等犯罪行为，予以严厉惩处。在中国的宪法、法律和有关行政法规中，还对保护儿童权益的政府职能、社会参与、工作原则以及相应的法律责任有比较完整的规范，从中可以清楚地看出中国为保护儿童权益制定的法律框架和社会保障机制是行之有效的。

……

组织保障

为了切实保护儿童权益，中国的立法、司法、政府各有关部门以及社会团体都建立了相应的机制，以监督、实施和促进保护儿童事业的健康发展。

作为中国最高国家权力机关的全国人民代表大会，其内务司法委员会负责妇女儿童权益保障的立法和执法监督检查，委员会内设立了妇女、儿童专门小组，配有专职人员。中国人民政治协商会议设有社会与法制委员会，其职责之一是监督和促进国家有关妇女、青年、儿童等方面的法律、法规的实施，并就这方面的问题和情况向国家的立法、行政部门提出建议。

中国国务院成立了妇女儿童工作委员会、该委员会由有关的政府职能部门和社会团体的负责人组成，由政府一名国务委员担任主任。该委员会负责协调和推动政府有关部门实施《九十年代中国儿童发展规划纲要》;协调和推动政府有关部门为妇女儿童办实事。中央和地方政府的各有关部门，如教育、卫生、文化、公安、体育、民政等部门，也设立了负责儿童工作的职能机构。各省、自治区、直辖市组建了妇女儿童工作委员会或未成年人保护委员会，组织并指导当地的儿童权益保护工作的开展。一些群众性团体和组织也承担了大量的保障儿童事业发展的任务。

国际合作

为促进儿童保护领域的国际合作，中国政府和社会力量在扎实、有效地做好国内儿童生存、保护和发展工作的同时，还积极参与有关儿童生存、保护和发展的全球性和区域性国际合作与交流活动。多年来，中国与联合国儿童基金会、联合国教科文组织和世界卫生组织在有关儿童保护领域进行了卓有成效的合作，得到了有关国际组织和权威人士的好评。

中国政府总理李鹏代表中国政府签署了1990年世界儿童问题首脑会议通过的《儿童生存、保护和发展世界宣言》及《执行九十年代儿童生存、保护和发展世界宣言行动计划》两个文件，这既是对数亿中国儿童，也是对国际社会的庄严承诺。中国积极参与联合国制定《儿童权利公约》的工作，1989年第四十四届联合国大会审议并通过该公约时，中国是提出通过公约的决议草案的共同提案国之一。1990年12月29日，中国正式签署了该公约。翌年，中国全国人民代表大会批准该公约，公约于1992年4月1日正式对中国生效。公约是国际社会为保护儿童权利制定的一项普遍适用的标准，中国政府承担并认真履行公约规定的各项义务。

二、儿童的健康与保健

中国政府和社会各界高度重视儿童的健康和保健，为保护儿童的生命和健康做了大量艰苦细致的工作，成效明显。

出生与死亡

1995年，中国人口出生率为17.12‰，出生人口2063万人，人口自然增长率为10.55‰。

5岁以下儿童死亡率是衡量一个国家儿童状况的一项重要指标。据1994年全国妇幼卫生监测报告，中国的婴儿死亡率由五十年代初期的200‰下降到37.79‰，5岁以下儿童死亡率为46.75‰。1950年至1980年，中国婴儿死亡率的年平均下降速率在5%以上，此下降速率既快于同期发展中国家平均婴儿死亡率下降速率（2.5%），也快于发达国家年平均下降速率（4.6%）。九十年代以来，中国的婴儿死亡率、5岁以下儿童死亡率的年平均下降速率分别为6.50%和5.85%。目前，没有一个人均年收入和中国相近的国家达到如此水平。

……………………

三、儿童的教育

中国政府一直把儿童教育置于整个教育事业发展的优先地位。在政府和全社会的共同努力下，近年来，中国的儿童教育事业有了很大发展，许多指标优先于其他发展中国家，有的接近发达国家水平。

大力增加教育投入

近年来，中国确立了以财政拨款为主，其他多种渠道筹措教育经费为辅的教育经费筹措体制，并规定中央和地方政府的教育拨款的增长要高于财政经常性收入的增长，使按在校学生人数平均的教育费用逐年增长。

据统计，1994年中国用于小学教育经费达594亿元，每个学生平均事业性公用经费89.47元；用于普通中学教育经费已达435亿元，每个学生平均事业性公用经费239.89元。

中国政府十分关注边远、贫困和少数民族地区的教育事业。八十年代以来，国家设立了普及小学教育补助费和发展职业教育、师范教育、民族教育补助费等。国家教委和财政部决定从1995年到2000年，利用中央普及义务教育专款和地方各级政府的配套资金，组织实施“国家贫困地区义务教育工程”。这项工程总投入预计100多亿元，重点用于改善贫困地区小学、初中学校的办学条件。

中国还努力通过多种渠道筹措教育经费。据不完全统计，1991—1994年间，中国多渠道筹措用于改善中小学办学条件的经费共338亿元，使全国绝大多数中小学的教学仪器、图书资料、文体器材和校园设施等有了不同程度的改善和充实。

发展学前教育

动员全社会的力量，采取多种形式，多渠道地发展幼儿教育，在当地政府举办幼儿园的同时，鼓励单位、团体及个人根据有关规定举办幼儿园，是中国发展学前教育的方针之一。近年来，由于各级政府和全社会的大力支持和积极参与，中国学前教育事业稳步发展，已形成了国家、集体和公民个人一起办幼儿园的局面。1995年中国有幼儿园18万所，在园儿童2711.23万人，3—5周岁儿童入园率达42.2%。在城市，幼儿教育形式多为全日制幼儿园，辅之部分寄宿制和部分学前班。在农村，经济发展情况较好的地区已做到乡乡有中心幼儿园，村村有学前班。一些经济发展落后、人口居住分散、交通不便的农村、山区和牧区，除了努力创造条件举办学前班外，还有儿童活动站、游戏小组和巡回辅导组等非正规幼儿教育形式。

提高适龄儿童入学率

普及九年义务教育，是中国实施基础教育的一项主要目标。由于政府的努力和全社会的大力支持，到1995年，全国小学在校生13195万人，小学适龄儿童入学率为98.5%；在校生辍学率为1.49%；小学毕业生升学率为90.8%。按中国现行测定普及小学义务教育的标准，占全国人口91%的地区基本普及了初等教育。根据联合国教科文组织的材料，中国的适龄儿童入学率明显高于其他同等发展水平的国家。

女童教育是发展中国家儿童教育面临的突出问题。新中国成立时，全国女童入学率只有15%。建国后，中国政府采取了许多措施，使女童教育有了很大发展，男女儿童入学率差距逐年缩小，较好地解决了许多发展中国家至今尚未解决的问题。据统计，1995年全国小学适龄女童入学率为98.2%，男女性别差仅为0.7个百分点，女在校生比例占47.3%。

救助失学儿童

在中国贫困地区，存在着因家庭贫困而失学的小学生。各级政府把帮助贫困家庭儿童就学纳入各类扶贫计划，采取各种措施帮助这些儿童重返校园。同时，在政府的关心和大力推动下，社会各界也纷纷伸出援助之手，使失学儿童获得受教育的基本权利。

1989年10月，中国青少年发展基金会在北京宣布实施“希望工程”。它通过设立助学金，长期资助贫困地区因家庭经济困难失学的孩子重返校园，并为一些贫困乡村新建、修缮校舍，购置教具、文具和书籍等；通过“百万爱心行动”、“1（家）+1助学行动”等活动，广泛动员全社会的力量来帮助贫困地区的失学儿童重返校园。到1995年底，“希望工程”已筹集资金6.9亿元，资助125万失学儿童继续其小学学习，并资助建设了2000多所希望小学。

从1989年开始，中国儿童少年基金会实施了“春蕾计划”，设立帮助女童入学的专项基金，对贫困地区的女童实施免费初等义务教育。“春蕾计划”1994年和1995年两年共资助10万名失学女童重返校园。

四、残疾儿童的保护

中国高度重视残疾儿童的保护，努力为残疾儿童的生存和发展创造良好条件。

权 益 保 护

中国重视残疾儿童的权益保护。在中国0—14岁儿童中，有残疾儿童900余万人，占全国同龄儿童总数的2.66%。中国的宪法和有关法律对保护包括残疾儿童在内的残疾人的合法权益有明确的规定。《残疾人保障法》对保障残疾人合法权益作了全面、系统的规定，包括残疾人在政治、经济、文化、社会和家庭生活等方面享有同其他公民平等的权利；禁止歧视、侮辱、侵害残疾人；国家有计划地开展残疾预防工作；保障残疾人康复、教育、劳动、娱乐、福利等权益。这些规定都适用于残疾儿童。该法还对残疾儿童的特殊保护问题作了专门规定。

为保障残疾人权益，促进残疾人事业的发展，经中国政府批准成立了残疾人的代表、服务和残疾人事业的管理机构——中国残疾人联合会（简称中国残联），它的一项重要任务就是保护残疾儿童的合法权益。在地方，建立了省（自治区、直辖市）、地、县残联，对本地包括残疾儿童在内的残疾人事业实施服务和管理。

残疾预防与康复

中国政府实行预防为主的方针，采取一系列措施预防儿童的先天致残。

中国大力开展强化计划免疫，有计划、大规模地给儿童少年补碘，并进一步治理地方病，控制环境污染，对地甲病、克汀病、大骨节病流行地区，采取补碘、改土净水等措施。同时，各级政府和医疗保健机构严格执行《婚姻法》、《母婴保健法》及预防先天残疾的有关法规，控制有害遗传，加强婚育、孕产系统管理，搞好婚前检查、婚前教育、产前检查、遗传咨询、围产期保健、母婴保健、早期教育等服务工作。

中国政府为帮助残疾儿童恢复或者补偿功能，增强其参与社会生活的能力做了大量工作，效果良好。

开展“三项康复”（小儿麻痹后遗症矫治、聋儿听力语言训练以及白内障复明）工作。截至1995年底，共有36万小儿麻痹后遗症患者经矫治手术改善了功能，有效率达98%左右；完成6万多名聋儿康复任务，使他们都能开口说话，其中10%的康复聋儿进入普通幼儿园、小学学习；为3万名低视力儿童配用了助视器，提高了视力；使10万智残儿童增强了认知和自理能力。目前，中国已建立了全国聋儿康复研究中心和26座省级聋儿康复中心，以及1000多个残疾儿童康复站、寄托所、训练班。

建立社区康复服务体系。中国利用城乡三级医疗预防保健网开展社区康复，使城乡基层的大多数残疾儿童能够享有基本的康复服务。同时，在各级地方政府领导下，成立了由卫生、民政、残联等有关部门参加的社区康复领导小组，相互协调、分工合作，共同制定社区康复规划，并组织实施。

1982年，中国民政部与联合国儿童基金会开展了“残疾儿童社区康复”合作项目。到1994年为止，已在全国23个省的32个市、县建立了残疾儿童康复网络，对残疾儿童工作者及家长进行了系统的培训，有效地提高了残疾儿童康复工作的管理水平。

残疾儿童教育

中国的《教育法》、《义务教育法》、《残疾人保障法》、《残疾人教育条例》等法律法规中，对残疾儿童教育的职责、特点、发展方针、办学渠道、教育方式等作出了全面、系统的规定。根据有关法律法规，中国政府将残疾儿童教育纳入义务教育。

在中国，经过多年努力，以在普通学校附设特殊教育班和随班就读为主体、以特殊教育学校为骨干的残疾儿童义务教育格局已经形成。到1995年底，全国残疾人特殊教育学校已达1379所，比1980年增长4倍，普通学校附设特教班6510个，在校生总数（含随班就读学生）达29.6万人，比1980年增长8倍。全国盲、聋、弱智儿童的平均入学率已达60%，在经济发达地区达到80%。

社会环境

中国动员社会采取多种方式关心和帮助残疾儿童的成长，大力弘扬残疾儿童自强不息的精神，倡导团结、友爱、互助的社会风尚。大众传媒积极反映残疾儿童生活，报道残疾人事业发展情况。广播、电视普遍开办残疾儿童专题节目，并配制手语、字幕。逐步实行方便残疾人的城市道路和建筑物设计规范，采取无障碍设施等措施，为残疾儿童的生存和发展创造良好的社会环境。

中国政府规定，自1991年起，每年5月的第三个星期日，为全国助残日。少年儿童积极开展“红领巾助残”活动；青年积极开展“志愿者助残行动”。社会各界也通过各种方式广泛参加各种形式的助残活动。残疾儿童在全社会的关心下，得到了多方面的实际帮助和服务。

五、儿童福利院

中国的儿童福利院工作是中国儿童工作的特殊组成部分。儿童福利院和其他也监护养育部分儿童的社会福利院监护养育的儿童主要是因天灾和不可预测事故失去双亲的孤儿，同时也监护养育因身患难以完全康复的智残、肢残等重残或因严重疾病而被父母遗弃的儿童，目前，这类在院监护养育的儿童共有2万名左右，约占中国未成年人总数的十万分之五左右。

监护养育

在中国，由民政部门具体负责孤儿和被遗弃的病残儿童的监护养育和安置工作。

中国现阶段的孤儿的监护养育办法是：一部分由国家和集体举办社会福利事业单位集中监护养育，直至他们长大成人，对监护养育的痴呆和重残孤儿实行终身供养；另有一部分分散在社区群众家中寄养，福利院对其实行监护；还有一部分由国内公民根据法律规定收养，少部分被外国公民依法收养。

截至1995年底，由各地政府投资举办的儿童福利院73所，监护养育孤儿和被遗弃的病残儿童8900人，全国城市的1200多个社会福利院和部分农村敬老院，也监护养育部分孤儿和被遗弃的病残儿童，还有一些孤儿和被遗弃的病残儿童或分散在群众家中寄养，或由群众依法收养。此外，全国各地区还兴办了孤儿学校、康复中心、弱智儿童培训班、残疾儿童康复站、社区康复站等为社区孤儿、残疾人服务的组织近万个，社会个人或组织还兴办社会福利机构上百家。

除政府和社会建立福利院抚养孤儿和被遗弃的病残儿童外，中国还积极开展公民收养工作，使这些丧失家庭的儿童重新得到家庭的温暖，健康成长。为了保护合法的收养关系，维护当事人的合法权利，有利于被收养的未成年人的抚育、成长，中国全国人民代表大会常务委员会制定了《收养法》，根据该法，经国务院批准，司法部、民政部发布施行了《外国人在中华人民共和国收养子女实施办法》。中国的孤儿收养工作有法可依，也完全符合联合国《儿童权利公约》提出的原则。

实施收养的各种手续是严格依法进行的。不论是中国公民还是外国人，收养都必须符合法律规定的条件和程序。中国政府的各有关部门在为当事人办理收养手续的过程中，严格按法律规定收取各项费用。根据法律规定，收养人要向福利院支付被收养人抚育费，支付的数额主要通过协商确定，该项费用用于改善福利设施和院内孩子的生活。

经 费

中国儿童福利院的经费，以国家和地方财政拨款为主，集体集资、发行福利彩票和社会捐助为辅。其中财政拨款列入当年财政预算，实行全额拨款。1990—1994年，仅地方财政用于城市各类福利院儿童养育费用直接投入就达5.15亿元，其中40%左右直接用于儿童生活，年平均增长25.5%，保证了福利院儿童生活的基本需要。五年来，国家专门用于改善儿童福利院办院条件的资金7.4亿元，其中中央和地方投入福利彩票募集的福利资金2.4亿元，地方财政投入1.5亿元，社会捐赠3.5亿元。

由于各地经济发展水平不同，各儿童福利院获得的经费数额也有所不同。在经济发达地区，儿童福利院每个儿童每月平均费用400—500元，欠发达地区的儿童福利院每个儿童每月平均费用200—300元，在中国相对较低的物价水平的情况下，福利院儿童的生活费用一般都不低于当地居民生活的平均水平。

管理制度

中国的儿童福利院已形成一套较完善的系统的管理制度。如：规定入院的儿童需经观察期，在为时2—3个月的观察期里，由有关部门寻找其父母或进行身份认定，做体格检查，实行医护隔离，使儿童入院后身体健康，不带传染病；规定福利院必须有一定数量的专业技术人员，其中国家一级福利院专业技术人员需占职工总数的70%以上，二级福利院占65%以上。各个儿童福利院都制定了规章制度，各项工作规程有十分严格的要求，这些制度和规程涉及到福利院内部管理及儿童生活的各个方面，如养育、护理、医疗、康复、科研、培训、社区康复、后勤保障等。

为了监督这些管理办法的执行，民政部门经常进行检查，对执行好的单位予以表彰，对严重违反规定的单位与个人予以处罚。

“养、治、教”相结合的方针

中国的儿童福利院实行“养、治、教”相结合的办院方针，重养、重治、重教。

羸弱无助的孤儿和被遗弃的病残儿童在福利院得到精心照料和养育，他们中的许多人在这里长大成人后走上了社会。1976年的唐山大地震造成了4200余名失去父母的孤儿，大的16岁，小的才几个月，在政府和社会各界的热忱关心和帮助下，他们中除由其亲属领养外，其余的都先后被安置在邢台市的儿童福利院和唐山市、石家庄市等地的孤儿学校，生活和学习费用大都由国家负担。1995年10月，由福利院监护养育的最后一位唐山大地震的孤儿王安也离开了福利院，到一家医院工作。位于长春的吉林省儿童福利院，建院38年来，已有2478名孤儿于这里长大成人后走上了社会。

来到福利院的儿童，大部分入院时身患重病或有严重的先天性残疾。儿童福利院很重视对这些儿童的医疗和康复，使病残儿童最大程度地得到救治。对重度病残儿童，福利院将其送往所在地区的医院进行治疗。1995年经治疗脱残的儿童达200余人。儿童福利院均配有医生、康复师、营养师，设置医务室、康复室、抢救室、化验室和药房，对监护养育儿童所患疾病及时进行医治。许多儿童福利院在政府和社会各界的关心下，拥有了较先进的医疗设施，以满足儿童的基本医疗需求。目前，中国已有一支热爱孤残儿童福利事业的专业人员队伍，儿童福利院中医护人员占正式工作人员的32%。

从1995年起，民政部与卫生部在全国实施了残疾孤儿康复工程，大型医院对施行手术的孤儿免费住院，半费收取手术费和治疗费。福利院的残疾儿童，都不同程度地参加了形式多样的康复训练。一些经过康复训练的残疾儿童已恢复或基本恢复了身体功能。

在儿童福利院，智力健全的儿童，无论是否身体残疾，均与正常儿童一样全部接受义务教育。对盲、聋、弱智的儿童，由福利院负责把他们送到特殊教育学校学习。此外，国家还举办了30余所专门的孤儿学校，针对这些儿童的身心特点进行教育；有的实行义务教育和职业教育相结合的办校方针，使孤儿毕业后有一技之长。为方便重度残疾儿童接受教育，各儿童福利院均建立了特殊教育班，培养孩子们的生活自理能力。政府从1989年起设立了特殊教育专项资金，1995年这项资金为2300万元人民币，其中用于儿童福利院特教班的经费为110万元。

群众性助孤活动

中国政府倡导助孤活动，要求全社会都来关心和帮助孤儿健康成长。近几年，中国群众性助孤活动日益深入。

——群众性献爱心活动广泛开展，涌现出一批志愿者队伍。在上海、北京等地开展的“好心人抱一抱孤儿”、“为孤残儿童献爱心、送健康”、“援助孤儿大行动”、“爱心同盟”等活动，均得到社会各界的积极响应。在这些活动中，众多城市的许许多多家庭或在节假日或在平时纷纷将福利院的儿童接到自己家中，使他们能享受到家庭的温暖和爱抚。

——成立中华慈善总会，宣传慈善事业，广泛募集捐助。截至1995年底，中华慈善总会已在全国各地发展了44个地方组织作为团体会员，总会系统共募集社会捐助1亿多元，其中相当一部分用于资助孤儿就业培训和为孤儿实施脱残手术。

——社会各界关心儿童福利院，向儿童福利院捐款捐物，支持儿童福利院不断改善养育、救治和教育条件。山东省青岛市、新疆维吾尔自治区策勒县等一些地方建立了孤儿福利基金。上海市儿童福利院仅1994年和1995年就收到社会各界的捐款440万元。目前，全国已有8000名孤儿得到入学资助。

——个人兴办福利院的积极性日见高涨，民间社会福利机构不断增多。广州市个人举办的社会福利机构的床位已占该市社会福利机构总床位的10%。

中国在儿童的生存、保护和发展方面作出了巨大的努力，取得的成就受到联合国儿童基金会、联合国教科文组织和世界卫生组织以及其他国际组织和有关人士的积极评价。同时，中国政府清醒地看到，由于中国是一个人口众多的发展中国家，经济基础较薄弱，人均收入在世界各国中仍处于比较落后的位置，城市与农村之间、地区之间发展水平还很不平衡，儿童工作还存在着许多困难，不少方面的情况还需要继续改善。比如：

在儿童的医疗保健方面，中国农村儿童的疾病发生率还较高，某些贫困地区的儿童营养状况还低于正常标准；在儿童的教育方面，一些边远和贫困地区学校教学条件困难，中小学生的失学现象在一定程度上还存在；在残疾儿童的保护方面，国家在较短的时间内还难以筹集到更多的经费，充分满足保护残疾儿童的实际需要；由于各地经济发展水平不同，有些儿童福利院办得较好，有些则因经济困难条件较差。因此，随着国家经济和社会的发展，不断改善中国儿童的状况，促进儿童事业的发展，仍然是中国政府面临的一项重要任务。中国政府将一如既往地继续为之不懈努力，中国的儿童事业必将得到更大的发展。

……

1994年全国教育经费执行情况统计公告

国家教委　国家统计局

（1995年7月26日）

一、全国教育经费支出情况

1994年，全国教育经费总支出为1488.78亿元，比上年的1059.94亿元增长40.46%。其中，国家财政性教育经费支出（包括各级财政对教育的拨款、城乡教育费附加、企业办中小学支出以及校办产业减免税等项）支出为1174.74亿元，比上年的867.76亿元增长35.38%。

二、落实《中国教育改革和发展纲要》提出的“三个增长”的情况

1.中央和地方各级政府预算内教育拨款（不包括城市教育费附加）为883.98亿元，比上年的644.39亿元增长37.18%。1994年，全国扣除债务收入后的财政收入为5218.1亿元，比上年增长20.0%，全国预算内教育拨款增长速度高于财政收入的增长速度17个百分点，实现了《中国教育改革和发展纲要》提出的政府教育拨款要高于财政经常性收入的增长的要求。

2.各级教育生均预算内教育事业费支出增长情况

1994年全国普通小学、普通初中、普通高中、职业中学、普通高等学校生均预算内教育事业费支出情况是：

（1）全国普通小学生均事业费支出为236.06元，比上年的162.80元增长45.00%，其中，农村普通小学事业费支出为198.69元，比上年的144.79元增长37.23%。

（2）全国普通初中生均事业费支出为450.37元，比上年的316.42元增长42.33%，其中，农村普通初中事业费支出为367.38元，比上年的267.26元增长37.46%。

（3）全国普通高中生均事业费支出为882.78元，比上年的617.34元增长43.00%。

（4）全国职业中学生均事业费支出为840.62元，比上年的604.48元增长39.06%。

（5）全国普通高等学校生均事业费为5047.61元，比上年的4102.30元增长23.04%。

3.各级教育生均预算内公用经费支出增

长情况

1994年全国普通小学、普通初中、普通高中、职业中学和普通高等学校生均预算内公用经费支出情况是：

（1）全国普通小学生均预算内公用经费为17.73元，比上年17.09元增长3.74%，其中，农村普通小学生均预算内公用经费支出为10.98元，比上年的11.82元下降7.11%。全国有16个省、自治区小学生均预算内公用经费支出比上年下降，其中宁夏、青海、黑龙江、甘肃、陕西、广西、贵州、江苏、河北等9个省、自治区下降比例超过10个百分点，减幅最大的达24.77%。

（2）全国普通初中生均预算内公用经费为50.86元，比上年49.62元增长2.50%，其中农村普通初中生均预算内公用经费支出为29.67元，比上年的32.60元下降8.99%。全国有20个省、自治区、直辖市普通初中生均公用经费支出比上年下降，其中青海、黑龙江、宁夏、湖北、安徽、广西、河北、西藏、云南等9个省、自治区下降比例超过10个百分点，减幅最大的达28.45%。

（3）全国普通高中生均预算内公用经费为138.80元，比上年133.57元增长3.92%。有9个省、自治区、直辖市普通高中生均预算内公用经费比上年下降，其中江西、云南、江苏、河北、山东、宁夏、陕西等7个省、自治区下降比例超过10个百分点，减幅最大的达49.89%。

（4）全国职业中学生均预算内公用经费支出为162.71元，比上年158.28元增长2.80%。有18个省、自治区职业中学生均预算内公用经费支出比上年下降，其中甘肃、河北、新疆、黑龙江、河南、福建、山东、安徽、江西等9个省、自治区下降比例超过10个百分点，减幅最大的达42.49%。

（5）全国普通高等学校生均预算内公用经费支出为2063.36元，比上年2040.55元增长1.12%，有19个省、自治区、直辖市普通高等学校生均预算内公用经费支出比上年下降，其中北京、云南、河南、山西、吉林、海南、贵州、湖北、浙江等9个省、自治区、直辖市下降比例超过10个百分点，减幅最大的达39.26%。

三、预算内教育经费占财政支出的比例

按财政支出扣除国内外债务还本付息支出，预算内教育经费支出包含城市教育费附加的财政支出新口径计算，1994年全国预算内教育经费支出（含城市教育费附加）占财政支出比例为16.07%，同口径比较，比上年的13.58%增加了2.49个百分点。除北京、天津、上海的比例比上年有所下降外，其他省、自治区的比例都比上年有所提高，有20个省、自治区、直辖市预算内教育经费支出占财政支出比例超过了20%，与上年相比，增加了12个地区。

四、国家财政性教育经费支出占国内生产总值的比例

初步统计，1994年全国国内生产总值为43800亿元，国家财政性教育经费支出占国内生产总值比例为2.68%。上年国家财政性教育经费支出占国民生产总值的比例为2.54%。

1994年全国教育经费支出执行情况监测结果表明，各级政府通过认真贯彻全国教育工作会议精神，落实教育优先发展的战略地位，政府教育投入水平有了较大幅度的提高。1994年预算内教育经费支出增长较快，主要是受行政事业单位职工调整工资政策的影响。据统计，全国预算内教育事业费支出中人员经费比上年增长了51.52%，增加额为229.27亿元，占预算内教育事业费增长额243.93亿元的93.99%。1994年物价上涨幅度较大，而预算内公用经费仅比上年增长9.22%，相当部分地区，尤其是农村生均预算内公用经费支出出现了不同程度的下降，这就进一步加剧了教育事业公用经费的短缺。1995年，各级政府要进一步落实《中国教育改革和发展纲要》及其实施意见精神，努力增加教育投入，同时，要努力提高教育经费的使用效益。

注：

1. 公告中所列教育经费数以统计口径为准，不依财政会计预算科目为准。

2. 公告中所涉及的全国性统计数据，均不包括台湾省和香港、澳门地区。

3. 1994年政府教育拨款增长与财政经常性收入增长数据另行发布。

附：1994年全国教育经费执行情况统计表

表一 1994年预算内教育经费与财政收入、支出增长情况

地区	预算内教育经费支出(亿元)			占财政支出比例(%)		
	增减百分点	1993年	1994年	增长比例(%)	1993年	1994年
全国	676.61	931.13	37.62	13.58	16.07	2.49
北京市	17.92	20.78	15.96	22.15	21.65	—0.50
天津市	10.02	13.42	33.93	20.27	19.45	—0.82
河北省	25.20	35.31	40.12	17.71	22.22	4.51
山西省	16.90	23.26	37.63	22.32	25.93	3.61
内蒙古	14.79	17.64	19.27	16.89	19.01	2.12
辽宁省	29.18	39.25	34.51	16.11	17.70	1.59
吉林省	16.36	22.97	40.40	15.87	21.96	6.09
黑龙江	19.55	24.81	26.91	15.64	17.42	1.78
上海市	23.83	34.86	46.29	19.00	17.70	—1.30
江苏省	35.56	53.36	50.06	21.70	26.74	5.04
浙江省	24.41	35.95	47.28	19.54	23.50	3.96
安徽省	16.97	23.29	37.24	23.57	24.88	1.31
福建省	19.22	28.14	46.41	16.88	20.38	3.50
江西省	14.31	18.94	32.36	17.65	20.58	2.93
山东省	38.12	52.12	36.73	20.24	23.81	3.57
河南省	29.93	39.49	31.94	20.26	23.08	2.82
湖北省	20.93	28.49	36.12	16.40	20.86	4.46
湖南省	24.41	32.40	32.73	18.49	21.39	2.90

续表

地区	预算内教育经费支出(亿元)			占财政支出比例(%)		
	1993年	1994年	增长比例(%)	1993年	1994年	增减百分点
广东省	50.55	81645	61.13	15.13	19.58	4.45
广西	20.68	26629	27.13	19.18	21.04	1.86
海南省	7.05	8.88	25.96	18.30	22.19	3.89
四川省	36.62	52.59	43.61	17.47	22.15	4.68
贵州省	11.53	15.10	30.96	17.11	20.43	3.32
云南省	26.24	34.43	31.21	13.08	16.90	3.82
西藏	2.36	3.17	34632	10.93		
陕西省	13.94	17.99	29.05	18.44	19.94	1.50
甘肃省	10.04	13.67	36.16	15.89	18.90	3.01
青海省	3.08	4.31	39.94	13.66	17.00	3.34
宁夏	3.36	4.07	21.13	17.32	21.02	3.70
新疆	12.99	17.41	34.03	20.07	24.09	4.02

注:表中预算内教育经费支出含城市教育费附加

表二(1)各级教育生均预算内教育事业费增长情况 单位:元

地区	小学			普通中学			普通高中		
	1993年	1994年	增长率(%)	1993年	1994年	增长率(%)	1993年	1994年	增长率(%)
全国	162.80	236.06	45.00	364.24	514.37	41.22	617.34	882.78	43.00
北京	461.35	616.94	33.72	1067.60	1346.92	26.16	1291.22	2000.58	54.94
天津	338.73	507.74	49.90	703.48	1027.98	46.13	1338.09	1580.54	18.12
河北	109.55	50.16	37.07	329.96	468.92	42.11	689.99	936.29	35.70
山西	167.06	251.76	50.70	375.86	519.37	38.18	530.98	835.72	57.39
内蒙古	230.19	292.97	27.27	428.06	523.65	22.33	611.88	811.48	32.62
辽宁	249.90	335.91	34.42	433.75	601.48	38.67	745.21	1089.80	46.24
吉林	225.25	324.81	44.20	384.34	574.54	49.49	493.37	855.24	73.35
黑龙江	197.26	283.62	43.78	96.41	523.92	32.17	852.09	885.27	3.89
上海	617.81	903.21	46.20	992.32	1345.69	35.61	1597.13	1997.88	25.09
江苏	212614	323.79	52.63	356.66	561.71	57.49	712.77	957.98	34.40
浙江	218.01	347.88	59.57	355.47	547.26	53.95	730.10	1125.36	54.14
安徽	70.42	141.95	101658	224.63	305.57	36.03	345.51	584.99	69.31

续表

地　区	小学			普通中学			普通高中		
	1993 年	1994 年	增长率（%）	1993 年	1994 年	增长率（%）	1993 年	1994 年	增长率（%）
福建	209.28	307.53	46.95	404.55	575.24	42.19	606.80	912.39	50.36
江西	140.43	182.69	30.09	246.71	315.02	27.69	342.90	321.34	－6.29
山东	131.35	181.63	38.28	317.74	434.09	36.62	641.45	798.63	24.50
河南	97.43	124.41	27.69	282.84	356.45	26.03	505.89	695.19	37.42
湖北	97.86	140.18	43.25	308.02	443.79	44.08	494.91	737.66	49.05
湖南	129.82	197.56	52.18	313642	447.41	42.75	444.72	754.56	69.67
广东	221.56	326.64	47.43	512.90	691.48	34.82	1091.19	1640.97	50.38
广西	161.76	196.93	21.74	309.01	385.56	24.77	463.14	691.96	49.41
海南	254.60	328.72	29.11	527.07	657.05	24.66	720.59	1145.40	58.95
四川	156.27	231.61	48.21	314.04	490.41	56.16	602.32	943.45	56.64
贵州	115.11	149.42	29.81	239.24	345.86	44.57	378.22	645.02	70.54
云南	210.81	317.34	50.53	481.31	650.96	35.25	765.30	930.11	21.54
西藏	449.24	530.68	18.13	1428.90	2051.44	43.57		2051.35	
陕西	124.74	157.92	26.60	362.47	461.86	27.42	486.70	635.31	30.53
甘肃	150.05	211.83	41.17	318.21	479.81	50.78	468.88	770.71	64637
青海	224.14	326.30	45.58	457.35	711.20	55.50	510.46	1066.70	108.97
宁夏	174.05	242.34	39.24	329.97	444.10	34.59	413.60	595.87	44.07
新疆	290.67	375.59	29.22	561612	769.93	37.21	587.08	984.00	67.61

表二(1)各级教育生均预算内教育事业费增长情况(续)　　单位:元

地　区	普通初中			职业中学			普通高等学校		
	1993 年	1994 年	增长率（%）	1993 年	1994 年	增长率（%）	1993 年	1994 年	增长率（%）
全　国	316.42	450.37	42.33	604.48	840.62	39.06	4102.30	5047.61	23.04
北京	1028.53	1238.08	20.37	1398.84	2011.20	43.78	7442.13	5663.95	－23.89
天津	576.17	926.17	60.75	1172.69	1560.15	33.04	5085.90	5828.95	14.61
河北	278.42	403625	44.84	574.18	726.45	26.52	3012.94	4326.78	43.61
山西	346.64	763.78	33.79	491.77	740.66	50.61	3454.54	4018.04	16.31
内蒙古	378.41	449.44	18.77	523.58	651.56	24.44	4107.21	4612.54	12.30
辽宁	387.02	525648	35.78	756.62	979.57	29647	3391.42	3898.88	14.96

续表

地　区	普通初中			职业中学			普通高等学校		
	1993 年	1994 年	增长率（%）	1993 年	1994 年	增长率（%）	1993 年	1994 年	增长率（%）
吉林	363.11	529.21	45.74	394.70	594.53	50.63	4149.80	4759.39	14.69
黑龙江	229.02	468.68	42.45	712.15	900.54	26.45	3864.88	5398.59	39.68
上海	872.81	1219.65	39.74	1140.22	1912.65	67.74	6676.10	8562.31	28.25
江苏	323.21	488.59	51.17	512.93	761.71	48.50	4421.87	5177.60	17.09
浙江	297.92	461.19	54.80	720.01	1014.29	40.87	4117.92	4913.62	19.32
安徽	210.75	267.99	27.16	261.26	386.36	47.88	2828.27	3471.89	22.76
福建	371.59	521.60	40.37	630.55	820.77	30.17	3596.34	4390.17	22.07
江西	223.47	312.84	39.99	420.27	590.49	40.50	2598.19	4105.88	58.03
山东	226.27	373.11	64.90	586.19	797.41	36.03	4513.87	4905.44	8.67
河南	247.80	310.03	25.11	479.05	557.98	16.48	3521.38	3349.65	4.88
湖北	273.98	396.70	44.79	395.30	594.70	50.44	3578.44	3875.57	8.30
湖南	281.08	395.36	40.66	568.87	969.23	70.41	3558.07	4153.08	16.72
广东	422.35	569.48	34.84	1010.19	1468.02	45.32	4381.18	6449.32	47.21
广西	275.92	333.96	21.04	545.14	779.37	42.97	3653.63	4616.32	26.35
海南	484.11	573.56	18.48	1096.71	1243.82	13.41	4978.46	6705.94	34.70
四川	263.69	418.41	58.67	582.41	845.12	45.11	3013.66	3441.74	14.20
贵州	208.53	295.56	41.74	387.51	734.64	89.58	3529.85	3924.65	11.18
云南	428.07	600.43	40.26	708.18	980.39	38.44	5686.78	6034.09	6.11
西藏		2051.49		1082.80	5058.82	367.20	11502.78	12109.72	5.28
陕西	329.53	410.24	24.49	618.75	835.38	35.01	3299.14	3732.25	13.13
甘肃	276.70	402.77	45.56	617.02	877.20	42.17	3501.86	4524.95	29.22
青海	444.07	628.59	41.55	454.08	767.79	69.09	3727.87	6023.45	61.58
宁夏	305.44	401.90	31.58	494.19	785.50	58.95	3489.19	4341.91	24.44
新疆	496.13	717.92	44.70	738.93	786.73	6.47	3208.56	4090.20	27.48

表二(2)各级教育生均预算内公用经费增长情况　　单位:元

地区	小学			普通中学			普通高中		
	1993年	1994年	增长率(%)	1993年	1994年	增长率(%)	1993年	1994年	增长率(%)
全国	17.09	17.73	3.74	62.72	63.86	1.82	133.57	138.80	3.92
北京	105.99	111.10	4.82	306.90	315.97	2.96	361.24	551.10	52.56
天津	54.09	60.55	11.94	158.17	178.11	12.61	359.16	329.80	−8.17
河北	7.04	6.29	−10.65	43.40	34.58	20.32	141.25	100.66	−28.74
山西	9.66	10.32	6.83	43.60	42.79	1.86	87.20	94.49	8.36
内蒙古	30.04	31.15	3.70	84.39	81.91	−2.94	145.73	160.85	10.38
辽宁	28.15	28.24	0.32	83.02	86.16	3.78	203.86	240.97	18.20
吉林	28.72	32.87	14.45	79.38	91.54	15.32	114.92	164.09	42.79
黑龙江	32.35	27.01	−16.51	86.15	67.93	−21.15	152.02	149.16	−1.88
上海	143.90	180.21	25.23	285.63	335.54	17.47	553.49	563.45	1.80
江苏	23.15	20.48	−11.53	61.07	58.08	−4.90	169.69	117.57	−30.71
浙江	26.58	27.94	·5.12	67.41	77.20	14.52	182.31	232.64	27.61
安徽	3.31	4.83	45.92	32.44	19.01	−41.40	42.75	49.77	16.42
福建	24.54	27.09	10.39	95.21	102.49	7.65	113.37	147.59	30.18
江西	6.58	6.20	−5.78	25.19	20.44	−18.86	40.63	20.36	−49.89
山东	8.84	8.04	−9.05	38.65	32.87	−14.95	134.35	97.67	−27.30
河南	4.81	5.22	8.52	25.53	24.67	−3.37	77.44	79.76	3.00
湖北	3.46	3.61	4.34	23.52	19.34	−17.77	56.19	56.90	1.26
湖南	4.87	8.62	77.00	22.16	35.69	61.06	62.51	81.42	30.25
广东	34.30	36.59	6.68	143.93	145.81	1.31	384.95	408.83	6.20
广西	10.98	9.58	−12.75	37.55	34.30	−8.66	75.10	90.72	20.80
海南	30.77	30.51	−0.84	74.93	92.95	24.05	123.68	198.43	60.44
四川	9.87	9.26	−6.08	40.87	45.06	10.25	100.69	106.15	5.42
贵州	7.61	6.72	−11.70	29.29	29.55	0.89	55.19	70.26	27.31
云南	39.26	36.66	−6.62	165.26	133.00	−19.52	305.68	182.91	−40.16
西藏	155.34	152.76	−1.66	658.95	585.63	−11.13		585.70	
陕西	9.85	8.46	−14.11	40.73	37.27	−8.49	76.93	66.28	−13.84
甘肃	17.18	14.40	−16.18	42.60	44.47	43.9	71.26	87.40	22.65
青海	36.62	27.76	−24.19	90.43	72.77	−19.53	99.95	114.81	14.87
宁夏	20.59	15.49	−24.77	59.34	46.23	−22.09	90.31	75.77	−16.10
新疆	26.37	26.26	−0.42	88.37	101.45	14.80	92.89	147.64	58.94

表二(2)各级教育生均预算内公用经费增长情况(续) 单位:元

地 区	普通初中			普通高中			普通高等学校		
	1993年	1994年	增长率(%)	1993年	1994年	增长率(%)	1993年	1994年	增长率(%)
全 国	49.62	50.86	2.50	158.28	162.71	2.80	2040.55	2063.36	1.12
北京	297.4	276.82	6.92	491.39	596.28	21.35	4242.46	2576.85	−39.26
天津	117.85	150.16	27.42	353.94	384.28	8.57	2722.78	2502.04	−8.11
河北	29.39	25.30	−13.92	129.97	82.1	36.59	1183.27	1558.82	31.74
山西	35.39	33.71	−4.75	118.22	123.99	4.88	1699.43	1446.69	−14.87
内蒙古	67.84	61.56	−9.26	111.79	101.81	−8.93	1723.03	1820.31	5.65
辽宁	64.89	62.06	−4.36	196.59	195.97	−0.32	1671.93	1597.02	−4.48
吉林	72.45	79.83	10.19	97.01	100.22	3.31	2109.22	1800.18	−14.65
黑龙江	76.41	55.51	−27.35	204.48	156.48	−23.47	2173.41	2578.32	18.63
上海	232.70	291.50	25.27	586.27	692.36	18.10	3373.79	3546.35	5.11
江苏	50.87	47.11	−7.39	155.51	142.51	−8.36	2232.64	2225.00	−0.34
浙江	49.76	54.06	8.64	245.00	232.80	−4.98	2061.08	1790.32	−13.14
安徽	19.27	14.88	−22.78	38.07	33.12	−13.00	1212.65	1205.24	−0.61
福建	92.25	95.31	3.32	185.46	157.31	−15.18	1657.50	1600.65	−3.43
江西	21.46	20.46	4.66	54.91	49.13	−10.53	1194.75	1759.99	47.31
山东	23.43	22.03	−5.98	113.20	98.52	−12.97	2575.20	2329.69	−9.53
河南	17.37	17.12	−1.44	95.44	77.76	−18.52	1664.45	1371.80	−17.58
湖北	17.57	13.32	−24.19	42.99	44.19	2.79	1849.55	1598.17	−13.59
湖南	12.33	27.94	126.60	109.16	313.89	187.55	1772.28	1766.85	−0.31
广东	106.19	112.02	5.49	350.86	418.63	19.32	2281.57	3148.20	37.98
广西	29.49	24.80	−15.90	128.84	127.28	−1.21	1386.10	1884.25	35.94
海南	64.10	74.92	16.88	241.30	229.34	−4.96	2655.54	2285.80	−13.92
四川	30.43	35.35	16.17	125.01	112.78	−9.78	1531.96	1513.18	−1.23
贵州	23.57	22.71	−3.65	104.70	146.77	40.18	1441.99	1245.10	−13.65
云南	138.94	123.96	−10.78	322.52	296.09	−8.19	3474.95	2856.48	−17.80
西藏	658.95	585.59	−11.13	891.72	2941.18	229.83	5507.53	4094.04	−25.66
陕西	31.13	28.64	−8.00	132.43	134.89	1.86	1229.01	1221.79	−0.59
甘肃	34.71	33.10	−4.64	158.11	90.93	−42.49	1323.18	1349.21	1.97
青海	88.05	63.00	−28.45	138.97	151.54	9.05	1773.85	2134.68	20.34
宁夏	50.26	38.02	−24.35	125.61	120.13	−4.36	1483.45	1496.59	0.89
新疆	71.04	90.23	27.01	193.74	139.36	−28.07	1253.33	1509.67	20.45

推荐百首爱国主义歌曲

1995年1月16日，国家教委发出《通知》，向全国中小学推荐100首爱国主义歌曲。《通知》指出：为了认真贯彻中共中央印发的《爱国主义教育实施纲要》精神，进一步把中小学爱国主义教育引向深入，在1993年，国家教委向全国中小学推荐100部爱国主义影视片组织学生观看活动的基础上，再向全国中小学推荐100首爱国主义歌曲，供全国中小学生演唱。此次所推荐的歌曲内容包括爱祖国、爱共产党、爱家乡、爱老师、爱父母、爱幸福美好的生活等多方面，既有历史歌曲，也有建国以来特别是近年来的优秀歌曲。推荐的歌曲分为中学49首，小学44首及中小学生都必须会唱的7首。

国家教委希望中小学开展100首爱国主义歌曲演唱活动时，要与学校的德育工作和重大节日、纪念日和学校的各项文化艺术教育活动有机结合，把这些活动纳入中小学的音乐课和高中的音乐欣赏课教学中，并大力倡导中小学生在校内外、家庭、社区等场所收听、学唱100首爱国主义歌曲。

百部爱国主义歌曲曲目如下：

中小学生都必须会唱部分（7首）

1. 中华人民共和国国歌
2. 没有共产党就没有新中国
3. 团结就是力量
4. 光荣啊，中国共青团
5. 中国少年先锋队队歌
6. 歌唱祖国
7. 我们走在大路上

小学部分（44首）

8. 共产儿童团歌
9. 小八路好儿郎
10. 红军桥
11. 小号手之歌
12. 在北京的金山上
13. 祖国祖国我爱你
14. 绿色的祖国
15. 我们美丽的祖国
16. 山里的孩子心爱山
17. 牧童之歌
18. 我们的田野
19. 我们多么幸福
20. 我们快乐地歌唱
21. 小红花
22. 雷锋叔叔请听我回答
23. 童年童年像一首歌
24. 春光明媚的祖国
25. 祖国，祝愿你
26. 娃哈哈
27. 编花篮
28. 阿佤人民唱新歌
29. 红星歌
30. 小溪流水响叮咚
31. 祖国的春天来到了
32. 我向党来唱支歌
33. 有党才有好生活
34. 党的孩子听党的话
35. 党来掌舵咱划桨
36. 祖国像妈妈一样
37. 祖国祖国多美丽
38. 祖国最爱我
39. 祖国给我们幸福时光
40. 雪山草原是我的家
41. 这个家庭叫中华
42. 深深的爱
43. 在祖国妈妈的怀抱里
44. 甜甜蜜蜜的歌
45. 幸福的明天美滋滋的哩
46. 春天的脚步
47. 依恋
48. 小河与村落
49. 溜溜歌
50. 小背篓
51. 歌声与微笑

中学部分（49首）

52. 咏梅

53. 雪
54. 长征
55. 四渡赤水出奇兵
56. 八月桂花遍地开
57. 天边有颗闪亮的星
58. 歌唱二小放牛郎
59. 弹起我心爱的土琵琶
60. 山丹丹开花红艳艳
61. 珊瑚颂
62. 绣红旗
63. 翻身农奴把歌唱
64. 唱支山歌给党听
65. 新疆好
66. 牧歌
67. 打起手鼓唱起歌
68. 英雄们战胜了大渡河
69. 我的祖国
70. 谁不说俺家乡好
71. 大海啊！故乡
72. 请茶歌
73. 草原上升起不落的太阳
74. 北京颂歌
75. 我爱你塞北的雪
76. 塔里木河
77. 在那桃花盛开的地方
78. 在希望的田野上
79. 长江之歌
80. 五十六个民族同唱一支歌
81. 我们拥有一个名字——中国
82. 我爱你，中国
83. 我和我的祖国
84. 祖国，慈祥的母亲
85. 中国，中国，鲜红的太阳永不落
86. 长城长
87. 父老乡亲
88. 十月是你的生日，中国
89. 跨世纪的新一代
90. 彩色的中国
91. 假如我是一束鲜花
92. 我们的心愿
93. 长大后我就成了你
94. 飞来的花瓣
95. 装扮蓝色的地球
96. 深情的爱
97. 美丽的花环
98. 赶圩回来啊哩哩
99. 敦煌的故事
100. 祖国颂

推荐百种爱国主义教育图书

1995年5月22日，中共中央宣传部、国家教委、文化部、新闻出版署、共青团中央联合发出《关于向全国中小学推荐百种爱国主义教育图书的通知》。《通知》指出：为深入贯彻落实《中共中央关于进一步加强和改进学校德育工作的若干意见》和《爱国主义教育实施纲要》，进一步加强对中小学生阅读课外图书的指导，中宣部、国家教委、文化部、新闻出版署和共青团中央决定向全国中小学推荐百种爱国主义教育图书（书目附后）。这次推荐的图书是从新中国成立以来各地出版的优秀图书中，经专家评委会认真评选，在广泛征求意见的基础上确定的。推荐图书以爱国主义教育为主要内容，体裁多样，适合不同年级和学段的中小学生阅读。各地有关部门和中小学要充分运用这批图书，结合本地实际，精心组织，认真开展读书活动。现将有关事项通知如下：

一、以邓小平同志建设有中国特色社会主义理论和党的基本路线为指导，做好中小学生阅读百种爱国主义教育图书的组织工作。阅读百种爱国主义教育图书、观看百部爱国主义影片和学唱百首爱国主义歌曲，是对中小学生进行爱国主义教育的重要途径，做好这方面工作对培养学生爱国主义情感，增强民族自尊心、自豪感，引导他们树立正确的理想、信念和人生观、价值观，把他们培养成有理想、有道德、有文化、有纪律的社会主义新人，具有十分重要的意义。各地宣传、教育、文化、出版部门和共青团组织务必高度重视这项工作，从当地实际出发，组织一些重点活动，切实抓出成效。

二、各地教育行政部门、各级学校要重视和加强对学生课外阅读的指导，使小学、初中和高中各年级的学生，都能阅读到相应年龄段的爱国主义教育推荐图书。要加强和改善中小学图书馆（室）建设和图书配备，将百种爱国主义教育图书的阅读活动与校、班会和团队活动相结合，采用学生喜闻乐见的故事会、朗诵会以及书评、演讲等方式，吸引学生广泛参加。有条件的学校可开设阅读课。

三、各地宣传部门要宣传阅读爱国主义教育图书活动的好经验，为开展学生阅读活动创造良好的社会环境；文化部门要办好主管的图书馆、室，制定切实可行的措施支持中小学生读书活动；出版部门要做好百种爱国主义教育图书的出版、发行工作，要保证图书质量，力求降低书价，减轻负担；共青团、少先队组织要与学校配合，在青少年中开展丰富多彩的活动，使阅读爱国主义教育图书活动收到实效。

四、各地在开展阅读爱国主义教育图书活动中，要特别注意做好农村、边疆及少数民族地区的工作，帮助他们及时购到推荐图书。提倡有关出版社和社会各界，通过“万村书库”、“希望工程”、“手拉手”和“读书交友”等活动，为学生赠送推荐图书，帮助老少边穷地区的中小学开展读书活动。

五、运用优秀图书向中小学生进行爱国主义教育，是一项长期的具有战略意义的工作。各有关部门要加强协调配合，支持鼓励一切从事精神产品的部门、作家和艺术家为青少年提供健康的精神食粮，今后将定期推荐一些优秀影视、图书、歌曲作品，对有关出版单位和个人给予表彰和奖励。各地要认真做好推荐图书的发行工作，学生购书要坚持自愿原则，防止硬性摊派和硬性搭配销售其他读物。

附全国中小学百种爱国主义教育图书推荐书目：

小学组：

1. 革命领袖故事　　21世纪出版社
   毛泽东的故事
   刘少奇的故事
   周恩来的故事
   朱德的故事

2. 宋庆龄的故事　辽宁少年儿童出版社
3. 劳动人民的好儿子雷锋　中国少年儿童出版社
4. 中国近代历史小故事（上、下）　中国少年儿童出版社
5. 中华爱国先辈故事（1—6）　少年儿童出版社
6. 中国名人画传（科学家 5 册）　河北少年儿童出版社
7. 有骨气的中国人　中国少年儿童出版社
8. 话说国旗·国徽·国歌　解放军出版社
9. 少先队的光辉历程　百花文艺出版社
10. 我爱五星红旗　接力出版社
11. 青春的风采　海燕出版社
12. 朗诵给祖国听　北京少年儿童出版社
　——新中国爱国主义诗选
13. 八一枪声　少年儿童出版社
14. 我的一家　中国工人出版社
15. 红色游击队　少年儿童出版社
16. 二万五千里长征　少年儿童出版社
17. 二千里行军　少年儿童出版社
18. 小兵张嘎　中国少年儿童出版社
19. 小武工队员　中国少年儿童出版社
20. 铁道游击队　上海文艺出版社
21. 敌后武工队　解放军文艺出版社
22. 高玉宝　解放军文艺出版社
23. 和爸爸一起坐牢的日子　少年儿童出版社
24. 三大战役　少年儿童出版社
25. 欢笑的金沙江　人民文学出版社
26. 中国自然保护区奇趣录　安徽少年儿童出版社
　百兽乐园趣闻
　森林奇观
　鸟国之谜
27. 中国古代四大发明　中国少年儿童出版社

初中组：

1. 伟人的足迹——毛泽东的故事　中国少年儿童出版社
2. 大地的儿子——周恩来的故事　中国少年儿童出版社
3. 上下五千年（上、中、下）　少年儿童出版社
4. 中国古代爱国者的故事　上海人民出版社
5. 中国近代爱国者的故事　上海人民出版社

6. 中国现代爱国者的故事 上海人民出版社
7. 中华民族杰出人物传（2） 中国青年出版社
8. 中华民族杰出人物传（8） 中国青年出版社
9. 莫忘国耻 海燕出版社
10. 中华正气 海燕出版社
11. 神圣抗战 中国少年儿童出版社
12. 华夏向心力 广西师范大学出版社
——华侨对祖国抗战的支援
13. 我们的母亲叫中国 中国少年儿童出版社
14. 八十年寻路记 中国少年儿童出版社
15. 爱国主义教育丛书（10册） 中国青年出版社
一百个国耻纪念日
一百位杰出爱国者
一百位杰出思想家
一百首爱国诗词
一百位体育世界冠军
一百项中华发明
一百处中国重点风景名胜区
中华腾飞的一百道难题
中国的一百种资源
一千句爱国名言
16. 海外赤子情 西苑出版社
17. 改革开放中的祖国 中国和平出版社
18. 走向新世纪 西苑出版社
19. 历代爱国诗歌名篇鉴赏 红旗出版社
20. 毛泽东诗词选 人民文学出版社
21. 革命烈士诗抄 中国青年出版社
22. 革命烈士诗抄续编 中国青年出版社
23. 爱国诗歌一百首 少年儿童出版社
24. 祖国，我永远属于你 广西师范大学出版社
——新中国爱国主义诗选
25. 把一切献给党 中国工人出版社
26. 可爱的中国 人民文学出版社
27. 红旗谱 中国青年出版社
28. 地球的红飘带 人民文学出版社
29. 平原枪声 人民文学出版社
30. 烈火金钢 中国青年出版社
31. 苦菜花 解放军文艺出版社

32. 新儿女英雄传　　人民文学出版社
33. 红日　　中国青年出版社
34. 红岩　　中国青年出版社
35. 林海雪原　　人民文学出版社
36. 谁是最可爱的人　　人民文学出版社
37. 抗美援朝战争回忆　　解放军文艺出版社
38. 中国的一百个世界第一　　辽宁少年儿童出版社
39. 中国古代科技成就（修订版）　　中国青年出版社
40. 明天的科学　　少年儿童出版社
41. 科技兴神州　　西苑出版社
42. 中国名山揽胜　　江苏教育出版社

高中组：

1. 中国出了个毛泽东　　解放军出版社
2. 周恩来传（1898—1949）　　人民出版社
   　　中央文献出版社
3. 我的父亲邓小平（上）　　中央文献出版社
4. 中国通史故事（上、中、下）　　中国少年儿童出版社
5. 历史与我的选择　　杭州大学出版社
6. 中国的道路　　广东高等教育出版社
   ——从毛泽东到邓小平
7. 深圳的斯芬克斯之谜　　海天出版社
8. 中山魂　　华文出版社
9. 记住这段历史　　四川人民出版社
10. 共产党抗战英杰　　解放军出版社
11. 侵华日军暴行录　　解放军出版社
12. 香港的昨天·今天·明天　　陕西人民教育出版社
13. 中华文化在海外的传播　　辽宁教育出版社
14. 外国人的中国观　　辽宁教育出版社
15. 外国人看中国　　中国少年儿童出版社
16. 新世纪的华夏卫士　　江苏少年儿童出版社
17. 爱国主义文粹　　辽宁教育出版社
18. 理想情操之歌　　湖北少年儿童出版社
    ——革命英烈诗文选
19. 浩然正气　　人民出版社
20. 延河儿女　　中国青年出版社
    ——当年延安的中学生们

21. 青年英杰	希望出版社
22. 奋斗 ——科学家的成才之路	科普出版社
23. 呐喊	人民文学出版社
24. 青春之歌	北京出版社
25. 野火春风斗古城	人民文学出版社
26. 四世同堂	北京出版社
27. 保卫延安	人民文学出版社
28. 暴风骤雨	人民文学出版社
29. 人口·资源·环境 ——中国面临的三大问题	21世纪出版社
30. 推动世界的力量	中国大百科全书出版社
31. 科学发现纵横谈	上海人民出版社

实施“希望工程”情况

1995年，希望工程共收到各界捐资援助款2.53亿元，资助失学儿童23万人，新建希望小学1325所。累计6年共筹集捐款6.92亿元，资助失学儿童125万名，建设希望小学2074所。自1994年12月成立“希望工程”捐款监察委员会后，1995年先后组织监察巡视员赴22个省、自治区、直辖市，68个地（市），105个县进行检查，并协同审计部门对23个省（市、区）的大部分地区的“希望工程”基金财务进行审计监督，各项社会捐款捐物的使用管理符合有关规定，体现了捐赠者的意愿，未发现贪污腐败问题；对违规用款问题进行了查处。

1995年4月25日，中国青少年基金会决定，根据社会物价上涨、小学生书本费等负担增加的实际情况，对受助儿童完成小学学业的助学金标准由300元调至400元，投资援建希望小学的标准也同时作了调整，取消了原来投资50万元建希望小学的标准，改为投资20万元可新建1所希望小学，投资10万可为贫困地区1所乡村小学改（扩）建校舍。标准调整后，受助儿童助学金上调部分，由原结对救助捐款者补捐，如果没有补捐，则用“希望工程”基金增值予以补足；建设希望小学投资标准调整后，不足部分由当地政府或乡村集资匹配相应的资金进行建设。

1995年是“希望工程”管理年，基金会和各级工作机构采取重要的管理措施有3项：一是“希望工程”基金集中在省级以上工作机构进行管理，消除了多头管理所带来的弊端和隐患；二是在省级全面布点并投入使用“希望工程计算机信息系统技术”，并运用此项技术开展百万受助儿童的调查复核工作，落实了资助管理的基础性工作；三是修订并颁布了《希望工程实施管理规则》，各地也制定了相应的《实施细则》。

实施“希望工程”6年来，得到了各界的响应和支援。中国人民解放军和武警部队积极响应邓小平同志的倡导，要求各部队把支援“希望工程”作为振兴民族、造福人民的一件大事，广泛动员，积极参与。从老一辈革命家、军委领导到基层官兵，从上级机关到基层单位都踊跃捐赠。到1995年底，全军和武警部队的集体和个人累计捐款捐物价值达到4600多万元，直接资助失学儿童10多万名重返校园，援建希望小学总数达697所。为使捐助活动取得更好的社会效益，各部队积极探索有效的支援形式。广州军区把兴教助学与落实《国家“八七”扶贫攻坚计划》结合起来，组织人员深入贫困地区调查论证，用600万元捐款在中南五省的革命老区和少数民族地区兴建53所希望小学；国防大学和济南军区集中使用捐款，按照有关部门规定援建希望小学的投资标准，在井岗山、沂蒙山、太行山各建一所设施齐全的希望小学；兰州军区驻宁夏部队采取定点支援形式，协调各单位分别与当地27所小学定向帮扶措施。

截止到1995年援建的2074所希望小学，全部建设在“老、少、边、穷”地区。在国家和当地政府有关教育方针政策指导下和措施的推动下，“希望工程”的援助活动，给受援地区的全面实施普及九年义务教育（简称“普九”）工作以有力的配合和推动。宁夏回族自治区接受各方捐款110万元兴建8所希望小学，并对贫困失学儿童开展结对支援活动，使全区9500多名失学儿童重返了校园。最早受惠于“希望工程”的河北省，1995年，由省妇联发起帮助失学女童重返校园的“献爱心助学”活动，得到了省委、省政府和各地、各界的响应，并被列为1995年河北省要落实的35件要事之一，成立了助学活动领导小组，进行管理和推动，全年使17000多名失学女童重返了校园。

1995年3月，中国青少年基金会又推出为贫困地区农村学校建立“希望书库”的活动，汇集500册优秀读物建立一个“希望书库”，首批10000套图书将在1996年3月前印刷完毕发运到贫困地区农村小学的儿童手中。

治理中小学乱收费工作情况

1995年，国家教委把治理中小学乱收费问题，作为贯彻中纪委第五次全会和国务院第三次反腐败工作会议部署的重要工作来抓，先后8次专题研究全国治理中小学乱收费进展情况及工作思路与措施。针对部分公办学校以各种名目收取较高学杂费和代收费项目过多，一些大中城市条件较好的公办学校义务教育阶段招收“择校生”并高收费，少数义务阶段的民办学校收取高额储备金以及社会上有关部门向公办中小学校乱摊派等情况，着重做了几项工作：（1）制定下发了《国家教委关于制止中小学乱收费工作的意见》、《关于加强中小学收费管理工作的紧急通知》等5个文件，力求使各地中小学收费管理工作制度化、规范化。（2）先后召开了全国纪检监察工作会议和全国治理中小学乱收费工作电话会议。提出了中小学收费工作“五不准”规定和治理工作的八条措施，作为1995年及今后一个阶段的主要治理目标。五不准的具体内容是：不准义务教育阶段的公办小学和初中招收“择校生”，坚持实行就近入学原则；不准举办以各种名目收取费用的补习班、超常班等；不准以行政手段强制学生购买复习资料；不准把社会上对学校的乱摊派转嫁到学生头上；不准未经政府批准擅自出台新的中小学收费项目或自行提高收费标准。（3）组织实地调研和检查工作。本年7月至9月，国家教委共派出6个调查组到11个省市，就贯彻执行“五不准”规定的情况进行调查。10月下旬至11月中旬，又在各地自查的基础上，会同国务院纠风办联合组成检查组分别赴河南、安徽、甘肃、四川4省对治理中小学乱收费的工作情况进行了检查。根据群众反映强烈的个别大城市义务教育阶段“择校生”高收费状况有进一步发展趋势的严重情况，国家教委于11月6日召开了有京、津、沪、奥4省市教育行政部门负责同志参加的国家教委主任办公会议，请这方面工作做得好的省市同志介绍经验，共同研究解决这一问题的思路。（4）及时查处群众举报案件。全年，国家教委收到各地群众反映中小学乱收费问题的来信、来访和电话千余件（次），都及时进行了交办、查办或催办，对典型案件进行实地核查处理，力求做到件件落实。对治理中小学乱收费问题，绝大多数省区市政府及其教育行政部门都给予了高度重视，并从各地的实际出发，采取了一些行之有效的措施。一是大多数省市都有一位主管领导负责抓这项工作，定期研究，检查督促，有的还亲自带队深入到中小学检查“五不准”规定执行情况。二是上海、天津、安徽、河南、河北、山西等省市普遍推行了“一卡、一证、三统一、五不准、一坚持”的收费管理办法（即：学校收费明白卡；学校辅助用品许可证；统一使用市（县）财政局制发的学校收费专用票据，统一由财务人员收费，统一由财务部门设户管理；严格执行国家教委提出的五不准规定；坚持公布收费项目和标准），接受社会和学生家长的监督，收到了较好的效果。三是坚决查处乱收费案件。据23个省市的不完全统计，全年共查处乱收费重要案件239起，严重违纪受到处理的196人，取消、废止收费项目累计964项，查出违反规定收费金额累计1.74亿元，已清退1.65亿元。四是全国已有三分之一省市从1995年秋季起公办小学和初中不招收“择校生”，实行就近入学的原则。五是上海、天津、安徽等部分省市坚持“标本兼治”，在治本上下功夫，对基础教育增加了经费投入，通过更新改造薄弱学校，进一步缩小校际间的差距，改革办学体制和管理机制，发展多渠道办学等，着眼于从根本上巩固治理工作的成果。从全国范围看，1995年治理中小学乱收费工作的目标和思路逐步明确、力度比往年明显加大，取得了一定成效，多数地区中小学乱收费的势头得到了初步抑制。

但当前在这方面存在的问题仍较突出，各地的治理工作发展不平衡。在农村，仍有不少学校巧立名目收费、代收费，转嫁社会摊派费，还有一些地区的农村县乡政府违反规定或通过学校向学生乱集资、乱摊派；在城市，主要是某些大中城市对部分办学条件较好的重点中小学在义务教育阶段“择校生”高收费问题引导、治理不力，个别大城市甚至愈演愈烈。这样做，不仅违背有关法律规定，违背我国社会主义教育制度的办学方针和方向，而且也损害捐资助学的声誉，对社会风气产生不良影响。我们必须以造就全社会稳定的教育环境和维护广大人民群众利益为出发点来正确认识并认真解决这一问题。

国家教委在1996年明确提出对治理这一问题的工作重点和指导思想是：(1) 继续把治理义务阶段乱收费问题作为一项紧迫的重要任务来抓，特别要解决好京、津、沪三大市和各省会城市义务教育阶段公办学校“择校生”高收费问题作为突出问题和重点，加大治理力度，力求取得阶段性的明显成效。(2) 从提高认识入手，切实强化监督检查，规范收费行为，转变观念、深化改革，依法治教，制订治“标”又治“本”的办法。(3) 从严治标与治教。建议各级地方政府及其教育部门根据国务院办公厅《关于加强中小学收费管理工作的通知》(国办发［1993］66号) 和国家教委《关于坚决纠正中小学乱收费的通知》、《关于明令取消全国中小学21个乱收费项目的通知》、《关于贯彻执行治理中小学乱收费工作实施意见的通知》等文件精神，对本地制定的中小学收费的各种规定进行一次全面清理，凡违背上述文件规定的应立即废止或进行修订。

2. 严格执行国家教委关于义务教育阶段收费工作“五不准”的规定并加强监督检查。普遍、公开实行学校“收费卡”制度，增加学校收费工作透明度。坚决把住春秋两季开学收费关口，每个学期初，各级教育行政部门会同财政、物价、监察、纠风办等部门联合组织检查组，对学校收费情况进行监督检查。春季开学检查重点放在收费项目有否乱开口子，收费标准是否合理；秋季开学还应重点检查有无通过“择校生”高收费问题。

流动人口子女教育问题

1995年7月召开的全国流动人口管理工作会议上，国务院副总理吴邦国讲话指出：中国目前农村实有劳动力约4.5亿人，其中剩余劳动力约有1.2亿人。到本世纪末将有2亿多农村剩余劳动力，今后5年还将有8000万农村剩余劳动力需要重新寻找就业渠道实现充分就业。在我国建立社会主义市场经济体制初期，农村剩余劳动力的大量流动有一定的必然性，而这种流动在一定阶段中出现盲目无秩序状态也是难以避免的。

流动人口问题的出现，随之带来一个流动人口子女的教育问题。据《中国教育报》记者对1992年流动人口情况的调查，当年全国有流动人口6000万人，其中16岁以下儿童少年约占1/10，这些儿童少年总数中，又有70%是4～5周岁跟随父母外出的幼儿。另据该报1994年调查统计中国23个100万人口大城市的情况，这些城市每年约有1000万流动人口，其中70%左右是农村人口或携带子女举家流动进入城市寻找就业机会的。这样，根据16岁以下儿童少年占1/10的比例推算，每个城市约有100万名16岁以下的少年儿童需要初、中等文化知识或职业技术教育。

据《中国教育报》记者另一项调查：广东省外来打工人员已占产业工人的主体，其中东莞是100∶72，珠海是1∶1；在上海、广州等大城市，流动人口已占常住人口的1/10以上。在北京，据60万劳工的情况综合分析，他们分布在17000个单位就业，其中780个集贸市场上，外地人承租的摊位占50%以上。这些流动人员来自10余个省区。中国人民大学社会学系有关同志对北京70个流动人口案例调查：受雇于企业、工程队、店铺的占42.6%，在机关、事业单位做工的占3.8%，受雇于市民家庭的占4.3%，揽零活或回收废品不固定职业的占8.9%，在不固定地点经商作小贩的占9.4%，个人集资办起相对固定摊点或店铺的占24%，其它工作的占6.8%。另据1995年《经济日报》记者的调查，当年在北京打工的外来人员已逾300万人，其中有3%的人是携带孩子来京务工的。以上情况表明，在流动人口集中的大城市，流动人员来源地是多方向的，就业门类是多方面的，从业管理部门是多种多样的，加之流动人员经济收入差异悬殊，所在城市原有教育设施已经对本地适龄儿童入学呈现饱和甚至不足状态，这些情况都对流动人口子女入学问题带来了教育条件，管理办法、实施方法、教育经费、乃至教学方面许多新的问题、新的矛盾和新的困难。

流动人口子女的教育问题，直接关系到中国“普九”工作和提高全民族素质的问题。中共中央、国务院1993年2月13日印发《中国教育改革和发展纲要》后，为全面贯彻落实《纲要》精神，国家教委已注意对流动人口子女教育的问题，先后进行调查研究、探索途径、摸索方法、教育试点等活动，几年来，像北京、上海、广东等流动人口多的大省市已进行了一些办学方式或在普通中小学招收流动人口子女入学就读的试点。北京市丰台区131所小学接收了外来人口子女4000多人，该区岳各庄等村的流动人口子女入学率已达到70%；海淀区共接收外来人口子女8000多名入学；朝阳区共接受外来人口子女近6000名入学。据统计，北京全市总计已接收3万多非本市户口的适龄儿童入学，相当于增加一个区本市户口的学生入学就读。据此，北京市教育部门负责人认为，为落实义务教育法，保证适龄儿童入学，教育部门有着义不容辞的责任。北京市作为全国的首都，政治文化中心，中央单位多，外地来京人员多，特别是在改革开放的新形势下，流动人员大量涌入，尽管目前全市中小学面临一定困难，但还是想方设法为接收流动人口子女入学付出了相当大的努力。北京市、区两级教育部门为防止中小学出现二部制，保证正常的教学秩序，在市、区两级政府的支持下，采取了合理调整学校布局，扩建学校，增加教室，暂时将专用教室改作普通教室等措施，尽量吸收流动人员子女入学，但由于诸多因素和条件影响，客观上接收能力仍是有限的。

据教育部门、有关报刊、社会人士的调查情况及接收流动人口子女入学的学校的反映综合分析，目前，对流动人口子女教育的问题或矛盾主要有：(1)学校数量与教学条件严重不足。流动人口数量较多的城市，自义务教育法颁布后，通过各方努力对中小学校进行过若干调整，但经过调整后现在的中小学及其教学条件，均是针对本市适龄儿童入学进行布局和加强的，对骤然增加那么多流动人口子女需要入学的情况是不适应的，条件也是很不具备的。像北京市一些接收流动人口子女入学较多的区的情况分析：丰台区岳各庄等最多也才能接收70%，而余下30%的儿童仍不能入学学习；海淀区现有中小学校生为106800人，按有关规定应有校舍面积为747600平方米，而现有校舍实为571617平方米，还差17万平米，该区在这种校舍困难条件下近几年接收8000多名流动人口子女入学，显然“挖潜”也是做出了很大努力的，同时，更增加了学校办学条件的严重不足，即便这样，北京全市接收流动人口子女总数 3 万人，也只占该类儿童总数的 1/3 左右。(2)教育管理和计划较难合理的常规安排。流动人口的显著特点是经常“流”和“动”，其子女是依附于父母特点而不固定住所的。据北京 70 个案例情况说明，在流动人口总数中，有一定固定地点和职业的仅占 30%左右，完全是不固定地点和职业的也占 30%左右，其它在单位作临时工的占 30%左右，但主雇双方都随时有辞退或辞职的可能，一旦父母工作地点和职业发生变化，其子女也随之变换了住地，这种特点决定了学校布局，教师、教具、教材等教学条件的规划都难以作出合理的安排；同时，据已接收流动人口子女入学的试点学校反映，由于有这种特点，往往这类学生入学巩固率较低，而班级巩固率也很低，在教学管理上造成诸多不便。(3) 经费投入问题存在矛盾。按目前义务教育法规规定，在义务教育阶段，适龄儿童入学是免费的，国家对他们实施教育的经费是按儿童出生地数量切块划拨义务教育经费的，儿童流入地没有这项教育经费。据北京市的情况，1995 年小学生的经费 1700 元，初中生均经费 2900 元左右，据已知北京市有流动人口约 300 万人，其中以 3%携带子女的比例推算，流动人口子女总数约有 9 万名，这将要增加一笔不小数量的教育经费。按目前规定，北京市的借读生每年交 480 元借读费，每个小学生平均经费尚有缺口 1200 元左右，这种情况无形中增加了儿童流入地政府的教育支出，造成了接收流动人口子女越多，承担的费用就越大，困难也越大；相反，儿童出生地对其实施义务教育的那项费用又未能真正发挥效益。(4)“教”与“学”的矛盾。目前流入大城市的适龄入学儿童，大部分来自边远山区，带着浓重的乡音方言，对学校普通话教学听不懂，尤其学校也处在方言区的教师，带着乡音的普通话教学，来自边远山区只会出生地方言的学生更听不懂，学生对教学的理解能力较差，教师与学生的教学交流效果也不佳。(5) 关于借读费等学校收取费用问题。目前有关规定借读生交纳一定借读费是合理的。有的学校还向流动人口子女的家长收取一定的赞助费。从流动人口的经济状况看，这些人员大部来自贫困地区，为摆脱家庭贫困而外出打工，所挣的钱既要维持自身及跟随子女的日常生活费用，还要为家庭承担瞻养父母弟妹的责任。据调查反映，流动人员中的大多数每月收入为 500 元左右，这笔收入除了自身在城的租房和日常生活费用外，也所剩无几，即使一个孩子一年借读费 480 元，或上千元的赞助费，仍是一笔较大的支出。况且，由于他们自身的职业不固定，在 A 地学校交了费，换在另一地点谋生而子女跟随其在 B 地去上学时，还要再交一次费。因此，有一部分儿童被迫失学去作童工。据了解，相当多已经上了学而因父母工作转移或经济拮据交不起学费又失学的儿童，对学校是怀着深深眷恋的。天津市河北区在毗邻“温州城”的红权小学办起流动人口子女寄宿班，招收来自山东、河北、浙江等地流动人口子女 200 多名，学校给他们以良好的教育和生活关怀，一位三年级的小学生因父母转到南方挣钱把他带走，他又哭又闹非要再回红权小学上学。但相当多的流动人员也深知有送子女受教育的责任，子女有较高文化科技知识，对国家、对家庭都是有好处的，但又因目前条件所限而难以两全，心理处于矛盾中。

据一些调查研究人士认为：流动人口子女的教育问题是教育面临的新问题和重要问题，同时又涉及诸多方面的关系问题，呼吁有关方面分清教育法律责任，相互协调，各方配合，齐抓共管，综合治理。国家教委在调查，探索、试点的基础上，正在起草有关文件，提出初步的解决办法，并将召开会议，部署在大城市扩大试点范围，使流动人口子女的教育问题，逐步走出困境，迈上正常的发展道路。

教育热点问题初探

一

改革开放以来，在邓小平同志重视教育、尊重知识、尊重人才的思想指导下，全党全社会对教育的重要性和战略地位的认识有了新的提高，教育改革全面展开并不断深化，教育事业也取得较快的发展。但是，在探索与社会主义市场经济体制相适应，逐步建立有中国特色社会主义教育体制的过程中，教育领域也出现了许多新的困难和矛盾，其中的一些矛盾和问题也不断引发成教育热点。在不长时间里，教育热点已成为社会使用频率较高的一个词汇。教育热点本身所涵盖的内容及其所涉及到的许多深层次的问题，不仅引起了教育界和社会各界的广泛关注，成为社会联系教育、关心教育、评价教育的焦点，而且已经成为促进教育社会化、社会教育化的重要因素之一。教育热点问题解决的如何，不仅直接影响教育改革和发展的进程，也在很大程度上影响着党和政府在群众中的威信以及社会的稳定。因此，正视教育热点，研究分析教育热点，提出解决教育热点的基本思路是十分必要和有意义的。

通过对近几年教育热点问题的综合分析，我们认为，教育热点有以下两个主要特征：一是在特定时空内引起了社会各界的普遍关注；二是突出反映教育领域某一方面的矛盾和问题，并对教育改革和发展产生相当程度的影响。近几年在教育改革和发展的不同阶段，教育热点涉及的内容不尽相同，其表现形式、作用及影响也不一样，但就整体发展变化看，有以下几个突出特点。

（一）教育热点的范围、层次在扩展

近几年，随着教育改革的不断深化，特别是全国教育工作会议的召开以及《教师法》、《教育法》的颁布，教育战线的形势可以说是改革开放以来的最好时期之一。在这样的形势下，一些人认为教育热点应逐年减少，然而实际情况并非如此。据统计，1991—1995年“两会”（全国人大、全国政协会议）期间关于教育的提案数分别为174件、176件、197件、182件和192件。在这些提案中，绝大多数是关于教育热点或涉及教育热点的，从一定程度上客观反映了教育热点的增减趋势。此外，人民群众来信也是反映教育热点增减趋势的又一重要方面。国家教委1991—1994年受理人民群众来信平均每年2万件左右，其中一个非常突出的变化，就是反映意见、建议以及新情况新问题的来信明显增多，每年都以2%的速度递增，这些信件的绝大多数与教育热点问题有关。教育热点不仅在数量上有所增加，而且它所涉及的范围也在不断扩大，在教育观点、教育思想、教育政策、教育制度方面和一些与教育密切结合的经济、社会等方面的深层次的问题上都有反映。过去，教育热点主要集中在筹措教育经费、提高教师待遇、改善办学条件、解决中小学生辍学和社会力量办学等方面。现在，热点问题已从保障教育经费、解决教师住房和拖欠教师工资、制止乱收费等扩展到解决中小学生课业负担过重、应试教育向素质教育转轨、高校管理体制改革、大学生招生收费、毕业生就业制度改革等各个领域。由此可见，一方面改革的不断深化为解决教育热点创造了有利条件，并促使一些热点问题得以解决；另一方面在改革过程中，某些新的热点问题在更广的范围和更深的层次上产生了。

（二）公众参与程度越来越高

我们发现，社会上与教育热点有切身利害关系的人，往往既是教育热点的直接参与者也是重要鼓动者。公众对教育热点的态度经过几年的演变，已由淡漠变为关切。主要表现是教育热点所牵涉的公众群体数量众多，如高校招生收费改革影响到千百万的学生和家长、中小学生课业负担过重影响着数以亿计的青少年学生健康成长，已引起教育界和社会各界人士的广泛关注。另一个重要表现是，许多教育热点问题，是在学生、家长或其他社会公众的关切和鼓动下产生并广为人知的，如乱收费问题、学生安全问题、“贵族学校”问题等热点就是这样。此外，社会公众对教育热点的参与程度，还可以从新闻媒介对教育热点的大曝光、大讨论中窥见一斑。总之，目前公众对教育热点的参与程度之高，是前些年所不及的，而且呈现出日益增长的势头。值得指出的是，公众对教育热点的关注和参与，已不仅仅局限在发评论、谈感想的水平上，越来越多的公众为解决教育热点积极出主意、想办法，并在财力、物力等方面给以大力的支持和协助。旨在救助边远贫困地区失学儿童的“希望工程”、“春蕾计划”等，吸引了社会各界的广泛参与。据统计，到1994年底，海内外为“希望工程”捐款总额达3.6亿元，建立希望学校749所，救助失学儿童达101万人。又如许多企业纷纷捐款或设立专项奖学金，帮助家庭经济困难的在校大学生完成学业。可见，正是由于公众的积极参与，教育热点才热得起来，同时也使社会各界成为解决教育热点的重要力量。

（三）教育热点具有两重性

任何事物都具有两重性，教育热点也不例外。教育热点不仅具有积极的一面，同时也具有消极的一面，在一定条件下，积极与消极两方面会相互转化。在通常情况下，矛盾激化引起的热点是以问题或消极的方式出现的，人们通过认真研究和处理，使得问题得到妥善解决，向积极方面转化；另一方面，少数教育热点本来是以积极的面目出现的，但由于引导不当或处理不妥，使其走向反面，从而转化为消极的方面。值得一提的是，在实际工作中，人们通常更多地关注到热点问题由消极的一面向积极一面的转化，而对与之相反的转化关系却缺乏足够的重视。尽管后一种转化关系在教育实践中表现得比较少，但其影响和危害性却相当大。如涉及面大、影响时间长、社会争议多的教育集资问题就是如此。应该说，合理的教育集资是在我国穷国办大教育这一国情背景之下，依靠人民群众，调动社会各方面积极性，改善办学条件、特别是发展农村基础教育的一个好办法，成为我国筹集教育经费的重要渠道之一。实施之初得到了人民群众的大力拥护和支持。据统计，1981—1991年十年间，全国教育集资累计超过700亿元，修缮、新建、改建校舍6亿多平方米，完成了单靠政府预算拨款需要一百年才能实现的任务，成为我国教育史上的一个创举。但是，由于一些地方相应的管理规章和政策措施不配套、不规范、不及时，甚至把集资搞成了硬性摊派，数额也脱离了当地群众的承受能力，加上其他部门在各种集资名目下的摊派，使乱集资成了某些地区加重农民负担的一个公害，严重影响了农民群众的集资办学积极性。实践告诉我们，对教育热点的两重性需要全面认识和对待，忽视任何一个方面，都将造成工作上的被动。

（四）突发性事件更易引发教育热点

最近几年来，因突发性事件而引发的教育热点比较多。如夏辉事件、夏令营中的较量、克拉玛依市特大火灾等事件，曾成为轰动全国的教育热点。“夏令营中的较量”只是客观反映了中日少年在夏令营中的不同表现，但由于新闻媒介的参与和争论，使这个原本十分普通的夏令营活动，很快成了热门话题。原因就在于在这普通活动的背后，存在着学校、家庭和社会在培养人的问题上的不同教育观点，同时也暴露出我们在教育上存在的问题。可见，突发性事件虽然呈现的是偶然性的、局部的事件，但在突发性事件背后，却隐含着一系列相互关联的深层次问题，而这些深层次问题则反映了事物本来的客观必然性。这说明，因突发性事件而引发的教育热点，偶然中有其必然性，今天不出现，明天也会出现；不因这件事诱发，别的事件也同样会诱发。我们认为，今后因外部环境、决策失误等原因造成的全局性的教育热点，会随着今后教育外部环境的改善和教育事业逐步走上规范化、法制化的轨道而逐渐减少，但因突发性事件而引发的某些深层次的教育热点有可能逐渐增多。

（五）对教育“热点”的行政干预力度日益增大

许多教育热点曾引起了中央最高决策层的高度重视。江泽民总书记、李鹏总理分别就中小学生过重课业负担、民办教师等热点问题作过重要指示。1993年以来，国务院办公厅先后4次下发文件，要求各地及时解决拖欠教师工资问题。国务院还把制止中小学乱收费作为纠正行业不正之风的重点项目之一，明令要求1995年内取得阶段性成效。李岚清副总理对教育热点十分重视，1993年他亲自给七省（市）的主要负责同志写信，督促尽快兑现拖欠的教师工资；他还多次亲自召开座谈会，专题研究解决教育经费紧缺、中小学生过重课业负担、联合办学等一系列教育热点问题，并作出了许多重要指示。国家教委近年来对教育热点的重视程度也显著提高，把教育热点摆上了重要议事日程，其中许多被列入了工作重点，从行政决策、立法执法、政策措施、工作部署和监督机制等方面都加大了解决教育热点的工作力度。国家教委主任朱开轩在国家教委1994、1995年度两次教育工作会议的讲话中，都把教育热点作为重要内容加以突出强调。据有关部门提供的数字，1993年以来，国家教委单就制止中小学乱收费一项，先后下发的文件就多达15件。国家教委还会同全国人大、全国政协等有关部门，先后开展了以解决拖欠教师工资问题、中小学生过重课业负担问题、乱收费问题等为内容的专项检查，先后派出检查组近20个，检查范围涉及全国24个省（市、区）。不少多年来迟迟不能解决的老大难问题（当然也是热点问题），在政府及有关部门的强有力的行政干预下，得到了较好的解决。实践表明，对教育热点施以必要的乃至强有力的行政干预，是正确引导和及时解决教育热点问题的有效途径。

教育热点以不断增加的势头出现，原因是多方面的。首先，社会主义市场经济体制的建立既为教育提供了改革和发展的机遇，也给教育带来了严竣的冲击和挑战，许多教育热点正是在这种冲击和挑战中应运而生的。改革开放以来，现代思想意识对传统思想文化的冲击与磨擦以及人们对价值观和人生观的重新思考与探讨，都不断促使人们对教育观、人生观的重新认识。而社会所进行的每一项重大改革都意味着社会利益关系的重新调整，在特定时期都给教育带来了一系列的矛盾冲突和焦点。其次，为适应经济改革和社会发展的需要，教育日益社会化。一方面教育的改革和发展越来越依赖于全社会的关心和支持；另一方面，社会对教育事业发展提出了更多的希望和要求。教育与社会之间的这种相互影响和作用，同样导致了热点问题的不断产生。再次，教育在不断深化改革、调整和完善已有方针和政策的过程中，也会由于自身的局限性，或是陈旧的教育教学观念、或是落后的管理手段、或是急于求成的心态等因素而引发教育热点。此外，特别值得一提的是，现代传播媒体的普及，使教育热点的传播或吸引更多的人参与成为可能。一些教育热点可以说是在新闻媒介的参与、诱导，甚至某种夸张的报道下产生的。新闻媒介会对教育热点起推波助澜的作用，这也是教育热点产生的一个不可忽视和低估的重要因素。

总之，教育热点产生的原因是多方面的，既有社会因素又有教育内部因素，也有综合作用的结果。在目前情况下，来自外部的社会因素的作用要大于教育内部的作用。尽管如此，我们认为，教育部门和学校在解决教育热点问题上还是大有作为的，应该把解决问题的着眼点逐步从等待外部环境改善尽快地转移到教育内部的自身改革上来。应该说，全面正确地认识研究教育热点，把握其形成和发展的规律，是解决教育热点问题的重要前提。

二

综上所述，教育热点已成为教育社会化和社会参与教育的一个重要标志。从一定意义看，多数教育热点也是改革攻坚的重点和难点，它不仅伴随改革的深化而发展，而且在一定程度上制约改革的进程或方向，可以说，对热点问题的解决就是新一轮改革的开始。实践表明，教育热点问题解决得如何，不仅关系到教育改革的进程和教育事业的发展，关系到社会各方面和广大人民群众对教育改革的支持与否和支持的程度，而且还关系到能否为改革营造一个良好的社会氛围，甚至关系到党和政府在人民群众心目中的形象。在解决教育热点问题上，政府主管部门的态度和对策直接影响热点的升温或降温。所以，认真研究并妥善解决好教育热点问题，是各级教育行政部门和教育工作者的一项重要职责。

教育部门在实际工作中，对待和处理教育热点问题往往存在着两个误区：一是消极心态导致的被动局面。一些同志认为，只要搞改革就会有热点，热点问题就象按下葫芦浮起瓢那样解决不了。于是采取静观姿态，期待热点问题自生自灭。二是焦虑心态导致的盲动局面。一些同志夸大热点的消极作用和影响，视其为洪水猛兽，并同改革对立起来，简单地用行政干预和生硬的表态来解决热点问题，其效果往往适得其反。上述这两个误区的存在，实际上是向我们提出了一个重要而紧迫的课题：在发展社会主义市场经济过程中，如何建立一个与深化教育改革、建立新型教育体制相协调、相适应的解决教育热点问题的有效机制?这里既有指导思想问题，也有具体操作问题。

分管教育工作的李岚清副总理曾就热点问题指出:“这些热点问题都不以人的意志为转移地已摆到我们的面前了。对于这些问题，《纲要》大都有原则规定，现在要抓紧制定一些规定或法规，引导其有序而积极地发展，尽量避免消极作用。”如果说，教育部门在对待教育热点问题上应该有一个明确指导思想的话，这就是我们的指导思想。它的内涵至少有三点：正视热点问题的客观存在是解决热点问题的前提；解决热点问题除按《中国教育改革和发展纲要》的原则规定外，制定改革的相关配套政策和法规规章是关键；而引导热点问题向积极方向有序地发展，避免消极作用则是我们解决热点问题的目的。

近几年来，国家教委按照李岚清同志的这一指导思想，在对待教育热点问题上，进行了积极而又慎重的研究和处理，努力探索解决热点问题的基本途径，已经并正在建立起一套行之有效的办法。我们认为，主要有以下几点。

一是在加强调查研究、统一认识的基础上，做好热点问题的预案和部署工作。加强热点问题的预案工作是解决热点问题的前提。从近几年国家教委的工作部署上看，显然注意到了两个环节，其一是预测出台的改革政策和措施可能引发的热点问题以及与当前政策规定的一致性，查清产生热点问题的原因究竟是由于政策落实不到位还是措施不配套，是舆论的误导还是主管部门宣传解释不够。1992 年底，国家教委在研究 1993 年全委工作会议上就热点问题进行了专门研究，会后发出“关于切实加强对教育热点问题的研究并及时提出对策的通知”，第一次作出解决热点问题的预案决定。接着国家教委在 1993 年的工作部署中指出：“保持清醒头脑，及时处理好改革发展过程中出现的各种问题。要对某些教育热点问题提出明确指导意见。”而到 1994 年，“热点”两字便明确写入了国家教委的工作要点之中，并要求“高度重视各项新的改革政策出台后的不同反映，及时研究、引导、处理出现的各类敏感与热点问题。”1995 年国家教委的工作要点不仅涉及到热点问题，而且在朱开轩主任 1995 年的工作报告中，用三分之一的篇幅就当前社会关注的诸如中小学乱收费等热点问题进行了重点论述。其二是主管部门明确热点问题的政策界限，内部统一认识，对外一致口径。事实上，政出多门、前后不一确实是某些热点问题的导火索。从 1990 年以来，国家教委每年都梳理一遍教育系统的热点问题，据有关部门提供的数字，五年中归纳的热点问题达 66 条。对待热点问题，国家教委除了通过发通知、召开会议等形式明确政策界线、及时表态外，还充分利用内部信息渠道，对上反映、对下沟通。据统计，在近两年国家教委简报和情况反映中，教育热点问题就占五分之一。在这些反映中，不仅有对热点问题的全面调查、分析和建议，而且也有处理解决热点问题做得好的经验和办法，其中许多是带有预见性的。应该说，对于一些比较敏感又暂不适宜对外表态的热点问题，教育部门通过简报等方式进行内部交流，对统一思想、划清界限确实不失为一种好的渠道，也起到了一般文件、讲话不可替代的作用。

二是充分利用新闻媒介的导向作用。应该承认，在过去很长一段时间，教育部门对新闻媒介在解决教育热点问题上的积极作用认识不够，眼睛更多地盯在新闻媒介如何在热点问题上作文章、搞新闻热点的轰动效应、产生误导等方面，在发挥新闻媒介的正确导向方面缺乏工作力度，致使许多教育热点由于宣传不够及时全面，群众对改革的举措和主管部门的决策了解不够，加上一些媒介的某些误导而不能及时得到解决。近两年来，这种被动状况已大大改观。教育部门已越来越重视新闻媒介在解决教育热点问题中的突出作用，主动争取新闻媒介的支持，为新闻界提供了大量翔实的报道素材，通过行政干预，把握了宣传方向。近几年，国家教委在重大教育政策出台前，都先召开新闻发布会或通气会，明确出台政策的必要性、重要性和政策界限。1994 年以来，李岚清副总理就先后两次与在京的各大新闻单位的负责人就教育改革和发展的重大问题进行通气，并多次召开各种类型的座谈会，倾听各界人士对教育改革和发展的意见。据统计，1994 年国家教委召开新闻发布会 10 次，提供教育重大新闻稿件 81 条。1995 年上半年召开新闻发布会已达 8 次，提供重大新闻稿件 42 条。另外，在改革政策出台后，及时根据群众反馈，召开座谈会或记者招待会，在电台、电视台和报刊上开辟专栏解答大家关心的问题，形成有利于改革的舆论环境。如 1995 年 4 月国家教委就停办各类学科奥校（班）一事，先后召开了新闻发布会和各界人士座谈会，还进行了专栏讨论等。虽然奥校停办只涉及到少数学生，但新闻界大讨论的意义已远远超过了停办奥校本身，这一热点最后是以端正广大家长和学校的正确教育观的良好结局而平息的。同时，许多新闻单位也越来越认识到舆论导向对教育工作的重要性，积极配合教育部门，把释疑解惑工作作为解决教育热点的重要辅助手段，通过大量广泛的宣传，激发了社会各界对教育热点的关注和支持，促进了热点问题的解决。如中小学乱收费是一项社会反映强烈而又多年未能很好解决的热点问题。1994 年以来，教育部门加大了整治力度和新闻报道，许多地方推行了收费卡制度，公开监督电话，完善管理，并对极少数地区和学校的乱收费行为进行了曝光和追踪报道，有效地遏制了乱收费现象的蔓延。实践表明，把加强舆论宣传同解决教育热点结合起来，形成学校、家庭、社会和教育部门共同解决热点问题的强大声势，是解决教育热点问题的一个富有成效的办法。

三是及时向人大和政协及有关部门通报情况，争取社会各界的支持和协作。教育热点形成的原因是多方面的，解决起来同样需要各有关部门的密切协作和综合治理。在这方面，人大和政协起着重要作用。据了解，教育热点在每年“两会”期间的教育提案中，比例明显提高，80 年代只占 20%左右，近几年已达到 60—70%以上。这表明，社会对教育热点的反映与人大代表和政协委员们的看法产生了共鸣。许多代表对教育热点问题作了大量调查，在一定程度上集中反映了基层群众的呼声。国家教委十分重视通过这一渠道了解掌握教育热点的情况，并通过各种形式及时向人大代表和政协委员汇报有关解决教育热点的措施和进展情况。据了解，国家教委除认真做好提案的答复与研究对策外，已连续六年为“两会”准备了有关教育热点问题的政策咨询资料。同时，教委主要负责同志每年至少两次向全国人大、全国政协及其有关部门汇报一个时期的教育工作，其中教育热点问题占相当篇幅。另外，国家教委每年都与人大和政府有关部门联合组成督导组，分赴部分地区对教育发展和改革中的突出问题进行专题督导检查，共同研究解决热点问题的政策和措施。通过这一渠道，不仅使许多代表和委员了解了教育热点的总体情况和教育部门的基本态度，而且也通过他们所做的大量宣传、解释和协调工作，促使政府有关部门的相互沟通和协作，赢得社会各界和广大群众的理解和支持，有力促进了教育热点问题的解决。实践表明，争取人大和政协及社会各界的支持，是解决教育热点问题的重要途径。

四是通过加强教育立法，为依法治教和解决教育热点打下基础。尽管教育热点是教育改革发展到特定阶段、发生在教育领域某些方面的问题，但是却同教育的整体改革和发展有着内在的联系。因此，在解决这些热点问题时，如果采取形而上学的做法，头痛医头，脚痛治脚，不仅不能很好地解决热点问题本身，而且还会引发和导致许多新热点的产生。同时，在改革过程中，因政策配套不完善、部门协调不一致、制度规范不健全等引发的热点也不少，说明我们的教育法规和制度仍是一个薄弱环节。因此，建立教育法规体系，加强依法治教，把教育热点纳入整个教育事业改革和发展的整体过程中，用全面的、联系的、发展的观点加以研究，是解决教育热点的根本途径。从80年代中期起国家已陆续颁布了一些重要的教育法律法规，如《教育法》、《教师法》、《义务教育法》等等，国家教委也已制定了教育法规体系的总体框架和今后五年的重点立法规划。据了解，1990年—1995年5月，国家教委制订并颁布或与有关部门联合发布的近400件教育法规、规章中，针对教育热点问题的法规文件为56件。诸如解决拖欠教师工资、制止挪用教育经费、纠正乱收费等教育热点，在已颁布的教育法规中都有明确规定。从实际情况看，这些规定大大增强了解决热点问题的强制性和权威性。随着教育法制的逐步健全，针对热点而制订的文件应该逐渐减少，这才真正表明教育走上了依法治教的轨道。

经过几年来的探索，教育主管部门对平息和妥善解决教育热点问题已经积累了一些好的经验，总结出了一系列行之有效的方法。但是，目前在解决教育热点问题上仍然还存在着手法相对单一、行政指令偏重、新闻舆论的作用没有得到充分发挥等问题。此外，还应重视借鉴国外的有益经验，发挥专家学者或教育评估等中介机构在解决教育热点过程中的导向作用。进一步拓宽解决热点问题的渠道，增强解决问题的针对性。

三

从分析近几年教育热点问题的特点、引发原因和变化过程可以看出，教育部门要做到更加主动、全面地把握和解决教育热点问题，还必须在总结已有经验的基础上，努力研究并揭示出教育热点问题产生的一般规律及其发展趋势。根据对近几年教育热点变化的分析，我们认为今后一个时期教育热点主要呈现以下几种走势。

（一）与公众切身利益密切相关的、改革力度大的教育领域将成为热点问题的多发区

以邓小平同志建设有中国特色社会主义理论为指导，党的十四大进一步明确提出“必须把教育摆在优先发展的战略地位”。在前不久召开的全国科技大会上，党中央、国务院又及时提出“科教兴国”的伟大战略，把依靠科技教育立国兴邦确立为我国的基本国策。这标志着继党的十二大提出“把经济建设转移到依靠科技进步和提高劳动者素质的轨道上来”的战略决策后，我们党和政府对科技、教育认识的新发展，这必将带来我国经济在更高层次上的新增长和社会的全面进步。事实表明，党中央的战略决策已经或正在我国的各个领域得到贯彻和落实。在社会主义市场经济体制建立过程中，越来越多的生产部门意识到教育以提高劳动者素质为杠杆，对经济发展起着重要作用。与此同时，教育也越来越与每个公民的切身利益密切相关，直接影响到公民的就业机会、事业发展乃至社会地位等等。受利益驱动的影响，当前公众对教育的关注程度普遍提高，教育不再是一次性消费字眼，它伴随人的终身已成为社会大多数人的共识。因此，公众关注教育的每一项改革就如同关注他们自身的利益；而教育在面向改革开放的今天，它的每一项改革，都将直接或间接地影响着公众的切身利益，这一相互作用在趋向利益一致时，改革进程就顺利，当相互作用在利害关系上不一致时，就会发生冲撞，产生教育热点。比如高等学校实行招生收费改革，打破了几十年延续的上大学由国家包下来的做法，直接影响到一部分公众的切身利益。目前收费仅占学生培养成本的五分之一，试点学校占20%。一旦收费成本继续提高或改革试点范围扩大，这一热点将会继续升温。根据《中国教育改革和发展纲要》规划的改革蓝图，今后一个时期我国教育改革将不断深化。随着改革向纵深发展，这种冲撞和磨擦以及由此导致热点的产生，同样都是不可避免的。在今后的一系列改革中，高校的招生考试制度、收费制度、以自主择业为目标的毕业生就业制度，职业教育实行三级分流以及实行初级、中级、高级职业教育与普通教育相互沟通的教育体系，实行高校联合办学，优化高校资源配置，发展一批重点高校等改革举措，都有可能影响到部分公众在受教育机会、受教育质量、就业机会等方面的切身利益，出现一些热点问题也就不奇怪了。

（二）已被平息的一些热点问题在新的形势和条件下可能再度出现

通过对近几年教育热点的分析，我们发现，教育热点的引发和平息具有反复性。即在一定条件下，原来已经被平息的老热点，仍会卷土重来，再次形成新的热点。比如校办产业在创办之初就是一个热门话题，存在不同意见和争论。但是校办产业作为补充国家教育投入不足的一条筹资渠道，在国家政策的大力扶持下，逐步发展壮大，取得显著成绩。目前，全国兴办校办产业的中初等学校已达学校总数的60%左右，1994年补充教育经费总计达54.5亿元，在校办产业参加劳动教育和勤工俭学活动的学生达1.1亿人。高校校办企业（包括科技产业）约5000个，高校产业的收入用于支持办学部分已占国家教育经费拨款的30%以上。一批名牌企业也从校办产业中脱颖而出，如闻名全国的“北大方正”、“娃哈哈”、“蒙妮莎”等等。随着我国市场经济体制的建立，校办企业的发展将取决于进入市场后如何在公平竞争中取胜，国家对原先给予校办产业的税收优惠政策在实行两年期满后有可能适当调整，届时一些校办产业会感到不适应，甚至相当一批校办产业举步维艰，面临着破产或倒闭的危险。校办产业问题在新的条件下可能再次成为大家关注的热点。

部分地区发生的拖欠教师工资问题同样经历了这样的反复。1988 年随着国家实行财政包干体制，基础教育经费也实行了财政体制包干的改革，这一改革调动了地方办学的积极性，缓解了教育经费不足的矛盾。但由于财政包干体制本身的缺陷，加上相当部分县乡财政困难，而一些地方的领导又不重视教育，擅自挪用教育经费，导致了在全国范围内出现了大面积拖欠教师工资的现象，引起了社会的广泛关注和呼吁，形成一个很大的热点。经过国务院及教育主管部门的坚决制止，至 1993 年底全国绝大多数地区基本解决了长期拖欠问题。但是最近两年，由于实行新的工资改革和其他方面的原因，部分地区又开始出现新的拖欠。另外，前几年教师因待遇、住房等原因，出现了严重流失现象。各级政府采取了一系列稳定教师队伍的措施，目前教师队伍总体上稳定，教师流失现象基本得到了遏制。但是，随着我国劳动人事制度改革的深化，人才市场和劳动力市场逐步走向规范化和法制化，教师流动问题也会以新的形式出现。可见教育热点问题并不像人出水痘、麻疹那样，一次生病，终生免疫。

（三）教育热点问题将更加区域化

由于自然条件的不同和历史上的种种原因，我国各地的经济、文化和教育的发展很不平衡。改革开放以来，为了加快经济发展，在区域经济发展战略的推动下，我国东部沿海地区依靠自身发展所固有的优势和国家所给予的倾斜性质的优惠政策，经济和社会发展明显快于中、西部地区。虽然国家已在调整政策，加强中、西部自身发展的潜力，但这些地区经济发展相对缓慢、交通不便、信息闭塞、文化教育欠发达的状况仍十分严重。由于不同经济发展区域，经济实力和财政收入不同，对教育的需求和投入也不相同，产生的教育热点就有差异。比如，发达地区更为关注的是如何在高标准普及九年义务教育基础上普及高中教育，如何解决民办学校高收费，如何减轻中小学生课业负担过重等问题；而欠发达地区则可能把教育工作的重点放在如何普及四年或六年义务教育，如何扫除青壮年文盲，如何解决拖欠教师工资和中小学生辍学等问题上。可见，一些在发达地区引发的热点，在欠发达地区或中等发达地区根本热不起来；一些在沿海开放地区形成的热点，在西北、西南等内陆地区也不具备形成热点的条件，反过来看也是这样。这种由经济社会发展水平不同而导致教育热点的区域化走向，今后不仅不会消失，而且还会伴随改革的深化，因区域经济发展导致经济差距进一步拉大而变得更加突出。从总体上看，今后一个时期涉及全局性的热点问题将通过改革逐渐减少，而在一定区域内引发的热点会逐步增多。

（四）因管理体制和职能交叉引发的热点问题将会增多

随着我国政治体制改革逐步走向深入，因管理体制和职能交叉而引发的热点问题也越来越突出。如 1993 年《光明日报》头版长篇报道的“教材大战”，就是由一些主管部门之间在教材管理和发行方面的不同观点和做法而引发的。此外，在毕业生就业管理、企业办学、职业教育管理等方面，也存在着比较严重的政策相撞、职能交叉和管理混乱等现象，已经在实际工作中产生了许多矛盾和不良后果。这些问题，由于直接关系到学校和学生的切身利益，因而引起了社会的普遍关注。由于我国政治体制改革的任务是长期而艰巨的，所以在相当一段时期，部门之间的利益冲突不仅消失不了，有时还会更加尖锐和激烈，机构调整、职能转变所带来的矛盾和不适应以及体制改革深化后衍生出的教育热点很可能继续增多，对此应引起高度重视。

总之，教育热点问题及发展趋势从根本上说，是受整个经济和社会发展制约的。对教育热点的走势进行分析和预测，同样离不开我国改革开放的大背景，否则就不能从整体和全局上把握教育热点问题。

四

邓小平同志建设有中国特色社会主义理论是我国改革开放和社会主义现代化建设的指导思想，同样也是我们研究和解决教育热点问题的指南针。教育热点问题事关改革大计，影响稳定大局，站在这一高度上反思和认识教育热点问题，结合邓小平同志关于教育改革和发展的基本思想和论述，我们认为在解决教育热点问题上，应该把握以下基本原则和对策。

（一）解放思想，实事求是，是对待和处理教育热点问题的总的根本指导思想

解放思想，实事求是，是邓小平建设有中国特色社会主义理论的精髓。邓小平同志坚持解放思想，实事求是的思想路线，解决了关系党和国家前途命运的一系列重大课题，成功地找到了在中国建设社会主义的正确道路，创立了建设有中国特色社会主义理论。邓小平同志反对从本本和经验出发，反对照搬别国已有的经验和发展模式，主张“把马克思主义的普遍真理同我国的具体实际结合起来，走自己的路，建设有中国特色的社会主义”①，他还称自己是“实事求是派”②。他强调，必须坚持解放思想和实事求是的统一，注意克服主观主义、盲目性、片面性和绝对化，掌握唯物辩证法，按客观规律办事。通过学习邓小平同志这一思想，我们更深刻地认识到：对教育热点视而不见、置之不理不行，夸大其词、视之为洪水猛兽也不行；解决热点问题不作具体分析，不对症下药不行，没有明确的指导思想和对策思路，只停留在消极应付的水平上更不行。坚持实事求是，一切从实际出发，是我们研究和处理教育热点问题的一个基本原则。它要求我们对待热点问题要坚持实事求是的态度，不回避矛盾和问题，从实际出发调查研究，不固守已有的经验和办法，要大胆实践和探索，具体问题具体分析，找到解决问题的新路子。

（二）解决改革中出现的问题，根本出路在于继续深化改革

邓小平同志指出，改革是有风险的事，“难免会犯错误，但我们不能怕，不能因噎废食，不能停步不前。③”“关键要善于总结经验，哪一步走得不妥当，就赶快改。”④他还说：“改革开放胆子要大一些，敢于试验，……没有一点闯的精神，没有一点‘冒’的精神……就走不出一条好路，走不出一条新路，就干不出新的事业”⑤。他要求党政领导每年都要总结经验，对的就坚持，不对的就赶快改，出现问题也要抓紧解决。邓小平同志的这些重要思想启示我们：对改革中出现的热点问题不要怕，不要等，要抓紧解决，不能因为改革引发了一些热点就不敢继续大胆改革，只有通过大胆试验，继续深化改革，才能从根本上解决好热点问题。

（三）改革需要依靠人民群众，解决改革中出现的热点问题，同样也要依靠人民群众，走群众路线

一切为了群众，一切依靠群众，从群众中来到群众中去的群众路线，是我们党的优良传统和政治优势。邓小平同志指出，改革和现代化建设是亿万人民群众自己的事业。改革的根本目的是发展生产力、提高综合国力，是为了人民群众过上幸福富裕的生活。但是，他也看到改革需要付出代价，需要对改革的长期性和复杂性有充分的思想准备和切实有效的措施。他说："改革涉及人民的切身利害问题，每一步都会影响成亿的人。"⑥他非常强调尊重群众的首创精神，调动群众的积极性。改革越是艰难越是深入，就越要注意把干部和群众的积极性、主动性、创造性引导好、保护好、发挥好。他认为，在推进改革的过程中，要帮助广大干部和群众正确认识和处理个人利益与集体利益、局部利益与整体利益、当前利益与长远利益的关系，正确理解和积极支持改革，保证改革顺利进行。只有这样，才能调动一切积极因素，化消极因素为积极因素，团结一切可以团结的力量，同心同德，群策群力，克服改革中出现的一切困难。教育改革涉及千家万户，与人民群众的切身利益息息相关，是热点问题的多发区，解决这方面热点问题的根本途径在于走群众路线，正如邓小平同志指出的那样，要帮助广大群众正确认识一系列利益关系，做好宣传解释和思想政治工作，赢得群众的理解和支持，使广大群众成为解决教育热点问题的主体，共同创造一个有利于教育改革的环境和氛围。

发现问题不等于解决问题。我们期待通过本文的粗浅分析，能引起更多同志对教育热点问题的重视和积极探讨，使这一现实问题在实践中解决得更好。

撰稿 康 宁 王洪元 崔保师

注：

①②③④⑤⑥《邓小平文选》（第三卷）第 3 页，第 209 页，第 229 页，第 113 页，第 372 页，第 113 页。人民出版社 1993 年版。

建立博士后制度

中国建立博士后制度，起源于美国华裔著名国际物理学家李政道博士于 1983 年 3 月 5 日向中国领导人提出《设立科研流动站的初步建议》和 1984 年 5 月再次提出《如何安排"博士后"科技青年的一些建议》，1984 年 5 月 21 日，邓小平同志接见李政道博士时，在听取他对实行博士后制度的重要意义、条件和紧迫感后表示："这个方法好，我赞成。培养和使用相结合，在使用中培养，培养和使用中发现更高级的人才。""这是一个新的方法，成百成千的流动站成为制度，是培养使用科技人才的制度。""看准了就要行动，明天就批2000万。以后各行都可以参照这个办法，是使用培养，也是考核。”

根据邓小平同志的上述指示精神，1985年初，由中国科学技术委员会牵头，原教育部、中国科学院等部门参加成立了“博士后管理委员会，并决定在全国科研部门，高等学校设立博士后流动站。管委会各部门共同磋商了实施方案的框架，同时，分别召开了各类专家、留学回国人员、有关部门及科研单位与高等院校的座谈会，经过座谈讨论，最后形成了博士后制度的初步意见。并于1985年7月5日下发全国各地贯彻执行。

博士后制度酝酿、形成与发展过程中，始终得到国务院领导及其所属有关部门的大力支持与协助。建立博士后流动站初期困扰建站单位的最大难题是博士后研究人员的住房条件问题。1984年，邓小平批准2000万元，其中有1000万元用于建造博士后研究人员公寓。国家计委在1985年又另外批准1000万元的基建投资，后来又增拨2000万元给博士后研究人员建造公寓。在解决博士后研究人员及其配偶子女的户口问题时，原来将子女入户范围限制在未成年子女，在与公安部门协商时，公安部门主动提出把入户子女范围扩大到农村户口及城市户口的未就业子女。原教育部决定博士后研究人员的子女，可在户口暂住地报考重点中学、高等学校。财政部对博士后研究人员工作的日常经费，做到随批随拨款。国家外汇管理局、原商业部、原劳动人事部都在各自业务范围，为博士后制度建立的有关问题，提供了大力支持。

建立博士后制度以来，到1995年底，已在全国212个（所）科研单位和高等学校建立博士后流动站428个，其中高等学校322个，国家教委直属高等学校又占其中164个。博士后流动站覆盖了理学、工学、农学、医学、经济学、法学、教育学、文学和历史学9大类学科门类的54个一级学科。累计招收博士后研究人员4100名。其中已有2000人完成科研任务走上了固定的工作岗位，其中绝大多数已被单位委以担任各类高级专业技术职务或科研领域的领导重任。

据统计，博士后研究人员在流动站工作期间，平均每人承担2至3项重要的研究项目。其中国家级项目占40%；两年内项目完成率为64%；有19%的研究人员获得部委以上科技成果奖或荣誉称号。北京大学博士后研究人员唐建国在站工作期间，完成了重大课题“基因人工胰岛素的生成”，一举打破我国此项目在“六五”、“七五”期间徘徊不前的局面，被认为是国内生物工程领域的重大突破。中国科技大学博士后研究人员卢炬甫在黑洞天体物理学的研究中，得出了黑洞吸积流运动的一个精确解，并证明了解的唯一性，被国际同行称之为“唯一性定理”。中国科学院上海有机化学研究所博士后研究人员郭亚军在肝癌治疗研究中，与美国科学家合作研究出能杀死肝癌细胞的疫苗，被认为“能为人类最终克服肝癌症带来希望。”

博士后流动站的建立，还是留学博士回国后，走上能够充分发挥其专长的工作岗位前的一种过渡的好形式。从1986年起，留学博士回国做博士后的人数稳步上升。1992年为97人，1993年为115人，1994年为123人，到1995年2月止，留学博士回国做博士后的研究人员总数已达631人。占进站博士后研究人员总数的17.2%。

博士后制度建立10年来，博士后研究人员的工作和生活条件日益改善。国家财政、计划部门投入了相当的财力设立博士后科学基金。研究人员的日常经费由每年每人1.5万元，到1995年1月起，增至每年每人2万元。科技、教育、人事、劳动和公安部门共同协作，为博士后事业的发展制订了若干项优惠政策。建立博士后流动站10年来，国家计委拨基建经费建造博士后研究人员公寓600套，解放军总后勤部、铁道部、广东省、上海市等部门和省市都拨专项经费建造起博士后研究人员公寓。许多建站单位也自筹经费建造，现已建成博士后研究人员公寓200套。

博士后制度建立10年来，博士后流动站已遍布全国各地，一批又一批博士后研究人员茁壮成长，已经或即将成为中国科学、教育以及经济建设的高级人才，他们所研究的许多成果已在社会主义现代化建设中显示其“第一生产力”的强大作用，有些科研成果填补了中国的空白，并居世界领先地位。

为了不断总结经验，进一步推动博士后事业的发展，并贯彻落实“科教兴国”的战略方针，1995年10月4日，国家人事部、博士后管委会联合在北京举行博士后制度10周年庆祝大会。党和国家领导人题词祝贺。江泽民题词是：“实施科教兴国战略，建立高水平的科技队伍。”李鹏的题词是：“实施博士后制度，培养跨世纪人才。”乔石的题词是：“努力做好博士后工作，为青年人才脱颖而出创造良好条件。”李瑞环的题词是：“科教兴国，人才第一。”李岚清、宋平、费孝通、雷洁琼、卢嘉锡、吴阶平、宋健、李贵鲜、钱伟长、朱光亚及李政道、博士后研究人员等600多人出席庆祝大会。李岚清副总理代表党中央、国务院致词祝贺。他说：10年间，博士后制度发展迅速，并取得有目共睹的成绩，吸引了一大批国内外毕业的优秀博士到博士后流动站从事研究工作。博士后研究人员在其科研工作中取得了许多高水平的研究成果，一大批优秀人才脱颖而出，成为各单位的学术、技术骨干，一些人已成为新的学术和技术带头人，博士后制度为加快培养造就高水平年轻科技人才，促进科技、教育事业的发展和国家经济建设，发挥了越来越大的作用。他指出，今后的博士后工作要在邓小平同志建设有中国特色社会主义理论指导下，面向现代化建设，面向世界、面向未来，要适应科技、教育和国民经济建设的需要。要动员各方面的力量积极推进博士后事业发展，使博士后制度成为有条件的高等院校、科研机构培养、造就跨世纪学术和技术带头人的一种重要途径，成为推动科学技术进步和科技与经济密切结合的一种有力措施，成为增强我国在国际范围人才竞争力的一种有效手段。

国家人事部部长宋德福主持庆祝大会。博士后管委会主任蒋冠庄、国家教委主任朱开轩、中国科学院院长周光召及解放军总政治部、黑龙江省有关负责人在会上讲了话。李政道先生也在会上讲话回忆10年前他向党中央领导人写建议信及邓小平同志接见时作出决策性谈话的经过与情景。

庆祝活动期间，兴办了博士后科技成果展，展出博士后流动站建站单位的81个参展单位的421位参展个人的400多项博士后研究人员的重要科技成果。

附

全国博士后流动站设站单位及学科名单

北京大学：经济学　法学　社会学　中国语言文学　外国语言文学　历史学　数学　物理学　化学　地理学　大气科学　地质学　生物学　力学　计算机科学与技术

中国人民大学：经济学　法学

清华大学：数学　物理学　力学　机械工程　仪器仪表　材料科学与工程　动力工程及工程热物理　电工　电子学与通信　自动控制　计算机科学与技术　管理科学与工程　建筑学　土木、水利　化学工程和工业化学　原子能科学与技术

北方交通大学：铁路、公路、水运

北京航空航天大学：力学　机械工程　计算机科学与技术　航空与宇航技术

北京理工大学：仪器仪表　动力工程及工程热物理　电子学与通信兵器科学与技术

北京科技大学：材料科学与工程　冶金　地质勘探、矿业、石油

北京化工大学：材料科学与工程　化学工程和工业化学

北京邮电大学：电子学与通信

中国农业大学：农业工程　农学　畜牧兽医

北京林业大学：林学

中国协和医科大学：基础医学　临床医学　药学

北京医科大学：基础医学　临床医学　公共卫生与预防医学　药学

首都医科大学：临床医学

北京中医药大学：中医

北京师范大学：教育学　中国语言文学　历史学　数学　物理学　地理学　生物学

北京外国语大学：外国语言文学

中央民族大学：民族学

南开大学：经济学　数学　物理学　化学　生物学　仪器仪表

天津大学：力学　机械工程　仪器仪表　材料科学与工程　动力工程及工程热物理　电工　土木、水利　化学工程和工业化学

天津医科大学：中西医结合

辽宁大学：经济学

大连理工大学：数学　力学　机械工程　材料科学与工程　管理科学与工程　土木、水利　化学工程和工业化学

东北大学：机械工程　冶金　自动控制　计算机科学与技术　地质勘探、矿业、石油

沈阳农业大学：农学

中国医科大学：基础医学　临床医学

沈阳药科大学：药学

吉林大学：经济学　数学　物理学　化学　计算机科学与技术

吉林工业大学：机械工程　铁路　公路水运　农业工程

长春地质学院：地质学　地质勘探、矿业、石油

白求恩医科大学：基础医学

东北师范大学：生物学

哈尔滨工业大学：力学　机械工程　材料科学与工程　动力工程及工程热物理　电

工　计算机科学与技术　管理科学与工程

东北重型机械学院：机械工程

哈尔滨工程大学：船舶与海洋工程

哈尔滨建筑大学：力学　建筑学

东北农业大学：畜牧

东北林业大学：林学

哈尔滨医科大学：临床医学　公共卫生与预防医学

复旦大学：经济学　中国语言文学　数学　物理学　化学　生物学　计算机科学与技术　管理科学与工程

同济大学：物理学　海洋科学　建筑学　土木、水利　铁路、公路、水运

上海交通大学：力学　机械工程　材料科学与工程　动力工程及工程热物理　自动控制　船舶与海洋工程

上海大学：力学　冶金　电子学与通信

华东理工大学：化学工程和工业化学

华东工业大学：动力工程及工程热物理

中国纺织大学：纺织

上海医科大学：基础医学　临床医学　公共卫生与预防医学　中西医结合

上海第二医科大学：基础医学　临床医学

上海中医药大学：中医

华东师范大学：数学　地理学　生物学

上海财经大学：经济学

南京大学：中国语言文学　数学　物理学　化学　天文学　地理学　大气科学　地质学　生物学　计算机科学与技术

苏州大学：数学

东南大学：动力工程及工程热物理　电子学与通信　自动控制　建筑学

南京航空航天大学：力学　机械工程　航空与宇航技术

南京理工大学：仪器仪表　自动控制　兵器科学与技术

中国矿业大学：电工　地质勘探、矿业、石油

河海大学：土木、水利

无锡轻工业大学：轻工

江苏理工大学：农业工程

南京农业大学：农学　兽医

南京中医学院：中医

中国药科大学：药学

杭州大学：数学

浙江大学：数学　物理学　化学　机械工程　仪器仪表　材料科学与工程　动力工程及工程热物理　电工　自动控制　计算机科学与技术　化学工程和工业化学

浙江农业大学：农学

中国科学技术大学：数学　物理学　天文学　生物学　力学　动力工程及工程热物理　电子学与通信

厦门大学：经济学　化学　海洋科学　生物学

福建农业大学：农学

山东大学：数学　物理学　生物学

青岛海洋大学：海洋科学

石油大学：化学工程和工业化学　地质勘探、矿业、石油

山东农业大学：农学

郑州大学：化学

河南医科大学：基础医学

武汉大学：法学　数学　物理学　化学　生物学

华中理工大学：力学　机械工程　动力工程及工程热物理　电工　电子学与通信　自动控制　船舶与海洋工程

中国地质大学：地质学　地质勘探、矿

业、石油

武汉水利电力大学：土木、水利

武汉交通科技大学：船舶与海洋工程

武汉工业大学：材料科学与工程

武汉测绘科技大学：测绘

华中农业大学：生物学 农学

同济医科大学：基础医学 临床医学 公共卫生与预防医学

华中师范大学：物理学

中南财经大学：经济学

湖南大学：化学 土木、水利

中南工业大学：材料科学与工程 冶金 地质勘探、矿业、石油

湖南农业大学：农学

湖南医科大学：基础医学

中山大学：数学 物理学 化学 生物学

华南理工大学：电子学与通信 化学工程和工业化学 轻工

华南农业大学：农学

中山医科大学：基础医学

华南师范大学：生物学

四川联合大学：数学 材料科学与工程 土木、水利 轻工

重庆大学：机械工程 仪器仪表 电工

西南交通大学：力学 铁路、公路、水运

电子科技大学：电子学与通信

西南石油学院：地质勘探、矿业、石油

成都理工学院：地质勘探、矿业、石油

西南农业大学：农学

四川农业大学：农学

华西医科大学：基础医学 临床医学

重庆医科大学：临床医学

西南财经大学：经济学

西北大学：历史学 物理学 化学 地质学

西安交通大学：力学 机械工程 仪器仪表 材料科学与工程 动力工程及工程热物理 电工 电子学与通信 自动控制 管理科学与工程

西北工业大学：力学 材料科学与工程 计算机科学与技术 航空与宇航技术 兵器科学与技术

西安理工大学：土木、水利

西安电子科技大学：电子学与通信

西北农业大学：农学

兰州大学：物理学 化学 生物学

中国科学院数学研究所：数学

中国科学院应用数学研究所：数学

中国科学院系统科学研究所：数学

中国科学院力学研究所：力学

中国科学院物理研究所：物理学

中国科学院高能物理研究所：物理学

中国科学院声学研究所：物理学

中国科学院理论物理研究所：物理学

中国科学院上海原子核研究所：物理学

中国科学院等离子体物理研究所：物理学

中国科学院固体物理研究所：物理学

中国科学院近代物理研究所：物理学

中国科学院武汉物理研究所：物理学

中国科学院紫金山天文台：天文学

中国科学院上海天文台：天文学

中国科学院北京天文台：天文学

中国科学院化学研究所：化学

中国科学院上海有机化学研究所：化学

中国科学院长春应用化学研究所：化学

中国科学院大连化学物理研究所：化学

中国科学院兰州化学物理研究所：化学

中国科学院上海硅酸盐研究所：材料科学与工程

中国科学院化工冶金研究所：化学工程和工业化学

中国科学院生态环境研究中心：化学

中国科学院山西煤炭化学研究所：化学

中国科学院感光化学研究所：化学

中国科学院福建物质结构研究所：化学

中国科学院地质研究所：地质学

中国科学院古脊椎动物与古人类研究所：地质学

中国科学院南京地质古生物研究所：地质学

中国科学院地球物理研究所：地球物理学

中国科学院大气物理研究所：大气科学

中国科学院地理研究所：地理学

中国科学院贵阳地球化学研究所：地质学

中国科学院兰州冰川冻土研究所：地理学

中国科学院海洋研究所：海洋科学

中国科学院遥感应用技术研究所：地理学

中国科学院兰州沙漠研究所：地理学

中国科学院空间科学与应用研究中心：地球物理学

中国科学院动物研究所：生物学

中国科学院植物研究所：生物学

中国科学院昆明植物研究所：生物学

中国科学院生物物理研究所：生物学

中国科学院微生物研究所：生物学

中国科学院上海细胞生物学研究所：生物学

中国科学院上海生理研究所：生物学

中国科学院上海生物化学研究所：生物学

中国科学院上海植物生理研究所：生物学

中国科学院上海脑研究所：生物学

中国科学院水生生物研究所：生物学

中国科学院遗传研究所：生物学

中国科学院西北高原生物研究所：生物学

中国科学院上海药物研究所：化学

中国科学院心理研究所：心理学

中国科学院南京土壤研究所：农学

中国科学院沈阳应用生态研究所：生物学

中国科学院计算技术研究所：计算机科学与技术

中国科学院计算数学与科学工程计算研究所：数学

中国科学院工程热物理研究所：动力工程及工程热物理

中国科学院半导体研究所：物理学

中国科学院上海冶金研究所：材料科学与工程

中国科学院长春光学精密机械研究所：物理学

中国科学院上海光学精密机械研究所：物理学

中国科学院上海技术物理研究所：物理学

中国科学院金属研究所：材料科学与工程

中国科学院金属腐蚀与防护研究所：材料科学与工程

中国科学院自动化研究所：自动控制

中国科学院软件研究所：计算机科学与技术

中国科学院广州地球化学研究所：地质学

中国社会科学院：经济学　法学　历史

学

中国农业科学院：农学　畜牧　兽医

中国林业科学研究院：林业工程

水利水电科学研究院：土木、水利

电力科学研究院：电工

中国地质科学院：地质学

冶金部钢铁研究总院：材料科学与工程　冶金

中国原子能科学研究院：原子能科学与技术

中国工程物理研究院（应用电子学研究所）：原子能科学与技术

中国工程物理研究院（北京应用物理与计算数学研究所）：数学　物理学

中国航空研究院（671 研究所）：材料科学与工程

中国航天工业总公司第一研究院：航空与宇航技术

中国航天工业总公司第五研究院：物理学　自动控制

石油勘探开发科学研究院：地质勘探、矿业、石油

铁道部科学研究院：铁路、公路、水运

中国预防医学科学院：基础医学　公共卫生与预防医学

中国中医研究院：中医

国家地震局地球物理研究所：地球物理学

国家地震局工程力学研究所：土木、水利

上海医药工业研究所：药学

中国舰船研究院：船舶与海洋工程

石油化工科学研究院：化学工程和工业化学

第二军医大学：基础医学　临床医学　药学

第三军医大学：临床医学

第四军医大学：基础医学　临床医学

农牧大学：兽医

第二炮兵工程学院：航空与宇航技术

国防科学技术大学：电子学与通信　自动控制　计算机科学与技术

军事医学科学院：基础医学　公共卫生与预防医学药学　药学

1995 年具有学历教育招生资格的普通高等学校名单

国家教委按语：为深化改革，加强高等教育的宏观管理，确保普通高等学历教育必要的规格和质量，进一步完善社会监督机制，现将 1995 年具有普通高等学历教育招生资格的普通高等学校名单予以公布。

全国现有普通高等学校 1059 所，这次向社会公布的为 1057 所和 64 个校外办学点，另有两所普通高等学校因办学条件远低于国家规定要求，今年暂停招生。在公布的普通高等学校名单中，凡办学条件略低于国家规定要求的，均在其校名前以“*”号标出，表示今年虽允许招生，但须适当控制招生规模，增加投入，充实办学条件。本次公布的名单以地区、科类为顺序，分为三类，第一类是本科层次的高等学校；第二类是专科层次的高等学校；包括高等专科学校、高等职业（技术）学校（短期职业大学）和民办高等学校；第三类是经批准设立的普通高等学校分校、分院和办学点。不包括军事院校。除本次公布的名单外，未经国家教委批准，任何其它机构今年均不具有普通高等学历教育招

生资格。对违纪招生和擅自超计划招生的，国家均不承认学生的学籍，不允许发放毕业证书，并将严肃追究有关责任者的责任。请1995年报考普通高等学校的考生在报名前注意查阅本名单，避免失误。

一、本科高等学校

学校名称

北京市

北京大学
中国人民大学
*北京联合大学
清华大学
北京航空航天大学
北京理工大学
北京科技大学
北方交通大学
北京邮电大学
北京工业大学
北京化工大学
北京农业工程大学
北方工业大学
北京农业大学
北京林业大学
中国协和医科大学
北京医科大学
北京中医药大学
首都医科大学
北京师范大学
首都师范大学
北京外国语大学
对外经济贸易大学
首都经济贸易大学
中国政法大学
中国人民公安大学
中国人民警官大学
北京体育大学
中央民族大学
北京服装学院
北京轻工业学院
北京建筑工程学院
北京电子科技学院
北京印刷学院
北京石油化工学院
北京气象学院
北京动力经济学院
北京信息工程学院
北京机械工业学院
首钢工学院
北京农学院
北京针灸骨伤学院
北京体育师范学院
北京广播学院
北京第二外国语学院
北京语言学院
中国新闻学院
中国青年政治学院
中央财政金融学院
北京商学院
北京物资学院
中国金融学院
外交学院
国际关系学院
中央音乐学院
中央工艺美术学院
中央美术学院
中央戏剧学院
中国音乐学院
北京电影学院
中国戏曲学院
北京舞蹈学院

天津市

南开大学
天津大学
天津医科大学
天津师范大学
天津轻工业学院
天津纺织工学院
中国民用航空学院
天津理工学院
天津城市建设学院
天津农学院
天津中医学院
武警医学院
天津职业技术师范学院
天津外国语学院
天津财经学院
天津商学院
天津体育学院
天津音乐学院
天津美术学院

河北省

河北大学
河北工业大学
河北农业大学
河北医科大学
河北师范大学
河北经贸大学
华北电力学院

河北煤炭建筑工程学院
河北地质学院
河北理工学院
河北轻化工学院
河北机电学院
河北建筑工程学院
石家庄铁道学院
华北煤炭医学院
张家口医学院
承德医学院
*河北师范学院
河北农业技术师范学院
中国人民武装警察部队学院
河北体育学院

山西省

山西大学
太原工业大学
山西农业大学
山西师范大学
华北工学院
山西矿业学院
太原重型机械学院
山西医学院
长治医学院
山西中医学院
雁北师范学院
山西财经学院
山西经济管理学院

内蒙古自治区

内蒙古大学
内蒙古工业大学
内蒙古师范大学
包头钢铁学院
内蒙古农牧学院
*哲里木畜牧学院
内蒙古林学院
内蒙古医学院
包头医学院
内蒙古蒙医学院
内蒙古民族师范学院
*内蒙古财经学院

辽宁省

辽宁大学
*沈阳大学
大连大学
东北大学
大连理工大学
大连海事大学
沈阳工业大学
沈阳农业大学
中国医科大学
大连医科大学
沈阳药科大学
辽宁师范大学
东北财经大学
大连铁道学院
阜新矿业学院
鞍山钢铁学院
大连轻工业学院
沈阳工业学院
沈阳航空工业学院
抚顺石油学院
沈阳化工学院
沈阳建筑工程学院
辽宁工学院
沈阳黄金学院
大连水产学院
辽宁中医学院
锦州医学院
沈阳医学院
沈阳师范学院
锦州师范学院
鞍山师范学院
大连外国语学院
中国刑事警察学院
沈阳体育学院
鲁迅美术学院
沈阳音乐学院

吉林省

吉林大学
延边大学
长春大学
吉林工业大学
吉林农业大学
白求恩医科大学
东北师范大学
长春地质学院
长春光学精密机械学院
吉林工学院
东北电力学院
长春邮电学院
吉林建筑工程学院
吉林化工学院
延边农学院
吉林林学院
延边医学院
长春中医学院
吉林医学院
吉林师范学院
通化师范学院
四平师范学院
吉林职业师范学院
长春师范学院
长春税务学院

吉林体育学院
吉林艺术学院

黑龙江省

黑龙江大学
哈尔滨工业大学
哈尔滨工程大学
哈尔滨建筑大学
哈尔滨理工大学
东北农业大学
黑龙江八一农垦大学
东北林业大学
哈尔滨医科大学
哈尔滨师范大学
东北重型机械学院
大庆石油学院
黑龙江矿业学院
齐齐哈尔轻工学院
佳木斯工学院
黑龙江中医学院
佳木斯医学院
牡丹江医学院
*齐齐哈尔医学院
齐齐哈尔师范学院
牡丹江师范学院
黑龙江商学院
哈尔滨体育学院

上海市

复旦大学
上海大学
上海交通大学
同济大学
华东理工大学
中国纺织大学
华东工业大学
上海铁道大学
上海工程技术大学
上海水产大学
上海医科大学
上海第二医科大学
上海中医药大学
华东师范大学
上海师范大学
上海外国语大学
上海财经大学
上海海运学院
上海电力学院
上海建筑材料工业学院
上海城市建设学院
上海农学院
上海对外贸易学院
华东政法学院
上海体育学院
上海音乐学院
上海戏剧学院

江苏省

南京大学
扬州大学
苏州大学
东南大学
南京理工大学
南京航空航天大学
中国矿业大学
河海大学
无锡轻工大学
南京化工大学
江苏理工大学
南京农业大学
南京林业大学
南京中医药大学
中国药科大学
南京医科大学
南京师范大学
南京气象学院
南京邮电学院
苏州丝绸工学院
华东船舶工业学院
江苏石油化工学院
南京建筑工程学院
南通纺织工学院
苏州城市建设环境保护学院
淮海工学院
苏州医学院
南京铁道医学院
徐州医学院
南通医学院
镇江医学院
徐州师范学院
苏州铁道师范学院
常州技术师范学院
南京经济学院
南京审计学院
南京体育学院
南京艺术学院

浙江省

杭州大学
宁波大学
浙江大学
浙江工业大学
浙江农业大学
浙江医科大学
浙江师范大学
杭州电子工业学院
浙江丝绸工学院
中国计量学院

浙江水产学院
浙江林学院
浙江中医学院
温州医学院
杭州师范学院
宁波师范学院
温州师范学院
杭州商学院
浙江财经学院
中国美术学院

安徽省

安徽大学
中国科学技术大学
合肥工业大学
安徽农业大学
安徽师范大学
安徽工学院
淮南矿业学院
华东冶金学院
安徽机电学院
安徽建筑工业学院
安徽医学院
蚌埠医学院
安徽中医学院
皖南医学院
阜阳师范学院
安庆师范学院
淮北煤炭师范学院
*安徽农业技术师范学院
安徽财贸学院
合肥经济技术学院

福建省

厦门大学
集美大学
福州大学
华侨大学
仰恩大学
福建农业大学
福建师范大学
集美航海学院
福建林学院
福建医学院
福建中医学院
漳州师范学院

江西省

南昌大学
华东交通大学
江西农业大学
江西师范大学
南方冶金学院
南昌航空工业学院
景德镇陶瓷学院
华东地质学院
江西医学院
江西中医学院
赣南医学院
赣南师范学院
南昌职业技术师范学院
江西财经学院

山东省

山东大学
青岛大学
烟台大学
石油大学
青岛海洋大学
山东工业大学
山东农业大学
山东医科大学
山东师范大学
曲阜师范大学
山东矿业学院
青岛化工学院
山东建材工业学院
青岛建筑工程学院
山东建筑工程学院
山东轻工业学院
山东工程学院
莱阳农学院
山东中医学院
潍坊医学院
泰山医学院
滨州医学院
*济宁医学院
聊城师范学院
烟台师范学院
山东经济学院
*中国煤炭经济学院
山东财政学院
山东体育学院
山东艺术学院
*山东工艺美术学院

河南省

河南大学
郑州大学
河南农业大学
河南医科大学
河南师范大学
郑州工学院
洛阳工学院
华北水利水电学院
焦作工学院
郑州粮食学院
郑州轻工业学院
郑州纺织工学院
郑州航空工业管理学院

河南中医学院
新乡医学院
河南职业技术师范学院
信阳师范学院
河南财经学院

湖北省

武汉大学
湖北大学
华中理工大学
中国地质大学
武汉水利电力大学
武汉测绘科技大学
武汉工业大学
武汉交通科技大学
武汉汽车工业大学
武汉冶金科技大学
华中农业大学
同济医科大学
华中师范大学
中南财经大学
江汉石油学院
武汉纺织工学院
湖北工学院
武汉化工学院
葛洲坝水电工程学院
武汉食品工业学院
武汉城市建设学院
湖北汽车工业学院
湖北农学院
湖北医学院
湖北中医学院
咸宁医学院
郧阳医学院
*湖北师范学院
湖北三峡学院
中南政法学院
武汉体育学院
湖北美术学院
武汉音乐学院
中南民族学院
湖北民族学院

湖南省

湘潭大学
吉首大学
中南工业大学
湖南大学
湖南农业大学
湖南医科大学
湖南师范大学
长沙铁道学院
长沙交通学院
湘潭矿业学院
中南工学院
长沙电力学院
株洲工学院
中南林学院
湖南中医学院
衡阳医学院
湘潭师范学院
湖南财经学院
湖南商学院

广东省

中山大学
暨南大学
汕头大学
深圳大学
五邑大学
华南理工大学
广东工业大学
华南农业大学
中山医科大学
广州中医药大学
华南师范大学
广东外语外经贸大学
佛山科学技术学院
湛江水产学院
仲恺农业技术学院
广东医学院
广州医学院
广东药学院
广州师范学院
韩山师范学院
*湛江师范学院
*广东商学院
广州体育学院
广州美术学院
星海音乐学院
*广东民族学院

广西壮族自治区

广西大学
广西师范大学
桂林工学院
广西工学院
桂林电子工业学院
广西农学院
广西医学院
广西中医学院
右江民族医学院
桂林医学院
广西师范学院
广西艺术学院
广西民族学院

海南省

海南大学
华南热带作物学院

海南医学院
海南师范学院

四川省

四川联合大学
渝州大学
重庆大学
电子科技大学
西南交通大学
重庆建筑大学
西南农业大学
四川农业大学
华西医科大学
重庆医科大学
成都中医药大学
西南师范大学
四川师范大学
西南财经大学
西南政法大学
四川三峡学院
成都理工学院
西南石油学院
重庆交通学院
四川工业学院
四川轻化工学院
重庆邮电学院
西南工学院
成都气象学院
中国民航飞行学院
重庆工业管理学院
四川畜牧兽医学院
泸州医学院
川北医学院
重庆师范学院
四川师范学院
四川外语学院
重庆商学院
成都体育学院
四川美术学院
四川音乐学院
西南民族学院

贵州省

贵州大学
贵州师范大学
贵州工学院
贵州农学院
贵阳医学院
遵义医学院
贵阳中医学院
贵州财经学院
贵州民族学院

云南省

云南大学
昆明理工大学
云南工业大学
云南农业大学
云南师范大学
西南林学院
昆明医学院
云南中医学院
大理医学院
云南财贸学院
云南艺术学院
云南民族学院

西藏自治区

西藏大学
西藏农牧学院
*药王山藏医学院

陕西省

西北大学
延安大学
西安交通大学
西北工业大学
西安电子科技大学
西安理工大学
西安公路交通大学
西安建筑科技大学
西北农业大学
西安医科大学
陕西师范大学
西安地质学院
西安矿业学院
西北纺织工学院
西北轻工业学院
西安石油学院
西安工业学院
西北建筑工程学院
陕西工学院
西安邮电学院
中国人民武装警察部队技术学院
西北林学院
陕西中医学院
*延安医学院
汉中师范学院
宝鸡文理学院
西安外国语学院
陕西财经学院
西安统计学院
西北政法学院
西安体育学院
西安音乐学院
西安美术学院
西藏民族学院

甘肃省

兰州大学

甘肃工业大学
甘肃农业大学
西北师范大学
兰州铁道学院
兰州医学院
甘肃中医学院
兰州商学院
甘肃政法学院
西北民族学院

青海省

青海大学
青海师范大学
青海畜牧兽医学院
青海医学院
青海民族学院

宁夏回族自治区

宁夏大学
宁夏工学院
宁夏农学院
宁夏医学院
西北第二民族学院

新疆维吾尔自治区

新疆大学
新疆农业大学
塔里木农垦大学
新疆师范大学
新疆工学院
新疆石油学院
石河子农学院
新疆医学院
石河子医学院
新疆中医学院
喀什师范学院
伊犁师范学院
新疆财经学院
新疆艺术学院

二、高等专科学校、高等职业（技术）学校、短期职业大学、民办高等学校

学校名称

北京市

北京电力高等专科学校
北京医学高等专科学校
北京青年政治学院
*海淀走读大学

天津市

天津师范专科学校
*天津职业大学

河北省

河北工程技术高等专科学校
华北矿业高等专科学校
石家庄邮政高等专科学校
华北航天工业学院
防灾技术高等专科学校
承德石油高等专科学校
邢台高等职业技术学校
张家口农业高等专科学校
邯郸农业高等专科学校
邯郸医学高等专科学校
*保定师范专科学校
张家口师范专科学校
承德民族师范专科学校
唐山师范专科学校
廊坊师范专科学校
衡水师范专科学校
石家庄师范专科学校
*邯郸师范专科学校
*邢台师范专科学校
沧州师范专科学校
保定金融高等专科学校
唐山高等专科学校
*邯郸大学
*石家庄大学
张家口大学
承德大学

山西省

运城高等专科学校
*吕梁高等专科学校
大同高等专科学校
太原电力高等专科学校
大同医学专科学校
太原师范专科学校
晋中师范专科学校
晋东南师范专科学校
忻州师范专科学校
*山西职业师范专科学校
山西财税专科学校
中国人民武装警察部队专科学校
太原大学

内蒙古自治区

*包头师范专科学校
*昭乌达蒙族师范专科学校
海拉尔师范专科学校
乌兰察布师范专科学校
*丰州联合大学
*河套大学

辽宁省

阜新高等专科学校
沈阳工业高等专科学校
丹东纺织高等专科学校
本溪冶金高等专科学校
辽阳石油化工高等专科学校

辽宁交通高等专科学校
沈阳电力高等专科学校
熊岳农业高等专科学校
丹东师范高等专科学校
朝阳师范高等专科学校
抚顺师范高等专科学校
锦州师范高等专科学校
营口师范高等专科学校
铁岭师范高等专科学校
辽阳师范高等专科学校
本溪师范高等专科学校
辽宁外国语师范高等专科学校
辽宁商业高等专科学校
辽宁税务高等专科学校
辽宁财政高等专科学校
辽宁警官高等专科学校
*鞍山市高等职业专科学校
抚顺市高等职业专科学校
营口市高等职业专科学校
*本溪市高等职业专科学校

吉林省

吉林粮食高等专科学校
长春工业高等专科学校
长春汽车工业高等专科学校
长春建筑高等专科学校
吉林电气化高等专科学校
长春水利电力高等专科学校
吉林农垦特产高等专科学校
长春医学高等专科学校
白城师范高等专科学校
延边师范高等专科学校
吉林财税高等专科学校
吉林商业高等专科学校
长春金融高等专科学校
吉林公安高等专科学校
吉林市联合大学
四平职业大学

黑龙江省

大庆高等专科学校
黑龙江水利专科学校
哈尔滨工程高等专科学校
黑龙江交通高等专科学校
鸡西煤炭医学高等专科学校
哈尔滨师范专科学校
绥化师范专科学校
佳木斯师范专科学校
克山师范专科学校
*呼兰师范专科学校
*黑龙江农垦师范专科学校
黑龙江财政专科学校
哈尔滨金融高等专科学校
哈尔滨投资高等专科学校
*哈尔滨大学
牡丹江大学
佳木斯大学
鸡西大学
民办黑龙江东方学院

上海市

上海冶金高等专科学校
上海轻工业高等专科学校
上海化工高等专科学校
上海纺织高等专科学校
上海医疗器械高等专科学校
上海石油化工高等专科学校
*上海机械高等专科学校
上海电机技术高等专科学校
上海出版印刷高等专科学校
上海医学高等专科学校
*上海师范专科学校
上海幼儿师范专科学校
上海海关专科学校
上海旅游高等专科学校
立信会计高等专科学校
上海金融高等专科学校
上海公安高等专科学校
民办杉达学院

江苏省

常熟高等专科学校
镇江市高等专科学校
南京动力高等专科学校
连云港化工高等专科学校
南京交通高等专科学校
盐城工业专科学校
*淮阴工业专科学校
南京机械高等专科学校
南京电力高等专科学校
淮阴师范专科学校
盐城师范专科学校
南通师范专科学校
镇江师范专科学校
南京师范专科学校
南京金融高等专科学校
江苏财经高等专科学校
江苏公安专科学校
*扬州市职业大学

*金陵职业大学
连云港职业大学
*南通职业大学
彭城职业大学
苏州职业大学
常州工业技术学院
江南大学
沙州职业工学院
南京市农业专科学校
盐城职业大学
民办三江学院

浙江省

杭州应用工程技术学院
浙江水利水电专科学校
杭州医学高等专科学校
*湖州师范专科学校
绍兴师范专科学校
台州师范专科学校
丽水师范专科学校
浙江农村技术师范专科学校
*舟山师范专科学校
浙江广播电视高等专科学校
浙江经济高等专科学校
浙江公安高等专科学校
宁波高等专科学校
*嘉兴高等专科学校
绍兴高等专科学校
温州大学
民办浙江树人学院

安徽省

*蚌埠高等专科学校
芜湖师范专科学校
徽州师范专科学校
六安师范专科学校
滁州师范专科学校
宿州师范专科学校
巢湖师范专科学校
淮南师范专科学校
*池州师范专科学校
*安徽商业高等专科学校
*铜陵财经专科学校
*合肥联合大学
芜湖联合大学
淮南联合大学
皖西联合大学

福建省

莆田高等专科学校
福建建筑高等专科学校
福州师范高等专科学校
*南平师范高等专科学校
*宁德师范高等专科学校
泉州师范高等专科学校
三明师范高等专科学校
龙岩师范高等专科学校
*福建商业高等专科学校
福建公安高等专科学校
鹭江职业大学
三明职业大学
*漳州职业大学
闽西职业大学
闽江职业大学
黎明职业大学
福建中华职业大学
民办福建华南女子职业学院

江西省

南昌高等专科学校
*新余高等专科学校
景德镇高等专科学校
萍乡高等专科学校
南昌水利水电高等专科学校
宜春农业专科学校
井冈山医学高等专科学校
宜春医学专科学校
九江医学专科学校
九江师范专科学校
上饶师范专科学校
*宜春师范专科学校
吉安师范专科学校
抚州师范专科学校
九江财经高等专科学校
江西公安专科学校
*九江职业大学

山东省

潍坊高等专科学校
山东水利专科学校
济南交通高等专科学校
山东电力高等专科学校
临沂医学专科学校
菏泽医学专科学校
德州师范专科学校
滨州师范专科学校
昌潍师范专科学校
临沂师范专科学校
*泰安师范专科学校
*济宁师范专科学校
*菏泽师范专科学校
淄博师范专科学校
枣庄师范专科学校
胜利油田师范专科学校
山东公安专科学校
济南联合大学

河南省

郑州工业高等专科学校
河南机电高等专科学校
洛阳工业高等专科学校
河南纺织高等专科学校
河南城建高等专科学校
郑州电力高等专科学校
洛阳农业高等专科学校
郑州牧业工程高等专科学校
信阳农业高等专科学校
开封医学高等专科学校
洛阳医学高等专科学校
周口师范高等专科学校
安阳师范高等专科学校
*许昌师范高等专科学校
南阳师范高等专科学校
洛阳师范高等专科学校
*商丘师范高等专科学校
新乡师范高等专科学校
开封师范高等专科学校
驻马店师范高等专科学校
平顶山师范高等专科学校
*河南商业高等专科学校
河南财政税务高等专科学校
河南公安高等专科学校
中州大学
开封大学
洛阳大学
平原大学
*安阳大学
焦作大学
南阳理工学院
民办黄河科技学院

湖北省

黄石高等专科学校
*恩施医学高等专科学校
湖北省药检高等专科学校
黄冈师范高等专科学校
荆州师范高等专科学校
*郧阳师范高等专科学校
襄阳师范高等专科学校
孝感师范高等专科学校
*咸宁师范高等专科学校
武汉金融高等专科学校
湖北商业高等专科学校
湖北财经高等专科学校
湖北省公安高等专科学校
江汉大学
沙市职业大学
襄樊职业大学
十堰职业大学
鄂州职业大学
荆门职业大学
武汉商业服务学院

湖南省

武陵高等专科学校
常德高等专科学校
湖南计算机专科学校
湘潭机电高等专科学校
长沙工业高等专科学校
湖南城建高等专科学校
湖南建材高等专科学校
湖南轻工业高等专科学校
邵阳高等专科学校
湖南纺织高等专科学校
湖南医学高等专科学校
郴州医学高等专科学校
岳阳师范高等专科学校
*郴州师范高等专科学校
衡阳师范高等专科学校
邵阳师范高等专科学校
怀化师范高等专科学校
常德师范高等专科学校
益阳师范高等专科学校
零陵师范高等专科学校
娄底师范高等专科学校
长沙职业技术师范专科学校
湖南财经高等专科学校
湖南税务高等专科学校
湖南公安高等专科学校
*长沙大学
岳阳大学
*湖南女子职业大学

广东省

深圳职业技术学院
*韶关大学
*西江大学
嘉应大学
广州航海高等专科学校
广东石油化工高等专科学校
东莞理工学院
湛江农业专科学校
惠阳师范专科学校
*广州师范专科学校
广州金融高等专科学校
广东公安高等专科学校
*广州大学
民办南华工商学院
私立华联学院

广西壮族自治区

桂林航天工业高等专科学校

梧州师范高等专科学校
*南宁师范高等专科学校
河池师范高等专科学校
玉林师范高等专科学校
右江民族师范高等专科学校
*柳州师范高等专科学校
*钦州师范高等专科学校
*桂林旅游高等专科学校
广西商业高等专科学校
广西财政高等专科学校
广西体育高等专科学校
南宁职业大学
邕江大学

海南省

琼州大学

四川省

自贡高等专科学校
成都电子机械高等专科学校
重庆建筑高等专科学校
重庆钢铁高等专科学校
四川烹饪高等专科学校
成都纺织高等专科学校
重庆石油高等专科学校
重庆电力高等专科学校
西昌农业高等专科学校
绵阳经济技术高等专科学校
绵阳师范高等专科学校
内江师范高等专科学校
宜宾师范高等专科学校
重庆师范高等专科学校
达县师范高等专科学校
西昌师范高等专科学校
阿坝师范高等专科学校
涪陵师范高等专科学校
成都师范高等专科学校
乐山师范高等专科学校
自贡师范高等专科学校
*康定民族师范高等专科学校
四川商业高等专科学校
成都大学
攀枝花大学
凉山大学
民办四川天一学院

贵州省

黔南民族医学高等专科学校
遵义师范高等专科学校
铜仁师范高等专科学校
黔西南民族师范高等专科学校
安顺师范高等专科学校
毕节师范高等专科学校
黔东南民族师范高等专科学校
黔南民族师范高等专科学校
贵阳师范高等专科学校
六盘水师范高等专科学校
贵州商业高等专科学校
贵州艺术高等专科学校
*贵阳市金筑大学

云南省

*昆明冶金高等专科学校
昆明师范高等专科学校
昭通师范高等专科学校
*曲靖师范高等专科学校
思茅师范高等专科学校
保山师范高等专科学校
蒙自师范高等专科学校
大理师范高等专科学校
玉溪师范高等专科学校
楚雄师范高等专科学校
文山师范高等专科学校
云南政法高等专科学校
云南公安高等专科学校
昆明大学

陕西省

西安联合大学
西安航空技术高等专科学校
西安电力高等专科学校
陕西医学高等专科学校
*咸阳师范专科学校
*渭南师范专科学校
*榆林高等专科学校
*商洛师范专科学校
安康师范专科学校
陕西商业专科学校
陕西财政专科学校
*西安培华女子大学
*西安基础大学

甘肃省

*兰州工业高等专科学校
*兰州师范高等专科学校
庆阳师范高等专科学校
天水师范高等专科学校
张掖师范高等专科学校
*合作民族师范高等专科学校
*甘肃联合大学

青海省

青海师范专科学校
*青海民族师范专科学校

宁夏回族自治区

固原师范高等专科学校
银川师范高等专科学校

新疆维吾尔自治区

新疆工业高等专科学校
新疆维吾尔医学专科学校
*和田师范专科学校
昌吉师范专科学校
新疆生产建设兵团师范专科学校
新疆生产建设兵团经济专科学校
乌鲁木齐职业大学

三、分校大专班办学点

学校名称	主管部门	所在省市
北京理工大学分校	北京市	北京市
北京科技大学分校	北京市	北京市
北方交通大学分校	北京市	北京市
天津大学冶金分校	天津市	天津市
西南交通大学唐山分校	河北省	河北省
东北大学秦皇岛分校	冶金工业部	河北省
山西矿院阳泉煤碳专科班	山西省	山西省
呼和浩特市教育学院	内蒙古自治区	内蒙古自治区
内蒙古蒙文专科学校	内蒙古自治区	内蒙古自治区
东北大学辽宁分校	辽宁省	辽宁省
辽宁艺术幼儿师范学校	辽宁省	辽宁省
中国青年政治学院与辽宁青年管理干部学院联合办学	团中央	辽宁省
吉林艺术学院延边分院	吉林省	吉林省
长春教育学院	吉林省	吉林省
齐齐哈尔师范学院黑河分校	黑龙江省	黑龙江省
哈尔滨市师范学校	黑龙江省	黑龙江省
中国青年政治学院与上海青年管理干部学院联合办学	团中央	上海市
连云港教育学院	江苏省	江苏省
苏州教育学院	江苏省	江苏省
无锡教育学院	江苏省	江苏省
南京人口管理干部学院大专班	国家计划生育委员会	江苏省
浙江工业大学浙西分校	浙江省	浙江省
安徽大学交通分校	安徽省	安徽省
安徽省经济管理干部学院	安徽省	安徽省
合肥教育学院	安徽省	安徽省
蚌埠教育学院	安徽省	安徽省

福建师范大学福清分校	福建省	福建省
北京邮电大学福州分校	福建省	福建省
福州师范学校	福建省	福建省
厦门师范学校	福建省	福建省
福建医学院莆田分校	福建省	福建省
江西医学院上饶分院	江西省	江西省
江西医学院抚州分院	江西省	江西省
南昌师范学校	江西省	江西省
江西财经学院九江分院	江西省	江西省
北京航空航天大学景德镇办学点	中国航空工业总公司	江西省
山东煤炭教育学院	煤炭工业部	山东省
北京农业大学和烟台农业学校联合办学	农业部	山东省
青岛远洋船员学院	交通部	山东省
河南教育学院	河南省	河南省
郑州教育学院	河南省	河南省
焦作教育学院	河南省	河南省
濮阳教育学院	河南省	河南省
咸宁教育学院	湖北省	湖北省
华中理工大学汉口分校	湖北省	湖北省
武汉大学分校	湖北省	湖北省
武汉教育学院	湖北省	湖北省
湖南大学衡阳分校	湖南省	湖南省
湖南农学院衡阳分院	湖南省	湖南省
湖南第一师范学校	湖南省	湖南省
株洲教师进修学院	湖南省	湖南省
茂名师范学校	广东省	广东省
广西大学梧州分校	广西壮族自治区	广西壮族自治区
广西水电学校	广西壮族自治区	广西壮族自治区
广西农学院林学分院	广西壮族自治区	广西壮族自治区
广西农垦职工大学	广西壮族自治区	广西壮族自治区
桂林地区教育学院	广西壮族自治区	广西壮族自治区
海南教育学院	海南省	海南省
川北教育学院	四川省	四川省
重庆教育学院	四川省	四川省

中国人民警官大学与四川公安管理干部学院联合办学	公安部	四川省
西安师范学校	陕西省	陕西省
甘肃中医学院甘南藏医班	甘肃省	甘肃省
伊犁州教育学院	新疆维吾尔自治区	新疆维吾尔自治区
中国人民公安大学新疆警校大专班	公安部	新疆维吾尔自治区

1995年具有学历教育招生资格的成人高等学校名单

国家教委按:为深化改革,加强对成人高等教育的宏观管理,保证成人高等学历教育必要的规格和质量,促进高教事业健康协调发展,国家教委去年2月向社会公布了当年具有高等学历教育资格的成人高等学校名单。实践证明,这一做法引入了社会监督机制,有利于贯彻国家的方针政策,有利于加强宏观调控。因此,国家教委继续向社会公布今年具有高等学历教育资格的成人高等学校名单。全国现有成人高等学校1165所,这次向社会公布的为1077所,另有88所成人高等学校因办学条件远低于国家规定要求,或正在调整中,今年暂停招生。在公布的成人高等学校名单中,凡办学条件低于国家规定要求的,均在其校名前以"*"符号标出,表示今年虽允许招生,但须适当控制规模,增加投入,充实改善办学条件。本次公布的名单以地区为顺序,包括广播电视大学、职工(农民)高等学校、管理干部学院、教育(教师进修)学院及独立设置的函授学院。除本次公布的名单之外,未经国家教委批准,任何其它机构今年均不具有成人高等学历教育招生资格。(普通高校具有举办成人函授、夜大本专科资格的名单,另文公布。)对违纪招生和擅自超计划招生的,国家均不承认学生的学籍,不允许发放毕业证书,并将严肃追究有关责任者的责任。请1995年报考成人高等学校的考生在报名前注意查阅本名单,避免失误。

北京市

学校名称	**主管部门**
中南海业余大学	中央办公厅
中共中央党校职工业余大学	中共中央党校
全国法院干部业余法律大学	最高人民法院
北京成人电子工业学院	电子工业部
华北电业联合职工大学	电力工业部
中国纺织机械工业总公司职工大学	中国纺织总会
中央乐团社会音乐学院	文化部
中国科学院职工科技大学	中国科学院
北京燕山石油化工公司职工大学	中国石油化工总公司
中国记协职工新闻学院	中华全国新闻工作者协会
北京市海淀区职工大学	北京市
北京市东城区职工业余大学	北京市
北京市西城区职工大学	北京市
北京市崇文区职工大学	北京市
北京市宣武区红旗业余大学	北京市

北京市石景山区业余大学	北京市
北京市朝阳区职工大学	北京市
北京市丰台区职工大学	北京市
北京市机械工业局职工大学	北京市
北京市电子仪表工业局职工大学	北京市
北京市化学工业局职工大学	北京市
北京市纺织工业局职工大学	北京市
北内集团总公司职工大学	北京市
北京汽车制造厂职工汽车学院	北京市
首都钢铁公司职工大学	北京市
*北京市医药总公司职工大学	北京市
北京市工艺美术品总公司职工大学	北京市
北京市建筑工程局职工大学	北京市
北京市房地产职工大学	北京市
北京市物资贸易职工大学	北京市
北京职工医学院	北京市
北京市总工会职工大学	北京市
北京人民警察学院	北京市
北京市成人教育学院	北京市
北京市实验大学	北京市
北京市西城经济科技大学	北京市
北京汽车工业总公司职工大学	北京市
北京市第一轻工业总公司职工大学	北京市
北京市农工商联合总公司职工大学	北京市
北京市职工体育运动技术学院	北京市
北京市商贸职工大学	北京市
首都联合职工大学	北京市
中央检察官管理学院	最高人民检察院
公安部管理干部学院	公安部
民政管理干部学院	民政部
中央政法管理干部学院	司法部
中央财政管理干部学院	财政部
中国人民银行金融管理干部学院	中国人民银行
北京商业管理干部学院	国内贸易部
对外经济贸易管理干部学院	对外贸易经济合作部
北京农垦管理干部学院	农业部
中央农业管理干部学院	农业部
北京林业管理干部学院	林业部
机械工业管理干部学院	机械工业部
电子工业管理干部学院	电子工业部
北京电力管理干部学院	电力工业部
北京冶金管理干部学院	冶金工业部
核工业管理干部学院	中国核工业总公司
化工管理干部学院	化学工业部
北京铁道管理干部学院	铁道部
北京交通管理干部学院	交通部
邮电部管理干部学院	邮电部
中央文化管理干部学院	文化部
国家建材局管理干部学院	国家建筑材料工业局
民航管理干部学院	中国民用航空总局
中国科学院管理干部学院	中国科学院
北京船舶工业管理干部学院	中国船舶工业总公司

北京煤炭管理干部学院	煤炭工业部
中国工运学院	中华全国总工会
中国妇女管理干部学院	中华全国妇女联合会
北京市农业管理干部学院	北京市
北京市经济管理干部学院	北京市
北京市财贸管理干部学院	北京市
北京市政法管理干部学院	北京市
北京市劳动管理干部学院	北京市
北京教育学院	北京市
北京水利电力函授学院	水利部
中国纺织政治函授学院	中国纺织总会
中央广播电视大学	国家教育委员会
北京市广播电视大学	北京市

天津市

大港石油管理局职工大学	中国石油天然气总公司
天津石油化工公司职工大学	中国石油化工总公司
天津市和平区新华职工大学	天津市
天津市河西区职工大学	天津市
天津市河东区职工大学	天津市
天津市红桥区职工大学	天津市
天津市河北区职工大学	天津市
天津市塘沽区职工大学	天津市
天津市南开区职工大学	天津市
天津市建筑工程业余大学	天津市
天津市职工公用事业学院	天津市
天津市职工经济技术大学	天津市
天津市汽车工业公司职工大学	天津市
天津市一轻局职工大学	天津市
天津市钟表职工大学	天津市
天津市渤海化工职工学院	天津市
天津市职工化工学院	天津市
天津市毛纺织工业职工大学	天津市
天津市冶金工业局职工大学	天津市
天津铁厂职工大学	天津市
天津市交通局职工大学	天津市
天津市建筑材料工业管理局职工大学	天津市
天津市职工医学院	天津市
天津市医药管理局职工大学	天津市
天津市职工科学技术大学	天津市
天津职工工业技术学院	天津市
天津市机械工业管理局职工机电学院	天津市
天津市电子仪表局职工大学	天津市
天津市职工纺织学院	天津市
天津市第二轻工业局职工大学	天津市
天津市青年职业技术职工学院	天津市
天津市房地产局职工大学	天津市
天津市职工工艺美术学院	天津市
*天津市联合业余大学	天津市
天津市职工现代企业管理学院	天津市
天津物资管理干部学院	铁道部
中国旅游管理干部学院	国家旅游局
中国农业银行天津金融管理干部学院	中国农业银行
天津市管理干部学院	天津市
天津市经济管理干部学院	天津市

天津市财贸管理干部学院	天津市
天津市政法管理干部学院	天津市
天津市工会管理干部学院	天津市
天津教育学院	天津市
天津市广播电视大学	天津市

河北省

管道局职工学院	中国石油天然气总公司
华北石油职工大学	中国石油天然气总公司
石油物探职工大学	中国石油天然气总公司
开滦矿务局职工大学	煤炭工业部
河北冶金职工大学	河北省
河北省纺织职工大学	河北省
*中国耀华玻璃公司职工大学	河北省
河北地质职工大学	河北省
保定职工大学	河北省
唐山市职工大学	河北省
邯郸市职工大学	河北省
*张家口市职工大学	河北省
*石家庄市职工业余大学	河北省
河北省职工医学院	河北省
中央劳改劳教管理干部学院	司法部
农业部乡镇企业管理干部学院	农业部
化工部石家庄管理干部学院	化学工业部
秦皇岛环境管理干部学院	国家环境保护局
轻工业管理干部学院	中国轻工总会
中国有色金属工业管理干部学院	中国有色金属工业总公司
河北青年管理干部学院	河北省
河北省经贸管理干部学院	河北省
河北政法管理干部学院	河北省
华北石油教育学院	中国石油天然气总公司
河北教育学院	河北省
河北邯郸地区教育学院	河北省
河北邢台地区教育学院	河北省
河北石家庄地区教育学院	河北省
石家庄市教育学院	河北省
河北省衡水地区教育学院	河北省
廊坊市教育学院	河北省
河北张家口地区教育学院	河北省
河北保定地区教育学院	河北省
河北承德地区教育学院	河北省
邯郸市教育学院	河北省
秦皇岛教育学院	河北省
河北省广播电视大学	河北省

山西省

山西兵器工业职工大学	中国兵器工业总公司
大同矿务局职工大学	煤炭工业部
山西煤炭职工联合大学	煤炭工业部
*太原重型机器厂职工大学	山西省

太原化学工业公司职工大学	山西省
*山西机电职工学院	山西省
太原钢铁公司职工钢铁学院	山西省
*华北测绘职工大学	山西省
*太原职工大学	山西省
山西职工医学院	山西省
国营大众机械厂职工大学	山西省
山西省职工二轻学院	山西省
*山西职工文学院	山西省
长治职工大学	山西省
忻州职工大学	山西省
山西省晋中地区职工大学	山西省
*山西省水利职工大学	山西省
山西煤炭管理干部学院	煤炭工业部
广播电影电视管理干部学院	广播电影电视部
太原经济管理干部学院	山西省
山西经济管理干部学院	山西省
山西青年管理干部学院	山西省
山西政法管理干部学院	山西省
山西省教育学院	山西省
太原市教育学院	山西省
山西省大同市教育学院	山西省
晋城市教育学院	山西省
长治市教育学院	山西省
山西省吕梁地区教育学院	山西省
忻州地区教育学院	山西省
晋中地区教育学院	山西省
*临汾地区教育学院	山西省
雁北地区教育学院	山西省
阳泉市教育学院	山西省
山西省广播电视大学	山西省

内蒙古自治区

国营内蒙古第一机械制造厂职工工学院	中国兵器工业总公司
国营内蒙古第二机械制造总厂职工工学院	中国兵器工业总公司
呼和浩特市职工大学	内蒙古自治区
*内蒙古水利职工大学	内蒙古自治区
包头钢铁公司职工大学	内蒙古自治区
包头市职工大学	内蒙古自治区
乌达煤矿职工大学	内蒙古自治区
内蒙古自治区管理干部学院	内蒙古自治区
呼伦贝尔管理干部学院	内蒙古自治区
内蒙古呼和浩特管理干部学院	内蒙古自治区
内蒙古教育学院	内蒙古自治区
呼和浩特教育学院	内蒙古自治区
包头教育学院	内蒙古自治区
锡林郭勒盟教育学院	内蒙古自治区
乌兰察布盟教育学院	内蒙古自治区
伊克昭盟教育学院	内蒙古自治区
巴彦淖尔盟教育学院	内蒙古自治区
呼伦贝尔盟教育学院	内蒙古自治区
哲里木盟教育学院	内蒙古自治区
赤峰教育学院	内蒙古自治区
内蒙古自治区广播电视大学	内蒙古自治区

辽宁省

辽宁兵器工业职工大学	中国兵器工业总公司
*第四十七研究所职工大学	电子工业部
沈阳新光动力机械公司职工大学	中国航天工业总公司

沈阳飞机制造公司职工工学院	中国航空工业总公司
黎明发动机制造公司职工工学院	中国航空工业总公司
*新乐精密机器公司职工大学	中国航天工业总公司
东北电业职工大学	电力工业部
辽宁省金融职工大学	中国人民银行
*国营大连造船厂职工大学	中国船舶工业总公司
*大连石油化工公司职工大学	中国石油化工总公司
抚顺石油化工公司职工大学	中国石油化工总公司
锦州石油化工公司职工大学	中国石油化工总公司
沈阳有色金属职工大学	中国有色金属工业总公司
抚顺矿务局职工工学院	煤炭工业部
阜新矿务局职工大学	煤炭工业部
阜新煤炭职工医学专科学校	煤炭工业部
鞍钢职工工学院	冶金工业部
鞍钢职工医学专科学校	冶金工业部
辽河石油勘探局职工大学	中国石油天然气总公司
空军航空修理第四职工大学	总后勤部
海军舰船维修第一职工大学	总后勤部
大连职工大学	大连市
大连工人大学	大连市
辽宁建设职工大学	辽宁省
辽宁省直属机关职工大学	辽宁省
鞍山职工大学	辽宁省
辽宁轻工职工大学	辽宁省
抚顺职工大学	辽宁省
本钢职工工学院	辽宁省
丹东职工大学	辽宁省
*锦州职工大学	辽宁省
朝阳职工大学	辽宁省
辽宁职工体育运动技术学院	辽宁省
本溪职工大学	辽宁省
辽宁财贸职工大学	辽宁省
阜新职工大学	辽宁省
辽宁卫生职工医学院	辽宁省
辽宁文化艺术职工大学	辽宁省
辽宁冶金职工大学	辽宁省
铁岭职工大学	辽宁省
沈阳市职工大学	辽宁省
沈阳市联合职工大学	辽宁省
沈阳市二轻家具职工大学	辽宁省
*沈阳重型机器厂职工大学	辽宁省
沈阳机械工业职工大学	辽宁省
冶金部鞍山冶金管理干部学院	冶金工业部
辽宁经济管理干部学院	辽宁省
辽宁农业管理干部学院	辽宁省
辽宁青年管理干部学院	辽宁省
辽宁政法管理干部学院	辽宁省
辽宁工运学院	辽宁省
大连管理干部学院	大连市
辽宁教育学院	辽宁省
大连市教育学院	大连市
辽宁省广播电视大学	辽宁省
沈阳市广播电视大学	辽宁省
大连市广播电视大学	大连市

吉林省

吉林电力职工大学	电力工业部

吉林铁路运输职工大学	铁道部
舒兰矿务局职工大学	煤炭工业部
第一汽车制造厂职工大学	机械工业部
长春市职工大学	吉林省
*吉林省建筑职工大学	吉林省
长春市建筑职工业余大学	吉林省
吉林省直属机关业余大学	吉林省
长春市直属机关业余大学	吉林省
长春职工医科大学	吉林省
*吉林市职工大学	吉林省
吉林化学工业公司职工大学	吉林省
吉林职工医科大学	吉林省
长春市成人文理学院	吉林省
*辽源市职工大学	吉林省
通化市职工大学	吉林省
*通化钢铁公司职工大学	吉林省
吉林省油田职工大学	吉林省
*延边职工大学	吉林省
白城地区工业交通职工大学	吉林省
吉林交通职工大学	吉林省
延边黎明农民大学	吉林省
*梨树县农民专科学校	吉林省
*扶余市农民专科学校	吉林省
*敦化市农民专科学校	吉林省
长春煤炭管理干部学院	煤炭工业部
中国工商银行长春金融管理干部学院	中国工商银行
中国农业银行长春管理干部学院	中国农业银行
吉林省经济管理干部学院	吉林省
吉林卫生管理干部学院	吉林省
吉林省行政管理干部学院	吉林省
吉林省教育学院	吉林省
长春教育学院	吉林省
四平市教育学院	吉林省
通化市教育学院	吉林省
白城地区教育学院	吉林省
吉林省广播电视大学	吉林省
长春市广播电视大学	吉林省

黑龙江省

黑龙江金融职工大学	中国工商银行
黑龙江兵器工业职工大学	中国兵器工业总公司
哈尔滨飞机制造公司职工工学院	中国航空工业总公司
东安发动机制造公司职工工学院	中国航空工业总公司
哈尔滨轻型车厂职工大学	机械工业部
大庆职工大学	中国石油天然气总公司
大庆职工医学院	中国石油天然气总公司
黑龙江省电力职工大学	电力工业部
齐齐哈尔铁路运输职工大学	铁道部
*黑龙江省邮电职工大学	邮电部
大庆石油化工总厂职工大学	中国石油化工总公司
*东北轻合金加工厂工学院	中国有色金属工业总公司

鸡西矿务局职工工学院	煤炭工业部
鹤岗矿务局职工工学院	煤炭工业部
双鸭山矿务局职工工学院	煤炭工业部
鸡西煤炭职工医学院	煤炭工业部
哈尔滨市职工大学	黑龙江省
哈尔滨化工医药职工大学	黑龙江省
哈尔滨市财贸职工大学	黑龙江省
哈尔滨机电职工大学	黑龙江省
哈尔滨职工轻工学院	黑龙江省
哈尔滨市建设职工大学	黑龙江省
*哈尔滨市成人教育学院	黑龙江省
哈尔滨科技职工大学	黑龙江省
哈尔滨市教师体育学院	黑龙江省
哈尔滨市职工医学院	黑龙江省
黑龙江省建设职工大学	黑龙江省
黑龙江省科技职工大学	黑龙江省
黑龙江省直属机关职工大学	黑龙江省
黑龙江省物资职工大学	黑龙江省
*第一重型机器厂职工大学	黑龙江省
齐齐哈尔第一机床厂职工机电学院	黑龙江省
齐齐哈尔第二机床厂职工工学院	黑龙江省
*齐齐哈尔钢厂职工钢铁学院	黑龙江省
齐齐哈尔市建筑工程总公司建筑工程学院	黑龙江省
*齐齐哈尔市冶金局职工机械学院	黑龙江省
*齐齐哈尔造纸厂职工工学院	黑龙江省
齐齐哈尔市职工业余大学	黑龙江省
牡丹江市机械局工学院	黑龙江省
牡丹江市职工大学	黑龙江省
牡丹江市轻工职工大学	黑龙江省
黑龙江省牡丹江农垦职工大学	黑龙江省
黑龙江纺织职工大学	黑龙江省
佳木斯市联合职工大学	黑龙江省
鸡西市职工业余大学	黑龙江省
*黑龙江省西林钢铁厂职工工学院	黑龙江省
黑龙江省森林工业职工大学	黑龙江省
*伊春市职工大学	黑龙江省
黑龙江省商业职工大学	黑龙江省
*黑龙江省社会科学院职工大学	黑龙江省
*佳木斯市职工大学	黑龙江省
黑龙江省体育运动技术学院	黑龙江省
黑龙江省经济管理干部学院	黑龙江省
黑龙江省农垦管理干部学院	黑龙江省
黑龙江省政法管理干部学院	黑龙江省
黑龙江省森林工业管理干部学院	黑龙江省
哈尔滨市经济管理干部学院	黑龙江省
齐齐哈尔铁路教育学院	铁道部
双鸭山煤矿教师进修学院	煤炭工业部

黑龙江省教育学院	黑龙江省
齐齐哈尔市教育学院	黑龙江省
哈尔滨市教育学院	黑龙江省
黑龙江省绥化地区教育学院	黑龙江省
牡丹江市教育学院	黑龙江省
佳木斯市教育学院	黑龙江省
松花江地区教育学院	黑龙江省
黑龙江省黑河地区教育学院	黑龙江省
黑龙江省林业教育学院	黑龙江省
*大兴安岭地区教育学院	黑龙江省
黑龙江省广播电视大学	黑龙江省
哈尔滨市广播电视大学	黑龙江省

上海市

上海航天职工大学	中国航天工业总公司
*国营第五七零三厂职工大学	中国航空工业总公司
上海电业职工大学	电力工业部
*上海化工研究院职工大学	化学工业部
上海宝山钢铁总厂职工大学	冶金工业部
上海海运职工大学	交通部
*上海市邮电职工大学	邮电部
高桥石油化工职工大学	中国石油化工总公司
上海石油化工总厂职工大学	中国石油化工总公司
上海第二工业大学	上海市
上海市黄浦区业余大学	上海市
上海市南市区业余大学	上海市
上海市卢湾区业余大学	上海市
上海市徐汇区业余大学	上海市
上海市长宁区业余大学	上海市
上海市静安区业余大学	上海市
上海市普陀区业余大学	上海市
上海市闸北区业余大学	上海市
上海市虹口区业余大学	上海市
上海市杨浦区业余大学	上海市
上海市宝山区业余大学	上海市
上海市建设职工大学	上海市
上海纺织工业职工大学	上海市
上海冶金联合职工大学	上海市
上海市轻工业职工大学	上海市
*上海市化学工业职工大学	上海市
上海市交通运输局职工大学	上海市
上海机电工业职工大学	上海市
梅山职工大学	上海市
上海市粮食局职工大学	上海市
上海市新闻出版局职工大学	上海市
上海海港职工大学	上海市
上海科技职工大学	上海市
上海市仪表电子工业职工大学	上海市
上海医药职工大学	上海市
上海对外贸易职工大学	上海市
上海市第一商业局职工大学	上海市
上海财政税务职工大学	上海市
上海汽车拖拉机联营公司职工大学	上海市
上海市第二轻工业局职工大学	上海市
上海职工医学院	上海市

上海职工体育运动技术学院	上海市
*上海工商学院	上海市
上海市供销职工大学	上海市
上海金融职工大学	上海市
*上海业余科技学院	上海市
上海市财贸管理干部学院	上海市
上海市政法管理干部学院	上海市
上海市经济管理干部学院	上海市
上海市工会管理干部学院	上海市
上海青年管理干部学院	上海市
上海教育学院	上海市
上海市黄浦区教育学院	上海市
上海市南市区教育学院	上海市
上海市普陀区教育学院	上海市
上海市闸北区教育学院	上海市
上海市杨浦区教育学院	上海市
上海第二教育学院	上海市
上海市广播电视大学	上海市

江苏省

江苏电力职工大学	电力工业部
常州水电机械制造职工大学	水利部
金陵石油化工公司职工大学	中国石油化工总公司
*空军航空修理第一职工大学	总后勤部
铁道部工业职工大学	铁道部
江苏冶金职工大学	江苏省
江苏省卫生系统职工医科大学	江苏省
江苏对外贸易职工大学	江苏省
南京电子工业职工大学	江苏省
南京联合职工大学	江苏省
南京市机械工业职工大学	江苏省
南京市职工大学	江苏省
南京化学工业(集团)公司职工大学	江苏省
无锡市职工大学	江苏省
无锡市纺织工业职工大学	江苏省
无锡市城建职工大学	江苏省
江阴市职工大学	江苏省
常州市职工大学	江苏省
常州市轻工业职工大学	江苏省
常州市机械冶金职工大学	江苏省
常州市电子工业职工大学	江苏省
苏州市职工大学	江苏省
苏州市机械工业局职工大学	江苏省
苏州市轻工业局职工大学	江苏省
苏州市丝绸职工大学	江苏省
苏州市建工局职工大学	江苏省
苏州市职工业余大学	江苏省
南通市职工大学	江苏省
南通市纺织工业职工大学	江苏省
南通市工人业余大学	江苏省
连云港市机械工业局职工大学	江苏省
江苏省农垦职工大学	江苏省
淮阴市机械工业	

职工大学	江苏省
扬州市职工大学	江苏省
泰州市职工大学	江苏省
江苏省省级机关干部业余大学	江苏省
江南社会学院	（江苏省代管）
南京航天管理干部学院	中国航天工业总公司
南京人口管理干部学院	国家计划生育委员会
江苏商业管理干部学院	江苏省
徐洲经济管理干部学院	江苏省
江苏经济管理干部学院	江苏省
江苏省青年管理干部学院	江苏省
南京金陵旅馆管理干部学院	江苏省
江苏教育学院	江苏省
南京教育学院	江苏省
无锡教育学院	江苏省
徐州教育学院	江苏省
常州教育学院	江苏省
苏州教育学院	江苏省
南通教育学院	江苏省
连云港教育学院	江苏省
淮阴教育学院	江苏省
盐城教育学院	江苏省
扬州教育学院	江苏省
江苏省广播电视大学	江苏省
南京市广播电视大学	江苏省

浙江省

浙江省电力职工大学	电力工业部
富春江水电职工大学	电力工业部
浙江省邮电职工大学	邮电部
杭州机械工业局职工大学	浙江省
*杭州市化工系统职工大学	浙江省
*杭州市轻工职工大学	浙江省
*杭州市纺织工业局职工大学	浙江省
*杭州市丝绸工业公司职工大学	浙江省
*浙江育才职工大学	浙江省
*杭州钢铁厂职工大学	浙江省
*西湖电子集团公司职工大学	浙江省
*浙江省宁动宁拖厂职工大学	浙江省
衢州化学工业公司职工大学	浙江省
*浙江省省级机关职工业余大学	浙江省
*杭州市工人业余大学	浙江省
*杭州市业余科技大学	浙江省
宁波市职工业余大学	浙江省
*温州市工人业余大学	浙江省
*温州市业余科技大学	浙江省
浙江省供销合作社联合社职工学院	浙江省
浙江省职工政治大学	浙江省
*浙江省体育运动技术学院	浙江省
中国工商银行杭州金融管理干部学院	中国工商银行
浙江省政法管理干部学院	浙江省
浙江教育学院	浙江省
杭州教育学院	浙江省
宁波教育学院	宁波市

温州教育学院	浙江省
金华教育学院	浙江省
浙江嘉兴教育学院	浙江省
浙江省广播电视大学	浙江省
宁波市广播电视大学	宁波市

安徽省

学校名称	主管部门
淮北矿务局职工大学	煤炭工业部
淮南矿务局职工大学	煤炭工业部
安徽电力职工大学	电力工业部
安庆石油化工总厂职工大学	中国石油化工总公司
铜陵有色金属公司职工大学	中国有色金属工业总公司
淮南市职工大学	安徽省
马鞍山钢铁公司职工大学	安徽省
蚌埠市职工大学	安徽省
合肥职工科技大学	安徽省
合肥市职工大学	安徽省
安徽商业职工大学	安徽省
安徽水利职工大学	安徽省
安徽省直属机关业余大学	安徽省
蚌埠市机械职工大学	安徽省
安徽经济管理干部学院	安徽省
合肥农村经济管理干部学院	安徽省
安徽教育学院	安徽省
合肥教育学院	安徽省
芜湖教育学院	安徽省
蚌埠教育学院	安徽省
阜阳教育学院	安徽省
淮南教育学院	安徽省
宿县地区教育学院	安徽省
淮北教育学院	安徽省
安徽宣州教育学院	安徽省
安徽省广播电视大学	安徽省

福建省

*福建工人业余工学院	福建省
福建省直属机关业余大学	福建省
*福州业余大学	福建省
*福州市工人业余大学	福建省
厦门工人业余大学	厦门市
福建省漳州业余大学	福建省
福建省三明化工总厂职工业余大学	福建省
三明业余大学	福建省
南平业余大学	福建省
福建金融管理干部学院	中国人民银行
福建经济管理干部学院	福建省
福建财会管理干部学院	福建省
福建政法管理干部学院	福建省
福建教育学院	福建省
漳州教育学院	福建省
福州教育学院	福建省
厦门教育学院	厦门市
泉州教育学院	福建省
福建省广播电视大学	福建省
厦门市广播电视大学	厦门市

江西省

江西金融职工大学	中国人民银行
南昌飞机制造公司职工工学院	中国航空工业总公司
昌河飞机制造厂职工工学院	中国航空工业总公司
萍乡煤矿职工大学	煤炭工业部
江西新余钢铁总厂职工大学	江西省
南昌钢铁厂职工大学	江西省

江西省纺织工业职工大学	江西省
江西省机械职工大学	江西省
景德镇陶瓷职工大学	江西省
*宜春市职工业余大学	江西省
*南昌市工人业余大学	江西省
南昌市业余大学	江西省
吉安地区职工大学	江西省
江西财经管理干部学院	财政部
江西行政管理干部学院	江西省
江西经济管理干部学院	江西省
江西教育学院	江西省
南昌教育学院	江西省
吉安教育学院	江西省
九江教育学院	江西省
赣南教育学院	江西省
江西省广播电视大学	江西省

山东省

山东兵器工业职工大学	中国兵器工业总公司
胜利油田职工大学	中国石油天然气总公司
新汶矿务局职工大学	煤炭工业部
兖州矿区职工大学	煤炭工业部
山东电力职工大学	电力工业部
青岛冶金矿山职工大学	冶金工业部
中国重型汽车集团公司职工大学	机械工业部
青岛远洋船员学院	交通部
齐鲁石油化工公司职工大学	中国石油化工总公司
山东铝厂职工大学	中国有色金属工业总公司
山东省职工体育运动技术学院	山东省
济南机械职工大学	山东省
*山东省水利职工大学	山东省
山东省商业职工大学	山东省
青岛市职工业余大学	山东省
烟台职工大学	山东省
山东省供销职工大学	山东省
济宁市职工大学	山东省
济南市职工大学	山东省
济南市职工科技大学	山东省
淄博市职工大学	山东省
潍坊市职工大学	山东省
山东财政职工大学	山东省
山东外贸职工大学	山东省
山东冶金职工大学	山东省
山东地质职工大学	山东省
*山东省工会管理干部学院	山东省
山东省青年管理干部学院	山东省
山东省经济管理干部学院	山东省
山东省司法管理干部学院	山东省
山东省农业管理干部学院	山东省
山东煤矿教育学院	煤炭工业部
胜利油田教育学院	中国石油天然气总公司
山东省教育学院	山东省
济南教育学院	山东省
青岛教育学院	青岛市
山东省淄博教育学院	山东省
山东省枣庄教育学院	山东省
烟台教育学院	山东省
潍坊教育学院	山东省
山东省惠民教育学院	山东省
德州教育学院	山东省
山东省聊城教育学院	山东省
泰安教育学院	山东省
山东省济宁教育学院	山东省

山东省临沂教育学院	山东省
山东省菏泽教育学院	山东省
泰山乡镇企业职工大学	山东省
山东省广播电视大学	山东省
青岛市广播电视大学	青岛市

河南省

洛阳兵器工业职工大学	中国兵器工业总公司
黄河职工大学	水利部
郑州铝厂职工工学院	中国有色金属工业总公司
洛阳有色金属职工大学	中国有色金属工业总公司
河南石油职工大学	中国石油天然气总公司
郑州煤田职工地质学院	煤炭工业部
郑州矿务局职工大学	煤炭工业部
平顶山煤矿职工大学	煤炭工业部
焦作煤矿职工医学院	煤炭工业部
磨料磨具工业职工大学	机械工业部
*郑州电缆厂职工大学	河南省
郑州纺织职工大学	河南省
郑州市职工业余大学	河南省
*河南省建筑职工大学	河南省
*河南省化工职工大学	河南省
洛阳市职工科学技术学院	河南省
第一拖拉机制造厂拖拉机学院	河南省
洛阳轴承厂职工大学	河南省
*洛阳矿山机器厂职工大学	河南省
*开封空分设备厂职工大学	河南省
开封市职工业余大学	河南省
*新乡市纺织职工大学	河南省
河南省安阳钢铁公司职工大学	河南省
焦作市职工大学	河南省
河南省漯河市职工大学	河南省
河南卫生职工学院	河南省
河南省轻工业职工大学	河南省
河南金融管理干部学院	中国人民银行
郑州公安管理干部学院	铁道部
郑州煤炭管理干部学院	煤炭工业部
河南政法管理干部学院	河南省
郑州铁路教育学院	铁道部
河南教育学院	河南省
商丘教育学院	河南省
周口教育学院	河南省
信阳教育学院	河南省
南阳教育学院	河南省
郑州教育学院	河南省
开封教育学院	河南省
洛阳教育学院	河南省
平顶山教育学院	河南省
新乡教育学院	河南省
焦作教育学院	河南省
安阳教育学院	河南省
濮阳教育学院	河南省
*鹤壁教育学院	河南省
驻马店教育学院	河南省
许昌教育学院	河南省
河南职业技术教育学院	河南省
河南省广播电视大学	河南省

湖北省

国营江山机械厂职工大学	中国兵器工业总公司
长江葛洲坝工程局职工大学	电力工业部

江汉石油管理局职工大学	中国石油天然气总公司
华中电业联合职工大学	电力工业部
丹江口工程管理局职工大学	水利部
长江职工大学	水利部
第一冶金建设公司职工大学	冶金工业部
武汉冶金安全技术职工大学	冶金工业部
长江轮船总公司职工大学	交通部
荆门炼油厂职工大学	中国石油化工总公司
第二汽车制造厂职工大学	机械工业部
国家科委武汉职工大学	国家科委
湖北省城乡建设职工大学	湖北省
武汉市机械工业职工大学	湖北省
武汉钢铁公司职工大学	湖北省
武汉市成人教育学院	湖北省
武汉市职工医学院	湖北省
武汉市纺织工业职工大学	湖北省
武汉市职工财经学院	湖北省
武汉市职工大学	湖北省
东风轮胎厂职工大学	湖北省
湖北省纺织职工大学	湖北省
*襄阳轴承厂职工大学	湖北省
鄂城钢铁厂职工大学	湖北省
湖北省直属机关业余大学	湖北省
湖北省金融职工大学	湖北省
湖北省地质职工大学	湖北省
湖北国防科技职工大学	湖北省
大冶钢厂职工大学	湖北省
湖北省卫生职工医学院	湖北省
武汉交通管理干部学院	交通部

中国农业银行武汉管理干部学院	中国农业银行
汽车工业管理干部学院	机械工业部
湖北省经济管理干部学院	湖北省
武汉市经济管理干部学院	湖北省
武汉冶金管理干部学院	湖北省
湖北武汉公安管理干部学院	湖北省
湖北省计划管理干部学院	湖北省
湖北教育学院	湖北省
武汉市教育学院	湖北省
十堰教育学院	湖北省
沙市教育学院	湖北省
荆州教育学院	湖北省
黄冈教育学院	湖北省
孝感教育学院	湖北省
湖北省宜昌教育学院	湖北省
鄂西土家族苗族自治州教育学院	湖北省
咸宁教育学院	湖北省
湖北省黄石教育学院	湖北省
襄樊教育学院	湖北省
郧阳地区教师进修学院	湖北省
湖北函授大学	湖北省
湖北省广播电视大学	湖北省
武汉市广播电视大学	湖北省

湖南省

空军航空修理第二职工大学	总后勤部
湖南省金融职工大学	中国工商银行
湖南兵器工业职工大学	中国兵器工业总公司
南方动力机械公司职工工学院	中国航空工业总公司

衡阳有色冶金机械总厂职工大学	中国有色金属工业总公司
湖南有色金属职工大学	中国有色金属工业总公司
*衡阳工业职工大学	地质矿产部
*湖南地质局职工大学	湖南省
湘潭钢铁公司职工大学	湖南省
涟源钢铁总厂职工大学	湖南省
湖南工业职工大学	湖南省
湖南省工艺美术职工大学	湖南省
湖南省二轻厅职工大学	湖南省
湖南省轻工业厅职工大学	湖南省
*湖南石化职工大学	湖南省
湖南省电子职工大学	湖南省
长沙市职工大学	湖南省
衡阳市职工大学	湖南省
湘潭市职工大学	湖南省
株州市职工大学	湖南省
湘潭电机厂职工大学	湖南省
湖南省机械工业厅职工大学	湖南省
湖南职工体育运动技术学院	湖南省
湖南农村金融职工大学	湖南省
湖南纺织职工大学	湖南省
岳阳职工高等专科学校	湖南省
中国保险管理干部学院	中国人民保险公司
湖南省政法管理干部学院	湖南省
湖南经济管理干部学院	湖南省
湖南教育学院	湖南省
长沙市教师进修学院	湖南省
株洲市教师进修学院	湖南省
湘潭市教师进修学院	湖南省
衡阳市教师进修学院	湖南省
郴州地区教师进修学院	湖南省
湘西民族教师进修学院	湖南省
益阳地区教师进修学院	湖南省
湖南省广播电视大学	湖南省

广东省

广州铁路运输职工大学	铁道部
茂名石油工业公司职工大学	中国石油化工总公司
佛山煤田职工地质学院	煤炭工业部
广州市联合职工大学	广东省
广州业余大学	广东省
广州市职工业余大学	广东省
*湛江市业余大学	广东省
广东省韶钢集团公司职工大学	广东省
广东省国防工业职工大学	广东省
广州市第一职工商学院	广东省
广州市城建职工大学	广东省
广州建筑总公司职工大学	广东省
*汕头市业余大学	广东省
汕头市职工业余大学	广东省
韶关市职工大学	广东省
*肇庆工人业余大学	广东省
江门市职工业余大学	广东省
*广东业余财经学院	广东省
佛山职工大学	广东省
华南文艺业余大学	广东省
*广东业余大学	广东省
广东省成人科技大学	广东省
*广东省体育运动学院	广东省
广东社会科技大学	广东省
佛山职工医学专科学校	广东省
海关管理干部学院	海关总署
广东省政法管理干部学院	广东省
广东农垦管理干部学院	广东省

广东省经济管理干部学院	广东省
广东省财贸管理干部学院	广东省
广东省农业管理干部学院	广东省
广东青年管理干部学院	广东省
广东省行政管理干部学院	广东省
广州市经济管理干部学院	广东省
广州市财贸管理干部学院	广东省
广州市乡镇企业管理干部学院	广东省
广州金桥管理干部学院	广东省
*广东省科技管理干部学院	广东省
广东教育学院	广东省
汕头教育学院	广东省
嘉应教育学院	广东省
惠州教育学院	广东省
韶关教育学院	广东省
佛山教育学院	广东省
肇庆教育学院	广东省
湛江教育学院	广东省
珠海教育学院	广东省
江门教育学院	广东省
广东省茂名教育学院	广东省
广州教育学院	广东省
广东省广播电视大学	广东省
广州市广播电视大学	广东省
深圳市广播电视大学	深圳市

广西壮族自治区

广西机电职工大学	广西壮族自治区
柳州钢铁厂职工大学	广西壮族自治区
广西建筑职工大学	广西壮族自治区
广西柳州市工业职工大学	广西壮族自治区
广西农垦职工大学	广西壮族自治区
桂林市职工大学	广西壮族自治区
柳州市机电职工大学	广西壮族自治区
*广西柳州市职工大学	广西壮族自治区
广西直属机关业余大学	广西壮族自治区
广西壮族自治区经济管理干部学院	广西壮族自治区
广西公安管理干部学院	广西壮族自治区
广西政法管理干部学院	广西壮族自治区
广西壮族自治区卫生管理干部学院	广西壮族自治区
广西教育学院	广西壮族自治区
柳州市教育学院	广西壮族自治区
桂林市教育学院	广西壮族自治区
梧州市教育学院	广西壮族自治区
玉林教育学院	广西壮族自治区
桂林地区教师进修学院	广西壮族自治区
南宁市教育学院	广西壮族自治区
钦州地区教育学院	广西壮族自治区
南宁地区教育学院	广西壮族自治区
广西壮族自治区广播电视大学	广西壮族自治区

海南省

*海口市业余大学	海南省
海南教育学院	海南省
海南省广播电视大学	海南省

四川省

重庆兵器工业职工大学	中国兵器工业总公司
*广元职工医学院	电子工业部
成都发动机公司职工大学	中国航空工业总公司
成都飞机工业公司职工工学院	中国航空工业总公司
西南航天职工大学	中国航天工业总公司
中国工程物理研究院职工工学院	中国工程物理研究院

*第一研究设计院职工大学	中国核工业总公司
*八一二厂职工工学院	中国核工业总公司
四川石油管理局职工大学	中国石油天然气总公司
成都电力职工大学	电力工业部
重庆电力职工大学	电力工业部
成都勘测设计院职工大学	电力工业部
第五冶金建设公司职工大学	冶金工业部
攀枝花冶金职工大学	冶金工业部
*重庆市电信局职工大学	邮电部
中国科学院成都分院职工大学	中国科学院
西南铝加工厂职工大学	中国有色金属工业总公司
有色金属地质职工大学	中国有色金属工业总公司
第二重型机器厂职工大学	四川省
*四川省东方动力职工大学	四川省
成都电子职工大学	四川省
国营涪江机器厂职工大学	四川省
*红光电子管厂职工大学	四川省
四川省建筑职工大学	四川省
四川省机械工业厅职工大学	四川省
四川化工总厂职工大学	四川省
*重庆特殊钢厂职工大学	四川省
重庆钢铁公司职工大学	四川省
成都无缝钢管厂职工大学	四川省
重庆城建职工学院	重庆市
成都工业职工大学	四川省
重庆市机械工业管理局职工大学	重庆市
*重庆化工职工大学	重庆市
成都成人教育学院	四川省
重庆纺织工业局职工大学	重庆市
重庆市职工大学	重庆市
*重庆市北碚区职工业余大学	重庆市
重庆市轻工业职工大学	重庆市
重庆职工医学院	重庆市
*重庆职工会计专科学校	重庆市
重庆社会大学	重庆市
*重庆商业职工大学	重庆市
四川科技职工大学	四川省
南充市职工业余大学	四川省
四川省职工运动技术学院	四川省
成都市职工大学	四川省
成都煤炭管理干部学院	煤炭工业部
成都冶金管理干部学院	冶金工业部
四川卫生管理干部学院	四川省
四川经济管理干部学院	四川省
四川财贸管理干部学院	四川省
四川省公安管理干部学院	四川省
四川政法管理干部学院	四川省
四川农业管理干部学院	四川省
四川省计划生育管理干部学院	四川省
重庆经济管理干部学院	重庆市
重庆青年管理干部学院	重庆市
四川教育学院	四川省
重庆教育学院	重庆市
成都教育学院	四川省
自贡教育学院	四川省
泸州教育学院	四川省
涪陵教育学院	四川省

德阳教育学院	四川省
乐山教育学院	四川省
川北教育学院	四川省
南充教育学院	四川省
达县教育学院	四川省
雅安教育学院	四川省
凉山教育学院	四川省
内江教育学院	四川省
渝州教育学院	重庆市
四川干部函授学院	四川省
四川省广播电视大学	四川省
重庆市广播电视大学	重庆市
成都市广播电视大学	四川省

贵州省

贵州航空工业职工大学	中国航空工业总公司
贵州航天职工大学	中国航天工业总公司
贵州铝厂职工大学	中国有色金属工业总公司
贵州机械工业职工大学	贵州省
○八三基地职工大学	贵州省
贵阳市职工业余大学	贵州省
贵州省农业管理干部学院	贵州省
贵州经济管理干部学院	贵州省
贵州政法管理干部学院	贵州省
贵州公安管理干部学院	贵州省
贵阳市教师进修学院	贵州省
贵州教育学院	贵州省
遵义教育学院	贵州省
毕节教育学院	贵州省
黔南州教育学院	贵州省
黔东南州教育学院	贵州省
贵州省广播电视大学	贵州省

云南省

云南兵器工业职工大学	中国兵器工业总公司
云南电力局职工大学	电力工业部
云南有色金属职工大学	中国有色金属工业总公司
云南省公路局职工大学	云南省
云南省地质矿产局职工大学	云南省
昆明工业联合职工大学	云南省
云南省文化厅职工大学	云南省
昆明钢铁公司职工大学	云南省
云南省经济管理干部学院	云南省
云南教育学院	云南省
云南昭通教育学院	云南省
曲靖教育学院	云南省
德宏教育学院	云南省
云南省广播电视大学	云南省

陕西省

陕西兵器工业职工大学	中国兵器工业总公司
西安航空发动机公司职工工学院	中国航空工业总公司
西安飞机工业公司职工工学院	中国航空工业总公司
六三○研究所职工工学院	中国航天工业总公司
陕西航空工业职工大学	中国航空工业总公司
宝成通用电子公司职工工学院	中国航空工业总公司
陕西飞机制造公司职工工学院	中国航空工业总公司
陕南航空职工大学	中国航空工业总公司
西北电业职工大学	电力工业部

西安铁路工程职工大学	铁道部
西安铁路运输职工大学	铁道部
*国营陕西柴油机厂职工大学	中国船舶工业总公司
陕西煤炭职工大学	煤炭工业部
陕西煤矿职工医科大学	陕西省
陕西电子职工大学	陕西省
陕西重型机器厂职工大学	陕西省
西安电力机械制造公司机电学院	陕西省
陕西省建筑工程总公司职工大学	陕西省
*陕西省纺织工业公司职工大学	陕西省
*西安石油勘探仪器总厂职工大学	陕西省
*陕西职工体育运动技术学院	陕西省
西安市职工大学	陕西省
*宝鸡市职工大学	陕西省
*西安市第一轻工业局职工大学	陕西省
陕西青年管理干部学院	陕西省
陕西省财贸管理干部学院	陕西省
陕西省经济管理干部学院	陕西省
陕西省政法管理干部学院	陕西省
陕西工运学院	陕西省
陕西教育学院	陕西省
西安教育学院	陕西省
陕西省宝鸡教育学院	陕西省
陕西省铜川教育学院	陕西省
陕西省渭南教育学院	陕西省
陕西省咸阳教育学院	陕西省
陕西省广播电视大学	陕西省
西安市广播电视大学	陕西省

甘肃省

*银光化学材料厂职工大学	中国兵器工业总公司
兰州航空工业职工大学	中国航空工业总公司
兰州化学工业公司职工大学	中国石油化工总公司
*国营五〇四厂职工大学	中国核工业总公司
*国营四〇四厂职工大学	中国核工业总公司
兰州铁路工程职工大学	铁道部
兰州炼油厂职工大学	中国石油化工总公司
金川有色金属公司职工大学	中国有色金属工业总公司
白银有色金属公司职工大学	中国有色金属工业总公司
*甘肃省建筑职工工学院	甘肃省
甘肃机械电子职工大学	甘肃省
酒泉钢铁公司职工大学	甘肃省
甘肃省职工财经学院	甘肃省
甘肃煤矿职工大学	甘肃省
甘肃服装职工大学	甘肃省
甘肃省经济管理干部学院	甘肃省
甘肃教育学院	甘肃省
兰州教育学院	甘肃省
定西教育学院	甘肃省
酒泉教育学院	甘肃省
甘肃省广播电视大学	甘肃省

青海省

青海省联合职工大学	青海省
青海教育学院	青海省
青海省广播电视大学	青海省

宁夏回族自治区

宁夏煤炭职工大学	宁夏回族自治区
宁夏职工科技学院	宁夏回族自治区
宁夏重工业职工大学	宁夏回族自治区
宁夏石嘴山职工大学	宁夏回族自治区
宁夏教育学院	宁夏回族自治区
宁夏回族自治区广播电视大学	宁夏回族自治区

新疆维吾尔自治区

乌鲁木齐石油化工总厂职工大学	中国石油化工总公司
*新疆有色金属工业公司职工大学	中国有色金属工业总公司
新疆石油局职工大学	新疆维吾尔自治区
新疆维吾尔自治区钢铁公司职工大学	新疆维吾尔自治区
新疆纺织工业公司职工大学	新疆维吾尔自治区
新疆维吾尔自治区建筑职工大学	新疆维吾尔自治区
新疆机械电子工业厅职工大学	新疆维吾尔自治区
新疆轻工业厅职工大学	新疆维吾尔自治区
*新疆农业科学院职工大学	新疆维吾尔自治区
昌吉回族自治州职工大学	新疆维吾尔自治区
石河子八一棉纺厂职工大学	新疆生产建设兵团
新疆职工大学	新疆维吾尔自治区
*新疆维吾尔自治区卫生厅职工业余医科大学	新疆维吾尔自治区
乌鲁木齐市职工业余大学	新疆维吾尔自治区
新疆经济管理干部学院	新疆维吾尔自治区
新疆公安司法管理干部学院	新疆维吾尔自治区
新疆广播电视师范大学	新疆维吾尔自治区
新疆教育学院	新疆维吾尔自治区
乌鲁木齐教育学院	新疆维吾尔自治区
喀什教育学院	新疆维吾尔自治区
新疆生产建设兵团教育学院	新疆生产建设兵团
伊犁教育学院	新疆维吾尔自治区
新疆昌吉回族自治州教育学院	新疆维吾尔自治区
新疆维吾尔自治区哈密教育学院	新疆维吾尔自治区
和田地区教育学院	新疆维吾尔自治区
新疆石油教育学院	新疆维吾尔自治区
阿克苏教育学院	新疆维吾尔自治区
新疆生产建设兵团广播电视大学	新疆生产建设兵团
新疆维吾尔自治区广播电视大学	新疆维吾尔自治区

汉语水平考试

中国从 1988 年制订《汉语水平考试(HSK)大纲》并实行对外汉语教学。到 1995 年底止，已在国（境）内外设考点 33 个，其中，国内考点 19 个，国（境）外考点 14 个，内有 4 个为 1995 年新增的考点；累计 6 年有 115 个国家和地区的 36000 人参加考试，其中有 27000 人获得“资格证书”；1995 年，全球“汉语热”升温，仅上半年报名考试者达万人。到年底，全球有 60 多个国家的 1000 多所高等学校开设了汉语课程；美国大学委员会和教育测试中心已将汉语列入美国外语测试项目，作为申请大学入学资格的凭证之一；韩国有73所高等学校开设汉语课程，共有28万人学汉语；日本学汉语学生遍布该国四岛，人数超过100万人，是目前世界上学汉语人数最多的国家。到1995年，中国通过不同渠道派出100多位汉语教师在60多个国家进行汉语教学；国内已在北京语言学院、北京外国语大学、上海外国语大学、华东师范大学设立对外汉语专业，培养专职对外汉语教师，按照《对外汉语教师资格审查办法》的审核，已有1056名获得"资格证书"。中国每年还接收100人次的外国汉语教师来华在有关高等学校进行汉语及汉语教学培训。为适应汉语教学的需要，国家教育部门组织专家学者编写并已出版200多种汉语教材，基本满足了国（境）内外不同层次学汉语人士的需要。

民办教育形成、发展及现状

中国"民办教育"，是泛指政府以外的法人或个人办学。按现行中国《宪法》中所规定的"社会力量"办学是"民办教育"同一含意。彭真同志在对《宪法》修改报告中对"社会力量"的解释是"包括集体经济组织、国家企业事业组织、其它社会组织及经国家批准的私人办学者"。1995年3月18日，第八届全国人民代表大会第三次会议通过的《中华人民共和国教育法》第三章第25条规定："国家鼓励企业事业组织、社会团体、其它社会组织及公民个人依法举办学校及其它教育机构"，"任何组织和个人不得以营利为目的举办学校及其它教育机构"，同时规定了设立这类学校的基本条件、权利、义务、管理与法人资格及承担的民事责任等。

根据国家关于民办教育的政策和有关法律、法规精神，国家教委于1993年8月17日制订了《民办高等学校设置暂行规定》，对民办教育提出"积极鼓励、大力支持、正确引导、加强管理"的十六字方针，国家教育行政部门还已经着手起草民办教育的条例。据1995年教育统计部门在《中国教育报》上公布的数字，全国民办教育机构（即社会力量办学单位）总数已约6万个（所），其中，幼儿园2.07万所、中小学3159所、职业中学392所、中等专业学校672所、民办学历高校21所、民办非学历高校1209所，其它培训教育机构35000多个。据初步统计，各类民办学校在校生达680人。据江苏省教育部门不完全统计，1995年，全省社会力量办学单位已达2300多个，教学班19000个、培训学员100万人，教学专业涉及基础教育、职业教育、高等教育、成人教育等方面。从以上数字中看出，目前民办教育类别已涉及各类教育，教育层次已涉及大、中、小、幼、职业教育及短期培训等，说明国家"积极鼓励"的民办教育方针，正在逐步落实。

中国民办教育的兴起是在党的十一届三中全会后，当时，公办学校由于在"文革"中遭受重灾，百废待兴，国家恢复高考制度后，一大批在"文革"中过来的青年知识贫乏，公办学校又不能及时满足大批青年补习知识的需要，为填补他们的知识的空缺，满足他们追求较高知识来建设祖国的热望，各种民办培训、补习班等机构便应运而生。1982年，国家多种经济成份确立，尤其1987年后，中国《宪法》赋予“社会力量办学”的法律地位，使“民办教育”方兴未艾。1992年，邓小平同志南巡讲话后，民办教育再次蓬勃发展。据统计，截至到1995年，各种民办教育机构共举办学历及非学历教育在校生累计数以千万计。其中，民办高等教育（含学历与非学历教育）在校生达145万人，其中包括70万函授生。以上情况表明，国家“大力支持”民办教育的方针已在招生具体工作中得到较好地贯彻。

民办教育，是在社会不同议论中，教育行政部门不断探索模式与经验中前进的。据对社会力量办学单位总数分析，民办学历教育18所学校，约占全国普通高校总数的2%，非学历高等民办学校800所，约占全国普通高校与成人高校总数的25%；民办中小学约占全国中小学总数的5%。据中央教科所1993年的一次调查统计，被调查的72.3%的人关注社会力量办学，认为办私立学校可以补充公立学校办学的不足，克服办学形式欠缺的弊端。从这组数字和调查统计中看出，社会力量办学正在成为补充国家办学的重要组成部分；从教育内容看，民办学校的学历教育只占在校生总数的小部分，大量的是非学历教育，各校结合自身优势和当地经济与社会发展的实际，运用“短、平、快”形式为当地培养和培训了各种专业人才，促进当地经济发展、农民脱贫致富发挥了重要作用，因此，社会力量办学“功不可没”正在社会上成为共识。安徽省阜阳县一个农民企业家投资办起1所民办中专学校，为乡镇企业培养了一大批技术人才，促进了当地经济发展。国家教委副主任王明达1994年10月在中国八个民主党派、工商联和中华职业教育社联合召开的全国民办教育研讨会上讲话时指出：以职业教育和成人教育为发展重点，确立这一发展重点，符合现阶段我国民办教育发展的实际，有利于民办学校扬长避短，发挥其特点和优势。这是当前“正确引导”社会力量办学的基本方向。从社会力量办学的思路看，有两个特点：(1) 注重特色。凡办学声誉较好的民办教育机构一般不做“无米之炊”，一是根据自身的办学条件、师资等确定举办专业教学方向；二是根据当地生源和经济需要，选定教学内容，使学校的办学更贴近学员及当地的需求，办出自己的特色。海南省有几所民办学校，根据对公办学校办学的“拾遗补缺”，在专业上当地需要什么办什么，学员需求什么教什么，开办后历届学生不仅填补了当地经济发展的人才空缺，学员学习兴趣浓厚，发挥特长明显，民办岳崧学校曾派学生参加全国数学联赛，1991年获第1名，1992年获第2名；1989年至1995年，该校已有84名高中生考上大中专学校，有93名初中生考上中等专业学校或中等师范学校；民办华兴学校曾派4名学生参加1994年香港国际少年儿童钢琴大赛，均获一等奖；民办科园实验学校派学生参加全国少年作文、书画、艺术等比赛也分别获得较好的成绩。(2) 重视教学质量。到目前为止，社会力量办学单位，绝大多数的教学质量有基本保证，少数与公办学校的教学相比相同或有超过。根据几年来的社会反映，有关部门的宣传检查，办学单位已逐步认识教学质量好坏是学校赖以生存和发展的基础。据青海省教育部门会同物价等部门对西宁地区39所民办学校（班）的调查，以A、B、C三种形式评估等级，三分之二以上的学校

（班）获得A级，获C级的仅有2所，被决定停办。北京西郊燕京华侨大学，非常注重教学质量，为国家培养了大批技术专业人才，因此，在国内外都享有盛誉。

民办教育当前存在的主要问题是：(1)法制尚不完善，一些有识之士呼吁民办教育法规尽早出台；(2)有一些学校的创办人办学以赢利为目的，违背了国家教育方针，也败坏了民办教育的声誉；(3)办学单位与教育主管部门之间还存在认识上的差异，诸如办学软件与硬件关系问题、办学单位是否可以独自颁发学历（尤其是高层次学历）文凭还是须经国家认同问题、举办审批及监督权问题、还有出现一些"贵族学校"问题等，都是值得各方面重视并应逐步加以解决，使民办教育在党和国家教育方针指导下巩固、完善和发展。

为此，国家教育部门继续对社会力量办学"加强管理"。管理的一个基本目的是总结经验，宣传好的办学方向和教学经验，探索民办教育的思路和指导方法，并通过监督检查对一些办学思想不端正或办学基本条件不具备的进行整顿，以使社会力量办学更健康地向前发展。除国家教育已有的法规性文件外，从1992年到1995年，各省、自治区、直辖市立法机关或教育部门先后制订了地方性民办教育法规，据对四川、宁夏、云南、江苏、福建、青海、湖南等省区的调查，各省区都分别制订了民办学校审批、管理等法规性文件，四川省省政府发布了关于《四川省社会力量办学管理办法》，1995年3月省教委颁发了《四川省社会力量办学管理办法实施细则》，根据《实施细则》规定，各地政府及教育行政部门，对社会力量办学进行了清理和规范，建立了年审换证制度。对已批准设立的学校，符合办学条件的，颁发《四川省社会力量办学许可证》；对不符合办学条件的，限期整顿，或停止换发《许可证》或停止办学；对申请新办学校，严格按照《实施细则》规定进行审批。同时，建立各种管理制度，规范办学行为。省教委、财政厅、物价局制定了《关于社会力量办学收费标准及有关问题》的通知，经过一年的清理整顿，净化了办学环境，鼓励和支持一批办得好，取得较好社会效益的学校，进一步端正了办学指导思想，确保了全省社会力量办学健康发展，基本形成了具有自身特色、多层次、多门类的社会办学格局。1995年，经教育行政部门年审合格，取得《四川省社会力量办学许可证》的各级各类学校7158所，其中幼儿园4582所，小学292所，中学129所，高、中等学历教育学校56所，非学历高等教育学校63所，其他职业技术培训、社会文化生活教育等学校2036所。各种经费来源25440.51万元，自有校舍面积796969平方米，租用校舍907173平方米，专、兼职管理人员21785人，专、兼职教师33402人。在校生人数846748人，毕结业学生67806人。湖南省教委在1995年对全省社会力量办学进行了一次全面清理登记。根据高等非学历教育、中专学历教育由省教育行政部门审批管理，中等非学历教育、高中学历教育由地（市）教育行政部门审批管理，初等非学历教育、初等（小学）学历教育及幼儿教育等由县教育行政部门审批管理的原则，省、地、县三级教育行政部门分别对全省范围内社会力量办学逐一进行了清理登记。明确保留开办的社会力量办学机构1427所，其中开展高等层次教育的学校143所，中等层次的767所，中等层次以下的517所；学校自建校舍面积

57.9 万平方米，租借校舍面积 85.4 万平方米，拥有图书资料 356.8 万册，仪器设备价值 8529.2 万元；有专职教师 6749 人，兼职教师 10248 人；在校学生 20.3 万人。经过这次清理登记，共取缔或停办了办学条件差、管理混乱、办学质量低、社会影响较坏的学校 116 所，乱招生、乱办班、乱发文凭的现象得到了遏制。宁夏回族自治区在“八五”期间“积极鼓励，大力支持，正确引导，加强管理”方针的指导下，全区社会力量办学开始起步。本着“先发展，后规范”的工作思路，在经过几年发展的基础上，1994 年 1 月，自治区教育厅颁发了《关于加强社会力量办学管理工作若干规定》，为全区加强社会力量办学管理工作提供了规章依据，并开始了全区社会力量办学清理整顿和《社会力量办学许可证》登记、颁发工作。到 1995 年底，全区共有经教育部门注册的社会力量办学单位 120 个（经自治区教育行政部门注册审批的单位 54 个）。其中，高等教育层次的 27 个；中等教育层次的 26 个；文化补习、技术培训的 67 个。1995 年，为全面贯彻执行社会力量办学有关文件精神，自治区教育行政部门重点加强了社会力量办学年检工作和招生广告审批工作。在规范化办学和日常管理上，多次组织专管人员进行调查研究，深入办学单位和课堂，实地了解和掌握各办学单位的教学和管理情况。年底，自治区教育行政部门又组织了银川地区社会力量办学经验交流座谈活动，并针对当前社会力量办学中存在的问题，提出整改意见和具体措施。目前，全区社会力量办学发展势头良好，各项管理工作开始步入正常运行轨道。云南省到 1995 年有各类民办学校已近 500 所，在校生达 20 万余人。10 余年间各类民办学校在基本不花国家经费的条件下，扩大了教育规模，拓宽了学路，给社会成员提供了更多的接受教育和职业技术培训的机会，打破了政府包揽办学的格局，为推动教育体制改革发挥了积极作用。但是，处于发展阶段的民办学校也存在一些不容忽视的问题，如法规不够健全，管理力量薄弱，对办得好的支持不够，对乱办学的查处不力；一些学校刊登招生广告不严肃，不向学生说清学校性质、文凭、学历性质；一部分学校办学条件不足，教学质量不够稳定，少数民办学校收费过高，等等。为了加强对民办中小学校的宏观管理，促进和引导民办学校健康正常地发展，省教委于 9 月 26 日—28 日召开了全省民办学校工作座谈会，同与会的有关地州市县区教委（局）负责同志和民办学校的校长，共同研究民办教育工作。会后，形成了《云南省民办中小学校管理暂行规定》和《云南省各级各类学校利用新闻媒介刊登招生广告的暂行规定》。两个法规文件根据国家对民办中小学校“积极鼓励、大力支持、正确引导、加强管理”的方针，根据《中华人民共和国教育法》及有关法律、法规，对民办中小学校的性质、办学方针、目的、管理、监督、评估和指导都作了明确的规定。同时对各级各类学校利用新闻媒介刊登招生广告必须提供有关文件及物价部门核准的收费标准，广告词必须符合教育法规，必须说明学校和办班性质、培养目标、学习时间、学历层次、规格等作了要求。

关于“贵族学校”的问题，这是在社会力量办学中出现的一个新的特殊问题。国家教委一位权威发言人指出：培养“贵族”是违背我国教育方针的，创办“贵族学校”我们不赞成，也不应批准这类学校。但还有一些学校并不叫贵族学校，而是办学条件，特别是生活条件远优于普通学校，并高薪聘请了一些高水平教师，强化外语、计算机等课程，实行封闭式、寄宿制办学，收费标准比较高。这类学校的出现确实适应了社会上一部分高收入人群，包括三资企业、私营企业、从国外回来的一些人员对子女教育的要求。但有经济实力上得起这类学校的人毕竟是少数。事物的发展总是不平衡的。有一部分这样的学校办学条件好一些，不能指责，应该允许有差别。有的人掏得起较多的钱，愿意在子女教育方面多投资也无可厚非。问题在于，这样的学校能不能全面贯彻教育方针，小孩子这样培养行不行，这样的学校环境和培养方针是不是有利于青少年成为社会主义事业的建设者和接班人。我们认为，无论办学条件与生活条件如何优越，个人掏的钱再多，学校也必须坚持社会主义方向，贯彻教育方针，培养学生德智体全面发展。如果办学方向和执行教育方针出了偏差，应予以纠正。因为这不只是这些学生个人和家长们的事，而是关系到我们国家与民族未来的大事。这位人士的话，不知能否解决了人们认识上的分歧？

（以上资料除署名者外，均为年鉴编辑部汇集）

香港教育资料

〔江泽民会见教育工作者联合访京团〕 1995年10月30日，国家主席江泽民在北京会见香港教育工作者联合会（简称“教联会”）访京团，对教联会长期以来为香港教育事业的发展、促进香港和内地的教育文化交流所做的努力表示赞赏，对教联会通过各种形式积极推介“基本法”的努力给予高度评价。江泽民表示，中国有信心、有能力实现香港的平稳过渡。现在距中国政府恢复行使对香港的主权只有600多天了，相信在祖国人民和香港同胞共同参与和大力支持下，一定能够实现香港的平稳过渡。希望教联会继续为此作出贡献。

香港教联会成立于1975年，是香港教育界的一个群众社团，现有会员9000多人，会长由香岛中学校长杨耀忠担任。并由他率领该团访京。会见时，杨耀忠向江泽民主席表示，教联会将继续加强与内地的教育文化交流，为祖国统一大业作出更大努力。

〔预委会文化组讨论学历问题〕 香港特别行政区筹备委员会预委会文化小组于1995年2月对学历问题再次进行了讨论，会后发表了书面意见，要点是：一、1997年后香港的学位制度和承认学历的政策，是特区政府自治范围的事，应按基本法第136条的规定，由特区政府自行制定。二、长期以来，在学历承认问题上，英国及一些英联邦国家享有特权，这种情况没有理由继续下去。当然，1997年前在香港已被认可的学历，不论获自何地，应继续予以认可，不能因此受到任何影响。三、1997年后，无论是中国哪个地区，还是英国和其他国家的学历，都应本着“唯才是用、一视同仁”的原则，一律经特区的学位评审机构评审后方可予以承认。四、学历和专业资格、执业资格是两回事，承认学历不等于承认专业资格，更不等于承认执业资格。评审专业资格和执业资格，应按基本法第142条的规定办理。

〔预委会文化小组与教育界座谈〕 香港预委会文化小组于1995年6月与15个教育团体代表举行座谈，代表们就公民教育、教育政策、母语教育、教师公积金等问题进行了广泛的讨论。会后，组长吴建璠表示，他同意部分代表关于教育制度的50年不变，不等于让它停止发展的看法，因为基本法第136条已包括有改进发展之意，不发展的话，50年后就会落后；同时表示他支持提倡母语教育，但不能操之过急。此外，代表们还认为公民教育、民族教育要重点推行，以助平稳过渡。

〔推行公民教育应循序渐进〕 香港特别行政区筹备委员会预委会文化小组为九七以

后，香港推行公民教育情况作出的初步研究报告显示，公民教育应循序渐进，资源与师资应逐步加强。

这项从1994年下半年开始的调查，就公民教育多方面进行研究，包括：港人对公民教育的理解及其他国家推行情况；香港过去推行公民教育的情况及特点；将来公民教育推行的需要及目标；将来公民教育的内容重点及推行公民教育面对的实际问题。

其调查结果显示，1997年以后公民教育首要注重的是"国家观念及民族意识"强化的问题，因为以往这一内容往往被忽略。另外，现今课程引进的基本法教育并不积极，在日后推行内容上应予以改进及加强。

文化小组认为，推行公民教育是长期问题，不能操之过急，应循序渐进，并考虑到港人承受问题。原则上公民教育应贯彻在所有学科内容上，但从长远来说，发展成独立一科较为理想。公民教育应不只是书本上的东西，还需要通过不同的课外活动体现出来。

〔九七后香港教育总体不会改变〕　新华社香港分社教科部9月8日举行联欢宴会，与来自全港300多所大中小学的550多位教师共庆教师节。香港分社副社长张俊生在晚会上说，香港教育在经济和社会发展中起着重要作用，香港的教育工作者培养造就了大批建港人才，提高了香港市民的素质，为香港的繁荣和发展作出了重大贡献。他强调指出，九七后香港教育在总体上不会改变。

张俊生指出，祖国统一乃历史发展的必然趋势，广大爱国同胞应为祖国统一大业作出积极贡献，希望香港教育工作者为了香港的平稳过渡和长期稳定繁荣发展，在培养爱国爱港的建港治港人才和提高香港新一代劳动者的素质等方面继续作出不懈努力。

针对一些教师对1997年后香港教育是否会有很大变化心存疑虑，张俊生指出，基本法已有明确规定，1997年后香港的教育在总体上不会改变，教师的切身利益也会得到保障。至于随着社会的发展和进步，教育方面的问题需要调整、改变，也是由特区政府自己决定，中央政府不会干涉。

〔基本法教育应列入中学课程〕　香港教育界关注九七联席会议最近一项问卷调查显示，约有90%被访教师认为基本法教育应列为中学课程的一部分；期望九七前教育政策不宜变动太大；应加强香港与内地的教育交流；普通话应列为必修课。

这项调查开始于去年12月，完成于今年4月。九七联席会议共向香港47所学校发出问卷，共收回问卷1169张。其中包括中、小学和幼稚园教师，中学教师占67.4%。

调查问卷内容主要分四方面：教育政策，课程，教师与学生，教师最关注的教育问题。

有关教育政策，近90%教师认为九七前不宜变动太大；近80%教师认为香港应保留现有六年小学、五年中学、两年预科的制度。

有关课程问题，90%教师认为基本法教育应列为中学课程的一部分，普通话应作为必修科目。此外，大多数教师认为课程中应有培养学生国家民族观念的内容，因为他们均认为香港目前中学课程中介绍有关中国及中华民族的内容不足。70%教师认为有殖民地色彩的课程内容应予删除。

80%以上教师认为学生对九七问题未有心理准备，教师应协助学生面对九七。高达92%的教师认为应加强香港与内地教育交流。

〔香港浸大拟开设"教师认识基本法"课程〕　香港浸会大学继续进修学院拟开办一

个暂名为“教师认识基本法”的课程。据调查，香港人对基本法的认识并不多，近70%的受访者表示未读过基本法。而作为教师则有责任教育下一代，故更有必要对基本法有较深刻和正确的认识；加之学校不少科目如伦理、经济、社会科学、公民教育等也涉及基本法，因而，浸大继续进修学院便计划开办此课程。

他们将用几个月来搜集基本法的资料，建立一个资料库，同时亦邀请基本法的专家，包括基本法草委、咨委及知名人士等，编撰基本法的教学材料，当中尤其重视教学法，通过课程学习，把完整的基本法、教学法教授学员。

为了鼓励教师们修读，基本法课程以学分计算，希望能纳入继续学院开办的小学教师荣誉学位教师课程的选修科目，并希望其他开办有教师培训的学院，亦能承认此课程的学分。浸大继续学院希望每年培训1500名教师，三年内将可培训4500人。

〔**浸会大学与内地大学合作开展教师认识基本法计划**〕　香港浸会大学持续进修学院与内地多所大学正在合作开展一项“教师认识基本法计划”。

这一计划始于1995年初，浸会大学持续进修学院主动向香港特别行政区筹委员预委会提出申请，并得到预委会及公民教育委员会分别拨出的200万和12万资助金。

该计划主要分为两部分。第一部分为资源制作，包括撰写有关以教师为对象的基本法教材，内容除涉及基本法外，还包括与基本法有关学科的教学法，并制作基本法教学影音教材，如录像带及录音带等。计划的另一部分是开设教师认识基本法课程。课程将以远距离及面授的综合模式进行，适合于大专院校、中小学教师及各机构工作人员参加。

由华东师大、复旦大学、上海大学、华东政法大学及第二军医大学负责的资源技术制作将于明年3月完成。暑假期间课程将逐步推出。

持续学院希望该课程纳入大学本部的教育学士课程的选修课程，并占若干学分，使修读教育学士的学员可有机会认识基本法。

〔**教育评议会建议公民教育列为中小学必修课程**〕　香港教育评议会建议港府应逐步将“公民教育”列为中小学的必修课程，首阶段应着重培养港人对作为中国人的身份认同；次阶段则应深入介绍中国宪法，并多了解祖国的政治经济情况，以便进一步融入中国社会。

教评会公民教育关注组于10月5日发表了该会近万字的《公民教育意见书》。该会负责人士指出，在与十几所中小学负责公民教育的教师讨论后，发现现在一般学校推行的“公民教育”包含的范围太广，有的竟包括了性教育、职业教育等，如此零碎的安排实质对推广“真正的”公民教育毫无益处。因此，他们建议教育署应将公民教育逐步定为中小学必修课程。首先应将公民教育定义为“中国国民教育”，在此基础上由课程发展议会在九七前拟定为《中小学公民教育科课程大纲》，并据此编写独立的公民教育课程，未来的特区政府也应给予三年时间并提供充足的资源，做好教师的职前及在职培训后，再正式将公民教育科列为全体小学及初中学生的必修课程，并在高中设立本科公开考试。

要有效地推广公民教育必须循序渐进，教评会建议1997年至2007年这10年间，公民教育的重点应先着意于民族感情的培养、国家情怀的灌输，及强调“一国两制”。第二阶段则应开始让学生深入学习祖国的宪法，并随届时的社会变化，多了解祖国的政治经济情况，以便进一步融入中国社会。

〔**学校公民教育内容应培养学生认识关心祖国发展**〕　由香港教育署高级助理署长兼任组长的“学校公民教育指引”修订检讨小组，于1995年8月已就香港学校公民教育的学习范畴确定了详细内容，其中包括香港以往较少接触的“国家观念”，小组建议通过多介绍内地的体制等，逐步培养学生认识和关心祖国的发展。

由这个小组讨论得出的学校公民教育理论结构，主要由家庭、社区、区域之间的关系，扩展到国家以至世界各层面。以家庭层面论，他们认为，学生最终应通过学校公民教育，认识到家庭本身是一个社会以及政治的单位，故作为家庭的一分子必须参与社会事务，在政治上应积极参与投票；社区则牵涉到居民团体；由社区到中央政府之间的关系，包括现时的政府机构，如立法局、行政局等，以至回归后的特别行政区、政府一国两制的概念等，学生均应有所认识。

由于香港以往对“国家观念”的正面接触较少，小组建议在“国家”的学习范围内应包括整个中国体制的内容，如中央政府组织、政治制度上的特色等；另外，希望学生对“世界公民”有一定概念，如促进世界和平、保护环境等等，并集中介绍一些国际组织。

〔**教育署明确“视学”评估范围**〕　香港教育署辅导视学处最近重订了较系统的评估学校教学质量的总条例，其内容包括：管理与统筹；课程结构策划；课堂教学；学生学习；功课与评估；教学资源。

每次的全面“视学”是以科目为本，从上述六个方面评估学校教与学的水平，并向学校提供建议。

“视学”的次数也是以科目为中心，每四年一次全面“视学”，每次随机对不同类别学校作抽样，即平均每年视学25%的学校。

1995年全港学校“视学”评估的结论为：在中小学中，有5%的学校表现在平均水平以上；89%表现一般，其余处于平均水平以下。

〔**教统会公布《学校教育质素报告书》**〕香港教育统筹委会于1994年12月7日正式公布《学校教育质素报告书》，对目前教育署下属机构提出多项改革建议，包括改革学校管理的新措施，改变教委会的角色，改组课程发展处及辅导视学处；并建议成立独立的保证质素组，以协助学校提高教育质量。

这一报告书的公布在香港教育界引起普遍关注。教统会下属的教育水准工作小组主席程介明表示，由于不懂教育的人干预教育，使教育制度及执行受到影响，故需要成立保证教育质量的机构。同时，香港教育多年来仍延续过去的精英制而未进行改革，在教育质量方面存在不少问题。如雇主不满意毕业生的语文水平已为教育界敲起警钟，提高学校教育质量以适应社会、经济发展需要成为当务之急。

香港《文汇报》有关评论认为，《学校教育质素报告书》的公布，是教育管理观念的进步。要提高学生素质，必须加强教育过程，包括教师素质的提高，以及监察学校教育的过程和协助其不断改善。报告书的重点就在于：在学校体制内外分别建立有力的质量保证机构。在学校内部通过“学校管理新措施”来改善管理方式，达到不断自我完善的效果。在学校以外则设立“保证质素组”，并调整政府教育部门的组织和工作取向，从行政和专业两方面加强对学校教育质量的监察和指导。

据悉，《学校教育质素报告书》公布后，有三个月的咨询期并了解公众意见，1995年3月15日以后，报告书建议及公众意见将呈交政府有关部门考虑，倘若建议被采纳，教育署的职权范围会相应缩小。

〔**小学教师称学校教育理想信念模糊**〕据香港中文大学一项调查研究发现：近80％接受调查的小学教师认为，目前香港学校的教育理想和信念模糊，未能形成学校自己的“校园文化”；有关学校校长在这方面的领导能力亦未符理想。故研究者建议，政府应为校方提供相关的培训，作为改善小学教育质量的措施之一。

在4月举行的“小学教育的创新与反思”研讨会上，中文大学教育研究所发表了《香港小学教育质素研究报告》。这一研究在香港各区随机抽取90所小学，包括90位校长、2000多名教师和14000名学生，以调查香港小学教育质量的情况，作为学校改善质量的参考。

研究还发现，99％的小学生缺乏明确的“自我观”，对于和老师的关系以及对老师的看法，只有33％的学生给予正面评价。

研究者指出，除了课堂及学校教学环境有待改善外，教师对目前学校的教育理想和信念模糊，说明学校整个组织工作出现问题，这主要与校长领导有关。根据同一调查，教师对于校长的“政治领导”及“象征领导”评价均较差。前者为处理冲突及解决教师之间矛盾的能力；后者是在学校文化上的引导能力。调查中，平均只有20％的教师认为其校长有理想的“象征领导”能力。

〔**推行“目标为本课程计划”**〕“目标为本课程计划（即TOC）”，是设想通过因材施教，改变以往对学生的评估方法，着重学生的自我学习进度，藉此改善教育质量。香港教育署于1994年1月发表“目标为本课程咨询委员报告书”后，即向教育及办学社团展开咨询，咨询期满后，于11月21日公布计划的详情及时间表。预计1995年9月开始在70所小学的一年级实施，1996年9月扩展至全港小学一年级，至2000年9月便可扩展至全港整个小学阶段。

教署在师资培训、学校支援、宣传及公众教育上将采取一系列措施。为了推动这项对基础教育有长远影响的课程改革计划，教署先后于92—93、93—94两个学年分别进行了试点。此项计划的实施，将耗用教署资金1.3亿元港币。

香港教育行政部门认为：大力推行的“目标为本课程”(TOC)，其独特新颖之处有以下几点：第一、TOC提供一个指导学生学习的框架。在学校各教育阶段，它规划了各主要学习范畴的发展方向，较明确地确定了主要的学习目标和重点。学习目标的细目化、明确化，确保所有学生都向着共同的学习目标迈进。

第二、TOC使学习内容的编排更有系统和有效率。在学习目标的指导下，学科的内容统整为范畴、单元、单位，学习技能得以有机地训练，使教与学能循序渐进，一环扣一环地发展。

第三、TOC强调以学生为中心的学习原则，并提倡学习内容与实际生活经验结合，以提高学习的兴趣。学习的目标是提高学生的思维能力和自学能力，以激发他们内在的学习动机。

第四、TOC提倡标准参照（学生比较自己的进度）的评估，鼓励教师更清晰地向学生及家长报告个别学生的学习进度，而评估的方法，较现有的更能帮助各方面了解学生迈向学习目标的进展，及找出学生需要改进的地方。

〔**香港大学适应社会需求推出新课程**〕近来，香港大学为适应社会对人才的需求，并针对学生视野狭窄、水平日降的弊端，不断改革课程设置，开办新的科目。

为适应社会发展对人才的需要，香港大专院校在争相开办新闻传理课程的同时，也开办大量不同类型的科目，改革选科结构，使学生开阔视野，更好地适应未来的社会生活及职业需要。香港大学社科学院已准备推出两项新课程，一为有关保险及统计学知识的“精算学理学士”课程，将由多个学系协作而成；另外将于1995/96学年开办认知科学学位课程。这是一个跨学科的三年制课程，也是港大历来范围最广的课程。学生可从港大9个学院中的7个、共12个院系选修不同科目，包括电脑科学、心理学、语言学、哲学及统计学，目标是用科学方法研究人的思维过程。

港大文学院在1995/96年度将开设40个新科目，其中最引人注意的是新科目“欧洲研究”。这个跨学系及学院的新科目将要求文学院的学生在三年学位课程中，选修法文或德文中的一种语言，而修读该课程的学生在二、三年级时，必须在一系列学系中选修八个以上的科目，参与这一课程开办的学系包括英文、艺术、地理、历史、音乐、哲学、政治及行政、比较文学、经济、社会学系等。而“欧洲研究”科目的衍化结果，将是进一步开设“欧洲语言系”。

〔**从幼儿园至中学推进环境教育**〕香港教育署积极推行环境教育，鼓励学生关注环境的当前状况及未来发展，使他们能够就环境保护作出有见识、有根据和实际可行的决定，成为一个有贡献和有责任感的市民。

环境教育从幼儿园开始，先着重培养儿童个人卫生和保持清洁的环境，并以积极的态度爱护自然环境；小学阶段开始让学生领悟事物的关系，透过对问题进行探索和寻求解释，培养学生对环境事物每事问的精神；中学阶段则要求学生了解较为抽象的概念，并开始从不同角度观察事物，从而延伸至探讨本地及世界环保所面临的问题。

环境教育除以跨学科方式进行外，还采取“全校参与”的方式。将有关内容渗入各学科课程，透过美学、道德、社会、技术、科学和语言等不同领域，帮助学生掌握有关环境的知识、技能和态度。

香港课程发展署强调，学前教育要加强公民及环境教育的内容。由香港课程发展署12月8日通过的《学前教育课程指引》初稿中，特别强调了公民教育和环境教育，以提醒教师在教学准备时留意有关课程。这一《指引》初稿将于两个月后进行公开咨询，并于明年7月正式发到各学前教育机构。

由香港教育署及社会福利署联合编订的新《学前教育课程指引》，包括课程目的，发展领域及目标，课程计划与推行及活动四部分。在内容上特别加强了对公民教育及环境教育方面的描述，如“培养儿童乐于接触四周环境事物的态度”、“帮助儿童平衡个人志趣和群体生活”等等，以提醒教师在准备教学活动时，留意加入有关课题。

据悉，《指引》初稿将发到全港幼稚园及幼儿中心进行公开咨询，修订后再交课程发展议会讨论，并于明年9月新学年在全港学前教育机构使用。

〔教联会会长建议在中小学开设中国文化课〕 香港教育工作者联会会长杨耀忠在12月由香港中文大学举行的“小学与中学中国文化教学研讨会”上建议，在中小学开设“中国文化课”，从而增强学生对国家和民族的归属感和自豪感，以配合香港文化上以至教育上的回归。

杨耀忠在“中国文化教学之意义”的专题发言中指出，香港即将回归祖国，作为中国公民，爱国、爱中华民族及文化是自然且天经地义的事情。因此，重建港人与祖国历史、文化的联系便是其中一个有利于香港平稳过渡和繁荣稳定的重要课题。再者，现在青少年一代之所以被称为“无根的一代”，正是缺乏民族文化素养之故。这正显示了香港本身发展也存在着须藉优良文化精神以提高年轻一代素质的需要。

另有学者认为，若仅将文化视为“历史知识”或“教条”，在香港独特的历史环境下将难以得到学生的认同。因此要进行中国文化教育，教师必须通过生动的教学，让学生明白传统文化可协助他们在价值混淆的现代社会确立自己的价值观，从而使他们对传统文化产生归属感。

〔教育署长提出香港教育应为祖国整体发展服务〕 香港教育署署长林焕光认为，踏入21世纪的香港教育，将服务于祖国整体经济发展，不再局限于地区概念。而目前本地多元化、富有灵活性的教育，正切合香港未来发展的需要。

香港教育评议会在12月举行教育研讨会，讨论如何从内地、台湾教育发展看香港教育前景。他们认为，虽然两岸三地的社会制度、经济发展等均有所不同，但纵观近年三地的教育发展，却显示了两个共同的趋势，一是越来越重视教育质量；二是课程制度的多元化及“上下结合”的发展模式。

林焕光在以《21世纪香港教育发展蓝图》为题的演讲中提出，现时香港教育的特色，是致力于培养富于创造力、懂得思考及拥有多元化能力的新一代；在面对未来更广阔的发展空间，更激烈的竞争时，维持现有多元化、富有灵活性的教育便正切合未来香港发展的需要。

〔中学要求港府承担起推行母语教学的责任〕 香港津贴中学3月初正式要求港府，规定所有学校在小一至中三阶段，均必须采用母语作为基础的教学语言。对于录取有需要或有足够能力以英语学习学生的学校，则应向教育署提出证明及申请特殊对待。

在香港推行母语教学一直存在阻力，去年圣约瑟中学推行母语教学曾引起风波。目前，教育署要求学校自行选择教学语言。津贴中学认为推动母语教学的责任不应放在个别学校肩上，而应由政府主动承担。因为社会上仍重英轻中，部分学校担忧在转用母语教学后，由于家长信心问题而使收生质量下降，因而选择不适应本校学生的教学语言。因此政府应将母语教学定为政策，作为教育的主流。这样既有益于学生，也可继续保持香港多语言教学的优点。

香港教育工作者联合会日前就母语教学发表意见，建议香港大部分中学推行母语教学。该会认为，导致目前学校教育质量下降的原因之一是教育政策不合理。长期重英轻中，重普及轻提高；对母语教学重视不够、推行不力，导致学生双语能力下降。

据调查：香港母语教学校成绩优于双语

教学校。香港教育署官员在5月举办的“母语教学，事半功倍”巡回展览上指出，现今全港69所使用母语教学的学校，成绩均好于使用混合语言教学的学校。这69所学校的学生无论在学习态度及学业成绩方面，均好于用中英混合语言的学生。教署官员认为，香港的经济发展及九七的到来也有利于母语教学的发展。另外，家长对母语教学的态度比以前明显改变，母语教学正在逐渐受到欢迎。

另有人士认为，政府应对采用母语教学的学校有所奖励，甚至政府公务员事务科亦应在任职条件上增加对中文程度的要求。如果大型商业机构及政府在实质上均对母语教学表示欢迎，相信即可打破一般社会人士认为就读母语教学学校会比较吃亏的传统观念。

〔**将普通话列为会考科目时机成熟**〕　随着香港即将回归祖国，两地学术及经济交流日渐增加，从1994年以来，陆续有许多香港教育界人士认为，将普通话列为一会考科目，以更有效地推广普及已是适当时机。

尚有两年香港将回归祖国，虽然普通话在香港学校仍不普遍，但越来越多的教育工作者对“中华民族的共同语”予以竭力推广及足够重视。尤其1995年暑假期间，许多教育团体特意返回内地学习标准的普通话，如香港教育工作者联会的师训班，以至香港教育学院的学员等。

香港教联会会长杨耀忠认为，应使普通话课程正式成为横跨小四至中五的正规课程。普通话列为会考科目，将有助于改变学校现在认为普通话科“可有可无”的心态，有利于在学校推广普通话，对学生将来面对香港回归、与内地进行学术交流或经济贸易，都会带来方便。

教育界人士认为，把普通话列为会考科目，必须有足够的准备，包括实践方式和考核内容，都应经过验证，并让更多的专业教师进行讨论，同时增加配套设备及教学资料等。对于目前课程科目过多，学校难于取舍以及普通话师资是否能满足需要等问题，一些教育界人士认为，公民教育和普通话对于中国人来说是必修科目，因此学校应视各科目的必要性和需要性去取舍。目前香港普通话师资培训已逐渐形成一种趋势，另外越来越多的来港定居者中不乏受过师训者，也可担负普通话教学工作。

面对过渡，港府决定加强在学校教授普通话及推广公民教育。新的普通话课程将于1998年在小一、中一及中四采用，至2000年，普通话将列为香港中学会考的一个独立会考科目。

〔**试开协助学生适应中学生活的课程**〕　一个为协助学生适应中学生活的课程于9月在香港开展试教计划。该计划为期约三个月，经评估及修订后课程教材将分发给全港所有中学。

这个名为“做个开心快活人”的适应课程包括三个独立的单元：“战胜压力”、“情绪陷阱”及“形象三级跳”，均为初中学生需要面对的适应及个人成长问题，每单元约三至四个课时，这一课程是受香港教育署“愉快有效学习委员会”委托编写的，其目的是通过这种适应性课程，使学生及早察觉自己的问题，并学习如何解决这些问题；而教师也可通过课程的活动了解自己学生的成长。

这一课程主要针对刚从小六升入初一的学生，协助他们适应新的学习环境，及中学阶段的个人成长变化。整个课程的设计完全从学生的处境出发，所有资料均由教师和社会工作者提供，例如让学生扮演在突然有同学宣布绝交时，应该如何面对和处理等实际生活中会遇到的情况，再附以活动教学及课堂以外的活动模式，如讨论分析、角色扮演等，通过学生与学生以及学生与老师之间的交流，相互了解，使学生学会面对新的环境，并能够应付压力、情绪以至成长方面的各种问题。

〔**推出“资讯技巧”单元课程**〕　香港教育署课程发展处于6月正式推出“资讯技巧”单元课程，帮助学生学习和了解掌握信息的技巧和方法，以提高学习效率。这种“资讯技巧”单元课程适合不同年级及在不同学科应用，教师或图书馆主任可以这套单元系列教材为基础加以发挥，帮助学生掌握信息。

这一课程设计的目的，是希望学生学会在日新月异的社会上，如何有效掌握信息的技巧，提高学习效率。如教学生如何从不同的信息来源，包括图书馆内的书籍、报刊、电脑软件以至唯读光碟等取得资料，再让他们学习归类，分析、编辑和重组等技巧，最终可以这些技巧来解决学科上的问题，以致应用于日常生活之中。

这一单元课程是经过学校试验及多次改进后推出的。由课程发展处推出的《资讯技巧》(试用本)，主要提供了一套教学指引，内容包括10个组成部分：资讯是什么；资讯的来源；认识资源的陈列方法；寻找资料的策略；选取资源的技巧；阅读技巧；处理资料的技巧；写笔记；整理分析资料的方法；重组及展示资料及检索。整个课程强调通过教学活动以及师生之间的讨论，去思考探究掌握信息的技巧，而非以硬性的课文规限活动。因此其中除就教学法举例说明，使之应用到不同科目范畴外，还提供多项不同的教学活动例子。

〔**推行中文广泛阅读计划**〕　香港教育署将从1996年9月开始在小学推行中文广泛阅读计划，每年将有30所学校参与。参加学校需于小学五年级中文课内每周抽出两节，安排学生阅读适合其程度的中文课外书。

该计划曾于1990年至1992年进行过试验，结果显示该计划能明显地加强学生的阅读兴趣与自觉性，故建议纳入小学五、六年级课程。

该计划将为参加的学校提供一批不同难易程度的中文课外书。教师根据学生的阅读表现和能力，安排他们阅读不同级别的书籍。

该计划首三年定为试行期。1995年是筹备年，1996年9月开始正式试行，至1997年9月，除第一批30所试验学校继续推展到小学六年级外，另外增加30所学校在小学五年级进行。

为执行该计划，香港教育署将成立小学中文广泛阅读计划委员会，成员包括小学教师、校长，教育学院讲师，教育署有关官员等。

〔**试办实用中学**〕　香港教育统筹委员会第四号报告书建议成立实用中学，提供多元化课程，以面向那些对文法学校、职业先修学校和工业中学所提供的共同课程缺乏兴趣的初中学生。目前，香港已有两所实用中学。

为这些学生提供另一类课程的目的，是要满足学生对实用科目的兴趣，从而防止他们从主流学校中途退学，并把他们挽留在教育制度之内。实用中学通过一个多元化及着重实际技能的课程，给予这些学生一个接受适当教育的机会，使他们在完成中三课程后，能够在一般学校接受高中教育，或接受职业训练，或直接受雇。

实用中学课程时间分配约有55%为学术科目，这些科目与一般中学教授的科目大致相同，而文艺科、工艺/实用科目则占课时的45%。工艺/实用科目有普通电脑科、膳宿服务、时装及成衣、商业实务、发型设计、金工、簿记、打字及航海。为提供额外的学习机会，实用中学还在课余时间为学生举办一些“辅助课程”，如汽车维修、冷气机维修、面包及糕饼制作等短期的技能培训班，用以补充正规课程，并以发挥学生的潜能为目标，为他们离校后参加职业训练作好准备。

〔**教育署增设电脑训练中心**〕 香港教育署将在浸会大学增设一个地区性电脑训练中心，为数以千计的教师提供训练，以便使用该署发展的电脑化学校行政管理系统。该系统将可简化繁琐的行政步骤及文件工作，减轻中小学教师的工作量。

设于浸大的学校行政及管理系统训练中心预计7月投入服务，每班可容纳40名学员，整个试验计划的费用为150万港元，九个月内将培训4400名教师。

在学校行政管理系统推展期间，同步进行一项为期三年的大型研究，以了解这个系统的成效，并研究如何改进和扩展，以及研究信息科技应用于教育的不同项目。

据悉，香港目前已有6个此类训练中心，而教育署还将在不同地点设立新的中心。此外，教育署还与香港教育学院合作，拟将电脑系统教师训练的课程纳入教院两或三年的学制中。目前全港已有130多所中小学安装了这套系统。到1996至1997年，这套系统的使用会扩展到全港的1400个教育行政部门和资助中小学。这一计划将有助于把现时每个教师的工作时间减少一小时。

〔**香港理工大学制定2001年发展计划**〕 从1994年着手，香港理工大学制定2001年策略性长期发展计划，内容包括“行政运作程序重新整合”、“专业操守圈”、“工业发展处”等计划及部门，以改革行政管理，提高效率，并加强与工商界的联系。

“行政运作程序重新整合”计划是针对院校官僚行政模式弊病而设，将对学校现有行政程序某些步骤加以改革及删除，加强行政动作的速度及效率。此计划已于1994年11月底开始实施，预计整个工作需9个月完成。“专业操守圈”是为维持和巩固教职员的专业道德及操守而设，所有守则将于4月份开始由有关人员商议制定。

理工大学为加强与工商界的联系及为香港社会进一步培训专业人才，将于1995年底成立“工业发展处”。其功能除培养专业人才外，将与工商界合作，提供技术咨询服务，使有关机构提高其市场竞争能力。

香港理工大学从1995年起，正在分期实施迈向21世纪的策略性计划，决定将“建筑发展研究”及“会计学”发展成卓越学科，并将与工商界合作实施多项培训“优质毕业生”计划。

为此，理工大学已制定了一套工作细则和发展指标。首先，理工大学将投入大量资源，着力发展能增强工商界竞争力与生产力的科研工作，并致力研究如何培养可迅速全面投入工作的毕业生。为达到此目标，理工大学将与工商界合作，安排多项培养“优质毕业生”的计划，即为学生创造在香港内地或外地实习的机会，使他们在求学阶段即能熟悉实际的工作环境。

另外，理工大学正逐步确定哪些学术范围可发展为卓越学科，首轮获选的两个学科是“建筑发展研究”和“会计学”。前者将以该校在建筑、土木工程及测量几方面的已有成就为发展基础，而后者将着重于进一步拓宽其在国际上的学术及专业地位。

〔**香港城大与人民大学合设法律硕士课程**〕 香港城市大学将与中国人民大学合办内地与香港两地承认的法律硕士课程，1995年秋首次招收50名学生。人大将派出10多位资深教授赴港，协助中国法律方面的教学。

近年来，中国的法律发展非常迅速。在向市场经济过渡的过程中，司法制度和审判程序正面临重大转变。香港面临回归祖国，香港律师亟需对中国法律有透彻的认识。香港城大与中国人大共同设计的“中国法与比教法法学硕士课程”，将使学生对中国法律的最新发展有全面的认识。

这是国家教委首次批准的两地承认的法律硕士课程。课程以中英双语并重，修读时间为两年半。修完此项课程的香港律师和法律学毕业生可参加中国律师考试，从而获得在中国执业的资格。

修读城大这项硕士课程的学生也可入读人民大学的法学硕士课程。该课程将同时在香港开办，并由香港城市大学负责部分教学和行政工作。学生可在三年内获得由两所大学分别授予的两个法学硕士学位。

〔**香港理大与内地重点大学共创“国际应用科技开发协作网”**〕 香港理工大学与内地14所重点大学达成协议，共同创立“国际应用科技开发协作网”，以推广介绍各院校提供的应用研究及专业顾问服务。理工大学与内地14所大学在1995年5月签定了该项协议，国家教委及国务院外国专家局的代表参加了签署仪式。

据介绍，协作网成立的目的是要综合不同院校的资源与人才，建立长期互助互利的合作关系，将具市场潜力和经济效益的新科技项目产业化，并变成具有国际水平的商品。

协作网的各院校成员将提供人力及设备等资源，共同参与科研开发。这些院校有兴趣研究开发或商品化的项目多达近百项，其中包括材料科学、先进制造技术、通信及信息科技、精细化工及药物、医疗卫生仪器等应用科技范畴。理工大学将专门成立一个管理公司，负责推广协作网成员的专业顾问及科研服务，并为协作网探索国际市场路向，执行协作网的营运事务。

参与协作网的内地大学包括：上海交通大学、中国人民大学、中国科技大学、四川联合大学、北京大学、西安交通大学、同济大学、东南大学、南京大学、复旦大学、哈尔滨工大、华南理工大学、清华大学及浙江大学。

〔**津贴中学提出改善教育质量建议**〕 1995年，香港津贴中学议会就改善九年免费教育质量提出建议，设立一个公平的评审机制，在小学的不同阶段为学生进行诊断性测验，以了解进度并保证质量。

津贴中学议会将致信香港教育署署长及有关委员会，就如何改善教育质量提出意见，并要求政府鼓励中学多样化及课程多元化，以适应不同性向学生的发展。

他们肯定以母语授课对基础教育的重要性，肯定学校多样化和课程多元化的好处，认为社会上应有多类型的学校，及不同种类的课程，让家长可选择更切合其子女天份及兴趣的学校入读。为配合家长根据实际情况作出选择，政府应加强宣传，使家长能获得多类型学校的正确信息。

所有家长都希望子女入读名校，这种传

统的思想必须改变。教育署在推动多元化教育的同时，必须为所有学生提供互相衔接平等发展的机会，令家长不必忧虑子女入读其他类学校而影响前途。例如应宣传职业选修学校可衔接大专院校，或有多种其他进修机会。另外，提高教师专业化水平，提高教学质量及改革现行课程，均必须重视。

〔**香港大学争相办新闻传理课**〕 1995年，香港各大专院校开办新闻或传理课程成风，形成除了以实用科目为主的院校外，其余四所综合院校（港大、中大、浸大及岭南），均打算把新闻或传理课程作不同程度的增设和扩张。这一现象引起舆论界的关注。

香港社会对传播从业人员的需求激增，其原因主要是香港经济日益发达，受教育者增多，无论工业界或商界，各行各业均需要一定的新闻、传播及公关等方面的人才，去顺应社会愈来愈重视“沟通”的潮流。香港各大专院校均对这一社会需求作出相应对策。香港大学准备开办新闻传播学系；中文大学新闻系拟升格为传播学院；浸会大学传理学院则将开办传播硕士课程；岭南学院打算在通识教育学部设立几项有关传理的课程，包括“文化与传媒的研究”、“电影艺术与社会”等。

一些评论认为，虽然香港高校有潜力开办更多有关的课程，但前景未必乐观；即使各校特点及课程内容不同，这种一窝蜂开办同类课程的现象也会引起不良后果。其中一点即教育资源的浪费。如果把开办及扩展新闻传理课程的资源集中在某一大学的有关院系，全力发展课程，将比资源分散、院校互争资源而弄得一事无成更好。也有评论认为，这种学科扩张现象是对教育思想的一种违反。大专院校对开办课程均采取“大而全”的态度，结果只能使学术范围“又大又散”。

〔**实施学生健康电脑服务**〕 为对全港中小学生提供健康和预防疾病的健康护理服务，香港卫生署于1995年开始实施“学生健康服务电脑系统”，并开办12个学生健康服务中心及两个健康评估中心，每年将有61.3万学生受惠。

香港卫生署将首先从1995至1996学年起为小学生提供该项服务，1996至1997学年将服务范围扩大到中学生。政府为此拨款2100余万元。

由于参与健康服务的学生为数甚多，必须研制有效率的信息系统，以支援该项服务的日常工作，包括编排诊症时间、登记、监察学生求诊数目、保存及检索学生记录，并编制统计数字。电脑系统将符合这些要求。

该项学生健康服务将在不断监察学童的身心发展方面发挥积极作用，并将提供一个及早对健康状况作出忠告的有效系统。来自中小学生的健康数据将汇编成一个有关年轻一代健康状况及其需要的数据库，以供策划日后的健康服务。

〔**免费为学龄儿童健康服务**〕 香港卫生署正式由1995学年开始推出全新的“学生健康服务”，为全港90万名学童免费提供年度体格及健康检查，且通过问卷了解个别学生的心理状况并及时予以辅导。

全新的“学生健康服务”将取代已推出逾30年的学童保健计划。新服务分两期推出，包括在今年设立七个学生健康服务中心及一个评估中心，可望由下月开始免费为全港小学生提供每年一度的体格及健康检查，以预防疾病及早日察觉不正常的健康情况，并将健康有问题的学生转介到驻有医师及临床心理学家的健康评估中心或专科诊所治疗。服务中心还将向个别学生发放问卷，了解学生心理状况，并及时向学生以至家长提供个别心理辅导。此外，中心还将为学生提供健康教育，包括展览、录像带等。

第二期计划将于明年扩展到全港中学，届时健康服务中心及评估中心将分别增加至12个和2个，医务人员达130人。最终可使全港70%的中小学生受惠。预计这一服务计划每年经常性经费将高达8700万港元。

〔**倡导教师避免使用伤害性语言**〕 继“害从口出——家长篇”小册子推出后，香港家庭与学校合作事宜委员会将进一步制作“教师篇”，提醒教师避免使用可能对孩子造成伤害的语言。

该委员会已推出的“害从口出——家长篇”效果很好，该小册子描述平时家长可能对孩子造成伤害的语言，不少社会人士也认为小册子对家长有提醒作用，所以委员会将进一步制作教师篇，以提醒教师避免日常不自觉说话伤害孩子。

香港在1995年有87所学校新成立了家长教师会，这些学校都获得家庭与学校合作事宜委员会的定额资助和经常费用。

该委员会还委托香港城市大学的教师进行针对家长的性教育调查。这一预算为12.7万元的调查，对象为中一至中三的500位家长。调查于11月进行，1996年1月底拿出初步报告。据悉，这是香港首次针对家长对性教育的认识及态度的调查，该调查对将来在学校推行性教育有参考的作用。

〔**每年举办“教师日”活动**〕 为进一步推广尊师精神，香港教育署在经过咨询后决定每年都举办一次全港性的大型活动，以唤起学生、家长及社会的敬师意识。首次全港性活动于1996年2月举行。

此前，教育署曾向香港近30个教育团体及学校议会发出咨询文件，建议设立“教师日”，并由教育署于每年2月第二个星期内的一天举办一“总结性”的全港性大型活动，以全面推动形成尊师的风气。此建议受到各教育团体的支持。教育署已与多个团体及学校议会成立了敬师运动工作小组，每年举办各种活动及比赛，各校可自行选择举办校内的尊师活动，唤起敬师的气氛，再由教育署举行大型活动，以掀起尊师高潮。

〔**小学教师接受普通话水平测试**〕 香港27名小学教师8月14日兴致勃勃地来到国家语言文字工作委员会，接受由国家语委普通话培训测试中心主持的普通话水平测试。测试成绩合格者，将获得国家语委普通话培训测试中心颁发的普通话水平等级证书。

这是香港教育学院首次组织小学教师赴京进修普通话并参加测试。香港小学教师7月23日抵京后，分别在国家语委普通话培训测试中心、北京广播学院和北京语言学院进修普通话课程。通过听取有关专家的讲授、辅导和自我刻苦训练，他们的普通话水平都在原来的基础上有了不同程度的提高。

国家语委主任许嘉璐和有关部门负责人同前来参加测试的香港小学教师举行了座谈。许嘉璐指出，在香港推广普通话，是确保香港平稳过渡和持续繁荣的一项基础工作。在座各位教师为推广普通话已做了许多工作，希望你们今后发挥更大的作用。

〔**港府承诺过渡期教育事项**〕 港督于10月11日发表的施政报告中提出，1995至1996年度，港府用于中小学教育的开支为167亿港元，高等教育为97亿港元。在中小学教育方面，港督承诺在1996至97年度加强教授普通话，并改善普通话教学的质量，每年的经常费用为1000万；适用于小一至小六及中一至中五的新普通话课程编订工作已经展开，新课程将于1998年9月在小一、中一及中四开始采用。此外，1996年将加强中小学教师的普通话训练，以确保在1998年新课程推行时，有足够接受过教授普通话训练的教师。而由1998年9月开始推行普通话课程的中小学校，政府会提供经常性津贴，至2000年，普通话将列为独立会考科目。

另外，政府将在1996年9月向学校提供新的公民教育指引及课程范围，修订后的公民教育课程范围，将加深学生对基本法及中国的社会与政治制度的认识，而学校可自行编订公民教育课程作为独立科目或跨课程科目。

〔**中文大学简况**〕 香港中文大学是一所无院墙的开放大学，行人可以随意参观游览。中大的正门，由四根华表石柱组成，象征大学注重民主与法制。学校的经费主要来自香港政府，其他由学费及私人赞助筹集。学校一般不受政府干预，独立性较强。学校生源的好坏，全凭市场调节，学校唯一能做的，就是以高质量的教学、雄厚的师资和较好的口碑来提高声誉，吸引学生。

中大校内不论是教学还是各项设施，均体现着“以教育为本，以教师为重，服务于教学科研”的思想。图书馆除拥有传统意义上的藏书之外，目录厅、借阅厅、复印厅、视听室等都备有数台电脑，而且已与世界几十家图书馆联网。该校各系都有自己或合用的教学楼，校内有专为教师安排的办公室。室内电话、电脑、打印机等设施一应俱全。与各幢教学楼毗邻的，往往是教工餐厅或学生餐厅。餐厅不以赢利为目的。档次高一点的教工餐厅，还设有休息厅，备有咖啡、奶茶等饮料，供教师小憩之用。

中大教学呈现以下特点：在教材取舍上，不规定统一的教材和大纲，给教师讲课有一定的自由度，但各科教师都必须精心制订本课程的教学目标、课程要求、授课方式、内容提要及参考书目等；在教学方法上，鼓励创新，注重发挥学生在课堂上的主体作用，培养学生独立思考和批判性思维的能力。考试也很少有死记硬背的内容。像社工系的“个案工作”课，总共3个学分，其中论文占40%，上课参与讨论占10%，10篇课前读书心得占25%，小组表现占25%。此外，重视实习实践课，也是社工系的一大特色。该系本科二三年级学生每学年在服务机构中的实习要占400学时，共800学时。未通过实习的不能获毕业证书。每门课程结束后，系里都要组织学生对任课教师进行评估。学生评估以不计名方式进行，评估结果装订成册，公开展示。评估结果对教师能否续聘构不成威胁，但对能否升级影响较大。

学校对教师科研方面的要求标准也很高。教师的晋升与能否积极参与国际性学术交流，并在国际著名刊物上发表论文是重要条件。

教师除了完成教学、科研任务之外，对学校、系里的其他工作，也都倾注极大热忱。学校设有本科课程委员会，硕士、博士课程委员会等专项委员会，委员会成员由全体教师推举，尽管委员会工作繁杂，会议很多，被推举人仍然十分乐意承担。

澳门教育讯息

〔**颁布逐步普及免费教育法规**〕 1995年，澳门政府公布了一项关于逐步普及免费教育的法规，决定于1995至1996学年开始实行第一阶段逐步普及免费教育。

该项法规明文规定，第一阶段的受惠学生包括小学教育预备班及小学教育的六个年级。该类学生必须持有澳门居民身份证或者持有临时居留证，入读官立教育机构或非营利私立教育机构，而该类私立教育机构必须加入公共学校网络，并且签署承诺书承诺将会履行法定的义务。

法规还规定，凡就读于纳入公共学校网络内学校的学生，均不用缴纳学费。但享有免费教育的学生，便不可再收取教育暨青年司所发给的助学金或学费津贴。另外，就教育暨青年司拨给学校各班级的津贴总数而言，法规中定出了一个计算方法，即津贴的拨发是按班内学生人数而定的，每班45名学生每人的津贴金额为澳门币4800元；若每班学生人数超过45人，则从第46人至第55人的津贴金额，每人减为2880元；第56人至第65人的津贴金额，每人减为1920元；每班超过65人则不给予津贴。

〔**有关人士谈现行免费教育模式**〕 1995年，澳门教育委员会的一位委员表示，澳门现行的免费教育模式可以推动澳门教育的发展，改善加入公共学校网络学校的办学条件，使教育质量进一步提高，但由于学额不足，致使此施行方式受到限制，家长也失去了选择权。

他指出，由于澳门学校93%属于私立，长期以来逐渐形成各校的规模、制度、条件及收费存在很大差异，根本不可能定出一个涵盖全澳私校收费的资助额。若全部学生不论就读学校入网与否，都可获4800元的资助，则可能会没有学校入网，因为入网学校在招生及开除学生等方面，会受到行政当局的指引及监管。另一方面，如果只单纯增加资助额，则失去了免费教育的意义。但基于各校存在差异，便出现一部分学校入网，而另一部分学校不入网的情况。

他强调指出，学校加入公共学校网后，可以在财力增加的情况下改善办学条件，提高教育质量，从而推动澳门教育的发展，只是由于学额不足，家长很难有选择是否让子女入读免费教育学校的权利，因此要让免费教育切实推行扩展，政府有必要尽快解决学额不足的问题，让家长们有充分的选择权。

〔**中文科须列入葡语教学计划**〕 为了促进澳门的中国语言和文化教育，最近，澳门官方明确规定：以葡语为教学语言的教育机构必须在教学计划中设中国语文选修科。

1993年6月，澳门官方决定，以葡语为教学语言的教学机构按葡语教授的国家制度来拟订课程结构。但课程结构不可对适合澳门社会实际情况的有关课程造成任何障碍，换言之，即要确保在学校中促进中国语言和文化的教育。

这次澳门官方进一步规定，葡语为教学语言的教学机构必须设有中文科，作为基础及中等教育课程计划的选修科目。此外，从1995/1996学年开始，学校必须开设中国语言暨文化兴趣班，作为课程补充性活动。在基础教育的第三阶段以及中等教育中，学校应以中文科作为第二外语的选修科。在基础教育第三阶段中未修读中文科的学生，应在中学阶段修读该科，作为技术性培训的一种。

〔**鼓励编写新的历史教材**〕 为了帮助澳门青少年逐步认识澳门的历史与文化特色，了解澳门在中国近代史及世界文明史上的地位和作用，澳门官方呼吁致力于澳门史的本地学者及研究者合作，尝试编写一套新的澳门历史教材。

1995年，在澳门的各类学校中虽开设历史课，但尚未有明确的、统一的澳门历史课程，尤其缺乏一套综合公民教育、融入道德教育的澳门历史课本，从而影响了其教学效果。因此，澳门官方为了正视公民教育和培育年轻一代去应付未来的挑战，正大力改进澳门史的教学工作，其中，鼓励编写新的澳门历史教材是其重要措施之一。

澳门大学于1994年七八月间成立了一个由从事历史、教育、政治学等方面研究的中葡学者组成的工作小组，着手编写一套中葡双语的澳门史实验教材。该套教材只着重挑选一些最能传达公民教育意识的历史片断，让年轻一代认识到澳门的历史文化特色，了解澳门以往的成就及安定繁荣的因素，增强对澳门未来的信心。此外，为了提高教材的趣味性，其内容将大量加插图表，并附幻灯片或历史纪录片，供教师讲解课程时使用，还计划制备历史文化考察指引，让教师在课余时带领同学到澳门名胜古迹作实地考察。工作小组期望在1995年9月始分阶段在澳门各中学试用，试行时，只将其当作公民教育课程的一部分。澳门官方计划将整套实验教材免费提供给澳门各学校试用。

〔**中学毕业生70%继续升学**〕 据1995年澳门劳工暨就业司一份统计报告显示，澳门70%的中学毕业生选择继续升学，只有5%选择就业和12%选择半工半读。而这些毕业生在选择心目中理想的职业时以公务员排首位，其次是酒店业、旅游和饮食业、设计和教师。

报告同时显示，大部分中学毕业生都有选择工作的困难，原因是他们并不充分了解本身的能力和就业市场，包括具体到每类职业的性质等。1994年，该部门共向1400名中学生发出问卷，用作统计的有效问卷有1372份。统计显示70%的中学生选择毕业后继续升学，其中30.4%选择本地升学、19%选择台湾地区、11.2%选择祖国大陆、9.4%选择香港或外国。

〔**私立学校应加入公共教育网络**〕 经澳门教育委员会大会历时三个月讨论的“普及逐步免费教育”建议案，现已基本定稿。面对首次在澳门推行的免费教育，不少私立学校对是否加入免费教育网络存在疑虑。澳门教育界人士呼吁，广大私校应以澳门整体利益为重，积极加入公共教育网络，成为首批实施免费教育的不牟利私校，使更多的孩子受益。

这位代表澳门大专协会的教育委员称，每位学生一年资助4500澳元，完全是根据近几年来所有私校向教育暨青年司申报的学费拟订的。有关资料表明，90%以上的私校即使按通货膨胀的增加，1995至1996学年学费也不超过4500元。而且，其收取学杂费的范围有所扩大，只要是合情合理，并经教育暨青年司同意均可收取，这样大部分不牟利私校入网应不存在太大困难。除一些设备特别好、师资特别强的不牟利私校，为继续保持本身特色暂不入网，是能够得到家长和社会理解的。而一般的学校如不加入就难免受到指责。

〔**立法会人士建议加快发展职业教育**〕 1995年11月澳门立法会的一位立法议员提出，目前澳门教育存在许多问题，尤其是教育结构不合理，职业技术教育未得到足够的重视，高等职业技术教育不足，导致人才培养与社会需求的脱节，这将对未来澳门社会和经济发展产生负面影响。

这位人士认为，目前发达国家和地区却高度重视培养不同层次人才的重要性，按社会和经济发展的战略需要，全面制定教育的系列方针政策，有计划地培养各类专业人才，同时重视发展职业高中教育，使职高与普高的比例达到6∶4或7∶3，因而为未来劳动者的素质打下扎实的基础，大大地提高了社会的生产力。

为此，他向澳门政府建议：希望政府及教育行政当局能结合澳门实际，加强对其教育政策、人才需求与教育规划的研究；改革中等教育结构，逐步有计划增办职业中学，为社会提供掌握一定专业技能的技术人才；对职业中学提供更多的财政资助，使其改善充实实验设备，提高教学效果；培养职业中学师资，保证足够的合格师资为职业教育服务；政府设立职业教育辅助实验中心。

〔**教委建议制订“教师职程”**〕 1995年，澳门教育委员会一位委员建议，澳门有必要制订教师职程，这样既可为学校在运用教学资源上作出引导，也可稳定教师队伍，同时亦有利于澳门免费教育的推行。

这位委员指出，《澳门教育制度》已明确要制订教师职程这一补充法规，这是保障公共教育网更规范进行运作的一个重要条件。已完成的教师章程规范了从事教师专业应具备的条件，保障教育质量，同时还订出教师的最低薪酬和占学校开支的百分比。但随着免费教育的推行，为加强对学校财政实施有效监管，同时也由于澳门免费教育是采用资助形式，学校行政运作由私校自主，每所学校订定教师、主任、行政人员等职位均没有规定，因此，有必要制订教师职程。

同时他认为，制订教师职程一定要审慎，因为澳门各校教师的工作量、各校的福利制度及职务制度不尽相同，而官校与私校教师薪酬水平也存在差距。因此制订教师职程需审慎研究，使职程有利于澳门教育事业的发展，逐步改善不公平现象，将差距逐渐缩小。

〔**加强教师职前及在职培训**〕 1995年，在由澳门教育暨青年司与澳门大学教育学院合办的“一九九五暑期教师教育课程”结业典礼上，澳门教育暨青年司教育厅负责人表示，各种范畴的师资培训将成为教育暨青年司的工作重点之一，日后该司将研究有关课程，务求把教师职前及在职培训工作做得更好。

这位负责人表示，随着澳门免费教育及新课程大纲的推行，教育暨青年司将加强对各种范畴教师的培训工作，并将研究有关培训课程，以便把教师的职前培训、在职培训和延续培训工作搞得更好。该项研究工作将于11月展开，通过这些工作，可以安排更好的培训课程，使教师培训更加符合实际需要。

澳门教育暨青年司与澳门大学教育学院合作了近10年，已开办了不少暑期及正规的教师培训课程，1995年资助职前及在职教师修读澳大教育学院课程的款项已超过1000万澳门元。

〔青年修读夜中学人增多〕 近年随着澳门社会发展，对学历要求日益提高，不少早期失学或未完成中学学业的中、青年，要求读夜中学的人大为增加，其中以初中及高中毕业班最受欢迎，报读人数最多。

学员八成以上属超龄，最大的40多岁，而较多的为20多岁。他们学习的目的主要是提高文化，取得毕业证书，以利发展。其中半数高中毕业班学员在夜中学毕业后，继续修读大专课程，这些学员以技术员、职员占多数。

有些学校还兼收了一些品学成绩较差而被日校开除的青少年，他们在夜中学学习上了轨道后，可再返回日校修读。

〔开播教育电视节目〕 由澳门理工学院与澳门广播电视有限公司共同主办的澳门教育电视节目，于3月13日在澳门开播。它教授普通话及葡语，并进行公民教育。

这套电视节目的课程分三个阶段进行，即入门阶段，第一级和第二级。每阶段约100课时，每课时14分钟。每天分别在中、葡文频道里播出。每次节目中都穿插6分钟的公民教育，包括卫生、防火、交通、法律、健康及基本法等方面的内容。此外，每周末还分别在中文台、葡文台介绍葡国、中国的风土人情，以促进两个民族的互相了解。课程结束后，市民可参加权威性考试，合格者将发给证书。

澳门官方认为，在这个多语言城市实施教育电视计划，满足了澳门居民学习中文或葡文的期望，也符合中葡联合声明所认可的推广中、葡语的形式和目的。此节目对于1999年后继续留在澳门服务的公务员很有帮助，为他们提供了一个学习双语的机会。

〔拟修订公务员培训课程〕 为了加强澳门公务员本地化的步伐，澳门政府将于1995年9月重新修订公务员培训课程计划，以便让留任特区政府的公务员修读。

目前，澳门正处于后过渡期，澳门政府把公务员培训工作列为各项行政工作中的优先部分。为了进一步开展人员本地化的工作，澳门政府将于9月重新修订培训课程计划，以留任特区政府的公务员为授课对象，加强其语言能力和专业素质。有关课程预计1996年一二月份开课。

澳门理工学院与澳门政府行政暨公职司将合作出版培训丛书，以培训中高阶层公务员。自去年以来，开展的培训课程已相当多，包括有普通话、广东话，以及一系列为专业培训和推行本地化培训课程。参与培训课程的公务员已近2000名。

〔青少年及教育问题日益严重〕 不久前，一项由澳门社工学院社会学师生进行的电话访问研究结果显示，当前澳门的社会问题以青少年及教育问题最为严重。

这项调查研究以电话抽样方式，访问了231位澳门居民，半数以上的被访者认为，青少年、教育、治安及交通是澳门的四个主要社会问题。其中，74.9%的被访者和64.5%的被访者分别认为青少年和教育是最严重的社会问题。而且超过半数的人对澳门政府处理社会问题的表现表示不满，男性及文化程度高的被访者不满程度更高。

一些评论认为，青少年问题曾是香港80年代最严重的社会问题，而今天澳门的青年问题较之香港更为严重。青少年及教育问题关系着澳门的年轻一代，澳门正处于一个经济转型发展的转折点，当局及有关方面应尽快制定对策，解决现时最严重的社会问题，为澳日后发展作好准备。

台湾教育动态

〔**制订“迈向21世纪的教育远景”规划**〕　台湾当局在1995年发表“迈向21世纪的教育远景”的规划报告。其内容包括幼儿教育、九年义务教育、高中教育、技职教育、大学教育、社会教育、师资培训、体育卫生、训育辅导、文教交流以及支援系统等。

据称，目前台湾的入学率，幼教为33.6%；小学为99.31%；初中为91.63%；高中为71.39%；高等教育为26.61%。报告认为，幼教入学率偏低，3—5岁只有23%，包括托儿所在内也不过40.5%。目标是2000年幼儿入学率提高到80%，多数幼教师资具有大学程度。

九年义务教育自1979年推行，至今一直相当稳定，今后主要是改善素质，在2000年全部班级人数在35人以下。

高中则是调节普通高中与技职教育的比重，将目前在校生的3（普通高中）∶7（技职高中）比例调整为5∶5，以适应社会经济发展，以及学生和家长的升学愿望。

到2000年，高等教育入学率将达到40%。但报告书对此有两项担忧。一是高教发展令技职教育体系动摇，导致某一类人才供应不继；二是留学生回流增加，引起了“高学历、低就业”的危机，每年2000个博士使就业市场难以吸纳。

〔**2000年台湾省义务教育将延为10年**〕

台湾教育当局规划，在2000年时，义务教育将延长为10年，一般学生16岁后才会离开学校。

预计在2000年前后，学生会有更多机会接受高中教育。90%以上初中毕业生均可继续升学，而其中50%的学生进入普通高中或综合高中就读，较目前只有20%的比例大幅提升。不准备升学的初中毕业生也可接受2年的实用技艺教育。

到2000年，所有中小学教材将配合时代需要全部更新。高中注重“合科教学”，如现代社会、世界文化等科目；初中、小学的教材则更趋于本土化；外语教学不限于英语，第二外语在高中阶段将普遍实施，升大学考试除英语科目外，考生也可选考其他外语。

有关大学入学考试方面，推荐甄选的比例将占相当大的比例。并采用“二阶段”的考试方式，第一阶段由大学入学考试中心负责少数主科的考试，第二阶段则由大学和学系依科系性质筛选学生，考试可用笔试、口试或实作等方式进行。

〔**提倡艺术教育与生活联系**〕　台湾当局指出：过去中小学生由于升学压力，不注重休闲教育及人文陶冶的课程，今后各级学校教育的课程应提倡艺术教育与生活联系，要重视中学的文雅教育和小学阶段的生活礼仪教育。

台湾教育界人士正研究“艺术教育与生活”，探讨现代人应具有的生活艺术，提倡在教学领域里，将艺术教育落实于日常生活之中。例如可以青山绿水的大自然、公园、都市建筑、植物园、美术馆、宗教殿堂、消费场所的装潢等等，作为艺术教育的大课堂。

〔**对高中教育发展提出规划**〕 台湾当局在教育面向21世纪的规划中，对高中教育发展提出四个要点：

一是调整高中职中学生比例，拟将现在的3∶7，通过增设高中、适量增班等办法，调整为5∶5。

二是改进高中入学制度，除改进入学考试命题技术外，采用规划、登记、申请、保送、直升、甄试等多种渠道，以利于学生选择学校。

三是推动试办综合高中计划，设置完全中学，试行直升制度，减轻初中学生升学压力。

四是调整高中教育目标，建立弹性多元学制，合理调整课程教材，改善教学环境，提高高中教育质量。

〔**改革高、中考采取新举措**〕 台湾“教育部”为缓和升学竞争，对高中和大学招生及考试采取了一系列改革措施。

人们普遍厌恶“升学主义”，认为这是台湾中小学教育中的积弊，它妨碍正常教学，导致恶性补习、越区就读和偏激的能力分班等，已愈来愈引起社会各界的关注，改革呼声日高。台湾的升学竞争不是数量上的供需失调，而是由竞争名牌学校造成的。为此，台湾“教育部”采取了如下改革措施。

第一，利用大学丰沛的教学资源设置一些实验高中，增加第一志愿学校的数量；

第二，重新确定高中、高职、五专招生的比例。将少数高职改制为综合中学，并允许完全中学的存在。这类学校的国中部毕业生中有相当比例可直升入本校高中部。

第三，推动多元化入学方案，在联招之外，开辟其他升学途径，允许具有特殊性向的毕业生通过保送、免试或根据国中成绩入学。

第四，增加大学入学机会。由于近年来新大学院校的增设与系科的大量扩充，高中毕业生升学率正急速升高，从1990年度的48.58%上升为1993年度的67.765%。目前尚有六所公立院校、八所私立院校在筹建中，进入大学就读已将不是“窄门”。

台湾“教育部”估计，未来二三年中大学联考录取率应可提高到50%。目前大学联招12万名考生中半数是重考生，高中应届毕业生约有65%的升学机会，未来二三年应可超过70%。

第五，对考试制度进行若干改革。大学入学考试将趋于多元化。从1995年开始，将扩大办理大学推荐甄选制度。此外大学联招将建立题库，联招事务将逐渐由大学考试中心接办，使联招工作制度化，两三年后可考虑办理二三次考试，考生以最好的一次成绩向大学院校申请入学。

〔**国民中学开设第二外语**〕 为加强外语人才多元化，以利台湾国际化发展，台湾“教育部”决定由中学阶段起增加第二外国语课程，由国三开办选修课，高中再衔接开第二外语选修，新课程标准已确定自1996学年度起实施，列入课程大纲的外语是日、德、法文三种语言。

由于目前已有部分高中利用正式课表以外时间为学生开设第二外国语文班，聘请大学教师教授，“教育部”已与大学协调，大学联招考生将可考第二外国语，取代考英文，以鼓励高中生投入第二外国语学习。这项措施最快可在三年后落实。

这样，台湾的外语人才就不致局限在英语，而且学生及早接触第二外语，也能增进对英语系以外国家民俗文化的了解，有助于扩大视野，对本地文化的发展也会产生影响。

有关师资来源，国中部分主要以选修过第二外语的英文老师为主，“教育部”也将在近期内开展师资培训工作。

〔**推出高等教育发展规划**〕 据悉台湾现有公私立大学58所，尚有12所已核准筹建的学校，计划在2000年，高等院校将增加到80所，学生总人数将达39.8万人，此阶段适龄人口中将有1/4可接受大学教育。

台湾将逐步建立大学运作规范，辅导大学自主，调整公立大学预算制度，以强化大学经营的责任，缩短公私立大学资源差距，提供多元入学渠道，规划弹性教育学程，调整大学师资结构，加强大学与社会的联系等。五六年内，公立大学学费可能大幅调涨，并逐步放宽大学学费征收限制，使私校在学费标准上有较大弹性。

〔**打破大学四年一贯制课程**〕 台湾大学学制为四年一贯制，学生入学后必须修完四年课程才能取得学士学位。目前正规划发展大学前二年的“终结性课程”，学生修完前两年课程后发给证书，可以按志愿先行就业或继续就学。继续就学的学生，可到一般大学就读大学后二年的科系，以实务为导向（注重培养实际能力）。正在规划的大学前两年的“终结性课程”和后两年的“实务”课程，将形成大学教育的弹性多元学制。

1996年8月起，台湾将大幅度开放大学院校试办专科毕业生的在职进修班，招收专科学校毕业且有实践经验者入学，学习大学后两年的“实务”课程，进而发展成为供读完大学前两年终结课程的学生就读的后两年课程。

大学前两年的终结性课程类似美国社区学院中的初级学院课程，在学制上具有转承的特殊功能，后两年以“实务”为导向的课程类似美国的高级学院课程。

〔**工业技术学院的研究生教育**〕 台湾工业技术学院作为台湾技术职业教育体系中第一所高等学校，自1974年创办以来，适应台湾经济发展的需要，培养高级技术人才，受到企业界的欢迎，自身也得到迅速发展，迄今其在校研究生与大学部学生比例已高达1∶2.88。

目前台湾的大学可分为三类：公立大学、私立大学及技术学院。70年代中期开始发展起来的技术学院是时代的产物，以招收专科学校毕业生为主，其任务是培养台湾经济发展所需的高层次技术人才。办学之初人们认为，技术学院的教育目标应与一般教育体系中的大学工学院有所不同，但当台湾工业技术学院开始成立研究所，招收硕士和博士生研究生时，却受到人们的质疑。但该学院人士介绍，一般教育体系和技术职业教育体系的教学方式不同，前者教学先学习理论，然后才加入实验印证，而后者则先务实，让学生动手操作，并培养其兴趣，然后再用理论来印证，两者最后（博士生阶段）都是实验与理论结合，可谓殊路同归。台湾工业技术学院正是以此为其研究生教育的宗旨，培养硕士生已有16年，博士生也有12年，这些高级技术人才得到企业界的肯定。

台湾工业技术学院自1979年成立研究所，开始发展研究生教育至今，研究生与大学部的学生比例已高达1∶2.88，并逐渐形成跨系所学程、在职研究生带课题进修、教授带学生到产业界完成研究等特色。

台湾的高校一般不设研究生院，而是根据其师资水平、学术研究能力等在系里成立研究所招收研究生。台湾工业技术学院1974年成立后先招收大学部学生，1979年首先成立了工程技术研究所，并招收硕士班研究生，1983年招收博士班研究生。至今，该校在11个系的基础上成立了8个研究所，在校大学部学生4164人，研究所硕士和博士研究生1443人。

台湾工业技术学院在研究生教育中逐步形成了自己的特色。其一，1994学年开始招生的工程技术研究所自动化及控制专业，其课程由各系所相关教授共同承担，以培养整体自动化控制工程的高级技术人才；其二，允许在职研究生（部分时间研究生）为配合其工作需要，自带研究题目进修，寻找指导教师；其三，学院与企业界合作进行各项专业研究计划，为了解产业界的实际，增进研究生的实际经验，教授经常带领学生到产业界进行专题研究，以此获得扎实的、且深受产业界欢迎的研究成果。

〔**高等教育供过于求严重**〕 台湾“行政院经济建设委员会”在1995年4月一份分析简报中指出，台湾高等教育扩增过快，但就业市场却调整不及，导致供需失调，供过于求严重。

日前，台湾地区18到21岁学龄人口在学率高达45.2%，预计到2006年还将升到55.8%，普及率已显著高于日本、韩国、英国、法国等先进国家。另外，台联考录取率逐年升高，也影响高等教育学生素质。

据“建委会人力规划处”统计，高等教育毕业生占新进人力已高达48%，但市场所需者仍以基层人力为主，供需难以配合。因此，“建委会”建议应减缓高等教育量的扩充，由民间兴学以满足社会需求。

〔**台湾2000年将有30%的人接受成人教育**〕 台湾当局在1995年新出台的“教育报告书”初稿中，将21世纪定位为休闲化、高龄化、信息化、科技化的时代，预期届时上班、上课天数将由目前的五天半缩短为五天，成人有更多时间接受继续教育，参与文艺及休闲活动。

“报告书”中规划，到2000年，将文盲率降低到2%以下，接受成人教育的比例为30%，平均每三个成人中就有一个接受成人教育。还将在北、中、南各建一所由公私立大学院校试办的“社区学院”，兼办各种推广教育，和邻近中小学、社区、文化中心以及民间企业机构团体合作，实现“学校社区化、社区学校化的理想”。

〔**高雄试办成人教育卡制度**〕 为了鼓励成人自我进修的意愿，台湾“教育部”拟设置“成人教育卡”制度，希望让每位超过学龄、且不在学的成人手持一张“成人教育卡”，作为其参加各类成人教育活动的累积证明。

“教育部”希望，这一较具体的证明文件能激励成人自我进修、参与各类教育活动的兴致。该制度将于1995年6月在高雄市先行试验，以高雄市市民学苑、长青学苑与妇女学苑等已有的成人学习机构为试办单位，若成果良好，则进一步以老人教育、企业进修为主要对象加以推广；待时机成熟，则以全民参加为主。届时，凡持有“成人教育卡”的成人均可参与由政府、学校、企业、民间团体所举办的成人进修活动、研究学习、讲座，并由主办单位于该卡上登录活动内容、时间与地点，以作为参与成人教育活动的证明。

“教育部”表示，根据“建立终身教育体制发展方案”的目标，希望在五年内达到每个成人每月参与三次以上进修活动的人数，占全部成人人口的30%。

〔**通过《师资培育法》修正案**〕 1995年6月，台湾当局通过《师资培育法》修正案。今后培养教师的大专院校，将不限于师范教育系统，凡设有教育学程的大专院校，均可负起师资培训的责任，使师资培养更趋多元化。

同时，师范教育将采取公费、自费并行制，并配合发放助学金的方式实施，以期弥补当前师资缺乏的窘况。

《师资培育法》强调“教师证照制度”，教师要受过四年的相关课程教育后，取得“实习教师资格”，再经实习与检定后，才能成为正式的教师。

〔**规定中小学教师的资格与聘任**〕 台湾当局于1995年7月颁布了新的《教师法》，对教师资格的审定、聘任、权利义务、待遇、进修、退休、抚恤、离职等作了规定。

高级中学以下学校教师的聘任，分初聘、续聘及长期聘任，经教师评审委员会通过后由校长聘任。教师评审委员会的组成包括教师代表、学校行政人员及家长会代表一人。其中，未兼行政或董事的教师代表不得少于总数的1/2。

初聘以具有实习教师或教师证书为限。实习教师资格为：①师范院校大学部毕业者；②大学教育学院、系、所毕业，且修完规定教育学分者；③大学毕业修教育课程者；④大学院校或（认可的）国外大学毕业后修满规定教育学分者。初聘为一年，续聘第一次为一年，以后续聘每次为二年。续聘三次以上服务成绩优良者，经教师评审委员会全体委员2/3审查通过后，得以长期聘任。

〔**拟设“心理与教育测验研发中心”**〕 台湾“教育部”计划筹设“心理与教育测验研究发展中心”，有系统地发展本土化的心理测验，并可长期研究青少年心理特质变化状况，以使台湾成为东南亚的心理测验研究重要基地。

目前台湾岛内的心理与教育测验大多是从海外测验修订而来，自从著作权法修正实施后，普遍面临违法问题。去年6月以来，“可用测验”渐渐不足，因此台湾“教育部”决定筹设“心理与教育测验研究发展中心”，将国际上有名的测验引进岛内合法使用，并有系统地发展本土化心理与教育测验。

〔**加强防范校园暴力事件**〕 鉴于少年犯罪的比率急剧上升，台湾“教育部”于9月举行部厅局会议，讨论校园暴力防制措施，决定针对特殊的校园暴力冲突事件，会同“警政署”、“法务部”、“青辅会”、“职训局”、民间团体与精神科医师，成立跨部会的“校园特殊个案处理会报”，并将建立各级学校校园暴力事件通报系统，以确实掌握事件的发生，并及时介入辅导。

“教育部”同时决定补助经费，国民中小学校园设置监控系统，并将委托教育团体成立“律师团”，针对校园暴力诉讼事件主动服务。

此外，防治计划还包括学校辅导人员的培训、辅导有暴力倾向的学生，组织他们参与社会服务，还要会同教育机构、专家学者、学校辅导人员共同成立“校园暴力防制小组”，每月定期集会，研讨处理校园暴力案件及有效辅导措施。

1995 年教育大事记

1 月 3 日 国家教委副主任张孝文在中国教育报发表文章，题目是《加强和改进学校德育工作，促进社会主义精神文明建设》。

1 月 4 日 国家教委有关方面负责人就以国家教委名义做防止学生近视用品的广告，造成严重失实的问题，发表谈话，指出到目前为止，全国学生近视眼防治专家指导小组或国家教委还未曾向全国推荐或监制过任何一种“防近”用品。

1 月 5 日—8 日 国家教委和新闻出版署联合在京召开第四次全国高校出版社工作会议，研究制定高校办出版社进一步深化改革，加强管理，促进繁荣的制度和措施。朱开轩主任主持会议，韦钰副主任作主题报告，于友先署长发表讲话。

1 月 7 日 国家教委转发吉林省教委《关于农村普通初中实行分流教育的若干意见》。

1 月 8 日 “全国高校毕业生就业市场(上海市场)”诞生，标志着大部分高校毕业生将通过就业市场，在国家政策指导下实行双向选择就业。国家今后将组建若干区域性就业市场，以满足毕业生择业的需要。

1 月 8 日—12 日 “全国引进工作十五年成果展览”在北京国际展览中心举行。改革开放十五年来，我国教育系统引进工作成果斐然：已同 140 多个国家和地区建立了教育交流与合作关系，为引进工作开辟了多种渠道和广阔领域。

1 月 9 日 《神州学人》杂志创办电子版。每周五出版时通过国际计算机网络，向海外传递信息。

1 月 10 日 由《人民教育》编辑部和深圳市教育局联合举办的“教师——美好的职业”散文征文评选揭晓颁奖会在深圳市举行。全国各地 44 名作者分获一、二、三等奖。国家教委副主任柳斌向大会发贺信。

△国家教委在北京举行了深圳中华自行车集团公司向五省市山区小学捐款 100 万元新闻发布会。此款用于修建五所山区小学。

△国家教委发出《关于在“两基”督导评估中防止弄虚作假，反对形式主义的通知》。

1 月 10 日—12 日 全国教育系统首届邓小平建设有中国特色社会主义教育理论研讨会在首都师范大学举行。全国高校、教科所等单位 50 多位专家、学者就邓小平关于教育思想的战略地位、人才观、德育观等问题交流了研究成果。

1 月 11 日 国家教委副主任柳斌接受北京电视台和西班牙新制片公司合拍的 13 集电视记录片《今日中国》摄制组的采访。介绍了我国教育体制改革、义务教育、扫盲、特殊教育及留学生政策等方面的情况。

1月11日—14日 全国政协八届常委会第九次会议讨论教育问题，中共中央政治局常委、全国政协主席李瑞环主持会议，并作了题为《全社会都要关心和支持基础教育》的讲话。国务院副总理李岚清向常委报告教育工作。会议吁请各级领导、各有关部门和社会各界更加重视和支持教育事业的发展，以推动《中国教育改革和发展纲要》的贯彻落实。1月14日，《中国教育报》刊登李瑞环同志的讲话全文。

1月12日 国家教委主任朱开轩在北京会见并宴请香港何梁何利基金捐款人等一行，对他们捐资奖励内地的优秀教育、科技工作者表示感谢。

△国家教委发出《关于公布首批普及九年义务教育和扫除青壮年文盲县(市、区)名单的决定》。

1月13日 国家教委副主任王明达接受意大利《共和国报》采访，就我国教育体制改革、学校德育工作和教育经费等问题回答了记者提问。

△《小学生学习报》(河南省教委主办)创刊10周年。李鹏总理为该刊题词："为祖国培养花朵，用心血浇灌未来"。李岚清副总理题词："进一步办好《小学生学习报》，为提高教学质量作贡献"。该刊每期发行400万份，创刊以来累计发行13亿份，曾多次评为全国优秀报刊。

1月14日 由中央宣传部、国家教委和《人民日报》社共同组织的"百部爱国主义影视片知识竞赛"颁奖大会在京举行。国家教委副主任柳斌出席了大会。

1月14日—16日 1995年全国招收硕士学位研究生入学考试举行。全国424所普通高校和351所科研机构、中央党校和6所地方学校及解放军系统的研究生招生单位计划招生43000人，报考人数达155000人。

1月16日 国家教委召开1995年教育工作电话会议，回顾总结过去一年的教育工作，部署1995年8项主要工作任务，公布了全国首批通过"两基"评估验收的554个县市（区）名单。国家教委主任朱开轩在会上做工作报告，并对社会普遍关注的教育热点问题发表看法。1月18日，《中国教育报》全文刊登了朱开轩的报告和国家教委公布的554个县、市（区）的名单。

△国家教委发出《关于向全国中小学推荐百首爱国主义歌曲的通知》。

△国家教委发出《关于批准国家文科基础学科人才培养和科学研究基地学科点的通知》。

1月17日 国家教委、总参谋部、总政治部联合发出《关于中国人民解放军院校学历证书实行统一制作和管理的通知》。

1月18日 国家教委印发《1995年工作要点》。2月6日，《中国教育报》全文刊登了《要点》。

△国家教委办公厅发出《关于1994年普通高等学校招生计划执行情况的通报》。

1月19日 国家教委发出电函，向在日本兵库县发生强烈地震而死难或受灾的中国留学生及其家属表示哀悼和慰问。

△国家教委、文化部、北京市政府、团中央联合举办"95新春音乐会"，慰问广大教师和学生，首都、天津等地3000多名师生出席。国家教委主任朱开轩就"加强改进学校美育工作"讲话。

1月20日 国家教委在人民大会堂举

行“95新春音乐会”，慰问留学回国人员。朱开轩主任发表了讲话，希望并欢迎更多的留学人员早日学成回国或以不同方式积极参加祖国的现代化建设。

△国家教委副主任王明达到河北省大厂回族自治县，看望慰问农村教师，与来自全县各乡镇的教师代表进行座谈，征求了教师们的意见。

△中国青少年发展基金会举行“希望工程”社会监督日，并提出1995年“希望工程”将继续实施“1+1”助学活动，在全国592个贫困县援建希望小学，为10000个贫困地区乡村小学建立规模为500册的《希望书库》。

1月21日—22日 国家教委在辽宁省沈阳市召开利用中央义务教育专款，推进“普九”工作座谈会。辽宁、吉林、江苏、浙江、山东等五省教委负责同志出席，就如何扶持省内贫困地区实施九年义务教育进行了研讨。国家教委副主任张天保到会讲话。3月17日，国家教委办公厅印发了座谈会《纪要》。

1月24日 《中国教育报》报道：中国人民大学与北京理工大学签署合作办学协议书。李岚清副总理为两校合作办学作出批示：“我支持你们此举，通过合作办学达到人力、物力资源共享，优势互补，学科优化设置，提高教学质量和办学效益。”

△国家教委召开迎新春教师座谈会，向全国各级各类教师致节日慰问。朱开轩主任勉励广大教师发扬敬业精神，为教育再立新功。来自北京市中小幼、特教、职教、成教、大专院校的30位教师代表及柳斌、王明达副主任等参加座谈会。

△国家教委副主任柳斌在《中国教育报》发表文章，题目是《推广愉快教育经验 减轻学生过重课业负担》。

△《中国教育报》报道：国家教委与湖北省委日前签署协议，共同建设武汉大学和华中理工大学。共建后两校仍为国家教委直属高校，实行国家教委与湖北省政府双重领导，以国家教委为主的管理体制。

△国家教委办公厅发出《关于转发黑龙江省〈强化政府行为，加大工作力度，坚持不懈地扫除剩余文盲〉经验材料的通知》。

1月25日 国家教委副主任张孝文、柳斌、张天保分别前往北京怀柔县、房山区和天津武清县，看望、慰问长期辛勤工作在基础教育第一线的山区、农村教师。

△国家教委举办的1994年度教育好新闻评选揭晓并举行颁奖会。全国共评出教育好新闻67篇，其中一等奖15篇，二等奖21篇，三等奖31篇。朱开轩主任出席颁奖会并讲话。

1月26日 国家教委督导办公室举行“95新春茶话会”。国家教委副主任、国家总督学柳斌与在京国家督学座谈，致以节日慰问，对他们为教育改革和发展所作的贡献表示感谢，希望他们与各级督导机构在新的一年里发挥更大作用。

△国家教委发布《中外合作办学暂行规定》。

1月27日 国家教委发出《关于高等学校出售公有住房有关问题的意见》。

△国家教委办公厅发出《关于开展国家级重点职业高级中学评估认定工作的通知》。

1月28日 国家教委党组贯彻党中央关于干部选拔任用的改革举措，经过民主推荐，经党组研究并报中央组织部同意，任命周远清、张保庆两同志为国家教委专职委员。

△全国高等教育自学考试指导委员会召开在京委员座谈会。国家教委副主任王明达到会。会议就调整自学考试专业设置、修改考试计划和大纲、统一编写自考教材、建立助学指导服务中心、加强教学规律和科研等进行了研讨，并希望在年内出台自学考试改革方案。

1月30日　国家教委主任朱开轩发表春节贺词。《中国教育报》同日刊登贺词全文。

2月2日　国家教委与全国妇联、团中央在中国儿童少年活动中心举行"心中有祖国、心中有他人"爱国主义教育活动新春联谊会，纪念世界反法西斯战和我国抗日战争胜利五十周年。全国人大副委员长陈慕华出席并讲话；国务院副总理李岚清为活动题词："心中有祖国、心中有他人，是对少年儿童进行爱国主义教育的一个好形式"。

2月5日　国务院学位委员会发出《关于进一步做好在职人员以研究生毕业同等学力申请硕士学位工作若干问题的通知》。

2月6日　国家教委召开主任办公会，讨论部署坚决制止中小学乱收费问题。会议决定建立责任制，层层抓落实，力争年内取得阶段性成果。

△国家教委印发《对河北等八省、自治区实施义务教育和扫除青壮年文盲工作的督导报告》。

△国家教委转发新疆维吾尔自治区教委《关于克拉玛依市"12.8"特大火灾事故情况汇报》(摘要)。

2月7日　国家教委党组学习江泽民总书记在1月30日关于台湾问题的谈话精神。朱开轩主任发表谈话希望海峡两岸教育界加强交流与合作，促进祖国统一，繁荣民族文化。

△国家教委办公厅发出《关于加强学校体育活动中安全教育和安全管理工作的通知》。

2月8日　国家教委发出《关于进一步加强高等学校校外班（分校、分院）管理的通知》。

△国家教委批准原"数学研究生暑期教学中心"改名为"数学研究生暑期学校"，并成立"学术委员会"。该校立足于提高中国数学整体水平和科研水平、补充各高等院校在数学研究生课程教学方面的局限性和不足，提高研究生的培养质量。

2月9日　国家教委、中国科协联合发出《关于停办各级各类学科奥林匹克学校（班）的紧急通知》。

△国家教委发出《关于1994年全国成人高等教育招生计划执行情况》的通报。

2月9日—17日　国家教委主任朱开轩赴云南考察民族教育工作。就云南边疆民族教育的巩固与发展问题与当地领导交换了意见；与云南18所高校的书记、校长进行座谈，就大家关心的有关问题以及云南高教的改革与发展问题发表了意见。

2月10日　《中国教育报》报道：国家教委主任朱开轩就《教育法》(草案）答《中国教育报》记者问，指出制定和颁布《教育法》是中国教育发展史上具有里程碑意义的大事。《教育法》颁布施行可确保教育在国民经济和社会发展中的战略地位，巩固教育改革成果、引导和保障教育改革的深入进行，保护学生、教师、学校等各类教育关系主体的合法权益。

△国家教委副主任张孝文、王明达到北京电力高等专科学校进行考察，并就高等职业教育的发展、高等专科学校改革等问题与

学校领导进行了座谈。

2月11日 《中国教育报》报道：国家教委有关负责人向《中国教育报》记者发表谈话，要求扎扎实实做好中小学的开学工作，做好辍学学生返校动员工作，并希望各地教育部门和各学校对学生加强爱国主义教育，减轻学生过重课业负担，加强收费管理，并重视抓好安全工作。

2月11日—13日 国家教委召开1995年全国教育系统纪检监察工作会议，传达中央纪律检查委员会第五次会议精神。总结1994年的纪律监察工作，部署1995年教育反腐倡廉的工作任务。中央纪委委员、国家教委副主任，纪检组组长柳斌主持会议并讲话，会议强调加大监督检查力度，使纪律监察工作制度化规范化。

2月13日 国家教委召集经批准在1995年组织中小学生有关竞赛活动的26个单位负责人举行座谈会，重申控制在中小学举行的各种竞赛活动。强调进一步加强管理，严格执行有关规定，未经国家教委批准，不得进行各类竞赛活动。

△《中国教育报》报道：国家有关部门和陕西省委、省政府联合查处了陕西综合培训大学擅自更改校名、私刻校印、制发虚假广告、自行跨省招生、乱收费等严重问题。陕西省教委决定对该校予以取缔。

2月14日 国家教委举行1994年度“跨世纪优秀人才计划”发布会。张孝文副主任宣布：全国53所高校的77名年轻专家被列入“计划”，其中教授63名，副教授14名，平均年龄38岁。张孝文希望年轻同志更加努力工作学习，尽快成长为优秀的学科带头人。

△中宣部、全国人大内务司法委员会、共青团中央、国家教委、司法部联合发出《关于1995年度实施“保护明天行动”的意见》。

2月14日—17日 国家教委在江苏无锡召开“苏南地区现代职业教育制度改革试验”研讨会。王明达出席会议并讲话。

2月15日 国务院新闻办公室举行记者招待会。国家教委副主任韦钰就《中外合作办学暂行规定》发布答中外记者问。2月16日，《中国教育报》报导了会议情况及韦钰同志回答记者提问的详细谈话内容。

2月16日 国家教委、新闻出版署联合发布《普通中小学教材出版发行管理规定》。

△国家教委发出《关于加强对高等学校科技工作管理的通知》。

2月17日 中国联合国教科文组织全国委员会举行第17次全委会，国家教委副主任、教科文委员会主任韦钰主持会议。会议强调在1994年工作基础上，更好地利用国际智力合作方面的优势，为中国经济建设及教育、科学和文化事业的发展服务。

△国家教委副主任柳斌在《中国教育报》发表文章，题目是《关于制止中小学乱收费工作的意见》，指出各级政府要制定综合治理计划，实行责任制；严禁把捐资助学同录取学生挂钩；严格控制“择校生”；严格控制私立学校收费项目和收费标准。

2月20日 国家教委发出《关于做好1995届普通高等学校毕业生学历证书管理的通知》。

△国家教委发出《关于在全国继续试行初中毕业生升学考试体育工作的通知》。

2月20日—22日 国家教委在河北保定召开全国普通高校招生工作会议。会议披露：1994年有40多所高校招生实行“并轨”，1995年将有100多所高校实行招生“并轨”改革。国家教委副主任张孝文到会讲话，强调要严肃招生工作纪律，不得搞“土政策”。

2月20日—25日　国家教委召开全国教育督导室主任暨国家督学会议，部署1995年的督导工作，提出“开展五项督导，评估验收‘两基’”作为落实全教会的任务和目标。柳斌副主任主持会议并讲话，强调1995年的督导工作，一要加强，二要改进，三要建设。

2月21日　李鹏总理在中南海主持召开座谈会，邀请科学、教育、文化等方面人士座谈。就《政府工作报告》征求意见。

△美国微软公司在京举行“微软公司计算机高级软件人才教育计划发布会”。微软公司将与我国四所大学共同建立高级软件技术人才培训中心。国家教委副主任韦钰出席了会议。

2月22日　国家教委在北京师范大学召开“高校人文科学对外交流工作会议”。国家教委副主任韦钰作了题为“总结经验，统一认识，努力做好高校人文社会科学对外交流工作”的报告。

2月22日—24日　国家教委召开9省扫盲工作座谈会。会议指出：“两基”要并重并举，扫盲要责任到乡、工作到村、验收到县。朱开轩到会讲话，强调“两基”是本世纪内全国教育工作最重要的、经常性的中心任务，要年年摆在中心位置上。王明达副主任出席会议并讲话。

2月23日　国家教委发出《关于进一步加强普通、成人高等学校招生全国统一考试管理工作的意见》。

△国家教委颁发《研究生学籍管理规定》。

△国家教委办公厅发出《关于进一步做好对口支援协作工作有关问题的通知》。

2月24日　李岚清副总理视察中国金融学院、北京服装学院和北京化工大学，与学校领导进行了座谈。

2月25日　国家教委召开1995年全国高校招生计划工作会议，确定1995年计划高校招生93万人，当年应届高中毕业生比上年减少3万人，高中毕业生升学率为49.2%。张天保副主任到会讲话。

△国家教委主任朱开轩会见来华访问的斯里兰卡外交部长拉克什曼·卡迪加马一行，并就有关教育问题进行会谈。

2月26日　由国家教委支持全国少年儿童工作委员、文化扶贫委员、中国少年报等联合组织的“手拉手”互助活动动员会在京举行。预计年内将有100个城市签署责任书，组织10000万对城乡儿童结成“手拉手”互助活动，通过通信往来、互助互学、奉献爱心、达到共受教益。

2月26日—28日　国家教委召开1995年全国职业教育工作座谈会。会议指出年内职业教育要贯彻和落实1994年全国教育工作会议关于大力发展职教的方针、努力开创职业教育工作的新局面。王明达副主任到会讲话，强调要抓住契机，深化职教办学体制改革，抓紧职业教育法起草工作，推进中专招生改革，加强师资队伍培养和管理干部队伍建设。

2月27日　李岚清副总理邀请京、津、沪、冀、辽五省市教育人士座谈如何减轻中小学生课业负担过重问题。徐志坚、朱开轩、柳斌等参加座谈。李岚清指出：减轻过重课业负担，全面提高教育质量的根本出路在于深化教育改革。

△国家教委发出《关于正式颁发中学德育大纲的通知》。

△国家教委办公厅发出《关于加强中小

学收费管理工作的紧急通知》。

△国家教委发出《关于七年制医科院校少数学生转学问题的批复》。

△国家教委发出《关于加强中小学生复习辅导资料管理的意见》。

2月28日 国家教委、财政部联合召开全国普通高校资助困难学生工作经验交流会。中央财政近年已拨款2.3亿元，今后每年将增拨奖学金款1亿元，确保高校贫困学生完成学业。

△北京大学和北京医科大学联合举行两校实行联合办学协议书签字仪式。李岚清副总理致辞祝贺，并希望两校精诚合作，全心全意、务实求是、共同发展。

△国家教委致电祝贺上海市教育委员会成立。

2月29日 各省、自治区、直辖市及计划单列市督导室主任、国家督学工作会议在北京召开。会议总结交流了近两年“两基”督导评估工作的经验，研究部署了“两基”评估验收和督导检查、基础教育“五项内容”的督导检查及中小学督导评估工作。

3月1日 全国人大常委会委员长乔石视察清华大学，希望师生们加强教学、科研，努力把学校办成世界一流的具有中国特色的社会主义大学，为国家的现代化建设作出更大贡献。国家教委主任朱开轩陪同。

△李岚清副总理到清华大学为全校学生作形势报告。就我国的经济形势、面临的问题和对策以及培养高素质人才等问题作了阐述。

△中央教育电视山东台建成开播。李岚清副总理题词祝贺。国家教委副主任柳斌出席开播式。

△国家教委办公厅发出《关于建立普通高等学校学籍管理情况统计制度的通知》。

3月2日—6日 国家教委在厦门大学召开“特区思想政治工作”课题组会议。

3月3日 国家教委副主任王明达宴请以德国联邦经济合作部亚洲司司长普洛伊斯为团长的德国职业教育专家代表团，双方就加强两国在职业技术教育方面的交流与合作交换了意见。

△国家教委办公厅发出《关于成立国家教委清理中小学收费工作领导小组的通知》。组长由柳斌副主任担任。

3月5日 全国人民代表大会第八届三次会议开幕。李鹏总理在《政府工作报告》中指出：要继续深化教育改革，加快发展教育事业。

3月6日 财政部部长刘仲藜在八届全国人大三次会议上作《关于1994年国家预算执行情况和1995年中央及地方预算草案的报告》时说：1995年，中央和地方预算安排的教育事业费867.64亿元，比上年执行数增长13%。

3月7日 国务院副总理李岚清、国家教委主任朱开轩参加全国政协八届三次会议教育组委员的讨论，并就委员们提出的有关问题发表了意见。

△“三八”节前夕，国家教委决定授予纪晓村等100名同志全国教育系统“巾帼建功”标兵称号。

△国家教委印发《关于加强广播电视、函授中等专业教育管理的意见》。

3月8日 《国家教委政报》刊登《1994/1995年度经国家教委批准设置或备案的普通高等学校本科专业名单》。

△国家教委发出《关于颁发中等职业技术学校政治课〈经济·政治〉和〈世界观·

人生观〉教学大纲（试用）的通知》。

3月9日　国家教委主任朱开轩在京会见并宴请全国政协常委、香港南洋商业银行名誉董事长庄世平先生，双方就内地教育发展等有关问题交换意见。

△《中国教育报》报道：由国家教委组织的高等院校本科教学工作评价即将全面展开，在今后两三年内，对首批107所普通高校的本科教学工作进行合格评价。

△国家教委发出《关于进行第三届全国普通高等学校优秀教材评奖工作的通知》。

△国家教委办公厅、总政治部办公厅联合发出《关于边防、海岛部队支持驻守地区教育工作的通知》。

△国家教委办公厅发出《关于公布第二届全国中小学“爱祖国、爱教师”歌咏（录像）比赛获奖单位的通知》。

3月10日　国务院办公厅转发国家教委等部门《关于加快解决教职工住房问题的意见》。

△国家教委颁发《全国外语水平考试管理规则》。

3月11日　国务院总理李鹏向八届全国人大三次会议提交了国务院关于提请审议教育法草案的议案。国家教委主任朱开轩受国务院委托，就教育法草案作了说明。

△国家教委发布《关于奖励1995年全国教育系统“巾帼建功”标兵的决定》。

3月13日　李岚清副总理在中南海会见中山大学岭南学院校基金会代表团一行。国家教委主任朱开轩参加会见。

△《中国教育报》报道：国家教委将对33所试办的研究生院进行评估，并依据评估结果确定批准其正式建院或继续试办（限期整顿）或停办。

3月13日—15日　国家教委召开全国教育审计工作会议，部署贯彻《审计法》，加强1995年的教育审计工作。柳斌副主任到会讲话，指出教育经费要开源节流，为保证教育资金的效益，审计工作尤为重要。

3月14日　八届全国人大三次会议、全国政协八届三次会议新闻中心举行记者招待会，国家教委主任朱开轩等就中国教育改革和发展情况，就增加教育投入、实现两基、减轻中小学生过重的课业负担、国际教育合作与交流等问题回答了中外记者的提问。

3月15日　李岚清副总理在八届人大三次会议河北省代表团讨论会上谈教育改革时强调，要切实提高教学质量和办学效益。

△中国教育国际交流协会三届二次常务理事会在京召开。会议对交流协会今后的重点工作及如何发挥作用等进行了研究。国家教委副主任韦钰到会并讲话。

3月16日　国家教委印发《中小学少数民族文字优秀教材评奖办法》。

△国家教委办公厅印发《关于开展〈中华人民共和国教育史〉研究工作的报告》。

3月17日　国家教委发出《关于当前企业办中小学工作的几点意见》。

△国家教委办公厅印发《关于五省、市对减轻义务教育阶段学生过重课业负担情况进行督导检查的综合报告》。

3月18日　全国人民代表大会第八届三次会议表决通过《中华人民共和国教育法》。同日，中华人民共和国主席江泽民签署第45号主席令，公布《中华人民共和国教育法》，自1995年9月1日起施行。3月20日，《中国教育报》刊登江泽民主席第45号令和《中华人民共和国教育法》全文。同日，《中国教育报》、《人民教育》杂志、《中国高等教育》杂志、《神州学人》杂志联名发表社论“依法治教的根本大法——祝贺《中华人民共和国教育法》诞生”。

3月18日—23日 国家教委副主任张天保率团访问罗马尼亚，就两国教育交流和合作交换意见。

3月20日 中央组织部、国家经贸委、国家教委、财政部、人事部联合发出《关于加强干部培训管理的规定》。

△国家教委召开关心下一代工作表彰会，对全国教育系统在关心下一代工作中作出优异成绩的81个先进集体和251名先进个人进行表彰。

△国家教委发布《1994年全国学生近视眼防治工作公告》。

△国家教委发出《关于颁发中等职业技术学校政治课（法律）教学大纲（试用）的通知》。

3月21日—24日 国家教委主任朱开轩赴河北省考察职业教育工作。其间，与有关同志座谈，对河北省职教工作的成就给予充分肯定，并发表了指导性意见。

3月22日 国家教委发出《关于做好1995年普通高等学校招生工作的通知》。

3月23日 国家教委下发《九年义务教育全日制小学（初级中学）音乐（美术）教学器材配备目录》。

3月24日 中宣部、全国人大教科文卫委员会、国家教委、司法部、全国教育工会联合发出关于学习宣传和贯彻实施《中华人民共和国教育法》的通知。

△全国扫盲工作部际协调小组办公室第一次会议在国家教委召开。4月12日，国家教委办公厅印发了会议《纪要》。

△国家教委副主任王明达会见了德国联邦议会议员、基督教民主联盟、基督教社会联盟发展政策代言人平额教授，向客人介绍了中国职业教育的现状和发展政策，以及职教所的情况。双方就中德两国在职教领域的合作交换了意见。

3月25日 全国人大教科文卫委员会、法律委员会、法制工作委员会及全国政协文化委员会、中宣部、国家教委、司法部、北京市政府、国务院法制局联合举行“学习、宣传和贯彻实施《教育法》座谈会”。国务院副总理李岚清在会上讲话，指出《教育法》是新中国成立以来我国制定的一部教育的根本大法，标志着我国教育事业进一步走上全面依法治教的轨道。

△国家教委副主任韦钰在北京会见蒙古科教部长乌尔吉胡达格先生。宾主就中蒙教育交流与合作事宜交换了意见。

△中国航空工业总公司和民用航空总局签署协议，联办南京航空航天大学。国家教委副主任张孝文到会祝贺。

3月25日—4月1日 应国家教委邀请，澳门大学校长访问团访问内地。韦钰副主任会见该团，就两地教育及有关问题交换意见。

3月26日 国务院副总理李岚清视察同济大学。与学校领导、教师和学生代表座谈，并就高校共建、教学与科研等问题发表意见。

3月27日 国家教委召开电话会议，对治理中小学乱收费进行部署。会议由国家教委主任朱开轩主持，中纪委副书记、国务院纠正行业不正之风办公室主任徐青、国家教委副主任、纪检组组长柳斌在会上发言。会议提出“五不准”措施，要求层层落实责任制，抓落实、见成效。同日，国家教委成立清理中小学收费工作领导小组。柳斌任组长，办公厅、纪检组等有关方面负责人参加。

△国家教委主任朱开轩在京与来华访问的以色列教育、文化和体育部长阿姆农·鲁宾斯坦进行会谈，双方就两国在基础教育、成人教育、高等教育等领域的交流与合作广泛交换了意见。并签署两国教育合作备忘录。

△国家教委、民政部、中国残疾人联合会联合发出《关于通报表彰特殊教育先进县、市、区的决定》。

△国家教委复函安徽省人民政府：同意安徽农学院更名为安徽农业大学。

△国家教委发出《关于以抗日战争和世界反法西斯战争胜利50周年为题，深入进行爱国主义教育的通知》。

△中国教育国际交流协会在厦门市召开全国职业技术教育国际交流研讨会。同时成立“全国职业技术教育交流中心”。

3月28日 李岚清副总理为国家机关的同志捐资创办希望学校题词：“让所有孩子都能上学，中华民族就大有希望”。

△国家教委发出《关于1995年深入进行普通高等学校招生和毕业生就业制度改革的意见》。

△国家教委印发《教学用磁钢》等九个教学仪器设备行业标准。

△国家教委办公厅印发《中华人民共和国教育法》宣传提纲。

3月29日 国家教委发布《关于1994年教育事业发展的统计公报》。

△全国扫盲工作部际协调小组办公室召开会议，部署1995年的扫盲工作任务。国家教委副主任王明达到会讲话。会议要求各部门齐抓共管、分工协作，加大力度，推动扫盲工作任务的落实和完成。

△国家教委发出《关于开展1995年度委属设计单位优秀设计评选活动的通知》。

△国家教委办公厅发出《关于1995年“两基”督导评估工作的通知》。

3月30日 国家教委与IBM中国公司签署信息技术合作项目备忘录。该公司向中国捐赠相当于2500万美元的计算机设备，支持教育事业。全国政协副主席钱伟长，国家教委主任朱开轩、副主任韦钰等出席签字仪式。

△国家教委在上海同济大学召开邵逸夫第五批赠款项目工程颁奖仪式。邵逸夫先生自1985年以来捐资支持内地教育事业，捐赠总数达8.7亿多港币。国家教委副主任韦钰、上海市副市长谢丽娟出席颁奖仪式并讲话。

3月31日 国家教委办公厅印发《关于普通高校招生监察机构职责的暂行规定》。

△国家教委办公厅发出《关于举办第四届全国自制教具评选活动的通知》。

4月1日 国家教委“中学校长培训中心”在上海举行成立5周年纪念会。全国200多名重点中学校长及有关方面人士出席。会议研讨了“面向21世纪中等教育改革”课题。李岚清副总理题词祝贺：“加强校长培训，提高教育质量，为进一步办好中学教育作贡献。”

4月3日 国家教委在清华大学举行“面向21世纪教学内容和课程体系改革报告会”，著名科学家卢嘉锡等13名专家学者登台演讲。此前，3月11日已举行首场演讲，10多位中国科学院院士及理工农医等学科的著名专家学者就当前科技发展与高等教育的教学改革作报告。

4月4日 《中国教育报》报道：国家教委决定设立“国家教委留学基金管理委员

会”。改革现行的国家公派留学人员的选派和管理办法，实行面向社会、公开报名、平等竞争、择优录取、公布录取结果、签约派出、违约赔偿的新选派办法。被录取的留学生均以国家留学基金资助的方式派出。

△国家教委发出《关于下发〈国家教委直属高等学校工资总额动态包干管理暂行办法〉及组织实施工作的通知》。

△国家教委办公厅发出《关于加强考试统计分析工作的几点意见》。

4月4日—21日 国家教委师范司分别在南京师范大学、华东师范大学召开高等师范教育改革和发展座谈会。会议强调：师范教育要坚持为基础教育服务的方向，采取措施，保证师范教育的健康发展。

4月5日 国家教委发出《关于进一步做好“两基”评估验收工作的若干补充意见》。

△国家教委发布《关于开办外籍人员子女学校的暂行管理办法》。

△国家教委函复化学工业部，同意南京化工学院更名为南京工业大学。

△国家教委、新闻出版署印发《关于高等学校出版社加强管理、深化改革的若干意见》。

4月6日 中央宣传部、国家教委、共青团中央联合发出《关于表彰1994年暑期高等学校学生社会实践活动先进集体和颁发社会实践活动组织工作奖的决定》。表彰先进集体307个，组织工作奖（单位）20个。

△中国教育工会第四届五次常委会闭幕。会议提出认真组织教职工学习和宣传《教育法》，同时要切实依法维护教职工的合法权益。

4月7日 国家教委主任朱开轩会见来华访问的以政府副总理兼国家科研委员会主任亚力山大·乌查克为团长的波兰政府科技代表团，就两国间教育与科技交流交换了意见。

4月8日 中国教育学会在京举行杨贤江同志诞辰100周年纪念会。李岚清副总理发表书面讲话，国家教委副主任柳斌、中国教育学会会长张承先等有关人士出席。

4月9日 由中央组织部、北京市委、国家教委联合组织的孔繁森同志事迹报告会在北京大学举行。国家教委副主任张天保主持会议，有关方面负责人及北京大学、清华大学、中国人民大学、北京师范大学等15所高校2000多名师生员工参加。国家教委号召教育战线领导、教职工和学生用实际行动向孔繁森同志学习。

△“菲律宾首都银行基金会奖学金颁奖仪式”在京举行。国家教委副主任柳斌出席颁奖仪式，并为获得奖学金的103名学生颁发证书。

4月10日 国家教委发出《关于对普通高等学校经济困难学生减免学杂费有关事项的通知》。

△国家教委、人事部联合发出《关于认真做好1995年奖励全国优秀教师和全国优秀教育工作者工作的通知》。

△国家教委印发《关于“九五”期间普通高等教育教材建设与改革的意见》。

△中央统战部、国家教委联合印发《关于进一步加强高等学校统一战线工作的意见》。

△国家教委办公厅发出《关于重视发挥国家督学作用的通知》。

4月10日—11日 国务院学位委员会调整后召开首次会议。会议由新一届主任委

院日前批准1994年度享受政府特殊人员津贴的名单，其中有150名中小学和中等专业学校的教师。这是首批中小学和中等专业学校的教师享受政府特殊津贴。

△国家教委发出《关于贯彻执行〈关于治理中小学乱收费工作的实施意见〉的通知》。

4月25日—28日 全国城市教育综合改革会议在绍兴市举行。会议讨论了国家教委《关于推进实验城市教育综合改革的若干意见》（讨论稿）及有关问题。

4月26日 国家教委副主任张天保就《教育法》的学习贯彻问题向首都新闻界发表谈话，指出要全面理解《教育法》的原则精神，扎实工作，切实解决教育改革和发展中的实际问题。

4月27日 李岚清副总理在人民大会堂接见优秀留美人员。国家教委主任朱开轩参加接见。

△《中国教育报》报道：国家教委通过加强宏观调控，使全国普通高等学校本科专业设置数量增长过快的状况得到明显改善。1994至1995年度，全国普通高校净增本科专业与上年度相比减少363个，平均每校增设专业减少1.4个，各学科门类增长的比例已趋于正常。

4月28日 国家教委副主任柳斌会见来华访问的以泰国教育部部长圣提梅特尼多为团长的泰国教育代表团一行。双方签署了教育合作协议。

4月30日 李岚清副总理与来京出席全国劳动模范和先进工作者表彰大会的教育系统劳动模范及先进工作者座谈。向他们表示祝贺和敬意，并希望他们再接再励，肩负起培养跨世纪人才的重任。1995年“五一”，全国共表彰2873名全国劳动模范和先进工作者，其中教育系统185人，占6.43%。

5月3日 国家教委印发《中小学教材编写、审查和选用的规定》。

5月5日 李岚清副总理在中南海召开有关部门负责人和教育界人士座谈会，研究加快高校体制改革问题。他强调要积极推进高等教育体制改革，使中国高等教育的办学水平、教育质量和办学效益上新台阶。

△共青团中央、国家教委、文化扶贫委员会、全国少工委联合发出《关于深入开展“手拉手”互助活动的意见》。

5月6日 中共中央、国务院发布《关于加速科学技术进步的决定》。

5月8日 国家教委印发《关于发展与改革艺术师范教育的若干意见》。

5月8日—11日 国家教委在武汉市举行全国职工教育统计业务工作会议，汇总全国统计报表、交流统计工作情况及实施成人培训工程等有关问题。

5月9日 国家教委副主任韦钰会见了越南国会常务委员会委员、文化、教育青少年委员会主任阮氏心丹一行，向越南客人介绍了中国基础教育、教育改革以及青少年教育的有关情况。

5月10日 国家教委、卫生部联合召开“强化公共卫生监督执法，控制肠道传染病和食物中毒”电话动员会，要求各地进一步采取措施，控制在学生中发生肠道传染病和食物中毒。

△国家体委、国家教委等11个单位联合发出《关于在全国开展“’95全民健身宣传周”活动的通知》。

5月10日—13日 国家教委在江苏张家港市召开全国普通高中教育工作会议，贯

会”。改革现行的国家公派留学人员的选派和管理办法，实行面向社会、公开报名、平等竞争、择优录取、公布录取结果、签约派出、违约赔偿的新选派办法。被录取的留学生均以国家留学基金资助的方式派出。

△国家教委发出《关于下发〈国家教委直属高等学校工资总额动态包干管理暂行办法〉及组织实施工作的通知》。

△国家教委办公厅发出《关于加强考试统计分析工作的几点意见》。

4月4日—21日 国家教委师范司分别在南京师范大学、华东师范大学召开高等师范教育改革和发展座谈会。会议强调：师范教育要坚持为基础教育服务的方向，采取措施，保证师范教育的健康发展。

4月5日 国家教委发出《关于进一步做好“两基”评估验收工作的若干补充意见》。

△国家教委发布《关于开办外籍人员子女学校的暂行管理办法》。

△国家教委函复化学工业部，同意南京化工学院更名为南京工业大学。

△国家教委、新闻出版署印发《关于高等学校出版社加强管理、深化改革的若干意见》。

4月6日 中央宣传部、国家教委、共青团中央联合发出《关于表彰1994年暑期高等学校学生社会实践活动先进集体和颁发社会实践活动组织工作奖的决定》。表彰先进集体307个，组织工作奖（单位）20个。

△中国教育工会第四届五次常委会闭幕。会议提出认真组织教职工学习和宣传《教育法》，同时要切实依法维护教职工的合法权益。

4月7日 国家教委主任朱开轩会见来华访问的以政府副总理兼国家科研委员会主任亚力山大·乌查克为团长的波兰政府科技代表团，就两国间教育与科技交流交换了意见。

4月8日 中国教育学会在京举行杨贤江同志诞辰100周年纪念会。李岚清副总理发表书面讲话，国家教委副主任柳斌、中国教育学会会长张承先等有关人士出席。

4月9日 由中央组织部、北京市委、国家教委联合组织的孔繁森同志事迹报告会在北京大学举行。国家教委副主任张天保主持会议，有关方面负责人及北京大学、清华大学、中国人民大学、北京师范大学等15所高校2000多名师生员工参加。国家教委号召教育战线领导、教职工和学生用实际行动向孔繁森同志学习。

△“菲律宾首都银行基金会奖学金颁奖仪式”在京举行。国家教委副主任柳斌出席颁奖仪式，并为获得奖学金的103名学生颁发证书。

4月10日 国家教委发出《关于对普通高等学校经济困难学生减免学杂费有关事项的通知》。

△国家教委、人事部联合发出《关于认真做好1995年奖励全国优秀教师和全国优秀教育工作者工作的通知》。

△国家教委印发《关于“九五”期间普通高等教育教材建设与改革的意见》。

△中央统战部、国家教委联合印发《关于进一步加强高等学校统一战线工作的意见》。

△国家教委办公厅发出《关于重视发挥国家督学作用的通知》。

4月10日—11日 国务院学位委员会调整后召开首次会议。会议由新一届主任委

员李岚清主持，副主任委员朱光亚、周光召、张孝文、汝信及委员38人出席。会议提出，进一步加强省级学位委员会建设，改进评估工作，积极稳妥地进行专业目录调整的调研、规划和试点工作，改进和加强在职人员申请硕士、博士学位工作等。会议决定设置法律专业硕士学位。

△国家教委和世界银行联合召开“高等教育改革研讨会”。会议审议了《中国高等教育改革报告》，讨论了高等教育课程改革、财政改革研究项目建议书和有关问题。

4月11日—13日 ’95首都高校科技成果发布及投资合作洽谈会在北京航空航天大学举行。本次洽谈会推出2500多项最新科研成果，其中精选出118项，供到会1000多位代表参选生产应用。

4月11日—14日 国家教委在青海贵德县召开藏、青、川、甘、滇五省（区）藏族教育协作工作会议，讨论确定1995—2000年五省（区）双语教学师资培养培训计划，并落实1995年度相关工作。5月15日，国家教委办公厅转发了会议纪要。

4月12日 国家教委发出《关于进一步健全和完善扫盲工作报告制度的通知》。

△国家教委函复司法部，同意西南政法学院更名为西南政法大学。

△国家教委办公厅发出《关于进一步做好知识产权保护工作的通知》。

△国家教委办公厅印发《关于实行每周40小时工作制后调整全日制中小学课程（教学）计划的意见》。

4月12日—16日 国家教委在长沙市召开全国教育人事工作会议。会议决定采取一系列措施，全面加大教师队伍建设的力度。

4月12日—18日 国家教委副主任张孝文率教育代表团访问日本，就两国教育交流与合作交换意见。期间，张孝文代表国家教委、全国教育系统师生专程前往日本遭受地震灾害的神户地区看望中国留日学生，并向留日学生死难者及家属表示哀悼和慰问。

4月13日 国家教委有关负责人对新闻界发表谈话，指出伪造、贩卖毕业文凭是违法犯罪行为，国家教委作为学历文凭的主管部门坚决反对、严厉遣责这种行为，并将积极配合、大力支持公安、司法部门对其严肃追查，依法处置。

△爱国主义教育专题片《中华魂》在清华大学举行首映式。国家教委电化教育委员会和团中央宣传部联合发出通知，向全国推荐该片。

△《中国教育报》公布国家教委为加强对中小学收费管理工作而设立的监督举报电话（010—6096391　010—6025669）。

△国家教委发出关于在普通高等学校中开展贯彻《学校体育工作条例》选优评估工作的通知。

△应台湾中华两岸文化综合研究会邀请，北方工业大学、北京科技大学、中国地质大学、北京工业大学、中南工业大学和上海工业大学等6所高等学校校长组成考察团赴台湾进行为期两周的考察访问，以增进两岸教育界的相互了解，加强教育、科技方面的合作。

4月13日—20日 普通高中课程标准编订会第三次会议在京举行。国家教委主任朱开轩出席会议并发表了指导性意见。这次会议是为召开全国高中教育工作会议并为新的高中教学课程计划和各科课程标准的审定作准备。

4月14日 中宣部、中直机关工委、中院日前批准1994年度享受政府特殊人员津贴的名单，其中有150名中小学和中等专业学校的教师。这是首批中小学和中等专业学校的教师享受政府特殊津贴。

△国家教委发出《关于贯彻执行〈关于治理中小学乱收费工作的实施意见〉的通知》。

4月25日—28日 全国城市教育综合改革会议在绍兴市举行。会议讨论了国家教委《关于推进实验城市教育综合改革的若干意见》(讨论稿)及有关问题。

4月26日 国家教委副主任张天保就《教育法》的学习贯彻问题向首都新闻界发表谈话，指出要全面理解《教育法》的原则精神，扎实工作，切实解决教育改革和发展中的实际问题。

4月27日 李岚清副总理在人民大会堂接见优秀留美人员。国家教委主任朱开轩参加接见。

△《中国教育报》报道：国家教委通过加强宏观调控，使全国普通高等学校本科专业设置数量增长过快的状况得到明显改善。1994至1995年度，全国普通高校净增本科专业与上年度相比减少363个，平均每校增设专业减少1.4个，各学科门类增长的比例已趋于正常。

4月28日 国家教委副主任柳斌会见来华访问的以泰国教育部部长圣提梅特尼多为团长的泰国教育代表团一行。双方签署了教育合作协议。

4月30日 李岚清副总理与来京出席全国劳动模范和先进工作者表彰大会的教育系统劳动模范及先进工作者座谈。向他们表示祝贺和敬意，并希望他们再接再励，肩负起培养跨世纪人才的重任。1995年“五一”，全国共表彰2873名全国劳动模范和先进工作者，其中教育系统185人，占6.43%。

5月3日 国家教委印发《中小学教材编写、审查和选用的规定》。

5月5日 李岚清副总理在中南海召开有关部门负责人和教育界人士座谈会，研究加快高校体制改革问题。他强调要积极推进高等教育体制改革，使中国高等教育的办学水平、教育质量和办学效益上新台阶。

△共青团中央、国家教委、文化扶贫委员会、全国少工委联合发出《关于深入开展“手拉手”互助活动的意见》。

5月6日 中共中央、国务院发布《关于加速科学技术进步的决定》。

5月8日 国家教委印发《关于发展与改革艺术师范教育的若干意见》。

5月8日—11日 国家教委在武汉市举行全国职工教育统计业务工作会议，汇总全国统计报表、交流统计工作情况及实施成人培训工程等有关问题。

5月9日 国家教委副主任韦钰会见了越南国会常务委员会委员、文化、教育青少年委员会主任阮氏心丹一行，向越南客人介绍了中国基础教育、教育改革以及青少年教育的有关情况。

5月10日 国家教委、卫生部联合召开“强化公共卫生监督执法，控制肠道传染病和食物中毒”电话动员会，要求各地进一步采取措施，控制在学生中发生肠道传染病和食物中毒。

△国家体委、国家教委等11个单位联合发出《关于在全国开展“’95全民健身宣传周”活动的通知》。

5月10日—13日 国家教委在江苏张家港市召开全国普通高中教育工作会议，贯

央国家机关工委、解放军总政治部、北京市委联合举行《教育法》报告会。国家教委主任朱开轩就《教育法》与教育事业的改革和发展问题作报告。

△《中国教育报》载：河南省商丘破获一起伪造贩卖大专学历文凭案。国家教委有关负责人就此接受该报记者采访时指出：必须采取措施，坚决杜绝类似问题发生，并希望各有关部门密切配合，加强管理，维护学历文凭的严肃性。4月28日，《中国教育报》续载查处结果，主犯吴广林判处8年有期徒刑。

4月14日—19日 全国教育科学“八五”规划重点课题、哲学社会科学“八五”规划国家重点研究课题“高等学校德育大纲研究”研讨会和结题会在四川联合大学举行。

4月16日 国家教委副主任王明达出席了联想集团公司举办的第十万台电脑捐赠仪式。联想集团把自行研制的第十万台联想微机——奔腾586捐赠给国家教委考试中心，以支持举办全国计算机等级考试。

4月17日 国家教委主任朱开轩出席国家高级教育行政学院第七期高校中青年干部培训班开班典礼，就《教育法》的起草过程、主要内容、颁布的重大意义等作了报告。

△国家教委发出《关于做好1995年普通中等专业学校招生工作的通知》。

△国家教委印发《成人中等专业学校校长岗位规范（试行）》。

4月17日—22日 李岚清副总理视察贵州省贵阳、遵义、安顺等地市的学校时强调：贫困地区要首先抓教育。

4月18日 国家教委主任朱开轩会见了尼泊尔教育大臣及随行人员，双方就教育交流与合作等问题交换了意见。

△国家教委发出《关于做好领导干部廉洁自律、自查自纠工作的通知》。

△国家教委、文化部、广播电影电视部、中国残疾人联合会联合发出《关于举办第二届全国盲、聋校学生艺术汇演（录像评比）的通知》。

△国家教委公布《1994年普通高等学校招生计划执行结果》。

△国家教委颁发中等职业技术学校政治课《国情》教学大纲（试用）。

4月19日 国家教委副主任王明达会见德国外交部国务部长豪约尔先生和德国德意志学术交流中心主席波尔希姆教授一行，向客人介绍了中国高教和职教发展的有关情况。

△国家教委召开1995年全国统一考试考风考纪电话会议，要求各省（市、区）教育主管部门和考试机构严肃考纪，确保国家考试声誉。

4月19日—21日 中国教育学会召开的全国小学德育研究会第七次会议在青岛市举行。来自全国各地的100多名小学德育工作者就小学思想品德课及其教学规律进行了研讨。国家教委副主任柳斌致信祝贺。

4月21日 国家教委办公厅发出《关于1996年成人高等教育非师范专科起点本科班新增招生专业的通知》。

4月22日 国家教委党组发出《关于在教育战线开展向孔繁森同志学习活动的通知》。

△全国人大教科文卫委员会主任委员朱东宛在《中国教育报》上发表文章，题目是《抓住实施〈教育法〉的重点和难点》。

4月24日 国家教委主任朱开轩在《中国教育报》上发表文章，题目是《学习贯彻教育法 全面推进依法治教》。

4月25日 《中国教育报》报道：国务

会”。改革现行的国家公派留学人员的选派和管理办法，实行面向社会、公开报名、平等竞争、择优录取、公布录取结果、签约派出、违约赔偿的新选派办法。被录取的留学生均以国家留学基金资助的方式派出。

△国家教委发出《关于下发〈国家教委直属高等学校工资总额动态包干管理暂行办法〉及组织实施工作的通知》。

△国家教委办公厅发出《关于加强考试统计分析工作的几点意见》。

4月4日—21日 国家教委师范司分别在南京师范大学、华东师范大学召开高等师范教育改革和发展座谈会。会议强调：师范教育要坚持为基础教育服务的方向，采取措施，保证师范教育的健康发展。

4月5日 国家教委发出《关于进一步做好“两基”评估验收工作的若干补充意见》。

△国家教委发布《关于开办外籍人员子女学校的暂行管理办法》。

△国家教委函复化学工业部，同意南京化工学院更名为南京工业大学。

△国家教委、新闻出版署印发《关于高等学校出版社加强管理、深化改革的若干意见》。

4月6日 中央宣传部、国家教委、共青团中央联合发出《关于表彰1994年暑期高等学校学生社会实践活动先进集体和颁发社会实践活动组织工作奖的决定》。表彰先进集体307个，组织工作奖（单位）20个。

△中国教育工会第四届五次常委会闭幕。会议提出认真组织教职工学习和宣传《教育法》，同时要切实依法维护教职工的合法权益。

4月7日 国家教委主任朱开轩会见来华访问的以政府副总理兼国家科研委员会主任亚力山大·乌查克为团长的波兰政府科技代表团，就两国间教育与科技交流交换了意见。

4月8日 中国教育学会在京举行杨贤江同志诞辰100周年纪念会。李岚清副总理发表书面讲话，国家教委副主任柳斌、中国教育学会会长张承先等有关人士出席。

4月9日 由中央组织部、北京市委、国家教委联合组织的孔繁森同志事迹报告会在北京大学举行。国家教委副主任张天保主持会议，有关方面负责人及北京大学、清华大学、中国人民大学、北京师范大学等15所高校2000多名师生员工参加。国家教委号召教育战线领导、教职工和学生用实际行动向孔繁森同志学习。

△“菲律宾首都银行基金会奖学金颁奖仪式”在京举行。国家教委副主任柳斌出席颁奖仪式，并为获得奖学金的103名学生颁发证书。

4月10日 国家教委发出《关于对普通高等学校经济困难学生减免学杂费有关事项的通知》。

△国家教委、人事部联合发出《关于认真做好1995年奖励全国优秀教师和全国优秀教育工作者工作的通知》。

△国家教委印发《关于“九五”期间普通高等教育教材建设与改革的意见》。

△中央统战部、国家教委联合印发《关于进一步加强高等学校统一战线工作的意见》。

△国家教委办公厅发出《关于重视发挥国家督学作用的通知》。

4月10日—11日 国务院学位委员会调整后召开首次会议。会议由新一届主任委

员李岚清主持，副主任委员朱光亚、周光召、张孝文、汝信及委员38人出席。会议提出，进一步加强省级学位委员会建设，改进评估工作，积极稳妥地进行专业目录调整的调研、规划和试点工作，改进和加强在职人员申请硕士、博士学位工作等。会议决定设置法律专业硕士学位。

△国家教委和世界银行联合召开“高等教育改革研讨会”。会议审议了《中国高等教育改革报告》，讨论了高等教育课程改革、财政改革研究项目建议书和有关问题。

4月11日—13日 ’95首都高校科技成果发布及投资合作洽谈会在北京航空航天大学举行。本次洽谈会推出2500多项最新科研成果，其中精选出118项，供到会1000多位代表参选生产应用。

4月11日—14日 国家教委在青海贵德县召开藏、青、川、甘、滇五省（区）藏族教育协作工作会议，讨论确定1995—2000年五省（区）双语教学师资培养培训计划，并落实1995年度相关工作。5月15日，国家教委办公厅转发了会议纪要。

4月12日 国家教委发出《关于进一步健全和完善扫盲工作报告制度的通知》。

△国家教委函复司法部，同意西南政法学院更名为西南政法大学。

△国家教委办公厅发出《关于进一步做好知识产权保护工作的通知》。

△国家教委办公厅印发《关于实行每周40小时工作制后调整全日制中小学课程（教学）计划的意见》。

4月12日—16日 国家教委在长沙市召开全国教育人事工作会议。会议决定采取一系列措施，全面加大教师队伍建设的力度。

4月12日—18日 国家教委副主任张孝文率教育代表团访问日本，就两国教育交流与合作交换意见。期间，张孝文代表国家教委、全国教育系统师生专程前往日本遭受地震灾害的神户地区看望中国留日学生，并向留日学生死难者及家属表示哀悼和慰问。

4月13日 国家教委有关负责人对新闻界发表谈话，指出伪造、贩卖毕业文凭是违法犯罪行为，国家教委作为学历文凭的主管部门坚决反对、严厉遣责这种行为，并将积极配合、大力支持公安、司法部门对其严肃追查，依法处置。

△爱国主义教育专题片《中华魂》在清华大学举行首映式。国家教委电化教育委员会和团中央宣传部联合发出通知，向全国推荐该片。

△《中国教育报》公布国家教委为加强对中小学收费管理工作而设立的监督举报电话（010—6096391 010—6025669）。

△国家教委发出关于在普通高等学校中开展贯彻《学校体育工作条例》选优评估工作的通知。

△应台湾中华两岸文化综合研究会邀请，北方工业大学、北京科技大学、中国地质大学、北京工业大学、中南工业大学和上海工业大学等6所高等学校校长组成考察团赴台湾进行为期两周的考察访问，以增进两岸教育界的相互了解，加强教育、科技方面的合作。

4月13日—20日 普通高中课程标准编订会第三次会议在京举行。国家教委主任朱开轩出席会议并发表了指导性意见。这次会议是为召开全国高中教育工作会议并为新的高中教学课程计划和各科课程标准的审定作准备。

4月14日 中宣部、中直机关工委、中

央国家机关工委、解放军总政治部、北京市委联合举行《教育法》报告会。国家教委主任朱开轩就《教育法》与教育事业的改革和发展问题作报告。

△《中国教育报》载：河南省商丘破获一起伪造贩卖大专学历文凭案。国家教委有关负责人就此接受该报记者采访时指出：必须采取措施，坚决杜绝类似问题发生，并希望各有关部门密切配合，加强管理，维护学历文凭的严肃性。4月28日，《中国教育报》续载查处结果，主犯吴广林判处8年有期徒刑。

4月14日—19日 全国教育科学“八五”规划重点课题、哲学社会科学“八五”规划国家重点研究课题“高等学校德育大纲研究”研讨会和结题会在四川联合大学举行。

4月16日 国家教委副主任王明达出席了联想集团公司举办的第十万台电脑捐赠仪式。联想集团把自行研制的第十万台联想微机——奔腾586捐赠给国家教委考试中心，以支持举办全国计算机等级考试。

4月17日 国家教委主任朱开轩出席国家高级教育行政学院第七期高校中青年干部培训班开班典礼，就《教育法》的起草过程、主要内容、颁布的重大意义等作了报告。

△国家教委发出《关于做好1995年普通中等专业学校招生工作的通知》。

△国家教委印发《成人中等专业学校校长岗位规范（试行）》。

4月17日—22日 李岚清副总理视察贵州省贵阳、遵义、安顺等地市的学校时强调：贫困地区要首先抓教育。

4月18日 国家教委主任朱开轩会见了尼泊尔教育大臣及随行人员，双方就教育交流与合作等问题交换了意见。

△国家教委发出《关于做好领导干部廉洁自律、自查自纠工作的通知》。

△国家教委、文化部、广播电影电视部、中国残疾人联合会联合发出《关于举办第二届全国盲、聋校学生艺术汇演（录像评比）的通知》。

△国家教委公布《1994年普通高等学校招生计划执行结果》。

△国家教委颁发中等职业技术学校政治课《国情》教学大纲（试用）。

4月19日 国家教委副主任王明达会见德国外交部国务部长豪约尔先生和德国德意志学术交流中心主席波尔希姆教授一行，向客人介绍了中国高教和职教发展的有关情况。

△国家教委召开1995年全国统一考试考风考纪电话会议，要求各省（市、区）教育主管部门和考试机构严肃考纪，确保国家考试声誉。

4月19日—21日 中国教育学会召开的全国小学德育研究会第七次会议在青岛市举行。来自全国各地的100多名小学德育工作者就小学思想品德课及其教学规律进行了研讨。国家教委副主任柳斌致信祝贺。

4月21日 国家教委办公厅发出《关于1996年成人高等教育非师范专科起点本科班新增招生专业的通知》。

4月22日 国家教委党组发出《关于教育战线开展向孔繁森同志学习活动的通知》。

△全国人大教科文卫委员会主任委员赵东宛在《中国教育报》上发表文章，题目是《抓住实施〈教育法〉的重点和难点》。

4月24日 国家教委主任朱开轩在《中国教育报》上发表文章，题目是《学习贯彻教育法 全面推进依法治教》。

4月25日 《中国教育报》报道：国务

院日前批准1994年度享受政府特殊人员津贴的名单，其中有150名中小学和中等专业学校的教师。这是首批中小学和中等专业学校的教师享受政府特殊津贴。

△国家教委发出《关于贯彻执行〈关于治理中小学乱收费工作的实施意见〉的通知》。

4月25日—28日 全国城市教育综合改革会议在绍兴市举行。会议讨论了国家教委《关于推进实验城市教育综合改革的若干意见》(讨论稿)及有关问题。

4月26日 国家教委副主任张天保就《教育法》的学习贯彻问题向首都新闻界发表谈话，指出要全面理解《教育法》的原则精神，扎实工作，切实解决教育改革和发展中的实际问题。

4月27日 李岚清副总理在人民大会堂接见优秀留美人员。国家教委主任朱开轩参加接见。

△《中国教育报》报道：国家教委通过加强宏观调控，使全国普通高等学校本科专业设置数量增长过快的状况得到明显改善。1994至1995年度，全国普通高校净增本科专业与上年度相比减少363个，平均每校增设专业减少1.4个，各学科门类增长的比例已趋于正常。

4月28日 国家教委副主任柳斌会见来华访问的以泰国教育部部长圣提梅特尼多为团长的泰国教育代表团一行。双方签署了教育合作协议。

4月30日 李岚清副总理与来京出席全国劳动模范和先进工作者表彰大会的教育系统劳动模范及先进工作者座谈。向他们表示祝贺和敬意，并希望他们再接再励，肩负起培养跨世纪人才的重任。1995年“五一”，全国共表彰2873名全国劳动模范和先进工作者，其中教育系统185人，占6.43%。

5月3日 国家教委印发《中小学教材编写、审查和选用的规定》。

5月5日 李岚清副总理在中南海召开有关部门负责人和教育界人士座谈会，研究加快高校体制改革问题。他强调要积极推进高等教育体制改革，使中国高等教育的办学水平、教育质量和办学效益上新台阶。

△共青团中央、国家教委、文化扶贫委员会、全国少工委联合发出《关于深入开展“手拉手”互助活动的意见》。

5月6日 中共中央、国务院发布《关于加速科学技术进步的决定》。

5月8日 国家教委印发《关于发展与改革艺术师范教育的若干意见》。

5月8日—11日 国家教委在武汉市举行全国职工教育统计业务工作会议，汇总全国统计报表、交流统计工作情况及实施成人培训工程等有关问题。

5月9日 国家教委副主任韦钰会见了越南国会常务委员会委员、文化、教育青少年委员会主任阮氏心丹一行，向越南客人介绍了中国基础教育、教育改革以及青少年教育的有关情况。

5月10日 国家教委、卫生部联合召开“强化公共卫生监督执法，控制肠道传染病和食物中毒”电话动员会，要求各地进一步采取措施，控制在学生中发生肠道传染病和食物中毒。

△国家体委、国家教委等11个单位联合发出《关于在全国开展“’95全民健身宣传周”活动的通知》。

5月10日—13日 国家教委在江苏张家港市召开全国普通高中教育工作会议，贯

彻全教会和《纲要》及其实施意见，研究普通高中教育改革与发展方针、政策及思路。会议讨论了《关于大力办好普通高中的若干意见》、《关于加强薄弱高中建设的十项措施》和《关于评估验收1000所左右示范性普通高级中学的通知》等文件。朱开轩主任、柳斌副主任到会讲话。

5月10日—14日 国家教委直属高校人事工作会议在兰州举行，会议就深化人事制度改革及推动委属高校人事工作上新台阶的思路和措施等进行了研讨，对1995年重点工作做了部署。

5月10日—19日 国家教委召开全国第三届工读教育工作会议暨庆祝工读教育诞生40周年纪念会，总结工读教育40年来的成绩和经验，研究在新形势下如何完善工读教育问题。会议对《工读教育条例》（草案）进行了讨论。柳斌副主任到会讲话。

5月11日 国家教委、全国人大教科文卫委员会、全国政协科教文卫体委员会联合发出《关于在全国开展基础教育“五项内容”督导检查的通知》。

△国家教委发出《关于做好1995年内地西藏初中班毕业生升学工作的通知》。

5月12日 李岚清副总理在人民大会堂会见留德学人回国考察团，向他们介绍了当前国内政治经济形势及中国下一步的发展战略目标，勉励大家为祖国繁荣昌盛贡献才智。国家教委副主任韦钰参加会见。

△国家教委办公厅发出《关于进行全国教育部门信息资源调查的通知》。

△国家教委办公厅发出《关于在高等学校开设就业指导选修课的通知》。

5月13日 国家教委在江苏张家港市召开全国中小学安全工作会议，要求各地必须牢固树立“安全第一”的思想，切实增强责任感，做好中小学的安全工作。柳斌副主任到会讲话，对中小学安全问题作了具体部署。7月3日国家教委办公厅印发了《会议纪要》。

5月15日 国家教委副主任韦钰在北京会见德国汉斯·塞德尔基金会主席阿尔弗雷德·巴耶尔一行。双方签署了总体合作协议。

△国家教委副主任韦钰就《中共中央、国务院关于加速科学技术进步的决定》中提出的“科教兴国”战略和即将召开的全国科技工作大会，接受新华社记者的采访。

5月16日 国家教委发出《关于表彰国家教委专利工作先进单位的通知》，表彰清华大学等8所高校，浙江大学等5个专利事务所和北大方正集团等3个专利工作先进企业。

△国家教委、民政部、国家语委、新闻出版署、中国残疾人联合会联合发出关于在全国试行推广《汉语双拼盲文方案》的通知。

5月17日 国家教委印发《关于普通中等专业教育（不含中师）改革与发展的意见》。

△国家教委举行新闻发布会指出，1995年春季高等教育自学考试报考人数达365万人，为实行自学考试制度以来报考人数最多的一年。同时指出中国取得高等学历的道路很宽。

5月18日 国家教委发出《关于评选省、部级示范性成人中等专业学校的通知》。

△国家教委印发《关于编写岗位培训教材的原则意见》。

5月20日 共青团中央、国家教委发出《关于表彰全国优秀少先队辅导员的决定》。

5月21日—24日 由中国中小学幼儿教师奖励基金会召开的“全国教师奖励基金会工作经验交流会”在福建泉州举行。国家教委副主任柳斌出席会议并讲话。

5月22日 全国中小学生爱国主义影视片观后感“金钥匙奖”征文比赛评奖在京揭晓。这次活动是为贯彻落实《爱国主义教育实施纲要》和关于运用优秀影视片对中小学进行爱国主义教育的《通知》精神而举行的，历时一年多，有100多万中小学生参加，推荐观后感10余万件，评选出一等奖25名、二等奖100名、组织奖10名。国家教委主任朱开轩、中宣部副部长徐惟诚等出席颁奖会。

△中宣部、国家教委、文化部、新闻出版署、共青团中央联合发出《关于向全国中小学推荐百种爱国主义教育图书的通知》。

△国家教委向国务院上报《关于加强生命科学人才培养建议方案的报告》。

△国家教委、国家体委、共青团中央联合发出《关于继续开展“到阳光下，到操场上，到大自然中去陶冶身心”活动的通知》。

△国家教委发出《关于试行高等教育自学考试财政和会计专业考试计划的通知》。

5月23日 国家教委办公厅发出《关于实行五天工作制后调整普通中专和职业高中教学时间的意见》。

5月23日—25日 全国内地西藏初中班（校）预科教学研讨会在石家庄召开。这是内地西藏班举办以来召开的首次教育教学研讨会。

5月23日—26日 国家教委在苏州大学召开“教育法制建设研讨会”，分别就国家“八五”重点课题“中国教育法制建设的理论与实践”和《教育法》贯彻实施的有关问题进行研讨。国家教委副主任张天保到会讲话。

5月24日 由国家教委、司法部、团中央、全国教育工会联合举办的《中华人民共和国教育法》知识竞赛开始举行。中国青年报、中国教育报等报刊公布了试题。

5月26日 《人民教育》杂志创刊45年座谈会在京举行。李鹏总理、李岚清副总理题词祝贺。国家教委副主任柳斌等领导出席座谈会。

5月28日 复旦大学庆祝建校90周年。江泽民、李鹏等党和国家领导人题词祝贺。

5月29日 李岚清副总理会见文莱教育代表团。双方就两国教育问题交换了意见，并表示今后要加强在教育领域的交流与合作。国家教委主任朱开轩参加了会见，就学生思想教育等方面问题回答了客人的提问。

△国家教委办公厅发出《关于部分普通高等院校试办高水平运动队的通知》。

5月29日—30日 “亚太经济合作组织(APEC)教育论坛第六次会议”在北京举行。来自澳大利亚、美国、加拿大、日本等14个国家和地区的40多位代表出席。

5月30日—6月1日 由中国留学服务中心组织召开的首次留学服务工作会在北京举行。

6月1日 李岚清副总理前往北京市北海幼儿园与小朋友共庆“六一”儿童节。并向全国小朋友祝贺。勉励小朋友好好学习、天天向上。同日，国家教委邀请少年儿童和幼儿教师来机关欢庆节日。国家教委主任朱开轩、副主任柳斌、王明达等分别参加庆祝活动。

6月1日—3日 “职业技术教育师资培训基地工作会议”在北京举行。国家教委副主任王明达到会讲话。会议对培训基地的工作提出了具体要求。

6月2日 国家教委发出关于贯彻落实《中共中央关于印发〈邓小平同志建设有中国特色社会主义理论学习纲要〉的通知》的通知。

△国家教委发出《关于加强1995年普通高等学校和成人高等教育招生计划管理工作的通知》。

6月5日 中组部、人事部、国家教委在北京召开中央国家机关赴藏锻炼高校毕业生座谈会。国务院副总理李岚清勉励毕业生到艰苦地区去，磨炼意志，锻炼成长。

6月5日—8日 国家教委副主任韦钰在英国出席“中英友好奖学金第十次计划委员会会议”,并代表国家教委与英国外交部签署了中英教育科技交流计划（1995—1998年）。

6月6日 国家教委举办的省、自治区、直辖市、计划单列市教委主任美育学习班在京开班。李岚清副总理致信祝贺。朱开轩主任参加学习。举办该班是为贯彻《纲要》，加强学校美育与艺术教育，全面贯彻党的教育方针、培养全面发展的建设人才。

△国家教委在京召开电话会议，就加强高等学校学风建设，抓好考试管理工作作出部署。要求加强考风建设，抓好考试管理。

△国家教委、国家统计局联合发出《关于表彰教育经费统计工作先进单位和先进个人的通知》，表彰四川省教委等18个先进单位和陈永年等20名先进个人。

△国家教委发出《关于进一步推动和完善初中入学办法改革的通知》。

6月6日—14日 国家教委副主任柳斌率教育代表团访问日本，考察该国义务教育经费保障及升学考试制度。

6月7日 “第十八届太平洋科学大会”在京召开。国家教委副主任张天保应邀参加会议，并作了题为“中国教育改革与发展”的讲演。

6月8日 全国妇联、国家教委发出《关于举行第三届“巾帼扫盲奖”评比表彰活动的通知》。

6月8日 国家教委印发《关于大力办好普通高级中学的若干意见》。

△国家教委、财政部联合印发《中央义务教育专款（增量部分）使用管理办法》。该专款重点用于实施“贫困地区义务教育工程”。

△全国自学考试办公室召开“自学考试教育规律研讨会”,国家教委副主任王明达出席会议并讲话。

△国家教委副主任王明达出席了团中央召开的“中国大中学生志愿者扫盲与科技文化服务行动”电话会议并讲话。

6月8日—9日 中央教科所召开国家哲学社会科学“八五”重点课题“农村教育综合改革与社会全面进步”第一子课题研讨会。王明达到会讲话。

6月11日 国家教委《国家教育法规库》微机软件通过专家组审定验收，该软件收集了建国以来至1995年5月底的有效法规。

6月12日 全国总工会、国家教委、国家科委、人事部、劳动部共同组织发起的“全国职工自学成才奖”评选揭晓。有50名各条战线的职工获奖，年龄最大的57岁，最小的30岁。该项奖评选自1985年以来已进行6次，获奖总人数达440人。

6月12日—25日 国家教委副主任王明达率教育代表团出访匈牙利、捷克。

6月13日 国家教委主任朱开轩出席了高校人文社会科学研究成果评奖委员会第一次会议并讲话。

△国家教委副主任韦钰会见阿尔及利亚高教科研部部长本·布吉德先生一行。宾主双方就扩大两国在尖端科学领域和教育方面的交流与合作交换了意见。

△国家教委副主任韦钰会见并宴请了来访的伊朗教育部副部长阿拉米博士一行。宾主双方就人口教育及教育交流等问题交换了意见。

6月14日 国家教委成立高等职业教育协调组，其任务是有条件、有程序、有要求地引导高等职业教育的健康发展。国家教委副主任张孝文任组长，王明达任副主任，下设办公室。

△首都高校举行纪念中国抗日战争胜利50周年演唱会，万名大学生演唱《黄河大合唱》，胡锦涛等领导出席观看。

△国家教委印发《关于深入推进农村教育综合改革的意见》。

△国家教委发出《关于做好普通高等学校函授、夜大学教育评估工作的通知》。

△国家教委印发《高等学校出版社评估暂行办法》。

6月14日—16日 国家教委科技发展中心在清华大学召开高校软件产业工作研讨会。就加速高校软件产业发展的有关问题进行了研讨。

6月15日 江泽民主席在中南海会见香港理工大学、香港城市大学和香港浸会大学校长代表团一行。国家教委主任朱开轩参加会见。

△国家教委有关负责人发表谈话，提醒社会各界警惕社会上有人进行欺骗性招生，扰乱了国家学历教育管理秩序，也损害考生的合法利益。

△第四次世界妇女大会“妇女与教育”系列论坛“女教授与女大学生”专题研讨会在京举行。会议围绕“中国女教授的社会价值”、“高级知识阶层的男女平等”等问题进行了讨论。

6月19日 国家教委主任朱开轩在北京与来访的日本国文部大臣与谢野馨就1996—2000年中日教育交流进行会谈，双方交换了会谈纪要。

6月20日—24日 国家教委在石家庄市召开12个中等经济发达省“普九”工作汇报会。河北、山西、黑龙江、安徽、福建、江西、河南、湖北、湖南、海南、四川、陕西等省教委主管领导参加。朱开轩主任到会听取汇报并讲话。朱开轩主任在讲话中强调：今后六年，是基础教育的重要阶段，也是义务教育发展的关键时刻，教育部门各级领导的精力和关注的重点要倾斜到义务教育方面来。柳斌副主任、河北省省长叶连松出席了会议。会议宣布：中央决定从1995年起增拨普及义务教育专款。国家教委、财政部确定将专款用于“贫困地区义务教育工程”。7月20日，国家教委印发了会议《纪要》。

6月20日 国家教委办公厅发出《关于当前高等工程专科教育几个问题的通知》。

6月21日 国家教委、共青团中央、全国妇联等7单位联合颁发《少年儿童校外教育机构工作规程》。

△《中国教育报》报道：国家教委与福建省日前签署了共同建设厦门大学的议定书。

△国家教委副主任韦钰赴巴黎出席国际科学联盟理事会增强科学能力委员会第二次全体会议。

6月22日 国家教委印发《加强薄弱普通高级中学建设的十项措施（试行）》。

△国家教委、财政部发出《关于在部分高等学校试办注册会计师专业方向的通知》。

6月26日—29日 国家教委召开"高校科技产业工作座谈会"，总结交流高校科技产业发展经验，研究有关问题。

6月27日 国家教委举办的全国中小学校长培训工作研讨班在华东师范大学培训中心开班。柳斌副主任在开班仪式上讲话。

△中纪委驻国家教委纪检组负责人接受《中国教育报》记者采访时披露：原浙江省教委招生办公室主任鲍光鸟严重违犯招生政策和纪律，利用职权收受巨额贿赂，已被查处。

△国家教委发出关于在1995年教师节前后，进一步组织各级各类教师深入学习全国教育工作会议文件和《教育法》、《教师法》的通知。

6月28日 国家教委举行新闻发布会，向新闻界介绍1995年高校毕业生有89.5万人，是建国以来毕业生人数最多的一年，本届高校毕业生就业计划已基本落实。

△《中国教育报》载：全国各地和各高校重视做好在大学生中发展新党员的工作，截止目前，全国高等学校已有学生党员7万人，占学生总数的2.5%。

6月30日 国务院军队转业干部安置工作小组、国家教委发出《关于做好异地安置的军队转业干部子女转学、入学工作的通知》。

7月3日 国家教委颁发《关于表彰中小学少数民族文字教材建设先进个人的决定》。

△国家教委发出《关于评估验收1000所左右示范性普通高级中学的通知》及《示范性普通高级中学评估验收标准（试行）》。

7月4日 国家教委、国家民委和新疆维吾尔自治区政府联合在京召开内地高校支援新疆高教第三次协作会议。会议讨论了《内地高校支援新疆协作1996—2000年五年规划》。按照该规划，在五年内由北京大学、清华大学、南京大学等50所内地高校为新疆培养本科生4300名、博士生500名、硕士生900名。

△清华大学继续教育学院成立十周年庆祝活动在京举行，国家教委副主任王明达到会并讲话。

△国家教委专职委员周远清代表国家教委签署了《中华人民共和国国家教育委员会与罗马尼亚教育部关于相互承认高等教育学历、文凭和学位证书的协议》。

7月6日 国家教委发出《关于印发高等学校基础课教学实验室评估办法和标准的通知》。

7月7日 国家教委、国家语委联合发出《关于加强高等院校语言文字规范化工作的几点意见》。

△国家教委、国家统计局联合印发《国家教育经费执行情况监测制度（试行）》。

△国家教委、财政部联合发出《关于健全中小学学生助学金制度的通知》。

7月7日—7月9日 全国高等学校举行招生统一考试。参加本学年度考试的考生为253万人，招收本专科生93万人。

7月10日—13日 中央组织部、中央宣传部、国家教委党组在京联合召开全国第五次高校党建工作会议。会议主要任务是加强高校领导班子建设，推动高等教育事业的发展。李鹏总理会见了全体代表并作重要讲话。李岚清副总理在讲话中强调：高校党建工作要为培养跨世纪人才提供保障。抓好党的领导班子建设特别要在提高思想理论素养上下功夫，要正确选人和用人，各省（区、市）党委对高校和高校的党建工作的领导只能加强，不能削弱，并把这一工作作为地方党委主要领导干部的任期目标和政绩考核的重要标准。国家教委主任朱开轩作题为《加强高校领导班子建设，进一步推动高等教育事业改革和发展》的报告，中央组织部长张全景作会议总结讲话，中央宣传部副部长刘云山主持闭幕式。

7月10日—14日　国家教委在北京召开驻外使领馆教育参赞工作会议。国家教委主任朱开轩、副主任韦钰出席会议并讲话。14日，李岚清副总理在中南海与参加会议的教育参赞座谈，就留学生工作和教育对外交流工作中的一些具体问题发表了意见。

7月11日　“首都大学、中学学生志愿者出征仪式”在清华大学举行。志愿者将开展“百校百乡结对奔小康行动”，与此同时，全国各地参加由国家教委和团中央组织的“扫盲与科技文化服务行动”的近百万名大中学生志愿者也陆续启程。李岚清副总理及有关部门领导出席仪式向志愿者授旗。并赠送《中国大中学生志愿者扫盲与科技文化服务手册》。李岚清希望广大学生牢固树立为基层群众服务的意识，在艰苦环境中培养吃苦耐劳的良好品格，用自己掌握的知识为农民脱贫致富做出实际的贡献。

△国家教委发出《关于表彰内地西藏班（校）1995年度优秀中专（中师、高中）毕业生的决定》，表彰北京西藏中学等21所学校的36名优秀毕业生。

7月11日—15日　国家教委在吉林省长春市召开九年义务教育活动课程研讨会。会议交流了各地开设活动课程的情况，就有关问题进行了论证，征求了对《九年义务教育活动课程指导纲要》的意见。

7月12日　“民办学校教育研究中心”在京成立。“中心”为民间学术团体，由中国管理科学研究院领导。主要任务是研究民办学校教育管理体制、运行机制及教育教学规律等。

7月14日　国家教委发出《关于加强在中等专业学校举办专科程度小学教师班和高等职业技术班试点工作管理的通知》。

△《中国教育报》全文刊登朱开轩主任在第五次全国高校党建工作会议上的报告《加强高校领导班子建设，进一步推动高等教育事业的改革和发展》。该报与《中国高等教育》杂志联合配发社论《切实加强高校领导班子建设》。

7月15日—18日　国家教委在山西省大同市召开普通及成人高教计划管理工作研讨会，就招生计划的执行情况进行了研究和分析。

7月16日　国家教委人文社会科学研究优秀成果奖专家评审会在长春召开。来自全国49所高校的140位专家参加了会议。

7月17日　国家教委、甘肃省人民政府联合发出《国家教委和甘肃省人民政府关于共同建设兰州大学的意见》。

△国家教委办公厅印发《关于加强对教育经费审计监督的意见》。

△海峡两岸中学校长教育研讨会在京举行。台湾及北京部分中学校长参加，就科技发展、物质文明进步与青少年道德教育关系等问题进行研讨。

7月18日　国家教委办公厅印发《学校健康教育评价方案（试行）》。

7月18日—20日 高校科研经费执法监察工作研讨会在牡丹江市举行。

7月19日 国务院办公厅转发国家教委《关于深化高等教育体制改革的若干意见》。

△国家教委主任朱开轩在京会见应邀来访的韩国教育部长官朴瑛植一行。双方签署了《中韩1995—1997教育交流与合作协议》。

7月20日 国务院副总理李岚清在中南海同出席全国学联22大的部分代表座谈。他希望青年学生把祖国的命运和个人的前途结合起来，树立正确的人生观、价值观，在跨世纪的历史进程中奋发成才。

△国家教委和中国中小学幼儿教师奖励基金会共同举办的“95全国优秀民办教师‘园丁之家’”夏令营在北戴河开营。这是首次专门为民办教师举办的大型活动。

7月21日 第二十七届国际化学奥林匹克竞赛闭幕式在京举行。中国队获得团体总分第一名。

△国家教委印发《贯彻〈全民健身计划纲要〉的意见》。

7月23日 国务院副总理李岚清在陕西与西安部分高校党委书记、校（院）长进行座谈。他在讲话中强调：高等院校的发展要实行分类指导，多种形式办学，充分发挥教育资源的优化配置，积极推行联合办学。21、22日，李岚清到延安看望了参加暑期大学生延安“窑洞大学”和进行志愿者扫盲与科技文化服务行动的大学生。

7月23日—8月3日 国家教委主任朱开轩率中国教育代表团到哥伦比亚、阿根廷两国访问。

7月24日 国家教委办公厅发出关于支持“中国大中学生志愿者扫盲与科技文化服务行动”的通知。

7月25日—27日 部分高等师范院校、师范高等专科学校校（院）长座谈会在唐山举行。会议就师范院校的办学方向、如何为基础教育培养合格师资问题进行了座谈。

7月26日 国家教委、国家统计局发布《1994年全国教育经费执行情况统计公告》。8月18日，《中国教育报》全文刊登了公告。

△国家教委办公厅印发李岚清副总理致全国省市教委主任美育学习班的信和“全国省市教委主任美育学习班纪要”。

7月27日 国家教委、福建省人民政府联合发出《国家教育委员会和福建省人民政府关于共同建设厦门大学的意见》。

7月31日 国务院副总理李岚清在北京接见应邀来访的澳大利亚联邦就业、教育与培训部部长西蒙·克林一行。同日，国家教委副主任韦钰与西蒙·克林部长举行会谈，双方签署了中澳两国教育合作项目会谈纪要。

8月1日 国家教委副主任韦钰在京会见几内亚文化教育科研部部长迪亚洛一行。双方就中几教育合作等事宜交换了意见。

△国家教委印发《示范性乡（镇）成人文化技术学校规程》。

△国家教委、财政部印发《出国教师工资及有关生活待遇规定》。

8月2日 国家教委、陕西省人民政府联合发出《国家教育委员会、陕西省人民政府关于共同建设西安交通大学的意见》。

8月3日 国家教委、中国科协、国家自然科学基金会在京召开大会，欢迎我国参加1995年国际数学、物理、化学、信息学和生物学奥林匹克竞赛代表载誉归来。1995年我国共有23名中学生参加上述五项竞赛，并全部获奖，其中获得金牌18枚、银牌4枚、铜牌1枚。

8月7日 国家教委发出《关于改革国家教委直属院校学生贷款办法的通知》。

8月7日—9日 国家教委职教师资队伍抽样调查情况交流会在北京举行。

8月7日—11日 国家教委在吉林省吉林市举办首届全国大学生国防体育节。

8月8日 国家教委副主任韦钰就中国妇女教育问题接受了中央电视台新闻联播节目组的采访。

8月10日 国家教委办公厅发出《关于开展国际扫盲日宣传纪念活动的通知》。

8月11日 国家教委主任朱开轩在京会见美籍华人、著名物理学家李政道博士，就中国高校的科技发展等问题进行了交谈。

8月14日 由中国教育国际交流协会、中央教育科学研究所、国家教委计划建设司联合编写的《中国妇女教育》一书首发式在北京举行，陈慕华、雷洁琼等出席首发式，国家教委副主任韦钰讲话。

△国家教委发出《关于广播电视大学招收高等专科“注册视听生”试点的通知》。9月14日，国家教委办公厅发出《关于广播电视大学招收高等专科“注册视听生”试点工作的实施意见》。

8月17日—24日 国家教委主任朱开轩到新疆南部边远、贫困地区考察基础教育工作。

8月18日 国家教委印发《关于实施〈中华人民共和国教育法〉若干问题的意见》。8月25日，《中国教育报》全文刊登了该意见。

△国家教委转发《关于广播电视大学贯彻〈中国教育发展和发展纲要〉的意见》。

△《中国教育报》报道：我国设置法律专业硕士学位试点工作近日启动。经国务院学位委员会批准，作为首批试点单位，北京大学、中国人民大学等8所高校将从1996年开始，招收法律专业硕士生。

8月19日 《中国教育报》报道：全国高等教育自学考试指导委员会进行了换届调整，新一届全国考委主任（副主任）委员名单和全国考委委员名单已经国务院批准。国家教委主任朱开轩任新一届主任。8月31日，国家教委办公厅发出《关于全国高等教育自学考试指导委员会组成人员的通知》。

8月20日—21日 国务院副总理李岚清在黑龙江省考察工作期间，到哈尔滨工业大学等高校视察，并与高校干部、教师座谈。

8月21日 全国高校文科计算机教学研讨会在京闭幕。会议就国家教委组织拟定的“普通高校文科专业计算机基础课程教学大纲”及其实施意见进行了研讨。

8月21日—23日 国家教委在北京平谷县召开发展高等职业教育座谈会，邀集有关部门的部分专家、学者参加。国家教委副主任王明达到会讲话。

8月23日 亚太地区学校体育研讨会在京开幕。会议以讨论“21世纪人才培养与学校体育的关系”为主题，来自澳大利亚、日本、马来西亚、新加坡、泰国、中国等六个国家和香港地区的70余名代表参加了会议。

8月24日—30日 全国燎原广播电视学校工作研讨会在黑龙江大庆市举行。

8月25日 国家教委主任朱开轩在京会见了由泰国教育部长朗实蓬率领的泰国教育代表团一行。

△由中华职教社举办的《黄炎培教育文集》发行仪式在京举行。李岚清副总理致信

祝贺。文集收入黄炎培先生毕生教育著述，由中华职教社组织编辑，中国文史出版社出版。

8月26日—31日 由国家教委、国家体委、共青团中央联合主办的第六届全国中学生运动会在武汉市举行。江泽民、李鹏、李岚清、李铁映等题词祝贺。

8月28日 国务院副总理李岚清就高教体制改革问题写信给国家教委领导同志，提出要在解决认识问题上多做些工作，进一步积极稳妥地推动高等院校的调整、改革、联合、合并，使教育资源得到优化组合和充分利用。

△国务院办公厅发出通知，要求实行五天学习日后，安排好中小学生节假日休息和活动。

△国家教委发出《关于做好1996年招收攻读硕士学位研究生工作的通知》。

△国家教委办公厅印发《关于开展加强教育执法及监督试点工作的意见》。

8月28日—9月1日 全国学生安全和保险工作会议在秦皇岛举行。国家教委副主任柳斌到会讲话，强调要加强日常健康教育和安全教育；要把“保险”和“防险”结合起来，减少伤亡事故。

8月29日—31日 全国普通高校函授、夜大学教育评估会议在京举行。国家教委副主任王明达到会讲话。

8月30日 国家教委在北京召开《教育法》实施工作电话会议。国务院副总理李岚清在会上作了题为“贯彻实施《教育法》是各级政府及全社会的共同责任”的讲话。国家教委副主任张天保也代表国家教委在会上讲话。

△《中国教育报》报道：各地中小学校长岗位培训已取得明显成效。1995年，全国有28个省、市、自治区的63万名中小学校长将完成岗位培训，做到持证上岗。

8月31日 国家教委、全国人大教科文卫委、全国政协科教文卫体委召开主任联席会议。会议听取了国家教委督导办关于全国各地开展基础教育“五项内容”督导检查工作情况的汇报，讨论了1995年下半年三委联合组织抽查的工作方案，就进一步做好此项工作提出了指导意见。

△国家教委发出《关于成立国家教委直属高等学校专业设置评议委员会的通知》。

9月1日 国家教委副主任柳斌在京会见来访的联合国儿童基金会执行主任贝拉米女士，向客人介绍了中国基础教育的情况。

△《中国教育报》发表社论，庆贺《教育法》正式实施。社论的题目是：《依法治教的新开端》。

9月6日 全国政协在京举行庆祝教师节茶话会。国务院副总理李岚清出席茶话会并讲话，介绍了我国教育改革和发展的形势。

△国务院副总理李岚清在人民大会堂会见来自15个老革命根据地的60名中学生和北京市15所重点中学的校长，对北京市义务为革命老区培养优秀中学生的作法给予赞扬，强调办好教育，培养人才，发展科技，是振兴革命老区的重要途径。

△中宣部、国家教委、北京市委联合举行全国优秀教师田沛发同志事迹报告会。国家教委副主任柳斌出席会议并讲话。

△国家教委、人事部联合发出《关于表彰全国教育系统劳动模范、全国优秀教师和全国优秀教育工作者的决定》。

△《中国教育报》报道：为了扩大广播电视大学的开放办学，主动适应经济建设对人才的需求，国家教委决定，从1995秋季开始

在10个省、自治区和计划单列市的广播电视大学进行招收高等专科“注册视听生”试点。

9月7日 国家教委印发《中小学卫生保健机构工作规程》。

9月8日 李鹏总理在人民大会堂接见参加1995年教师节庆祝活动的150名全国优秀教师和优秀教育工作者代表，并发表讲话，向辛勤工作在教育战线上的1000万教师、教育工作者致以节日祝贺和亲切慰问。

△国际扫盲日。为表彰中国全国妇联配合政府和职能部门在扫除妇女文盲中所作出的突出贡献，联合国教科文组织将1995年的国际扫盲奖——“世宗国王奖”授予中国全国妇联。这是我国自1984年以来所获得的第9个国际扫盲奖。李岚清、陈慕华等领导同志出席颁奖仪式。

△国家教委印发《关于开展小学教师基本功训练的意见》。

9月9日 为庆祝第11个教师节，《中国教育报》发表社论，题目是《大力加强师德建设》。

9月9日—15日 全国中小学教材审定委员会第三届全体委员会议在天津举行。新一届中小学教材审定委员会主任由国家教委副主任柳斌担任。会议期间，委员们对《全国中小学教材审定委员会工作章程》提出了修改意见，各学科审查委员会对学科教材进行了审查。

9月10日 庆祝1995年度教师节暨全国优秀教师、优秀教育工作者表彰大会在天津举行。李岚清、孙起孟、雷洁琼、钱伟长、钱正英等领导同志出席，李岚清在会上讲话，国家教委主任朱开轩主持大会。

△国家教委主任朱开轩、副主任柳斌、党组成员朱新均在天津分别召开座谈会，就教育投入、师资队伍、教育和育人环境、加强校长队伍建设以及高校思想政治工作等问题，与参加教师节庆祝活动的全国优秀教师、优秀校长和优秀思想政治工作者进行了座谈。

△湖南吉首市吉首乡举行仪式，欢庆湘西自治州105所希望小学落成。全国政协主席李瑞环、湖南省委书记王茂林参加庆典，并为百所希望小学落成纪念碑揭幕。

9月11日 由国家教委、财政部共同召开的国家“贫困地区义务教育工程”专款项目工作会议在北京举行。国家教委副主任柳斌、张天保出席会议并讲话。

9月12日 在教师节受到国家教委和人事部表彰的贵州苗族教师田沛发，收到李鹏总理捐赠的1500元稿费和书赠的题词。同日，李岚清副总理也将1400元稿费委托国家教委转交给田沛发，并建议中国青少年发展基金会协助当地政府，帮助田沛发所在学校修建校舍。

9月12日—19日 国家教委副主任柳斌率领中国教育代表团出席了在印度尼西亚召开的“九国全民教育部长级会议”，并代表中国政府发言。

9月12日—21日 国家教委和北京市委共同举办首都高校领导干部形势报告会。

9月13日—16日 全国企业教育综合改革实验现场会在华北油田举行，会议总结交流了实验成果及华北油田教育综合改革的先进经验。国家教委副主任王明达到会讲话。12月19日，国家教委办公厅印发王明达的讲话。

9月14日 国家教委主任朱开轩分别会见了来北京参加联合国第四次世界妇女大会的四国教育部长：叙利亚高教科研部部长

萨哈尔·山克尔、阿塞拜疆教育部部长莉莉亚·拉苏洛娃、塞内加尔专业培训和技术教学部部长阿米纳塔·托尔、津巴布韦教育部长T·V·莱沙贝。

△国家教委和中国科协联合发出《关于在中等师范学校实施“园丁科技教育行动”的通知》。

9月15日 河北省青龙满族自治县朱杖子乡卧龙池村举行由中国机械设备进出口总公司捐资建立的“中设燎原小学”落成典礼。国务院副总理李岚清为学校题词：“实施燎原计划，助教扶贫，共建城乡两个文明。”

9月18日 《中国教育地图集》出版座谈会在国家教委举行。这是第一部全面反映我国近百年来尤其是新中国成立以来教育事业发展全貌的大型综合地图集。图集以200多幅地图和400多幅统计图表对教育与人口、民族、地理环境、经济和社会发展的关系进行了描述。10月28日，江泽民总书记为《中国教育地图集》题辞。

9月19日 国家教委、国家计委、民政部、建设部、国家经贸委、全国总工会、全国妇联联合印发《关于企业办幼儿园的若干意见》。

9月19日—20日 国家教委在北京召开高教体制改革试点地区（部门）负责同志会议。会议传达了李岚清副总理最近就高教体制改革问题写给国家教委领导的信，并就如何进一步搞好试点工作进行了讨论，对各地高教体制改革实践中提出的一些具体政策问题进行了研究。国家教委主任朱开轩到会讲话。20日，李岚清副总理在中南海听取了广东省、上海市、机械工业部高教体制改革情况的汇报并讲话。

9月19日—21日 全国教育科学规划领导小组扩大会议在北京举行。会议审议并通过《全国教育科学“九五”规划课题指南》，讨论确定了《全国教育科学“九五”规划重点课题申报、评审办法》以及《全国第二届教育科学研究优秀成果评选奖励办法》。

9月20日—22日 “加强高校文化素质教育试点工作研讨会”在武汉举行。

9月20日—23日 国家教委在山东省即墨市召开全国部分省市农业职业教育研讨会。来自全国17个省市的代表围绕农业职业教育面临的形势，就如何办好农业职业教育的措施、办法进行讨论，交流经验。国家教委副主任王明达到会讲话。

9月21日—28日 国家教委副主任韦钰率国家教委代表团访问俄罗斯。双方签署了《中华人民共和国国家教育委员会与俄罗斯联邦国家高等教育委员会1995—1997年高等教育合作执行计划》。

9月22日 全国教育系统纪检监察工作表彰大会在上海举行。国家教委副主任柳斌到会讲话。60个先进集体、97名优秀纪检干部受到表彰。

△《中国教育报》报道：国家教委决定在东北师范大学建立国家基础教育实验中心，这是我国建立的第一个专门从事基础教育实验研究的国家实验室。

9月24日 北京理工大学庆祝建校55周年。江泽民、李鹏、刘华清、荣毅仁、李岚清等党和国家领导人题词祝贺。

9月25日 《中国教育报》在头版头条刊登李岚清同志的文章，题目是《认真实施〈教育法〉把我国教育事业的改革和发展推向一个新阶段》。

△国家教委主任朱开轩与应邀来访的古巴高教部部长费尔兰多·贝西洛举行会谈。

双方介绍了本国的高教改革和发展情况，对两国高校间开展教育交流与合作进行了商谈，并签署了国家教委与古巴高教部“合作议定书”。

△国家教委发出《关于开展建设示范性普通高等工程专科学校工作的通知》。

9月26日 《中国教育报》报道：国家教委与陕西省人民政府日前签署协议，决定双方共同建设西安交通大学，争取在下世纪初把该校建成接近或达到国际一流水平、有中国特色的社会主义大学。

9月27日 国家教委办公厅印发《关于高等师范院校设置非师范本科专业的几点意见》。

9月29日—30日 国家教委在北京顺义县召开中小学校督导评估校长座谈会。副主任柳斌出席会议并讲话。

10月1日 日本株式会社大荣集团向中国国家教委捐款签字仪式在北京举行，国家教委副主任柳斌出席。日本株式会社大荣集团决定从1995年起，连续五年，每年捐款1000万日元，以支持中国贫困地区普及九年义务教育。

10月2日 天津大学庆祝建校100周年。江泽民、李鹏、乔石、李瑞环、荣毅仁等题词祝贺。李瑞环、李岚清、吴阶平、孙孚凌等出席庆祝大会，李岚清在会上讲话。

10月4日—7日 我国实行博士后制度10周年大型庆祝活动在北京举行。江泽民、李鹏、乔石、李瑞环等为庆祝活动题词。国务院副总理李岚清出席4日的博士后制度十周年纪念会并致词。10年来，我国已先后在全国212个高等学校和科研单位设立428个博士后科研流动站，已有2000多人完成博士后科研任务。

10月5日 国家教委、辽宁省人民政府、大连市人民政府发出关于共同建设大连理工大学的意见。

△国家教委发出《关于认定经复评合格的第一、第二批暨第三批“省级重点职业高级中学”的通知》。

10月5日—7日 全国农科教结合工作经验交流会议在北京举行。李岚清副总理出席会议并作了题为《努力开创农科教结合工作的新局面》的讲话。国家教委副主任王明达在会上作了题为《深化农村教育改革，推进农科教结合，为农村经济发展和社会进步作出更大贡献》的讲话。会议讨论了《全国农科教结合示范区实施意见》，部署了下一阶段的工作。

10月6日 国家教委印发关于《中华人民共和国教师法》若干问题的实施意见。

△国家教委印发《关于推动职业大学改革与建设的几点意见》。

△全国中小学整体改革专业委员会向全国800所会员学校和24所整体改革实验基地发出倡议，响应西北工业大学附中等校提出开展“教师应有文明行为和文明用语”的活动，在各自学校把师德建设提高到一个新水平。

10月9日 国家教委召开主任办公会，讨论治理中小学乱收费问题。会议认为，必须继续坚持年初中央纪检委和国家教委联合召开的电话会议提出的义务教育阶段不准招收“择校生”等“五不准”的原则，进一步严格治理在这方面出现的各类问题。

△国家教委主任朱开轩在北京会见应邀来访的老挝教育部长披马逊率领的老挝教育代表团。副主任柳斌同老挝教育代表团举行了工作会谈。

△国家教委颁布《研究生院设置暂行规定》。

△国家教委发出《关于表彰、奖励黑龙江省、辽宁省扫盲工作的决定》。

10 月 10 日 国家教委、上海市人民政府联合发出关于共同建设同济大学的意见。

10 月 12 日 国务院副总理李岚清就《中华人民共和国教育法》正式实施，在中央电视台发表讲话。

△国家教委和全国扫盲 工作部际协调小组在北京联合召开电话会议。会上，国家教委部署了 1995 年冬和 1996 年春的扫盲工作。同时宣布了国家教委对黑龙江省和辽宁省扫盲工作各奖励 100 万元的表彰决定。国家教委主任朱开轩作了题为《下大气力抓好扫盲工作》的讲话。副主任王明达代表国家教委和全国扫盲工作部际协调小组对扫盲工作提出了具体要求。

△《中国教育报》报道：我国首次研究生院评估工作结束。评估结果表明，10 余年来，我国高等学校研究生院为我国社会主义现代化建设培养了大批素质好、质量高的高层次专门人才，已经成为我国培养高层次人才的重要基地。

△国家教委、共青团中央联合发出《关于表彰全国“三好学生”、“优秀学生干部”、“先进班集体”的决定》。

10 月 14 日 由 13 个省的优秀民办教师和国家教委、人事部有关人员组成的民办教师考察团赴港澳进行为期 12 天的考察访问。国家教委副主任柳斌 12 日接见考察团成员时指出：中国教育国际交流协会组织的此次民办教师赴港澳研修考察团是建国以来的第一次，目的是引起社会各界对民办教师的关注和支持。

10 月 14 日—17 日 全国研究生教育工作座谈会在武汉举行。国家教委主任朱开轩在会上提出：今后五年，我国研究生教育改革和发展的基本方针是立足国内，适度发展，优化结构，相对集中，推进改革，提高质量。国家教委副主任韦钰在闭幕式上作了总结报告，强调研究生教育发展重在提高质量。

10 月 17 日 国家教委印发《国家教委〈跨世纪优秀人才计划〉后续管理办法》。

10 月 18 日 在湖北省考察教育工作的国家教委主任朱开轩与湖北省教委机关干部座谈。朱开轩在湖北期间，实地察看了武汉大学、华中理工大学等高校和部分城乡中小学的校园环境、教学试验设施等，并同湖北省党政主要负责人就有关湖北教育改革问题交换了意见。

10 月 19 日 中国老教授协会建会 10 周年庆祝大会在北京举行。李鹏、朱镕基、李岚清、李铁映等题词祝贺。

10 月 19 日—20 日 “全国地区（市）农村教育综合改革联系点工作会议”在湖南省怀化地区举行。国家教委副主任王明达到会讲话。

10 月 23 日—26 日 国家教委在湖南湘西凤凰县召开全国民族地区、贫困山区农村教育综合改革经验交流会。国家教委副主任王明达到会讲话。

10 月 24 日 国家教委主任朱开轩在北京会见吉尔吉斯斯坦共和国教育科学部长卡克耶夫。双方就进一步开展两国间的教育合作与交流举行了会谈。23 日，双方签署了 1995—1999 年教育合作协议。

△国家教委印发关于贯彻《中共中央国务院关于加速科学技术进步的决定》的若干意见。

△国家教委印发《关于高校马克思主义理论课和思想品德课教学改革的若干意见》。

10月24日—27日 国家教委直属高等学校专业设置评议委员会成立大会暨第一次评议会议在广西南宁举行。

10月25日 国务院副总理李岚清在北京会见香港包玉刚爵士基金会主席包陪庆女士，代表我国政府感谢包玉刚家族对祖国教育事业的贡献。

△联合国教科文组织第28届大会在巴黎开幕。国家教委副主任韦钰率中国代表团出席。

10月25日—29日 全国高等学校理科教学指导委员会第二次工作会议在上海举行。国家教委专职委员周远清在会上作了题为《当前高等教育改革的形势与理科教育改革的任务》的主题报告。

10月26日—29日 全国特殊教育“八五”工作总结会议在湖南张家界举行。

10月30日 国家主席江泽民在中南海会见香港教育工作者联合访京团，对教联会长期以来为香港教育事业的发展、促进香港和内地的教育及文化交流所作的努力表示赞赏，希望他们继续为此作出贡献。

11月3日 国家教委印发《关于进一步改进和加强研究生工作的若干意见》。

△国家教委印发《关于高等教育自学考试社会助学工作的意见》。

11月5日—10日 全国高校爱国主义教育经验交流暨研讨会在大连召开。国家教委专职委员朱新均到会讲话。会议就爱国主义教育的地位、作用、基本要求以及进行爱国主义教育的有效形式和途径等问题进行了研讨。

11月6日 国家教委印发《普通高等学校本科专业目录〈职业技术师范类〉(试行)》。

11月7日—10日 由厦门大学、北京大学、清华大学和北京师范大学共同发起的首次海峡两岸和港澳地区研究生教育研讨会在厦门大学举行。会议就海峡两岸及港澳地区研究生教育的学制、专业及课程设置以及发展趋势等问题进行了广泛的交流与探讨。

11月7日—15日 国家教委在湖北省武汉市举行全国普通中学劳动技术教育和职业指导研讨会。

11月8日 《中国教育报》报道：经过半年时间的评估认定，我国省级重点职业高级中学共计909所已被认定。全国已初步形成了一批起骨干和示范作用的重点学校带动其它职业学校共同发展的局面。

11月8日—11日 国家教委在山东潍坊召开潍坊捐企助教现场研讨会，对潍坊市100家私营企业捐企助教进行了考察和论证，并给予充分肯定。几年来，潍坊市先后有100家私营企业经营者将企业捐赠给学校，其固定资产和流动资金达5000万元。

11月9日 国家教委印发《关于成人高等学校试办高等职业教育的意见》。

△国家教委办公厅发出《关于组织学习〈中小学安全须知〉的通知》。

11月10日 国家教委发出《关于做好1996年全国毕业研究生就业工作的通知》。

11月10日—12日 国家教委在江西省南昌市召开全国高等教育体制改革(共建、合并）座谈会。国家教委专职委员周远清出席会议并讲话。会议研究和讨论了高等教育办学和管理体制存在的问题，及高等教育体制改革的进展情况，提出了今后高等教育体制改革的主要任务。

11月10日—14日 国家教委、财政部在桂林联合召开全国九省区“普九”工作汇报会。会议重点研究了广西、内蒙古、新疆、贵州、西藏、青海、宁夏、甘肃、云南九省区“两基”工作的思路，以确保本世纪末在全国基本普及九年义务教育。国家教委主任朱开轩在会上作了报告。副主任柳斌在闭幕式上作了总结报告。

11月13日 中宣部、农业部、国家教委、广播电影电视部、文化部联合发出《关于运用〈农民思想政治教育读本〉进行农民教育的通知》。

△国家教委发出《关于做好1996年全国普通高等学校毕业生就业工作的意见》。

11月14日 国家教委主任朱开轩在北京会见德国联邦教育科学研究技术部长博于尔根·吕特格斯博士一行。双方就进一步加强两国在教育领域尤其是职业教育领域和高校间的合作达成原则性一致意见，并签署了《会谈纪要》。

11月15日—18日 少数民族教育问题国际学术研讨会在昆明举行。国家教委副主任王明达在开幕式上致词。

11月16日 中国高教学会后勤管理研究会成立10周年大会在上海举行。国家教委副主任韦钰到会讲话，强调高校后勤改革的方向是社会化，应转变观念，大胆探索，走出一条适应社会主义市场经济要求的社会化服务体系和具有中国特色的高校后勤保障系统的路子。

11月18日 高校软件产业集团筹备委员会成立大会及“95中国高校软件技术成果及产品展示洽谈会”开幕式在北京举行。

11月19日 新华社消息：我国高等教育跨世纪的战略工程——“211工程”总体建设规划已经国务院批准，即将由国家计委、国家教委、财政部发布实施。

11月19日—25日 第四届全国自制教具评选活动在北京举行。29个省、自治区、直辖市，5个计划单列市的162件作品获奖。国家教委副主任韦钰出席11月23日召开的表彰大会并讲话。

11月20日 国家教委、民政部、中国残疾人联合会发出《关于对“特殊教育先进县”进行表彰的通知》。

△国家教委办公厅发出《关于成立国家级重点职业高级中学评估审议小组的通知》。

11月23日 北京市高等教育自学考试创建15周年暨国家学历文凭考试首批毕业生颁证大会在北京举行。国务院副总理李岚清出席会议并讲话。1996年1月3日，国家教委印发李岚清的讲话。

△国家教委发出《关于颁布试行〈中国普通高等学校德育大纲〉的通知》。

11月24日 国家教委、共青团中央在人民大会堂表彰300名全国三好学生、优秀学生干部和200个全国先进班集体。李岚清副总理到会祝贺，提出教育部门和共青团组织，要按照邓小平同志“三个面向”的教育思想，采取有效措施，推动创“三好”活动扎实、深入地开展下去。

△《中国教育报》刊登该报记者就高等教育体制改革问题走访国家教委主任朱开轩的访谈录，题目是《积极深入地推进高等教育管理体制改革》。

11月25日—27日 国家教委跨世纪优秀人才计划座谈会在沈阳举行。国家教委副主任韦钰出席会议并在开幕式上作了报告。

11月25日—12月8日 国家教委主任朱开轩率教育代表团访问印度、埃及两国。

11月27日—30日 第二次全国教职工

住房建设工作经验交流会在昆明举行。国务院副总理李岚清出席会议并讲话，强调要继续加大教职工住房建设的投资力度和工作力度，推动全国教职工住房建设工作再上新台阶。

11月28日 人民教育出版社成立45周年座谈会在北京举行。100多位专家、学者出席。国家教委副主任王明达到会讲话。

11月29日 《人民日报》刊登该报记者访国家教委主任朱开轩的文章，题目是《我国高教管理体制的新课题》。

11月29日—30日 国家教委在北京召开中小学督导评估校长座谈会。国家教委副主任柳斌到会讲话。

11月29日—12月3日 国家教委第三届优秀教材评审会议在南京大学举行。共评出一等奖140种，二等奖213种，中青年奖38种。

11月29日—12月3日 国家教委副主任韦钰率国家教委代表团赴澳门访问。

12月4日 李鹏总理主持召开国务院第39次常务会议，讨论并原则通过了《中华人民共和国职业教育法》(草案)。

△国家教委与中国石化总公司在上海签订共建华东理工大学协议。共建后的华东理工大学，仍以国家教委领导为主，中国石化总公司参与对学校的共建共管。国家教委副主任张天保出席签字仪式。

12月6日 共青团中央、全国学联在北京举行“中国大学生跨世纪发展奖学金”颁奖大会，向100名德智体全面发展，并在学术、科技、实践、品德等方面做出优异成绩的优秀大学生颁发奖学金。李岚清副总理在会上讲话。

12月8日 全国妇联、国家教委在北京举行第三届“巾帼扫盲奖”颁奖会。沈可心等102名先进个人和湖北省妇联等30个先进集体获奖。全国妇联主席陈慕华、国家教委副主任王明达出席会议并讲话。

12月9日 ’95宝钢教育奖在上海隆重颁发。全国68所高校和中国科学院下属12个研究所的187位教师和163名学生获奖。袁驷等11位优秀教师获特等奖。设立于1990年的宝钢教育奖，基金额已达3500万元，已成为全国高校中有影响的奖项之一。

△国家教委高等学校师资培训交流武汉中心成立10周年庆祝会在武汉大学召开。国家教委致电祝贺。

12月11日 联合国儿童基金会1996年《世界儿童状况》中文版新闻发布会在北京举行。国家教委副主任韦钰在发言中指出，中国政府历来十分重视保护儿童的权利，为儿童发展提供全力的支持。

12月11日—14日 中美特殊教育研讨会在北京举行。来自中国和美国的250多名特殊教育专家就特殊儿童的早期教育、职业发展和过渡、特殊教育国际任务，以及特殊教育师资培训等问题，进行了广泛交流和探讨。

12月12日 国务院总理李鹏签署国务院令第188号，发布《教师资格条例》，自发布之日起施行。20日，《中国教育报》全文刊登了《教师资格条例》，并发表评论员文章，题目是《教育法制建设的重大举措》。

△中国中小学幼儿教师奖励基金会第六次理事会在北京举行。会议推选全国政协副主席钱正英为理事长，全国人大副委员长雷洁琼、王光英为特邀顾问。国务院副总理李岚清、国家教委主任朱开轩出席会议并讲话。国家教委副主任、上届基金会副理事长柳斌

作工作报告。

△中央农业广播学校建校15周年。15年来，招收注册中专学员262万人，结业学员200万人，开展实用技术培训2000万人次。为我国农村经济体制改革和农村经济的发展，提高农村基层干部和劳动者素质，帮助农民科技致富作出了贡献。

12月13日 国家教委实施“燎原计划百千万工程”座谈会在北京举行。国家教委决定从1995年冬开始实施“燎原计划百千万工程”：全国30个农村教育综合改革地、市的联系点成为第一批试点单位。国家教委主任朱开轩在会上就实施“燎原计划百千万工程”提出了具体要求。

12月14日—15日 全国高等教育自学考试指导委员会第四次会议在北京举行。这次会议是调整后的新一届考委会的首次会议。国家教委主任朱开轩到会讲话。会议通过了新一届全国自考委章程，部署了1996年的工作。

12月19日 第二届全国高校出版社优秀学术著作颁奖大会在北京举行。共评出学术著作特等奖14个，优秀奖151个，学术著作出版荣誉奖1个。国家教委副主任韦钰出席大会并讲话。

△国家教委发出《关于开展建设示范性职业大学工作的通知》。

12月20日 八届全国人大常委会第17次会议在北京举行。国家教委主任朱开轩受国务院委托，就《中华人民共和国职业教育法》（草案）作了说明。

△全国高等学校首届人文社会科学研究成果颁奖大会在北京举行。国务院副总理李岚清出席大会并讲话。498项优秀研究成果获奖，其中一等奖103项，二等奖395项，获奖面覆盖23个学科、30个省、市、自治区和113所高校。

△由清华大学等10所高校承建的“中国教育和科研计算机网示范工程”提前一年基本建成，并通过国家验收。国家教委副主任韦钰出席工程验收会议并讲话。

△国家教委印发《关于进一步加强和改进中学思想政治课教学工作的意见》。

12月20日—22日 中华职业教育社第七届理事会第二次全体会议在北京举行。国家教委副主任、中华职教社常务副理事长王明达在会上介绍了我国职业教育的情况和任务。

12月21日 由国家教委组织编写的《中国传统道德》多卷本及简编本出版座谈会在北京举行。李岚清副总理出席座谈会并讲话。江泽民书记、李鹏总理为该书题辞，李岚清副总理作序。

△国家教委主任朱开轩与应邀来访的乌克兰教育部长兹古罗夫斯基举行工作会谈。双方签署了《中国国家教育委员会与乌克兰教育部1995—1998年教育合作协议》。同日，李岚清副总理会见了乌克兰客人。

12月22日 曾宪梓教育基金会1995年中等师范教师奖颁奖大会在人民大会堂举行。1000名中等师范学校和教师进修学校的优秀教师获奖。其中一等奖20名，二等奖80名，三等奖900名。李岚清副总理在颁奖大会之前会见了曾宪梓先生并同获奖教师合影。

12月25日 纪念文字改革和现代汉语规范化工作40周年大会在北京举行。国务院副总理李岚清代表党中央、国务院作了重要讲话。大会对在语言文字应用工作中做出显著成绩的北京市副市长胡昭广等5个城市的副市长进行了表彰。雷洁琼、孙起孟、吴阶平、钱伟长等出席会议。

△新华社消息：新年前夕，李鹏总理和夫人朱琳致信在北京15所重点中学学习的来自15个革命老区的60名学生，向他们表示新年祝贺，并勉励他们努力学习，做到德、智、体全面发展。

△国家教委、财政部联合发出《关于职教师资班学生享受师范生待遇的通知》。

12月25日—27日 国家教委直属高校工作咨询委员会第六次会议在厦门举行。会议期间，委员们就直属高校面向社会自主办学、领导班子建设、在“科教兴国”中发挥高校科技优势和作用，师范大学坚持为基础教育服务等问题进行了研讨，并提出咨询意见。26日，国务院副总理李岚清在会上就当前高等教育的一些重要问题发表了意见。国家教委主任朱开轩、副主任韦钰、张天保、周远清到会听取了委员们的建议并对直属高校工作提出了意见。

12月28日 国家教委、财政部联合印发《出国教师工资及有关生活待遇规定》实施细则。

△国家教委印发《国家教育委员会关于“九五”期间全国中小学校长培训指导意见》。

△国家教委、中央社会治安综合治理委员会办公室、司法部联合印发《关于加强学校法制教育的意见》。

撰稿 喻晓宪 吴伯康
闫 蕾
审稿 王庆林